Wettbewerbsrecht und Wettbewerbsprozessrecht

Herausgegeben von

Prof. Dr. Horst-Peter Götting
Univ. Prof. und RiOLG Dresden

Dr. Helmut Kaiser
Vors. RiOLG Dresden

Bearbeitet von

Prof. Dr. Horst-Peter Götting, Univ. Prof. und RiOLG Dresden
Dr. Sven Hetmank, Wiss. MA am IGEWeM Dresden
Dr. Helmut Kaiser, Vors. RiOLG Dresden
Dr. Martin Marx, RiOLG Dresden
RA *Prof. Dr. Sebastian Wündisch*, Dresden

2. Auflage 2016

www.beck.de

ISBN 978 3 406 62474 2

© 2016 Verlag C.H. Beck oHG
Wilhelmstr. 9, 80801 München

Druck: Beltz Bad Langensalza GmbH
Neustädter Straße 1–4, 99947 Bad Langensalza
Satz: Textservice Zink, 74869 Schwarzach
Umschlaggrafik: Druckerei C.H. Beck Nördlingen

Gedruckt auf säurefreiem, alterungsbeständigem Papier
(hergestellt aus chlorfrei gebleichtem Zellstoff)

Vorwort

Grundlage des vorliegenden Werkes bildete die vom Erstunterzeichner verfasste 1. Auflage („Wettbewerbsrecht"), die im Jahre 2005 erschienen ist. Obwohl sie eine gute Aufnahme fand, fehlte es seit dem an einer Neuauflage. Das lag vor allem am kurzartigen Aktionismus des Gesetzgebers, der seit der grundlegenden Reform im Jahre 2004 mehrere weitere UWG-Novellen (2008, 2015) folgen ließ. In dem Bestreben, die Darstellung zu überarbeiten und zu erweitern, insbesondere dem Wettbewerbsprozessrecht einen breiteren Raum zu geben, konnten neben den Herausgebern die Herren Sven Hetmank, Martin Marx und Sebastian Wündisch als Mitautoren gewonnen werden.

Ziel des Buchs ist es, das praktisch äußerst bedeutsame Wettbewerbsrecht und Wettbewerbsprozessrecht umfassend in seinen wesentlichen Grundzügen und Zusammenhängen zu erläutern. Es soll Studierenden und Praktikern eine Orientierung bieten und gleichzeitig wissenschaftlichen Ansprüchen genügen.

Anregungen und Kritik sind willkommen.

Dresden, im Frühjahr 2016   Horst-Peter Götting
Helmut Kaiser

Inhaltsübersicht

	Seite
Vorwort	V
Inhaltsverzeichnis	IX
Abkürzungsverzeichnis	XXVII
Literaturverzeichnis	XXXI

§ 1.	Grundlagen (*Götting/Hetmank*)	1
§ 2.	Europäisches, internationales und ausländisches Recht (*Götting/Hetmank*)	29
§ 3.	Schutzzweck des UWG (§ 1 UWG) (*Götting/Hetmank*)	59
§ 4.	Anwendungsbereich und Grundbegriffe des UWG (§ 2 UWG) (*Götting/Hetmank*)	67
§ 5.	Die allgemeine Generalklausel nach § 3 Abs. 1 UWG (*Götting/Hetmank*)	85
§ 6.	Die „Verbrauchergeneralklausel" nach § 3 Abs. 2 UWG (*Götting/Hetmank*)	95
§ 7.	Stets unzulässige geschäftliche Handlungen nach § 3 Abs. 3 UWG (*Götting/Hetmank*)	101
§ 8.	Rechtsbruch (§ 3a UWG) (*Götting/Hetmank*)	119
§ 9.	Mitbewerberschutz (§ 4 UWG) (*Götting/Hetmank*)	145
§ 10.	Aggressive geschäftliche Handlungen (§ 4a UWG) (*Götting/Hetmank*)	217
§ 11.	Irreführung durch unwahre Angaben oder sonstige zur Täuschung geeignete Angaben (§ 5 UWG) (*Götting/Hetmank*)	239
§ 12.	Irreführung durch Unterlassen (§ 5a UWG) (*Götting/Hetmank*)	257
§ 13.	Vergleichende Werbung (§ 6 UWG) (*Götting/Hetmank*)	269
§ 14.	Unzumutbare Belästigung (§ 7 UWG) (*Götting/Hetmank*)	281
§ 15.	Wettbewerbsrechtliche Anspruchsziele (§ 8–10 UWG) (*Kaiser/Marx*)	295
§ 16.	Verfolgung wettbewerbsrechtlicher Anspruchsziele (§ 11–15 UWG) (*Kaiser/Marx*)	327
§ 17.	Know-How-Schutz (§ 17 f. UWG) (*Wündisch*)	425
Sachverzeichnis		439

Inhaltsverzeichnis

Vorwort V
Inhaltsübersicht VII
Abkürzungsverzeichnis XXVII
Literaturverzeichnis XXXI

§ 1. Grundlagen

A. Gegenstand Lauterkeitsrechts und wettbewerbstheoretische Aspekte 1
   I. Inhalt des UWG 2
   II. Der freie Wettbewerb als Bezugsrahmen für das Lauterkeitsrecht 2
   III. Relevanz wettbewerbstheoretischer Aussagen für
       das Lauterkeitsrecht 3
   IV. Begriff und Wesen des freien Wettbewerbs 4
   V. Funktionen des Wettbewerbs 6
      1. Steuerungs-, Anpassungs- und Allokationsfunktion 6
      2. Fortschritts- und Auslesefunktion 7
   VI. „Leistungswettbewerb" 7
B. Rechtsgrundlagen des deutschen Lauterkeitsrechts 10
   I. Das UWG 11
      1. Historische Entwicklung bis 2004 11
      2. Die Reform des UWG von 2004 13
      3. Das Änderungsgesetz von 2008 14
      4. Weitere Änderungen und das Änderungsgesetz von 2015 15
      5. Kritik 16
   II. Wettbewerbsrechtliche Nebengesetze 17
C. Die Stellung des Lauterkeitsrechts im Rechtssystem 18
   I. Wettbewerbsrecht und Grundgesetz 18
      1. Berufsfreiheit (Art. 12 GG) 19
      2. Die Eigentumsgarantie (Art. 14 GG) 20
      3. Die Meinungs-, Informations- und Pressefreiheit
         (Art. 5 Abs. 1 GG) 20
      4. Kunst- und Wissenschaftsfreiheit 21
      5. Allgemeine Handlungsfreiheit (Art. 2 Abs. 1 GG) und Schutz
         der Menschenwürde (Art. 1 GG) 22
      6. Willkürverbot (Art. 3 GG) 22
   II. Lauterkeitsrecht und Bürgerliches Recht 23
      1. Deliktsrecht 23
      2. Vertragsrecht 24
   III. Lauterkeitsrecht und Kartellrecht 25
   IV. Lauterkeitsrecht und Immaterialgüterrecht 26

Inhaltsverzeichnis

§ 2. Europäisches, internationales und ausländisches Recht

- A. Europäisches Recht 30
  - I. Vorrang des Unionsrechts 31
  - II. Primäres Unionsrecht 31
    1. Freier Waren- und Dienstleistungsverkehr 32
    2. Grundrechte 33
  - III. Sekundäres Unionsrecht 34
    1. Verordnungen 34
    2. Richtlinien 35
       - a) Allgemeines 35
       - b) Richtlinienkonforme Auslegung 36
       - c) Richtlinie 2005/29/EG über unlautere Geschäftspraktiken (UGP-Richtlinie) 37
         - aa) Inhalt der UGP-Richtlinie 37
         - bb) Reichweite der Harmonisierung 37
         - cc) Anwendungsbereich 39
       - d) Weitere Richtlinien 40
- B. Internationales Recht 42
  - I. Die Pariser Verbandsübereinkunft (PVÜ) 43
  - II. Das TRIPS-Übereinkommen 43
- C. Anwendbares Recht (Kollisionsrecht) 44
  - I. Frühere Rechtslage (Art. 40–42 EGBGB) 45
  - II. Heutige Rechtslage (ROM II-Verordnung) 45
    1. Das Marktortprinzip nach Art. 6 Abs. 1 ROM II-VO 46
    2. Einschränkungen des Marktortprinzips 46
    3. Ausnahme: Bilaterale Wettbewerbshandlungen nach Art. 6 Abs. 2 ROM II-VO 48
    4. Das Herkunftslandprinzip bei Werbung im Internet und in Funk und Fernsehen 48
    5. Ausschluss der Rechtswahl (Art. 6 Abs. 4 ROM II-VO) 50
    6. Rück- und Weiterverweisungen (Art. 24 Rom II-VO) 50
    7. Abgrenzung zu Rechten des geistigen Eigentums 50
    8. Ordre public (Art. 26 Rom II-VO) 50
- D. Internationales Verfahrensrecht 51
- E. Ausländisches Recht (Überblick) 53
  - I. „Integrierter" Mitbewerber- und Verbraucherschutz mit Generalklauseln und Einzeltatbeständen 54
  - II. Duales Modell mit zivilrechtlichen, administrativen bzw. strafrechtlichen Regelungen 55
  - III. Besonderheiten des angelsächsischen Rechts 58

§ 3. Schutzzweck des UWG (§ 1 UWG)

- A. Die „Schutzzwecktrias" des § 1 UWG 60
- B. Wettbewerbsbezug der geschützten Interessen 61
  - I. Auslegungsmaßstab 61
  - II. Interessen der Mitbewerber 62
  - III. Interessen der Verbraucher 63
  - IV. Interessen der sonstigen Marktteilnehmer 64
  - V. Interessen der Allgemeinheit 64

§ 4. Anwendungsbereich und Grundbegriffe des UWG (§ 2 UWG)

A. „Geschäftliche Handlungen" (§ 2 Nr. 1 UWG) 68
    I. Verhalten einer Person 68
    II. Unternehmensbezug 69
    III. „Vor, bei oder nach einem Geschäftsabschluss" 71
    IV. Objektiver Zusammenhang mit der Absatz- bzw. Bezugsförderung 71
        1. Aufmerksamkeits- oder Imagewerbung 73
        2. Betriebsinterne Vorgänge 74
        3. Tätigkeit der öffentlichen Hand 74
        4. Tätigkeiten der Medien 75
        5. Parteien, Vereine, etc. 75
        6. Wissenschaftliche Tätigkeiten 76
B. Weitere Grundbegriffe des UWG 76
    I. Marktteilnehmer (§ 2 Abs. 1 Nr. 2 UWG) 77
    II. Mitbewerber (§ 2 Abs. 1 Nr. 3 UWG) 77
        1. Konkretes Wettbewerbsverhältnis bei Branchennähe 78
            a) Derselbe sachliche Markt 78
            b) Derselbe räumliche Markt 79
        2. Konkretes Wettbewerbsverhältnis bei Branchenverschiedenheit 79
    III. Unternehmer (§ 2 Abs. 1 Nr. 6 UWG) 80
    IV. Unternehmerische Sorgfalt (§ 2 Abs. 1 Nr. 7 UWG) 81
    V. Wesentliche Beeinflussung (§ 2 Abs. 1 Nr. 8 UWG) 82
    VI. Geschäftliche Entscheidung (§ 2 Abs. 1 Nr. 9 UWG) 82
    VII. Verbraucher (§ 2 Abs. 2 UWG) 83

§ 5. Die allgemeine Generalklausel nach § 3 Abs. 1 UWG

A. Inhalt und Zweck der Vorschrift 86
B. Verhältnis zu § 3 Abs. 2 und 3 UWG und zu §§ 3a ff. UWG 87
C. Praktische Bedeutung der Generalklausel 88
D. Unlautere geschäftliche Handlung 89
E. Spürbarkeit 91
F. Anwendungsfälle für einen Rückgriff auf § 3 Abs. 1 UWG 92

§ 6. Die „Verbrauchergeneralklausel" nach § 3 Abs. 2 UWG

A. Inhalt und Zweck der Vorschrift 95
B. „Unternehmerische Sorgfalt" 96
C. Wesentliche Beeinflussung des wirtschaftlichen Verhaltens 97
D. Verbraucherleitbild 97

§ 7. Stets unzulässige geschäftliche Handlungen nach § 3 Abs. 3 UWG

A. Inhalt und Zweck der Vorschrift 102
B. Die einzelnen Tatbestände des Anhangs 103
    I. Unwahre Angabe über die Unterzeichnung eines Verhaltenskodex 103
    II. Ungenehmigte Verwendung von Gütezeichen 103

Inhaltsverzeichnis

III. Unwahre Angabe über die Billigung eines Verhaltenskodex	104
IV. Unwahre Angabe über Bestätigung, Billigung oder Genehmigung	104
V. Nichtaufklärung über voraussichtliche Nichtbefriedigung der Nachfrage	105
VI. „Bait-and-switch-Technik"	106
VII. Unwahre Angabe über zeitlich begrenzte Verfügbarkeit von Produkten	106
VIII. Leistungserbringung in anderer Sprache	107
IX. Erwecken des unzutreffenden Eindrucks bezüglich der Verkehrsfähigkeit des Produkts	107
X. Erwecken des unzutreffenden Eindrucks bezüglich der Besonderheit einer Selbstverständlichkeit	108
XI. Als Information getarnte Werbung	108
XII. Unwahre Angabe über eine Gefahr	109
XIII. Herkunftstäuschung	109
XIV. Schneeball- oder Pyramidensystem	110
XV. Unwahre Angabe über Aufgabe oder Verlegung des Geschäfts	111
XVI. Angabe über die Erhöhung der Gewinnchancen durch eine Ware oder Dienstleistung	111
XVII. Erwecken des unzutreffenden Eindrucks bezüglich eines Preisgewinns	112
XVIII. Unwahre Angabe über die Heilung durch eine Ware oder Dienstleistung	112
XIX. Unwahre Angabe über Marktbedingungen	113
XX. Nichtgewährung ausgelobter Preise	113
XXI. Täuschung über kostenpflichtige „Gratisleistungen"	113
XXII. Werbematerial mit Zahlungsaufforderung und dadurch Erwecken des unzutreffenden Eindrucks einer Bestellung	114
XXIII. Erwecken des unzutreffenden Eindrucks bezüglich des gewerblichen Charakters	115
XXIV. Erwecken des unzutreffenden Eindrucks bezüglich der Verfügbarkeit eines ausländischen Kundendienstes	115
XXV. Verlassen bestimmter Räumlichkeiten nur bei vorherigem Vertragsabschluss	116
XXVI. Nichtbeachtung der Aufforderung, Wohnungsbesuche zu beenden oder zu unterlassen	116
XXVII. Aufforderung zur Vorlage nicht erforderlicher Unterlagen bei Versicherungsvertrag	116
XXVIII. Kaufapelle an Kinder	116
XXIX. Aufforderung zur Bezahlung nicht bestellter Leistungen	117
XXX. Angabe über Gefährdung des Unternehmers bei Nichterwerb	118

§ 8. Rechtsbruch (§ 3a UWG)

A. Inhalt und Zweck der Vorschrift	120
B. Verhältnis zur verletzten Primärnorm und zum Verwaltungsrecht	120
C. Unionsrechtliche Vorgaben	122
D. Grundlagen der Beurteilung	123
I. Entwicklung der Rechtsprechung bis zur Entscheidung „Abgasemissionen" des BGH	123

II. Paradigmenwechsel der Rechtsprechung	125
1. Die Grundsatzentscheidung „Abgasemissionen"	125
2. Die Entscheidung „Elektroarbeiten"	126
III. Jüngere Rechtsprechung	127
IV. Kritik und eigener Ansatz	129
E. Verstoß gegen eine gesetzliche Vorschrift	132
F. Regelung des Marktverhaltens	132
I. Regelungen mit Marktbezug	133
II. Regelungen ohne Marktbezug	134
III. Marktzutrittsregelungen	134
G. Im Interesse der Marktteilnehmer	135
H. Spürbarkeit	137
I. Wettbewerb der öffentlichen Hand (§ 3 Abs. 1 UWG)	137
I. Grundsatz	138
II. Missbrauch von Vertrauen und amtlicher Autorität	139
III. Ausnutzen einer öffentlichen-rechtlichen Vorteilsstellung	139
1. Rechtsprechung des BGH	139
2. Kritik und Stellungnahme	140

§ 9. Mitbewerberschutz (§ 4 UWG)

A. Herabsetzung oder Verunglimpfung (§ 4 Nr. 1 UWG)	147
I. Inhalt und Zweck der Vorschrift	147
II. Herabsetzung oder Verunglimpfung	148
III. Kennzeichen, Waren, Dienstleistungen, Tätigkeiten oder persönliche bzw. geschäftliche Verhältnisse eines Mitbewerbers	149
IV. Meinungsfreiheit	149
B. Anschwärzung (§ 4 Nr. 2 UWG)	150
I. Inhalt und Zweck der Vorschrift	150
II. Grundtatbestand (sonstige Mitteilungen)	151
1. Tatsachen über Waren, Dienstleistungen oder das Unternehmen	151
2. Behauptung oder Verbreitung	151
3. Eignung zur Geschäfts- oder Kreditschädigung	152
4. Nichterweislichkeit der Wahrheit (Beweislast)	152
III. Sonderregelung für vertrauliche Mitteilungen	153
C. Ergänzender wettbewerbsrechtlicher Leistungsschutz (§ 4 Nr. 3 UWG)	154
I. Inhalt und Zweck der Vorschrift	155
II. Grundlagen der Beurteilung	157
1. Konflikt zwischen Imitations- und Innovationswettbewerb	157
2. Spannungsverhältnis zu den Immaterialgüterrechten	157
3. Prinzip der Nachahmungsfreiheit	159
4. Kritik in der Literatur	159
5. Stellungnahme	160
III. Waren oder Dienstleistungen	161
IV. Wettbewerbliche Eigenart	162
1. Feststellung	162
2. Kriterien und Indizien	163
3. Entfallen der wettbewerblichen Eigenart durch den Vertrieb von Nachahmungen	164

Inhaltsverzeichnis

V. Nachahmungshandlungen	165
VI. Besondere wettbewerbliche Umstände	166
1. Vermeidbare Herkunftstäuschung (§ 4 Nr. 3 lit. a UWG)	166
a) Herkunftstäuschung	166
b) Vermeidbarkeit	167
2. Rufausbeutung und Rufbeeinträchtigung (§ 4 Nr. 3 lit. b UWG)	168
a) Rufausbeutung	169
b) Rufbeeinträchtigung	170
3. Erschleichung oder Vertrauensbruch (§ 4 Nr. 3 lit. c UWG)	170
4. Behinderung	171
VII. Wechselwirkung	173
VIII. Darlegungs- und Beweislast	173
IX. Schutzdauer	173
X. Unmittelbarer Leistungsschutz?	174
1. Streitstand	174
2. Stellungnahme	176
D. Gezielte Behinderung von Mitbewerbern (§ 4 Nr. 4 UWG)	**177**
I. Inhalt und Zweck der Vorschrift	177
II. Unionsrechtliche Vorgaben	178
III. Verhältnis zum Kartellrecht	179
IV. Behinderung	180
V. Zielgerichtetheit der Behinderung	181
VI. Besondere Formen der Behinderung	181
1. Boykottaufruf	181
a) Aufforderung zu einer Liefer- oder Bezugssperre	182
b) Rechtswidrigkeit des Boykottaufrufs	182
c) Verhältnis zum Kartellrecht und zum bürgerlichen Recht	183
2. Betriebsstörung durch physische Einwirkung, Spionage und Testmaßnahmen	183
3. Preisunterbietung	184
4. Abfangen und Ausspannen von Kunden sowie Umleiten von Kundenströmen	186
a) Ansprechen oder Werbung in räumlicher oder sachlicher Nähe	186
b) Abfangen und Umleiten von Kundenströmen und Aufträgen	188
c) Umleiten von Kundenströmen im Internet	189
d) Ausspannen von Kunden (Verleiten zum Vertragsbruch)	191
5. Werbebehinderung	193
6. Behinderung von Vertriebswegen und -systemen	194
a) Zulässigkeit und Schutzwürdigkeit des Vertriebsbindungssystems	195
b) Beseitigung von Kontrollnummern	196
c) Schleichbezug	196
d) Verleiten zum Vertragsbruch	197
7. Produktbezogene Behinderung	197
8. Behinderung durch Kennzeichenverwendung	198
a) Sperrzeichen	199
b) Spekulationsmarken	199
c) Domain-Grabbing	200
9. Behinderung durch Mitarbeiterabwerbung	200
a) Ansprechen am Arbeitsplatz	201
b) Verleiten zum Vertragsbruch	201

c) Existenzgefährdung 202
　　　d) Beschaffung von Geschäftsgeheimnissen 203
　　　e) Ausbeutung 203
　10. Betriebsstörung durch unberechtigte Abmahnung oder
　　　Schutzrechtsverwarnung 204
　　　a) Unberechtigte Abmahnung 205
　　　b) Unberechtigte Schutzrechtsverwarnung 205
　　　　　aa) Rechtslage bis zur Entscheidung des Großen Zivilsenats 206
　　　　　bb) Der Beschluss des Großen Senats für Zivilsachen 207
　　　　　cc) Kritik und Stellungnahme 208
　11. Missbrauch von Nachfragemacht 210
VII. Marktstörung 211
　1. Grundsatz und Kritik 211
　2. Verhältnis zum Kartellrecht 212
　3. Tatbestand der allgemeinen Marktbehinderung 213
　4. Fallgruppen 214
　　　a) Unentgeltliche Abgabe von Waren und Dienstleistungen 214
　　　b) Unentgeltliche Abgabe von Presseerzeugnissen 214
　　　c) Preisunterbietung 215

§ 10. Aggressive geschäftliche Handlungen (§ 4a UWG)

A. Inhalt und Zweck der Vorschrift 218
B. Entstehungsgeschichte und Unionsrecht 219
C. Verhältnis zu anderen Vorschriften 220
　I. Verhältnis zu § 3 Abs. 1 und 2 UWG 220
　II. Verhältnis zu § 7 UWG 220
　III. Verhältnis zum bürgerlichen Recht und zum Strafrecht 221
D. Grundtatbestand (Abs. 1) 221
　I. Belästigung (§ 4a Abs. 1 S. 2 Nr. 1 UWG) 221
　II. Nötigung einschließlich der Anwendung körperlicher Gewalt
　　　(§ 4a Abs. 1 S. 2 Nr. 2 UWG) 222
　III. Unzulässige Beeinflussung (§ 4a Abs. 1 S. 2 Nr. 3 UWG) 222
　　　1. Machtposition 222
　　　2. Druckausübung 223
　　　　　a) Rechtswidrige Drohung 224
　　　　　b) Moralischer Druck durch Gewährung von Vergünstigungen 224
　　　　　　　aa) Geschenke und Preisausschreiben 225
　　　　　　　bb) Zugaben und Kopplungsangebote 226
　　　　　　　cc) Kundenbindungssysteme 227
　　　　　　　dd) Preisnachlässe 227
　　　　　　　ee) Vergünstigungen gegenüber privaten Verkaufsförderern
　　　　　　　　　(§ 3 UWG) 228
　　　　　　　ff) Vergünstigungen gegenüber gewerblichen
　　　　　　　　　Verkaufsförderern und drittinteressenwahrungspflichtigen
　　　　　　　　　Personen (§ 3 UWG) 230
　　　　　c) Moralischer Druck durch gefühlsbetonte Werbung 233
　　　　　d) Autoritärer Druck 234
　　　　　e) Wirtschaftlicher Druck 235
　　　3. Ausnutzung der Machtposition 235

XV

Inhaltsverzeichnis

E. Merkmale aggressiver geschäftlicher Handlungen (Abs. 2) 235
    I. Zeitpunkt, Ort, Art oder Dauer der Handlung (Nr. 1) 236
    II. Drohende oder beleidigende Formulierungen
       oder Verhaltensweisen (Nr. 2) 236
    III. Unglückssituationen und sonstige Zwangslagen sowie geistige und
        körperliche Beeinträchtigungen, das Alter, die geschäftliche
        Unerfahrenheit und Leichtgläubigkeit (Nr. 3) 236
    IV. Belastende oder unverhältnismäßige Hindernisse nichtvertraglicher
        Art (Nr. 4) 238
    V. Drohungen mit rechtlich unzulässigen Handlungen 238

§ 11. Irreführung durch unwahre Angaben oder sonstige zur Täuschung geeignete Angaben (§ 5 UWG)

A. Inhalt und Zweck der Vorschrift 240
B. Unionsrechtliche Vorgaben 241
C. Irreführungstatbestand (Abs. 1) 242
    I. Angaben 242
        1. Tatsachenbehauptungen 242
        2. Ausdrucksformen 243
        3. Unwahr oder in sonstiger Weise zur Täuschung geeignet 243
        4. Angaben im Rahmen vergleichender Werbung (§ 5 Abs. 3 UWG) . . . 244
    II. Bezugspunkte der Irreführung (§ 5 Abs. 1 S. 2 Nr. 1–7 UWG) 244
    III. Eignung zu einer Irreführung 245
        1. Maßgeblicher Personenkreis 246
        2. Verkehrsauffassung 247
        3. Eignung zum Erwecken einer Fehlvorstellung 248
    IV. Relevanz der Irreführung 249
    V. Interessenabwägung 250
D. Verwechslungsgefahr mit einem anderen Produkt oder Kennzeichen
    (§ 5 Abs. 2 UWG) 251
E. Sonstige besondere Formen der Irreführung (Beispiele) 252
    I. Blickfangwerbung 252
    II. Werbung mit mehrdeutigen Aussagen 252
    III. Werbung mit objektiv richtigen Angaben und mit
        Selbstverständlichkeiten 253
    IV. Allein- und Spitzenstellungswerbung 254
    V. Werbung mit Testergebnissen 254
    VI. Werbung mit Preisnachlässen 255
F. Strafbare Werbung (§ 16 UWG) 256

§ 12. Irreführung durch Unterlassen (§ 5a UWG)

A. Inhalt und Zweck der Vorschrift 258
B. Abgrenzung zu § 5 UWG 259
C. Irreführendes Verschweigen von Tatsachen (§ 5 a Abs. 1 i.V.m.
    § 5 Abs. 1 UWG) 260
    I. Aufklärungspflicht 260

II. Irreführungsgefahr	261
III. Interessenabwägung	261
D. Vorenthalten von Informationen gegenüber Verbrauchern (§ 5a Abs. 2 UWG)	261
I. Wesentliche Information	261
II. Vorenthalten (§ 5a Abs. 2 S. 2 und Abs. 5 UWG)	262
III. Erheblichkeit	262
IV. Vermutung der Wesentlichkeit (§ 5a Abs. 3 Nr. 1–5 und Abs. 4 UWG)	263
V. Fehlende Kenntlichmachung des kommerziellen Zwecks (§ 5a Abs. 6 UWG)	264
1. Allgemeines Verschleierungsverbot	264
2. Besondere Formen	264
a) Tarnung als fachliche oder private Äußerung	264
b) Redaktionelle Werbung	265
c) Schleichwerbung und Product Placement	265
d) Verschleierung bei Werbeveranstaltungen oder bei sonstigem geschäftlichen Herantreten	266
e) Vortäuschen von vertraglichen Verpflichtungen und von Privatangeboten	266

§ 13. Vergleichende Werbung (§ 6 UWG)

A. Inhalt und Zweck der Vorschrift	270
B. Verhältnis zu § 5 Abs. 2 und 3 UWG	271
C. Verhältnis zum Kennzeichenrecht	271
D. Grundlagen der Beurteilung	272
E. Begriff der Vergleichenden Werbung (§ 6 Abs. 1 UWG)	273
I. Werbung	273
II. Vergleich	274
III. Mitbewerber	274
IV. Erkennbarkeit des Mitbewerbers	275
F. Unzulässigkeit der vergleichenden Werbung (§ 6 Abs. 2 UWG)	276
I. Vergleich von Waren oder Dienstleistungen für den gleichen Bedarf oder dieselbe Zweckbestimmung (Nr. 1)	276
II. Eigenschaftsvergleich (Nr. 2)	276
1. Eigenschaft	276
2. Objektivität des Vergleichs	276
3. Wesentlichkeit, Relevanz, Nachprüfbarkeit und Typizität	277
III. Herbeiführung einer Verwechslungsgefahr (Nr. 3)	277
IV. Rufausnutzung und Rufbeeinträchtigung (Nr. 4)	277
V. Herabsetzung und Verunglimpfung (Nr. 5)	278
VI. Darstellung einer Ware als Imitation oder Nachahmung (Nr. 6)	279

§ 14. Unzumutbare Belästigung (§ 7 UWG)

A. Inhalt und Zweck der Vorschrift	283
B. Grundtatbestand (§ 7 Abs. 1 S. 1 UWG)	284
I. Werbung und sonstige geschäftliche Handlungen	284

Inhaltsverzeichnis

II. Belästigung	284
III. Unzumutbarkeit	285
C. Erkennbar unerwünschte Werbung (§ 7 Abs. 1 Satz 2 UWG)	286
D. Stets unzumutbare Belästigungen (§ 7 Abs. 2 UWG)	286
I. Werbung gegen den Willen des Empfängers (§ 7 Abs. 2 Nr. 1 UWG)	286
II. Telefonwerbung gegenüber Verbrauchern (§ 7 Abs. 2 Nr. 2 Alt. 1 UWG)	286
III. Telefonwerbung gegenüber sonstigen Marktteilnehmern (§ 7 Abs. 2 Nr. 2 Alt. 2 UWG)	288
IV. Werbung mit automatischen Anrufmaschinen, Faxgeräten oder elektronischer Post (§ 7 Abs. 2 Nr. 3 und Abs. 3 UWG)	289
V. Verschleierung oder Verheimlichung der Identität des Absenders bei elektronischen Nachrichten (§ 7 Abs. 2 Nr. 4 UWG)	290
E. Weitere Fallgruppen	290
I. Ansprechen in der Öffentlichkeit	290
II. Haustürwerbung	291
III. Zusendung unbestellter Waren und Erbringung unbestellter Dienstleistungen	292
IV. Belästigende Werbemethoden im Internet	293

§ 15. Wettbewerbsrechtliche Anspruchsziele

A. Abwehr	296
I. Unterlassung aufgrund von § 8 Abs. 1 UWG	296
1. Der Verletzungsunterlassungsanspruch aus § 8 Abs. 1 S. 1 UWG	296
a) Wiederholungsgefahr	296
b) Unterlassungserklärung	297
c) Wegfall ohne Unterlassungserklärung	298
2. Der vorbeugende Unterlassungsanspruch aus § 8 Abs. 1 S. 2 UWG	299
a) „Erstbegehungsgefahr"	299
b) Verjährung	299
c) Berühmung	300
d) Wegfall	300
e) Neue Tatsachen	301
II. Unterlassung auf vertraglicher Grundlage	301
1. Zustandekommen des Unterlassungsvertrages	301
2. Reichweite	302
3. Vertragsverstoß	303
4. Beendigung des Unterlassungsvertrags	303
III. Beseitigung	304
1. Allgemeines	304
2. Voraussetzungen	304
a) Störungszustand	304
b) Objektive Rechtswidrigkeit	305
3. Anspruchsumfang	305
B. Schadensersatz	305
I. Zweck und Bedeutung von § 9 UWG	305
II. Voraussetzungen	306

1. Anspruchsgläubiger und -schuldner	306
2. Schuldhafte Verletzungshandlung	307
3. Zurechenbarer Schaden	308
III. Art und Umfang des Schadensersatzes	308
1. Arten des Schadens und seines Ersatzes	308
2. Dreifache Art der Schadensberechnung	309
a) Konkrete Schadensberechnung	309
b) Objektive Schadensberechnung	310
3. Presseprivileg (§ 9 S. 2 UWG)	312
IV. Konkurrenzen	313
C. Weitere Anspruchsziele	313
I. Vertragsstrafe	314
1. Zweck	314
2. Strafhöhe	314
3. Verwirkung	315
4. Konkurrenzen	316
II. Auskunft und Rechnungslegung	316
1. Anwendungsbereich	316
2. Voraussetzungen	317
3. Umfang der Auskunftspflicht	318
4. Erfüllung der Auskunftspflicht	320
5. Verlässlichkeit der Auskunft	320
6. Ergänzung und eidesstattliche Versicherung	321
III. Besichtigung	321
IV. Bereicherungsausgleich	322
V. Gewinnabschöpfung	323
1. Zweck von § 10 UWG	323
2. Voraussetzungen	323
3. Subsidiarität	324
4. Beteiligte	325
5. Gewinnabführung an den Bundeshaushalt	325

§ 16. Verfolgung wettbewerbsrechtlicher Anspruchsziele

A. Außergerichtliche Anspruchsverfolgung	328
I. Abmahnung	329
1. Prozessuale Bedeutung	329
2. Erforderlichkeit einer Abmahnung	329
3. Inhalt	330
4. Form und Zugang	331
5. Kosten der Abmahnung	332
II. Die Reaktion des Abgemahnten	332
1. Strafbewehrte Unterlassungserklärung	332
a) Antwort und Aufklärung	332
b) Unterwerfung	333
aa) Zweck	333
bb) Form	334
cc) Frist	335
dd) Inhalt	336
ee) Einschränkungen	336

Inhaltsverzeichnis

2. Unbegründete Abmahnung	337
a) Gegenäußerung und -abmahnung	337
b) Gegenansprüche	337
c) Schutzschrift	338
III. Einigungsverfahren	339
B. Die Klage	339
I. Allgemeines	340
a) Bedeutung	340
b) Abgrenzung	340
c) Parallelität	341
II. Zuständigkeit	341
a) Bürgerliche Rechtsstreitigkeiten	341
b) Sachliche Zuständigkeit	341
c) Örtlich-ausschließliche Zuständigkeit	341
d) Funktionelle Zuständigkeit	342
e) Internationale Zuständigkeit	342
III. Rechtsschutzinteresse	343
a) Rechtsschutzbedürfnis	343
b) Feststellungsinteresse	343
c) Ausnahmefälle	344
d) Negative Feststellungsklage	344
e) Rechtskraft	345
IV. Streitgegenstand	345
a) Lebenssachverhalt und Antrag	345
b) Unterlassungsbegehren	346
c) Leistungsklage	347
d) „Dreifache Schadensberechnung"	347
V. Bestimmtheit des Klageantrages	347
1. Folgen der mangelnden Bestimmtheit	347
a) Abweisung als unzulässig	347
b) Zurückverweisung	347
2. Unterlassungsklage	348
a) Rechtsklarheit	348
b) Konkrete Verletzungsform	349
c) Auslegung	349
d) Gesetzeswiederholung	350
e) Wettbewerbswidrige Aussage	351
3. Beseitigungsklage	352
4. Zahlungsklage	352
5. Feststellungsklage	353
6. Auskunftsklage und Rechnungslegung	353
VI. Aktivlegitimation	353
1. Allgemeines	353
a) Bedeutung	353
b) Popularklagen	354
c) Grenze der Verbandsklagebefugnis	354
d) Aktivlegitimation und Klagebefugnis	354
e) Mehrere Gläubiger	355
2. Mitbewerber	355
a) Konkretes Wettbewerbsverhältnis	355

   b) Behinderungswettbewerb 356
   c) Bundesweites Verbot 356
  3. Verbände, § 8 Abs. 3 Nr. 2 UWG 356
   a) Kollektivrechtsschutz 356
   b) Vermutung 357
   c) Voraussetzungen des § 8 Abs. 3 Nr. 2 UWG 357
    aa) Rechtsfähiger Verband 357
    bb) Ausstattung 357
    cc) Verbandsmitglieder 358
    dd) Marktabgrenzung 358
    ee) Interessenberührung 358
  4. Qualifizierte Einrichtungen, § 8 Abs. 3 Nr. 3 UWG 359
   a) Zweck 359
   b) Inländische Einrichtungen 359
   c) Ausländische Einrichtungen 359
  5. Kammern, § 8 Abs. 3 Nr. 4 UWG 360
 VII. Passivlegitimation 360
  1. Allgemeines 360
   a) Richtiger Beklagter 360
   b) Darlegungs- und Beweislast 360
   c) Störerhaftung 361
   d) Begrenzung 362
  2. Haftung des Verletzers, § 8 Abs. 1 UWG 362
   a) Verletzter 362
   b) Wettbewerbsrechtliche Verkehrspflichten 363
   c) Unterfall 364
   d) Zurechnungsgründe 364
    aa) Organ- und Repräsentationshaftung 364
    bb) Zurechnung 364
    cc) Geschäftsführerhaftung 365
  3. Haftung für Mitarbeiter und Beauftragte, § 8 Abs. 2 UWG 366
   a) Zurechnung 366
   b) Inhaber 366
   c) Unternehmensbezug 367
   d) „Mitarbeiter" und „Beauftragter" 367
C. Die einstweilige Verfügung 368
 I. Die Bedeutung der einstweiligen Verfügung im Wettbewerbsrecht 368
   a) Wettbewerbsprozess 368
   b) Grundtypen 369
   c) Abweichung 369
   d) Streitgegenstände 370
   e) Rechtsschutzinteresse 370
   f) Gleichzeitigkeit 370
 II. Voraussetzungen der einstweiligen Verfügung 371
  1. Zuständigkeit 371
   a) Sachlich und örtlich 371
   b) Örtlich 371
   c) Anhängige Hauptsache 372
   d) Auslandsbezug 372
   e) Streitigkeiten 373

Inhaltsverzeichnis

f) Staatliches Gericht	373
g) Negative Feststellungsklage	373
2. Verfügungsantrag	373
3. Verfügungsgrund und § 12 Abs. 2 UWG	374
a) Dringlichkeit	374
b) Sonderregelung	374
c) Eilbedürftigkeit	375
aa) Haupteinwand	375
bb) Verzögerung	375
cc) Einstweilige Verfügung	376
dd) Entfallene Dringlichkeit	376
d) Kenntnis	376
e) Maßstäbe	376
4. Verfügungsanspruch	377
a) Begründung	377
b) Belieferung	377
c) Beseitigung und Widerruf	377
d) Sonstige Ansprüche	378
5. Glaubhaftmachung	378
a) Voraussetzungen	378
b) Glaubhaftmachung	378
c) Verfahrensstadium	379
III. Die Entscheidung im Eilverfahren	379
1. Urteil oder Beschluss	379
2. Entscheidung durch Beschluss	380
a) Beschluss	380
b) Begründung	380
c) Dringlichkeit	380
3. Entscheidung durch Urteil	381
a) Mündliche Verhandlung	381
b) Summarisches Verfahren	381
c) Berufungsinstanz	381
4. Inhalt der Entscheidung	382
a) Freie Entscheidung	382
b) Anordnungen	382
c) Fehlende Dringlichkeit	382
5. Wirkungen	383
a) Rechtshängigkeit	383
b) Gegenverfügung	383
c) Gleichzeitiges Vorgehen	383
d) Formelle Rechtskraft	384
e) Unanfechtbare Entscheidungen	384
f) Zustellung des Antrags	385
IV. Rechtsbehelfe	385
1. Berufung, Beschwerde, Revision, Rechtsbeschwerde	385
a) Berufungsurteile	385
b) Urteile im Verfügungsverfahren	386
c) Berufungsgericht	386
d) Sofortige Beschwerde	386
2. Widerspruch, §§ 924, 925 ZPO	387
a) Verwirkungseinwand	387
b) Örtliche und sachliche Zuständigkeit	387

c) Widerspruch 387
d) Wirkung 387
3. Rechtfertigungsverfahren, § 942 ZPO 387
   a) Dringlichkeit 387
   b) Rechtfertigungsantrag 388
4. Frist zur Klageerhebung und Aufhebung,
   § 926 Abs. 1 und 2 ZPO 388
   a) Aufmerksamkeit 388
   b) Frist 388
   c) Verfügungsgericht 388
   d) Antrag 389
   e) Versäumnis 389
   f) Aufheben 389
5. Aufhebung wegen veränderter Umstände, § 927 ZPO 390
   a) Veränderte Umstände 390
   b) Anhängige Hauptsache 390
   c) Zulässiger Antrag 390
   d) Begründung 391
   e) Endurteil 391
   f) Rechtsbehelfe 392
6. Aufhebung gegen Sicherheitsleistung, § 938 ZPO 392
7. Schutzschrift 392
   a) Verteidigungsmöglichkeit 392
   b) Gesetz 393
   c) „Fliegender" Gerichtsstand 393
   d) Antrag auf Erlass 393
8. Verfassungsbeschwerde 393
V. Die Vollziehung der einstweiligen Verfügung 394
   a) Vollziehung 394
   b) Eilcharakter 394
   c) Monatsfrist 395
   d) Einzelne Fälle 396
VI. Das Abschlussverfahren 396
   a) Vorläufige Regelung 396
   b) „Abschlussschreiben" 397
   c) Erforderlichkeit 398
   d) „Abschlusserklärung" 398
VII. Schadensersatz nach § 945 ZPO 399
   1. Allgemeines 399
   2. Ausnahmetatbestand 399
   3. Vollstreckungsdruck als Schadensursache 399
   4. Aufgehobene oder von Anfang an ungerechtfertigte einstweilige
      Verfügung 400
   5. Bindung des Schadenersatzgerichts an vorangegangene
      Entscheidungen 400
      a) Beschlussverfügung 400
      b) Urteilsverfügung 401
      c) Urteil in der Hauptsache 401
      d) Hauptsacheverfahren 401
   6. Schadensumfang 401
      a) Schaden 401
      b) Erlangung des Titels 401

XXIII

Inhaltsverzeichnis

c) Grundsätze	402
d) Probleme	402
D. Durchsetzungshindernisse	**403**
I. Verjährung, § 11 UWG	403
1. Regelungszweck und -systematik	403
2. Regelungsbereich	404
a) Verjährung nach § 11 UWG	404
b) Verjährung nach §§ 195 ff. BGB	405
3. Kenntnisbezogene kurze Verjährungsfrist	405
a) Entstehung des Anspruchs	406
b) Kenntnis oder grob fahrlässige Unkenntnis	406
4. Kenntnisunabhängige Höchstfristen	407
5. Hemmung	408
a) Schwebende Verhandlungen	408
b) Klageerhebung	409
c) Einstweilige Verfügung	410
6. Neubeginn	410
7. Einrede der Verjährung	411
II. Missbräuchliche Geltendmachung, § 8 Abs. 4 UWG	412
a) Mehrere Anspruchsinhaber	412
b) Zulässigkeit	412
c) Abmahnung	412
d) Sachfremde Motive	412
E. Die Zwangsvollstreckung	**413**
I. Voraussetzungen der Zwangsvollstreckung	413
a) Unterlassungstitel	413
b) Abgrenzung	414
c) Anspruchsinhalt	414
d) Ordnungsmittel	414
e) Hinreichende Bestimmtheit	415
f) Schuldhafter Verstoß	415
aa) Titelschuldner	415
bb) Kerntheorie	415
cc) Verschulden	416
II. Das Verfahren	417
a) Parteiherrschaft	417
b) Antrag	418
c) Entscheidung	418
d) Ermessen	418
III. Verjährung	419
a) Titulierter Unterlassungsanspruch	419
b) Verfolgungsverjährung	419
c) Verjährung	419
IV. Titelfortfall	419
a) Vor Zuwiderhandlung	419
b) Rückwirkende Kraft (ex tunc)	420
c) Nach Zuwiderhandlung	420
d) Ordnungsmittel	420
e) Änderung der Rechtslage	420
f) Übereinstimmende Erledigterklärung	420

F. Die Veröffentlichungsbefugnis § 12 Abs. 3 UWG	421
a) Ansehensverlust	421
b) Materielle Anspruchsgrundlage	421
c) Rechtskräftiges Urteil	422
d) Veröffentlichung	422
e) Urteil	422
G. Der Streitwert	422
I. Bemessung des Gebührenstreitwerts	423
II. Besonderheiten	423
1. Unterlassungsbegehren	423
2. Eilverfahren	424
3. Auffangstreitwert	424
4. Streitwertbegünstigung	424

§ 17. Know-How-Schutz

A. Bedeutung des Begriffs „Know-how"	426
I. Definition von „Know-how"	427
II. Einzelfälle	427
1. Betriebsbezogene Tatsachen	427
2. Fehlende Offenkundigkeit	428
3. Geheimhaltungswille	428
4. Geheimhaltungsinteresse	428
5. Sonderfälle	429
a) Bekannte Tatsachen	429
b) Whistleblowing	429
c) Fehlender Geheimhaltungswille im Kartellrecht	429
d) Gleichstellung von „Know-How" und absoluten Schutzrechten	429
III. Europäische und internationale Regelungen	430
B. Schutz von „Know-how"	431
I. Gesetzlich	431
1. Der strafrechtliche Schutz von Geschäftsgeheimnissen	431
a) Geheimnisverrat durch Beschäftigte (§ 17 Abs. 1 UWG)	431
aa) Geschäfts- oder Betriebsgeheimnis	431
bb) Täter	431
cc) Dauer des Schutzes	431
b) Ausspähung und Verwertung von Geheimnissen (§ 17 Abs. 2 UWG)	432
aa) Ausspähungen	432
bb) Unbefugte Verwertung und Mitteilung	432
cc) Besonders schwerer Fall	432
c) Verwertung von Vorlagen (§ 18 UWG)	432
aa) Vorlagen oder Vorschriften technischer Art	433
bb) Im geschäftlichen Verkehr anvertraut	433
d) Verleiten und Erbieten zum Verrat (§ 19 UWG)	433
e) Teilnahmehandlungen	433
f) Weitere strafrechtliche Schutzvorschriften	433
2. Der zivilrechtliche Schutz von Geschäftsgeheimnissen	434
II. Der vertragliche Schutz von Geschäftsgeheimnissen	434

Inhaltsverzeichnis

C. „Know-How" im Rechtsverkehr 436
    I. Sonstiges Recht 436
    II. Verkauf und Lizenzierung 436
        1. Veräußerung von „Know-how" 437
        2. Lizenzierung von „Know-how" 437
    III. Kartellrecht 438

Sachverzeichnis 439

Abkürzungsverzeichnis

a.A.	anderer Auffassung
a.a.O.	am angegebenen Ort
Abs.	Absatz
AEUV	Vertrag über die Arbeitsweise der Europäischen Union
a.F.	alte Fassung
AGBG	Gesetz zur Regelung des Rechts der Allgemeinen Geschäftsbedingungen
allg.M.	allgemeine Meinung
a.M.	anderer Meinung
Anh.	Anhang
Anl.	Anlage
Anm.	Anmerkung
Art.	Artikel
BB	Betriebs-Berater (Jahr und Seite)
btr.	Betreffend
BGB	Bürgerliches Gesetzbuch
BGBl.	Bundesgesetzblatt
BGH	Bundesgerichtshof
BT	Bundestag
bzw.	beziehungsweise
Datenschutz-Richtlinie 2002/58/EG	Amtsblatt Nr. L 201 v. 31.7.2002, S. 37 ff.
DB	Der Betrieb (Jahr und Seite)
ders.	derselbe
DesignG	Designgesetz
dgl.	dergleichen
d.h.	das heißt
Drucks.	Drucksache
EG	Europäische Gemeinschaft
EGV	Vertrag zur Gründung der Europäischen Gemeinschaft vom 25. März 1957, Konsolidierte Fassung mit den Änderungen durch den Vertrag von Amsterdam vom 2. Oktober 1997
Einf.	Einführung
Einl.	Einleitung
entspr.	entsprechend
EuG	Gericht der Europäischen Union
EuGH	Gerichtshof der Europäischen Union
f., ff.	folgende
gem.	gemäß
GG	Grundgesetz
ggf.	gegebenenfalls
GGV	Gemeinschaftsgeschmacksmusterverordnung
GRUR	Gewerblicher Rechtsschutz und Urheberrecht (Jahr und Seite)
GRUR Int	Gewerblicher Rechtsschutz und Urheberrecht – Auslands- und Internationaler Teil (Jahr und Seite)

Abkürzungsverzeichnis

GRUR-Prax	Gewerblicher Rechtsschutz und Urheberrecht – Praxis im Immaterialgüter- und Wettbewerbsrecht (Jahr und Seite)
GRUR-RR	Gewerblicher Rechtsschutz und Urheberrecht Rechtsprechungs-Report (Jahr und Seite)
GWB	Gesetz gegen Wettbewerbsbeschränkungen
HGB	Handelsgesetzbuch
h.M.	herrschende Meinung
i.d.R.	in der Regel
i.S.v.	im Sinne von
i.V.m.	in Verbindung mit
KG	Kammergericht Berlin
Komm.	Kommentar
KosmetikVO	Kosmetikverordnung
lfd.	laufend
LFGB	Lebensmittel-, Bedarfsgegenstände- und Futtermittelgesetzbuch
LG	Landgericht
Lit.	Literatur
lt.	laut
MarkenG	Markengesetz
m.w.N.	mit weiteren Nachweisen
NJW	Neue Juristische Wochenschrift (Jahr und Seite)
NJW-RR	NJW-Rechtsprechungs-Report Zivilrecht (Jahr und Seite)
OLG	Oberlandesgericht
OWiG	Gesetz über Ordnungswidrigkeiten
PAngV	Preisangabenverordnung
RabattG/RabG	Gesetz über Preisnachlässe (Rabattgesetz)
Rdn.	Randnote, Randnummer
RG	Reichsgericht
Rn.	Randnummer
Rspr.	Rechtsprechung
Rz.	Randziffer, Randnummer
sog.	sogenannt
StGB	Strafgesetzbuch
str.	streitig
st.Rspr.	ständige Rechtsprechung
TMG	Telemediengesetz
u.	und
u.a.	unter anderem
UGP-RiLi	Richtlinie 2005/29/EG über unlautere Geschäftspraktiken
UKlaG	Unterlassungsklagengesetz
UrhG	Gesetz über Urheberrecht und verwandte Schutzrechte
usw.	und so weiter
UWG	Gesetz gegen den unlauteren Wettbewerb
v.	von
vgl.	vergleiche

Abkürzungsverzeichnis

WRP	Wettbewerb in Recht und Praxis (Jahr und Seite)
WZG	Warenzeichengesetz
ZAW	Zentralausschuss der Werbewirtschaft
z.B.	zum Beispiel
ZPO	Zivilprozessordnung
z.T.	zum Teil
ZugabeVO	Zugabeverordnung
z.Z.	zurzeit

Literaturverzeichnis

Ahrens, Der Wettbewerbsprozess, 7. Auflage, 2013
Baumbach/Hefermehl, Wettbewerbsrecht, 22. Auflage, 2001
Beater, Unlauterer Wettbewerb, 2011
Beater, Verbraucherschutz und Schutzzweckdenken im Wettbewerbsrecht, 2000
Bechtold, GWB, Kommentar, 6. Auflage, 2010
Emmerich, Unlauterer Wettbewerb, 9. Auflage, 2012
Karl-Heinz Fezer (Hrsg.), UWG, Lauterkeitsrecht, 2 Bde., 2. Auflage, 2009
Gloy/Loschelder/Erdmann (Hrsg), Handbuch des Wettbewerbsrechts, 4. Auflage, 2010
Götting/Nordemann (Hrsg.), UWG, 2. Auflage, 2013
Harte-Bavendamm/ Henning-Bodewig, Gesetz gegen den unlauteren Wettbewerb, 3. Auflage, 2013
Ingerl/Rohnke, Markengesetz, Kommentar, 3. Auflage, 2010
Köhler/Bornkamm, Wettbewerbsrecht, 34. Auflage, 2016
Mestmäcker/Schweitzer, Europäisches Wettbewerbsrecht, 3. Auflage, 2014
Ohly/Sosnitza, Gesetz gegen den unlauteren Wettbewerb, 6. Auflage, 2014
Schmidt-Kessel/Schubmehl (Hrsg.), Lauterkeitsrecht in Europa, 2011
Teplitzky, Wettbewerbsrechtliche Ansprüche und Verfahren, 10. Auflage, 2012
Teplitzky/Peifer/Leistner (Hrsg.), UWG, Großkommentar, 2. Auflage, 2013

§ 1. Grundlagen

Inhaltsübersicht

	Rn.
A. Gegenstand Lauterkeitsrechts und wettbewerbstheoretische Aspekte	1
I. Inhalt des UWG	1
II. Der freie Wettbewerb als Bezugsrahmen für das Lauterkeitsrecht	2
III. Relevanz wettbewerbstheoretischer Aussagen für das Lauterkeitsrecht	4
IV. Begriff und Wesen des freien Wettbewerbs	9
V. Funktionen des Wettbewerbs	13
1. Steuerungs-, Anpassungs- und Allokationsfunktion	14
2. Fortschritts- und Auslesefunktion	18
VI. „Leistungswettbewerb"	20
B. Rechtsgrundlagen des deutschen Lauterkeitsrechts	27
I. Das UWG	27
1. Historische Entwicklung bis 2004	27
2. Die Reform des UWG von 2004	35
3. Das Änderungsgesetz von 2008	36
4. Weitere Änderungen und das Änderungsgesetz von 2015	39
5. Kritik	40
II. Wettbewerbsrechtliche Nebengesetze	41
C. Die Stellung des Lauterkeitsrechts im Rechtssystem	43
I. Wettbewerbsrecht und Grundgesetz	43
1. Berufsfreiheit (Art. 12 GG)	47
2. Die Eigentumsgarantie (Art. 14 GG)	49
3. Die Meinungs-, Informations- und Pressefreiheit (Art. 5 Abs. 1 GG)	50
4. Kunst- und Wissenschaftsfreiheit	52
5. Allgemeine Handlungsfreiheit (Art. 2 Abs. 1 GG) und Schutz der Menschenwürde (Art. 1 GG)	53
6. Willkürverbot (Art. 3 GG)	55
II. Lauterkeitsrecht und Bürgerliches Recht	56
1. Deliktsrecht	56
2. Vertragsrecht	57
III. Lauterkeitsrecht und Kartellrecht	60
IV. Lauterkeitsrecht und Immaterialgüterrecht	62

A. Gegenstand Lauterkeitsrechts und wettbewerbstheoretische Aspekte

Schrifttum: *Böge,* Der „more economic approach" und die deutsche Wettbewerbspolitik, WuW 2004, 726; *Böhm,* Wettbewerb und Monopolkampf, 1933; *Everling,* Zur Wettbewerbskonzeption in der neuen Rechtsprechung des Gerichtshofs der Europäischen Gemeinschaften, WuW 1990, 995; *Glöckner,* Europäisches Lauterkeitsrecht, 2006; *v Hayek,* Der Wettbewerb als Entdeckungsverfahren, in Freiburger Studien, Gesammelte Aufsätze von F.A. von Hayek, 1969; *Henning-Bodewig,* Der Schutzzweck des UWG und die Richtlinie über unlautere Geschäftspraktiken, GRUR 2013, 238; *Herdzina,* Wettbewerbspolitik, 5. Aufl. 1999; *Hetmank,* „Wettbewerbsfunktionales Verständnis" im Lauterkeitsrecht, GRUR 2014, 437; *Hildebrand,* Der „more economic approach" in der Wettbewerbspolitik, WuW 2005, 513; *Hoppmann,* Behinderungsmißbrauch, 1980; *ders.,* Wirtschaftsordnung und Wettbewerb, 1988; *Kantzenbach*, Die Funktionsfähigkeit des Wettbewerbs, Wirtschaftspolitische Studien aus dem Institut für Europäische Wirtschaftspolitik der Universität Hamburg, Heft 1, 1966; *Mestmäcker*, Der verwaltete Wettbewerb, 1984; *ders.*, Schnittstellen von Wettbewerb und Regulierung im europäischen Recht, FS Zuleeg, 2005, 397; *Micklitz/Keßler*, Funktionswandel des UWG, WRP 2003, 919; *Möschel*, Die Wettbewerbsordnung als Grundelement der Sozialen Marktwirtschaft, FS Nörr, 2003, 609; *ders.*, Wettbewerb zwischen Handlungsfreiheiten und Effizienzzielen, FS Mestmäcker, 2006, 356; *Reichold*, Lauterkeitsrecht als Sonderdeliktsrecht, AcP Bd. 193 (1993) S. 204; *I. Schmidt*, More economic approach: Ein wettbewerbspolitischer Fortschritt?, FS Bechtold, 2006, 409; *Schmidtchen*, Effizienz als Leitbild der Wettbewerbspolitik, in Oberender (Hrsg.), Effizienz und Wettbewerb, 2005, 9; *ders.*, Der „more economic approach" in der Wettbewerbspolitik, WuW 2006, 1; *Schünemann*, Ökonomische Analyse der europäischen und deutschen Regelung, in Krejci/Kessler/Augenhofer (Hrsg.), Lauterkeitsrecht im Umbruch, 2005; *Ullmann*, Das Koordinatensystem des Rechts des unlauteren Wettbewerbs im Spannungsfeld von Europa und Deutschland, GRUR 2003, 817; *P. Ulmer*, Der Begriff „Leistungswettbewerb" und seine Bedeutung für die Anwendung von GWB- und UWG-Tatbeständen, GRUR 1977, 565; *Thouvenin*, Funktionale Systematisierung von Wettbewerbsrecht (UWG) und Immaterialgüterrechten, 2007.

I. Inhalt des UWG

1   Das „Gesetz gegen den unlauteren Wettbewerb" (UWG) dient der **Bekämpfung unlauterer geschäftlicher Handlungen**. Es betrifft Verhaltensnormen, die im wirtschaftlichen Wettbewerb einzuhalten sind, und verbietet unlautere Praktiken. Die genauere Umschreibung dessen, was als unlauter anzusehen ist, bereitet jedoch seit jeher Schwierigkeiten und stellt eines der zentralen Herausforderungen des Lauterkeitsrechts dar. Von einer Definition des Begriffs „unlauter" hat insbesondere auch der Gesetzgeber abgesehen, der lediglich bestimmte unlautere Handlungen beispielhaft in weiteren Vorschriften nennt und im Übrigen die weitere Präzisierung der Rechtsprechung überlassen hat. Ausgehend von der Erkenntnis, dass der Wettbewerb durch einen Ausleseprozess gekennzeichnet ist, dem die Behinderung oder sogar Verdrängung der Mitbewerber immanent ist, geht es im Kern darum, dass **beim grundsätzlich erwünschten Wettkampf um die Gunst der Abnehmer weder deren Entscheidungen noch die Wettbewerbschancen der Konkurrenten durch unzulässige Methoden beeinflusst werden und der Wettbewerb auf diese Weise verfälscht** wird. In diesem Sinne bestehen Berührungspunkte mit dem Deliktsrecht, dem Vertragsrecht, dem Immaterialgüterrecht und dem Kartellrecht. Dabei hat in jüngster Zeit vor allem das europäische Unionsrecht erheblichen Einfluss auf das deutsche Wettbewerbsrecht[1] ausgeübt.

II. Der freie Wettbewerb als Bezugsrahmen für das Lauterkeitsrecht

2   Geschäftliche Handlungen, lautere wie unlautere, sind unmittelbarer Ausdruck eines **freien Wettbewerbs**. Der freie Wettbewerb bildet daher als Fundament einer freien Marktwirtschaft auch den **rechtlichen Ansatzpunkt** für das Verständnis des Lauterkeitsrechts.[2] Er beruht auf der Erkenntnis, dass freier Wettbewerb zu besseren Ergebnissen führt als ein System mit staatlich-bürokratischer Lenkung. Mit Blick auf die verfassungsrechtlich garantierte freie Entfaltung der Persönlichkeit stellt er über die rein wirtschaftlichen Aspekte hinaus das Leitbild einer freien und demokratischen Gesellschaftsordnung dar. Erst unter Bezugnahme auf das Wesen und die Mechanismen eines freien Wettbewerbs lassen sich

---

[1] Da der Begriff „Wettbewerbsrecht" häufig als ein Oberbegriff verwendet wird, der auch das Kartellrecht umfasst, wird in jüngster Zeit zur Klarstellung immer häufiger von „Lauterkeitsrecht" gesprochen.

[2] Vgl. zum Folgenden *Hetmank*, GRUR 2014, 437 ff.

Motivation und Auswirkungen geschäftlichen Handelns offenlegen und Wertungen ableiten. Der Gesetzgeber hat sich allerdings bewusst nicht für einen vollkommen freien „Kampf aufs Messer" entschieden, sondern bestimmte Wettbewerbsbedingungen zur **Begrenzung und Umsetzung dieser Freiheit** für erforderlich gehalten.

Der freie Wettbewerb und die Notwendigkeit seiner Regulierung bilden auch **historisch** den Ausgangspunkt für die Entwicklung des Lauterkeitsrechts. Mit den technischen und wirtschaftlichen Umwälzungen des 19. Jahrhunderts und der Hinwendung zu einer Wirtschaftsordnung, in der grundsätzlich jedem der Betrieb eines Gewerbes gestattet war, brachen sich die Kräfte des freien wirtschaftlichen Wettbewerbs in einem bis dahin unbekanntem Ausmaß Bahn. Es waren die in der Folge immer häufiger beklagten **Auswüchse des freien Wettbewerbs**, wie etwa die „schwindelhafte Reklame und Herabsetzungen der Konkurrenz", die schließlich den Ruf nach einer Regulierung des freien Wettbewerbs laut werden ließen.[3]

III. Relevanz wettbewerbstheoretischer Aussagen für das Lauterkeitsrecht

Wesen, Mechanismen und Funktionen des freien Wettbewerbs genauso wie die Motive geschäftlichen Handelns sind Untersuchungsgegenstand der **Wirtschaftswissenschaften**. Zwar setzt sich in der lauterkeitsrechtlichen Literatur zunehmend die Erkenntnis durch, dass so genannte „**wettbewerbsfunktionale Aspekte**" bei der Beurteilung der Unlauterkeit Berücksichtigung finden können bzw. die durch das Lauterkeitsrecht geschützten Interessen „wettbewerbsfunktional" auszulegen sind.[4] Im Übrigen wird die Bedeutung wirtschaftstheoretischer Überlegungen für die lauterkeitsrechtliche Beurteilung geschäftlicher Handlungen aber nach wie vor als gering erachtet und allenfalls dem Konzept der Wettbewerbsfreiheit nennenswerte Aussagekraft zugesprochen.[5] Hingewiesen wird unter anderem darauf, dass die untersuchten Zusammenhänge auf rein theoretischen Modellen beruhen, die in der Realität nicht anzutreffen seien. So fehle es beispielsweise an der den Wettbewerbsmodellen zu Grunde liegenden Markttransparenz, weil die Abnehmer kaum über die für die Ausübung ihrer Schiedsrichterfunktion erforderlichen Informationen verfügten.[6] Ferner stelle keines der zur Beschreibung des wirtschaftlichen Wettbewerbs hervorgebrachten Modelle ein normativ verbindliches Leitbild dar. Vielmehr handele es sich um Beschreibungen der Realität, die rechtspolitische Bedeutung gewinnen könnten, denen der Gesetzgeber aber keine Bindungswirkung beigemessen habe. Das UWG sei kein Gesetz zur Förderung einer bestimmten Art von Wettbewerb, auch nicht eines lauteren Wettbewerbs oder des Leistungswettbewerbs.[7] Schließlich beträfen die Wettbewerbsmodelle das Kartellrecht in weitaus höherem Maße als das Lauterkeitsrecht, das individuelles Marktverhalten und nicht den Wettbewerb an sich in den Blick nehme und das dessen Auswirkungen auf den Markt allenfalls mittelbar berücksichtige.

Richtig ist, dass es nicht **Aufgabe des Lauterkeitsrechts** sein kann, die wettbewerbspolitischen Erkenntnisse, die aus den verschiedenen Wettbewerbsmodellen gefolgert werden, durchzusetzen. Es ist aber Aufgabe des Lauterkeitsrechts, geschäftliche Handlungen auf ihre Lauterkeit hin zu bewerten. Schon wegen der Konturenlosigkeit des Begriffs „Unlau-

---

[3] Siehe *R. Stegemann*, Unlauteres Geschäftsgebaren, Heft 2: Berichte, Anträge, Braunschweig 1894, S. 1 ff.; *Beater*, Unlauterer Wettbewerb, § 3 Rn. 55 f., m.w.N.
[4] Vgl. z.B. *Emmerich*, Unlauterer Wettbewerb, S. 53 f.; *Schünemann*, WRP 2004, 925, 925 ff.; *Nemeczek*, WRP 2012, 1025, 1025 ff.; *Podszun*, WRP 2009, 509, 510 ff.; *ders.* in Harte/Henning, UWG, § 1 Rn. 108; *Beater*, Unlauterer Wettbewerb, § 2 Rn. 133 ff.
[5] Vgl. etwa *Köhler*/Bornkamm, UWG, Einl. Rn. 1.16; *Nemeczek*, WRP 2012, 1025, 1028.
[6] Vgl. *Beater*, Unlauterer Wettbewerb, § 2 Rn. 125 ff.
[7] Gloy/Loschelder/*Erdmann*, HdB WettbR, § 23 Rn. 14.

terkeit" und in Ermangelung anderer hinreichend konkreter Kriterien sollte den wettbewerbstheoretischen Erkenntnissen nicht vorschnell jegliche Relevanz für das Lauterkeitsrecht abgesprochen werden.[8] Das Lauterkeitsrecht ist Teil des Wirtschaftsrechts, dessen **grundlegendes Ordnungsprinzip** der freie Wettbewerb ist. Die Wettbewerbsfreiheit ist nicht nur Ausfluss des Grundrechts auf wirtschaftliche Betätigungsfreiheit, sondern steht am Anfang aller Regeln über die Wirtschaftstätigkeit. Mit ihr soll sichergestellt werden, dass Wettbewerber mit Preis und Leistung überzeugen können und die dadurch generierten Gewinne auch der Marktgegenseite, insbesondere den Verbrauchern und der Allgemeinheit, zu Gute kommen. Geschäftliche Handlungen, die mit diesem grundlegenden Ordnungsprinzip nicht vereinbar sind, berühren unmittelbar die **Interessen aller Marktteilnehmer und die der Allgemeinheit an einem unverfälschten Wettbewerb**.

6   Dass die Aussagen, die zu den Ordnungsprinzipien des freien Wettbewerbs getroffen werden, auf rein theoretischen Annahmen beruhen, die in der Realität nicht immer anzutreffen sind, steht ihrer Aussagekraft nicht grundsätzlich entgegen. Schon begrifflich können und sollen Modelle die Realität nicht vollständig beschreiben. Sie können aber gleichwohl Aufschluss darüber geben, welche Annahmen in der Realität am wahrscheinlichsten eintreten werden und welche Gefahren für den freien Wettbewerb drohen. Auch wenn die Wettbewerbsmodelle also keine Einzelvoraussagen liefern können, so können sie doch durchaus **falsifizierbare Voraussagen** zu den auftretenden Mustern treffen.[9]

7   Zudem lassen sich die **Auswirkungen auf den Markt** im Lauterkeitsrecht nicht völlig ausblenden, selbst wenn es nur individuelles Marktverhalten in den Blick nimmt. Denn grundsätzlich wird jede individuelle Wettbewerbshandlung um ihrer wettbewerblichen Auswirkungen Willen getätigt. Der Umstand, dass durch eine geschäftliche Handlung die grundlegenden Funktionen des Wettbewerbs untergraben werden können, bedeutet zwar sicher noch nicht für sich allein, dass diese Handlung auch unlauter ist. Ein solcher aus wirtschaftswissenschaftlicher Sicht begründeter Befund kann es aber angebracht erscheinen lassen, die fragliche Handlung genauer zu überprüfen und ihre Vereinbarkeit mit dem Wesen und den Grundprinzipien des freien Wettbewerbs zu begründen.

8   So kann sich eine Leistung, die qualitativ und preislich anderen Angeboten am Markt unterlegen ist, etwa deshalb durchsetzen, weil Verbraucher nicht vollständig über die Gesamtheit aller verfügbaren Angebote informiert sind, aber auch weil Verbraucher über die Beschaffenheit oder den Preis in die Irre geführt oder gar zum Kaufabschluss gezwungen werden. Während ein gewisser Grad an Markttransparenz grundsätzlich hingenommen werden muss, erscheinen Irreführung oder Ausübung von Zwang nicht mit den Grundfunktionen eines freien Wettbewerbs vereinbar. Aus alldem folgt, dass wettbewerbstheoretische Aussagen für die lauterkeitsrechtliche Beurteilung durchaus Bedeutung erlangen können.

IV. Begriff und Wesen des freien Wettbewerbs

9   Ganz grob und allgemein wird in den Wirtschaftswissenschaften der **Begriff „Wettbewerb"** wie folgt definiert: Das Streben mehrerer Subjekte nach einem Ziel, wobei der höhere Zielerreichungsgrad des einen in der Regel einen geringeren Zielerreichungsgrad des

---

[8] S. zum Folgenden *Hetmank*, GRUR 2014, 437 ff.
[9] Vgl. z.B. *Schmidtchen/Kirstein*, Center for the Study of Law and Economics Discussion Paper 2001-02: „Die Ergebnisse des Wettbewerbs als Entdeckungsverfahren sind vorhersagbar, solange man sich damit begnügt, lediglich die Art des auftretenden Musters und nicht seine individuelle Erscheinungsform abzuleiten."

A. Gegenstand Lauterkeitsrechts und wettbewerbstheoretische Aspekte

anderen bedingt.[10] Hieraus ergibt sich ein Interessengegensatz, der die Beziehungen der Wettbewerber untereinander bestimmt. In seiner stärksten Form führt der Wettbewerb zum Kampf der Konkurrenten, in seiner schwächsten Form führt er zur Verständigung der Konkurrenten.[11]

Der Begriff „Wettbewerb" wurde im 19. Jahrhundert als Ersatz für das Wort „Konkurrenz" gebildet,[12] das seinerseits auf dem Umweg über das französische *concurrence* vom lateinischen *concurrere* (zusammenlaufen, sich in einen Wettkampf einlassen), stammt (lat. *competitio*, davon das engl. *competition*).[13] In der begrifflichen Herkunft kommt der Kerngehalt der Bedeutung des Wortes „Wettbewerb" deutlich zum Ausdruck: „Man bewirbt sich mit anderen um die Wette. Jeder Wettbewerber strebt *(petit)*, eilt *(court)* nach demselben Ziel."[14] Wettbewerb tritt in zahlreichen Erscheinungsformen auf und ist in den verschiedensten Lebensbereichen anzutreffen wie Sport, Beruf, Politik und Wirtschaft. Das Wettbewerbsrecht betrifft allein den wirtschaftlichen Wettbewerb. Eine genauere Umschreibung des Begriffs „Wettbewerb" ist angesichts seiner **Komplexität** kaum möglich. Allerdings lassen sich durchaus Grundaussagen zum allgemeinen Wesen des Wettbewerbs treffen.

Zum einen ist zwingende Voraussetzung für Wettbewerb die **Freiheit aller Marktteilnehmer**, da ohne diese Handlungsfreiheit der Wettbewerb weder entstehen noch sich entfalten kann.[15] Die Konzeption der Wettbewerbsfreiheit setzt sich aus verschiedenen Elementen zusammen: Grundvoraussetzung ist der **freie Zugang zum Markt** und die **Möglichkeit freier wirtschaftlicher Betätigung**, das heißt, Anbieter müssen ihre Leistungen in Bezug auf Preis, Güte, Service und andere Aktionsparameter frei bestimmen, Nachfrager die ihnen angebotenen Leistungen frei auswählen können.

Zum anderen ist **wesentliches Antriebselement** des wirtschaftlichen Wettbewerbs – und damit aller geschäftlichen Handlungen im Wettbewerb – das **individuelle Vorteilsstreben**, indem versucht wird, Marktvorteile zu erzielen, wie etwa Marktanteile oder Gewinne zu vergrößern oder zu erhalten. Gleichzeitig **zwingt Wettbewerb auch zu aktivem Handeln**, um nicht Marktnachteile hinnehmen zu müssen. Je größer der mögliche Vorteil und je größer der Druck, mit dem Vorstoß eines Konkurrenten mitzuhalten, umso größer ist auch die **Versuchung**, im Wettbewerb auf unzulässige Methoden zurückzugreifen. Die Versuchung wird zum **Druck**, wenn bereits der Vorstoß des Konkurrenten auf einer unzulässigen geschäftlichen Handlung beruht. Zugespitzt könnte man sagen, dass freier Wettbewerb gerade dazu motiviert, im Wettbewerb auch unzulässige Praktiken einzusetzen, wenn dadurch Marktvorteile aussichtsreich erscheinen. Gleichzeitig wirkt sich jeder unzulässig erzielte Marktvorteil unmittelbar erneut auf den Wettbewerb aus, indem von unzulässigen, aber vorteilhaften, Wettbewerbsmethoden eine „**Sogwirkung**" ausgeht, die im Sinne eines „**Wettrüstens**" und gegenseitigen „**Aufschaukelns**" zum Einsatz weiterer unzulässiger Geschäftspraktiken verleiten kann.

---

[10] Vgl. z.B. Gablers Wirtschaftslexikon (www.wirtschaftslexikon.gabler.de).
[11] *Baumbach/Hefermehl*, UWG, 22. Aufl. 2001, Allg. Rn. 1.
[12] *Duden*, Das Herkunftswörterbuch, Etymologie der deutschen Sprache, 2001.
[13] *Baumbach/Hefermehl*, UWG, 22. Aufl. 2001, Allg. Rn. 1.
[14] *Baumbach/Hefermehl*, ebenda.
[15] Vgl. ÖOGH ÖBl. 2000, 165, 167.

V. Funktionen des Wettbewerbs

13 Während in den Wirtschaftswissenschaften zur Beschreibung des Wettbewerbs verschiedene Theorien diskutiert werden, besteht hinsichtlich der Funktionen, die von einem freien Wettbewerb erwartet werden können und den für die Gesamtwohlfahrt so wichtigen Wirkungen, die von ihm ausgehen können, grundsätzlich Einigkeit.[16] Umstritten ist lediglich, ob und wie durch Wettbewerbspolitik in bestehende Marktstrukturen eingegriffen werden sollte, um die Erfüllung dieser Funktionen zu fördern.[17] Kann der Markt wesentliche Funktionen nicht mehr erfüllen, wird in den Wirtschaftswissenschaften von einem „**Marktversagen**" oder einer „**Marktunvollkommenheit**" gesprochen.[18] Die wesentlichen Funktionen des Wettbewerbs lassen sich ungeachtet von gewissen Unterschieden im Detail wie folgt zusammenfassen:[19]

1. Steuerungs-, Anpassungs- und Allokationsfunktion

14 Als eine zentrale Funktion des Wettbewerbs wird die Steuerung des Warenangebots und des Preisniveaus durch das **Prinzip von Angebot und Nachfrage** angesehen. Der Wettbewerb „koordiniert" den Markt in der Weise, dass langfristig nur die Waren und Dienstleistungen in der Art und Qualität angeboten werden, wie sie der Nachfrage entsprechen (**Steuerungs- und Koordinationsfunktion**). Gleichzeitig sorgt der Wettbewerb dafür, dass sich langfristig die Produktion an den sich verändernden Bedarf anpasst (**Anpassungsfunktion**).

15 Der Markt zwingt die Unternehmen, sich den ständig ändernden Bedingungen anzupassen: Wenn z.B. die Nachfrage das Angebot überwiegt, so wird der Marktpreis steigen. Dieser steigende Marktpreis wird mehr Anbieter auf diesen Markt lenken und auf diese Weise die zusätzliche Nachfrage befriedigen. Wenn die Nachfrage dagegen geringer ist als das Angebot, so zwingt dies die Anbieter, die Preise zu senken, was dazu führt, dass der betreffende Markt für die Anbieter an Attraktivität verliert. Dies hat zur Folge, dass einige von ihnen diesen Markt verlassen und auf profitablere Märkte ausweichen werden. Dadurch sinkt das Angebot und die Preise steigen wieder, bis sich Angebot und Nachfrage einander angeglichen haben.

16 In gleicher Weise sorgt freier Wettbewerb auch für eine **optimale Allokation der Ressourcen und Produktionsfaktoren** (**Allokationsfunktion**). Sie werden dorthin gelenkt, wo sie entsprechend der Güternachfrage am effektivsten eingesetzt werden können oder am dringendsten benötigt werden.

17 Die damit bewirkte Steuerung von Angebot und Preis erfolgt **dezentral**, das heißt durch die berühmte *invisible hand* im Sinne von *Adam Smith* nach den Wünschen und Bedürfnissen der Abnehmer und den Möglichkeiten der Anbieter. Nach einem geradezu urdemokratisch anmutenden Bild erfolgt seitens der Abnehmer eine „Abstimmung an der Ladentheke", die für eine Anpassung des Angebots an deren Präferenzen sorgt und ihnen eine **Schiedsrichterrolle** zuweist. Die Schiedsrichterrolle des Verbrauchers und damit die Steuerungs-, Anpassungs- und Allokationsfunktion des Wettbewerbs kann durch bestimmte geschäftliche Handlungen unmittelbar berührt sein, etwa wenn Verbraucher über die Art, die Qualität oder den Preis von Waren oder Dienstleistungen in die Irre geführt oder beim Kaufabschluss Druck oder Zwang ausgesetzt sind. Die **dezentrale Koordination**

---

[16] Olten, Wettbewerbstheorie und Wettbewerbspolitik, S. 19.
[17] Da die Marktstrukturen unbestritten nur das Kartellrecht betreffen, braucht auf die dazu vertretenen Modelle hier nicht eingegangen zu werden.
[18] Vgl. dazu ausführlich *Fritsch*, Marktversagen und Wirtschaftspolitik, 8. Aufl. 2010, S. 79 ff.
[19] Siehe zum folgenden Überblick *Hetmank*, GRUR 2014, 437 ff. sowie die Darstellung von *Beater*, Unlauterer Wettbewerb, § 2 Rn. 103 ff.

des Marktes bedeutet aber auch, dass Eingriffe in den Wettbewerb, wie etwa durch das Lauterkeitsrecht, nur zulässig sind, wenn die „**Selbstheilungskräfte**" des Marktes versagen.

2. Fortschritts- und Auslesefunktion

Eng verknüpft mit der Anpassungsfunktion ist die Vorstellung, dass der Wettbewerb den **technischen Fortschritt fördert**. Durch den in einem freien Wettbewerb bestehenden „Wettbewerbsdruck" müssen Wettbewerber ihre Leistungskraft ständig unter Beweis stellen, weil von der Nachfrageseite tendenziell das bessere Angebot bevorzugt wird. Auf diese Weise werden Anbieter stets versucht sein, neuartige und qualitativ verbesserte Produkte auf den Markt zu bringen, um dadurch einerseits eigene ökonomische Vorteile zu erlangen und andererseits eine bisher nicht gedeckte Nachfrage zu befriedigen.

18

Mit dem durch den Wettbewerb geschaffenen **Anreiz**, den Konkurrenten durch eine preislich bzw. qualitativ **überlegene Leistung** zu überflügeln, geht die **Auslesefunktion** (Verteilungsfunktion) einher. Danach wird dasjenige Unternehmen mit den höchsten Gewinnen belohnt, das die beste Leistung am Markt erbringt. Die **leistungsorientierte Verteilung von Gewinnen und Verlusten** führt dazu, dass leistungsfähige Unternehmen überleben und expandieren und ineffiziente Unternehmen an Größe verlieren oder gänzlich vom Markt verschwinden. Gerade die in einem freien Markt bestehende **Leistungsmotivation** soll zu einer **Steigerung des Gesamtwohls** führen.[20] Auch diese Funktionen des Wettbewerbs können durch geschäftliche Handlungen berührt sein. Werden beispielsweise innovative Leistungen von Konkurrenten sofort übernommen, ohne dass die dafür erforderlichen Kosten amortisiert werden können, besteht weniger Anreiz, in die Entwicklung technischer Innovationen zu investieren. Denn wenn man Kosten und Mühen aufwenden muss, aber an den Erträgen nicht beteiligt wird, wird man sie unterlassen. Ohne hinreichenden Schutz der eigenen Leistung durch die Rechtsordnung würde beispielsweise ein Bauer, dem das von ihm angebaute Korn von einem anderen geerntet wird, entweder kein Korn mehr anbauen oder mehr Ressourcen für den Schutz der Ernte aufbringen, die dann beim Landanbau fehlten. Darüber hinaus würden andere ihre Zeit für „Raubzüge" verwenden und nicht für eigene wertschöpfende Aktivitäten.[21] Die Auslese- und Fortschrittsfunktion ist auch betroffen, wenn Mitbewerber durch gezielte Behinderungen, wie z.B. Sabotagehandlungen am Anbieten ihrer Leistung gehindert werden und sich allein deshalb die Leistung des Saboteurs auf dem Markt durchsetzt und nicht die der anderen Marktteilnehmer.

19

VI. „Leistungswettbewerb"

Die Frage, inwieweit wettbewerbstheoretische Vorstellungen im Lauterkeitsrecht zu berücksichtigen sind, wird vor allem unter dem Stichwort „Leistungswettbewerb" diskutiert.[22] Bereits *Callmann* (1929) und *Böhm* (1933), die auf den Arbeiten von *Lobe* (1907),

20

---

[20] Vgl. dazu etwa *Ott* in: Vahlens Kompendium der Wirtschaftstheorie und Wirtschaftspolitik, 9. Aufl. 2007, Band 2, S. 570; *Bartling/Luzius*, Grundzüge der Volkswirtschaftslehre, 16. Aufl. 2012, S. 46 ff.; *Cezanne*, Allgemeine Volkswirtschaftslehre, 6. Aufl. 2005, S. 14 f.

[21] Beispiel nach *Schmidtchen*, Funktionen und Schutz von „property rights", CSLE Discussion Paper Series, 9804, S. 7 f.

[22] Siehe z.B. *Fezer*, UWG, § 3 Rn. 218 ff.; GroßkommUWG/*Pfeifer*, § 4 Nr. 10 Rn. 110 ff.; *Hetmank*, GRUR 2014, 437, 439; *ders.*, Der Wettbewerbsvorsprung im Lauterkeitsrecht, 2013, S. 113 ff.; *Elskamp*, Gesetzesverstoß und Wettbewerbsrecht, S. 139; Harte/Henning/*Ahrens*, UWG, Einl. F Rn. 79; vgl. auch BVerfG, 1.8.2001 – 1 BvR 1188/92, WRP 2001, 1160, 1162 – *Therapeutische Äquivalenz*; BVerfG, 12.07.2007 – 1 BvR 2041/02, GRUR 2008, 81, 82 – *Pharmakartell*.

Kohler (1909) und *Nipperdey* (1930) aufbauen konnten,[23] erkannten im Leistungswettbewerb ein auch für das Lauterkeitsrecht **zentrales Prinzip**. Darunter wurde die Förderung der eigenen Absatztätigkeit mit den Mitteln der eigenen Leistung verstanden, d.h. mit Aktionsparametern wie **Qualität, Preis, Vertrieb oder Werbung**. Maßgeblich sollte vor allem die „individuelle Tüchtigkeit" des Wettbewerbers im Vergleich zu seinen Konkurrenten sein,[24] so dass sich im Interesse der Allgemeinheit und der Abnehmer das beste Angebot durchsetzen könne und die Anbieter angespornt würden, das Gebotene ständig zu verbessern.[25] Demgegenüber sei „Nichtleistungswettbewerb" ein „negativer Wettbewerb", der eine Behinderung des Mitbewerbers herbeiführe, um dadurch erst freie Bahn für den eigenen Absatz zu schaffen.[26]

21 In jüngster Zeit hat auch das **BVerfG** in einigen Urteilen darauf abgestellt, ob durch Werbeaussagen die **Funktionsfähigkeit des Leistungswettbewerbs** gefährdet wird.[27] Die Vorschriften des UWG a.F. schützten nicht die guten Sitten als solche, sondern nur als Grundlage der Funktionsfähigkeit des Leistungswettbewerbs. Missbilligt würden im Interesse des Schutzes der Wettbewerber und der sonstigen Marktbeteiligten, allen voran der Verbraucher, Verhaltensweisen, welche die Funktionsfähigkeit des an der Leistung orientierten Wettbewerbs im wettbewerblichen Handeln einzelner Unternehmen oder als Institution stören, so zum Beispiel unlautere Einflussnahmen auf die freie Entschließung der Kunden. Die Freiheit der wirtschaftlichen Betätigung solle nicht dazu führen dürfen, dass Einzelne sich durch unzulässige Praktiken **Vorteile im Wettbewerb** verschafften.

22 In der Literatur wird die Lehre vom „Leistungswettbewerb" dagegen zumeist rundheraus abgelehnt.[28] Sie habe „hohen Darstellungswert" und übe „besondere Überzeugungskraft" auf Fachfremde und Novizen aus, indem sie an „tiefe ethische Wurzeln" appelliere. Die Lehre könne aus sich selbst heraus aber keine Lösungen ermöglichen, sondern müsse erst ihrerseits mit Inhalt gefüllt werden.[29] Die eigentliche Frage, wie Leistungswettbewerb von unzulässigem Wettbewerbsverhalten zu trennen ist, könne damit nicht beantwortet werden. Denn erst die Marktbeteiligten legten durch Angebot und Nachfrage fest, was „Leistung" sei.[30] Insofern werde lediglich ein unbestimmter Rechtsbegriff durch einen anderen ersetzt,[31] der „völlig unscharf" sei[32] und mit dem jegliches Ergebnis erzielbar wäre.[33]

---

[23] *Callmann*, Der unlautere Wettbewerb, 1929, S. 20; *Böhm*, Wettbewerb und Monopolkampf, 1933, S. 178 ff., 284; *Lobe*, Die Bekämpfung des unlauteren Wettbewerbs, Band I, 1907, S. 8 ff.; *Kohler*, MuW 1909, 73, 73; *ders.*, Der unlautere Wettbewerb, 1914, S. 18.; *Nipperdey*, Wettbewerb und Existenzvernichtung, 1930, S. 16.

[24] V. *Schall-Riacour*, Wettbewerbsverstöße, S. 31; *Nipperdey*, Wettbewerb und Existenzvernichtung, S. 16.

[25] *Schricker*, Gesetzesverletzung, S. 34, 262.

[26] *Nipperdey*, a.a.O., S. 16.

[27] Siehe BVerfG GRUR 2001, 1058, 1060 – *Therapeutische Äquivalenz*; NJW 2002, 1187 – *Tier- und Artenschutz*; NJW 2003, 277 – *JUVE-Handbuch*; GRUR 2008, 81, 82 – *Pharmakartell*; kritisch dazu Harte/Henning/*Ahrens*, UWG, Einl. G Rdn. 80; Beater, Unlauterer Wettbewerb, § 10 Rn. 767.

[28] *Beater*, Unlauterer Wettbewerb, § 11 Rn. 840; *ders.*, Nachahmen im Wettbewerb, S. 68 ff., 345 ff.; Harte/Henning/*Schünemann*, UWG, § 3 Rn. 228 ff.; MünchKommUWG/*Sosnitza*, § 1 Rn. 37; *ders.*, Wettbewerbsbeschränkungen durch die Rechtsprechung, S. 79 ff.; Köhler/Bornkamm, UWG, § 1 Rn. 44, m.w.N.; Gloy/Loschelder/Erdmann/*Leistner*, Handbuch des Wettbewerbsrechts, § 4 Rn. 26; Gloy/Loschelder/Erdmann/*v.Ungern-Sternberg*, HdB WettbR, § 23 Rn. 14; *Ahrens*, JZ 2004, 763, 772; *ders.* in Harte/Henning, UWG, Einl. G Rn. 80.

[29] *Beater*, Unlauterer Wettbewerb, § 11 Rn. 840; *Köhler/Bornkamm*, UWG, § 1 Rn. 44.

[30] *Sosnitza*, Wettbewerbsbeschränkungen durch die Rechtsprechung, S. 81.

[31] *Emmerich*, Unlauterer Wettbewerb, § 5 Rn. 19, m.w.N.

[32] Harte/Henning/*Ahrens*, UWG, Einl. G Rn. 80.

[33] Gloy/Loschelder/Erdmann/*Leistner*, HdB WettbR, § 4 Rn. 26.

23 Richtig ist, dass Wettbewerbshandlungen nicht allein schon deshalb als unzulässig angesehen werden dürfen, weil sie sich nicht mit dem Leistungsprinzip vereinbaren lassen. Mangels hinreichender anderer Kriterien zur Bestimmung der Unlauterkeit könnte es sich aber gleichwohl als hilfreich erweisen, bei der lauterkeitsrechtlichen Beurteilung einer geschäftlichen Handlung auch die Auswirkungen auf grundlegende **Funktionen des Wettbewerbs** in den Blick zu nehmen. Nach den Vorstellungen der Ökonomen gehört das **individuelle Vorteilsstreben** zu den wesentlichen Antriebskräften des Wettbewerbs. Damit sich dieses individuelle Vorteilsstreben zum Vorteil aller auswirkt, bedarf es aber einer Motivation zur Generierung von Fortschritt und Einkommen. Auch wenn unter Ökonomen hinsichtlich der Motive der Marktakteure unterschiedliche Meinungen vertreten werden, so besteht jedenfalls Einigkeit darüber, dass vor allem dem **Prinzip der Leistungsmotivation** eine zentrale Bedeutung zukommt.[34] Das Leistungsprinzip entspringt unmittelbar der **Allokations- und Fortschrittsfunktion** eines freien Wettbewerbs. Indem in einem freien Markt von der Marktgegenseite tendenziell die bessere Leistung bevorzugt wird, besteht erst der entscheidende Anreiz, die knappen Ressourcen effizient einzusetzen und denjenigen Fortschritt zu generieren, der letztlich allen zu Gute kommt. Umgekehrt kann es zu einem **Marktversagen** bzw. zu einer **Marktunvollkommenheit** führen, wenn Anreize gesetzt werden, die vorhandenen knappen Ressourcen **ineffizient** und nicht mehr zum Vorteil der Gesamtwohlfahrt einzusetzen. Ein Mindestmaß an Leistungsmotivation ist somit eine Grundbedingung eines freien Wettbewerbs. Ohne diese Leistungsmotivation würden keine Märkte entstehen und es könnten sich weder an den Bedürfnissen orientierte Preise noch Transaktionskosten mit gegenseitigen Kooperationsgewinnen bilden. Mit diesem Grundprinzip wäre es aber nicht vereinbar, wenn der Einsatz marktleistungsfremder Wettbewerbsmittel, wie etwa Irreführung, Drohung oder Zwang, von vornherein attraktiver und aussichtsreicher erscheinen, als sich mit mühsam erbrachter eigener Leistung dem Votum des Marktes zu stellen. Die allgemeine Auffassung, dass der Lehre vom Leistungswettbewerb jegliche inhaltliche Aussagekraft fehle, erscheint vor diesem Hintergrund in dieser Pauschalität nicht haltbar.

24 Richtig ist allerdings auch, dass der Leistungsbegriff nicht geeignet ist, vollkommen zweifelsfrei zwischen zulässigem und unlauterem Wettbewerbsverhalten abzugrenzen. Dies dürfte aber für jedes Kriterium zur Bestimmung der Lauterkeit gelten. Wollte man Unlauterkeitskriterien schon aus diesem Grunde ablehnen, wäre man erst recht wieder auf rein ethisch oder moralisch begründete Appelle zurückgeworfen, mit denen jegliches Ergebnis erzielbar wäre. Auch Ansätze, die etwa auf die Freiheit oder die Interessen der Marktbeteiligten abstellen, können nicht aus sich selbst heraus erklären, welche Ausübung der Wettbewerbsfreiheit noch zulässig und welche Interessen lauterkeitsrechtlich relevant sein sollen. Es liegt auf der Hand, dass sich die Lauterkeit nicht anhand eines einzigen allgemeingültigen Maßstabs beurteilen lässt, sondern vielmehr einen **Abwägungsprozess** erfordert. Bei diesem können aber die Interessen der betroffenen Marktakteure genauso ins Gewicht fallen, wie die Auswirkungen auf die grundlegenden Funktionen des Wettbewerbs. In diesem Sinne versteht auch das **BVerfG** die Gefährdung des Leistungswettbewerbs als zusätzliches Kriterium, dass gerade verhindern soll, dass geschäftliche Hand-

---

[34] Gerade die in einem freien Markt bestehende Leistungsmotivation soll zu einer Steigerung des Gesamtwohls führen. Die Einkommensverteilung kann sich unter Wahrung der Leistungsmotivation entweder an dem Prinzip der Leistungsgerechtigkeit (marktleistungsbedingte Einkommen), der Bedarfsgerechtigkeit oder der Regelgerechtigkeit orientieren; vgl. dazu etwa *Bartling/Luzius*, Grundzüge der Volkswirtschaftslehre, 16. Aufl. (2012), S. 46 ff.; *Cezanne*, Allgemeine Volkswirtschaftslehre, 6. Aufl. 2005, S. 14 f.; *Ott* in: Vahlens Kompendium der Wirtschaftstheorie und Wirtschaftspolitik, 9. Aufl. 2007, Band 2, S. 570.

lungen allein unter Rückgriff auf unbestimmte Begriffe wie „Sozialnormen" oder „gute kaufmännische Sitten" als unlauter angesehen werden.[35]

25 Vereinfacht gesagt verlangt der Leistungsgedanke also nichts anderes, als in dem erforderlichen Abwägungsprozess auch zu berücksichtigen, inwieweit Wettbewerber um ihr berechtigtes Interesse gebracht werden, im freien Wettbewerb mit ihren Leistungen erfolgreich zu sein und inwieweit die für einen freien Wettbewerb notwendigen Funktionen und die daraus erhofften Vorteile für die Allgemeinheit betroffen sind. Diese Interessen sind mit den Interessen der anderen betroffenen Marktakteure abzuwägen. Sie können auch dann noch gewahrt sein, wenn sich eine Leistung allein wegen ihrer gefühlsbetonten oder aggressiven Bewerbung durchsetzt, solange der Werbecharakter erkennbar bleibt und die Marktgegenseite noch ihre **Schiedsrichterfunktion** wahrnehmen kann. Die Abwägung kann aber beispielsweise anders ausfallen, wenn die Leistung des Konkurrenten mit unwahren Behauptungen verunglimpft wird, die nicht mehr durch das Interesse an freier Marktkommunikation und dem Recht auf freie Meinungsäußerung gedeckt sind. Gleiches kann gelten, wenn bestimmte Geschäftspraktiken nicht mehr betriebswirtschaftlich erklärbar sind und nicht mehr vorrangig dem eigenen Fortkommen dienen, sondern in erster Linie auf die **Verhinderung des Leistungsangebots** der Konkurrenz abzielen.

26 Richtig ist schließlich aber auch, dass der Begriff „Leistung" nicht exakt definierbar ist, weil allein die Marktbeteiligten durch Angebot und Nachfrage im Sinne der **Anpassungs- und Steuerungsfunktion** des Wettbewerbs festlegen, was „Leistung" ist.[36] Eine Grenze ließe sich aber möglicherweise zumindest dort ziehen, wo mit geschäftlichen Handlungen dieses freie „Marktentdeckungsverfahren" gerade **manipuliert** und damit der Wettbewerb **verfälscht** wird, wie etwa durch Irreführung, Zwang oder Drohung. Schließlich kann der Lehre vom Leistungswettbewerb auch nicht entgegengehalten werden, dass sie hohen Darstellungswert und besondere Überzeugungskraft besitzt.[37] Dies sind vielmehr Eigenschaften, die auch anderen Versuchen, den Begriff der „Unlauterkeit" zu bestimmen, zu wünschen wäre.

B. Rechtsgrundlagen des deutschen Lauterkeitsrechts

Schrifttum: *Ahrens,* Die Entstehung der zivilrechtlichen Sanktionen des UWG, WRP 1980, 129; *Baumbach,* Kommentar zum Wettbewerbsrecht, 1929; *Beater,* Entwicklungen des Wettbewerbsrechts durch die gesetzgebende und die rechtsprechende Gewalt, FS Erdmann, 2002, 513; *Deutsche Vereinigung für gewerblichen Rechtsschutz und Urheberrecht,* Stellungnahme zum Entwurf für eine europäische Richtlinie und ein deutsches Gesetz gegen unlauteren Wettbewerb von *Köhler/Bornkamm/Henning-Bodewig,* GRUR 2003, 127; *Engels/Salomon,* Vom Lauterkeitsrecht zum Verbraucherschutz: UWG-Reform 2003, WRP 2004, 32; *Fezer,* Modernisierung des deutschen Rechts gegen den unlauteren Wettbewerb auf der Grundlage einer Europäisierung des Wettbewerbsrechts, WRP 2001, 989; *Fezer,* Plädoyer für eine offensive Umsetzung der Richtlinie über unlautere Geschäftspraktiken in das deutsche UWG, WRP 2006, 781; *ders.,* Der Dualismus der Lauterkeitsrechtsordnungen des b2c-Geschäftsverkehrs und des b2b-Geschäftsverkehrs im UWG, WRP 2009, 1163; *v. Gierke,* Die Entwicklung des Lauterkeitsrechts, FS 100 Jahre Wettbewerbszentrale, 2012, 115; *Glöckner,* Richtlinienvorschläge über unlautere Geschäftspraktiken, deutsches UWG oder die schwierige Umsetzung von europäischen Generalklauseln, WRP 2004, 936; *ders.,* Über die Schwierigkeit, Proteus zu beschreiben – die Umsetzung der Richtlinie über unlautere Geschäftspraktiken in Deutschland, GRUR 2013, 224;

---

[35] BVerfG GRUR 2001, 1058, 1060 – *Therapeutische Äquivalenz;* NJW 2002, 1187 – *Tier- und Artenschutz;* NJW 2003, 277 – *JUVE-Handbuch;* GRUR 2008, 81, 82 – *Pharmakartell.*
[36] *Sosnitza,* Wettbewerbsbeschränkungen durch die Rechtsprechung, 1995, S. 81.
[37] So aber *Beater,* Unlauterer Wettbewerb, § 11 Rn. 840.

ders./Henning-Bodewig, EG-Richtlinie über unlautere Geschäftspraktiken: Was wird aus dem „neuen" UWG?, WRP 2005, 1311; *Kohler*, Der unlautere Wettbewerb, 1914; *Köhler*, UWG-Reform und Verbraucherschutz, GRUR 2003, 265; *Köhler*, Die UWG-Novelle 2008, WRP 2009, 109; *ders.*, Richtlinienkonforme Gesetzgebung statt richtlinienkonforme Auslegung: Plädoyer für eine weitere UWG-Novelle, WRP 2012, 251; *ders.*, Richtlinienumsetzung im UWG – eine unvollendete Aufgabe, WRP 2013, 403; *ders.*, UWG-Reform 2015:, WRP 2015, *ders.*/Bornkamm/Henning-Bodewig, Vorschlag für eine Richtlinie zum Lauterkeitsrecht und eine UWG-Reform, WRP 2002, 1317; *Köhler/Lettl*, Das geltende europäische Lauterkeitsrecht, der Vorschlag für eine EG-Richtlinie über unlautere Geschäftspraktiken und die UWG-Reform, WRP 2003, 1019; *Lobe*, Die Bekämpfung des unlauteren Wettbewerbs, Bd. 1: Der unlautere Wettbewerb als Rechtsverletzung, 1907; *ders.*, Die Entwicklung des Schutzes gegen unlauteren Wettbewerb nach der Rechtsprechung des Reichsgerichts, GRUR 1931, 1215; *Scherer*, „Case law" in Gesetzesform – Die „Schwarze Liste" als neuer UWG-Anhang, NJW 2009, 324; *Schricker*, 100 Jahre Gesetz gegen den unlauteren Wettbewerb, GRUR Int. 1996, 473; *Sosnitza*, Der Gesetzentwurf der Richtlinie über unlautere Geschäftspraktiken, WRP 2008, 1014; *v. Stechow*, Das Gesetz zur Bekämpfung des unlauteren Wettbewerbs vom 27. Mai 1896, 2002; *Steinbeck*, Richtlinie über unlautere Geschäftspraktiken: Irrführende Geschäftspraktiken – Umsetzung in das deutsche Recht, WRP 2006, 632; *Timm-Wagner*, Die Umsetzung der Richtlinie über unlautere Geschäftspraktiken in Deutschland, GRUR 2013, 245; *Ullmann*, Das Koordinatensystem des Rechts des unlauteren Wettbewerbs im Spannungsfeld von Europa und Deutschland, GRUR 2003, 817; *Ulmer*, Sinnzusammenhänge im modernen Wettbewerbsrecht, 1932; *ders.*, Wandlungen und Aufgaben im Wettbewerbsrecht, GRUR 1937, 769; *Wadle*, Das Reichsgesetz zur Bekämpfung des unlauteren Wettbewerbs von 1896, JuS 1996, 1064.

I. Das UWG

1. Historische Entwicklung bis 2004

Ein Blick auf die historischen Wurzeln des Lauterkeitsrechts erscheint bereits deswegen unerlässlich, weil die wesentlichen lauterkeitsrechtlichen Grundsätze in über 100 Jahren Rechtsentwicklung geformt wurden. Grundsteine für diese Entwicklung waren das **UWG von 1896** und das **UWG von 1909**, welches bis 2004 trotz einer Vielzahl von Änderungen im Detail[38] in seiner Grundstruktur unverändert blieb. Mit den Änderungsgesetzen von 2004, 2008 und 2015 wurde das UWG teilweise erheblich reformiert.

27

Die Anfänge des Wettbewerbsrechts liegen in der durch die Gewerbeordnung für den Norddeutschen Bund von 1869 postulierten **Gewerbefreiheit** und den technischen und wirtschaftlichen Veränderungen begründet, die durch den Übergang vom Merkantilismus zur **Industriegesellschaft** ausgelöst wurden. Spätestens als in geradezu revolutionärer Abkehr von den korporativen Verkrustungen des Zunftwesens und einer Hinwendung zum Wirtschaftsliberalismus grundsätzlich „jedermann" der Betrieb eines Gewerbes gestattet war, brachen sich die Kräfte des freien wirtschaftlichen Wettbewerbs in bisher unbekanntem Ausmaß Bahn und stellten den Gesetzgeber bald vor neue Herausforderungen. Das Aufkommen der Massenproduktion und des Massenkonsums, die Entstehung von Kommunikationsnetzen, wie die Eisenbahn und die damit verbundene stetige Ausdehnung einer massenmedialen Werbung durch überregionale Zeitungen und Zeitschriften, auf Werbeplakaten und Litfaßsäulen ließen den Ruf nach einer Regulierung des Wettbewerbs laut werden. Von der zeitgenössischen Literatur wurden zunehmend die **hemmungslose Entfesselung des „Erwerbstriebes"**, das **„Spekulantentum"** und die **„schwindelhafte Reklame und Herabsetzungen der Konkurrenz"** angeprangert.

28

---

[38] Siehe dazu *Emmerich*, Unlauterer Wettbewerb, S. 3 ff.; *Beater*, Unlauterer Wettbewerb, § 3 Rn. 294 ff.

29 Vor diesem Hintergrund trat am **1.7.1896** das **Gesetz zur Bekämpfung des unlauteren Wettbewerbs**[39] in Kraft, das fünf spezielle Verbotstatbestände unlauteren Wettbewerbs enthielt und den redlichen Gewerbetreibenden vor unlauteren Praktiken seiner Mitbewerber schützen sollte.[40] Ein Schutz des Konsumenten vor Übervorteilung war demgegenüber nur mittelbar bezweckt und wurde im Übrigen als strafrechtliche Aufgabe angesehen.[41] Auf eine Generalklausel wurde in bewusster Abweichung vom französischen Vorbild verzichtet.[42]

30 Ziel des historischen Gesetzgebers war dabei weder die umfassende Regelung des Wettbewerbs noch ein allgemeiner Interessensschutz der Marktteilnehmer. Vielmehr sollte allein einer **wettbewerbsspezifischen Gefahrenlage** entgegengetreten werden, die sich darin äußert, dass Wettbewerber in einem völlig ungezügelten Wettbewerb nur all zu leicht der Versuchung erliegen, zur Erzielung von Wettbewerbsvorteilen zu unerlaubten Mitteln zu greifen. Für entscheidend wurden nicht allein die Verwerflichkeit der Wettbewerbshandlungen gehalten, sondern die dabei erzielbaren **unberechtigten Vorteile** und damit die **Auswirkungen auf den freien Wettbewerb**. Ausweislich der Gesetzesbegründung hielt der Gesetzgeber die Bekämpfung des unlauteren Wettbewerbs gerade deshalb für erforderlich, weil das „Bestreben, in dem Absatze von Waren einen **Vorsprung** vor den Erwerbsgenossen zu gewinnen, immer schärfere Formen angenommen" habe. Hierin liege ein „Anreiz, im Kampfe gegen die Konkurrenz zu unlauteren Mitteln zu greifen." Dieser „Kampf ums Dasein" könne unter solchen Umständen „ein **Kampf mit ungleichen Waffen** werden, in welchem das redliche Gewerbe den Kürzeren ziehen müsste." Es sei insoweit Abhilfe nötig, „als gewisse Mittel, welche moralisch verwerflich, wenngleich vom Gesetze bisher nicht verboten sind, zu dem Zwecke angewendet werden, um **unberechtigten Vorteile** gegenüber den Konkurrenten zu gewinnen". Das Lauterkeitsrecht sollte ausdrücklich das „redliche Gewerbe gegen die **Übervorteilung** durch unlauteres Gebaren soweit als möglich sichern."[43]

31 Die Lücken des Gesetzes von 1896 und die eng gefassten Deliktstatbestände des BGB, wie insbesondere die auf vorsätzliche sittenwidrige Schädigungen begrenzte Bestimmung des § 826 BGB und der sehr beschränkte Anwendungsbereich des Rechts am eingerichteten und ausgeübten Gewerbebetrieb als sonstiges Recht im Sinne des § 823 Abs. 1 BGB, veranlassten den Gesetzgeber zur Schaffung des **Gesetzes gegen den unlauteren Wettbewerb vom 7.6.1909**, das am 1. Oktober desselben Jahres in Kraft trat.

32 Die an die Spitze des Gesetzes gestellte sog. **große Generalklausel** statuierte ein Verbot von Wettbewerbshandlungen, „die gegen die guten Sitten verstoßen". Sie dominierte das gesamte Wettbewerbsrecht, da das Tatbestandsmerkmal der guten Sitten einer Konkretisierung durch Richterspruch im Einzelfall zugänglich und bedürftig war. Die Unbestimmtheit des Rechtsbegriffs der guten Sitten trägt der Tatsache Rechnung, dass die unübersehbare Vielfalt denkbarer wettbewerbswidriger Verhaltensweisen deren tatbestandsmäßige Erfassung ausschließt. Da sich die Beurteilung dessen, was als lauter oder als unlauter anzusehen ist, erst aufgrund einer Konkretisierung der Generalklausel durch Richterspruch ergibt, hat sich das Recht gegen den unlauteren Wettbewerb zu einem normativ geltenden **Richterrecht** entwickelt. Der Vorteil dieser Offenheit und Unbestimmtheit liegt in der **Flexibilität und Anpassungsfähigkeit**, der Nachteil in der damit zwangsläufig verbundenen **Rechtsunsicherheit**. Diese wird allerdings dadurch gemindert, dass sich die Präjudizien der

---

[39] RGBl. S. 145.
[40] Reichstagsvorlage UWG 1896, S. 101, 108.
[41] RegE UWG 1896, S. 166; Reichstagsvorlage UWG 1896, S. 101.
[42] Siehe eingehend *Wadle*, JuS 1996, 1064 ff.; siehe auch *Beater*, Unlauterer Wettbewerb, § 3 Rn. 289 f.
[43] Reichstagsvorlage UWG 1896, S. 100 ff.

B. Rechtsgrundlagen des deutschen Lauterkeitsrechts

Rechtsprechung zu einem engmaschigen Raster aus **Fallgruppen** und Unterfallgruppen gefügt haben, die den Rechtsgehalt der Generalklausel in verfassungsrechtlich unbedenklicher Weise[44] zur Entfaltung haben kommen lassen.

Das UWG von 1909 ist bis 2004 nur in untergeordneten Punkten geändert worden. Hinzuweisen ist auf die Einführung der **Klagemöglichkeit für Verbraucherverbände** im Jahre 1965 durch das UWG-Änderungsgesetz vom 21.7.1965,[45] bei dem sich der Gesetzgeber in Anlehnung an das US-amerikanische und schweizerische Recht von der Überlegung leiten ließ, dass Verbraucherverbände ein geeigneter Sachwalter von Verbraucherinteressen sind.[46] Damit wurde zwar einerseits der **Zweck des Verbraucherschutzes** in begrenztem Umfang legislativ verankert. Andererseits hat es die Rechtsprechung (durchaus im Einklang mit der restriktiven Haltung des Gesetzgebers) in der „Prüfzeichen"-Entscheidung abgelehnt, dem einzelnen Verbraucher wettbewerbsrechtliche Ansprüche zuzusprechen.[47] Einen tieferen legislativen Einschnitt brachte das zum 1.1.1995 in Kraft getretene Markenrechtsreformgesetz vom 25.10.1994[48] mit sich, durch das insbesondere der § 16 UWG a. F. zum Schutz geschäftlicher Bezeichnungen und damit eine wichtige kennzeichenrechtliche Grundnorm aufgehoben wurde. An seine Stelle sind die entsprechenden Vorschriften des MarkenG (§ 1 Nr. 2, §§ 5, 6, 15) getreten. 33

Ab Mitte der 90er Jahre ist das deutsche UWG schließlich zunehmend unter den **Einfluss des europäischen Unionsrechts** geraten und stand im Zeichen einer **Liberalisierung und Deregulierung**. Durch das Gesetz zur **vergleichenden Werbung** und zur Änderung wettbewerbsrechtlicher Vorschriften vom 1.9.2000[49] wurde mit der Neuregelung des § 2 UWG a. F. sowie der Einfügung des § 3 S. 2 und § 4 Abs. 1 S. 2 UWG a. F. die Richtlinie zur vergleichenden Werbung[50] in das deutsche Recht umgesetzt. Damit wurde das Regel-Ausnahme-Verhältnis umgekehrt und die früher grundsätzlich unzulässige und nur ausnahmsweise zulässige vergleichende Werbung für grundsätzlich zulässig und nur ausnahmsweise unzulässig erklärt.[51] Die Zugabeverordnung vom 9.3.1932[52] und das Rabattgesetz vom 25.11.1933,[53] die infolge der Weltwirtschaftskrise erlassen worden waren, um Auswüchse der sog. Wertreklame zu bekämpfen, wurden durch das am 24.7.2001 in Kraft getretene Gesetz zur **Aufhebung des Rabattgesetzes vom 23.7.2001**[54] und durch das **Gesetz zur Aufhebung der Zugabeverordnung** vom selben Tage, in Kraft getreten ebenfalls am 24.7.2001,[55] aufgehoben. 34

2. Die Reform des UWG von 2004

Mit dem am 8.7.2004 in Kraft getretenen **Reformgesetz** wurde das UWG erstmals umfassend umgestaltet. Ausweislich der Gesetzesbegründung[56] wurde mit der Reformgesetzgebung das Ziel einer umfassenden **Modernisierung und Liberalisierung des Wettbewerbs**- 35

---

[44] Siehe BVerfGE 32, 311, 316 = GRUR 1972, 358, 359 f. – *Grabsteinwerbung*; BVerfGE 102, 347, 360 = GRUR 2001, 170, 173 – *Schockwerbung/Benetton*; BVerfG GRUR 2001, 1058, 1059 – *Generikum-Präparat*.
[45] BGBl. I 625.
[46] UWG Änderungsentwurf 1965, S. 3 f.
[47] BGH GRUR 1975, 150 f. – *Prüfzeichen*.
[48] BGBl. I 3082.
[49] BGBl. I 1374.
[50] Richtlinie 97/55/EG des Europäischen Parlaments und des Rates v. 6. Oktober 1997 zur Änderung der Richtlinie 84/450/EWG über irreführende Werbung zwecks Einbeziehung der vergleichenden Werbung, ABl. EG Nr. L 290, S. 18; abgedruckt in WRP 1998, 798 ff.
[51] Siehe dazu unten § 13.
[52] RGBl. I 121.
[53] RGBl. I 1011.
[54] BGBl. I 1663.
[55] BGBl. I 1661.
[56] BT-Drucks. 15/1487, S. 12.

rechts verfolgt. Gleichzeitig sollten dabei die Bemühungen seitens der Europäischen Gemeinschaft um eine Harmonisierung des Lauterkeitsrechts berücksichtigt und dementsprechend eine europakonforme Ausgestaltung angestrebt werden. Als **inhaltliche Schwerpunkte** des Reformgesetzes sind hervorzuheben:[57]

- Mit § 1 UWG wurde dem UWG eine Norm vorangestellt, in der der **Zweck des UWG** umrissen, und der **Verbraucher als Schutzsubjekt** erstmals ausdrücklich erwähnt wird. Damit wurde die Rechtsprechung zum früheren UWG übernommen und gleichzeitig eine Forderung der Verbraucherverbände erfüllt.
- Die Generalklausel als Kernstück des bisherigen UWG (§ 1 UWG a. F.) blieb als § 3 UWG („Verbot unlauteren Wettbewerbs") erhalten. Der bisher maßgebliche Begriff der guten Sitten wurde aber durch den **Begriff der Unlauterkeit** ersetzt.
- Die Generalklausel wurde durch **Konkretisierungtatbestände** in §§ 4 ff. UWG sowie § 7 UWG ergänzt, die sowohl durch die Rechtsprechung seit langem gefestigte Fallgruppen aufnahmen als auch aktuelle Probleme aufgriffen.
- Die besonderen Bestimmungen über **Sonderveranstaltungen**, Schlussverkäufe, Jubiläumsverkäufe und Räumungsverkäufe wurden aufgehoben.
- Unter bestimmten Voraussetzungen wurde den Verbänden ein **Gewinnabschöpfungsanspruch** zugestanden. Dadurch sollte sichergestellt werden, dass sich unlautere Werbung, die den Verbraucher übervorteilt, nicht lohnt.
- Eine Neuerung stellte ferner die Anforderung dar, dass die Wettbewerbshandlung geeignet sein muss, den Wettbewerb zum Nachteil der Mitbewerber, der Verbraucher oder sonstigen Marktteilnehmer **nicht nur unerheblich zu beeinträchtigen**.[58]

3. Das Änderungsgesetz von 2008

36 Die im Mai 2005 verabschiedete **Richtlinie über unlautere Geschäftspraktiken (UGP-Richtlinie)**[59] löste einen erneuten Anpassungsbedarf aus, der schließlich in das am 30.12.2008 in Kraft getretene „Erste Gesetz zur Änderung des Gesetzes gegen den unlauteren Wettbewerb" mündete. Zwar hatte der Gesetzgeber bei der Reform im Jahre 2004 bereits die damals zu erwartenden gemeinschaftsrechtlichen Vorgaben berücksichtigt, gleichwohl zeigten sich Abweichungen von der Richtlinie, weil diese erst nach dem Erlass des UWG verabschiedet worden war. Der Änderungsbedarf ergab sich auch im Hinblick darauf, dass die Umsetzung der Richtlinie, im Gegensatz zu früheren Rechtsinstrumenten der Gemeinschaft, nicht nur eine Mindestharmonisierung, sondern eine vollständige Rechtsangleichung (**Vollharmonisierung**) vorsieht.[60] Hieraus folgte, dass es einer Anpassung an die Richtlinie bedurfte, soweit das Schutzniveau des UWG über das der Richtlinie hinausging oder dahinter zurückblieb.[61]

---

[57] Siehe zum Folgenden BT-Drucks. 15/1487, S. 12 f.; Presseerklärung des Bundesministeriums der Justiz „Schwerpunkte der UWG-Reform" v. 20. Januar 2003; Pressemitteilung des Bundesministeriums der Justiz „UWG-Reform: Bundestagsrede der Bundesjustizministerin Brigitte Zypries" zur Einbringung eines neuen Gesetzes gegen den unlauteren Wettbewerb v. 25. September 2003.
[58] Siehe dazu unten § 6 Rdn. 18 ff.
[59] Richtlinie 2005/29/EG des Europäischen Parlaments und des Rates über unlautere Geschäftspraktiken im binnenmarktinternen Geschäftsverkehr zwischen Unternehmen und Verbrauchern und zur Änderung der Richtlinie 84/450/EWG des Rates, der Richtlinien 97/7/EG, 98/27/EG und 2000/65/EG des Europäischen Parlaments und des Rates sowie der Verordnung (EG) Nr. 2006/2004 des Europäischen Parlaments und des Rates (Richtlinie über unlautere Geschäftspraktiken) ABl. EG Nr. L 149, S. 22; abgedruckt in GRUR Int. 2005, 569 ff.
[60] Begr. RegE, BT-Drucks. 16/10145, 11.
[61] Ebenda.

37 Ungeachtet des Umstands, dass sich die UGP-Richtlinie einseitig auf den **Verbraucherschutz** beschränkt, da sie sich allein auf das Verhältnis Unternehmer zu Verbraucher (neudeutsch B2C = Business to Consumer) bezieht und das Verhältnis Unternehmer zu Unternehmer (neudeutsch B2B = Business to Business) völlig ausklammert, hat der deutsche Gesetzgeber daran festgehalten, die speziell das Lauterkeitsrecht betreffenden Vorschriften des **Mitbewerberschutzes** und die des **Verbraucherschutzes** in einem **einheitlichen Gesetz** zusammenzufassen.[62] In der Gesetzesbegründung heißt es dazu: „Dieser integrierte Ansatz trägt dem Umstand Rechnung, dass das Verhalten von Unternehmen am Markt im Prinzip unteilbar ist. Denn durch ein unlauteres Verhalten werden Verbraucher und Mitbewerber im Regelfall gleichermaßen geschädigt. Sowohl Verbraucher als auch Mitbewerber erwarten daher die Einhaltung bestimmter Regeln der Lauterkeit im Geschäftsverkehr. Diese Regeln sollten – möglichst durch denselben Rechtsakt – sowohl Verbraucher als auch Mitbewerber vor unlauterem Marktverhalten schützen."[63]

38 Die Änderungen betreffen **im Einzelnen folgende Punkte**:[64] Änderung des Unternehmerbegriffs, „geschäftliche Handlung" statt „Wettbewerbshandlung", Änderung der Generalklausel, Beseitigung der Rückbindung der §§ 4 bis 7 UWG an die Generalklausel, Integration der „**Black List**" der UGP-Richtlinie im Anhang, Erweiterung des § 4 Nr. 2 UWG, Neufassung des Irreführungsverbots, Änderungen bei der Irreführung durch Unterlassung, Änderungen bei der vergleichenden Werbung nach § 6 UWG sowie Änderungen bei der belästigenden Werbung nach § 7 UWG.

4. Weitere Änderungen und das Änderungsgesetz von 2015

39 Das UWG von 2008 hat seitdem erneut Änderungen erfahren. Zu nennen sind insbesondere die Umsetzung des **Gesetzes zur Bekämpfung unerlaubter Telefonwerbung**,[65] des Gesetzes zur Umsetzung der Verbraucherkreditrichtlinie sowie des **Gesetzes gegen unseriöse Geschäftspraktiken**.[66] Zuletzt wurde das UWG Ende 2015 mit dem **Zweiten Gesetz zur Änderung des UWG** erneut umfangreich überarbeitet.[67] Mit den Änderungen sollte allerdings lediglich „bereits im Wortlaut des UWG selbst eine vollständige Rechtsangleichung" erzielt werden, ohne grundlegende inhaltliche Änderungen herbeizuführen. Denn der EuGH habe festgestellt, „dass eine Rechtsprechung, die innerstaatliche Rechtsvorschriften in einem Sinne auslegt, der den Anforderungen einer Richtlinie entspricht, nicht dem Erfordernis der Rechtssicherheit genügt."[68] Die Novelle von 2015 führte unter anderem zu folgenden Änderungen:

- Umbenennung und Ergänzung in § 2 Abs. 1 Nr. 7 UWG („unternehmerische" statt „fachliche" Sorgfalt sowie „anständige Marktgepflogenheiten" statt „Marktgepflogenheiten");
- Aufnahme der Definition der „wesentlichen Beeinflussung des wirtschaftlichen Verhaltens des Verbrauchers" in § 2 Abs. 1 Nr. 8 UWG und der „geschäftlichen Entscheidung" in § 2 Abs. 1 Nr. 9 UWG;
- Verschlankung der Generalklausel in § 3 Abs. 1 UWG, indem insbesondere die Spürbarkeitsklausel entfernt und die geschäftliche Relevanz einer Handlung künftig vorran-

---

[62] Ebenda.
[63] Begr. RegE, BT-Drucks. 16/10145, 11.
[64] Siehe zum folgenden Überblick *Sosnitza*, WRP 2008, 1014 ff.
[65] BGBl. 2009, Teil I S. 2413.
[66] BGBl. 2013, Teil I Nr. 59, S. 3714.
[67] Zweites Gesetz zur Änderung des Gesetzes gegen den unlauteren Wettbewerb, BT-Drucks. 18/4535, geändert durch BT-Drucks. 18/6571; siehe hierzu *Köhler*, WRP 2015, 1311.
[68] RefE, GRUR 2014, 1180, 1180 f.

gig innerhalb der speziellen Unlauterkeitstatbestände berücksichtigt wird. Zudem hat der Gesetzgeber in der Gesetzesbegründung klargestellt, dass die Vorschrift wie bisher eine Generalklausel mit der Funktion eines Auffangtatbestands darstellt.
- Anpassung der Verbrauchergeneralklausel an die Vorgaben des Art. 5 Abs. 2 der UGP-Richtlinie, wobei die bisherige Regelung in § 3 Abs. 2 S. 2 und 3 UWG 2008 in einen neuen § 3 Abs. 4 UWG überführt und noch weiter an die Vorgaben des Art. 5 Abs. 3 S. 1 UGP-Richtlinie angepasst wird;
- Beschränkung des § 4 UWG auf den Mitbewerberschutz, der nur noch die früheren § 4 Nrn. 7–10 UWG a.F. als neue Nrn. 1–4 enthält;
- Streichung der Tatbestände in § 4 Nr. 1–6 UWG a.F. (an die Stelle des § 4 Nr. 1 und 2 UWG 2008 tritt der neue § 4a UWG; § 4 Nr. 3 UWG 2008 geht in den §§ 5 Abs. 1, 5a Abs. 1 und Abs. 6 UWG auf und der Regelungsgehalt von § 4 Nr. 4 und 5 UWG 2008 wird von den §§ 5 und 5a Abs. 2 und 4 UWG abgedeckt);
- Überführung des bisherigen § 4 Nr. 11 UWG a.F. (Rechtsbruch) in einen neuen § 3a UWG, der um die bisher in § 3 Abs. 1 UWG 2008 enthaltene Spürbarkeitsklausel ergänzt wird;
- Neuregelung der aggressiven geschäftlichen Handlungen in einem neuen § 4a UWG;
- richtlinienkonforme und aus der Neustrukturierung des § 4 UWG a.F. resultierende Anpassungen der §§ 5, 5a UWG;
- sowie die richtlinienkonforme Anpassung von Nr. 13, 14 und 29 des Anhangs zu § 3 Abs. 3 UWG.

5. Kritik

40   Das nach der Reform von 2004 nun bereits zum zweiten Mal ganz erheblich geänderte UWG lässt nach wie vor die für ein so wichtiges Rechtsgebiet gebotene Klarheit, Einfachheit und Stringenz vermissen. Die Gründe für die Schwierigkeiten, die eine noch den Grundsätzen der Rechtssicherheit und Rechtsklarheit entsprechende Auslegung und Umsetzung offenbar bereitet, liegen zum einen in der UGP-Richtlinie selbst begründet, zum anderen aber auch in einem zu eng verstandenen Umsetzungs- und Auslegungsspielraum.[69] Zwar erscheint es verständlich, wenn der Gesetzgeber versucht, den Verdacht einer ungenügenden Umsetzung durch eine möglichst wortlautgetreue Anlehnung an die UGP-Richtlinie zu entkräften. Angesichts der inzwischen immer deutlicher zu Tage getretenen Unzulänglichkeiten der Richtlinie wäre aber zu wünschen gewesen, wenn der Gesetzgeber den Gestaltungsspielraum, der den Mitgliedstaaten bei der Umsetzung einer Richtlinie zuzugestehen ist, zu Gunsten einer einfachen und klaren Regelung genutzt und ausgeschöpft hätte. Dies gilt umso mehr, als nicht alle der in Rechtsprechung und Schrifttum in der Vergangenheit für erforderlich gehaltenen „Neujustierungen" des UWG wirklich zwingend erschienen.[70] Während etwa mit dem neuen § 4a UWG ein weiteres Normungetüm geschaffen wurde, dass wie §§ 5, 5a UWG mit eigentlich selbstverständlichen und daher unnötigen Details völlig überfrachtet ist, werden andere wichtige Fallgruppen des Verbraucherschutzes außerhalb der irreführenden und aggressiven Geschäftspraktiken nun überhaupt nicht mehr von den Spezialtatbeständen erfasst, sondern der Generalklausel anheim gestellt. Dies gilt insbesondere für die immer wichtiger werdenden Fälle der unzulässigen Beeinflussung von Verkaufsförderern, wie etwa Laienwerbern, Produktbewertern oder interessenwahrungspflichtigen Dritten. Zudem erscheint es fraglich, ob mit den strengen Vorgaben der UGP-Richtlinie das Spektrum der denkbaren aggressiven Handlungen wirklich vollständig abgedeckt werden kann, wenn man dafür die Ausnutzung einer

---

[69] *Hetmank*, GRUR 2015, 323 ff.
[70] *Hetmank*, GRUR 2015, 323 ff.

Machtposition verlangt. Bezweifelt werden darf überdies, ob sich der bisherige Streit um das Verhältnis zwischen der Allgemeinen Generalklausel in § 3 Abs. 1 UWG und der Verbrauchergeneralklausel in § 3 Abs. 2 UWG durch die Neuregelung wirklich vollständig auflösen lässt. Dies gilt insbesondere für Fälle, in denen sich die fragliche geschäftliche Handlung zwar an Verbraucher richtet oder diese erreicht, aber nicht die Beeinträchtigung des wirtschaftlichen Verhaltens der Verbraucher im Fokus des Vorwurfs steht, sondern die Interessen der Mitbewerber und der Allgemeinheit an einem unverfälschten Wettbewerb beeinträchtigt sind. Wäre in diesen Fällen ein Rückgriff auf die allgemeine Generalklausel von vorn herein ausgeschlossen, müssten geschäftliche Handlungen aus dem lauterkeitsrechtlichen Schutz herausfallen, selbst wenn sie zum Nachteil der Mitbewerber und der Allgemeinheit erhebliche Verfälschungen des Wettbewerbs mit sich bringen oder aus sonstigen Gründen jedenfalls bisher als unlauter galten. Zu denken ist etwa an Fälle der menschenverachtenden Werbung, an den Missbrauch der öffentlich-rechtlich bedingten Vorzugsstellung durch die öffentliche Hand oder auch an die Beeinflussung von Laienwerbern oder von Internetsuchmaschinen.[71]

II. Wettbewerbsrechtliche Nebengesetze

Das UWG wird durch eine Reihe von gesetzlichen Regelungen flankiert und ergänzt, die einen unmittelbaren Wettbewerbsbezug aufweisen und deshalb in engem Zusammenhang mit dem Regelungsgegenstand des UWG stehen. 41

- Dies gilt ganz allgemein für die **Preisangabenverordnung**, die nach dem Grundsatz von Preisklarheit und Preiswahrheit (§ 1 Abs. 5 PAngV) durch entsprechende Anforderungen, wie vor allem die Verpflichtung zur Angabe des Endpreises (§ 1 Abs. S. 1 PAngV) insbesondere im Interesse der Letztverbraucher die Transparenz der Preisbemessung sicherstellen soll.[72]
- **Berufs- und branchenspezifische Anforderungen**, die den Besonderheiten der angebotenen Leistung oder gar der Gefährlichkeit der vertriebenen Produkte Rechnung tragen, finden sich insbesondere im Lebensmittel- und Bedarfsgegenstände- und Futtermittelgesetzbuch (LFGB) sowie im Heilmittelwerbegesetz (HMWG). Zu nennen sind vor allem Werberegelungen, wie Irreführungsverbote und Informationspflichten (siehe §§ 3 ff. HMWG). Das Gesetz über die Nutzung von Telemediendiensten (TMG) verfolgt den Zweck, einheitliche wirtschaftliche Rahmenbedingungen für die verschiedenen Nutzungsmöglichkeiten der elektronischen Informations- und Kommunikationsdienste zu schaffen (§ 1 TMG). Es statuiert Informationspflichten für Diensteanbieter von geschäftsmäßigen Telemediendiensten (§§ 6 TMG) und regelt die Verantwortlichkeit für das Angebot sowie die Durchleitung und Speicherung von Informationen (§§ 7 ff. TMG). Entsprechendes gilt auch für die Richtlinie über den elektronischen Geschäftsverkehr[73] bezüglich der kommerziellen Kommunikation (siehe Art. 6 ff. sowie Art. 12 ff.), die insbesondere durch die Regelungen der §§ 312 b ff. BGB ins deutsche Recht umgesetzt wurde.
- Eine enge Verbindung mit dem Sanktionssystem des UWG weist das **Unterlassungsklagengesetz** (UKlaG) auf, dass primär auf Unterlassungs- und Widerrufsansprüche bei all-

---

[71] Vgl. zu letzterem *Hetmank*, FS Fezer, 2016, S. 127 ff.
[72] Vgl. hierzu das Vorabentscheidungsersuchen BGH GRUR 2014, 1208 – *Preis zuzüglich Überführung*.
[73] Richtlinie 2000/31/EG des Europäischen Parlaments und des Rates v. 8. Juni 2000 über bestimmte rechtliche Aspekte der Dienste der Informationsgesellschaft, insbesondere des elektronischen Geschäftsverkehrs, im Binnenmarkt, ABl. EG Nr. L 178, S. 1.

gemeinen Geschäftsbedingungen abzielt (§ 1 UKlaG), und darüber hinaus auch Regelungen zum Unterlassungsanspruch bei verbraucherschutzgesetzwidrigen Praktiken enthält (§ 2 Abs. 1 und Abs. 2 Nr. 1– 6 UKlaG). Mit dem Gesetz wurde die Richtlinie 98/27/EG des Europäischen Parlaments und des Rates vom 19. Mai 1998 über Unterlassungsklagen zum Schutze der Verbraucherinteressen[74] in das deutsche Recht umgesetzt. § 8 Abs. 3 Nr. 3 UWG weist hinsichtlich der zur Wahrnehmung von Verbraucherinteressen klagebefugten **„qualifizierten Einrichtungen"** auf § 4 des Unterlassungsklagengesetzes bzw. auf das Verzeichnis der Kommission der Europäischen Gemeinschaften nach Art. 4 der genannten Richtlinie hin. Darüber hinaus gewährt § 8 Abs. 5 UWG mit einer etwas komplizierten Verweisung auf das Unterlassungsklagengesetz einen Auskunftsanspruch bestimmter Organisationen gegen bestimmte Diensteerbringer zur leichteren Durchsetzung von Unterlassungsansprüchen.

42 Die beiden klassischen Nebengesetze, die das UWG seit den 30er Jahren ergänzten, waren die **Zugabeverordnung** vom 9.3.1932, die grundsätzlich die Gewährung von Geschenken in Abhängigkeit von Vertragsabschlüssen untersagte, und das **Rabattgesetz** vom 25.11.1933, das grundsätzlich die Gewährung von Preisnachlässen verbot. Beide Regelungen wurden im Zuge eines ersten Schrittes der Deregulierung mit Wirkung zum 24.7.2001 aufgehoben. Aufgrund dessen hat sich das Regel-Ausnahme-Verhältnis umgekehrt: Zugaben und Rabatte sind nicht grundsätzlich unzulässig, sondern grundsätzlich zulässig. Dies schließt nicht aus, dass sich aus dem Hinzutreten besonderer Umstände im Einzelfall eine Unlauterkeit ergeben kann.

C. Die Stellung des Lauterkeitsrechts im Rechtssystem

I. Wettbewerbsrecht und Grundgesetz

Schrifttum: *Achatz*, Grundrechtliche Freiheit im Wettbewerb, 2011; *Ahrens*, Menschenwürde als Rechtsbegriff im Wettbewerbsrecht, FS Schricker, 2005, 619; *Brüning*, „Nichts geht mehr" – Zum grundrechtlichen Schutz der Berufsfreiheit vor staatlicher Wirtschaftstätigkeit, JZ 2009, 29 ff.; *Di Fabio*, Wettbewerbsprinzip und Verfassung, in: FIW (Hrsg.), Freier Wettbewerb – Verantwortung des Staates, 2008, S. 1 ff.; *Faßbender*, Der grundrechtliche Schutz der Werbefreiheit in Deutschland und Europa, GRUR Int. 2006, 965; *Fezer*, Imagewerbung mit gesellschaftskritischen Themen im Schutzbereich der Meinungs- und Pressefreiheit – BVerfG hebt BGH-Urteile zur Benetton-Werbung auf, NJW 2001, 580; *Gomille*, Mehrdeutigkeit und Meinungsfreiheit, JZ 2012, 769 ff.; *Hartwig*, Verfassungsrechtliche Anforderungen an die Fallgruppenbildung nach § 1 UWG, NJW 2002, 38; *ders.*, „H.I.V. POSITIVE II" – zugleich Abschied vom Verbot „gefühlsbetonter Werbung"?, WRP 2003, 582; *ders.*, Meinungsfreiheit und lauterer Wettbewerb, GRUR 2003, 924; *ders.*, Der BGH und das Ende des Verbots „gefühlsbetonter Werbung", NJW 2006, 1326; *Hösch*, Meinungsfreiheit und Wettbewerbsrecht am Beispiel der „Schockwerbung", WRP 2003, 936; *Kleine-Cosack*, Wettbewerbsrecht und Verfassungsrecht contra antiquierte Berufsbilder, NJW 2013, 272; *Leisner*, Wettbewerb als Verfassungsprinzip, 2012; *Peukert*, Der Wandel der europäischen Wirtschaftsverfassung im Spiegel des Sekundärrechts, ZHR 173 (2009), 536 ff.; *Scherer*, Verletzung der Menschenwürde durch Werbung, WRP 2007, 594; *Schmidt*, Die unternehmerische Freiheit im Unionsrecht, 2010; *Schmidt-Leithoff*, Gemeinschaftswirtschaft im Wettbewerb, 2011; *Sevecke*, Die Benetton-Werbung als Problem der Kommunikationsfreiheiten, AfP 1994, 196.

43 Für das Lauterkeitsrecht sind die Grundrechte aus mehreren Gründen bedeutsam. Zum einen bedarf es bereits wegen der auslegungsbedürftigen Generalklausel des UWG auch des Rückgriffs auf grundlegende Wertungen der Rechtsordnung. Hinzu kommt das Freiheitskonzept des Wettbewerbsrechts, das ebenfalls seine Wurzeln im Grundgesetz findet.

---

[74] ABl. EG Nr. L 166, S. 51.

C. Die Stellung des Lauterkeitsrechts im Rechtssystem

Schließlich resultiert aus dem Anreizprinzip und der Dynamik des freien Wettbewerbs eine erhöhte Gefahr für die Verletzung, aber auch für den Missbrauch, der aus dem Grundgesetz fließenden Grundrechte der Marktteilnehmer. Da die Grundrechte aber in erster Linie Abwehrrechte des Bürgers gegen den Staat sind, entfalten sie **keine unmittelbare Drittwirkung**, das heißt, sie sind im Verhältnis der einzelnen Privatrechtssubjekte untereinander nicht direkt anwendbar (Ausnahme Art. 9 Abs. 3 S. 2 GG).[75] Anerkannt ist jedoch eine sog. **mittelbare Drittwirkung** im Sinne einer „Ausstrahlungswirkung" der Grundrechte auf das Privatrecht.[76] Als Ausdruck einer objektiven Wertordnung, die als verfassungsrechtliche Grundentscheidung für alle Bereiche des Rechts Geltung beansprucht, beeinflussen sie die Auslegung der wertausfüllungsbedürftigen Begriffe des Privatrechts wie „Treu und Glauben", „gute Sitten" und „Lauterkeit".

Im Übrigen gilt zwar der Grundsatz der „wirtschaftlichen Neutralität", das heißt, das Grundgesetz legt den Gesetzgeber nicht auf eine bestimmte Wirtschaftsordnung fest,[77] so dass diesem ein weitgehender wirtschaftspolitischer Spielraum eingeräumt wird. Zu beachten ist aber, dass die Grundrechte, insbesondere Art. 2 Abs. 1, 9 Abs. 1, 12 Abs. 1 und 14 Abs. 1 GG die wirtschaftliche Betätigungsfreiheit des Einzelnen schützen. In diese darf nur eingegriffen werden, wenn dies durch überwiegende Gründe des Gemeinwohls gerechtfertigt ist. In diesem Rahmen hat sich der Gesetzgeber für das Modell der sozialen Marktwirtschaft entschieden, das auf einer **wettbewerblich verfassten Wirtschaftsordnung** beruht, zu der auch das Lauterkeitsrecht gehört.

44

Im Hinblick auf die Intensität der verfassungsgerichtlichen Kontrolle fachgerichtlicher Entscheidungen ist zu beachten, dass die Feststellung des Sachverhalts und die Anwendung und Auslegung des einfachen Gesetzesrechts grundsätzlich den Fachgerichten überlassen bleibt. Das **Bundesverfassungsgericht** ist **keine „Superrevisionsinstanz"** und überprüft deshalb grundsätzlich nur, ob die grundrechtlichen Normen und Maßstäbe beachtet wurden, insbesondere ob die Entscheidung den Umfang des Schutzbereichs und der Ausstrahlungswirkung des Grundrechts richtig erfasst und im Ergebnis nicht zu einer unverhältnismäßigen Beschränkung der grundrechtlichen Freiheit geführt hat.[78] Selbst wenn Auslegungsfehler festzustellen sind, so sind diese nur dann von verfassungsrechtlicher Relevanz, wenn sie für die Entscheidung des konkreten Rechtsfalles von einigem Gewicht sind.[79] Dabei erfolgt die Prüfung umso eingehender, je intensiver die gerichtliche Entscheidung in die Grundrechte des Betroffenen eingreift.[80] Durch das Medium der Generalklauseln (§§ 242, 826 BGB, § 3 UWG), die gleichsam als „Einfallstore" fungieren, weil sie nach Maßgabe der Wertentscheidungen des Grundgesetzes ausgefüllt werden müssen, wirken die Grundrechte mittelbar auf das Privatrecht und damit auch auf das UWG ein.[81]

45

Im Folgenden sollen kurz die wichtigsten Grundrechte beleuchtet werden, die als Wertungsdirektiven bei der Anwendung der Generalklauseln des § 3 UWG und der auf sie bezogenen speziellen Normen zu beachten sind.

46

1. Berufsfreiheit (Art. 12 GG)

Ein Kernelement der wirtschaftlichen Betätigungsfreiheit bildet das **Grundrecht der Berufsfreiheit** (Art. 12 Abs. 1 GG), das als Grundlage einer durch das Prinzip der Wettbewerbsfreiheit geprägten Wirtschaftsverfassung auch das unternehmerische Verhalten im

47

---

[75] Siehe BVerfGE 7, 198, 204 ff. – *Lüth*.
[76] Gloy/Loschelder/Erdmann/*Leistner/Facius*, Handbuch des Wettbewerbsrechts, § 14 Rdn. 30.
[77] Siehe BVerfGE 4, 7; 50, 290, 337.
[78] BVerfG WRP 2000, 720, 721 – *Sponsoring*; vgl. auch BVerfG GRUR 1972, 358, 360 – *Grabsteinwerbung*.
[79] BVerfGE 42, 143, 148 f.; BVerfG GRUR 1984, 357, 359 – *markt-intern*.
[80] BVerfG GRUR 1993, 751 – *Großmarkt-Werbung I*.
[81] Vgl. BVerfGE 7, 198, 207; 34, 269, 280; 61, 1, 6; 73, 261, 263, 269.

Wettbewerb, einschließlich der Werbung, erfasst.[82] Das Verbot unlauteren Wettbewerbs stellt einen Eingriff in die Freiheit der Berufsausübung dar, der den Anforderungen des Art. 12 Abs. 1 S. 2 GG genügt und daher verfassungsgemäß ist.[83] Dies gilt auch für die Generalklauseln, deren Unbestimmtheit hinzunehmen ist, weil die unübersehbare Vielfalt und Wandelbarkeit wettbewerblicher Verhaltensweisen die Aufstellung eines erschöpfenden Katalogs von Einzeltatbeständen nicht zulässt.[84]

48 Die Reichweite des Freiheitsschutzes wird auch durch die rechtlichen Regeln mitbestimmt, die den Wettbewerb ermöglichen und begrenzen. Nach Auffassung des BVerfG sichert Art. 12 Abs. 1 GG die Teilhabe am Wettbewerb **nach Maßgabe seiner Funktionsbedingungen**.[85] Die grundrechtliche Gewährleistung umfasst daher keinen Anspruch auf Erfolg im Wettbewerb und auf Sicherung künftiger Erwerbsmöglichkeiten. Vielmehr unterliegen die Wettbewerbsposition und damit auch der Umsatz und die Erträge den wettbewerbsimmanenten Veränderungen.

2. Die Eigentumsgarantie (Art. 14 GG)

49 Die **Eigentumsgarantie** des Art. 14 Abs. 1 GG wird nicht berührt, da sie anders als Art. 12 Abs. 1 GG nicht die durch das Wettbewerbsrecht betroffenen Erwerbschancen, sondern erst die erworbenen Vermögenspositionen schützt.[86] Art. 14 Abs. 1 GG gewährleistet daher auch nicht die Erhaltung einer einmal erreichten Marktstellung gegenüber Mitbewerbern.[87]

3. Die Meinungs-, Informations- und Pressefreiheit (Art. 5 Abs. 1 GG)

50 In den Schutzbereich des Grundrechts der **Meinungs-, Informations- und Pressefreiheit** nach Art. 5 Abs. 1 GG fallen auch **kommerzielle Meinungsäußerungen** und die Wirtschaftswerbung, soweit sie einen wertenden, meinungsbildenden Inhalt hat oder Angaben enthält, die der Meinungsbildung dienen.[88] Bei einer Produktwerbung ist der meinungsbildende Charakter schon deshalb gegeben, weil sie ein Produkt zum Kauf empfiehlt.[89] Eine Imagewerbung kann eine Meinungsäußerung auch dann enthalten, wenn sie lediglich mit meinungsbildenden Bildern arbeitet.[90] Allein der Umstand, dass eine Meinungsäußerung (auch) Wettbewerbszwecken dient, führt nicht dazu, dass sie außerhalb des Schutzbereichs des Art. 5 Abs. 1 GG steht.[91]

51 Die Meinungsfreiheit findet nach Art. 5 Abs. 2 GG ihre Schranken insbesondere in den allgemeinen Gesetzen, zu denen auch die Regelungen des UWG gehören, weil sie sich nicht

---

[82] BVerfGE 32, 311, 317; 65, 237, 247; 95, 372, 389; BVerfG GRUR 1993, 751 – *Großmarkt-Werbung I*; BGH GRUR 1999, 1014, 1015 – *Verkaufsschütten vor Apotheken*.
[83] BVerfG GRUR 1993, 751 – *Großmarkt-Werbung I*.
[84] BVerfG GRUR 1972, 358, 360 – *Grabsteinwerbung*; GRUR 1993, 751 – *Großmarkt-Werbung I*.
[85] BVerfGE 105, 252, 265, Rn. 43 – *Glykolwein* = NJW 2002, 2621, 2622.
[86] BVerfGE 51, 193, 221 f.; 78, 205, 211.
[87] BVerfG GRUR 1993, 751, 753 – *Großmarkt-Werbung I*.
[88] BVerfGE 71, 162, 175; BVerfG WRP 1997, 424, 426 – *Rauchen schadet der Gesundheit*; WRP 2001, 129, 133 – *Benetton*; GRUR 2001, 1058, 1160 – *Therapeutische Äquivalenz*.
[89] Köhler, WRP 1998, 455, 460.
[90] BVerfG WRP 2001, 129, 133 – *Benetton*.
[91] BVerfG WRP 2001, 129, 133 – *Benetton*; BVerfG GRUR 2007, 1083 – *Dr. R's Vitaminprogramm*; BVerfG GRUR 2008, 81 – *Pharmakartell*; BGH GRUR 2011, 631 Rn. 20 – *Unser wichtigstes Cigarettenpapier*; BGH GRUR 1995, 595, 597 – *Kinderarbeit*; WRP 1997, 1054, 1058 – *Kaffeebohne*.

C. Die Stellung des Lauterkeitsrechts im Rechtssystem

gegen die Äußerung der Meinung als solche richten, sondern dem Schutz eines schlechthin, also ohne Rücksicht auf eine bestimmte Meinung zu schützenden Rechtsguts dienen.[92] Nach der sog. **Wechselwirkungs- oder Schaukeltheorie** sind sie aber ihrerseits im Lichte der wertsetzenden Bedeutung des Grundrechts des Art. 5 Abs. 1 GG zu sehen und so in ihrer grundrechtsbeschränkenden Wirkung selbst wieder einzuschränken.[93] Es ist deshalb eine Abwägung zwischen den durch das Grundrecht und den durch ein „allgemeines Gesetz" geschützten Rechtsgütern und Interessen vorzunehmen. Dabei setzt eine Einschränkung der Meinungs- und Pressefreiheit und des Informationsinteresses der Allgemeinheit eine Rechtfertigung durch hinreichend gewichtige Gemeinwohlbelange oder schutzwürdige Interessen Dritter voraus.[94] Der Schutz ist umso schwächer ausgeprägt, je stärker mit der Meinungsäußerung wirtschaftliche Interessen verfolgt werden. Ist sie darauf gerichtet, sich gegen andere wirtschaftliche Interessen durchzusetzen, so sind insbesondere deren Motive, Ziele und Zwecke zu bewerten.[95] Eine Äußerung ist daher umso weniger schutzwürdig, je weniger sie zur Meinungsbildung in einer die Öffentlichkeit berührenden Frage beiträgt und je mehr sie eigennützigen Interessen dient. Der Frage, ob eine Wettbewerbsabsicht vorliegt, kommt daher, insbesondere bei Presseartikeln, maßgebliche Bedeutung zu und ihre Feststellung bedarf eingehender Prüfung.[96] In seiner neueren Rechtsprechung misst das Bundesverfassungsgericht die Rechtfertigung einer Beschränkung des Art. 5 Abs. 1 S. 1 GG daran, ob durch die Werbeaussagen die **Funktionsfähigkeit des Leistungswettbewerbs** gefährdet wird.[97]

4. Kunst- und Wissenschaftsfreiheit

Im Unterschied zum Grundrecht der Meinungs-, Informations- und Pressefreiheit nach Art. 5 Abs. 1 GG steht das Grundrecht der **Kunst- und Wissenschaftsfreiheit** nach Art. 5 Abs. 3 S. 1 GG nicht unter einem Gesetzesvorbehalt; es unterliegt aber immanenten Schranken und findet seine Grenzen in den Grundrechten Dritter.[98] Im Rahmen der Anwendung des Wettbewerbsrechts ist deshalb eine Abwägung der kollidierenden Grundrechte vorzunehmen.[99] Soweit eine Werbung als Kunstwerk in Erscheinung tritt, wie etwa in Form eines Films oder einer Fotografie, kann gegen ihre Verbreitung nur vorgegangen werden, wenn dadurch Grundrechte Dritter, insbesondere auf freie Entfaltung der Persönlichkeit (Art. 2 GG), beeinträchtigt werden.[100] Dabei kommt dem Grundsatz der Verhältnismäßigkeit besondere Bedeutung zu. Die Aufführung eines Films, der getarnte Werbung enthält, darf dementsprechend nicht vollständig untersagt werden, wenn die Auflage, auf dem werblichen Charakter des Films hinzuweisen, ausreicht, um den berechtigten Interessen Dritter Rechnung zu tragen.[101]

52

---

[92] BVerfG GRUR 1984, 357, 359 – *markt-intern*; 1992, 866, 870 – *Hackethal*; BGH GRUR 1984, 461, 463 – *Kundenboykott*; 1986, 812, 813 – *Gastrokritiker*.
[93] BVerfGE 12, 124 f.; BGH GRUR 1992, 707, 708 – *Erdgassteuer*; 1995, 593, 597 – *Kinderarbeit*.
[94] BVerfG WRP 2001, 129, 133 – *Benetton*.
[95] BVerfG GRUR 1984, 357, 360 – *markt-intern*.
[96] BGH GRUR 1986, 812, 813 – *Gastrokritiker*; 1986, 898, 899 – *Frank der Tat*; WRP 1995, 186, 189 – *Dubioses Geschäftsgebaren*.
[97] Siehe BVerfG GRUR 2001, 1058, 1060 – *Therapeutische Äquivalenz*; NJW 2002, 1187 – *Tier- und Artenschutz*; NJW 2003, 277 – *JUVE-Handbuch*; GRUR 2008, 81, 82 – *Pharmakartell*; kritisch dazu Harte/Henning/Ahrens, UWG, Einl. G Rn. 80; vgl. zum Leistungswettbewerb oben Rn. 20 ff.
[98] BVerfGE 30, 173, 191 ff. – *Mephisto*.
[99] BVerfGE 77, 240, 255.
[100] BGH GRUR 1995, 744, 749 – *Feuer, Eis & Dynamit I*; vgl. auch BGH GRUR 1995, 598, 600 – *Ölverschmutzte Ente*.
[101] BGH GRUR 1995, 750, 751 – *Feuer, Eis & Dynamit II*.

5. Allgemeine Handlungsfreiheit (Art. 2 Abs. 1 GG) und Schutz der Menschenwürde (Art. 1 GG)

53 Das Grundrecht der allgemeinen Handlungsfreiheit nach Art. 2 Abs. 1 GG fungiert als Auffangtatbestand, das heißt, es wird durch speziellere Grundrechte, wie insbesondere Art. 12 Abs. 1 GG, verdrängt,[102] und greift daher nur ergänzend ein.[103] Selbstverständlich ist die „Staatsfundamentalnorm" des Schutzes der Menschenwürde nach Art. 1 GG auch bei Anwendung des Wettbewerbsrechts zu beachten. Die Verletzung der Menschenwürde, an deren Vorliegen aber nach der maßgeblichen „Objekt-Formel" strenge Anforderungen zu stellen sind, kann insbesondere in Fällen einer sexuell oder sozial diskriminierenden Werbung die Annahme einer Unlauterkeit begründen (**menschenverachtende Werbung**).[104]

54 Nach der „Objektformel" dürfen Menschen in der Werbung nicht in einer Art und Weise dargestellt werden, die sie zum reinen Objekt herabwürdigt. Dies ist insbesondere dann anzunehmen, wenn die Subjektqualität eines Menschen prinzipiell in Frage gestellt wird[105] oder wenn die prinzipielle Gleichheit eines Menschen mit allen anderen Menschen in Zweifel gezogen wird.[106] Ein Verstoß gegen die Menschenwürde ist insbesondere bei der **Gewalt verherrlichenden Werbung**, der **ethnisch und/oder religiös diskriminierenden Werbung**, der **Behinderte diskriminierenden Werbung** sowie der **sexistischen Werbung** in Betracht zu ziehen,[107] wobei allerdings mit Blick auf Art. 5 GG stets zu beachten ist, in welchem Kontext die in der Werbung getroffenen Aussagen stehen. Demgegenüber begründet eine bloße **geschmacklose Werbung** als solche noch nicht die Unlauterkeit, da über das Wettbewerbsrecht keine Geschmackszensur ausgeübt werden darf und das Grundrecht auf Meinungsfreiheit zu beachten ist.[108] Vielmehr muss der menschenverachtende Charakter der Werbung geeignet sein, die **Entscheidungsfreiheit** der Verbraucher und sonstigen Marktteilnehmer zu beeinträchtigen. Dies ist nur dann zu bejahen, wenn der Einfluss des menschenverachtenden Charakters auf die angesprochenen Marktteilnehmer so stark ist, dass die Rationalität der Nachfrageentscheidung vollständig in den Hintergrund tritt.

6. Willkürverbot (Art. 3 GG)

55 In seiner Ausprägung als Willkürverbot ist der Gleichheitssatz erst dann verletzt, wenn die richterliche Entscheidung bei verständiger Würdigung der das Grundgesetz beherrschenden Gedanken nicht mehr verständlich ist und sich daher der Schluss aufdrängt, dass sie auf sachfremden Erwägungen beruht.[109] Im Falle einer unterschiedlichen Behandlung von Normadressaten bedarf es eines sachlichen Differenzierungsgrundes.[110]

---

[102] BVerfG GRUR 1993, 751, 753 – *Großmarkt-Werbung I*.
[103] Vgl. BVerfG GRUR 1969, 137, 140 – *Aktion Rumpelkammer*.
[104] Siehe BGH GRUR 1995, 592, 594 – *Busengrapscher*; 1995, 600, 601 – *H.I.V. POSITIVE I*.
[105] BVerfGE 50, 166, 175 – *Ausweisung*; BVerfGE 87, 209, 228 – *Horrorfilm*.
[106] BVerfGE 27, 1, 6 – *Urlaubs- und Erholungsreisen*; BVerfGE 30, 1, 26 – *Briefgeheimnis*; BVerfGE 45, 187, 227 – *Heimtückischer Mord*; BVerfGE 50, 166, 175 – *Ausweisung*; BVerfGE 87, 209, 228 – *Horrorfilm*.
[107] Siehe zu den genannten Fallgruppen *Scherer*, WRP 2007, 594, 599 ff.
[108] Siehe auch BGH GRUR 1970, 557, 558 – *Erotik in der Ehe*; BGHZ 130, 5, 8 = GRUR 1995, 592, 594 – *Busengrapscher*.
[109] BVerfGE 67, 90, 94; BVerfG GRUR 1993, 751, 753 – *Großmarktwerbung I*.
[110] BVerfGE 55, 72, 88; 83, 395, 401; BVerfG GRUR 1993, 751, 753 – *Großmarktwerbung I*.

II. Lauterkeitsrecht und Bürgerliches Recht

Schrifttum: *Chr. Alexander,* Vertrag und unlauterer Wettbewerb, 2002; *ders.,* Vertragsrecht und Lauterkeitsrecht unter dem Einfluss der Richtlinie 2005/29/EG über unlautere Geschäftspraktiken, WRP 2012, 515 ff.; *Augenhofer,* Gewährleistung und Werbung, 2002; *dies.,* Individualrechtliche Ansprüche des Verbrauchers bei unlauterem Wettbewerbsverhalten des Unternehmers, WRP 2006, 169 ff.; *De Christofaro,* Die zivilrechtlichen Folgen des Verstoßes gegen das Verbot unlauterer Geschäftspraktiken: eine vergleichende Analyse der Lösungen der EU-Mitgliedstaaten, GRUR Int. 2010, 1017 ff.; *Dürrschmidt,* Werbung und Verbrauchergarantien, 1997; *Fezer,* Die Nichtigkeit der Folgeverträge unlauterer Telefonwerbung, WRP 2007, 855 ff.; *Köhler,* Vertragsrechtliche Sanktionen gegen unerwünschte Telefonwerbung?, WRP 2007, 866 ff.; *ders.,* Die Verwendung unwirksamer Vertragsklauseln: ein Fall für das UWG, GRUR 2010, 1047 ff.; *Goldhammer,* Lauterkeitsrecht und Leistungsstörungsrecht, 2011; *Haedicke/Nemeczek,* Die Verdinglichung von B2B-Verträgen im Lauterkeitsrecht, FS für Bornkamm, 2014; *Köhler,* UWG-Reform und Verbraucherschutz, GRUR 2003, 265; *ders.,* Unzulässige geschäftliche Handlungen bei Abschluss und Durchführung eines Vertrags, WRP 2009, 898; *ders.,* Die Verwendung unwirksamer Vertragsklauseln: ein Fall für das UWG, GRUR 2010, 1047; *Lehmann,* Vertragsanbahnung durch Werbung, 1981; *ders.,* Die bürgerlichrechtliche Haftung für Werbeangaben – Culpa in contrahendo als Haftungsgrundlage für vertragsanbahnende Erklärungen, NJW 1987, 1233 ff.; *ders.,* Informationsverantwortung und Gewährleistung für Werbeangaben beim Verbrauchsgüterkauf, JZ 2000, 280 ff.; *Leistner,* Richtiger Vertrag und lauterer Wettbewerb, 2007; *Nassall,* Lauterkeitsrecht und Sittlichkeit – Zivilrechtliche Konsequenzen unlauterer Wettbewerbshandlungen, NJW 2006, 127 ff.; *Ohly,* Gegen die Bestätigungslösung bei Folgeverträgen unzulässiger Telefonwerbung, GRUR-Prax 2011, 366; *Reichold,* Lauterkeitsrecht als Sonderdeliktsrecht, AcP 193 (1993) 204; *Sack,* Folgeverträge unlauteren Wettbewerbs, GRUR 2004, 625 ff.; *ders.,* Das Recht am Gewerbebetrieb, 2007; *Schaub,* Sponsoringverträge und Lauterkeitsrecht, GRUR 2008, 955 ff.; *Scherer,* Verleiten zum Vertragsbruch, WRP 2009, 518 ff.; *dies.,* Lauterkeitsrecht und Leistungsstörungsrecht – Veränderung des Verhältnisses durch § 2 I Nr. 1 UWG?, WRP 2009, 761; *Schmidt,* Die Annäherung von Lauterkeitsrecht und Verbraucherprivatrecht, JZ 2007, 78; *Tiller,* Gewährleistung und Irreführung, 2005; *Weiler,* Ein lauterkeitsrechtliches Vertragslösungsrecht des Verbrauchers?, WRP 2003, 423.

1. Deliktsrecht

Das Wettbewerbsrecht ist Sonderdeliktsrecht.[111] Dementsprechend besteht eine **Anspruchskonkurrenz** mit dem allgemeinen Deliktsrecht, sofern das UWG keine Sonderregelung beinhaltet, die die Anwendung der allgemeinen deliktsrechtlichen Vorschriften ausschließt. Die Konkurrenzproblematik stellt sich aber nur im Hinblick auf denjenigen Personenkreis, der sowohl nach dem BGB als auch nach dem UWG anspruchsberechtigt ist. Von praktischer Bedeutung ist sie deshalb nur für die Verletzung von Rechten der Mitbewerber mit Blick auf die **unterschiedlichen Verjährungsfristen** von 6 Monaten nach § 11 Abs. 1 UWG und 3 Jahren nach § 195 BGB. Der Letztverbraucher kann sich gegebenenfalls gegen wettbewerbswidrige Werbemaßnahmen zur Wehr setzen, die ihn in seinem Eigentums- oder seinem Persönlichkeitsrecht beeinträchtigen. Der **individuelle Verbraucher** hat aber keine Möglichkeit, Ansprüche aus dem UWG geltend zu machen, da ihm die Anspruchsberechtigung fehlt. Diese ergibt sich auch nicht über den Umweg des § 823 Abs. 2 BGB, da das UWG nach dem ausdrücklichen Willen des Gesetzgebers nicht als Schutzgesetz anerkannt wird.[112] Ein Anspruch aus § 823 Abs. 1 BGB wegen Verletzung des **Rechts**

56

---

[111] BGH GRUR 1982, 494, 497 – *Domgarten-Brand*; 1999, 751, 754 – *Güllepumpen*.
[112] Begr. RegE, BT-Drucks. 15/1487, S. 22 (zu § 8). Missverständlich ist allerdings die Aussage, dass die „Regelungen zu den zivilrechtlichen Rechtsfolgen ... sowohl hinsichtlich der Klagebefugnis als auch hinsichtlich der Anspruchsgrundlagen abschließend" sind. Streng genommen hätte dies die inakzeptable Konsequenz, dass Mitbewerber (und eventuell sogar Verbraucher) keine Ansprüche aus § 823 Abs. 1 BGB geltend machen können, wenn durch eine Wettbewerbshandlung absolute Rechte

am eingerichteten und ausgeübten Gewerbebetrieb (als sonstiges Recht) kommt wegen dessen Funktion als subsidiärer, lückenfüllender Auffangtatbestand nur dann in Frage, wenn dem verletzten Unternehmer keine Ansprüche aufgrund des UWG zustehen.[113] Ansprüche aus § 824 BGB können neben dem UWG (§ 4 Nr. 2 UWG) ebenso zur Anwendung kommen[114] wie solche aus § 826 BGB, wobei diese Vorschrift einen Schädigungsvorsatz verlangt und demzufolge an strengere Voraussetzungen geknüpft ist als Ansprüche aus dem UWG.[115] Die Verjährung von deliktsrechtlichen Ansprüchen des BGB richtet sich aber auch dann nach §§ 195, 199 BGB, wenn sie mit Ansprüchen aus § 3 UWG zusammentreffen. Denn es ist nicht gerechtfertigt, den Schädiger durch eine kürzere Verjährungsfrist (6 Monate statt 3 Jahre) zu privilegieren, wenn er zusätzlich zu den außerwettbewerbsrechtlichen Tatbeständen auch noch gegen das Lauterkeitsrecht verstößt.[116]

2. Vertragsrecht

57   Im Vertragsrecht stellen sich zwar mitunter die gleichen Wertungsfragen wie im Lauterkeitsrecht, etwa wenn es um Täuschungen oder Drohungen geht. Beide Rechtsgebiete verfolgen aber unterschiedliche Zwecke und stehen daher nebeneinander. So können etwa im Falle einer Irreführung neben den lauterkeitsrechtlichen Sanktionen auch vertragsrechtliche Regelungen eingreifen, wie z.B. im Hinblick auf die Gewährleistungshaftung, Anfechtungsrechte, Schadensersatzansprüche wegen vorvertraglichen Verschuldens oder die Zusendung unbestellter Waren und Dienstleistungen.

58   Allerdings stellt die **bloße Schlechterfüllung eines Vertrags** regelmäßig keine unlautere Handlung dar,[117] da insbesondere bei Handlungen gegenüber Verbrauchern diese nicht zu einer geschäftlichen Entscheidung veranlasst werden und somit nicht in unlauterer Weise in ihrer Entscheidung beeinflusst werden. Etwas anderes gilt aber, wenn Verbraucher über ihre Rechte getäuscht werden (§ 5 Abs. 2 Nr. 7 UWG) oder versucht wird, sie von der Geltendmachung oder Durchsetzung ihrer Rechte abzuhalten (Anhang Nr. 27 zu § 3 Abs. 3 UWG) bzw. sie durch Täuschung oder Drohungen zur Zahlung einer nicht bestehenden Forderung zu veranlassen.

59   Im Übrigen sind unlautere Handlungen zwar nach dem UWG unzulässig und damit „verboten". Ein Vertrag, der durch eine unlautere Handlung zustande kommt (sog. Folgevertrag) ist aber deswegen noch nicht nichtig i.S.v. **§§ 134, 138 BGB**. Die Vorschriften des UWG stellen **keine Verbotsgesetze im Sinne des § 134 BGB** dar, da sie nach ihrem Sinn und

---

wie Eigentum, Körper oder Gesundheit verletzt werden. Entsprechendes würde auch auf Ansprüche aus § 824 BGB oder § 826 BGB zutreffen, da die Regelungen des UWG „hinsichtlich der Anspruchsgrundlagen abschließend" sind. Richtigerweise ist die Feststellung in der Gesetzesbegründung aufgrund ihres Kontexts dahin gehend zu verstehen, dass eine individuelle Anspruchsberechtigung der Verbraucher auf der Grundlage des § 823 Abs. 2 in Verbindung mit der verletzten wettbewerbsrechtlichen Norm verneint werden soll. Demgegenüber vertritt *Sack* (siehe schon WRP 1974, 445 ff.; *ders.*, BB 2003, 1073 ff.) die gegenteilige Auffassung und beruft sich darauf, dass die Stellungnahme des Regierungsentwurfs im Gesetzeswortlaut keinen ausreichend deutlichen Niederschlag gefunden habe; siehe GRUR 2004, 625 ff., 629 ff.

[113] Siehe BGH GRUR 1972, 182, 191 – *Wandsteckdose II*; 1983, 467, 468 – *Photokina*; Köhler/Bornkamm, UWG, Einl. Rn. 7.27; Ohly/Sosnitza, UWG, Einl. D Rn. 60.
[114] Vgl. BGH GRUR 1962, 312, 314 – *Gründerbildnis*.
[115] Vgl. BGH GRUR, ebenda; 1977, 539, 541 – *Prozessrechner*.
[116] Ohly/Sosnitza, UWG, Einl. D Rn. 64; a.A. für das Recht am eingerichteten Gewerbebetrieb BGH GRUR 1962, 310, 314 – *Gründerbildnis*.
[117] BGH GRUR 2013, 945 Rn. 36 – *Standardisierte Mandatsbearbeitung*; BGH GRUR 1983, 451, 452 – *Ausschank unter Eichstrich I*; BGH GRUR 2002, 1093, 1094 – *Kontostandsauskunft*.

C. Die Stellung des Lauterkeitsrechts im Rechtssystem

Zweck nicht die Unwirksamkeit des Vertrages gebieten.[118] Dies ergibt sich schon daraus, dass das BGB selbst für die arglistige Täuschung oder die Drohung nicht die Nichtigkeit des Vertrages vorsieht, sondern lediglich die Anfechtbarkeit (§ 123 Abs. 1 BGB). Etwas anderes kann aber bei Verträgen gelten, die unmittelbar selbst eine Verpflichtung zu wettbewerbswidrigem Verhalten beinhalten oder die die Grundlage für wettbewerbswidriges Verhalten bilden, da hier der rechtsgeschäftlichen Verpflichtung selbst das wettbewerbswidrige Verhalten innewohnt.[119]

III. Lauterkeitsrecht und Kartellrecht

Schrifttum: *Alexander,* Die Probeabonnement-Entscheidung des BGH – Schnittbereich kartellrechtlicher, lauterkeitsrechtlicher und medienrechtlicher Aspekte, ZWeR 2007, 239; *Emmerich,* Überlegungen zum Verhältnis von Kartellrecht und Lauterkeitsrecht aus deutscher Sicht, in Augenhofer (Hrsg.), Die Europäisierung des Kartell- und Lauterkeitsrechts, 2009, 73; *Fikentscher,* Das Verhältnis von Kartellrecht und Recht des unlauteren Wettbewerbs, GRUR Int. 1966, 161; *Hirtz,* Die Relevanz der Marktmacht bei der Anwendung des UWG, GRUR 1980, 93; *Köhler,* Zur Konkurrenz lauterkeitsrechtlicher und kartellrechtlicher Normen, WRP 2005, 645; *Koenigs,* Wechselwirkungen zwischen GWB und Recht des unlauteren Wettbewerbs, NJW 1961, 1041; *Knöpfle,* Die marktbezogene Unlauterkeit, 1983; *Merz,* Die Vorfeldthese, 1988; *Mestmäcker,* Der verwaltete Wettbewerb, 1984; *Möschel,* Pressekonzentration und Wettbewerbsgesetz, 1978; *Tilmann,* Über das Verhältnis von GWB und UWG, GRUR 1979, 825; *E. Ulmer,* Sinnzusammenhänge im modernen Wettbewerbsrecht, 1932; *Pichler,* Das Verhältnis von Kartell- und Lauterkeitsrecht, 2009; *Schwipps,* Wechselwirkungen zwischen Lauterkeitsrecht und Kartellrecht, 2009; *Wolf,* Das Recht gegen Wettbewerbsbeschränkungen (GWB) und das Recht gegen unlauteren Wettbewerb – ein Vergleich, WRP 1995, 543.

Das **UWG** und das **GWB** bilden die beiden **tragenden Säulen der Wettbewerbsordnung**. Da in beiden Rechtsgebieten nach wettbewerbsfunktionalen Kriterien entschieden wird, können **Überschneidungen** bestehen. Die inhaltliche Wechselwirkung zwischen UWG und GWB manifestiert sich darin, dass der Lauterkeitsschutz des UWG auch im allgemeinen Interesse liegt (§ 1 S. 2 UWG) und der dem GWB inhärente Institutionsschutz auch der Wettbewerbsfreiheit des Einzelnen dient. Unterschiede bestehen aber in den Ansätzen beider Rechtsgebiete. Das Kartellrecht will **Monopoltendenzen** verhindern und betrifft konfrontative oder kooperative Praktiken allein unter dem Gesichtspunkt des wettbewerbsbeschränkenden Verhaltens. Demgegenüber geht es im Lauterkeitsrecht vorrangig um den Schutz der wettbewerbsbezogen Interessen der Marktteilnehmer **vor exzessiven Wettbewerbshandlungen**. Es geht zudem nicht allein um wettbewerbsbeschränkendes Verhalten, sondern um die besondere **wettbewerbstypische Gefahrenlage**, die in einem ungezügelten Wettbewerb für alle Marktteilnehmer besteht. Während im Kartellrecht das Schwergewicht auf dem Institutionsschutz liegt, ist das Lauterkeitsrecht in stärkerem Maße auf den Individualschutz ausgerichtet. Entgegen der früher vertretenen Antinomie des UWG zum GWB, betont man heute einen „Monismus im Sinne einer wirtschaftlichen Interesseneinheit".[120] Deshalb kommt es zu Ergänzungen und Überschneidungen, wie insbesondere in den Fällen der gezielten, individuellen Behinderung (§ 4 Nr. 4 UWG) und ganz besonders der allgemeinen Marktbehinderung.[121]

60

---

[118] Vgl. BGH GRUR 1990, 522, 528 – *HBV-Familien- und Wohnrechtsschutz;* 1998, 945, 946 – *Co-Verlagsvereinbarung.*
[119] Siehe BGH GRUR 1978, 311 – *BSW III;* BGHZ 71, 358, 366; GRUR 1998, 945, 948 – *Co-Verlagsvereinbarung;* GRUR 2009, 606, 606 f. – *Buchgeschenk vom Standesamt;* GRUR 2012, 1050 Rn. 20 – *Dentallaborleistungen.*
[120] So treffend Fezer/*Fezer,* UWG, Einl. E Rn. 41.
[121] Siehe unten § 9 Rn. 166 ff.

61 Die häufig betonte Rollenverteilung, dass das Kartellrecht die Freiheit (das „Ob") und das Wettbewerbsrecht die Lauterkeit (das „Wie") des Wettbewerbs schütze, erscheint demgegenüber nur bedingt tragfähig und sollte aufgegeben werden.[122] Die Unterscheidung zwischen „Ob" und „Wie" ist in vielen Fällen schon deswegen schwierig, weil geschäftliche Handlungen („Wie") tendenziell immer auch Auswirkungen auf den Wettbewerb haben („Ob"). Umgekehrt wird jede Wettbewerbsbeschränkung („Ob") auf eine Wettbewerbshandlung („Wie") zurückzuführen sein. Viele geschäftliche Handlungen wie etwa das „Versperren des Wettbewerbs" oder eine bestimmte Preisgestaltung können daher gleichermaßen das „Wie" und das „Ob" von Wettbewerb betreffen.

IV. Lauterkeitsrecht und Immaterialgüterrecht

Schrifttum: *Bärenfänger,* Das Spannungsfeld von Lauterkeitsrecht und Markenrecht unter dem neuen UWG, 2010; *ders.,* Symbiotische Theorie zum Kennzeichen- und Lauterkeitsrecht, WRP 2011, 16 und 160; *Bartenbach/Fock,* Das neue nicht eingetragene Geschmacksmuster – Ende des ergänzenden wettbewerbsrechtlichen Leistungsschutzes im Geschmacksmusterrecht oder dessen Verstärkung?, WRP 2002, 1119; *Beater,* Nachahmen im Wettbewerb, 1995; Beyerlein, Ergänzender Leistungsschutz gemäß § 4 Nr. 9 UWG als „geistiges Eigentum" nach der Enforcement-Richtlinie (2004/48/EG)?, WRP 2005, 1354; *Bornkamm,* Markenrecht und wettbewerbsrechtlicher Kennzeichenschutz, GRUR 2005, 97; *ders.,* Der lauterkeitsrechtliche Schutz vor Verwechslungen: Ein Kuckucksei im Nest des UWG?, FS Loschelder, 2010, 31; *ders.,* Die Schnittstelle zwischen gewerblichem Rechtsschutz und UWG, GRUR 2011, 1; *Böxler,* Der Vorrang des Markenrechts, ZGE 2009, 357; *Bunnenberg,* Das Markenrecht als abschließendes Regelungssystem?, MarkenR 2008, 148; *Büscher,* Schnittstellen zwischen Markenrecht und Wettbewerbsrecht, GRUR 2009, 230; *Deutsch,* Anspruchskonkurrenzen im Marken- und Kennzeichenrecht, WRP 2000, 854; *Fezer,* Normenkonkurrenz zwischen Kennzeichenrecht und Lauterkeitsrecht, WRP 2008, 1; *ders.,* Imitationsmarketing als irreführende Produktvermarktung, GRUR 2009, 451; *Ingerl,* Der wettbewerbsrechtliche Kennzeichenschutz und sein Verhältnis zum MarkenG in der neueren Rechtsprechung des BGH und in der UWG-Reform, WRP 2004, 809; *Keller,* Der wettbewerbsrechtliche Leistungsschutz – Vom Handlungsschutz zur Immaterialgüterrechtsähnlichkeit, FS Erdmann, 2002, 595; *Köhler,* Das Verhältnis des Wettbewerbsrechts zum Recht des geistigen Eigentums – Zur Notwendigkeit einer Neubestimmung auf Grund der Richtlinie über unlautere Geschäftspraktiken, GRUR 2007, 548; *ders.,* Der Schutz vor Produktnachahmung im Markenrecht, Geschmacksmusterrecht und neuen Lauterkeitsrecht, GRUR 2009, 445; *ders.,* Das Verhältnis des Rechts des geistigen Eigentums zum Lauterkeitsrecht im Lichte der Richtlinie über unlautere Geschäftspraktiken, in: Lange/Klippel/Ohly, Geistiges Eigentum und Wettbewerb, 2009, S 89; *Körner,* Das allgemeine Wettbewerbsrecht des UWG als Auffangtatbestand für fehlgeschlagenen oder abgelaufenen Sonderrechtsschutz, FS Ullmann, 2006, 701; *Kur,* Der wettbewerbsrechtliche Leistungsschutz, GRUR 1990, 1; *dies.,* Ansätze zur Harmonisierung des Lauterkeitsrechts im Bereich des wettbewerbsrechtlichen Lauterkeitsschutzes, GRUR Int. 1998, 771; *dies.,* (No) Freedom to Copy? Protection of Technical Features under Unfair Competition Law, FS Straus, 2008, 521; *Lubberger,* Grundsatz der Nachahmungsfreiheit?, FS Ullmann, 2006, 737; *Maierhöfer,* Geschmacksmusterschutz und UWG-Leistungsschutz, 2006; *Nemeczek,* Gibt es einen unmittelbaren Leistungsschutz im Lauterkeitsrecht?, WRP 2010, 1204; *ders.,* Wettbewerbliche Eigenart und die Dichotomie des unmittelbaren Leistungsschutzes, WRP 2010, 1315; *Ohly,* Gibt es einen Numerus clausus der Immaterialgüterrechte?, FS Schricker, 2005, 105; *ders.,* Klemmbausteine im Wandel der Zeit – ein Plädoyer für eine strikte Subsidiarität des UWG-Nachahmungsschutzes, FS Ullmann, 2006, 795; *ders.,* Designschutz im Spannungsfeld von Geschmacksmuster-, Kennzeichen- und Lauterkeitsrecht, GRUR 2007, 731; *ders.,* Nachahmungsschutz versus Wettbewerbsfreiheit, in: Lange/Klippel/Ohly, Geistiges Eigentum und Wettbewerb, 2009, S. 99; *ders.,* Hartplatzhelden.de oder: Wohin mit dem unmittelbaren Leistungsschutz?, GRUR 2010, 487; *ders.,* Urheberrecht und UWG, GRUR Int. 2015, 693; *Osterrieth,* Der Nachahmungsschutz beim nicht eingetragenen Geschmacksmuster und beim ergänzenden Leistungsschutz, FS Tilmann, 2003, 221; *Peukert,* Güterzuordnung als Rechtsprinzip, 2008; ders, hartplatzhelden.de – Eine Nagelprobe für den wettbewerbsrechtlichen Leistungsschutz, WRP 2010, 316; *Sack,* Markenschutz und UWG, WRP 2004, 1405; *Sambuc,* Der UWG-Nachahmungsschutz, 1996; *Schreiber,* Wettbewerbsrechtliche Kennzeichenrechte?, GRUR 2009, 113; *Schröer,* Der unmittelbare

---

[122] So auch *Beater*, Unlauterer Wettbewerb, § 1 Rn. 98.

C. Die Stellung des Lauterkeitsrechts im Rechtssystem

Leistungsschutz, 2010; *Steinbeck*, Zur These vom Vorrang des Markenrechts, FS Ullmann, 2006, 409; *Stieper*, Das Verhältnis von Immaterialgüterrechtsschutz und Nachahmungsschutz nach neuem UWG, WRP 2006, 291; *Weihrauch*, Der unmittelbare Leistungsschutz im UWG, 2001; *Wiebe*, Unmittelbare Leistungsübernahme im neuen Wettbewerbsrecht, FS Schricker, 2005, 773.

Immaterialgüterrechte gewähren unter bestimmten Voraussetzungen den Schöpfern innovativer bzw. kreativer Leistungen einen zeitlich befristeten Schutz durch die Zuerkennung absolut wirkender subjektiver Ausschließlichkeitsrechte.[123] Im Immaterialgüterrecht wird zwischen dem Gewerblichen Rechtsschutz, zu dem das Patent- und Gebrauchsmusterrecht, das Designrecht sowie das Markenrecht zählen, und dem Urheberrecht unterschieden.[124] Die Voraussetzungen, an die das Gesetz die Gewährung der **zeitlich befristeten Immaterialgüterrechte** knüpft, sind Ausdruck einer abstrakten Interessenabwägung zwischen dem Allgemeininteresse an der freien Nachahmung fremder Leistungen und dem Individualinteresse, dass die möglicherweise mit erheblichem Aufwand erbrachte Leistung nicht ungehindert unter Ersparung eigener Aufwendungen übernommen werden darf. Es handelt sich um einen Kompromiss zwischen den Antipoden des Imitations- und Innovationswettbewerbs.

Im Unterschied zu den Immaterialgüterrechten gewährt das UWG grundsätzlich kein Ausschließlichkeitsrecht, sondern sorgt im Interesse der Mitbewerber und der Allgemeinheit dafür, dass sich der freie Wettbewerb in den Schranken des lauteren Wettbewerbs hält.[125] Ungeachtet dieses grundsätzlichen Unterschiedes besteht ein enger Berührungspunkt zwischen dem gesetzlichen Sonderschutz aufgrund der Immaterialgüterrechte und dem **ergänzenden wettbewerbsrechtlichen Leistungsschutz**, der im Beispielstatbestand des § 4 Nr. 3 lit. a – c UWG kodifiziert ist. Ausgangspunkt ist dabei der von der Rechtsprechung immer wieder betonte Grundsatz der Nachahmungsfreiheit. Das heißt aus den Beschränkungen durch sondergesetzliche Regelungen folgt *e contrario*, dass Leistungsergebnisse außerhalb der dort festgelegten Voraussetzungen prinzipiell frei sind, weil die Immaterialgüterrechte den Leistungsschutz grundsätzlich abschließend regeln. Eine Ausnahme hiervon gilt nur dann, wenn eine Leistung eine **wettbewerbliche Eigenart** besitzt und über die bloße Nachahmung hinaus gehende, besondere Umstände hinzutreten, die die Nachahmungshandlung unlauter erscheinen lassen.[126] Zwischen dem ergänzenden wettbewerbsrechtlichen Leistungsschutz und den Immaterialgüterrechten besteht ein schwer aufzulösendes Spannungsverhältnis, da einerseits die durch den Sonderschutz vom Gesetzgeber bewusst gezogenen Grenzen beachtet und sie andererseits bei Vorliegen besonderer Umstände ausnahmsweise überschritten werden müssen. Eine grundlegende dogmatische Klärung der Problematik steht bis heute aus.

Der wettbewerbsrechtliche Leistungsschutz ist häufig eine „Notlösung", auf die man zurückgreift, **um Schutzlücken zu schließen**, die dadurch entstehen, dass der Gesetzgeber nicht in der Lage ist, schnell genug auf die technische und wirtschaftliche Entwicklung und die daraus resultierenden Schutzbedürfnisse zu reagieren. Der wettbewerbsrechtliche Leistungsschutz hat dann die Funktion, „provisorisch" im Vorfeld einer gesetzlichen Regelung einzugreifen und wird obsolet, sobald diese geschaffen wird. Beispiele sind der Schutz bekannter Marken gegen Rufausbeutung, der früher auf der

---

[123] Vorzugswürdig wäre der Begriff „Recht des geistigen Eigentums", der sich aber bisher wegen der traditionell (überholten) Fixierung des Eigentumsbegriffs auf körperliche Gegenstände nicht durchsetzen konnte. Siehe dazu *Ohly*, JZ 2003, 545.
[124] Nach *Baumbach/Hefermehl*, UWG, 22. Aufl. 2001, Allg. Rn. 91 ff. fällt unter den Begriff des Gewerblichen Rechtsschutzes auch das Wettbewerbsrecht. Selbst wenn man dieser Auffassung folgen würde, so ändert dies nichts daran, dass das Wettbewerbsrecht sich zu einem eigenständigen Rechtsgebiet entwickelt hat und dementsprechend in Kommentaren, Handbüchern und Lehrbüchern selbständig und unabhängig von den genannten gewerblichen Schutzrechten behandelt wird.
[125] *Baumbach/Hefermehl*, UWG, 22. Aufl. 2001, Allg. Rn. 95.
[126] Siehe unten § 9 Rn. 154 ff.

Grundlage des § 1 UWG a. F. gewährt wurde und nunmehr in § 14 Abs. 2 Nr. 3 MarkenG verankert ist,[127] und die zahlreichen urheberrechtlichen Leistungsschutzrechte, die zum Teil durch den wettbewerbsrechtlichen Leistungsschutz präformiert wurden.

65 Die engste Verwandtschaft weist das Recht des unlauteren Wettbewerbs mit dem **Kennzeichenrecht** auf, das zum **Wettbewerbsrecht im weiteren Sinne** zählt. Beide Rechtsmaterien sind in ihrer historischen Entwicklung eng miteinander verknüpft und beruhen auf denselben dogmatischen Grundlagen. Kennzeichen, wie insbesondere Marken und geschäftliche Bezeichnungen, sind das naheliegendste Werbemittel, durch das die unternehmerische Leistung repräsentiert und identifiziert wird. Der Schutz vor Irreführung, wie er in § 5 UWG niedergelegt ist, und der Schutz vor Zeichenverwechslungen, den das Kennzeichenrecht bezweckt, beruhen auf demselben Prinzip: Sowohl unter dem Gesichtspunkt des Konkurrenten- als auch unter dem des Verbraucherschutzes geht es darum, Fehlzuordnungen und Fehlzurechnungen zu unterbinden. Der wesentliche Kern, der in dem im angelsächsischen Recht entwickelten **Gedanken des *passing-off***, also des Unterschiebens eigener Waren als fremder, zum Ausdruck kommt, ist wettbewerbsrechtlicher Natur und lässt das Kennzeichenrecht als ein **Teilgebiet des Wettbewerbsrechts** im weiteren Sinne erscheinen. Diese Einschätzung ändert freilich nichts daran, dass das am 1.1.1995 in Kraft getretene Markengesetz eine umfassende Kodifikation des gesamten Kennzeichenrechts darstellt, so dass sich diese Materie zu einem eigenständigen Rechtsgebiet entwickelt hat, das grundsätzlich eine abschließende Regelung gegenüber dem UWG darstellt („**Vorrangthese**"). Allerdings hat der BGH die Vorrangthese angesichts der Umsetzung EU-rechtlicher Vorgaben jedenfalls für das Verhältnis zum lauterkeitsrechtlichen Irreführungs- und Verwechslungsschutz **aufgegeben**.[128] Auch im Bereich des Nachahmungsschutzes hält der BGH die Tatbestände des UWG neben denen des Kennzeichenrechts dann für anwendbar, wenn nicht der Schutz einer Kennzeichnung, sondern eines konkreten Leistungsergebnisses begehrt wird.[129]

---

[127] Siehe dazu § 9 Rn. 157 f.
[128] BGH GRUR 2013, 1161 Rn. 60 – *Hard Rock Café*.
[129] Siehe dazu § 9 Rn. 157 f. sowie BGH GRUR 2007, 339 Rn. 23 – *Stufenleitern*; GRUR 2008, 793 Rn. 26 – *Rillenkoffer*; GRUR 2009, 1162 Rn. 40 – *DAX*; siehe zu einem auf Herkunftstäuschung nach § 5 Abs. 1 S. 2 Nr. 1 UWG gestützten Anspruch auch BGH GRUR 2013, 1161 Rn. 60 – *Hard Rock Cafe*; für die Aufgabe der Vorrangthese *Ohly*/Sosnitza, UWG, § 4.9 Rn. 9/19.

… # § 2. Europäisches, internationales und ausländisches Recht

Inhaltsübersicht

	Rn.
A. Europäisches Recht	1
I. Vorrang des Unionsrechts	1
II. Primäres Unionsrecht	4
1. Freier Waren- und Dienstleistungsverkehr	5
2. Grundrechte	11
III. Sekundäres Unionsrecht	13
1. Verordnungen	14
2. Richtlinien	15
a) Allgemeines	15
b) Richtlinienkonforme Auslegung	18
c) Richtlinie 2005/29/EG über unlautere Geschäftspraktiken (UGP-Richtlinie)	20
aa) Inhalt der UGP-Richtlinie	22
bb) Reichweite der Harmonisierung	23
cc) Anwendungsbereich	27
d) Weitere Richtlinien	30
B. Internationales Recht	32
I. Die Pariser Verbandsübereinkunft (PVÜ)	32
II. Das TRIPS-Übereinkommen	34
C. Anwendbares Recht (Kollisionsrecht)	35
I. Frühere Rechtslage (Art. 40–42 EGBGB)	36
II. Heutige Rechtslage (ROM II-Verordnung)	37
1. Das Marktortprinzip nach Art. 6 Abs. 1 ROM II-VO	38
2. Einschränkungen des Marktortprinzips	40
3. Ausnahme: Bilaterale Wettbewerbshandlungen nach Art. 6 Abs. 2 ROM II-VO	42
4. Das Herkunftslandprinzip bei Werbung im Internet und in Funk und Fernsehen	44
5. Ausschluss der Rechtswahl (Art. 6 Abs. 4 ROM II-VO)	48
6. Rück- und Weiterverweisungen (Art. 24 Rom II-VO)	49
7. Abgrenzung zu Rechten des geistigen Eigentums	50
8. Ordre public (Art. 26 Rom II-VO)	51
D. Internationales Verfahrensrecht	52
E. Ausländisches Recht (Überblick)	56
I. „Integrierter" Mitbewerber- und Verbraucherschutz mit Generalklauseln und Einzeltatbeständen	58
II. Duales Modell mit zivilrechtlichen, administrativen bzw. strafrechtlichen Regelungen	63
III. Besonderheiten des angelsächsischen Rechts	73

A. Europäisches Recht

Schrifttum: *Alexander,* Wege und Irrwege – Europäisierung im Kartell- und Lauterkeitsrecht, GRUR Int. 2013, 636; *Apostolopoulos,* Neuere Entwicklungen im europäischen Lauterkeitsrecht: Problematische Aspekte und Vorschläge, WRP 2004, 841; *ders.,* Einige Gedanken zur Auslegung der nationalen Generalklausel im Hinblick auf eine Vollharmonisierung des europäischen Lauterkeitsrechts, WRP 2005, 152; *ders.,* Das europäische Irreführungsverbot: Liberalisierung des Marktgeschehens oder Einschränkung für die Anbieterseite?, GRUR Int. 2005, 292; *Beater,* Europäisches Recht gegen unlauteren Wettbewerb – Ansatzpunkte, Grundlagen, Entwicklung, Erforderlichkeit, ZEuP 2003, 11; *Bernhard/Nemeczek,* Grenzüberschreitende Fußballübertragungen im Lichte von Grundfreiheiten, geistigem Eigentum und EU-Wettbewerbsrecht, GRUR Int. 2012, 293; *Brigola,* Die Metamorphose der Keck-Formel in der Rechtsprechung des EuGH, EuZW 2012, 248; *Brömmelmeyer,* Der Binnenmarkt als Leitstern der Richtlinie über unlautere Geschäftspraktiken, GRUR 2007, 295; *Dethloff,* Europäisierung des Wettbewerbsrechts, 2001; *Frenz,* Stand der Keck-Judikatur, WRP 2011, 1034; *Glöckner,* Europäisches Lauterkeitsrecht, 2006; *ders.,* The Scope of Application of the UCP Directive – „I Know What You Did Last Summer", IIC 2010, 570; *ders.,* The Regulatory Framework for Comparative Advertising in Europe – Time for a New Round of Harmonisation, IIC 2012, 35; Grundmann, Die EU-Verbraucherrechte-Richtlinie, JZ 2013, 53; *Henning-Bodewig,* Das Europäische Wettbewerbsrecht: Eine Zwischenbilanz, GRUR Int. 2002, 389; *dies.,* Die Bekämpfung unlauteren Wettbewerbs in den EU-Mitgliedstaaten: eine Bestandaufnahme, GRUR Int. 2010, 273; *dies.,* Nationale Eigenständigkeit und europäische Vorgaben im Lauterkeitsrecht, GRUR Int. 2010, 549; *dies.,* Der Schutzzweck des UWG und die Richtlinie über unlautere Geschäftspraktiken, GRUR 2013, 238; *Hilty/Henning-Bodewig* (Hrsg.), Lauterkeitsrecht und Acquis communautaire, 2009; Hucke, Erforderlichkeit der Harmonisierung des Wettbewerbsrechts, 2001; *Keßler,* Vom Recht des unlauteren Wettbewerbs zum Recht der Marktkommunikation – Individualrechtliche und institutionelle Aspekte des deutschen und europäischen Lauterkeitsrechts, WRP 2005, 1203; *Köhler,* Richtlinienumsetzung im UWG – eine unvollendete Aufgabe, WRP 2013, 403; *Koos,* Europäisches Lauterkeitsrecht und globale Integration, 1996; *Leistner,* Bestand und Entwicklungsperspektiven des Europäischen Lauterkeitsrechts, ZEuP 2009, 56; *Lettl,* Gemeinschaftsrecht und neues UWG, WRP 2004, 1079; *ders.,* Der lauterkeitsrechtliche Schutz vor irreführender Werbung in Europa, 2004; *Mäsch,* Europäisches Lauterkeitsrecht – von Gesetzen und Würsten, EuR 2005, 625; *Micklitz/Keßler,* Europäisches Lauterkeitsrecht – Dogmatische und ökonomische Aspekte einer Harmonisierung des Wettbewerbsverhaltensrechts im europäischen Binnenmarkt, GRUR Int. 2002, 885; *Ohly,* Bausteine eines europäischen Lauterkeitsrechts, WRP 2008, 177; *Schmidt-Kessel/Schubmehl* (Hrsg.), Lauterkeitsrecht in Europa, 2011; *Schricker,* Die europäische Angleichung des Rechts des unlauteren Wettbewerbs – ein aussichtsloses Unterfangen?, GRUR Int. 1990, 771; *ders.,* Zur Werberechtspolitik der EG – Liberalisierung und Restriktion im Widerstreit, GRUR Int. 1992, 347; *ders./Henning-Bodewig* (Hrsg), Neuordnung des Wettbewerbsrechts, 1999; *dies.,* Elemente einer Harmonisierung des Rechts des unlauteren Wettbewerbs in der Europäischen Union, WRP 2001, 1367; *Schwab/Giesemann,* Die Verbraucherrechte-Richtlinie: Ein wichtiger Schritt zur Vollharmonisierung im Binnenmarkt, EuZW 2012, 252; *Sosnitza,* Die Richtlinie über unlautere Geschäftspraktiken – Voll- oder Teilharmonisierung?, WRP 2006, 1; *Steinbeck,* Richtlinie über unlautere Geschäftspraktiken: Irreführende Geschäftspraktiken – Umsetzung in das deutsche Recht, WRP 2006, 632; *Stender-Vorwachs/Theißen,* Die Richtlinie für audiovisuelle Mediendienste, ZUM 2007, 613; *Thress,* Die irreführende Produktvermarktung, 2011; *Twigg-Flesner,* Deep Impact? The EC Directive on Unfair Commercial Practices and Domestic Consumer Law, (2005) LQR 386; *Ulmer* (Hrsg), Das Recht des unlauteren Wettbewerbs in den Mitgliedstaaten der Europäischen Wirtschaftsgemeinschaft, 8 Bände, 1965; *Unger,* Die Richtlinie über die Rechte der Verbraucher – Eine systematische Einführung, ZEuP 2012, 270.

I. Vorrang des Unionsrechts

Das nationale Lauterkeitsrecht ist auf vielfältige Weise den Einwirkungen des Unionsrechts unterworfen. Das primäre und sekundäre Unionsrecht gilt in den Mitgliedstaaten **unmittelbar und vorrangig** vor widerstreitendem innerstaatlichem Recht.[1] Aus diesem Grund ist das nationale Recht **unionrechtskonform auszulegen**. Von der Zuständigkeit zur Regelung des Rechts gegen den unlauteren Wettbewerb (Art. 3 Abs. 1 lit. b sowie Art. 4 lit. a und f AEUV) hat die Europäische Union aber bisher nur in Teilbereichen Gebrauch gemacht, so dass noch **kein einheitliches europäisches Lauterkeitsrecht** besteht.

Der Vorrang des Unionrechts soll durch das **Vorabentscheidungsverfahren** gewahrt werden, wenn das nationale Gericht sich aufgrund von Zweifeln über die Auslegung des primären oder sekundären Unionsrechts im Unklaren darüber befindet, ob eine Regelung des nationalen Wettbewerbsrechts mit diesem in Einklang steht. Hält ein nicht letztinstanzliches Gericht eine die Auslegung des Unionsrechts betreffende Rechtsfrage für entscheidungserheblich, so kann es sie dem EuGH zur Vorabentscheidung vorlegen (Art. 267 Abs. 2 AEUV). Das letztinstanzlich entscheidende Gericht ist zur Vorlage verpflichtet (Art. 267 Abs. 3 AEUV). Im Eilverfahren besteht keine Vorlagepflicht, da die Parteien die Möglichkeit haben, das Hauptsacheverfahren zu betreiben.[2]

Nicht Gegenstand des Vorlageverfahrens ist die Frage der Vereinbarkeit einer innerstaatlichen Norm mit dem AEUV.[3] Die Entscheidung des EuGH über die ihm vorgelegte Auslegungsfrage bindet an sich nur die im Ausgangsverfahren befassten staatlichen Gerichte.[4] Allerdings sind zumindest die letztinstanzlichen Gerichte i.S.d. Art. 267 Abs. 3 AEUV im Interesse einer einheitlichen Auslegung des Unionsrechts in allen Mitgliedstaaten gehalten, dieses in der Auslegung durch den EuGH entweder anzuwenden oder aber ihm die Auslegungsfrage erneut vorzulegen.[5] Insofern lässt sich eine Parallele zu den Urteilen des BGH ziehen, die, formal betrachtet, nur **inter partes** gelten, aber faktisch eine über den Einzelfall hinausreichende Präzedenzwirkung entfalten, sofern sie grundsätzlich zu strittigen Rechtsfragen Stellung nehmen. Wenn sie keine zeitlichen Einschränkungen enthalten, kommt den Vorabentscheidungen des EuGH grundsätzlich Rückwirkung zu.[6]

II. Primäres Unionsrecht

Zum primären Unionsrecht gehören der **Vertrag über die Europäische Union (EUV)** sowie der **Vertrag über die Arbeitsweise der Europäischen Union (AEUV)**.[7] Sie sind am 1.10.2009 in Kraft getreten und haben den EG-Vertrag abgelöst. Verstößt die Anwendung einer nationalen Vorschrift gegen das primäre Unionsrecht, so führt dies zwar nicht zur Nichtigkeit dieser Vorschrift. Jedoch darf das nationale Gericht sie nicht anwenden. Geschieht dies gleichwohl, so ist der Mitgliedstaat dem Geschädigten zum Ersatz des daraus entstehenden Schadens verpflichtet.[8] Das primäre Unionsrecht wirkt vor allem über die Grundfreiheiten und die Grundrechte auf das nationale Lauterkeitsrecht ein. Daneben sind Art. 3 Abs. 3 EUV (gemeinsamer Markt), Art. 4 Abs. 3 EUV (Unionstreue) sowie Art. 18 AEUV (Diskriminierungsverbot) zu nennen.

---

[1] EuGH Slg. 1978, 629, 644; BGH GRUR 1994, 794, 796 – *Rolling Stones*.
[2] EuGH NJW 1977, 1585.
[3] EuGH GRUR Int. 1991, 215 – *Pall/Dahlhausen*.
[4] EuGH Slg. 1977, 163, 183, 184.
[5] EuGH Slg. 1982, 3415, 3430; BGH GRUR 1994, 794, 795 – *Rolling Stones*.
[6] EuGH Slg. 1980, 1205, 1222 f; EuGH Slg 1988, 355, 375; BGH GRUR 1994, 794, 795 – *Rolling Stones*.
[7] ABl. EG 2007 Nr. C 306/1 v. 17.12.2007.
[8] Vgl. EuGH Slg. 1996, I-1029 Rn 54 – *Brasserie du Pecheur*.

1. Freier Waren- und Dienstleistungsverkehr

5 Da wettbewerbsbeschränkende Verbote des Lauterkeitsrechts den Handel zwischen den Mitgliedstaaten behindern können, sind vor allem die Bestimmungen zum **Schutze der Waren- und Dienstleistungsfreiheit** nach Art. 34, 56 AEUV für das nationale Lauterkeitsrecht von Bedeutung. Nach Art. 34 AEUV (ex-Art. 28 EG) sind alle mengenmäßigen Beschränkungen sowie Maßnahmen gleicher Wirkung im Handel zwischen den Mitgliedstaaten verboten. Von diesem Verbot erfasst ist jede Maßnahme, die geeignet ist, den innergemeinschaftlichen Handel unmittelbar oder mittelbar, tatsächlich oder potentiell zu behindern („Dassonville-Formel").[9] Allerdings soll dieses Verbot lediglich auf **produktbezogene Regelungen** anwendbar sein. Demgegenüber werden Regelungen über bestimmte **Verkaufsmodalitäten** (vertriebsbezogene Regelungen) unter zwei Voraussetzungen nicht mehr am Verbot von Art. 34 AEUV gemessen: Sofern sie nicht diskriminieren und keine Aufsplitterung des gemeinsamen Marktes in nationale Märkte zur Folge haben.[10] Als „bestimmte Verkaufsmodalitäten" sind insbesondere Maßnahmen anzusehen, die das Wer, Wo, Wann und Wie der Produktvermarktung regeln.[11]

6 Hierzu zählen nach der Rechtsprechung des EuGH das Verbot einer bestimmten Preisgestaltung, wie insbesondere der Weiterverkauf zu Verlustpreisen,[12] Wettbewerbsbeschränkungen und Verbote bezüglich der Fernsehwerbung,[13] Verbote der Werbung für Apothekerwaren außerhalb der Apotheke[14] sowie Ladenschlussregelungen[15] und Sonntagsverkaufsverbote.[16] Zu den produktbezogenen Beschränkungen gehören Vorschriften über die Bezeichnung, Form, Zusammensetzung, Aufmachung, Etikettierung und Verpackung von Waren.[17] Im Einzelfall kann die Unterscheidung zwischen den beiden Kategorien Schwierigkeiten bereiten. Um einen Grenzfall handelt es sich bei der Gewährung einer Herstellergarantie für ein Kfz, die im Schrifttum als warenbezogene[18] und in der Rechtsprechung als eine vertriebsbezogene Maßnahme[19] beurteilt wurde.

7 Allerdings fallen auch vertriebsbezogene Regelungen in den Anwendungsbereich des Art. 34 AEUV, wenn sie inländische und ausländische Produkte im Sinne einer **mittelbaren Diskriminierung** ungleich betreffen und daher Maßnahmen gleicher Wirkung i.S.d. Art. 34 AEUV darstellen.[20] Soweit sich etwa ein bestimmtes nationales Werbeverbot unmittelbar auf die Produktdarbietung und dessen physische Erscheinung auswirkt, der Importeur etwa nationale Sonderverpackungen herstellen muss und ihm durch die Umstellung der Produktion Mehrkosten in Herstellung und Entwicklung der Verpackung entstehen, stellt eine solche Regelung keine Verkaufsmodalität im Sinne der „Keck"-Rechtsprechung, sondern eine Maßnahme gleicher Wirkung i.S.d. Art. 34 AEUV dar.[21]

8 Maßnahmen der Mitgliedstaaten, die Handelshemmnisse i.S.d. Marktfreiheiten darstellen, können aber nach Art. 36 AEUV **gerechtfertigt sein**. Als Rechtfertigungsgründe nennt die Vorschrift die öffentliche Sittlichkeit, Ordnung und Sicherheit, Gesundheit und das Le-

---

[9] EuGH Slg. 1974, 837 = GRUR Int. 1974, 467 – *Dassonville*.
[10] EuGH GRUR 1994, 296 – *Keck und Mithouard*.
[11] Siehe *Köhler/Bornkamm*, UWG, Einl. Rn. 3.20 ff.
[12] EuGH GRUR 1994, 296 – *Keck und Mithouard*.
[13] EuGH WRP 1995, 470 – *Leclerc-Siplec*; EuGH GRUR Int. 1997, 913, 917 – *De Agostini*.
[14] EuGH GRUR 1994, 299 – *Hünermund*.
[15] EuGH Slg 1994, I-2355 – *Punto Casa*; EuGH Slg 1994, I-2199 – *'t Heukske und Bormans*.
[16] EuGH Slg 1996, I-2975, 3004 f.
[17] EuGH GRUR 1994, 296 – *Keck und Mithouard*; EuGH GRUR 1994, 303 – *Clinique*; EuGH GRUR Int. 1995, 804 = WRP 1995, 677 – *Mars*.
[18] *Leible*, WRP 1997, 517, 527; *Heermann*, WRP 1999, 381, 382.
[19] OLG Dresden GRUR 1997, 231, 233.
[20] Siehe EuGH EuZW 2007, 401, 402 – *Rosengren/Riksåklagaren*; EuGH GRUR 2004, 174 Rn. 74 – *Doc Morris*; EuGH GRUR 2011, 243 Rn. 54 – *Ker-Optika/ANTSZ*.
[21] EuGH Slg. 1995, I-1923, 1941 – *Mars*; s. auch EuGH Slg. 1994, I-317, 330.

ben, das nationale Kulturgut und das gewerbliche und kommerzielle Eigentum. Die Regelung des Art. 36 AEUV kommt jedoch in wettbewerbsrechtlichen Fragen regelmäßig nicht zur Anwendung, da der Schutz des lauteren Wettbewerbs grundsätzlich nicht unter den Begriff des „gewerblichen und kommerziellen Eigentums" und der öffentlichen Ordnung fällt. Ob der Begriff des gewerblichen und kommerziellen Eigentums allerdings so eng auszulegen ist,[22] dass auch der ergänzende Leistungsschutz nicht erfasst wird,[23] erscheint angesichts der fließenden Übergänge zwischen wettbewerbsrechtlichem und immaterialgüterrechtlichem Leistungsschutz zweifelhaft.[24]

Hinzu kommen die für das Lauterkeitsrecht bedeutsamen **ungeschriebenen Rechtfertigungsgründe**, wonach Regelungen hingenommen werden müssen, die notwendig sind, um zwingenden Erfordernissen des Allgemeininteresses, insbesondere des **Verbraucherschutzes**, des Schutzes der Gesundheit von Menschen, der **Lauterkeit des Handelsverkehrs** und des Umweltschutzes, gerecht zu werden. Ob diese Rechtfertigungsgründe vorliegen, ist im Lichte der allgemeinen Rechtsgrundsätze und der Grundrechte, insbesondere des Art. 10 EMRK, auszulegen.[25] Dabei ist der **Grundsatz der Verhältnismäßigkeit** zu beachten. Nationale Regelungen sind nur dann zulässig, wenn sie in einem angemessenen Verhältnis zum verfolgten Zweck stehen und wenn dieser Zweck nicht durch Maßnahmen erreicht werden kann, die den innergemeinschaftlichen Handel weniger beschränken.[26]

Gemäß Art. 114 Abs. 3 S. 1 AEUV und Art. 169 Abs. 1 AEUV wird zudem ein **hohes Verbraucherschutzniveau** angestrebt. Maßgebend ist der auch von der Rechtsprechung des BGH übernommene[27] und in § 3 Abs. 4 UWG genannte **durchschnittlich informierte und verständige Verbraucher**, der das Werbeverhalten mit einer der Situation angemessenen Aufmerksamkeit verfolgt.[28] Dabei sind allerdings Differenzierungen und Modifikationen vorzunehmen, soweit es um die Berücksichtigung sozialer, kultureller oder sprachlicher Eigenheiten der Verbraucher in den jeweiligen Mitgliedstaaten geht, so dass es nicht darauf ankommt, wie eine bestimmte Werbung in einem anderen Mitgliedstaat verstanden wird.[29] Zu beachten ist auch die Schutzbedürftigkeit bestimmter Verbrauchergruppen, wie insbesondere von Kindern.[30] Der Verbraucherschutzgedanke rechtfertigt allerdings nicht die Zementierung überkommener Verbrauchergewohnheiten zugunsten bestimmter Produkte und Hersteller.[31]

2. Grundrechte

Nach Art. 6 des Vertrages über die Europäische Union (EUV)[32] sind die Grundrechte geschützt, die sich aus der Charta der Grundrechte der Europäischen Union (GR-Charta) und der Europäischen Konvention zum Schutze der Menschenrechte und Grundfreiheiten

---

[22] EuGH Slg. 1981, 1625 Rn. 8 = GRUR Int. 1982, 117, 120 – *Irische Souvenirs*.
[23] So *Köhler/Bornkamm*, UWG, Einl. Rn. 3.33.
[24] Für eine Subsumtion des ergänzenden wettbewerbsrechtlichen Leistungsschutzes unter Art. 36 AEUV (ex Art. 30 EG) *Sack*, GRUR 1998, 871, 874 f.
[25] EuGH GRUR Int. 1997, 829 – *Familia Press*.
[26] EuGH Slg. 1989, 1235 Rn. 7 – *Buet*; EuGH GRUR 1993, 747 – *Yves Rocher*; EuGH WRP 1994, 380, 382 Rn. 16 – *Clinique*; EuGH WRP 1995, 677, 678 Rn. 15 – *Mars*; EuGH GRUR Int. 1997, 912, 917 Rn. 45 – *De Agostini*.
[27] BGH GRUR 2000, 619, 621 – *Orient-Teppichmuster*; BGH GRUR 2010, 161 Rn. 20 – *Gib mal Zeitung*; 2012, 184 Rn. 19 – *Branchenbuch Berg*.
[28] EuGH GRUR Int. 1998, 795, 797 = WRP 1998, 848, 850 Rn. 31 – *Gut Springenheide*; EuGH GRUR Int. 1999, 345, 348 = WRP 1999, 307 – *Sektkellerei Kessler*.
[29] EuGH WRP 2000, 289, 292 Rn. 29 – *Estée Lauder/Lancaster*.
[30] EuGH WRP 1994, 380, 382 Rn. 21 – *Clinique*.
[31] EuGH Slg. 1987, 1227, 1271 – *Bier*.
[32] ABl. EG 2007 Nr. C 306/1 v. 17.12.2007.

(EMRK) ergeben. Einschlägig für das Recht des unlauteren Wettbewerbs sind vor allem die **Freiheit der Meinungsäußerung**, die **Freiheit der Medien**, die **Berufsfreiheit** und die **unternehmerische Freiheit** (Artt. 11, 15, 16 GR-Charta) sowie das **Kommunikationsgrundrecht des Art. 10 EMRK**. Das Grundrecht der Meinungsfreiheit gilt nach h. M. auch für Werbung und sonstige zum Zweck des Wettbewerbs gemachte Äußerungen *(commercial speech)*, wobei in diesem Bereich, allerdings im Rahmen des Art. 10 Abs. 2 EMRK, stärkere Einschränkungen zulässig sind als etwa bei politischen Meinungsäußerungen.[33]

12   An die Europäische Menschenrechtskonvention sind die Mitgliedstaaten der EU gebunden. In seiner Rechtsprechung hat das BVerfG aber betont, dass die Entscheidungen des Europäischen Gerichtshofs für Menschenrechte keine unmittelbare Verbindlichkeit erzeugen, sondern lediglich bei der Auslegung deutscher Gesetze „gebührend zu berücksichtigen" sind.[34] Soweit nationale Regelungen auf Unionsebene abschließend harmonisiert wurden, sind diese anhand der entsprechenden Harmonisierungsmaßnahmen und nicht des primären Unionsrechts zu beurteilen.[35]

III. Sekundäres Unionsrecht

13   Das sekundäre Unionsrecht umfasst alle Rechtsakte, die die Organe der Gemeinschaft aufgrund des Primärrechts erlassen haben. Dazu gehören vor allem Verordnungen, Richtlinien und Beschlüsse (vgl. Art. 288 AEUV).

1. Verordnungen

14   Verordnungen gelten **unmittelbar** in jedem Mitgliedstaat (Art. 288 Abs. 2 AEUV) und bedürfen daher keiner Umsetzung in das nationale Recht. Als Verordnungen, die für den Bereich des Wettbewerbsrechts relevant sind, sind einige **produktspezifische Regelungen** zu nennen, wie die VO Nr. 1008/2008 über gemeinsame Vorschriften für die Durchführung von Luftverkehrsdiensten[36] sowie im weiteren Sinne auch die VO (EU) Nr. 1151/2012 über Qualitätsregelungen für Agrarerzeugnisse und Lebensmittel[37] sowie die VO (EG) Nr. 178/2002 zum Lebensmittelrecht.[38] Von übergreifender Bedeutung ist die **Verordnung über die Zusammenarbeit im Verbraucherschutz**.[39] Diese legt die Modalitäten fest, nach denen die in den Mitgliedstaaten für die Durchsetzung der Gesetze zum Schutz der Verbraucherinteressen zuständigen Behörden benannt werden und miteinander sowie mit der Europäischen Kommission zusammenarbeiten sollen, um zum Schutz der wirtschaftlichen Interessen der Verbraucher zu gewährleisten, dass die entsprechenden Rechtsvorschriften eingehalten werden und das reibungslose Funktionieren des Binnenmarkts garantiert wird (Art. 1). Als Gesetze zum Schutz der Verbraucherinteressen werden im Anhang unter anderem bestimmte Richtlinien und Vorschläge für Rechtsakte mit jeweils lauterkeitsrechtlichen Bezügen genannt (Art. 3 lit. a i.V.m. Anh. 1).[40] Die Umsetzung der

---

[33] Siehe im Einzelnen *Ohly*, GRUR 2004, 889, 893 m.w.N. und mit Hinweis auf die Unterscheidung zwischen „political speech" und der „commercial speech" in den USA; Letztere genießt einen geringeren Schutz.
[34] BVerfG NJW 2004, 3407.
[35] EuGH Slg. 2003, I-14887 Rn. 64 = NJW 2004, 131, 133 – *DocMorris*.
[36] ABl. EU Nr. L 293 S. 3.
[37] ABl. EU Nr. L 343 S. 1.
[38] ABl. EU Nr. L 31/1 v. 1.2.2002.
[39] VO (EG) Nr. 2006/2004, Zusammenarbeit im Verbraucherschutz (ABl. EU Nr. L 364/1 v. 9.12.2004).
[40] *Lettl*, WRP 2004, 1079, 1084 f.

A. Europäisches Recht

in der VO enthaltenen Verpflichtungen erfolgte in Deutschland durch das EG-VerbraucherschutzdurchsetzungsG (VschDG) vom 21.12.2006.[41]

2. Richtlinien

a) Allgemeines

Im Gegensatz zu Verordnungen gelten Richtlinien in den Mitgliedstaaten nicht unmittelbar, sondern bedürfen der **Umsetzung** in das nationale Recht. Sie sind hinsichtlich des zu erreichenden Ziels verbindlich, überlassen jedoch den innerstaatlichen Stellen die Wahl der Form und der Mittel (Art. 288 Abs. 3 AEUV). Je nachdem, ob durch die Richtlinie eine umfassende und abschließende oder nur eine partielle Regelung geschaffen wird, spricht man von einer Voll- oder Teilharmonisierung.

15

Als Beispiel für eine Vollharmonisierung gilt die UGP-Richtlinie,[42] die eine vollständige Harmonisierung anstrebt, soweit es um den Schutz der wirtschaftlichen Interessen der Verbraucher geht.[43] Demgegenüber beschränkt sich die Richtlinie über irreführende und vergleichende Werbung[44] außerhalb des Rechts der vergleichenden Werbung auf eine Teilharmonisierung. Ebenso verhält es sich mit der Richtlinie über audiovisuelle Mediendienste[45] und der Datenschutz-Richtlinie.[46]

16

Flankiert werden die Harmonisierungsbestrebungen durch das **Herkunftslandprinzip**, das in verschiedenen Richtlinien[47] verankert ist und zu einem übergreifenden Instrument der Binnenmarktpolitik geworden ist. Der Zweck des Herkunftslandprinzips besteht darin, die Verwirklichung des Binnenmarkts zu fördern, solange das Ziel einer Vollharmonisierung nicht erreicht ist.[48] Das Herkunftslandprinzip besagt, dass die Zulässigkeit einer Wettbewerbshandlung nicht strenger beurteilt werden darf als nach dem Recht des Mitgliedstaates, in dem der Handelnde seinen Sitz hat. Bei grenzüberschreitenden Aktivitäten muss sich das Unternehmen grundsätzlich nur an sein „Heimatrecht" halten und braucht nicht das Recht aller Mitgliedstaaten zu berücksichtigen, in dem sich seine Wettbewerbshandlung auswirkt. Der Nachteil des Herkunftslandprinzips besteht darin, dass es zu einer Inländerdiskriminierung kommen kann, die ihrerseits zu einer Abwanderung von Unternehmen aus Mitgliedstaaten mit einem hohen Schutzniveau führen kann. Der daraus resultierende politische Druck kann eine Absenkung des Schutzniveaus (*race to the buttom*) zur Folge haben.[49] Das Herkunftslandprinzip ist deshalb rechtspolitisch äußerst umstritten.[50]

17

---

[41] BGBl. I 3367.
[42] UGP-Richtlinie (ABl. EU Nr. L 27/22 v. 11.6.2005).
[43] *Ohly*, GRUR 2004, 889, 891; *Glöckner*, WRP 2004, 936, 943.
[44] Richtlinie 2006/114/EG (ABl. EU Nr. L 376 S. 21).
[45] Richtlinie 2010/13/EU zur Koordinierung bestimmter Rechts- und Verwaltungsvorschriften der Mitgliedstaaten über die Bereitstellung audiovisueller Mediendienste (ABl. EU Nr. L 95 S. 1, ber. ABl. EU 2010 Nr. L 263 S. 15).
[46] Richtlinie 2002/58/EG des Europäischen Parlaments und des Rates v. 12.7.2002 über die Verbreitung personenbezogener Daten und den Schutz der Privatsphäre in der elektronischen Kommunikation (Datenschutzrichtlinie für elektronische Kommunikation), ABl. EG Nr. L 201, S. 37; *Köhler/Bornkamm*, UWG, Einl. Rn 3.39.
[47] Siehe Art. 3 Richtlinie 2000/31/EG über den elektronischen Geschäftsverkehr sowie auch Art. 2 Abs. 1, 3 Abs. 1 Richtlinie 2010/13/EU über audiovisuelle Mediendienste.
[48] *Köhler/Bornkamm*, UWG, Einl. Rn. 3.40.
[49] Ebenda.
[50] Siehe *Bodewig*, GRUR Int. 2000, 475; *Fezer/Koos*, IPRax 2000, 349; *Groeschke/Kieth*, WRP 2001, 230; *Köhler/Lettl*, WRP 2003, 1019, 1030; *Kur*, in: FS Erdmann, 2002, S. 629; *Mankowsky*, GRUR Int. 1999, 909, 914; *Micklitz/Kessler*, GRUR Int. 2002, 885, 886; *Ohly*, GRUR Int. 2001, 899; *Schricker/Henning-Bodewig*, WRP 2001, 1367, 1370.

b) Richtlinienkonforme Auslegung

18 Obwohl Richtlinien grundsätzlich nur die Gesetzgeber der Mitgliedsstaaten binden, gehen der EuGH und die Gerichte der Mitgliedstaaten bereits seit langem davon aus, dass auch **die nationalen Gerichte das nationale Recht richtlinienkonform, d.h. „im Lichte des Wortlauts und des Zwecks der Richtlinie" auszulegen haben**.[51] Die Gerichte müssen ab dem Zeitpunkt des Inkrafttretens einer Richtlinie „unter Berücksichtigung des gesamten nationalen Rechts und unter Anwendung ihrer Auslegungsmethoden alles tun, was in ihrer Zuständigkeit liegt, um die volle Wirksamkeit der fraglichen Richtlinie zu gewährleisten und zu einem Ergebnis zu gelangen, das mit dem von der Richtlinie verfolgten Ziel übereinstimmt."[52] Eine solche Verpflichtung ergebe sich aus Art. 288 Abs. 3 AEUV und Art. 4 Abs. 3 EUV,[53] wobei es nicht darauf ankomme, ob das auszulegende Recht vor oder nach der Richtlinie erlassen wurde und ob überhaupt beabsichtigt war, die Richtlinie umzusetzen. Zudem sollen die Gerichte notfalls auch auf eine den Wortlaut übersteigende Auslegungsmethode zurückgreifen dürfen.[54] Dies gelte jedenfalls für Rechtsmaterien wie dem UWG, bei denen der Gesetzgeber ausdrücklich die fragliche Richtlinie umsetzen wollte. Denn in diesem Fall sei eine Richtlinienwidrigkeit als planwidrig anzusehen und damit der Weg zu einer richtlinienkonformen Fortbildung eröffnet.[55] Allerdings dürfe die Richtlinie nicht als Grundlage für eine Auslegung *contra legem* herangezogen werden. Auch dürften dadurch keine Rechtsgrundsätze wie das Rechtssicherheitsgebot oder das Rückwirkungsverbot verletzt werden.[56]

19 Zu weitgehend erscheint es aber, wenn einer Richtlinie im Ergebnis ein positiv-dirigierender Charakter in dem Sinne zugesprochen wird, dass bei der Beurteilung einer geschäftlichen Handlung gegenüber Verbrauchern als Vorüberlegung *zuerst* zu fragen ist, ob sie nach den Maßstäben der UGP-Richtlinie unlauter ist und dieses Ergebnis erst dann im Wege der richtlinienkonformen Auslegung angestrebt wird.[57] Denn eine solche Vorgehensweise würde kaum dem Verhältnis von Richtlinie und dem entsprechend umgesetzten nationalen Recht gerecht werden.[58] Es erscheint vielmehr bedenklich, wenn im Ergebnis die Richtlinie von den Gerichten *unmittelbar* angewendet wird und das nationale Recht mit den umfangreichen Möglichkeiten der richtlinienkonformen Auslegung[59] gegebenenfalls nur noch gedanklich und der Form halber entsprechend anzupassen ist. Ist die Richtlinie an Stelle der Verordnung als Mittel der Rechtssetzung gewählt worden, so muss dies auch Konsequenzen in der Art und Weise der Anwendung des nationalen Rechts haben. Dies muss selbst für Richtlinien gelten, die den Mitgliedstaaten nur wenig oder gar keinen inhaltlichen Spielraum lassen, weil allein auf diese Weise der Natur der Richtlinie als Mittel der EU-weiten Harmonisierung Genüge getan wird. Dies gilt insbesondere auch wegen der zu beachtenden Grundsätze der Subsidiarität und der Verhältnismäßigkeit (Art. 4 Abs. 1 und Art. 5 EUV), wonach die Form des gemeinschaftlichen Handelns gerade so verbindlich sein soll, wie dies mit der angemessenen Erreichung des angestrebten Ziels noch vereinbar ist und so weit wie möglich eine Richtlinie einer Verordnung vorzuziehen ist.[60] Vor allem aber soll der

---

[51] St. Rspr. seit EuGH Slg. 1984, 1891, Rn. 26 – *von Colson*; siehe auch EuGH BeckEuRS 1990, 165571 – *Marleasing* sowie BVerfGE 75, 223, 237; BGHZ 63, 261, 264 f.
[52] EuGH Slg. 2006, I-6057, Rn. 111 – *Adeneler*; EuGH EuZW 2011, 305 Rn. 55 – *Deutsche Lufthansa*.
[53] Siehe hierzu Calliess/*Ruffert*, EUV/AEUV, Art. 288 Rn. 77 ff.; Grabitz/Hilf/*Nettesheim*, Das Recht der Europäischen Union, Art. 288 Rn. 133 ff.
[54] EuGH Slg. 2006, I-6057, Rn. 123 – *Adeneler*; BGH, GRUR 2011, 532 – *Millionen-Chance II*; BGH NJW 2009, 427.
[55] BGH NJW 2009, 427, 428 f., Rn. 24 – *Quelle*; BGH, NJW 2012, 1073, Rn. 32, 34.
[56] EuGH, EuZW 2011, 305, Rn. 55 – *Deutsche Lufthansa*; BVerfG, EuZW 2012, 196, Rn. 51 ff.
[57] So aber *Köhler*, GRUR 2010, 767, 768.
[58] Vgl. hierzu *Hetmank*, GRUR 2015, 323, 324.
[59] Vgl. BGH GRUR 2011, 532 – *Millionen-Chance II*; *BGH* NJW 2009, 427.
[60] Vgl. „Protokoll über die Anwendung der Grundsätze der Subsidiarität und der Verhältnismäßigkeit", ABl.-EU Nr. C 300/150 vom 17.12.2007; Maunz/Dürig/*Scholz*, Grundgesetz-Kommentar, Art. 23 Rn. 99 ff.; *Husmann*, NZS 2010, 655, 656; Harte/Henning/*Glöckner*, UWG, Einl. B Rn. 197, 202 f.

A. Europäisches Recht

im Vergleich zu Verordnungen bestehende Spielraum gerade die Anpassung an die Besonderheiten des jeweiligen nationalen Rechts erleichtern.[61] In diesem Sinne ist das nationale Recht im Lichte der Richtlinie anzuwenden („zur Richtlinie hin") und nicht die Richtlinie im Lichte des nationalen Rechts („von der Richtlinie her").

c) Richtlinie 2005/29/EG über unlautere Geschäftspraktiken (UGP-Richtlinie)

Die UGP-Richtlinie stellt mit Abstand die bisher umfassendste Regelung der Europäischen Union für das Lauterkeitsrecht dar. Sie stützt sich darauf, dass nach Art. 169 Abs. 1 und Abs. 2 lit. a AEUV (ex-Art. 153 EG) die Gemeinschaft durch Maßnahmen, die sie nach Art. 114 AEUV erlässt, einen Beitrag zur Gewährleistung eines **hohen Verbraucherschutzniveaus** leisten soll.[62]

Aus den Erwägungsgründen geht ferner hervor, dass mit der Richtlinie **Wettbewerbsverzerrungen und Hemmnisse für das ordnungsgemäße Funktionieren des Binnenmarktes** beseitigt werden sollen.[63] Neben der Erhöhung der Rechtssicherheit sollen vor allem die Hindernisse überwunden werden, die für die Unternehmen die Ausübung der Freiheiten des Binnenmarktes verteuern.[64] Dies gilt insbesondere mit Blick auf grenzüberschreitende Marketing-, Werbe- oder Verkaufskampagnen, bei denen sich die Uneinheitlichkeit der rechtlichen Regelungen kostensteigernd auswirkt.[65]

aa) Inhalt der UGP-Richtlinie

Die UGP-Richtlinie verbietet „unlautere Geschäftspraktiken" (Art. 5 Abs. 1, „große Generalklausel"), wobei auf die „**Erfordernisse der beruflichen Sorgfalt**" und die **Beeinflussung des „wirtschaftlichen Verhaltens"** des Durchschnittsverbrauchers abgestellt wird (Art. 5 Abs. 2). Unterschieden wird dabei zwischen **irreführenden** und **aggressiven** Geschäftspraktiken (Art. 5 Abs. 4, Art. 6 f. und Art. 8 f.). Schließlich verweist Art. 5 Abs. 5 UGP-Richtlinie auf eine in Anhang 1 enthaltene Liste jener Geschäftspraktiken („**Black List**"), die unter allen Umständen als unlauter anzusehen sind.

bb) Reichweite der Harmonisierung

Die UGP-Richtlinie strebt nach allgemeinem Verständnis eine **vollständige Harmonisierung** der Regelungen über unlautere Geschäftspraktiken an, soweit es um den Schutz der wirtschaftlichen Interessen der Verbraucher geht.[66] Nach Ansicht des EuGH ergebe sich insbesondere aus Art. 4 der Richtlinie, dass sie **abschließend** regele, welche Geschäftspraktiken im Geschäftsverkehr zwischen Unternehmen und Verbrauchern als unlauter anzusehen und deswegen unzulässig sind.[67] Bei näherer Betrachtung stellt sich die konkrete Bestimmung des abschließenden Regelungsgehalts aber weitaus weniger eindeutig dar.[68] Zum einen sollen nach Erwägungsgrund Nr. 7 „gesetzliche Anforderungen in Fragen der

---

[61] Vgl. zu den Vorzügen der Richtlinie auch *Canaris*/Zaccaria, Die Umsetzung von zivilrechtlichen Richtlinien der Europäischen Gemeinschaft in Italien und Deutschland, 2002, S. 129, 132 ff.
[62] Erwägungsgrund 1 der UGP-Richtlinie.
[63] Siehe Erwägungsgründe 3 und 4 der UGP-Richtlinie.
[64] Erwägungsgrund 4 der UGP-Richtlinie.
[65] Ebenda.
[66] Vgl. nur EuGH GRUR 2009, 599, Rn. 52 – *VTB-VAB/Total Belgium*; EuGH, GRUR 2011, 76 Rn. 30 – *Mediaprint*; EuGH GRUR 2010, 244 Rn. 41 – *Plus Warenhandelsgesellschaft*; BGH GRUR 2012, 1056 Rn. 12 – *GOOD NEWS*; *Köhler*/Bornkamm, Einl. Rn. 3.56; *Ohly*, GRUR 2004, 889, 891; *Glöckner*, WRP 2004, 936, 943; differenzierend *Sosnitza*, WRP 2006, 1, 3 ff.
[67] EuGH GRUR 2010, 244 Rn. 41 – *Plus Warenhandelsgesellschaft*; EuGH GRUR 2009, 599 Rn. 51 – *VTB Total Belgium U. Galatea/Sanoma*; BGH GRUR 2012, 1056 Rn. 12 – *GOOD NEWS*.
[68] *Hetmank*, GRUR 2015, 323, 324.

guten Sitten und des Anstands" nicht von der Richtlinie berührt sein.[69] Für diese Fälle bleibt es den Mitgliedstaaten unbenommen, Geschäftspraktiken zu verbieten, auch wenn sie die Wahlfreiheit des Verbrauchers nicht beeinträchtigen,[70] wie etwa bei **Regelungen zu bloßen Belästigungen**, ohne Rücksicht darauf, ob sie Einfluss auf die Entscheidungsfreiheit des Verbrauchers haben. Die Auffassung, dass die Richtlinie *sämtliche* Geschäftspraktiken im Geschäftsverkehr zwischen Unternehmen und Verbrauchern abschließend regle, erscheint mit dieser Klarstellung des Richtliniengebers nicht vereinbar.

24   Der Richtliniengeber nennt als Beispiel für solche Geschäftspraktiken das **Ansprechen von Personen auf der Straße zu Verkaufszwecken**. In den Erwägungsgründen wird darauf hingewiesen, dass die gesetzlichen Anforderungen in Fragen der guten Sitten und des Anstands in den Mitgliedstaaten sehr unterschiedlich sind.[71] Unter Hinweis darauf, dass bestimmte Geschäftspraktiken in manchen Mitgliedstaaten aus kulturellen Gründen unerwünscht sein können, bleibt es den Mitgliedstaaten überlassen, im Einklang mit dem Gemeinschaftsrecht in ihrem Hoheitsgebiet weiterhin Geschäftspraktiken aus Gründen der guten Sitten und des Anstands zu verbieten, auch wenn diese Praktiken die Wahlfreiheit der Verbraucher nicht beeinträchtigen.[72]

25   Daneben stellt sich aber auch die Frage, wie sich die allgemein gehaltene Generalklausel in Art. 5 Abs. 2 der UGP-Richtlinie mit dem abschließenden Charakter der Richtlinie verträgt. Da Generalklauseln schon begrifflich nicht abschließend sind, fragt sich, wie diese ausgefüllt werden können, ohne sogleich dem Vorwurf ausgesetzt zu sein, den eigentlich abschließenden Charakter der Richtlinie nicht beachtet zu haben. Auch weil Art. 5 Abs. 4 der Richtlinie irreführende und aggressive Praktiken ausdrücklich als bloße Beispielstatbestände für unlautere Geschäftspraktiken i.S.d. Art. 5 Abs. 1 und 2 der Richtlinie nennt, kann nicht ausgeschlossen werden, dass auch außerhalb von Irreführung und aggressiven Handlungen liegende Fallgruppen des nationalen Rechts als unlautere Geschäftspraktiken i.S.d. Generalklausel richtlinienkonform sind. Es fällt dann aber entsprechend schwerer, den abschließend geregelten Bereich abzustecken.

26   Gerade Richtlinien, die sich wie die UGP-Richtlinie Generalklauseln bedienen, lassen den nationalen Gesetzgebern einen gewissen **Umsetzungsspielraum**.[73] Insbesondere bedarf es keiner wortlautgetreuen Umsetzung. Erforderlich ist lediglich, dass die „geltende Rechtslage hinreichend bestimmt und klar ist und dass die Begünstigten in die Lage versetzt werden, von allen ihren Rechten Kenntnis zu erlangen und diese gegebenenfalls vor den nationalen Gerichten geltend zu machen."[74] Von einer ungenügenden Umsetzung kann dagegen nur gesprochen werden, wenn das nationale Umsetzungsrecht auch Interpretationen nahelegt, die mit dem Gehalt der Richtlinienbestimmung unvereinbar wären. Ein gewisser Grad an Unsicherheit lässt sich dagegen gerade auch bei Rechtsgebieten, die wie das Lauterkeitsrecht naturgemäß mit unbestimmten Rechtsbegriffen durchsetzt sind, selbst bei einer wortwörtlichen Umsetzung kaum vermeiden und muss daher grundsätzlich hingenommen werden. Im Übrigen hat es der EuGH in der Entscheidung „Kommission/Schweden" sogar genügen lassen, dass die im Anhang der Richtlinie enthaltene Liste missbräuchlicher Klauseln nur in den Gesetzgebungsmaterialien, nicht aber im Gesetz selbst aufgenommen wurde.[75] Demnach kann die volle Wirksamkeit der Richtlinie auch „in einem hinreichend genauen und klaren rechtlichen Rahmen gewährleistet werden."[76]

---

[69] Erwägungsgrund 7 der UGP-Richtlinie; siehe hierzu *Sosnitza*, WRP 2006, 1, 3 f.
[70] Erwägungsgrund 7 der UGP-Richtlinie.
[71] Erwägungsgrund 7 der UGP-Richtline.
[72] Erwägungsgrund 7 der UGP-Richtlinie.
[73] *Ohly*, GRUR 2014, 1137, 1138; *Glöckner*, GRUR 2013, 224, 229 ff.; *Henning-Bodewig*, WRP 2014, 1407, 1407.
[74] EuGH NJW 2001, 2244 Rn. 17; EuGH, Slg. 1995, 499 Rn. 9.
[75] EuGH EuZW 2002, 465 Rn. 15 ff. – *Kommission ./. Schweden*.
[76] EuGH EuZW 2002, 465 Rn. 21 – *Kommission ./. Schweden*.

cc) Anwendungsbereich

Erhebliche Schwierigkeiten bereitet auch der Umstand, dass die UGP-Richtlinie nur das **Verhältnis zwischen Unternehmern und Verbrauchern** erfasst und den Konkurrentenschutz ausdrücklich ausklammert.[77] Zum einen wird aus der Richtlinie nicht klar, wie der Anwendungsbereich konkret abzugrenzen ist. Während Art. 3 Abs. 1 der Richtlinie auf den *Adressaten* der fraglichen Geschäftspraktik abstellt („gegenüber Verbrauchern"), soll nach Art. 1 und den Erwägungsgründen 6 und 8 der *Schutzzweck* der anzugleichenden Regelungen maßgeblich sein.[78] Zum anderen verträgt sich die bewusste Einengung des Anwendungsbereiches nicht mit der dem Wettbewerb weseneigenen Verknüpfung von Verbraucher- und Wettbewerberinteressen,[79] die auch der Richtliniengeber anerkennt.[80] Wenn aber die Verbraucherinteressen mit denjenigen der Mitbewerber untrennbar verflochten sind, hätte eine abschließende Regelung im Sinne einer Totalharmonisierung des Verbraucherschutzes auch die Berücksichtigung des Wettbewerberschutzes erfordert. Gerade in Rechtsystemen, die wie in Deutschland an einem integrierten Modell des Lauterkeitsrechts festhalten und den lauterkeitsrechtlichen Schutz der Mitbewerber und Verbraucher in einem einzigen Gesetz regeln, droht auf diese Weise eine erhebliche Verkomplizierung des Rechts. Denn dort wo ein Tatbestand sowohl die Rechte der Mitbewerber als auch der Verbraucher schützt, kann eine richtlinienkonforme Auslegung nicht nur zu einem unterschiedlichen Verständnis von ein und demselben Wortlaut führen. Vielmehr kann auch der Fall eintreten, dass bestimmte gegen Mitbewerber gerichtete Geschäftspraktiken nur deshalb als nicht mehr von einem bestimmten lauterkeitsrechtlichen Tatbestand erfasst angesehen werden, weil zusätzlich auch Verbraucherinteressen zwar berührt, aber nicht im Sinne der Richtlinie geschädigt sind. Zu denken ist etwa an Fälle der Behinderung, die zwar gegen Mitbewerber gerichtet sind, aber bei denen gleichwohl geschäftliche Handlungen gegenüber Verbrauchern vorliegen können.[81] Damit würde aber eine **empfindliche Aushöhlung des Konkurrentenschutzes** drohen, obwohl diese Interessen erklärtermaßen gar nicht Gegenstand der Richtlinie sein sollten.

Letztlich muss der Grundsatz gelten, dass **Regelungen, die dem Schutz der Mitbewerber dienen, nicht von der Richtlinie erfasst sind**, selbst wenn die Geschäftspraktik auch Interessen von Verbrauchern berührt.[82] Denn wie sich aus Erwägungsgrund 8 der Richtlinie entnehmen lässt, gibt es „selbstverständlich" auch *andere* Geschäftspraktiken, als die durch die UGP-Richtlinie erfassten, die also „zwar nicht den Verbraucher schädigen, sich jedoch nachteilig für die Mitbewerber und gewerblichen Kunden auswirken können."[83] Zudem bezieht sich die Richtlinie nach ihrem Erwägungsgrund Nr. 7 ausdrücklich nicht auf Geschäftspraktiken, die vorrangig anderen Zielen als der Beeinflussung der geschäftlichen Entscheidung von Verbrauchern dienen.[84] Die Herausnahme der mitbewerberschüt-

---

[77] Erwägungsgrund 6 der UGP-Richtlinie.
[78] Vgl. auch *Glöckner*, WRP 2009, 1175, 1177 f.; GroßkommUWG/*Heinze*, Einl. Teil C. Rn. 267.
[79] *Glöckner*, WRP 2004, 936, 938; *ders.*, Europäisches Lauterkeitsrecht, 2006, S. 510; *Henning-Bodewig/Schricker*, GRUR Int. 2002, 319, 320; *Henning-Bodewig*, GRUR 2002, 389, 396; *dies.*, GRUR 2013, 238, 239 ff.
[80] Erwägungsgrund 8 der UGP-Richtlinie.
[81] Siehe z.B. BGH GRUR 2010, 346 Rn. 10 – *Rufumleitung*; 2009, 876 Rn. 24 – *Änderung der Voreinstellung II*.
[82] So auch GroßkommUWG/*Heinze*, Einl. Teil C. Rn. 269 ff., *Ohly*, WRP 2008, 177, 183; a.A. *Köhler*, GRUR 2005, 793, 801 f., *ders.*, WRP 2009, 109, 111; *ders.*, WRP 2012, 638, 644 ff. sowie *Köhler*/Bornkamm, UWG, § 4 Nr. 10 Rn. 10.3a, wonach die UGP-Richtlinie dann zu berücksichtigen sei, wenn es um die Beurteilung von Geschäftspraktiken gegenüber Verbrauchern geht, die sowohl die wirtschaftlichen Interessen der Verbraucher als auch der Mitbewerber beeinträchtigen können.
[83] Erwägungsgrund 8 der UGP-Richtlinie.
[84] Erwägungsgrund 7 der UGP-Richtlinie.

zenden Tatbestände aus dem Einflussbereich der UGP-Richtlinie steht schließlich auch im Einklang mit der jüngeren Rechtsprechung des EuGH, der ebenfalls nur solche Vorschriften als von der UGP-Richtlinie erfasst ansieht, die dem Verbraucherschutz dienen sollen.[85] Es war daher nur konsequent, wenn der Gesetzgeber mit der UWG-Novelle von 2015 versucht hat, klarer zwischen mitbewerber- und verbraucherschützenden Tatbeständen zu unterscheiden. Während für die nun in § 4 UWG geregelten Tatbestände klargestellt ist, dass diese nicht von der UGP-Richtlinie erfasst werden („Mitbewerberschutz"), dürfte die richtlinienkonforme Anwendung des Rechtsbruchtatbestands (§ 3a UWG) weiterhin Schwierigkeiten bereiten.

29 Davon abgesehen besteht in Fällen von sog. **überschießender Umsetzung**, also der Regelung auch anderer Sachverhalte als sie von der Richtlinie vorgegeben werden, jedenfalls keine Pflicht zu einer einheitlichen Auslegung des nationalen Rechts.[86] Eine solche Pflicht käme allenfalls dann in Betracht, wenn der nationale Gesetzgeber deutlich gemacht hätte, dass eine einheitliche Auslegung auch über den eigentlichen Anwendungsbereich der Richtlinie hinaus erfolgen soll. Dies kann aber jedenfalls für das aktuell geltende UWG schon deswegen nicht angenommen werden, weil trotz der Verknüpfung von Verbraucher- und Wettbewerberinteressen deutlich abweichende Interessen zu berücksichtigen und daher andere Auslegungskriterien maßgeblich sind.

d) Weitere Richtlinien

30 • Die **Richtlinie über irreführende und vergleichende Werbung** (2006/114/EG)[87] betrifft den Schutz der Verbraucher, der Unternehmer sowie der Interessen der Allgemeinheit gegen irreführende Werbung und die Festlegung der Bedingungen für zulässige vergleichende Werbung. Sie bewirkt hinsichtlich der irreführenden Werbung eine Teil- und hinsichtlich der vergleichenden Werbung eine Vollharmonisierung.[88] Gemäß Art. 8 Abs. 1 beschränkt sich die Richtlinie auf eine Mindestharmonisierung der nationalen Rechtsvorschriften über irreführende Werbung durch die Festsetzung von objektiven Mindestkriterien, anhand derer sich feststellen lässt, ob eine Werbung irreführend ist, und von Mindestanforderungen mit Bezug auf die Einzelheiten des Schutzes gegen eine solche Werbung.[89] Demgegenüber ist für den Bereich der vergleichenden Werbung im Anwendungsbereich der Richtlinie eine abschließende Harmonisierung erfolgt.[90] Danach ist es unzulässig, strengere nationale Vorschriften zum Schutz vor Irreführung auf vergleichende Werbung anzuwenden.[91] Eine Umsetzung der Richtlinie wurde für entbehrlich gehalten, soweit es um den Mindeststandard des Irreführungsschutzes geht, da § 3 UWG a.F. dem Mindeststandard entsprach. Ebenso verhält es sich mit § 5 UWG. Hinsichtlich der vergleichenden Werbung erfolgte die Umsetzung durch Gesetz vom 1.9.2000[92] in den §§ 2, 3 S. 2 UWG a.F., die sich nunmehr in den §§ 5 Abs. 3 und 6 UWG finden. In Umkehrung zur früheren deutschen Rechtslage ist vergleichende Wer-

---

[85] Vgl. EuGH GRUR Int. 2013, 1158 Rn. 35 – *RLvS Verlagsgesellschaft mbH/Stuttgarter Wochenblatt GmbH*; 2013, 936 Rn. 17, 31 – *Euronics Belgium/Kamera Express*; EuGH, C-559/11 Rn. 20 – *Pelckmans Turnhout*; EuGH, GRUR Int. 2011, 853 Rn. 28 – *Wamo*; unklar dagegen noch EuGH, GRUR 2010, 244 Rn. 39 – *Plus Warenhandelsgesellschaft*.
[86] Vgl. hierzu eingehend *Habersack/Mayer*, in: Riesenhuber, Europäische Methodenlehre, 2. Aufl. 2010, S. 207 ff.
[87] ABl. EU Nr. L 376/21 v. 12.12.2006.
[88] Siehe Harte/Henning/*Glöckner*, UWG, Einl. B Rdn. 9 ff.
[89] EuGH Slg. 1990, I-4827 – *PALL/Dalhausen*; 1994, I-317 = GRUR 1994, 303 – *Clinique*; EuGH GRUR 2003, 533, 536 Rn. 40 – *Pippig Augenoptik/Hartlauer*.
[90] EuGH GRUR 2003, 533, 536 Rn. 43, 44 – *Pippig Augenoptik/Hartlauer*; siehe dazu eingehend Harte/Henning/*Glöckner*, UWG, Einl. B Rdn. 25 ff.
[91] EuGH, ebenda.
[92] BGBl. I 1374.

A. Europäisches Recht

bung demnach nur unter bestimmten, abschließend geregelten Voraussetzungen unlauter (§ 6 Abs. 2 UWG).[93]

- Die **Richtlinie über den elektronischen Geschäftsverkehr** (*electronic commerce*)[94] regelt die elektronische, das heißt insbesondere über Internet und E-Mail abgewickelte, „kommerzielle Kommunikation" zwischen „Diensteanbietern" und „Nutzern".[95] Damit wird ein einheitlicher Rechtsrahmen für den elektronischen Geschäftsverkehr, insbesondere für Maßnahmen der Werbung und des Marketing geschaffen.[96] Von wesentlicher Bedeutung ist das in Art. 3 statuierte Herkunftslandprinzip, das in § 3 TMG umgesetzt wurde. Art. 5 stellt allgemeine Informationspflichten hinsichtlich des Namens des Diensteanbieters und Art. 6 zusätzliche Informationspflichten hinsichtlich der kommerziellen Kommunikation auf, die durch §§ 5 und 6 TMG umgesetzt wurden. Das UWG von 2004 hatte die in Art. 6 lit. a, c und d enthaltenen Transparenzgebote in verallgemeinerter Form durch die Beispielstatbestände in § 4 Nr. 3–5 UWG a. F. übernommen, die jetzt von §§ 5 und 5a Abs. 2, 4 und 6 UWG erfasst werden. Die Umsetzung der Richtlinie wurde durch Art. 1 des Gesetzes über rechtliche Rahmenbedingungen für den elektronischen Geschäftsverkehr (Elektronischer Geschäftsverkehr-Gesetz – EGG) vom 14.12.2001 vorgenommen. Wettbewerbsrechtliche Relevanz können die einschlägigen Regelungen über den Rechtsbruchtatbestand des § 3a UWG erlangen.
- Mit der **Richtlinie über die Rechte der Verbraucher**[97] werden neue verbindliche Standards an Verbraucherrechten festgelegt, insbesondere für Fernabsatzverträge und Haustürgeschäfte. Gegenstand der Richtlinie sind beispielsweise Regeln zum Widerrufsrecht, zu Preisangaben, zu Zusatzleistungen sowie zu Aufschlägen für die Kreditkartenzahlung bzw. für telefonische Kontaktaufnahmen. Die Umsetzung der Richtlinie in das deutsche Recht (vor allem in den Vorschriften des BGB) erfolgte mit dem Gesetz zur Umsetzung der Verbraucherrechterichtlinie und zur Änderung des Gesetzes zur Regelung der Wohnungsvermittlung, das am 13.6.2014 in Kraft getreten ist.
- Den Regelungsgegenstand der **Richtlinie über audiovisuelle Mediendienste**[98] (Fernsehen und Video auf Abruf) bildet insbesondere die **Fernsehwerbung**, das **Sponsoring und das Teleshopping** (Art. 9 ff.), wobei es auch um **Kinderwerbung und fernsehspezifische Werbeverbote** geht. Bereits mit der zuvor geltenden Fassung vom 11.12.2007 ist eine Liberalisierung des „product placement" vorgesehen, sofern hierauf in der vorgeschriebenen Weise hingewiesen wird. Auch diese Richtlinie folgt dem Herkunftslandprinzip (Art. 2 Abs. 1). Umgesetzt wurde sie unter anderem im Rundfunkstaatsvertrag (RStV) und im Jugendmedienschutz-Staatsvertrag (JMStV). Die einschlägigen Regelungen können über den Rechtsbruchtatbestand wettbewerbsrechtliche Bedeutung erlangen.

---

[93] Siehe unten § 13.
[94] Richtlinie 2000/31/EG des Europäischen Parlaments und des Rates v. 8. Juni 2000 über bestimmte rechtliche Aspekte der Dienste der Informationsgesellschaft, insbesondere des elektronischen Geschäftsverkehrs, im Binnenmarkt, ABl. EU Nr. L 178, S. 1.
[95] Siehe *Köhler*/Bornkamm, UWG, Einl. Rn. 3.46.
[96] *Köhler*/Bornkamm, UWG, ebenda.
[97] Richtlinie 2011/83/EU (Abl. EU Nr. L 304/64 v. 22.11.2011 zur Abänderung der RL 93/13/EWG und RL 1999/44/EG sowie zur Aufhebung der RL 85/577/EWG und RL 97/7/EG.
[98] Richtlinie 2010/13/EU (ABl. EU Nr. L 95/1 v. 15.4.2010), zuvor Richtlinie 2007/65/EG (RL über die Ausübung der Fernsehtätigkeit) v. 11. Dezember 2007 zur Änderung der Richtlinie 89/552/EWG zur Koordinierung bestimmter Rechts- und Verwaltungsvorschriften der Mitgliedstaaten über die Ausübung der Fernsehtätigkeit (ABl. EU Nr. L 332/27 v. 18.12.2007), S. 23, geändert durch die Richtlinie 97/36/EG des Europäischen Parlaments und des Rates v. 30.6.1997 (ABl. Nr. L 202/60 v. 30.6.1997).

- Die sog. **Datenschutzrichtlinie**[99] enthält in Art. 13 eine Regelung über „unerbetene Nachrichten", durch die natürliche Personen als Teilnehmer eines elektronischen Kommunikationssystems vor einer Verletzung ihrer Privatsphäre durch unerbetene Nachrichten für Zwecke der Direktwerbung geschützt werden sollen.[100] Art. 13 der Richtlinie wurde durch § 7 Abs. 2 und Abs. 3 UWG umgesetzt.[101] Sie wird voraussichtlich 2018 durch die **Datenschutz-Grundverordnung** ersetzt werden.
- Schließlich eröffnet die **Richtlinie über Unterlassungsklagen** zum Schutz der Verbraucherinteressen[102] qualifizierten Einrichtungen die Möglichkeit, zum „Schutz der Kollektivinteressen der Verbraucher" in anderen Mitgliedstaaten Unterlassungsklage wegen Verstoßes gegen die im Anhang der Richtlinie aufgeführten Richtlinien (Art. 1, 3) zu erheben, wozu auch die Richtlinie über irreführende und unzulässig vergleichende Werbung gehört. Hinter dem Oberbegriff „qualifizierte Einrichtungen" stehen zwei verschiedene Rechtsschutzkonzepte, die von der Richtlinie als gleichwertig anerkannt werden.[103] Möglich ist einerseits ein Rechtsschutz durch die Klage von Verbänden („Organisationen"), deren Zweck auf den Verbraucherschutz gerichtet ist (Art. 3 lit. b) und andererseits die Einrichtung speziell für den Verbraucherschutz zuständiger „öffentlicher Stellen", die mit den von der Richtlinie vorgesehenen Handlungsbefugnissen betraut werden. Den Mitgliedstaaten wird es freigestellt, sich für eine der Optionen, aber auch für eine Kombination von beiden zu entscheiden.[104] Die Richtlinie steht in engem Zusammenhang mit der Verordnung über die Zusammenarbeit im Verbraucherschutz, deren Zweck es ist, die Durchsetzung verbraucherschützender Vorschriften im grenzüberschreitenden Verkehr zu verbessern. § 8 Abs. 3 Nr. 3 UWG (früher § 13 Abs. 2 Nr. 3 UWG a. F.) entspricht den Anforderungen der Richtlinie.

B. Internationales Recht

Schrifttum: *Cornish*, Genevan Bootstraps, [1997] EIPR 336; *Fikentscher*, Wettbewerbsrecht im TRIPS-Agreement der Welthandelsorganisation – Historische Anknüpfung und Entwicklungschancen, GRUR Int. 1995, 529; *Henning-Bodewig*, International Protection Against Unfair Competition – Art 10bis Paris Convention, TRIPS and WIPO Model Provisions, IIC 1999, 66; *dies.*, International Unfair Competition Law, in: Hilty/Henning-Bodewig, Law Against Unfair Competition: Towards a New Paradigm in Europe, 2007, S 53; *dies.*, Internationale Standards gegen unlauteren Wettbewerb, GRUR Int. 2013, 1; *dies.*, „Unlautere" Geschäftspraktiken und der Bezug zu Art. PVUE Artikel 10bis PVÜ – Warum „unseriöse" Geschäftspraktiken keinen Sinn ergibt, GRUR Int. 2014, 997; *Höpperger/Senftleben*, Protection Against Unfair Competition at the International Level – The Paris Convention, the 1996 Model Provisions and the Current Work of the World Intellectual Property Organisation, in: Hilty/Henning-Bodewig, Law Against Unfair Competition: Towards a New Paradigm in Europe, 2007, S. 61; *Pflüger*, Der internationale Schutz gegen unlauteren Wettbewerb, 2010; *Reger*, Der internationale Schutz gegen unlauteren Wettbewerb und das TRIPS-Übereinkommen, 1999; *Pflüger*, Der internationale Schutz gegen unlauteren Wettbewerb, 2010; *Schricker/Henning-Bodewig*, Elemente einer Harmonisierung des Rechts des unlauteren Wettbewerbs in der Europäischen Union, WRP 2001, 1367.

---

[99] Richtlinie 2002/58/EG des Europäischen Parlaments und des Rates v. 12. Juli 2002 über die Verbreitung personenbezogener Daten und den Schutz der Privatsphäre in der elektronischen Kommunikation (Datenschutzrichtlinie für elektronische Kommunikation), ABl. EG Nr. L 201, S. 37.

[100] Siehe Erwägungsgründe 40–45.

[101] Siehe dazu § 14.

[102] Richtlinie 2009/22/EG (früher 98/27/EG) des Europäischen Parlaments und des Rates v. 23.4.2009, ABl. EU Nr. L 110, S. 30).

[103] *Köhler*/Bornkamm, UWG, Einl. Rn. 3.65.

[104] Siehe Erwägungsgrund 10.

Das deutsche Recht des unlauteren Wettbewerbs bzw. das einschlägige Unionsrecht sind an die Vorgaben gebunden, die durch **internationale Verträge** gesetzt werden. Dabei geht es in erster Linie um die Pariser Verbandsübereinkunft (PVÜ), das TRIPS-Übereinkommen und auch um die Europäische Menschenrechtskonvention.[105]

I. Die Pariser Verbandsübereinkunft (PVÜ)

Die Bundesrepublik Deutschland gehört ebenso wie sämtliche Mitgliedstaaten der EU (nicht aber die Gemeinschaft selbst) der Pariser Verbandsübereinkunft von 1883 an. Maßgeblich ist nach mehrfachen Revisionen die Stockholmer Fassung von 1967.[106] Nach **Art. 1 Abs. 2** hat der Schutz des gewerblichen Eigentums auch „**die Unterdrückung des unlauteren Wettbewerbs**" zum Gegenstand. Art. 10bis PVÜ verpflichtet die Mitgliedstaaten, „einen wirksamen Schutz gegen unlauteren Wettbewerb zu sichern". Als Vorbild für viele Regelungen der Mitgliedstaaten gilt die 1925 geschaffene generalklauselhafte Definition in Art. 10bis Nr. 2 PVÜ:

„Unlauterer Wettbewerb ist jede Wettbewerbshandlung, die den anständigen Gepflogenheiten im Gewerbe oder Handel zuwider läuft."

Als wichtigste Einzeltatbestände werden in Art. 10bis Abs. 3 PVÜ beispielhaft das Hervorrufen von Verwechslungen (Nr. 1), die Anschwärzung durch falsche Angaben (Nr. 2) und (in eingeschränkter Weise) auch die irreführende Werbung (Nr. 3) genannt. Das Herzstück der PVÜ bildet der **Grundsatz der Inländerbehandlung** (Art. 2 PVÜ), durch den die Diskriminierung von Ausländern unterbunden werden soll. Danach genießen Angehörige anderer Verbandsländer den gleichen Rechtsschutz wie Inländer.

II. Das TRIPS-Übereinkommen

Das Übereinkommen über handelsbezogene Aspekte der Rechte des geistigen Eigentums vom 15.4.1994[107] regelt nur in sehr selektiver Weise **wettbewerbsrechtliche Einzelsachverhalte durch Verweisung auf PVÜ-Regelungen**. Dies gilt insbesondere für geografische Herkunftsangaben (Art. 22 lit. b TRIPS) und den Geheimnisschutz (Art. 39 Abs. 1 TRIPS). Eine umfassende Regelung steht noch aus. Es liegt allerdings ein Entwurf der WIPO zu *„model provisions on protection against unfair competition"* vor.[108]

---

[105] Siehe zum Folgenden den instruktiven Überblick von *Schricker/Henning-Bodewig*, WRP 2001, 1367, 1373 f.

[106] Siehe zur Ratifikation durch die Bundesrepublik Deutschland BGBl. 1970 II 391, BGBl. 1984 II 799. Siehe zu Entwicklung und Grundlagen der PVÜ *Henning-Bodewig* in: *Schricker/Henning-Bodewig*, Neuordnung des Wettbewerbsrechts, 1998/1999, S. 21 ff.

[107] BGBl. 1994 II 1730. Siehe zur Entstehungsgeschichte *Reger*, Der internationale Schutz gegen unlauteren Wettbewerb und das TRIPS-Übereinkommen, S. 59 ff.; siehe auch *Henning-Bodewig*, in: *Schricker/Henning-Bodewig*, Neuordnung des Wettbewerbsrechts, 1998/1999, S. 33 ff.

[108] WIPO Publication No. 832 (E), 1996.

C. Anwendbares Recht (Kollisionsrecht)

Schrifttum: *Ahrens*, Das Herkunftslandprinzip in der E-Commerce-Richtlinie, CR 2000, 835; *ders.*, Die internationale Verbandsklage in Wettbewerbssachen, WRP 1994, 649; *Basedow*, Der kollisionsrechtliche Gehalt der Produktfreiheiten im europäischen Binnenmarkt: favor offerentis, RabelsZ 59 (1995), 1; *Bernhard*, Cassis de Dijon und Kollisionsrecht – am Beispiel des unlauteren Wettbewerbs, EuZW 1992, 437; *ders.*, Das Internationale Privatrecht des unlauteren Wettbewerbs in den Mitgliedstaaten der EG, 1994; *Bodewig*, Elektronischer Geschäftsverkehr und unlauterer Wettbewerb, GRUR Int 2000, 475; *Buchner*, Rom II und das Internationale Immaterialgüter- und Wettbewerbsrecht, GRUR Int 2005, 1004; *Dethloff*, Ausländisches Wettbewerbsrecht im einstweiligen Rechtsschutz, RabelsZ 62 (1998), 286; *dies.*, Europäisches Kollisionsrecht des unlauteren Wettbewerbs, JZ 2000, 179; *dies.*, Europäisierung des Wettbewerbsrechts, 2001; *dies.*, Marketing im Internet und Internationales Wettbewerbsrecht, NJW 1998, 1596; *Dieselhorst*, Anwendbares Recht bei internationalen Online-Diensten, ZUM 1998, 293; *Drasch*, Das Herkunftslandprinzip im internationalen Privatrecht, 1997; *Fezer*, Internationales Wirtschaftsrecht, in: Staudinger, 2000; *ders./Koos*, Das gemeinschaftsrechtliche Herkunftslandprinzip und die e-commerce-Richtlinie, IPrax 2000, 349; *Glöckner*, Wettbewerbsverstöße im Internet – Grenzen einer kollisionsrechtlichen Problemlösung, ZVglRWiss 99 (2000), 278; *ders.*, Der grenzüberschreitende Lauterkeitsprozess nach BGH v. 11.2.2010 – Ausschreibung in Bulgarien, WRP 2011, 137; *Grandpierre*, Herkunftsprinzip kontra Marktortanknüpfung, 1999; *Habermeier*, Neue Wege zu einem Wirtschaftskollisionsrecht, 1997; *Handig*, Neues im Internationalen Wettbewerbsrecht – Auswirkungen der Rom II–Verordnung, GRUR Int. 2008, 24; *Henning-Bodewig*, Herkunftslandprinzip und Wettbewerbsrecht: Erste Erfahrungen, GRUR 2004, 822; *Hölder*, Die kollisionsrechtliche Behandlung unteilbarer Multistate-Verstöße, 2002; *Hoeren*, Cybermanners und Wettbewerbsrecht – Einige Überlegungen zum Lauterkeitsrecht im Internet, WRP 1997, 993; *Junker*, Die Rom II-Verordnung: Neues Internationales Deliktsrecht auf europäischer Grundlage, NJW 2007, 3675; *Karenfort/Weißgerber*, Lauterkeit des Wirtschaftsverkehrs in Gefahr?, MMR Beilage 7/2000, 38; *Koch*, Internationale Gerichtszuständigkeit und Internet, CR 1999, 121; *M. Köhler*, Der fliegende Gerichtsstand, WRP 2013, 1130; *Kort*, Zur „multistate"-Problematik grenzüberschreitender Fernsehwerbung, GRUR Int. 1994, 594; *Kotthoff*, Das Tatortprinzip des internationalen Deliktsrechts und Europäisches Gemeinschaftsrecht, FS Koppensteiner, 2001, 609; *ders.*, Die Anwendbarkeit des deutschen Wettbewerbsrechts auf Werbemaßnahmen im Internet, CR 1997, 676; *Kur*, Das Herkunftslandprinzip der E-Commerce-Richtlinie: Chancen und Risiken, FS Erdmann, 2002, 629; *Lindacher*, Die internationale Verbandsklage in Wettbewerbssachen, FS Lüke, 1997, 377; *ders.*, Internationale Zuständigkeit in Wettbewerbssachen, FS Nakamura, 1996, 321; *ders.*, Zum Internationalen Privatrecht des unlauteren Wettbewerbs, WRP 1996, 645; *ders.*, Zur Anwendung ausländischen Rechts, FS Beys, 2003, 909; *ders.*, Die internationale Dimension lauterkeitsrechtlicher Unterlassungsansprüche: Markterritorialität versus Universalität, GRUR Int 2008, 453; *Löffler*, Werbung im Cyberspace – Eine kollisionsrechtliche Betrachtung, WRP 2001, 379; *European Max Planck Group on Conflict of Laws in Intellectual Property*, Conflict of Laws in Intellectual Property, 2013; *Mankowski*, Zur Anwendbarkeit des Art. 5 Nr. 3 EuGVÜ auf vorbeugende Unterlassungsklagen, EWS 1994, 305; *ders.*, Internet und Internationales Wettbewerbsrecht, GRUR Int. 1999, 909; *ders.*, Das Herkunftslandprinzip als Internationales Privatrecht der e-commerce-Richtlinie, ZVglR Wiss 100 (2001), 137; *ders.*, Fernabsatzrecht: Informationen über das Widerrufsrecht und die Widerrufsbelehrung bei Internetauftritten, CR 2001, 767; *ders.*, Herkunftslandprinzip und Günstigkeitsvergleich in § 4 TDG-E, CR 2001, 630; *ders.*, Was soll der Anknüpfungspunkt des (europäischen) Internationalen Wettbewerbsrechts sein?, GRUR Int. 2005, 634; Martiny *Ohly*, Herkunftslandprinzip und Kollisionsrecht, GRUR Int. 2001, 899; *Paefgen*, Unlauterer Wettbewerb im Ausland, GRUR Int. 1994, 99; *Piekenbrock*, Die Bedeutung des Herkunftslandprinzips im europäischen Wettbewerbsrecht, GRUR Int 2005, 997; *Rüßmann*, Wettbewerbshandlungen im Internet – Internationale Zuständigkeit und anwendbares Recht, K&R 1998, 422; *Sack*, Das internationale Wettbewerbs- und Immaterialgüterrecht nach der EGBGB-Novelle, WRP 2000, 269; *ders.*, Das Herkunftslandprinzip für E-Commerce-Richtlinie und der Vorlagebeschluss des BGH vom 10.11.2009, EWS 2010, 70; *ders.*, Die IPR-Neutralität der E-Commerce-Richtlinie und des Telemediengesetzes, EWS 2011, 65; *ders.*, Art. 6 Abs. 2 Rom II-VO und „bilaterales" unlauteres Wettbewerbsverhalten, GRUR Int. 2012, 601; *ders.*, Internetwerbung – ihre Rechtskontrolle außerhalb des Herkunftslandes des Werbenden, WRP 2013, 1407; *ders.* Grenzüberschreitende Werbung in audiovisuellen Medien – ihre Rechtskontrolle im Herkunftsland, WRP 2015, 1281; *Schack*, Internationale Urheber-, Marken- und Wettbewerbsrechtsverletzungen im Internet – Internationales Privatrecht, MMR 2000, 59; *Sieber*, Verantwortlichkeit im Internet, 1999; *Stadler*, Die internationale Durchsetzung von Gegendarstellungsansprüchen, JZ 1994, 642; *Reger*, Der internationale Schutz gegen unlauteren Wettbewerb und das TRIPS-Übereinkommen, 1999; *Tettenborn*, E-Commerce-Richtlinie: Politische Einigung in Brüssel erzielt, K&R 2000, 59; *Thünken*, Die EG-Richtlinie über den elektronischen Geschäftsverkehr und das internationale Privatrecht des unlauteren Wettbewerbs, IPRax 2001, 15.

Das Bedürfnis nach einer möglichst weitreichenden Harmonisierung des Wettbewerbsrechts auf europäischer und internationaler Ebene resultiert aus dem **Territorialitätsgrundsatz**, wonach sich der räumliche Anwendungsbereich des deutschen Wettbewerbsrechts grundsätzlich auf das Inland beschränkt. In Kontrast dazu steht die zunehmende Europäisierung und Internationalisierung der Werbung, die sich aufgrund **moderner Medien**, wie Satellitenfernsehen und Internet, in ihrer Reichweite nicht auf das Territorium eines einzelnen Staates beschränkt, sondern eine **grenzüberschreitende Wirkung** haben kann. Vor diesem Hintergrund bedarf es einer Bestimmung des maßgeblichen materiellen Rechts. Hiervon zu unterscheiden ist die verfahrensrechtliche Frage der gerichtlichen Zuständigkeit. 35

I. Frühere Rechtslage (Art. 40–42 EGBGB)

Bis zum 1.11.2009 richtete sich die Beantwortung der Frage, ob bei Sachverhalten mit Auslandsbezug ein hinreichender Inlandsbezug vorliegt und damit das deutsche UWG zur Anwendung kommt, nach den Kollisionsnormen des IPR, die in Art. 40 bis 42 EGBGB verankert sind. Da Wettbewerbsverstöße unerlaubte Handlungen darstellen, unterlagen die sich daraus ergebenden Ansprüche gem. Art. 40 Abs. 1 S. 1 EGBGB grundsätzlich dem Recht des Staates, in dem der Ersatzpflichtige gehandelt hat. Nach Art. 40 Abs. 1 S. 2 EGBGB kann der Verletzte jedoch verlangen, dass anstelle dieses Rechts das Recht des Staates angewandt wird, in dem der Erfolg eingetreten ist. Da bei marktbezogenen Wettbewerbshandlungen, also bei der Einwirkung auf die Marktgegenseite, Handlungs- und Erfolgsorte in der Regel zusammenfallen, war die Unterscheidung zumeist, aber nicht immer, bedeutungslos. Zum Teil wurde für eine Geltung der Marktanknüpfung in Art. 40 Abs. 1 EGBGBG aufgrund einer teleologischen Reduktion mit Blick auf die Besonderheiten des Wettbewerbsrechts plädiert.[109] 36

II. Heutige Rechtslage (ROM II-Verordnung)

Am 11.1.2009 ist in allen Mitgliedstaaten der EU außer in Dänemark[110] die **Rom II-VO**[111] in Kraft getreten, die das Europäische Parlament und der Rat der Europäischen Union am 11.7.2007 erlassen haben.[112] Die Normen der Verordnung regeln die Anwendbarkeit des eigenen wie auch des ausländischen Rechts und sind auch im Verhältnis zu Drittstaaten anwendbar (Art. 3 Rom II-VO). Anders als das EGBGB sieht die ROM II-VO, die das auf **außervertragliche Schuldverhältnisse** anwendbare Recht regelt, spezielle Bestimmungen für den „unlauteren Wettbewerb und den freien Wettbewerb einschränkendes 37

---

[109] *Köhler*/Bornkamm, UWG, Einl. Rn. 5.6. in Übereinstimmung mit *Mankowski*, GRUR Int. 1999, 909, 910.

[110] Die Verordnung gilt nach Art. 1 Abs. 4 nicht in Dänemark. Sie wird aber ausweislich Art. 3 von allen anderen Mitgliedstaaten im Verhältnis zu Dänemark angewandt.

[111] Verordnung (EG) Nr. 864/2007 des Europäischen Parlaments und des Rates v. 11. Juli 2007 über das auf außervertragliche Schuldverhältnisse anzuwendende Recht („ROM II", ABl. EU Nr. L 199/40 v. 31.7.2007).

[112] Siehe *Sack*, WRP 2008, 845 ff.; *Handig*, GRUR Int. 2008, 24 ff.

Verhalten" vor. Maßgebend für den Anwendungsbereich der Regelungen des Art. 6 Abs. 1 und Abs. 2 ROM II-VO ist das Lauterkeitsrecht im Sinne der Schutzzwecktrias, wonach die Konkurrenten, die Marktgegenseite (insbesondere die Verbraucher) und der Wettbewerb als Institution nach dem sog. integrierten Modell geschützt werden.[113] **Art. 6 Abs. 1 ROM II-VO** statuiert die **grundlegende Kollisionsregel** für den unlauteren Wettbewerb, die eine Ausnahme von der allgemeinen Kollisionsnorm für unerlaubte Handlungen nach Art. 4 ROM II-VO darstellt. Nach der **Rückausnahme in Art. 6 Abs. 2 ROM II-VO** gilt allerdings für rein **betriebsbezogene ("bilaterale") Wettbewerbshandlungen**, die ausschließlich die Interessen eines bestimmten Wettbewerbers beeinträchtigen, die allgemeine Kollisionsregel nach Art. 4.

1. Das Marktortprinzip nach Art. 6 Abs. 1 ROM II-VO

38 Nach Art. 6 Abs. 1 ROM II-VO ist auf außervertragliche Schuldverhältnisse aus unlauterem Wettbewerbsverhalten das Recht des Staates anzuwenden, **in dessen Gebiet die Wettbewerbsbeziehungen oder die kollektiven Interessen der Verbraucher beeinträchtigt worden sind oder wahrscheinlich beeinträchtigt werden**. In Übereinstimmung mit der bisherigen Rechtsprechung[114] wird für die Bestimmung des anwendbaren Rechts an den Ort der wettbewerblichen Interessenkollision angeknüpft. Maßgebend ist also das Recht des Marktes, um dessen Marktanteile gekämpft wird.[115] Wettbewerbsmaßnahmen mit einem Handlungsort jenseits der Grenze („Distanzdelikte") unterliegen dem Recht des Zielmarktes.[116]

39 Bei sog. **Multistate-Werbung** ist nach dem „Marktortprinzip" somit das Recht aller Länder anwendbar, in denen sie **auf die Marktgegenseite einwirkt**. Die wettbewerbsrechtlichen Folgen sind nach dem Recht eines jeden betroffenen Staates anhand des in ihm geltenden Wettbewerbsrechts jeweils gesondert zu beurteilen („**Mosaiktheorie**").[117] Dies kann zur Folge haben, dass ein und dieselbe Wettbewerbshandlung nach den anzuwendenden nationalen Rechtsordnungen unterschiedlich zu bewerten ist und unterschiedliche Rechtsfolgen auslöst.[118] Beim **Schadensersatzanspruch** ist daher stets eine getrennte Betrachtung für die einzelnen Märkte nach dem jeweiligen Recht vorzunehmen (Schadensparzellierung). Demgegenüber wird sich die Beurteilung von **Unterlassungs- und Beseitigungsansprüchen** bei Unteilbarkeit der Wettbewerbshandlung, wie z.B. bei Werbung im Rundfunk, Fernsehen oder Internet, nach dem jeweils strengsten anwendbaren Sachrecht richten.[119]

2. Einschränkungen des Marktortprinzips

40 Das Marktortprinzip gilt grundsätzlich auch für das **Internet**.[120] Hier liegt der Ort der wettbewerblichen Interessenkollision überall dort, wo die Website bestimmungsgemäß abgerufen werden kann. Entsprechendes gilt für **grenzüberschreitend verbreitete Presse** und

---

[113] Erwägungsgrund 21 der ROM II-VO (ABl. EU Nr. L 199/41 v. 31.7.2007); *Lindacher*, GRUR Int. 2008, 453; Palandt/*Thorn*, Anh. zu EGBGB 38–42 Art. 6 ROM II-VO Rn. 2.
[114] Siehe BGHZ 113, 11, 15; BGH NJW 2006, 2630; BGH NJW 2007, 596.
[115] BGH GRUR 2010, 847 Rn. 10 – *Ausschreibung in Bulgarien*; Palandt/*Thorn*, Anh. zu EGBGB 38–42 Art. 6 ROM II-VO Rn. 9.
[116] Ebenda.
[117] BGH GRUR 1971, 153, 154 – *Tampax*; *Sack*, WRP 2008, 845, 852 m.w.N.
[118] *Sack*, WRP 2000, 269, 273 f.; *ders.*, WRP 2008, 845, 852.
[119] *Köhler*/Bornkamm, UWG, Einl. Rn. 5.41.
[120] Siehe hierzu *Hetmank*, Internetrecht, 18 ff.

C. Anwendbares Recht (Kollisionsrecht)

weltweit angebotene nachgeahmte Produkte, die auch im Inland bezogen werden können. Allerdings besteht Einigkeit darüber, dass **nicht schon jeder noch so kleine Bezug** der zu beurteilenden Handlung zum Marktort ausreichen kann. In dem Bestreben, einer uferlosen Ausdehnung des anwendbaren Wettbewerbsrechts Einhalt zu gebieten, hat die deutsche Rechtsprechung daher eine **kollisionsrechtliche Spürbarkeitsgrenze** entwickelt, wonach nur das Recht derjenigen Staaten anwendbar ist, in denen grenzüberschreitende Wettbewerbshandlungen spürbar auf den Markt einwirken.[121] Für den Fall, dass bspw. Druckwerke nur zufällig und in geringer Stückzahl in einen bestimmten Staat gelangen oder eine Rundfunksendung nur in einem marginalen Teil eines Staates empfangbar ist (sog. *spillover*) soll dieser Ort mangels Spürbarkeit der Einwirkung nicht als Marktort zu qualifizieren sein.[122] In gleicher Weise soll nach h. M. auch bei Wettbewerbsverstößen im Internet die bloße Abrufbarkeit einer Website im Inland noch nicht für die Anwendbarkeit des inländischen Wettbewerbsrechts genügen. Erforderlich ist vielmehr, dass sich der Inhalt der Website **bestimmungsgemäß** im Inland auswirkt. Entscheidend ist, ob sich aus der Natur der Produkte bzw. der örtlichen Anbindung des Anbieters oder dem Inhalt der Werbung, wie etwa aufgrund der Sprache, eine territoriale Beschränkung ergibt.[123] Neben der Sprache des Angebots kann sich der Inlandsbezug beispielsweise auch aus Angaben zu Währungen oder zu inländischen Kontaktadressen sowie aus Voreinstellungen der Website, wie etwa einer Vorauswahl oder automatisierter Vorschläge bei erforderlichen Nutzereingaben, ergeben.[124] Schließlich kann ein eindeutiger und ernst gemeinter Disclaimer, in dem die Belieferung inländischer Kunden ausgeschlossen wird, ein Indiz für eine Einschränkung des Verbreitungsgebiets sein.[125]

Es erscheint aber fraglich, ob an dem kollisionsrechtlichen Spürbarkeitskriterium unter der ROM II-VO noch festgehalten werden kann, da die in den Entwürfen enthaltenen Vorschläge, eine Formulierung vorzusehen, wonach die Beeinträchtigung des Marktes „unmittelbar und wesentlich" sein sollte, gerade nicht verwirklicht wurden.[126] Die h. M. wendet das Spürbarkeitsprinzip aber gleichwohl noch als kollisionsrechtliche Einschränkung des Marktortprinzips an, das bei der nach Art. 6 Abs. 1 und 2 ROM II-VO zu prüfenden Eignung einer wettbewerblichen Interessenkollision zu berücksichtigen sei.[127] Vorzugswürdig erscheint es aber, die sachrechtliche Spürbarkeitsschwelle als **Selbstbeschränkung des anwendbaren Sachrechts** anzusehen.[128] Das Spürbarkeitserfordernis war ursprünglich in § 3 Abs. 1 UWG a. F. verankert, ist aber auch nach deren Streichung weiterhin als ein grundlegendes und wesenseigenes Kriterium des Wettbewerbsrechts zu beachten, das nur wettbewerbsrelevantes Verhalten in den Blick nehmen kann. Das Nichterreichen der Spürbarkeitsschwelle führt somit nicht dazu, dass das fragliche Verhalten nach dem Kollisionsrecht ausländischem Sachrecht unterworfen ist, sondern dazu, dass keine Ansprüche hinsichtlich der Auswirkungen am inländischen Marktort bestehen.

41

---

[121] BGH GRUR 1971, 153, 154 – *Tampax*; *Sack*, WRP 2008, 845, 853 m. w. N.
[122] *Handig*, GRUR Int. 2008, 24, 28.
[123] BGH GRUR 2006, 513 Rn. 25 – *Arzneimittelwerbung im Internet*; 2013, 417 Rn. 15 – *Medikamentenkauf im Versandhandel*; 2005, 431, 432 f. – *Hotel Maritime* (zum Markenrecht); Palandt/*Thorn*, Anh. zu EGBGB 38–42 Art. 6 ROM II-VO Rn. 10.
[124] OLG Frankfurt a. M., GRUR-RR 2012, 392, 393 – *Screen-Scraping*.
[125] BGH, GRUR 2006, 513 Rn. 22, 25 – *Arzneimittelwerbung im Internet*.
[126] Vgl. hierzu *Sack*, WRP 2008, 845, 854.
[127] *Köhler*/Bornkamm, Einl. Rn. 5.8; *Mankowski*, GRUR Int. 1999, 909, 915 ff.
[128] *Löffler*, WRP 2001, 379, 383; *Sack*, WRP 2008, 845, 854; *Ohly*/Sosnitza, UWG, Einl. B Rn. 26.

3. Ausnahme: Bilaterale Wettbewerbshandlungen nach Art. 6 Abs. 2 ROM II-VO

42 Nach der Rückausnahme des Art. 6 Abs. 2 ROM II-VO gelten die **Regeln des Deliktsstatuts des Art. 4 ROM II-VO**, wenn ein unlauteres Wettbewerbsverhalten ausschließlich die Interessen eines bestimmten Wettbewerbers beeinträchtigt. Danach ist gem. Art. 4 Abs. 2 ROM II-VO vorrangig das Recht des gemeinsamen Aufenthaltsortes der Parteien, subsidiär das **Recht des Landes, in dem der Schaden eingetreten ist** (Art. 4 Abs. 1 ROM II-VO) anwendbar, sofern nicht gem. Art. 4 Abs. 3 ROM II-VO eine offensichtlich engere Verbindung zu einem anderen Staat besteht.[129]

43 Soweit allerdings in Art. 6 Abs. 2 Rom II-VO davon die Rede ist, dass „ausschließlich die Interessen eines bestimmten Wettbewerbers" beeinträchtigt werden, ist dies ein Widerspruch in sich selbst, da sich unlauterer Wettbewerb stets zumindest mittelbar auch auf den Markt insgesamt auswirkt, auch wenn sich die Maßnahme gezielt gegen einen bestimmten Konkurrenten richtet.[130] In Anbetracht dessen ist die Regelung dahin gehend zu verstehen, dass der gleichzeitige Marktbezug einer Wettbewerbshandlung, sei er unmittelbar oder mittelbar, unerheblich ist, wenn und soweit die Verletzung eines anerkannten Rechtsguts oder einer sonstigen *per-se*-rechtlich geschützten Position in Frage steht.[131] Zu denken ist an Sabotageakte, an Produktions- und Vertriebseinrichtungen, Betriebsspionage, Preisgabe von Geschäfts- und Betriebsgeheimnissen oder auch an die Verleitung zum Vertragsbruch sowie an die Verletzung der Geschäftsehre.[132] Richtet sich die Wettbewerbshandlung aber zumindest auch an Verbraucher oder dritte Marktbeteiligte, so gilt allein die Marktortregel.[133]

4. Das Herkunftslandprinzip bei Werbung im Internet und in Funk und Fernsehen

44 Das für Anbieter von Telemediendiensten, wie etwa Betreiber von Internetseiten, in Art. 3 Abs. 2 der E-Commerce-RL statuierte Herkunftslandprinzip (umgesetzt in § 3 TMG) bleibt von Art. 6 ROM II-VO unberührt und genießt diesem gegenüber Vorrang.[134] Es besagt im Ergebnis, dass eine Ware oder Dienstleistung, die nach den Gesetzen des Herkunftsstaates ordnungsgemäß hergestellt und angeboten worden ist, von diesem Land aus in der gesamten Union angeboten werden darf. Denn kein Mitgliedstaat darf den freien Verkehr von Waren oder Dienstleistungen aus einem anderen Mitgliedstaat behindern (Prinzip der Verkehrsfreiheit). Ausnahmen sind nur in bestimmten zwingenden Fällen möglich. Dafür gewährleistet jeder Mitgliedstaat der EU, dass alle Anbieter von Waren oder Dienstleistungen, die in seinem Hoheitsgebiet niedergelassen sind, die Vorschriften dieses Staates einhalten („Kontrolle an der Quelle").[135] Das Herkunftslandprinzip beruht somit auf dem Gedanken der **gegenseitigen Anerkennung und des gegenseitigen Vertrauens**. Wenn ein Mitgliedstaat der EU ein Produkt vor dem Export kontrolliert hat, liefe eine zweite Kontrolle des Importstaates auf eine unnötige und damit unverhältnismäßige Beschränkung des Waren- oder Dienstleistungsverkehrs hinaus.[136] Demgegenüber gilt für die

---

[129] Palandt/*Thorn*, Anh. zu EGBGB 38–42 Art. 6 ROM II-VO Rn. 16.
[130] *Lindacher*, GRUR Int. 2008, 453, 457; Palandt/*Thorn*, a.a.O. Rn. 17.
[131] Ebenda.
[132] *Handig*, GRUR Int. 2008, 24, 27; *Lindacher*, GRUR Int. 2008, 453, 457; *Sack*, GRUR Int. 2012, 601, 606 ff.
[133] BGH GRUR 2010, 847 Rn. 19 – *Ausschreibung in Bulgarien*; *Glöckner*, WRP 2011, 137, 139.
[134] Erwägungsgrund 35 der ROM II-VO (ABl. EU Nr. L 199/42 v. 31.7.2007); Palandt/*Thorn*, Anh. zu EGBGB 38–42 Art. 6 ROM II-VO Rn, 3, 15; *Handig*, GRUR Int. 2008, 24, 30; s. auch *Sack*, WRP 2008, 845, 854 ff.; *Hetmank*, Internetrecht, 23 ff.
[135] Erwägungsgrund 22 und 24 der E-Commerce-RL; *Glöckner*, WRP 2005, 795.
[136] *Ohly*/Sosnitza, UWG, Einl. C Rn. 67.

C. Anwendbares Recht (Kollisionsrecht)

Beurteilung der Wettbewerbshandlungen von in Deutschland niedergelassenen Diensteanbietern das deutsche Wettbewerbsrecht auch dann, wenn sie auf einem ausländischen Markt tätig sind, der unter Umständen liberalere Regelungen vorsieht (§ 3 Abs. 1 TMG). Die damit verbundene Inländerdiskriminierung ist als unvermeidlich hinzunehmen.

Zu beachten ist aber, dass das Herkunftslandprinzip keine Frage des anwendbaren Rechts (Kollisionsrecht) ist, sondern **nur das anwendbare Recht begrenzt**.[137] Der EuGH hat zu Art. 3 der E-Commerce-Richtlinie entschieden, dass die Vorschrift keine Umsetzung in Form einer speziellen Kollisionsregel verlangt. Die Mitgliedstaaten müssen, vorbehaltlich der Ausnahmen nach Art. 3 Abs. 4, lediglich sicherstellen, dass der Diensteanbieter keinen strengeren Anforderungen unterliegt, als sie das im Sitzmitgliedstaat dieses Anbieters geltende Sachrecht vorsieht.[138]

45

Zwar gilt das Herkunftslandprinzip nach § 3 Abs. TMG nur für den „Dienstleistungsverkehr von Telemedien". Erfasst sind aber nicht nur Dienstleistungen im Sinne der Art. 56 ff. AEUV, sondern u.a. auch alle Formen der „kommerziellen Kommunikation" und damit auch **Werbung im Internet** genauso wie das **Anbieten von Waren und Leistungen im Internet**. Daher darf etwa ein britisches Unternehmen im Internet ein nachgeahmtes Produkt auch dann bewerben und anbieten, wenn dies zwar nach deutschem Recht unlauter ist (§§ 3 Abs. 1, 4 Nr. 3 UWG), aber nach englischem Recht erlaubt wäre.[139] Denn nach § 3 Abs. 2 TMG wird der freie Dienstleistungsverkehr von Telemedien, die in der Bundesrepublik Deutschland von Diensteanbietern geschäftsmäßig angeboten oder erbracht werden, die in einem anderen Staat innerhalb des Geltungsbereichs der Richtlinien 2000/31/EG und 89/552/EWG niedergelassen sind, nicht eingeschränkt. Zu beachten sind allerdings die in § 3 Abs. 3 und 4 TMG vorgesehenen zahlreichen Ausnahmen, wie etwa für unaufgeforderte E-Mail-Werbung, für gewerbliche Schutzrechte, Urheberrechte und mit dem Urheberrecht verwandte Schutzrechte.

46

Das Herkunftslandprinzip findet sich ferner auch in der Richtlinie über audiovisuelle Mediendienste (2010/13/EU, Art. 2 Abs. 1 und Art. 3 Abs. 1).[140] Die auch hier **umstrittene Frage**, ob dem Herkunftslandprinzip ein **kollisionsrechtlicher Gehalt** zukommt, besitzt nur geringe praktische Bedeutung. Es gilt nämlich nur für den koordinierten Bereich fernsehspezifischer Werberegelungen. Nach dem Herkunftslandprinzip in der Variante des Sendelandprinzips darf Fernsehwerbung vorbehaltlich eng begrenzter Ausnahmen grundsätzlich nicht untersagt werden, wenn sie von einem Fernsehveranstalter aus einem anderen Mitgliedstaat stammt. Da der **koordinierte Bereich der fernsehspezifischen Werberegelungen weitgehend harmonisiert** ist, dürfte die Frage, ob das Sendelandprinzip eine kollisionsrechtliche Abweichung vom Marktortprinzip darstellt, in der Praxis keine wesentliche Rolle spielen.[141] Dafür spricht zwar, dass die Richtlinie im Unterschied zu Art. 1 Abs. 4 der E-Commerce-RL keinen ausdrücklichen Vorbehalt der „kollisionsrechtlichen Neutralität" enthält. Allerdings würde eine Anwendung des Sendestaatrechts zu einer gespaltenen Anknüpfung führen, da das Sendestaatprinzip nur für die durch die Fernsehrichtlinie angeglichenen Rechtsbereiche gilt.[142] Vorzugswürdig erscheint es daher, dass innerhalb des durch die Richtlinie koordinierten Bereichs die genannten Bestimmungen nicht die Anwendbarkeit des Sendelandsrechts anordnen.

47

---

[137] EuGH, GRUR 2012, 300 Rn. 60ff – *eDate Advertising*; siehe hierzu *Hetmank*, Internetrecht, 25 f.
[138] EuGH GRUR 2012, 300 Rn. 53 ff – *eDate Advertising*.
[139] Beispiel nach *Ohly*/Sosnitza, UWG, Einl. C Rn. 79.
[140] Richtlinie 2010/13/EU über audiovisuelle Mediendienste (ABl. EU Nr. L 95 S. 1, ber. ABl. 2010 Nr. L 263 S. 15).
[141] *Sack*, WRP 2008, 845, 858.
[142] *Ohly*/Sosnitza, UWG, Einl. C Rn. 78.

5. Ausschluss der Rechtswahl (Art. 6 Abs. 4 ROM II-VO)

48 Nach Art. 6 Abs. 4 ROM II-VO ist eine Rechtswahl durch eine Vereinbarung gem. Art. 14 ROM II-VO ausgeschlossen. Denn an der Verfolgung von Wettbewerbsverstößen kann auch ein Interesse Dritter und ein öffentliches Interesse bestehen.

6. Rück- und Weiterverweisungen (Art. 24 Rom II-VO)

49 Im Unterschied zu Art. 4 Abs. 1 EGBGB sind nach Art. 24 ROM II-VO Rück- und Weiterverweisungen durch das jeweils anwendbare internationale Privatrecht unzulässig, so dass die Sachnormen des Staates, auf die verwiesen wird, unmittelbar zur Anwendung kommen, ohne dass die international-privatrechtlichen Vorschriften der betreffenden Rechtsordnung zu beachten sind.[143]

7. Abgrenzung zu Rechten des geistigen Eigentums

50 Für die Verletzung von Rechten des geistigen Eigentums wird in **Art. 8 Abs. 1 ROM II-VO** das Schutzlandprinzip (*lex loci protectionis*) verankert. Unter den Begriff des geistigen Eigentums fallen insbesondere Urheberrechte, verwandte Schutzrechte, das Schutzrecht *sui generis* für Datenbanken und gewerbliche Schutzrechte.[144] Zu den **Rechten des geistigen Eigentums** zählen auch Kollektivmarken nach den §§ 97 ff. MarkenG und nach Maßgabe der neueren Rechtsprechung des BGH[145] auch der Schutz geografischer Herkunftsangaben nach den §§ 126 ff. MarkenG sowie der Schutz geografischer Herkunftsangaben durch die EG-VO Nr. 510/2006 und die durch bilaterale Abkommen geschützten geografischen Herkunftsangaben.[146] Dagegen begründet der Schutz geografischer Herkunftsangaben durch das Lauterkeitsrecht, insbesondere vor Irreführung und Rufausbeutung, keine Rechte des geistigen Eigentums i.S.v. Art. 8 ROM II-VO, da die lauterkeitsrechtlichen Verhaltensnormen keine absolut wirkenden subjektiven Ausschließlichkeitsrechte darstellen.[147] Entsprechendes gilt auch für den **ergänzenden wettbewerbsrechtlichen Leistungsschutz** (§ 4 Nr. 9 lit. a – c UWG), auch wenn der Nachahmungsschutz im Ergebnis einem Immaterialgüterrecht sehr nahe kommt. Dies ändert allerdings nichts daran, dass es sich um lauterkeitsrechtliche Verhaltensnormen und nicht um absolut wirkende, subjektive Ausschließlichkeitsrechte handelt.

8. Ordre public (Art. 26 Rom II-VO)

51 Nach Art. 26 ROM II-VO kann die Anwendung einer Vorschrift des nach der VO bezeichneten Rechts nur versagt werden, wenn ihre Anwendung mit der öffentlichen Ordnung (*ordre public*) des Staates des angerufenen Gerichts offensichtlich unvereinbar ist. Damit wird auf die nationale Regelung des *ordre public*, also Art. 6 EGBGB, verwiesen. Die Berufung auf einen Verstoß gegen den *ordre public* dürfte allerdings im Bereich des Lauterkeitsrechts nur in seltenen Ausnahmefällen in Betracht kommen. Die Anwendung

---

[143] *Handig,* GRUR Int. 2008, 24, 30.
[144] Erwägungsgrund 26 der ROM II-VO (ABl. EU Nr. L 199/42 v. 31.7.2007).
[145] Siehe BGH GRUR 2007, 884 Rn. 26, 31 – *Cambridge Institute*; s. auch *Sack,* WRP 2008, 845, 861.
[146] Verordnung (EG) Nr. 510/2006 des Rates v. 20.3.2006 zum Schutz von geografischen Angaben und Ursprungsbezeichnungen für Agrarerzeugnisse und Lebensmittel (ABl. EU Nr. L 93/12 v. 31.3.2006); *Sack,* WRP 2008, 845, 861.
[147] *Sack,* a.a.O., 862.

des ausländischen Wettbewerbsrechts kann allenfalls dann ausgeschlossen werden, wenn sie zu einem Ergebnis führt, das mit wesentlichen Grundsätzen des deutschen Rechts offensichtlich unvereinbar ist (Art. 6 S. 1 EGBGB). Dies ist aber nicht bereits dann anzunehmen, wenn eine nach Auslandsrecht zulässige Maßnahme gegen das UWG verstößt, sondern der *ordre public* greift nur dann als Schranke ein, wenn das ausländische Recht keinen Rechtsschutz gegen krass unlautere Verhaltensweisen gewährt.[148] Ein weiterer denkbarer Fall eines Verstoßes gegen den deutschen *ordre public* ist ein unverhältnismäßig hoher Strafschadensersatz (*punitive damages*).[149] Maßgebend für die Einschränkung der Anwendung ausländischen Rechts ist nach Art. 6 S. 2 EGBGB die in den Grundrechten zum Ausdruck kommende Wertordnung, insbesondere der Schutz der Menschenwürde nach Art. 1 GG. Bei Auslegung der Grundrechte ist im Einzelfall zu prüfen, ob und inwieweit das betroffene Grundrecht „nach Wortlaut, Inhalt und Funktion unter Berücksichtigung der Gleichstellung anderer Staaten und der Eigenständigkeit ihrer Rechtsordnungen für auslandsbezogene Sachverhalte Geltung erlangt".[150]

D. Internationales Verfahrensrecht

Schrifttum: *Brand,* Persönlichkeitsrechtsverletzungen im Internet, E-Commerce und „Fliegender Gerichtsstand", NJW 2012, 127; *Glöckner,* Der grenzüberschreitende Lauterkeitsprozess nach BGH vom 11.2.2010 – Ausschreibung in Bulgarien, WRP 2011, 137; *Heinze,* Surf global, sue local! Der europäische Klägergerichtsstand bei Persönlichkeitsrechtsverletzungen im Internet, EuZW 2011, 947; *Koch,* Internationale Gerichtszuständigkeit und Internet, CR 1999, 121; *Kubis,* Internationale Zuständigkeit bei Persönlichkeits- und Immaterialgüterrechtsverletzungen, 1999; *Lindacher,* Internationale Zuständigkeit in Wettbewerbssachen, FS Nakamura, 1996, S. 323; *ders.,* Die internationale Dimension lauterkeitsrechtlicher Unterlassungsansprüche: Marktterritorialität versus Universalität, GRUR Int. 2008, 453; *ders.,* Einstweiliger Rechtsschutz in Wettbewerbssachen unter dem Geltungsregime von Brüssel I, FS Leipold, 2009, 251; *Mankowski,* Wettbewerbsrechtliches Gerichtspflichtigkeits- und Rechtsanwendungsrisiko bei Werbung über Websites, CR 2000, 763; *Müller,* Der zuständigkeitsrechtliche Handlungsort des Delikts bei mehreren Beteiligten in der EuGVVO, EuZW 2013, 130; *Picht,* Von eDate zu Winterstieger – Die Ausformung des Art. 5 Nr. 3 EuGVVO für Internetdelikte durch die Rechtsprechung des EuGH, GRUR Int. 2013, 19; *Schack,* Internationale Urheber-, Marken- und Wettbewerbsrechtsverletzungen im Internet – Internationales Zivilprozessrecht, MMR 2000, 135; *Spickhoff,* Persönlichkeitsverletzungen im Internet: Internationale Zuständigkeit und Kollisionsrecht, IPRax 2011, 131; *Spindler,* Kollisionsrecht und internationale Zuständigkeit bei Persönlichkeitsrechtsverletzungen im Internet – die eDate-Entscheidung des EuGH, AfP 2012, 114; *Willems,* Wettbewerbsstreitsachen am Mittelpunkt der klägerischen Interessen?, GRUR 2013, 462.

Von der Frage der Anwendbarkeit des deutschen oder des ausländischen materiellen Wettbewerbsrechts ist die Frage der **internationalen Zuständigkeit** zu unterscheiden.[151] Die deutsche Gerichtsbarkeit kann unter Umständen unter Anwendung ausländischen Rechts über Auslandssachverhalte entscheiden, sofern sie nach den maßgeblichen Regeln über die internationale Zuständigkeit hierzu befugt ist. Diese ist nur dann zu verneinen, wenn die Souveränität eines fremden Staates betroffen ist oder die Parteien Extraterritoriale (§§ 18 ff. GVG) sind. Die Frage, ob ein deutsches oder ausländisches Gericht zur Entscheidung berufen ist, beurteilt sich nach den Regeln über die örtliche Zuständigkeit, das heißt, grundsätzlich ist ein nach § 14 UWG bzw. §§ 12 ff. ZPO zuständiges deutsches

---
[148] Siehe BGHZ 35, 329, 337 – *Kindersaugflasche*.
[149] Siehe Erwägungsgrund 32 ROM II-VO.
[150] BVerfGE 31, 58, 86 f. – *Spanierbeschluss*; *Sack,* WRP 2008, 845, 864.
[151] Siehe hierzu § 16 Rn. 53 ff.

Gericht auch international zuständig (sog. Doppelfunktionalität).[152] Die Zuständigkeit infolge rügeloser Verhandlung gem. § 39 ZPO gilt grundsätzlich auch für die internationale Zuständigkeit.[153]

53 Hat der **Beklagte** seinen Wohn- oder Geschäftssitz in einem Mitgliedstaat der EU, so richtet sich die internationale Zuständigkeit nach der **EuGVVO**.[154] Die Vorschriften der EuGVVO, die mit Wirkung zum 1.3.2002 für die Mitgliedstaaten der EU mit Ausnahme Dänemarks[155] an die Stelle des Europäischen Gerichtsstands- und Vollstreckungsübereinkommens (EuGVÜ) getreten sind, genießen Vorrang vor dem nationalen Recht.

54 **Allgemeiner Gerichtsstand** ist gemäß Art. 4 Abs. 1 EuGVVO (ex Art. 2) der Wohnsitz des Beklagten. Danach sind Personen, die ihren Wohnsitz im Hoheitsgebiet eines Mitgliedstaats haben, ohne Rücksicht auf ihre Staatsangehörigkeit vor den Gerichten dieses Mitgliedstaats zu verklagen.[156] Das gilt auch für die negative Feststellungsklage.[157] Daneben kann sich die Zuständigkeit insbesondere aus dem **Ort der unerlaubten Handlung** (Art. 7 Nr. 2 EuGVVO, ex Art. 5 Nr. 3) ergeben. Begehungsort einer unerlaubten Handlung, zu der auch Wettbewerbsverstöße zählen,[158] ist sowohl der Ort, an dem der Schaden eingetreten ist, als auch der Ort des dem Schaden zugrunde liegenden ursächlichen Geschehens.[159] Dabei ist davon auszugehen, dass nicht jeder Ort in Betracht kommt, an dem sich irgendeine bloße Schadensfolge verwirklicht hat, sondern neben dem Handlungsort nur noch der Ort der tatbestandsmäßigen Deliktsvollendung.[160] Bei **Wettbewerbsverstößen im Internet** ist der Erfolgsort im Inland belegen, wenn sich der Internet-Auftritt bestimmungsgemäß dort auswirken soll.[161]

55 Allerdings sind bei **Schadensersatzklagen** wegen Delikten, die sich in einer Mehrzahl von Staaten auswirken (**Streudelikte** oder **Multistate-Delikte**) nur die Gerichte am Handlungsort für die Entscheidung über den Ersatz sämtlicher Schäden zuständig, während die Gerichte am Erfolgsort nur über die Schäden entscheiden dürfen, die im betreffenden Staat entstanden sind („**Mosaikbetrachtung**").[162] Zwar hat der EuGH diesen Ansatz für Persönlichkeitsrechtsverletzungen dahingehend modifiziert, dass die Gerichte des Orts, an dem die betroffene Person den Mittelpunkt ihrer Interessen hat, über den gesamten Schaden entscheiden dürfen.[163] Es erscheint aber fraglich, ob dieses Urteil angesichts der Besonderheiten des Persönlichkeitsschutzes im Internet, auf das Lauterkeitsrecht über-

---

[152] Siehe BGH GRUR 1987, 172, 173 – *Unternehmensberatungsgesellschaft I*; OLG Koblenz GRUR 1993, 763.
[153] BGH NJW 1979, 1104.
[154] VO Nr. 44/2001 v. 22.12.2000 über die gerichtliche Zuständigkeit und die Anerkennung und Vollstreckung von Entscheidungen in Zivil- und Handelssachen (ABl. EG L Nr. 12/1 v. 16.1.2002). Die EuGVVO wurde durch VO Nr. 1215/2012 v. 12.12.2012, ABl. EG L 351 v. 20.12.2012, S. 1, neu gefasst und nummeriert. Die Neufassung findet auf Verfahren Anwendung, die ab dem 10.1.2015 eingeleitet werden.
[155] Mit Dänemark wurde die Geltung der EuGVVO bilateral vereinbart ABl. L 299 v. 16.11.2005, S, 62; im Verhältnis zu den EFTA-Staaten und Polen gilt das parallele Lugano-Abkommen.
[156] BGH GRUR-RR 2013, 228 Rn. 9 – *Trägermaterial für Kartenformulare*.
[157] BGH GRUR-RR 2013, 228 Rn. 11 – *Trägermaterial für Kartenformulare*.
[158] EuGH GRUR 2012, 300 Rn. 41 – *eDate Advertising*; 2013, 98 Rn. 39 – *Folien Fischer/Ritrama*; BGH GRUR-RR 2013, 228 Rn. 14 – *Trägermaterial für Kartenformulare*; 1988, 483, 485 – *AGIAV*.
[159] EuGH NJW 1977, 493 – *Mines de Potasse*; EuZW 1995, 765; GRUR 2012, 300 Rn. 41 – *eDate Advertising*; 2012, 654 Rn. 19 – *Wintersteiger/Products4U*.
[160] Fezer/Hausmann/Obergfell, UWG, Einl. Rn. 359, vgl. EuGH EuLF 2004, 191, 193 Rn. 20.
[161] BGH WRP 2012, 716 Rn. 21 – *OSCAR*; 2006, 736 – *Arzneimittelwerbung im Internet*.
[162] EuGH GRUR Int. 1998, 298 – *Fiona Shevill I*.
[163] EuGH GRUR 2012, 300 Rn. 48, 51 – *eDate Advertising*.

tragbar ist.[164] Ungeklärt ist aber auch, inwieweit Gerichte zur Erteilung **grenzüberschreitender wettbewerbsrechtlicher Unterlassungsurteile** befugt sind.[165] Auf Grund der Formulierung des Art. 7 Nr. 2 EuGVVO („oder einzutreten droht") gilt die Regelung jedenfalls auch für die vorbeugende Unterlassungsklage. Ferner kann nach Art. 8 Nr. 1 (ex Art. 6 Nr. 1) EuGVVO im Fall der Beklagtenmehrheit die Klage auch vor dem Gericht erhoben werden, in dessen Bezirk ein Beklagter seinen Sitz hat, sofern zwischen den Klagen eine so enge Beziehung gegeben ist, dass eine gemeinsame Verhandlung und Entscheidung geboten erscheint (sachlicher Zusammenhang). Ferner sind unter den Voraussetzungen des Art. 25 (ex Art. 17) EuGVVO auch Gerichtsstandsvereinbarungen zulässig. Schließlich können einstweilige Maßnahmen gemäß Art. 35 (ex Art. 31) EuGVVO unabhängig von der Anhängigkeit der Hauptsache bei sämtlichen nach Art. 4 ff. zuständigen Gerichten beantragt werden.[166]

E. Ausländisches Recht (Überblick)

Schrifttum: *Beater,* Europäisches Recht gegen unlauteren Wettbewerb – Ansatzpunkte, Grundlagen, Entwicklung, Erforderlichkeit, ZEuP 2003, 11; *Bodewig,* Das Recht des unlauteren Wettbewerbs in Großbritannien: Ein Dreiklang von Fallrecht, Gesetzesrecht und Selbstkontrolle, GRUR Int. 2004, 543; *ders.,* Das Recht des unlauteren Wettbewerbs in Irland, GRUR Int. 2004, 827; *Dethloff,* Europäisierung des Wettbewerbsrechts, 2001; *Glöckner,* Europäisches Lauterkeitsrecht, 2006; *Henning-Bodewig,* Das Europäische Wettbewerbsrecht: Eine Zwischenbilanz, GRUR Int 2002, 389; *dies,* Die Bekämpfung unlauteren Wettbewerbs in den EU-Mitgliedstaaten: eine Bestandaufnahme, GRUR Int 2010, 273; *dies,* Nationale Eigenständigkeit und europäische Vorgaben im Lauterkeitsrecht, GRUR Int 2010, 549; *dies,* (Hrsg), International Handbook on Unfair Competition, 2013; *Hucke,* Erforderlichkeit der Harmonisierung des Wettbewerbsrechts, 2001; *Keirsbilck,* The New European Law of Unfair Commercial Practices and Competition Law, 2011; *Keßler,* Vom Recht des unlauteren Wettbewerbs zum Recht der Marktkommunikation – Individualrechtliche und institutionelle Aspekte des deutschen und europäischen Lauterkeitsrechts, WRP 2005, 1203; *Koos,* Europäisches Lauterkeitsrecht und globale Integration, 1996; *Leistner,* Bestand und Entwicklungsperspektiven des Europäischen Lauterkeitsrechts, ZEuP 2009, 56; *Lettl,* Der lauterkeitsrechtliche Schutz vor irreführender Werbung in Europa, 2004; *Mäsch,* Europäisches Lauterkeitsrecht – von Gesetzen und Würsten, EuR 2005, 625; *Micklitz/Keßler,* Europäisches Lauterkeitsrecht – Dogmatische und ökonomische Aspekte einer Harmonisierung des Wettbewerbsverhaltensrechts im europäischen Binnenmarkt, GRUR Int 2002, 885; *Ohly,* Bausteine eines europäischen Lauterkeitsrechts, WRP 2008, 177; *Schmidt-Kessel/Schubmehl* (Hrsg.) Lauterkeitsrecht in Europa, 2011; *Schricker,* (Hrsg.), Recht der Werbung in Europa, Loseblatt – Ausgabe; *ders./Henning-Bodewig,* Elemente einer Harmonisierung des Rechts des unlauteren Wettbewerbs in der Europäischen Union, WRP 2001, 1367; *Stuyck,* Neuere Entwicklungen im belgischen Lauterkeitsrecht, GRUR Int. 2015, 899; *Ulmer*; Das Recht des unlauteren Wettbewerbs in den Mitgliedstaaten der europäischen Wirtschaftsgemeinschaft, Band I Vergleichende Darstellung, 1965; *Ulmer/Schricker/Wunderlich,* Das Recht des unlauteren Wettbewerbs in den Mitgliedstaaten der europäischen Wirtschaftsgemeinschaft, Bd. II, 1967; *Ulmer/Baeumer,* Das Recht des unlauteren Wettbewerbs in den Mitgliedstaaten der europäischen Wirtschaftsgemeinschaft Band II, 2 Niederlande 1967, *Ulmer/Reimer,* Das Recht des unlauteren Wettbewerbs in den Mitgliedstaaten der europäischen Wirtschaftsgemeinschaft, Band III Deutschland 1968; *Ulmer/Kraßer,* Das Recht des unlauteren Wettbewerbs in den Mitgliedstaaten der europäischen Wirtschaftsgemeinschaft, Band IV Frankreich 1967; *Ulmer/Schricker,* Das Recht des unlauteren Wettbewerbs in den Mitgliedstaaten der europäischen Wirtschaftsgemeinschaft, Band V Italien 1965; *Ulmer/Graf von Westerholt und Gysen-*

---

[164] Abl. *Ohly*/Sosnitza, UWG, Einl. B Rn. 8a.
[165] Vgl. für die Verletzung einer Gemeinschaftsmarke EuGH GRUR 2011, 518 – *DHL/Chronopost; Ohly*/Sosnitza, UWG, Einl. B Rn. 8a m.w.N.
[166] EuGH GRUR 2012, 1169, Rn. 50 – *Solvay/Honeywell.*

berg, Das Recht des unlauteren Wettbewerbs in den Mitgliedstaaten der europäischen Wirtschaftsgemeinschaft, Band VI Vereinigtes Königreich von Großbritannien und Nordirland 1981; *Ulmer/Alexandridou*, Das Recht des unlauteren Wettbewerbs in den Mitgliedstaaten der europäischen Wirtschaftsgemeinschaft, Band VII Griechenland 1993.

56 In den ausländischen Rechtsordnungen finden sich unterschiedliche Ansätze zur Bekämpfung unlauteren Wettbewerbs. Wie bereits erwähnt, ist die Harmonisierung des Wettbewerbsrechts im Rahmen der Europäischen Union nur sehr schleppend vorangekommen, obwohl die ersten Bemühungen in diese Richtung bereits in den 50er Jahren unter der Leitung von *Eugen Ulmer* durch das Max-Planck-Institut für ausländisches und internationales Patent-, Urheber- und Wettbewerbsrecht in München unternommen wurden. Die im Auftrag der EG-Kommission erarbeiteten Gutachten über die Rechtslage in den verschiedenen Mitgliedstaaten der damaligen EWG, die im Laufe der Zeit auf neu eintretende Staaten, wie insbesondere auch Großbritannien, erweitert wurden, ergaben eine Bestandsaufnahme, die die Unterschiede und Gemeinsamkeiten der verschiedenen Systeme offenbarte und damit eine Diskussionsgrundlage für die Perspektiven eines europäischen Wettbewerbsrechts schuf. Diese Pionierarbeit hat in der von *Gerhard Schricker* herausgegebenen Sammlung zum europäischen Wettbewerbsrecht[167] eine Fortsetzung und Erweiterung erfahren.

57 Im Folgenden soll nicht detailliert auf die Rechtslage in den einzelnen Ländern eingegangen, sondern ein Überblick über die verschiedenen rechtspolitischen und dogmatischen Grundlagen gegeben werden, die sich unter verschiedenen Aspekten tendenziell in den Wettbewerbsordnungen der wichtigsten Mitgliedstaaten der Europäischen Union feststellen lassen.[168] Ganz grob kann man dabei folgende Einteilungen vornehmen:[169]

I. „Integrierter" Mitbewerber- und Verbraucherschutz mit Generalklauseln und Einzeltatbeständen

58 Ausgehend vom deutschen Wettbewerbsrecht gibt es zunächst eine Reihe von Ländern, in denen der Mitbewerber- und der Verbraucherschutz zusammen in einer sondergesetzlichen Regelung mit Generalklauseln und speziellen Einzeltatbeständen kodifiziert ist und die im Wesentlichen den Beteiligten selbst die Durchsetzung überlässt. Hierzu zählen insbesondere Deutschland, Österreich, Schweiz, Belgien, Spanien, Polen, Schweden und Dänemark.

59 Mit dem deutschen UWG, das nach der Generalklausel des § 3 Abs. 1 UWG auf die Unterbindung von unlauteren geschäftlichen Handlungen abzielt, am engsten verwandt ist das **österreichische UWG**. Obwohl in der Generalklausel des § 1 des österreichischen UWG zwei getrennte Regelungen für Verbraucher und Unternehmen bestehen, hält das österreichische Lauterkeitsrecht betont am „integrierten Modell" fest. Der Schutz der Mitbewerber und der Verbraucher wird gleichermaßen angesprochen und die Verbote der irreführenden oder aggressiven Geschäftspraktiken, einschließlich der sie ergänzenden „Schwarzen Liste", gelten nicht nur im Verhältnis zum Verbraucher, sondern auch im Verhältnis der Unternehmen untereinander. Zudem kennt das österreichische UWG neben den irreführenden, vergleichenden und aggressiven Geschäftspraktiken (§§ 1a, 2, 2a) auch einige Sonderformen unlauteren Verhaltens. § 3 österreichisches UWG regelt den Anspruch

---

[167] *Schricker* (Hrsg.), Recht der Werbung in Europa, 1995 ff.
[168] Siehe zum Folgenden den kursorischen Überblick bei *Köhler*/Bornkamm, UWG, Einl. Rn. 4.1 ff.; sowie die eingehenden Länderberichte in *Harte/Henning*, UWG, Einl. F.
[169] Siehe *Henning-Bodewig*, GRUR Int. 2010, 273; *dies.*, GRUR 2013, 238, 240 f.

gegen die Presse bei Abdruck irreführender Anzeigen, § 7 die Herabsetzung, § 8 geographische Angaben, § 9 den Kennzeichenmissbrauch, § 9a Zugaben, § 9c Einkaufshinweise, § 10 die Bestechung, § 11 die Verletzung von Geschäftsgeheimnissen und § 12 den Vorlagenmissbrauch.

Große Ähnlichkeit mit dem deutschen Recht weist auch das **schweizer UWG** auf, das nach Art. 1 den lauteren und unverfälschten Wettbewerb im Interesse aller Beteiligten gewährleisten soll und in Art. 2 eine Generalklausel enthält. Danach ist unlauter und widerrechtlich jedes täuschende oder in anderer Weise gegen den Grundsatz von Treu und Glauben verstoßende Verhalten oder Geschäftsgebaren, welches das Verhältnis zwischen Mitbewerbern oder zwischen Anbietern und Abnehmern beeinflusst. Der Generalklausel ist ein Katalog einzelner Verbotstatbestände angeschlossen (Art. 3–8). 60

Ein generalklauselhaftes Verbot der Missachtung „anständiger Gepflogenheiten" bzw. des Verstoßes gegen „Treu und Glauben" statuiert ferner das **spanische Wettbewerbsrecht**, das daneben eine Reihe von Einzeltatbeständen enthält. Spezielle Regelungen finden sich für Verwechslungshandlungen, Täuschungshandlungen, Zugaben, die Anschwärzung, die unlautere vergleichende Werbung, die unlautere Produktnachahmung, die Rufausbeutung, die Verletzung von Unternehmensgeheimnissen, die Verleitung zum Vertragsbruch, den Rechtsbruch, die Diskriminierung und den Verlustverkauf. Zur Umsetzung der UGP-Richtlinie wurde ein eigenes Kapitel über Geschäftspraktiken gegenüber Verbrauchern eingefügt (Art. 19 ff.). 61

Auf derselben Regelungstechnik basieren auch die lauterkeitsrechtlichen Bestimmungen im **belgischen Code de droit économique**[170] und die **Gesetze über Marktverhalten oder Marktvertrieb** in **Dänemark** und **Schweden**, die sich von dem früher als konstitutiv für das Wettbewerbsrecht angesehenen Kriterium des Wettbewerbsverhältnisses und auch dem Erfordernis einer Wettbewerbshandlung gelöst und zu umfassenden „Marktrechten" entwickelt haben. Nach § 1 Nr. 1 des **dänischen Marktgesetzes** müssen Kaufleute „gute Marktpraktiken" gegenüber Verbrauchern, anderen Kaufleuten und im Allgemeininteresse beachten. Daneben findet sich in § 3 ein generalklauselartig weites Verbot der irreführenden und sonstigen unlauteren Geschäftspraktiken, an das sich Sondertatbestände anschließen, die etwa die vergleichende Werbung, unerbetene Anrufe, Werbung gegenüber Kindern und Jugendlichen, Zugaben, Verlosungen und Gewinnspiele, Garantien, Preisinformationen, die Kennzeichnung und Etikettierung sowie Geschäftsgeheimnisse regeln. Auch das **schwedische Marktvertriebsgesetz** vom 5. Juni 2008 verfolgt nach wie vor einen strikt integrierten Schutz von Mitbewerbern und Verbrauchern. Nach der zentralen Generalklausel in § 5 muss der Marktvertrieb mit den „guten Vertriebssitten" („god marknadsföringssed") übereinstimmen. Gemäß der Definition in § 3 Abs. 3 erfordert dies die Beachtung der „guten Geschäftspraktiken sowie aller Normen zum Schutz der Verbraucher und Gewerbetreibenden beim Marktvertrieb von Produkten". 62

II. Duales Modell mit zivilrechtlichen, administrativen bzw. strafrechtlichen Regelungen

In einigen Ländern beruht das Wettbewerbsrecht dagegen nicht auf einer spezialgesetzlichen Generalklausel, sondern auf der **deliktischen Generalklausel des Zivilrechts**. Während in diesen Ländern also allein der Mitbewerberschutz zivilrechtlich geregelt ist, wird der Verbraucherschutz vorwiegend durch administrative bzw. strafrechtliche Sonderregelungen gewährleistet. 63

---

[170] Siehe hierzu *Stuyck*, GRUR Int. 2015, 899.

64 Der klassische Vertreter dieses deliktsrechtlichen Ansatzes ist **Frankreich**, wo sich die Rechtsprechung bis heute auf die sehr weit gefasste Regelung des Art. 1382 CC stützt, die folgenden Wortlaut hat:

„*Tout fait quelconque de l'homme, qui cause à autrui un dommage, oblige celui par la faute duquel il est arrivé, à le réparer.*"

65 Je nachdem, ob es sich um einen bösgläubigen (vorsätzlichen) oder nur fahrlässigen Wettbewerbsverstoß handelt, wird zwischen **Concurrence déloyale** und **Concurrence illicite** unterschieden. Die auf dieser Basis entstandene wettbewerbsrechtliche Kasuistik der Rechtsprechung wird durch einige sondergesetzliche Regelungen ergänzt, die jedoch lückenhaft bleiben, so dass immer wieder auf die Generalklausel der Art. 1382/83 CC zurückgegriffen werden muss. Das Verhältnis zwischen Unternehmern und Verbrauchern wird durch mehrere zumeist straf- und verwaltungsrechtlich sanktionierte Regelungen von Werbung und Marketing bestimmt, die seit 1993 im „**Code de la consommation**" zusammengefasst sind, welcher durch Gesetz vom 3.1.2008 an die Richtlinie über unlautere Geschäftspraktiken angepasst wurde. Verboten werden auch bestimmte Formen der Verkaufsförderung, wie etwa durch das Zugabeverbot in Art. L121–35. Für die Ermittlung ist die Direction générale de la concurrence, de la consommation et de la répression des fraudes zuständig, die Verstöße der Staatsanwaltschaft mitteilt. Allerdings hat der Geschädigte die Möglichkeit, seinen durch die Straftat erlittenen Schaden im Adhäsionsverfahren oder durch eigenständige zivilrechtliche Klage geltend zu machen.

66 An einem umfassenden Spezialgesetz gegen unlauteren Wettbewerb fehlt es auch in den **Niederlanden**. Ebenso wie in Frankreich greift bei Wettbewerbsverstößen auch hier die deliktische Generalklausel ein, die in Art. 6:162 Burgerlijk Wetbok verankert ist und ungefähr dem § 823 BGB entspricht, aber wie Art. 1382 CC in Frankreich ausgelegt wird. Erfasst werden auch Vermögensschäden im weiteren Sinne. Eine sondergesetzliche Regelung findet sich für den Schutz vor irreführender Werbung. Die Richtlinie über unlautere Geschäftspraktiken wurde durch die neu eingefügten Art 6:193 a–j BW gemäß dem Anpassungsgesetz vom 25.9.2008 umgesetzt.

67 In **Italien** ist der Schutz gegen unlauteren Wettbewerb *(concorrenza sleale)* durch besondere Regelungen in den **Codice Civile** (Art. 2598–2601) integriert. Nach der Generalklausel des Art. 2598 Nr. 3 CC ist es verboten, sich direkt oder indirekt irgendeines Mittels zu bedienen, das mit den Grundsätzen der beruflichen Korrektheit nicht vereinbar und geeignet ist, das Unternehmen eines anderen zu schädigen. Diese Generalnorm greift jedoch nur ein, wenn nicht einer der Einzeltatbestände erfüllt ist. Die verbraucherschutzrechtlichen Bestimmungen des *Codice del Consumo* werden dagegen von der Wettbewerbsbehörde überwacht und durchgesetzt. Daneben existiert seit 1985 eine freiwillige Selbstkontrolle der Werbewirtschaft mit einem *Codice de Autodisciplina Pubblicitaria*. Die EG-Richtlinien zur irreführenden und vergleichenden Werbung wurden durch Verordnungen umgesetzt.

68 Nach einer im Jahre 2003 durchgeführten Reform ist das Wettbewerbsrecht in **Portugal** vorwiegend verwaltungsrechtlich geprägt. Die Entwicklung des Wettbewerbsrechts stand traditionell in einem engen Zusammenhang zum Gewerblichen Rechtsschutz. Nach Verkündung des Gesetzesdekrets Nr. 36/03 vom 5.3.2003 findet sich die Regelung des unlauteren Wettbewerbs nunmehr in den Art. 317, 318 und 331 des *Código da Propriedade Industrial* (CPI), wobei die Generalklausel in Art. 317 CPI enthalten ist.[171] Daneben sieht das Gesetzbuch der Werbung (*Código da Publicidade*) umfassende Bestimmungen über das gewerbliche Verhalten vor.[172]

---

[171] Harte/Henning/*Henning-Bodewig*, UWG, Einl. F Rn. 525.
[172] Harte/Henning/*Henning-Bodewig*, a.a.O., Rn. 527.

E. Ausländisches Recht (Überblick)

Daneben bestehen auch in einer Vielzahl von ehemals sozialistischen Staaten eigenständige Verbraucherschutzgesetze und davon getrennte mitbewerberschützende Regelungen, die häufig mit **kartellrechtlichen Regelungen** in einem Gesetz zusammengefasst sind und deren Durchsetzung im Wesentlichen als staatliche Aufgabe ausgestaltet ist (**Estland, Lettland, Litauen**).

Eine lauterkeitsrechtliche Generalklausel und Einzeltatbestände kennt auch das Wettbewerbsrecht in **Polen** (Art. 3 des Gesetzes zur Bekämpfung des unlauteren Wettbewerbs). Danach ist jedes gegen das Gesetz oder gegen die „guten Sitten" verstoßende und die Interessen von anderen Unternehmen beeinträchtigende geschäftliche Verhalten verboten. Allerdings erfolgte die Umsetzung der UGP-Richtlinie mittels eines eigenen Gesetzes gegen unlautere Geschäftspraktiken. In gleicher Weise kennt auch das Lauterkeitsrecht in **Ungarn** neben dem Wettbewerbsgesetz ein eigenständiges Verbraucherschutzgesetz, dessen Durchsetzung primär der „Nationalen Verbraucherschutzbehörde" obliegt. Obwohl also sowohl das Wettbewerbsgesetz als auch das Werbegesetz und das Verbraucherschutzgesetz auch dem Schutz der Verbraucher dienen, wurde zur Umsetzung der UGP-Richtlinie ein weiteres Gesetz über unlautere Geschäftspraktiken für erforderlich gehalten. Dies gilt auch für andere ehemals sozialistische Staaten, wie **Slowenien, Bulgarien** oder **Rumänien,** die nicht nur ein Gesetz zum Schutz des Wettbewerbs kennen, sondern häufig auch ein Gesetz zum Schutz der Verbraucher vor unlauteren Geschäftspraktiken. In **Tschechien** ist der unlautere Wettbewerb unter der Überschrift „Wirtschaftlicher Wettbewerb" im 5. Kapitel des HGB geregelt. Das Gesetz enthält eine Generalklausel (§ 44 Abs. 1) sowie ausführliche, aber nicht erschöpfende Einzeltatbestände, wie etwa den Tatbestand der Gefährdung von Gesundheit und Umwelt (§ 52), der den unlauteren Wettbewerbsvorsprung durch Nichtbeachtung umweltschutz- und gesundheitsbezogener Vorschriften verhindern will.[173] Ein Verbot der Verbrauchertäuschung und eine zusammenfassende Regelung der unerlaubten Werbung sind im Verbraucherschutzgesetz vom 16.12.1992 geregelt. Hinzu kommen Spezialregelungen, wie z.B. das Gesetz zur Regulierung der Werbung (Nr. 40/1995 GS). Ähnliches gilt auch für das Recht der **Slowakei,** dass in § 44 HGB eine Generalklausel enthält, die durch Sondertatbestände ergänzt wird. Das Gesetz über Werbung Nr. 147/2001, in Kraft getreten am 1.5.2001, betrifft die Zulässigkeit der Werbung und regelt den Schutz von Verbrauchern und Unternehmern vor irreführender und unzulässiger vergleichender Werbung.

Auch das **finnische Wettbewerbsrecht** ist auf zwei Gesetze aufgeteilt. Die Rechtsverhältnisse zwischen Gewerbetreibenden sind im „Gesetz über ungebührliches Verhalten im Geschäftsverkehr" geregelt, während für das Verhältnis zwischen Gewerbetreibendem und Verbraucher das Verbraucherschutzgesetz gilt. Dieser Regelungstechnik folgt auch das **griechische Wettbewerbsrecht.** Das Gesetz Nr. 146/1914 über den unlauteren Wettbewerb vom 21.1.1914 schützt die Mitbewerber vor unlauteren Wettbewerbshandlungen und allenfalls reflexartig die Verbraucher. Es enthält eine Generalklausel, wonach unlautere und irreführende Werbung (Art. 1 und 3 grUWG) untersagt ist und daneben Einzeltatbestände. Das Verbraucherschutzgesetz Nr. 2251/1994 vom 16.11.1994[174] bezweckt, „die Gesundheit und Sicherheit des Verbrauchers zu gewährleisten und ihre wirtschaftlichen Interessen zu schützen" und enthält in Art. 9 VerbrSchG ebenfalls eine Generalklausel.

Gleiches gilt auch für das Lauterkeitsrecht in **Luxemburg,** das neben den Spezialtatbeständen Verstöße gegen die „anständigen Gebräuche auf kaufmännischem und gewerblichem Gebiet" verbietet. Auch hier wurde die UGP-Richtlinie in einem eigenständigen „*Loi relative aux pratiques commerciales déloyales*" umgesetzt und damit der Weg über ein in Aufbau und Wortlaut der Richtlinie entsprechendes Sondergesetz gewählt.

---

[173] *Köhler*/Bornkamm, UWG, Einl. Rn. 4.27.
[174] GRUR Int. 1995, 894.

III. Besonderheiten des angelsächsischen Rechts

73 Ebenso wie im Allgemeinen, so spielt auch im Bereich des Rechts des unlauteren Wettbewerbs das englische Recht eine Sonderrolle. Entsprechend der Charakteristik des *common law* und des *equity law* fehlte es in Großbritannien traditionell an einem kodifizierten Wettbewerbsrecht. Die Rechtsprechung entwickelte lediglich den **tort** des *passing off*, den man im Kern als das Verbot des Unterschiebens eigener Ware als fremde umschreiben kann. Es gelten folgende Grundsätze:[175]

- *No man is entitled to carry on his business in such a way as to represent that it is a business of another.*
- *No man is entitled to describe or mark his goods as to represent that the goods are the goods of another.*

74 Im Übrigen blieb der Bereich des unlauteren Wettbewerbs fast ausschließlich der kaufmännischen Selbstkontrolle (*Advertising Standards Authority*) überlassen.[176] Allerdings bestehen **einige Spezialgesetze** mit wettbewerbsrechtlichem Bezug, wie etwa der *Trade Descriptions Act* 1968, der *Unsolicited Goods and Service Act* 1971, der *Fair Trading Act* 1973, der *Consumer Credit Act* 1974, der *Financial Services Act* 1986, der *Consumer Protection Act* 1987 und die *Control of Misleading Advertising Regulations* 1988. Hinzu kommen die *Control of Misleading Advertisements Regulations* 2000 und die *Consumer Protection from Unfair Trading Regulations* 2008. Letztere sehen keine zivilrechtliche Klagemöglichkeit, sondern eine Aufsichtsbefugnis des *Office of Fair Trading* vor.

75 Abgesehen von diesen Bestimmungen ist das britische Unlauterkeitsrecht noch immer stark von einer **freiwilligen Selbstregulierung** geprägt, bei der dem *Director General of Fair Trading* zentrale Bedeutung zukommt. Im Unterschied zu dem ebenfalls in den Traditionen des *common law* and *equity law* verwurzelten US-amerikanischen Recht hat das britische Recht kein Konzept des *unfair competition law* ausgebildet. Eine ähnliche Struktur wie das britische weist auch das **irische Recht**[177] auf.

---

[175] Grundlegend *Reddaway v. Banham* [1896] A.C. 199; 13 R.P.C. 218; 65, L.Y.Q.B. 381; 74 L.T. 289; 44 W.R. 638; siehe auch *Erven Warnink v. Towned & Sonf* GRUR Int. 1980, 120; *Reckitt & Colman v. Borden* GRUR Int. 1991, 142; *British Telecommunications v. One In A Million* GRUR Int. 1999, 551; *Irven v. Talksport* GRUR Int. 2003, 255; siehe allgemein *Cornish & Llewelyn*, 7th Edition 2010, 16–01.

[176] Harte/Henning/*Henning-Bodewig*, UWG, Einl. F Rn. 229 ff.; siehe dazu auch *Bodewig*, GRUR Int. 2004, 543 ff.

[177] Siehe dazu eingehend *Bodewig*, GRUR Int. 2004, 827 ff.

§ 3. Schutzzweck des UWG (§ 1 UWG)

Inhaltsübersicht

	Rn.
A. Die „Schutzzwecktrias" des § 1 UWG	1
B. Wettbewerbsbezug der geschützten Interessen	5
I. Auslegungsmaßstab	5
II. Interessen der Mitbewerber	7
III. Interessen der Verbraucher	11
IV. Interessen der sonstigen Marktteilnehmer	15
V. Interessen der Allgemeinheit	16

Schrifttum: *Ahrens*, Verwirrtheiten juristischer Verkehrskreise zum Verbraucherleitbild einer „normativen" Verkehrsauffassung, WRP 2000, 812; *Beater*, Verbraucherschutz und Schutzzweckdenken im Wettbewerbsrecht, 2000 (dazu Bspr. *Kisseler*, WRP 2001, 183); *ders*., Entwicklungen des Wettbewerbsrechts durch die gesetzgebende und die rechtsprechende Gewalt, FS Erdmann, 2002, 513; *ders*., Verbraucherverhalten und Wettbewerbsrecht, FS Tilmann, 2003, 87; *Berlit*, Das neue Gesetz gegen den unlauteren Wettbewerb – Von den guten Sitten zum unlauteren Verfälschen, WRP 2003, 563; *Engels/Salomon*, Vom Lauterkeitsrecht zum Verbraucherschutz, WRP 2004, 32; *Fezer*, Modernisierung des deutschen Rechts gegen den unlauteren Wettbewerb auf der Grundlage einer Europäisierung des Wettbewerbsrechts, WRP 2001, 989; *Hefermehl*, Verbraucherschutz und Wettbewerbsrecht, FS Kastner, 1972, S. 183; *Henning-Bodewig*, Das neue Gesetz gegen den unlauteren Wettbewerb, GRUR 2004, 713; *dies*. Der Schutzzweck des UWG und die Richtlinie über unlautere Geschäftspraktiken, GRUR 2013, 238; *Kalski*, Individualansprüche des Verbrauchers bei Lauterkeitsverstößen, 2009; *Hetmank*, Wettbewerbsfunktionales Verständnis im Lauterkeitsrecht, GRUR 2014, 437; *Keßler*, UWG und Verbraucherschutz – Wege und Umwege zum Recht der Marktkommunikation, WRP 2005, 264; *Kisseler*, Wettbewerbsrecht und Verbraucherschutz, WRP 1972, 557; *Köhler*, UWG-Reform und Verbraucherschutz, GRUR 2003, 265; *Lettl*, Der Schutz der Verbraucher nach der UWG-Reform, GRUR 2004, 449; *Micklitz/Keßler*, Funktionswandel des UWG, WRP 2003, 919; *Niederleithinger*, Die vernachlässigte Einheit der Rechtsordnung im Wettbewerbsrecht, GRUR Int. 1996, 467; *Pause*, Die Berücksichtigung der Allgemeinheit bei der Beurteilung wettbewerblichen Handelns, 1984; *Reichhold*, Lauterkeitsrecht als Sonderdeliktsrecht, AcP 193 (1993), S. 204; *Sack*, Der Schutzzweck des UWG und die Klagebefugnis des unmittelbar Verletzten, FS v. Gamm, 1990, S. 161; *Säcker*, Das UWG zwischen den Mühlsteinen europäischer Harmonisierung und grundrechtsgebotener Liberalisierung, WRP 2004, 1199; *Schricker*, Wettbewerbsrecht und Verbraucherschutz, RabelsZ 36, 315; *ders*., Entwicklungstendenzen im Recht des unlauteren Wettbewerbs, GRUR 1974, 579; *Szabó*, Ergänzender Verbraucherschutz im Lauterkeitsrecht, 2010; *v. Ungern-Sternberg*, Wettbewerbsbezogene Anwendung des § 1 UWG und normzweckgerechte Auslegung der Sittenwidrigkeit, FS Erdmann, 2002, 741; *Wuttke*, Die Bedeutung der Schutzzwecke für ein liberales Wettbewerbsrecht (UWG), WRP 2007, 119.

A. Die „Schutzzwecktrias" des § 1 UWG

1   In § 1 UWG wird der Zweck des Gesetzes dahingehend definiert, dass es dem Schutz der **Mitbewerber**, der **Verbraucherinnen und Verbraucher** sowie der **sonstigen Marktteilnehmer** vor unlauteren geschäftlichen Handlungen dient und zugleich das **Interesse der Allgemeinheit an einem unverfälschten Wettbewerb** schützt.[1]

2   Diese Schutzzweckbestimmung hat erst mit dem **Reformgesetz von 2004** Eingang in das Gesetz gefunden. Während am Anfang das Wettbewerbsrecht ausschließlich als konkurrentenschützendes Sonderdeliktsrecht begriffen wurde, hat das Reichsgericht bereits ab etwa 1930 begonnen, den Schutz der Allgemeinheit stärker zu betonen. Mit Blick auf die Anerkennung der Klagebefugnis der Verbände zur Förderung gewerblicher Interessen wurde die Funktion der Unterlassungsklage darin gesehen, dass sie „nicht nur den Wettbewerber schützen, sondern, wie das ganze Wettbewerbsgesetz, auch im öffentlichen Interesse den Auswüchsen des Wettbewerbs überhaupt, das heißt, auf irgendeinem Gebiet, entgegentreten" solle.[2] Damit verdichteten sich die schon in die Zeit vor dem Ersten Weltkrieg zurückreichenden Argumentationsansätze, dass das Wettbewerbsrecht nicht nur den Konkurrentenschutz bezweckt, sondern auch im öffentlichen Interesse liegt und dem Schutz des Publikums und der Allgemeinheit dient.[3] In der Rechtsprechung des BGH hatten sich diese Ansätze zu einem **sozialrechtlichen Verständnis des UWG** verfestigt, das den Interessenschutz der Verbraucher und der Allgemeinheit ebenso einschließt wie den der Mitbewerber.[4] Im Gesetz selbst hatten sich der kollektivrechtliche Schutz von Verbraucherinteressen und der vom konkreten individuellen Mitbewerberinteresse gelöste Schutz der Allgemeinheit zunächst nur in der Verbandsklagebefugnis (§ 8 Abs. 3 Nr. 2–4 UWG) manifestiert. Die UWG-Novelle von 2008 änderte die Zweckbestimmung in § 1 UWG dahin, dass an die Stelle des Schutzes vor unlauterem Wettbewerb der Schutz vor unlauteren „**geschäftlichen Handlungen**" trat.

3   Der Regelung in § 1 UWG wird erhebliche Bedeutung beigemessen. Sie soll dem Richter einen verlässlichen und zugleich bindenden Maßstab für die Auslegung und Fortbildung des UWG geben und es ermöglichen, die Wertungen für die Beurteilung von geschäftlichen Handlungen offen zu legen, ohne auf Gemeinplätze wie „kaufmännischer Anstand", „Verwilderung der Wettbewerbssitten", „Auswüchse", etc. zurückgreifen zu müssen.[5] Die Schutzzwecke sollen als „zentraler Schlüssel" für das Verständnis der gesetzlichen Syste-

---

[1] Fraglich ist, warum im Gesetzestext nur von „Verbraucherinnen", aber nicht von Mitbewerberinnen und Marktteilnehmerinnen die Rede ist. Nach Fezer/*Fezer*, UWG, § 1 Rn. 1 Fn. 2 ist die nur einmalige Verwendung der weiblichen Form darauf zurückzuführen, dass man die Lesbarkeit des Gesetzes nicht durch ständige Doppelungen der Begriffe erschweren wollte. Dass nur „Verbraucherinnen" und nicht auch andere Marktteilnehmer, wie insbesondere die Mitbewerber, in der weiblichen Sprachform genannt werden, sei mit der Besonderheit begründet worden, dass Verbraucherinnen und Verbraucher ausschließlich natürliche Personen sein könnten, wo hingegen die anderen Marktteilnehmer auch juristische Personen sein könnten. Fezer weist zu Recht darauf hin, dass juristische Personen, wie etwa die AG oder die GmbH, auf die weiblichen Sprachformen hören; er hält dies aber „als eine liebenswerte Groteske" für hinnehmbar.
[2] RGZ 128, 330, 343.
[3] RG MuW XV 48, 49 – *Ärztlicher Bezirksverein*.
[4] Siehe etwa BGHZ 23, 365, 371 = GRUR 1957, 365, 367 – *SUWA*; BGHZ 43, 278, 282 = GRUR 1965, 489, 491 – *Kleenex*; BGHZ 54, 188, 190 = GRUR 1970, 523, 524 – *Telefonwerbung I*; BGHZ 82, 375, 396 f. = GRUR 1982, 425, 430 f. – *Brillen-Selbstabgabestellen*; BGHZ 114, 82, 84 = GRUR 1991, 616, 617 – *Motorboot-Fachzeitschrift*; BGH GRUR 2001, 354, 356 – *Verbandsklage gegen Vielfachabmahner*; BVerfG WRP 2001, 1160 ff.; GRUR 2002, 455 ff.
[5] *Köhler*/Bornkamm, UWG, § 1 Rn. 6.

matik, für die konkrete Anwendung der einzelnen Vorschriften und für das Sanktionssystem dienen.[6]

Verglichen mit diesen Erwartungen erscheint die Aussagekraft des § 1 UWG tatsächlich aber gering. Denn die Norm **sagt nichts darüber aus, welche Interessen** der Mitbewerber und Verbraucher geschützt sein sollen. Es wird lediglich klargestellt, dass das UWG **nicht jegliche Interessen** der in § 1 UWG genannten Gruppen schützt, sondern nur soweit, als es um den Schutz „vor unlauteren geschäftlichen Handlungen" geht. Auch bleibt unklar, was genau unter den Interessen der Allgemeinheit an einem unverfälschten Wettbewerb zu verstehen ist. Als Auslegungsmaßstab ist die Regelung des § 1 UWG daher ihrerseits **auslegungsbedürftig**.

B. Wettbewerbsbezug der geschützten Interessen[7]

I. Auslegungsmaßstab

Die Beantwortung der Frage, wie die lauterkeitsrechtlich erfassten Interessen zu bestimmen sind, bereitet nach wie vor Schwierigkeiten. Hingewiesen wird einerseits darauf, dass sich wichtige Anhaltspunkte aus den einschlägigen Richtlinien und den Beispielstatbeständen ergäben, deren Bedeutung sich aber umgekehrt vollständig erst aus § 1 UWG erschließe („wechselseitige Erhellung").[8] Vorzugswürdig erscheint es, die lauterkeitsrechtlich erfassten Interessen anhand des dem Lauterkeitsrecht zu Grunde liegenden Wettbewerbsverständnisses zu bestimmen. Entscheidend ist, welche Bedeutung die genannten Interessen für das **Wesen und die Funktionen des freien Wettbewerbs** haben. Zwar gehört die Erhaltung der Funktionsfähigkeit des Wettbewerbs nicht unmittelbar zu den Aufgaben des UWG. Die in § 1 UWG genannten Interessen werden aber gleichwohl erst dadurch fassbar, dass sie mit dem freien Wettbewerb als **grundlegendes Ordnungsprinzip** in Beziehung gesetzt werden. Der Schutzzweck des Lauterkeitsrechts erschöpft sich seit jeher nicht in dem Schutz irgendwelcher bei Geschäftsabschlüssen betroffener Interessen, die sich vielfach bereits durch das Vertragsrecht ausreichend wahren ließen. Vielmehr gründet die Notwendigkeit der Regelung des Wettbewerbs auf einer **wettbewerbstypischen Gefahrenlage**. Diese ist dadurch gekennzeichnet, dass sich freier Wettbewerb tendenziell umso mehr zum eigenen Vorteil niederschlägt, als dies zu Lasten anderer Marktteilnehmer geht. Nicht nur, dass auf diese Weise erst Anreize geschaffen werden, im Kampf um Geschäftsabschlüsse auch zu unzulässigen Mitteln zu greifen. Vielmehr kann die Anwendung unzulässiger Mittel auch andere Wettbewerber unmittelbar in Zugzwang setzen und auf diese Weise eine „Sogwirkung" auslösen, was die betroffenen Interessen noch schutzbedürftiger erscheinen lässt. Die Interessen der Marktteilnehmer sind umso mehr gefährdet, **je größeren wirtschaftlichen Vorteil ihre Verletzung verspricht**. Umgekehrt sind die Interessen der Marktteilnehmer von dieser wettbewerbstypischen Gefahrenlage umso weniger oder überhaupt nicht betroffen, als ihre Verletzung keinen wirtschaftlichen Vorteil einbringt.

Schließlich kommt hinzu, dass sich mit der Wahrung ganz bestimmter Interessen erst diejenigen **Vorteile des freien Wettbewerbs** entfalten, die langfristig auch den anderen Marktteilnehmern und vor allem der Allgemeinheit zu Gute kommen. Umgekehrt bedeu-

---

[6] *Beater*, Unlauterer Wettbewerb, § 11 Rn. 805 ff.
[7] Vgl. zum Folgenden *Hetmank*, GRUR 2014, 437.
[8] *Köhler*/Bornkamm, UWG, § 1 Rn. 8.

tet dies, dass die Verletzung bestimmter Interessen der Marktteilnehmer letztlich auch die Interessen der Allgemeinheit an den Vorteilen eines freien Wettbewerbs tangieren kann. Auch aus diesem Grund müssen die Interessen **wettbewerbsbezogen** bestimmt werden.

II. Interessen der Mitbewerber

7   Als lauterkeitsrechtlich relevantes Interesse der Mitbewerber wird vor allem der Schutz ihrer **wettbewerblichen Entfaltungsfreiheit** angesehen.[9] Dieser Schutz muss aber am Wettbewerbsprinzip ausgerichtet werden. Die freie Betätigung wird nicht um ihrer selbst willen geschützt, sondern wegen ihrer Bedeutung für den freien Wettbewerb. Dazu gehört zunächst das Interesse, sich mit der eigenen Leistung zum eigenen Vorteil und damit zum Vorteil der Allgemeinheit dem Wettbewerb stellen zu können. Damit verbunden ist aber auch das Interesse, dass der Kampf um die Gunst der Marktgegenseite mit Mitteln der Qualität, des Preises, der Werbung oder der Gewährung besserer Konditionen oder Zusatzleistungen geführt und das Votum des Marktes nicht mit unzulässigen Geschäftspraktiken **manipuliert** wird. Gleichzeitig liegt es auch im ureigenen Interesse der Wettbewerber, dass die für sie geltenden Wettbewerbsbeschränkungen jedenfalls dann für alle anderen Wettbewerber gleichermaßen gelten, wenn deren Verletzung einen entscheidenden Wettbewerbsvorteil verspricht (**Wahrung der für alle geltenden Wettbewerbsbedingungen,** *par conditio concurrentium*). Wettbewerber mögen beispielsweise kurzfristig ein Interesse daran haben, die Marktgegenseite über die eigene Leistung oder das eigene Angebot notfalls auch in die Irre führen zu dürfen. Langfristig wird es aber nicht in ihrem Interesse liegen, dass tendenziell nur diejenigen Wettbewerber erfolgreich sind, die die Marktgegenseite am besten zu belügen wissen und eigene Leistungsbemühungen von vornherein nicht mehr die Chance haben, marktgerecht honoriert zu werden. Zumindest aber werden Wettbewerber spätestens dann, wenn das Verbot der Irreführung zu einer für alle geltenden Wettbewerbsregel erhoben wird, ein **unmittelbares eigenes Interesse** an deren Einhaltung haben, damit niemand aus deren Verstoß einen **unberechtigten Wettbewerbsvorteil** erhält.

8   Die Überlegung, dass Wettbewerber durch einen Verstoß gegen rechtliche Wettbewerbsbedingungen keinen entscheidenden Wettbewerbsvorsprung erlangen dürfen, entspringt der sog. Lehre vom „**Vorsprungsgedanken**". Sie wird in der Literatur überwiegend scharf kritisiert und abgelehnt.[10] Die Gleichheit der Wettbewerbsbedingungen sei kein sachgerechtes Kriterium, da sich dieses auf einen Appell an das Gerechtigkeitsempfinden beschränke und keine Begründung dafür liefere, warum „Gleichheit" anzustreben sei. Stattdessen könne der Wettbewerb unter Umständen gerade deshalb effektiv sein, weil er Unternehmer animiere, „ungleiche Bedingungen zum eigenen Vorteil auszunutzen".[11] Im Übrigen sei die Einheitlichkeit der Wettbewerbsbedingungen auch bei Ausbleiben von zusätzlichen wettbewerbsrechtlichen Sanktionen gewährleistet.[12]

9   Eine solche Sichtweise läuft aber im Ergebnis darauf hinaus, dass es letztlich dem Wettbewerber obliegen soll, den durch einen Verstoß gegen bindende Wettbewerbsregeln erlangten Wettbewerbsvorteil des Konkurrenten seinerseits durch einen Rechtsverstoß zu egalisieren. Die Überlegung, dass der Wettbewerb deswegen effektiv sein kann, weil er Un-

---

[9] *Köhler*/Bornkamm, UWG, § 1 Rn. 10; Harte/Henning/*Podszun*, UWG, § 1 Rn. 37 ff.
[10] Vgl. *Beater*, Unlauterer Wettbewerb, § 30 Rn. 2489 ff.; *Scherer*, WRP 2006, 401, 404 f.; *Köhler*/Bornkamm, UWG, § 3 Rn. 65a, 99; *Böhler*, Alter und neuer Rechtsbruchtatbestand, 2008, S. 133 f.
[11] *Beater*, Unlauterer Wettbewerb, § 30 Rn. 2493 f.
[12] *Beater*, Unlauterer Wettbewerb, § 30 Rn. 2491.

B. Wettbewerbsbezug der geschützten Interessen

ternehmer dazu animiert, ungleiche Bedingungen zum eigenen Vorteil auszunutzen, mag zutreffend sein. Dies gilt wohl aber nicht für eine durch einen Rechtsverstoß erzeugte Ungleichheit. Die durch einen Rechtsbruch erzielbaren Vorteile können kaum erwünscht sein, weil sie zu Rechtsbrüchen im Wettbewerb animieren. Vor allem aber kann effektiver Wettbewerb gerade verhindert werden, wenn sich nicht mehr die effektivste Leistung durchsetzt, sondern die des Rechtsverletzers. Man wird nicht in Abrede stellen können, dass ein Verstoß gegen eindeutig geregelte Marktbedingungen die wettbewerblichen Interessen der Wettbewerber in besonderem Maße betreffen kann. Es kann nicht unbeachtlich sein, wenn Wettbewerber letztlich nur deswegen im Wettbewerb unterliegen, weil sie nicht bereit waren, ihrerseits gegen eine gesetzliche Marktverhaltensnorm zu verstoßen.

Zweifellos vom Lauterkeitsrecht nicht erfasst ist demgegenüber das Interesse, von Preisunterbietungen, zutreffenden Vergleichen oder sachlicher Kritik verschont zu bleiben, da derartige Verhaltensweisen in einem freien Wettbewerb geradezu erwünscht sind. 10

III. Interessen der Verbraucher

Die Interessen der Verbraucher sind wettbewerbsbezogen, soweit Verbraucher gerade in ihrer Eigenschaft als „**Marktgegenseite**" betroffen sind, um deren Gunst die Wettbewerber kämpfen. Die Tatsache, dass in einem freien Wettbewerb nur diejenigen Wettbewerber erfolgreich sind, die die Marktgegenseite am ehesten zum Geschäftsabschluss führen, bringt die wettbewerbsimmanente Gefahr mit sich, in diesem Kampf auch unzulässige Mittel, wie etwa irreführende oder aggressive Praktiken, einzusetzen. Aus diesem Grund schützt das UWG die **geschäftliche Entscheidungsfreiheit** der Verbraucher. 11

Entsprechend knüpfen auch § 3 Abs. 2 UWG und Art. 5 Abs. 2 UGP-Richtlinie an die „wesentliche Beeinflussung" der Verbraucher an, die ihrerseits definiert wird als Anwendung einer Geschäftspraxis (bzw. geschäftlichen Handlung), „um die Fähigkeit des Verbrauchers, eine **informierte Entscheidung** zu treffen, spürbar zu beeinträchtigen, und damit den Verbraucher zu einer geschäftlichen Entscheidung zu veranlassen, die er andernfalls nicht getroffen hätte" (§ 2 Abs. 1 Nr. 8 UWG; Art. 2 lit. e UGP-Richtlinie). Daneben ist aber auch bezüglich des Interesses der Verbraucher, den Annäherungen der Wettbewerber nicht uneingeschränkt ausgesetzt zu sein, ein Wettbewerbsbezug anzuerkennen („**unzumutbare Belästigungen**"). 12

Soweit darüber hinaus vertreten wird, dass auch weitere Rechtsgüter des Verbrauchers geschützt seien, wie etwa seine Gesundheit, Eigentum, Besitz oder das allgemeine Persönlichkeitsrecht,[13] ist auch hier ein konkreter Wettbewerbsbezug zu fordern. Erforderlich ist, dass diese Interessen gerade erst aus dem Wesen des Wettbewerbs heraus und in ihrem Bezug zur „Schiedsrichterfunktion" der Verbraucher gefährdet sind. So mag zwar auch das Interesse, im Laden freundlich bedient und nicht schlichtweg beleidigt zu werden, ein Interesse der Verbraucher sein, das zudem unmittelbar ihr allgemeines Persönlichkeitsrecht betrifft. Dieses Interesse besitzt aber solange keinen Wettbewerbsbezug, wie aus deren Verletzung **kein geschäftlicher Vorteil bzw. Nachteil erwachsen kann**. Es besteht dann nämlich keine **gesteigerte Gefährdung, die im Wettbewerb höher ausfällt als außerhalb des Wettbewerbs**. 13

Die Einbeziehung der Interessen der Verbraucher wird häufig als eine der bedeutendsten Entwicklungen des Lauterkeitsrechts hervorgehoben. Die Interessen der Verbraucher standen aber seit jeher im Zentrum des UWG, auch wenn das UWG ursprünglich allein den Interessen der Konkurrenten die- 14

---

[13] *Köhler*/Bornkamm, UWG, § 1 Rn. 20, vgl. zur Einbeziehung sozialer Grundwerte vor allem auch Fezer/*Fezer*, UWG, § 1 Rn. 82.

nen sollte. Denn bereits das erste UWG von 1896 kannte den Tatbestand der Irreführung, der heute dem Verbraucherschutz zugeschrieben wird. Der Streit um die geschützten Interessen betraf daher allein die Frage, ob die Interessen der Verbraucher unmittelbar oder nur „reflexartig" und damit nur mittelbar geschützt sind. Bedeutung erlangte dieser Streit allenfalls für unlauteres Verhalten des Monopolisten oder für die Klageberechtigung von Verbraucherschutzverbänden. Im Übrigen hielt sich die Bedeutung des Streits aber in Grenzen, da kaum ein Fall vorstellbar ist, bei dem allein Interessen der Verbraucher, nicht aber solche der Wettbewerber betroffen sind.[14] Denn jedenfalls bei den bislang etablierten lauterkeitsrechtlichen Verbotstatbeständen tritt unweigerlich immer auch das Interesse der Wettbewerber hinzu, dass sich Konkurrenten aus der Verletzung der Interessen der Verbraucher keine entscheidenden Wettbewerbsvorteile verschaffen.

IV. Interessen der sonstigen Marktteilnehmer

15   Neben den Interessen der Mitbewerber und der Verbraucher werden auch die der sonstigen Marktteilnehmer erfasst, die weder Mitbewerber noch Verbraucher sind. In Betracht kommen in erster Linie solche Unternehmen, die nicht in einem Wettbewerbsverhältnis zum Handelnden stehen, wie etwa Lieferanten oder Abnehmer.[15] Damit wird sichergestellt, dass der Schutz vor unlauterem Wettbewerb im Vertikalverhältnis nicht auf Verbraucher beschränkt ist, sondern auf alle sonstigen Personen erstreckt wird, die als Abnehmer oder Anbieter in Betracht kommen. Hinsichtlich des erforderlichen Wettbewerbsbezugs gilt aber das gleiche, wie für Mitbewerber und Verbraucher.

V. Interessen der Allgemeinheit

16   Während der Gesetzgeber hinsichtlich der Interessen der Marktteilnehmer offen gelassen hat, wie diese Interessen zu konkretisieren sind, hat er für die Allgemeininteressen klargestellt, dass sie nur soweit geschützt sind, als sie den **unverfälschten Wettbewerb** betreffen.[16] In der Gesetzesbegründung ist ausdrücklich von der Erhaltung eines „unverfälschten **und damit funktionsfähigen Wettbewerbs**" die Rede.[17] Was dies konkret aber bedeutet, gilt in der Literatur als **noch nicht geklärt**.[18]

17   Überwiegend wird zunächst betont, dass Zwecke, die außerhalb des Regelungsbereichs des UWG, nämlich des Marktverhaltens, lägen, nicht erfasst seien. Das gelte insbesondere für Anliegen, die den Schutz der Rechtspflege, den Arbeitnehmerschutz, den Umweltschutz, den Jugendschutz oder den Tierschutz beträfen. Im Übrigen wird vertreten, dass der Schutz des „unverfälschten Wettbewerbs" nichts anderes sei als der Schutz des freien Wettbewerbs[19] oder damit schlicht der „ernstlichen Gefahr einer Ausschaltung des Wettbewerbs" entgegengetreten werden solle („Institutionenschutz").[20] Es erscheint aber zweifelhaft, ob man der „Unverfälschtheit des Wettbewerbs" als Zielsetzung des UWG gerecht wird, wenn man allein auf den freien Wettbewerb oder den Bestand des Wettbewerbs ver-

---

[14] So bereits *Schricker*, Gesetzesverletzung und Sittenverstoß, 1970, S. 245.
[15] Begr. RegE, BT-Drucks. 15/1487, S. 16 (zu § 2 Abs. 1 Nr. 2 UWG).
[16] Der Begriff „unverfälschter Wettbewerb" wurde auch im Gemeinschaftsrecht verwendet, vgl. ex-Art. 3 lit. g EG („ein System, das den Wettbewerb innerhalb des Binnenmarkts vor Verfälschungen schützt"); vgl. zum neuen Unionsrecht das Protokoll über den Binnenmarkt und den Wettbewerb, ABl. C 306, S. 156; ferner RL 2006/114/EG („Verfälschung des Wettbewerbs im Binnenmarkt").
[17] Begr. RegE, BT-Drucks. 15/1487, S. 15.
[18] *Köhler/Bornkamm*, UWG, § 1 Rn. 40.
[19] Vgl. etwa *Köhler/Bornkamm*, UWG, § 1 Rn. 43; *Scherer*, WRP 2006, 401, 404.
[20] *Ohly/Sosnitza*, UWG, § 1 Rn. 31; *Fezer*, UWG, § 1 Rn. 88.

B. Wettbewerbsbezug der geschützten Interessen

weist. Überzeugender erscheint es, im Schutzzweck des § 1 S. 2 UWG die **Garantie der Bedingungen** zu sehen, unter denen sich ein lebhafter Wettbewerb entfaltet.[21]

Bereits begrifflich liegt einem „unverfälschten Wettbewerb" die Vorstellung zugrunde, dass sich in einem **System** unter Einhaltung ganz bestimmter Bedingungen ganz bestimmte erwünschte, also „wahre", Ergebnisse erzielen lassen. Umgekehrt führt die Verletzung solcher Bedingungen nicht nur zu einer Veränderung des Systems, sondern zu gänzlich unerwünschten, also „falschen" Ergebnissen.[22] Bezogen auf den Wettbewerb ist an zwei Arten von Bedingungen zu denken: 18

Einerseits sind die grundlegenden **Funktionsbedingungen des freien Wettbewerbs** zu nennen, worunter zunächst die **Freiheit der Marktteilnehmer** gehört. Gerade das freie Spiel von Angebot und Nachfrage soll gewährleisten, dass die knappen Ressourcen und Produktionsfaktoren optimal eingesetzt werden (Steuerungs-, Anpassungs- und Allokationsfunktion).[23] Die Beschränkung dieser Freiheit kann zu einer ineffizienten Ressourcennutzung und damit zu einer Verfälschung des Prozesses führen, etwa wenn Nachfrager Druck oder Zwang ausgesetzt werden. Erforderlich ist aber auch ein Mindestmaß an **Leistungsmotivation**, da nur dann Märkte entstehen. Indem in einem freien Markt von der Marktgegenseite tendenziell die bessere Leistung bevorzugt wird, besteht erst der entscheidende Anreiz, die knappen Ressourcen effizient einzusetzen und diejenigen Vorteile zu generieren, die letztlich allen zu Gute kommen (Fortschritts- und Auslesefunktion). Dieses Prinzip wird verletzt und der Wettbewerb damit verfälscht, wenn sich nicht mehr die beste Leistung am Markt durchsetzen kann, sondern die Leistung desjenigen, der die Marktgegenseite über sein Angebot täuscht oder andere daran hindert, sich mit der eigenen Leistung dem Markt zu stellen.

Daneben kann aber auch die Verletzung solcher Bedingungen den Wettbewerb verfälschen, die nach der Rechtsordnung für alle Wettbewerber verbindlich sind und die somit sicherstellen, dass alle Wettbewerber den gleichen Bedingungen unterliegen (**Wahrung der für alle geltenden Wettbewerbsbedingungen**). Der Wettbewerb bleibt unverfälscht, solange sich alle an die gesetzlichen Wettbewerbsbedingungen halten. Er wird verfälscht, wenn ein Wettbewerber allein deshalb erfolgreich ist, weil er die Bedingungen zu seinen Gunsten manipuliert. Erscheint die Verletzung der Wettbewerbsbedingungen aussichtsreicher, als die Nachfrager mit qualitativen oder preislichen Verbesserungen des eigenen Angebots zu überzeugen, sind auch die oben genannten Funktionsbedingungen des Wettbewerbs verletzt. 19

In der Literatur wurde allerdings die Frage aufgeworfen, wie das Allgemeininteresse in einen am deliktsrechtlichen Individualschutz ausgerichteten Prozess eingebracht wird.[24] Die Verletzung der Wettbewerbsbedingungen wird aber regelmäßig gleichzeitig auch die Interessen der Mitbewerber oder die der Verbraucher, bzw. sonstigen Marktteilnehmer verletzen. Im Übrigen wird der Richter die Allgemeininteressen einzubringen haben. 20

---

[21] Harte/Henning/*Podszun*, UWG, § 1 Rn. 68 ff.
[22] *Hetmank*, GRUR 2014, 437, 442.
[23] Siehe dazu oben § 1 Rn. 13 ff.
[24] Harte/Henning/*Podszun*, UWG, § 1 Rn. 78 ff.

§ 4. Anwendungsbereich und Grundbegriffe des UWG (§ 2 UWG)

Inhaltsübersicht

	Rn.
A. „Geschäftliche Handlungen" (§ 2 Nr. 1 UWG)	1
I. Verhalten einer Person	4
II. Unternehmensbezug	5
III. „Vor, bei oder nach einem Geschäftsabschluss"	11
IV. Objektiver Zusammenhang mit der Absatz- bzw. Bezugsförderung	12
1. Aufmerksamkeits- oder Imagewerbung	17
2. Betriebsinterne Vorgänge	20
3. Tätigkeit der öffentlichen Hand	22
4. Tätigkeiten der Medien	23
5. Parteien, Vereine, etc.	24
6. Wissenschaftliche Tätigkeiten	26
B. Weitere Grundbegriffe des UWG	27
I. Marktteilnehmer (§ 2 Abs. 1 Nr. 2 UWG)	28
II. Mitbewerber (§ 2 Abs. 1 Nr. 3 UWG)	29
1. Konkretes Wettbewerbsverhältnis bei Branchennähe	31
a) Derselbe sachliche Markt	32
b) Derselbe räumliche Markt	35
2. Konkretes Wettbewerbsverhältnis bei Branchenverschiedenheit	36
III. Unternehmer (§ 2 Abs. 1 Nr. 6 UWG)	39
IV. Unternehmerische Sorgfalt (§ 2 Abs. 1 Nr. 7 UWG)	41
V. Wesentliche Beeinflussung (§ 2 Abs. 1 Nr. 8 UWG)	42
VI. Geschäftliche Entscheidung (§ 2 Abs. 1 Nr. 9 UWG)	43
VII. Verbraucher (§ 2 Abs. 2 UWG)	44

Schrifttum: *Bauer,* Handeln zu Zwecken des Wettbewerbsrechts, 1991; *Dreyer,* Konvergenz oder Divergenz – Der deutsche und der europäische Mitbewerberbegriff im Wettbewerbsrecht, GRUR 2008, 123*Engels/Salomon,* Vom Lauterkeitsrecht zum Verbraucherschutz: UWG-Reform 2003, WRP 2004, 32; *Frisinger/Summerer,* Doping als unlauterer Wettbewerb im Profibereich – Eigene Ansprüche der Mitbewerber gegen den Dopingsünder aus UWG, GRUR 2007, 554; *Gomille,* Äußerungsfreiheit und geschäftliche Handlung, WRP 2009, 525; *Isele,* Von der „Wettbewerbshandlung" zur „geschäftlichen Handlung": Hat die „Änderung der Voreinstellung" ausgedient?, GRUR 2009, 727; *Köhler,* „Wettbewerbshandlung" und „Geschäftspraktiken" – Zur richtlinienkonformen Auslegung des Begriffs der Wettbewerbshandlung und seiner Definition im künftigen UWG, WRP 2007, 1393; *ders.,* Spendenwerbung und Wettbewerbsrecht, GRUR 2008, 281; *ders.,* Zur „geschäftlichen Relevanz" unlauterer geschäftlicher Handlungen gegenüber Verbrauchern, WRP 2014, 259; *ders.,* Unzulässige geschäftliche Handlungen bei Abschluss und Durchführung eines Vertrags, WRP 2009, 898; *ders.,* Der „Unternehmer" im Lauterkeitsrecht, FS Hopt, 2010, S. 2825; *Korn,* Die berufliche Sorgfalt im Wettbewerbsrecht, ÖBl 2008, 169; *Lettl,* Der Schutz der Verbraucher nach der UWG-Reform, GRUR 2004, 449; *Nägele,* Das konkrete Wettbewerbsverhältnis – Entwicklungen und Ausblick, WRP 1996, 997; *Scherer,* Lauterkeitsrecht und Leistungsstörungsrecht – Veränderung des Verhältnisses durch § 2 I Nr. 1 UWG?, WRP 2009, 761; *dies.,* Ungeschriebenes Tatbestandsmerkmal für die „Geschäftspraxis" nach Art. 2 d) UGP-Richtlinie, WRP 2014, 517; *Schmidtke,* Unlautere geschäftliche Handlungen bei und nach Vertragsschluss, 2011; *Voigt,* Spendenwerbung – ein Fall für das Lauterkeitsrecht?, GRUR 2006, 486; *Wilhelm,* Unlauterer Wettbewerb und Wettbewerbsverhältnis, ZIP 1992, 1139.

A. „Geschäftliche Handlungen" (§ 2 Nr. 1 UWG)

1   Nach § 3 Abs. 1 UWG sind unlautere **geschäftliche Handlungen** unzulässig. Das UWG gilt somit nicht allgemein für unlautere Verhaltensweisen von Unternehmen, sondern nur für geschäftliche Handlungen. Dadurch wird das Lauterkeitsrecht als Sonderdeliktsrecht vom allgemeinen Deliktsrecht abgegrenzt. Fehlt es an einer geschäftlichen Handlung, so scheidet die Anwendbarkeit des UWG aus und es kommt allenfalls ein Rückgriff auf §§ 823 ff., 1004 BGB in Betracht.

2   Demgegenüber verlangte das UWG von 1909 ein Handeln im geschäftlichen Verkehr zu Zwecken des Wettbewerbs.[1] Das UWG von 2004 ersetzte diesen Begriff durch den der „Wettbewerbshandlung", der wiederum durch die Novelle von 2008 in Anpassung an die UGP-Richtlinie durch den heute geltenden Begriff der „geschäftlichen Handlung" ersetzt wurde.

3   Nach der Definition in § 2 Abs. 1 Nr. 1 UWG ist eine „geschäftliche Handlung" **jedes Verhalten** einer Person **zugunsten des eigenen oder eines fremden Unternehmens**, vor, bei oder nach einem Geschäftsabschluss, das mit der Förderung des Absatzes oder des Bezugs von Waren oder Dienstleistungen oder mit dem Abschluss oder der Durchführung eines Vertrags über Waren oder Dienstleistungen objektiv zusammenhängt. Dem Begriff der „geschäftlichen Handlung" wird wie dem Begriff der Unlauterkeit eine zentrale Bedeutung beigemessen. Bedeutsam erscheint er aber zunächst allein im Hinblick auf seine Weite. Da sich der Erfolg eines jeden Unternehmens letztlich vor allem an seinen Geschäftsabschlüssen bemisst, wird dementsprechend nahezu jede Handlung in einem objektiven Zusammenhang mit dem Abschluss oder der Durchführung von Verträgen über Waren oder Dienstleistungen stehen. Die Schwierigkeit liegt also regelmäßig in der Beantwortung der Frage, was *keine* geschäftliche Handlung i.S.d. § 2 Nr. 1 UWG darstellt.

I. Verhalten einer Person

4   Grundvoraussetzung für das Vorliegen einer „geschäftlichen Handlung", die die konstitutive Voraussetzung für die Anwendbarkeit des UWG bildet, ist nach der Definition in Abs. 1 Nr. 1 „das Verhalten einer Person". Die Person, auf die das Verhalten zurückgeht, kann sowohl eine **natürliche als auch eine juristische Person** sein; bei letzteren ist auf deren Organe abzustellen. Der Begriff „Verhalten" umfasst, wie im allgemeinen Deliktsrecht, sowohl das positive **Tun** als auch das **Unterlassen** sowie im weiteren Sinne alle Äußerungen und rein tatsächlichen Verhaltensweisen, sofern diese zumindest von einem natürlichen Handlungswillen getragen sind.[2] Dem positiven oder konkludenten Tun ist das Unterlassen aber nur gleichgestellt, soweit eine Rechtspflicht zum Handeln besteht.[3] Allerdings gibt es keine allgemeine Rechtspflicht, wettbewerbswidriges Verhalten eines Vertragspartners abzuwenden.[4] Eine **Erfolgsabwendungspflicht** kann sich vielmehr nur aus Gesetz, vorangegangenem gefährdenden Verhalten, dienstlicher Verpflichtung oder Vertrag ergeben.[5] Eine **wettbewerbsrechtliche Verkehrspflicht**, im Rahmen des Möglichen und Zumutbaren, wie insbesondere durch Prüfungs- und Überwachungsmaßnahmen, gegen das unlautere Verhalten eines Dritten einzuschreiten oder solchem vorzubeugen, ist beispielsweise dann

---

[1] *Beater*, Unlauter Wettbewerb, § 11 Rn. 3.
[2] *Köhler*/Bornkamm, UWG, § 2 Rn. 10 f.
[3] BGH GRUR 2001, 82, 83 – *Neu in Bielefeld I*.
[4] Ebenda.
[5] Ebenda.

A. „Geschäftliche Handlungen" (§ 2 Nr. 1 UWG)

anzunehmen, wenn durch das eigene Verhalten, wie etwa durch das Betreiben einer Internetplattform, die Gefahr einer Rechtsverletzung des Dritten hervorgerufen wird.[6]

II. Unternehmensbezug

Damit das Verhalten wettbewerbsrechtliche Relevanz erlangt, muss es einen Unternehmensbezug aufweisen, das heißt, sich **auf das eigene oder ein fremdes Unternehmen beziehen**.[7] Vom Begriff „Unternehmen" ist zunächst der Begriff „Unternehmer" zu unterscheiden (§§ 4a; 5 Abs. 1 Nrn. 3, 4 und 6; 5a Abs. 3 und 5; 8 Abs. 2 und Abs. 3 Nr. 2; 15 Abs. 2; 17 Abs. 1 und Abs. 2 UWG). Während Ersterer den Betrieb bezeichnet, ist mit Letzterem der Betriebsinhaber gemeint, der eine natürliche oder juristische Person oder eine rechtsfähige Personengesellschaft sein kann (s. § 2 Abs. 1 Nr. 6). Unternehmensbezug weisen alle einem Geschäftszweck dienende Tätigkeiten auf. Der Handelnde muss aber nicht selbst Unternehmer oder Inhaber eines Unternehmens sein.

Für den in der UGP-Richtlinie verwendeten Begriff der „**Geschäftspraktiken**" vertritt der EuGH jedoch die Auffassung, dass für solche erforderlich ist, dass „sie sich in den Rahmen der Geschäftsstrategie eines Wirtschaftsteilnehmers einfügen und unmittelbar mit der Absatzförderung und dem Verkauf seiner Produkte und Dienstleistungen zusammenhängen (…)."[8] Auch wenn die Richtlinie den Begriff der Geschäftspraktiken mit einer besonders weiten Formulierung definiere, müssten diese Praktiken gleichwohl gewerblicher Natur sein, d.h. **von Gewerbetreibenden ausgeübt werden**, und zudem unmittelbar mit der Absatzförderung, dem Verkauf oder der Lieferung ihrer Produkte an Verbraucher zusammenhängen. Die Richtlinie könne (allenfalls) in einer Situation anwendbar sein, „in der die Geschäftspraktiken eines Wirtschaftsteilnehmers von einem anderen Unternehmen ausgeübt werden, das **im Namen und/oder Auftrag dieses Wirtschaftsteilnehmers tätig wird**, so dass die Bestimmungen dieser Richtlinie in bestimmten Situationen sowohl diesem Wirtschaftsteilnehmer als auch diesem Unternehmen entgegengehalten werden können, wenn beide der Definition des Gewerbetreibenden entsprechen."[9] Damit sind vom Begriff „Geschäftspraktiken" keine Handlungen von Privaten erfasst, selbst wenn diese der Absatzförderung eines fremden Unternehmens dienen. Da der Begriff der „geschäftlichen Handlung" und damit der Anwendungsbereich des deutschen Lauterkeitsrechts aber **bewusst weiter gezogen wurde**, ist davon auszugehen, dass nach wie vor geschäftliche Handlungen auch durch Privatpersonen vorgenommen werden können und die Förderung fremden Absatzes selbst dann möglich ist, wenn keine Beauftragung im Sinne der Rechtsprechung des EuGH vorliegt.[10] Allerdings sind somit Sachverhalte, bei denen Werbemaßnahmen nicht dem eigenen Produktabsatz, sondern demjenigen eines Drittunternehmens dienen, vom Anwendungsbereich der UGP-Richtlinie ausgenommen, es sei denn es liegt eine Beauftragung vor.[11]

Der **Unternehmensbegriff**, der im Sinne einer wirtschaftlichen Betrachtungsweise weit auszulegen ist, umfasst jede auf Dauer angelegte, selbständige wirtschaftliche Betätigung, die darauf gerichtet ist, Waren oder Dienstleistungen gegen Entgelt zu vertreiben.[12] Auf eine Gewinnerzielungsabsicht kommt es dabei ebenso wenig an, wie auf den Umstand, ob ein Gewinn tatsächlich erzielt wird.[13] Notwendig ist aber die **Erlangung einer Gegenleis-**

---

[6] Siehe BGH GRUR 2007, 890 Rn. 22, 26 ff. – *Jugendgefährdende Medien bei eBay*; Freytag, Haftung im Netz, 1999, S. 74; Spindler/Volkmann, WRP 2003, 1, 7.
[7] Köhler/Bornkamm, UWG, § 2 Rn. 17 ff.
[8] EuGH GRUR 2013, 1245 Rn. 36, 37 – *RLvS/Stuttgarter Wochenblatt [GOOD NEWS]*.
[9] EuGH GRUR 2013, 1245 Rn. 38 – *RLvS/Stuttgarter Wochenblatt [GOOD NEWS]*.
[10] Scherer, WRP 2014, 517, 521 f.
[11] Siehe auch BGH GRUR 2014, 879 Rn. 14 – *GOOD NEWS II*.
[12] BGH GRUR 1995, 697, 699 – *FUNNY PAPER*.
[13] BGH GRUR 1962, 254, 255 – *Fußball-Programmheft*; 1974, 733, 734 – *Schilderverkauf*; 1976, 370, 371 – *Lohnsteuerhilfevereine I*; 1981, 823, 825 – *Ecclesia-Versicherungsdienst*; BGHZ 82, 375, 395 = GRUR 1982, 425, 430 – *Brillen-Selbstabgabestellen*; BGH GRUR 1993, 917, 918 ff. – *Abrechnungs-Software für Zahnärzte*.

tung. Diese ist auch dann gegeben, wenn Idealvereine eine durch die **Mitgliedsbeiträge** abgedeckte Leistung erbringen, die auf dem Markt gegen Entgelt angeboten wird,[14] wobei es nicht darauf ankommt, ob der Verein im Rahmen seiner satzungsgemäßen Aufgaben handelt und die Leistung deshalb vom Vereinszweck gedeckt ist.[15] Der Unternehmensbegriff umfasst auch **selbstständige berufliche Tätigkeiten**, wie die freiberufliche Tätigkeit von Ärzten, Anwälten, Steuerberatern, Architekten, etc.[16] Ein Unternehmen betreiben auch Berufssportler, die ihre sportliche Leistung selbstständig vermarkten.[17] Wesentlich für die Qualifizierung als Unternehmen ist, dass die Tätigkeit auf eine gewisse **Dauer und Nachhaltigkeit** angelegt ist und nicht nur gelegentlich anlässlich bestimmter Ereignisse, wie einer Haushaltsauflösung infolge eines Erbfalls, erfolgt. Dies ist dann der Fall, wenn zahlreiche gleichartige Waren in kurzen zeitlichen Abständen gekauft und verkauft werden, da dann nicht mehr von einer rein privaten Tätigkeit ausgegangen werden kann.[18]

8   Schwierigkeiten bereitet häufig die Abgrenzung zu **privatem Handeln**, wie etwa bei Verkäufen auf Internetplattformen. Maßgeblich sind vor allem Umfang, Dauer, Anlass und Beweggrund des fraglichen Handelns.[19] Wer beispw. in Internet-Verkaufsportalen, wie eBay, als „PowerSeller" auftritt, wird im Allgemeinen geschäftlich handeln.[20]

9   Der erforderliche Unternehmensbezug kann sich auch daraus ergeben, dass das Verhalten einer Person zugunsten eines **fremden Unternehmens** erfolgt.[21] Dies ist bei **Organen von juristischen Personen** anzunehmen, soweit sie im Rahmen ihres Aufgabenbereichs zugunsten des von ihnen vertretenen Unternehmens handeln.[22] Sie können deshalb ebenso wie **Mitarbeiter**[23] **und Beauftragte** (§ 8 Abs. 2 UWG) wegen Wettbewerbsverstößen in Anspruch genommen werden.

10 Ein Meinungsforschungsunternehmen, das im Auftrag eines pharmazeutischen Herstellers Ärzte gegen Zahlung eines Entgelts zu einer Beteiligung an einer Befragung zur Behandlung bestimmter Krankheiten zu gewinnen versucht, handelt nicht nur zugunsten des eigenen Unternehmens, sondern auch zugunsten eines fremden Unternehmens, nämlich des Pharmaherstellers.[24] Ein Unternehmensbezug aufgrund eines Verhaltens zugunsten eines fremden Unternehmens ist auch dann gegeben, wenn Unternehmensverbände Maßnahmen ergreifen, die sich zugunsten ihrer Mitglieder und zulasten der Unternehmen, die mit diesen im Wettbewerb stehen, auswirken, wie z.B. bei einem gegen die Mitbewerber gerichteten Boykottaufruf.[25] Ferner liegt eine geschäftliche Handlung i.S.v. § 2 Abs. 1 Nr. 1 UWG auch vor, wenn ein Unternehmen auf seiner Internetseite im Zusammenhang mit Angaben zu einer bestimmten Therapie auf die „Original Produkte" zu dieser Therapie hinweist und für den Verbraucher einen Link im Rahmen des Internetauftritts bereit hält, der zum Angebot der „Original Pro-

---

[14] BGH GRUR 1976, 370 – *Lohnsteuerhilfevereine I*; 1978, 180 – *Lohnsteuerhilfevereine II*; 1983, 120, 124 – *ADAC-Verkehrsrechtsschutz*; 1984, 283, 284 – *Erbenberatung*; BAG GRUR 2006, 244, 246.
[15] BGH GRUR 1972, 40, 43 – *Feld und Wald I*.
[16] Siehe BGH GRUR 1981, 529 – *Rechtsberatungsanschein*; 1993, 675, 676 – *Kooperationspartner*.
[17] Frisinger/Summerer, GRUR 2007, 554, 555.
[18] OLG Frankfurt GRUR 2004, 1042; OLG Koblenz NJW 2006, 1438; OLG Karlsruhe WRP 2006, 1039, 1041.
[19] Vgl. BGH GRUR 2004, 860, 863 – *Internet-Versteigerung I*; 2007, 708 – *Internet-Versteigerung II*; 2008, 702 Rn. 43 – *Internet-Versteigerung III*; 2009, 871 Rn. 25 – *Ohrclips*.
[20] OLG Frankfurt, MMR 2007, 378; OLG Karlsruhe, WRP 2006, 1038.
[21] BGH GRUR 2015, 694 Rn. 26 – *Bezugsquellen für Bachblüten*.
[22] OLG München GRUR-RR 2006, 268, 271 – *Trivial-Patente*.
[23] OLG Hamm, MMR 2008, 757.
[24] OLG Oldenburg GRUR-RR, 2006, 239, 240 – *Pharma-Marktforschung*.
[25] Siehe BGH GRUR 1962, 45, 47 – *Betonzusatzmittel*; BGH GRUR 1973, 371, 372 – *Gesamtverband*; BGH GRUR 1975, 377, 378 – *Verleger von Tonträgern*; BGH GRUR 1992, 707, 708 – *Erdgassteuer*.

A. „Geschäftliche Handlungen" (§ 2 Nr. 1 UWG)

dukte" eines bestimmten Herstellers führt.[26] Dagegen ist ein Unternehmensbezug, in dem dargestellten Sinne zu verneinen, wenn die nach § 8 Abs. 3 Nr. 4 UWG klagebefugten Kammern Ansprüche geltend machen, da dieses Verhalten nicht der Förderung des Absatzes oder Bezugs von Waren oder Dienstleistungen dient. Entsprechendes gilt auch für Verbraucherverbände, die im Rahmen ihrer satzungsmäßigen Aufgaben handeln.[27]

III. „Vor, bei oder nach einem Geschäftsabschluss"

Unter dem Begriff der „geschäftlichen Handlung" wird ausdrücklich jedes Verhalten einer Person „vor, bei oder nach einem Geschäftsabschluss" erfasst. In der Gesetzesbegründung zum UWG-Änderungsgesetz von 2008[28] wird hervorgehoben, dass damit die bisherige Rechtsprechung[29] überholt ist, die aus dem Merkmal „Absatzförderung" geschlossen hatte, eine Wettbewerbshandlung sei im Regelfall mit dem Vertragsschluss beendet und umfasse nur ausnahmsweise auch Handlungen nach Vertragsschluss, wenn es der Unternehmer von vornherein auf Kundentäuschung abgesehen hatte. Durch die Erstreckung der geschäftlichen Handlungen auf die Zeit nach Vertragsschluss wird Art. 3 Abs. 1 UGP-Richtlinie Rechnung getragen, wonach die Richtlinie „zwischen Unternehmen und Verbrauchern vor, während und nach Abschluss eines auf ein Produkt bezogenes Handelsgeschäfts" gilt. Erwägungsgrund 7 der UGP-Richtlinie setzt allerdings voraus, dass es sich um Geschäftspraktiken handelt, „die in unmittelbarem Zusammenhang mit der Beeinflussung der **geschäftlichen Entscheidung** des Verbrauchers in Bezug auf Produkte stehen". Nach § 2 Abs. 1 Nr. 9 UWG (vgl. Art. 2 lit. k UGP-Richtlinie) ist geschäftliche Entscheidung „jede Entscheidung eines Verbrauchers oder sonstigen Marktteilnehmers darüber, ob, wie und unter welchen Bedingungen er ein Geschäft abschließen, eine Zahlung leisten, eine Ware oder Dienstleistung behalten oder abgeben oder ein vertragliches Recht im Zusammenhang mit einer Ware oder Dienstleistung ausüben will, unabhängig davon, ob der Verbraucher oder sonstige Marktteilnehmer sich entschließt, tätig zu werden." Als geschäftliche Handlungen i.S.d. UWG kommen damit auch irreführende Aussagen nach Vertragsschluss in Betracht, wie etwa zur **Geltendmachung von Gewährleistungs- und Zahlungsansprüchen**,[30] in den dem verkauften Produkt beiliegenden **Gebrauchsanweisungen** oder bei **nachvertraglichen Kundenzufriedenheitsabfragen**.[31]

11

IV. Objektiver Zusammenhang mit der Absatz- bzw. Bezugsförderung

Die Definition in Nr. 1 verlangt ferner, dass das fragliche Verhalten in objektivem Zusammenhang mit der Förderung des Absatzes oder des Bezugs von Waren oder Dienstleistungen oder mit dem Abschluss oder der Durchführung eines Vertrags über Waren oder Dienstleistungen steht. Das Verhalten muss also objektiv auf die Absatz- oder Bezugsförderung gerichtet sein, das heißt, es muss einen **Marktbezug** aufweisen. Ein Marktbezug liegt vor, wenn die Handlung **das Marktgeschehen unmittelbar beeinflussen** und dadurch der **Absatz- bzw. Bezugstätigkeit wenigstens mittelbar zu Gute** kommen kann.

12

---

[26] BGH GRUR 2015, 694 Rn. 26 – *Bezugsquellen für Bachblüten*.
[27] Siehe BGH GRUR 1976, 268 – *Warentest II*; BGH GRUR 1981, 658 – *Preisvergleich*.
[28] Begr. RegE, BT-Drucks. 16/10145, 21.
[29] Siehe BGH GRUR 1983, 451 f. – *Ausschank unter Eichstrich I*; BGH GRUR 1986, 816, 818 – *Widerrufsbelehrung bei Teilzahlungskauf*; BGH GRUR 2002, 1093, 1094 – *Kontostandsauskunft*.
[30] BGH GRUR 2010, 1117 Rn. 18 – *Gewährleistungsausschluss im Internet*; GRUR 2013, 945 Rn. 26 – *Standardisierte Mandatsbearbeitung*.
[31] Vgl. hierzu OLG Köln WRP 2012, 725 Rn. 11.

13 Durch das Merkmal „objektiver Zusammenhang", das durch das UWG-Änderungsgesetz von 2008 in die Regelung aufgenommen worden ist, wird klargestellt, dass ein subjektives Moment im Sinne einer Wettbewerbsabsicht („Ziel" der Absatzförderung) nicht erforderlich ist,[32] was aber schon unter Geltung der bisherigen Regelung angenommen wurde. Es genügt eine **„objektive Finalität"** des Verhaltens. In der Gesetzesbegründung heißt es dazu: „Die bisher in § 2 Abs. 1 Nr. 1 UWG enthaltene Regelung, wonach es darauf ankam, dass eine Handlung ‚mit dem Ziel' der Förderung des Absatzes bzw. der Förderung der anderen oben genannten Unternehmensaktivitäten vorgenommen wird, war durch einen finalen Zurechnungszusammenhang gekennzeichnet, der mit Art. 2 lit. d der Richtlinie kaum mehr zu vereinbaren wäre. Durch den Begriff des objektiven Zusammenhangs wird nun zum einen sichergestellt, dass alle am Verhältnis von Unternehmen zu Verbrauchern anknüpfenden lauterkeitsrechtlichen Fallgruppen unter Beachtung der neuen europarechtlichen Vorgaben vom UWG erfasst werden. Zum anderen ist aber auch gewährleistet, dass der Begriff der geschäftlichen Handlung – wie der bisherige Begriff der Wettbewerbshandlung – alle lauterkeitsrechtlichen Fallgruppen erfasst, die das Verhältnis von Unternehmen zu Unternehmen betreffen. Das UWG wird, insoweit über Artt. 1 und 3 Abs. 1 der Richtlinie hinausgehend, wie bisher alle geschäftlichen Handlungen erfassen, welche die Interessen von Mitbewerbern und sonstigen Marktteilnehmern beeinträchtigen. Zu den auch weiterhin in den Schutzbereich des UWG fallenden Konstellationen, die das Verhältnis ‚Unternehmen zu Unternehmen' betreffen, gehören namentlich die Fälle horizontaler Behinderung nach § 4 Nr. 10 [jetzt Nr. 4] UWG. Absatz- und Werbebehinderungen, Betriebsstörungen (wie Betriebsspionage), unberechtigte Abmahnungen und andere unzulässige, unlautere Verhaltensweisen eines Unternehmens gegenüber einem Mitbewerber haben in der Regel keine unmittelbaren Auswirkungen auf den Absatz oder den Bezug von Waren und Dienstleistungen. Zwischen diesen Praktiken und dem Absatz oder dem Bezug von Waren oder Dienstleistungen besteht aber ein objektiver Zusammenhang. Denn der Absatz von Waren oder der Bezug von Waren und Dienstleistungen wird durch derartige Verhaltensweisen regelmäßig – ggf. mit einer gewissen zeitlichen Verzögerung – zugunsten des unlauter handelnden Unternehmens beeinflusst. Weltanschauliche, wissenschaftliche, redaktionelle oder verbraucherpolitische Äußerungen von Unternehmen oder anderen Personen unterfallen weiterhin nicht dem UWG, soweit sie in keinem objektiven Zusammenhang mit dem Absatz von Waren und den anderen oben genannten Unternehmensaktivitäten stehen."[33]

14 Allerdings verlangt der BGH unter Berufung auf das funktionale Verständnis und die erforderliche richtlinienkonforme Auslegung nach der UGP-Richtlinie, dass die Handlung bei „objektiver Betrachtung darauf gerichtet ist, **durch Beeinflussung der geschäftlichen Entscheidung der Verbraucher und sonstigen Marktteilnehmer** den Absatz oder Bezug von Waren oder Dienstleistungen des eigenen oder fremden Unternehmens zu fördern." Im Interesse der Rechtssicherheit sei eine solche Auslegung **auch im Hinblick auf das Verhalten gegenüber Mitbewerbern und sonstigen Marktteilnehmern** erforderlich.[34] Nicht erfasst sei etwa das wahrheitswidrige vorprozessuale Leugnen einer Urheberrechtsverletzung durch eine Anwaltskanzlei, das vorrangig einem anderen Ziel diene, nämlich die gegen die eigenen Mandanten gerichteten Ansprüche abzuwehren. Die Folgen, wie etwa dass Rechteinhaber trotz der beigebrachten konkreten Indizien für eine Haftung der abgemahnten Personen zum Verzicht auf Schadensersatzforderungen bewegt werden könnten, seien

---

[32] Begr. RegE, BT-Drucks. 16/10145, 20, 21; s. auch *Sosnitza*, WRP 2008, 1014, 1016.
[33] Begr. RegE, BT-Drucks. 16/10145, 20 f.
[34] BGH GRUR 2013, 945, 946 f. – *Standardisierte Mandatsbearbeitung*; siehe auch *Köhler*/Bornkamm, UWG, § 2 Rn. 9.

lediglich **"Reflexwirkungen"**, welche die Anforderungen an eine geschäftliche Handlung i.S.v. § 2 Abs. 1 Nr. 1 nicht erfüllten.[35]

Es erscheint aber äußerst zweifelhaft, ob allein mit der Beeinflussung der Entscheidungsfreiheit der Marktteilnehmer, wirklich die gesamte Breite an lauterkeitsrechtlich relevantem Verhalten – insbesondere gegenüber Mitbewerbern – erfasst werden kann.[36] Eine solche Sichtweise ließe unberücksichtigt, dass grundsätzlich auch weitere wettbewerbsbezogene Interessen der Mitbewerber anzuerkennen sind, die bei einem strikt funktionalen Verständnis einbezogen werden müssen. Die Ansicht des BGH, die richtlinienkonforme Auslegung trotz des strikt auf den Verbraucherschutz ausgerichteten Inhalts der UGP-Richtlinie auch auf Handlungen gegenüber Mitbewerbern und sonstigen Marktteilnehmern auszudehnen, lässt jedenfalls eine tiefer gehende Auseinandersetzung erforderlich erscheinen. Es kann nur verwundern, wenn dem mindestens gleichberechtigten Schutz der Mitbewerber ein allein den Verbraucherschutz betreffender Richtlinienzweck übergestülpt wird. Der Hinweis auf das Interesse der Rechtssicherheit allein kann dafür nicht genügen. Zu beachten ist schließlich, dass selbst die UGP-Richtlinie nicht ausschließt, Geschäftspraktiken auch dann zu verbieten, wenn diese Praktiken die Wahlfreiheit der Verbraucher nicht beeinträchtigen.[37] Im Übrigen hatte der BGH zuvor in einer anderen Entscheidung die lauterkeitsrechtliche Relevanz einer Handlung nicht in Frage gestellt, obwohl die Entscheidungsfreiheit der Marktteilnehmer dort ebenfalls nicht tangiert war.[38]

15

Auch in der Literatur wird jedenfalls für geschäftliche Handlungen gegenüber Verbrauchern in richtlinienkonformer Auslegung gefordert, dass nur dann ein „objektiver Zusammenhang" mit der Absatzförderung anzunehmen sei, wenn die Handlung auch das *Ziel* hat, die geschäftliche Entscheidung des Verbrauchers in Bezug auf Produkte zu beeinflussen.[39] Die eigentliche Bedeutung des Begriffs erschließe sich aus Erwägungsgrund 7 S. 1 und 2 der UGP-Richtlinie, wonach sich die Richtlinie auf Geschäftspraktiken beziehe, die in unmittelbarem Zusammenhang mit der Beeinflussung der geschäftlichen Entscheidungen des Verbrauchers in Bezug auf Produkte stehen. Für diese Auslegung spräche auch die Erwähnung der „Werbung" als Beispielsfall einer kommerziellen Mitteilung in Art. 2 lit. d UGP-Richtlinie. Denn darunter ist nach Art. 2 lit. a der Richtlinie über irreführende und vergleichende Werbung jede „Äußerung … mit dem Ziel, den Absatz von Waren oder die Erbringung von Dienstleistungen … zu fördern", zu verstehen.[40] Es ist aber klarzustellen, dass die Definition in Art. 2 lit. d der UGP-Richtlinie gerade **keine Zielgerichtetheit der Handlung verlangt** und es darauf für die Wahrung der Lauterkeit aus wettbewerbsfunktionaler Sicht grundsätzlich auch nicht ankommen darf.[41] Vielmehr kann die Lauterkeit des Wettbewerbs schon dann gefährdet sein, **wenn die Handlung auch nur geeignet ist, die Entscheidungsfreiheit der Verbraucher zu beeinflussen.**

16

Im Übrigen stellt sich die Frage nach dem Marktbezug regelmäßig in den folgenden Fällen:

1. Aufmerksamkeits- oder Imagewerbung

Das Merkmal des objektiven Zusammenhangs mit der Absatzförderung ist in einem weiten Sinne zu verstehen. Der objektive Zusammenhang ist auch dann gegeben, wenn es sich um **Sponsoring**, **Aufmerksamkeits- oder Imagewerbung** handelt, die nicht unmittelbar

17

---

[35] BGH GRUR 2013, 945, 946 f. – *Standardisierte Mandatsbearbeitung*.
[36] *Hetmank*, GRUR 2014, 437, 442.
[37] Erwägungsgrund 7 der UGP-Richtlinie.
[38] Vgl. BGH, GRUR 2010, 754, 755 – *Golly Telly*: Der *BGH* hat einen Lauterkeitsverstoß auch für den Fall bejaht, dass sich der Verbraucher durch die fragliche geschäftliche Handlung keine auch nur – nach Laienart – einigermaßen konkrete Vorstellungen machen kann, die seine Entscheidung beeinflussen könnte.
[39] *Köhler*/Bornkamm, UWG, § 2 Rn. 43, 45.
[40] *Köhler*/Bornkamm, UWG, § 2 Rn. 45.
[41] Siehe auch Fezer/*Fezer*, UWG, 2. Aufl. 2009, § 2 Nr. 1 Rn. 149 ff.

auf die Bewerbung eines konkreten Angebotes zielt, sondern darauf ausgerichtet ist, auf das Unternehmen aufmerksam zu machen oder ihm ein bestimmtes Image zu verleihen, um dadurch mittel- und langfristig eine absatzfördernde Wirkung zu erzielen.[42]

18   Eine Aufmerksamkeitswerbung kann auch in einer **Stellenanzeige** zu sehen sein, wenn sie zugleich eine werbemäßige Selbstdarstellung des inserierenden Unternehmens enthält und diese Imagewerbung nicht hinter der Suche nach Arbeitskräften zurücktritt.[43] In Betracht kommen auch **Spendenaufrufe** und **Meinungsumfragen**.

19   Zudem ist nicht erforderlich, dass durch das in Frage stehende Verhalten im Sinne einer Wechselbeziehung mit dem angestrebten Vorteil ein Nachteil zulasten des betroffenen Mitbewerbers verbunden ist. Anders als nach der Definition in § 2 Abs. 1 Nr. 3 UWG ist das **Bestehen eines konkreten Wettbewerbsverhältnisses keine Voraussetzung** für die Annahme einer geschäftlichen Handlung, so dass auch Monopolunternehmen erfasst werden.[44]

2. Betriebsinterne Vorgänge

20   Demgegenüber weisen **betriebsinterne Vorgänge** regelmäßig keinen objektiven Zusammenhang mit der Absatz- bzw. Bezugsförderung auf, wenn sie sich ausschließlich **innerhalb eines Unternehmens** abspielen und (noch) **keine Außenwirkung** auf den aktuellen oder potenziellen Wettbewerb entfalten. Grundsätzlich betriebsintern ist somit auch die bloße Warenproduktion.[45] Selbst wenn bereits bei der Produktion etwa durch eine bewusst falsche Etikettierung eines Produktes die nachfolgende Irreführung vorbereitet wird, kommt erst ihrem Vertrieb bzw. ihrer Bewerbung die erforderliche Außenwirkung zu.

21   In gleicher Weise stellt die Anweisung des Unternehmers an einen für den Betrieb arbeitenden Handelsvertreter, eine unlautere Werbebehauptung zu verwenden, einen rein internen Vorgang dar, der nicht als solcher verboten werden kann. Solche betriebsinternen Vorgänge, die geschäftliche Handlungen **vorbereiten**, können aber gleichwohl Grundlage einer **vorbeugenden Unterlassungsklage** sein.[46] Außenwirkung kann auch betriebsinternen Mitteilungen zukommen, etwa wenn dadurch Beschäftigte unmittelbar davon abgehalten werden sollen, zu einem Konkurrenten überzuwechseln.[47]

3. Tätigkeit der öffentlichen Hand

22   Nicht auf den Absatz oder Bezug von Waren oder Dienstleistungen gerichtet sind alle hoheitlichen Tätigkeiten der öffentlichen Hand (vgl. § 130 GWB). Dagegen besteht ein objektiver Zusammenhang mit der Förderung des Absatzes oder Bezugs von Waren oder Dienstleistungen, wenn die öffentliche Hand wie ein privates Unternehmen erwerbswirtschaftliche Ziele verfolgt, wie z.B. öffentlich-rechtliche Krankenkassen, die um Mitglieder werben[48] oder die Heil- und Hilfsmittel von privaten Lieferanten beziehen[49] oder an ihre Versicherten abgeben.[50] Gleiches gilt für die wirtschaftlichen Interessen eines Staatsbades[51]

---

[42] Siehe BGH GRUR 1995, 598, 599 – *Ölverschmutzte Ente*; 2003, 540, 541 – *Stellenanzeige*; BGH WRP 2005, 1242, 1245 – *Werbung mit Testergebnis*; s. auch Begr. RegE, BT-Drucks. 16/10145, 21.
[43] BGH GRUR 2003, 540, 541 – *Stellenanzeige*.
[44] Begr. RegE BT-Drucks. 15/1487, 16 (zu § 2 Abs. 1 Nr. 1 UWG).
[45] Siehe BGH GRUR 2000, 1076, 1077 – *Abgasemissionen*.
[46] BGH GRUR 1971, 119, 120 – *Branchenverzeichnis*.
[47] OLG Stuttgart, WRP 1983, 446.
[48] BGH GRUR 2014, 1120 – *Betriebskrankenkasse II*; EuGH WRP 2013, 1454 Rn. 32, 37 – *BKK Mobil Oil*; BGH GRUR 2006, 428 Rn. 12 – *Abschleppkosten-Inkasso*.
[49] BGHZ 36, 91, 101 = GRUR 1962, 263, 267 – *Gummistrümpfe*.
[50] BGHZ 82, 375, 395 = GRUR 1982, 425, 430 – *Brillen-Selbstabgabestellen*.
[51] BGHZ 19, 299, 303 = GRUR 1956, 216, 217 – *Staatliche Kurverwaltung/Bad Ems*.

A. „Geschäftliche Handlungen" (§ 2 Nr. 1 UWG)

bzw. eines städtischen Reisebüros.[52] Eine geschäftliche Handlung kann auch die Herausstellung eines einzelnen Unternehmens sein, wenn die konkrete Art der Darstellung darauf gerichtet ist, die Nachfrage auf dieses Unternehmen zu lenken.[53]

4. Tätigkeiten der Medien

Kein objektiver Zusammenhang mit einer Absatz- oder Bezugsförderung im Sinne der Definition von § 2 Abs. 1 Nr. 1 UWG ist bei Äußerungen der Medien anzunehmen, die in den Schutzbereich des Art. 5 Abs. 1 GG fallen, der wegen der elementaren Bedeutung dieses Grundrechts für die **Information und Meinungsbildung** in einer demokratischen Gesellschaft weit gefasst wird. Sofern sich die Medien im Rahmen dieser Aufgaben bewegen, ist auch bei polemisch überspitzten, subjektiv einseitigen oder sogar gewollt herabsetzenden Äußerungen davon auszugehen, dass diese dem Interesse der Meinungsbildung und nicht einem Wettbewerbszweck dienen.[54] Das gleiche gilt selbstverständlich auch für Betreiber von **Internet-Plattformen mit kritischen Beiträgen** über fremde Unternehmen. Etwas anderes gilt nur dann, wenn aufgrund besonderer Umstände davon ausgegangen werden kann, dass neben dem Ziel der Information und Meinungsbildung auch wettbewerbsspezifische Motive eine nicht ganz untergeordnete Rolle spielen.[55] Einen wettbewerbsfördernden Charakter hat daher insbesondere das **Anzeigengeschäft**, weil hierdurch sowohl der Wettbewerb gegenüber konkurrierenden Medien als auch der Anzeigenkunden gefördert wird.[56] Entsprechendes gilt auch für die **Kundenaquisition** und **Abonnentenwerbung** sowie sonstige der Absatzförderung dienenden Werbemaßnahmen.[57]

5. Parteien, Vereine, etc.

An einem objektiven Zusammenhang mit der Absatzförderung i. S. v. Abs. 1 Nr. 1 UWG fehlt es auch bei Betätigungen von Parteien, Kirchen, Verbänden, Vereinen oder Gewerkschaften im Rahmen der Erfüllung ihrer sozialpolitischen, gesellschaftlichen und gemeinnützigen Aufgaben, selbst wenn objektiv massiv in den Wettbewerb eingegriffen wird.[58] Dies gilt insbesondere für die **Mitgliederwerbung** und die Betreuung der diesen Einrichtungen angehörigen Mitglieder.[59] Soweit sich **Gewerkschaften** und **Arbeitgeberverbände** im Rahmen der ihnen institutionell zugewiesenen sozialpolitischen Aufgaben bewegen, handeln sie nicht im Zusammenhang mit einer Absatzförderung, so dass es an einer für die Anwendung des UWG maßgeblichen geschäftlichen Handlung fehlt.[60] Etwas anderes gilt

---

[52] BGH GRUR 1956, 227 – *Reisebüro*.
[53] BGH GRUR 2013, 301 Rn. 21 ff. – *Solarinitiative*.
[54] BGH GRUR 1986, 812, 813 – *Gastrokritiker*; 1995, 270, 272 – *Dubioses Geschäftsgebaren*; 1997, 473, 475 – *Versierter Ansprechpartner*; 1997, 907, 908 – *Emil-Grünbär-Klub*; 1998, 947, 948 – *AZUBI'94*; 2000, 703, 706 – *Mattscheibe*; 2002, 987, 993 – *Wir Schuldenmacher*; vgl. auch BVerfG NJW 1992, 1153; s. auch Begr. RegE, BT-Drucks. 16/10145, 21.
[55] OLG Frankfurt a. M. BeckRS 2016, 00045.
[56] BGH GRUR 1973, 203, 204 – *Badische Rundschau*; 1990, 1012, 1013 – *Pressehaftung I*; 1993, 53, 54 – *Ausländischer Inserent*; 1994, 841, 842 f. – *Suchwort*; 1995, 595, 597 – *Kinderarbeit*; 1995, 601, 603 – *H. I. V. Positive*; 1997, 909, 910 – *Branchenbuch-Nomenklatur*.
[57] BGH GRUR 1971, 259, 269 – *W. A. Z.*
[58] BGH GRUR 1981, 823, 825 – *Ecclesia-Versicherungsdienst*; BGHZ 110, 156, 160 = GRUR 1990, 522, 524 – *HBV-Familien- und Wohnungsrechtsschutz*.
[59] BGH GRUR 1968, 205, 207 – *Teppichreinigung*; 1972, 427, 428 – *Mitgliederwerbung*; 1997, 907, 908 – *Emil-Grünbär-Klub*.
[60] BGH NJW 1965, 29, 36 – *Gewerkschaft ÖTV*; BAG NJW 1969, 861, 862; BGH GRUR 1980, 309 – *Straßen- und Autolobby*; BAG NJW 2005, 3019, 3020; BAG GRUR 2006, 244, 245 f.

aber dann, wenn von den genannten Einrichtungen erwerbswirtschaftliche Zwecke verfolgt werden, die über ihren eigentlichen Aufgabenbereich hinausgehen und Produkte oder Dienstleistungen, wie etwa Bücher oder Beratungsleistungen, angeboten werden, auch wenn das hierauf entfallende Entgelt in den Mitgliedsbeiträgen enthalten ist.[61]

25   Die **Spendenwerbung** von gemeinnützigen, mildtätigen und kirchlichen Einrichtungen ist dann als eine geschäftliche Handlung zu qualifizieren, wenn die Verteilung der gesammelten Spenden eine gegen ein Entgelt (Verwaltungskostenanteil) erbrachte Dienstleistung darstellt, weil gemeinnützige Organisationen insoweit auf dem Spendenmarkt konkurrieren.[62] Voraussetzung hierfür ist, dass eine Unternehmereigenschaft der Einrichtung vorliegt. Dies ist dann der Fall, wenn die Spendenwerbung dauerhaft und nachhaltig, also nicht nur gelegentlich, betrieben wird.[63] Außerdem muss von der Einrichtung eine Dienstleistung gegen Entgelt erbracht werden, wobei es genügt, dass die Einrichtung sich ihre Aufwendungen erstatten lässt, so dass sie sich aus den Spenden finanziert.[64]

6. Wissenschaftliche Tätigkeiten

26   Ein objektiver Zusammenhang mit der Absatz- oder Bezugsförderung ist schließlich auch bei **Aufsätzen in Fachzeitschriften** grundsätzlich nicht gegeben, auch wenn sie sich auf den Wettbewerb auswirken und Mitbewerber begünstigen bzw. benachteiligen.[65] Die Freiheit der Wissenschaft, die durch Art. 5 Abs. 3 S. 1 GG vorbehaltlos garantiert wird, gebietet es, dass der wissenschaftlichen Betätigung ein möglichst **weiter Spielraum** gewährt wird. Deshalb wird davon ausgegangen, dass alle Äußerungen, die einen wissenschaftlichen Bezug aufweisen, außerhalb des Wettbewerbs stehen. Dies gilt auch für Gutachten, selbst wenn sie auf einer privatrechtlichen Beauftragung beruhen. Entscheidend ist, ob die in Frage stehende fachliche Arbeit oder Untersuchung wissenschaftlichen Anforderungen genügt.[66] Erst wenn dies nicht der Fall ist und die Grenzen der objektiv-neutralen wissenschaftlichen Darstellung aufgrund eigener geschäftlicher Interessen überschritten werden, wie etwa durch unsachliche und herabwürdigende Kritik an bestimmten Leistungen, ist es unter Umständen gerechtfertigt, eine geschäftliche Handlung anzunehmen. Werden **wissenschaftliche Gutachten** für Werbezwecke verwendet, so muss sich der Werbende die darin enthaltenen Äußerungen wie eigene zurechnen lassen.[67]

B. Weitere Grundbegriffe des UWG

27   In § 2 UWG sind den Regelungen über die Unlauterkeit weitere Definitionen vorangestellt, von denen hier nur die wichtigsten behandelt werden sollen. Der Definitionskatalog ist ohnehin nicht vollständig und zum Teil wenig ergiebig. So wird zwar in § 2 Abs. 1 Nr. 3 UWG der Begriff des „Mitbewerbers" definiert, es fehlt aber an einer Definition des für die

---

[61] Siehe BGH GRUR 1976, 370 – *Lohnsteuerhilfevereine I*; 1978, 180 – *Lohnsteuerhilfevereine II*; 1983, 120, 124 – *ADAC-Verkehrsrechtsschutz*; 1984, 283, 284 – *Erbenberatung*; BAG GRUR 2006, 244, 246.
[62] *Köhler*/Bornkamm, UWG, § 2 Rn. 41; *ders.*, GRUR 2008, 281, 283.
[63] *Köhler*/Bornkamm, UWG, § 2 Rn. 41.
[64] Ebenda.
[65] Siehe BGH GRUR 1957, 360, 361 – *Phylax-Apparate*; 1964, 389, 391 – *Fußbekleidung*; s. auch Begr. RegE, BT-Drucks. 16/10145, 21.
[66] Siehe BGH GRUR 2002, 633, 634 – *Hormonersatztherapie*.
[67] BGH GRUR 1971, 153, 155 – *Tampax*; 1991, 848, 849 – *Rheumalind II*.

Mitbewerbereigenschaft wesentlichen „konkreten Wettbewerbsverhältnisses". Den Zweck, eine verbindliche Grundlage für eine möglichst einheitliche Auslegung und Anwendung des UWG zu schaffen, erfüllt der Definitionskatalog daher nur unzureichend.

I. Marktteilnehmer (§ 2 Abs. 1 Nr. 2 UWG)

Das UWG erfasst geschäftliche Handlungen zugunsten des eigenen oder fremden Unternehmens gegenüber anderen Marktteilnehmern, wie insbesondere Mitbewerbern oder Verbrauchern. „Marktteilnehmer" sind nach der Definition in § 2 Abs. 1 Nr. 2 UWG neben Mitbewerbern und Verbrauchern alle Personen, die als Anbieter oder Nachfrager von Waren oder Dienstleistungen tätig sind. Damit wird der Schutz vor unlauterem Wettbewerb im Vertikalverhältnis nicht auf Verbraucher beschränkt, sondern auf alle sonstigen Personen erstreckt, die als Abnehmer oder Anbieter in Betracht kommen, wie z.B. Arbeitnehmer, Unternehmen, juristische Personen des öffentlichen Rechts, Verbände, Stiftungen und sonstige Organisationen.

II. Mitbewerber (§ 2 Abs. 1 Nr. 3 UWG)

§ 2 Abs. 1 Nr. 3 UWG definiert den „Mitbewerber" als einen Unternehmer, der mit einem oder mehreren anderen Unternehmern als Anbieter oder Nachfrager von Waren oder Dienstleistungen in einem **konkreten Wettbewerbsverhältnis** steht. Bedeutung hat die Begriffsbestimmung des Mitbewerbers nicht nur für die Unlauterkeitstatbestände (§§ 3, 3a, 4, 6 UWG), sondern vor allem für die Regelung der Anspruchsberechtigung in § 8 Abs. 3 Nr. 1 UWG, wonach die Ansprüche auf Beseitigung oder Unterlassung „jedem Mitbewerber" zustehen. Gemäß § 9 S. 1 UWG ist zudem derjenige, der vorsätzlich oder fahrlässig eine nach § 3 UWG oder § 7 UWG unzulässige geschäftliche Handlung vornimmt, den „Mitbewerbern" zum Ersatz des daraus erstehenden Schadens verpflichtet. Allerdings folgt aus der Definition des Mitbewerbers keine Einschränkung des Anwendungsbereichs des UWG, da insbesondere das Vorliegen eines konkreten Wettbewerbsverhältnisses für die Anwendbarkeit des UWG gerade nicht erforderlich ist und daher beispielsweise auch Unternehmer mit Monopolstellung erfasst werden.[68] Das UWG findet ausdrücklich nicht nur auf unlautere Handlungen von Mitbewerbern gegenüber anderen Mitbewerbern oder Verbrauchern Anwendung, sondern vielmehr auf alle Handlungen von Personen, die zugunsten eines eigenen oder fremden Unternehmens tätig werden (§ 2 Nr. 1 UWG).

Das **konkrete Wettbewerbsverhältnis** ist dadurch gekennzeichnet, dass zwischen den Vorteilen, die jemand durch eine Maßnahme für ein Unternehmen oder das eines Dritten zu erreichen sucht, und den Nachteilen, die ein anderer dadurch erleidet, eine Wechselbeziehung in dem Sinne besteht, dass der eigene Wettbewerb gefördert und der fremde Wettbewerb beeinträchtigt werden kann.[69] Zu unterscheiden ist zwischen **zwei Konstellationen**, nämlich den Fällen, in denen sich Wettbewerber bei gleichem Kundenkreis auf demselben Markt betätigen und Fällen, bei denen Wettbewerber zwar verschiedenen Branchen angehören, aber zwischen den Vorteilen, die ein Wettbewerber durch eine Maßnahme für sein Unternehmen oder das eines Dritten zu erreichen sucht, und den Nachteilen, die ein anderer Mitbewerber dadurch erleidet, eine hinreichende Wechselwirkung besteht.

---

[68] Begr. RegE, BT-Drucks. 15/1487, S. 16 (zu § 2 Abs. 1 Nr. 1 UWG).
[69] Begr. RegE BT-Drucks. 15/1487, 16 (zu § 2 Abs. 1 Nr. 3 UWG).

1. Konkretes Wettbewerbsverhältnis bei Branchennähe

31 Ein konkretes Wettbewerbsverhältnis liegt zum einen immer dann vor, wenn die Beteiligten um einen **gleichen Abnehmer- bzw. Lieferantenkreis** und auf **demselben sachlichen, räumlichen und zeitlichen Markt** miteinander konkurrieren.[70] Hinsichtlich des gleichen Abnehmer- bzw. Lieferantenkreises ist allerdings nicht erforderlich, dass die genannten Kreise völlig übereinstimmen. Je mehr dies aber der Fall ist, desto eher ist ein Wettbewerbsverhältnis zu bejahen.[71] Dieses wird zumeist dann anzunehmen sein, wenn es sich um Gewerbetreibende handelt, die der **gleichen oder einer verwandten Branche** angehören. Allerdings ist dieser Schluss nicht zwingend, weil die räumliche Entfernung ein Wettbewerbsverhältnis ausschließen kann. Dies gilt insbesondere für Unternehmen, deren Aktionsradius sich auf einen regionalen Bereich beschränkt, wie z.B. Restaurants. Es liegt auf der Hand, dass sich ein Gastwirt in München nicht in Konkurrenz zu einem Gastwirt in Dresden befindet. Die Beurteilung eines konkreten Wettbewerbsverhältnisses richtet sich demnach grundsätzlich nach der Branchennähe. Eine Einschränkung kann somit trotz Branchenidentität dann gelten, wenn keine räumliche Nähe besteht. Aber auch bei der Beantwortung der Frage, ob die Beteiligten auf demselben sachlichen, räumlichen und zeitlichen Markt miteinander konkurrieren, ist eine wirtschaftliche Betrachtungsweise maßgebend[72] und ein großzügiger Maßstab anzulegen. Im Interesse eines wirksamen wettbewerbsrechtlichen Schutzes sind an die Annahme eines konkreten Wettbewerbsverhältnisses aufgrund einer Betätigung auf demselben Markt keine hohen Anforderungen zu stellen.[73]

a) Derselbe sachliche Markt

32 In Anlehnung an das im Kartellrecht entwickelte Bedarfsmarktkonzept[74] ist für die **Bestimmung des sachlich relevanten Marktes** darauf abzustellen, ob sich die von den beteiligten Unternehmen angebotenen Waren oder Dienstleistungen nach ihren Eigenschaften, ihrem Verwendungszweck und ihrer Preislage so nahestehen, dass sie aus der Sicht des verständigen Nachfragers **austauschbar** sind („Substitutionswettbewerb").[75]

33 Für die Annahme eines Wettbewerbsverhältnisses bedarf es allerdings **nicht zwingend einer aktuellen** Wettbewerbsbeziehung, sondern es genügt, dass die in Frage stehenden Unternehmen künftig den gleichen Kundenkreis haben werden. Dementsprechend ist nicht allein auf den bereits bestehenden Abnehmerkreis abzustellen, sondern es sind prognostisch auch **Entwicklungs- und Ausdehnungstendenzen zu berücksichtigen**, das heißt es ist derjenige Kundenkreis einzubeziehen, bei dem sich bei einer nach den Umständen zu erwartenden Ausdehnung des Unternehmens, eine Erweiterung der Produktion oder eine Änderung der Nachfrage möglicherweise ergeben kann.[76]

34 Zudem kann auch zwischen **Unternehmen verschiedener Wirtschaftsstufen** ein konkretes Wettbewerbsverhältnis bestehen. Dies ist immer dann der Fall, wenn ein Hersteller oder Großhändler sich nicht auf eine Wirtschaftsstufe beschränkt, sondern seine Ware di-

---

[70] BGH GRUR 2001, 78 – *Falsche Herstellerpreisempfehlung*.
[71] BGH GRUR 2007, 1079, 1080 – *Bundesdruckerei*; siehe auch Begr. RegE, BT-Drucks. 15/1487, S. 16 (zu § 2 Abs. 1 Nr. 3 UWG); Harte/Henning/*Keller*, UWG, § 2 Rn. 128 ff.
[72] BGH GRUR 1985, 550, 552 – *Dimple*; 2001, 78 – *Falsche Herstellerpreisempfehlung*.
[73] BGH GRUR 1985, 550, 552 – *Dimple*; 2004, 877, 878 – *Werbeblocker*.
[74] Siehe BGHZ 67, 104, 113 ff. – *Vitamin-B 12*; BGH GRUR 1988, 323 – *Gruner + Jahr/Zeit II*.
[75] BGH GRUR 2002, 828, 829 – *Lottoschein*.
[76] BGH GRUR 1955, 342, 344 – *Holländische Obstbäume*; 1961, 535, 537 – *Arko*; 1984, 823 – *Charterfluggesellschaften*; WRP 1993, 396, 397; siehe auch *Beater*, Unlauterer Wettbewerb, § 11 Rn. 44 f.; Fezer/*Fezer*, UWG, § 2 Rn. 108.

rekt an den Endverbraucher absetzt und sich damit in einen unmittelbaren Wettbewerb zum Einzelhändler begibt.[77] Ausreichend ist dabei ein sog. **mittelbares Wettbewerbsverhältnis**. Dieses hat der BGH in der „Underberg"-Entscheidung unter der Voraussetzung bejaht, dass die Kunden eines Gastwirts mittelbar auch Abnehmer der Hersteller von Spirituosen seien und der Absatz der Spirituosenfabrikanten (mittelbar) auch durch wettbewerbswidrige Handlungen des Gastwirts beeinträchtigt werden könnte.[78]

b) Derselbe räumliche Markt

Für die **Abgrenzung des räumlich relevanten Marktes** kommt es darauf an, ob sich die Geschäftstätigkeit der Unternehmen hinsichtlich der von ihnen umworbenen Kunden auf demselben räumlichen Gebiet auswirken kann. Dabei ist es nicht erforderlich, dass sich die Gebiete vollständig decken, sondern es genügt, dass sie sich überschneiden.[79] Der räumlich relevante Markt kann regional begrenzt sein, er kann sich aber auch auf das gesamte Bundesgebiet erstrecken. Die Beurteilung richtet sich nach den besonderen Umständen des Einzelfalls, wobei insbesondere auch die Marktstellung der Beteiligten, die Vertriebsart sowie die Art, die Reichweite und die Dauer der Werbung zu berücksichtigen sind.[80] 35

2. Konkretes Wettbewerbsverhältnis bei Branchenverschiedenheit

Im Zuge einer an den praktischen Bedürfnissen orientierten Ausweitung, bei der die Rechtsprechung ihre Kriterien zwar formal beibehalten, faktisch aber weitgehend aufgegeben hat, wurde anerkannt, dass ein konkretes Wettbewerbsverhältnis auch *ad hoc* zwischen Gewerbetreibenden begründet werden kann, die **ganz verschiedenen Branchen** angehören. Pointierend lässt sich diese Konstellation als „Wettbewerbsverhältnis durch Wettbewerbsverstoß" bezeichnen. Die Begründung des Wettbewerbsverhältnisses koinzidiert gleichsam mit der Bejahung des Rechtsverstoßes. So kann sich ein Wettbewerber zu einem anderen durch die **Art und Weise der Werbung** oder durch **Ausnutzung von Besonderheiten des beiderseitigen Waren- oder Dienstleistungsangebots** in Wettbewerb stellen.[81] Ein konkretes Wettbewerbsverhältnis hat der BGH unter dem Aspekt der **Behinderung** beispielsweise zwischen Blumen- und Kaffeehändlern angenommen, weil diese für Kaffee als Geschenkartikel mit dem Hinweis „statt Blumen ONKO-Kaffee" warben.[82] 36

Ein konkretes Wettbewerbsverhältnis besteht demnach nicht nur dann, wenn zwei Parteien gleichartige Waren oder Dienstleistungen innerhalb desselben Endverbraucherkreises abzusetzen versuchen. Es besteht vielmehr auch dann, wenn zwischen den Vorteilen, die die eine Partei durch eine Maßnahme für ihr Unternehmen oder das eines Dritten zu erreichen sucht, und den Nachteilen, die die andere Partei dadurch erleidet, eine **Wechselwirkung in dem Sinne besteht, dass der eigene Wettbewerb gefördert und der fremde Wettbewerb beeinträchtigt werden kann**.[83] Erforderlich ist aber stets, dass die Parteien in einem 37

---

[77] Siehe BGH GRUR 1999, 69, 70 – *Preisvergleichsliste I*; Begr. RegE, BT-Drucks. 15/1487, S. 16 (zu § 2 Abs. 1 Nr. 3 UWG).
[78] BGH GRUR 1957, 342, 347 – *Underberg*; siehe auch BGH GRUR 2001, 448 – *Kontrollnummernbeseitigung II*.
[79] BGH GRUR 1996, 804, 805 – *Preisrätselgewinnauslobung III*; BGH GRUR 1997, 479, 480 – *Münzangebot*; BGH GRUR 2000, 438, 440 – *Gesetzeswiederholende Unterlassungsanträge*; BGH GRUR 2001, 78 – *Falsche Herstellerpreisempfehlung*.
[80] BGH GRUR 1997, 479, 480 – *Münzangebot*; BGH GRUR 1998, 170 – *Händlervereinigung*; KB/Köhler § 2 Rn 106c.
[81] BGH GRUR 2004, 877, 878 – *Werbeblocker*; vgl. auch BGH GRUR 1988, 453, 454 – *Ein Champagner unter den Mineralwässern*; GRUR 1990, 375, 376 – *Steuersparmodell*.
[82] BGH GRUR 1972, 553 – *Statt Blumen ONKO-Kaffee*.
[83] BGH GRUR 2014, 1114 – *nickelfrei*.

irgendwie gearteten Wettbewerb stehen. Das Lauterkeitsrecht schützt die Interessen der Mitbewerber nicht *per se*, sondern nur, um die wesentlichen Funktionen des Wettbewerbs sicherzustellen. Erforderlich ist daher stets, dass die Interessen der Mitbewerber gerade wegen dem im Wettbewerb bestehenden Konkurrenzdruck gefährdet sind und an die erforderliche wettbewerbstypische Wechselbeziehung der entgegenstehenden Interessen keine zu geringen Anforderungen gestellt werden. Eine bloße Beeinträchtigung oder „Betroffensein" reicht daher zur Begründung eines Wettbewerbsverhältnisses nicht aus, wenn es an jeglichem Konkurrenzmoment im Angebots- oder Nachfragewettbewerb fehlt. Derartige betroffene Interessen können grundsätzlich dem allgemeinen Delikts- bzw. dem Immaterialgüterrecht zugewiesen bleiben. Deshalb steht derjenige, der auf der eigenen Internetseite durch **Werbung für ein anderes Unternehmen** dessen Wettbewerb fördert, allein deshalb noch nicht in einem konkreten Wettbewerbsverhältnis zu einem Mitbewerber des unterstützten Unternehmens.[84] Das gleiche gilt für das Verhältnis zwischen einem Unternehmen und dem Betreiber einer **Internet-Plattform mit kritischen Beiträgen**, selbst wenn diese sich an denselben Interessenkreis richten. Denn die durch die kritischen Beiträge hervorgerufenen Auswirkungen sind mit jedem kritischen Presseartikel über ein Unternehmen verbunden, ohne dass hierdurch ein Wettbewerb zwischen Presseorgan und kritisiertem Unternehmen auf einem bestimmten Markt eröffnet wird.[85] Etwas anderes gilt aber bei **kommerziellen Bewertungsportalen**, wie etwa bei einem Hotelbewertungsportal, wenn durch das Vorhalten von Bewertungen gerade die Attraktivität des Internetangebots für geschäftliche Zwecke, wie etwa zur Generierung von Werbeeinnahmen erhöht werden soll und die Anzeige einer negativen Bewertung eines Hotels auf dem Hotelbewertungsportal geeignet ist, dessen Absatz zu beeinträchtigen.[86]

38 Ausnahmen von dem Erfordernis, dass Mitbewerber in unmittelbarer Konkurrenz stehen, werden von der h.M. also insbesondere dann für erforderlich gehalten, wenn es um Fälle der Herabsetzung (§ 4 Nr. 1 UWG), der Anschwärzung (§ 4 Nr. 2 UWG), der Nachahmung (§ 4 Nr. 3 UWG) oder der Behinderung (§ 4 Nr. 4 UWG) geht.[87] Ein Wettbewerbsverhältnis wurde beispielsweise auch für Fälle der **Rufausbeutung** angenommen, in denen sich der Handelnde ohne eine Kennzeichenverletzung unter wirtschaftlicher Ausnutzung fremden Rufs und Ansehens durch eine Gleichstellungsbehauptung an die Bekanntheit einer wegen ihrer anerkannten Qualität oder Exklusivität besonders geschätzten fremden Ware anhängt und dies für den Absatz seiner nicht konkurrierenden Waren unter gleichzeitiger Beeinträchtigung des Lizenzgeschäfts des Herstellers oder durch eine vergleichbare wirtschaftliche Verwertung des fremden Rufs ausnutzt.[88] Gerade beim Vertrieb von Billigimitationen eines exklusiven Luxusprodukts kann zwar schon wegen des erheblichen Preisunterschieds ein Substitutionswettbewerb ausgeschlossen sein. Gleichwohl trete aber durch die wirtschaftliche Verwertung des Rufs und des Ansehens der Verletzer ungeachtet der Branchenverschiedenheit der Beteiligten faktisch in Konkurrenz zu dem Betroffenen und damit in ein Wettbewerbsverhältnis zu diesem.[89]

III. Unternehmer (§ 2 Abs. 1 Nr. 6 UWG)

39 Unter „Unternehmer" ist gemäß § 2 Nr. 6 UWG jede natürliche oder juristische Person zu verstehen, die geschäftliche Handlungen im Rahmen ihrer gewerblichen, handwerklichen oder beruflichen Tätigkeit vornimmt, und jede Person, die im Namen oder Auftrag einer solchen Person handelt. Erfasst werden auch Handwerker, Landwirte und Freiberufler, wie Ärzte, Apotheker, Rechtsanwälte, Notare, Steuerberater, Architekten, Ingenieure,

---

[84] BGH GRUR 2014, 573 Rn. 19 ff. – *Werbung für Fremdprodukte*.
[85] OLG Frankfurt a.M. BeckRS 2016, 00045.
[86] BGH GRUR 2015, 1129 Rn. 19 – *Hotelbewertungsportal*.
[87] *Köhler*/Bornkamm, UWG, § 2 Rn. 101 ff.
[88] BGH GRUR 1983, 247, 249 – *Rolls-Royce*; 1985, 876 – *Tchibo/Rolex I*.
[89] Ohly/*Sosnitza*, UWG, § 2 Rn. 66.

etc.⁹⁰ Auf eine Gewinnerzielungsabsicht kommt es nicht an. Auch gemeinnützige Vereine oder Einrichtungen der öffentlichen Hand, wie gemeindliche Eigenbetriebe, die gegen Entgelt Leistungen erbringen, sind Unternehmer, sofern Letztere nicht ausschließlich öffentlich-rechtlich organisiert sind.⁹¹ Unternehmereigenschaften weisen auch die gesetzlichen Vermögensverwalter wie die Insolvenz-, Zwangs-, Nachlassverwalter und Testamentsvollstrecker auf, die ein Unternehmen verwalten.

Während bis zum Ersten Gesetz zur Änderung des Gesetzes gegen den unlauteren Wettbewerb hinsichtlich des Unternehmerbegriffs noch auf § 14 BGB verwiesen wurde, hielt man die bürgerlich-rechtliche Definition nicht mehr völlig mit der maßgeblichen Regelung in Art. 2 lit. b UGP-Richtlinie für vereinbar, die vom Begriff des Gewerbetreibenden ausgeht. Ein Gewerbetreibender ist demnach „jede natürliche oder juristische Person, die im Geschäftsverkehr im Sinne dieser Richtlinie im Rahmen ihrer gewerblichen, handwerklichen oder beruflichen Tätigkeit handelt, und jede Person, die im Namen oder Auftrag des Gewerbetreibenden handelt". Von der Übernahme des Begriffs des „Gewerbetreibenden" wurde deshalb abgesehen, weil die Definition auch handwerkliche und berufliche Tätigkeiten abdecken soll.⁹² Kritisiert wurde allerdings zu Recht, dass in der Regelung nur noch von natürlichen und juristischen Personen die Rede ist, so dass die der **Rechtsfähigkeit nur angenäherten Personengesellschaften** (OHG, KG, §§ 105, 124, 161 HGB) dem Wortlaut nach im Gegensatz zu § 14 Abs. 2 BGB nicht erfasst werden.⁹³ Allerdings wird man in unionsrechtlicher Auslegung des Art. 2 lit. b UGP-Richtlinie auch diese Gesellschaften unter einen weiter verstandenen Begriff der juristischen Person subsumieren können.⁹⁴ Als problematisch wird es darüber hinaus zu Recht angesehen, dass mit der **Einbeziehung von Personen, „die im Namen oder Auftrag" des** Unternehmers handeln, Hilfspersonen nunmehr zu Unternehmern erklärt werden, die nach dem bisherigen Verständnis nicht unternehmerisch tätig sind, wie z.B. Mitarbeiter.⁹⁵ Auch wenn damit nicht unbedingt eine Ausweitung der wettbewerbsrechtlichen Verantwortlichkeit verbunden sein muss, da auch nach bisherigem Recht ein Mitarbeiter selbst Täter sein konnte, wenn er zugunsten eines fremden Unternehmens iSv. Abs. 1 Nr. 1 handelt, so wird durch die Abweichung vom Zivilrecht eine begriffliche Unklarheit erzeugt.⁹⁶ Für eine begriffliche Ausweitung besteht auch kein Anlass, da nach deutschem Recht eine entsprechende Zurechnung bereits über § 8 Abs. 2 erfolgt und der Referentenentwurf⁹⁷ deshalb auch zu Recht keinen Umsetzungsbedarf sah.⁹⁸ Es zeigt sich einmal mehr, dass die nahezu wortgetreue Übernahme von Vorgaben der UGP-Richtlinie zu Disharmonien im nationalen Recht führen kann.

IV. Unternehmerische Sorgfalt (§ 2 Abs. 1 Nr. 7 UWG)

Nach § 2 Abs. 1 Nr. 7 UWG ist unter dem Begriff der „unternehmerischen Sorgfalt" der „Standard an Fachkenntnissen und Sorgfalt" zu verstehen, „von dem billigerweise angenommen werden kann, dass ein Unternehmer ihn in seinem Tätigkeitsbereich gegen-

---

⁹⁰ BGH GRUR 1972, 709 – *Patentmark*; BGH GRUR 1987, 241 – *Arztinterview*; BGH GRUR 1993, 675, 676 – *Kooperationspartner*.
⁹¹ Palandt/*Ellenberger*, BGB, § 14 BGB Rn 2.
⁹² Begr. RegE, BT-Drucks. 16/10145, 21.
⁹³ So *Sosnitza*, WRP 2008, 1014, 1015.
⁹⁴ Ebenda.
⁹⁵ *Sosnitza*, WRP 2008, 1014, 1015 f.
⁹⁶ *Sosnitza*, a.a.O., 1016.
⁹⁷ Referentenentwurf für ein Erstes Gesetz zur Änderung des Gesetzes gegen den unlauteren Wettbewerb des BMJ vom 27.7.2007, S. 15 f.
⁹⁸ *Sosnitza*, WRP 2008, 1014, 1016.

über Verbrauchern nach Treu und Glauben unter Berücksichtigung der anständigen Marktgepflogenheiten einhält". Diese Definition ist an Art. 2 lit. h der UGP-Richtlinie angelehnt, wobei aber zunächst der Begriff „berufliche Sorgfalt" durch „fachliche Sorgfalt" ersetzt wurde, da ein Beruf nach den Begriffsbestimmungen des deutschen Rechts nur von einer natürlichen Person ausgeübt werden kann, die Sorgfaltspflichten im Sinne der Richtlinie aber auch juristische Personen treffen sollen.[99] Seit dem Zweiten Änderungsgesetz von 2015 wird nun der Begriff der „unternehmerischen Sorgfalt" verwendet. Inhaltlich ist die Anknüpfung an den Standard an Fachkenntnissen und die Sorgfalt eines Unternehmers kaum ergiebig.[100] Konkretisiert wird das Gebot der unternehmerischen Sorgfalt durch gesetzliche Regelungen für das Verhalten des Unternehmers gegenüber Verbrauchern, wie etwa Belehrungs- und Informationspflichten (z.B. §§ 312a Abs. 2, 312d BGB) oder auch durch die Richtlinie 93/13/EWG über missbräuchliche Klauseln in Verbraucherverträgen.[101]

V. Wesentliche Beeinflussung (§ 2 Abs. 1 Nr. 8 UWG)

42   Mit dem Änderungsgesetz von 2015 neu aufgenommen wurde ferner die Definition der wesentlichen Beeinflussung, wie sie durch Art. 2 lit. e UGP-Richtlinie vorgegeben ist. Danach ist wesentliche Beeinflussung des wirtschaftlichen Verhaltens des Verbrauchers „die Vornahme einer geschäftlichen Handlung, um die Fähigkeit des Verbrauchers, eine informierte Entscheidung zu treffen, spürbar zu beeinträchtigen und damit den Verbraucher zu einer geschäftlichen Entscheidung zu veranlassen, die er andernfalls nicht getroffen hätte." Damit wird insbesondere die Verbrauchergeneralklausel in § 3 Abs. 2 UWG näher konkretisiert.

VI. Geschäftliche Entscheidung (§ 2 Abs. 1 Nr. 9 UWG)

43   Ebenfalls durch das Änderungsgesetz von 2015 neu aufgenommen wurde die Definition der „geschäftlichen Entscheidung". Dabei handelt es sich um einen Schlüsselbegriff des Verbraucherschutzes, der für die richtlinienkonforme Anwendung der §§ 3 Abs. 2, 4a und 5a UWG maßgeblich ist. Die Definition ist weitgehend an Art. 2 lit. k der UGP-Richtlinie angelehnt. Allerdings wurde die Definition in Entsprechung des Art. 2 lit. c der Richtlinie über den Begriff des „Produkts" hinaus auf „Waren oder Dienstleistungen" ausgedehnt. Zudem wird in Abweichung von der Richtlinie nicht von der Tätigung eines Kaufs gesprochen, sondern der umfassendere Begriff des Geschäftsabschlusses verwendet. Erfasst wird aber ausdrücklich nicht nur jede Entscheidung darüber, ob, wie und unter welchen Bedingungen ein Geschäft abgeschlossen werden soll, sondern auch, ob, wie und unter welchen Bedingungen eine Zahlung geleistet, eine Ware oder Dienstleistung behalten oder abgegeben oder ein vertragliches Recht im Zusammenhang mit einer Ware oder Dienstleistung ausgeübt werden soll.

---

[99] BT-Drs. 16/10 145, S. 21 f.
[100] Siehe unten § 6 Rn. 3 f.; krit. auch *Glöckner*, Europäisches Lauterkeitsrecht, 2006, S. 74 f.; *Sosnitza*, WRP 2008, 1014, 1018.
[101] EuGH GRUR 2012, 636 Rn. 37 ff. – *Perenicová und Perenic/SOS*.

VII. Verbraucher (§ 2 Abs. 2 UWG)

Für den Begriff des „**Verbrauchers**" verweist § 2 Abs. 2 UWG auf § 13 BGB. Danach ist Verbraucher „jede natürliche Person, die ein Rechtsgeschäft zu einem Zweck abschließt, der weder ihrer gewerblichen noch ihrer selbstständigen beruflichen Tätigkeit zugerechnet werden kann". Diese Definition knüpft jedoch ersichtlich an Verbraucherdefinitionen in vertragsbezogenen Richtlinien an, wohingegen das Lauterkeitsrecht nicht nur bereits abgeschlossene Verträge mit Verbrauchern erfasst, sondern vor allem geschäftliche Handlungen, die den Verbraucher zum Abschluss eines Vertrages erst bewegen sollen. Zu berücksichtigen ist im Rahmen der gebotenen richtlinienkonformen Auslegung daher auch die Definition in Art. 2 lit. a UGP-Richtlinie. Verbraucher ist danach „jede natürliche Person, die im Geschäftsverkehr zu Zwecken handelt, die nicht ihrer gewerblichen, handwerklichen oder beruflichen Tätigkeit zugerechnet werden können". Allerdings ist in Anknüpfung an den Wortlaut des § 13 BGB davon auszugehen, dass unter „beruflicher Tätigkeit" nur die selbstständige berufliche Tätigkeit zu verstehen ist, weil andernfalls der unselbständig beruflich Tätige als Gewerbetreibender i.S.v. Art. 2 lit. b UGP-Richtlinie behandelt werden müsste.[102]

44

Hinsichtlich des für die Beurteilung einer Wettbewerbshandlung maßgeblichen **Verbraucherleitbilds**[103] geht der EuGH von einem „normalinformierten und angemessen aufmerksamen und verständigen Durchschnittsverbraucher" aus. Dabei kommt es nicht ohne weiteres auf das Durchschnittsverständnis der gesamten Verbraucherschaft an, sondern auf die Besonderheiten der als Adressaten angesprochenen Verkehrskreise, d.h. deren soziale, kulturelle und sprachliche Eigenheiten, die Art und Bedeutung des beworbenen Produkts für den angesprochenen Verkehr oder auf die Umstände, die die geschäftliche Handlung begleiten.[104] Auch nach der Rechtsprechung des BGH ist das Leitbild des „durchschnittlich informierten, situationsadäquat aufmerksamen und verständigen Verbrauchers" maßgebend.[105]

45

---

[102] *Köhler*/Bornkamm, UWG, § 2 Rn. 134.
[103] Siehe unten § 6 Rn. 8 ff.
[104] EuGH GRUR 2007, 69 Rn. 78 – *Lidl Belgium*; 2011, 159 Rn. 47 – *Lidl/Vierzon*.
[105] BGH GRUR 2010, 161 Rn. 20 – *Gib mal Zeitung*; 2012, 184 Rn. 19 – *Branchenbuch Berg*.

§ 5. Die allgemeine Generalklausel nach § 3 Abs. 1 UWG

Inhaltsübersicht

	Rn.
A. Inhalt und Zweck der Vorschrift	1
B. Verhältnis zu § 3 Abs. 2 und 3 UWG und zu §§ 3a ff. UWG	5
C. Praktische Bedeutung der Generalklausel	8
D. Unlautere geschäftliche Handlung	10
E. Spürbarkeit	14
F. Anwendungsfälle für einen Rückgriff auf § 3 Abs. 1 UWG	18

Schrifttum: *Beater*, Schutzzweckdenken im Recht gegen den unlauteren Wettbewerb, JZ 1997, 916; *ders.*, Generalklauseln und Fallgruppen, AcP 194 (1994), 82; *Berlit*, Das neue Gesetz gegen den unlauteren Wettbewerb: Von den guten Sitten zum unlauteren Verfälschen, WRP 2003, 563; *Brechmann*, Die richtlinienkonforme Auslegung, 1994; *Canaris*, Die richtlinienkonforme Auslegung und Rechtsfortbildung im System der juristischen Methodenlehre, FS Bydlinski, 2002, 47; *van Dorp*, Die Erfassung von Beeinträchtigungen des Wettbewerbs als unlauterer Wettbewerb nach § 1 UWG, Rechtswissenschaftliche Forschung und Entwicklung, München (VVF) 1993; *Dröge*, Lauterkeitsrechtliche Generalklauseln im Vergleich, 2007; *Fezer*, Das wettbewerbsrechtliche Vertragsauflösungsrecht in der UWG-Reform, WRP 2003, 127; *Glöckner*, Richtlinienvorschlag über unlautere Geschäftspraktiken, deutsches UWG oder die schwierige Umsetzung von europarechtlichen Generalklauseln, WRP 2004, 936; *ders.*, Über die Schwierigkeit, Proteus zu beschreiben – die Umsetzung der Richtlinie über unlautere Geschäftspraktiken in Deutschland, GRUR 2013, 224; *Gröning*, Notwendigkeit und Spielräume einer Reform von § 1 UWG, WRP 1996, 1135; *Hefermehl*, Die Konkretisierung der wettbewerbsrechtlichen Generalklausel durch Rechtsprechung und Lehre, FS Gewerblicher Rechtsschutz und Urheberrecht in Deutschland, 1991, 897; *Heermann*, Die Erheblichkeitsschwelle iSd. § 3 UWG-E, GRUR 2004, 94; *Helm*, Die Bagatellklausel im neuen UWG, FS Bechtold, 2006, 155; *ders.*, Die Bagatellklausel im neuen UWG, FS Bechtold, 2006, 155; *Köhler*, Grenzstreitigkeiten im UWG – Zum Anwendungsbereich der Verbotstatbestände des § 3 Abs. 1 UWG und des § 3 Abs. 2 S. 1 UWG, WRP 2010, 1293; *ders.*, Zur „geschäftlichen Relevanz" unlauterer geschäftlicher Handlungen, WRP 2014, 259; *Koppensteiner*, Sittenwidrigkeit und Wettbewerbswidrigkeit, WBl. 1995, 1; *Mayer-Maly*, Was leisten die guten Sitten?, AcP 194 (1994), 105; *Ohly*, Richterrecht und Generalklausel im Recht des unlauteren Wettbewerbs, 1997; *Sack*, Die lückenfüllende Funktion der Generalklausel des § 3 UWG, WRP 2005, 531; *Schachtschneider*, Das Sittengesetz und die guten Sitten, FS W. Thieme, 1993, 195; *Scherer*, Die „Verbrauchergeneralklausel" des § 3 Abs. 2 S. 1 UWG – eine überflüssige Norm, WRP 2010, 586; *Schmidt*, Unlauter und darüber hinaus ..., GRUR 2009, 353; *Schöttle*, Aus eins mach zwei – die neuen Generalklauseln im Lauterkeitsrecht, GRUR 2009, 546; Schünemann, Generalklausel und Regelbeispiele, JZ 2005, 271; *Schricker*, Gesetzesverletzung und Sittenverstoß, 1970; *Schünemann*, Generalklausel und Regelbeispiele, JZ 2005, 271; *Sosnitza*, Wettbewerbsbeschränkungen durch die Rechtsprechung, 1995; *Tilmann*, Das UWG und seine Generalklausel, GRUR 1991, 796; *v. Ungern-Sternberg*, Wettbewerbsbezogene Anwendung des § 1 UWG und normzweckgerechte Auslegung der Sittenwidrigkeit, FS Erdmann, 2002, 741; *Weber*, Einige Gedanken zur Konkretisierung von Generalklauseln durch Fallgruppen, AcP 192 (1992), 516.

A. Inhalt und Zweck der Vorschrift

1   Nach § 3 Abs. 1 UWG sind unlautere geschäftliche Handlungen unzulässig. § 3 Abs. 1 UWG besitzt damit zwei Tatbestandsmerkmale. Erforderlich ist erstens eine geschäftliche Handlung i.S.d. § 2 Abs. 1 Nr. 1 UWG, die zweitens unlauter ist. Das bis zur UWG-Reform von 2015 zusätzliche Spürbarkeitserfordernis, wonach die geschäftliche Handlung auch geeignet sein musste, die Interessen von Mitbewerbern, Verbrauchern oder sonstigen Marktteilnehmern spürbar zu beeinträchtigen, wurde gestrichen.

2   Als allgemeine Generalklausel bildet die Vorschrift das **Herzstück des Wettbewerbsrechts**, auf die bis auf § 3 Abs. 3 UWG und § 7 UWG alle speziellen materiell-rechtlichen Regelungen rekurrieren. Im Zentrum dieser Generalklausel und damit des gesamten Wettbewerbsrechts steht der unbestimmte und daher konkretisierungsbedürftige Rechtsbegriff der „Unlauterkeit". Er ist an die Stelle der nach der früheren Generalklausel des § 1 UWG von 1909 maßgeblichen „Sittenwidrigkeit" getreten.

3   Die Rolle, die so weit gefasste Generalklauseln wie § 3 Abs. 1 UWG bei der Rechtsanwendung spielen, ist ambivalent. Es wird zu Recht von „Glanz und Elend der Generalklauseln" gesprochen. Licht und Schatten liegen dicht beieinander und bedingen sich gegenseitig. Zum einen ist mit so weiten und unbestimmten Begriffen wie „Unlauterkeit" zwangsläufig eine **erhebliche Rechtsunsicherheit** verbunden, weil sich kaum abschätzen lässt, auf welche konkreten Maßnahmen sich der Richter im Einzelfall stützen kann und zu welchen Entscheidungen er gelangen wird. Zum anderen ist es gerade die mit der Unbestimmtheit einhergehende **Offenheit und Flexibilität**, die eine schnelle Anpassung an veränderte Umstände ermöglicht und deshalb für eine bessere Einzelfallgerechtigkeit sorgen kann als Spezialtatbestände. Diese werden gerade in Bereichen, die durch die schnelllebige technische und wirtschaftliche Entwicklung beeinflusst oder gar geprägt werden, überholt, weil der Gesetzgeber unmöglich in der Lage ist, alle künftigen Veränderungen und Konflikte vorherzusehen.

4   Damit überträgt der Gesetzgeber *de facto* Regelungskompetenzen auf die Rechtsprechung, die im Anwendungsbereich der Generalklausel vorläufig oder endgültig an die Stelle des Gesetzgebers tritt. Der Richter wird nicht nur zur Rechtsetzung im Einzelfall ermächtigt, sondern entwickelt im Wege der Fallgruppenbildung über den Einzelfall hinausreichende, allgemein gültige Verhaltensnormen. Diese gewinnen eine Verbindlichkeit, die gesetzlichen Normen zumindest sehr nahe kommt. Es wird ein Prozess der fortschreitenden Entstehung von Rechtssicherheit in Gang gesetzt, der das Generalklauseln naturgemäß anhaftende Manko der Rechtsunsicherheit ganz erheblich abmildert. Die unvermeidliche Vermischung der Kompetenzen der Legislative und der Judikative ist unter dem Aspekt der Gewaltenteilung unbedenklich;[1] aus praktischer Sicht ist sie sogar vorteilhaft[2] und geradezu wünschenswert. Angesichts der sich stetig verschlechternden Qualität gesetzlicher Regelungen, die zum Teil grobe handwerkliche Fehler aufweisen, führen richterliche Entscheidungen auf der Grundlage von Generalklauseln zu (sach-)gerechteren Ergebnissen als gesetzliche Spezialtatbestände. Deren Unzulänglichkeiten erzeugen häufig mehr Streitfragen und unbedachte Rechtsschutzlücken als weit gefasste unbestimmte Rechtsbegriffe. Die Methode der Generalklausel führt zu einer Konvergenz mit dem auf dem *case law* beruhenden *common law*-System, das sich von vornherein auf das Verständnis gründet, dass der Richter im Gegensatz zum Modell der *civil code*-Systeme nicht „*mouth piece*" des Gesetzgebers, sondern „*law maker*" ist. Paradoxerweise steht man aber gerade im

---

[1] Siehe BVerfGE 32, 311, 317 – *Grabsteinaufträge III*.
[2] Siehe *Beater*, AcP 194 (1994), 82, 85 ff.

englischen *common law* der Anerkennung von Rechtsgrundsätzen mit generalklauselhafter Weite oder gar der Einführung gesetzlicher Generalklauseln wegen des damit vermeintlich verbundenen Machtzuwachses des Richters äußerst skeptisch gegenüber.[3]

B. Verhältnis zu § 3 Abs. 2 und 3 UWG und zu §§ 3a ff. UWG

§ 3 UWG enthält in seinen drei Absätzen **drei Tatbestände** von unzulässigen geschäftlichen Handlungen.[4] In Absatz 1 findet sich zunächst als Herzstück des UWG eine allgemeine Generalklausel, wie sie im Wesentlichen bereits dem UWG von 1909 zu Grunde lag. In Absatz 2 ist mit der UWG-Reform von 2008 eine zweite Generalklausel für geschäftliche Handlungen gegenüber Verbrauchern aufgenommen worden, die der Umsetzung des Art. 5 Abs. 2 und 3 der UGP-Richtlinie dient. Der Umsetzung der UGP-Richtlinie dient schließlich auch der dritte Verbotstatbestand in § 3 Abs. 3 UWG. Danach sind die im Anhang zum UWG aufgeführten geschäftlichen Handlungen gegenüber Verbrauchen „stets unzulässig". Daneben ist außerhalb des § 3 UWG in § 7 UWG im Hinblick auf unzumutbare Belästigungen ein weiterer selbständiger Verbotstatbestand geregelt.

Da **§ 3 Abs. 3 UWG** einen gegenüber den Absätzen 1 und 2 spezielleren Tatbestand darstellt, geht er diesen vor. Demgegenüber war das Verhältnis **zwischen den Absätzen 1 und 2**, also der allgemeinen Generalklausel und der Verbrauchergeneralklausel, untereinander und zu den Beispielstatbeständen bis zum Änderungsgesetz von 2015 heftig umstritten. Schwierigkeiten bereitete vor allem der Umstand, dass § 3 Abs. 1 UWG a. F. ausdrücklich auch die Verbraucher erfasste und daher ein Rückgriff auf die allgemeine Generalklausel auch dann möglich schien, wenn die strengeren Voraussetzungen in der Verbrauchergeneraklausel nicht erfüllt waren, was wiederum nicht den Vorgaben der UGP-Richtlinie entsprochen hätte. Diesen Unklarheiten wollte der Gesetzgeber mit der Novelle von 2015 begegnen. Indem nun in § 3 Abs. 1 UWG n. F. weder die Verbraucherinteressen noch weitere Unzulässigkeitsvoraussetzungen, wie insbesondere das Spürbarkeitserfordernis, genannt sind, kann die Vorschrift nur noch als **Rechtsfolgenregelung** für die im UWG geregelten Sondertatbestände und als **allgemeiner Auffangtatbestand** für geschäftliche Handlungen mit vergleichbarem Unlauterkeitsgehalt aufgefasst werden, der aber nur **außerhalb des Anwendungsbereichs der UGP-Richtlinie** greift.[5] Daraus folgt, dass zunächst die Sondertatbestände in §§ 3a ff. UWG (ggf. i. V. m. § 3 Abs. 2 UWG) zu prüfen sind. Ist eines dieser Tatbestände erfüllt, ergibt sich aus § 3 Abs. 1 lediglich die Rechtsfolge. Weitere Unzulässigkeitsvoraussetzungen aus § 3 Abs. 1 UWG sind, abgesehen vom Vorliegen einer geschäftlichen Handlung als eine Grundvoraussetzung für die Anwendbarkeit des UWG, nicht mehr zu prüfen. Greift keiner der Sondertatbestände, ist entscheidend ob die fragliche geschäftliche Handlung in den Anwendungsbereich der UGP-Richtlinie fällt, d. h. ob es um den **Schutz der Entscheidungsfreiheit der Verbraucher vor einer unlauteren Beeinflussung** geht. In diesem Fall ist allein § 3 Abs. 2 UWG einschlägig. Die Anwendung des § 3 Abs. 1 UWG ist dann ausgeschlossen.

Bis zur Novelle von 2015 wurde zum Teil angenommen, dass die allgemeine Generalklausel des Abs. 1 im Verhältnis von Unternehmen untereinander eingreife, während die Verbrauchergeneralklau-

---

[3] Siehe dazu *Ohly*, Richterrecht und Generalklausel im Recht des unlauteren Wettbewerbs, 1997, passim.
[4] In ursprünglichen Referentenentwurf zur UWG-Novelle von 2015 war in Abs. 4 noch eine spezielle Mitbewerberschutzklausel vorgesehen, vgl. GRUR 2014, 1180.
[5] Vgl. Begr. des Rechtsausschusses BT-Drucks. 18/6571, 14 f.

sel im Verhältnis von Unternehmen zu Verbrauchern heranzuziehen sei.[6] Demgegenüber vertraten andere, dass der Tatbestand des Abs. 2 Satz 1 UWG a.F. keine eigenständige Bedeutung habe[7] und daher zu ignorieren sei.[8] Schließlich wurde vertreten, dass § 3 Abs. 2 UWG a.F. nur solche Handlungen erfasse, die weder zu den irreführenden noch zu den aggressiven Geschäftspraktiken i.S.d. Artt. 5 Abs. 4, 6–9 UGP-Richtlinie gehören. Denn sei zu berücksichtigen, dass mit § 3 Abs. 2 UWG a.F. allein die Generalklausel des Art. 5 Abs. 2 UGP-Richtlinie umgesetzt werden sollte. Diese erstrecke sich aber nicht auf die in der Richtlinie geregelten Fälle der irreführenden und aggressiven Geschäftspraktiken, weil die diesbezüglichen Tatbestände jeweils eigene und sich von Art. 5 Abs. 2 UGP-Richtlinie nicht unwesentlich unterscheidende „Relevanzklauseln" aufwiesen.[9] Nach dieser Ansicht sollten die §§ 4 bis 6 UWG a.F. allein die Generalklausel des § 3 Abs. 1 UWG konkretisieren. Da die Bestimmung des § 3 Abs. 2 UWG a.F. eine viel präzisere Umsetzung des Art. 5 Abs. 2 UGP-Richtlinie darstelle, sei sie aber keineswegs überflüssig. Hinsichtlich der zuletzt genannten Ansicht erschien aber bereits zweifelhaft, dass sich Art. 5 Abs. 2 UGP-Richtlinie nicht auf die in der Richtlinie geregelten Fälle der irreführenden und aggressiven Geschäftspraktiken erstrecken soll. Zwar enthalten diese Vorschriften eigenständige Kriterien, so dass die Voraussetzungen der Generalklausel bei Eingreifen der spezielleren Regelungen nicht zusätzlich zu prüfen sind.[10] Allerdings spricht dies nicht zwingend gegen eine Konkretisierung der Generalklausel durch die nachfolgenden Sondertatbestände, weil es nicht ungewöhnlich ist, dass die Prüfung der allgemeinen Grundvorschrift durch die vorrangige Anwendung der sie konkretisierenden Sondertatbestände überflüssig wird. Im Übrigen ergibt sich auch aus Erwägungsgrund 13 der UGP-Richtlinie, dass das generelle Verbot des Art. 5 Abs. 2 durch die Regeln über die irreführenden und die aggressiven Geschäftspraktiken „konkretisiert" wird. Aber auch bezüglich der zuerst genannten Ansicht erschien fraglich, ob die UGP-Richtlinie dazu zwingt, die grundlegende Systematik des UWG strikt danach auszudifferenzieren, ob Verbraucher- oder Mitbewerberinteressen betroffen sind bzw. ob der Harmonisierungsbereich der UGP-Richtlinie berührt ist oder nicht. Zweifelsohne müssen bei der Ausfüllung der Generalklauseln und der Anwendung der einzelnen Beispielstatbestände die Vorgaben der Richtlinie beachtet werden. Im Übrigen stand es dem nationalen Gesetzgeber aber frei, bei der Umsetzung dieser Vorgaben an bewährten Strukturen festzuhalten. Insofern erscheint es nicht fernliegend, dass der Gesetzgeber in Ausnutzung dieses Gestaltungsspielraums durch die Formulierung „jedenfalls" in § 3 Abs. 2 UWG ganz bewusst eine Aufspaltung des Lauterkeitsrechts im Sinne einer strikten „Zweigleisigkeit" vermeiden wollte. Es erschien daher mit der Richtlinie vereinbar, wenn zu Gunsten der Rechtsklarheit § 3 Abs. 2 UWG a.F. lediglich einen Mindeststandard enthielt, der im Anwendungsbereich der UGP-Richtlinie zusätzlich zu beachten war.[11] Letztlich hielt sich die praktische Relevanz dieses Streits ohnehin in Grenzen. Denn die in § 3 Abs. 2 UWG genannten Kriterien sind entweder solche, die auch im Rahmen des § 3 Abs. 1 UWG beachtet werden müssen, wie etwa im Hinblick auf den „Durchschnittsverbraucher" oder die Beeinflussung der geschäftlichen Entscheidung, oder es sind solche, die mangels konkreter Aussagekraft nichts Neues zur Bestimmung der Unlauterkeit beizutragen haben, wie etwa im Hinblick auf die fachliche (bzw. unternehmerische) Sorgfalt.

C. Praktische Bedeutung der Generalklausel

8   Der Generalklausel in § 3 Abs. 1 UWG kommt wegen der konkretisierenden Tatbestände in §§ 3a – 6 UWG nur eine **Auffangfunktion** zu. Die praktische Bedeutung dieser Auffangfunktion wird von vielen für gering erachtet. Die ausdifferenzierte Regelungssystematik des neuen UWG mache es ganz allgemein erforderlich, die Auffangfunktion der

---

[6] Fezer/*Fezer*, UWG § 3 Rn. 31 ff., *ders.*, WRP 2010, 677, 683; Götting/Nordemann/*Wirtz*, UWG, § 3 Rn. 15; vgl. auch Ohly/*Sosnitza*, UWG, § 3 Rn. 70 („in der Regel").
[7] Harte/Henning/*Podszun*, § 3 Rn. 8.
[8] *Scherer*, WRP 2010, 586, 592.
[9] *Köhler*/Bornkamm, UWG, § 3 Rn. 8.
[10] *EuGH*, WRP 2014, 38 Rn. 35 ff. – *CHS Tour Services*.
[11] Vgl. auch Harte/Henning/*Podszun*, UWG, § 3 Rn. 48 m.V.a. *OLG München*, GRUR-RR 2010, 53, 56 sowie *Glöckner*, GRUR 2013, 224, 234.

Generalklausel auf „besonders gravierende Fälle" und auf eine „unabweisbare Lückenschließung in Extrem- bzw. Evidenzfällen" zu begrenzen.[12]

Es erscheint aber äußerst fraglich, was unter solchen „Extrem- und Evidenzfällen" zu verstehen ist und wie diese zu bestimmen sein sollen. Zu beachten ist vielmehr, dass es nach wie vor zu den Aufgaben des Lauterkeitsrechts gehören muss, **auch außerhalb der gesetzlich normierten Fallgruppen liegendes Marktverhalten im Lichte neuer ökonomischer Entwicklungen** in den Blick zu nehmen und im Rahmen der lauterkeitsrechtlichen Generalklausel auf seine Marktkonformität hin zu überprüfen. Es stimmt daher bedenklich, wenn in der rechtswissenschaftlichen Literatur bisweilen der Eindruck entsteht, dass dem Gesetzgeber die Rechtsentwicklung im Lauterkeitsrecht weitgehend abgeschlossen erschien und durch die Kodifizierung einzelner Fallgruppen der Rechtsprechung für die weitere Fortentwicklung und die künftige Erfassung bislang unberücksichtigter Wettbewerbsmethoden enge Grenzen gesetzt werden sollten. Seit dem UWG von 1909 gehört es zu den bewährten und anerkannten Vorzügen des deutschen Lauterkeitsrechts, mit einer **flexiblen Generalklausel** auch bislang unbekannte Erscheinungsformen unlauteren Handelns, wie sie ein freier Wettbewerb stets aufs Neue hervorbringen wird, angemessen erfassen zu können. Zweck der Beispielstatbestände war es ausdrücklich, dem bis dahin primär durch ungeschriebenes Richterrecht geprägten Lauterkeitsrecht ein erhöhtes Maß an Transparenz und Rechtssicherheit zu geben und die durch die Rechtsprechung gefundenen Ergebnisse als *Mindestschutz* festzuschreiben, ohne aber dabei die Vorteile einer Generalklausel aufzugeben.[13] Jeder Anschein, die zur Unlauterkeit führenden Fallkonstellationen seien im Wesentlichen erschöpfend gesetzlich fixiert, würde geradezu einer Einladung gleichkommen, gezielt nach gesetzlichen Lücken zu suchen und diese im Wettbewerb auszunutzen. Entsprechend darf dem Gesetzgeber nicht unterstellt werden, er habe gleichwohl alle denkbaren Erscheinungsformen innerhalb einer Fallgruppe im Blick gehabt und den Wettbewerbern das Nichtbestehen von etwaigen Gesetzeslücken gleichsam als Wette angeboten, um die findigen Wettbewerber am Ende gewähren zu lassen. Allein in diesem Sinne versteht es sich, wenn etwa in der Gesetzesbegründung der nicht abschließende Charakter der Vorschrift betont wird.[14] Vor diesem Hintergrund darf zumindest für Fallkonstellationen, die weder im Gesetzeswortlaut noch in der Gesetzesbegründung erwähnt sind, nicht vorschnell auf die Unzulässigkeit des Rückgriffs auf die Generalklausel geschlossen werden. Will man den Sinn und Zweck der lauterkeitsrechtlichen Generalklausel nicht aushöhlen, so wird man vom Gesetzgeber deutlichere Vorgaben für die Unzulässigkeit des Rückgriffs verlangen müssen.

D. Unlautere geschäftliche Handlung

Während der Begriff der „geschäftlichen Handlung" in § 2 Nr. 1 UWG legaldefiniert ist, findet sich für den Begriff der „Unlauterkeit" keine gesetzliche Definition. Er wird vielmehr durch die Sondertatbestände der §§ 3a – 6 UWG konkretisiert. Im Übrigen ist es Aufgabe der Rechtsprechung, den Begriff durch neue Fallgruppen weiter zu konturieren. Die Frage, wie dies zu geschehen hat, ist aber bis heute nicht befriedigend beantwortet. Ei-

---

[12] *Schünemann*, WRP 2004, 925, 928; ähnlich *Plaß* in Heidelberger Kommentar zum Wettbewerbsrecht, § 3 Rn. 6; Harte/Henning/*Podszun*, UWG, § 3 Rn. 78 ff.
[13] Vgl. den Gesetzesentwurf zum UWG, BT Drucks. 15/1487 S. 7, 13; *Schröer*, Der unmittelbare Leistungsschutz, S. 331.
[14] Siehe z. B. BT Drucks. 15/1487 S. 7, 18.

nigkeit besteht zunächst darüber, dass eine Abwägung der durch die geschäftliche Handlung berührten Interessen erforderlich ist. Ausgangspunkt bildet mittlerweile die Überlegung, dass der für das Verständnis des Wettbewerbsrechts maßgebliche Begriff der „Unlauterkeit" ein **funktionsbestimmter Rechtsbegriff** ist. Das heißt die Generalklausel ist anhand von **wettbewerbsbezogenen Wertungen** auszufüllen, die in erster Linie aus dem Schutzzweck des Gesetzes und der Grundrechte abzuleiten sind.[15] Es mehren sich aber auch die Stimmen, die darüber hinaus an die Erkenntnisse der Wirtschaftswissenschaften anknüpfen wollen.[16] Referenzsystem für die Konkretisierung der Generalklausel könne im Sinne eines **funktionalen Verständnisses** allein das nach der Rechts- und Wirtschaftsordnung konstituierte **System unverfälschten Wettbewerbs** sein.[17]

11 Dieses funktionale Verständnis ist das Ergebnis eines langwierigen und schwierigen Entwicklungsprozesses. Am Beginn der Rechtsprechung zur früheren Generalklausel des § 1 UWG von 1909, die statt auf die „Unlauterkeit" auf die „guten Sitten" abstellte, stand eine an ethisch-moralischen Wertvorstellungen orientierte Grundauffassung. Als Vorbild diente dabei § 826 BGB. Die zum Bürgerlichen Recht entwickelten Grundsätze wurden kurzerhand auf das UWG übertragen. Aus den Motiven zum BGB[18] wurde die sog. Anstandsformel übernommen. Danach bildete „das Anstandsgefühl aller billig und gerecht Denkenden" den normativen Maßstab.[19] Diese stark moralisierende Definition der Sittenwidrigkeit ist im Laufe der Zeit immer stärker ins Kreuzfeuer der Kritik geraten. Bereits auf semantischer Ebene wurden Einwände gegen die Verknüpfung von „Gefühl" und „Denkenden" erhoben. Unklar ist, wer zu der „erlauchten Schar"[20] von billig und gerecht Denkenden gehört. *Baumbach* hatte bereits Anfang der 30er Jahre die berühmte Feststellung getroffen, letzten Endes entscheide das Anstandsgefühl älterer Herren in hoher Stellung, die das praktische Geschäftsleben ganz überwiegend nie kennen gelernt haben.[21] Kritisiert wurde ferner, dass die Anstandsformel einer „Gefühlsjurisprudenz" Tür und Tor öffne, weil sie gleichsam als eine Zauberformel dazu geeignet sei, jedes beliebige Ergebnis „formal" zu rechtfertigen und die eigentlichen Beweggründe der Entscheidung zu verschleiern. Daraus wurde die Forderung abgeleitet, dass der Richter „Ross und Reiter" nennen, und die hinter seiner Entscheidung stehenden Wertungen offen legen muss.[22]

12 Will man in diesem Sinne einem strikt funktionalen Ansatz folgen, ist die Unlauterkeit einer geschäftlichen Handlung mit Hilfe folgender Erwägungen zu bestimmen:

- Zunächst ist festzustellen, welche **Interessen der Marktteilnehmer und der Allgemeinheit** durch die fragliche geschäftliche Handlung berührt sind.
- Im Sinne eines wettbewerbsfunktionalen Verständnisses sind diese Interessen sodann auf ihren **wettbewerblichen Bezug** hin zu überprüfen. Zu fragen ist einerseits, inwieweit die betroffenen Interessen gerade durch eine wettbewerbstypische Gefahrenlage betroffen sind. Sie werden umso mehr betroffen sein, je höher der wirtschaftliche Nutzen ist, den sich Wettbewerber von ihrer Verletzung versprechen können. Zu berücksichtigen ist aber daneben auch, welche Bedeutung die berührten Interessen der Marktteilnehmer für die Grundbedingungen und Grundfunktionen eines freien Wettbewerbs haben. Zu diesen zählen insbesondere die Gewährleistung der freien Entscheidung am Markt sowie

---

[15] Vgl. etwa *Köhler*/Bornkamm, UWG, § 3 Rn. 72 ff., 96 ff.
[16] Siehe etwa Harte/Henning/*Podszun*, UWG, § 3 Rn. 110; *ders.*, WRP 2009, 509, 510 ff.; *Emmerich*, Unlauterer Wettbewerb, § 5 Rn. 22 f.
[17] *Emmerich*, Unlauterer Wettbewerb, § 5 Rn. 22 f.
[18] Siehe Mot. II (1888), S. 27; eingehend dazu *Schricker*, Gesetzesverletzung und Sittenverstoß, 1974, S. 186 ff., m.w.N.
[19] So das Reichsgericht in der Entscheidung „*Dampfschiffsgesellschaft*" v. 11.4.1901, RGZ 48, 114, 124 f.
[20] *Baumbach*, Kommentar zum Wettbewerbsrecht, 2. Aufl. 1932, S. 172 ff.
[21] *Baumbach*, a.a.O., S. 174; DJZ 1931, 58 ff.; JW 1930, 643; MuW 1030, 2.
[22] Siehe *Beater*, Unlauterer Wettbewerb, 2002, § 12 Rdn. 28 ff. Siehe zur Kritik an einer wettbewerbsrechtlichen Jurisprudenz, die sich ausschlaggebend auf den „Instinkt des Richtertums" stützt, bereits *Goldbaum*, GRUR 1927, 781 ff., 784 ff.; *Isay*, GRUR 1927, 863, 867 f.

die Interessen an der Gewährleistung der Lenkungs-, der Fortschritts- und Auslesefunktion des freien Wettbewerbs.[23]
- Die auf diese Weise gewichteten Interessen sind schließlich im Rahmen einer **Gesamtwürdigung** gegeneinander abzuwägen.

In den Abwägungsprozess können auch weitere **außerwettbewerbliche Kriterien**, wie insbesondere **verfassungsrechtliche Wertungen** einfließen. Zu berücksichtigen ist insbesondere die Ausstrahlungswirkung der Grundrechte auf das Privatrecht im Sinne einer **mittelbaren Drittwirkung**. Danach fungieren die Generalklauseln wie § 3 Abs. 1 und 2 UWG, aber auch §§ 138, 242, 826 BGB als „Einfallstore" für die verfassungsrechtliche Ordnung, wie sie sich insbesondere in den Grundrechten manifestiert.[24] Zu beachten ist aber, dass es **nicht Aufgabe des Lauterkeitsrechts sein kann, bedrohte Verfassungsgüter umfassend zu schützen**. Ihre Beeinträchtigung ist daher im Abwägungsprozess mit zu berücksichtigen, sie vermag aber nicht die Unlauterkeit allein zu begründen.

13

E. Spürbarkeit

Nach § 3 Abs. 1 des UWG a.F. genügte die Unlauterkeit der geschäftlichen Handlung allein noch nicht. Erforderlich war vielmehr, dass sie auch geeignet ist, die Interessen von Mitbewerbern, Verbrauchern oder sonstigen Marktteilnehmern spürbar zu beeinträchtigen. Seit der der Novelle von 2015 ist in § 3 Abs. 1 UWG keine Relevanzschwelle mehr ausdrücklich genannt. Stattdessen finden sich in § 3 Abs. 2 UWG und in den Beispiels- und Sondertatbeständen vielfach eigene Relevanzschwellen (mit Ausnahme von §§ 5 Abs. 1, 6 Abs. 1 UWG), so dass das Relevanz- bzw. Spürbarkeitskriterium in diesen Fällen nicht mehr erst bei der Frage nach der Rechtsfolge der Unzulässigkeit einer unlauteren geschäftlichen Handlung, sondern bereits bei der Prüfung der Unlauterkeit einer geschäftlichen Handlung zu berücksichtigen ist.

14

Zu klären bleibt daher allein, wie die nicht von §§ 3 Abs. 2 und 3, 3a ff. UWG erfassten geschäftlichen Handlungen zu behandeln sind, ob also in den Auffangtatbestand des § 3 Abs. 1 UWG n.F. das Spürbarkeitserfordernis weiterhin hineinzulesen ist. Nach Auffassung des Rechtsausschusses sollte es der Rechtsprechung überlassen bleiben, in Konkretisierung des Tatbestandsmerkmals der Unlauterkeit für die vom Auffangtatbestand erfassten Fälle gegebenenfalls angemessene Spürbarkeitserfordernisse aufzustellen, um insbesondere Abmahnungen von Bagatellverstößen zu verhindern. Richtigerweise kann nicht daran gezweifelt werden, dass an einem angemessenen Spürbarkeitserfordernis auch im Rahmen der allgemeinen Generalklausel **weiter festzuhalten** ist. Aufgabe des Lauterkeitsrechts kann es nur sein, wettbewerbsrelevantes Verhalten zu sanktionieren. Der Gesetzgeber wollte mit Einführung der Erheblichkeits- bzw. Spürbarkeitsschwelle die Verfolgung von bloßen Bagatellfällen ausschließen und eine sachlich nicht gerechtfertigte Inanspruchnahme der Gerichte verhindern *(minima non curat praetor)*.[25] Es besteht kein Grund zu der Annahme, dass sich an diesem Anliegen etwas geändert hat.[26]

15

---

[23] Siehe oben § 1 Rn. 13 ff.
[24] BVerfGE, ebenda; BVerfGE 61, 1, 6; 73, 261, 263, 269.
[25] Begr. RegE, BT-Drucks. 15/1487, S. 17 zur „nicht unerheblichen Beeinträchtigung des Wettbewerbs" in § 3 UWG a.F.
[26] Vgl. zuletzt RegE für ein Gesetz gegen unseriöse Geschäftspraktiken vom 19.2.2013, 15; BR-Drs. 219/13, 12; verkündet in BGBl. 2013 I 3714, wonach gegen Missstände bei Abmahnungen vorzugehen sei, deren Gegenstand „Wettbewerbsverstöße im Bagatellbereich" sind „durch die es für Mitbewerber nicht zu einer spürbaren Wettbewerbsverzerrung kommt."

16 Allerdings ist die Schwelle nach der Gesetzesbegründung auch nicht zu hoch anzusetzen. Die Feststellung, ob eine geschäftliche Handlung geeignet ist, die Interessen von Mitbewerbern, Verbrauchern oder sonstigen Marktteilnehmern spürbar zu beeinträchtigen, setzt eine nach objektiven und subjektiven Momenten unter Berücksichtigung aller Umstände des Einzelfalls zu treffende Wertung voraus. In diese Wertung sind neben der **Art und Schwere des Verstoßes** die zu erwartenden **Auswirkungen auf den Wettbewerb** sowie der **Schutzzweck des Wettbewerbsrechts** einzubeziehen. Eine nicht unerhebliche Beeinträchtigung kann demnach auch bei Verstößen mit nur geringen Auswirkungen für den Marktteilnehmer im Einzelfall vorliegen, wenn durch das Verhalten eine Vielzahl von Marktteilnehmern betroffen ist oder eine nicht unerhebliche Nachahmungsgefahr besteht.[27] Die Spürbarkeitsschwelle gilt auch für den Irreführungstatbestand nach § 5 Abs. 1 UWG sowie die Regelungen der vergleichenden Werbung nach § 6 Abs. 1 UWG. Nicht zu prüfen ist die Spürbarkeit dagegen bei den Tatbeständen des Anhangs zu § 3 Abs. 3 UWG und bei § 7 UWG.[28]

17 **Grundsätzlich obliegt es dem Kläger als Verletztem**, die Tatsachen für einen nicht nur unerheblichen Verstoß darzutun und **zu beweisen**. Allerdings wird dem Verletzten damit keine „vorgezogene Verteidigungslinie" ermöglicht, indem er die vorgeworfene Handlung als einmaligen „Ausreißer" darstellt.[29] Denn in diesem Falle liegt die Darlegungs- und Beweislast für die ihm günstige Tatsache bei ihm.[30]

F. Anwendungsfälle für einen Rückgriff auf § 3 Abs. 1 UWG

18 Auch nach der umfassenden Kodifizierung der Fallgruppen in den Sondertatbeständen der §§ 3a ff. UWG, die von manchen als Zeichen für eine nahezu abschließende Regelung ohne nennenswerten Anwendungsbereich für die Generalklausel gedeutet wurde, wird der unmittelbare Rückgriff auf die Generalklausel für eine Reihe von Fallkonstellationen diskutiert bzw. von der Rechtsprechung anerkannt.[31] Zu nennen sind Fälle des **Leistungsschutzes**,[32] der Versuch der **Abwerbung von Mitarbeitern**,[33] die allgemeine **Marktstörung**,[34] Missbrauchsfälle der **öffentlichen Hand**,[35] die **menschenverachtende Werbung**,[36] der Einsatz und die Beeinflussung von **Verkaufsförderern**[37] sowie **wettbewerbliche Verkehrspflichten**.[38]

---

[27] Begr. RegE, BT-Drucks. 15/1487, S. 17 zur „nicht unerheblichen Beeinträchtigung des Wettbewerbs" in § 3 a.F.
[28] Dies wurde in der Begr. des RegE zu §§ 4, 5 Abs. 1 und 7 Abs. 1 des UWG von 2004, BT-Drucks. 15/1487, S. 17, 19, 20 f. ausdrücklich hervorgehoben.
[29] Vgl. *Heermann*, GRUR 2004, 94.
[30] Ohly/*Sosnitza*, UWG, § 3 Rn. 51.
[31] Siehe hierzu Ohly/*Sosnitza*, UWG, § 3 Rn. 81 ff.
[32] Vgl. BGH GRUR 2007, 984, 984 – *Gartenliege*, siehe dazu unten § 9 Rn. 154 ff.
[33] BGH GRUR 2006, 426 – *Direktansprache am Arbeitsplatz II*; BGH GRUR 2008, 262, 262 – *Direktansprache am Arbeitsplatz III*; siehe dazu auch unten § 9 Rn. 200 ff.
[34] BT-Drucks. 15/1487, S. 19; siehe dazu unten § 9 Rn. 211.
[35] BGH GRUR 2013, 301, 301 – *Solarinitiative*; siehe dazu unten § 8 Rn. 137 ff.
[36] Vgl. Zweites Gesetz zur Änderung des Gesetzes gegen den unlauteren Wettbewerb, BT-Drucks. 18/4535, 15, geändert durch BT-Drucks. 18/6571, 15; siehe dazu oben § 1 Rn. 53 f.
[37] Siehe dazu auch unten § 10 Rn. 228 ff.
[38] BGH GRUR 2007, 890, 890 ff. – *Jugendgefährdende Medien bei ebay*; 2009, 597, Rn. 16 – *Halzband*.

F. Anwendungsfälle für einen Rückgriff auf § 3 Abs. 1 UWG

Letztere hat der BGH erstmals in den Entscheidungen „*Jugendgefährdende Medien bei eBay*" und „*Halzband*" als einen Anwendungsfall des Lauterkeitsrechts anerkannt. Danach ist derjenige, der durch sein Handeln im geschäftlichen Verkehr die ernsthafte Gefahr begründet, dass Dritte durch das Wettbewerbsrecht geschützte Interessen von Marktteilnehmern verletzen, auf Grund einer wettbewerbsrechtlichen Verkehrspflicht dazu verpflichtet, diese Gefahr im Rahmen des Möglichen und Zumutbaren zu begrenzen. Wer in dieser Weise gegen eine wettbewerbsrechtliche Verkehrspflicht verstößt, ist nicht nur Störer, sondern Täter einer unlauteren Wettbewerbshandlung. Nach Ansicht des BGH hafte daher der Inhaber eines Mitgliedskontos bei *eBay* als (Neben-) Täter für den Wettbewerbsverstoß eines Dritten, der ohne sein Wissen unter diesem Mitgliedskonto handelt, wenn er die Zugangsdaten zu diesem Mitgliedskonto nicht hinreichend vor fremdem Zugriff gesichert hat. Eine Schadensersatzpflicht des Inhabers soll allerdings i.d.R. nur dann in Betracht kommen, wenn der Inhaber des Mitgliedkontos weiß oder jedenfalls damit rechnen musste, dass Dritte sie für rechtsverletzende Handlungen nutzen.[39] Hintergrund dieser Rechtsprechung ist, dass die eigentlich anwendbare „Störerhaftung" zu unbefriedigenden Ergebnissen führt, wenn Rechtsverletzungen durch Nutzer von „Internetplattformen" begangen werden, da aus der Störerhaftung für den Störer keine Schadensersatzpflicht folgt.

Diese Rechtsprechung gilt aber nur für das Lauterkeitsrecht und **nicht für Verletzungen im Bereich der absoluten Rechte**, wie insbesondere der Immaterialgüterrechte. Für diese soll nach wie vor die Störerhaftung Anwendung finden.[40] Zwar ließe sich die Unterscheidung damit rechtfertigen, dass es hier um „Erfolgsunrecht" und nicht wie im Lauterkeitsrecht um „Verhaltensunrecht" geht. Letztlich lassen sich die abzuwehrenden Verletzungen aber in beiden Rechtsbereichen gleichermaßen als Verhaltensunrecht begreifen.[41]

---

[39] BGH GRUR 2009, 597 Rn. 20 – *Halzband*.
[40] BGH GRUR 2008, 702 Rn. 50 – *Internet-Versteigerung III*; 2011, 152 Rn. 45 – *Kinderhochstühle im Internet*; 2010, 633 Rn. 13 – *Sommer unseres Lebens*; 2011, 1018 Rn. 18 – *Automobil-Onlinebörse*, vgl. auch v. *Ungern-Sternberg*, 2012, 576, 581; *Schack*, in: FS Reuter, 2010, S. 1172; *Czychowski/Nordemann*, GRUR 2013, 986, 990; *Ahrens*, WRP 2007, 1281, 1285 f.
[41] Vgl. *Ahrens*, WRP 2007, 1281, 1285 f.

§ 6. Die „Verbrauchergeneralklausel" nach § 3 Abs. 2 UWG

Inhaltsübersicht

	Rn.
A. Inhalt und Zweck der Vorschrift	1
B. „Unternehmerische Sorgfalt"	3
C. Wesentliche Beeinflussung des wirtschaftlichen Verhaltens	5
D. Verbraucherleitbild	8

Schrifttum: *Dohrn,* Die Generalklausel der Richtlinie über unlautere Geschäftspraktiken – ihre Interpretation und Umsetzung, 2008; *Dröge,* Lauterkeitsrechtliche Generalklauseln im Vergleich – Art 5 der Richtlinie gegen unlautere Geschäftspraktiken im Vergleich zu § 3 UWG und der Umsetzungsbedarf für den deutschen Gesetzgeber, 2007; *Engels/Salomon,* Vom Lauterkeitsrecht zum Verbraucherschutz: UWG-Reform 2003, WRP 2004, 32; *Fezer,* Modernisierung des deutschen Rechts gegen den unlauteren Wettbewerb auf der Grundlage einer Europäisierung des Wettbewerbsrechts, WRP 2001, 989; *ders.,* Der Dualismus der Lauterkeitsordnungen des b2 c-Geschäftsverkehrs und des b2 b-Geschäftsverkehrs im UWG, WRP 2009, 1163; *ders.,* Eine Replik: Die Auslegung der UGP-Richtlinie vom UWG aus? WRP 2010, 677; *Glöckner,* Richtlinienvorschlag über unlautere Geschäftspraktiken, deutsches UWG oder die schwirige Umsetzung von europarechtlichen Generalklauseln, WRP 2004, 936; *ders.,* Über die Schwirigkeit, Proteus zu beschreiben – die Umsetzung der Richtlinie über unlautere Geschäftspraktiken in Deutschland, GRUR 2013, 224; *Henning-Bodewig,* Richtlinienvorschlag über unlautere Geschäftspraktiken und UWG-Reform, GRUR Int. 2004, 183; *dies.,* Das neue Gesetz gegen den unlauteren Wettbewerb, GRUR 2004, 713, *dies.,* Das neue UWG – von Brüsseler Gnaden FS Schricker 2005, 705; *dies.,* Der „ehrbare Kaufmann", Corporate Social Responsibility und das Lauterkeitsrecht, WRP 2011, 1014; *Köhler,* Zur richtlinienkonformen Auslegung und Neuregelung der „Bagatellklausel" in § 3 UWG, WRP 2008, 10; *ders.,* Grenzstreitigkeiten im UWG, WRP 2010, 1293; *ders.,* „Fachliche Sorgfalt – Der weiße Fleck auf der Landkarte des UWG, WRP 2012, 22; *ders.,* Richtlinienkonforme Gesetzgebung statt richtlinienkonforme Auslegung: Plädoyer für eine weitere UWG-Novelle, WRP 2012, 251; *ders.,* Zur „geschäftlichen Relevanz" unlauterer geschäftlicher Handlungen, WRP 2014, 259; *ders./Bornkamm/Henning-Bodewig,* Vorschlag für eine Richtlinie zum Lauterkeitsrecht und eine UWG-Reform, WRP 2002, 1317; *Rott,* Der „Durchschnittsverbraucher" – ein Auslaufmodell angesichts personalisierten Marketings?, VuR 2015, 163; *Säcker,* Das UWG zwischen den Mühlsteinen europäischer Harmonisierung und grundrechtsgebotener Liberalisierung, WRP 2004, 1199; *Scherer,* Die „wesentliche Beeinflussung" nach der Richtlinie über unlautere Geschäftspraktiken, WRP 2008, 708; *dies.,* Die „Verbrauchergeneralklausel" des § 3 II 1 UWG – eine überflüssige Norm, WRP 2010, 586; *Schöttle,* Aus eins mach zwei – die neuen Generalklauseln im Lauterkeitsrecht, GRUR 2009, 546; *Schünemann,* „Unlauterkeit" in den Generalklauseln und Interessenabwägung nach neuem UWG, WRP 2004, 925; *Sosnitza,* Der Gesetzentwurf zur Umsetzung der Richtlinie über unlautere Geschäftspraktiken, WRP 2008, 1014; *Ullmann,* Der Verbraucher – ein Hermaphrodit, GRUR 1991, 789; *ders,* Das Koordinatensystem des Rechts des unlauteren Wettbewerbs im Spannungsfeld von Europa und Deutschland, GRUR 2003, 817.

A. Inhalt und Zweck der Vorschrift

§ 3 Abs. 2 UWG enthält eine **eigenständige Generalklausel** für geschäftliche Handlungen mit Verbraucherbezug. Danach sind geschäftliche Handlungen, die sich **an Verbraucher richten oder diese erreichen**, unlauter, wenn sie nicht der **unternehmerischen Sorgfalt** entsprechen und dazu geeignet sind, das **wirtschaftliche Verhalten des Verbrauchers we-

1

sentlich zu beeinflussen (sog. Verbrauchergeneralklausel). Das dabei maßgebliche Verbraucherleitbild ist in § 3 Abs. 4 UWG normiert. Mit dieser Formulierung wird Art. 5 Abs. 2 lit. b der UGP-Richtlinie aufgegriffen und der Rechtsprechung des EuGH bezüglich des weiten Anwendungsbereichs der Richtlinie Rechnung getragen.[1] Anders als noch nach § 3 Abs. 2 UWG a. F. stellt die Verbrauchergeneralklausel keinen Unterfall und auch keine Konkretisierung des § 3 Abs. 1 UWG mehr dar, sondern ist eine eigenständige und **für den Anwendungsbereich der UGP-Richtlinie abschließende Generalklausel**, für die § 3 Abs. 1 UWG lediglich die Rechtsfolge bestimmt.[2]

2   § 3 Abs. 2 UWG wurde durch das Änderungsgesetz von 2015 weiter an die UGP-Richtlinie angepasst. Zuvor wurde die Umsetzung in § 3 UWG a. F. von der Europäischen Kommission in einem Schreiben vom Dezember 2011 als mangelhaft beanstandet.[3] So habe in § 3 Abs. 1 UWG a. F. die Bezugnahme auf die Beeinflussung der geschäftlichen Entscheidung gefehlt. Dies habe den Gerichten in Deutschland die Möglichkeit eröffnet, Verhaltensweisen zu sanktionieren, die nicht die Anforderungen des Art. 5 UGP-Richtlinie erfüllten. Zudem hätten in § 3 Abs. 2 UWG a. F. vereinzelt Tatbestandelemente gefehlt, die in der Richtlinie festgelegt seien. Allerdings mangelt es den rechtlichen Vorgaben der UGP-Richtlinie in mancherlei Hinsicht an Klarheit und Konkretheit, womit sich die geforderte wortlautgetreue Umsetzung ohne jeglichen Ermessensspielraum kaum verträgt.

B. „Unternehmerische Sorgfalt"

3   Der Begriff „unternehmerische Sorgfalt" (früher „fachliche Sorgfalt") wird teilweise als ein Zentralbegriff des Lauterkeitsrechts gesehen.[4] Er ist in § 2 Abs. 1 Nr. 7 UWG legaldefiniert als „der Standard an Fachkenntnissen und Sorgfalt, von dem billigerweise angenommen werden kann, dass ein Unternehmer ihn in seinem Tätigkeitsbereich gegenüber Verbrauchern nach Treu und Glauben unter Berücksichtigung der anständigen Marktgepflogenheiten einhält." Die **Aussagekraft** dieses Begriffs für das Lauterkeitsrecht ist aber **stark begrenzt**. In vielerlei Hinsicht erinnert er an die überholt geglaubte Anstandsformel der früheren Rechtsprechung des BGH und passt nicht so recht zu den wettbewerbsfunktionalen Ansätzen der jüngeren Zeit. Die für die Ausfüllung der Verbrauchergeneralklausel maßgebliche Definition erzeugt daher ganz **erhebliche Rechtsunsicherheit**. Fraglich ist, nach welchen Vorgaben und Maßstäben jenseits normativer Festlegungen „der Standard an Fachkenntnissen und Sorgfalt" ermittelt werden soll.[5] Zu Recht wird daher angenommen, dass der Begriff inhaltlich mit demjenigen der „Unlauterkeit" in § 3 Abs. 1 UWG übereinstimmt.[6] Erhöht wird die Unsicherheit noch dadurch, dass der Umfang der erforderlichen Einhaltung des „Standards an Fachkenntnissen und Sorgfalt" durch völlig unbestimmte und in hohem Maße ausfüllungsbedürftige Begriffe wie „billigerweise", „Treu und Glauben" und „Berücksichtigung der Marktgepflogenheiten" umschrieben wird.

---

[1] Zweites Gesetz zur Änderung des Gesetzes gegen den unlauteren Wettbewerb, BT-Drucks. 18/4535, 12, geändert durch BT-Drucks. 18/6571, m. V. a. EuGH, Urteil vom 9. November 2010, Az.: C-540/08 Rn. 21.
[2] Zweites Gesetz zur Änderung des Gesetzes gegen den unlauteren Wettbewerb, BT-Drucks. 18/4535, 12, geändert durch BT-Drucks. 18/6571.
[3] Schreiben der KOM vom 12.12.2011, EU-Pilot – Sache 2508/2011/JUST – Umsetzung der Richtlinie 2005/29/EG über unlautere Geschäftspraktiken durch Deutschland. Vgl. *Köhler*, WRP 2012, 251 ff.; Harte/Henning/*Podszun*, UWG, § 3 Rn. 38 ff.
[4] Vgl. *Köhler*/Bornkamm, UWG, § 2 Rn. 126; *ders.*, WRP 2012, 22, 31.
[5] Krit. auch *Sosnitza*, WRP 2008, 1014, 1018.
[6] Ohly/*Sosnitza*, UWG, § 3 Rn. 78.

Sprachlich verunglückt ist überdies die Formulierung, dass der Unternehmer „Fachkenntnisse einhält".

In der Rechtsprechung wurde es beispielsweise als ein Gebot der fachlichen (jetzt: „unternehmerischen") Sorgfalt angesehen, bei Werbung mit Testergebnissen dem Verbraucher die Fundstelle eindeutig und leicht zugänglich anzugeben.[7] Vorzugswürdiger erscheint es, im Sinne einer **wettbewerbsfunktionalen Betrachtung**, auf die konkret betroffenen Interessen der Marktteilnehmer und ihre Funktionen im Wettbewerb abzustellen.

C. Wesentliche Beeinflussung des wirtschaftlichen Verhaltens

Die Handlung muss ferner geeignet sein, das wirtschaftliche Verhalten des Verbrauchers wesentlich zu beeinflussen. Die „wesentliche Beeinflussung" ist seit der UWG-Novelle von 2015 in § 2 Abs. 1 Nr. 8 UWG definiert, der Art. 2 lit. e UGP-Richtlinie entspricht. Danach ist wesentliche Beeinflussung des wirtschaftlichen Verhaltens des Verbrauchers „die Vornahme einer geschäftlichen Handlung, um die Fähigkeit des Verbrauchers, eine informierte Entscheidung zu treffen, spürbar zu beeinträchtigen und damit den Verbraucher zu einer geschäftlichen Entscheidung zu veranlassen, die er andernfalls nicht getroffen hätte."

Im Sinne einer wettbewerbsfunktionalen Betrachtung wird damit etwas gefordert, was für den lauterkeitsrechtlichen Schutz der Verbraucher seit langem gilt: Hinsichtlich der Verbraucherinteressen schützt das Lauterkeitsrecht die Verbraucherentscheidung. Dazu gehört der Schutz der **Entscheidungsgrundlage** („auf Grund von Informationen") genauso wie der Schutz des **Entscheidungsprozesses** („Fähigkeit, zu entscheiden").

Für die Frage, was für die Beeinträchtigung der Entscheidungsfreiheit erforderlich ist,[8] soll entscheidend sein, ob der Verbraucher „ex post", d.h. nach dem Wegfall der motivierenden Wirkung durch die Einflussnahme des Werbenden, das Geschäft in seiner konkreten Form noch „gutheißen" kann.[9] In ähnlicher Weise wird es von anderen für maßgeblich gehalten, ob sich der Verbraucher „unter Anspannung seiner Gegenkräfte" noch anders hätte verhalten können, als durch die Geschäftspraxis vom Unternehmer verlangt.[10] Letztlich kommt es vor allem darauf an, ob der Durchschnittsverbraucher trotz der Handlung des Wettbewerbers noch eine souveräne und „informierte" Marktentscheidung treffen konnte.

D. Verbraucherleitbild

In § 3 Abs. 4 UWG finden sich schließlich seit langem anerkannte normative Maßgaben zur Beurteilung der Frage, ob eine verbotene Handlung i.S.d. § 3 Abs. 1 und 2 UWG vorliegt. Nach Satz 1 der Vorschrift ist grundsätzlich auf den **Durchschnittsverbraucher** abzustellen. Zudem enthält Satz 2 die ebenfalls seit langem anerkannte Regel, wonach bei bestimmten schutzbedürftigen und eindeutig identifizierbaren Gruppen von Verbrauchern jeweils auf ein durchschnittliches Mitglied der angesprochenen Gruppe abzustellen ist.

---

[7] BGH GRUR 2010, 248 Rn. 31 – *Kamerakauf im Internet*.
[8] Vgl. zum Folgenden Harte/Henning/*Podszun*, UWG, § 3 Rn. 66 ff.
[9] Harte/Henning/*Glöckner*, UWG, Einl. B Rn. 137.
[10] *Scherer*, WRP 2008, 708, 712 f.

9   Nach der **Rechtsprechung des EuGH** ist dabei für das Unionsrecht und das darauf beruhende harmonisierte nationale Recht von einem **normativen Verbraucherleitbild** auszugehen, das auf den „normal informierten und angemessen aufmerksamen und verständigen Durchschnittsverbraucher" abstellt.[11] Dabei kommt es aber nicht auf das Durchschnittsverständnis der gesamten Verbraucherschaft an, sondern auf die Besonderheiten der als Adressaten angesprochenen Verkehrskreise, d.h. auf deren soziale, kulturelle und sprachliche Eigenheiten.[12] Das normative Verständnis des Verbraucherleitbildes kommt deutlich in Erwägungsgrund 18 der UGP-Richtlinie[13] zum Ausdruck, wo es heißt: „Der Begriff des Durchschnittsverbrauchers beruht dabei nicht auf einer statistischen Grundlage. Die nationalen Gerichte und Verwaltungsbehörden müssen sich bei der Beurteilung der Frage, wie der Durchschnittsverbraucher in einem gegebenen Fall typischerweise reagieren würde, auf ihre eigene Urteilsfähigkeit unter Berücksichtigung der Rechtsprechung des Gerichtshofs verlassen."

10 Auch der **BGH** spricht vom Leitbild eines durchschnittlich informierten, verständigen Verbrauchers, der „das Werbeverhalten mit situationsbedingt angemessener Aufmerksamkeit verfolgt".[14] Dieses Verständnis, zu dem sich die Gesetzesbegründung ausdrücklich bekannt hat,[15] ist für das gesamte Wettbewerbsrecht der Beurteilung von geschäftlichen Handlungen zugrunde zu legen. Dabei sind gegebenenfalls Differenzierungen nach den Personenkreisen vorzunehmen, die durch eine Wettbewerbshandlung, insbesondere eine Werbemaßnahme, angesprochen werden. Abzustellen ist auf die Durchschnittsperson des relevanten Verkehrskreises, nicht auf den Durchschnitt der Bevölkerung insgesamt.

11 Demgegenüber war der BGH früher im Anschluss an das Reichsgericht davon ausgegangen, dass es für die Ermittlung des relevanten Empfängerhorizonts des Verbrauchers auf das tatsächliche Verständnis ankommt. Er ließ sich dabei von der Annahme leiten, dass der Adressat jedenfalls einer Absatzwerbung, die Güter des täglichen Bedarfs betrifft, nicht mit besonderer Aufmerksamkeit, sondern ungezwungen und flüchtig gegenübertritt. Es müsse mit einer unkritischen, flüchtigen Betrachtungsweise gerechnet werden, da an das breite Publikum gerichtete Werbeaussagen oft nur gewohnheitsmäßig und oberflächlich, nicht aber genau, vollständig und mit kritischer Würdigung zur Kenntnis genommen werden.[16]

12 Mit Blick auf die **„situationsadäquate Aufmerksamkeit"**, wonach der Grad der Aufmerksamkeit, den der Verbraucher einer Werbung entgegenbringt, von der jeweiligen Situation abhängt, in der er mit ihr konfrontiert wird,[17] kann der Grad der Aufmerksamkeit je

---

[11] EuGH GRUR Int. 1998, 795, 797 = WRP 1998, 848, 850 Rn. 31 – *Gut Springenheide*; EuGH GRUR Int. 1999, 345, 348 = WRP 1999, 307, 311 Rn. 36 – *Sektkellerei Kessler*; EuGH GRUR 2007, 69 Rn. 78 – *Lidl Belgium*; 2011, 159 Rn. 47 – *Lidl/Vierzon*.
[12] EuGH GRUR Int. 2000, 354, Rn. 29 – *Lifting Creme*.
[13] Richtlinie 2005/29/EG des Europäischen Parlaments und des Rates über unlautere Geschäftspraktiken im binnenmarktinternen Geschäftsverkehr zwischen Unternehmen und Verbrauchern und zur Änderung der Richtlinie 84/450/EWG des Rates, der Richtlinien 97/7/EG, 98/27/EG und 2000/65/EG des Europäischen Parlaments und des Rates sowie der Verordnung (EG) Nr. 2006/2004 des Europäischen Parlaments und des Rates (Richtlinie über unlautere Geschäftspraktiken) ABl. EG Nr. L 149, S. 22.
[14] BGH WRP 2001, 1450, 1453 – *Warsteiner III*; siehe auch schon BGH GRUR 2000, 619, 621 – *Orient-Teppichmuster*; BGHZ 156, 250, 252 f. = GRUR 2004, 244 – *Marktführerschaft*; BGH GRUR 2005, 438, 440 – *Epson-Tinte*; 2008, 184, Rn. 17 – *Tony Taler*; 2012, 184, Rn. 19 – *Branchenbuch Berg*.
[15] Siehe Begr. RegE, BT-Drucks. 15/1487, S. 19 (zu § 5 UWG).
[16] Siehe etwa BGH GRUR 1959, 365, 366 – *Englisch Lavendel*; 1982, 564, 566 – *Elsässer Nudeln*.
[17] Siehe BGH GRUR 2000, 619, 621 – *Orient-Teppichmuster*; 2002, 182, 183 – *Das Beste jeden Morgen*; 2002, 81, 83 – *Anwalts- und Steuerkanzlei*; 2002, 550, 552 – *Elternbriefe*; 2003, 249 – *Preis ohne Monitor*; 2004, 162, 163 – *Mindestverzinsung*; 2004, 605, 606 – *Dauertiefpreise*.

nach **Art, Bedeutung und Preis des beworbenen Produktes** unterschiedlich sein. Beim Erwerb geringwertiger Gegenstände des täglichen Bedarfs (sog. Erfahrungsgüter) wird sich auch der verständige Verbraucher meist nicht die Zeit für eine gründliche Prüfung des Angebots nehmen, sondern sich ihm nur flüchtig zuwenden.[18] Die Begriffe „verständig" und „flüchtig" schließen sich daher nicht aus.[19] Handelt es sich hingegen um Waren von nicht unerheblichem Preis und nicht nur kurzer Lebensdauer (sog. Suchgüter), wird der Verbraucher eine Werbung nicht nur flüchtig betrachten, sondern sich ihr mit normaler Aufmerksamkeit zuwenden und seine Kaufentscheidung erst dann treffen, wenn er sich weiter informiert hat. Dementsprechend sind mögliche Missverständnisse flüchtiger oder uninteressierter Verbraucher unerheblich,[20] sofern der Werbende wichtige Informationen mit der gebotenen Klarheit und Deutlichkeit übermittelt hat.[21] Zu beachten ist außerdem, dass die angesprochene Gruppe, aus die der Durchschnittsverbraucher zu bestimmen ist, mit zunehmender Zielgenauigkeit der kommerziellen Kommunikation, wie sie insbesondere durch neue **personalisierte Marketingtechniken im Internet** möglich ist, entsprechend kleiner und homogener sein wird.[22]

Von der qualitativen Frage, welche Aufmerksamkeit dem Verbraucher zuzumuten ist, ist die quantitative Frage zu unterscheiden, welche **Quote** einer bei einem **bestimmten Anteil** der Verbraucher erzeugten Fehlvorstellung wettbewerbsrechtlich relevant ist. Nach der Rechtsprechung des EuGH ist es Sache der nationalen Gerichte, die maßgebliche Eingriffsschwelle zu definieren, das heißt, den relevanten Prozentsatz der Irregeführten festzulegen, der es rechtfertigt, die in Frage stehende Werbeaussage für unzulässig zu erklären.[23]

13 Beispielsweise hielt der BGH es nicht für genügend, dass nur etwa 15 bis 20 Prozent der angesprochenen Verbraucher irregeführt würden. Vielmehr müsse die Werbeaussage geeignet sein, einen erheblichen Teil der durchschnittlich informierten, aufmerksamen und verständigen Verbraucher irrezuführen.[24]

14 Der EuGH schließt eine Ermittlung der Auffassung der Durchschnittsperson des in Frage stehenden Verkehrskreises mittels eines Sachverständigengutachtens oder einer Verkehrsbefragung zwar nicht völlig aus.[25] Vermutlich im Hinblick auf den damit verbundenen Aufwand sieht er hierin aber eine Ausnahme, ohne freilich die Voraussetzungen für deren Eingreifen näher zu definieren. Im Prinzip geht der EuGH davon aus, dass das Gericht aufgrund eigener Sachkunde und Lebenserfahrung ohne eine Beweiserhebung darüber entscheidet, wie die maßgebliche Durchschnittsperson die Wettbewerbshandlung und/oder Werbung auffasst. Abweichend hiervon wird die Einholung eines Sachverständigengutachtens oder einer Verkehrsbefragung nur in zwei Ausnahmefällen in Betracht gezogen,[26] nämlich zum einen, wenn dem Gericht die eigene Sachkunde und Lebenserfahrung fehlt, und zum anderen, wenn das Gericht die Festlegung einer bestimmten Eingriffsschwelle als abwägungsrelevanten Umstand für erforderlich hält.

---

[18] BGH GRUR 2011, 1050, Rn. 24 – *Ford-Vertragspartner* 2012, 286, Rn. 20 – *Falsche Suchrubrik*.
[19] BGH GRUR 2000, 619, 621 – *Orient-Teppichmuster*; 2002, 81, 83 – *Anwalts- und Steuerkanzlei*.
[20] BGH GRUR 2000, 619, 621 – *Orient-Teppichmuster*.
[21] Siehe BGH GRUR 2003, 249 – *Preis ohne Monitor*; vgl. EuGH Slg. 2000, I-7945 Rn. 52 – *Toshiba Europe*.
[22] Vgl. hierzu *Rott*, VuR 2015, 163.
[23] Siehe EuGH Slg. 1998, I-4657 Rn. 36 = GRUR Int. 1998, 795 – *Gut Springenheide*.
[24] BGH GRUR 2004, 162, 163 – *Mindestverzinsung*.
[25] EuGH Slg. 1998, I-4675 Rn. 35 ff. = GRUR Int. 1998, 795 – *Gut Springenheide*; 2000, I-117 Rn. 31 – *Lifting*; siehe auch Harte/Henning/*Dreyer*, UWG, § 5 B Rn. 9 ff.
[26] Siehe zum Folgenden *Lettl*, NJW-Sonderheft, 50 Jahre Markenverband, 2003, S. 44, 48.

15 Auch nach der Rechtsprechung des BGH sind **Sachverständigengutachten und Verkehrsbefragungen weitgehend entbehrlich**, auch wenn die Auffassung der maßgeblichen Durchschnittsperson keine offenkundige Tatsache im Sinne von § 291 ZPO ist. Denn die Feststellung dieser Auffassung stützt sich auf Erfahrungswissen, das nicht durch Zeugenbeweis, sondern gegebenenfalls mit Hilfe eines Sachverständigen zu ermitteln ist.[27] Das Gericht kann aber die relevante Auffassung aufgrund eigener Sachkunde und Lebenserfahrung auch ohne fremde Hilfe und Beweiserhebung feststellen.[28] Dies gilt vor allem dann, wenn es sich um Produkte des täglichen Bedarfs handelt.[29] Allerdings ist nicht unbedingt notwendig, dass das Gericht dem maßgeblichen Personenkreis angehört, da sich zuweilen etwa die Frage der Irreführung über den geforderten Preis eines Konsumartikels auch von demjenigen beurteilen lässt, der diesen Artikel im Allgemeinen nicht nachfragt.[30] Es macht zudem grundsätzlich keinen Unterschied, ob das Gericht seine Sachkunde und Lebenserfahrung zur Bejahung oder Verneinung einer bestimmten Auffassung einsetzen möchte.[31]

16 Zusammenfassend ist festzustellen, dass das **Verbraucherleitbild normativ geprägt** ist. Hinsichtlich der faktischen Gegebenheiten der Verkehrsauffassung stützt es sich auf die eigene Sachkunde der Richter, die diese aus ihrer eigenen Lebenserfahrung ableiten. Diese Methode der Ermittlung des Verbraucherverständnisses braucht nicht unbedingt empirischen Befunden zu entsprechen. Allerdings schließt dies nicht aus, dass das Gericht Sachverständigengutachten in Form von Meinungsumfragen einholt, denn dadurch wird eine besondere Sachkunde für die auf Erfahrungswissen gestützte Prognoseentscheidung des Gerichts bereitgestellt.[32] Aus praktischer Sicht erscheint die restriktive Haltung gegenüber der Beweiserhebung durch Sachverständigengutachten aber schon deshalb geboten, weil sie ein aufwendiges Verfahren erfordert, das regelmäßig mit hohen Kosten verbunden ist.[33]

---

[27] BGH GRUR 2004, 244, 245 – *Marktführerschaft*.
[28] BGH GRUR 2002, 550, 552 – *Elternbriefe*; 2004, 244, 245 – *Marktführerschaft*; *Bornkamm*, WRP 2000, 830, 832 f., 834.
[29] BGH GRUR 1992, 406, 407 – *Beschädigte Verpackung*; 1996, 800, 801 – *EDV-Geräte*.
[30] BGH GRUR 2004, 244, 245 – *Marktführerschaft*.
[31] Siehe zur Aufgabe der sog. Bärenfang-Doktrin (in Anknüpfung an BGH GRUR 1963, 270, 273 – *Bärenfang*) BGH GRUR 2002, 550, 552 – *Elternbriefe*; 2003, 247 – *THERMAL BAD*; 2004, 244, 245 – *Marktführerschaft*.
[32] BGH GRUR 2004, 244, 245 – *Marktführerschaft*; *Ohly/Sosnitza*, UWG, § 2 Rn. 108 f.; *Köhler/Bornkamm*, UWG, § 5 Rn 3.10 ff.; krit. *Emmerich*, UWG, § 14 Rn. 31; *Ulbrich*, WRP 2005, 940 ff.
[33] Sie liegen etwa zwischen 7.000,00 und 40.000,00 EUR; siehe *Köhler/Bornkamm*, UWG, § 12 Rn. 2.76, unter Hinweis auf *Teplitzky*, Wettbewerbsrechtliche Ansprüche und Verfahren, 8. Aufl. 2002, Kap. 47 Rn. 16 Fn. 35.

§ 7. Stets unzulässige geschäftliche Handlungen nach § 3 Abs. 3 UWG

Inhaltsübersicht

	Rn.
A. Inhalt und Zweck der Vorschrift	1
B. Die einzelnen Tatbestände des Anhangs	5
I. Unwahre Angabe über die Unterzeichnung eines Verhaltenskodex	5
II. Ungenehmigte Verwendung von Gütezeichen	7
III. Unwahre Angabe über die Billigung eines Verhaltenskodex	9
IV. Unwahre Angabe über Bestätigung, Billigung oder Genehmigung	10
V. Nichtaufklärung über voraussichtliche Nichtbefriedigung der Nachfrage	12
VI. „Bait-and-switch-Technik"	18
VII. Unwahre Angabe über zeitlich begrenzte Verfügbarkeit von Produkten	21
VIII. Leistungserbringung in anderer Sprache	24
IX. Erwecken des unzutreffenden Eindrucks bezüglich der Verkehrsfähigkeit des Produkts	25
X. Erwecken des unzutreffenden Eindrucks bezüglich der Besonderheit einer Selbstverständlichkeit	26
XI. Als Information getarnte Werbung	28
XII. Unwahre Angabe über eine Gefahr	31
XIII. Herkunftstäuschung	32
XIV. Schneeball- oder Pyramidensystem	35
XV. Unwahre Angabe über Aufgabe oder Verlegung des Geschäfts	38
XVI. Angabe über die Erhöhung der Gewinnchancen durch eine Ware oder Dienstleistung	42
XVII. Erwecken des unzutreffenden Eindrucks bezüglich eines Preisgewinns	44
XVIII. Unwahre Angabe über die Heilung durch eine Ware oder Dienstleistung	46
XIX. Unwahre Angabe über Marktbedingungen	47
XX. Nichtgewährung ausgelobter Preise	50
XXI. Täuschung über kostenpflichtige „Gratisleistungen"	51
XXII. Werbematerial mit Zahlungsaufforderung und dadurch Erwecken des unzutreffenden Eindrucks einer Bestellung	55
XXIII. Erwecken des unzutreffenden Eindrucks bezüglich des gewerblichen Charakters	58
XXIV. Erwecken des unzutreffenden Eindrucks bezüglich der Verfügbarkeit eines ausländischen Kundendienstes	61
XXV. Verlassen bestimmter Räumlichkeiten nur bei vorherigem Vertragsabschluss	63
XXVI. Nichtbeachtung der Aufforderung, Wohnungsbesuche zu beenden oder zu unterlassen	64
XXVII. Aufforderung zur Vorlage nicht erforderlicher Unterlagen bei Versicherungsvertrag	65
XXVIII. Kaufapelle an Kinder	66
XXIX. Aufforderung zur Bezahlung nicht bestellter Leistungen	69
XXX. Angabe über Gefährdung des Unternehmers bei Nichterwerb	72

Schrifttum: *Alexander,* Die „Schwarze Liste" der UGP-Richtlinie und ihre Umsetzung in Deutschland und Österreich, GRUR Int. 2010, 1025; ders. Verhaltenskodizes im europäischen und deutschen Lauterkeitsrecht, GRUR Int. 2012, 965; *Büllesbach,* Auslegung der irreführenden Geschäftspraktiken des Anhangs I der Richtlinie 2005/29 EG über unlauter Geschäftspraktiken, 2008; *Glöckner/Henning-Bodewig*, EG-Richtlinie über unlautere Geschäftspraktiken. Was wird aus dem „neuen UWG"?, WRP 2005, 1311; *Leible,* Auswirkungen der UWG-Reform 2008 auf die Durchsetzung wettbewerbsrechtlicher Ansprüche im Gesundheitsbereich: Die Bedeutung der „black list", GRUR 2010, 133; *Lindacher*, Geltungsweiteprobleme bei Black-List-Irreführungsverboten, WRP 2012, 40; *Mankowski*, Wer ist ein „Kind"? – Zum Begriff des Kindes in der deutschen und der europäischen black list, WRP 2007, 1398; *ders*, Was ist eine „direkte Aufforderung zum Kauf" an Kinder? – Zur Auslegung der Nr. 28 der deutschen und der europäischen black list, WRP 2008, 421; *Namyslowska*, Trifft die „Schwarze Liste" der unlauteren Geschäftspraktiken ins Schwarze? Bewertung im Lichte der EuGH-Rechtsprechung, GRUR Int. 2010, 1033; *Scherer*, „Case law" in Gesetzesform – die „Schwarze Liste" als neuer UWG-Anhang, NJW 2009, 324; *dies.*, Was bringt die „Schwarze Liste" tatsächlich? – Bestandsaufnahme und Konsequenzen, WRP 2011, 393; *dies.*, Die weißen Flecken in der Schwarzen Liste, WRP 2014, 771; *Schöttle*, Die Schwarze Liste – Übersicht über die neuen Spezialtatbestände des Anhangs zu § 3 Abs. 3 UWG, WRP 2009, 673; *Seichter*, Der Umsetzungsbedarf der Richtlinie über unlautere Geschäftspraktiken, WRP 2005, 1087; *Sosnitza*, Der Gesetzentwurf zur Umsetzung der Richtlinie über unlautere Geschäftspraktiken, WRP 2008, 1014; *Wiltschek*, „Gratis, umsonst, kostenfrei oder ähnlich" – Z. 20 des Anhangs zum UWG, FS Griss 2011, S 755.

A. Inhalt und Zweck der Vorschrift

1   Nach § 3 Abs. 3 UWG sind die im **Anhang zum UWG** aufgeführten geschäftlichen Handlungen (sog. **Black List**) gegenüber Verbrauchern stets unzulässig. Dieser Anhang enthält **30 Verbotstatbestände** zu irreführenden oder aggressiven Handlungen gegenüber Verbrauchern und wurde aus der UGP-Richtlinie im Wesentlichen unverändert übernommen. Es handelt sich dabei durchweg um Handlungen, die auch schon nach früherem Recht als unlauter galten. Neu ist aber, dass diese Verbotstatbestände als „**stets unzulässig**" gelten. Nach dem Willen des Richtliniengebers soll dadurch größere Rechtssicherheit geschaffen werden. Es soll sich dabei um Fälle handeln, die „ohne Beurteilung des Einzelfalls" als unzulässig gelten können. Erfasst werden aber ausdrücklich nur geschäftliche Handlungen **gegenüber Verbrauchern**.

2   Die Regelungen des Anhangs und die diesbezüglichen Erwägungsgründe des Richtliniengebers erscheinen allerdings in mehrfacher Hinsicht kritikwürdig. Es muss angesichts der wenig klaren Formulierungen, wie etwa „hinreichende Gründe", „in angemessener Menge", „verkehrsfähig", etc., bereits bezweifelt werden, dass der Anhang zu mehr **Rechtssicherheit** führt.[1] Es fragt sich aber auch, wie derart unbestimmte und wertungsbedürftige Begriffe ohne die Beurteilung des Einzelfalls angewendet werden sollen. Die Formulierung in § 3 Abs. 3 UWG kann daher nur bedeuten, dass die fragliche geschäftliche Handlung **nicht auf die sonst maßgebliche Relevanz** hin zu prüfen ist.[2] Eine allgemeine Verhältnismäßigkeitsprüfung ist den Gerichten jedenfalls versagt.[3]

3   Der Umstand, dass § 3 Abs. 3 UWG **kein Relevanzkriterium** kennt, bereitet aber erhebliche Schwierigkeiten. Der europäische Gesetzgeber hatte offenbar keinen Zweifel daran, dass bei den Fällen der Schwarzen Liste gewissermaßen automatisch das Relevanzkrite-

---

[1] Harte/Henning/*Henning-Bodewig*, UWG, § 3 Rn. 3; *Scherer*, NJW 2009, 324, 325; *Glöckner/Henning-Bodewig*, WRP 2005, 1311.
[2] So auch RegE v. 23.5.2008, BR-Drucks. 345/08, S. 43; *Köhler/Bornkamm*, UWG, Anh. § 3 Abs. 3 Rn. 9.4.
[3] Ohly/*Sosnitza*, UWG, Anhang zu § 3 Abs. 3 Rn. 3; *ders.*, WRP 2008, 1014, 1020 f.; *Scherer*, WRP 2011, 393, 399 f.; GroßkommUWG/*Peifer*, § 3 Rn. 699 f.; Harte/Henning/*Glöckner*, UWG, Einl. B, Rn. 436; Gloy/Loschelder/*Bruhn*, HdB WettbR, § 46, Rn. 17 f.; Götting/Nordemann/*Wirtz*, UWG, § 3, Rn. 137; Harte/Henning/*Henning-Bodewig*, UWG, Anh. § 3 Abs. 3 Rn. 20; *Köhler/Bornkamm*, UWG, Anh. § 3 III, Rn. 0.10 unter Hinweis darauf, dass im Einzelfall die Möglichkeit besteht, von Sanktionen abzusehen.

rium erfüllt ist. Auf der anderen Seite lassen sich aber gleichwohl Fälle denken, in denen ein Tatbestand der Liste zweifelsohne erfüllt ist, die geschäftliche Handlung sich aber gleichwohl nicht nachteilig auf den Verbraucher auswirkt, etwa wenn sich eine Angabe allein zu Lasten des Unternehmers auswirkt. In solchen Fällen sind die Tatbestände so auszulegen, dass sie solche Geschäftspraktiken nicht erfassen, die generell nicht geeignet sind, das wirtschaftliche Verhalten der Verbraucher nachteilig zu beeinflussen.[4] Auch nach Auffassung des EuGH sind die Tatbestände der Schwarzen Liste im Lichte der Relevanzklausel des Art. 5 Abs. 2 lit. b und des Art. 5 Abs. 3 UGP-Richtlinie auszulegen.[5]

In der Gesamtschau ist festzustellen, dass der Anhang keinerlei konzeptionelle Strukturen erkennen lässt und in seinem Inhalt und in seiner Aufzählung beliebig wirkt. Der Anhang wirft eine Vielzahl von **Rechtsfragen** auf, die angesichts der ausdrücklich ausgeschlossenen Wertungsmöglichkeiten und der penibel eingeforderten Richtlinienkonformität vielfach nicht mehr ohne weiteres in bewährter Art der „Feinjustierung" anhand des Einzelfalls zugänglich sein werden, sondern letztlich nur vom EuGH beantwortet werden können. Es lässt sich überdies nicht abstreiten, dass **„derart starre Regeln"**[6] den noch zum UWG von 2004 bekundeten Liberalisierungs- und Deregulierungsbemühungen des Gesetzgebers in höchstem Maße entgegenstehen. Schließlich kann auch das im Anhang zu § 3 Abs. 3 UWG bisweilen verwendete subjektive Kriterium der **„Absicht"** nur als bedauerlicher Rückschritt für ein modernes Lauterkeitsrecht empfunden werden. 4

B. Die einzelnen Tatbestände des Anhangs

I. Unwahre Angabe über die Unterzeichnung eines Verhaltenskodex

Nach Nr. 1 des Anhangs ist die unwahre Angabe eines Unternehmers, zu den Unterzeichnern eines Verhaltenskodexes zu gehören, eine stets unzulässige geschäftliche Handlung i.S.d. § 3 Abs. 3 UWG. Der Begriff des Verhaltenskodex ist in § 2 Abs. 1 Nr. 5 UWG definiert. Danach ist ein „Verhaltenskodex" eine Vereinbarung oder eine Vorschrift über das Verhalten von Unternehmern, zu welchem diese sich in Bezug auf Wirtschaftszweige oder einzelne geschäftliche Handlungen verpflichtet haben, ohne dass sich solche Verpflichtungen aus Gesetzes- oder Verwaltungsvorschriften ergeben. 5

Erfasst ist aber nur die ausdrückliche Behauptung. Das bloße Erwecken eines unrichtigen Eindrucks durch eine konkludente Handlung genügt nicht. Dies ergibt sich aus einem Umkehrschluss aus Nr. 9, 22 oder 23 des Anhangs, wo ausdrücklich von einem Erwecken eines unzutreffenden Eindrucks die Rede ist. 6

II. Ungenehmigte Verwendung von Gütezeichen

In Nr. 2 des Anhangs wird auch die Verwendung von Gütezeichen, Qualitätskennzeichen oder Ähnlichem **ohne die erforderliche Genehmigung** als eine stets unzulässige geschäftliche Handlung i.S.d. § 3 Abs. 3 UWG genannt. Beispiele für solche Gütezeichen 7

---

[4] *Köhler*, WRP 2014, 259, 267; *Scherer*, WRP 2014, 771, 772 ff.
[5] EuGH WRP 2012, 1509 ff. – *Purely Creative*; vgl. hierzu *Köhler*, WRP 2014, 259, Rn. 68; *Scherer*, WRP 2014, 771, 772.
[6] BT-Drucks. 16/10145. 345/08, S. 43.

sind das „*TÜV-Prüfzeichen*"[7] oder der „*Blaue Engel*". Nicht erfasst ist aber z.B. das „*CE*"-Zeichen, mit dem Hersteller die Konformität des Produktes mit EU-Vorschriften bestätigen, da es sich hierbei nicht um ein genehmigungsbedürftiges Gütezeichen handelt. Gleiches gilt für Testsiegel, wie etwa der „Stiftung Warentest", die nicht dazu dienen, bestimmte Eigenschaften des Produktes oder Unternehmens erkennbar zu machen.[8]

8   Schwierigkeiten bereitet allerdings die Frage, was gilt, wenn die Genehmigung zwar besteht, das Produkt dieser aber **nicht mehr** entspricht oder die Genehmigung **erschlichen** wurde. Angesichts des Wortlauts und der Funktion des Anhangs, im Sinne der Rechtssicherheit *per-se*-Verbote konkret, formal und ohne zusätzliche Berücksichtigung weiterer Umstände aufzulisten, sollte allein auf das formale Bestehen der Genehmigung abgestellt werden. Dafür spricht auch, dass allein in Nr. 4 des Anhangs anders als in Nr. 2 ausdrücklich auch die nicht mehr gegebenen Bedingungen genannt sind.[9]

III. Unwahre Angabe über die Billigung eines Verhaltenskodex

9   Nach Nr. 3 des Anhangs zählt auch die unwahre Angabe, ein Verhaltenskodex sei von einer öffentlichen oder anderen Stelle gebilligt, zu den stets unzulässigen geschäftlichen Handlungen. Erfasst ist aber wiederum nur die ausdrückliche Behauptung, nicht das bloße Erwecken eines unrichtigen Eindrucks. Zudem ist allein entscheidend, ob die Billigung besteht bzw. noch besteht. Demgegenüber ist gleichgültig, ob die Anerkennung zu Unrecht erfolgte. Während unter „öffentliche Stellen" alle Arten von Behörden zu verstehen sind, zählen zu den „anderen Stellen" nur solche, die im Verhältnis zu öffentlichen Stellen einen vergleichbaren Glaubwürdigungsstatus besitzen, wie etwa Industrie- und Handelskammern, Wirtschafts- und Verbraucherverbände.

IV. Unwahre Angabe über Bestätigung, Billigung oder Genehmigung

10   Nach Nr. 4 des Anhangs gilt ferner die unwahre Angabe, ein Unternehmer, eine von ihm vorgenommene geschäftliche Handlung oder eine Ware oder Dienstleistung sei von einer öffentlichen oder privaten Stelle bestätigt, gebilligt oder genehmigt worden, als eine stets unzulässige Handlung. Das gleiche gilt für die unwahre Angabe, den Bedingungen für die Bestätigung, Billigung oder Genehmigung werde entsprochen. Mit der zweiten Alternative wird klargestellt, dass von der Regelung auch der Umstand erfasst wird, dass zwar eine Bestätigung, Billigung oder Genehmigung besteht, die Bedingungen für diese aber nicht oder nicht mehr gegeben sind. Allerdings gilt auch hier, dass nur die ausdrückliche Behauptung erfasst ist, nicht das bloße Erwecken eines unrichtigen Eindrucks durch konkludentes Handeln.

11   Die Vorschrift enthält kein generelles Verbot von Geschäftspraktiken, die nicht von einer zuständigen Stelle genehmigt wurden. Vielmehr sind spezifische Fälle gemeint, in denen bestimmte Anforderungen insbesondere an die Qualität eines Gewerbetreibenden oder seiner Waren gestellt werden und insoweit ein System der Bestätigung, Billigung oder Genehmigung vorgesehen ist.[10]

---

[7] Vgl. OLG Hamm GRUR-RR 2012, 285; BeckRS 2015, 20832.
[8] Vgl. OLG Köln GRUR-RR 2011, 275, 276.
[9] Harte/Henning/*Weidert*, UWG, Anh. § 3 Nr. 2 Rn. 15.
[10] Vgl. hierzu EuGH GRUR 2013, 297 Rn. 39 – *Köck*; OLG Hamm GRUR-RR 2015, 533 – *Elektrofahrräder*.

V. Nichtaufklärung über voraussichtliche Nichtbefriedigung der Nachfrage

Nr. 5 des Anhangs betrifft die nicht hinreichende Aufklärung über eine voraussichtlich unzureichende Bevorratung zur Nachfragebefriedigung.[11] Danach stellen Waren- oder Dienstleistungsangebote im Sinne des § 5a Abs. 3 UWG zu einem bestimmten Preis eine stets unzulässige geschäftliche Handlung dar, „wenn der Unternehmer nicht darüber aufklärt, dass er hinreichende Gründe für die Annahme hat, er werde nicht in der Lage sein, diese oder gleichartige Waren oder Dienstleistungen für einen **angemessenen Zeitraum** in **angemessener Menge** zum genannten Preis bereitzustellen oder bereitstellen zu lassen (**Lockangebote**)." Inhaltslose Hinweise, wie etwa „nur in limitierter Stückzahl" räumen die Gefahr einer Fehlvorstellung des Verbrauchers, er habe innerhalb einer kurzen Reaktionszeit nach üblicher Kenntnisnahme von der Werbung eine realistische Chance, die angebotene Ware zu erwerben, grundsätzlich nicht aus.[12]

Wegen des Verweises auf § 5a Abs. 3 UWG gilt der Verbotstatbestand aber nur für Angebote von Waren oder Dienstleistungen, die in einer dem verwendeten Kommunikationsmittel angemessenen Weise auf Merkmale und Preis des angebotenen Produkts hinweisen, so dass der durchschnittliche Verbraucher das Geschäft abschließen kann.

Nach dem Wortlaut der Regelung scheint allerdings allein maßgeblich zu sein, welche Umstände dem Unternehmer tatsächlich bekannt sind. Unerheblich wäre demnach, ob ihm auch weitere Umstände hätten bekannt sein müssen. Demgegenüber spricht der englische Richtlinientext für ein weiter gehendes Verständnis, da dort von „*reasonable grounds the trader may have for believing that ...*" die Rede ist. Jedenfalls aber genügen bloße **vage Vermutungen oder Befürchtungen** ohne konkrete Anhaltspunkte nicht.

Eine Aufklärungspflicht besteht aber nicht, wenn **gleichartige Waren oder Dienstleistungen** zu dem genannten Preis vorrätig sind. Dies gilt auch dann, wenn der Anbieter die angebotene oder gleichartige Ware oder Dienstleistung **durch einen anderen Gewerbetreibenden** bereitstellen lassen kann. Nach der Gesetzesbegründung ist der Begriff „gleichartige Waren oder Dienstleistungen" in Abgrenzung zu Nr. 6 des Anhangs allerdings eng auszulegen. Eine solche Gleichartigkeit soll nur vorliegen, wenn die Waren oder Dienstleistungen tatsächlich **gleichwertig** und aus Sicht des Verbrauchers **austauschbar** sind. Dabei können auch subjektive Gesichtspunkte, wie der Wunsch nach Erwerb eines bestimmten Markenprodukts, eine Rolle spielen.[13] Zur Verdeutlichung dieses engen Verständnisses sollte wie in der Richtlinie von „gleichwertigen" statt von „gleichartigen" Angeboten gesprochen werden.

Die Feststellung, welche Menge und welcher Zeitraum „angemessen" ist, erfordert eine **Abwägung der Interessen** des Anbieters und der Verbraucher unter Berücksichtigung der Umstände des Einzelfalls. Nr. 5 des Anhangs I der UGP-Richtlinie nennt als hierfür relevante Kriterien das Produkt, den Umfang der für das Produkt eingesetzten **Werbung** und den **Angebotspreis**. Unzulässig ist es jedenfalls, ein Angebot für eine nicht (mehr) lieferbare Ware auf der Internetseite zu belassen.[14]

Schließlich enthält Satz 2 eine **Beweislastregelung**, wonach es dem Unternehmer obliegt, die Angemessenheit nachzuweisen, wenn die **Bevorratung kürzer als zwei Tage** ist. Im Übrigen bleibt es aber bei den allgemeinen Regelungen zur Darlegungs- und Beweislast, wo-

---

[11] Vgl. hierzu BGH GRUR 2011, 340 Rn. 18 – *Irische Butter*.
[12] OLG Koblenz, Urteil vom 2.12.2015, Az. 9 U 296/15, becklink 2002072.
[13] BT-Drucks. 16/10145, S. 61; BGH GRUR 2011, 340 Rn. 18 – *Irische Butter*.
[14] BGH GRUR 2005, 690 – *Internet-Versandhandel*; OLG Hamm WRP 2015, 1383, 1384 – *Elektrofahrräder*.

nach der Anspruchsberechtigte darlegen muss, dass ein Angebot i.S.d. Vorschrift vorlag und die Ware oder Dienstleistung nicht in angemessener Menge und für eine angemessene Zeit vorhanden war und hierüber in dem Angebot nicht aufgeklärt wurde, obwohl der Unternehmer hinreichende Gründe für eine entsprechende Annahme hatte. Hinsichtlich dieser Gründe muss es genügen, dass objektive Indizien vorgetragen werden, aus denen sich typischerweise eine entsprechende Annahme unangemessener Lieferfähigkeit ergeben kann.

VI. „Bait-and-switch-Technik"

18   Nach Nr. 6 des Anhangs stellen Waren- oder Dienstleistungsangebote im Sinne des § 5a Abs. 3 UWG zu einem bestimmten Preis auch dann eine stets unzulässige geschäftliche Handlung dar, wenn der Unternehmer sodann in der Absicht, stattdessen eine andere Ware oder Dienstleistung abzusetzen, (1.) eine fehlerhafte Ausführung der Ware oder Dienstleistung vorführt oder (2.) sich weigert zu zeigen, was er beworben hat, oder (3.) sich weigert, Bestellungen dafür anzunehmen oder die beworbene Leistung innerhalb einer vertretbaren Zeit zu erbringen.

19   Die Vorschrift enthält somit drei Alternativen, denen gemeinsam ist, dass die Unlauterkeit durch den Vorwurf begründet wird, der Unternehmer habe es **von vornherein darauf abgesehen, andere als die beworbenen Leistungen zu erbringen**. Wie bei Nr. 5 des Anhangs handelt es sich hierbei um einen Fall der „**Lockvogelwerbung**", nur mit dem Unterschied, dass es nicht darauf ankommt, welche Vorstellungen sich der Unternehmer von der Verfügbarkeit der beworbenen Waren oder Dienstleistungen gemacht hat oder hätte machen müssen.

20   Die Frage, welcher Zeitraum für die Leistungserbringung nach Alt. 3 „vertretbar" ist, muss wiederrum nach den Umständen des Einzelfalls beantwortet werden. Maßgeblich sind die Art der Leistung, der Inhalt und die Beschaffenheit des Angebots sowie die Lieferfrist, mit der der Verbraucher vor diesem Hintergrund unter normalen Umständen rechnen konnte.[15] Letztlich wird aber die erforderliche **Absicht** des Unternehmers nur sehr schwer zu beweisen sein. Die Beweislast trägt derjenige, der sich auf den Verbotstatbestand beruft. Allerdings kann sich die Beweislast umkehren, wenn der Unternehmer nicht begründen kann, warum er die beworbenen Leistungen nicht zeigen oder nicht erbringen kann.[16]

VII. Unwahre Angabe über zeitlich begrenzte Verfügbarkeit von Produkten

21   Eine stets unzulässige Handlung ist auch die unwahre Angabe, bestimmte Waren oder Dienstleistungen seien allgemein oder zu bestimmten Bedingungen nur für einen sehr begrenzten Zeitraum verfügbar, um den Verbraucher zu einer sofortigen geschäftlichen Entscheidung zu veranlassen, ohne dass dieser Zeit und Gelegenheit hat, sich auf Grund von Informationen zu entscheiden.

22   Nach der Gesetzesbegründung soll es sich hierbei um Fälle der Ausübung **psychologischen Kaufzwangs** durch **übertriebenes Anlocken** handeln. Da der für die geschäftliche Entscheidung maßgebli-

---

[15] Vgl. Harte/Henning/*Weidert*, UWG, Anh. § 3 Nr. 6 Rn. 13.
[16] Harte/Henning/*Weidert*, UWG, Anh. § 3 Nr. 6 Rn. 17.

che Zeitdruck objektiv nicht besteht, werde dem Verbraucher die Möglichkeit genommen, auf Grund einer zutreffenden Information zu entscheiden.[17] Richtigerweise betrifft die Regelung aber einen Fall der Irreführung.[18]

Entscheidend ist allein, ob die Angabe über die zeitlich begrenzte Verfügbarkeit unwahr ist. Zu fragen ist also, ob den Verbrauchern eine zeitliche Begrenzung des Angebots vorgespiegelt wird, die nicht zutrifft, weil das Angebot zu diesen Konditionen in Wahrheit länger bestehen wird. Nicht erforderlich ist demgegenüber, ob die Angabe auch zu einer Täuschung des Verbrauchers geeignet ist. Liegt eine solche unwahre Angabe vor, so kann auch die erforderliche **Absicht,** den Verbraucher dadurch zu einer sofortigen geschäftlichen Entscheidung zu veranlassen, vermutet werden. Es obliegt dann dem Unternehmer, diese Vermutung zu widerlegen.

VIII. Leistungserbringung in anderer Sprache

Nach Nr. 8 des Anhangs stellt es eine stets unzulässige Handlung dar, wenn der Unternehmer mit dem Verbraucher vor Abschluss des Geschäfts in einer anderen als der Amtssprache am Ort seiner Niederlassung kommuniziert hat, aber für die Erbringung von Kundendienstleistungen eine davon abweichende Sprache verwendet, ohne den Verbraucher vor Geschäftsabschluss darüber aufgeklärt zu haben. Das Verbot betrifft die enttäuschte Erwartung des Verbrauchers, dass auch die Kundendienstleistungen in der vor dem Abschluss des Geschäfts verwendeten Sprache erbracht werden. Mit „Kundendienstleistungen" sind nachvertragliche Serviceleistungen gemeint, wie etwa die **Kundenhotline** für Fragen und Probleme nach dem Kauf („*after-sales service*").

IX. Erwecken des unzutreffenden Eindrucks bezüglich der Verkehrsfähigkeit des Produkts

Als stets unzulässige Handlung ist auch die unwahre Angabe oder das Erwecken des unzutreffenden Eindrucks anzusehen, eine Ware oder Dienstleistung sei **verkehrsfähig**. Nach der Gesetzesbegründung sollen davon vor allem Waren und Dienstleistungen erfasst sein, deren Besitz, bestimmungsgemäße Benutzung oder Entgegennahme gegen ein gesetzliches Verbot verstößt, wie dies z.B. beim Fehlen der Betriebserlaubnis für ein technisches Gerät der Fall sein kann.[19] Zu beachten ist aber, dass auch der Richtlinientext ausdrücklich lediglich den unzutreffenden Eindruck verbietet, ein Produkt könne rechtmäßig „verkauft" werden, so dass der unrechtmäßige Besitz oder die unrechtmäßige Benutzung nicht erfasst sind. Produktbezogene Aussagen sind etwa solche zur Zulassung als Fertigarzneimittel nach § 21 AMG. Demgegenüber betrifft z.B. das Verbot von Radarwarnern nach § 23 Abs. 1 b StVO nicht die Verkehrsfähigkeit des Produkts.

---

[17] BT-Drucks. 16/10145, S. 63.
[18] *Köhler*/Bornkamm, UWG, Anh. zu § 3 III Nr. 7 Rn. 7.1; *Ohly*/*Sosnitza*, UWG, Anhang zu § 3 Abs. 3 Rn. 22 sowie *Lettl*, Wettbewerbsrecht, § 3 Rn. 36.
[19] BT-Drucks. 16/10145, S. 64.

X. Erwecken des unzutreffenden Eindrucks bezüglich der Besonderheit einer Selbstverständlichkeit

26   Eine unzulässige geschäftliche Handlung i.S.d. § 3 Abs. 3 UWG ist auch die unwahre Angabe oder das Erwecken des unzutreffenden Eindrucks, **gesetzlich bestehende Rechte** stellten eine **Besonderheit** des Angebots dar. Erfasst sind insbesondere gesetzliche Verbraucherrechte, wie etwa Kündigungs- und Widerrufsrechte, die nach dem Gesetz ohnehin bestehen. Dem Verbraucher wird vorgespiegelt, diese Rechte stellten eine zusätzliche Leistung dar, zu welcher der Unternehmer nicht verpflichtet sei. Nicht erforderlich ist allerdings eine hervorgehobene Herausstellung des Angebots.[20]

27   Somit verstößt etwa die Angabe auf der Internetseite eines Online-Händlers „Sollten Sie mit einem kompatiblen Produkt nicht zufrieden sein, haben Sie eine 14-tägige Geld-Zurück-Garantie. Das Porto der Rücksendung übernehmen wir" selbst dann gegen Nr. 10 des Anhangs, wenn dies ohne grafische Hervorhebung im Fließtext erfolgt.[21] Ausreichend ist, dass beim Verbraucher der unrichtige Eindruck erweckt wird, der Unternehmer hebe sich mit seinem Angebot von demjenigen anderer Unternehmen dadurch ab, dass er dem Verbraucher *freiwillig* ein Recht einräumt. Tatsächlich aber geht die 14-tägige Geld-Zurück-Garantie nicht über das hinaus, was Verbrauchern nach §§ 312g, 355 BGB ohnehin auf Grund gesetzlicher Rechte zusteht. Dagegen wird mit dem Hinweis „Für alle Produkte gilt selbstverständlich ebenfalls die gesetzliche Gewährleistungsfrist von zwei Jahren" lediglich klargestellt, dass der Unternehmer keine Rechte einräumt, die dem Verbraucher nicht ohnehin zustehen.[22]

XI. Als Information getarnte Werbung

28   Nach Nr. 11 des Anhangs gilt der **vom Unternehmer finanzierte Einsatz redaktioneller Inhalte zu Zwecken der Verkaufsförderung** als stets unzulässige Handlung, wenn sich dieser Zusammenhang aus dem Inhalt oder aus der Art der optischen oder akustischen Darstellung **nicht eindeutig** ergibt („als Information getarnte Werbung"). Die Regelung entspricht dem presserechtlichen Gebot der **Trennung von Werbung und redaktionellem Teil** und nennt **drei Tatbestandsvoraussetzungen**: Erstens müssen redaktionelle Inhalte zu Zwecken der Verkaufsförderung eingesetzt werden. Dieser Einsatz muss zweitens von einem Unternehmen finanziert worden sein und drittens muss dies geschehen sein, ohne dass sich dieser Zusammenhang aus dem Inhalt oder aus der Art der optischen oder akustischen Darstellung eindeutig ergibt.[23]

29   Ein Beitrag hat einen **redaktionellen Inhalt**, wenn er aus der Sicht eines Durchschnittsadressaten als objektive neutrale Berichterstattung durch das Medienunternehmen selbst erscheint.[24] Für die Frage, ob diese redaktionellen Inhalte zu Zwecken der **Verkaufsförderung** eingesetzt werden, soll nach h.M. ein weites Verständnis des Begriffs „Verkaufsförderung" gelten. Erfasst sein sollen alle Maßnahmen, die unmittelbar oder mittelbar der Absatzförderung dienen, einschließlich der Aufmerksamkeitswerbung und der Produktplatzierung.[25] Erfasst wären damit aber nicht nur redaktionell aufgemachte Anzeigen, sondern nahezu jede Erscheinungsform des Sponsorings und der Produktplatzierung, welche nicht eindeutig entsprechend gekennzeichnet ist.[26] Ein derart weites Verständnis erscheint

---

[20] BGH GRUR 2014, 1007 Rn. 11 – *Geld-Zurück-Garantie III*.
[21] BGH GRUR 2014, 1007 Rn. 13 ff. – *Geld-Zurück-Garantie III*.
[22] BGH GRUR 2014, 1007 Rn. 13 ff. – *Geld-Zurück-Garantie III*.
[23] OLG Hamburg WRP 2012, 476 Rn. 13 ff.; OLG Karlsruhe WRP 2012, 1131 Rn. 38.
[24] OLG Hamburg WRP 2012, 476 Rn. 11; OLG Karlsruhe WRP 2012, 1131 Rn. 32; *Köhler*/Bornkamm, UWG, Anh. § 3 Abs. 3 Rn. 11.2; Ohly/*Sosnitza*, UWG, Anh. zu § 3 Abs. 3 Rn. 32.
[25] *Köhler*/Bornkamm, UWG, Anh. § 3 Abs. 3 Rn. 11.3; BGH GRUR 2011, 163 Rn. 18 – *Flappe*.
[26] Vgl. Harte/Henning/*Frank*, UWG, Anh. § 3 Nr. 11 Rn. 7.

aber angesichts der Tatsache, dass die Tatbestände des Anhangs keine Abwägung der Umstände des Einzelfalles und keine Relevanzklausel kennen, bedenklich. Zudem stellt sich dann die Frage zum Verhältnis zu Art. 7 Abs. 2 der UGP-Richtlinie (umgesetzt in § 5a Abs. 6 UWG), wonach es als irreführende Unterlassung gilt, wenn ein Gewerbebetreibender den kommerziellen Zweck der Geschäftspraxis nicht kenntlich macht, sofern er sich nicht unmittelbar aus den Umständen ergibt, und dies geeignet ist, den Verbraucher zu einer geschäftlichen Entscheidung zu veranlassen, die er andernfalls nicht getroffen hätte.[27] Schwierigkeiten kann mitunter schließlich auch der **Nachweis** der Finanzierung gerade zum Zweck der Verkaufsförderung durch das werbende Unternehmen bereiten. Lässt sich dies nicht nachweisen, ist die Werbung anhand von § 5 Abs. 6 UWG zu prüfen.

Im Hinblick auf das „**Product Placement**", bei der für die Einbeziehung der Ware oder Dienstleistung in einem redaktionellen Kontext ein Entgelt gefordert wird ohne dem Erkennbarkeitsgebot zu genügen, trägt nach der Gesetzesbegründung eine solche Tarnung der Verkaufsförderungsabsicht dazu bei, Verbraucher dazu zu veranlassen, ihre an sich kritische Haltung gegenüber Werbebotschaften abzulegen. Dadurch wird ihnen die Möglichkeit genommen, sich auf den kommerziellen Charakter der Mitteilung einzustellen und entsprechend darauf zu reagieren.[28] Zu beachten ist aber, dass in einer Produktplatzierung nicht notwendigerweise eine redaktionelle Aussage liegen muss.[29]   30

XII. Unwahre Angabe über eine Gefahr

Gemäß der Nr. 12 des Anhangs gelten als stets unzulässige Handlungen auch unwahre Angaben über Art und Ausmaß einer **Gefahr** für die persönliche Sicherheit des Verbrauchers oder seiner Familie für den Fall, dass er die angebotene Ware nicht erwirbt oder die angebotene Dienstleistung nicht in Anspruch nimmt. Erfasst sind damit geschäftliche Handlungen, bei denen das **Gefühl der Angst** ausgenutzt wird um dadurch die rationalen Erwägungen des Verbrauchers zu verdrängen.[30] Ausreichend ist dabei die unwahre Angabe über eine Gefahr; ein Nachweis über eine tatsächliche Zwangslage des Verbrauchers oder über die möglichen Auswirkungen auf das Entscheidungsverhalten ist dagegen nicht erforderlich. Erforderlich ist aber die ausdrückliche Angabe über eine Gefahr, das bloße Erwecken eines unrichtigen Eindrucks genügt nicht.   31

XIII. Herkunftstäuschung

Nr. 13 des Anhangs betrifft die Werbung für eine Ware oder Dienstleistung, die der Ware oder Dienstleistung eines bestimmten Herstellers **ähnlich** ist, wenn dies in der **Absicht** geschieht, über die **betriebliche Herkunft** der beworbenen Ware oder Dienstleistung zu **täuschen**. Entscheidend ist, ob die beworbene Ware oder Dienstleistung dem Original so ähnlich ist, dass der Verbraucher durch die Werbung zu der unzutreffenden Annahme verleitet wird, das beworbene Produkt stamme von dem Originalhersteller. Dafür ist allerdings nicht unbedingt erforderlich, dass der Verbraucher die Produkte infolge ihrer Ähnlichkeit verwechselt. Vielmehr kann eine Herkunftstäuschung auch dann zu bejahen sein, wenn der Verbraucher die **Unterschiede** der Produkte erkennt, aber infolge ihrer Ähnlichkeiten davon ausgeht, sie stammten vom selben Hersteller.   32

---

[27] Vgl. Harte/Henning/*Frank*, UWG, Anh. § 3 Nr. 11 Rn. 10 ff.
[28] BT-Drucks. 16/10145, S. 64.
[29] Vgl. Ohly/*Sosnitza*, UWG, Anh. zu § 3 Abs. 3 Rn. 31.
[30] BT-Drucks. 16/10145, S. 65.

33 Fraglich ist aber, was gilt, wenn dem Verbraucher lediglich vorgetäuscht wird, das Produkt sei mit Erlaubnis des Originalherstellers hergestellt worden (Erteilung einer **Lizenz**), oder die Unternehmen stünden in Bezug auf die Herstellung des Produkts zueinander in sonstigen rechtlichen, geschäftlichen oder organisatorischen Beziehungen. Vorzugswürdig erscheint eine dem *per-se*-Charakter des Anhangs angemessene enge Auslegung des Wortlauts, wonach gerade die Ähnlichkeiten der Waren oder Dienstleistungen zu einer Täuschung über den Hersteller führen. Eine Täuschung über das Bestehen einer Lizenz genügt daher nicht. Dieser Fall ist nach § 5 Abs. 1 S. 2 Nr. 3 UWG zu beurteilen.[31] Zudem kann die Herkunftstäuschung dem Wortlaut nach selbst dann gegeben sein, wenn der Werbende kraft Lizenzvertrags mit dem Originalhersteller tatsächlich berechtigt ist, das beworbene Produkt herzustellen.[32]

34 Die Regelung steht neben § 4 Nr. 3 lit. a UWG (§ 4 Nr. 9 UWG a.F.) und § 5 Abs. 1 S. 2 Nr. 1 UWG. Im Gegensatz zu diesen Vorschriften setzt das *per-se*-Verbot in Nr. 13 des Anhangs aber voraus, dass die Täuschung über die betriebliche Herkunft **beabsichtigt** ist. Dafür ist allerdings nicht erforderlich, dass die Täuschung über den Ursprung der beworbenen Ware alleiniges Motiv der Werbung ist. Vielmehr reicht es auch aus, wenn der Werbende mit bedingtem Vorsatz handelt, also eine Täuschung von Verbrauchern **lediglich für möglich hält und billigend in Kauf nimmt**.[33] Ob diese Motivation vorliegt, ist anhand objektiver Indizien zu ermitteln. Erfasst sind zudem nur Waren oder Dienstleistungen, nicht aber Kennzeichenrechte. Der Begriff der Werbung ist in Art. 2 lit. a der RL 2006/114/EG definiert und erfasst „jede Äußerung bei der Ausübung eines Handels, Gewerbes, Handwerks oder freien Berufs mit dem Ziel, den Absatz von Waren oder die Erbringung von Dienstleistungen, einschließlich unbeweglicher Sachen, Rechte und Verpflichtungen, zu fördern".

XIV. Schneeball- oder Pyramidensystem

35 Nach Nr. 14 des Anhangs gilt es als stets unzulässig, ein System zur Verkaufsförderung einzuführen, zu betreiben oder auch nur zu fördern, das den Eindruck vermittelt, allein oder hauptsächlich durch die Einführung weiterer Teilnehmer in das System könne eine Vergütung erlangt werden.

36 Erfasst sind damit zum einen Schneeballsysteme, bei denen der Veranstalter nicht nur Verträge mit dem Erstkunden abschließt, sondern auch mit den durch dessen Vermittlung geworbenen weiteren Kunden. Zum anderen sind auch sog. Pyramidensysteme erfasst, bei denen die jeweils geworbenen Kunden ihrerseits gleichlautende Verträge mit den von ihnen geworbenen weiteren Kunden schließen. Derartige Verkaufsförderungsmaßnahmen können wegen der **Ausnutzung der Unerfahrenheit und Leichtgläubigkeit** der Verbraucher auch nach § 3 Abs. 2 und 4 UWG unlauter und gemäß § 16 Abs. 2 UWG strafbar sein. Anders als bei § 16 Abs. 2 UWG sind bei Nr. 14 des Anhangs aber weder Vorsatz noch Rechtswidrigkeit oder Schuld des Unternehmers erforderlich.

37 Nach dem Wortlaut der entsprechenden Vorschrift in der UGP-Richtlinie sind Schneeballsysteme erfasst, bei denen der Verbraucher die Möglichkeit vor Augen hat, eine Vergütung zu erzielen, die hauptsächlich durch die Einführung neuer Verbraucher in ein solches System und „weniger durch den Verkauf oder Verbrauch von Produkten zu erzielen ist." Daraus folgert der EuGH, dass ein Schneeballsystem i.d.S. nur dann vorliegt, wenn die Teilnehmer an einem solchen System **einen finanziellen Beitrag** entrichten.[34]

---

[31] *Köhler*/Bornkamm, UWG, Anh. § 3 Abs. 3 Rn. 13.6; a.A. Harte/Henning/*Dreyer*, UWG, Anh. § 3 Nr. 13 Rn. 13a; Fezer/*Peifer*, UWG, Anh. UWG Nr. 13 Rn. 13; *Harte-Bavendamm*, FS Loschelder, 2010, S. 116.
[32] *Köhler*/Bornkamm, UWG, Anh. § 3 Abs. 3 Rn. 13.6.
[33] BGH GRUR 2013, 1161 Rn. 70 – *Hard Rock Café*.
[34] EuGH GRUR 2014, 680 Rn. 20 – *4finance*.

XV. Unwahre Angabe über Aufgabe oder Verlegung des Geschäfts

Eine stets unzulässige Handlung ist nach Nr. 15 des Anhangs auch die unwahre Angabe, der Unternehmer werde demnächst sein Geschäft aufgeben oder seine Geschäftsräume verlegen. Dadurch wird die irrige Vorstellung hervorgerufen, der Unternehmer werde seine Warenbestände aus Anlass der Geschäftsaufgabe oder der Verlegung seiner Geschäftsräume zu besonders günstigen Konditionen abgeben. Dabei kommt es nicht darauf an, ob der Unternehmer tatsächlich besondere Preisvorteile gewährt oder ob er mit besonders günstigen Angeboten geworben hat. Erforderlich ist aber eine **zeitliche Nähe** der angekündigten Aufgabe oder Verlegung („demnächst").

Angesichts der Tatsache, dass die Vorschrift je nachdem, ob es um eine Schließung oder eine Verlegung geht, einmal vom „**Geschäft**" und ein anderes Mal von „**Geschäftsräumen**" spricht, erscheint fraglich, inwieweit zwischen beiden Begriffen zu unterscheiden ist. Es wäre aber seltsam, wenn die unwahre Angabe über die Verlegung einer einzelnen Niederlassung von der Vorschrift erfasst wäre, die Angabe über die Schließung derselben aber nicht.[35]

Nicht erfasst von Nr. 15 der Anlage sind jedenfalls irreführende Angaben über **Verkäufe aus sonstigen Gründen**, wie etwa zum Saisonschluss, zu einem Jubiläum oder zur Geschäftseröffnung. Das gleiche dürfte für die nur vorübergehende Schließung des Geschäfts gelten. Derartige Handlungen sind nach § 5 UWG zu beurteilen. Erfasst ist zudem nur die ausdrückliche Angabe über die Geschäftsaufgabe oder -verlegung, nicht das bloße Erwecken eines unrichtigen Eindrucks darüber. Unerheblich ist demgegenüber, ob die unwahre Angabe überhaupt zur Täuschung des Verbrauchers geeignet ist.

Schwierigkeiten wird schließlich regelmäßig der **Nachweis** bereiten, dass die Aufgabe Verlegung des Geschäfts zum Zeitpunkt der Äußerung nicht beabsichtigt war. Die Beweislast dafür trägt nach den allgemeinen Grundsätzen derjenige, der die fragliche Handlung als unzulässig beanstandet. Allerdings sollte bereits die letztlich tatsächlich nicht erfolgte Geschäftsaufgabe bzw. -verlegung für eine Vermutung sprechen, dass eine entsprechende Absicht auch vorlag.

XVI. Angabe über die Erhöhung der Gewinnchancen durch eine Ware oder Dienstleistung

Nach Nr. 16 des Anhangs zu § 3 Abs. 3 UWG ist auch die Angabe stets unzulässig, durch eine bestimmte Ware oder Dienstleistung ließen sich die Gewinnchancen bei einem Glücksspiel erhöhen. Die Vorschrift soll verhindern, dass Verbraucher dazu verleitet werden, eine Ware oder Dienstleistung nur oder zumindest auch deshalb zu erwerben, weil ihnen dadurch höhere Gewinnchancen bei einem Glücksspiel in Aussicht gestellt werden. Davon unberührt bleibt aber die **Koppelung** des Waren- oder Dienstleistungserwerbs mit einem Gewinnspiel als solche, die nach der Entscheidung „Plus-Warenhandelsgesellschaft" des EuGH ohnehin als grundsätzlich zulässig anzusehen ist.[36] Nach dem Wortlaut unerheblich ist allerdings, ob die Angabe zu den Gewinnaussichten tatsächlich unwahr ist. Verboten ist damit auch die **zutreffende Angabe** einer entsprechenden Erhöhung der Gewinnchancen. Das gleiche müsste streng genommen auch für Produkte gelten, die es dem Verbraucher lediglich ermöglichen sollen, den Ablauf des Glücksspiels selbst zu beeinflussen, wie etwa Ratgeberliteratur zu Glücksspielen. Jedenfalls im zuletzt genannten

---

[35] Vgl. hierzu Harte/Henning/*Weidert*, UWG, Anh. § 3 Nr. 15 Rn. 14.
[36] EuGH GRUR 2010, 244 – *Plus Warenhandelsgesellschaft*.

Fall ist der Verbraucher aber nicht schutzbedürftig, so dass eine teleologische Reduktion erforderlich erscheint.[37]

43　Schließlich geht der Gesetzgeber davon aus, dass es sich bei „Glücksspielen" um Spiele handelt, „bei denen der Gewinn vom Zufall abhängt und die Aussicht auf einen Gewinn anders als bei Wettbewerben, Preisausschreiben und Gewinnspielen einen **geldwerten Einsatz** voraussetzt."[38] Es fragt sich aber, warum ausgerechnet **kostenlose Gewinnspiele** vom Anwendungsbereich der Norm herausgenommen werden sollten. Vielmehr wird die von der Vorschrift ins Auge gefasste Gefahr, dass Verbraucher von der Gewinnaussicht verleitet werden, bei kostenlosen Gewinnspielen sogar noch höher ausfallen.

XVII. Erwecken des unzutreffenden Eindrucks bezüglich eines Preisgewinns

44　Eine stets unzulässige geschäftliche Handlung i.S.d. § 3 Abs. 3 UWG ist auch die „unwahre Angabe oder das Erwecken des unzutreffenden Eindrucks, der Verbraucher habe bereits einen Preis gewonnen oder werde ihn gewinnen oder werde durch eine bestimmte Handlung einen Preis gewinnen oder einen sonstigen Vorteil erlangen, wenn es einen solchen **Preis oder Vorteil tatsächlich nicht gibt**, oder wenn jedenfalls die Möglichkeit, einen Preis oder sonstigen Vorteil zu erlangen, von der Zahlung eines **Geldbetrags** oder der Übernahme von **Kosten** abhängig gemacht wird." Durch diese Vorschrift soll verhindert werden, dass der Verbraucher durch Vorspiegelung, ihm sei ein Preisgewinn bereits sicher, zur Teilnahme an Wettbewerben oder Preisausschreiben veranlasst wird. Sie steht im Zusammenhang mit Nr. 20 des Anhangs und dem Transparenzgebot nach §§ 5, 5a UWG.

45　Während der deutsche Gesetzgeber die entsprechende Vorgabe der UGP-Richtlinie aber offenbar als einen Fall der Irreführung betrachtet hat („Erwecken des fälschlichen Eindrucks"), sieht der EuGH darin eine **aggressive Geschäftspraktik**. Damit sei das Kriterium des „fälschlichen Eindrucks" kein eigenständiges Merkmal, mit der Folge, dass eine **hinreichende Aufklärung über die für die Einforderung des Preises erhobenen Kosten unerheblich ist**.[39] Nicht erforderlich ist zudem, dass ein bestimmter Preis konkret benannt wird. Vielmehr genügt bereits die Aussage, dass der Verbraucher irgendeinen Preis oder sonstigen Vorteil gewonnen hat oder gewinnen werde. Erforderlich ist aber in Abgrenzung zu Nr. 20 des Anhangs, dass der Gewinn als **sicher** vermittelt wird.

XVIII. Unwahre Angabe über die Heilung durch eine Ware oder Dienstleistung

46　Unzulässig ist nach Nr. 18 des Anhangs auch die unwahre Angabe, eine Ware oder Dienstleistung könne Krankheiten, Funktionsstörungen oder Missbildungen heilen. Die Vorschrift hat im deutschen Recht nur eine geringe praktische Bedeutung, da es zahlreiche über dieses Verbot hinausgehende Sonderregelungen gibt, die nicht nur unwahre Angaben verbieten, sondern grundsätzlich jegliche krankheitsbezogene Werbung (vgl. § 12 Abs. 1 LFGB, § 8 Abs. 1 Nr. 2 lit. a AMG und § 3 Nr. 1 HWG). Erfasst ist zudem nur die ausdrückliche Angabe über die Heilung, nicht das bloße Erwecken eines unrichtigen Eindrucks. Das Hervorrufen einer Irreführungsgefahr ist dagegen nicht erforderlich.

---

[37] Harte/Henning/*Bruhn*, UWG, Anh. § 3 Nr. 16 Rn. 9, 20; Ohly/*Sosnitza*, UWG, Anh. zu § 3 Abs. 3 Rn. 45.
[38] BT-Drucks. 16/10145, S. 66.
[39] EuGH GRUR 2012, 1269, 1270 ff. – *Purely Creative*.

XIX. Unwahre Angabe über Marktbedingungen

Nach Nr. 19 des Anhangs gelten unwahre Angaben über die Marktbedingungen oder Bezugsquellen als unzulässig, um den Verbraucher dazu zu bewegen, eine Ware oder Dienstleistung „zu weniger günstigen Bedingungen" als den allgemeinen Marktbedingungen abzunehmen oder in Anspruch zu nehmen.

47

Die Vorschrift regelt einen Sonderfall der **Irreführung über die Preiswürdigkeit** eines Angebots. Der Verbraucher soll durch falsche Angaben davon abgehalten werden, nach alternativen Angeboten zu suchen, wodurch er in seiner **Schiedsrichterfunktion** betroffen ist. Erfasst ist wiederum nur die ausdrückliche Angabe, nicht das bloße Erwecken eines unrichtigen Eindrucks. Zudem ist erforderlich, dass die Angabe **objektiv und verifizierbar unwahr** ist. **Prognostizierende Angaben** über künftige Entwicklungen der Marktbedingungen sind nicht erfasst. Dagegen ist unerheblich, ob die objektiv unwahre Angabe zur Täuschung des Verbrauchers überhaupt geeignet ist. Schwierigkeiten bereitet aber die Frage, was genau unter „**weniger günstigen Bedingungen**" zu verstehen ist. Jedenfalls wird man nicht fordern können, dass das eigene Angebot günstiger als alle anderen Angebote auf dem Markt ist.[40]

48

Schließlich muss der Unternehmer in der **Absicht** handeln, den Verbraucher zur Abnahme des eigenen ungünstigeren Angebots zu verleiten, wofür der Kläger die Beweislast trägt. Allerdings ist eine entsprechende Absicht zu vermuten, wenn das Unternehmen das Produkt zu ungünstigeren als den Marktbedingungen anbietet und über die Marktbedingungen unwahre Angaben macht.

49

XX. Nichtgewährung ausgelobter Preise

Unzulässig ist nach Nr. 20 des Anhangs ferner das „Angebot eines Wettbewerbs oder Preisausschreibens, wenn weder die in Aussicht gestellten Preise noch ein angemessenes Äquivalent vergeben werden." Der Unterschied zu Nr. 17 des Anhangs besteht darin, dass dem Verbraucher dort der Eindruck vermittelt wird, dass ihm ein Gewinn oder sonstiger Vorteil schon sicher sei, während ihm hier lediglich eine **Gewinnchance vorgetäuscht** wird. Zu beachten ist, dass sich die Vorschrift nicht allein darauf beschränkt, einzelne irreführende Angaben als unzulässig zu verbieten. Vielmehr wird das Angebot eines Wettbewerbs oder Preisausschreibens insgesamt verboten, wenn die in Aussicht gestellten Preise oder ein angemessenes Äquivalent nicht vergeben werden.

50

XXI. Täuschung über kostenpflichtige „Gratisleistungen"

Gemäß Nr. 21 dürfen Waren oder Dienstleistungen nicht als kostenlos angeboten werden, wenn hierfür gleichwohl Kosten zu tragen sind. Dies gilt aber nicht für Kosten, die in Zusammenhang mit dem Eingehen auf das Angebot oder der Inanspruchnahme der angebotenen Leistung verbunden sind. Die Vorschrift betrifft die hohe **Anlockwirkung**, die von „Gratis-Angeboten" ausgeht und stellt einen Sonderfall der **Irreführung über die Berechnung des Preises** im Sinne des § 5 Abs. 1 S. 2 Nr. 2 UWG dar. Allerdings ist das Hervorrufen einer Irreführungsgefahr nicht gesondert zu prüfen. Eine solche wird vielmehr von der Vorschrift unterstellt.

51

---

[40] So auch Harte/Henning/*Henning-Bodewig*, UWG, Anh. zu § 3 Nr. 19 Rn. 13.

52 Erfasst sind auch **mittelbare Kosten** oder **Folgekosten**, bei denen der Erwerb der jeweiligen Ware oder Dienstleistung zwar kostenlos erfolgt, damit aber zwingend weitere Kosten verbunden sind. Denn sobald der vermeintlich unentgeltliche Erwerb des Produkts zwingend mit bestimmten Folgekosten verbunden wird, sind diese als unmittelbare Gegenleistung für den „Gratiserwerb" anzusehen. Für eine Einbeziehung auch solcher Kosten spricht zudem auch der Wortlaut der UGP-Richtlinie (Nr. 20 des Anhangs I), in dem ausdrücklich von „weiteren Kosten" die Rede ist.[41]

53 Nicht erfasst sind demgegenüber kostenfreie „**Zugaben**", wenn für den Verbraucher erkennbar ist, dass er die Hauptleistung zu bezahlen hat.[42] Entscheidend ist bei Werbung mit „Gratiszugaben", ob der Verbraucher darüber im Unklaren gelassen wird, dass er die Hauptleistung bezahlen muss.[43]

54 Anders wird dies aber gesehen, wenn die Kosten für diese Zugaben kalkulatorisch letztlich bei der Festsetzung des Gesamtpreises aufgeschlagen werden („**versteckte Kosten**").[44] Zu berücksichtigen ist aber, dass kostenlose Angebote in den wenigsten Fällen purem Altruismus entspringen werden, sondern sich nahezu zwangsläufig irgendwo in der Kalkulation des Unternehmens früher oder später und mehr oder weniger offen niederschlagen müssen. Aus diesem Grund wird man kostenfreie Zugaben nur dann als mit erfasst ansehen können, wenn die Kosten hierfür eindeutig im konkreten Gesamtangebot versteckt sind, was sich insbesondere aus einem Vergleich mit den sonst üblichen Marktpreisen ergeben kann.

XXII. Werbematerial mit Zahlungsaufforderung und dadurch Erwecken des unzutreffenden Eindrucks einer Bestellung

55 Nach Nr. 22 des Anhangs gilt die Übermittlung von Werbematerial unter Beifügung einer Zahlungsaufforderung als stets unzulässige geschäftliche Handlung, wenn damit der unrichtige Eindruck vermittelt wird, die beworbene Ware oder Dienstleistung sei bereits bestellt. Dadurch soll der Verbraucher vor „**Scheinrechnungen**" geschützt werden, mit denen der Unternehmer dem Verbraucher glauben machen will, er habe die in der beiliegenden Werbung abgebildeten und noch nicht gelieferten Produkte bestellt. Denn dadurch werden mittelbar das Bestehen eines Vertragsverhältnisses und eine daraus folgende Zahlungspflicht vorgetäuscht.

56 Nach dem Wortlaut erfasst die Vorschrift aber nur **Werbematerial** mit Zahlungsaufforderungen. Während bei der Zusendung einer unbestellten Ware Nr. 29 des Anhangs eingreift, bleibt bei einer Zahlungsaufforderung ohne jegliches Werbematerial nur der Rückgriff auf § 5 UWG. Es ist aber nichts dafür ersichtlich, warum unberechtigte **Zahlungsaufforderungen ohne beigefügte Werbematerialien** grundsätzlich anders behandelt werden sollten. Denn in beiden Fällen geht es letztlich darum, den Verbraucher über eine Zahlungspflicht zu täuschen, wofür allein die Zahlungsaufforderung ausschlaggebend ist und die beigefügte Werbung ohne Bedeutung sein dürfte.

57 Erforderlich ist schließlich, dass der Verbraucher aus der Zahlungsaufforderung den Eindruck gewinnen kann, er sei zur Zahlung eines bestimmten Betrages verpflichtet. Da die Vorschrift auch die Vermittlung eines unrichtigen Eindrucks erfasst, ist nicht erforderlich, dass auf die vermeintliche Bestellung ausdrücklich hingewiesen wird.

---

[41] A.A. Harte/Henning/*Bruhn*/*Weidert*, UWG, Anhang zu § 3 Nr. 21 Rn. 7: Dies würde zu nicht sachgerechten Ergebnissen führen, weil es bei dem Verbot des Nr. 21 weder auf eine Irreführung noch auf eine Aufklärung ankomme.

[42] *Köhler*/*Bornkamm*, UWG, Anh. § 3 Abs. 3 Rn. 21.3; Harte/Henning/*Bruhn*/*Weidert*, UWG, Anh. § 3 Nr. 21 Rn. 8.

[43] BGH GRUR 2014, 576 Rn. 33 – *2 Flaschen GRATIS*.

[44] *Köhler*/*Bornkamm*, UWG, Anh. § 3 Abs. 3 Rn. 21.3.

XXIII. Erwecken des unzutreffenden Eindrucks bezüglich des gewerblichen Charakters

Eine stets unzulässige Handlung stellt nach Nr. 23 des Anhangs ferner die unwahre Angabe oder das Erwecken des unzutreffenden Eindrucks dar, der Unternehmer sei Verbraucher oder nicht für die Zwecke seines Geschäfts, Handels, Gewerbes oder Berufs tätig. Ein solcher Eindruck kann für die Entscheidung des Verbrauchers aus mehreren Gründen relevant werden, etwa wenn es um die Verschleierung der ihm zustehenden Verbraucherrechte geht oder fehlender Eigennutz bei gemeinnützigen oder wohltätigen Zwecken vorgespiegelt werden. Letzteres kommt z.B. in Betracht, wenn wahrheitswidrig behauptet wird, der Vertrieb einer Ware oder einer angebotenen Dienstleistung diene sozialen oder humanitären Zwecken. 58

Neben der ausdrücklichen Angabe ist auch das Hervorrufen eines unzutreffenden Eindrucks erfasst. Bezüglich der unwahren Angabe ist aber unerheblich, ob sie überhaupt zur Irreführung geeignet ist. Das Verbot gilt somit auch dann, wenn der Verbraucher die **Unrichtigkeit der Angabe erkennt**.[45] 59

Fraglich ist allerdings, ob die Vorschrift nur Irreführungen über den gewerblichen Charakters eines Angebots erfasst oder auch sonstige Handlungen, wie etwa Bewertungen auf Bewertungsportalen im Internet (**gefälschte Kundenbewertungen**).[46] Zu beachten ist hierbei, dass es bei der Manipulation von Produktbewertungen nicht um eine Irreführung über eine Person geht, mit der letzten Endes das Geschäft abgeschlossen werden soll. Vielmehr wird lediglich über eine Person getäuscht, die außerhalb dieses geschäftlichen Verhältnisses steht. Angesichts der für die Tatbestände des Anhangs gebotenen engen Auslegung, ist davon auszugehen, dass sich die Regelung allein auf Irreführungen über den gewerblichen Charakters eines *Angebots* bezieht. Insoweit wird aber jedenfalls Nr. 11 des Anhangs oder §§ 5 Abs. 1; 5a Abs. 6 UWG einschlägig sein. 60

XXIV. Erwecken des unzutreffenden Eindrucks bezüglich der Verfügbarkeit eines ausländischen Kundendienstes

Nr. 24 des Anhangs betrifft die unwahre Angabe oder das Erwecken des unzutreffenden Eindrucks, es sei im Zusammenhang mit Waren oder Dienstleistungen in einem anderen Mitgliedstaat der Europäischen Union als dem des Warenverkaufs oder der Dienstleistung ein Kundendienst verfügbar. Die Vorschrift betrifft Irreführungen im grenzüberschreitenden europäischen Verkehr und soll gewährleisten, dass Kunden auch in anderen Mitgliedstaaten einen Kundendienst erwarten können, wenn ihnen dies zugesagt oder ein entsprechender Eindruck erweckt wurde. Erfasst ist wiederum einerseits die ausdrückliche, objektiv unwahre Angabe, bei der es unerheblich ist, ob sie überhaupt zur Irreführung geeignet ist. Zum anderen genügt aber auch das bloße Erwecken eines entsprechend unzutreffenden Eindrucks. 61

Nach dem Wortlaut der Vorschrift gilt Nr. 24 des Anhangs aber nur, wenn die Verfügbarkeit an einem **anderen Ort** als dem des Warenverkaufs oder der Dienstleistung falsch behauptet wird. Demgegenüber erfasst die Vorschrift nicht die unwahre Aussage, ein Kundendienst sei in dem Mitgliedstaat verfügbar, in dem die Ware auch verkauft wird. Ein nachvollziehbarer Grund für diese Unterscheidung ist aber nicht ersichtlich. Im Übrigen können bei Irreführungen über den Kundendienst auch Nr. 8 des Anhangs oder auf § 5 Abs. 1 Nr. 1 UWG Anwendung finden. 62

---

[45] Krit. Harte/Henning/*Frank*, UWG, Anh. § 3 Nr. 23 Rn. 11.
[46] Dafür *Ahrens/Richter*, WRP 2011, 814, 816; dagegen *Heermann*, WRP 2014, 509, 512; *Lichtenecker*, GRUR 2013, 135, 139; Ohly/*Sosnitza*, UWG, Anh. zu § 3 Abs. 3 Rn. 64.

XXV. Verlassen bestimmter Räumlichkeiten nur bei vorherigem Vertragsabschluss

63   Eine stets unzulässige Handlung ist auch das Erwecken des Eindrucks, der Verbraucher könne bestimmte Räumlichkeiten nicht ohne vorherigen Vertragsabschluss verlassen. Durch den Einsatz eines solchen, von der Rechtsordnung missbilligten Mittels, ist der Verbraucher in seiner Entscheidungsfreiheit und damit in seiner „Schiedsrichterfunktion" betroffen. Es handelt sich um einen Fall der aggressiven geschäftlichen Handlungen i.S.d. § 4a UWG bzw. Art. 8 der UGP-Richtlinie.

XXVI. Nichtbeachtung der Aufforderung, Wohnungsbesuche zu beenden oder zu unterlassen

64   In Nr. 26 des Anhangs ist der zu Nr. 25 umgekehrte Fall geregelt, wenn der Unternehmer den Verbraucher in dessen Wohnung aufsucht und sich der Aufforderung widersetzt, diese zu verlassen oder nicht zu ihr zurückzukehren. Eine Ausnahme gilt lediglich für Besuche, die der rechtmäßigen Durchsetzung einer vertraglichen Verpflichtung dienen. Dies kommt z.B. in Betracht, wenn den Verbraucher eine vertragliche Mitwirkungspflicht trifft, die das Aufsuchen der Wohnung erforderlich macht.[47]

XXVII. Aufforderung zur Vorlage nicht erforderlicher Unterlagen bei Versicherungsvertrag

65   Nach Nummer 27 des Anhangs ist es stets unzulässig, den Verbraucher von der Geltendmachung seiner Rechte aus einem Versicherungsverhältnis dadurch abzuhalten, dass ihm Unterlagen abverlangt werden, die zum Nachweis des Anspruchs nicht erforderlich sind, oder dass seine Schreiben zur Geltendmachung eines solchen Anspruchs systematisch nicht beantwortet werden. Für die letztere Alternative kann es auch genügen, wenn nur eine Leistungsaufforderung nicht beantwortet wird und sich das systematische Nichtbeantworten aus der Vielzahl vergleichbarer Fälle oder durch eine interne Anweisung dokumentieren lässt.[48]

XXVIII. Kaufapelle an Kinder

66   Unzulässig ist nach Nr. 28 des Anhangs auch die in einer Werbung einbezogene unmittelbare Aufforderung an Kinder, selbst die beworbene Ware zu erwerben oder die beworbene Dienstleistung in Anspruch zu nehmen oder ihre Eltern oder andere Erwachsene dazu zu veranlassen. Die Vorschrift betrifft das unlautere Ausnutzen von besonders Schutzbedürftigen. Kinder stehen Werbung oftmals unkritisch gegenüber, sie sind leichter beeinflussbar und eher empfänglich für jede Art von Druck.[49] Allerdings ist unerheblich, ob der

---

[47] BT-Drucks. 16/10145, S. 69.
[48] So auch Harte/Henning/*Stuckel*, UWG, Anh. § 3 Nr. 27 Rn. 9; a.A. Ohly/*Sosnitza*, UWG, Anh. § 3 Abs. 3 Rn. 69; *Köhler*/Bornkamm, UWG, Anh. § 3 Abs. Rn. 27.3.
[49] Alle noch nicht volljährigen Werbeadressaten: *Mankowski*, WRP 2007, 1398 1403 f.; Götting/Nordemann/*Wirtz*, UWG, § 3 Rn. 176. Nur Minderjährige bis zur Vollendung des 14. Lebensjahres: Fezer/*Scherer*, UWG, Anh. UWG Nr. 28 Rn. 9; Ohly/*Sosnitza*, UWG, Anh. zu § 3 Abs. Rn. 70; *Köhler*, WRP 2008, 700, 702 f.

Unternehmer die geschäftliche Unerfahrenheit der Kinder tatsächlich ausnutzt. Auch ist nicht entscheidend, ob neben Kindern auch Erwachsene von der angegriffenen Werbung angesprochen werden.[50] Erforderlich ist aber, dass Kinder jedenfalls auch gezielt angesprochen werden. Eine allgemein gegen jedermann gerichtete Werbung ist nicht erfasst.[51] Von einer Werbung, die sich (zumindest auch) gezielt an Kinder wendet soll z.B. dann auszugehen sein, wenn sie sprachlich von einer durchgängigen Verwendung der direkten Ansprache in der zweiten Person Singular („Du") und überwiegend kindertypischen Begrifflichkeiten einschließlich gebräuchlicher Anglizismen geprägt wird.[52] Es ist allerdings in jedem Einzelfall genau zu prüfen, ob ein derartiger Sprachgebrauch nicht gerade auch bewusst gegenüber volljährigen Werbeadressaten gewählt wurde, etwa um eine bestimmte nahe und persönliche Beziehung zum Kunden oder eine bewusst moderne und junge Unternehmenskultur zu unterstreichen.

Zu beachten ist ferner, dass die bloße allgemeine Aufforderung, ein Geschäft aufzusuchen, oder eine Werbung, die sich auf das gesamte Warensortiment bezieht, noch kein Kaufapell i.S.d. Vorschrift darstellen soll.[53] Auch dies erscheint insofern fragwürdig, weil es nach Schutzzweck der Vorschrift wohl kaum einen Unterschied machen kann, ob sich die Aufforderung an Kinder auf ein ganz bestimmtes Produkt oder auf ein „Produkt Deiner Wahl" aus dem Sortiment des Werbenden bezieht. 67

Schließlich ergibt sich weder aus dem UWG noch aus der UGP-Richtlinie, bis zu welchem Alter von Kindern i.S.d. Vorschrift auszugehen ist. Nach der Gesetzesbegründung sei der Begriff gemeinschaftsrechtlich auszulegen, was der Rechtsprechung vorbehalten bleibe.[54] Im Umkehrschluss aus Art. 27, 9 Abs. 1 lit. g der Richtlinie 2010/13/EU über audiovisuelle Mediendienste wird man als Kinder solche Personen anzusehen haben, die noch nicht 14 Jahre alt sind.[55] Für die Beurteilung der Werbung aus der Sicht eines durchschnittlichen Kindes sind aber jedenfalls regelmäßig keine Beweiserhebungen notwendig. Vielmehr kann der ständig mit Wettbewerbssachen befasste Richter das Verkehrsverständnis auch dieser Konsumentengruppe selbst beurteilen.[56] 68

XXIX. Aufforderung zur Bezahlung nicht bestellter Leistungen

Nach Nummer 29 des Anhangs ist die Aufforderung zur sofortigen oder späteren Bezahlung, Rücksendung oder Verwahrung **unbestellter, aber gelieferter Waren** oder erbrachter Dienstleistungen als aggressive geschäftliche Handlung unzulässig. Zum einen wird dadurch der falsche Eindruck erweckt, es bestünden bereits vertragliche Beziehungen. Zum anderen wird der Umstand ausgenutzt, dass es einem Verbraucher unangenehm oder lästig sein kann, eine einmal erhaltene Sache zurück zu geben.[57] Derartige Fälle können auch von §§ 4a und 7 Abs. 1 UWG erfasst sein. 69

Eine Ausnahme besteht für Ersatzleistungen nach den Vorschriften über Vertragsabschlüsse im Fernabsatz. Allerdings dürften entsprechende Ersatzlieferungsklauseln in Allgemeinen Geschäftsbedingungen in der Regel unwirksam sein. Zudem soll die Vorschrift nicht anwendbar sein, wenn der Unternehmer **irrtümlich** von einer Bestellung ausgeht und 70

---

[50] BGH GRUR 2014, 2014 211 Rn. 24 – *Runes of Magic II*.
[51] BGH GRUR 2014, 686 Rn. 30 – *Goldbärenbarren*.
[52] BGH GRUR 2014, 298, 299 – *Runes of Magic*; BGH GRUR 2014, 686 – *Goldbärenbarren*.
[53] BGH, GRUR 2014, 1117 Rn. 19 – *Zeugnisaktion*.
[54] BT-Drucks. 16/10145, S. 69; vgl. hierzu Harte/Henning/*Stuckel*, UWG, Anh. § 3 Nr. 28 Rn. 6; *Scherer*, WRP 2008, 430, 432; *Köhler*, in: FS Ullmann, S. 685 ff.; *Mankowski*, WRP 2007, 1398.
[55] Ohly/*Sosnitza*, UWG, Anh. zu § 3 Abs. 3 Rn. 70; *Köhler*/Bornkamm, UWG, Anh. § 3 Abs. 3 Rn 28.5.
[56] BGH, GRUR 2014, 211 Rn. 18 ff. – *Runes of Magic II*.
[57] BT-Drucks. 16/10145, S. 34 f.

der Irrtum seine Ursache nicht in seinem Verantwortungsbereich hat, weil die Ware beispielsweise von einem Dritten unter dem Namen des Belieferten bestellt worden ist oder wenn unter derselben Adresse mehrere Personen gleichen Namens wohnen. [58]Diese Sichtweise erscheint aber mit dem Wortlaut der Vorschrift nicht vereinbar, weil gerade auch im Vergleich zu anderen Vorschriften des Anhangs ein subjektives Element gerade nicht gefordert wird.

71 Schließlich ist in richtlinienkonformer Auslegung zu beachten, dass nur der Fall erfasst ist, in dem der Unternehmer tatsächlich bereits eine Ware geliefert bzw. eine Dienstleistung erbracht hat. Denn in der Richtlinie ist ausdrücklich von Produkten die Rede, „die der Gewerbetreibende geliefert, der Verbraucher aber nicht bestellt hat." Die bloße Ankündigung der Lieferung einer unbestellten Ware genügt daher nicht.[59]

XXX. Angabe über Gefährdung des Unternehmers bei Nichterwerb

72 Schließlich ist nach Nr. 30 des Anhangs die ausdrückliche Angabe, dass der Arbeitsplatz oder Lebensunterhalt des Unternehmers gefährdet sei, wenn der Verbraucher die Ware oder Dienstleistung nicht abnehme, stets unzulässig. Es handelt sich um einen Fall der Nötigung i.S.d. § 4a Abs. 1 S. 2 Nr. 2 UWG bzw. Art. 8 der UGP-Richtlinie, bei dem der Verbraucher moralisch unter Druck gesetzt wird, einen bestimmten Kauf zu tätigen, um damit seine Hilfsbereitschaft und Unterstützung zu beweisen.[60]

---

[58] *BGH* GRUR 2012, 82, Rn. 18 – *Auftragsbestätigung*; *Köhler*, GRUR 2012, 217, 220; *Scherer*, WRP 2012, 139, 140; a.A. Ohly/*Sosnitza*, Anh. § 3 Abs. 3 Rn. 74.
[59] Ohly/*Sosnitza*, Anh. § 3 Abs. 3 Rn. 75; a.A. BGH GRUR 2012, 82, Rn. 12 – *Auftragsbestätigung*.
[60] *Köhler*/Bornkamm, UWG, Anh. § 3 Abs. 3 Rn. 30.1.

§ 8. Rechtsbruch (§ 3a UWG)

Inhaltsübersicht

	Rn.
A. Inhalt und Zweck der Vorschrift	1
B. Verhältnis zur verletzten Primärnorm und zum Verwaltungsrecht	2
C. Unionsrechtliche Vorgaben	5
D. Grundlagen der Beurteilung	9
I. Entwicklung der Rechtsprechung bis zur Entscheidung „Abgasemissionen" des BGH	9
II. Paradigmenwechsel der Rechtsprechung	11
1. Die Grundsatzentscheidung „Abgasemissionen"	11
2. Die Entscheidung „Elektroarbeiten"	13
III. Jüngere Rechtsprechung	16
IV. Kritik und Eigener Ansatz	19
E. Verstoß gegen eine gesetzliche Vorschrift	27
F. Regelung des Marktverhaltens	29
I. Regelungen mit Marktbezug	30
II. Regelungen ohne Marktbezug	31
III. Marktzutrittsregelungen	33
G. Im Interesse der Marktteilnehmer	34
H. Spürbarkeit	36
I. Wettbewerb der öffentlichen Hand (§ 3 Abs. 1 UWG)	37
I. Grundsatz	37
II. Missbrauch von Vertrauen und amtlicher Autorität	40
III. Ausnutzen einer öffentlich-rechtlichen Vorteilsstellung	41
1. Rechtsprechung des BGH	42
2. Kritik und Stellungnahme	44

Schrifttum: *Beater*, Rechtsvergleichende und europarechtliche Bemerkungen zum neuen § 4 Nr. 11 UWG, FS Schricker, 2005, 629; *ders.*, Allgemeininteressen und UWG, WRP 2012, 6; *Dettmar*, Unlauterer Wettbewerb durch Rechtsbruch nach Maßgabe des § 4 Nr. 11 UWG n.F., 2007; *Doepner*, Unlauterer Wettbewerb durch Rechtsbruch – Quo vadis?, GRUR 2003, 825; *ders.*, Unlauterer Wettbewerb durch Verletzung von Marktzutrittsregelungen?, WRP 2003, 1292; *ders.*, Unlauterer Wettbewerb durch Rechtsbruch – Geltung des Gesetzlichkeitsprinzips?, FS Köhler, 2014, 77; *Elskamp*, Gesetzesverstoß und Wettbewerbsrecht, 2008; *Fleischer*, Gesetzesverletzung als Lauterkeitsrechtsverstoß, 2013; *Frey-Gruber*, Der Rechtsbruchtatbestand im UWG, 2010; *Gärtner/Heil*, Kodifizierter Rechtsbruchtatbestand und Generalklausel, WRP 2005, 20; *Glöckner*, Rechtsbruchtatbestand oder ... The Saga Continues!, GRUR 2013, 568; *Götting*, Der Rechtsbruchtatbestand, FS Schricker, 2005, 689; *Haslinger*, Schutzlos gegen rechtswidrigen Marktzutritt der öffentlichen Hand – „Erwünschte Belebung des Wettbewerbs"?, WRP 2002, 1023; *Hetmank*, Der Wettbewerbsvorsprung im Lauterkeitsrecht, 2013; *ders., Der Rechtsbruchtatbestand und die Suche nach den Grenzen des Lauterkeitsrechts*, JZ 2014, 120; *Höffinghoff*, Vorsprung durch Rechtsbruch in Deutschland und Spanien, 2004; *Jennert*, Rechtsschutz bei rechtswidrig unterlassener Ausschreibung, WRP 2002, 507; *Köhler*, Wettbewerbsverstoß durch rechtswidrigen Marktzutritt?, GRUR 2001, 777; *ders.*, Der Rechtsbruchtatbestand im neuen UWG, GRUR 2004, 381; *ders.*, Dogmatik des Beispielskatalogs des § 4 UWG, WRP 2012, 638; *ders.*, „Haircut" bei der Preisangabenverordnung am 12.6.2013, WRP 2013, 723; *Lettl*, Der unlautere Wettbewerb durch Rechtsbruch in der instanzgerichtlichen Rechtsprechung, GRUR-RR 2004, 225; *Linsenbarth/Schiller*, Datenschutz und Lauterkeitsrecht – Ergänzender Schutz bei Verstößen gegen das Datenschutzrecht durch das UWG?, WRP 2013, 576; *Mees*, Einheitliche Beurteilung der Sittenwidrigkeit im Sinne des § 1 UWG bei Verstößen gegen wertbezogene und wertneutrale Normen, GRUR 1996, 644; *Ohly*, Vom abstrakten zum konkreten Verbraucherschutz im Rahmen des Rechtsbruchtatbestands, FS Köhler, 2014, 507; *Omsels*, Die Auswirkungen einer Verletzung richtlinienwidriger Marktverhaltensregeln auf § 4 Nr. 11 UWG, WRP 2013, 1286; *Piper*, Warenproduktion und Lauterkeitsrecht, WRP 2002, 1197; *Sack*, Gesetzwidrige Wettbewerbshandlungen nach der UWG-Novelle, WRP 2004, 1307; *Schaffert*, Der durch § 4 Nr. 11 UWG bewirkte Schutz der Mitbewerber, FS Ullmann, 2006, 845; *ders.*, Ist die Einhaltung datenschutzrechtlicher Bestimmungen mit wettbewerbsrechtlichen Mitteln durchsetzbar?, FS Bornkamm, 2014, 463; *Scherer*, Marktverhaltensregeln im Interesse der Marktbeteiligten – Funktionsorientierte Ausrichtung des neuen Rechtsbruchtatbestandes in § 4 Nr. 11 UWG, WRP 2006, 401; *Schricker*, Gesetzesverletzung und Sittenverstoß, 1970; *v. Walter*, Rechtsbruch als unlauteres Marktverhalten, 2007; *ders.*, Datenschutz – Rechtsbruch als unlauteres Marktverhalten? Zum Verhältnis des Lauterkeitsrechts zum Datenschutzrecht, FS Köhler, 2014, 771; *Zeppernick*, Vorsprung durch Rechtsbruch: im Spannungsverhältnis zwischen Konkurrentenschutz und Popularklage, 2002.

A. Inhalt und Zweck der Vorschrift

1   Nach § 3a UWG (§ 4 Nr. 11 UWG a.F.) handelt unlauter, wer einer gesetzlichen Vorschrift zuwiderhandelt, die auch dazu bestimmt ist, im Interesse der Marktteilnehmer das Marktverhalten zu regeln und der Verstoß geeignet ist, die Interessen von Verbrauchern, sonstigen Marktteilnehmern oder Mitbewerbern spürbar zu beeinträchtigen. Die Vorschrift bezweckt, Marktteilnehmer auch vor Verstößen gegen Marktverhaltensregelungen **außerhalb des UWG** zu schützen. Allerdings gehört die Frage, ob eine geschäftliche Handlung unlauter ist, weil sie gegen eine gesetzliche Vorschrift verstößt, nach wie vor zu den schwierigsten und umstrittensten des Lauterkeitsrechts. Im Kern geht es vor allem um die Aufgabe, die lauterkeitsrechtliche Verfolgbarkeit von Verstößen gegen außerhalb des UWG liegende Rechtsnormen angesichts ihrer schieren Zahl sinnvoll zu **begrenzen**. Die praktische Bedeutung der Problematik wird bereits dadurch deutlich, dass der Rechtsbruchtatbestand von den Gerichten bei weitem häufiger angewendet wird als selbst der Irreführungstatbestand.[1] Die Zahl der Normen, die über § 3a UWG der lauterkeitsrechtlichen Kontrolle unterliegen und deren Verletzung ohne weitere nennenswerte Erfordernisse für unlauter gehalten werden, ist schon jetzt kaum noch überschaubar und wird auch in Zukunft noch weiter zunehmen. Ein Schlaglicht wirft es auch, wenn sich der Gesetzgeber zuletzt wieder dazu aufgerufen sah, gegen Missstände bei Abmahnungen vorzugehen, deren Gegenstand „Wettbewerbsverstöße im Bagatellbereich" sind, wie insbesondere solche gegen Marktverhaltensregeln im Sinne von § 4 Nr. 11 UWG a.F., „durch die es für Mitbewerber nicht zu einer spürbaren Wettbewerbsverzerrung kommt."[2]

B. Verhältnis zur verletzten Primärnorm und zum Verwaltungsrecht

2   Die Anwendung des § 3a UWG wird für ausgeschlossen gehalten, wenn das betreffende Gesetz die Möglichkeit und den Umfang zivilrechtlicher Ansprüche von Mitbewerbern und Verbänden **abschließend regelt**.[3] Zu beachten ist aber, dass es im Lauterkeitsrecht nicht um die Durchsetzung der gesetzlichen Vorschrift um ihrer selbst willen, sondern al-

---

[1] *Glöckner*, GRUR 2013, 568.
[2] RegE für ein Gesetz gegen unseriöse Geschäftspraktiken vom 19.2.2013, S. 15; Bundesrats-Drucksache 219/13, S. 12; verkündet im Bundesgesetzblatt Teil I 2013 Nr. 59, S. 3714.
[3] Vgl. hierzu *Ullmann*, GRUR 2003, 817, 823; *Alexander*, WRP 2012, 660, 663.

B. Verhältnis zur verletzten Primärnorm und zum Verwaltungsrecht

lein um die Auswirkungen des Gesetzesverstoßes auf den Wettbewerb geht. Ein Ausschluss sollte daher nur dann in Betracht kommen, wenn das verletzte Gesetz das Verhalten gerade im Hinblick auf die Auswirkungen im Wettbewerb abschließend sanktionieren soll. In jedem Fall aber sind bei der lauterkeitsrechtlichen Beurteilung die **Wertungen der verletzten Rechtsnorm** mit zu berücksichtigen.

Als Regelungen, die zivilrechtliche Ansprüche abschließend regeln, werden insbesondere Normen des Kartellrechts (§§ 1–96, 131 GWB; Art. 101, 102 AEUV),[4] des Geistigen Eigentums,[5] des Sozialrechts (§ 69 SGB V),[6] des Buchpreisbindungsgesetzes (§ 9 BuchpreisbindungsG)[7] sowie des Telekommunikationsgesetzes (§§ 44, 44a TKG)[8] angesehen.

Soweit gegen eine **Vorschrift des öffentlichen Rechts** verstoßen wird, kann es zu einem Konflikt mit dem Verwaltungsrecht kommen. Grundsätzlich ist die Rechtsauffassung einer Verwaltungsbehörde oder eines Verwaltungsgerichts für die lauterkeitsrechtliche Beurteilung nicht bindend.[9] Allerdings kann eine entgegenstehende Behördenpraxis oder eine gefestigte verwaltungsrechtliche Rechtsprechung vom Lauterkeitsrecht grundsätzlich hinzunehmen sein, weil es nicht zur Auslegung und Kontrolle der gesamten Rechtsordnung berufen sein kann.[10] Jedenfalls ist der Tatbestand des § 3a UWG aber dann nicht erfüllt, wenn ein Marktverhalten durch einen Verwaltungsakt ausdrücklich erlaubt wurde und der Verwaltungsakt nicht nichtig ist.[11] Es wäre grundsätzlich eine Überspannung der Pflichten und ein unzulässiger Eingriff in die Wettbewerbsfreiheit, von einem Gewerbetreibenden zu verlangen, sich vorsichtshalber auch dann nach der strengsten Gesetzesauslegung und Einzelfallbeurteilung zu richten, wenn die zuständigen Behörden und Gerichte sein Verhalten ausdrücklich als rechtlich zulässig bewerten.[12] Allerdings soll dies nach Auffassung des BGH nur für Schadensersatzansprüche gelten, wohingegen bei Beseitigungs- und Unterlassungsansprüchen allein die objektive Rechtmäßigkeit des Verhaltens maßgeblich sein könne, die vom Gericht unabhängig von der Beurteilung durch Fachbehörden zu prüfen sei.[13] Eine derartige Aufspaltung zwischen Unterlassungs- und Schadensersatzansprüchen erscheint aber jedenfalls im Hinblick auf die Verletzung von Allgemein- und Mitbewerberinteressen insofern bedenklich, als es bei der lauterkeitsrechtlichen Beurteilung eines Normverstoßes nicht (nur) um ein Verschulden oder die Feststellung der objektiven Rechtslage geht, sondern vor allem um die Auswirkungen auf den Wettbewerb. Soweit alle Mitbewerber auf eine billigende Praxis der zuständigen Behörden oder bestehende Rechtsprechung der Fachgerichte vertrauen dürfen, sind die für alle gleichen Wettbewerbsbedingungen gewahrt. Dagegen kann das Lauterkeitsrecht nicht dazu aufgerufen sein, die verwaltungsrechtliche Praxis oder die verwaltungsrechtliche Rechtsprechung zu überprüfen.

---

[4] BGH GRUR 2006, 773, 774 – *Probeabonnement*; 2008, 810, 811 – *Kommunalversicherer*.
[5] *Sack*, WRP 2004, 1307, 1318; *Ohly*/*Sosnitza*, UWG, § 4.11 Rn. 11/10.
[6] BGH GRUR 2004, 247, 249 – *Krankenkassenzulassung*; BGH WRP 2006, 747 Tz 23 – *Blutdruckmessungen*.
[7] BGH GRUR 2003, 807, 808 – *Buchpreisbindung*.
[8] *Köhler*/*Bornkamm*, UWG, § 4 Nr. 11.14a; OLG Düsseldorf GRUR-RR 2013, 180 – *Service-Dienste*.
[9] BGH GRUR 2005, 778, 779 – *Atemtest*; 2006, 82, 84 – *Betonstahl*.
[10] Ähnl. auch *Doepner*, GRUR 2003, 825, 830.
[11] BGH GRUR 2002, 269, 270 – *Sportwetten-Genehmigung*; 2005, 778, 779 – *Atemtest*.
[12] BGH GRUR 2002, 269, 270 – *Sportwetten-Genehmigung*; s. auch öOGH RIS 4Ob40/09z – *Lademulden*; 4 Ob 14/10b – *Camelbase*.
[13] BGH GRUR 2006, 82 Rn. 21 – *Betonstahl*; OLG Köln GRUR-RR 2014, 45, 46; *Köhler*/*Bornkamm*, UWG, § 4 Nr. 11 Rn. 11/18.

C. Unionsrechtliche Vorgaben

5 Das Unionsrecht kennt bislang keine selbstständige Regelung über die lauterkeitsrechtlichen Folgen der Verletzung von außerwettbewerbsrechtlichen Normen. Allerdings stellt die UGP-Richtlinie in ihrem Anwendungsbereich eine abschließende Regelung dar. Daraus wurde gefolgert, dass § 3a UWG (§ 4 Nr. 11 UWG a. F.) nur soweit anwendbar bleibt, wie außerwettbewerbsrechtliche Regelungen zum Schutze des Verbrauchers dem gleichen Maßstab folgen wie die Verpflichtungen der UGP-Richtlinie.[14] Innerhalb des Anwendungsbereichs der UGP-Richtlinie weitergehende außerlauterkeitsrechtliche Verbote könnten nur dann im Rahmen des Rechtsbruchtatbestands herangezogen werden, wenn diese eine Grundlage im Unionsrecht haben oder von der Richtlinie nicht erfasst sind.[15] Dies betrifft insbesondere Vorschriften, die auf der Werberichtlinie 2006/114/EG, der Preisangabenrichtlinie 98/6/EG[16], der Richtlinie über audiovisuelle Mediendienste 2010/135/EU,[17] der Richtlinie über den elektronischen Geschäftsverkehr 2000/31/EG, der Dienstleistungsrichtlinie 2006/123/EG oder der Pauschalreisenrichtlinie 90/314/EWG[18] beruhen. Das gleiche gilt für nationale Vorschriften zum Vertragsrecht (Art. 3 Abs. 2 UGP-Richtlinie), für nationale Regelungen mit Gesundheits- und Sicherheitsbezug (Art. 3 Abs. 3 UGP-Richtlinie), für nationale Niederlassungs- oder Genehmigungsbedingungen, berufsständischen Verhaltenskodizes oder andere spezifische Regeln für reglementierte Berufe (Art. 3 Abs. 8 UGP-Richtlinie), für strengere nationale Vorschriften für Finanzdienstleistungen und Immobilien (Art. 3 Abs. 9 UGP-Richtlinie), für nationale Verbote, die aus Gründen der „guten Sitten und des Anstandes" bestehen sowie nationale Regelungen über Glücksspiele (Erwägungsgrund 7 der UGP- Richtlinie). Schließlich wird vertreten, dass auch solche nationale Vorschriften nicht in den Anwendungsbereich der Richtlinie fallen, die wie die Vorschriften zum **Jugendschutz** zwar dem Schutz der Verbraucher dienen, die aber als bloße **Vermarktungsverbote und -beschränkungen** nicht vor einer unlauteren Beeinflussung ihrer geschäftlichen Entscheidung schützen sollen.[19]

6 Es fragt sich allerdings, ob nicht angesichts der damit kaum noch zu überblickenden Einschränkungen und Verflechtungen und zur Vermeidung eines ausufernden Lauterkeitsschutzes eine wettbewerbsfunktionale Betrachtung geboten erscheint und der lauterkeitsrechtliche Verbraucherschutz auf den Schutz konkret wettbewerbsbezogener Verbraucherinteressen zu beschränken ist.[20] Der lauterkeitsrechtliche Verbraucherschutz, wie ihn die UGP-Richtlinie gebietet und abschließend regelt, wird aber ausreichend durch die übrigen nationalen Vorschriften in §§ 3, 4a, 5 ff. UWG gewährleistet. Die Überlegung, dass die Richtlinie zahlreiche Ausnahmebereiche vorsieht, die das UWG ebenfalls abdecken *müsse*,[21] erscheint verfehlt und wird der gebotenen Begrenzung des Lauterkeitsrechts nicht gerecht. Dass die Richtlinie bestimmte Bereiche unberührt lässt, hält dem nationalen Ge-

---

[14] BGH GRUR 2010, 852, 853 – *Gallardo Spyder*; 2010, 1142, 1143 – *Holzhocker*; 2011, 843, 844 – *Vorrichtung zur Schädlingsbekämpfung*; 2011, 638, 639 – *Werbung mit Garantie*.
[15] BGH GRUR 2012, 1056, 1057 – *Good News*; 2009, 1180 Ls. 2 – *0,00 Grundgebühr*; *Köhler/Bornkamm*, UWG, § 4.11 Rn. 11.6m.
[16] BGH GRUR 2010, 652 Rn. 12 – *Costa del Sol*.
[17] EuGH WRP 2013, 1575 Rn. 45 ff. – *RLvS Verlagsgesellschaft*; BGH GRUR 2009, 845 Rn. 838 – *Internet-Videorecorder*.
[18] BGH GRUR 2010, 652 Rn. 12 – *Costa del Sol*.
[19] *Köhler*/Bornkamm, UWG, § 4.11 Rn. 11.6m; a.A. *Gärtner/Heil*, WRP 2005, 20, 22; *Scherer*, WRP 2006, 401, 405 f.; *Wuttke*, WRP 2007, 119, 123, 125; *Ohly/Sosnitza*, UWG, § 4.11 Rn. 11/25.
[20] Siehe hierzu *Ohly*, FS Köhler, 2014, 507, 514 ff.; *Hetmank* GRUR 2014, 437, 441; *ders.* JZ 2014, 120 ff.
[21] So *Köhler*, WRP 2015, 1311, 1313.

setzgeber lediglich die Möglichkeit offen, diese Bereiche zu regeln, allerdings nicht notwendigerweise im Lauterkeitsrecht. Es erscheint im Gegenteil geboten, den Verbraucherschutz soweit als möglich, auf den in der Richtlinie abschließend geregelten Bereich zu begrenzen und nicht durch einen Rechtsbruchtatbestand ausufern zu lassen, der alle erdenklichen verbraucherschützenden Belange abdeckt.

Jedenfalls darf aber nicht übersehen werden, dass § 3a UWG zumindest auch dem **Schutz der Interessen der Mitbewerber** dient, der von der UGP-Richtlinie ausdrücklich unberührt bleiben sollte. Insofern erscheint es bedenklich, wenn die Verletzung einer außerwettbewerbsrechtlichen Norm nur deshalb nicht vom Lauterkeitsrecht erfasst werden soll, weil zusätzlich zur Beeinträchtigung von Interessen der Mitbewerber Verbraucherinteressen zwar berührt, aber nicht im Sinne der UGP-Richtlinie verletzt sind. Ein solches Verständnis könnte eine empfindliche Einschränkung des Mitbewerberschutzes zur Folge haben, obwohl dieser von der Richtlinie gerade nicht erfasst werden sollte. 7

Bislang noch nicht abschließend geklärt ist außerdem, was gilt, wenn das deutsche Recht Pflichten vorsieht, die auf Richtlinien beruhen, die eine Mindestangleichung vorsehen. Denn Art. 3 Abs. 5 UGP-Richtlinie erlaubt die Beibehaltung strengerer nationaler Vorschriften, die auf solchen Richtlinien beruhen, nur während einer inzwischen abgelaufenen Übergangszeit.[22] Zu beachten ist in diesem Zusammenhang, dass Art. 3 Abs. 4 UGP-Richtlinie ausdrücklich festlegt, dass bei einer Kollision mit anderen Rechtsvorschriften der Gemeinschaft, die besondere Aspekte unlauterer Geschäftspraktiken regeln, letztere vorgehen und für diese besonderen Aspekte maßgebend bleiben. Soweit also das übrige Unionsrecht sektorspezifische Regelungen aufstellt, so bleiben diese neben den Regelungen der UGP-Richtlinie bestehen und werden durch letztere lediglich ergänzt, nicht aber ersetzt – und zwar nicht nur für eine bestimmte Übergangszeit.[23] Für diese Sichtweise spricht auch, dass Art. 3 Abs. 5 der Richtlinie erst nachträglich auf Wunsch einzelner Mitgliedstaaten eingefügt wurde, um den Fortbestand weitergehender mitgliedstaatlicher Verbraucherschutzmaßnahmen sicherzustellen,[24] wobei offenbar der Widerspruch zu Abs. 4 übersehen wurde. 8

D. Grundlagen der Beurteilung

I. Entwicklung der Rechtsprechung bis zur Entscheidung „Abgasemissionen" des BGH

Die Rechtsprechung zum Rechtsbruchtatbestand (ursprünglich „Vorsprung durch Rechtsbruch") war lange Zeit vom sog. **Vorsprungsgedanken** geprägt. Danach ergab sich die Sittenwidrigkeit nicht unmittelbar aus dem Bruch einer allgemeinverbindlichen Norm, sondern erst aus der Möglichkeit der Erzielung eines ungerechtfertigten Wettbewerbsvorsprungs durch die Ausnutzung der Gesetzestreue der Konkurrenten. Damit standen die Auswirkungen auf den Wettbewerb im Zentrum der Betrachtung und nicht der Sinn und Zweck der verletzten Norm. 9

Der Lehre vom Vorsprungsgedanken stand aber bald schon ein davon grundverschiedener Ansatz gegenüber, der sich bis zur Entscheidung „Makler-Fachgruppe" des RG aus 10

---

[22] Vgl. das Vorabentscheidungsersuchen BGH GRUR 2014, 1208 – *Preis zuzüglich Überführung*.
[23] *Glöckner*, GRUR 2013, 568, 574 f.
[24] *Glöckner*, GRUR 2013, 568, 575.

dem Jahre 1941[25] zurückverfolgen lässt und dessen Nachwirkungen bis heute zu spüren sind. In dieser Entscheidung ging das RG erstmals davon aus, dass bereits der bloße Verstoß gegen eine Rechtsnorm die Sittenwidrigkeit begründen kann, wenn die verletzte Norm einer „sittlichen Auffassung" Ausdruck verleiht. Dieser Ansatz war von der Vorstellung getragen, dass es außerhalb des UWG Normen gibt, deren Verletzung *per se* als unlauter anzusehen ist. Damit wurde der Anwendungsbereich des Rechtsbruchtatbestands mit einem Schlag ganz erheblich ausgeweitet, denn bis dahin war nahezu einhellig anerkannt, dass der bloße Verstoß gegen ein gesetzliches Verbot ohne die Erzielung eines Vorsprungs im Wettbewerb gerade noch nicht für die lauterkeitsrechtliche Erfassung ausreichen sollte.[26] Zwar hielt bereits zuvor ein neues Schutzzweckdenken in das Lauterkeitsrecht Einzug, wonach neben den Interessen der Wettbewerber auch die Interessen der Verbraucher und der Allgemeinheit zu berücksichtigen seien.[27] Inwieweit dies aber dazu zwang, gerade auch den Rechtsbruchtatbestand neu auszurichten, blieb weitgehend unerörtert und wurde später auch vom BGH nicht in Frage gestellt. Vielmehr wurden in der Folge Verstöße gegen sog. wertbezogene Rechtsnormen, die dem Schutz wichtiger Gemeinschaftsgüter dienten, als *per se* sittenwidrig i.S.v. § 1 des UWG von 1909 angesehen.[28] Als „wertbezogen" galt eine Norm, wenn sie entweder sittlich fundiert, das heißt Ausdruck einer sittlichen Grundanschauung war, oder dem Schutze eines wichtigen Gemeinschaftsguts diente. Daneben spielte der Vorsprungsgedanke nur noch im Rahmen der Verletzung sog. **wertneutraler Normen** eine Rolle,[29] wobei der BGH jedoch zunehmend großzügig vorging.[30] Insgesamt wurden damit die Konturen des Rechtsbruchtatbestands zunehmend unkenntlicher, was schließlich auch die kritischen Stimmen in der Literatur immer zahlreicher werden ließ. Gerügt wurde vor allem das Fehlen brauchbarer und dogmatisch abgesicherter Kriterien[31] und das „inflationäre Ausufern" der Fallgruppenrechtsprechung, die zu einer Universalzuständigkeit der Wettbewerbsgerichte führe.[32] Unter den Gegenvorschlägen in der Literatur fand vor allem die sogenannte Normzwecktheorie *Schrickers*[33] einen großen Widerhall.[34] Danach sei § 1 des UWG von 1909 dann anzuwenden, wenn sich der Normzweck mit demjenigen des Wettbewerbsrechts decke oder überschneide, im Übrigen solle es beim Rückgriff auf den Vorsprungsgedanken verbleiben.[35]

---

[25] RGZ 166, 315, 319 = GRUR 1941, 280 – *Maklerfachgruppe*.
[26] Vgl. *Seeger*, JW 1927, 2366; *Hueck*, JW 1927, 2366, 2367; *Nipperdey*, JW 1927, 2367, 2368 f.; *ders.*, Wettbewerb und Existenzvernichtung, 1930, 22 f.; *ders.*, AcP 137, 66, 74 f., 85; *Ulmer*, JW 1929, 3095, 3095; *ders.*, Sinnzusammenhänge im modernen Wettbewerbsrecht, ein Beitrag zum Aufbau des Wettbewerbsrechts, 1932, 22 f.; *Lobe*, MuW 1936, 77, 77, *ders.*, Die Bekämpfung des unlauteren Wettbewerbs, Band I, 12 f.; *Nerreter*, Allgemeine Grundlagen eines deutschen Wettbewerbsrechtes, 1936, 108; Rudloff/Blochwitz, Das Recht des Wettbewerbs, 1938, 62; *Callmann*, MuW 1926/27, 380, 380 f.
[27] Vgl. dazu etwa Fezer/*Fezer*, UWG, § 1 Rn. 41 ff.
[28] St. Rspr., vgl. BGH GRUR 1971, 585, 586 – *Spezialklinik*; *BGH* WRP 1998, 312, 314 – *Lebertran I*; BGH GRUR 1986, 823, 824 – *Fernsehzuschauerforschung*; BGH WRP 2001, 542, 545 f.
[29] BGH GRUR 1957, 606, 608 – *Heilmittelvertrieb*; 1964, 269, 271 – *Grobdesin*; 1973, 212, 213 – *Minicar-Nummerierung*.
[30] Vgl. dazu ausführlich *Zeppernick*, Vorsprung durch Rechtsbruch, 2002, S. 79 f.
[31] Vgl. z.B. *v.Schall-Riacour*, Wettbewerbsverstöße durch Verletzung außerwettbewerbsrechtlicher Normen, 1968, S. 65; *Doepner*, WRP 1980, 473, 475; *ders.*, WRP 1984, 309, 309 ff.; *ders.*, GRUR 2003, 825, 827 f.; *Sack*, WRP 1990, 791, 799; *ders.*, WRP 1998, 683, 684; *Stolterfoht*, in: FS f. Rittner, 1991, 695, 704; *Beier/Schricker*, GRUR 1993, 880, 883; *Mees*, GRUR 1996, 644, 645; Großkomm/*Schünemann*, 1. Aufl., Einl. Rn. D 55 ff.; *Schlosser*, WRP 2004, 145, 148.
[32] *Kroitzsch*, GRUR 1995, 322, 325 f.; vgl. auch *Ullmann*, GRUR 2003, 817, 820.
[33] *Schricker*, Gesetzesverletzung und Sittenverstoß, 1970, S. 250 ff.; *Doepner*, WRP 1980, 473, 476; *ders.*, GRUR 2003, 825, 828; *Tilmann*, WRP 1987, 293, 297.
[34] Siehe nur *Doepner*, WRP 1980, 473, 475 f.; Großkomm/*Schünemann*, 1. Aufl., Einl. Rn. D 62; *ders.*, WRP 2001, 466, 469; *Keßler*, WRP 1991, 285, 289.
[35] *Schricker*, Gesetzesverletzung und Sittenverstoß, 1970, S. 250 ff.

II. Paradigmenwechsel der Rechtsprechung

1. Die Grundsatzentscheidung „Abgasemissionen"

In der Gesetzesbegründung zu § 4 Nr. 11 UWG a. F. wurde ausdrücklich auf die „neuere Rechtsprechung zu § 1 UWG a. F." verwiesen.[36] Zu dieser neueren Rechtsprechung wird in der Literatur neben der ausdrücklich in der Gesetzesbegründung erwähnten Entscheidung „Elektroarbeiten" vor allem auch die Entscheidung „Abgasemissionen" gezählt. In dieser Entscheidung hielt der BGH den Verstoß gegen Umweltvorschriften bei der Herstellung von Produkten der Holzindustrie nicht für unlauter, auch wenn der Rechtsverletzer die hergestellten Produkte dadurch erheblich günstiger anbieten konnte als seine gesetzestreuen Konkurrenten.[37] Nach dem BGH müsse die verletzte Norm in Fällen, in denen der Gesetzesverstoß dem wettbewerblichen Handeln vorausgegangen ist oder ihm erst nachfolgt, zumindest eine sekundäre wettbewerbsbezogene Schutzfunktion aufweisen. Dies sei bei den fraglichen Abgasvorschriften nicht der Fall, da diese den Betrieb von Großfeuerungsanlagen ohne Rücksicht auf deren Produktionszwecke regelten und ihnen somit keinerlei regelnde Funktion für das Wettbewerbsgeschehen auf dem hier betroffenen Markt zukäme. Neben den Nachbarn schütze die Norm allein die Interessen der Allgemeinheit, nicht aber auch Individualinteressen wie die von Wettbewerbern und die Auswirkungen auf das Marktgeschehen seien „rein tatsächlicher Art".[38] Zudem seien die genannten Vorschriften keine Normen, die Gegebenheiten eines bestimmten Marktes festlegen „und so auch gleiche rechtliche Voraussetzungen für die auf diesem Markt tätigen Wettbewerber schaffen."

Die Entscheidung des BGH wurde in der Literatur zum Teil heftig kritisiert.[39] In der Tat blieben beispielsweise die Ausführungen zur Relevanz des Wettbewerbsvorsprungs unklar, den der BGH in bestimmten Fällen ausdrücklich für weiter beachtlich hielt. Ausdrücklich gestand der BGH die erforderliche „sekundäre marktbezogene Schutzfunktion" den Vorschriften über das Nachtbackverbot oder denjenigen über den Ladenschluss zu, deren Verletzung dann wettbewerbswidrig sein könne, wenn es um die Erzielung eines Vorsprungs im Wettbewerb gehe.[40] Zu fragen ist aber, wo nach dem BGH der Unterschied zwischen der Verletzung von Vorschriften des Umweltschutzes und solchen des Arbeitsschutzes liegen soll. Denn hier wie dort werden die Gegebenheiten der Produktion geregelt und dadurch eine für alle Hersteller gleiche Ausgangslage geschaffen, so dass die Auswirkungen auf den Wettbewerb lediglich Reflexe sind, die sich dadurch ergeben, dass durch den Rechtsverstoß ein Vorsprung erzielt wird.[41] Soweit, wie der BGH meint, maßgeblich sein soll, dass die Abgasvorschriften unabhängig davon gelten, für welche Produktionszwecke die Großfeuerungsanlagen eingesetzt werden, so gilt auch das Ladenschlussgesetz unabhängig davon, welche Waren verkauft werden. Schließlich kann auch nicht entscheidend sein, dass durch die Vorschriften des Immissionsschutzes „neben den Nachbarn" nicht

---

[36] BT-Drucks. 15/1487, S. 19; vgl. dazu die Kritik bei *Doepner*, WRP 2003, 1292, 1294.
[37] BGH, GRUR 2000, 1076, 1076 – *Abgasemissionen*.
[38] BGH, GRUR 2000, 1076, 1079 – *Abgasemissionen*.
[39] *Piper*, WRP 2002, 1197, 1198 ff.; *ders.*, FS Erdmann, 2002, 697 ff.; *Spätgens*, FS Tilmann, 2003, 239, 253; *Rehbinder*, LM UWG § 1 Nr. 822, Bl. 86 Rs. ff.; *v. Ungern-Sternberg*, FS Erdmann, 2002, 741; Großkomm/*Teplitzky*, 1. Aufl., § 1 Rn. G 177 ff.; *Henssler/Strohe*, LM § 1 UWG H. 7/2001 Nr. 838/839 Bl. 4; vgl. auch *Hetmank*, Der Wettbewerbsvorsprung im Lauterkeitsrecht, 2013, 52 ff.
[40] BGH GRUR 2000, 1076, 1079 – *Abgasemissionen*.
[41] Vgl. *Piper*, WRP 2002, 1197, 1203; *ders.*, FS Erdmann, 2002, 691; *Sack*, WRP 2004, 1307, 1320.

auch Individualinteressen wie die von Wettbewerbern geschützt werden. Denn darüber, ob gerade die Arbeitszeitvorschriften neben den Arbeitnehmern auch die Individualinteressen wie die von Mitbewerbern schützen sollen, ließe sich zumindest streiten.[42] Damit bleibt festzuhalten, dass sich die Entscheidung „Abgasemissionen" nur bedingt als Vorgabe für eine gesetzliche Kodifizierung eignete.

2. Die Entscheidung „Elektroarbeiten"

13   In der nachfolgenden Entscheidung „Elektroarbeiten"[43] forderte der BGH eine „auf die Lauterkeit des Wettbewerbs bezogene Schutzfunktion." Eine solche verneinte er für die in Streit stehende kommunale Marktzutrittsnorm, obwohl diese Norm sogar ausdrücklich „einen vor den Zivilgerichten zu verfolgenden wettbewerbsrechtlichen Unterlassungsanspruch" begründen sollte.[44] Zur Begründung führte der BGH sinngemäß aus, dass die in Frage stehende Rechtsnorm nicht auf Umstände abstelle, für die die Unlauterkeit der erwerbswirtschaftlichen Tätigkeit einer Gemeinde bereits aus anderen Gründen anerkannt ist, wie etwa wenn die amtliche Autorität missbraucht wird.[45] Demgegenüber besäßen aber z.B. Vorschriften, die als Voraussetzung für die Ausübung bestimmter Tätigkeiten – etwa ärztlicher Behandlungen – im Interesse des Schutzes der Allgemeinheit den Nachweis besonderer fachlicher Fähigkeiten erfordern, die notwendige Schutzfunktion.[46]

14   Auch hinsichtlich dieser Entscheidung fehlte es in der Literatur nicht an Kritik.[47] Vor allem wurden die Ausführungen zum Schutzzweck der verletzten Norm als unbefriedigend empfunden,[48] die keine Verallgemeinerungen erlaubten.[49] Auch wurde es als widersprüchlich empfunden, wenn mit dem Schutz wichtiger Gemeinschaftsgüter ein Kriterium wieder Relevanz erlangt, welches auch der bisherigen Unterscheidung zwischen wertbezogenen und wertneutralen Normen zu Grunde lag, die aber nach der neueren Rechtsprechung gerade aufgegeben werden sollte.[50] Zudem würde der Rechtsbruchtatbestand bei konsequenter Anwendung erheblich eingeschränkt, da fast keines der außerwettbewerbsrechtlichen Gesetze, bei deren Verletzung der BGH bisher einen Verstoß gegen das UWG bejaht hatte, einen lauterkeitsrechtlichen Zweck verfolge.[51] Dem wäre hinzuzufügen, dass in der Konsequenz dem Rechtsbruchtatbestand kaum noch eine nennenswerte Bedeutung zukommen würde. Denn streng genommen verlangte der BGH nichts weniger, als dass mit der verletzten Norm selbst ein Verhalten geregelt wird, dessen Unlauterkeit bereits durch andere Fallgruppen des UWG anerkannt ist. Dann aber bedürfte es in der Mehrzahl der Fälle nicht mehr des Rückgriffs auf den Rechtsbruchtatbestand, da genauso gut gleich auf die jeweilige konkrete Fallgruppe, wie etwa diejenige zum Missbrauch der amtlichen Autorität, abgestellt werden kann. Die noch in der Entscheidung „Abgasemissionen" maßgebliche

---

[42] Siehe *Piper*, WRP 2002, 1197, 1202 f.
[43] BGH GRUR 2002, 825, 825 ff. – *Elektroarbeiten*.
[44] Bay. LT-Drs. 13/10828, S. 19; *Stutz*, Wertbezogene Normen und unlauterer Wettbewerb, 2004, 135; *Ehlers*, JZ 2003, 318, 320; vgl. dazu auch *Köhler*/Bornkamm, UWG, § 4 Rn. 11.47.
[45] BGH GRUR 2002, 825, 827 – *Elektroarbeiten*.
[46] BGH GRUR 2002, 825, 826 – *Elektroarbeiten*.
[47] Vgl. z.B. *Ackermann*, FS Tilmann, 2003, 73 ff.; *Dreher*, ZIP 2002, 1648, 1648 ff.; *Piper*, WRP 2002, 1197, 1199 ff.; *ders.*, FS Erdmann, 2002, 679 ff.; *Spätgens*, FS Tilmann, 2003, 252 ff.; *Haslinger*, WRP 2002, 1023, 1027; *Sack*, WRP 2004, 1307, 1312; vgl. auch *Hetmank*, Der Wettbewerbsvorsprung im Lauterkeitsrecht, 2013, 61 ff.
[48] Vgl. *Haslinger*, WRP 2002, 1023, 1027; *Stutz*, Wertbezogene Normen und unlauterer Wettbewerb, 2004, 135.
[49] *Sack*, WRP 2004, 1307, 1312.
[50] *Ackermann*, FS Tilmann, 2003, 73, 83.
[51] *Sack*, WRP 2004, 1307, 1312.

D. Grundlagen der Beurteilung

Frage, ob die verletzte Norm die Funktion hat, die Gegebenheiten eines bestimmten Marktes festzulegen und so auch gleiche rechtliche Voraussetzungen für die auf diesem Markt tätigen Wettbewerber zu schaffen,[52] wurde vom BGH jedenfalls nicht mehr explizit aufgeworfen.

Der Entscheidung „Elektroarbeiten" des BGH wurde aber auch deswegen besondere Bedeutung zugesprochen, weil es in ihr die Frage zu beantworten galt, ob das vom BGH für maßgeblich erachtete Kriterium des „Marktbezugs" der verletzten Norm auch **Marktzutrittsregelungen** erfasst, oder ob diese vom Anwendungsbereich der wettbewerbsrechtlichen Generalklausel ausgenommen werden. Der BGH stellte dazu lediglich klar, dass auch Marktzutrittsregelungen einen Lauterkeitsbezug aufweisen müssen. Ein lauterkeitsrechtlicher Anspruch sei nicht immer schon dann gegeben, wenn ein Wettbewerber Vorschriften verletzt, bei deren Einhaltung er aus dem Markt ausscheiden müsste. Es sei nicht Sinn des § 1 UWG a. F., den Anspruchsberechtigten zu ermöglichen, Wettbewerber unter Berufung darauf, dass ein Gesetz ihren Marktzutritt verbiete, vom Markt fernzuhalten, wenn das betreffende Gesetz den Marktzutritt nur aus Gründen verhindern will, die den Schutz des lauteren Wettbewerbs nicht berühren. Unter dem Gesichtspunkt des Wettbewerbsrechts, zu dessen Zielen der Schutz der Freiheit des Wettbewerbs gehört, sei vielmehr jede Belebung des Wettbewerbs, wie sie unter Umständen auch vom Marktzutritt der öffentlichen Hand ausgehen könne, grundsätzlich erwünscht.[53]

III. Jüngere Rechtsprechung

Nachdem vor diesem Hintergrund der Rechtsbruchtatbestand in § 4 Nr. 11 UWG a. F. kodifiziert wurde, begnügte sich der BGH in seiner jüngeren Rechtsprechung zumeist ohne weitere Begründung mit der Feststellung, dass die jeweils verletzte Norm dazu bestimmt sei, das Marktverhalten im Interesse der Marktteilnehmer, insbesondere der Verbraucher, zu regeln.[54] Als Marktverhaltensnormen i. S. d. § 4 Nr. 11 UWG a. F. wurden beispielsweise §§ 24 und 28 der Niedersächsischen Bauordnung angesehen, wonach aus Sicherheitsgründen für die Verwendung von Bauprodukten bestimmte behördliche Zulassungen und Übereinstimmungsnachweise erforderlich sind.[55] Diese Zulassungsvorschriften beträfen das Verhalten auf dem Markt beim Absatz der Waren und dienten dem Schutz der Marktteilnehmer, denen Gewissheit darüber verschafft werden solle, dass das konkret gelieferte Bauprodukt unbedenklich seinem Zweck entsprechend verwendet werden kann. Auch in der Entscheidung „Schulden Hulp"[56] zählte der BGH die Bestimmung des Art. 1 § 1 des Rechtsberatungsgesetzes zu den Vorschriften, die dazu bestimmt sind, im Interesse der

---

[52] Vgl. BGH GRUR 2000, 1076, 1079 – *Abgasemissionen*.
[53] BGHZ 150, 343, 348 – *Elektroarbeiten* unter Hinweis auf *Köhler*, GRUR 2001, 777, 781.
[54] Vgl. nur BGH GRUR 2003, 250, 251 f. – *Massenbriefsendungen aus dem Ausland*; 2004, 1037, 1038 – *Johanniskraut*; 2005, 778, 780 – *Atemtest*; 2005, 353, 354 – *Testamentsvollstreckung durch Banken*; 2005, 604, 605 – *Optimale Interessenvertretung*; 2006, 513, 517 – *Arzneimittelwerbung im Internet*; 2006, 82 (84 f.) – *Betonstahl*; 2006, 77, 78 – *Schulfotoaktion*; 2006, 1042, 1043; 2006, 77, 78 – *Kontaktanzeigen*; 2007, 890, 893 – *Jugendgefährdende Medien bei eBay*; WRP 2013, 486, 487 – *Taxibestellung*; 2013, 472, 478 – *Biomineralwasser*; GRUR 2012, 945, 948 – *Tribenuronmethyl*; 2012, 1058, 1060 – *Euminz*; 2012, 734, 736 – *Glucosamin Naturell*; 2012, 407, 410 – *Delan*; 2012, 79, 79 – *Rechtsberatung durch Einzelhandelsverband*.
[55] BGH GRUR 2006, 82, 84 f. – *Betonstahl*, vgl. dazu *Hetmank*, Der Wettbewerbsvorsprung im Lauterkeitsrecht, 2013, 72 ff.; ähnlich auch BGH GRUR 2013, 1056, 1057 für Vorschriften der Handwerksordnung, „soweit sie eine bestimmte Qualität, Sicherheit oder Unbedenklichkeit der hergestellten Waren oder angebotenen Dienstleistungen gewährleisten sollen".
[56] BGH GRUR 2007, 245, 246 – *Schulden Hulp*.

Marktteilnehmer, insbesondere der Verbraucher, das Marktverhalten zu regeln. Das Rechtsberatungsgesetz werde von den „Belangen des Gemeinwohls" getragen, den Einzelnen und die Allgemeinheit vor ungeeigneten Rechtsberatern zu schützen sowie die Funktionsfähigkeit der Rechtspflege nicht zu gefährden.[57] Ferner bejahte der BGH in seiner Entscheidung „Überregionaler Krankentransport"[58] den Marktregelungsbezug für eine Norm, nach der Krankentransporte nur mit einer Genehmigung betrieben werden dürfen, weil sie „auch dem Schutz der im Wege des Krankentransports zu befördernden Kranken, Verletzten und sonstigen hilfsbedürftigen Personen" diene. Zu nennen ist aber auch die Entscheidung „Kontaktanzeigen", in welcher der BGH das Verbot der Werbung für Prostitution schon deshalb für eine Marktverhaltensregelung hielt, weil es als Werbebeschränkung einen unmittelbar das Marktverhalten regelnden Charakter hätte. Nach den durch die Norm tatsächlich geschützten Interessen wurde dagegen nicht gefragt.[59]

17 Demgegenüber vertrat der BGH in seiner Entscheidung „Zweckbetrieb" die Ansicht, dass § 65 Nr. 3 der Abgabenordnung keine Marktverhaltensregelung darstelle.[60] Nach dieser Vorschrift liegt ein steuerbegünstigter Zweckbetrieb nur dann vor, wenn „der wirtschaftliche Geschäftsbetrieb zu nicht begünstigten Betrieben derselben oder ähnlicher Art nicht in größerem Umfang in Wettbewerb tritt, als es bei Erfüllung der steuerbegünstigten Zwecke unvermeidbar ist." Zwar diene die in Rede stehende Vorschrift auch dem Interesse der steuerlich nicht begünstigten Konkurrenzbetriebe an einem „steuerlich nicht manipulierten Wettbewerb." Allerdings sei diese Wettbewerbsbezogenheit nicht mit der notwendigen Marktbezogenheit gleichzusetzen. Dafür sei vielmehr erforderlich, dass die Vorschrift eine „auf die Lauterkeit des Wettbewerbs bezogene Schutzfunktion" aufweise.[61] Daran fehle es etwa dann, wenn eine Vorschrift lediglich bestimmte Unternehmen von bestimmten Märkten fernhalten oder die „Rahmenbedingungen des Wettbewerbs" festlegen soll. Zudem würden den von der fraglichen Norm betroffenen Steuerpflichtigen keine Pflichten auferlegt, die diese bei ihrem Marktauftritt zu erfüllen haben. Insbesondere bestimme die Norm nicht, dass die fraglichen Dienstleistungen nur dann erbracht werden dürfen, wenn die gesetzlichen Vorgaben eingehalten werden.[62] Demgegenüber soll das beihilferechtliche Durchführungsverbot des Art. 108 Abs. 3 S. 3 AEUV die erforderliche Schutzfunktion aufweisen, weil es vor Wettbewerbsverfälschungen schützen soll.[63] Die Vorschrift habe jedenfalls auch die Funktion, gleiche Voraussetzungen für die auf einem Markt tätigen Wettbewerber zu schaffen.

18 Schließlich ging der BGH in der Entscheidung „Golly Telly" davon aus, dass es bei Verstößen gegen gesetzliche Informationspflichten unerheblich sei, ob der Kunde im Rahmen seiner Kaufentscheidung tatsächlich betroffen ist oder ob die Normverletzung überhaupt geeignet ist, wesentliche Teile der angesprochenen Verkehrskreise irrezuführen.[64] Zu berücksichtigen sei nämlich auch die schutzwürdige Erwartung, dass ein angebotenes Produkt den im Interesse des Kunden bestehenden gesetzlichen Bestimmungen entspricht. Hinzu komme, dass nach § 2 Abs. 1 Nr. 1 UWG generell alle mit der Leistungserbringung

---

[57] BGH GRUR 2007, 245, 246 – *Schulden Hulp*.
[58] BGH GRUR 2009, 881, 883 – *Überregionaler Krankentransport*.
[59] BGH GRUR 2006, 1042, 1043 – *Kontaktanzeigen*; vgl. dazu *Beater*, Unlauterer Wettbewerb, 2010, § 30 Rn. 2481.
[60] BGH GRUR 2010, 655, 656 – *Zweckbetrieb*; vgl. dazu *Hetmank*, Der Wettbewerbsvorsprung im Lauterkeitsrecht, 2013, 72 ff.
[61] BGH GRUR 2010, 655, 657 – *Zweckbetrieb*.
[62] BGH GRUR 2010, 655, 657 – *Zweckbetrieb*.
[63] BGH GRUR 2011, 444, 448 – *Flughafen Frankfurt-Hahn*; BGH GRUR-RR 2012, 157 Rn. 35 – *Flughafen Berlin-Schönefeld*; BGH I ZR 213/08 BeckRS 2011, 444 Rn. 53 f. – *Flughafen Lübeck*.
[64] BGH GRUR 2010, 754, 755 f. – *Golly Telly*.

unmittelbar zusammenhängenden Verhaltensweisen vor, bei sowie auch nach einem Geschäftsabschluss erfasst sind. Damit stünde es aber nicht in Einklang, wenn der Kunde als Marktteilnehmer allein im Rahmen seiner Konsumentscheidung geschützt würde.[65]

IV. Kritik und eigener Ansatz[66]

Die Rechtsprechung zur Beurteilung der Frage, welche außerhalb des Lauterkeitsrechts liegende Rechtsnormen vom Rechtsbruchtatbestand erfasst sind und welche nicht, erscheint nach wie vor diffus. Denn es kann durchaus gefragt werden, warum zwar ausgerechnet baurechtliche Vorschriften das Marktverhalten regeln sollen,[67] nicht aber solche Vorschriften, die bezwecken, dass alle Unternehmer im geschäftlichen Verkehr außerhalb eines geregelten Ausnahmefalls der gleichen Umsatzsteuerlast unterliegen und die dadurch gleiche rechtliche Voraussetzungen für deren Preiskalkulation schaffen.[68] Schließlich regeln auch die baurechtlichen Vorschriften der §§ 24, 28 der Niedersächsischen Bauordnung nicht explizit das Anbieten oder den Vertrieb von Bauprodukten, sondern betreffen lediglich ihre Verwendung für die Errichtung, Änderung und Instandhaltung baulicher Anlagen. Soweit der BGH in der Entscheidung „Zweckbetrieb" ausführt, dass Wettbewerbsbezogenheit nicht mit Marktbezogenheit gleichzusetzen sei, sondern eine auf die Lauterkeit des Wettbewerbs bezogene Schutzfunktion vorliegen müsse,[69] fragt sich, was dafür noch weiter zu fordern ist, wenn selbst das durch die Norm geschützte Interesse an einem „steuerlich nicht manipulierten Wettbewerb" nicht genügen soll. Es erscheint jedenfalls zweifelhaft, ob die Formel des BGH, Marktbezogenheit bedeutet Lauterkeitsbezogenheit aber nicht Wettbewerbsbezogenheit, sinnvoll handhabbar ist. Auch leuchtet nicht so recht ein, warum es der BGH für entscheidend hält, dass die verletzte Norm nicht explizit verlange, dass die fraglichen Dienstleistungen nur unter Einhaltung der steuerlichen Vorgaben erbracht werden dürfen.[70] Abgesehen davon, dass derartiges auch in vielen anderen Normen, die der BGH bislang als Marktverhaltensregelungen angesehen hat, nicht explizit zum Ausdruck kommt,[71] fragt man sich, ob es richtig sein kann, allein auf den Wortlaut der fraglichen Norm abzustellen und nicht auf den Normzweck oder gar die Auswirkungen im Wettbewerb. Es ist daher ausdrücklich zu begrüßen wenn der BGH in einer jüngeren Entscheidung z.B. dem beihilferechtlichen Durchführungsverbot des Art. 108 Abs. 3 S. 3 AEUV gerade deswegen die erforderliche Schutzfunktion beigemessen hat, weil sie vor Wettbewerbsverfälschungen schützen soll und auch die Funktion habe, gleiche Voraussetzungen für die auf einem Markt tätigen Wettbewerber zu schaffen.[72]

Im Übrigen ist es aber augenscheinlich nicht gelungen, den Rechtsbruchtatbestand und die durch ihn ermöglichte Verfolgung von Bagatellverstößen nennenswert zu begrenzen. Während in der Entscheidung „Elektroarbeiten" noch gefordert wurde, dass die verletzte Norm selbst auf lauterkeitsspezifische Umstände abstellt, wird es nach aktuellem Verständnis offenbar nicht einmal mehr für erforderlich gehalten, dass durch den Normver-

---

[65] BGH GRUR 2010, 754, 755 – *Golly Telly*.
[66] Vgl. zum Folgenden *Hetmank*, JZ 2014, 123 ff.
[67] Vgl. BGH GRUR 2006, 82, 84 – *Betonstahl*.
[68] BGH GRUR 2010, 655, 657 – *Zweckbetrieb*.
[69] BGH GRUR 2010, 655, 656 – *Zweckbetrieb*; vgl. demgegenüber BGH GRUR 2011, 444, 448 – *Flughafen Frankfurt-Hahn*, wonach das beihilferechtliche Durchführungsverbot des Art. 108 Abs. 3 S. 3 AEUV die erforderliche Schutzfunktion aufweise, weil es vor Wettbewerbsverfälschungen schützen soll.
[70] BGH GRUR 2010, 655, 657 – *Zweckbetrieb*.
[71] Z.B. BGH GRUR 2006, 82 Rn. 21 – *Betonstahl*.
[72] BGH GRUR 2011, 444, 448 – *Flughafen Frankfurt-Hahn*.

stoß die lauterkeitsspezifischen Interessen der Marktteilnehmer, wie insbesondere der Schutz der Konsumentenentscheidung, auch nur betroffen sind. Indem der BGH die Beschränkung auf im Interesse der Marktteilnehmer liegende Marktverhaltensregelungen letztlich für eine hinreichende Eingrenzung des § 3a UWG ansieht und bereits die „Belange des Gemeinwohls"[73] oder gar das abstrakte Vertrauen der Verbraucher in die Einhaltung der Marktregeln für ausreichend hält,[74] werden die Schleusen wieder weit geöffnet, die man ursprünglich mit einem strikt lauterkeitsbezogenen Schutzzweckdenken noch mühsam zu halten suchte. Denn marktbezogene Interessen der Verbraucher und der Allgemeinheit werden sich bei einem im Geschäftsverkehr begangenen Normverstoß tendenziell fast immer herleiten lassen. Lauterkeitsrecht bedeutet nach diesem Verständnis nicht mehr UWG plus einige lauterkeitsspezifische Nebengesetze, sondern die Gesamtheit der nahezu unzählbaren Normen, die in irgendeiner Weise die Belange der Marktteilnehmer berühren. Vor allem aber würde damit verkannt, dass der bloße Wertbezug einer Norm als Kriterium gerade aufgegeben werden sollte. Der erforderliche Marktbezug darf durch die Einbeziehung nicht marktbezogener Schutzgüter nicht wieder aufgeweicht werden.[75]

21 Stattdessen ist eine seit jeher ureigene Aufgabe des Lauterkeitsrechts zu Unrecht aus dem Blickfeld geraten: Die Mitbewerber und die Allgemeinheit davor zu schützen, dass die Marktchancen und die grundlegenden Gesetzmäßigkeiten des Marktes durch eindeutig verwerfliche und nichtgeschäftliche Mittel derart manipuliert werden, dass die gesetzestreuen Konkurrenten im Wettbewerb zurückzubleiben drohen. Mit guten Gründen standen in der Entwicklung des Rechtsbruchtatbestands ursprünglich die **Auswirkungen auf den Wettbewerb** im Zentrum der Betrachtung, indem für entscheidend gehalten wurde, ob ein Verstoß gegen Normen, mit denen gleiche rechtliche Voraussetzungen für die auf einem bestimmten Markt tätigen Wettbewerber geschaffen werden, zu einem Wettbewerbsvorteil führt.

22 Den **maßgeblichen Ansatz** für die wettbewerbsrechtliche Beurteilung sollten daher zwei Kriterien bilden, nämlich einerseits die Frage, ob die vom UWG geschützten Interessen spürbar und nachhaltig durch den Rechtsbruch beeinträchtigt werden und andererseits, ob sich der Rechtsverletzer gegenüber den Mitbewerbern einen **Vorsprung** verschafft.[76] Maßgebend sollte die ökonomisch und wettbewerbsfunktional ausgerichtete Erwägung sein, „dass das Wettbewerbsrecht nicht hinnehmen darf, dass durch die Missachtung der Rechtsordnung, welche die normative *par condicio concurrentium* aller Marktteilnehmer bildet, Delinquenzrenten, marktleistungsfremde Einkommen durch Rechtsbruch, erzielt werden".[77] Zu fragen ist, ob durch die verletzte Norm im Interesse der Marktbeteiligten **gleiche rechtliche Wettbewerbsvoraussetzungen** geschaffen werden und ob deren Missachtung den **Wettbewerb verfälscht**.

23 Das UWG dient ausdrücklich auch dem Schutz der Mitbewerber und dem Interesse der Allgemeinheit an einem unverfälschten Wettbewerb. Bei der im Lauterkeitsrecht gebotenen wettbewerbsfunktionalen Betrachtung ist daher auch das ureigene Interesse der Wettbewerber zu berücksichtigen, dass die für sie geltenden Wettbewerbsbeschränkungen jedenfalls dann von allen anderen Wettbewerbern gleichermaßen eingehalten werden, wenn deren Verletzung einen entscheidenden Wettbewerbsvorteil verspricht (sog. *par condicio*

---

[73] BGH GRUR 2007, 245, 246 – *Schulden Hulp*.
[74] BGH GRUR 2010, 754, 755 f. – *Golly Telly*.
[75] So auch GroßkommUWG/*Metzger*, § 4 Nr. 11 Rn. 38.
[76] Vgl. *Götting*, FS Schricker, 2005, S. 689, 704; in diesem Sinne auch *Schricker/Henning-Bodewig*, WRP 2001, 1367, 1405 in Anknüpfung an die spanische Regelung; i.d.S. auch die Rechtsprechung des öOGH sowie *Glöckner*, GRUR 2008, 960 (964 ff.).
[77] *Schünemann*, WRP 2001, 466, 469.

concurrentium).⁷⁸ Wettbewerber mögen vielleicht kurzfristig ein Interesse daran haben, gegen bestimmte Wettbewerbsregeln zu verstoßen. Langfristig wird es aber nicht in ihrem Interesse liegen, dass tendenziell nur diejenigen Wettbewerber erfolgreich sind, die die gesetzlich bestehenden Wettbewerbsregeln zu ihren Gunsten zu umgehen wissen und eigene Leistungsbemühungen ohne einen Gesetzesverstoß von vornherein nicht mehr die Chance haben, marktgerecht honoriert zu werden.

Aber auch im Hinblick auf das ebenfalls durch das UWG geschützte Interesse der Allgemeinheit an einem **unverfälschten Wettbewerb** ist bei einer wettbewerbsfunktionalen Auslegung davon auszugehen, dass der Schutzzweck des § 1 S. 2 UWG auf die Garantie der Bedingungen abzielt, unter denen sich ein lebhafter Wettbewerb entfaltet.⁷⁹ Bereits begrifflich liegt einem „unverfälschten Wettbewerb" die Vorstellung zugrunde, dass sich in einem System unter Einhaltung ganz bestimmter Bedingungen ganz bestimmte erwünschte, also „wahre" Ergebnisse erzielen lassen. Umgekehrt führt die Verletzung solcher Bedingungen nicht nur zu einer Veränderung des Systems, sondern zu gänzlich unerwünschten, also „falschen" Ergebnissen. Bezogen auf den Wettbewerb bedeutet dies, dass die Verletzung solcher Bedingungen den Wettbewerb verfälscht, die nach der Rechtsordnung für alle Wettbewerber verbindlich sind und die somit sicherstellen, dass alle Wettbewerber den gleichen Bedingungen unterliegen. Der Wettbewerb bleibt unverfälscht, solange sich alle an die gesetzlichen Wettbewerbsbedingungen halten. Er wird verfälscht, wenn ein Wettbewerber allein deshalb erfolgreich ist, weil er die Bedingungen zu seinen Gunsten manipuliert und sein Angebot durch ein unerlaubtes Mittel verbessert.⁸⁰

Im Hinblick auf das **befürchtete Ausufern** des Rechtsbruchtatbestands könnte zu berücksichtigen sein, dass gemessen an der Gesamtheit aller Wettbewerbsfaktoren nicht jeder außerwettbewerbsrechtliche Normverstoß geeignet ist, sich in den Wettbewerbschancen der Marktteilnehmer nennenswert niederzuschlagen und so den Wettbewerb zwischen ihnen zu verfälschen.⁸¹ Zu fragen wäre insbesondere, ob es den gesetzestreuen Mitbewerbern nicht zugemutet werden kann, auf das Eingreifen der originär zuständigen Stellen zu warten. Zudem kann eine entgegenstehende Behördenpraxis oder eine unklare Rechtslage vom Lauterkeitsrecht grundsätzlich hinzunehmen sein, weil es nicht zur Auslegung und Kontrolle der gesamten Rechtsordnung berufen sein kann.⁸²

Erkennt man an, dass das Lauterkeitsrecht nicht jegliche Interessen der Verbraucher schützen kann und auch nicht schützen muss,⁸³ wäre zu fragen, inwieweit sich der Schutz der spezifisch lauterkeitsbezogenen Verbraucherinteressen hinreichend über die anderen

---

[78] Vgl. zur sog. Lehre der „*par condicio concurrentium*" *Schricker*, Gesetzesverletzung und Sittenverstoß, 1970, 264; *Ulmer*, Sinnzusammenhänge im modernen Wettbewerbsrecht, 1932, 22; *ders.*, GRUR 1937, 769, 771; *Böhm*, Wettbewerb und Monopolkampf, 1933, 210; *Nipperdey*, Wettbewerb und Existenzvernichtung, 1930, 16; *Lobe*, Die Bekämpfung des unlauteren Wettbewerbs, Band I, 1907, 8 ff.; *Glöckner*, GRUR 2008, 960, 964 f.; *Elskamp*, Gesetzesverstoß und Wettbewerbsrecht, 2008, 143; *Ullmann*, GRUR 2003, 817, 822; *Hetmank*, Der Wettbewerbsvorsprung im Lauterkeitsrecht, 2013, 115.
[79] So Harte/Henning/*Podszun*, UWG, § 1 Rn. 68 ff.
[80] *Ulmer*, Sinnzusammenhänge im modernen Wettbewerbsrecht, 1932, 23; *Schricker*, Gesetzesverletzung und Sittenverstoß, 1970, 262; *Glöckner*, GRUR 2008, 960, 966.
[81] Vgl. *Elskamp*, Gesetzesverstoß und Wettbewerbsrecht, 2008, 228 ff.; *Glöckner* GRUR 2008, 960 (965); *ders.* GRUR 2013, 569 (576); *Hetmank*, Der Wettbewerbsvorsprung im Lauterkeitsrecht, 131 f.
[82] Siehe zu den weiteren gegen den Vorsprungsgedanken vorgebrachten Argumenten *Hetmank*, Der Wettbewerbsvorsprung im Lauterkeitsrecht, 2013, 84 ff.
[83] Siehe hierzu *Ohly*, FS Köhler, 2014, 507, 514 ff.; vgl. aber *Köhler*/Bornkamm, UWG, § 4 Nr. 11 Rn. 11.58c („abstrakter Verbraucherschutz"); *ders.*, WRP 2015, 1311, 1313, wonach die UGP-Richtlinie zahlreiche Ausnahmebereiche vorsähe, die das UWG ebenfalls abdecken müsse.

Fallgruppen des UWG gewährleisten lässt. Denn soweit man dazu vor allem den Schutz der geschäftlichen Entscheidungsfreiheit und den Schutz vor unzumutbarer Belästigung zählt, so werden in aller Regel die speziell für diese Zwecke geschaffenen Fallgruppen anwendbar sein.[84]

E. Verstoß gegen eine gesetzliche Vorschrift

27 Voraussetzung für § 3a UWG ist zunächst ein Verstoß gegen eine gesetzliche Vorschrift. Die Zuwiderhandlung gegen die Vorschrift muss eine geschäftliche Handlung i.S.d. § 2 Abs. 1 Nr. 1 UWG darstellen, wobei sämtliche Tatbestandsmerkmale der verletzten Vorschrift verwirklicht sein müssen. Zudem kann gegen § 3a UWG nur derjenige verstoßen, der auch **Normadressat** der verletzten gesetzlichen Vorschrift ist. Ist dies nicht der Fall, kommt allein eine **Teilnehmerhaftung** in Betracht.[85]

28 Gesetzliche Vorschrift im Sinne des § 3a UWG ist **jede Rechtsnorm** (vgl. Art. 2 EGBGB), die in Deutschland Geltung besitzt.[86] Hierzu zählen (Bundes- und Landes-)Gesetze im formellen Sinne, Rechtsverordnungen als Gesetze im materiellen Sinne,[87] Satzungen, wie etwa von Gemeinden[88] oder Kammern,[89] für allgemein verbindlich erklärte Tarifverträge,[90] in innerstaatliches Recht transponierte völkerrechtliche Verträge[91] sowie auch die Normen des primären und sekundären Unionsrechts mit unmittelbarer Bindungswirkung im Inland.[92] Die gesetzliche Vorschrift muss außerdem, soweit ihre Verletzung gerügt wird, wirksam sein. Weder darf sie gegen die Grundrechte, wie etwa aus Art. 12 GG verstoßen noch darf ihre Anwendung die Grundfreiheiten verletzen.[93] Bei Verletzung von nichtgesetzlichen Vorschriften, wie etwa Wettbewerbsregeln, Handelsbräuche, oder Branchenübungen kommt aber ein Rückgriff auf § 3 Abs. 1 UWG in Betracht.[94]

F. Regelung des Marktverhaltens

29 Nach § 3a UWG muss die gesetzliche Vorschrift, gegen die verstoßen wird, zumindest auch dazu bestimmt sein, im Interesse der Marktteilnehmer das Marktverhalten zu regeln. Zu fragen ist also, ob die fragliche Norm das Auftreten auf einem Markt regelt und damit zumindest auch die Interessen der Betroffenen als Marktteilnehmer schützt. Erforderlich

---

[84] Vgl. dazu auch *Ohly*/*Sosnitza*, UWG, § 4.11 Rn. 11/25.
[85] BGH GRUR 2015, 1025 (1027) – TV-Wartezimmer.
[86] Vgl. zum Folgenden *Köhler*, GRUR 2004, 381, 382 f.
[87] BGHZ 93, 177, 179 = GRUR 1985, 447, 448 – *Provisionsweitergabe durch Lebensversicherungsmakler*.
[88] BGH GRUR 2005, 960, 961 – *Friedhofsruhe*.
[89] BGH GRUR 2005, 520, 521 – *Optimale Interessenvertretung*; OLG Stuttgart GRUR-RR 2008, 177, 178 – *Spezialist für Mietrecht*; OLG Hamm GRUR 2013, 746, 749 – *Online-Scheidung*.
[90] BGHZ 120, 320, 324 – *Tariflohnunterschreitung*.
[91] BGH GRUR 1987, 532, 534 – *Zollabfertigung* (zur CMR; s. auch BGH GRUR 1980, 858, 860 – *Asbestimporte* (zum ILO-Übereinkommen Nr. 139 vom 24.6.1974).
[92] OLG Hamburg GRUR-RR 2010, 57, 58; Harte/Henning/*v. Jagow*, UWG, § 4 Nr. 11 Rn 36.
[93] BGH GRUR 2008, 438 Rn. 24 – *ODDSET*; BGH GRUR 2011, 169 Rn. 30 ff. – *Lotterien und Kasinospiele*; BGH WRP 2014, 844 Rn. 17 – *Teil-Berufsausübungsgemeinschaft*.
[94] Gloy/Loschelder/Erdmann/*Hasselblatt*, HdB WettbR, § 58 Rn. 116.

F. Regelung des Marktverhaltens

ist ein Marktbezug, der nur dann vorliegt, wenn die Regelung das Marktgeschehen unmittelbar beeinflussen soll. Gegenstand der Regelung müssen Tätigkeiten sein, die der Förderung des Absatzes oder des Bezugs von Waren oder Dienstleistungen eines Unternehmens einschließlich der Werbung und des Abschlusses und der Durchführung von Verträgen dienen.[95]

I. Regelungen mit Marktbezug

Erfasst sind somit insbesondere Vorschriften über die **Werbung, Kennzeichnungspflichten**,[96] **Geschäftszeiten**,[97] **Preisangaben**,[98] vertragsbezogene Informationspflichten,[99] die **Inhaltskontrolle allgemeiner Geschäftsbedingungen**,[100] oder über das **Vergaberecht**,[101] aber auch einzelne Vorschriften des **Datenschutzrechts**[102] sowie das beihilferechtliche Durchführungsverbot des Art. 108 Abs. 3 S. 3 AEUV.[103] Marktbezug sollen außerdem **berufsrechtliche Vorschriften** aufweisen, wenn sie das Auftreten auf dem Markt im Interesse der Mitbewerber oder der Verbraucher und sonstigen Marktteilnehmer regeln und das individuelle Interesse der Nachfrager an der **Qualität der Leistungserbringung** schützen.[104] Es ist jedoch nicht zu verkennen, dass sich mit derartigen Kriterien nahezu jede Vorschrift des Berufsrechts dem lauterkeitsrechtlichen Durchsetzungsregime anheimstellen lässt, weil diese nahezu immer auch im Hinblick auf die Sicherung der Qualität der Dienstleistung und damit auch im Interesse der Nachfrager erlassen werden. Gleiches gilt für **lebensmittelrechtliche Vorschriften** und Vorschriften über die Zulassungspflichtigkeit des Vertriebs, die dem **Schutz der Gesundheit**, der Sicherung von **Qualität und Sicherheit** oder dem **Schutz vor Irreführung oder sonstigen Gefahren der Verbraucher** dienen, wie etwa das Arzneimittelgesetz oder das Heilmittelwerbegesetz.[105] Zu nennen sind hier auch Vorschrif-

30

---

[95] *Ohly*/Sosnitza, UWG, § 4.11 Rn. 11/15.
[96] BGH WRP 2003, 503 – *Bricanyl II*; BGH GRUR 2013, 857, 858 – *Voltaren*.
[97] BGH GRUR 2000, 1076, 1079 – *Abgasemissionen*.
[98] Vgl. BGH GRUR 2003, 969, 970 – *Ausschreibung von Vermessungsleistungen*; BGH GRUR 2010, 1133 Rn. 19 – *Bonuspunkte*; BGH GRUR 2010, 1136 Rn. 22 – *UNSER DANKESCHÖN FÜR SIE*. Vgl. zu der Frage, ob die Vorschriften der PAngV seit Ablauf der Übergangsfrist des Art. 3 Abs. 4 UGP-Richtlinie noch mit Unionsrecht vereinbar sind, den Vorlagebeschluss des BGH GRUR 2014, 1208 – *Preis zuzüglich Überführung*.
[99] BGH GRUR 2012, 643 Rn. 15 – *Überschrift zur Widerrufsbelehrung*; 2010, 1142 Rn. 22 – *Holzhocker*; 2012, 188 Rn. 41 – *Computer-Bild*.
[100] BGH GRUR 2010, 1117, 1118 – *Gewährleistungsausschluss im Internet*; 2010, 1120, 1121 – *Vollmachtsnachweis*; 2012, 949, 953 – *Missbräuchliche Vertragsstrafe*; 2014, 88 Rn. 26 – *Vermittlung von Netto-Policen*.
[101] BGH GRUR 2008, 810 (1. Ls) – *Kommunalversicherer*.
[102] §§ 28, 30a BDSG; vgl. OLG Köln NJW 2014, 1820, 1821 – *Anlegerbrief*; OLG Karlsruhe, GRUR-RR 2012, 396, 398 f. – *Neuer Versorger*; a.A. OLG München GRUR-RR 2012, 395 – *Personenbezogene Daten*; s. auch *Schaffert* FS Bornkamm, 2014, 463, 467 ff.
[103] BGH GRUR 2011, 444, 448 – *Flughafen Frankfurt-Hahn*; GRUR-RR 2012, 157 Rn. 35 – *Flughafen Berlin-Schönefeld*; BeckRS 2011, 444 Rn. 53 f. – *Flughafen Lübeck*.
[104] Vgl. z.B. BVerfG NJW 2003, 2520, 2521; BGH GRUR 2003, 349, 351 – *Anwaltshotline*; 2007, 245, 246 – *Schulden Hulp*; 2014, 1009 Rn. 12 ff. – *Kooperationsapotheke*.
[105] BGH GRUR 1983, 376, 377 f. – *Johannisbeerkonzentrat*; 2003, 631 – *L-Glutamin*; vgl. auch BGH GRUR 1988, 636 – *Golddarm*; 1997, 306, 307 f. – *Naturkind*; 2008, 1118, 1119 – *MobilPlus-Kapseln*; 2009, 75 – *Priorin*; 2009, 413, 414 – *Erfokol-Kapseln*; 2012, 1164, 1167 – *ARTROSTAR*; 2013, 401, 405 – *Biomineralwasser*; 2006, 82, 84 – *Betonstahl*; 2010, 754, 755 – *Golly Telly*; 2014, 293 – *Sofort Bonus*; 2014, 591 Rn. 15 – *Holland-Preise*; GmS-OGB, GRUR 2013, 417 – *Medikamentenkauf im Versandhandel*; BGH GRUR 2013, 1264 Rn. 20 – *Rezeptbonus*; 2014, 405 Rn. 14 – *Atemtest II*.

ten, die der Abwehr von Gefahren des Glücksspiels für die Verbraucher dienen[106] sowie **jugendschutzrechtliche Vorschriften**.[107]

II. Regelungen ohne Marktbezug

31 Von den Vorschriften die das Marktverhalten regeln werden zunächst solche gesetzliche Vorschriften abgegrenzt, die **keine Außenwirkung** auf den Markt entfalten, sondern der wettbewerblichen Betätigung vorangehen oder nachfolgen, wie etwa **Umwelt- oder Produktionsvorschriften**, die nur mit dem **betriebsinternen Ablauf**, nicht aber mit dem Absatz in Zusammenhang stehen.[108] Grundsätzlich nicht als Marktverhaltensregelungen werden außerdem **Steuervorschriften**[109] oder Vorschriften über den Straßenverkehr sowie über das Geistige Eigentum angesehen.[110]

32 Die mitunter aus der Entscheidung „Abgasemissionen"[111] des BGH gezogene ganz pauschale Schlussfolgerung, dass Gesetzesverstöße, die der Wettbewerbshandlung vorangehen, bei der wettbewerbsrechtlichen Beurteilung außer Betracht bleiben müssen,[112] stößt aber auf Bedenken. Denn der BGH hat lediglich klargestellt, dass der Grundsatz, wonach die Verletzung von wertbezogenen Gesetzen auch die Sittenwidrigkeit indiziere, auf Fälle, in denen dem wettbewerblichen Handeln vorausgegangen ist oder ihm erst nachfolgt, nicht übertragen werden kann. Demgegenüber hat der BGH in der genannten Entscheidung deutlich gemacht, dass ein Wettbewerbshandeln auch sittenwidrig sein kann, „wenn es zwar nicht selbst gegen ein Gesetz verstößt, **sein Charakter als ein marktbezogenes Verhalten aber maßgeblich durch einen vorausgegangenen oder nachfolgenden Gesetzesverstoß bestimmt wird**".[113] Der BGH macht auch deutlich, warum eine solche Betrachtung geboten ist: „Die Beurteilung, ob ein beanstandetes Wettbewerbsverhalten sittenwidrig im Sinne des § 1 UWG [a. F.] ist, erfordert regelmäßig eine – am Schutzzweck des § 1 UWG [a. F.] auszurichtende – **Würdigung des Gesamtcharakters** des Verhaltens nach seinem konkreten Anlass, seinem Zweck, den eingesetzten Mitteln, seinen **Begleitumständen und Auswirkungen**."[114]

III. Marktzutrittsregelungen

33 Aus der Formulierung „auch" folgt außerdem, dass es nicht darauf ankommt, ob die verletzte Vorschrift ausschließlich, vornehmlich (primär) oder nur sekundär diesen Zweck verfolgt.[115] In Anknüpfung an die spätere Rechtsprechung des BGH[116] ist es nach der Ge-

---

[106] Siehe hierzu BGH GRUR 2012, 193 – *Sportwetten im Internet II*; zur SpielV vgl. OLG Hamm GRUR-RR 2010, 38; LG Dortmund WRP 2010, 1186; LG Stuttgart WRP 2009, 103; LG Frankenthal WRP 2012, 500.
[107] BGH GRUR 2007, 890, 893 Rn. 35 – *Jugendgefährdende Medien bei eBay*; 2008, 534, 539 – *ueber18.de*; 2009, 845 Rn. 41 – *Internet-Videorecorder*; a. A. *Gärtner/Heil*, WRP 2005, 20, 22; *Ohly*, WRP 2008, 177, 183 f.; *Scherer*, WRP 2006, 401, 405 f.; *Wuttke*, WRP 2007, 119, 123, 125; *Steinbeck*, GRUR 2008, 848, 852; *Ohly/Sosnitza*, UWG, § 4.11 Rn. 11/25.
[108] BGH GRUR 2010, 654 Rn. 18 – *Zweckbetrieb*; *Ohly/Sosnitza*, UWG, § 4.11 Rn. 11/16.
[109] BGH GRUR 2010, 655, 656 – *Zweckbetrieb*.
[110] BGH GRUR 2006, 879, 880 – *Flüssiggastank*; GRUR 1999, 325, 326 – *Elektronische Pressearchive* (zum Urheberrecht).
[111] BGHZ 144, 255, 265 = GRUR 2000, 1076, 1078 – *Abgasemissionen*.
[112] So noch *Fezer/Götting*, UWG, 2. Aufl., § 4 Nr. 11 Rn. 65; vgl. auch *Ohly/Sosnitza*, UWG, § 4 Nr. 11 Rn. 11.
[113] BGHZ 144, 255, 265 = GRUR 2000, 1076, 1078 – *Abgasemissionen*.
[114] BGHZ 144, 255, 265 = GRUR 2000, 1076, 1078 – *Abgasemissionen*.
[115] Gloy/Loschelder/Erdmann/*Hasselblatt*, HdB WettbR, § 58 Rn. 30.
[116] BGHZ 144, 255, 268 = GRUR 2000, 1076 – *Abgasemissionen*; BGHZ 150, 343 = GRUR 2002, 825, 826 – *Elektroarbeiten*.

setzesbegründung erforderlich, dass der verletzten Norm **zumindest eine „sekundäre Schutzfunktion" zugunsten des Wettbewerbs** zukommen muss.[117] Sie muss (zumindest auch) die Funktion haben, das Marktverhalten zu regeln und so gleiche Voraussetzungen für die auf diesem Markt tätigen Wettbewerber zu schaffen.[118] Das Erfordernis eines Marktverhaltensbezugs bildet einen Filter, der den Kreis der gesetzlichen Vorschriften, deren Verletzung vom Rechtsbruchtatbestand erfasst wird, beschränken und eingrenzen soll. Aus der Entstehungsgeschichte der Regelung geht hervor, dass es dem Gesetzgeber[119] ganz besonders darum ging, unter Übernahme der von der Rechtsprechung aufgestellten neuen Grundsätze[120] reine Marktzutrittsregelungen, wie insbesondere kommunalrechtliche Vorschriften, welche die erwerbswirtschaftliche Betätigung von Gemeinden und kommunalen Unternehmen begrenzen (wie z.B. Art. 87 BayGO, § 107 NWGO) vom Anwendungsbereich des Rechtsbruchtatbestandes auszuschließen. Eine Ausnahme von dieser „Ausnahme" soll aber gelten, wenn es sich um **Marktzutrittsregelungen mit Doppelfunktion** handelt, die nicht nur den Marktzutritt regeln, sondern auch einen Marktverhaltensbezug aufweisen. Dies wird insbesondere für Regelungen bejaht, die **im Interesse der Marktbeteiligten Qualitäts- oder Sicherheitsstandards für den Marktzutritt** vorsehen. Mit Blick auf den letztlich maßgeblichen Schutz besonders wichtiger Gemeinschaftsgüter betrifft dies vor allem die Zulassungsregelungen für freie Berufe, wie Ärzte, Zahnärzte, Apotheker, Rechtsanwälte, etc.

G. Im Interesse der Marktteilnehmer

Die gesetzliche Vorschrift, der zuwidergehandelt wird, muss zumindest auch dazu bestimmt sein, das **Marktverhalten „im Interesse der Marktteilnehmer"** zu regeln. Dies bedeutet, dass die gesetzliche Vorschrift auch den Individualschutz der Marktteilnehmer bezwecken muss. Erforderlich ist dementsprechend eine **doppelte Berücksichtigung des Schutzzwecks,** nämlich einerseits des Schutzzwecks des UWG wie er in §§ 1, 3 UWG zum Ausdruck kommt, und andererseits des Zwecks der fraglichen gesetzlichen Vorschrift, gegen die durch die Wettbewerbshandlung verstoßen wird.[121] Kritisch zu bemerken ist allerdings, dass sich der Zweck der verletzten gesetzlichen Vorschrift bisweilen nur schwer klar und eindeutig feststellen lässt. Bei der zunächst maßgeblichen Orientierung am Wortlaut sowie dem systematischen Zusammenhang ergibt sich für die Bestimmung des Zwecks ein Interpretationsspielraum, der je nach dem Standpunkt des Rechtsanwenders unterschiedlich ausgefüllt werden kann. Überspitzt könnte man sagen, man gewinnt über die Auslegung den Zweck, den man der Regelung aufgrund eines bestimmten Vorverständnisses zugeschrieben hat. Der Rückgriff auf den historischen Gesetzgeber, der nach allgemeinen Grundsätzen nur subsidiär in Betracht zu ziehen ist, ist nicht selten wenig ergiebig. Im Zweifel lässt sich die Intention des historischen Gesetzgebers oftmals nicht zuverlässig ermitteln, da er spätere Entwicklungen und die daraus resultierenden Veränderungen des Normkontextes nicht antizipieren konnte. Mutmaßungen über den „Willen des Gesetzgebers" bleiben nicht selten reine Spekulation oder Fiktion.

34

---

[117] Begr. RegE BT-Drucks. 15/1487 S. 19; ebenso BGH WRP 2007, 177, 178 Rn. 11 – *Mengenausgleich in Selbstentsorgergemeinschaft*.
[118] BGH GRUR 2006, 872 Rn. 15 – *Kraftfahrzeuganhänger mit Werbeschildern*, unter Verweis auf BGHZ 144, 255, 266 = GRUR 2000, 1076, 1078 – *Abgasemissionen*.
[119] Vgl. Begr. RegE BT-Drucks. 15/1487 S. 19.
[120] Vgl. BGHZ 150, 343, 346 ff. = GRUR 2002, 825, 826 – *Elektroarbeiten*.
[121] So Gloy/Loschelder/Erdmann/*Hasselblatt*, HdB WettbR, § 58 Rn. 32.

35 Aus der **Konkretisierung des „persönlichen" Schutzbereichs** der verletzten Norm folgt jedenfalls, dass diese sich nicht darauf beschränken darf, sich reflexartig begünstigend auf den Schutz beliebiger Dritter oder von Gemeinschaftsgütern auszuwirken, sondern nach ihrem Zweck unmittelbar auf den Schutz der Interessen von Marktteilnehmern ausgerichtet sein muss.[122] **Nicht erforderlich** soll nach der h. M. allerdings sein, dass die verletzte Norm die Marktteilnehmer speziell vor dem Risiko einer **unlauteren Beeinflussung ihres Marktverhaltens** schützt.[123] Unter § 3a UWG sollen vielmehr alle Normen fallen, die dem Schutz der Interessen, Rechte und Rechtsgüter der Marktteilnehmer dienen.[124] Dafür soll es ausreichen, dass **ein Interesse der Marktteilnehmer,** wie z.B. an der **Gesundheit** oder der **Sicherheit,** durch die Marktteilnahme **berührt wird.**[125]

Demgegenüber soll nach einer vorzugswürdigen Ansicht die Beschränkung auf Marktverhaltensregeln eine zwar notwendige, nicht aber hinreichende Eingrenzung des § 3a UWG sein. Danach könnten nur solche Normen in das UWG transformiert werden, die eine spezifisch wettbewerbsbezogene Schutzfunktion aufweisen, da es nicht Aufgabe des UWG sei, Gesetzesverstöße generell zu sanktionieren. Unter Berücksichtigung der durch § 3a UWG geschützten, funktionsbezogen zu verstehenden Interessen, schütze das Lauterkeitsrecht den Verbraucher nicht in jeglicher Hinsicht, sondern gerade in seiner „Schiedsrichterfunktion", also bei seiner Konsumentenentscheidung.[126] Eine möglicherweise enttäuschte Erwartung des Verbrauchers, der beispielsweise auf das Einhalten gesetzlicher Auszeichnungs- und Informationspflichten vertraut, ließe sich nach dem präziseren Maßstab der §§ 5, 5a UWG beurteilen. Die Garantie der öffentlichen Sicherheit und Ordnung sei dagegen grundsätzlich Aufgabe des öffentlichen Rechts.[127] Dies verdient schon deshalb Zustimmung, weil andernfalls mit dem Ausreichenlassen der bloßen „Berührung" von abstrakten Interessen der Marktteilnehmer jegliche Begrenzungsbemühungen in der bisherigen Rechtsentwicklung konterkariert werden.[128] Zudem ist zu beachten, dass der bloße Wertbezug einer Norm als Kriterium gerade aufgegeben werden sollte. Der erforderliche Marktbezug darf durch die Einbeziehung nicht marktbezogener Schutzgüter nicht wieder aufgeweicht werden.[129] Entscheidend sollte nicht sein, dass irgendwelche – wenn auch wichtige – Interessen der Marktbeteiligten berührt sind, sondern allein die Frage, welche **funktionalen Bedingungen des Wettbewerbs** die Einhaltung der Norm im Interesse der Marktbeteiligten verlangen. Zu diesen Funktionen gehört neben der Wahrung der Entscheidungsfreiheit der Marktgegenseite auch die Sicherstellung der Unverfälschtheit des Wettbewerbs durch Wahrung der für alle gleichermaßen geltenden gesetzlichen Wettbewerbsbedingungen. Entsprechend der Entscheidung „Abgasemissionen" des BGH ist zu fragen, ob die verletzte Norm zumindest auch die Funktion hat, die Gegebenheiten eines bestimmten Marktes im Interesse der Marktbeteiligten festzulegen und so auch gleiche rechtliche Voraussetzungen für die auf diesem Markt tätigen Wettbewerber zu schaffen.[130]

---

[122] Gloy/Loschelder/Erdmann/*Hasselblatt*, HdB WettbR, § 58 Rn. 32.
[123] BGH GRUR 2010, 754, 755 – *Golly Telly*; 2011, 633, 637 – *BIO TABAK*.
[124] *Köhler*/Bornkamm, UWG, § 4 Rn. 11.35d f. m.w.N.; *Elskamp*, Gesetzesverstoß und Wettbewerbsrecht, 2008, S. 149; *v. Walter*, Rechtsbruch als unlauteres Marktverhalten, 2007, 97.
[125] *Köhler*/Bornkamm, UWG, § 4 Rn. 11.35d m.w.N.
[126] *Ohly*/Sosnitza, UWG, § 4.11 Rn. 25; *ders.*, WRP 2008, 177, 182 f.; *ders.*, FS Köhler, 2014, 507, 514 ff.; *Scherer*, WRP 2006, 401, 404 m.w.N.; Gloy/Loschelder/Erdmann/*Hasselblatt*, HdB WettbR, § 58 Rn. 15, 31 f.; *Gärtner/Heil*, WRP 2005, 20, 22; *Glöckner*, GRUR 2008, 960, 964.
[127] *Ohly*/Sosnitza, UWG, § 4.11 Rn. 25.
[128] *Hetmank*, JZ 2014, 120, 123 f.
[129] So auch GroßkommUWG/*Metzger*, § 4 Nr. 11 Rn. 38.
[130] Vgl. BGH GRUR 2000, 1076, 1079 – *Abgasemissionen*.

H. Spürbarkeit

Nach dem früher in § 3 Abs. 1 UWG a.F. geregelten und nun unmittelbar in § 3a UWG 36
aufgenommenen Spürbarkeitserfordernis ist der Verstoß gegen eine Marktverhaltensnorm nur dann unlauter, wenn dieser geeignet ist, die Interessen von Verbrauchern, sonstigen Marktteilnehmern oder Mitbewerbern spürbar zu beeinträchtigen. Diese Einschränkung ist erforderlich, weil andernfalls unweigerlich eine Ausuferung des Rechtsbruchtatbestands drohen würde. Es soll also die Verfolgung von bloßen Bagatellfällen ausgeschlossen und eine sachlich nicht gerechtfertigte Inanspruchnahme der Gerichte verhindert werden (*minima non curat praetor*). Allerdings ist die Schwelle auch nicht zu hoch anzusetzen. Die Feststellung, ob eine geschäftliche Handlung geeignet ist, die Interessen von Mitbewerbern, Verbrauchern oder sonstigen Marktteilnehmern spürbar zu beeinträchtigen, setzt eine nach objektiven und subjektiven Momenten unter Berücksichtigung aller Umstände des Einzelfalls zu treffende Wertung voraus. In diese Wertung sind neben der Art und Schwere des Verstoßes die zu erwartenden Auswirkungen auf den Wettbewerb sowie der Schutzzweck des Wettbewerbsrechts einzubeziehen. Eine nicht unerhebliche Beeinträchtigung kann demnach auch bei Verstößen mit nur geringen Auswirkungen für den Marktteilnehmer im Einzelfall vorliegen, wenn durch das Verhalten eine Vielzahl von Marktteilnehmern betroffen ist oder eine nicht unerhebliche Nachahmungsgefahr besteht."[131] Zu fragen ist aber auch, ob es den betroffenen Marktteilnehmern nicht zugemutet werden kann, auf das Eingreifen originär zuständiger Stellen zu warten. Insbesondere im Hinblick auf den Schutz der Interessen der Mitbewerber ist zu berücksichtigen, dass gemessen an der Gesamtheit aller Wettbewerbsfaktoren nicht jeder Verstoß gegen eine Marktverhaltensregel geeignet ist, sich in den Wettbewerbschancen der Marktteilnehmer nennenswert niederzuschlagen und so den Wettbewerb zwischen ihnen spürbar zu beeinträchtigen und zu verfälschen.[132]

I. Wettbewerb der öffentlichen Hand (§ 3 Abs. 1 UWG)

Schrifttum: *Alexander*, Öffentliche Auftragsvergabe und unlauterer Wettbewerb, WRP 2004, 700; *Bosten*, Wettbewerb ohne Wettbewerbsrecht?, WRP 1999, 9; *Frenz*, Kommunalwirtschaft außerhalb des Wettbewerbsrechts, WRP 2002, 1367; *ders.*, Wettbewerb in der Abfallwirtschaft, WRP 2003, 455; *Gröning*, Kommunalrechtliche Grenzen der wirtschaftlichen Betätigung der Gemeinden und Drittschutz auf dem ordentlichen Rechtsweg, WRP 2002, 17; *Haslinger*, Schutzlos gegen rechtswidrigen Marktzutritt der öffentlichen Hand? – „Erwünschte Belebung des Wettbewerbs"?, WRP 2002, 1023; *dies.*, Wettbewerbswidriger Missbrauch steuerlicher Gestaltungsmittel zur Umgehung chancengerechter Ausschreibungsverfahren, WRP 2007, 1412; *Hauck*, Dabeisein ist alles … – Der Rechtsschutz privater Unternehmen gegen die Teilnahme der öffentlichen Hand am Wettbewerb, WRP 2006, 323; *ders.*, Der „Standortvorteil" im Wettbewerb, GRUR 2008, 665; *Jaeger*, Kommunen und Wettbewerb – Erfahrungen aus der Praxis, in Schwarze (Hrsg.), Daseinsvorsorge im Lichte des Wettbewerbsrechts, 2001, 165; *Hetmank*, Der Wettbewerbsvorsprung im Lauterkeitsrecht, 2013; *Kendziur*, Neue Wege für den Rechtsschutz Privater gegen die Wirtschaftstätigkeit der öffentlichen Hand, 2009; *Kittler*, Die öffentliche Hand als Werbeträger im Internet, NJW 2000, 122; *Köhler*, Wettbewerbsrechtliche Grenzen des Mitgliederwettbewerbs der gesetzlichen Krankenkassen, WRP 1997,

---

[131] Begr. RegE, BT-Drucks. 15/1487, S. 17 zur „nicht unerheblichen Beeinträchtigung des Wettbewerbs" in § 3 a.F.
[132] Vgl. *Elskamp*, Gesetzesverstoß und Wettbewerbsrecht, 2008, 228 ff.; *Glöckner* GRUR 2008, 960 (965); *ders.* GRUR 2013, 569, 576; *Hetmank*, Der Wettbewerbsvorsprung im Lauterkeitsrecht, 131 f.

373; *ders.*, Mitgliederwerbung der Krankenkassen, NZS 1998, 153; *ders.*, Wettbewerbsrechtliche Grenzen der Betätigung kommunaler Unternehmen, WRP 1999, 1205; *ders.*, Zur wettbewerbsrechtlichen Sanktionierung öffentlich-rechtlicher Normen, FS Schmitt Glaeser, 2003, 499; *Koenig/Engelmann/Hentschel*, Die wettbewerbsrechtliche Beurteilung von Werbemaßnahmen gesetzlicher Krankenkassen, WRP 2003, 831; *Mees*, Wettbewerbsrechtliche Ansprüche und EG-Beihilfenrecht, FS Erdmann, 2002, 657; *ders.*, Überlegungen zu Folgen der Privatisierung für das Wettbewerbsrecht, WRP 2000, 963; *Müller-Stoy*, Alternativer und kumulativer Primärrechtsschutz bei der Vergabe öffentlicher Aufträge, WRP 2006, 330; *Pagenkopf*, Einige Betrachtungen zu den Grenzen für privatwirtschaftliche Betätigung der Gemeinden – Grenzen für Grenzzieher, Gewerbearchiv 2000, 177; *Poppen*, Der Wettbewerb der öffentlichen Hand, 2007; *Schink*, Wirtschaftliche Betätigung kommunaler Unternehmen, NVwZ 2002, 129; *Schliesky*, Öffentliches Wirtschaftsrecht, 1997; *ders.*, Über Notwendigkeit und Gestaltung eines öffentlichen Wettbewerbsrechts, DVBl 1999, 78; *Schönberger*, Das Geschäft mit dem Müll – Verstößt die Teilnahme der öffentlichen Hand an den Abfallentsorgungsmärkten gegen Wettbewerbsrecht?, GRUR 1999, 659; *Schünemann*, Die wirtschaftliche Tätigkeit der öffentlichen Hand zwischen öffentlichen und privaten Wettbewerbsrecht, WRP 2000, 1001; *Tettinger*, Rechtsschutz gegen kommunale Wettbewerbsteilnahme, NJW 1998, 3473; *Tieben*, Die Einflussnahme der öffentlichen Hand auf den Wettbewerb, WRP 2011, 1101; *Tilmann/Schreibauer*, Rechtsfolgen rechtswidriger nationaler Beihilfen, GRUR 2002, 212.

I. Grundsatz

37 Private Unternehmen, die mit der öffentlichen Hand im Wettbewerb stehen, können im **verwaltungsgerichtlichen Verfahren** die Verletzung von Grundrechten (wie etwa Art. 2, 3, 12, 14 GG) oder von sie schützenden öffentlich-rechtlichen Normen rügen. Demgegenüber ist es nach h.M. nicht Sache der Zivilgerichte, einen Verstoß gegen eine öffentlich-rechtliche Marktzutrittsnorm, die der öffentlichen Hand die wettbewerbsrechtliche Betätigung verbietet, nach §§ 3a, 3 Abs. 1 UWG zu sanktionieren.[133] Ihnen obliegt es aber, das **Marktverhalten der öffentlichen Hand** („wie") am Maßstab des § 3 UWG zu überprüfen.[134]

38 Die Verletzung einer öffentlich-rechtlichen Marktzutrittsnorm hat für sich allein betrachtet grundsätzlich noch keine Auswirkungen auf die Art und Weise des Wettbewerbs, sondern ermöglicht den Wettbewerb lediglich. Solange der Wettbewerber anschließend wie jeder andere Wettbewerber am Markt agiert, ist die Frage, wie der Marktteilnehmer den Zutritt erlangt hat, für das eigentliche, sich erst daran anschließende Wettbewerbsgeschehen und damit für dessen lauterkeitsrechtliche Beurteilung irrelevant. Entscheidend sind vielmehr die konkreten Umstände des anschließend folgenden Wettbewerbshandelns.

39 Betätigt sich die öffentliche Hand erwerbswirtschaftlich, ist sie genauso wie private Unternehmen den Vorschriften des UWG unterworfen. Das für die Anwendbarkeit des UWG erforderliche geschäftliche Handeln ist zu vermuten, wenn die öffentliche Hand erwerbswirtschaftliche (fiskalische) Zwecke mit den Mitteln des Privatrechts verfolgt.[135] Unerheblich ist in diesem Zusammenhang, ob eine Gewinnerzielungsabsicht besteht und ob mittelbar auch öffentliche Zwecke mit verfolgt werden.[136] Die Unlauterkeit der erwerbswirtschaftlichen Betätigung kann sich dabei gerade aus ihrer gegenüber anderen privaten Mitbewerbern bestehenden **öffentlich-rechtlichen Sonderstellung** ergeben. Eine Unlauterkeit nach der Generalklausel in **§ 3 Abs. 1 UWG** kommt insbesondere in Be-

---

[133] Siehe dazu oben § 8 Rn. 33.
[134] *Köhler*/Bornkamm, UWG, § 4 Nr. 11 Rn. 13.13.
[135] BGH GRUR 1990, 463, 464 – *Firmenrufnummer*; 2014, 1120 – *Betriebskrankenkasse II*; EuGH WRP 2013, 1454 Rn. 32, 37 – *BKK Mobil Oil*; BGH GRUR 2006, 428 Rn. 12 – *Abschleppkosten-Inkasso*.
[136] BGH GRUR 1974, 733, 734 – *Schilderverkauf*.

tracht, wenn die öffentliche Hand bei ihrer erwerbswirtschaftlichen Betätigung ihre **amtliche Autorität missbraucht** oder öffentlich-rechtliche Aufgaben mit der erwerbswirtschaftlichen Betätigung **verquickt** werden.

II. Missbrauch von Vertrauen und amtlicher Autorität

Dem Auftreten der öffentlichen Verwaltung, seien es Äußerungen oder Verkaufsmaßnahmen, wird in aller Regel besonderes Vertrauen entgegen gebracht.[137] Ein Missbrauch dieses Vertrauens durch Verletzung der Pflicht zur neutralen und objektiven Amtsführung, um eigenen oder fremden Wettbewerb zu fördern, ist daher regelmäßig nach § 3 Abs. 1 und 2 UWG und ggf. § 4a UWG unlauter.[138] Insbesondere müssen Auskünfte und Empfehlungen unparteiisch, objektiv und sachgerecht erteilen werden.[139] Allerdings liegt ein Missbrauch von Vertrauen und Autorität nicht schon dann vor, wenn amtlichen Mitteilungen zugleich Werbematerial beigefügt wird[140] oder wenn eine Gemeinde ihren gewerblichen Bestattungsdienst im kommunalen Friedhofsgebäude unterbringt.[141] Zudem ist es der öffentlichen Hand nicht verwehrt, bei der Erfüllung ihrer Aufgaben mit privaten Unternehmen zusammenzuarbeiten und die Verbraucher darüber in angemessener Weise zu unterrichten.[142] Die damit verbundene Förderung des Wettbewerbs des privaten Unternehmens ist als notwendige Folge dieser Unterrichtung hinzunehmen. Sie darf jedoch über ein angemessenes Maß nicht hinausgehen. Insbesondere dürfen einzelne Wettbewerber nicht ohne sachlichen Grund in unlauterer Weise bevorzugt werden.[143]

40

III. Ausnutzen einer öffentlichen-rechtlichen Vorteilsstellung

Vor allem von Seiten der privaten Wettbewerber wird geltend gemacht, dass sich die öffentliche Hand in einer von vornherein ungleich besseren Ausgangslage befindet.[144] So verfüge sie häufig über bessere Ressourcen und Möglichkeiten als private Unternehmen und könne auf öffentliche Einnahmen sowie auf öffentlich finanzierte Einrichtungen und öffentlich finanziertes Personal zurückgreifen.[145]

41

1. Rechtsprechung des BGH

In der Rechtsprechung des BGH ist zwar grundsätzlich anerkannt, dass sich bei der erwerbswirtschaftlichen Betätigung der öffentlichen Hand gewisse Wettbewerbsvorteile ergeben könnten und deswegen öffentliche Mittel nicht in unlauterer Weise eingesetzt wer-

42

---

[137] Vgl. BGH WRP 2009, 1369 Rn. 18 – *Auskunft der IHK*.
[138] Vgl. BGH WRP 1999, 176, 180 – *Verwaltungsstellenleiter*; BGH GRUR 2013, 301 Rn. 29 – *Solarinitiative*.
[139] BGH GRUR 1987, 119 – *Kommunaler Bestattungswirtschaftsbetrieb II*; 1994, 516, 517 – *Auskunft über Notdienste*; 2002, 550, 551 – *Elternbriefe*; BGH WRP 2009, 1369 Rn. 18 – *Auskunft der IHK*; BGH GRUR 2013, 301 Rn. 29 – *Solarinitiative*.
[140] BGH GRUR 2002, 550, 553 – *Elternbriefe*.
[141] BGH GRUR 2005, 960, 962 – *Friedhofsruhe*.
[142] BGH GRUR 2013, 301 Rn. 31 – *Solarinitiative*.
[143] BGH GRUR 2013, 301 Rn. 31 – *Solarinitiative*.
[144] *Stober*, NJW 2002, 2357, 2360.
[145] Vgl. zur besonderen Stellung der öffentlichen Hand im Wettbewerb *Berg*, WiVerw 2000, 141, 151 f.

den dürften.¹⁴⁶ Allerdings sei es der öffentlichen Hand grundsätzlich nicht untersagt, bei der Teilnahme am Wettbewerb auf die ihr zur Verfügung stehenden Mittel im erforderlichen Umfang und in angemessener Weise zurückzugreifen.¹⁴⁷ Eine dadurch hervorgerufene Benachteiligung von Mitbewerbern, „die sich aus vergleichbaren Gründen auch aus dem Konkurrenzverhältnis privater Unternehmen ergeben" könne, folge „aus der grundsätzlichen Zulässigkeit des Wettbewerbs der öffentlichen Hand". Sie müsse daher auch wettbewerbsrechtlich grundsätzlich hingenommen werden.¹⁴⁸ Zulässig sei der Einsatz insbesondere dann, wenn ein **enger Zusammenhang zwischen der hoheitlichen Tätigkeit und der Wirtschaftstätigkeit** bestehe und die fragliche Leistung **im Interesse des Publikums** liege.¹⁴⁹ Zudem sei zu berücksichtigen, dass die öffentliche Hand im Allgemeininteresse gehalten sei, ihre **Mittel in wirtschaftlich vernünftiger Weise zu verwenden**¹⁵⁰ und das Hinzutreten der öffentlichen Hand eine erwünschte „Belebung des Wettbewerbs" darstelle.¹⁵¹ Selbst die **Schaffung von Überkapazitäten**, die nur ausgelastet werden, wenn durch private Preisunterbietungen Wettbewerber völlig verdrängt werden, beeinträchtige nicht den lauteren Wettbewerb.¹⁵² Eine sog. **Randnutzung** öffentlicher Einrichtungen für erwerbswirtschaftliche Zwecke sei vielmehr wettbewerbsrechtlich grundsätzlich zulässig, wenn die öffentliche Tätigkeit deutlich von der privaten getrennt und der Eindruck vermieden werde, die erwerbswirtschaftliche Betätigung sei noch Teil der hoheitlichen Aufgabenerfüllung.¹⁵³

43 Unlauter sei die Ausnutzung solcher Mittel nur dann, wenn die erwerbswirtschaftliche Betätigung mit einer hoheitlichen Tätigkeit verquickt werde, indem etwa beim Publikum der Eindruck erweckt wird, die erwerbswirtschaftliche Betätigung sei noch Teil der hoheitlichen Aufgabenerfüllung.¹⁵⁴

2. Kritik und Stellungnahme

44 Zwar wird von der Rechtsprechung grundsätzlich anerkannt, dass das Ausnutzen der Vorteilsstellung der öffentlichen Hand dem lauterkeitsrechtlichen Regime unterfallen kann. Was aber konkreter Anknüpfungspunkt der Unlauterkeit sein soll, bleibt in vielen Fällen unklar. Dies gilt insbesondere für den Begriff der „Verquickung", der sich kaum fassen lässt, wenn damit jedenfalls nicht schon das gleichzeitige Anbieten in sachlicher, zeitlicher und räumlicher Nähe gemeint sein soll. Vor allem aber die von der Rechtsprechung und Teilen der Literatur ins Feld geführten Rechtfertigungsgründe geben Anlass zur kritischen Überprüfung. Werden zum Beispiel erwerbswirtschaftliche Tätigkeiten für zulässig gehalten, die in einem „sehr engen Zusammenhang" zur Erfüllung einer öffentlichen Aufgabe stehen, so lässt sich eine gewisse Widersprüchlichkeit mit der grundsätzlich unlauteren Verquickung nicht von der Hand weisen. Denn auch die Verquickung ist letzten Endes von einem „sehr engen Zusammenhang" gekennzeichnet. Zugespitzt ließe sich

---

[146] BGH GRUR 1987, 116, 119 – *Kommunaler Bestattungswirtschaftsbetrieb I*; 2003, 164, 166 – *Altautoverwertung*.
[147] BGH GRUR 1987, 116, 118 – *Kommunaler Bestattungswirtschaftsbetrieb I*; WRP 1998, 857, 859 – *1000,– DM Umweltbonus*; GRUR 2005, 960, 962 – *Friedhofsruhe*.
[148] BGH GRUR 1987, 116, 119 – *Kommunaler Bestattungswirtschaftsbetrieb I*.
[149] BGH GRUR 1974, 733, 735 – *Schilderverkauf*; 1987, 116, 119 – *Kommunaler Bestattungswirtschaftsbetrieb I*; 2003, 164, 166 – *Altautoverwertung*.
[150] BGH GRUR 1989, 603, 605 – *Kommunaler Bestattungswirtschaftsbetrieb III*; 2005, 960, 962 – *Friedhofsruhe*.
[151] BGH GRUR 2002, 825 826 – *Elektroarbeiten*.
[152] BGH GRUR 2003, 164, 166 – *Altautoverwertung*.
[153] BGH GRUR 2009, 606, 607 – *Buchgeschenk vom Standesamt*.
[154] BGH GRUR 2009, 606 Rn. 14 – *Buchgeschenk vom Standesamt*; BGH GRUR 2002, 550, 553 – *Elternbriefe*.

I. Wettbewerb der öffentlichen Hand (§ 3 Abs. 1 UWG)

sagen, dass die grundsätzlich unzulässige Verquickung ihrerseits mit der Verquickung gerechtfertigt wird.

Zudem fragt sich, ob sich Preisunterbietungen, die durch öffentliche Mittel ermöglicht werden, mit Wirtschaftlichkeitsgesichtspunkten rechtfertigen lassen. Auch der BGH hat in seiner kartellrechtlichen Entscheidung „Ausrüstungsgegenstände für Feuerlöscher" eingeräumt, dass eine Berücksichtigung des Sparsamkeitsgebotes im Ergebnis darauf hinaus liefe, dass „die sich am Wettbewerb beteiligenden Träger hoheitlicher Gewalt letztlich zu Lasten anderer Marktteilnehmer Vorteile erlangen könnten."[155] Denn allein mit wirtschaftlichen Gründen dürfte sich die Erwirtschaftung zusätzlicher Einnahmen zu Lasten der privaten Konkurrenz nahezu immer rechtfertigen lassen. Zweifellos ist die öffentliche Hand gehalten, die Steuer- und Gebührenzahler so wenig wie möglich zu belasten. Allerdings kann nicht unberücksichtigt bleiben, dass durch die Übervorteilung eines Wettbewerbers andere Wettbewerber davon abgehalten werden könnten, den ungleichen Wettkampf überhaupt erst aufzunehmen. Entscheidend für einen **funktionierenden und unverfälschten Wettbewerb** ist aber, dass genügend Anreize bestehen, in den Wettbewerb mit anderen Marktteilnehmern – und sei es die öffentliche Hand – zu treten. Entsprechend kann man nicht ohne weiteres davon ausgehen, dass es ein objektives Interesse der Allgemeinheit an einer ungezügelten Ausnutzung öffentlicher Mittel im Wettbewerb gibt. Insofern ist der Überlegung, die öffentliche Hand dürfe auf ihre öffentlichen Mittel deshalb zurückgreifen, weil die Benachteiligungen der privaten Wettbewerber lediglich Folge der grundsätzlichen Zulässigkeit des Wettbewerbs der öffentlichen Hand seien,[156] entgegenzutreten. Denn es steht gerade in Frage, unter welchen Umständen die öffentliche Hand eine Vorteilsstellung, die sie durch Einsatz ihrer Mittel erlangt hat, zum Nachteil der privaten Wettbewerber erwerbswirtschaftlich ausnutzen darf. Mindestens genauso gut ließe sich argumentieren, dass aufgrund der Benachteiligungen der privaten Wettbewerber das Ausnutzen einer Vorteilsstellung der öffentlichen Hand den Wettbewerb zu Lasten der Mitbewerber verzerren kann und nur dann wettbewerbsrechtlich zulässig ist, wenn die Mittel in einer Weise eingesetzt werden, wie es grundsätzlich auch privaten Mitbewerbern möglich wäre.

Bedenklich erscheint es ferner, wenn darauf verwiesen wird, dass auch zwischen privaten Konkurrenten Ungleichgewichte in der wettbewerblichen Ausgangslage bestehen.[157] Zwar ist richtig, dass von einer allgemeinen Gleichheit der Ausgangslagen im Wettbewerb nicht die Rede sein kann. Zu beachten ist aber, dass Vorteile, wie ein vorteilhafter Standort oder eine motivierte Belegschaft, zumindest theoretisch jedem Wirtschaftssubjekt zufallen können, während die öffentlich-rechtlich bedingten Vorteile, auf die die öffentliche Hand zugreifen kann, nur bei ihr möglich sind. So kann ein privater Unternehmer nicht auf öffentlich-rechtlich finanziertes Personal zugreifen, Steuern erheben oder eine Kfz-Zulassungsstelle betreiben. Insofern besteht von vornherein eine systematische und erhebliche Vorteilsstellung der öffentlichen Hand, welche bei konsequenter Ausnutzung im Wettbewerb nicht einmal theoretisch von den Mitbewerbern angemessen kompensiert werden kann.

Schließlich überzeugt es auch nicht, wenn einerseits zwar der Einsatz hoheitlicher Machtmittel im Wettbewerb als tendenziell unlauter anerkannt wird, gleiches dann aber nicht für den Einsatz öffentlicher Mittel zu Preisunterbietungen gelten soll. Denn beides beruht gleichermaßen auf der typischerweise bei der öffentlichen Hand vorhandenen Vorteilsstellung. Unterbietet ein privater Wettbewerber die Preise der anderen, dann geht er

---

[155] BGH GRUR 2003, 633, 634 – *Ausrüstungsgegenstände für Feuerlöscher*.
[156] Vgl. BGH GRUR 1987, 116, 118 – *Kommunaler Bestattungswirtschaftsbetrieb I*.
[157] BGH GRUR 1986, 116, 118 – *Kommunaler Bestattungswirtschaftsbetrieb I*.

das Risiko ein, dass er am Ende nicht mehr kostendeckend wirtschaftet. Dieses Risiko besteht aber bei der öffentlichen Hand von vornherein nicht in gleicher Weise, wenn diese im Rahmen der „Randnutzung" auf öffentlich finanzierte Ressourcen zurückgreifen kann. Erkennt man an, dass sich die Wettbewerbsmöglichkeiten der öffentlichen Hand von denen der privaten Wettbewerber grundlegend unterscheiden, dann muss dies gerade auch für deren Preisgestaltungsmöglichkeiten gelten, so dass auch für diese ein anderer Maßstab anzulegen ist.

48   Aus diesen Gründen erscheint es gerechtfertigt, bei der Beurteilung des geschäftlichen Handelns der öffentlichen Hand danach zu fragen, ob sie die **wettbewerblichen Möglichkeiten und Belange der privaten Wettbewerber angemessen berücksichtigt** hat.[158] Diese Verpflichtung ergibt sich unmittelbar aus der **Sonderstellung der öffentlichen Hand im Wettbewerb**, die sich von den Wettbewerbsmöglichkeiten der privaten Wettbewerber grundlegend unterscheidet. Hält man den Wettbewerb der öffentlichen Hand einerseits für zulässig, sieht diese aber andererseits gleichzeitig als potentiell übervorteilt an, so liegt es auf der Hand, dass sie ihre Wettbewerbsvorteile mit Bedacht einzusetzen und daraus resultierende Wettbewerbsnachteile der anderen Marktbeteiligten zu berücksichtigen hat. Konsequenterweise kann dies nur bedeuten, dass sich die öffentliche Hand ihre öffentlich-rechtlichen Wettbewerbsvorteile grundsätzlich anrechnen lassen muss und diese soweit wie möglich zu neutralisieren hat.[159] Entsprechend sind die Belange der Mitbewerber dann nicht genügend berücksichtigt, wenn die öffentliche Hand ihre öffentlich-rechtlichen Wettbewerbsvorteile dazu einsetzt, die Preise der Mitbewerber zu unterbieten, ohne dass diese angemessene Möglichkeiten haben, diesen Wettbewerbsnachteil zu kompensieren. Umgekehrt bedeutet dies, dass die öffentliche Hand bei der Kalkulation ihrer Preise grundsätzlich die Fixkosten aus den mit öffentlichen Mitteln geschaffenen und unterhaltenen Ressourcen **anteilig einzurechnen hat,** da sie andernfalls nicht ausreichend berücksichtigt, dass ihre privaten Wettbewerber gerade nicht in gleicher Weise kalkulieren können.[160]

49   Zwar besteht grundsätzlich kein wettbewerbsrechtlicher Schutz vor einer aggressiven Preispolitik.[161] Allerdings kann der allgemein im Wettbewerbsrecht geltende Grundsatz, dass die „freie Preisbildung in hartem Preiswettbewerb den Eckpfeiler der Wettbewerbswirtschaft" bilde und eine Preisunterbietung deshalb grundsätzlich unbedenklich sei,[162] auf den Wettbewerb der öffentlichen Hand gerade nicht ohne weiteres Anwendung finden. Denn wenn sich der Wettbewerb der öffentlichen Hand von demjenigen der privaten Mitbewerber insofern unterscheidet, als dass diesem ganz andere Kostenstrukturen zu Grunde liegen können, dann muss grundsätzlich auch an ihrem Preiswettkampf ein anderer Maßstab angelegt werden. Es ist daher auch kein Grund dafür ersichtlich, warum nicht schon die Preisunterbietung der öffentlichen Hand selbst den Unlauterkeitsvorwurf in sich tragen soll,[163] wenn diese nur mit Hilfe des Rückgriffs auf öffentlich-rechtliche Ressourcen ermöglicht wird. Je mehr die Preise der Mitbewerber unterboten werden und dies nur unter Rückgriff auf öffentlich-rechtlich finanzierte Ressourcen möglich ist, umso eher ist anzunehmen, dass die Belange der Mitbewerber nicht ausreichend berücksichtigt werden.

50   In ähnlicher Weise wird man bei der Nutzung von sonstigen öffentlich-rechtlich bedingten Vorteilen lauterkeitsrechtlich verlangen können, dass die öffentliche Hand die Belange der privaten Mitbewerber berücksichtigt, etwa indem sie gewerbliche Leistungen und Räumlichkeiten öffentlich ausschreibt oder die privaten Wettbewerber in anderer Form

---

[158] *Ohly*/Sosnitza, UWG, Einf. D Rn. 42 ff., 43; *Köhler*/Bornkamm, UWG, § 4 Rn. 13.44; ebenso: Götting/Nordemann/*Ebert-Weidenfeller*, UWG, § 4 Rn. 13.11; *Piper*, GRUR 1986, 574, 576.
[159] Vgl. Götting/Nordemann/*Ebert-Weidenfeller*, UWG, § 4 Rn. 13.33.
[160] Vgl. *Köhler*/Bornkamm, UWG, § 4 Rn. 13.32; ähnlich RGZ 138, 174, 177 – *Haus der Jugend*.
[161] Harte/Henning/*Omsels*, UWG, § 4 Rn. 145.
[162] Vgl. *Schünemann*, WRP 2001, 466, 470; Harte/Henning/*Omsels*, UWG, § 4 Rn. 145.
[163] Vgl. dazu *Ohly*/Sosnitza, UWG, Einl. D Rn. 47.

I. Wettbewerb der öffentlichen Hand (§ 3 Abs. 1 UWG)

einbezieht und zumindest auf deren Leistungen in angemessener Weise hinweist.[164] Will die öffentliche Hand den Standortvorteil selbst nutzen, muss sie sich bei der Kalkulation der Preise und Kosten so weit wie möglich an den üblichen Marktpreisen für derartige Standortvorteile orientieren.[165]

Nutzt die öffentliche Hand gleichwohl ihre öffentlich-rechtlich bedingten Vorteile zu Lasten der privaten Mitbewerber aus, so kann dies nur unter besonderen Umständen gerechtfertigt sein, wobei insbesondere allein die Bequemlichkeit des Publikums oder Wirtschaftlichkeitsgesichtspunkte nicht genügen können. Zudem ist nicht ersichtlich, warum die öffentliche Hand bei einer rein erwerbswirtschaftlichen Betätigung, die selbst gerade nicht mehr zur Erfüllung öffentlicher Aufgaben gezählt werden kann, nur wegen einem engen Zusammenhang im Sinne einer Randnutzung im Wettbewerb systematisch privilegiert sein sollte. Denn der Begriff des „engen Zusammenhangs" an sich stellt noch keine rechtfertigende Begründung dar und vermag diese auch nicht zu ersetzen. Stattdessen ist allein zu fragen, ob die öffentliche Hand mit der fraglichen Tätigkeit eine öffentliche Aufgabe erfüllt und ob eine Preisunterbietung oder die Ausnutzung eines Standortvorteils dadurch gerechtfertigt ist. Je mehr sich die öffentliche Hand auf die Erfüllung einer öffentlichen Aufgabe berufen kann, umso eher können Preisunterbietungen und Standortvorteile zulässig sein. Oder anders gewendet: Je weniger die Belange der Mitbewerber bei einer Preisunterbietung oder der Ausnutzung eines Standortvorteils berücksichtigt werden, umso mehr muss das fragliche Verhalten durch die Erfüllung von öffentlichen Aufgaben gerechtfertigt sein. Entscheidend sollte nach alldem nicht die bloße Nähe zu einer öffentlich-rechtlichen Aufgabenerfüllung sein, sondern die Frage, inwieweit das fragliche Verhalten selbst eine solche öffentlich-rechtliche Aufgabenerfüllung darstellt.

51

---

[164] Vgl. BGH WRP 2009, 1369, 1371 – *Auskunft der IHK*; 2009, 611, 611 ff. – *Buchgeschenk vom Standesamt*; GRUR 1989, 603, 605 f. – *Kommunaler Bestattungswirtschaftsbetrieb III*; 2003, 164, 166 – *Altautoverwertung*; 1974, 733, 735 – *Schilderverkauf*; 2006, 608, 609 – *Hinweis auf konkurrierende Schilderpräger*; OLG Celle, GRUR-RR 2004, 374, 375.

[165] Vgl. *BGH* GRUR 2006, 608, 609 – *Hinweis auf konkurrierende Schilderpräger* mVa *BGH* GRUR 1999, 278, wonach für die unmittelbare Nähe ein höherer Miet- oder Pachtzins zu zahlen sei, der sich in höheren Preisen niederschlage.

§ 9. Mitbewerberschutz (§ 4 UWG)

Inhaltsübersicht

	Rn.
A. Herabsetzung oder Verunglimpfung (§ 4 Nr. 1 UWG)	1
I. Inhalt und Zweck der Vorschrift	1
II. Herabsetzung oder Verunglimpfung	4
III. Kennzeichen, Waren, Dienstleistungen, Tätigkeiten oder persönliche bzw. geschäftliche Verhältnisse eines Mitbewerbers	7
IV. Meinungsfreiheit	9
B. Anschwärzung (§ 4 Nr. 2 UWG)	10
I. Inhalt und Zweck der Vorschrift	10
II. Grundtatbestand (sonstige Mitteilungen)	12
1. Tatsachen über Waren, Dienstleistungen oder das Unternehmen	12
2. Behauptung oder Verbreitung	14
3. Eignung zur Geschäfts- oder Kreditschädigung	17
4. Nichterweislichkeit der Wahrheit (Beweislast)	18
III. Sonderregelung für vertrauliche Mitteilungen	19
C. Ergänzender wettbewerbsrechtlicher Leistungsschutz (§ 4 Nr. 3 UWG)	22
I. Inhalt und Zweck der Vorschrift	22
II. Grundlagen der Beurteilung	26
1. Konflikt zwischen Imitations- und Innovationswettbewerb	26
2. Spannungsverhältnis zu den Immaterialgüterrechten	27
3. Prinzip der Nachahmungsfreiheit	30
4. Kritik in der Literatur	31
5. Stellungnahme	32
III. Waren oder Dienstleistungen	35
IV. Wettbewerbliche Eigenart	37
1. Feststellung	38
2. Kriterien und Indizien	40
3. Entfallen der wettbewerblichen Eigenart durch den Vertrieb von Nachahmungen	46
V. Nachahmungshandlungen	47
VI. Besondere wettbewerbliche Umstände	51
1. Vermeidbare Herkunftstäuschung (§ 4 Nr. 3 lit. a UWG)	52
a) Herkunftstäuschung	53
b) Vermeidbarkeit	58
2. Rufausbeutung und Rufbeeinträchtigung (§ 4 Nr. 3 lit. b UWG)	61
a) Rufausbeutung	62
b) Rufbeeinträchtigung	65
3. Erschleichung oder Vertrauensbruch (§ 4 Nr. 3 lit. c UWG)	66
4. Behinderung	68
VII. Wechselwirkung	72
VIII. Darlegungs- und Beweislast	74
IX. Schutzdauer	75
X. Unmittelbarer Leistungsschutz?	77
1. Streitstand	77
2. Stellungnahme	82
D. Gezielte Behinderung von Mitbewerbern (§ 4 Nr. 4 UWG)	83
I. Inhalt und Zweck der Vorschrift	83
II. Unionsrechtliche Vorgaben	85
III. Verhältnis zum Kartellrecht	87

IV. Behinderung	91
V. Zielgerichtetheit der Behinderung	93
VI. Besondere Formen der Behinderung	94
1. Boykottaufruf	94
a) Aufforderung zu einer Liefer- oder Bezugssperre	95
b) Rechtswidrigkeit des Boykottaufrufs	98
c) Verhältnis zum Kartellrecht und zum bürgerlichen Recht	99
2. Betriebsstörung durch physische Einwirkung, Spionage und Testmaßnahmen	101
3. Preisunterbietung	106
4. Abfangen und Ausspannen von Kunden sowie Umleiten von Kundenströmen	109
a) Ansprechen oder Werbung in räumlicher oder sachlicher Nähe	111
b) Abfangen und Umleiten von Kundenströmen und Aufträgen	114
c) Umleiten von Kundenströmen im Internet	117
d) Ausspannen von Kunden (Verleiten zum Vertragsbruch)	124
5. Werbebehinderung	128
6. Behinderung von Vertriebswegen und -systemen	133
a) Zulässigkeit und Schutzwürdigkeit des Vertriebsbindungssystems	135
b) Beseitigung von Kontrollnummern	137
c) Schleichbezug	138
d) Verleiten zum Vertragsbruch	140
7. Produktbezogene Behinderung	142
8. Behinderung durch Kennzeichenverwendung	144
a) Sperrzeichen	145
b) Spekulationsmarken	147
c) Domain-Grabbing	148
9. Behinderung durch Mitarbeiterabwerbung	149
a) Ansprechen am Arbeitsplatz	151
b) Verleiten zum Vertragsbruch	152
c) Existenzgefährdung	155
d) Beschaffung von Geschäftsgeheimnissen	156
e) Ausbeutung	157
10. Betriebsstörung durch unberechtigte Abmahnung oder Schutzrechtsverwarnung	158
a) Unberechtigte Abmahnung	158
b) Unberechtigte Schutzrechtsverwarnung	160
aa) Rechtslage bis zur Entscheidung des Großen Zivilsenats	161
bb) Der Beschluss des Großen Senats für Zivilsachen	162
cc) Kritik und Stellungnahme	163
11. Missbrauch von Nachfragemacht	164
VII. Marktstörung	166
1. Grundsatz und Kritik	166
2. Verhältnis zum Kartellrecht	169
3. Tatbestand der allgemeinen Marktbehinderung	170
4. Fallgruppen	172
a) Unentgeltliche Abgabe von Waren und Dienstleistungen	172
b) Unentgeltliche Abgabe von Presseerzeugnissen	173
c) Preisunterbietung	175

A. Herabsetzung oder Verunglimpfung (§ 4 Nr. 1 UWG)

Schrifttum: *Bärenfänger,* Das Spannungsfeld von Lauterkeitsrecht und Markenrecht unter dem neuen UWG, 2010; *ders.,* Symbiotische Theorie zum Kennzeichen- und Lauterkeitsrecht, WRP 2011, 16 und 160; *Bernreuther,* Zur Interessenabwägung bei anonymen Meinungsäußerungen im Internet, AfP 2011, 218; *Born,* Gen-Milch und Goodwill – Äußerungsrechtlicher Schutz durch das Unternehmenspersönlichkeitsrecht, AfP 2005, 110; *Cornelius-Schwartz,* Rufschädigung und Kritik im Wettbewerb, 2013; *Ohly,* Schadensersatzansprüche wegen Rufschädigung und Verwässerung im Marken- und Lauterkeitsrecht, GRUR 2007, 926; *Rühl,* Tatsachenbehauptungen und Wertungen, AfP 2000, 17; *Schaub,* Äußerungsfreiheit und Haftung, JZ 2007, 548; *Vonhoff,* Negative Äußerungen auf Unternehmensbewertungsportalen, MMR 2012, 571.

I. Inhalt und Zweck der Vorschrift

Nach § 4 Nr. 1 UWG (§ 4 Nr. 7 UWG a.F.) handelt unlauter, wer die Kennzeichen, Waren, Dienstleistungen, Tätigkeiten oder persönlichen oder geschäftlichen Verhältnisse eines Mitbewerbers herabsetzt oder verunglimpft. Von § 4 Nr. 1 UWG werden anders als bei § 4 Nr. 2 UWG neben verunglimpfenden oder herabsetzenden **Tatsachenbehauptungen** auch **Meinungsäußerungen** erfasst. 1

Der Tatbestand betrifft insbesondere die **Fälle der Geschäftsehrverletzungen.**[1] Damit hat der Tatbestand des § 4 Nr. 1 UWG (wie der des § 4 Nr. 2 UWG) einen stark persönlichkeitsrechtlichen Einschlag. Nach der gebotenen **wettbewerbsfunktionalen Betrachtung** des Lauterkeitsrechts rechtfertigt sich der **Schutz des guten Rufs** aber in erster Linie nicht aus ideellen Interessen der Mitbewerber, wie der „Geschäftsehre", sondern aus seiner ganz erheblichen wettbewerblichen Bedeutung. Denn das Image eines Unternehmens bildet eine **wesentliche Grundlage für den Werbe- und Absatzerfolg.** Schädigungen des guten Rufs sind regelmäßig **nicht in erster Linie auf die Förderung des eigenen Wettbewerbs gerichtet,** sondern sind geeignet, unmittelbar auf die potentiellen Geschäftspartner der Mitbewerber einzuwirken und damit dessen **wettbewerbliche Leistungsentfaltung zu beeinträchtigen.** Solche Äußerungen bieten der Marktgegenseite regelmäßig keine Informationen, die diese für eine informierte Marktentscheidung bedürfen, sondern sind vielmehr geeignet, ihre Entscheidungsfreiheit unangemessen unsachlich zu beeinflussen. Geschützt wird somit vor allem das Interesse der Mitbewerber an der **Wahrung ihrer Wettbewerbschancen** sowie das **Allgemeininteresse an einem unverfälschten Wettbewerb** nach § 1 S. 2 UWG. Der Kampf um die Gunst der Marktgegenseite soll nicht mit verunglimpfenden Herabsetzungen manipuliert werden. Dagegen dient die Vorschrift nicht dem Schutz der Verbraucher, mag sie auch mittelbar deren Schutz mitbewirken. 2

Zu beachten ist schließlich mit Blick auf den Anwendungsbereich des § 4 Nr. 1 UWG die **Abgrenzung zur herabsetzenden und verunglimpfenden vergleichenden Werbung gemäß § 6 Abs. 2 Nr. 5 UWG.** Danach handelt unlauter im Sinne von § 3 Abs. 1 UWG, wer vergleichend wirbt, wenn der Vergleich die Waren, Dienstleistungen, Tätigkeiten oder persönlichen oder geschäftlichen Verhältnisse eines Mitbewerbers herabsetzt oder verunglimpft. Diese Vorschrift beruht auf der Richtlinie 2006/114/EG über irreführende und vergleichende Werbung, die für die vergleichende Werbung eine abschließende Regelung bezweckt. Aus diesem Grund ist § 6 Abs. 2 Nr. 5 UWG vorrangig anzuwenden, wenn eine Äußerung im Rahmen einer vergleichenden Werbung erfolgt.[2] Der Beispielstatbestand des § 4 Nr. 1 UWG kommt bei vergleichender Werbung daher nur dann zur Anwendung, 3

---

[1] Begr. RegE, BT-Drucks. 15/1487, S. 18 (zu § 4 Nr. 7 UWG a.F.).
[2] BGH WRP 2012, 77 Rn. 17 – *Coaching-Newsletter.*

wenn es sich nicht um einen konkreten, sondern um einen allgemeinen Vergleich handelt, so dass die Grundvoraussetzung für ein Eingreifen der Regelung des § 6 Abs. 2 Nr. 5 UWG nicht erfüllt ist, weil es an einem Vergleich im Sinne der Legaldefinition des § 6 Abs. 1 UWG fehlt. Die danach erforderliche **Individualisierung** ist dann nicht gegeben, wenn der Werbende den Vergleich vornimmt, ohne aber erkennbar unmittelbar oder mittelbar auf bestimmte Mitbewerber Bezug zu nehmen.[3] Bei einem solchen allgemeinen Vergleich folgt aus § 4 Nr. 1 UWG, dass der Werbende konkurrierende Angebote nicht pauschal, das heißt mit nicht nachprüfbaren Behauptungen, abwerten, also herabsetzen oder sogar verunglimpfen, darf.[4]

II. Herabsetzung oder Verunglimpfung

4   Eine **Herabsetzung** liegt vor, wenn in sachlich nicht gerechtfertigter und unverhältnismäßiger Weise die Wertschätzung des Mitbewerbers, seines Unternehmens bzw. seiner Leistungen verringert wird. Demgegenüber stellt eine **Verunglimpfung** eine gesteigerte Form der Herabsetzung dar, bei dem ein Mitbewerber bzw. dessen Leistung durch ein abträgliches Werturteil ohne sachliche Grundlage verächtlich gemacht wird. Eine Abgrenzung zwischen Herabsetzung und Verunglimpfung ist schwierig, aber wegen derselben Rechtsfolgen ohne Bedeutung.

5   Ob eine Herabsetzung oder Verunglimpfung vorliegt, ist auf Grund einer Gesamtwürdigung zu beurteilen, bei der die Umstände des Einzelfalls, wie insbesondere **Inhalt, Form** und **Anlass** der Äußerung sowie etwaige berechtigte **Informationsinteressen,** zu berücksichtigen sind. Zu fragen ist also, aus welchem Grund der Äußernde, den eigenen Wettbewerb mit der Herabsetzung des Mitbewerbers verbindet, ob möglicherweise ein sachlich berechtigtes Informationsinteresse der angesprochenen Verkehrskreise im Hinblick auf eine Nachfrageentscheidung besteht und ob sich die Kritik vor diesem Hintergrund nach Art und Maß noch im Rahmen des Erforderlichen und Zumutbaren hält. Zu berücksichtigen ist außerdem, dass Werbung grundsätzlich auch von Humor, Ironie und Übersteigerung geprägt sein kann. Auch muss es einem Unternehmer möglich sein, sachliche Kritik an Mitbewerbern und deren Leistungen zu üben. Demgegenüber sind **Formalbeleidigungen,** genauso wie die reine **Schmähkritik** und pauschale Herabsetzungen, die keine erkennbare Auseinandersetzung in der Sache enthalten, sondern und nur den angegriffenen Mitbewerber verspotten, diffamieren oder an den Pranger stellen sollen, stets unzulässig.[5]

6   Maßgeblich ist dabei die Sicht eines durchschnittlich informierten, verständigen und aufmerksamen Marktteilnehmers, der als potentieller Geschäftspartner des betroffenen Mitbewerbers in Betracht kommt und der durch die Äußerung angesprochen oder von ihr erreicht wird. Demgegenüber sind die Vorstellungen oder Absichten des Äußernden genauso unerheblich wie die tatsächliche Sichtweise des betroffenen Mitbewerbers.[6] Die Herabsetzung kann sowohl durch wahre oder unwahre Tatsachenbehauptungen als auch durch Werturteile erfolgen.

---

[3] BGH GRUR 1999, 1100, 1101 – *Generika-Werbung*; WRP 2001, 688, 689 – *Eröffnungswerbung*.
[4] Siehe BGHZ 49, 325, 329 = GRUR 1968, 443 – *40 Prozent können Sie sparen*; BGH GRUR 1973, 270, 271 – *Der sanfte Bitter*; 1981, 823, 826 – *Ecclesia-Versicherungsdienst*; 1985, 982, 983 – *Großer Werbeaufwand*; 1988, 764, 766 – *Krankenkassen-Fragebogen*; WRP 2001, 688, 689 – *Eröffnungswerbung*.
[5] BGH WRP 2009, 631 Rn. 18 – *Fraport-Manila-Skandal*.
[6] *Köhler*/Bornkamm, UWG, § 4 Nr. 7 Rn. 7.13;.

III. Kennzeichen, Waren, Dienstleistungen, Tätigkeiten oder persönliche bzw. geschäftliche Verhältnisse eines Mitbewerbers

Die Herabsetzung oder Verunglimpfung muss sich auf Kennzeichen, Waren, Dienstleistungen, Tätigkeiten oder auf die persönlichen oder geschäftlichen Verhältnisse eines Mitbewerbers beziehen. Im Hinblick auf **Kennzeichen** sind nicht nur Marken, geschäftliche Bezeichnungen und geografische Herkunftsangaben umfasst (vgl. § 1 MarkenG), sondern auch markenrechtlich nicht geschützte Kennzeichen, wie etwa Artikelnummern, solange nur die maßgeblichen Verkehrskreise die Zeichen dahingehend verstehen, dass die damit gekennzeichneten Produkte von einem bestimmten Unternehmen stammen.[7]

Noch nicht endgültig geklärt ist allerdings, inwieweit lauterkeitsrechtliche Ansprüche wegen eines Vorrangs des **Markenrechts** ausgeschlossen sind. Nach der Rechtsprechung des BGH stellt das MarkenG in seinem Anwendungsbereich grundsätzlich eine abschließende Regelung dar.[8] Demgegenüber wird von Teilen der Literatur[9] zu Recht eingewendet, dass an einem Vorrang des Markenrechts auch angesichts der vergleichbaren Problematik bei der vergleichenden Werbung und der entsprechenden Rechtsprechung des EuGH,[10] nicht festgehalten werden kann. Wenn die Parallelregelung des § 6 Abs. 2 Nr. 4 UWG bei vergleichender Werbung neben § 14 Abs. 2 Nr. 3 MarkenG anwendbar ist,[11] muss Gleiches auch für § 4 Nr. 1 UWG gelten. Allerdings ändert dies nichts daran, dass bei der lauterkeitsrechtlichen Beurteilung die Wertungen des MarkenG zu berücksichtigen sind, um Wertungswidersprüche zu vermeiden.

IV. Meinungsfreiheit

Sofern es um die Beurteilung einer Meinungsäußerung geht, sind verletzende Aussagen über einen Dritten aber nicht von vornherein rechtswidrig. Vielmehr ist hier das **Grundrecht aus Art. 5 Abs. 1 GG** (Meinungs- und Pressefreiheit) und das Aufklärungsinteresse der Adressaten bzw. der Öffentlichkeit zu berücksichtigen.[12] Zwar werden an Äußerungen, die zu Wettbewerbszwecken eingesetzt, und bei denen die Meinungsfreiheit und das Informationsinteresse der Allgemeinheit lediglich als Mittel zur Förderung privater Wirtschaftsinteressen eingesetzt werden, strengere Anforderungen gestellt,[13] da der Unlauterkeitstatbestand zu den Schranken der Meinungsfreiheit (Art. 5 Abs. 2 GG) gehört.[14] Allerdings ist diese Schranke nach der sog. **Wechselwirkungstheorie** ihrerseits wiederum im Lichte der Bedeutung des Grundrechts auszulegen und so in ihrer das Grundrecht beschränkenden Wirkung wieder selbst einzuschränken.[15] Im Rahmen der erforderlichen Ge-

---

[7] EuGH GRUR 2002, 354, 356 Rn. 49 ff. – *Toshiba/Katun*.
[8] BGH GRUR 1999, 161, 162 – *Mac Dog*; BGH GRUR 2005, 583, 585 – *Lila-Postkarte*; vgl. aber BGH GRUR 2013, 1161 Rn. 60 – *Hard Rock Cafe* (zum Verhältnis von § 5 Abs. 1 S. 2 Nr. 1 UWG zum MarkenG).
[9] Köhler/Bornkamm, UWG, § 4 Nr. 7 Rn. 7.9b; Harte/Henning/Omsels, UWG, § 4 Nr. 7 Rn. 34; Steinbeck, FS Ullmann, 2006, 409, 415; Bärenfänger, WRP 2011, 160, 168.
[10] EuGH GRUR 2009, 756 Rn. 40 – *L'Oréal/Bellure*.
[11] BGH GRUR 2010, 161 Rn. 35 – *Gib mal Zeitung*; Köhler/Bornkamm, UWG, § 4 Nr. 7 Rn. 7.9b; Harte/Henning/Omsels, UWG, § 4 Nr. 7 Rn. 34; Steinbeck, FS Ullmann, 2006, 409, 415; Bärenfänger, WRP 2011, 160, 168.
[12] Begr. RegE, ebenda; siehe auch BGH GRUR 1984, 214, 215 – *Copy-Charge*.
[13] BGH GRUR 1966, 92, 94 – *Bleistiftabsätze*.
[14] Vgl. BGH GRUR 1984, 461, 463 – *Kundenboykott*; 1986, 812, 813 – *Gastrokritiker* (zu § 1 UWG a.F.).
[15] BVerfG NJW 1992, 1153, 1154; BGH WRP 1997, 1054, 1058 – *Kaffeebohne*.

samtwürdigung, die aufgrund einer **Abwägung der Rechtsgüter und Interessen der Beteiligten und der Allgemeinheit** unter Beachtung des Grundsatzes der Verhältnismäßigkeit zu erfolgen hat, wird insbesondere darauf abgestellt, ob für die Kritik ein hinreichender Anlass besteht oder ob sie sich **nach Art und Maß im Rahmen des Erforderlichen bzw. des sachlich Gebotenen** hält.[16] Der Beispielstatbestand zielt in erster Linie auf Fälle der **Schmähkritik**,[17] die von der Absicht getragen ist, zu verunglimpfen oder zu beleidigen, und deshalb stets (gegebenenfalls nach §§ 823 Abs. 1, 826 BGB) unzulässig ist.[18] Entsprechendes gilt auch für pauschale Abwertungen der Mitbewerber bzw. deren Erzeugnisse, die keinen erkennbaren sachlichen Bezug aufweisen.[19]

B. Anschwärzung (§ 4 Nr. 2 UWG)

Schrifttum: *Bernreuther,* Zur Interessenabwägung bei anonymen Meinungsäußerungen im Internet, AfP 2011, 218; *Born,* Gen-Milch und Goodwill – Äußerungsrechtlicher Schutz durch das Unternehmenspersönlichkeitsrecht, AfP 2005, 110; *Brammsen/Apel,* Die „Anschwärzung", § 4 Nr 8 UWG, WRP 2009, 1464; *Cornelius-Schwartz,* Rufschädigung und Kritik im Wettbewerb, 2013; *Messer,* Der Anspruch auf Geldersatz bei Kreditgefährdung, § 824 BGB, und Anschwärzung, § 14 UWG, FS Steffen, 1995, 347; *Ohly,* Schadensersatzansprüche wegen Rufschädigung und Verwässerung im Marken- und Lauterkeitsrecht, GRUR 2007, 926; *Rühl,* Tatsachenbehauptungen und Wertungen, AfP 2000, 17; *Schilling,* Haftung für geschäftsschädigende Äußerungen Dritter: Abgrenzung zwischen Meinungsforen und kombinierten Buchungs- und Bewertungsportalen, GRUR-Prax 2012, 105.

I. Inhalt und Zweck der Vorschrift

10 Nach § 4 Nr. 2 HS 1 UWG (§ 4 Nr. 8 UWG a. F.) handelt unlauter, wer über die Waren, Dienstleistungen oder das Unternehmen eines Mitbewerbers oder über den Unternehmer oder ein Mitglied der Unternehmensleitung **Tatsachen** behauptet oder verbreitet, die geeignet sind, den Betrieb des Unternehmens oder den Kredit des Unternehmers zu **schädigen**, sofern die Tatsachen **nicht erweislich wahr** sind. Nach dem zweiten Halbsatz der Vorschrift ist bei vertraulichen Mitteilungen, an denen der Mitteilende oder der Empfänger ein berechtigtes Interesse hat, die Behauptung oder Verbreitung nur dann unlauter, wenn dies der Wahrheit zuwider geschieht. Die Fallgruppe des § 4 Nr. 2 UWG betrifft somit **unwahre Tatsachenbehauptungen**,[20] wobei zwischen **zwei Arten** von Tatsachenbehauptungen unterschieden wird, nämlich vertrauliche Mitteilungen, an denen der Mitteilende oder der Empfänger ein berechtigtes Interesse hat (**2. HS**), und sonstige Mitteilungen (**1. HS**). Während gegen erstere der Verletzte nur vorgehen kann, wenn er die Unwahrheit beweisen kann, ist bei allen übrigen Mitteilungen lediglich erforderlich, dass sich die Wahrheit nicht erweisen lässt.

11 § 4 Nr. 2 UWG bezweckt also den Schutz der Mitbewerber vor einer Beeinträchtigung ihrer Wettbewerbschancen durch unwahre Tatsachenbehauptungen. Dagegen dient die Vorschrift nicht dem Schutz der Verbraucher oder sonstigen Marktteilnehmer, mag sie auch mittelbar deren Schutz mitbewirken.

---

[16] Siehe BGH GRUR 1962, 45, 48 – *Betonzusatzmittel*; 1968, 262, 265 – *Fälschung*; 1990, 1012, 1013 f. – *Pressehaftung I*; OLG Frankfurt GRUR 2000, 623.
[17] Siehe Begr. RegE, BT-Drucks. 15/1487, S. 18 (zu § 4 Nr. 7 UWG a. F.).
[18] Siehe BGH GRUR 1977, 801, 803 – *Halsabschneider*.
[19] Siehe BGH GRUR 1999, 1100, 1102 – *Generika-Werbung*.
[20] Begr. RegE, BT-Drucks. 15/1487, S. 18 (zu § 4 Nr. 8 UWG a. F.).

II. Grundtatbestand (sonstige Mitteilungen)

1. Tatsachen über Waren, Dienstleistungen oder das Unternehmen

Grundvoraussetzung für die Anwendung der Vorschrift ist, dass es sich um die Behauptung oder Verbreitung von Tatsachen handelt. Unter **Tatsachen** versteht man **Vorgänge oder Zustände, deren Vorliegen oder Nichtvorliegen dem Wahrheitsbeweis zugänglich ist**.[21] Nicht von § 4 Nr. 2 UWG erfasst sind dagegen Werturteile (Meinungsäußerungen), die durch das Element des Wertens, insbesondere der Stellungnahme und des Dafürhaltens geprägt sind.[22] Für die Beurteilung der Frage, ob eine Äußerung als Behauptung einer Tatsache oder als subjektive Wertung anzusehen ist, kommt es auf ihre **Nachprüfbarkeit mit den Mitteln des Beweises** an.[23] Maßgebend ist dabei die Sicht der angesprochenen Verkehrskreise, das heißt, es ist darauf abzustellen, wie ein durchschnittlich informierter, verständiger und aufmerksamer Marktteilnehmer die Äußerung nach Form, Inhalt, Anlass und Begleitumstände im Gesamtzusammenhang versteht.[24] Für den Fall, dass sich (wie häufig) Werturteil und Tatsachenbehauptungen miteinander verbinden, ist entscheidend, ob die Äußerung im Kern eine Tatsachenbehauptung enthält. Dies hängt davon ab, ob das Werturteil einen überprüfbaren oder aber einen unsubstantiierten, nicht näher konkretisierbaren Tatsachengehalt aufweist, so dass das subjektive Moment im Vordergrund steht. Im letzteren Fall handelt es sich um ein Werturteil.[25]

Von § 4 Nr. 2 UWG erfasst sind zudem nur Tatsachenbehauptungen „über die **Waren, Dienstleistungen oder das Unternehmen eines Mitbewerbers**" oder über den Unternehmer oder ein Mitglied der Unternehmensleitung". Behauptungen über andere Tatsachen, wie etwa Mitarbeiter oder Kennzeichen, können erfasst sein, wenn sie Rückschlüsse auf den Zustand des Unternehmens selbst zulassen.[26]

2. Behauptung oder Verbreitung

Die **Behauptung einer Tatsache** liegt vor, wenn man sie **als eigenes Wissen mitteilt**, eine **Verbreitung** ist anzunehmen, wenn man sie **als fremde Mitteilung** weitergibt.[27] Dabei ist nicht erforderlich, dass sich die verbreitende Person die fremde Tatsachenbehauptung zu Eigen gemacht hat.[28]

Umstritten ist, ob ein Verbreiten auch dann vorliegt, wenn Telemediendiensteanbieter fremde Behauptungen im Internet, wie etwa auf **Bewertungsportalen**, zugänglich machen, ohne sich diese gleichzeitig zu Eigen zu machen.[29] Nach Auffassung des BGH[30] macht sich ein Betreiber eines Bewertungsportals erkennbar von Dritten in das Portal eingestellte Äu-

---

[21] BGH GRUR 1997, 396, 398 – *Polizeichef*; 2009, 1186 Rn. 15 – *Mecklenburger Obstbrände*.
[22] BVerfG WRP 2003, 69, 70 – *Veröffentlichung von Anwalts-Ranglisten*.
[23] BGH GRUR 2009, 1186 Rn. 15 – *Mecklenburger Obstbrände*; 1988, 402, 403 – *Mit Verlogenheit zum Geld*; NJW 1994, 2614, 2615; BVerfG WRP 2003, 69, 70 – *Veröffentlichung von Anwaltsranglisten*; Harte/Henning/*Bruhn*, UWG, § 4 Nr. 8 Rn. 16 ff.
[24] Siehe BGH GRUR 1988, 402, 403 – *Mit Verlogenheit zum Geld*; 1993, 409, 410 – *Illegaler Fellhandel*; OLG Stuttgart NJWE-WettbR 1997, 271.
[25] Siehe BGH GRUR 1969, 555, 557 – *Cellulitis*; 1975, 89, 91 – *Brüning-Memoiren I*; 1981, 80, 84 – *Das Medizin-Syndikat IV*; 1982, 633, 634 – *Geschäftsführer*.
[26] *Ohly/Sosnitza*, UWG, § 4 Nr. 8 Rn. 8/11.
[27] *Ohly/Sosnitza*, UWG, § 4 Nr. 8 Rn. 8/11.
[28] BGH WRP 1995, 493, 494 – *Schwarze Liste*.
[29] Bejahend *Köhler/Bornkamm*, UWG, § 4 Rn. 8.18; abl. KG WRP 2013, 1242 Rn. 40 ff.
[30] BGH GRUR 2015, 1129 – *Hotelbewertungsportal*.

ßerungen nicht im Sinne des § 4 Nr. 2 UWG als Tatsachenbehauptung zu Eigen, wenn er die Äußerungen nicht inhaltlich-redaktionell aufbereitet oder ihren Wahrheitsgehalt überprüft, sondern die Anwendung eines automatischen Wortfilters sowie ggf. eine anschließende manuelle Durchsicht lediglich dem Zweck dienen, gegen die Nutzungsbedingungen verstoßende Einträge (etwa Formalbeleidigungen oder von Hotelbetreibern abgegebene Eigenbewertungen) von der Veröffentlichung auszuschließen. Dabei soll es mangels inhaltlicher Einflussnahme keine inhaltlich-redaktionelle Bearbeitung darstellen, wenn von Nutzern vergebene „Noten" durch die Angabe von Durchschnittswerten oder einer „Weiterempfehlungsrate" statistisch ausgewertet werden. In jedem Fall sind insoweit auch die **Haftungsbeschränkungen nach den §§ 7 Abs. 2, 8–10 TMG** zu berücksichtigen. Danach sind Diensteanbieter nicht verpflichtet, die von ihnen übermittelten oder gespeicherten Informationen zu überwachen oder nach Umständen zu forschen, die auf eine rechtswidrige Tätigkeit hindeuten. Überwachungspflichten allgemeiner Art sind ausgeschlossen. Entsprechend ist es dem Betreiber eines Bewertungsportals grundsätzlich nicht zuzumuten, jeden Beitrag vor der Veröffentlichung im Internet auf eine mögliche Rechtsverletzung hin zu untersuchen. Nicht ausgeschlossen sind hingegen Überwachungspflichten in spezifischen Fällen. Diensteanbieter, die von Nutzern bereitgestellte Informationen speichern, müssen außerdem die nach vernünftigem Ermessen von ihnen zu erwartende und in innerstaatlichen Rechtsvorschriften niedergelegte Sorgfaltspflicht anwenden, um bestimmte Arten rechtswidriger Tätigkeiten aufzudecken und zu verhindern.[31] Spezifische Prüfungspflichten verletzt der Betreiber einer Internet-Bewertungsplattform regelmäßig erst dann, wenn er – nachdem er auf eine klare Rechtsverletzung hingewiesen worden ist – die betroffene Angabe nicht unverzüglich sperrt und keine Vorsorge trifft, dass sie auch zukünftig unterbleibt.[32]

16 Unerheblich ist jedenfalls die Form der Mitteilung, das heißt es spielt keine Rolle, ob diese schriftlich, mündlich oder auch konkludent erfolgt, und auch die inhaltliche Gestaltung spielt keine entscheidende Rolle. Ausreichend können auch die bloße Äußerung eines Verdachts, das Andeuten einer Möglichkeit und das Aufwerfen einer Frage sein.[33] Allerdings muss die Behauptung oder Verbreitung stets gegenüber einem Dritten, d.h. einer anderen Person als dem Verletzten, erfolgen.

3. Eignung zur Geschäfts- oder Kreditschädigung

17 Die Äußerung muss **objektiv geeignet** sein, „den Betrieb des Unternehmens oder den Kredit des Unternehmers zu schädigen", das heißt, sie muss Nachteile für die Erwerbstätigkeit mit sich bringen. Ob dies der Fall ist, richtet sich nach der potentiellen Wirkung der Äußerung auf die angesprochenen Verkehrskreise.[34]

4. Nichterweislichkeit der Wahrheit (Beweislast)

18 Aus dem Wortlaut („sofern die Tatsachen nicht erweislich wahr sind") folgt, dass nicht der Verletzte die Unwahrheit der Tatsachen, sondern der **Verletzer die Wahrheit der Tatsachen zu beweisen hat**, um einer Haftung zu entgehen. Während bei § 824 BGB dem Betroffenen die Beweislast für die Unwahrheit der behaupteten Tatsache auferlegt wird, liegt sie

---

[31] BGH GRUR 2015, 1129 Rn. 31 – *Hotelbewertungsportal* (m.w.N.).
[32] BGH GRUR 2015, 1129 Rn. 31 – *Hotelbewertungsportal*.
[33] BGH GRUR 1975, 89, 91 – *Brüning- Memoiren I*; ÖOGH ÖBl. 1997, 69, 71.
[34] Siehe BGH GRUR 1993, 572, 573 – *Fehlende Lieferfähigkeit*; NJW 1994, 2614, 2616; WRP 1995, 493, 494 – *Schwarze Liste*.

nach dem Tatbestand des § 4 Nr. 2 UWG also beim Erklärenden, der den Wahrheitsbeweis für seine Behauptungen antreten muss.[35] Eine Klage gegen ihn hat demnach schon dann Erfolg, wenn ihm, also dem Beklagten, der Nachweis misslingt, dass seine Behauptungen zutreffen; demgegenüber trägt im Falle des § 824 BGB der Kläger, der Unterlassung verlangt, das Risiko, dass er den Prozess verliert, wenn es ihm nicht gelingt, die Unwahrheit der vom Beklagten aufgestellten Behauptungen nachzuweisen. Diese Beweislastverteilung soll selbst dann gelten, wenn der Beklagte **negative Tatsachen**, wie z. B. die fehlende Lieferfähigkeit des Klägers, behauptet hat.[36]

III. Sonderregelung für vertrauliche Mitteilungen

Für **vertrauliche Mitteilungen**, an denen der Mitteilende oder der Empfänger der Mitteilung ein berechtigtes Interesse hat, besteht nach § 4 Nr. 2 HS 2 UWG ein **erhöhter Schutz des Mitteilenden**, der sich darin äußert, dass die im Grundtatbestand vorgesehene strenge Haftung für solche Mitteilungen nicht gilt. Die beiden Tatbestandsvoraussetzungen müssen kumulativ vorliegen.[37] Eine Mitteilung ist dann **vertraulich**, wenn sie ausdrücklich oder den Umständen nach eindeutig **nur für den Empfänger und nicht für einen größeren Personenkreis bestimmt** ist,[38] wobei an den vom Mitteilenden zu führenden Nachweis der Vertraulichkeit strenge Anforderungen zu stellen sind.[39] An einer Vertraulichkeit fehlt es bei Pressemitteilungen sowie bei Mitteilungen an Verbände[40] oder Rundschreiben an Kunden.[41] 19

Das Vorliegen der weiteren Voraussetzung, nämlich dass die vertrauliche Mitteilung der **Wahrnehmung berechtigter Interessen** dient, lässt sich nur aufgrund einer umfassenden Interessenabwägung beurteilen. Sie hat der verfassungsrechtlichen Wertordnung und dem Grundsatz der Verhältnismäßigkeit Rechnung zu tragen, so dass die Mitteilung nach Inhalt und Form so schonend wie möglich zu sein hat.[42] Dementsprechend ist vom Mitteilenden zu verlangen, dass er in gebotenem Umfang recherchiert und nicht leichtfertig, z. B. aufgrund haltloser Vermutungen, Behauptungen aufstellt.[43] 20

Gegenüber dem Grundtatbestand führt die Sonderregelung zu einer erneuten **Umkehrung der Beweislast**. Danach muss den Beweis für die Unrichtigkeit der behaupteten Tatsache nicht mehr der Erklärende, sondern ebenso wie bei § 824 BGB der Betroffene, im Falle eines Rechtsstreits also der Kläger, führen.[44] 21

---

[35] *Ohly*/*Sosnitza*, UWG, § 4 Nr. 8 Rn. 8/16.
[36] BGH GRUR 1993, 572, 574 – *Fehlende Lieferfähigkeit*.
[37] BGH GRUR 1992, 860, 861 – *Bauausschreibungen*; 1993, 572, 573 – *Fehlende Lieferfähigkeit*.
[38] Siehe BGH GRUR 1960, 135, 136 – *Druckaufträge*; 1992, 860, 861 – *Bauausschreibungen*.
[39] RG MuW 1932, 180, 182.
[40] BGH GRUR 1992, 860, 861 – *Bauausschreibungen*.
[41] BGH GRUR 1993, 572, 573 – *Fehlende Lieferfähigkeit*.
[42] Baumbach/Hefermehl/*Köhler*, UWG, § 4 Rdn. 8.23.
[43] BGHZ 31, 308, 313; BGH NJW 1985, 1621, 1623.
[44] *Ohly*/*Sosnitza*, UWG, § 4 Nr. 8 Rn. 8/17.

C. Ergänzender wettbewerbsrechtlicher Leistungsschutz (§ 4 Nr. 3 UWG)

Schrifttum: *Aigner/Müller-Broich*, Der Schutz von Prestige-Produkten gem. § 4 Nr. 9b) UWG, WRP 2008, 438; *Bärenfänger*, Das Spannungsfeld von Lauterkeitsrecht und Markenrecht unter dem neuen UWG, 2010; *ders.*, Symbiotische Theorie zum Kennzeichen- und Lauterkeitsrecht, WRP 2011, 16, 160; *Bartenbach/Fock*, Das neue nicht eingetragene Geschmacksmuster – Ende des ergänzenden wettbewerbsrechtlichen Leistungsschutzes im Geschmacksmusterrecht oder dessen Verstärkung?, WRP 2002, 1119; *Beater*, Nachahmen im Wettbewerb, 1995; *ders.*, Die Reflexion technischer Zusammenhänge im Recht – Vorbild UWG?, ZGE 2014, 325; *Beyerlein*, Ergänzender Leistungsschutz gemäß § 4 Nr 9 UWG als „geistiges Eigentum" nach der Enforcement-Richtlinie (2004/48/EG)?, WRP 2005, 1354; *Bornkamm*, Markenrecht und wettbewerbsrechtlicher Kennzeichenschutz, GRUR 2005, 97; *ders.*, Kennzeichenrecht und Irreführungsverbot – Zur wettbewerbsrechtlichen Beurteilung der irreführenden Kennzeichenbenutzung, FS Mühlendahl, 2006, 9; *ders.*, Der lauterkeitsrechtliche Schutz vor Verwechslungen: Ein Kuckucksei im Nest des UWG?, FS Loschelder, 2010, 31; *ders.*, Die Schnittstelle zwischen gewerblichem Rechtsschutz und UWG, GRUR 2011, 1; *Böxler*, Der Vorrang des Markenrechts, ZGE 2009, 357; *Bunnenberg*, Das Markenrecht als abschließendes Regelungssystem?, MarkenR 2008, 148; *Büscher*, Schnittstellen zwischen Markenrecht und Wettbewerbsrecht, GRUR 2009, 230; *Erdmann*, Die zeitliche Begrenzung des ergänzenden wettbewerbsrechtlichen Leistungsschutzes, FS Vieregge, 1995, 197; *Fezer*, Normenkonkurrenz zwischen Kennzeichenrecht und Lauterkeitsrecht, WRP 2008, 1; *ders.*, Imitationsmarketing als irreführende Produktvermarktung, GRUR 2009, 451; *ders.*, Immaterialgüterrechtlicher und lauterkeitsrechtlicher Veranstaltungsschutz, WRP 2012, 1173, 1321; *Fiebig*, Wohin mit dem Look-alike?, WRP 2007, 1316; *Fischer*, Wie frei ist der freie Stand der Technik? Wettbewerbsrechtlicher Nachahmungsschutz bei technischen Erzeugnissen, GRUR 2015, 1160; *Götting*, Ergänzender wettbewerbsrechtlicher Leistungsschutz – Ein Überblick, Mitt. 2005, 15; *ders./Hetmak*, Unmittelbare Leistungsübernahme durch Mitarbeiterabwerbung, WRP 2013, 421; *Heermann*, Neues zum Leistungsschutzrecht für Sportveranstalter, GRUR 2015, 232; *Heyers*, Wettbewerbsrechtlicher Schutz gegen das Einschieben in fremde Serien, GRUR 2006, 23; *Henning-Bodewig*, Relevanz der Irreführung, UWG-Nachahmungsschutz und die Abgrenzung Lauterkeitsrecht/IP-Rechte, GRUR Int. 2007, 986; *Hilty*, „Leistungsschutz" made in Switzerland? – Klärung eines Missverständnisses und Fragen zum allgemeinen Schutz von Investitionen, FS Ullmann, 2006, 643; *Hohlweck*, Vom Pflügen mit fremdem Kalbe und anderen anstößigen Verhaltensweisen – Der Schutz bekannter Produkte durch § 4 Nr. 9 lit. b UWG, WRP 2015, 934; *Ingerl*, Der wettbewerbsrechtliche Kennzeichenschutz und sein Verhältnis zum MarkenG in der neueren Rechtsprechung des BGH und in der UWG-Reform, WRP 2004, 809; *Jacobs*, Von Pumpen, Noppenbahnen und Laubheftern – Zum wettbewerbsrechtlichen Leistungsschutz bei technischen Erzeugnissen, FS Helm, 2002, 71; *Jänich*, Automobilplagiate – Zum Schutz des Designs von Kraftfahrzeugen vor Nachahmung, GRUR 2008, 873; *Kaulmann*, Der Schutz des Werbeslogans vor Nachahmungen, GRUR 2008, 854; *Keller*, Der wettbewerbsrechtliche Leistungsschutz – Vom Handlungsschutz zur Immaterialgüterrechtsähnlichkeit, FS Erdmann, 2002, 595; *Kiethe/Groeschke*, „Jeans" – Verteidigung wettbewerblicher Eigenart von Modeneuheiten, WRP 2006, 794; *dies.*, Erweiterung des Markenschutzes vor Verwechselungen durch das neue Lauterkeitsrecht, WRP 2009, 1343; *Köhler*, Das Verhältnis des Wettbewerbsrechts zum Recht des geistigen Eigentums – Zur Notwendigkeit einer Neubestimmung auf Grund der Richtlinie über unlautere Geschäftspraktiken, GRUR 2007, 548; *ders.*, Der Schutz vor Produktnachahmung im Markenrecht, Geschmacksmusterrecht und neuen Lauterkeitsrecht, GRUR 2009, 445; *Körber/Ess*, Hartplatzhelden und der ergänzende Leistungsschutz im Web 2.0, WRP 2011, 697; *Körner*, Das allgemeine Wettbewerbsrecht des UWG als Auffangtatbestand für fehlgeschlagenen oder abgelaufenen Sonderrechtsschutz, FS Ullmann, 2006, 701; *Kothes*, Der Schutz von Werbeslogans im Lichte von Urheber-, Marken- und Wettbewerbsrecht, 2006; *Kur*, Der wettbewerbsrechtliche Leistungsschutz, GRUR 1990, 1; *dies.*, Ansätze zur Harmonisierung des Lauterkeitsrechts im Bereich des wettbewerblichen Leistungsschutzes, GRUR Int. 1998, 771; *dies.*, Nachahmungsschutz und Freiheit des Warenverkehrs – der wettbewerbsrechtliche Leistungsschutz aus der Perspektive des Gemeinschaftsrechts, FS Ullmann, 2006, 717; *dies.*, (No) Freedom to Copy? Protection of Technical Features under Unfair Competition Law, FS Straus, 2008, 521; *Loschelder*, Der Schutz technischer Entwicklungen und praktischer Gestaltungen durch das Marken- und Lauterkeitsrecht, GRUR Int. 2004, 767; *Lubberger*, Grundsatz der Nachahmungsfreiheit?, FS Ullmann, 2006, 737; *ders.*, Alter Wein in neuen Schläuchen – Gedankenspiele zum Nachahmungs-

C. Ergänzender wettbewerbsrechtlicher Leistungsschutz (§ 4 Nr. 3 UWG)

schutz, WRP 2007, 873; *Maierhöfer,* Geschmacksmusterschutz und UWG-Leistungsschutz, 2006; *Messer,* Der Werbespruch als geeigneter Gegenstand wettbewerbsrechtlichen Leistungsschutzes, FS Erdmann, 2002, 669; *Müller-Laube,* Wettbewerbsrechtlicher Schutz gegen Nachahmung und Nachbildung gewerblicher Erzeugnisse – Entwurf eines dogmatischen Ordnungskonzepts, ZHR (156) 1992, 480; *Münker,* Verbandsklagen im sogenannten wettbewerbsrechtlichen Leistungsschutz, FS Ullmann, 2006, 781; *Nemeczek,* Gibt es einen unmittelbaren Leistungsschutz im Lauterkeitsrecht?, WRP 2010, 1204; *ders.,* Wettbewerbliche Eigenart und die Dichotomie des unmittelbaren Leistungsschutzes, WRP 2010, 1315; ders, Rechtsübertragungen und Lizenzen beim wettbewerbsrechtlichen Leistungsschutz, GRUR 2011, 292; *ders.,* Wettbewerbsfunktionalität und unangemessene Rufausbeutung, WRP 2012, 1025; *Nirk/Rörig,* Nicht eingetragenes EG-Geschmacksmuster und ergänzender Leistungsschutz, FS Mailänder, 2006, 161; *Ohly,* Gibt es einen Numerus clausus der Immaterialgüterrechte?, FS Schricker, 2005, 105; *ders.,* Klemmbausteine im Wandel der Zeit – ein Plädoyer für eine strikte Subsidiarität des UWG-Nachahmungsschutzes, FS Ullmann, 2006, 795; *ders.,* Designschutz im Spannungsfeld von Geschmacksmuster-, Kennzeichen- und Lauterkeitsrecht, GRUR 2007, 731; *ders.,* Hartplatzhelden.de oder: Wohin mit dem unmittelbaren Leistungsschutz?, GRUR 2010, 487; *ders.,* The Freedom of Imitation and Its Limits – A European Perspective, IIC 2010, 506; *ders.,* Urheberrecht und UWG, GRUR Int. 2015, 693; *Ortner,* Zum gewerblichen Rechtsschutz bei Nachahmung von Modeerzeugnissen, WRP 2006, 189; *Osterrieth,* Der Nachahmungsschutz beim nicht eingetragenen Geschmacksmuster und beim ergänzenden Leistungsschutz, FS Tilmann, 2003, 221; *Petry,* „Nachwirkender" UWG-Nachahmungsschutz, WRP 2007, 1045; *Peukert,* Güterzuordnung als Rechtsprinzip, 2008; *ders.,* hartplatzhelden.de – Eine Nagelprobe für den wettbewerbsrechtlichen Leistungsschutz, WRP 2010, 316; *Rauda,* Abschied des BGH vom „Einschieben in eine fremde Serie"?, GRUR 2002, 38; *Riesenhuber,* Lego-Stein des Anstoßes, WRP 2005, 1118; *Rohnke,* Schutz der Produktgestaltung durch Formmarken und wettbewerbsrechtlicher Leistungsschutz, FS Erdmann, 2002, 455; *Sack,* Das Einschieben in eine fremde Serie: Sonderfall oder Normalfall des ergänzenden wettbewerbsrechtlichen Leistungsschutzes?, FS Erdmann, 2002, 697; *ders.,* Markenschutz und UWG, WRP 2004, 1405; *ders.* Produktnachahmung und betriebliche Herkunftstäuschung nach § 4 Nr. 9 Buchst. a UWG, GRUR 2015, 442; *Ruess/Slopek,* Zum unmittelbaren wettbewerbsrechtlichen Leistungsschutz nach hartplatzhelden.de, WRP 2011, 834; *Sambuc,* Die Eigenart der „wettbewerblichen Eigenart" – Bemerkungen zum Nachahmungsschutz von Arbeitsergebnissen durch § 1 UWG, GRUR 1986, 130; *ders.,* Der UWG-Nachahmungsschutz, 1996; *Scherer,* Das Verhältnis des lauterkeitsrechtlichen Nachahmungsschutzes nach § 4 Nr. 9 UWG zur europarechtlichen Vollharmonisierung der irreführenden oder vergleichenden Werbung, WRP 2009, 1446; *Schrader,* Begrenzung des ergänzenden wettbewerbsrechtlichen Leistungsschutzes, WRP 2005, 562; *Schreiber,* Wettbewerbsrechtliche Kennzeichenrechte?, GRUR 2009, 113; *Schröer,* Der unmittelbare Leistungsschutz, 2010; *Spätgens,* Gedanken zur Klageberechtigung und zum Herstellerbegriff beim ergänzenden Leistungsschutz, FS Erdmann, 2002, 727; *Stieper,* Das Verhältnis von Immaterialgüterrechtsschutz und Nachahmungsschutz nach neuem UWG, WRP 2006, 291; *Stollwerck,* Der rechtliche Schutz von Werbeslogans, ZUM 2015, 867; *Thress,* Die irreführende Produktvermarktung, 2011; *Wahl,* Das Einschieben in eine fremde Serie, 2008; *Weihrauch,* Der unmittelbare Leistungsschutz im UWG, 2001; Wiebe, Unmittelbare Leistungsübernahme im neuen Wettbewerbsrecht, FS Schricker, 2005, 773; *Werner,* Vor- und nachwirkender wettbewerblicher Leistungsschutz, FS Köhler, 2014, 785; *Wiebe,* Unmittelbare Leistungsübernahme im neuen Wettbewerbsrecht, FS Schricker, 2005, 773; *Zentek,* Auswirkungen technischer Schutzrechte und Merkmale im Nachahmungsschutz des Wettbewerbs-, Formmarken-, Design- und Urheberrechts, WRP 2014, 1289.

I. Inhalt und Zweck der Vorschrift

Nach § 4 Nr. 3 UWG (§ 4 Nr. 9 UWG a.F.) handelt unlauter, wer Waren oder Dienstleistungen anbietet, die eine Nachahmung der Waren oder Dienstleistungen eines Mitbewerbers sind, wenn er

a) eine vermeidbare Täuschung der Abnehmer über die betriebliche Herkunft herbeiführt,
b) die Wertschätzung der nachgeahmten Ware oder Dienstleistung unangemessen ausnutzt oder beeinträchtigt oder

c) die für die Nachahmung erforderlichen Kenntnisse oder Unterlagen unredlich erlangt hat.

Allerdings werden in § 4 Nr. 3 lit. a – c UWG nur die wichtigsten Fälle der unlauteren Nachahmung genannt. Die Aufzählung ist entsprechend der allgemeinen Regelungsstruktur der konkretisierenden Sondertatbestände **nicht abschließend**.[45]

23   Der Zweck des ergänzenden wettbewerbsrechtlichen Leistungsschutzes besteht darin, einer aus dem alltäglich-üblichen Schaffen herausragenden Leistung von wettbewerblicher Eigenart Schutz gegen wettbewerbswidrige Verwertung durch einen Konkurrenten zu gewähren. Da in einem **funktionierenden Wettbewerb** tendenziell die bessere Leistung bevorzugt wird und Marktleistungen regelmäßig mit Aufwand und Kosten verbunden sind, kommt dem rechtlichen Schutz der erbrachten Leistung erhebliche Bedeutung zu. Die Norm dient damit vorrangig dem **Schutz der Mitbewerber** vor einer **ungerechtfertigten Ausbeutung ihrer individuellen Leistungsergebnisse** sowie dem **Interesse der Allgemeinheit an einem unverfälschten Wettbewerb**.[46] Daneben können auch die Interessen der Verbraucher berührt sein, soweit es um ihren Schutz vor Irreführung über die betriebliche Herkunft des nachgeahmten Produktes geht.

24   Der ergänzende wettbewerbsrechtliche Leistungsschutz nach § 4 Nr. 3 UWG weist Berührungspunkte mit anderen Unlauterkeitstatbeständen auf. Deutliche Überschneidungen zeigen sich insbesondere beim Tatbestand der vermeidbaren Herkunftstäuschung nach § 4 Nr. 3 lit. a UWG und dem des § 5 Abs. 2 UWG sowie dem § 3 Abs. 3 i. V. m. Nr. 13 Anh. UWG. Da diese Vorschriften dem Verbraucherschutz dienen und § 4 Nr. 3 lit. a UWG den Schutz der Individualinteressen des Originalherstellers bezweckt, sind die Vorschriften parallel anwendbar. Überschneidungen können sich außerdem mit dem Beispielstatbestand der gezielten Behinderung nach § 4 Nr. 4 UWG und mit den auf Richtlinie 97/55/EG über vergleichende Werbung beruhenden Vorschriften in § 6 Abs. 2 Nr. 3, 5 und 6 UWG (vergleichende Werbung) ergeben. Liegt eine nach § 6 UWG zulässige vergleichende Werbung vor, kann sie wegen des Vorrangs des Unionsrechts[47] nicht nach § 4 Nr. 3 UWG unlauter sein.[48]

25   Da § 4 Nr. 3 UWG den Schutz der Mitbewerber bezweckt, wird die Vorschrift auch **nicht von der Richtlinie über unlautere Geschäftspraktiken erfasst**, selbst wenn sich eine Nachahmungshandlung an Verbraucher richtet und Verbraucherinteressen mit berührt sind.[49] Die Beachtung der allein den Verbraucherschutz bezweckenden UGP-Richtlinie darf nicht dazu führen, dass mitbewerberschützende Tatbestände nur deswegen nicht mehr anwendbar sind, weil zusätzlich zur Beeinträchtigung der Interessen der Mitbewerber auch Verbraucherinteressen zwar berührt, aber nicht im Sinne der Richtlinie geschädigt sind. Regelungen, die dem Schutz der Mitbewerber dienen, werden auch nach Auffassung des EuGH nicht von der Richtlinie erfasst.[50] Wie sich aus Erwägungsgrund 8 der Richtlinie entnehmen lässt, gibt es „selbstverständlich" auch andere Geschäftspraktiken, als die durch die UGP-Richtlinie erfassten, die also „zwar nicht den Verbraucher schädigen, sich jedoch nachteilig für die Mitbe-

---

[45] Begr. RegE, ebenda; BGH GRUR 2007, 795, 799 – *Handtaschen*.
[46] Vgl. BGH GRUR 2007, 984, 986 – *Gartenliege*; 2010, 80, 81 – *LIKEaBIKE*.
[47] EuGH GRUR 2009, 756 Rn. 66 ff. – *L'Oréal/Bellure*; BGH GRUR 2008, 628 Rn. 25 – *Imitationswerbung*.
[48] Köhler/Bornkamm/*Köhler* § 4 Nr. 9 Rn. 9.5.
[49] BT-Drs. 16/10145, S. 17; BGH GRUR 2010, 80, 81 – *LIKEaBIKE*; 2012, 1155 Rn. 15 – *Sandkasten*; 2012, 58, 62 – *Seilzirkus*; Götting/*Nordemann*, UWG, § 4 Nr. 9 Rn. 9.10; a.A. zu § 4 Nr. 9a UWG a.F.: *Ohly*/Sosnitza, UWG, § 4.9 Rn. 9/10 sowie Köhler/Bornkamm, UWG, § 4 Nr. 9.16, die davon ausgehen, dass § 4 Nr. 9a auch dem Verbraucherschutz dient.
[50] Vgl. EuGH GRUR Int. 2013, 1158 Rn. 35 – *RLvS Verlagsgesellschaft mbH/Stuttgarter Wochenblatt GmbH*; 2013, 936 Rn. 17, 31 – *Euronics Belgium/Kamera Express*; EuGH, C-559/11, Rn. 20 – *Pelckmans Turnhout*; 2011, 853 Rn. 28 – *Wamo*; unklar dagegen noch EuGH GRUR 2010, 244 Rn. 39 – *Plus Warenhandelsgesellschaft*.

C. Ergänzender wettbewerbsrechtlicher Leistungsschutz (§ 4 Nr. 3 UWG)

werber und gewerblichen Kunden auswirken können."[51] Auch die **Richtlinie über irreführende und vergleichende Werbung** lässt die Vorschrift des § 4 Nr. 3 UWG unangetastet, da die Nachahmung als solche noch keine vergleichende Werbung iSd Richtlinie darstellt.[52]

II. Grundlagen der Beurteilung

1. Konflikt zwischen Imitations- und Innovationswettbewerb

Die Fallgruppe des wettbewerbsrechtlichen Leistungsschutzes zählt zu den praktisch bedeutsamsten und zugleich umstrittensten Unlauterkeitstatbeständen des lauterkeitsrechtlichen Mitbewerberschutzes. Die Problematik der Fallgruppe rührt daher, dass die Nachahmung der Leistung eines Mitbewerbers wirtschaftlich und auch rechtlich ein **ambivalentes Phänomen** darstellt. Auf der einen Seite ist der Nachahmungswettbewerb erwünscht, weil Konkurrenz das Geschäft belebt und zu Preissenkungen führt. Außerdem hat auch der Nachahmungswettbewerb eine innovative Wirkung, weil die Mitbewerber dazu gezwungen werden, sich in ihren Leistungen qualitativ zu überbieten, um einen Vorsprung gegenüber der Konkurrenz zu gewinnen. Es wird darauf hingewiesen, dass das Ausnutzen fremder Arbeitsergebnisse im Wettbewerb alltäglich sei und der nachahmende Wettbewerb grundsätzlich keinen Bedenken begegne, da jeder Geschäftsmann, wie jeder andere sich irgendwie wissenschaftlich oder wirtschaftlich betätigende Mensch, in sehr vielem auf den Schultern seiner Vorgänger stehe oder, wie es das Reichsgericht ausgedrückt hat: „Jeder schöpferisch Tätige steht in einem kontinuierlichen Entwicklungsprozess mit vorausgegangenem Schaffen und knüpft an das Erreichte als das Erbe der Vergangenheit an."[53] Andererseits kann die Nachahmung dazu führen, dass Investitionen für die Entwicklung innovativer Produkte **nicht amortisiert werden können**, weil sie von Nachahmern unter Ersparung dieser Aufwendungen preisgünstiger angeboten werden können. Aus ökonomischer Sicht geht es somit um den **Urkonflikt zwischen Imitations- und Innovationswettbewerb**.

2. Spannungsverhältnis zu den Immaterialgüterrechten

Die Problematik verschärft sich noch dadurch, dass der **Schutz innovativer Leistungen** durch eine Reihe von Spezialgesetzen, von denen das **Patentgesetz** und das **Urheberrechtsgesetz** besonders hervorzuheben sind, gewährleistet wird.[54] Vor diesem Hintergrund liegt der ergänzende wettbewerbsrechtliche Leistungsschutz im **Grenzbereich**, um nicht zu sagen in der Grauzone, **zwischen Immaterialgüterrecht und Wettbewerbsrecht**. Er betrifft die für das Verständnis des Gewerblichen Rechtsschutzes und Urheberrechts elementare Frage, ob die einschlägigen Vorschriften über Voraussetzungen, Inhalt und Grenzen des Schutzes eine verbindliche und abschließende Regelung darstellen oder ob das Wettbewerbsrecht gleichsam als verlängerter Arm einen ergänzenden Schutz zu gewähren hat, wenn die Sonderschutzrechte nicht oder zu kurz greifen.

Wegen des unterschiedlichen Blickwinkels, nämlich dem Schutz vor **Handlungsunrecht**, der mit dem UWG gewährleistet werden soll, geht der BGH in ständiger Rechtsprechung davon aus, dass der ergänzende wettbewerbsrechtliche Leistungsschutz auf eigenen Beinen steht und von dem auf den Schutz vor Erfolgsunrecht bezogenen Sonderschutz der Immaterialgüterrechte unabhängig ist. Der lauterkeitsrechtliche Nachahmungsschutz ist nach Schutzzweck, Voraussetzungen und Rechtsfolgen anders als die Sonderschutzrechte ausge-

---

[51] Erwägungsgrund 8 der UGP-Richtlinie.
[52] A.A. *Scherer*, WRP 2009, 1446, 1451, 1454.
[53] RGZ 135, 385, 394 – *Künstliche Blumen*.
[54] Begr. RegE, BT-Drucks. 15/1487, S. 18 (zu § 4 Nr. 9 UWG).

staltet. Ansprüche aus wettbewerbsrechtlichem Leistungsschutz wegen der Verwertung eines fremden Leistungsergebnisses können somit unabhängig vom Bestehen von Ansprüchen aus einem Schutzrecht gegeben sein, wenn besondere Begleitumstände vorliegen, die außerhalb des sondergesetzlichen Tatbestands liegen.[55] Es gilt die in ständiger Rechtsprechung geprägte Formel, dass die Übernahme einer Gestaltungsform, die nicht oder nicht mehr unter Sonderrechtsschutz steht, wettbewerbswidrig sein kann, wenn das Erzeugnis von wettbewerblicher Eigenart ist und besondere Umstände hinzutreten, die die Nachahmung unlauter erscheinen lassen.[56] Hieraus folgt, dass es für den wettbewerbsrechtlichen Leistungsschutz auf die sachlichen Voraussetzungen der Sonderschutzrechte grundsätzlich nicht ankommt und auch keine Parallelwertung vorgenommen wird. Andererseits hat der BGH wiederholt darauf hingewiesen, dass der wettbewerbsrechtliche Leistungsschutz auch in Relation zu den gewerblichen Schutzrechten gesehen werden muss und deshalb nicht ohne weiteres schrankenlos zuzubilligen sei.[57] Das maßgebliche Abgrenzungskriterium wird darin gesehen, dass es anders als bei den Sonderschutzrechten, die ein Leistungsergebnis mit einer bestimmten erfinderischen Gestaltungshöhe bzw. urheberrechtlichen Eigentümlichkeit schützen, beim ergänzenden wettbewerbsrechtlichen Leistungsschutz entscheidend darauf ankommt, dass das Erzeugnis aufgrund seiner Ausgestaltung oder einzelner Merkmale geeignet ist, die interessierten Verkehrskreise auf **seine betriebliche Herkunft oder seine Besonderheiten hinzuweisen**.

29   Schwierigkeiten bestehen insbesondere im Hinblick auf das **Verhältnis zum Markenrecht**, mit dem der ergänzende wettbewerbsrechtliche Leistungsschutz eine Vielzahl von Berührungspunkten und Überschneidungen aufweist. Der Schutz von Kennzeichen bildet mit Blick auf das Unlauterkeitsmerkmal der vermeidbaren Herkunftstäuschung ein Kernstück der Fallgruppe. Nach der Grundsatzentscheidung des BGH „MAC Dog"[58] sei im Anwendungsbereich der §§ 9 Abs. 1 Nr. 3, 14 Abs. 2 Nr. 3, 15 Abs. 3 MarkenG für einen ergänzenden wettbewerbsrechtlichen Kennzeichenschutz kein Raum, weil es sich insoweit um **abschließende Regelungen** handele.[59] Die Anwendung des UWG sei demnach nur dann in Betracht zu ziehen, wenn der Schutz nach dem MarkenG versagt, d.h. von vornherein bzw. dem Grunde nach nicht in Betracht kommt. Andererseits hat der BGH wiederholt betont, dass der lauterkeitsrechtliche Nachahmungsschutz nach Schutzzweck, Voraussetzungen und Rechtsfolgen anders als die Sonderschutzrechte ausgestaltet sei und Ansprüche aus wettbewerbsrechtlichem Leistungsschutz wegen der Verwertung eines fremden Leistungsergebnisses unabhängig vom Bestehen von Ansprüchen aus einem Schutzrecht gegeben sein könnten, wenn besondere Begleitumstände vorliegen, die außerhalb des sondergesetzlichen Tatbestands liegen.[60] In, diesem Sinne hat der BGH einen Vorrang des Markenrechts insbesondere dann abgelehnt, wenn nicht der Schutz einer Kennzeichnung, sondern eines **konkreten Leistungsergebnisses** begehrt wird.[61]

---

[55] BGH GRUR 2002, 629, 631 – *Blendsegel*; s. auch BGHZ 134, 250, 267 – *CB-Infobank I*; BGH GRUR 2010, 80, 81 – *LIKEaBIKE*; 2012, 58, 62 – *Seilzirkus*; WRP 2013, 1189, 1191 – *Regalsystem*.
[56] BGH GRUR 2001, 251, 253 – *Messerkennzeichnung* m.w.N.
[57] BGH GRUR 1999, 751, 754 – *Güllepumpen* (zur zeitlichen Begrenzung); 1969, 186, 188 f. – *Reprint*; 1986, 895, 896 – *Notenstichbilder*.
[58] BGH GRUR 1999, 161 – *MAC Dog*.
[59] Vgl. auch BGH GRUR 2006, 329 Rn. 36 – *Gewinnfahrzeug mit Fremdemblem*; BGH GRUR 2008, 793, 795 Rn. 26 – *Rillenkoffer*.
[60] BGH WRP 2013, 1189, 1191 – *Regalsystem*; 2010, 80, 82 – *LIKEaBIKE*; 2012, 58, 62 f. – *Seilzirkus*.
[61] BGH GRUR 2007, 339 Rn. 23 – *Stufenleitern*; 2008, 793 Rn. 26 – *Rillenkoffer*; 2009, 1162 Rn. 40 – *DAX*; siehe zu einem auf Herkunftstäuschung nach § 5 Abs. S. 2 Nr. 1 UWG gestützten Anspruch auch BGH GRUR 2013, 1161 Rn. 60 – *Hard Rock Cafe*; für die Aufgabe der Vorrangthese *Ohly/Sosnitza*, UWG, § 4.9 Rn. 9/19.

3. Prinzip der Nachahmungsfreiheit

Aus den Beschränkungen durch die sondergesetzlichen Regelungen wird *e contrario* gefolgert, dass Leistungsergebnisse außerhalb der dort festgelegten Voraussetzungen grundsätzlich frei sind und die Immaterialgüterrechte den Leistungsschutz grundsätzlich abschließend regeln.[62] Dementsprechend bildet nach der Rechtsprechung des BGH das Prinzip der **Nachahmungsfreiheit** die wesentliche dogmatische Grundlage für den ergänzenden wettbewerbsrechtlichen Leistungsschutz. Die **Nachahmungsfreiheit** bildet die Regel und der Nachahmungsschutz stellt eine begründungsbedürftige Ausnahme dar. Zur Rechtfertigung dieses Prinzips wird außerdem darauf hingewiesen, dass jeder schöpferisch Tätige in einem **kontinuierlichen Entwicklungsprozess** mit vorausgegangenem Schaffen stehe und an Erreichtem als dem Erbe der Vergangenheit anknüpfe.[63] Auch in der Gesetzesbegründung wird nachdrücklich darauf hingewiesen, dass aus der gesetzlichen Anerkennung besonderer ausschließlicher Rechte für technische und nicht-technische geistige Leistungen zwingend folge, dass die wirtschaftliche Betätigung des Einzelnen außerhalb der geschützten Sonderbereiche frei sein soll.[64]

30

4. Kritik in der Literatur

In der Literatur ist die These von der Nachahmungsfreiheit teilweise auf heftigen Widerspruch gestoßen.[65] Eine völlige Freiheit zur Nachahmung außerhalb der Sonderschutzrechte ergebe sich weder aus dem Wesen des Wettbewerbs noch aus einem Umkehrschluss zu den Immaterialgüterrechten.[66] Die Annahme, zum freien und unverfälschten Wettbewerb gehöre auch die Freiheit, fremde Leistungsergebnisse nachzuahmen, laufe auf eine *petitio principii* hinaus[67] und erlaube keine flexiblen Lösungen. Da sich bei einer exakten Grenzziehung zwischen geschütztem und ungeschütztem Bereich zwangsläufig eine Reihe von Fallgestaltungen ergäben, die außerhalb der Sonderschutzgesetze liegen aber gleichwohl kaum weniger schutzwürdig seien, müsse eine strikte Anwendung der Nachahmungsfreiheit außerhalb der Sonderschutzrechte unweigerlich zu erheblichen Unbilligkeiten im Einzelfall führen.[68] Eine solche Sichtweise würde entweder ein „grobschlächtiges Alles-oder-Nichts-Prinzip" bedeuten[69] oder die Gerichte zwingen, den Anwendungsbe-

31

---

[62] A.A. *Fezer*, WRP 1993, 63 ff.; *ders.*, WRP 2001, 989 ff., der sich nachdrücklich gegen die tradierte Lehre vom wettbewerbsrechtlichen Leistungsschutz als einer ausnahmsweisen Ergänzung des immaterialgüterrechtlichen Sonderschutzes gewandt hat. Er hält es im theoretischen und dogmatischen Ansatz für verfehlt, das Wettbewerbsrecht auf eine Lückenbüßerfunktion zu reduzieren und tritt dafür ein, den Schutz der unternehmerischen Leistungen im Wettbewerbsrecht originär zu begründen. Nach seiner Ansicht normieren die Sonderrechtsgesetze den unternehmerischen Leistungsschutz nicht abschließend (siehe *Fezer*, WRP 1993, 63, 64 ff.; *ders.*, WRP 2001, 989, 1004 f.). Dagegen *Kur*, GRUR 1990, 1, 15.

[63] RGZ 135, 385, 394 – *Künstliche Blumen*.

[64] Begr. RegE, BT-Drucks. 15/1487, S. 18.

[65] *Fezer*, WRP 2001, 989, 1006; *Kur* GRUR 1990, 1, 3; *dies.* GRUR Int. 1998, 771, 775; *Sambuc* GRUR 1986, 130, 139; vgl. auch *Henning-Bodewig* GRUR 2004, 713, 717; *Fock*, Der unmittelbare wettbewerbsrechtliche Leistungsschutz, Rn. 229 ff.; *Weihrauch*, Der unmittelbare Leistungsschutz im UWG, 186 ff.; *Glöckner*, Europäisches Lauterkeitsrecht, 2006, 595; *Lubberger*, FS Ullmann, 2006, 737.

[66] Vgl. *Köhler*, WRP 1999, 1075, 1078; *Lubberger*, FS Ullmann, 2006, 737, 742 ff.; *Müller-Laube*, ZHR 156 (1992), 480, 495; *Ohly* GRUR 2010, 487, 494.

[67] *Köhler*, WRP 1999, 1075, 1077; ähnlich auch *Kur*, GRUR 1998, 771, 775.

[68] *Kur*, GRUR 1998, 771, 775.

[69] *Schröer*, Der unmittelbare Leistungsschutz, 2010, 215 f., 218 ff.; *Beater*, Nachahmen im Wettbewerb, 1995, 319; *Keller*, FS Erdmann, 2002, 595, 602; *Kur*, GRUR 1990, 1, 2; *Müller-Laube*, ZHR 156 (1992), 480, 500.

reich bestehender Sonderschutzrechte zu überdehnen und eigentlich unpassende Rechtsinstitute heranzuziehen oder einen angeblich wesensverschiedenen Handlungsschutz unter fadenscheinigen Argumenten zu gewähren.[70] Stattdessen müsse der Grundsatz der Nachahmungsfreiheit dem Schutzbedürfnis für bestimmte Güter gegenübergestellt werden,[71] da der immaterialgüterrechtliche Schutz und die Zugriffsfreiheit insofern zwei gegenläufige, jedoch gleichberechtigte Ordnungsprinzipien innerhalb des dynamischen Wettbewerbsprozesses darstellten.[72] In diesem Sinne wird die Vorstellung eines Wesensunterschiedes zwischen Immaterialgüterschutz und lauterkeitsrechtlichem Schutz als kontraproduktiv empfunden, da erst die Wesensgleichheit des ergänzenden Leistungsschutzes die notwendige Subsidiarität gegenüber den Sonderschutzrechten erhelle.[73]

5. Stellungnahme

32   Der Grundsatz der Nachahmungsfreiheit folgt aus dem auch für das Lauterkeitsrecht zentralen Gedanken der **Wettbewerbsfreiheit**. Zu beachten ist aber, dass auch der angemessene Schutz vor Leistungsübernahme bei der im Lauterkeitsrecht gebotenen **wettbewerbsfunktionalen Betrachtung** als ein gleichberechtigtes Interesse der Mitbewerber und als eine grundlegende Bedingung eines funktionierenden Wettbewerbs mit zu berücksichtigen ist. Zweck des UWG ist nicht allein die Gewährleistung einer möglichst weiten Handlungs- und damit auch Nachahmungsfreiheit der Marktakteure. Der Gesetzgeber hat sich bewusst nicht für einen vollkommen freien „Kampf aufs Messer" entschieden, sondern hat gerade bestimmte Wettbewerbsbedingungen zur Begrenzung und vorteilhaften Umsetzung dieser Freiheit für erforderlich gehalten, die in diesem Sinne auszulegen sind. Das Lauterkeitsrecht hat als Sonderdeliktsrecht das Marktverhalten zu steuern und einer Gefährdung der Marktfreiheiten, der Marktfunktionen und der Entfaltungsmöglichkeiten der Marktteilnehmer entgegenzutreten. In diesem Sinne darf eine Leistungsübernahme unter Berufung auf die Wettbewerbs- oder Nachahmungsfreiheit nicht von vornherein unter dem Banner der grundsätzlichen Zulässigkeit stehen, sondern muss den Wettbewerbsfreiheiten und Entfaltungsmöglichkeiten des Leistungserbringers gegenübergestellt werden. Vor diesem Hintergrund ist auch im Lauterkeitsrecht zu berücksichtigen, dass nach den Vorstellungen der Ökonomen gerade das individuelle Vorteilsstreben zu den wesentlichen Antriebskräften des Wettbewerbs gehört.[74] Indem in einem freien Markt von der Marktgegenseite tendenziell die bessere Leistung bevorzugt und dadurch belohnt wird, besteht erst der entscheidende Anreiz, die knappen Ressourcen effizient einzusetzen und denjenigen Fortschritt zu generieren, der letztlich allen zu Gute kommt (Allokations- und Fortschrittsfunktion). Entsprechend kann es für eine lauterkeitsrechtlich gebotene Abwägung durchaus von Bedeutung sein, wenn sich für einen Wettbewerber, dem die Früchte seiner Leistung durch bestimmte Wettbewerbshandlungen der Konkurrenz entschädigungslos entzogen werden, die Leistungserbringung nach streng wirtschaftlicher Kalkulation nicht mehr lohnt. Das gleiche gilt für den in einem solchen Fall bestehenden Anreiz seitens der Wettbewerber, die eigenen Ressourcen für Abschöpfungshandlungen

---

[70] *Schröer*, Der unmittelbare Leistungsschutz, 2010, 218.
[71] *Köhler*, WRP 1999, 1075, 1077, 1081; *Kur*, GRUR 1990, 1, 3; *Sambuc*, Nachahmungsschutz, 2006, 204 f.; *Müller-Laube* ZHR 156 (1992), 480, 496.
[72] *Schröer*, Der unmittelbare Leistungsschutz, 2010, 213 m.w.N.; *Müller-Laube*, ZHR 156 (1992), 480, 486.
[73] Ohly/Sosnitza, UWG, Einf. D Rn. 80; *ders.*, FS Schricker, 2005, 105; *ders.*, FS Ullmann, 795, 806 ff.; *Schröer*, Der unmittelbare Leistungsschutz, S. 252 ff.
[74] Vgl. dazu etwa Vahlens Kompedium der Wirtschaftstheorie und Wirtschaftspolitik/*Ott*, 2007, Band 2, 570; *Bartling/Luzius*, Grundzüge der Volkswirtschaftslehre, 2012, 46 ff.; *Cezanne*, Allgemeine Volkswirtschaftslehre, 2005, S. 14 f.

C. Ergänzender wettbewerbsrechtlicher Leistungsschutz (§ 4 Nr. 3 UWG)

und die Überwindung etwaiger Schutzmaßnahmen zu verwenden anstatt für eigene wertschöpfende Aktivitäten. Ein solches **Marktversagen** wäre mit den ökonomischen Zielvorstellungen und Funktionen eines freien Wettbewerbs nicht vereinbar.

Ein grundsätzlicher Vorrang der Nachahmungsfreiheit lässt sich auch aus dem Verhältnis zu den Sonderschutzgesetzen nicht ableiten. Insbesondere kann angesichts der punktuellen und kaum in einem größeren Zusammenhang stehenden Regelungen nicht davon ausgegangen werden, dass der Gesetzgeber mit den Sonderschutzgesetzen die Einschränkung der Nachahmungsfreiheit abschließend geregelt hat. Der Gesetzgeber dürfte bei keinem der Sonderschutzgesetze die gesamte Bandbreite der schutzbedürftigen Güter, geschweige denn die Zugriffsfreiheit als Ganzes im Blick gehabt haben. Vielmehr wurde bei jedem Schutzgesetz die Einschränkung der Zugriffsfreiheit nur sukzessive und nur im Hinblick auf den konkreten Regelungsgegenstand und aus zum Teil verschiedenen Gründen geregelt.[75] Letztlich erschöpft sich die Wertung der Sonderschutzgesetze, wonach die Zugriffsfreiheit unter bestimmten, insbesondere ökonomischen Gründen gerade eingeschränkt werden muss, nicht in deren speziellen Regelungen, sondern beruht auf grundlegenden ökonomischen Überlegungen, die nach dem Grundsatz der Einheit der Rechtsordnung in gleichgelagerten Konfliktfällen auch im Lauterkeitsrecht Berücksichtigung finden müssen.

Andererseits dürfen die **in den Sonderschutzgesetzen niedergelegten Wertungen** und die dort **eindeutig gezogenen Grenzen** nicht durch das Lauterkeitsrecht untergraben werden. Ein ergänzender wettbewerbsrechtlicher Leistungsschutz kommt daher nur in Betracht, wenn es um Aspekte geht, die von den Sondergesetzen nicht oder wegen eines technischen, wirtschaftlichen oder gesellschaftlichen Wandels nicht mehr angemessen erfasst sind. Entscheidend ist, inwieweit die gesetzgeberischen Wertungen der Sonderschutzgesetze abschließend intendiert sind oder bestimmte Aspekte vorliegen, die vom Gesetzgeber gerade noch nicht abschließend berücksichtigt wurden. Dies lässt sich aber nicht mit einem allgemeinen Verweis auf eine grundsätzlich bestehende Nachahmungsfreiheit beantworten, sondern nur im Wege einer systematischen Auslegung im Einzelfall.[76]

III. Waren oder Dienstleistungen

§ 4 Nr. 3 UWG erfasst Leistungs- und Arbeitsergebnisse, **die Gegenstände des geschäftlichen Verkehrs sein können**.[77] Als Nachbildungsgegenstand kommen insbesondere **technische und nichttechnische Erzeugnisse** in Betracht, wie etwa Modeartikel,[78] Möbelstücke,[79] Spielzeug oder Sportgeräte[80] sowie Produktaufmachungen und Verpackungen.[81] Erfasst werden aber auch Dienstleistungen, die allerdings als solche (anders als die Kennzeichnung unter der sie angeboten werden) in aller Regel nicht geeignet sind, eine Herkunftsvorstellung zu vermitteln oder Träger eines guten Rufes zu sein.[82] Nachahmungsschutz wird in diesen Fällen nur nach § 4 Nr. 3 lit. c UWG in Betracht kommen. Ferner sollen dem Leistungsschutz nach § 4 Nr. 3 UWG auch Bildschirmmasken,[83] Herkunftskennzeichen,[84]

---

[75] *Schröer*, Der unmittelbare Leistungsschutz, 2008, 146 ff., 152.
[76] GroßkommUWG/*Leistner*, § 4 Nr. 9 Rn. 65.
[77] BGH WRP 2012, 1379 Rn. 19 – *Sandmalkasten*.
[78] BGH GRUR 2006, 79 – *Jeans I*; 2007, 795 – *Handtaschen*.
[79] BGH GRUR 2007, 984 – *Gartenliege*; 2008, 1115 – *ICON*; 2013, 951 – *Regalsystem*.
[80] BGH GRUR 2010, 80 – *LIKEaBIKE*.
[81] BGH GRUR 2009, 1069 – *Knoblauchwürste*; 2010, 343 – *Oracle*.
[82] BGH GRUR 2009, 1162 Tz 40 – *DAX*.
[83] OLG Karlsruhe GRUR-RR 2010, 234, 236.
[84] BGH GRUR 2001, 251, 253 – *Messerkennzeichnung*; 2003, 973, 974 – *Tupperwareparty*.

Werbesprüche,[85] Bildgestaltungen,[86] Datenbanken,[87] Typenbezeichnungen[88] oder fiktive Figuren[89] unterfallen, soweit sie von den angesprochenen Verkehrskreisen **als ein Hinweis auf die betriebliche Herkunft aufgefasst werden** oder **Träger eines guten Rufes** sein können. Zu beachten ist allerdings, dass § 4 Nr. 3 UWG ausdrücklich nur „Waren" oder „Dienstleistungen" erfasst. Daran fehlt es aber, wenn ein Unternehmen lediglich einen **Werbespruch** eines anderen Unternehmens übernimmt. Die übernommene Werbung gehört nicht zu den Dienstleistungen des anderen Unternehmens.[90] Allerdings kommt in diesen Fällen eine Unlauterkeit nach § 3 Abs. 1 UWG in Betracht.

36　Im Übrigen kann sich der lauterkeitsrechtliche Leistungsschutz immer nur auf die konkrete Gestaltung einer Leistung beziehen. Demgegenüber werden abstrakte Ideen oder Lehren nicht erfasst, da sie im Interesse der Allgemeinheit frei zugänglich bleiben müssen.[91]

IV. Wettbewerbliche Eigenart

37　Die von der Rechtsprechung seit langem geforderte wettbewerbliche Eigenart wird zwar nicht in § 4 Nr. 3 UWG genannt. Sie ist aber als **ungeschriebenes Tatbestandsmerkmal** gleichwohl nach wie vor zu prüfen, weil nach der Gesetzesbegründung keine Änderung gegenüber der früheren Rechtslage beabsichtigt war.[92] Die wettbewerbliche Eigenart setzt eine Ware oder Dienstleistung voraus, deren **konkrete Ausgestaltung** oder bestimmte einzelne Merkmale **geeignet sind, die angesprochenen Verkehrskreise auf ihre betriebliche Herkunft** oder auf ihre **Besonderheiten hinzuweisen.**[93] Entscheidend ist, ob die Merkmale des Produkts geeignet sind, dieses individualisierend herauszustellen.

1. Feststellung

38　Die Beurteilung der Frage, ob die erforderliche wettbewerbliche Eigenart vorliegt, bestimmt sich nach der Verkehrsauffassung,[94] wobei das Gericht die wettbewerbliche Eigenart regelmäßig aus eigener Sachkunde wird feststellen können, auch wenn die Richter nicht zu den angesprochenen Verkehrskreisen gehören.[95] Etwas anderes gilt nur, wenn spezielles Erfahrungswissen einer bestimmten Branche erforderlich ist.[96] Im Rahmen der gebotenen Gesamtwürdigung ist eine **umfassende Interessenabwägung** vorzunehmen, bei der nicht nur sämtliche Umstände des Einzelfalls zu berücksichtigen sind, sondern insbesondere die Qualität des in Frage stehenden Produkts und damit das Schutzbedürfnis des Her-

---

[85] BGH GRUR 1997, 308, 309 – *Wärme fürs Leben.*
[86] OLG Dresden WRP 1998, 415, 417 – *Metall-Fördergurte.*
[87] BGH GRUR 1999, 923, 926 f. – *Tele-Info-CD;* ähnl. BGH GRUR 2011, 79 Rn. 25 – *Markenheftchen.*
[88] BGH GRUR 1956, 553, 557 – *Coswig.*
[89] Vgl. BGH GRUR 2014, 258, 263 – *Pippi-Langstrumpf-Kostüm;* Köhler/Bornkamm, UWG, § 4 Rn. 9.22; *Kur,* GRUR 1990, 1, 10 f.
[90] *Erdmann,* GRUR 2007, 130, 131; *Kaulmann,* GRUR 2008, 854, 859; Ohly/Sosnitza, UWG, § 4 Nr. 9 Rn. 9/27.
[91] BGH GRUR 2003, 359, 361 – *Pflegebett.*
[92] RegE BT-Drs. 15/1487 S. 18.
[93] BGH GRUR 2008, 1115 Rn. 20 – *ICON;* 2010, 80 Rn. 22 – *LIKEaBIKE;* 2010, 1125 Rn. 22 – *Femur-Teil;* 2011, 134 Rn. 67 – *Perlentaucher;* 2013, 951 Rn. 19 – *Regalsystem.*
[94] BGH GRUR 2012, 1155, 1156 – *Sandmalkasten.*
[95] BGH GRUR 2006, 79 Rn. 27 – *Jeans I;* 2013, 1052 Rn. 29 – *Einkaufswagen III; Bornkamm,* WRP 2000, 830, 832.
[96] Vgl. BGH GRUR 2010, 1125 Rn. 50 – *Femur-Teil* (für eine Hüftprothese).

C. Ergänzender wettbewerbsrechtlicher Leistungsschutz (§ 4 Nr. 3 UWG)

stellers in Relation zur grundsätzlich geltenden Nachahmungsfreiheit und dem Freihaltebedürfnis der Mitbewerber zu setzen ist. Abzustellen ist auf den **Gesamteindruck** des nachgeahmten Erzeugnisses. Der maßgebliche **Zeitpunkt** für die Beurteilung der wettbewerbsrechtlichen Eigenart bestimmt sich nach dem Zeitpunkt der Verletzungshandlung.[97]

Bei der Feststellung bestimmter Produkteigenschaften, wie insbesondere spezifischer ästhetischer oder technischer Merkmale, oder der Unterschiede gegenüber vergleichbaren Produkten, die die Grundlage der Beurteilung bilden, handelt es sich um eine **Tatfrage**. Dagegen stellt die „qualitative" Bewertung der festgestellten Gegebenheiten eine **Rechtsfrage** dar und ist somit revisibel.[98]

2. Kriterien und Indizien

Die wettbewerbliche Eigenart einer Ware kann insbesondere in ihrer vom Alltäglichen abweichenden äußerlichen Gestaltung liegen. Neben **künstlerisch-ästhetischen Besonderheiten**, kann sich die wettbewerbliche Eigenart aber auch aus den **technischen Merkmalen** eines Produkts ergeben, wenn sie **ohne Qualitätseinbußen frei austauschbar** sind und der Verkehr im Hinblick auf sie auf die Herkunft der Erzeugnisse aus einem bestimmten Betrieb Wert legt oder mit ihnen gewisse Qualitätserwartungen verbindet.[99]

Demgegenüber können **technisch notwendige** Merkmale keine wettbewerbliche Eigenart begründen, da für diese das Patent- und das Gebrauchsmusterrecht abschließende Regelungen vorsieht. Die Übernahme solcher nicht oder nicht mehr unter Sonderrechtsschutz stehender Gestaltungsmerkmale ist mit Rücksicht auf den Grundsatz des freien Stands der Technik wettbewerbsrechtlich nicht zu beanstanden.

Die wettbewerbliche Eigenart wird aufgrund eines allgemeinen Freihaltebedürfnisses außerdem verneint bei **abstrakten Ideen**, die in der konkreten Formgestaltung keinen Niederschlag gefunden haben,[100] bei **allgemeinen Lehren** sowie bei solchen Erzeugnissen, die unter **Benutzung allgemein üblicher Stil- und Gestaltungsmittel** geschaffen worden sind oder lediglich realistische Nachbildungen natürlicher Gegebenheiten oder Gegenstände ohne individualisierende Besonderheit darstellen.[101] Deswegen kann etwa das **gestalterische Grundkonzept** als solches keinen wettbewerbsrechtlichen Schutz beanspruchen. Sofern lediglich die in einem bestimmten Produkt verwirklichte Gestaltungsidee nachgeahmt wird, ist sie einem Leistungsschutz mangels wettbewerblicher Eigenart nicht zugänglich.[102]

Auch eine als neu empfundene **Kombination** bekannter Gestaltungsmerkmale kann die wettbewerbliche Eigenart begründen,[103] selbst wenn die Einzelelemente für sich genommen nicht originell sind.[104] Die entsprechenden Merkmale müssen allerdings äußerlich in Erscheinung treten, wobei es ausreicht, dass die Merkmale erst beim Gebrauch erkennbar

---

[97] BGH GRUR 1985, 876, 878 – *Tchibo/Rolex I*.
[98] Vgl. zur Abgrenzung z.B. BGH GRUR 1999, 751, 752 f. – *Güllepumpen*; WRP 2013, 1188, 1190 – *Regalsystem*.
[99] BGH GRUR 2002, 820, 822 – *Bremszangen*; 1999, 1106, 1108 – *Rollstuhlnachbau*; 1981, 517, 519 – *Rollhocker*; 2007, 339, 342 – *Stufenleiter*; 2010, 80, 82 – *LIKEaBIKE*; 2010, 1125, 1127 – *Femur-Teil*; 2012, 58, 63 – *Seilzirkus*; 2013, 1052 Rn. 18 – *Einkaufswagen III*.
[100] BGH GRUR 2009, 1069, Rn. 21 – *Knoblauchwürste*; 2012, 1155 Rn. 19 – *Sandmalkasten*.
[101] BGHZ 35, 341, 349 = GRUR 1962, 144, 149 – *Buntstreifensatin I*; BGH GRUR 1979, 119, 120 – *Modeschmuck*; 1987, 903, 905 – *Le Corbusier-Möbel*; 1988, 690, 693 – *Kristallfiguren*.
[102] BGH GRUR 2009, 1069, 1071 – *Knoblauchwürste*; 2012, 1155, 1156 – *Sandmalkasten*; OLG Köln WRP 2012, 1128, 1129 – *Die Blaue Couch*; OLG Köln GRUR-RR 2014, 65, 68 – *Pandas*.
[103] BGH GRUR 2006, 79 Rn. 26 – *Jeans I*; 2008, 1115 Rn. 17 – *ICON*.
[104] BGH GRUR 2010, 80 Rn. 34 – *LIKEaBIKE*; 2012, 1155 Rn. 34 – *Sandmalkasten*; 2013, 1052 Rn. 19 – *Einkaufswagen III*.

werden.¹⁰⁵ Grundsätzlich ist es aber nicht zulässig, einzelne lediglich mitprägende Gestaltungselemente herauszugreifen und andere wesentliche Gestaltungselemente außer Acht zu lassen.¹⁰⁶ Allerdings können in bestimmten Fällen an Stelle eines vollständigen Produkts auch nur Teile dieses Produkts oder eine Gesamtheit von Produkten als das geschützte Erzeugnis anzusehen sein. Letzteres kommt insbesondere im Hinblick auf Produkte und die mit ihnen funktional zusammenhängenden **Zubehörstücke** in Betracht.¹⁰⁷

44 Schließlich werden als **Indizien** auch Umstände herangezogen, die nicht notwendigerweise zu den rechtlichen Erfordernissen der wettbewerblichen Eigenart zählen, gleichwohl aber als Beleg für deren Existenz angesehen werden,¹⁰⁸ wie insbesondere eine den sondergesetzlichen Schutzanforderungen entsprechende Gestaltungshöhe,¹⁰⁹ Bekanntheit,¹¹⁰ Neuheit,¹¹¹ Lizenzierungserfordernisse,¹¹² Absatzzahlen¹¹³ sowie die Markterschließung bzw. die werbliche Präsenz¹¹⁴ und auch der Aufwand an Mühe und Kosten.¹¹⁵ Bei der Beurteilung der wettbewerblichen Eigenart eines Erzeugnisses können auch Besonderheiten zu berücksichtigen sein, die dieses im Gebrauch aufweist, auch wenn sie nicht auf den ersten Blick erkennbar sind.¹¹⁶

45 Weist eine Ware oder Dienstleistung wegen seiner ästhetisch-künstlerischen oder technischen Gestaltung für den Verkehr individualisierende Besonderheiten auf, kommt es für die wettbewerbliche Eigenart nach h.M. nicht auch noch auf die Eignung an, herkunftshinweisend zu wirken.¹¹⁷ Eine **Bekanntheit** des nachgeahmten Erzeugnisses ist daher grundsätzlich nicht erforderlich. Zudem setzt die Annahme einer wettbewerblichen Eigenart nicht voraus, dass das Erzeugnis neu ist, auch wenn dies als ein Indiz zu werten ist, das auf die Eigenartigkeit der Gestaltung hindeutet. Ausreichend, aber auch erforderlich ist, dass das Erzeugnis, auch wenn es, wie beispielsweise im Modebereich, auf Vorbekanntes zurückgreift, über eine allgemein übliche Gestaltung hinaus durch die Individualität seiner Ausgestaltung auf die betriebliche Herkunft oder auf seine Besonderheiten hinzuweisen geeignet ist.¹¹⁸

3. Entfallen der wettbewerblichen Eigenart durch den Vertrieb von Nachahmungen

46 Die wettbewerbliche Eigenart eines Erzeugnisses kann jedoch auch wieder verloren gehen, wenn seine konkrete Ausgestaltung oder seine Merkmale auf Grund der Entwicklung der Verhältnisse auf dem Markt nicht mehr geeignet sind, die angesprochenen Verkehrs-

---

[105] BGH GRUR 2007, 984 Rn. 21 – *Gartenliege*.
[106] BGH GRUR 2010, 80, 83 – *LIKEaBIKE*.
[107] BGH GRUR 2012, 1155, 1156 – *Sandmalkasten*.
[108] BGH GRUR 2002, 275, 277 – *Noppenbahnen*.
[109] Vgl. BGH GRUR 1983, 377, 379 – *Brombeer-Muster*; 1984, 597, 598 – *vitra programm*; 1985, 876, 877 – *Tchibo/Rolex I*; 1988, 690, 693 – *Kristallfiguren*.
[110] BGH GRUR 2007, 339, 343 – *Stufenleitern*; 2010, 80, 83 – *LIKEaBIKE*.
[111] BGHZ 60, 168, 170 f. – *Modeneuheit*; BGH GRUR 1984, 453, 454 – *Hemdblusenkleid*; 1988, 690, 693 – *Kristallfiguren*; vgl. auch BGH GRUR 1999, 751, 752 – *Güllepumpen*.
[112] BGH GRUR 1963, 152, 156 – *Rotaprint*.
[113] BGH GRUR 07, 339 Rn. 32 – *Stufenleitern*.
[114] BGH GRUR 2010, 80, 83 – *LIKEaBIKE*.
[115] BGHZ 60, 168, 170 f. – *Modeneuheit*; BGH GRUR 1984, 453, 454 – *Hemdblusenkleid*; BGH GRUR 1992, 448, 450 – *Pullovermuster*.
[116] BGH GRUR 2007, 984, 986 – *Gartenliege*.
[117] BGH GRUR 1984, 453, 454 – *Hemdblusenkleid*; 2007, 984 Rn. 24 – *Gartenliege*; krit. im Hinblick auf die Fallgruppe der vermeidbaren Herkunftstäuschung Ohly/Sosnitza, UWG, § 4 Nr. 9 Rn. 9/37: Hier komme „es entscheidend darauf an, dass der Verkehr aus der Gestaltung des Produkts auf dessen Herkunft schließt".
[118] BGHZ 60, 168, 170 f. = GRUR 1973, 478, 480 – *Modeneuheit*; BGH GRUR 1984, 453, 454 – *Hemdblusenkleid*; 1988, 690, 693 – *Kristallfiguren*; 1999, 751, 752 – *Güllepumpen*.

C. Ergänzender wettbewerbsrechtlicher Leistungsschutz (§ 4 Nr. 3 UWG)

kreise auf seine betriebliche Herkunft oder seine Besonderheiten hinzuweisen.[119] Geht die wettbewerbliche Eigenart jedoch allein durch die Verbreitung eigener oder fremder Nachahmungen verloren, kann sich der Nachahmer darauf grundsätzlich nicht berufen, solange Ansprüche gegen ihn oder andere Nachahmer nicht durch **Verwirkung** untergegangen sind. Andernfalls würde dem Betroffenen die Möglichkeit zur rechtlichen Gegenwehr genommen.[120]

V. Nachahmungshandlungen

Bei gegebener wettbewerblicher Eigenart kommen als Nachbildungshandlungen sowohl eine unmittelbare Leistungsübernahme als auch eine Übernahme nachschaffender Art in Betracht. 47

Die **unmittelbare Übernahme** (identische oder fast identische Nachbildung) ist dadurch gekennzeichnet, dass die fremde Leistung ohne nennenswerte zusätzliche Leistung des Übernehmers, meist mit Hilfe technischer Vervielfältigungsverfahren und -methoden (z. B. fotomechanischer Nachdruck, Nachpressen von Schallplatten, Tonbandaufnahmen oder Einscannen von Texten) direkt und unverändert übernommen wird.[121] Eine nahezu identische Nachahmung wird angenommen, wenn die Nachahmung nur geringfügige, im Gesamteindruck unerhebliche Abweichungen vom Original aufweist.[122] Weil es bei ihr ebenso wie bei der unmittelbaren Übernahme an irgendeiner nennenswerten Leistung des Übernehmers fehlt, sind die Anforderungen an die wettbewerbliche Eigenart und an die besonderen wettbewerblichen Umstände geringer als bei der nur nachschaffenden Übernahme.[123] 48

Bei der **nachschaffenden Übernahme (Nachahmung)** wird der von wettbewerblicher Eigenart geprägte Leistungsgegenstand nicht unmittelbar oder fast identisch übernommen, sondern bildet lediglich das Vorbild für eine mehr oder weniger angelehnte eigene Leistung des Übernehmers im Sinne einer „nachschaffenden Wiederholung".[124] Dabei genügt die Nachahmung wesentlicher Elemente des Originals, so dass dessen Wesenszüge (noch) erkennbar sind.[125] Erforderlich ist hier aber, dass der Nachahmer das Original bei der Nachahmung kannte, was aber bei einem gegenüber dem „Original" späteren Marktzutritt vermutet wird. Eine zufällige Übereinstimmung steht der Annahme einer Nachahmung entgegen.[126] 49

Von einer Nachahmung ist außerdem auch dann nicht auszugehen, wenn die Leistung eines Dritten nicht vermarktet, sondern nur den **Ausgangspunkt für eine eigene Leistung** bildet, die mit der Leistung des Dritten nicht vergleichbar ist, etwa wenn ein Aktienindex in ein eigenes Finanzprodukt übernommen wird oder ein Fußballspiel aufgezeichnet wird.[127] Denn Voraussetzung für das Angebot einer Nachahmung ist stets, dass die fremde 50

---

[119] BGH GRUR 2007, 984 Rn. 25 – *Gartenliege*.
[120] BGH GRUR 1985, 876 (878) – Tchibo/Rolex I; 2005, 600 (602) – Handtuchklemmen.
[121] BGHZ 28, 387, 392 f. = GRUR 1959, 240, 242 – *Nelkenstecklinge*; BGHZ 51, 41, 45 = GRUR 1969, 186, 187 f. – *Reprint*; BGH WRP 1970, 370, 371 – *Ovalpuderdose*; GRUR 1972, 127, 128 – *Formulare*; 1999, 923, 927 – *Tele-Info-CD*.
[122] BGH GRUR 2000, 521, 524 – *Modulgerüst I*; 2010, 1125, 1127 – *Femur*-Teil.
[123] BGH GRUR 1999, 751, 753 – *Güllepumpen*; 1999, 1106, 1108 – *Rollstuhlnachbau*; 2007, 984 Rn. 36 – *Gartenliege*; 2012, 1155, 1156 – *Sandmalkasten*.
[124] BGH GRUR 1958, 97, 98 – *Gartensessel*.
[125] BGH GRUR 1963, 152, 155 – *Rotaprint*.
[126] BGH GRUR 1966, 30, 32 – *Konservenzeichen I*; 1971, 305, 306 – *Konservenzeichen II*; 1982, 305, 307 – *Büromöbelprogramm*; 1986, 673, 675 – *Beschlagprogramm*.
[127] BGH GRUR 2009, 1162 Rn. 43 – *DAX*; 2011, 436 Rn. 17 – *Hartplatzhelden.de*.

Leistung ganz oder teilweise als eigene Leistung angeboten wird. Das gleiche gilt, wenn öffentlich zugängliche Informationen genutzt, ausgewertet oder auf diese verwiesen werden (z.B. durch „Screen Scraping").[128]

VI. Besondere wettbewerbliche Umstände

51   Entscheidend für das Eingreifen des ergänzenden wettbewerbsrechtlichen Leistungsschutzes als Handlungsunrecht ist, dass zu der nach dem Prinzip der Nachahmungsfreiheit grundsätzlich zulässigen Nachbildung besondere wettbewerbliche Umstände hinzutreten, wie sie in § 4 Nr. 3 lit. a – c UWG (nicht abschließend) geregelt sind.

1. Vermeidbare Herkunftstäuschung (§ 4 Nr. 3 lit. a UWG)

52   Gemäß der Fallgruppe der vermeidbaren Herkunftstäuschung handelt unlauter, wer eine vermeidbare Täuschung der Abnehmer über die betriebliche Herkunft herbeiführt, d.h. wer eine fremde Leistung durch Übernahme von Merkmalen, mit denen der Verkehr eine **betriebliche Herkunftsvorstellung** verbindet, nachahmt und die Nachahmung in den Verkehr bringt, wenn er nicht im Rahmen des Möglichen und Zumutbaren **alles Erforderliche getan hat, um eine Irreführung des Verkehrs möglichst auszuschließen**.[129]

a) Herkunftstäuschung

53   Eine Herkunftstäuschung liegt vor, wenn die angesprochenen Verkehrskreise bei der Kaufentscheidung den Eindruck gewinnen können, dass die Nachahmung vom Hersteller des Originals stammt. Dies setzt voraus, dass das nachgeahmte Erzeugnis eine **gewisse Bekanntheit** bei nicht unerheblichen Teilen der angesprochenen Verkehrskreise erlangt hat.[130] Dem Verkehr muss zumindest bekannt sein, dass das Original existiert, da andernfalls eine Herkunftstäuschung schon begrifflich nicht möglich ist.[131] Demgegenüber bedarf es keiner gewissen Bekanntheit, wenn das Original und die (insbesondere billigere) Nachahmung nebeneinander vertrieben werden, so dass der Verkehr beides unmittelbar miteinander vergleichen kann.[132]

54   Maßgeblich für die Feststellung der Herkunftstäuschung ist der **Gesamteindruck**, den Original und Nachahmung auf die **Verkehrskreise**, die durch die herkunftshinweisenden Gestaltungsmerkmale des Produkts in ihrer wirtschaftlichen Entschließung angesprochen werden, ausüben.[133] Entscheidend ist, ob gerade die übernommenen Gestaltungsmittel die

---

[128] BGH GRUR 2003, 958, 963 – *Paperboy*.
[129] Begr. RegE, BT-Drucks. 15/1487, S. 18. Dies entspricht der st. Rspr. des BGH, siehe etwa BGHZ 50, 125, 128, 130 f. = GRUR 1968, 591, 592 – *Pulverbehälter*; BGH GRUR 1986, 673, 675 – *Beschlagprogramm*; 1990, 528, 530 – *Rollen-Clips*; 1996, 210, 212 – *Vakuumpumpen*; 1997, 754, 755 – *grau/magenta*; 1999, 751, 753 – *Güllepumpen*; 1999, 1106, 1109 – *Rollstuhlnachbau*; 2000, 521, 526 f. – *Modulgerüst*; 2001, 251, 253 – *Messerkennzeichnung*; 2001, 443, 445 – *Viennetta*; 2002, 275, 277 – *Noppenbahnen*.
[130] BGH GRUR 2005, 600, 602 – *Handtuchklemmen*; 2006, 79 Rn. 19 – *Jeans I*; 2007, 339 Rn. 39 – *Stufenleitern*; a.A. Sack, WRP 2015, 442, 445 f.
[131] BGH GRUR 2005, 166, 167 – *Puppenausstattungen*; 2005, 600, 602 – *Handtuchklemmen*; 2007, 984 Rn. 34 – *Gartenliege*; 2010, 80 Rn. 36 – *LIKEaBIKE*; a.A. Krüger/v. Gamm, WRP 2004, 978, 984; Götting/Nordemann, UWG, § 4 Rn. 9.58.
[132] BGH GRUR 2005, 600, 602 – *Handtuchklemmen*.
[133] BGH GRUR 2005, 166, 168 – *Puppenausstattungen*; 2007, 795 Rn. 32 – *Handtaschen*; 2007, 795 Rn. 32 – *Handtaschen*; 2010, 80 Rn. 39 – *LIKEaBIKE*; 2012, 1155 Rn. 31 – *Sandmalkasten*.

wettbewerbliche Eigenart des nachgeahmten Produkts ausmachen. Dabei sind geringfügige oder nicht ohne weiteres erkennbare Abweichungen der Nachbildung vom Original im Allgemeinen grundsätzlich nicht geeignet, Fehlvorstellungen des Verkehrs zu beseitigen. Für die Beurteilung ist auch zu berücksichtigen, wie intensiv sich das Publikum vor der Kaufentscheidung mit dem Produkt oder der Leistung befasst, was wiederum naturgemäß vom Preis sowie von der Art und der Dauer der Nutzung[134] abhängt.

Allerdings kann die Gefahr einer Herkunftstäuschung auch bei höherpreisigen Produkten gegeben sein, die im Fachhandel nach bewusster und genauer Betrachtung ausgewählt und unter Hinzuziehung von Herstellerkatalogen bestellt werden. Denn auch hier kann die Gefahr bestehen, dass der Verkehr annimmt, zwischen dem Hersteller des von ihm ausgewählten Erzeugnisses und dem ihm nicht namentlich bekannten Hersteller des von ihm wegen seines besonderen Designs geschätzten Originalprodukts bestehe Identität oder jedenfalls eine gesellschafts- oder lizenzvertragliche Beziehung.[135] Es ist aber stets im Einzelfall zu prüfen, ob sich die angesprochenen Verkehrskreise überhaupt über mögliche gesellschafts- oder lizenzvertragliche Beziehungen Gedanken machen.[136] Demgegenüber kann einer Herkunftstäuschung insbesondere auch der Umstand entgegenstehen, dass dem angesprochenen Verkehr das Nebeneinander von Originalen und Nachbauten bekannt ist und er sich deshalb anhand bestimmter Merkmale zunächst Klarheit darüber verschaffen muss, wer das jeweilige Produkt hergestellt hat.[137] Das gleiche kann bei unterschiedlichen Vertriebswegen gelten.[138]   55

Zu berücksichtigen ist schließlich auch der Erfahrungssatz, wonach der Verkehr die in Rede stehenden Leistungen regelmäßig nicht gleichzeitig wahrnimmt und unmittelbar miteinander vergleicht, sondern seine Auffassung auf Grund eines **unvollkommenen Erinnerungseindrucks** gewinnt. In diesem Eindruck treten regelmäßig die übereinstimmenden Merkmale mehr hervor als die Unterschiede, so dass es maßgeblich nicht so sehr auf die Unterschiede als auf die Übereinstimmungen ankommt.[139]   56

In zeitlicher Hinsicht ist, was die Bekanntheit anbelangt, der **Zeitpunkt der Markteinführung** der Nachahmung und für die Frage der Herkunftstäuschung der **Zeitraum bis zur Kaufentscheidung** der Abnehmer maßgeblich.[140] Zum Teil wird zwar mit Verweis auf Art. 2 lit. k der UGP-Richtlinie in Erwägung gezogen, dass auch eine erst dem Zeitpunkt der Werbung bzw. des Kaufs nachfolgend auftretende Herkunftstäuschung als vom ergänzenden wettbewerbsrechtlichen Leistungsschutz mitumfasst anzusehen ist, etwa wenn Produkte in einer Umverpackung zum Kauf angeboten werden, die einen aufklärenden Hinweis enthalten (*„post-sale-confusion"*).[141] Allerdings geht es in solchen Fällen im Kern nicht um eine vermeidbare Herkunftstäuschung sondern um eine Rufausbeutung, so dass nur eine Unlauterkeit nach § 4 Nr. 3 lit. b UWG in Betracht kommt.   57

b) Vermeidbarkeit

Die Herkunftstäuschung ist nur unlauter, wenn sie vermeidbar ist. Sie muss hingenommen werden, wenn sie unvermeidbar ist. Vermeidbar ist die Herkunftstäuschung dann, wenn sie durch geeignete und zumutbare Maßnahmen verhindert werden kann. Dabei kommt es wesentlich darauf an, ob bzw. inwieweit dem Nachahmer mit Blick auf die tech-   58

---

[134] OLG Köln GRUR-RR 2003, 183, 186 – *Designerbrille*.
[135] OLG Köln GRUR-RR 2008, 166, 169 – *Bigfoot*.
[136] OLG Köln, GRUR-RR 2014, 393, 394 – *Pippi Langstrumpf II*.
[137] BGH GRUR 2007, 795, 798 – *Handtaschen*.
[138] BGH GRUR 2003, 973, 975 – *Tupperwareparty*; 2007, 795 Rn. 40 – *Handtaschen*.
[139] BGH GRUR 2007, 795, 798 – *Handtaschen*; 2010, 80, 83 – *LIKEaBIKE*.
[140] BGHZ 161, 204, 211 f. – *Klemmbausteine* III; BGH GRUR 2007, 339 Rn. 39 – *Stufenleitern*.
[141] Offengelassen von BGH GRUR 2010, 1125, 1128 – *Femur-Teil*; Köhler/Bornkamm, UWG, § 4 Rn. 9.41.

nische Bedingtheit des Produkts **Ausweichmöglichkeiten** zur Verfügung stehen. Die Beantwortung der Frage, welche Maßnahmen im Einzelfall zur Vermeidung von Herkunftsverwechslungen geeignet und zumutbar sind, liegt weitgehend auf tatrichterlichem Gebiet und ist anhand einer **umfassenden Interessenabwägung** zu beurteilen.[142] Der Gefahr einer Herkunftstäuschung kann insbesondere durch eine **unterscheidende Kennzeichnung** oder **Farbgebung** der nachgeahmten Produkte entgegengewirkt werden.[143]

59 Bei **Ersatz- und Zubehörteilen oder Teilen modularer Systeme**, die aus Gründen der **technischen Kompatibilität** bestimmte Gestaltungsmerkmale aufweisen müssen, ist bei der gebotenen Interessenabwägung auch das Interesse der Abnehmer an einem Preis- und Leistungswettbewerb zwischen unterschiedlichen Anbietern zu berücksichtigen. Dabei ist insbesondere das Interesse der Abnehmer zu beachten, unter mehreren Konkurrenzprodukten ein nach Preis und Leistung geeignet erscheinendes Erzeugnis auszuwählen. Dieses Interesse an einem Preis- und Leistungswettbewerb ist nicht nur bei einer Erstanschaffung anzuerkennen, sondern auch, soweit ein Ersatz- oder Ergänzungsbedarf für ein bereits angeschafftes Erzeugnis besteht. Daneben kann auch das Interesse, bei möglichen Lieferschwierigkeiten eines Herstellers auf einen anderen ausweichen zu können, von Bedeutung sein.[144] Gerade bei einem Ersatz- oder Erweiterungsbedarf können Abnehmer ein Interesse an der Verfügbarkeit auch in der äußeren Gestaltung kompatibler Konkurrenzprodukte haben (Kompatibilitätsinteresse). In einem solchen Fall dürfen Wettbewerber nicht auf Produktgestaltungen verwiesen werden, die die Verkäuflichkeit ihrer Produkte im Hinblick auf den bestehenden Ersatz- und Erweiterungsbedarf beim Originalprodukt einschränken. Vielmehr sind selbst Herkunftsverwechslungen, die auf der übereinstimmenden Formgestaltung beruhen, hinzunehmen, sofern der Nachahmende ihnen durch andere geeignete und ihm zumutbare Maßnahmen so weit wie möglich entgegenwirkt.[145] Dies gilt nicht nur bei einem rein technisch bedingtem Kompatibilitätsinteresse („must fit"), sondern auch, wenn die Ersatz- oder Zubehörteile auch unter optischen Gesichtspunkten angepasst werden sollen („must match"),[146] und auf dem Markt ein Bedürfnis nach einer Ergänzung des vorhandenen Bestands durch optisch kompatible Produkte besteht.[147]

60 Demgegenüber wird man **wirtschaftlichen Interessen** im Rahmen der Interessenabwägung weit weniger Gewicht beizumessen haben. Dies gilt etwa für den Fall, dass die Nachahmung nicht in erster Linie aus technischen, sondern lediglich wirtschaftlichen Gesichtspunkten geboten erscheint, weil sich technisch gleichwertige Alternativlösungen nur deutlich kostspieliger umsetzen lassen. Sind die Zusatzkosten so hoch, dass das Produkt bei Wahl der Alternativlösung nicht zu einem wettbewerbsfähigen Preis verkauft werden kann, wird man dies entsprechend zu gewichten haben.[148]

2. Rufausbeutung und Rufbeeinträchtigung (§ 4 Nr. 3 lit. b UWG)

61 Von einer Rufausbeutung und Rufbeeinträchtigung wird insbesondere dann ausgegangen, wenn der Verkehr mit einer Ware bestimmte **Herkunfts- und Gütevorstellungen** verbindet, so dass durch die Nachahmung der gute Ruf der fremden Ware oder Dienstleistung

---

[142] BGH GRUR 2000, 521, 524 f. – *Modulgerüst*; 2002, 275, 277 – *Noppenbahnen*; 2013, 951, 955 – *Regalsystem*.
[143] BGH GRUR 2010, 80, 82 – *LIKEaBIKE*; 2012, 58, 63 – *Seilzirkus*.
[144] BGH GRUR 2013, 951, 955 – *Regalsystem*.
[145] BGH GRUR 2013, 951, 955 – *Regalsystem*; BGH GRUR 2013, 1052, 1055 f. – *Einkaufswagen III*.
[146] BGH GRUR 2013, 951 Rn. 38 – *Regalsystem*.
[147] BGH GRUR 2013, 1052 Rn. 42 – *Einkaufswagen III*.
[148] *Fischer*, GRUR 2015, 1160, 1166.

unangemessen ausgenutzt oder beeinträchtigt wird.[149] Erforderlich ist, dass die nachgeahmte Ware oder Dienstleistung bei den angesprochenen Verkehrskreisen eine besondere Wertschätzung dergestalt genießt, dass es in der Wahrnehmung der potenziellen Käufer mit positiven, sich etwa auf die Qualität beziehenden Vorstellungen besetzt ist.[150]

a) Rufausbeutung

Eine Ausbeutung des guten Rufs setzt einen „unlauteren Imagetransfer" voraus, das heißt, das auf der Qualität der unternehmerischen Leistung beruhende positive Image („*Good Will*") wird von einem Mitbewerber für eigene Absatzzwecke usurpiert.[151] **Kernelement des Imagetransfers** und damit auch der Rufausbeutung ist die Anlehnung an die fremde Leistung.[152] Ein Anlehnen setzt nicht die namentliche Benennung oder Bezeichnung des Mitbewerbers voraus. Erforderlich ist aber eine aus der Sicht der angesprochenen Verkehrskreise erkennbare Bezugnahme auf den Mitbewerber oder seine Produkte.[153] Die Frage, ob eine Übertragung der Güte- und Wertvorstellungen stattfindet, die die Beurteilung des Verhaltens als wettbewerbswidrig rechtfertigt, ist jeweils im Wege einer Gesamtbetrachtung zu beantworten, bei der alle Umstände des Einzelfalls wie insbesondere der **Grad der Anlehnung sowie die Stärke des Rufs** zu berücksichtigen sind, der von dem Produkt ausgeht.[154] Die Gefahr einer Rufausnutzung soll dabei nach Auffassung des BGH vor allem durch einen geeigneten und unmissverständlichen Hinweis auf den Unterschied zwischen Nachahmung und Original ausgeräumt werden können.[155]

62

Nach der früheren Rechtsprechung zu § 1 des UWG von 1909 wurde auch das sog. **Einschieben in eine fremde Serie** unter dem Gesichtspunkt der Rufausbeutung als unlauter angesehen. Danach war es wettbewerbswidrig, wenn Mitbewerber den Markterfolg der fremden Leistung dadurch auf sich überleiten, dass sie sich trotz vorhandener Ausweichmöglichkeiten in das von Anfang an auf Deckung eines Folgebedarfs ausgerichtete Verkaufssystem des Erstherstellers einschieben.[156] In der Literatur[157] wurde dagegen zu Recht bezweifelt, dass es sich bei den einschlägigen Fällen überhaupt um eine Nachahmung im Sinne des wettbewerblichen Leistungsschutzes handelt. Die bloße Kompatibilität wurde hierfür nicht für ausreichend gehalten, wenn sich die Produkte im Übrigen stark unterscheiden. Der BGH hat diese Einwände aufgegriffen und entschieden, dass ein Innovationsschutz des **Lego-Klemmbaustein-Systems**, dem in zwei Entscheidungen aus dem Jahre 1964[158] und 1992[159] ein wettbewerbsrechtlicher Leistungsschutz zuerkannt worden war, nach nunmehr 50 Jahren unbehinderter Marktpräsenz der Klägerin nicht mehr gerechtfertigt sei.[160] Eine abschließende Beurteilung, ob die

63

---

[149] Begr. RegE, a.a.O.; auch dies entspricht der st. Rspr., siehe BGH GRUR 1968, 49, 51 – *Zentralschlossanlagen*; 1970, 510, 512 – *Fußstützen*; 1984, 453, 454 – *Hemdblusenkleid*; 1985, 876, 877 – *Tchibo/Rolex I*; 1992, 619, 620 – *Klemmbausteine II*; 2003, 973, 974 – *Tupperwareparty*.
[150] OLG Köln GRUR-RR 2014, 65, 69 – *Pandas*.
[151] BGH GRUR 2010, 1125, 1128 – *Femur-Teil*; 2011, 79, 81 – *Markenheftchen*.
[152] BGH GRUR 2005, 349, 352 f. – *Klemmbausteine III*, unter Hinweis auf BGHZ 141, 329, 342 = GRUR 1999, 923 = NJW 1999, 2898 – *Tele-Info-CD*.
[153] BGH GRUR 2005, 349, 351 – *Klemmbausteine III*.
[154] BGH GRUR 2005, 349, 353 – *Klemmbausteine III*.
[155] BGH GRUR 2010, 1125 Rn. 42 – *Femur-Teil*; BGH GRUR 2013, 1052 Rn. 38 – *Einkaufswagen III*; OLG Düsseldorf GRUR-RR 2012, 352, 356 – *Tablet PC II*; krit. *Fischer*, GRUR 2015, 1160 (1167).
[156] BGHZ 41, 55, 57 – *Klemmbausteine I*; BGH GRUR 1992, 619, 620 – *Klemmbausteine II*; BGH GRUR 2000, 521, 526 f. – *Modulgerüst*.
[157] Siehe *v. Harder*, GRUR 1969, 659; *Müller-Laube*, ZHR 156 (1992) 480, 497 ff.; *Kur*, GRUR Int. 1995, 469 ff.; *Altmeppen*, ZIP 1997, 2069, 2073 ff.; *Rauda*, GRUR 2002, 38; *Baumbach/Hefermehl*, UWG, 22. Aufl. 2001, § 1 Rdn. 492.
[158] Siehe BGH GRUR 1964, 621, 624 – *Klemmbausteine I*.
[159] Siehe BGH GRUR 1992, 619, 620 – *Klemmbausteine II*.
[160] BGH GRUR 2005, 349, 352 – *Klemmbausteine III*; siehe dazu *Schrader*, WRP 2005, 562 ff.

Fallgruppe des „Einschiebens in eine fremde Serie" im aktuellen Wettbewerbsrecht noch ihre Berechtigung habe, hat er damit aber nicht vorgenommen. Richtigerweise ist die Unterfallgruppe des „Einschiebens in eine fremde Serie" bereits im Ansatz verfehlt. Sie führt sich selbst *ad absurdum,* wenn man daran denkt, dass eine Vielzahl von Produkten auf einen Ergänzungsbedarf ausgerichtet ist. Wollte man dies zum entscheidenden Anknüpfungspunkt der lauterkeitsrechtlichen Beurteilung erheben, so wären die **Monopolisierungswirkungen unübersehbar.** Auch Fahrzeuge sind von vornherein auf einen fortlaufenden Benzinverbrauch ausgerichtet, so dass man bei Heranziehung der von der Rechtsprechung entwickelten Grundsätze auch für sie die Benzinlieferung monopolisieren könnte.[161] Entscheidend ist auch hier wiederum, dass die für die **Immaterialgüterrechte festgelegten Schutzfristen** als „gesetzlich typisierte und normierte Amortisationsfristen" respektiert werden. Die Gewährung einer darüber hinausreichenden zusätzlichen Amortisationsschonfrist lässt sich auch mit kalkulatorischen Überlegungen nicht rechtfertigen. Dass ein Hersteller eine Kalkulation aufstellt, wonach erst die Befriedigung des Ergänzungsbedarfs ein betriebswirtschaftlich befriedigendes Ergebnis verspricht, unterliegt seiner freien unternehmerischen Disposition. Er hat ohne weiteres die Möglichkeit, hiervon abweichend durch die Preisgestaltung dafür zu sorgen, dass bereits der Verkauf der Primärprodukte zur Kostendeckung und zur Erwirtschaftung von Gewinnen führt.

64 Erforderlich ist nach § 4 Nr. 3 lit. b UWG außerdem, dass die Ausnutzung der Wertschätzung **unangemessen** ist, was wiederum im Wege einer Gesamtbetrachtung zu prüfen ist.[162] Eine Anlehnung kann insbesondere dann gerechtfertigt sein, wenn sie wegen des besonderen Charakters eines Erzeugnisses – wie etwa im Falle der Nachbildung des Originals als Spielzeugauto – erforderlich ist[163] oder wenn sie wegen technischer oder optischer Kompatibilität erforderlich ist.[164]

b) Rufbeeinträchtigung

65 Während bei der Ausnutzung der Wertschätzung die missbräuchliche Ausbeutung des auf unternehmerische Leistung beruhenden guten Rufs im Vordergrund steht, geht es bei der Beeinträchtigung der Wertschätzung um die **Schädigung des Rufes,** die negative Auswirkungen auf künftige Absatzchancen zur Folge haben kann.[165] Dies ist nicht nur dann der Fall, wenn im Sinne einer Warenverwechslung minderwertige Produkte als Originale vertrieben werden, so dass die Qualitätserwartungen der Abnehmer enttäuscht und das Image nachhaltig geschädigt wird. Auch ohne das Vorliegen einer Herkunftstäuschung kann allein die als solche gekennzeichnete Imitation zu einem Verlust des Nimbus der Exklusivität und somit zu einer Rufbeeinträchtigung führen.

3. Erschleichung oder Vertrauensbruch (§ 4 Nr. 3 lit. c UWG)

66 Ein dritter in § 4 Nr. 3 UWG genannter besonderer, die Unlauterkeit begründender Umstand besteht schließlich in der **unredlichen Kenntniserlangung,** wobei sich der Nachahmer die erforderlichen Kenntnisse durch Erschleichung eines fremden Betriebsgeheimnisses oder durch Vertrauensbruch verschafft hat.[166] Nach der Systematik der Vorschrift setzt auch § 4 Nr. 3 lit. c UWG **wettbewerbliche Eigenart** der Ware oder Dienstleistung vor-

---

[161] So zutreffend *Nordemann* Wettbewerbsrecht und Markenrecht Rn. 738.
[162] BGH GRUR 2010, 1125 Rn. 42 – *Femur-Teil.*
[163] BGH GRUR 1994, 732, 734 f. – *McLaren;* OLG Nürnberg GRUR 2008, 393, 397 – *Modellauto.*
[164] BGH GRUR 2013, 1052 Rn. 42 – *Einkaufswagen III.*
[165] BGH GRUR 1987, 903, 905 – *Le-Corbusier-Möbel;* BGH GRUR 2000, 521, 526 f. – *Modulgerüst* I; BGH GRUR 2010, 1125, 1129 – *Femur-Teil.*
[166] Begr. RegE, BT-Drucks. 15/1487, S. 18; siehe auch BGH GRUR 1961, 40, 42 – *Wurftaubenpresse;* 1955, 402, 405 f. – *Anreißgerät.*

C. Ergänzender wettbewerbsrechtlicher Leistungsschutz (§ 4 Nr. 3 UWG)

aus,[167] obwohl der Unlauterkeitsvorwurf der Vorschrift von den Herkunfts- und Gütevorstellungen der Abnehmer eigentlich unabhängig ist.[168]

Ein die Unlauterkeit begründendes **Erschleichen** liegt dann vor, wenn sich jemand die für die Nachahmung erforderlichen Kenntnisse mit verwerflichen Mitteln, wie Werkspionage oder das Abwerben von Mitarbeitern zum Zwecke des Ausspähens eines fremden Betriebes verschafft.[169] Das Erschleichen setzt voraus, dass es sich um Kenntnisse handelt, die nicht bereits offenkundig und deshalb dem Nachahmer frei zugänglich gewesen sind.[170] Demgegenüber ist eine Unlauterkeit aufgrund eines **Vertrauensbruchs** auch dann anzunehmen, wenn Kenntnisse, die im Rahmen eines Vertrauensverhältnisses zwar gutgläubig erworben wurden, anschließend missbräuchlich zur Nachahmung ausgenutzt werden. Grundlage für die Entstehung des Vertrauensverhältnisses sind regelmäßig **vertragliche oder vorvertragliche Beziehungen** oder zumindest eine Sonderverbindung.[171] Eine entsprechende Abrede oder vorvertragliche Pflicht zur Rücksichtnahme kann insbesondere dann anzunehmen sein, wenn es im Zusammenhang mit Vertragsverhandlungen zur **Überlassung von Unterlagen** kommt. Im Einzelfall ist aber zu prüfen, ob der die Unterlagen erstellende Anbieter auch tatsächlich davon ausgehen durfte, dass der Kaufinteressent sie vertraulich behandeln wird. Dies ist dann nicht der Fall, wenn nach den Umständen damit gerechnet werden muss, dass Kaufinteressenten vor ihrer Kaufentscheidung Vergleichsangebote einholen und dafür Pläne, die sie zuvor von einem Vertragspartner erhalten haben, auch anderen Mitbewerbern zugänglich machen.[172]

4. Behinderung

Neben den in § 4 Nr. 3 UWG genannten typischen Fallgruppen, die geeignet sind, die Wettbewerbswidrigkeit zu begründen, wird zu den „besonderen wettbewerblichen Umständen" auch die Behinderung von Mitbewerbern gezählt.[173] Der Behinderungstatbestand wird zwar in der gesetzlichen Regelung des § 4 Nr. 3 UWG nicht ausdrücklich genannt. Er gehört aber zu den klassischen Unlauterkeitskriterien, die von der Rechtsprechung unter Geltung des UWG von 1909 im Rahmen des ergänzenden wettbewerbsrechtlichen Leistungsschutzes entwickelt wurden. Dass die Behinderung im Gesetz nicht erwähnt wird, steht ihrer Heranziehung als Unlauterkeitsmerkmal nicht entgegen, weil der Tatbestand des § 4 Nr. 3 UWG keine abschließende Regelung darstellt. Dies geht auch aus der Gesetzesbegründung hervor.[174]

Allerdings wird man insoweit auf § 3 Abs. 1 UWG zurückzugreifen haben.[175] Denn grundsätzlich sind die in § 4 UWG geregelten Fallgruppen für den Bereich *dieser* Tatbestände abschließend. Die Ausdehnung der Tatbestände über ihren Wortlaut hinaus, würde der Rollenverteilung zwischen Ge-

---

[167] OLG Jena GRUR-Prax 2013, 210; *Köhler*/Bornkamm, UWG, § 4 Rn. 9.61; GroßkommUWG/*Leistner*, § 4 Nr. 9 Rn. 127.
[168] *Ohly*/Sosnitza, UWG, § 4.9 Rn. 9/72 mit Verweis auf *Eickmeier/Fischer-Zernin*, GRUR 2008, 755, 761 f.
[169] Vgl. BGH GRUR 1973, 484 – *Betriebsspionage*; BGH GRUR 1955, 402, 405 f. – *Anreißgerät*; BGH GRUR 2003, 356, 357 – *Präzisionsmessgeräte*.
[170] BGH GRUR 1992, 523, 524 – *Betonsteinelemente*.
[171] Vgl. BGH GRUR 1964, 31, 33 – *Petromax II*; 1983, 377, 379 – *Brombeer-Muster*; 2003, 356, 357 – *Präzisionsmessgeräte*.
[172] BGH GRUR 2009, 416, 417 – *Küchentiefstpreis-Garantie*.
[173] BGH GRUR 2007, 795, 799 – *Handtaschen*.
[174] RegE BT-Drucks. 15/1487 vom 22.8.2003 S. 18 (zu § 4 Nr. 9 UWG a.F.); siehe auch BGH WRP 2007, 1076, 1081 Rn. 51 – *Handtaschen*.
[175] A.A. *Köhler*/Bornkamm, UWG, § 4 Rn 9.63; *Ohly*/Sosnitza, UWG, § 4.9 Rn. 9/74.

neralklausel und Sondertatbeständen widersprechen.[176] Es ist gerade Aufgabe der Generalklausel, die durch die Sondertatbestände nicht erfassten aber gleichwohl unlauteren geschäftlichen Handlungen aufzufangen. Die Behinderung als ein den Nachahmungsschutz begründendes Unlauterkeitsmerkmal wird im Übrigen auch nicht vom Tatbestand der gezielten Behinderung nach § 4 Nr. 4 UWG erfasst. Dies ergibt sich bereits aus der für den ergänzenden wettbewerbsrechtlichen Leistungsschutz anerkannten dreifachen Schadensberechnung. Zudem ist nichts dafür ersichtlich, dass Teile der Fallgruppe des ergänzenden wettbewerbsrechtlichen Leistungsschutzes in der Regelung des § 4 Nr. 4 UWG umgesetzt werden sollten, die dem klaren Wortlaut nach nur die gezielte Behinderung erfasst.[177]

70 Problematisch ist allerdings, dass der Begriff der „Behinderung" als solcher kein geeigneter Anknüpfungspunkt für die lauterkeitsrechtliche Bewertung darstellt, weil es sich dabei um ein Phänomen handelt, dass dem Wettbewerb immanent ist. Es ist eine zwangsläufige Folge des Wettbewerbs, dass der Vorteil zugunsten eines Wettbewerbers mit einem Nachteil zulasten eines anderen Mitbewerbers verbunden ist. Wer am Markt erfolgreich ist, behindert notwendigerweise die Absatzchancen eines anderen Anbieters. Allerdings kann für die Bestimmung des Unlauterkeitskriteriums der Behinderung an § 4 Nr. 4 UWG angeknüpft werden. Erfasst werden Fälle, in denen sich die Nachahmung bei objektiver Würdigung der Umstände nicht mehr nur als in erster Linie auf die **Förderung des eigenen Wettbewerbs** gerichtet erscheint, sondern als Angriff auf die Leistung des Konkurrenten. Abzustellen ist auf die Schwere der Beeinträchtigung und die Möglichkeiten, mit denen sich der Konkurrent seinerseits durch wettbewerbliche Maßnahmen wehren kann. Unlauter ist die Nachahmung insbesondere dann, wenn gezielt der Zweck verfolgt wird, Mitbewerber **an ihrer Entfaltung zu hindern** und sie dadurch zu verdrängen, oder wenn die Nachahmung dazu führt, dass die beeinträchtigten Mitbewerber **ihre Leistung am Markt durch eigene Anstrengung nicht mehr in angemessener Weise zur Geltung bringen können**.[178]

71 Vom Tatbestand der Behinderung erfasst war insbesondere die **systematische Nachahmung einer Vielzahl eigenartiger, überdurchschnittlicher Erzeugnisse** eines Mitbewerbers durch ein planmäßiges und zielgerichtetes Anhängen an die fremde Leistung, obwohl andere Gestaltungselemente frei wählbar sind. Dies galt vor allem dann, wenn das Anhängen kostspielige eigene Entwicklungsarbeiten erspart und eine Preisunterbietung des Konkurrenten mit entsprechenden Wettbewerbsvorteilen ermöglicht.[179] Auch bei der **Nachahmung von Modeschöpfungen** erschöpft sich die Unlauterkeit regelmäßig nicht in einer betrieblichen Herkunftsverwechslung, auch wenn diese im Einzelfall vorliegen kann, sondern ergibt sich aus der Behinderung des Modeschöpfers, der bei kurzlebigen Modeerzeugnissen darauf angewiesen ist, den unter Mühen und Kosten erreichten Wettbewerbsvorsprung in einer Saison zu realisieren und der um die Früchte seiner Arbeit gebracht wird, wenn die Mitbewerber trotz ausreichender Möglichkeiten zu abweichender Gestaltung in derselben Saison mit der Nachahmung unter Einsparung der Entwurfskosten Konkurrenz machen dürften.[180] Allerdings ist der lauterkeitsrechtliche Nachahmungsschutz von kurzlebigen Modeerzeugnissen mit Einführung des dreijährigen Schutzes auch von nicht eingetragenen Geschmacksmustern (Art. 11 Abs. 1 GGV) weitgehend bedeutungslos geworden.

---

[176] I.d.S. auch Großkomm/*Leistner* § 4 Nr. 9 Rn. 44.
[177] Vgl. aber BGH WRP 2007, 951, 954 – *Außendienstmitarbeiter*, wonach keine Absicht erforderlich ist.
[178] Vgl. zu § 4 Nr. 10 UWG BGH GRUR 2001, 1061, 1062 – *Mitwohnzentrale.de*; 2007, 800, 802 – *Außendienstmitarbeiter*; 2009, 878, 879 f. – *Fräsautomat*; 2010, 346, 347 – *Rufumleitung*.
[179] BGH GRUR 1960, 244, 246 – *Simili-Schmuck*; 1969, 618, 619 f. – *Kunststoffzähne*; BGHZ 60, 168, 170 f. = GRUR 1973, 478, 479 f. – *Modeneuheit*; BGH GRUR 1984, 453, 454 – *Hemdblusenkleid*; 1986, 673, 675 – *Beschlagprogramm*; 1988, 308, 310 – *Informationsdienst*; 1988, 690, 693 – *Kristallfiguren*; 1996, 210, 212 f. – *Vakuumpumpen*; GRUR 1999, 751, 753 – *Güllepumpen*; BGHZ 141, 329, 343 = GRUR 1999, 923, 927 – *Tele-Info-CD*.
[180] BGHZ 35, 341, 349 = GRUR 1962, 144, 149 – *Buntstreifensatin I*; BGHZ 60, 168, 171 = GRUR 1973, 478, 480 – *Modeneuheit*; BGH GRUR 1984, 453 – *Hemdblusenkleid*.

VII. Wechselwirkung

Gemäß der nach der Rechtsprechung gebotenen **Gesamtbetrachtung** besteht zwischen den verschiedenen Tatbestandselementen eine Wechselwirkung in dem Sinne, dass die Anforderungen an eines der Merkmale mit davon abhängen, in welchem Maße und mit welcher Intensität die anderen Merkmale verwirklicht sind.[181] So soll quasi nach einem beweglichen System folgender Zusammenhang gelten: Je größer die wettbewerbliche Eigenart ist, umso geringer sind die Anforderungen, die (im Rahmen der Gesamtbeurteilung) an das Vorliegen der wettbewerblichen Begleitumstände zu stellen sind.[182] Differenziert wird ferner hinsichtlich der Bedeutung, die der unmittelbaren Leistungsübernahme gegenüber der lediglich nachschaffenden im Zusammenspiel einerseits mit der wettbewerblichen Eigenart, andererseits mit den wettbewerblichen Begleitumständen zukommt.[183]

Zu beachten ist allerdings, dass die Wechselwirkungslehre nicht dazu führen darf, dass die in § 4 Nr. 3 lit a – c UWG genannten Unlauterkeitsmerkmale bei einer nahezu identischen Nachahmung von Produkten mit hoher Eigenart praktisch bedeutungslos werden, da auf diese Weise die Gefahr besteht, dass die Grenzen des Immaterialgüterrechts unterlaufen werden.[184]

VIII. Darlegungs- und Beweislast

Nach den allgemeinen Regeln ist es grundsätzlich nicht Sache des Beklagten, darzutun, aus welchen Gründen die Nachahmung nicht unlauter ist. Allerdings hat der BGH in Fällen der (nahezu) identischen Nachahmung von Erzeugnissen mit besonders hervorragender wettbewerblicher Eigenart eine Umkehrung der Darlegungs- und Beweislast angenommen, nach der der Nachahmer Gründe darzulegen und zu beweisen habe, aus denen die identische Nachahmung ausnahmsweise wettbewerbsrechtlich unbedenklich erscheint.[185] In diesen Fällen soll sich der Nachahmer beispielsweise auch nicht darauf berufen können, er habe lediglich eine nicht unter Sonderrechtsschutz stehende angemessene technische Lösung übernommen.[186]

IX. Schutzdauer

Grundsätzlich dauert der wettbewerbsrechtliche Nachahmungsschutz so lange an, wie die unlauterkeitsbegründenden Umstände vorliegen. Auch wenn eine zeitliche Begrenzung dem wettbewerbsrechtlichen Unterlassungsanspruch damit eigentlich fremd ist, kann eine solche nach Maßgabe der Besonderheiten der konkreten Umstände erforderlich sein. Die

---

[181] St. Rspr., BGH GRUR 1996, 201, 211 – *Vakuumpumpen*; 1997, 308, 311 – *Wärme fürs Leben*; BGHZ 138, 143, 150 = GRUR 1998, 830, 833 – *Les Paul-Gitarren*; BGH GRUR 1999, 751, 752 – *Güllepumpen*; 1999, 1106, 1108 – *Rollstuhlnachbau*; 2001, 443, 445 – *Viennetta*; 2008, 793 Rn. 27 – *Rillenkoffer*; 2008, 1115 Rn. 18 – *ICON*; 2012, 58 Rn. 42 – *Seilzirkus*; 2013, 951 Rn. 14 – *Regalsystem*.
[182] BGH GRUR 2004, 941, 942 – *Metallbett*; 2006, 79 Rn. 19 – *Jeans I*; 2007, 795, 797 Rn. 22 – *Handtaschen*; WRP 2007, 1455, 1457 Rn. 14 – *Gartenliege*; GRUR 2010, 80, 82 – *LIKEaBIKE*; 2010, 1125, 1127 – *Femur-Teil*; 2013, 951, 953 – *Regalsystem*.
[183] BGH GRUR 1996, 210, 211 f. – *Vakuumpumpen*; 1998, 830, 833 – *Les-Paul-Gitarren*; 1999, 923, 927 – *Tele-Info-CD*.
[184] Ohly/Sosnitza, UWG, § 4 Nr. 9 Rn. 9/26.
[185] BGH GRUR 1969, 618, 620 – *Kunststoffzähne*; BGH GRUR 1996, 210, 212 – *Vakuumpumpen*.
[186] BGH GRUR 2015, 909 Rn. 36, 41 – *Exzenterzähne*.

Beurteilung der Schutzdauer hat sich dabei an den geltenden Fristen der Immaterialgüterschutzgesetze zu orientieren. Entscheidend sind außerdem die Art und Bedeutung des nachgeahmten fremden Leistungsergebnisses, das Gewicht der Verletzungshandlung[187] und der **Amortisationsgedanke**, wonach dem Berechtigten die Früchte seiner unter Umständen mit hohem Arbeits- und Kosteneinsatz erzielten Leistung für einen angemessenen Zeitraum gesichert werden sollen.

76 Der BGH hat ausdrücklich darauf hingewiesen, dass für die wettbewerbsrechtliche Beurteilung nach Ablauf des Patentschutzes dem „Gesichtspunkt der freien Benutzung des Standes der Technik" entscheidendes Gewicht beizumessen ist.[188] Für den Vorrang der patentrechtlichen Begrenzung der Schutzfrist spricht auch die Existenz der ergänzenden Schutzzertifikate (§ 16a PatG), die eine Verlängerung des Schutzes ganz ausnahmsweise nur für Arzneimittel und Pflanzenschutzmittel bei Vorliegen bestimmter Voraussetzungen, die insbesondere die faktische Verkürzung der Schutzdauer wegen der erforderlichen Zulassungsverfahren betreffen, vorsehen. Dass die Rechtsprechung im Prinzip von einer abschließenden Verbindlichkeit der patentrechtlichen Schutzfristen ausgeht, zeigt auch die unangefochtene Zulässigkeit von Generika, die als nachgeahmte Produkte mit „therapeutischer Äquivalenz"[189] unmittelbar nach Ablauf des patentrechtlichen Schutzes für das Originalprodukt angeboten werden.

X. Unmittelbarer Leistungsschutz?

1. Streitstand

77 Nach § 4 Nr. 3 UWG ist nicht die Nachahmung selbst verboten, sondern nur bei Vorliegen weiterer Umstände, deren wichtigste in § 4 Nr. 3 lit. a – c UWG aufgeführt sind. Offen bleibt damit aber die umstrittene Frage, ob darüber hinaus auf der Grundlage des § 3 Abs. 1 UWG ein unmittelbarer Leistungsschutz, also auch ohne das Erfordernis weiterer Unlauterkeitsmerkmale, gewährt werden kann. In seiner früheren Rechtsprechung hatte der BGH den lauterkeitsrechtlichen Schutz gegen Nachahmungen auch deshalb für notwendig gehalten, weil das Recht des geistigen Eigentums kein geeignetes Schutzrecht bereithielt oder weil deren Schutzmöglichkeiten für unzulänglich gehalten wurden.[190] Entsprechend wurden Nachahmungshandlungen als **grundsätzlich unlauter** angesehen, wie es gegen die guten Sitten im Wettbewerb verstoße, Leistungen Dritter auszunutzen, die erfahrungsgemäß nur gegen eine angemessene Vergütung zur Verfügung gestellt werden.[191] Das Lauterkeitsrecht erfüllte insofern eine „Schrittmacherfunktion", denn der Gesetzgeber reagierte meist auf diese Rechtsprechung und ergänzte das Recht des geistigen Eigentums entsprechend.

78 In der Entscheidung „hartplatzhelden.de", die den **Schutz von Sportveranstaltungen** betraf, ließ es der BGH dahinstehen, ob und gegebenenfalls unter welchen Voraussetzungen ein unmittelbarer Leistungsschutz auf der Grundlage des § 3 Abs. 1 UWG gewährt werden kann, wenn die Voraussetzungen der in § 4 Nr. 9 UWG a. F. geregelten Unlauterkeitstatbestände nicht vorliegen.[192] Er hielt die Frage im gegebenen Fall für nicht entscheidungserheblich und knüpfte an die Rechtsprechung an, wonach dem Veranstalter einer Sportveranstaltung anders als dem Veranstalter der Darbietung eines ausübenden Künstlers (§ 81 UrhG) kein verwandtes Schutzrecht zusteht. Damit unterscheidet sich das Urteil deutlich

---

[187] BGHZ 51, 41, 49 = GRUR 1969, 186, 187 f. – *Reprint*; BGH GRUR 1986, 895, 896 – *Notenstichbilder*.
[188] BGH GRUR 2000, 521, 525 – *Modulgerüst*.
[189] Vgl. BVerfG GRUR 2001, 1058, 1060 f. – *Therapeutische Äquivalenz*.
[190] BGH GRUR 1960, 614, 617 – *Figaros Hochzeit*; 1962, 470 – *AKI*; 1963, 575 – *Vortragsabend*.
[191] BGH GRUR 1960, 614, 617 – *Figaros Hochzeit*.
[192] BGH GRUR 2011, 436, 437 – *Hartplatzhelden.de*; vgl. hierzu *Götting*, LMK 2011, 325117.

C. Ergänzender wettbewerbsrechtlicher Leistungsschutz (§ 4 Nr. 3 UWG)

von der früheren Rechtsprechung, wonach urheberrechtliche Leistungsschutzrechte im Vorgriff auf eine spätere Regelung des Gesetzgebers auf Grundlage der Generalklausel des § 1 UWG a.F. „präformiert" wurden. Der BGH hat damit deutlich gemacht, dass aus einem Vermögenswert nicht automatisch ein Vermögensrecht abgeleitet werden kann („*if value, then right*").[193] Andererseits hat sich der BGH eine Hintertür offengelassen und dem unmittelbaren Leistungsschutz keine Absage erteilt.

Ganz erheblichen Bedenken begegnet es aber, dass der BGH seine Begründung ganz wesentlich auf das Hausrecht stützt. Die Klärung der Frage, unter welchen Voraussetzungen ein „besonderes Zuschauerinteresse" anzuerkennen ist, das den Veranstalter dazu berechtigt, sein Hausrecht geltend zu machen, bereitet Schwierigkeiten und erzeugt Rechtsunsicherheit. Abgesehen davon ist das Hausrecht kein geeignetes Instrument, um den Interessenkonflikt zwischen den Befugnissen der Veranstalter und der Presse-, Informations- und Berufsfreiheit Dritter angemessen zu lösen. Die Anknüpfung an das Eigentumsrecht reicht einerseits zu weit und greift andererseits zu kurz. Zum einen fehlt es an einer für Immaterialgüterrechte typischen Schrankenregelung. Zum anderen lässt sich die Einhaltung eines „Fotografierverbots" kaum wirksam kontrollieren und es werden Dritte, die Aufnahmen verwerten, nicht erfasst, da sie das Hausrecht nicht verletzen.[194] Außerdem greift das Hausrecht nicht bei Veranstaltungen ein, die unter freiem Himmel stattfinden, wie etwa die Tour de France, etc.[195] Vor diesem Hintergrund erscheint es erforderlich, dass der Gesetzgeber eine Regelung schafft, die zuverlässig Inhalt und Schranken eines Veranstalterrechts bestimmt und die gegenwärtige Rechtsunsicherheit beseitigt.

In der Literatur wird entgegen der Auffassung des Gesetzgebers eine Sperrwirkung der die Generalklausel konkretisierenden Tatbestände angenommen, so dass ein Rückgriff auf die Generalklausel des § 3 Abs. 1 UWG ausscheide.[196] Darüber hinaus wird überwiegend betont, dass die Begründung absoluter Rechte an immateriellen Gütern nicht Aufgabe des Lauterkeitsrechts sei[197] und außerhalb der Sondergesetze der Grundsatz der Nachahmungsfreiheit gelten müsse.[198] Der Gesetzgeber habe mehrfach Gelegenheit gehabt, sich Gedanken über die Normierung eines unmittelbaren Leistungsschutzes zu machen, so dass dessen Nichtberücksichtigung für eine gewisse Vermutung spräche, dass all das, was in den Beispiels- und Sondertatbeständen nicht aufgenommen wurde, vom Gesetzgeber nicht gewollt und damit auch dem richterlichen Zugriff entzogen sei.[199] Im Übrigen lasse sich aus der Gesamtheit der güterzuordnungsrelevanten Vorschriften der Rechtsordnung kein güterzuordnender Gehalt ableiten, so dass es an einer Rechtsgrundlage für eine gerichtliche Zuordnung bestimmter Güter mit den Wirkungen eines Herrschaftsrechts fehle.[200] Schließlich müsse beachtet werden, dass Gegenstand des wettbewerblichen Schutzes nicht das nachgeahmte Gut selbst sein könne, sondern allein die Art und Weise seiner Nachahmung, weil das UWG als Marktverhaltensregelung nur Handlungsunrecht ahnden könne und der Schutz des nachgeahmten Gutes allenfalls reflexartig eintrete.[201]

---

[193] Vgl. *Peukert*, WRP 2010, 316, 317, 319.
[194] *Ohly*, Anm. GRUR 2011, 429, 440.
[195] *Körber/Ess*, WRP 2011, 697, 702.
[196] *Köhler/Bornkamm*, UWG, § 4 Rn. 9.5c; *Nemeczek*, WRP 2010, 1204; *ders.*, GRUR 2011, 292; differenzierend *Peukert*, WRP 2010, 316; a.A. zu Recht *Götting/Nordemann/Wirtz*, UWG, § 3 Rn. 43.
[197] *Köhler/Bornkamm*, UWG, § 4 Rn 9.5c, § 4 Rn. 9.5c.
[198] *Emmerich*, Unlauterer Wettbewerb, § 11 Rn. 8; *Heyers*, GRUR 2006, 23, 23 f.; *Wiebe*, FS Schricker, 2005, 773, 780 f.; *Stieper*, WRP 2006, 291, 292, 295; *Ahrens*, GRUR 2006, 617, 622; *Schrader*, WRP 2005, 562, 563.
[199] *Nemeczek*, WRP 2010, 1204, 1210; Gloy/Loschelder/Erdmann/*Lubberger*, HdB WettbW, § 43 Rn. 34.
[200] *Peukert*, Güterzuordnung als Rechtsprinzip, 2008, 790 ff.
[201] *Emmerich*, Unlauterer Wettbewerb, § 11 Rn. 8; *Haß*, GRUR 1979, 361, 367; *von Gamm*, GRUR 1978, 453, 454; Großkomm/*Schünemann*, 1. Aufl., Einl. E Rn. 44 ff.; *Jacobs*, FS Helm, 2002, 71, 71; *Luchterhand*, GRUR 1969, 581, 582; *Münker*, FS Ullmann, 2006, 781, 784; *Stieper*, WRP 2006, 291, 295; *Nemeczek*, WRP 2010, 1204, 1205 f.

81 Demgegenüber wird von anderen Teilen in der Literatur darauf hingewiesen, dass der Gesetzgeber ausdrücklich die frühere Rechtsprechung kodifizieren wollte und eine revolutionäre Abkehr von den zu § 1 UWG a.F. anerkannten Grundsätzen genauso wenig beabsichtigt gewesen sei, wie eine Abschaffung der unter § 1 UWG a.F. anerkannten „Schrittmacherfunktion".[202] Daher soll etwa nach *Ohly* ein unmittelbarer Leistungsschutz dann gewährt werden, wenn keine immaterialgüterrechtlichen Wertungen entgegen stehen und der Schutz nicht nur dem Interesse des Originalherstellers diene, sondern auch durch Allgemeininteressen gerechtfertigt sei.[203] Ganz ähnlich erkennt auch *Peukert* einen unmittelbaren Leistungsschutz jedenfalls dann an, wenn ein mit wesentlichen Investitionen geschaffenes Erzeugnis durch technische Mittel zu minimalen Kosten vervielfältigt wird, dies der Originalhersteller weder rechtlich noch faktisch zu verhindern vermag und andernfalls die ernsthafte Gefahr bestünde, dass auf diesem Markt weitere Investitionen unterblieben.[204] Noch weiter gehend wird von anderen Teilen der Literatur, wie etwa von *Fezer*, das Interesse des Imitators grundsätzlich für nicht schutzwürdig gehalten. Eigenartige Leistungsergebnisse müssten grundsätzlich gegen unmittelbare Leistungsübernahmen und sklavische Nachahmungen geschützt werden,[205] da es sich bei dem Schutz der unternehmerischen Leistung um eine eigenständige originäre Aufgabe des Wettbewerbsrechts handele, deren Wahrnehmung bisher weithin versäumt wurde und deren Reichweite noch nicht ausgelotet sei.[206] Hinsichtlich der Rechtsgrundlage für einen unmittelbaren Leistungsschutz wird überwiegend auf § 3 Abs. 1 UWG,[207] vereinzelt aber auch auf § 4 Nr. 10 UWG a.F. (jetzt Nr. 4)[208] oder § 823 Abs. 1 BGB[209] verwiesen.

2. Stellungnahme

82 Es ist zu begrüßen, wenn der BGH in seiner Entscheidung „hartplatzhelden.de" in der Anerkennung eines unmittelbaren Leistungsschutzes einerseits Zurückhaltung geübt hat, andererseits aber nicht gänzlich ausgeschlossen hat, dass unter besonderen Umständen ein über den engen Regelungsbereich des § 4 Nr. 3 UWG hinausgehender lauterkeitsrechtlicher Schutz der Leistung möglich sein kann. Es widerspricht der Natur des Wettbewerbs, der ständig neue Erscheinungsformen unlauteren Handelns hervorbringt, wenn ein Rückgriff auf die Generalklausel von vornherein ausgeschlossen wird. Ein über § 4 Nr. 3 UWG hinausgehender Schutz kommt aber wegen des Vorrangs der Sonderschutzgesetze nur für Fallgestaltungen in Betracht, die von diesen Sonderschutzrechten nicht oder wegen eines technischen, wirtschaftlichen oder gesellschaftlichen Wandels nicht mehr angemessen erfasst sind. Angesichts der zunehmenden Dichte der Sonderschutzgesetze werden entsprechende Lücken freilich zunehmend seltener auftreten. Zudem spricht einiges dafür, dass die getätigte Investition für sich betrachtet auch weiterhin nicht genügt, einen lauterkeits-

---

[202] *Ohly,* GRUR 2010, 487, 492, 494.
[203] *Ohly,* FS Schricker, 2005, 105; *ders.*, FS Ullmann, 2006, 795, 806 ff.
[204] *Peukert,* WRP 2010, 316, 320; *ders.*, Güterzuordnung als Rechtsprinzip, 2008, 813.
[205] *Fezer,* FS GRUR, 1991, 939, 951, 959, 962; *ders.*, WRP 1993, 63, 71; *ders.*, WRP 2001, 989, 1006 f.; *Lubberger,* FS Ullmann, 2006, 737, 739 ff.; *Sack,* FS Voyame, 1989, 225, 227 ff.; *ders.*, WRP 2005, 531, 537 f.; *Hubmann,* GRUR 1975, 230, 235 f.; *Krüger,* GRUR 1986, 115, 126; *Müller-Laube,* ZHR 156 (1996), 480, 500; *Schricker/Henning-Bodewig,* WRP 2001, 1367, 1384.
[206] *Fezer* WRP 1993, 63, 65 f.; *ders.* WRP 2012, 1321, 1322 ff.; siehe auch *Lubberger,* FS Ullmann, 2006, 737, 748.
[207] *Fezer,* FS GRUR, 1991, 939, 969; *Sack* WRP 2005, 531, 536 f.; *Ohly* GRUR 2010, 487, 492; *ders.*, GRUR 2011, 439, 439 f.; *Harte/Henning/Sambuc,* UWG, § 4 Nr. 9 Rn. 34; *Henning-Bodewig,* GRUR 2004, 713, 717; *Ruess/Slopek* WRP 2011, 834, 841 f.
[208] Z.B. *Nemeczek,* WRP 2010, 1204, 1205 f., 1211.
[209] *Köhler*/Bornkamm, UWG, § 4 Rn. 9.5c.

rechtlichen Schutz zu begründen. Vielmehr müssen weitere Umstände hinzutreten, die den Schutz der Leistung aus wettbewerbsfunktionalen Gründen erforderlich erscheinen lassen. Versteht man unter „unmittelbarem Leistungsschutz" ein Schutz der bloßen Leistung, ohne dass weitere Unlauterkeitsmerkmale hinzukommen müssen, wäre ein solcher in der Tat abzulehnen.

D. Gezielte Behinderung von Mitbewerbern (§ 4 Nr. 4 UWG)

Schrifttum: *Beater,* Das gezielte Behindern im Sinne von § 4 Nr. 10 UWG, WRP 2011, 7; *Köhler,* Zur Konkurrenz lauterkeitsrechtlicher und kartellrechtlicher Normen, WRP 2005, 645; *Omsels,* Zur Unlauterkeit der gezielten Behinderung von Mitbewerbern, § 4 Nr. 10 UWG, WRP 2004, 136; *Pichler,* Das Verhältnis von Kartell- und Lauterkeitsrecht, 2009; *Schwipps,* Wechselwirkungen zwischen Lauterkeitsrecht und Kartellrecht, 2009.

I. Inhalt und Zweck der Vorschrift

Nach § 4 Nr. 4 UWG (§ 4 Nr. 10 UWG a.F.) handelt unlauter, wer Mitbewerber gezielt behindert. Unter einer Behinderung im Sinne des Wettbewerbsrechts wird traditionell die **Beeinträchtigung der wettbewerblichen Entfaltungsmöglichkeiten** eines Mitbewerbers verstanden.[210] Die Vorschrift dient damit allein dem Mitbewerberschutz. Allerdings ist der Begriff der Behinderung von generalklauselhafter und deshalb auch ausfüllungsbedürftiger Weite, weil die Behinderung häufig eine wettbewerbsimmanente und wettbewerbskonforme Konsequenz erfolgreichen unternehmerischen Handelns darstellt. Da der Vorteil eines Mitbewerbers regelmäßig zugleich Nachteil seiner Konkurrenten ist, ist die Behinderung als solche wettbewerbsrechtlich nicht zu beanstanden. Ob ein behinderndes Wettbewerbsverhalten unlauter ist, ergibt sich somit nicht allein aus der behindernden Wirkung.[211] Eine Wettbewerbswidrigkeit ist erst dann anzunehmen, wenn **weitere Umstände hinzutreten**, die ihr das Gepräge der Unlauterkeit verleihen.[212] Nach der gebotenen wettbewerbsfunktionalen Betrachtungsweise schützt die Vorschrift vor Wettbewerbshandlungen die nicht mehr **Ausdruck des funktionierenden Wettbewerbskampfes** zum Zwecke des **eigenen Fortkommens** mit den im Wettbewerb zulässigen Mitteln wie **Qualität, Preis, Vertrieb oder Werbung** sind, sondern allein oder jedenfalls vorrangig dazu dienen, den **Leistungsvergleich** durch gezielte Eingriffe in den wettbewerbsrechtlich geschützten Bereich des Konkurrenten **auszuschalten**. Demgegenüber ist es nicht Zweck des § 4 Nr. 4 UWG, vor bloßen Gefährdungen von Geschäftsmodellen oder vor Beeinträchtigungen der Ertragserwartungen der Konkurrenten zu schützen.

83

Die gezielte und individuelle Behinderung ist von der „allgemeinen Marktbehinderung" zu unterscheiden. Diese ist dadurch gekennzeichnet, dass durch bestimmte Maßnahmen, die sich gezielt gegen einen einzelnen Mitbewerber richten, der relevante Markt in seinem Bestand gefährdet wird, weil der Leistungswettbewerb hinsichtlich der fraglichen Warenart in nicht unerheblichem Maße eingeschränkt wird oder vollständig zum Erliegen kommt.[213]

84

---

[210] BGH GRUR 2001, 1061, 1062 – *mitwohnzentrale.de*; 2002, 902, 905 – *Vanity-Nummer*.
[211] *Omsels,* WRP 2004, 136, 139.
[212] BGH GRUR 2001, 1061, 1062 – *mitwohnzentrale.de*; 2002, 902, 905 – *Vanity-Nummer*.
[213] Siehe dazu unten Rn. 166 ff. sowie BGHZ 114, 82 = GRUR 1991, 616, 617 – *Motorboot-Fachzeitschrift*; BGH GRUR 2001, 80, 81 – *ad-hoc-Meldung*; WRP 2001, 688, 690 – *Eröffnungswerbung*.

II. Unionsrechtliche Vorgaben

85 Obwohl der Behinderungstatbestand in erster Linie die Interessen der Mitbewerber bezweckt, war zu § 4 Nr. 10 UWG a.F. umstritten, inwieweit die Vorschrift durch die **Richtlinie über unlautere Geschäftspraktiken** berührt wird. Einerseits bezieht sich die Richtlinie nach ihrem Erwägungsgrund 7 ausdrücklich auf Geschäftspraktiken, die in unmittelbarem Zusammenhang mit der Beeinflussung der geschäftlichen Entscheidungen des *Verbrauchers* in Bezug auf Produkte stehen. Sie bezieht sich dagegen nicht auf Geschäftspraktiken, die vorrangig anderen Zielen dienen. Insbesondere berührt sie nicht die „nationalen Rechtsvorschriften in Bezug auf unlautere Geschäftspraktiken, die lediglich die wirtschaftlichen Interessen von Mitbewerbern schädigen oder sich auf ein Rechtsgeschäft zwischen Gewerbetreibenden beziehen".[214] Dementsprechend lassen sich aus der Richtlinie keine Vorgaben für den Schutz der Mitbewerber ableiten. Andererseits kann es aber angesichts des vollharmonisierenden Charakters der Richtlinie überall dort zu Konflikten mit der Richtlinie kommen, wo neben der Behinderung des Mitbewerbers auch Interessen von Verbrauchern berührt sind. Entsprechend gingen auch Rechtsprechung und weite Teile des Schrifttums davon aus, dass die UGP-Richtlinie einer Anwendung des Behinderungstatbestands (nur dann) nicht entgegensteht, soweit das zu beurteilende Verhalten allein die wirtschaftlichen Interessen eines Mitbewerbers und nicht auch die Interessen von Verbrauchern betrifft.[215] Soweit dagegen wirtschaftliche Interessen der Verbraucher berührt sind, sollten die Wertungen der UGP-Richtlinie zu berücksichtigen sein.[216]

86 Inzwischen hat der EuGH aber zu Recht klar zum Ausdruck gebracht, dass Regelungen, die dem Schutz der Mitbewerber dienen, nicht von der Richtlinie erfasst werden.[217] Danach sind nationale Vorschriften, die Geschäftspraktiken gegenüber Verbrauchern regeln, nur dann auf ihre Vereinbarkeit mit der Richtlinie zu überprüfen, wenn sie (zumindest auch) dem Schutz der Verbraucher dienen. Ob dies der Fall ist, bleibt der Beurteilung durch die nationalen Gerichte überlassen.[218] Eine nationale Vorschrift, die – wie § 4 Nr. 3 UWG – nach dem ausdrücklichen Verständnis des nationalen Gesetzgebers[219] lediglich den Schutz der Mitbewerber bezweckt, wird von der Richtlinie nicht erfasst.[220] Dies ergibt sich auch aus Erwägungsgrund 8 der Richtlinie, wonach es „selbstverständlich" auch andere Geschäftspraktiken, als die durch die UGP-Richtlinie erfassten gibt, die also „zwar nicht den Verbraucher schädigen, sich jedoch nachteilig für die Mitbewerber und gewerblichen Kunden auswirken können." Die Beachtung der allein den Verbraucherschutz bezweckenden UGP-Richtlinie darf jedenfalls nicht dazu führen, dass mitbewerberschützende Tatbestände nur deswegen nicht mehr greifen, weil zusätzlich zur Beeinträchtigung der Interessen der Mitbewerber Verbraucherinteressen zwar berührt, aber nicht im Sinne der Richtlinie geschädigt sind. Denn damit würde eine empfindliche Aushöhlung des Konkurrentenschutzes drohen.

---

[214] Erwägungsgrund 6 der UGP-Richtlinie.
[215] BGH GRUR 2010, 346 Rn. 10 – *Rufumleitung*; 2009, 1075 Rn. 15 – *Betriebsbeobachtung*.
[216] *Köhler*/Bornkamm, UWG, § 4 Nr. 10 Rn. 10.3a; *ders.*, GRUR 2008, 841, 846; offengelassen von BGH GRUR 2009, 876, 878 – *Änderung der Voreinstellung II*.
[217] Vgl. EuGH GRUR Int. 2013, 1158 Rn. 35 – *RLvS Verlagsgesellschaft mbH/Stuttgarter Wochenblatt GmbH*; 2013, 936 Rn. 17, 31 – *Euronics Belgium/Kamera Express*; EuGH C-559/11, Rn. 20 – *Pelckmans Turnhout*; 2011, 853 Rn. 28 – *Wamo*; unklar dagegen noch EuGH GRUR 2010, 244 Rn. 39 – *Plus Warenhandelsgesellschaft*; vgl. auch Begr. des Rechtsausschusses. BT-Drucks. 18/6571, S. 15 zum RegE Drucks. 18/4535.
[218] EuGH GRUR Int. 2011, 853 Rn. 28 – *Wamo*.
[219] Vgl. Ausschuss-Drs. 18(6)157, S. 13.
[220] *Köhler* WRP 2015, 275 (281).

III. Verhältnis zum Kartellrecht

Die Fallgruppe der Behinderung weist eine Vielzahl von Berührungspunkten und Überschneidungen mit dem **Kartellrecht** auf. Ganz generell gilt, dass das Wettbewerbsrecht und das Kartellrecht in einem **inneren Funktionszusammenhang** und einer **Wechselwirkung** zueinander stehen. Sie dienen unter verschiedenen Aspekten dem gemeinsamen Ziel eines freien und lauteren Wettbewerbs. Unterschiede bestehen aber in den Ansätzen beider Rechtsgebiete. Das Kartellrecht will Monopoltendenzen verhindern und betrifft konfrontative oder kooperative Praktiken allein unter dem Gesichtspunkt des wettbewerbsbeschränkenden Verhaltens. Die vom Kartellrecht erfassten Verhaltensweisen lassen für sich betrachtet noch keinen Schluss auf ihre Zulässigkeit zu, sondern bedürfen zusätzlich einer Betrachtung der wettbewerblichen Gesamtsituation.[221] Demgegenüber geht es im Lauterkeitsrecht vorranging um den Schutz der wettbewerbsbezogen Interessen der Marktteilnehmer **vor exzessiven Wettbewerbshandlungen**. Es geht nicht allein um wettbewerbsbeschränkendes Verhalten, sondern um besondere **wettbewerbstypische Gefahrenlagen**, die in einem ungezügelten Wettbewerb für alle Marktteilnehmer bestehen. Während beim Kartellrecht das Schwergewicht auf dem Institutionsschutz liegt, ist das Lauterkeitsrecht in stärkerem Maße auf den **Individualschutz** ausgerichtet.

Soweit demgegenüber für die Rollenverteilung angenommen wird, dass das Kartellrecht den Bestand, also das „Ob", und das Lauterkeitsrecht die Art und Weise, also das „Wie", des Wettbewerbs regele, erscheint eine solche Unterscheidung schon deswegen schwierig, weil geschäftliche Handlungen grundsätzlich immer Auswirkungen auf den Wettbewerb haben sollen. Umgekehrt wird auch jede Wettbewerbsbeschränkung auf eine Wettbewerbshandlung zurückzuführen sein. Viele geschäftliche Handlungen wie etwa das „Versperren des Wettbewerbs", eine besondere vertragliche Praxis oder eine bestimmte Preisgestaltung können gleichermaßen das „Wie" und das „Ob" von Wettbewerb betreffen.

Davon unberührt hat das UWG jedenfalls die **Wertungen des GWB** in zweierlei, entgegengesetzten Richtungen zu berücksichtigen. Zum einen muss die Generalklausel des § 3 UWG und damit auch § 4 Nr. 4 UWG im Lichte der Ziele des GWB, insbesondere der Wahrung der Freiheit des Wettbewerbs, ausgelegt und konkretisiert werden. Zum anderen sind die speziellen und vorrangigen Wertungen des GWB zu beachten. Diese dürfen nicht durch das UWG unterlaufen werden. Sofern ein Verhalten vom Anwendungsbereich des GWB erfasst wird, aber die dort statuierten Verbotsvoraussetzungen nicht erfüllt sind, wie insbesondere die erforderliche Marktmacht nicht vorliegt, ist ein Rückgriff auf den Behinderungstatbestand nur dann gerechtfertigt, wenn zusätzliche unlauterkeitsbegründende Umstände vorliegen, die von der kartellrechtlichen Norm nicht berücksichtigt werden.[222]

Im vorliegenden Zusammenhang bedeutet dies, dass Behinderungen der Kontrolle sowohl nach dem UWG als auch nach Art. 102 AEUV; §§ 19, 20 GWB unterliegen.[223] Aber auch wenn sich die genannten Vorschriften überschneiden, so decken sie sich nicht, da sie an einen unterschiedlichen Adressatenkreis gerichtet sind. §§ 19, 20 GWB beschränken sich in ihrem Anwendungsbereich auf marktbeherrschende und marktstarke Unternehmen, während § 4 UWG für alle Unternehmen (und im Falle einer Absicht der Förderung fremden Wettbewerbs auch für Nichtunternehmen) gilt. Aus dem Funktionszusammenhang zwischen UWG und GWB bei der Beurteilung der Wettbewerbswidrigkeit und der Unbilligkeit (§§ 19 Abs. 2 Nr. 1, 20 Abs. 3 GWB) folgt, dass bei der Konkretisierung der beiden Tatbestandsmerkmale weitgehend die gleichen Beurteilungskriterien maßgebend

---

[221] Vgl. hierzu auch *Schwipps*, Wechselwirkungen zwischen Lauterkeitsrecht und Kartellrecht, 2009, S. 228 f.
[222] BGH GRUR 1995, 690, 692 f. – *Hitlisten-Platten*; Ohly/Sosnitza, UWG, § 4.10 Rn. 10/15; s. auch BGH GRUR 2006, 773, 774 Rn. 17 – *Probeabonnement*.
[223] BGHZ 96, 337, 351 – *Abwehrblatt II*; 101, 72, 78 – *Krankentransporte*.

sind.²²⁴ Daher indiziert die Wettbewerbswidrigkeit einer Behinderung auch ihre Unbilligkeit.²²⁵ Umgekehrt gilt dies allerdings nicht, da andernfalls die Begrenzung des Adressatenkreises in §§ 19, 20 GWB durch das UWG unterlaufen würde. Wird allerdings die Unbilligkeit verneint, so ist diese Wertung auch für die Unlauterkeit maßgeblich.²²⁶

IV. Behinderung

91   Unter Behinderung wird im weitesten Sinne **jede Beeinträchtigung der wettbewerblichen Entfaltungsmöglichkeiten** der Mitbewerber verstanden.²²⁷ Sie kann sich auf alle Wettbewerbsparameter des Mitbewerbers beziehen, insbesondere auf den Absatz, den Bezug, die Werbung, die Produktion, die Finanzierung oder das Personal.²²⁸ Eine Beeinträchtigung der Entfaltungsmöglichkeiten der Konkurrenten ist im Allgemeinen aber nur dann unlauter, wenn versucht wird, Mitbewerber an ihrer Entfaltung zu hindern und sie dadurch **zu verdrängen**, oder wenn die Behinderung dazu führt, dass die beeinträchtigten Mitbewerber ihre **Leistung am Markt durch eigene Anstrengung nicht mehr in angemessener Weise zur Geltung bringen** können.²²⁹ Ob diese Voraussetzungen erfüllt sind, ist aufgrund einer **Gesamtwürdigung** aller Umstände des Einzelfalls unter Berücksichtigung der Interessen der Mitbewerber, Verbraucher und sonstigen Marktteilnehmer sowie der Interessen der Allgemeinheit an einem unverfälschten Wettbewerb zu beurteilen.²³⁰ Abzustellen ist auf die **Schwere der Beeinträchtigung** und die **Möglichkeiten, mit denen sich der Konkurrent seinerseits durch wettbewerbliche Maßnahmen wehren kann**. Die Schwelle der als bloße Folge des Wettbewerbs hinzunehmenden Behinderung ist erst überschritten, wenn das betreffende Verhalten bei objektiver Würdigung der Umstände auf die Beeinträchtigung der wettbewerblichen Entfaltung des Mitbewerbers und **nicht in erster Linie auf die Förderung des eigenen Wettbewerbs** gerichtet ist.²³¹ Nach der gebotenen **wettbewerbsfunktionalen Betrachtung** ist somit maßgeblich, ob die Beeinträchtigung noch wesenseigene Folge des funktionierenden Wettbewerbs ist oder Folge der **Ausschaltung des Leistungsvergleichs**.²³²

92   Damit ist unverkennbar der Gedanke des **Leistungswettbewerbs** angesprochen, wonach die eigene Absatztätigkeit grundsätzlich mit den Mitteln der eigenen Leistung gefördert werden soll, d.h. mit Aktionsparametern wie Qualität, Preis, Vertrieb oder Werbung.²³³ Demgegenüber wird als „Nichtleistungs-" oder „Gewaltwettbewerb" ein „negativer Wettbewerb" angesehen, der eine Behinderung des Mitbewerbers herbeiführt, um dadurch erst freie Bahn für den eigenen Absatz zu schaffen.²³⁴ Entscheidend ist demnach, inwieweit Wettbewerber um ihr berechtigtes Interesse gebracht werden, im freien Leistungsvergleich mit ihren Leistungen erfolgreich zu sein.

---

²²⁴ BGHZ 107, 40, 41 – *Krankentransportbestellung*; BGH WRP 1999, 105, 109 – *Schilderpräger im Landratsamt*.
²²⁵ BGH WRP 2003, 73, 75 – *Kommunaler Schilderprägebetrieb*.
²²⁶ BGHZ 96, 337, 347, 351 – *Abwehrblatt II*; 101, 72, 77 – *Krankentransporte*.
²²⁷ BGH GRUR 2002, 902, 905 – *Vanity-Nummer*; 2001, 1061, 1062 – *Mitwohnzentrale.de*; 2004, 877, 879 – *Werbeblocker*.
²²⁸ BGH GRUR 2004, 877, 879 – *Werbeblocker*.
²²⁹ BGH GRUR 2001, 1061, 1062 – *Mitwohnzentrale.de*; 2007, 800, 802 – *Außendienstmitarbeiter*; 2009, 878, 879 f. – *Fräsautomat*; 2010, 346, 347 – *Rufumleitung*.
²³⁰ BGH GRUR 2011, 1018, 1023 – *Automobil-Onlinebörse*.
²³¹ BGH GRUR 2008, 917, 918 – *EROS*.
²³² *Köhler/Bornkamm*, UWG, § 4 Rn. 10.10; vgl. hierzu auch *Hetmank*, GRUR 2014, 437, 439 f.
²³³ Vgl. dazu oben Rn. § 1 Rn. 20 ff.
²³⁴ *Nipperdey*, Wettbewerb und Existenzvernichtung, 1930, 16; *Callmann*, Der unlautere Wettbewerb, 1929, 20; *Böhm*, Wettbewerb und Monopolkampf, 1933, 178 ff., 284.

V. Zielgerichtetheit der Behinderung

Nach seinem eindeutigen Wortlaut hat der Tatbestand des § 4 Nr. 4 UWG (nur) die „gezielte Behinderung" im Auge. Nach dem allgemeinen Sprachverständnis ist dem Tatbestandsmerkmal „gezielt" **„eine intentionale Richtung"** immanent. Eine Unlauterkeit der Behinderung kann demnach generell nur dann angenommen werden, wenn nach den Umständen davon ausgegangen werden muss, dass es dem Behindernden subjektiv gezielt um die Behinderung des Mitbewerbers geht, auch wenn diese nicht das einzige Motiv zu sein braucht. Ist dies nicht der Fall, so kommt allenfalls ein Rückgriff auf die Generalklausel des § 3 Abs. 1 UWG in Betracht, wobei eine Unlauterkeit dann aber nur bei Vorliegen ganz besonderer, außergewöhnlicher Umstände angenommen werden kann. Im Gegensatz dazu geht der BGH aber davon aus, dass eine **„gezielte" Behinderung keine Absicht erfordert.**[235] Dies steht im klaren Widerspruch zum gesetzlichen Wortlaut. Hinter einer gezielten Handlung steht notwendigerweise eine entsprechende Absicht. Hiervon zu trennen ist die Frage, in welcher Weise das Vorliegen einer entsprechenden Absicht substantiiert werden kann. Wie ganz generell bei subjektiven Tatbeständen muss hierfür auf objektive Indizien abgestellt werden. Es mag zwar sein, dass die historische Auslegung nach Maßgabe der widersprüchlichen und daher verwirrenden Gesetzesbegründung gegen eine wortlautgemäße Interpretation spricht.[236] Sollte ein solcher Wille des Gesetzgebers aber vorhanden gewesen sein, so kommt dieser jedenfalls nicht mit hinreichender Deutlichkeit zum Ausdruck, vielmehr ist die Aufnahme des Tatbestandsmerkmals „gezielt" nicht nur unglücklich, sondern verunglückt. Immerhin hat auch der BGH festgestellt, dass eine „versehentliche" Vertragsverletzung keine gezielte Behinderung ist.[237]

93

VI. Besondere Formen der Behinderung

1. Boykottaufruf

Schrifttum: *Bauer/Wrage-Molkenthin*, Aufforderung zu Liefer- oder Bezugssperren, BB 1989, 1459; *Berghoff*, Nötigung durch Boykott, 1998; *Markert*, Aufforderung zu Liefer- oder Bezugssperren, BB 1989, 921; *Möllers*, Zur Zulässigkeit des Verbraucherboykotts – Brent Spar und Mururoa, NJW 1996, 1374; *Werner*, Wettbewerbsrecht und Boykott, 2008.

Zu den klassischen Formen des Behinderungswettbewerbs zählt der Boykott,[238] der auch von der Gesetzesbegründung[239] an erster Stelle als Beispiel für eine Erscheinungsform des Tatbestands nach § 4 Nr. 10 UWG a. F. genannt wurde. Der Boykott setzt begrifflich mindestens drei Beteiligte voraus, nämlich den Verrufer oder Boykottierer, den Adressaten der Verrufserklärung, der die Sperre ausführen soll, und den Verrufenen oder Boykottierten.[240] Dabei muss der Adressat nicht mit dem Ausführenden der Sperre identisch sein.

94

---

[235] BGH WRP 2007, 951, 954 Rn. 22 – *Außendienstmitarbeiter*.
[236] In diesem Sinne *Ohly*/Sosnitza, UWG, § 4.10 Rn. 10/9.
[237] Vgl. BGH WRP 2007, 1341 (Ls), 1344 Rn. 25 – *Änderung der Voreinstellung*.
[238] Zur Herkunft des Begriffs *Köhler*/Bornkamm, UWG, § 4 Rn. 10.116, wonach die Bezeichnung „Boykott" auf das Vorgehen der irischen Landliga gegen den englischen Gutsverwalter Charles Boykott zurückgeht, die Arbeiter zum Verlassen der Arbeitsstelle und Geschäftsleute zum Abbruch der Geschäftsbeziehungen veranlasste. Ebenso Duden-Herkunftswörterbuch, 2. Aufl. 1989.
[239] Begr. RegE, BT-Drucks. 15/1487, S. 19 (zu § 4 Nr. 10 UWG a. F.).
[240] Siehe BGHZ 19, 72, 77 – *Gesangsbuch*; BGH GRUR 1965, 440, 442 – *Milchboykott*; 1990, 474, 475 – *Neugeborenentransporte*; WRP 1990, 941, 943 – *Sitzender Krankentransport*, 2000, 89, 90 – *Beteiligungsverbot für Schilderpräger*; Harte/Henning/Straub, UWG, § 4 Nr. 10 Rdn. 216 ff.

Vielmehr genügt eine Aufforderung an den Adressaten, auf andere Personen einzuwirken, die die Sperre vornehmen sollen.²⁴¹

a) Aufforderung zu einer Liefer- oder Bezugssperre

95 Erforderlich ist zunächst die **Aufforderung zu einer Liefer- oder Bezugssperre**, wie etwa die Aufforderung an einen Verleger, keine Inserate eines Mitbewerbers anzunehmen, oder von Fachhändlern an den Hersteller, keine Verbrauchermärkte zu beliefern. Unter einer **Sperre**, zu der aufgerufen wird, ist jede dauerhafte oder vorübergehende Beendigung bestehender oder die Nichtaufnahme neuer Lieferbeziehungen im Geschäftsverkehr mit Waren oder gewerblichen Leistungen durch den Lieferanten oder Abnehmer zu verstehen.²⁴² Ausreichend kann bereits eine gegenständliche oder mengenmäßige Begrenzung sein,²⁴³ ebenso die Aufstellung von Bedingungen, die den betreffenden Geschäftsverkehr für den Verrufenen unzumutbar macht.²⁴⁴ Daher kann auch die von einem Flugunternehmen aufgestellte pauschale Behauptung, die Vermarktung ihrer Flugtickets durch andere Unternehmen im Wege des „Screen Scrapings" sei rechtswidrig, ebenso als gezielte Behinderung im Sinne von § 4 Nr. 4 UWG einzustufen sein, wie die Ankündigung, auf diese Weise erworbene Flugtickets zu stornieren, weil die anderen Unternehmen dadurch in ihrer Geschäftstätigkeit in massiver Weise beeinträchtigt werden.²⁴⁵ Eine gewerbliche Leistung und damit Gegenstand eines verbotenen Boykotts kann ferner die gesellschaftsrechtliche Beteiligung an einem Unternehmen sein.²⁴⁶

96 Die für den Boykottaufruf konstitutive Aufforderung muss ferner auf eine **Beeinflussung der freien Willensentscheidung des Adressaten** gerichtet²⁴⁷ und auch geeignet sein, diese herbeizuführen.²⁴⁸ Ein Indiz für eine zielgerichtete Einflussnahme auf die freie Willensbestimmung kann es sein, wenn unterschwellig zugleich Vorteile für die Befolgung oder Nachteile für die Nichtbefolgung in Aussicht gestellt werden,²⁴⁹ wobei die Anwendung von Druckmitteln nicht erforderlich ist.²⁵⁰

97 Schließlich muss die Aufforderung eine **geschäftliche Handlung** i.S.v. § 2 Abs. 1 Nr. 1 UWG darstellen. Erforderlich ist also eine objektive Eignung der Aufforderung zur Absatz- bzw. Bezugsförderung zugunsten des eigenen oder eines fremden Unternehmens. Hieran fehlt es regelmäßig bei politisch, religiös oder in sonstiger Weise weltanschaulich motivierten Boykottaktionen.

b) Rechtswidrigkeit des Boykottaufrufs

98 Hinsichtlich der Rechtswidrigkeit ist im Sinne eines Regel-Ausnahme-Verhältnisses davon auszugehen, dass der **Boykottaufruf grundsätzlich rechtswidrig** und damit unlauter ist, sofern nicht besondere Rechtfertigungsgründe eingreifen.²⁵¹ Im Rahmen der bei der Prüfung eines Rechtfertigungsgrundes vorzunehmenden **Interessenabwägung** sind insbesondere der Grundsatz der Verhältnismäßigkeit sowie gegebenenfalls die Marktmacht des

---

²⁴¹ BGH GRUR 1980, 242, 243 – *Denkzettelaktion*, 1984, 461, 462 – *Kundenboykott*.
²⁴² Immenga/Mestmäcker/*Markert*, GWB § 21 Rn. 20; *Köhler*/Bornkamm, UWG, § 4 Rn 10.121.
²⁴³ OLG Frankfurt WRP 1998, 98, 99.
²⁴⁴ *Köhler*/Bornkamm UWG § 4 Rn 10.121.
²⁴⁵ OLG Frankfurt MMR 2009, 400, 400 f.
²⁴⁶ BGH WRP 2000, 89, 90 – *Beteiligungsverbot für Schilderpräger*.
²⁴⁷ BGH GRUR 1985, 468, 469 – *Ideal-Standard*.
²⁴⁸ BGH GRUR 1984, 214, 215 – *Copy-Charge*; OLG Frankfurt WRP 1989, 89, 99.
²⁴⁹ OLG Düsseldorf NJWE-WettbR 1999, 123.
²⁵⁰ BGH GRUR 1999, 1031, 1033 – *Sitzender Krankentransport*.
²⁵¹ BGH GRUR 1980, 242, 244 – *Denkzettelaktion*.

Aufrufers zu berücksichtigen.²⁵² Sofern der Boykottaufruf im Zusammenhang mit einer Presseberichterstattung erfolgt, kann eine Berufung auf Art. 5 GG in Betracht kommen, wenn die zugrunde liegende Meinungskundgabe ein Mittel zu geistigem Meinungskampf in einer die Öffentlichkeit wesentlich berührenden Frage ist und es dem Handelnden demzufolge um eine argumentative Auseinandersetzung, z.B. über wirtschaftliche Belange, geht.²⁵³ Der Boykottaufruf ist allerdings nicht von Art. 5 GG gedeckt, wenn er zu einer unangemessenen Beeinträchtigung des Betroffenen führen kann,²⁵⁴ oder wenn die Meinungsäußerung lediglich als Mittel zur Förderung privater Wettbewerbsinteressen benutzt wird²⁵⁵ bzw. wenn der Handelnde wirtschaftlichen Druck auf die Adressaten ausübt oder veranlasst und dadurch ihre Entscheidungsfreiheit beeinträchtigt.²⁵⁶

c) Verhältnis zum Kartellrecht und zum bürgerlichen Recht

99 Da sich der lauterkeitsrechtliche und der kartellrechtliche Boykotttatbestand überschneiden, aber nicht vollständig decken, sind **beide Normen nebeneinander anwendbar**.²⁵⁷ Der vom Wettbewerbsrecht erfasste Boykottaufruf fällt regelmäßig auch unter § 21 Abs. 1 GWB und umgekehrt.²⁵⁸

100 Sofern mit Blick auf § 8 Abs. 3 Nr. 1 UWG i.V.m. § 2 Abs. 1 Nr. 3 UWG **kein Handeln zu Zwecken des Wettbewerbs** bzw. kein Wettbewerbsverhältnis vorliegt, kann bei einem Boykottaufruf der Tatbestand des § 826 BGB zum Zuge kommen; daneben ist auch ein Eingriff in das Recht am Unternehmen als sonstiges Recht im Sinne von § 823 Abs. 1 BGB denkbar.²⁵⁹

2. Betriebsstörung durch physische Einwirkung, Spionage und Testmaßnahmen

Schrifttum: *Friedrich*, Der perfide Testkauf, FS Sandrock, 1995, 323; *Hagenkötter*, Die Unlauterkeit von Testfotos, WRP 2008, 39; *Isele*, Die wettbewerbsrechtliche Zulässigkeit von Hausverboten gegenüber Konkurrenten, GRUR 2008, 1064; *Mayer*, Zutritt für Tester verboten? Zur Verhinderung von Testmaßnahmen des Konkurrenten, GRUR-Prax 2011, 545.

101 Stets unlauter sind absichtliche physische und psychische Beeinträchtigungen der betrieblichen Abläufe im Unternehmen eines Mitbewerbers, die sich unmittelbar gegen die Funktionsfähigkeit des Unternehmens richten. Hierzu zählen etwa die Zerstörung oder Beschädigung von Betriebsmitteln (Gebäude, Maschinen), das Versperren des Zugangs zum Betriebsgelände, die Störung von Computersystemen, aber auch die den Betrieb störende Einwirkung auf Mitarbeiter als Extremformen der gezielten Behinderung. Entsprechendes gilt auch für das Eindringen in den gegenständlichen Bereich eines Betriebes durch Einschleusen von Dritten, wie insbesondere Detektiven, zu dem Zweck, Betriebsvorgänge auszukundschaften.²⁶⁰

---

²⁵² Siehe BGH WRP 2000, 89, 90 = GRUR 2000, 344 – *Beteiligungsverbot für Schilderpräger*; OLG Düsseldorf NJWE-WettbR 1999, 123, 125.
²⁵³ BVerfGE 25, 256, 264 – *Blinkfüer*; BVerfG GRUR 2001, 170 – *Benetton-Werbung*; OLG München NJWE-WettbR 1999, 274, 275.
²⁵⁴ BVerfGE 62, 230, 244 f. = GRUR 1984, 357, 360 – *markt-intern*.
²⁵⁵ BGH GRUR 1984, 214, 215 f. – *Copy-Charge*.
²⁵⁶ BVerfGE 62, 230, 244 f. = GRUR 1984, 357, 360 – *markt-intern*.
²⁵⁷ BGH WRP 1999, 941, 943 – *Sitzender Krankentransport*; OLG Düsseldorf NJWE-WettbR 1999, 123.
²⁵⁸ BGH WRP 2000, 89, 92 = GRUR 2000, 344 – *Beteiligungsverbot für Schilderpräger*.
²⁵⁹ Siehe BGH GRUR 1965, 440, 442 – *Milchstreik*; 1985, 470 – *Mietboykott*.
²⁶⁰ BGH GRUR 1973, 483, 485 – *Betriebsspionage*.

102 Die bloße Beeinträchtigung eines bestimmten Geschäftsmodells eines Mitbewerbers ist demgegenüber für sich betrachtet regelmäßig nicht ausreichend. Dies gilt etwa für ein **werbefinanziertes Geschäftsmodell,** bei dem der Abruf der öffentlich zugänglich gemachten Inhalte ohne Umgehung technischer Schutzmaßnahmen für Nutzer so erleichtert wird, dass die werbefinanzierte Internetseite nicht mehr aufgesucht werden muss (etwa durch Suchmaschinen oder durch „**Screen Scraping**", bei dem die von Dritten im Internet bereitgestellten Informationen mit automatisierten Verfahren ausgelesen und für eigene Zwecke verwendet werden).[261]

103 Grundsätzlich zulässig sind auch **Testmaßnahmen,** wie Testkäufe, Testfahrten, Testbeobachtungen, Testgespräche, Testfotos etc., um Wettbewerbsverstöße eines Gewerbetreibenden aufzudecken.[262] Denn zu berücksichtigen ist bereits, dass das deutsche Wettbewerbsrecht dem **Konzept einer zivilrechtlichen Selbstkontrolle** folgt, mit der Folge, dass die Mitbewerber gegenseitig auf die Einhaltung der Regeln des Wettbewerbsrechts achten. **Leitlinie der Beurteilung** ist die Erwägung, dass der Gewerbetreibende Testmaßnahmen im Interesse der Allgemeinheit und der betroffenen Mitbewerber dulden muss, sofern sich der Tester wie ein normaler Nachfrager verhält.[263]

104 Eine **Ausnahme von der grundsätzlichen Zulässigkeit** von Testmaßnahmen gilt aber dann, wenn der Tester lediglich die Absicht verfolgt, einen Mitbewerber „hereinzulegen" oder mit verwerflichen Mitteln, insbesondere strafbaren oder sonst rechtswidrigen Handlungen oder „besonderen Verführungskünsten", auf einen Wettbewerbsverstoß hinwirkt.[264] Ein Handeln mit verwerflichen Mitteln ist allerdings noch nicht bei einem zwar hartnäckigen, aber noch nicht aus dem Rahmen fallenden Hinwirken auf den Geschäftsabschluss anzunehmen.[265] Abgesehen davon kommt es bei einem intensiven Einwirken auf den Getesteten darauf an, ob dieser nicht ohnehin schon zur Tat bereit war,[266] da dann eine Anstiftung ausgeschlossen ist.

105 Werden im Rahmen von Testmaßnahmen **Geschäftsräume fotografiert**, ist das Interesse des Geschäftsinhabers an der Vermeidung von Beeinträchtigen des Geschäftsablaufs und des guten Rufs gegen das Interesse des Fotografen oder seines Auftraggebers an der Dokumentation und dem Beweis von Schutzrechtsverletzungen oder unlauteren Handlungen abzuwägen. Kann der Beweis einer Rechtsverletzung nur mit Hilfe der Fotografien geführt werden, kann das Beweisinteresse überwiegen.[267]

3. Preisunterbietung

Schrifttum: *Gloy*, Zur Beurteilung gezielter Kampfpreise nach Kartell- und Wettbewerbsrecht, FS Gaedertz, 1992, 209; *Köhler,* Der Markenartikel und sein Preis, NJW-Sonderheft 2003, 28; *Lettl*, Kartell- und wettbewerbsrechtliche Schranken für Angebote unter Einstandspreis, JZ 2003, 662; *Mann/Smid*, Preisunterbietung bei Presseprodukten, WM 1997, 139; *Waberbeck*, Verkäufe unter Einstandspreis – Gelöste und ungelöste Auslegungsprobleme des § 20 Abs. 4 S. 2 GWB, WRP 2006, 991.

---

[261] BGH GRUR 2011, 1018, 1024 – *Automobil-Onlinebörse*; BGH GRUR 2014, 785 – *Flugvermittlung im Internet*.
[262] BGH GRUR 1981, 827, 828 – *Vertragswidriger Testkauf*; GRUR 1989, 113, 114 – *Mietwagen-Testfahrt*; OLG Nürnberg GRUR 1982, 571; OLG Karlsruhe GRUR 1994, 62 und GRUR 1994, 130.
[263] BGH GRUR 1991, 843, 844 – *Testfotos I*; 2007, 802 Rn. 27 f. – *Testfotos III*.
[264] BGHZ 43, 359, 367 = GRUR 1965, 612 – *Warnschild*; GRUR 1965, 607, 609 – *Funkmietwagen*; 1985, 447, 450 – *Provisionsweitergabe durch Lebensversicherungsmakler*; 1989, 113, 114, 115 – *Mietwagen-Testfahrt*; 1992, 612, 614 – *Nicola*; *Köhler*/Bornkamm, UWG, § 4 Rn. 10.162.
[265] BGH NJW-RR 1990, 173 – *Beförderungsauftrag*.
[266] BGH GRUR 1989, 113, 114 – *Mietwagen-Testfahrt*; NJW-RR 1990, 173 – *Beförderungsauftrag*.
[267] BGH GRUR 2007, 802 Rn. 27 f. – *Testfotos III*; *Hagenkötter*, WRP 2008, 41 ff.

D. Gezielte Behinderung von Mitbewerbern (§ 4 Nr. 4 UWG)

Ausgangspunkt der Beurteilung der Preisunterbietung, die seit jeher Assoziationen mit dem Vernichtungswettbewerb auslöst, ist der **Grundsatz der freien Preisgestaltung**. Er besagt, dass der Unternehmer seine Preise in eigener Verantwortung gestalten darf, sofern keine gesetzlichen oder wirksamen vertraglichen Beschränkungen vorliegen, wie ausnahmsweise im Falle der Preisbindung für Verlagserzeugnisse nach § 30 GWB.[268] Dass die Preisgestaltungsfreiheit ein Kernelement der Wettbewerbsfreiheit darstellt und vertragliche Beschränkungen grundsätzlich unzulässig sind, zeigt auch ein Blick auf § 1 GWB, in dem diese für eine freie Marktwirtschaft wesentliche Maxime zum Ausdruck kommt. Dementsprechend ist die Unterbietung des Marktpreises oder der Preise von Mitbewerbern für sich genommen nicht als eine unbillige Behinderung zu werten, sondern ganz im Gegenteil als Kennzeichen eines gesunden Wettbewerbs.[269] Die **Wettbewerbskonformität von Preisunterbietungen** ist auch dann gegeben, wenn sie von einem marktbeherrschenden Unternehmen betrieben werden[270] und den Marktaustritt von Mitbewerbern zur Folge haben.[271] Im Hinblick auf die dem Wettbewerb immanente Auslesefunktion ist es dabei grundsätzlich unerheblich, ob kleine oder mittlere Unternehmen mithalten können.[272]

106

Selbst **Verkäufe unter Selbstkosten** oder unter Einstands- bzw. Einkaufspreis bis hin zur vollkommen unentgeltlichen Abgabe sind grundsätzlich zulässig.[273] Preisunterbietungen sind nur dann unlauter, wenn besondere Umstände hinzutreten, wie etwa eine **Vernichtungsabsicht** („gezielte Kampfpreisunterbietung") unter Missbrauch von Marktmacht.[274] Die Eignung zur Verdrängung, die aufgrund der Umstände des Einzelfalls festzustellen ist, ist in aller Regel nur gegeben, wenn der Verkauf unter Selbstkosten auf längere Sicht angelegt ist.[275] Eine **Verdrängungsabsicht** ist zu verneinen, wenn der unmittelbar angegriffene Mitbewerber wirtschaftlich weit überlegen ist.[276] Soweit darauf abgestellt wird, ob in der Preisgestaltung eine betriebswirtschaftlich vernünftige, jedenfalls nach kaufmännischen Grundsätzen noch vertretbare Kalkulation erkennbar ist,[277] erscheint dies äußerst problematisch, weil sie unter Durchbrechung des Prinzips der freien Preisgestaltung auf eine **richterliche Kalkulationskontrolle** hinausläuft, und den fragwürdigen Versuch unternimmt, die subjektive unternehmerische Rationalität durch objektive Kriterien für die Festlegung eines „angemessenen Preises" zu ersetzen. Bereits die Ermittlung der für die Kalkulation maßgeblichen Basisgröße der Selbstkosten kann erhebliche Schwierigkeiten bereiten, weil sie von einer Vielzahl unternehmensinterner Einflussfaktoren abhängt.

107

Sofern die gezielte Kampfpreisunterbietung von einem **marktbeherrschenden oder marktstarken Unternehmen** ausgeht, kommt zugleich ein Verstoß gegen Art. 102 AEUV oder § 20 Abs. 1, Abs. 3 GWB in Betracht,[278] wonach Untereinstandspreisverkäufe unter bestimmten Voraussetzungen verboten sind. Insbesondere dürfen nach § 20 Abs. 3 S. 2 Nr. 1 GWB Unternehmen mit gegenüber kleinen

108

---

[268] Siehe BGH GRUR 1990, 371, 372 – *Preiskampf*; siehe auch Harte/Henning/*Omsels*, UWG, § 4 Nr. 10 Rn. 145.
[269] BGH GRUR 1979, 321, 323 – *Verkauf unter Einstandspreis I*; 1986, 397, 397, 400 – *Abwehrblatt II*; 1990, 687, 688 – *Anzeigenpreis II*; BGH GRUR 2006, 596 Rn. 13 – *10% billiger*.
[270] BGH GRUR 1986, 397, 399 – *Abwehrblatt II*.
[271] BGH GRUR 1990, 685, 686 – *Anzeigenpreis I*.
[272] BGH GRUR 1984, 204, 207 – *Verkauf unter Einstandspreis II*.
[273] BGH GRUR 1979, 321, 322 – *Verkauf unter Einstandspreis I*; 1984, 204, 206 – *Verkauf unter Einstandspreis II*; 2005, 1059, 1060 – *Quersubventionierung von Laborgemeinschaften*; 2006, 596 Rn. 13 – *10% billiger*; 2009, 416 Rn. 13 – *Küchentiefstpreis-Garantie*.
[274] RGZ 134, 342, 351 ff. – *Benrather Tankstelle*; BGH GRUR 1990, 371, 372 – *Preiskampf*; GRUR 1990, 687, 688 – *Anzeigenpreis II*; 2009, 416, 417 – *Küchentiefstpreis-Garantie*.
[275] BGH GRUR 1990, 685, 686 – *Anzeigenpreis I*; GRUR 1992, 191, 193 – *Amtsanzeiger*.
[276] BGH GRUR 1990, 371, 372 – *Preiskampf*.
[277] BGH GRUR 1986, 397, 399 – *Abwehrblatt II*; GRUR 1992, 191, 193 – *Amtsanzeiger*.
[278] BGH, ebenda.

und mittleren Wettbewerbern überlegener Marktmacht ihre Marktmacht nicht dazu ausnutzen, „Waren oder gewerbliche Leistungen nicht nur gelegentlich unter Einstandspreis" anzubieten, es sei denn, dies ist sachlich gerechtfertigt.

4. Abfangen und Ausspannen von Kunden sowie Umleiten von Kundenströmen

Schrifttum: *Beater*, Internet-Domains, Marktzugang und Monopolisierung geschäftlicher Kommunikationsmöglichkeiten, JZ 2002, 275; *Fischer*, Zur Lauterkeit der Kündigungshilfe durch Vorlage vorgefertigter Kündigungsschreiben, WRP 2005, 1230; *Deutsch*, Die Zulässigkeit des so genannten „Screen-Scraping" im Bereich der Online-Flugvermittler, GRUR 2009, 1027; *ders./Friedmann*, Unlauterer Schleichbezug durch Screen-Scraping, GRUR-Prax 2013, 174; *Geiseler-Bonse*, Internet-Suchmaschinen als rechtliches Problemfeld – Die rechtliche Beurteilung von Metatags, Keyword Advertisement und Paid Listings, Frankfurt a.M. 2003; *Hackbarth*, Erste Anmerkungen zu „Bananabay II" – Gelöste Probleme und offene Fragen, WRP 2011, 1124; *Haedicke*, Das Ausnutzen fremder Einrichtungen als Wettbewerbsverstoß, FS Köhler, 2014, 221; *Heim*, Die Einflussnahme auf Trefferlisten von Internet-Suchdiensten aus marken- und wettbewerbsrechtlicher Sicht, 2004; *Hüsch*, Keyword Advertising-Rechtmäßigkeit suchwortabhängiger Werbebanner in der aktuellen Rechtsprechung, MMR 2006, 357; *Köhler*, Die „Beteiligung am Vertragsbruch" – eine unerlaubte Handlung?, FS Canaris, 2007, 591; *ders.*, Wettbewerbswidrigkeit der Ausnutzung fremden Vertragsbruchs? Ein Vergleich zwischen österreichischem und deutschem Lauterkeitsrecht, GRUR Int. 2014, 1006; *Kotthoff*, Fremde Kennzeichen in Metatags: Marken- und Wettbewerbsrecht, K&R 1999, 157; *Ohly*, Keyword-Advertising auf dem Weg von Karlsruhe nach Luxemburg, GRUR 2009, 709; *ders.*, Keyword Advertising auf dem Weg zurück von Luxemburg nach Paris, Wien, Karlsruhe und Den Haag, GRUR 2010, 776; *ders.*, Die Verleitung zum Vertragsbruch im englischen und deutschen Recht: Zukunfts- oder Auslaufmodell?, FS Spellenberg, 2010, 617; *Piper*, Zur Wettbewerbswidrigkeit des Einbrechens in fremde Vertragsbeziehungen durch Abwerben von Kunden und Mitarbeitern, GRUR 1990, 643; *Rath*, Das Recht der Internet-Suchmaschinen 2005; *ders.*, Suchmaschinen sind auch nicht mehr das, was sie einmal waren, WRP 2005, 826; *Renner*, Metatags und Keyword Advertising mit fremden Kennzeichen im Marken- und Wettbewerbsrecht, WRP 2007, 49; *Rinken*, Onlinewerbung und Lauterkeitsrecht, MMR 2009 Beil. Nr. 6, S 15; *Scherer*, Verleiten zum Vertragsbruch – Neukonzeption aufgrund § 4 Nr. 10 UWG und der RL-VGP, WRP 2009, 518; *Schmidt-Bogatzky*, Die Verwendung von Gattungsbegriffen als Internetdomains – Zur „Mitwohnzentrale.de" – Entscheidung des BGH, GRUR 2002, 941; *Schultz/Störing*, Die wettbewerbsrechtliche Beurteilung von Keyword-Advertising mit fremdem Marken, WRP 2008, 741; *Sosnitza*, Gattungsbegriffe als Domain-Namen im Internet, K&R 2000, 209.

109 Die Fallgruppe der sogenannten **kundenbezogenen Absatz- bzw. Bezugsbehinderung** betrifft Praktiken, die auf das **Abfangen, Ausspannen oder Umleiten von Kunden** auf der Ebene der Kontakt- oder Vertragsanbahnung oder der Vertragsausführung abzielen. Dazu zählen das Ansprechen und die Werbung in räumlicher oder sachlicher Nähe des Konkurrenten, das Abfangen von Aufträgen, die eigentlich an Konkurrenten gerichtet waren, und die Beeinflussung von Kundenströmen. Während sich die oben genannten Betriebsstörungen unmittelbar gegen die Funktionsfähigkeit des Unternehmens richten, geht es bei der Absatzbehinderung also um den nachgelagerten Bereich des Vertriebs.

110 Der Begriff der Absatzbehinderung ist allerdings lauterkeitsrechtlich von geringer Aussagekraft. Seine Konturlosigkeit ergibt sich daraus, dass er ein Phänomen kennzeichnet, dass als solches nicht nur nicht wettbewerbsfremd, sondern wettbewerbskonform und geradezu erwünscht ist. Es liegt in der Natur der Konkurrenz um die Präferenz der Abnehmer, dass die Absatzbemühungen eines erfolgreichen Unternehmens den Absatz eines Mitbewerbers behindern. Dies gilt vor allem für stark umkämpfte Märkte mit weitgehend homogenen wechselseitig substituierbaren Produkten, wo der Markterfolg zwangsläufig mit Absatzeinbußen des Konkurrenten verbunden ist.

a) Ansprechen oder Werbung in räumlicher oder sachlicher Nähe

111 Den Ausgangspunkt der Beurteilung der kunden- und absatzbezogenen Behinderung bildet der Grundsatz, dass **kein Recht auf Wahrung der Absatzchancen oder der Erhaltung seiner Kundschaft** besteht, sondern dass das Eindringen in einen fremden Geschäfts- und

D. Gezielte Behinderung von Mitbewerbern (§ 4 Nr. 4 UWG)

Kundenkreis und das Ausspannen von Kunden, selbst wenn es zielbewusst und systematisch erfolgt, im Wesen des Wettbewerbs liegt und dementsprechend nicht wettbewerbsfremd, sondern wettbewerbskonform ist.[279] Aus diesem Grund sind Maßnahmen, die dem Anlocken von Kunden dienen, nicht schon deshalb als unlauter anzusehen, weil sie sich auf den Absatz des Mitbewerbers nachteilig auswirken können.[280] Eine wettbewerbswidrige kundenbezogene Behinderung liegt vielmehr erst dann vor, wenn besondere, die Unlauterkeit begründende Umstände hinzutreten, die über die dem Wettbewerb immanente Abwerbung von Kunden hinausgehen.[281] Maßnahmen, die dem Anlocken von Kunden dienen, sind demnach unlauter, wenn sie auf die Verdrängung des Mitbewerbers abzielen oder wettbewerbswidrige Mittel einsetzen, insbesondere potentielle oder aktuelle Kunden unzumutbar belästigen oder unangemessen unsachlich beeinflussen. Dies ist nach der Rechtsprechung des BGH dann anzunehmen, wenn die fraglichen Maßnahmen auf die **Verdrängung des Mitbewerbers abzielen** oder sich der Werbende **mit unlauteren Mitteln** gewissermaßen **zwischen dem Kaufinteressenten und dem Mitbewerber schiebt**, um ihm eine Änderung seines Kaufentschlusses aufzudrängen.[282] Als unlautere Mittel kommen dabei insbesondere die unzulässige Einwirkung auf die **Entscheidungsfreiheit der Kunden** oder die **unredliche Erlangung von Geschäftsunterlagen** in Betracht, mit deren Hilfe gezielt Kunden des Mitbewerbers angesprochen werden.[283] Die Beurteilung der Beeinträchtigung der Entscheidungsfreiheit richtet sich jedoch allein nach spezielleren Regelungen wie insbesondere §§ 4a, 5, 5a UWG. Ein Rückgriff auf den Behinderungstatbestand des § 4 Nr. 4 UWG unter dem Gesichtspunkt der Absatzbehinderung in Form des unzulässigen Abfangens von Kunden ist dann entbehrlich.

Im Übrigen ist insbesondere auch die Werbung in **räumlicher Nähe** oder „im sonstigen zeitlichen oder sachlichen Kontext mit Werbemaßnahmen der Mitbewerber" zulässig.[284] Dies folgt nicht zuletzt aus der grundsätzlichen Zulässigkeit vergleichender Werbung und dem dahinter stehenden Grundgedanken, dass die Gegenüberstellung konkurrierender Angebote im Interesse der Verbesserung der Markttransparenz liegt, sofern sie auf richtigen Informationen beruht. Dementsprechend ist es nicht nur zulässig, sondern geradezu erwünscht, wenn ein Mitbewerber unmittelbar, insbesondere mit den Parametern von Preis und Leistung auf Werbeaktionen eines anderen Unternehmens reagiert. Grundsätzlich ist eine Stimulierung und Intensivierung des Wettbewerbs zu begrüßen, denn sie entspricht den Interessen der Verbraucher und ist auch volkswirtschaftlich erwünscht, weil Preiswettbewerb zur Preissenkung und Qualitätswettbewerb zur Qualitätssteigerung sowie Innovationsförderung beiträgt.

112

Demgegenüber wurde früher unter dem Gesichtspunkt des Abfangens von Kunden auch das gezielte Ansprechen von Kaufinteressenten unmittelbar vor der Verkaufsstelle des Konkurrenten[285] sowie die **Verteilung von Handzetteln** im engsten räumlichen Bereich des Konkurrenten als unlauter an-

113

---

[279] BGH GRUR 1963, 197, 200 – *Zahnprothesen-Pflegemittel*; 1986, 547, 548 – *Handzettelwerbung*; 1990, 522, 527 – *HBV-Familien- und Wohnungsrechtsschutz*; 2002, 548, 549 – *Mietwagen Kostenersatz*; siehe auch BVerfG NJW 2003, 3472, 3473.
[280] BGH GRUR 2009, 416, 417 – *Küchentiefstpreis-Garantie*.
[281] BGH GRUR 1990, 522, 527 – *HBV-Familien- und Wohnungsrechtsschutz*.
[282] BGH GRUR 1963, 197, 200 – *Zahnprothesen-Pflegemittel*; 1986, 547, 548 – *Handzettelwerbung*; 1987, 532, 533 – *Zollabfertigung*; 2001, 1061, 1063 f. – *Mitwohnzentrale.de*; 2009, 500, 502 – *Beta Layout*; 2009, 876, 877 f. – *Änderung der Voreinstellung II*; 2011, 166, 169 – *Rote Briefkästen*; 2012, 645, 646 – *Mietwagenwerbung*.
[283] BGH GRUR 2007, 987 Rn. 25 – *Änderung der Voreinstellung I*; BGH GRUR 2009, 416 Rn. 16 – *Küchentiefstpreis-Garantie*.
[284] Harte/Henning/*Omsels*, UWG, § 4 Nr. 10 Rn. 81; BGH GRUR 2012, 645 Rn. 17 f. – *Mietwagenwerbung*.
[285] BGH GRUR 1960, 431, 433 – *Kfz-Nummernschilder*.

gesehen.²⁸⁶ Das in der früheren Rechtsprechung als maßgeblich erachtete Kriterium der räumlichen Nähe erscheint allerdings verfehlt. Da es **keine wettbewerbsfreien „Schutzräume"** gibt, ist die räumliche Nähe zum Mitbewerber für die lauterkeitsrechtliche Beurteilung irrelevant. Etwas anderes gilt nur, wenn die Werbung auf dem Grundstück oder in den Geschäftsräumen des betroffenen Mitbewerbers erfolgt.²⁸⁷

b) Abfangen und Umleiten von Kundenströmen und Aufträgen

114 Nicht nur unter dem Gesichtspunkt der Irreführung nach §§ 5 f. UWG, sondern auch unter dem Gesichtspunkt der gezielten Behinderung kann es unlauter sein, wenn durch **Abfangen von geschäftlicher Korrespondenz**²⁸⁸ oder sonstiger **Manipulation** ein an einen anderen Mitbewerber gerichteter Kundenauftrag oder eine sonstige geschäftliche Anfrage abgefangen wird, um selbst zum Geschäftsabschluss zu kommen. Dies ist etwa dann der Fall, wenn ein Händler den Kunden anstelle der bestellten Produkte eigene Waren verkauft, ohne dass dies für den Kunden erkennbar ist.²⁸⁹ Das gleiche kann gelten, wenn pflichtwidrig und nicht nur fahrlässig eine Änderung einer Voreinstellung, wie etwa bei einem Telefonanschluss, auftragswidrig bewusst so ausgeführt wird, dass nicht die Dienstleistungen des anderen Anbieters, sondern (nur) die eigenen in Anspruch genommen werden.²⁹⁰ Dagegen ist die *versehentliche* Nichtausführung der Umstellung von Telefonanschlüssen nach Preselection-Anträgen und die damit verbundene Verletzung einer vertraglichen Pflicht, dem Wettbewerber Kunden zuzuführen, nicht ausreichend, um die Annahme einer unlauteren gezielten Behinderung zu begründen, auch wenn sich dies auf den Absatz des Mitbewerbers nachteilig auswirken kann.²⁹¹ Eine unlautere Behinderung ist schließlich auch dann anzunehmen, wenn durch technische Mittel wie ein Computerprogramm für Arztpraxen anstelle des eingegebenen Original-Arzneimittels automatisch das Generikum angezeigt wird.²⁹²

115 Allerdings soll nach der Rechtsprechung auch ohne ausdrückliche Missachtung des Kundenwunsches eine gezielte Behinderung eines Mitbewerbers dann anzunehmen sein, wenn die von einem Mitbewerber geschaffenen **Einrichtungen für eigene Zwecke ausgenutzt** werden, ohne dass dafür ein Entgelt entrichtet wird.²⁹³ So soll ein Anbieter eines Festnetzanschlusses die Betreiber von Mobilfunknetzen unlauter behindern, wenn er seinen Kunden eine Vergünstigung dafür gewährt, dass sie einer **Rufumleitung** eines Anrufs aus seinem Festnetz an ihr Mobiltelefon auf ihren Festnetzanschluss zustimmen. Der Anbieter einer solchen Rufumleitung dränge sich in die Leistungsbeziehung zwischen Mobilfunkunternehmen und Anrufer und verhindere den ansonsten sicheren Anfall des Zusammenschlussentgelts auf Seiten des Mobilfunkunternehmens. Die Verhinderung des Anfalls des Zusammenschlussentgelts behindere den Betreiber des Mobilfunknetzes, seine Leistungen auf dem Markt durch eigene Anstrengungen in angemessener Weise zur Geltung zu bringen und seine Investitionen zu erwirtschaften.²⁹⁴ Unlauter soll es auch sein, wenn ein

---

²⁸⁶ KG GRUR 1984, 601, 602 – *Handzettelverteilung*.
²⁸⁷ OLG Brandenburg NJW-RR 1996, 1514.
²⁸⁸ BGH GRUR 1983, 34, 35 f. – *Bestellschreiben*; BGH GRUR 1987, 532, 533 – *Zollabfertigung*.
²⁸⁹ Vgl. BGH GRUR 1966, 564, 564 – *Hausverbot*; BGH GRUR 1963, 218, 222 – *Mampe Halb und Halb II*.
²⁹⁰ BGH GRUR 2009, 876, 877 f. – *Änderung der Voreinstellung II*; KG GRUR-RR 2012, 167, 169; KG MMR 2009, 694.
²⁹¹ BGH WRP 2007, 1341 (Ls) 1344 Rn. 25 – *Änderung der Voreinstellung*.
²⁹² OLG Hamburg GRUR 2002, 278, 279 – *AKUmed*.
²⁹³ BGH GRUR 2014, 393, 396 – *wetteronline.de*; 2010, 346, 349 – *Rufumleitung*; krit. *Haedicke*, FS Köhler 2014, 221.
²⁹⁴ BGH GRUR 2010, 346, 349 – *Rufumleitung*.

D. Gezielte Behinderung von Mitbewerbern (§ 4 Nr. 4 UWG)

Geschäftsmodell darauf abzielt, es registrierten Mitgliedern zu ermöglichen, ihren Breitbandinternetzugang mit anderen Mitgliedern über einen WLAN-Router zu teilen.[295]

Unklar bleibt aber, ob sich der Unlauterkeitsvorwurf bei solchen Fallgestaltungen auf das Abfangen von Kunden, auf den Schutz der mit einer erbrachten Leistung erwarteten Einnahmen oder auf den Schutz der Abnehmer gründen soll. Eine Unterscheidung erscheint bereits insofern von Bedeutung, weil nach Ansicht des BGH für den Fall, dass dem Anrufer nur die geringeren Verbindungsentgelte für die Benutzung des Festnetzes in Rechnung gestellt würden, eine andere lauterkeitsrechtliche Beurteilung in Betracht kommen soll. Es kann aber für das Ausnutzen der fremden Einrichtung und den Interessen des Konkurrenten keinen Unterschied machen, ob die Verbindungsentgelte dem Kunden in voller Höhe in Rechnung gestellt werden oder nicht. Soll demgegenüber der Schutz der Investitionen in die Einrichtung des Konkurrenten im Vordergrund stehen, wäre eine nähere Befassung mit den Grundsätzen des **ergänzenden wettbewerbsrechtlichen Leistungsschutzes**, einschließlich des Verhältnisses zu den Sonderschutzgesetzen erforderlich gewesen. In dem vom BGH zu entscheidenden Fall hätte vielmehr darauf abgestellt werden sollen, ob der Inhaber einer Einrichtung, **zu deren Nutzung ein Dritter angewiesen** ist, diese in nicht gerechtfertigter Weise dazu **ausnutzt**, entgeltwerte Leistungen **auf sich umzuleiten bzw. Konkurrenten diesbezüglich zu blockieren**. Darüber hinaus sollte der bloße Schutz von Geschäftsmodellen, einschließlich der Realisierung diesbezüglicher Ertragserwartungen nicht Aufgabe des Lauterkeitsrechts sein.[296]

c) Umleiten von Kundenströmen im Internet

Möglichkeiten, Kundenströme auf sich selbst umzuleiten oder zu „kanalisieren", bietet vor allem das Internet, etwa durch die Anmeldung von Domainnamen, die Beeinflussung von Suchmaschinen oder das Ausnutzen von Informationen und Angeboten der Konkurrenz für eigene Zwecke. Eine unlautere Behinderung liegt etwa dann vor, wenn Kunden abgefangen oder umgeleitet werden, indem entweder **verwechslungsfähige Telefonnummern**[297] oder **Domains** verwendet werden, die sich von denen eines Konkurrenten lediglich durch typische Tippfehler unterscheiden („Typosquatting").[298] Dagegen wird eine unlautere Behinderung regelmäßig zu verneinen sein, wenn der Internetnutzer auf der Internetseite, die er bei versehentlicher Eingabe der „Tippfehler-Domain" erreicht, sogleich und unübersehbar auf den Umstand aufmerksam gemacht wird, dass er sich nicht auf der Internetseite befindet, die er aufrufen wollte.[299]

Im Übrigen aber ist die bloße Ausnutzung der allgemeinen Funktionsweise des Internets genauso wie von öffentlich zugänglichen Angeboten und Informationen der Konkurrenz für eigene Zwecke als solche grundsätzlich nicht unlauter. So stellt etwa die Registrierung von Allgemeinbegriffen oder Gattungsbegriffen als Second-Level-Domain wie im Falle „mitwohnzentrale.de" grundsätzlich kein unlauteres Verhalten dar. Dies gilt selbst dann, wenn die Verwendung beschreibender Begriffe zu einer Kanalisierung von Kundenströmen führen kann, weil der einzelne Internetnutzer, der den entsprechenden Begriff als Internet-Adresse eingibt, möglicherweise aus Bequemlichkeit auf weiteres Suchen verzichtet.[300] Für die Annahme einer unzulässigen Behinderung von Mitbewerbern durch Abfan-

---

[295] OLG Köln GRUR-RR 2009, 339, 340 f.; ablehnend *Mantz*, MMR 2009, 697, 699 und *Nemeczek*, WRP 2010, 1204, 1207.
[296] Vgl. BGH GRUR 2011, 1018, 1024 – *Automobil-Onlinebörse*.
[297] OLG Hamburg GRUR-RR 2004, 151, 152 – *Telefonauskunft 11 881*.
[298] BGH MMR 2014, 242 Rn. 48 – *wetteronline.de*; OLG Jena MMR 2005, 776, 777 – *deutsche-anwaltshotline.de*; Ohly/Sosnitza, UWG, § 4 Rn. 10/51.
[299] BGH MMR 2014, 242 Rn. 48 – *wetteronline*.
[300] BGHZ 148, 1 = GRUR 2001, 1061, 1063 f. – *Mitwohnzentrale.de*.

gen von Kunden oder einer unsachlichen Beeinflussung von Verbrauchern genügt dies nicht. Nach dem maßgebenden **Leitbild des durchschnittlich informierten und verständigen Verbrauchers** ist davon auszugehen, dass dieser das Werbeverhalten mit einer der Situation angemessenen Aufmerksamkeit verfolgt und sich daher der Nachteile der Suchmethode der unmittelbaren Eingabe eines Gattungsbegriffs als Internet-Adresse bewusst ist.[301] Es handelt sich nicht um ein unzulässiges Abfangen, sondern um ein zulässiges Hinlenken von Kunden.[302]

119 Das gleiche gilt auch für die Verwendung von **Metatags** im Internet. Dabei handelt es sich um eine Methode des Abfangens von Kunden, durch die bezweckt wird, den Benutzer von Suchmaschinen zum eigenen Angebot zu führen.[303] Bei der rechtlichen Beurteilung ist grundlegend zwischen der Nutzung fremder Kennzeichen als Metatags und beschreibender Metatags zu unterscheiden. Im ersteren Fall beurteilt sich die Zulässigkeit nach dem grundsätzlich vorrangigen Markengesetz, das, soweit es anwendbar ist, eine abschließende Regelung darstellt, so dass für einen Rückgriff auf das Wettbewerbsrecht kein Raum ist.[304] Die Verwendung einer Marke als Metatag ist eine kennzeichenmäßige Benutzung.[305] Im letzteren Fall, also bei der Verwendung beschreibender oder allgemeiner Suchbegriffe als Metatags, erfolgt kein Eingriff in den Zuweisungsgehalt von Rechten, die anderen zugeordnet sind und es liegt demzufolge keine wettbewerbswidrige Behinderung durch unzulässiges Abfangen von Kunden vor.[306] Etwas anderes gilt ausnahmsweise, wenn die fragliche Handlung nicht mehr als Suchmaschinenoptimierung, sondern als eine **Suchmaschinenmanipulation** anzusehen ist, etwa wenn die Namen von Konkurrenten und anderen Personen für die Suchmaschinenoptimierung eingesetzt werden oder für den Nutzer nicht sichtbare Seiten, die nur für die Suchmaschine „sichtbar" sind, installiert werden, um in den Suchlisten ein höheres Ranking zu erzielen.[307] Dies gilt jedenfalls dann, wenn die Behinderung dazu führt, dass die Angebote der beeinträchtigten Mitbewerber nicht mehr in angemessener Weise von den Internetnutzern gefunden und wahrgenommen werden können.[308]

120 Grundsätzlich unbedenklich ist ferner auch das **Keyword-Advertising**, bei dem bei Eingabe eines bestimmten Keywords in die Suchmaschine durch einen Nutzer eine als solche erkenntliche entgeltliche Werbung eingeblendet wird. Gleiches gilt auch für das sog. **Paid-Listing**, bei dem der Link auf die Website des Werbenden vor den „natürlichen" Suchergebnissen eingeblendet und als Werbung kenntlich gemacht wird. Denn in diesen Fällen bleiben die Internetnutzer in ihrer Entscheidung frei, ob sie die Werbeanzeige oder die Website des Kennzeicheninhabers benutzen. Zudem erhöht das Keyword-Advertising die Markttransparenz, weil Verbraucher auf Alternativen zum Angebot des Markeninhabers hingewiesen werden.[309] Wird allerdings der Umstand, dass für die Platzierung ein Entgelt bezahlt wurde, nicht kenntlich gemacht, kann dies eine verdeckte (§ 5a Abs. 6 UWG, § 4 Nr. 3 UWG a. F.) oder irreführende Werbung (§ 5 Abs. 1 UWG) darstellen.[310]

---

[301] BGHZ 148, 1 = GRUR 2001, 1061, 1063 f. – *Mitwohnzentrale.de*.
[302] BGHZ 148, 1 = GRUR 2001, 1061, 1063 f. – *Mitwohnzentrale.de*.
[303] Siehe dazu *Kotthoff*, K&R 1999, 157, 161; *Viefhues*, MMR 1999, 336; *Varadinek*, GRUR 2000, 279.
[304] Siehe hierzu auch *Ohly*/Sosnitza, UWG, § 4 Rn. 10/53a.
[305] BGH GRUR 2007, 65, 66 Rn. 15 f. – *Impuls*; vgl. auch EuGH GRUR 2013, 1049, 1051 – *Belgian Electronic Sorting Technology*.
[306] OLG Düsseldorf GRUR-RR 2003, 48; a.A. *Rössel*, CR 2003, 349, 352; *Pohle*, MMR 2003, 408, 410.
[307] OLG Hamm, MMR 2010, 36; vgl. *Ott*, MMR 2008, 222; *Hetmank*, FS Fezer, 2016, S. 127 ff.
[308] LG Frankfurt, GRUR-RR 2002, 81, 82 – *Wobenzym*.
[309] Vgl. EuGH GRUR 2011, 1124 Rn. 91 – *Interflora*; *Ohly*/Sosnitza, UWG, § 4 Rn. 10/53b.
[310] *Ohly*/Sosnitza, UWG, § 4 Rn. 10/53c.

D. Gezielte Behinderung von Mitbewerbern (§ 4 Nr. 4 UWG)

Im Übrigen richtet sich die Beurteilung bei der Verwendung von Kennzeichen von Mitbewerbern in erster Linie nach dem MarkenG.[311] Zu beachten ist zudem die Zulässigkeit der Benutzung fremder Kennzeichen im Rahmen einer erlaubten vergleichenden Werbung (§ 6 UWG). Ein Rückgriff auf den Behinderungstatbestand unter dem Gesichtspunkt eines unzulässigen Abfangens von Kunden ist wegen des **Vorrangs des MarkenG** grundsätzlich ausgeschlossen.[312]

121

Dies gilt auch mit Blick auf eine eventuelle Rufausbeutung,[313] zumal es regelmäßig an dem für eine Rufausbeutung kennzeichnenden Imagetransfer fehlen wird.[314] Demgegenüber kann eine gezielte Behinderung darin liegen, dass ein Markeninhaber nach Einlegung einer **Markenbeschwerde bei Google**, durch die die Verwendung der Marke in Adwords-Anzeigen unterbunden wird, die Zustimmung zu der Adwords-Werbung eines Mitbewerbers nicht erteilt, obwohl die beabsichtigte Werbung das Markenrecht nicht verletzt.[315]

122

Schließlich ist es auch nicht unlauter, wenn von Dritten bereitgestellte Angebote und Informationen durch automatisierte Verfahren in großem Umfang und systematisch zu eigenen Zwecken ausgenutzt werden (z. B. durch sog. **Screen Scraping**).[316] Zwar können dadurch Kunden von den Internetseiten des Konkurrenten ferngehalten werden, die dann die dort bereitgehaltene Werbung und etwaige angebotene Zusatzleistungen nicht zur Kenntnis nehmen. Allerdings kann allein der Umstand, dass sich Mitbewerber über deren Willen von Anbietern hinwegsetzen, ihre Leistungen nur über die eigene Internetseite zu vertreiben, damit der Kunde die dort vorhandene Werbung und die kostenpflichtigen Zusatzangebote zur Kenntnis nehmen kann, keinen Unlauterkeitsvorwurf begründen. Vielmehr muss sich ein Unternehmer, der sein Angebot im Internet öffentlich zugänglich macht, im Allgemeininteresse an der Funktionsfähigkeit des Internets daran festhalten lassen, dass die von ihm eingestellten Informationen durch übliche Suchdienste in einem automatisierten Verfahren aufgefunden und dem Nutzer entsprechend seinen Suchbedürfnissen aufbereitet zur Verfügung gestellt werden. Er muss es deshalb auch hinnehmen, dass ihm **Einnahmen aus Werbung und Zusatzangeboten verlorengehen**, weil die Nutzer seine Internetseite nicht aufsuchen. Dies gilt jedenfalls dann, wenn die Informationen nicht durch technische Maßnahmen gegen eine automatisierte Abfrage gesichert sind, sondern der Allgemeinheit öffentlich zugänglich gemacht wurden.[317] Unerheblich ist zudem, ob sich derjenige, der die fremden Informationen für eigene Zwecke nutzt, über die von ihm akzeptierten Allgemeinen Geschäftsbedingungen hinwegsetzt, wonach eine Internetseite nicht zu gewerblichen Zwecken genutzt und Daten auf der Internetseite nicht automatisch abgefragt werden dürfen.[318]

123

d) Ausspannen von Kunden (Verleiten zum Vertragsbruch)

Während das Abfangen von Kunden die Phase der Kontaktanbahnung betrifft, geht es beim Ausspannen von Kunden um das **Eindringen in eine bestehende oder sich anbahnende Vertragsbeziehung durch Abwerbung**. Dies ist grundsätzlich nicht unlauter, denn es gehört zum Wesen des Wettbewerbs, dass Kunden abgeworben werden. Im Wettbewerb

124

---

[311] Vgl. BGH GRUR 2009, 500, 501 f. – *Beta Layout*; 2009, 502, 504 f. – *pcb;* siehe zur markenrechtlichen Beurteilung *Ohly*, GRUR 2010, 776 ff.; *Schubert/Ott*, MMR 2010, 755 ff.
[312] Vgl. BGH GRUR 2009, 500, 502 – *Beta Layout*; 2011, 828, 831 – *bananabay II*.
[313] Vgl. BGH GRUR 2009, 500, 502 – *Beta Layout*; 2011, 828, 831 – *bananabay II*; *Schultz/Störing*, WRP 2008, 741, 747 f.
[314] BGH GRUR 2009, 500 Rn. 16 – *Beta Layout*; 2011, 828 Rn. 34 – *Bananabay II*; *Schultz/Störing*, WRP 2008, 741, 748.
[315] BGH GRUR 2015, 607, 609 – *Uhrenankauf im Internet*.
[316] BGH, GRUR 2014, 785 Rn. 29 ff. – *Flugvermittlung im Internet*.
[317] BGH, GRUR 2014, 785 Rn. 29 ff. – *Flugvermittlung im Internet*.
[318] BGH, GRUR 2014, 785 Rn. 28 ff. – *Flugvermittlung im Internet*.

hat grundsätzlich niemand Anspruch auf Erhaltung seines Kundenstammes. Kunden zur ordnungsgemäßen Vertragsauflösung unter Beachtung der gesetzlichen oder vertraglichen Kündigungsfristen zu bestimmen, ist grundsätzlich zulässig.[319] Eine Wettbewerbswidrigkeit kann sich nur aus dem Vorliegen besonderer Umstände ergeben, insbesondere wenn nicht wettbewerbskonforme, sondern unlautere Mittel der Abwerbung eingesetzt werden.[320]

125 Zu dieser Fallgruppe zählt insbesondere auch das **Verleiten zum Vertragsbruch,** d.h. das gezielte und bewusste Hinwirken auf einen Vertragsbruch.[321] Ein Hinwirken i.d.S. liegt allerdings nur dann vor, wenn der Abwerbende die Bindung des Kunden kennt und die Initiative zum Vertragsbruch ergreift. Einfache Lieferanfragen[322] oder an die Allgemeinheit gerichtete Anzeigen[323] genügen dagegen in aller Regel genauso wenig, wie die bloße Abgabe eines Angebots, das einem vertraglich gebundenen Kunden im Hinblick auf einen künftigen Vertragsschluss unterbreitet wird.

126 Gegen die Rechtsprechung, die das Verleiten zum Vertragsbruch für grundsätzlich unlauter hält,[324] ist allerdings einzuwenden, dass es einen Schutz vor dem Verlieren von Kunden als solchen nicht geben kann.[325] Vielmehr können Konkurrenten die Schäden, die aus dem Vertragsbruch resultieren, von ihren vertragsbrüchigen Kunden ersetzt verlangen.[326] Entscheidend für die Annahme einer unlauteren Behinderung sollte daher allein sein, ob der Kunde mit **verwerflichen Mitteln**, wie etwa durch eine Täuschung, zum Vertragsbruch verleitet wird oder ob die „Wahlfreiheit" des Kunden unangetastet bleibt.[327]

127 Vom Verleiten zum Vertragsbruch ist die **bloße Ausnutzung** eines Vertragsbruchs zu unterscheiden, die grundsätzlich zulässig und nur bei Hinzutreten weiterer, die Wettbewerbswidrigkeit begründenden Umständen, ausnahmsweise unlauter sein kann.[328] Grundsätzlich zulässig ist es auch, einem vertraglich noch gebundenen Kunden dadurch bei einer ordentlichen Kündigung zu helfen, dass ihm ein **vorbereitetes Kündigungsschreiben** vorgelegt wird, das nach Einfügung des Kündigungstermins nur noch zu unterschreiben ist. Ein solches Verhalten ist ohne Hinzutreten besonderer Umstände weder als unangemessen unsachliche Einflussnahme auf den Verbraucher noch als unlautere gezielte Behinderung eines Mitbewerbers zu beurteilen.[329] Besondere, die Unlauterkeit begründende Umstände können aber insbesondere dann vorliegen, wenn in einem vorformulierten Schreiben sämtliche in der Vergangenheit abgegebenen Werbe- und Anruferlaubnisse mit sofortiger Wirkung, einschließlich der Rückwerbeversuche widerrufen werden. Denn dies führt dazu, dass dem vorherigen Versicherer unmittelbar jede Kontaktaufnahme untersagt wird, sogar noch vor Wirksamwerden der Kündigung und damit gegenüber dem derzeitigen Vertragspartner.[330]

---

[319] BGH GRUR 2004, 704, 705 – *Verabschiedungsschreiben*; BGH GRUR 2005, 603, 604 – *Kündigungshilfe*.
[320] BGH GRUR 2002, 548, 549 – *Mietwagenkostenersatz*; BGH GRUR 2005, 603, 604 – *Kündigungshilfe*; s. auch BGH WRP 2007, 1341, 1344 Rn. 25 – *Änderung der Voreinstellung*.
[321] BGH GRUR 1987, 532, 533 – *Zollabfertigung*; BGH GRUR 2009, 173, 175 – *bundesligakarten.de*.
[322] OLG Düsseldorf, GRUR-RR 2003, 89 – *Lieferanfrage*.
[323] BGH GRUR 2009, 173, 176 – *bundesligakarten.de*.
[324] BGH GRUR 2005, 940, 942 – *Marktstudien*; BGH GRUR 2009, 173, 175 – *bundesligakarten.de*.
[325] *Beater*, Unlauterer Wettbewerb, 2002, S. 385.
[326] *Beater*, Unlauterer Wettbewerb, 2002, S. 385.
[327] So auch *Köhler*/Bornkamm, UWG, § 4 Rn 10.36a, der es allerdings auch für stets unlauter hält, wenn das Verleiten zum Vertragsbruch von der Absicht getragen ist, den Mitbewerber zu schädigen.
[328] BGH GRUR 2009, 173, 176 – *bundesligakarten.de*; BGH GRUR 2000, 724, 726 – *Außenseiteranspruch II*; BGH GRUR 2006, 879, 880 – *Flüssiggastank*; *Piper*, GRUR 1990, 643, 646.
[329] BGH GRUR 2005, 603, 604 – *Kündigungshilfe*.
[330] OLG Dresden, WRP 2015, 1395 (1396).

5. Werbebehinderung

Schrifttum: *Furth*, Ambush Marketing, 2009; *Heermann*, Ambush-Marketing anlässlich Sportgroßveranstaltungen, GRUR 2006, 359; *ders.*, Ambush Marketing durch Gewinnspiele? WRP 2012, 1035; *Hoeren*, Keine wettbewerbsrechtlichen Bedenken mehr gegen Hyperlinks? – Anmerkung zum BGH-Urteil „Paperboy", GRUR 2004, 1; *Körber/Mann*, Werbefreiheit und Sponsoring – Möglichkeiten und Grenzen von Ambush Marketing unter besonderer Berücksichtigung des neuen UWG, GRUR 2008, 737; *Ladeur*, Der rechtliche Schutz der Fernsehwerbung gegen technische Blockierung durch die „Fernsehfee" – Zur Einwirkung der Rundfunkfreiheit auf das Lauterkeitsrecht, GRUR 2005, 559; *Melwitz*, Der Schutz von Sportgroßveranstaltungen gegen Ambush Marketing, 2007; *Ott*, Urheber- und wettbewerbsrechtliche Probleme von Linking und Framing, 2004; *Plaß*, Hyperlinks im Spannungsfeld von Urheber-, Wettbewerbs- und Haftungsrecht, WRP 2000, 599; *Sosnitza*, Das Internet im Gravitationsfeld des Rechts: Zur Beurteilung so genannter Deep Links, CR 2001, 693; *Wittneben/Soldner*, Der Schutz von Veranstaltern und Sponsoren vor Ambush Marketing bei Sportgroßveranstaltungen, WRP 2006, 1175.

Es ist dem Wettbewerb immanent, dass Werbung eines Unternehmens durch die Werbung von Mitbewerbern in den Hintergrund gedrängt oder in der Wahrnehmung des Publikums sogar ganz verdrängt und damit behindert wird. Selbständige Bedeutung kommt der Werbebehinderung daher allenfalls im Falle einer **gezielten Ausschaltung fremder Werbung** zu, mit der die Absicht verfolgt wird, ein konkurrierendes Unternehmen daran zu hindern, seine Leistungen auf dem Markt werbemäßig in angemessener Weise zur Geltung zu bringen. Klassische Beispiele hierfür sind die archaischen Formen der Zerstörung, Beschädigung, Beseitigung oder Bedeckung von Werbeplakaten, etc., die schon aufgrund des Eingriffs in die Sachsubstanz und darüber hinaus durch die gegen den Willen des Werbenden und der Adressaten erfolgende Unterdrückung der Werbebotschaft wettbewerbswidrig sind.[331] Nur ganz ausnahmsweise kann ein Rechtfertigungsgrund, wie z.B. § 229 BGB eingreifen.[332]

Zu weitgehend erscheint es aber, wenn auch der Vertrieb von Briefkastenaufklebern mit dem Text „Keine Werbung einwerfen" zusammen mit einem Aufkleber „Nibelungen-Kurier" für unlauter gehalten wird.[333] Denn selbst wenn durch das Aufbringen beider Aufkleber an dem Briefkasten eine Sperre der Briefkästen für Werbung von Mitbewerbern erreicht werden kann, bleibt dies letztlich der Entscheidungsfreiheit der Verbraucher anheimgestellt, auf die nicht unangemessen eingewirkt wird. Auch eine Werbung mit der Ankündigung, Gutscheine anderer Marktteilnehmer einzulösen, die einen bestimmten Rabattsatz gewähren, ist nicht unlauter im Sinne der §§ 3, 4 Nr. 4 UWG.[334]

Grundsätzlich zulässig ist dagegen der Vertrieb von technischen Vorrichtungen, wie etwa **„Werbeblocker"**, die es erlauben, sich der Werbung eines Konkurrenten zu entziehen.[335] Denn durch derartige Software, wird die fremde Werbung in der Regel nicht auf alleinige Veranlassung des Anbieters der Software ausgeschaltet. Vielmehr entscheidet der Nutzer selbst darüber, ob er Werbung auf Websites sehen will oder nicht. Werbeblocker geben den Nutzern lediglich die Möglichkeit, die von der Nutzerautonomie gedeckte Entscheidung umzusetzen, ohne eigenständig Veränderungen an den Browsereinstellungen vornehmen zu müssen. Eine unlautere geschäftliche Handlung kann aber vorliegen, wenn die Ausschaltung von Werbung vorranging auf die Erzielung von Zahlungen für sog. **Whitelist-Plätze** abzielt, die von den betroffenen Unternehmen verlangt werden. Dies gilt je-

---

[331] OLG Karlsruhe GRUR-RR 2008, 350, 351 – *Wildes Plakatieren*.
[332] Vgl. OLG Stuttgart NJW-RR 1996, 1515 – *Überkleben fremder Plakate*.
[333] OLG Koblenz WRP 2013, 361, 362 – *Nibelungen-Kurier*; s. auch OLG Stuttgart NJW-RR 1993, 1455.
[334] OLG Stuttgart, WRP 2015, 1128 Rn. 50 – *Gutscheineinlösung*.
[335] BGH GRUR 2004, 877, 878 f. – *Werbeblocker*; LG Hamburg GRUR-Prax 2015, 357; LG München GRUR-Prax 2015, 249; a.A. *Engels*, GRUR-Prax 2015, 338; vgl. auch *Becker, M./Becker, F.*, GRUR-Prax 2015, 245.

denfalls dann, wenn der Werbeblocker nach den Umständen des Einzelfalls nicht mehr als bloßes Werkzeug zur Wahrnehmung der Nutzerautonomie dient, sondern vorrangig als ein Mittel einer rechtswidrigen Drohung i. S. v. § 4a UWG erscheint (das Inaussichtstellen, die fremde Werbung zu blockieren, falls keine Gebühr gezahlt werde).

131 Das gleiche gilt auch für andere Methoden, mit denen Nutzer von der mit Werbung versehenen Startseite der Website eines Konkurrenten ferngehalten oder an ihr vorbeigeführt werden, wie dies etwa durch **„Deep Links"** und **„Screen Scraping"** möglich ist.[336] Denn ein Unternehmer, der sein Angebot im Internet öffentlich zugänglich macht, muss sich im Allgemeininteresse an der Funktionsfähigkeit des Internets daran festhalten lassen, dass die von ihm eingestellten Informationen durch übliche Suchdienste in einem automatisierten Verfahren aufgefunden und dem Nutzer entsprechend seinen Suchbedürfnissen aufbereitet zur Verfügung gestellt werden. Er muss es deshalb auch hinnehmen, dass ihm Einnahmen aus Werbung und Zusatzangeboten verlorengehen, weil die Nutzer seine Internetseite nicht aufsuchen. Dies gilt jedenfalls dann, wenn die Informationen nicht durch technische Maßnahmen gegen eine automatisierte Abfrage gesichert sind, sondern der Allgemeinheit öffentlich zugänglich gemacht wurden.[337]

132 Schließlich ist unter dem Gesichtspunkt der Behinderung auch die Werbung eines sog. **Nicht-Sponsors** im räumlichen Umfeld eines sportlichen und kulturellen Großereignisses grundsätzlich zulässig (sog. **Ambush Marketing**). Dies gilt selbst dann, wenn nach dem Willen des Veranstalters das Recht, mit der Veranstaltung zu werben, nur Sponsoren vorbehalten sein soll. Insbesondere der Umstand, dass der Werbende die Leistung des Veranstalters ausnutzt, macht die Werbung nicht unlauter.[338] Allerdings kann eine Verletzung des Hausrechts in Betracht kommen, wenn die Werbung auf dem Grundstück des Konkurrenten oder seiner Vertragspartner stattfindet. Zudem darf der Werbende unter dem Gesichtspunkt der irreführenden Werbung bei den angesprochenen Verkehrskreisen nicht den unzutreffenden Eindruck erwecken, er sei offizieller Sponsor.

6. Behinderung von Vertriebswegen und -systemen

Schrifttum: *Bayreuther*, Rechtsprobleme im Zusammenhang mit dem Schutz von Vertriebsbindungen nach Markenrecht, WRP 2000, 349; *Deutsch/Friedmann*, Unlauterer Schleichbezug durch Screen-Scraping, GRUR-Prax 2013, 174; *Emmerich*, Der böse Außenseiter, FS Erdmann, 2002, 561; *Harte-Bavendamm*, Günstige Winde für den selektiven Vertrieb, FS Erdmann, 2002, 571; *Harte-Bavendamm/Kreutzmann*, Neue Entwicklungen in der Beurteilung selektiver Vertriebssysteme, WRP 2003, 682; *Haslinger*, Wie weit ist der Ausschluss moderner Vertriebsformen beim selektiven Vertrieb möglich?, WRP 2009, 279; *Laas*, Entfernung von Herstellungsnummern – Ein Vergleich der Rechtsprechung in Deutschland und den USA am Beispiel der Entfernung von Produktionsnummern von kosmetischen Artikeln, GRUR Int. 2002, 829; *Lamberti/Wendel*, Verkäufe außerhalb von Vertriebsbindungssystemen, WRP 2009, 1479; *Lubberger*, Die neue Rechtsprechung des Bundesgerichtshofs zum Vertriebsbindungsschutz – praktische Konsequenzen, WRP 2000, 139; *ders.*, Neue Koordinaten des Vertriebsbindungsschutzes, NJW-Sonderheft „Marken im Wettbewerb", 2003, 49; *Pischel*, Kartellrechtliche Aspekte des Selektivvertriebs über das Internet, GRUR 2008, 1066; *Sack*, Vertriebsbindungen und Außenseiter, WRP 2000, 447; *Schaffert*, Die Ansprüche auf Drittauskunft und Schadensersatz im Fall der Beeinträchtigung schutzwürdiger Kontrollnummernsysteme durch Entfernen oder Unkenntlichmachen der Kontrollnummern, FS Erdmann, 2002, 719; *Tiemann*, Das Ende der Unlauterkeit des „Verleitens zum Vertragsbruch" bei selektiven Vertriebsbindungen?, WRP 2004, 289.

---

[336] BGH GRUR 2003, 958, 963 – *Paperboy*; 2011, 1018 Rn. 70, 72 – *Automobil-Onlinebörse*; 2014, 785 Rn. 29 ff. – *Flugvermittlung im Internet*.
[337] BGH, GRUR 2014, 785 Rn. 29 ff. – *Flugvermittlung im Internet*.
[338] BGH GRUR 2011, 436 Rn. 28 – *hartplatzhelden.de*.

D. Gezielte Behinderung von Mitbewerbern (§ 4 Nr. 4 UWG)

Handlungen, die darauf gerichtet sind, den **Vertriebsweg zum Endabnehmer zu blockieren oder zu beeinträchtigen,** sind wettbewerbswidrig, wenn damit der Zweck verfolgt wird, den Vertrieb des Mitbewerbers zu verhindern oder auszuschalten, was immer dann anzunehmen ist, wenn kein sachlicher Grund für die Maßnahme erkennbar ist.[339] Demgegenüber sind **bloße Einflussnahmen auf (Zwischen-)Händler,** wie etwa finanzielle Zuwendungen in Form von Treueprämien, Regalmieten oder Schaufensteraktionen, die eine Absatzsteigerung bewirken sollen und dadurch einen Nachteil auf Seiten der Mitbewerber zur Folge haben, grundsätzlich zulässig. Soweit die Mitbewerber beeinträchtigt werden, weil deren Waren nicht oder nur in geringem Maße zur Schau gestellt werden, ist dies eine **Folge der unternehmerischen Entscheidung des Händlers.** Diese ist von den Mitbewerbern hinzunehmen, wenn sie auf betriebseigenen Erwägungen beruhen und auf den Händler kein unsachlicher Druck ausgeübt wird.[340]

Eine unlautere Behinderung kommt aber insbesondere bei Beeinträchtigungen von **selektiven oder direkten Vertriebssystemen** von Mitbewerbern durch Beseitigung von Kontrollnummern, Schleichbezug oder durch Verleiten zum Vertragsbruch in Betracht. Während bei **selektiven Vertriebssystemen** sichergestellt werden soll, dass Waren ausschließlich über ausgewählte Händler vertrieben werden, geht es bei **Direktvertriebssystemen** darum, dass ein Unternehmer ausdrücklich nicht an gewerbliche Händler, sondern nur an private Verbraucher verkaufen will. Dazu wird den Vertragspartnern eines solchen Vertriebssystems die Verpflichtung auferlegt, nicht an Händler oder Kunden außerhalb des Systems (Außenseiter) zu verkaufen. Gegen Außenseiter, die sich die Ware von gebundenen Händlern beschaffen und auf dem Markt anbieten, können unter dem Gesichtspunkt des unlauteren Schleichbezugs oder des unlauteren Verleitens zum Vertragsbruch Ansprüche bestehen.[341]

a) Zulässigkeit und Schutzwürdigkeit des Vertriebsbindungssystems

Eine unlautere Behinderung eines Vertriebssystems kommt nur in Betracht, wenn dieses zulässig und schutzwürdig ist. Insbesondere darf das Vertriebssystem **nicht gegen europäisches und deutsches Kartellrecht verstoßen.**[342] Nach Art. 101 Abs. 1 AEUV und § 1 GWB sind Vertikalvereinbarungen, die eine Verhinderung, Einschränkung oder Verfälschung des Wettbewerbs bezwecken oder bewirken, grundsätzlich verboten. Allerdings fallen selektive Vertriebssysteme dann nicht unter dieses Verbot, sofern (1.) die Auswahl der Wiederverkäufer anhand **objektiver Gesichtspunkte qualitativer Art** erfolgt, (2.) diese Voraussetzungen einheitlich für alle in Betracht kommenden Wiederverkäufer festgelegt und **ohne Diskriminierung** angewendet werden, (3.) die Eigenschaften des fraglichen Erzeugnisses zur Wahrung seiner Qualität und zur Gewährleistung seines richtigen Gebrauchs ein solches Vertriebsnetz **erfordern** und schließlich (4.) die festgelegten Kriterien **nicht über das erforderliche Maß hinausgehen.**[343] Dabei soll allerdings nach Auffassung des EuGH das Ziel, den Prestigecharakter der vertriebenen Produkte zu schützen, kein legitimes Ziel zur Wettbewerbsbeschränkung sein.[344]

---

[339] OLG München NJW-RR 1998, 984, 985; OLG Dresden NJWE-WettbR 1999, 133, 136; OLG Düsseldorf GRUR 2001, 247, 250.
[340] *Köhler*/Bornkamm, UWG, § 4 Rn. 10.63.
[341] BGH GRUR 2009, 173, 175 – *bundesligakarten.de*.
[342] BGHZ 142, 192, 201 ff. = GRUR 99, 1109, 1112 f. – *Entfernung der Herstellernummer I*; BGH GRUR 2004, 877, 878 f. – *Werbeblocker*; 2009, 173, 175 – *bundesligakarten.de*.
[343] EuGH GRUR Int. 1978, 254 Rn. 20 – *Metro I*; EuGH GRUR Int. 1981, 315, 316 Rn. 15 – *L'Oréal*; EuGH GRUR 2012, 844 Rn. 41 – *Pierre Fabre*; vgl. auch die Leitlinien der Kommission für vertikale Beschränkungen, ABl. Nr. C 130/1 v. 19.5.2010, Rn. 175.
[344] EuGH GRUR 2012, 844 Rn. 46 – *Pierre Fabre*; siehe hierzu *Franck*, WuW 2010, 772, 777 ff.; *Schweda/Rudowicz*, WRP 2013, 590, 593 f.; *Nolte*, BB 2014, 1155, 1160.

136 Selbst wenn selektive Vertriebssysteme unter Art. 101 Abs. 1 AEUV fallen, besteht jedoch die Möglichkeit einer Gruppen- bzw. Einzelfreistellung nach Art. 101 Abs. 3 AEUV.[345] In Betracht kommt insoweit insbesondere die GVO über Vertikalvereinbarungen vom 20.4.2010.[346] Zulässig sind danach auch vertikale Vereinbarungen, sofern der Marktanteil des Anbieters und des Abnehmers jeweils unter 30 % liegt (Art. 3 Abs. 1) und sofern der Vertrag keine der in Art. 4 aufgeführten „schwarzen Klauseln" enthält. Auf die Lückenlosigkeit des Vertriebssystems kommt es für die Beurteilung nach Art. 101 AEUV nicht an.[347]

b) Beseitigung von Kontrollnummern

137 In der Praxis werden Waren **zur Überwachung der Einhaltung** eines selektiven Vertriebssystems häufig mit Kontrollnummern gekennzeichnet. Da sich durch die Kontrollnummern feststellen lässt, ob ein Vertragshändler gegen das Verbot der Belieferung an Wiederverkäufer außerhalb des selektiven Vertriebssystems verstoßen hat, fühlen sich vertragsbrüchige Händler oder Außenseiter dazu veranlasst, die Kontrollnummern zu entfernen, um sich der angestrebten Überwachung seitens des Herstellers zu entziehen. Ist das Vertriebssystem kartellrechtlich zulässig und dient es einem berechtigten Interesse des Herstellers, so stellt die Entfernung dieser Kontrollnummern eine unlautere Behinderung dar, gegen die der Hersteller nach § 4 Nr. 4 UWG oder bei Fehlen eines Wettbewerbsverhältnisses nach §§ 823 Abs. 1, 1004 BGB wegen eines Eingriffs in das Recht am Unternehmen vorgehen kann. Ist die Anbringung von Kontrollnummern wie im Falle von Art. 19 Abs. 1 lit. e der EU-Kosmetikverordnung 1223/2009 gesetzlich vorgeschrieben, so kommt außerdem eine Unlauterkeit nach § 3a UWG (Rechtsbruch) in Betracht, weil die Kennzeichnungspflicht zumindest auch dem Verbraucherschutz dient.

c) Schleichbezug

138 Neben der Beseitigung von Kontrollnummern kann eine unlautere gezielte Behinderung auch darin liegen, dass ein legitimen Zielen dienendes Vertriebssystem in unredlicher Weise, wie z.B. durch Täuschung, unterlaufen wird. Hat sich ein Unternehmer in zulässiger Weise entschieden, seine Produkte selbst oder über weisungsabhängige Vertreter oder Agenturen abzusetzen, handelt daher derjenige unlauter, der seinen Geschäftspartner über eine vorhandene Wiederverkaufsabsicht täuscht.[348] Zwar ist auch das Interesse zu berücksichtigen, mit verkehrsfähigen Wirtschaftsgütern Handel zu treiben und sich diese mit redlichen Mitteln beschaffen zu können. Es besteht aber kein rechtlich geschütztes Interesse, Waren **unter Täuschung über die in einem Vertriebssystem wirksam auferlegten Bedingungen** zu beziehen. Das gleiche gilt für den Fall, dass ein Unternehmer ausdrücklich nicht an gewerbliche Händler, sondern nur an private Verbraucher verkaufen will (**Direktvertrieb**).[349]

139 Eine Täuschung über die Wiederverkaufsabsicht scheidet aber aus, wenn das Handeln als Vermittler von Endverbrauchern **offen gelegt wird**. Dies gilt auch dann, wenn sich der Vermittler über die von ihm akzeptierten Allgemeinen Geschäftsbedingungen hinwegsetzt, wonach eine Internetseite nicht zu gewerblichen Zwecken genutzt und Daten auf der Internetseite nicht automatisch abgefragt werden dürfen.[350]

---

[345] Vgl. EuGH GRUR Int. 1998, 149, 155 f. – *Leclerc/Yves Saint Laurent*.
[346] ABl. EU Nr. L 102 S. 1 v. 20.4.2010; vgl. dazu *Lettl*, WRP 2010, 807; *Pischel*, GRUR 2010, 972.
[347] EuGH GRUR 1994, 300 Rn. 28 – *Metro/Cartier*.
[348] BGH GRUR 2009, 173, 175 – *bundesligakarten.de*.
[349] BGH GRUR 2009, 173, 175 – *bundesligakarten*.de.
[350] BGH, GRUR 2014, 785 Rn. 28 ff. – *Flugvermittlung im Internet*.

d) Verleiten zum Vertragsbruch

Unlauter soll schließlich auch handeln, wer gebundene Händler bei einem zulässigen Vertriebssystems gezielt und bewusst zum Vertragsbruch verleitet (zur Kritik siehe oben).[351] Individuelle Lieferanfragen oder an die Allgemeinheit gerichtete Angebote genügen dafür aber noch nicht.[352] 140

Demgegenüber ist jedenfalls das **bloße Ausnutzen** eines Vertragsbruchs eines gebundenen Händlers durch einen Außenseiter, sofern nicht besondere Umstände hinzutreten, nicht unlauter. Dem liegt der Gedanke zu Grunde, dass die schuldrechtliche Bindung zwischen dem Wettbewerber und seinem Vertragspartner im Allgemeinen Dritten gegenüber keine rechtlichen Wirkungen zu entfalten vermag und dass die Annahme eines Wettbewerbsverstoßes schon bei Ausnutzen fremden Vertragsbruchs gewissermaßen zu einer Verdinglichung der schuldrechtlichen Verpflichtungen führen würde.[353] Das Bestreben eines nicht autorisierten Händlers, in ein Vertriebssystem einzubrechen und einen Anteil am Absatz einer von Kunden begehrten Ware oder Dienstleistung zu gewinnen, ist rechtlich grundsätzlich solange nicht zu beanstanden, wie es nicht mit unredlichen Mitteln wie Schleichbezug oder Verleitung zum Vertragsbruch durchgesetzt wird. Dieses Bestreben führt nicht schon als solches dazu, die Ausnutzung eines fremden Vertragsbruchs als unlauter erscheinen zu lassen.[354] 141

7. Produktbezogene Behinderung

Während die kundenbezogene Absatzbehinderung Praktiken betrifft, die auf das Abfangen oder Ausspannen von Kunden auf der Ebene der Vertragsanbahnung abzielen, geht es bei der produktbezogenen Behinderung um die **unmittelbare**, gegenständliche **oder auch mittelbare Einwirkung auf die Substanz bzw. Beschaffenheit von Produkten**. Erfasst wird auch die mittelbare Einwirkung auf die Leistung des Mitbewerbers durch den Vertrieb von Waren oder Dienstleistungen, die geeignet sind, Dritten einen unberechtigten kostenlosen Zugang zu einer entgeltlich angebotenen Leistung zu verschaffen,[355] wie etwa beim **Vertrieb von sog. Piratenkarten** zum kostenlosen Empfang von Pay-TV-Programmen.[356] Ebenso verhält es sich beim Einsatz von **Hackertools** zur Umgehung von Zugangsbeschränkungen in Online- oder Offlinemedien.[357] Demgegenüber stellt die Bewerbung oder der Vertrieb von sog. **Werbeblockern**, die es dem Verbraucher ermöglichen, ihm unerwünschte Werbung auszublenden, keine produktbezogene Behinderung dar.[358] 142

Daneben kann auch die **Entfernung von Kennzeichen** auf der Ware unter dem Gesichtspunkt der Absatz- oder Werbebehinderung oder wegen Irreführung über die betriebliche Herkunft der Waren wettbewerbswidrig sein.[359] Der Vorrang des Markenrechts[360] steht 143

---

[351] BGH GRUR 1968, 272, 274 f. – *Trockenrasierer III*; 1999, 1113, 1114 – *Außenseiteranspruch I*; 2009, 175 Rn. 31 – *bundesligakarten.de*; zur Kritik siehe oben Rn. 126.
[352] BGH GRUR 2009, 175 Rn. 32 – *bundesligakarten.de*; OLG Düsseldorf GRUR-RR 2003, 89, 89 f.
[353] BGH GRUR 2009, 173, 176 – *bundesligakarten.de*; GRUR 2000, 724, 726 – *Außenseiteranspruch II*; BGH GRUR 2005, 940, 942 – *Marktstudien*.
[354] BGH GRUR 2009, 173, 176 – *bundesligakarten.de*.
[355] BGH GRUR 2004, 877, 879 – *Werbeblocker*.
[356] Vgl. OLG Frankfurt NJW 1996, 264 f; s. auch LG Hamburg GRUR-RR 2006, 27, 28.
[357] Harte/Henning/*Omsels*, UWG, § 4 Nr. 10 Rn. 93.
[358] BGH GRUR 2004, 877, 879 – *Werbeblocker*.
[359] BGH GRUR 1972, 558, 559 – *Teerspritzmaschinen*; BGH GRUR 2004, 1039, 1041 – *SB-Beschriftung*.
[360] Vgl. BGHZ 149, 191, 195 f. = GRUR 2002, 622 – *shell.de*.

der Anwendung des Behinderungstatbestands nach § 4 Nr. 4 UWG nicht entgegen. Der Anwendungsbereich markenrechtlicher Bestimmungen ist nämlich nicht eröffnet, da die **bloße Beseitigung eines fremden Kennzeichens keine Benutzung des Zeichens und daher keine Kennzeichenverletzung** im Sinne der §§ 14, 15 MarkenG ist.[361]

8. Behinderung durch Kennzeichenverwendung

Schrifttum: *Bettinger,* Kennzeichenrecht im Cyberspace: Der Kampf um die Domain-Namen, GRUR Int. 1997, 402; *dies.,* Verantwortlichkeit der DENIC eG für rechtswidrige Domains?, CR 1999, 28; *Buchner,* Generische Domains, GRUR 2006, 984; *v. Gamm,* Rufausnutzung und Beeinträchtigung bekannter Marken und geschäftlicher Bezeichnungen, FS Piper, 1996, 537; *Helm,* Die bösgläubige Markenanmeldung, GRUR 1996, 593; *Jonas/Schmitz,* Neue Möglichkeiten für den Kennzeichenmißbrauch? – Zur Einordnung von sogenannten Vanity-Rufnummern –, GRUR 2000, 183; *Kiethe/Groeschke,* Die sittenwidrige Markenanmeldung und die Rechtsschutzmöglichkeiten des § 1 UWG, WRP 1997, 269; *dies.,* Die „Classe E"-Entscheidung des BGH als Ausgangspunkt für den Rechtsschutz gegen das Domain-Grabbing, WRP 2002, 27; *Kur,* Kennzeichenkonflikte im Internet, FS Beier, 1996, 262; *Nordemann,* Internet-Domains und zeichenrechtliche Kollision, NJW 1997, 1891; *Omsels,* Die Kennzeichenrechte im Internet, GRUR 1997, 328; *Renck,* Kennzeichenrechte versus Domain-Names – Eine Analyse der Rechtsprechung, NJW 1999, 3587; *Sosnitza,* Gattungsbegriffe als Domain-Namen im Internet, K&R 2000, 209; *v Schultz,* Wohin geht das berühmte Kennzeichen?, GRUR 1994, 85; *Ubber,* Rechtsschutz bei Mißbrauch von Internet-Domains, WRP 1997, 497; *Ullmann,* Die bösgläubige Markenanmeldung und die Marke des Agenten – überschneidende Kreise, GRUR 2009, 364; *Völker/Weidert,* Domain-Namen im Internet, WRP 1997, 652; *Wüstenberg,* Das Namensrecht der Domainnamen, GRUR 2003, 109.

144 Auch die Fallgruppe der Behinderung durch Kennzeichenverwendung knüpft an ein für sich genommen wettbewerbskonformes Phänomen an. Es liegt in der Natur von Kennzeichenrechten, dass von ihnen eine Behinderung ausgeht. Sie verleihen ihrem Inhaber ein Exklusivrecht, das Mitbewerber an einer Benutzung des Kennzeichens hindert. Dieser Behinderungseffekt beruht auf der mit dem Rechtserwerb verbundenen Sperrwirkung. Diese ist nicht nur lauterkeitsrechtlich unbedenklich, sondern nach den maßgeblichen Wertungen des Kennzeichenrechts sogar erwünscht. Die Sperrwirkung beruht auf dem Prioritätsprinzip, das in § 6 MarkenG einen gesetzlichen Ausdruck gefunden hat. Es besagt, dass demjenigen, der den Erwerbstatbestand als erster verwirklicht hat, insbesondere für die Eintragung des Kennzeichens gesorgt hat, der Vorrang gegenüber allen anderen Nutzern des Kennzeichens gebührt. Der Prioritätsgrundsatz findet seine Rechtfertigung unter dem individualrechtlichen Blickwinkel darin, dass es sich um ein „Gerechtigkeitsprinzip"[362] handelt. Darüber hinaus liegt es im Interesse aller Marktteilnehmer, dass das Kennzeichen nur von einem Rechtsinhaber benutzt werden darf, damit Zuordnungsverwirrungen oder Verwechslungen unterbunden werden. Inwieweit die auf dem Prioritätsprinzip beruhende Sperrwirkung und damit auch die von dem Kennzeichenrecht ausgehende Behinderung rechtmäßig ist, richtet sich nach den Maßstäben des Kennzeichenrechts, insbesondere des MarkenG, das grundsätzlich den Vorrang gegenüber dem Lauterkeitsrecht genießt. Das UWG und hier speziell der Behinderungstatbestand kommt nur ausnahmsweise zur Anwendung, wenn besondere, die Unlauterkeit begründende Umstände vorliegen, die außerhalb des Anwendungsbereichs des MarkenG liegen. Dabei dürfen aber die Wertungen des Markenrechts nicht unterlaufen werden. Grundsätzlich ist von einem **Vorrang des Kennzeichenrechts** auszugehen und es sind insbesondere die mit der Sperrwirkung verbundenen „Behinderungen" als eine gewollte Konsequenz des Prioritätsgrundsatzes hinzunehmen.

---

[361] BGH GRUR 2004, 1039, 1041 – *SB-Beschriftung*, mit umfassenden Nachweisen; a.A. *Fezer,* MarkenG, § 4 Rn. 461 a.
[362] BGH GRUR 2005, 687, 688 – *weltonline.de*.

D. Gezielte Behinderung von Mitbewerbern (§ 4 Nr. 4 UWG)

a) Sperrzeichen

Besondere, die Unlauterkeit begründende Umstände können vorliegen, wenn der Zeichenerwerb durch einen Mitbewerber in der Absicht geschieht, die **Sperrwirkung einer Marke zweckfremd als Mittel des Wettbewerbskampfes** einzusetzen,[363] was im Rahmen einer Gesamtabwägung aller Umstände des Einzelfalls zu prüfen ist. Maßgeblich sind insbesondere die Bekanntheit und Schutzwürdigkeit des Vorbenutzers, die Ernsthaftigkeit der Benutzung für eigene Produkte, die bestehenden Ausweichmöglichkeiten sowie etwaige frühere oder andauernde Vertragsbeziehungen.[364]

Eine Behinderung ist etwa dann anzunehmen, wenn der Anmelder weiß, dass ein identisches oder verwechselbares Zeichen im Ausland bereits für identische oder gleichartige Waren benutzt wird und sich ihm nach den Umständen zumindest die Kenntnis aufdrängen muss, dass der Inhaber der ausländischen Marke die Absicht hat, das Zeichen in absehbarer Zeit auch im Inland zu benutzen. Dabei schließt der Umstand, dass der Anmelder die inländische Marke für eigene Marken benutzen will, die Unlauterkeit nicht aus, wenn die unter der Marke zu vertreibenden Waren Nachahmungen der Waren darstellen, die der Inhaber der ausländischen Marke unter dieser Marke vertreibt.[365]

b) Spekulationsmarken

Grundsätzlich ist es zulässig, sich Zeichen als Marken schützen zu lassen, um sie später durch Übertragung oder Lizenzvergabe im Wege des **Merchandisings** als eigenständiges Wirtschaftsgut kommerziell zu verwerten, so dass die Marke gleichsam selbst zur Ware wird.[366] Etwas anderes gilt allerdings dann, wenn sog. **Hinterhaltsmarken** von vornherein in der Absicht angemeldet und eingetragen werden, Dritte zum Erwerb der Markenrechte zu veranlassen oder für den Fall der Aufnahme der Benutzung eines Zeichens systematisch mit Unterlassungs- und Schadensersatzansprüchen zu überziehen, um sie zum Abschluss von entsprechenden Lizenzverträgen zu veranlassen. Eine solche unlautere Behinderung im Sinne einer „Bösgläubigkeit" im Sinne des § 8 Abs. 2 Nr. 10 MarkenG wird unter folgenden Voraussetzungen angenommen:[367]

(1) Es erfolgt eine Anmeldung einer Vielzahl von Marken für sehr unterschiedliche Waren oder Dienstleistungen, bzw. die Marken werden jedenfalls nicht im Hinblick auf eine Vielzahl in Betracht kommender, im Einzelnen noch unbestimmter und allenfalls nach abstrakten Merkmalen umschriebener potenzieller Interessenten auf Vorrat angemeldet.[368]

(2) Für die fragliche Marke besteht kein ernsthafter Benutzungswille (insbesondere nicht zur Benutzung im eigenen Geschäftsbetrieb oder für Dritte aufgrund eines bestehenden oder potentiellen konkreten Beratungskonzepts).

(3) Die Anmeldung wird vielmehr ausschließlich oder vornehmlich zu dem Zweck vorgenommen, Unterlassungs- und Schadensersatzansprüche gegen beliebige Dritte geltend zu machen, sobald diese die Marke benutzen oder zumindest um die Marke an bestimmte Dritte zu veräußern, deren Interesse an einem Erwerb der Markenrechte jedoch im Wesentlichen nur durch den Umstand begründet wird, dass sie in Folge der Eintragung der Marke auf den Anmelder an der Verwendung der bislang ungeschützten Kennzeichnung gehindert werden können.

---

[363] BGH GRUR 1998, 412, 414 – Analgin; 2008, 160, 161 – CORDARONE.
[364] Vgl. zum Ganzen Ohly/Sosnitza, UWG, § 4 Nr. 10 Rn. 10/80.
[365] BGH WRP 2008, 785 (Ls.) – AKADEMIKS.
[366] BGH GRUR 2009, 780, 782 – Ivadal.
[367] BGH GRUR 2001, 242, 244 – Classe E; 2009, 780, 782 – Ivadal.
[368] BGH GRUR 2009, 780, 782 – Ivadal.

c) Domain-Grabbing

148 In gleicher Weise ist grundsätzlich auch die Reservierung einer Vielzahl von Domainnamen nicht zu beanstanden, auch wenn sie in der Absicht der späteren Weiterveräußerung erfolgt.[369] Eine wettbewerbswidrige Behinderung stellt das sog. **Domain grabbing** dar. Parallel zu den „Hinterhaltsmarken" ist diese Form der Zeichenbehinderung dann anzunehmen, wenn die Anmeldung von Domains ausschließlich zu dem **Zweck erfolgt, ohne ernsthaften Benutzungswillen** andere Namensinhaber zu behindern bzw. sich von diesen die Domain unter Zahlung einer „Überlassungsgebühr" abkaufen zu lassen.[370] Als Indiz hierfür kann vor allem die Reservierung einer Vielzahl von Domainnamen sein, die fremde Namen, Geschäftsbezeichnungen oder Marken enthalten und keinen Bezug zum eigenen Unternehmen aufweisen.[371] Für einen Benutzungswillen des Anmelders genügt aber die Absicht, die Marke der Benutzung durch einen Dritten zuzuführen.[372]

9. Behinderung durch Mitarbeiterabwerbung

Schrifttum: *Götting/Hetmank,* Unmittelbare Leistungsübernahme durch Mitarbeiterabwerbung, WRP 2013, 421; *Gibbert,* Rechtsschutz gegen sittenwidrige Abwerbungen, 1998; *Gudden,* Abwerbung von Arbeitskräften, 1961; *Günther,* Ja wo laufen sie denn? – Sanktionsmöglichkeiten des Arbeitgebers gegen unlauteres Abwerben von Arbeitnehmern, WRP 2007, 240; *Klein/Insam,* Telefonische Abwerbung von Mitarbeitern am Arbeitsplatz nach neuem UWG, GRUR 2006, 379; *Köhler,* Zur wettbewerbsrechtlichen Zulässigkeit der telefonischen Ansprache von Beschäftigten am Arbeitsplatz zum Zwecke der Abwerbung, WRP 2002, 1; *ders.,* Die „Beteiligung am Vertragsbruch" – eine unerlaubte Handlung?, FS Canaris, 2007, 591; *ders.,* Zur Abwerbung von Mitarbeitern, FS Buchner, 2009, S 452; *Lindacher,* Headhunting am Arbeitsplatz, FS Erdmann, 2002, 647; *Meurer,* Die Zulässigkeit der Abwerbung von Mitarbeitern unter lauterkeits- und vertragsrechtlichen Gesichtspunkten, 2012; *Ohly,* Die Verleitung zum Vertragsbruch im englischen und deutschen Recht: Zukunfts- oder Auslaufmodell?, FS Spellenberg, 2010, 617; *Piper,* Zur Wettbewerbswidrigkeit des Einbrechens in fremde Vertragsbeziehungen durch Abwerben von Kunden und Mitarbeitern, GRUR 1990, 643; *Riha,* Anmerkungen zur Headhunter-Entscheidung des BGH aus ökonomischer Sicht, WRP 2004, 1250; *Salger/Breitfeld,* Regelungen zum Schutz von betrieblichem Know-how – die Abwerbung von Mitarbeitern, BB 2004, 2574; *Scherer,* Verleiten zum Vertragsbruch – Neukonzeption aufgrund § 4 Nr. 10 UWG und der RL-UGP, WRP 2009, 518; *Schlötter,* Der Schutz von Betriebs- und Geschäftsgeheimnissen und die Abwerbung von Arbeitnehmern, 1997.; *Schloßer,* Personalabwerbung als Wettbewerbshandlung, 2002; *Schmeding,* Wettbewerbsrechtliche Grenzen der Abwerbung von Arbeitskräften, 2006; *Sosnitza,* Verleiten zum Vertragsbruch – Berechtigte Fallgruppe oder alter Zopf? WRP 2009, 373; *ders./Kostuch,* Telefonische Mitarbeiterabwerbung am Arbeitsplatz, WRP 2008, 166.

149 Gerade bei der Entwicklung und Herstellung hochkomplexer Produkte und der Erbringung anspruchsvoller Dienstleistungen hängt der unternehmerische Erfolg ganz wesentlich von der Qualifikation der Mitarbeiter ab. In bestimmten Branchen, wie z.B. der Informationstechnologie, findet zwischen den Unternehmen deshalb ein intensiver **Konkurrenzkampf um die besten Mitarbeiter** statt. Aus wettbewerbsrechtlicher Sicht gilt der Grundsatz, dass das Abwerben von Mitarbeitern erlaubt ist[373] und zwar selbst dann, wenn die Abwerbung bewusst und planmäßig erfolgt,[374] wie dies bei sog. **Headhuntern** gang und gäbe ist. Die grundsätzliche Zulässigkeit des Abwerbens von Mitarbeitern folgt daraus, dass die Freiheit des Wettbewerbs sich auch auf die Nachfrage nach Arbeitnehmern er-

---

[369] Vgl. BGH GRUR 2005, 687, 688 – *weltonline.de*; BGH GRUR 2009, 685, 688 – *ahd.de*.
[370] BGH GRUR 2008, 1099, 1102 – *afilias.de*; BGH GRUR 2009, 685, 690 – *ahd.de*.
[371] *Ohly*/Sosnitza, UWG, § 4.10 Rn. 10/85 m.w.N.
[372] BGH GRUR 2009, 685, 690 – *ahd.de*.
[373] BGH GRUR 1961, 482 – *Spritzgussmaschine*.
[374] BGH GRUR 1966, 263 – *Bau-Chemie*.

D. Gezielte Behinderung von Mitbewerbern (§ 4 Nr. 4 UWG)

streckt und kein Unternehmen einen Anspruch auf den dauerhaften Bestand ihrer Mitarbeiterschaft hat. Außerdem ist im Rahmen der lauterkeitsrechtlichen Bewertung auch die **Freiheit der Berufswahl** der betroffenen Mitarbeiter nach Art. 12 GG zu berücksichtigen. Als Schutz vor Abwerbung stehen den Unternehmen die Vereinbarung vertraglicher Wettbewerbsverbote (§§ 74 ff., 90a HGB) zur Verfügung. Absprachen über die Nichtabwerbung von Arbeitnehmern nach § 75f HGB sind rechtlich nicht durchsetzbar und u.U. sogar nach § 138 BGB bzw. § 1 GWB nichtig,[375] sofern sie nicht zur Durchführung eines Austauschvertrags erforderlich sind.

Das als Teil des freien Wettbewerbs grundsätzlich erlaubte Abwerben fremder Mitarbeiter ist ausnahmsweise nur dann wettbewerbswidrig, wenn unlautere Begleitumstände hinzukommen, insbesondere **unlautere Mittel** eingesetzt oder **unlautere Zwecke** verfolgt werden.[376]

a) Ansprechen am Arbeitsplatz

Es ist nicht unlauter, wenn ein Arbeitnehmer von einem Personalberater am Arbeitsplatz in einem **zur ersten Kontaktaufnahme geführten Telefongespräch** nach seinem Interesse an einer neuen Stelle befragt und diese kurz beschrieben wird.[377] Eine wettbewerbswidrige Störung des betrieblichen Arbeitsablaufs liegt aber vor, wenn sich der im Auftrag eines Wettbewerbers anrufende Personalberater in einem solchen Gespräch darüber hinwegsetzt, dass der Arbeitnehmer daran kein Interesse hat, oder das Gespräch über eine knappe Stellenbeschreibung hinaus ausdehnt.

b) Verleiten zum Vertragsbruch

Unlauter ist es auch, den Mitarbeiter eines Mitbewerbers zum Vertragsbruch zu verleiten, das heißt gezielt und bewusst auf dessen Vertragsbruch hinzuwirken.[378] **Gegenstand des Vertragsbruchs** kann ein Arbeitsvertrag, aber auch ein Geschäftsbesorgungs-, insbesondere ein Handelsvertretervertrag sein.[379] Unter einem Vertragsbruch ist jede Verletzung einer wesentlichen Verpflichtung aus dem Vertragsverhältnis, wie beim Arbeitsvertrag die Arbeitsverweigerung, eine vorzeitige oder aus anderen Gründen unberechtigte fristlose oder ordentliche Kündigung oder die Provokation einer fristlosen Kündigung sowie auch einer Ausschließlichkeitsbindung oder eines Wettbewerbsverbots,[380] zu verstehen.

Allerdings stößt die **These von der grundsätzlichen Unlauterkeit des Verleitens zum Vertragsbruch** zunehmend auf Ablehnung.[381] Sie sei zu sehr vom Besitzstandswahrungsdenken vergangener Jahrzehnte geprägt und berücksichtige zu wenig den Vorrang des Vertragsrechts und das Prinzip der Wettbewerbsfreiheit. Dass das Verleiten zum Vertragsbruch weithin als moralisch anstößig empfunden wird, dürfe die lauterkeitsrechtliche Beurteilung nicht präjudizieren. Aus diesem Grund solle nur noch das unerlaubte Einwirken auf

---

[375] A.A. noch Baumbach/*Hefermehl* UWG, 22. Aufl., § 1 Rn. 583.
[376] BGH GRUR 1961, 482, 483 – *Spritzgussmaschine*; 1966, 263, 264 f. – *Bau-Chemie*; 1984, 129, 130 f. – *shop-in-the-shop*; 2006, 426, 427 – *Direktansprache am Arbeitsplatz II*; OLG Oldenburg WRP 2007, 460, 462; Köhler/Bornkamm, UWG, § 4 Rn. 10.103; vgl. auch öOGH ÖBl. 1997, 158, 160 – *S-Powerfrauen*.
[377] BGH GRUR 2004, 696 – *Direktansprache am Arbeitsplatz I*.
[378] BGH GRUR 1961, 482, 483 – *Spritzgußmaschine*; 1994, 447, 448 – *Sistierung von Aufträgen*; 2007, 800 Rn. 14 – *Außendienstmitarbeiter*.
[379] OLG Hamm GRUR-RR 2004, 27 – *AVAD*; Ohly/Sosnitza, UWG, § 4.10 Rn. 10/28.
[380] Harte/Henning/*Omsels*, UWG, § 4 Nr. 10 Rn. 28; Ohly/Sosnitza, UWG, § 4.10 Rn. 10/28.
[381] Köhler/Bornkamm, UWG, § 4 Rn. 108 ff.; ders., FS Canaris, 2007, 591, 593 ff.; Scherer, WRP 2009, 518, 522; Sosnitza, WRP 2009, 373 ff.; Harte-Bavendamm/Henning-Bodewig/*Omsels, UWG*, § 4 Nr. 10 Rn. 35; vgl. auch Ohly/Sosnitza, UWG, § 4.10 Rn. 10/28a.

den Arbeitnehmer durch Druck, unangemessenen Einfluss oder Irreführung die Unlauterkeit begründen können.[382] Richtig ist zwar, dass die schuldrechtliche Bindung zwischen dem Mitbewerber und seinem Vertragspartner gegenüber Dritten im Allgemeinen keine rechtlichen Wirkungen entfalten kann und die Annahme eines Wettbewerbsverstoßes schon bei Ausnutzen fremden Vertragsbruchs gewissermaßen zu einer Verdinglichung der schuldrechtlichen Verpflichtung führen würde. Zu beachten ist aber, dass dem Unternehmer ein rechtlich geschütztes Vertrauen auf den Fortbestand der Arbeitsverhältnisse während deren Laufzeiten zuzugestehen ist.[383] Im Unterschied zu Kunden und Geschäftspartnern, stellen sich die vertraglichen Bindungen zur Belegschaft eines Unternehmens in der Regel nicht als mehr oder weniger zufällige und beliebig austauschbare Beziehungen dar, sondern bilden das wirtschaftliche Fundament der Unternehmung. Es spricht daher viel dafür, das berechtigte Interesse des Arbeitgebers an Erhaltung seiner Betriebsorganisation und damit an der Vertragstreue in seinen Arbeitsverhältnissen wenigstens in einem bestimmten Umfang und in einem bestimmten Kernbereich durch deliktsrechtliche Sanktionen repressiv und präventiv abzusichern, sofern das vertragsrechtliche Instrumentarium hierfür nicht ausreicht.[384]

154 Demgegenüber ist das **bloße Ausnutzen** eines fremden Vertragsbruchs, ohne den vertraglich Gebundenen zu dem Vertragsbruch zu verleiten, grundsätzlich nicht unlauter, wenn nicht besondere, die Unlauterkeit begründende Umstände hinzutreten.[385] Eine Unlauterkeit wird selbst dann verneint, wenn der Abwerbende die vertragliche Bindung, wie etwa ein Wettbewerbsverbot, kennt oder kennen muss.[386] Auch dann erreicht die mit der Abwerbung verbundene Behinderung kein solches Ausmaß, dass der beeinträchtigte Mitbewerber seine Leistung am Markt nicht mehr in angemessener Weise durch eigene Anstrengung zur Geltung bringen kann.[387] Schließlich begründet auch die bloße Tatsache, dass zwischen dem abwerbenden Unternehmen und dem anderen Unternehmen Vertragsbeziehungen oder Vertragsverhandlungen bestehen, noch nicht die Unlauterkeit der Abwerbung.

c) Existenzgefährdung

155 Die Schwelle der als bloße Folge des Wettbewerbs hinzunehmenden Behinderung ist beim Abwerben von Mitarbeitern auch überschritten, wenn das betreffende Verhalten bei objektiver Würdigung der Umstände in erster Linie auf die **Beeinträchtigung der wettbewerblichen Entfaltung des Mitbewerbers** und nicht auf die Förderung des eigenen Wettbewerbs gerichtet ist.[388] Ein unlauterer Zweck der Abwerbung wird daher angenommen, wenn der Abwerbende planmäßig vorgeht und dabei bezweckt oder bewusst in Kauf nimmt, dass dadurch die wettbewerbliche Betätigung des Mitbewerbers ernstlich beeinträchtigt oder dessen Leistung ausgebeutet wird.[389] Gegen diese Auffassung wird der Einwand erhoben, dass es eine Ausprägung der Wettbewerbsfreiheit ist, dass der eigene Vorteil auch um den Preis der wirtschaftlichen Gefährdung eines Konkurrenten gesucht

---

[382] OLG Oldenburg WRP 2007, 460 (463); Köhler/Bornkamm/*Köhler* § 4 Rn. 108b.
[383] *Ohly*/Sosnitza, UWG, § 4.10 Rn. 10/28a.
[384] *Ohly*/Sosnitza, UWG, § 4.10 Rn. 10/28a.
[385] BGH GRUR 2007, 800 Rn. 15 – *Außendienstmitarbeiter*, unter Hinweis auf BGHZ 143, 232, 240 = GRUR 2000, 724 – *Außenseiteranspruch II*; BGH GRUR 2002, 795, 798 = WRP 2002, 993 – *Titelexklusivität*.
[386] BGH GRUR 2007, 800, 802 – *Außendienstmitarbeiter*.
[387] BGH GRUR 2007, 800, 802 Rn. 23 – *Außendienstmitarbeiter*.
[388] BGH GRUR 2007, 800, 802 Rn. 23 – *Außendienstmitarbeiter*, unter Hinweis auf BGH GRUR 2005, 581, 582 = WRP 2005, 881 – *The Colour of Elégance*.
[389] BGH GRUR 1966, 263 – *Bau-Chemie*.

D. Gezielte Behinderung von Mitbewerbern (§ 4 Nr. 4 UWG)

werden darf.[390] Richtig ist, dass auch die **Gefährdung der Existenz eines Mitbewerbers im Einklang mit der dem Wettbewerb innewohnenden Ausleseffunktion** steht. Die damit verbundene „Behinderung" ist somit wettbewerbskonform und nicht zu beanstanden. Etwas anderes gilt aber, wenn die Abwerbung mit einer Behinderungsabsicht erfolgt, die darauf abzielt, den Mitbewerber zu vernichten.[391] Hierfür kann insbesondere der Umstand sprechen, dass mit der Abwerbung nicht (nur) die Gewinnung neuer Mitarbeiter für eigene betriebliche Bedürfnisse, sondern gerade (auch) eine existenzbedrohende Schädigung des Konkurrenzunternehmens durch den Verlust des Personals bezweckt wird. Dies ist etwa dann anzunehmen, wenn ohne Rücksicht auf andere Möglichkeiten, die der Arbeitsmarkt bietet, zahlreiche Beschäftigte gerade eines Unternehmens abgeworben werden.[392]

d) Beschaffung von Geschäftsgeheimnissen

Im Hinblick auf den verfolgten Zweck wurde es als wettbewerbswidrig angesehen, wenn gezielt und planmäßig wichtige Mitarbeiter abgeworben werden, um von ihnen **Geschäftsgeheimnisse** zu erfahren[393] oder um in den Kundenstamm des Konkurrenten einzudringen.[394] Hiergegen wird zu Recht eingewandt, dass die fachliche Kompetenz und auch das Vertrauen, das ein Mitarbeiter sich bei Kunden erworben hat, zu seinem eigenen Kapital gehörten, welches er zum eigenen Vorteil einsetzen darf.[395] Es gilt der **Grundsatz, dass ein Mitarbeiter die während eines Arbeitsverhältnisses gewonnenen Kenntnisse und Beziehungen nach dessen Beendigung zu seinen eigenen Gunsten nutzen darf.**[396] Dies ergibt sich auch aus dem Grundrecht der Freiheit der Berufswahl gemäß Art. 12 Abs. 1 GG sowie aus dem „wirtschaftlichen Persönlichkeitsrecht" gemäß Art. 2 Abs. 1, welches das Recht umfasst, im Rahmen der Entfaltung und Weiterentwicklung der Persönlichkeit über seine durch eigene Arbeit erworbenen Qualifikationen wirtschaftlich zu disponieren. Will sich ein Unternehmen dagegen schützen, so muss es ein Wettbewerbsverbot mit seinem Mitarbeiter vereinbaren.[397] Eine Unlauterkeit ist aber dann zu bejahen, wenn der Abwerbende den Mitarbeiter eines Konkurrenten zum Vertragsbruch verleitet, um auf diesem Wege an dessen Know-how oder andere für den Wettbewerb wichtige Informationen zu gelangen.

156

e) Ausbeutung

Allerdings kann im Einzelfall zu prüfen sein, ob bei Hinzutreten besonderer Umstände die Abschöpfung des in den Mitarbeitern eines Unternehmens verkörperten Wertes eine Unlauterkeit unter dem Gesichtspunkt der Ausbeutung begründen kann.[398] Unternehmen sind immer häufiger auf eingespielte und aufeinander abgestimmte Arbeitsteams und Betriebsprozesse angewiesen, die unter erheblichen Investitionen und in jahrelangem Aufbau sowie in aufwendiger Erprobung und Auslese den eigentlichen Kern eines wirtschaftlichen

157

---

[390] So *Ohly*/Sosnitza, UWG, § 4.10 Rn. 10/25.
[391] Ebenso *Ohly*/Sosnitza, UWG, § 4.10 Rn. 10/25.
[392] Vgl. dazu öOGH, 5.7.2001 – 8ObA122/01a, m.w.N.; öOGH, 19.12.2005 – 4Ob233/05a (Rechtssatznummer RS0078413) sowie *Meurer*, Die Zulässigkeit der Abwerbung von Mitarbeitern unter lauterkeits- und vertragsrechtlichen Gesichtspunkten, 92 f.; *Bettin*, Unlautere Abwerbung, 134; *Schloßer*, Personalabwerbung als Wettbewerbshandlung, 124; *Gudden*, Abwerbung von Arbeitskräften, 129; Harte/Henning/*Omsels*, UWG, § 4 Nr. 10 Rn. 28; MüKoUWG/*Jänich* § 4 Nr. 10 Rn. 100; *Lindacher*, FS Erdmann, 2002, 647, 652.
[393] BGH GRUR 2006, 426 – *Direktansprache am Arbeitsplatz II*.
[394] BGH GRUR 1966, 263, 266 – *Bau-Chemie*; 1971, 358 – *Textilspitzen*.
[395] Harte/Henning/*Omsels*, UWG, § 4 Nr. 10 Rn 24.
[396] BGH GRUR 2002, 91. 92 – *Spritzgießwerkzeuge*.
[397] Harte/Henning/*Omsels*, UWG, § 4 Nr. 10 Rn. 24.
[398] Vgl. dazu *Götting/Hetmank*, WRP 2013, 421.

Unternehmens ausmachen. Mit steigenden Investitionskosten und Anforderungen an den Aufbau komplexer wettbewerbsfähiger Unternehmensstrukturen wachsen aber auch die Begehrlichkeiten, fertige und ausgereifte Betriebsstrukturen gleich als Ganzes von Mitbewerbern zu übernehmen und entsprechend folgenschwer können sich groß angelegte erfolgreiche Abwerbestrategien auf ein kostspielig etabliertes System auswirken. Das üblicherweise im Rahmen der Mitarbeiterabwerbung vorgebrachte Argument, wonach sich jeder Unternehmer dem Wettkampf um Arbeitskräfte stellen und diese gegebenenfalls durch günstige Konditionen an sich binden müsse, wird man bei einem derartigen Investitionsaufwand relativeren müssen. Denn derjenige, der für die erforderlichen Investitionen in die Ausbildung seiner Arbeitskräfte und die Etablierung seiner Unternehmensstrukturen ausschließlich seine Konkurrenten einspannt und dadurch nicht auf die Amortisierung solcher Investitionen angewiesen ist, wird erheblich günstigere Konditionen anbieten können als der Leistungserbringer. Vor diesem Hintergrund erscheint es gerechtfertigt, die Ausbeutung fremder unternehmerischer Leistung durch umfangreiche Abwerbestrategien als unlauter anzusehen, wenn zur Abwerbung Umstände hinzutreten, die das Verhalten des Abwerbers nicht mehr als bloßes Konkurrieren um einzelne Arbeitnehmer erscheinen lassen, sondern vielmehr als Angriff auf die dahinter stehende unternehmerische Leistung des Konkurrenten.[399] In diesem Sinne wird man es bei der gebotenen Gesamtbetrachtung beispielsweise nicht unberücksichtigt lassen können, wenn das Geschäftsmodell des Abwerbers gerade darauf ausgelegt ist, sich in besonders humankapitalintensiven Branchen nennenswerte eigene Investitionen durch Abschöpfung bei der Konkurrenz nahezu vollständig zu ersparen oder wenn ein Abwerbungsangebot an Bedingungen geknüpft wird, die nichts mit der Person der einzelnen Arbeitskraft zu tun haben, etwa wenn ganze Arbeitsteams wegen ihres beim Konkurrenzunternehmen erworbenen „kollektiven Know-how" nur als Gesamtheit erwünscht sind.

10. Betriebsstörung durch unberechtigte Abmahnung oder Schutzrechtsverwarnung

Schrifttum: *Deutsch,* Der BGH-Beschluss zur unberechtigten Schutzrechtsverwarnung und seine Folgen für die Praxis, GRUR 2006, 374; *Gerstenberg,* Zur (Gegen-)Abmahnung als Retourkutsche, WRP 2011, 1116; *Goldbeck,* Der „umgekehrte" Wettbewerbsprozess, 2008; *Kunath,* Kostenerstattung bei ungerechtfertigter Verwarnung, WRP 2000, 1074; *Lindacher,* Die Haftung wegen unberechtigter Schutzrechtsverwarnung oder Schutzrechtsklage, ZHR 144 (1980) 350; *Meier-Beck,* Die Verwarnung aus Schutzrechten – mehr als eine Meinungsäußerung! GRUR 2005, 535; *ders.,* Die unberechtigte Schutzrechtsverwarnung als Eingriff in das Recht am Gewerbebetrieb, WRP 2006, 790; *Peukert,* Änderung der Rechtsprechung zur unberechtigten Schutzrechtsverwarnung?, Mitt 2005, 73; *Sack,* Die Haftung für unbegründete Schutzrechtsverwarnungen, WRP 2005, 253; *ders.,* Unbegründete Schutzrechtsverwarnungen, 2006; *ders.,* Notwendige Differenzierungen bei unbegründeten Abnehmerverwarnungen, WRP 2007, 708; *Sessinghaus,* Abschied von der unberechtigten Schutzrechtsverwarnung – auf Wiedersehen im UWG?, WRP 2005, 823; *Teplitzky,* Zur Frage der Rechtmäßigkeit unbegründeter Schutzrechtsverwarnungen – Zugleich eine Besprechung von BGH „Verwarnung aus Kennzeichenrecht", GRUR 2005, 9; *ders.,* Die prozessualen Folgen der Entscheidung des Großen Senats für Zivilsachen zur unberechtigten Schutzrechtsverwarnung, WRP 2005, 1433; *Ullmann,* Die Verwarnung aus Schutzrechten – mehr als eine Meinungsäußerung?, GRUR 2001, 1027; *Wagner,* Abschied von der unberechtigten Schutzrechtsverwarnung? ZIP 2005, 49; *Wagner/Thole,* Kein Abschied von der unberechtigten Schutzrechtsverwarnung, NJW 2005, 3470; *Zimmermann,* Die unberechtigte Schutzrechtsverwarnung, 2008.

---

[399] Vgl. zur Abwerbung zum Zwecke der Erlangung von Kundenlisten BGH WRP 2006, 1511, 1513 Rn. 17 – *Kundendatenprogramm.*

D. Gezielte Behinderung von Mitbewerbern (§ 4 Nr. 4 UWG)

a) Unberechtigte Abmahnung

Im Grundsatz ist davon auszugehen, dass eine objektiv unbegründete Abmahnung wegen eines (vermeintlichen) Wettbewerbsverstoßes nicht schon aus diesem Grunde wegen Behinderung wettbewerbswidrig ist, da es dem Abmahner nicht zuzumuten ist, lediglich auf Grund rechtlicher Zweifel eine Abmahnung zu unterlassen. Eine wettbewerbsrechtliche Abmahnung ist selbst dann, wenn das beanstandete Verhalten rechtmäßig ist, nur ausnahmsweise wettbewerbswidrig.[400] Dies gilt umso mehr, als die Abmahnung nunmehr in § 12 Abs. 1 in Übereinstimmung mit den von der Rechtsprechung entwickelten Grundsätzen gesetzlich normiert wurde. Würde der Abmahnende sich selbst bei geringsten Zweifeln über die Rechtmäßigkeit einer Abmahnung seinerseits wettbewerbsrechtlicher Ansprüche wegen Behinderung aussetzen, so würde der auch im Interesse des Abgemahnten liegende **Zweck, als Mittel zur außergerichtlichen Streitbeilegung in Wettbewerbssachen zu dienen**,[401] gefährdet. Außerdem riskiert der Kläger, der eine mögliche und zumutbare Abmahnung unterlassen hat, dass er die Kosten zu tragen hat, wenn der Beklagte den Anspruch sofort anerkennt (vgl. § 93 ZPO).[402] Umgekehrt ist diese Rechtslage für den Abgemahnten nicht unzumutbar, da er, wenn er erkennt, dass die Abmahnung zu Unrecht erfolgt, das Abmahnschreiben ohne größere Risiken unbeachtet lassen kann, ohne dass er hohe Ersatzansprüche zu befürchten hätte. Die Grundsätze über die unberechtigte Schutzrechtsverwarnung nach § 823 Abs. I BGB sind auf die unberechtigte wettbewerbsrechtliche Abmahnung daher nicht übertragbar.[403] Außerdem steht es ihm frei, sich gegen die Abmahnung mit einer negativen Feststellungsklage zur Wehr zu setzen.[404]

Eine unberechtigte oder unbefugte Abmahnung stellt somit **nur bei Vorliegen besonderer Umstände eine rechtswidrige Behinderung** dar.[405] Mit Blick auf das Ziel, eine außergerichtliche Beilegung von Wettbewerbsstreitigkeiten nicht durch zu strenge Anforderungen an die Prüfung der Rechtmäßigkeit zu behindern, ist eine Wettbewerbswidrigkeit einer unberechtigten Abmahnung nur dann anzunehmen, wenn der **Abmahner von der fehlenden Berechtigung Kenntnis hat oder sich der Kenntnis bewusst verschließt**; Fahrlässigkeit genügt nicht.[406] Neben der Kenntnis des Abmahnenden ist erforderlich, dass die Abmahnung auch geeignet ist, das wettbewerbliche Verhalten des Mitbewerbers oder Dritter zum Nachteil des Mitbewerbers zu beeinflussen.[407]

b) Unberechtigte Schutzrechtsverwarnung

Anders als bei der Abmahnung wegen vermeintlichem Wettbewerbsverstoßes zielt eine Schutzrechtsverwarnung darauf ab, einem Konkurrenten den **Marktzutritt** zu verwehren. Sie ist dadurch gekennzeichnet, dass ein Hersteller und/oder Abnehmer eines Produkts wegen einer begangenen oder drohenden Verletzung von Ausschließlichkeitsrechten (gewerblichen Schutzrechten und Urheberrechten) oder im Sinne des ergänzenden wettbewerbsrechtlichen Leistungsschutzes nach § 4 Nr. 9 UWG geschützten Rechtspositionen ernstlich

---

[400] BGH WRP 1965, 97, 99 – *Kaugummikugeln*; BGH GRUR 1985, 571, 573 – *Feststellungsinteresse*; 1994, 841, 843 – *Suchwort*; 2001, 354, 355 – *Verbandsklage gegen Vielfachabmahner*.
[401] Begr. RegE BT-Drucks. 15/1487 S. 25 (zu § 12 Abs. 1 UWG).
[402] Begr. RegE BT-Drucks. 15/1487 S. 25 (zu § 12 Abs. 1 UWG).
[403] BGH GRUR 2011, 1152, 1157 – *Kinderhochstühle im Internet*.
[404] BGH GRUR 2001, 354, 355 – *Verbandsklage gegen Vielfachabmahner*.
[405] BGH WRP 1965, 97, 98 ff. – *Kaugummikugeln*; BGH GRUR 1985, 571, 573 – *Feststellungsinteresse*; BGH GRUR 1994, 841, 843 – *Suchwort*; 2001, 354, 355 – *Verbandsklage gegen Vielfachabmahner*; 2011, 1152, 1157 – *Kinderhochstühle im Internet*; OLG Frankfurt NJW-RR 1991, 1006; OLG Hamm WRP 1980, 216, 217.
[406] BGH GRUR 2010, 1133, 1135 – *Bonuspunkte*; OLG Hamm, BeckRS 2009, 89545.
[407] *Ohly*/Sosnitza, UWG, § 4.10 Rn. 10/43.

und endgültig, in der Regel durch Androhung gerichtlicher Schritte, zur Unterlassung aufgefordert wird. Eine solche Schutzrechtsverwarnung ist **unberechtigt**, wenn entweder das behauptete Recht nicht oder noch nicht oder nicht mehr besteht, oder wenn es zwar besteht, aber nicht verletzt wurde, oder wenn die behaupteten Ansprüche aus dem verletzten Recht nicht hergeleitet werden können.[408] Dabei ist es unerheblich, ob das behauptete Recht von Anfang an nicht bestanden hatte oder rückwirkend beseitigt wurde.[409] Ob eine Schutzrechtsverwarnung unberechtigt ist oder nicht, richtet sich **allein nach der objektiven Rechtslage**, auf den guten Glauben des Verwarners kommt es nicht an.[410]

aa) Rechtslage bis zur Entscheidung des Großen Zivilsenats

161   Eine unberechtigte Schutzrechtsverwarnung wurde in ständiger Rechtsprechung als grundsätzlich rechtswidriger Eingriff in das **Recht am eingerichteten und ausgeübten Gewerbebetrieb i.S.v. § 823 Abs. 1 BGB** angesehen, wobei Hersteller- und Abnehmerverwarnung nach den gleichen Grundsätzen zu behandeln sind.[411] Diese Rechtsprechung ist bis zur Entscheidung des Großen Zivilsenats[412] im Schrifttum auf zum Teil heftige **Kritik** gestoßen.[413] Insbesondere wurde mit Blick auf die Rechtswidrigkeit, die wegen des Charakters des Rechts am eingerichteten und ausgeübten Gewerbebetrieb als Rahmenrecht nicht indiziert wird, sondern erst unter Abwägung sämtlicher Umstände des Einzelfalls festgestellt werden kann, auf die grundrechtlich geschützte Inanspruchnahme gerichtlicher Verfahren hingewiesen. Wer klagen darf, müsse auch verwarnen dürfen.[414] Der Verwarnte könne frei entscheiden, ob und wie er auf die Schutzrechtsverwarnung reagiere, es stehe insbesondere auch die negative Feststellungsklage zur Verfügung.[415] Hinsichtlich der deliktsrechtlichen Verankerung der Rechtsprechung wurde eingewandt, dass dies im **Widerspruch zu den dogmatischen Grundlagen dieses Rechtsinstituts** steht: Zum einen greife er nur subsidiär ein, wenn vorrangige Rechtsbehelfe versagen und daher eine Schutzlücke vorliegt. Diese sei bei der unberechtigten Schutzrechtsverwarnung deshalb zu verneinen, weil spätestens seit der Reform des UWG der Unlauterkeitstatbestand des § 3 UWG und die ihn konkretisierenden Beispielstatbestände wie § 4 Nr. 10 UWG a.F. kein subjektives Element mehr voraussetzen. Dementsprechend sei es nicht erforderlich, dass der Verwarner Kenntnis von der Rechtswidrigkeit der Verwarnung hat oder sich dieser Erkenntnis verschließe.[416] Deshalb **bestehe auch kein hinreichender Grund mehr für ein Ausweichen auf das Deliktsrecht**. Zum anderen lägen auch die strengen Voraussetzungen, die die Rechtsprechung generell an einen Eingriff in den eingerichteten und ausgeübten Gewerbebetrieb stellt, nämlich die Unmittelbarkeit im Sinne einer **betriebsbezogenen Zielgerichtetheit**, regelmäßig nicht vor.

---

[408] *Köhler*/Bornkamm, UWG, § 4 Rn. 10.170.
[409] BGHZ 38, 200, 205 – *Kindernähmaschinen*.
[410] BGHZ 38, 200, 205 = GRUR 1963, 255 – *Kindernähmaschinen*; BGH GRUR 1996, 812, 813 – *Unterlassungsurteil gegen Sicherheitsleistung*.
[411] BGH GRUR 1963, 255, 257 ff. – *Kindernähmaschinen*; 1974, 290, 291 – *Maschenfester Strumpf*; bestätigt in BGH GRUR 1997, 741, 742 – *Chinaherde*; BGH GRUR 2004, 958 – *Verwarnung aus Kennzeichenrecht I*.
[412] BGH (GSU) GRUR 2005, 882, 884 – *Unberechtigte Schutzrechtsverwarnung*.
[413] Vgl. *Beater*, Unlauterer Wettbewerb, 2002, S. 522; *Larenz/Canaris* SchR II/2 S. 554 f; *Ullmann*, GRUR 2001, 1027, 1029; *Deutsch*, WRP 1999, 25, 28; *Lindacher*, ZHR 144 (1980), 350, 356; *Sack*, WRP 1976, 733, 735 f.; s. auch *Ohly*/Sosnitza, UWG, § 4.10 Rn. 10/36.
[414] So *Ullmann*, GRUR 2001, 1027, 1028.
[415] *Deutsch*, WRP 1999, 25, 28; Harte/Henning/*Omsels*, UWG, 1. Aufl., § 4 Nr. 10 Rn. 180.
[416] So aber BGHZ 38, 200, 205 = GRUR 1963, 255, 257 ff. – *Kindernähmaschinen*.

D. Gezielte Behinderung von Mitbewerbern (§ 4 Nr. 4 UWG)

bb) Der Beschluss des Großen Senats für Zivilsachen

Als Reaktion auf diese kritischen Stimmen hatte der I. Zivilsenat des BGH seine Absicht bekundet, die bisherige Rechtsprechung zur Schutzrechtsverwarnung zu ändern und sich entschlossen den Großen Senat für Zivilsachen anzurufen. Dieser sah jedoch keine Veranlassung, von der bisherigen Rechtsprechung abzuweichen. Auch in Zukunft richtet sich die Beurteilung der unberechtigten Schutzrechtsverwarnung nach den traditionellen Grundsätzen über die Haftung für Eingriffe in den eingerichteten und ausgeübten Gewerbebetrieb als sonstiges Recht im Sinne des § 823 Abs. 1 BGB. **Der entscheidende Gesichtspunkt,** dem nach wie vor Rechnung zu tragen sei, wird darin gesehen, dass **das dem Schutzrechtsinhaber verliehene Ausschließlichkeitsrecht** jeden Wettbewerber von der Benutzung des nach Maßgabe der jeweiligen gesetzlichen Vorschriften definierten Schutzgegenstandes ausschließt. Diese einschneidende, die Freiheit des Wettbewerbs begrenzende Wirkung des Ausschließlichkeitsrechts verlange nach einem Korrelat, welches sicherstellt, dass der Wettbewerb nicht über die objektiven Grenzen hinaus eingeschränkt wird, durch die das Gesetz den für schutzfähig erachteten Gegenstand und seinen Schutzbereich bestimmt. Dieser notwendige Ausgleich zwischen dem durch Art. 14 GG verfassungsrechtlich geschützten Interesse des Schutzrechtsinhabers, sein Recht geltend machen zu können und dem gleichfalls, jedenfalls als Ausfluss der allgemeinen Handlungsfreiheit durch das GG geschützten Interesse des Wettbewerbers, sich außerhalb des Schutzbereichs bestehender Rechte unter Beachtung der Gesetze frei entfalten zu können, wäre nicht mehr wirksam gewährleistet, wenn es dem Schutzrechtsinhaber gestattet wäre, aus einem Schutzrecht Schutz in einem Umfang zu beanspruchen, der ihm nicht zusteht und wenn er den wirtschaftlichen Nutzen aus einer schuldhaften Verkennung des Umfangs des ihm zustehenden Schutzes ziehen dürfte, ohne für einen hierdurch verursachten Schaden seiner Mitbewerber einstehen zu müssen. **Das Schwergewicht der Argumentation wird auf die Abnehmerverwarnung gelegt,** bei der der Schutzrechtsinhaber sein vermeintlich verletztes Recht nicht gegenüber dem unmittelbaren Mitbewerber, sondern gegenüber dessen Abnehmern geltend macht. Einschneidend getroffen wäre in dieser Situation nicht der verwarnte Abnehmer, sondern der ihn beliefernde Hersteller. Ohne das von der Rechtsprechung entwickelte Institut der unberechtigten Schutzrechtsverwarnung ergäbe sich keine wirksame Handhabe, um einem möglicherweise existenzgefährdenden Eingriff in seine Kundenbeziehungen durch die unberechtigte Geltendmachung von Ausschließlichkeitsrechten gegenüber seinen Abnehmern entgegenzutreten. Wäre die unberechtigte Schutzrechtsverwarnung für den Verwarner ohne Haftungsrisiko, bliebe dem Mitbewerber nur die Klage auf Feststellung, dass dem aus dem Schutzrecht Verwarnenden die vermeintlichen Ansprüche nicht zustehen. Schon wegen der bis zum rechtskräftigen Abschluss eines solchen Verfahrens verstreichenden Zeit wäre hierdurch jedoch in aller Regel kein wirksamer Rechtsschutz zu erreichen.[417] Eingeräumt wird vom Großen Senat zwar, dass bei subjektiver Redlichkeit nicht rechtswidrig in ein geschütztes Rechtsgut seines Verfahrensgegners eingreift, wer ein staatliches, gesetzlich eingerichtetes und geregeltes Verfahren einleitet oder betreibt, auch wenn sein Begehren sachlich nicht gerechtfertigt ist und dem anderen Teil aus dem Verfahren über dieses hinaus Nachteile erwachsen. Für die Folgen einer nur fahrlässigen Fehleinschätzung der Rechtslage hafte der ein solches Verfahren betreibende Schutzrechtsinhaber wie jeder andere Kläger oder Antragssteller außerhalb der schon im Verfahrensrecht vorgesehenen Sanktionen grundsätzlich nicht nach dem Recht der unerlaubten Handlung, da der Schutz des Prozessgegners regelmäßig durch das gerichtliche Verfahren nach Maßgabe seiner gesetzlichen Ausgestaltung gewährleistet wird.[418] Ungeachtet dessen wird **damit eine Gleichbehandlung von Klage**

162

---
[417] BGH (GSZ) GRUR 2005, 882, 884 – *Unberechtigte Schutzrechtsverwarnung.*
[418] BGH (GSZ) GRUR 2005, 882, 884 – *Unberechtigte Schutzrechtsverwarnung.*

und **Abmahnung abgelehnt.** Die der unberechtigten Verwarnung aus Immaterialgütern zugrunde liegenden Sachgründe sprächen vielmehr gegen eine Privilegierung der Verwarnung, wie sie der Klage zugestanden wird.[419] Die Erwägungen, eine Unsicherheit über die Schutzrechtslage bestehe beiderseits, wird mit dem Argument zurückgewiesen, dass dies für den wichtigsten Fall der Abnehmerverwarnung nicht zuträfe, da der verwarnte Abnehmer gar nicht prüfungswillig, der betroffene Lieferant hingegen zur wirksamen Wahrnehmung seiner Rechte nicht in der Lage sei. Selbst im Verhältnis zwischen Verwarner und Verwarnten sei es im Übrigen nicht zwingend, dass die Beurteilung der Schutzrechtslage für beide Seiten gleich schwierig ist; wo dies im Einzelfall tatsächlich der Fall sei, könne dem, wie schon das RG anerkannt habe, flexibel mit dem Einwand des Mitverschuldens Rechnung getragen werden. Dabei sei jedoch zu beachten, dass derjenige, der fahrlässig zu Unrecht ein Ausschließlichkeitsrecht geltend mache und damit schuldhaft unberechtigterweise mit den einschneidenden Rechtsfolgen drohe, die das Gesetz zugunsten des Inhabers eines solchen Rechts vorsieht, „näher dran" ist, den daraus resultierenden Schaden zu tragen als derjenige, der – und sei es gleichfalls fahrlässig – nicht erkannt hat, dass das Ausschließlichkeitsrecht zu Unrecht geltend gemacht worden ist. So wie der Wettbewerber das Risiko tragen müsste, dass er nur fahrlässig den Schutzbereich eines gewerblichen Schutzrechts oder Urheberrechts zu eng bemisst, so sei es umgekehrt angemessen, den aus einem Schutzrecht Verwarnenden dafür einstehen zu lassen, dass er fahrlässig, insbesondere ohne die von ihm nach Lage des jeweiligen Falls zu erwartende Prüfung der Sach- und Rechtslage Schutz beansprucht hat, der ihm in dieser Form nicht zustand.[420]

cc) Kritik und Stellungnahme

163 Der Beschluss des Großen Zivilsenats ist in der Literatur auf starke Kritik gestoßen.[421] Die Kritik richtet sich im Wesentlichen auf folgende Punkte:

(a) Nahezu einhellig wird zu Recht darauf hingewiesen, dass die dogmatischen Gründe, die gegen die Anwendung des Rechtsinstituts des Eingriffs in den eingerichteten und ausgeübten Gewerbebetrieb als sonstiges Recht im Sinne des § 823 Abs. 1 BGB sprechen, „unübersehbar sind"[422] und die vom I. Zivilsenat angeregte Beurteilung der Schutzrechtsverwarnung nach Maßstäben des UWG bei Vorliegen einer Wettbewerbshandlung und eines Wettbewerbsverhältnisses als nahezu zwingend erscheint.[423] Da die Generalklausel des § 3 Abs. 1 UWG und dementsprechend auch die sie konkretisierenden Tatbestände wie § 4 Nr. 4 UWG kein subjektives Verschuldenselement mehr voraussetzen, ist nach dem für das Rechtsinstitut des eingerichteten und ausgeübten Gewerbebetriebs geltenden Subsidiaritätsgrundsatz[424] kein Raum mehr für die Anwendung des § 823 Abs. 1 BGB. Warum sich der BGH über diese von ihm selbst aufgestellten Grundsätze hinwegsetzt, lässt sich dem Beschluss nicht entnehmen, da jegliche Begründung hierfür fehlt. Es ist bedauerlich, dass der BGH dem Dialog mit der Wissenschaft ausweicht, der bei einer so grundlegenden Weichenstellung angemessen erscheint, und die Argumente bedeutender Literaturstimmen außer Acht lässt.[425] Davon abgesehen lässt sich in der Rechtsprechung des I. Zivilsenats nach

---

[419] BGH (GSZ) GRUR 2005, 882, 885 – *Unberechtigte Schutzrechtsverwarnung*.
[420] BGH (GSZ) GRUR 2005, 882, 885 – *Unberechtigte Schutzrechtsverwarnung*.
[421] Vgl. MüKoUWG/*Jänich*, § 4 Nr. 10 Rn. 127 f.; *Ohly*/Sosnitza, UWG, § 4 Nr. 10 Rn. 10/38; *Wagner*/Thole, NJW 2005, 3470 ff.; *Deutsch*, GRUR 2006, 376 ff.
[422] MüKoUWG/*Jänich*, § 4 Nr. 10 Rn. 127.
[423] *Ohly*/Sosnitza, UWG, § 4.10 Rn. 10/38.
[424] Ständige Rechtsprechung, grundlegend BGHZ 36, 252, 256 – *Gründerbildnis*.
[425] *Larenz*/Canaris SchR II/2 S. 554 f.

D. Gezielte Behinderung von Mitbewerbern (§ 4 Nr. 4 UWG)

wie vor die Tendenz herauslesen, die unberechtigte Schutzrechtsverwarnung verstärkt nach dem UWG zu beurteilen.[426]

(b) Widersprüchlich ist es ferner, wenn der Große Senat einerseits völlig zutreffend das Recht auf Klageerhebung betont, das ein verfassungsrechtlich geschütztes Privileg darstellt, aber andererseits die der Klageerhebung vorausgehende und deren Vermeidung dienende Verwarnung einer ungleich strengeren Haftung unterwirft. Dies führt zu dem auch ökonomisch sinnwidrigen Ergebnis, dass der Verwarner zur unmittelbaren Klageerhebung gezwungen wird. Die Verwarnung kann also die mit der Abmahnung gleichzusetzende streitvermeidende Wirkung nicht entfalten. Die gegen eine der Abmahnung entsprechenden Privilegierung der Verwarnung vorgebrachten Argumente können deshalb nicht überzeugen.

(c) Da die Argumentation des Großen Senats sich fast ausschließlich auf die Herstellerverwarnung bezieht, bleibt unberücksichtigt, dass bei der Herstellerverwarnung ein gravierendes Informationsgefälle bezüglich der Schutzrechtslage zwischen dem Verwarnenden und dem Verwarnten besteht.

(d) Als Ausgangspunkt der Bewertung ist im Ergebnis zu betonen, dass aus rechtspolitischer Sicht gute Gründe dafür sprechen, die unberechtigte Schutzrechtsverwarnung einer strengen Haftung zu unterwerfen. Nur so lässt sich gewährleisten, dass der um sich greifenden Praxis, insbesondere kleinere und mittlere Unternehmen mit fadenscheinigen Begründungen durch Schutzrechtsverwarnungen einzuschüchtern und sie auf diese Art und Weise entweder zum Abschluss eines Lizenzvertrages zu veranlassen oder vom Markt zu verdrängen, Einhalt geboten wird. Angesichts der Tatsache, dass sich die Beurteilung der Schutzrechtslage, insbesondere hinsichtlich des Schutzumfangs von Patenten häufig äußerst kompliziert und langwierig gestaltet, kann die Verwarnung nicht ohne weiteres mit der Abmahnung bei Wettbewerbsverstößen auf eine Stufe gestellt werden. Die hier bestehenden Ausweichmöglichkeiten z.B. durch Umstellung einer Werbung, sind allenfalls im Kennzeichenrecht vorhanden, weil es dem Verwarnten hier möglich ist, auch ohne größeren Aufwand sein Produkt unter einer modifizierten Marke zu vertreiben oder ein anderes Kennzeichen zu verwenden. Im Übrigen ist auch die Rechtsprechung dazu angehalten, für eine Reduktion von Komplexität bei den für die Beurteilung von Schutzrechtsverletzungen maßgeblichen Kriterien zu sorgen. Zweifellos resultieren die Schwierigkeiten der Festlegung des Schutzumfangs von Patenten häufig aus der Natur der Sache, weil die technischen Sachverhalte und deren rechtliche Bewertung sehr subtile Erwägungen und Abwägungen erforderlich machen. Zum Teil ist die Unübersichtlichkeit bei der Grenzziehung von Rechten des geistigen Eigentums aber auch hausgemacht. So hat sich bei der Auslegung von Patentansprüchen mit der Festlegung ihrer Reichweite eine „Meta-Ebene" der Auslegung von Auslegungsregelungen herausgebildet, die mit einem wuchernden Dickicht von Grundsätzen, Ausnahmen, Gegenausnahmen und Unterausnahmen selbst für eingeweihte Fachleute kaum noch durchschaubar sind.[427] So ist etwa die Rechtsprechung zu computerimplementierten Erfindungen und deren Schutzbereich zum Teil kaum noch nachvollziehbar. Dies gilt umso mehr, wenn man neben der deutschen Rechtsprechung auch den Einfluss des europäischen und internationalen Rechts berücksichtigen muss. Eine zentrale Bedeutung für die Haftung wegen unberechtigter Schutzrechtsverwarnung kommt deshalb der Frage der Komplexität und Kompliziertheit der Einschätzung der Schutzrechtslage zu, die sowohl im Rahmen der Rechtswidrigkeit des Eingriffs als auch im Rahmen der Fahrlässigkeit im Hinblick auf die Intensität der Sorgfaltspflichten zu berück-

---

[426] Vgl. etwa BGH GRUR 2009, 878 – *Fräsautomat*.
[427] Vgl. zur Kritik *Geller*, GRUR Int. 2006, 273 ff.

sichtigen ist. So ist bei nicht eingetragenen Rechten ein strengerer Maßstab anzulegen als bei eingetragenen Registerrechten, bei denen aber zwischen ungeprüften und geprüften zu differenzieren ist. Dass die Beurteilung der unberechtigten Schutzrechtsverwarnung nicht auf § 4 Nr. 4 UWG, sondern auf den Deliktstatbestand des § 823 Abs. 1 BGB gestützt wird, ist ganz offensichtlich verfehlt, wenn man die in ständiger Rechtsprechung entwickelten Grundsätze zur Subsidiarität des Eingriffs in den eingerichteten und ausgeübten Gewerbebetrieb zugrunde legt. Es ist unverständlich, dass in der Begründung des Beschlusses kein einziges Wort hierüber verloren wird. Dieses Defizit ist nicht mit den Qualitätserwartungen vereinbar, die man berechtigterweise an eine Entscheidung des Großen Zivilsenats des BGH stellen darf.

11. Missbrauch von Nachfragemacht

Schrifttum: *Gilbert*, Die rechtliche Bewertung des sog. Anzapfens, 1980; *Gröner/Köhler*, Der Selbstbedienungshandel zwischen Rechtszwang und Wettbewerb, 1986; *Hölzl/Satzky*, Wettbewerbsverzerrungen durch nachfragemächtige Handelsunternehmen, 1980; *Jungk*, Die Ausübung wirtschaftlicher Macht als unlauterer Wettbewerb?, 1997; *Köhler*, Wettbewerbs- und kartellrechtliche Kontrolle von Nachfragemacht, 1979; *ders.*, Durchsetzung von Vorzugsbedingungen durch marktmächtige Nachfrager, BB 1999, 1017; *Säcker/Mohr*, Forderung und Durchsetzung ungerechtfertigter Vorteile, WRP 2010, 1.

164 Schließlich wird in der Gesetzesbegründung[428] auch der Missbrauch von Nachfragemacht durch marktstarke Nachfrager gegenüber Anbietern erwähnt. Im Mittelpunkt der Beurteilung steht die **Rechtmäßigkeit des sog. Anzapfens**, also das Fordern von Leistungen, denen keine echte Gegenleistung gegenübersteht. Anzapfpraktiken, wie die Entgegennahme sog. Regal- oder Schaufenstermieten, erhalten dadurch besondere Brisanz, dass sie als eine Hauptursache für die **fortschreitende Konzentration im Handel** angesehen werden.[429]

165 Entsprechend den von der Rechtsprechung zu § 1 UWG a.F. entwickelten Grundsätzen ist davon auszugehen, dass die Ausübung von Nachfragemacht zur Erzielung besonderer Vorteile unter bestimmten Voraussetzungen wettbewerbswidrig sein kann. Während anfänglich das Unlauterkeitsurteil über bestimmte Maßnahmen des „Anzapfens",[430] mit dem konturlosen und deshalb später auch vom BGH aufgegebenen[431] Kriterium der Funktionswidrigkeit des Händlerverhaltens begründet wurde, steht heute der Aspekt der **Behinderung der Mitbewerber des Nachfragers** im Vordergrund. Maßgeblich ist die Erwägung, dass die Erzielung von Einkaufsvorteilen gleichzeitig einen Wettbewerbsvorsprung gegenüber den Mitbewerbern im Absatz bedeutet. Die Schwierigkeit bei der Handhabung dieses Unlauterkeitskriteriums liegt darin, dass das Aushandeln möglichst günstiger Einkaufsbedingungen wettbewerbskonform ist und grundsätzlich kein Anbieter Anspruch auf die Aufnahme oder Fortsetzung von Lieferbeziehungen mit einem bestimmten Nachfrager hat,[432] so dass die Drohung mit dem Abbruch oder der Nichtaufnahme von Geschäftsbeziehungen grundsätzlich nicht zu beanstanden ist.[433] Vor diesem Hintergrund bedarf es der (schwierigen) Abgrenzung zur missbräuchlichen Ausnutzung der Wettbewerbs- und Ver-

---

[428] Begr. RegE, BT-Drucks. 15/1487, S. 19 (zu § 4 Nr. 10).
[429] Baumbach/Hefermehl/*Köhler*, ebenda; siehe auch BKartA BB 1999, 706 – *Metro*; siehe auch *Herrmann*, GRUR 1982, 395 ff.
[430] Siehe BGH GRUR 1977, 257 – *Schaufensteraktion*; 1977, 619 – *Eintrittsgeld*; 1982, 737 – *Eröffnungsrabatt*; OLG Köln WRP 1989, 193; OLG München GRUR 1992, 712.
[431] Siehe BGH GRUR 1982, 677 – *Unentgeltliche Übernahme der Preisauszeichnung*.
[432] BGH GRUR 1977, 619, 621 – *Eintrittsgeld*.
[433] BGH GRUR 1982, 737, 738 – *Eröffnungsrabatt*.

tragsfreiheit, wobei anerkannt ist, dass bei der wettbewerbsrechtlichen Beurteilung auf die **kartellrechtlichen Bewertungen** zurückgegriffen werden muss.[434] Dies gilt in zweierlei Richtungen: Wegen der Wertungsparallelität begründet ein Verstoß gegen die wettbewerbs- und mitbewerberschützende Normen der §§ 19, 20 GWB stets auch einen Wettbewerbsverstoß. Andererseits dürfen aber vom Wettbewerbsrecht die kartellrechtlichen Verbotsschranken nicht unterlaufen werden. Dementsprechend sind unabdingbare Voraussetzungen der wettbewerbsrechtlichen Unzulässigkeit eine marktbeherrschende Stellung oder eine im Verhältnis zu kleinen und mittleren Mitbewerbern (§ 20 Abs. 3 GWB) überlegene Marktmacht des Nachfragers. Damit verlagert sich die Beurteilung in den Bereich des Kartellrechts, das den Maßstab für die Beantwortung der Frage bildet, ob eine wettbewerbswidrige Behinderung aufgrund eines Missbrauchs von Nachfragemacht vorliegt. Für eine darüber hinausgehende eigenständige Begründung der Unlauterkeit ist nur dann Raum, wenn Umstände zum Tragen kommen, die von der kartellrechtlichen Bewertung nicht erfasst werden. Dies gilt insbesondere für eine unlauterkeitsbegründende **Ausübung von Druck** auf den Lieferanten im Sinne des § 4a UWG.

VII. Marktstörung

Schrifttum: *Ahrens,* Kostenloser Vertrieb meinungsbildender Tagespresse, WRP 1999, 123; *Baudenbacher,* Machtbedingte Wettbewerbsstörungen als Unlauterkeitstatbestände – Zugleich Beitrag zum Verhältnis von UWG und GWB, GRUR 1981, 19; *ders.,* Marktstörung durch Ausnutzen fremden Vertragsbruchs zu Lasten selektiver Vertriebssysteme, FS Gaedertz 1992, 19; *Berst,* Anzeigenblätter und Lesezeitungen zwischen Wettbewerbsrecht und Pressefreiheit, AfP 1999, 425; *Bott,* Die Gratiszeitung im Spiegel von Wettbewerbs- und Verfassungsrecht, 2003; *Gesellensetter,* Rechtliche Probleme der unentgeltlichen Verteilung meinungsbildender Tagespresse, GRUR 2001, 707; *Köhler,* Wettbewerbs- und verlagsrechtliche Fragen der Verteilung unentgeltlicher Zeitungen, WRP 1998, 455; *ders.,* Zur Konkurrenz lauterkeitsrechtlicher und kartellrechtlicher Normen, WRP 2005, 645; *Koppensteiner,* Marktbezogene Unlauterkeit und Missbrauch von Marktmacht, WRP 2007, 475; *Lahusen,* Die wettbewerbs- und verfassungsrechtliche Beurteilung des Gratisvertriebs meinungsbildender Tagespresse – Anmerkung zum Urteil des BGH „20 Minuten Köln", GRUR 2005, 221; *Lettl,* Kartell- und wettbewerbsrechtliche Schranken für Angebote unter Einstandspreis, JZ 2003, 662; *Lindow,* Marktstörung als UWG-Tatbestand, 1995; *Lux,* Der Tatbestand der „allgemeinen Marktbehinderung" im Recht gegen den unlauteren Wettbewerb, 2006; *Mann,* „Kostenloser" Vertrieb von Presse – eine Gefährdung der Pressefreiheit?, WRP 1999, 740; *Ruess/Tellmann,* „Umsonst ist der Tod allein"? – Neues zur Werbung mit Gratiszeitungen, WRP 2004, 665; *Schwipps,* Wechselwirkungen zwischen Lauterkeitsrecht und Kartellrecht, 2009; *Teplitzky,* Zur Frage der wettbewerbsrechtlichen Zulässigkeit des (ständigen) Gratisvertriebs einer ausschließlich durch Anzeigen finanzierten Zeitung, GRUR 1999, 108; *von Danwitz,* Der Gratisvertrieb anzeigenfinanzierter Zeitungen im Wettbewerb der Presseorgane, 2002.

1. Grundsatz und Kritik

Während es bei der individuellen, „gezielten Behinderung" im Sinne des § 4 Nr. 4 UWG darum geht, dass ein oder mehrere Mitbewerber in ihren wirtschaftlichen Entfaltungsmöglichkeiten in unlauterer Weise beeinträchtigt werden, hat die allgemeine Marktbehinderung eine „überindividuelle institutionelle Dimension". Es geht um Maßnahmen, die **den Wettbewerb auf einem bestimmten Markt in seinem Bestand gefährden bzw. seine Funktionsfähigkeit beeinträchtigen**. Nach der Definition der Rechtsprechung des BGH ist eine allgemeine Marktbehinderung oder Marktstörung dann gegeben, wenn das Wettbewerbsverhalten allein oder in Verbindung mit zu erwartenden gleichartigen Maßnahmen von

166

---

[434] BGH GRUR 1982, 737, 738 – *Eröffnungsrabatt.*

Mitbewerbern die ernstliche Gefahr begründet, der auf der unternehmerischen Leistung beruhende Wettbewerb werde in erheblichem Maße eingeschränkt.[435] Anders als die individuelle „gezielte" Behinderung (§ 4 Nr. 4 UWG) ist die allgemeine Behinderung nicht als eigener Tatbestand aufgeführt. In der Gesetzesbegründung zum UWG von 2004 wird jedoch darauf hingewiesen, dass sie – entsprechend des nicht abschließenden Charakters der Beispielstatbestände – gleichwohl unter die Generalklausel des **§ 3 Abs. 1 UWG** fallen kann.[436]

167 Die allgemeine Marktbehinderung oder Marktstörung liegt im Schnittfeld von UWG und GWB. Mit Blick auf die zwischen beiden Gesetzen bestehenden Funktionszusammenhänge, die sich daraus ergeben, dass beide trotz unterschiedlicher Rollenverteilung, nämlich Bestandsschutz einerseits und Lauterkeitsschutz andererseits, auf das gemeinsame **Ziel der Sicherung eines freien und lauteren Wettbewerbs** ausgerichtet sind, kommt es zu Überschneidungen und Wechselwirkungen. Im Einzelfall besteht ein Spannungsverhältnis, wenn es um die Abgrenzung des UWG gegenüber dem Regelungsbereich des GWB geht. Auf der einen Seite ist dessen Zweck, die Freiheit und den Bestand des Wettbewerbs zu gewährleisten, auch bei der Anwendung des UWG zu berücksichtigen; auf der anderen Seite dürfen die vom GWB bewusst gezogenen Grenzen nicht missachtet und die dahinter stehenden Wertungen nicht unterlaufen werden.

168 In der Literatur werden zu Recht schon seit langem Zweifel an der Berechtigung dieser Fallgruppe geäußert.[437] Hingewiesen wird zum einen darauf, dass der BGH seit Inkrafttreten des UWG 2004, soweit ersichtlich, in keinem Fall einen Anspruch wegen unlauteren Wettbewerbs aus dem Gesichtspunkt der allgemeinen Marktstörung als begründet angesehen hat. Vor allem handelt es sich systematisch nicht um eine Marktverhaltenskontrolle. Die Marktstörung ist regelmäßig nicht deshalb zu beanstanden, weil sich der betreffende Unternehmer unlauter verhält, sondern weil sein Verhalten zu einer **Beschränkung des Wettbewerbs** führen kann. Die **Kontrolle der Marktstrukturen** fällt aber in den Anwendungsbereich des Kartellrechts.[438]

2. Verhältnis zum Kartellrecht

169 Uneinigkeit besteht über die Frage, in welchem Verhältnis der Unlauterkeitstatbestand der allgemeinen Marktbehinderung zum Kartellrecht steht, da das UWG damit eine Marktstrukturkontrolle übernimmt, die eigentlich in den Regelungsbereich des GWB fällt. Aus der Tatsache, dass das Kartellrecht besondere Tatbestände über die „unbillige Behinderung von Mitbewerbern" enthält, die an das Vorliegen einer bestimmten Marktmacht der handelnden Unternehmen anknüpfen (§§ 19, 20 GWB), wird zum Teil eine „Sperrwirkung" für die gleichzeitige Anwendung des UWG abgeleitet.[439] Nach der Gegenmeinung soll gemäß einer „Vorfeldthese" das Wettbewerbsrecht das Kartellrecht im Vorfeld kartellrechtlicher Marktmachttatbestände ergänzen.[440] Nach Rechtsprechung und herrschender Meinung sind die Normen des UWG und des GWB **im Grundsatz nebeneinander anzu-**

---

[435] BGHZ 114, 82, 84 = GRUR 1991, 767 = NJW 1991, 2151 – *Motorboot-Fachzeitschrift*; BGH GRUR 2001, 80, 81 = NJW-RR 2001, 32 = WRP 2000, 1394 – *ad-hoc-Meldung*; 2001, 752, 753 = WRP 2001, 688 – *Eröffnungswerbung*; 2004, 602, 603 – *20 Minuten Köln*; 2010, 455 Rn. 20 – *Stumme Verkäufer II*.
[436] Begr. RegE, BT-Drucks. 15/1487, S. 19 (zu § 4 Nr. 10).
[437] *Schwipps*, Wechselwirkungen zwischen Lauterkeitsrecht und Kartellrecht, 2009; MüKoUWG/*Heermann*, Anh. B zu §§ 1–7 Rn. 74 f.; *Steinbeck* GRUR 2008, 848, 852; *Ohly*/Sosnitza, UWG, § 4.10 Rn. 10/97.
[438] *Ohly*/Sosnitza, UWG, § 4.10 Rn. 10/97.
[439] Siehe *Mestmäcker*, Der verwaltete Wettbewerb, S. 143 ff.
[440] Siehe *Ulmer*, GRUR 1977, 565, 577 ff.; *v. Gamm*, NJW 1980, 2489, 2491; *Hefermehl*, GRUR Int. 1983, 507, 512; *Tilmann*, GRUR 1979, 825, 830; vgl. auch *Baudenbacher*, GRUR 1981, 19 ff.; *ders.*, ZHR 144 (1980), 145 ff.; *Raiser*, GRUR Int. 1973, 443 ff.

wenden, so dass insbesondere die §§ 19, 20 GWB dem lauterkeitsrechtlichen Tatbestand einer „allgemeinen Marktbehinderung" nicht entgegenstehen.[441] Praktisch hat dies zur Konsequenz, dass auch Verbände im Falle einer allgemeinen Marktbehinderung klagebefugt sind (§ 8 Abs. 3 UWG).

3. Tatbestand der allgemeinen Marktbehinderung

Eine allgemeine Marktbehinderung ist nach der Rechtsprechung des BGH dann gegeben, wenn das Wettbewerbsverhalten, allein oder in Verbindung mit zu erwartenden gleichartigen Maßnahmen von Mitbewerbern, die ernstliche Gefahr begründet, der auf der unternehmerischen Leistung beruhende Wettbewerb werde in erheblichem Maße eingeschränkt.[442] Das Charakteristikum der allgemeinen Marktbehinderung besteht also in einer **Gefährdung des Wettbewerbsbestands**.

170

Da eine Marktverhaltenskontrolle in diesem Fall – ähnlich wie bei den die Kontrolle von Marktmacht betreffenden Bestimmungen der §§ 19 und 20 GWB, die den Wettbewerb als Institution zu schützen bestimmt sind – gleichzeitig auf eine Marktstrukturkontrolle hinausläuft,[443] bedarf es einer **Marktabgrenzung**. Für die Beurteilung der Frage, auf welchen relevanten Markt sich die Bestandsgefährdung bezieht, ist auf die **im Kartellrecht entwickelten Maßstäbe zur sachlichen, räumlichen und zeitlichen Abgrenzung** zurückzugreifen.[444] Zum sachlich relevanten Markt zählen alle Produkte, die der Verbraucher nach Eigenschaft, Verwendungszweck und Preislage zur Deckung eines bestimmten Bedarfs als austauschbar ansieht; zum räumlich relevanten Markt gehören alle Anbieter, auf deren Produkte der Nachfrager ausweichen kann.[445] Hinsichtlich der Art der Gefährdung ist die Gefahr einer dauerhaften Verschlechterung der wettbewerblichen Struktur erforderlich; eine vorübergehende kurzfristige Wettbewerbsverzerrung genügt nicht.[446] Bezüglich der Intensität bedarf es des Nachweises einer **konkreten, ernsthaften Gefahr der Marktstrukturverschlechterung** aufgrund von greifbaren Anhaltspunkten.[447] In die Beurteilung der Bestandsgefährdung wird von der Rechtsprechung in prognostischer Abschätzung der zu erwartenden Auswirkungen auch die Nachahmungsgefahr einbezogen.[448] Diese darf aber nicht nur leerformelhaft behauptet werden. Das Argument kommt nur dann zum Tragen, wenn konkrete, objektiv nachprüfbare Anhaltspunkte dafür bestehen, dass die Mitbewerber mit an Sicherheit grenzender Wahrscheinlichkeit gezwungen sein werden, die angewandte Werbemethode wegen ihrer Wirksamkeit zu übernehmen, um nicht in einen Wettbewerbsnachteil zu geraten.[449]

171

---

[441] BGH GRUR 1992, 191, 193 – *Amtsanzeiger*; Ohly/Sosnitza, UWG, § 4.10 Rn. 10/96.
[442] BGHZ 114, 82, 84 – *Motorboot-Fachzeitschrift*; BGH GRUR 2001, 80, 81 = WRP 2000, 1394 – *ad-hoc-Meldung*; BGH GRUR 2001, 252, 253 = WRP 2001, 688 – *Eröffnungswerbung*; BGH GRUR 2004, 602, 603 – *20 Minuten Köln*.
[443] BGH GRUR 2004, 602, 603 – *20 Minuten Köln*.
[444] Vgl. BGHZ 67, 104, 113 ff. – *Vitamin-B-12*; BGH GRUR 1988, 323 – *Gruner & Jahr/Zeit II*; OLG Stuttgart NJWE WettbR 1999, 200, 202.
[445] Siehe dazu *Bechtold*, GWB, § 19 Rn. 6, 13; siehe auch eingehend Fezer/*Osterrieth*, UWG, § 4-S1 Rn. 100 ff.
[446] BGH GRUR 2001, 80, 81 – *ad-hoc-Meldung*.
[447] BGH GRUR 1991, 616, 617 – *Motorboot-Fachzeitschrift*; siehe auch BGH WRP 2001, 588, 590 – *Eröffnungswerbung*.
[448] Gloy/Loschelder/*Hasselblatt*, Handbuch des Wettbewerbsrechts, § 45 Rdn. 155.
[449] Siehe BGHZ 43, 278, 283 – *Kleenex*, BGH GRUR 1991, 616, 617 – *Motorboot-Fachzeitschrift*; siehe zu dem Argument *Götting*, Die neuere Entwicklung des Zugaberechts in Deutschland, Belgien, Frankreich und Schweden, 1986, S. 109 ff.

4. Fallgruppen

a) Unentgeltliche Abgabe von Waren und Dienstleistungen

172 Bedeutung hat die allgemeine Marktbehinderung insbesondere im Zusammenhang mit der wettbewerbsrechtlichen Beurteilung der unentgeltlichen Abgabe von Waren und Dienstleistungen erlangt.[450] Nach Maßgabe der von der Rechtsprechung hierzu entwickelten Grundsätze ist das **massenhafte Verschenken von Waren oder Dienstleistungen** zulässig, wenn es zu Probezwecken erfolgt und auch vom **Probezweck** tatsächlich gedeckt wird. Dies gilt insbesondere im Hinblick auf die Einführung eines neuen Produkts, da der Verbraucher sich im Falle des Verschenkens der Ware unmittelbar von deren Qualität überzeugen und sie mit anderen Waren vergleichen kann. Unter diesen Umständen ist es auch unerheblich, ob die Werbemaßnahme breit und längerfristig angelegt ist und es vorübergehend zu einer Deckung des Verbraucherbedarfs kommt.[451] Dagegen ist die unentgeltliche Abgabe von Waren oder Dienstleistungen unlauter, wenn es entweder an einem Erprobungszweck fehlt oder wenn die Werbeaktion in ihrem Ausmaß nicht von ihm gedeckt ist. Dies soll insbesondere dann der Fall sein, wenn dem Verbraucher mehr zugewendet wird, als er für die Prüfung der Warenqualität benötigt.[452] Ein Indiz für die Unzulässigkeit kann auch darin liegen, dass die Werbemaßnahme auf Dauer angelegt ist.[453] Darüber hinaus sind für die lauterkeitsrechtliche Beurteilung die Gefahr eines **Gewöhnungseffekts**,[454] die **Nachahmungsgefahr** sowie die **Gefahr einer Marktverstopfung** zu berücksichtigen, weil die Aktion auf dem betreffenden Markt mit einem Verlust von Absatzmöglichkeiten für die Mitbewerber verbunden ist[455] und die Händler dem Zwang ausgesetzt sein können, sich mit der betreffenden Ware einzudecken.[456]

b) Unentgeltliche Abgabe von Presseerzeugnissen

173 Bei der zweiten Fallgruppe, bei der der Tatbestand der allgemeinen Marktbehinderung eine nicht unerhebliche praktische Relevanz erlangt hat, gehört die im Einstrahlungsbereich des Art. 5 Abs. 1 S. 2 GG stehende Problematik der unentgeltlichen Abgabe von Presseleistungen, insbesondere der Gratisverteilung von Anzeigenblättern, die über einen redaktionellen Teil verfügen.[457] Nach der früheren Rechtsprechung des BGH konnte dies unter besonderen Umständen unlauter sein,[458] etwa dann, wenn der redaktionelle Teil des Anzeigenblattes geeignet ist, für einen nicht unerheblichen Teil des Publikums eine Tageszeitung zu ersetzen, und wenn die ernstliche Gefahr besteht, dass deshalb die **Tagespresse als Institution in ihrem verfassungsrechtlich garantierten Bestand bedroht ist**.[459] Allerdings hatte der BGH gleichzeitig klargestellt, dass auch die ständige Gratisverteilung von Anzeigenblättern und Fachzeitschriften mit einem gewissen Eigenwert des redaktionellen Teils nicht ohne weiteres, sondern **nur unter besonderen Umständen als unlauter anzusehen**

---

[450] Siehe dazu Fezer/*Osterrieth*, UWG, § 4-S1 Rn. 159 ff.
[451] BGHZ 43, 278, 280 = GRUR 1965, 489 – *Kleenex*; BGH GRUR 1969, 295, 297 – *Goldener Oktober*; BGH GRUR 1975, 26, 27 f. – *Colgate*.
[452] So BGH GRUR 1963, 197, 200 – *Zahnprothesen-Pflegemittel*.
[453] BGH GRUR 2001, 80, 81 – *ad-hoc-Meldung*.
[454] BGH GRUR 1969, 295, 297 – *Goldener Oktober*; 1975, 26, 29 – *Colgate*; BGHZ 43, 278, 284 – *Kleenex*.
[455] BGHZ 23, 365, 371 – *SUWA*; BGH GRUR 1975, 26, 29 – *Colgate*.
[456] BGH GRUR 1969, 295, 297 – *Goldener Oktober*.
[457] Siehe dazu Fezer/*Osterrieth*, UWG, § 4-S1 Rn. 203 ff.
[458] Siehe BGHZ 19, 392, 397 f. = GRUR 1956, 223 – *Freiburger Wochenbericht*; BGHZ 51, 236, 238 = GRUR 1969, 287 = NJW 1969, 744 – *Stuttgarter Wochenblatt I*; BGH GRUR 1985, 881, 882 = NJW 1985, 1624 = WRP 1985, 330 – *Bliestal-Spiegel*.
[459] BGH GRUR 1985, 881, 882 = NJW 1985, 1624 = WRP 1985, 330 – *Bliestal-Spiegel*.

D. Gezielte Behinderung von Mitbewerbern (§ 4 Nr. 4 UWG)

ist.[460] Außerdem hatte er betont, dass im Geschäftsleben niemand Anspruch auf eine unveränderte Erhaltung seines Kundenkreises hat und dass auch neuartige und vielleicht besonders wirksame Wettbewerbsmaßnahmen nicht schon deshalb als unlauter zu missbilligen sind, weil sie sich für Mitbewerber wegen ihres Erfolges nachteilig auswirken.[461] In seiner späteren Rechtsprechung hat der BGH seine großzügige Haltung gegenüber dem Gratisvertrieb von Tageszeitungen noch deutlicher zum Ausdruck gebracht. Er hat zu Recht darauf hingewiesen, dass die Garantie der Pressefreiheit in Art. 5 Abs. 1 S. 2 GG nicht danach unterscheidet, ob sich eine Zeitung mit redaktionellem Textteil allein durch Anzeigen oder daneben auch dadurch finanziert, dass der Leser für den Erwerb ein Entgelt zahlen muss.[462] Bei der institutionellen Garantie der Presse durch Art. 5 Abs. 1 S. 2 GG gehe es nicht darum, den Bestand eines Presseorgans gegen den Wettbewerb durch ein anderes Presseorgan zu schützen. Nur wenn der Bestand eines meinungsbildenden Blattes – also einer Zeitung, die sich „redaktionell vor allem mit allgemein interessierenden politischen, wirtschaftlichen kulturellen Gegenständen" befasst und dabei „informierend und kommentierend an der Bildung der öffentlichen Meinung" mitwirkt,[463] – durch ein Konkurrenzprodukt gefährdet würde, das diese Funktionen nicht wahrnehmen könnte, käme ein Rückgriff auf Art. 5 Abs. 1 S. 2 GG in Betracht.[464] Eine solche Existenzgefährdung, die allein aus der Gratisverteilung anzeigenfinanzierter Zeitungen resultiert, dürfte nur in extremen Ausnahmefällen in Betracht kommen.

Daher sind auch „stumme Verkäufer", also ungesicherte und unbewachte Verkaufshilfen für Zeitungen, zulässig. Denn wenn schon die Gratisabgabe von Zeitungen erlaubt ist, dann gilt dies erst Recht für den Verkauf, bei dem die Entrichtung der Gegenleistung nicht überwacht und so eine erhebliche „Schwundquote" in Kauf genommen wird.[465] **174**

c) Preisunterbietung

In Ergänzung zum Tatbestand der individuellen „gezielten Behinderung" nach § 4 Nr. 4 UWG wird eine unmittelbar unter die Generalklausel des § 3 Abs. 1 UWG fallende „allgemeine Marktbehinderung" auch für eine Preisunterbietung in Erwägung gezogen, wenn es an einer nachweisbaren Verdrängungsabsicht fehlt.[466] Durch eine dauerhafte Abgabe unter Selbstkosten darf es nicht zu einer Gefährdung des Wettbewerbs kommen.[467] Voraussetzung hierfür ist, dass die Preisunterbietung sachlich nicht gerechtfertigt ist und dazu führen kann, dass Mitbewerber vom Markt verdrängt werden und der Wettbewerb auf dem betroffenen Markt völlig oder nahezu aufgehoben wird.[468] Eine allgemeine Marktbehinderung wird aber erst dann angenommen, wenn ein **Verkauf unter Selbstkosten** erfolgt und hierfür **keine nachvollziehbaren betriebswirtschaftlichen Gründe** angeführt werden kön- **175**

---

[460] BGHZ 81, 291, 294 = GRUR 1982, 53 = NJW 1982, 335 – *Bäckerfachzeitschrift*; BGH GRUR 1985, 881, 882 = NJW 1985, 1624 = WRP 1985, 330 – *Bliestal-Spiegel*.
[461] BGHZ 51, 236, 242 = GRUR 1969, 287 = NJW 1969, 744 – *Stuttgarter Wochenblatt I*; BGH GRUR 1990, 44, 45 = NJW-RR 1990, 296 = WRP 1990, 266 – *Annoncen-Avis*; BGHZ 114, 82, 84 = GRUR 1991, 767 = NJW 1991, 2151 – *Motorboot-Fachzeitschrift*.
[462] BGH GRUR 2004, 602, 604 – *20 Minuten Köln*; unter Hinweis auf BGHZ 51, 236, 246 f. = GRUR 1969, 287 = NJW 1969, 744 – *Stuttgarter Wochenblatt I*.
[463] BGH GRUR 2004, 602, 604 – *20 Minuten Köln*; unter Hinweis auf BGH GRUR 1985, 881, 882 = NJW 1985, 1624 = WRP 1985, 330 – *Bliestal-Spiegel*.
[464] BGH GRUR 2004, 602, 604 – *20 Minuten Köln*; unter Hinweis auf OLG Karlsruhe WRP 1996, 118, 120.
[465] BGH GRUR 2010, 455 Rn. 22 – *Stumme Verkäufer II*.
[466] Siehe dazu Fezer/*Osterrieth*, UWG, § 4-S1 Rn. 241 ff.
[467] BGH GRUR 2010, 455 Rn. 22 – *Stumme Verkäufer II*.
[468] Siehe BGH GRUR 1979, 321, 323 – *Verkauf unter Einstandspreis I*; 1983, 120, 125 – *ADAC-Verkehrsrechtsschutz*; BGH GRUR 1990, 371, 372 – *Preiskampf*; 1990, 685, 687 – *Anzeigenpreis I*, 1990, 687, 688 – *Anzeigenpreis II*; 1992, 191, 193 – *Amtsanzeiger*; 2003, 363, 366 – *Wal*Mart*.

nen. Eine solche richterliche Überprüfung der Kalkulationsgrundlagen ist deshalb **fragwürdig**, weil es sich bei Selbstkosten und Einstandspreis um variable Größen handelt, die sich nicht zuverlässig feststellen lassen.[469] Die Voraussetzungen für den Unlauterkeitstatbestand der allgemeinen Marktbehinderung dürften bei Preisunterbietungen nur in ganz seltenen Ausnahmefällen erfüllt sein.[470] An den Nachweis der Gefährdung des Wettbewerbsbestandes sind strenge Anforderungen zu stellen, da ein aktiver Preiswettbewerb grundsätzlich erwünscht ist. Etwas anderes gilt nur dann, wenn dieser auf eine gezielte Vernichtung von Mitbewerbern gerichtet ist; unter diesen Umständen greift der Tatbestand des § 4 Nr. 4 UWG ein.

---

[469] Siehe *Immenga/Mestmäcker/Möschel*, GWB, § 19 Rn. 123.
[470] Siehe BGH GRUR 1990, 371 – *Preiskampf*; 1990, 685, 686 f. – *Anzeigenpreis I*; siehe auch OLG Stuttgart NJW-E WettbR 1999, 200.

§ 10. Aggressive geschäftliche Handlungen (§ 4a UWG)

Inhaltsübersicht

	Rn.
A. Inhalt und Zweck der Vorschrift	1
B. Entstehungsgeschichte und Unionsrecht	5
C. Verhältnis zu anderen Vorschriften	8
I. Verhältnis zu § 3 Abs. 1 und 2 UWG	8
II. Verhältnis zu § 7 UWG	9
III. Verhältnis zum bürgerlichen Recht und zum Strafrecht	10
D. Grundtatbestand (Abs. 1)	11
I. Belästigung (§ 4a Abs. 1 S. 2 Nr. 1 UWG)	12
II. Nötigung einschließlich der Anwendung körperlicher Gewalt (§ 4a Abs. 1 S. 2 Nr. 2 UWG)	13
III. Unzulässige Beeinflussung (§ 4a Abs. 1 S. 2 Nr. 3 UWG)	14
1. Machtposition	15
2. Druckausübung	16
a) Rechtswidrige Drohung	19
b) Moralischer Druck durch Gewährung von Vergünstigungen	22
aa) Geschenke und Preisausschreiben	23
bb) Zugaben und Kopplungsangebote	25
cc) Kundenbindungssysteme	27
dd) Preisnachlässe	28
ee) Vergünstigungen gegenüber privaten Verkaufsförderern (§ 3 UWG)	29
ff) Vergünstigungen gegenüber gewerblichen Verkaufsförderern und drittinteressenwahrungspflichtigen Personen (§ 3 UWG)	34
c) Moralischer Druck durch gefühlsbetonte Werbung	38
d) Autoritärer Druck	40
e) Wirtschaftlicher Druck	42
3. Ausnutzung der Machtposition	45
E. Merkmale aggressiver geschäftlicher Handlungen (Abs. 2)	46
I. Zeitpunkt, Ort, Art oder Dauer der Handlung (Nr. 1)	47
II. Drohende oder beleidigende Formulierungen oder Verhaltensweisen (Nr. 2)	48
III. Unglückssituationen und sonstige Zwangslagen sowie geistige und körperliche Beeinträchtigungen, das Alter, die geschäftliche Unerfahrenheit und Leichtgläubigkeit (Nr. 3)	49
IV. Belastende oder unverhältnismäßige Hindernisse nichtvertraglicher Art (Nr. 4)	53
V. Drohungen mit rechtlich unzulässigen Handlungen	54

Schrifttum: *Apetz*, Das Verbot aggressiver Geschäftspraktiken, 2011; *Gleißner*, Psychischer Kaufzwang im Lauterkeitsrecht – Notwendiger Verbraucherschutz oder unnötige Einschränkung der Werbung?, 2008; *Hartwig*, Der BGH und das Ende des Verbots „gefühlsbetonter Werbung", NJW 2006, 1326; *Hecker*, Die Richtlinie über unlautere Geschäftspraktiken: Einige Gedanken zu den „aggressiven Geschäftspraktiken" – Umsetzung in das deutsche Recht, WRP 2006, 640; *Henning-Bodewig*, Neuorientierung von § 4 Nr. 1 und 2 UWG?, WRP 2006, 621; *Köhler*, Die Unlauterkeitstatbestände des § 4 UWG und ihre Auslegung im Lichte der Richtlinie über unlautere Geschäftspraktiken, GRUR 2008, 841; *ders*., Neujustierung des UWG am Beispiel der Verkaufsförderungsmaßnahmen, GRUR 2010, 767; *Lorenz*, Vertriebsfördermaßnahmen marktbeherrschender Unternehmen, WRP 2005, 992; *Möller*, Laienwerbung, WRP 2007, 6; *Peifer*, Aufräumen im UWG – Was bleibt nach der Kodifikation zum irreführenden Unterlassen für § 4 Nr. 1, 4, 5 und 6 UWG?, WRP 2010, 1432; *Scherer*, Abschied vom „psychischen Kaufzwang" – Paradigmenwechsel im neuen Lauterkeitsrecht, WRP 2005, 672; *dies*, Die „unsachliche" Beeinflussung in § 4 Nr. 1 UWG, WRP 2007, 723; *Schwippert*, Vom Elend eines Tatbestandsmerkmals – Zur „Entscheidungsfreiheit" im Sinne des § 4 Nr. 1 UWG, FS Samwer, 2008, 197; *Seichter*, ders, „20% auf alles – nur heute" – Zur wettbewerbsrechtlichen Beurteilung von kurzfristigen Rabattaktionen, WRP 2006, 628; *Steinbeck*, Die Zukunft der aggressiven Geschäftspraktiken, WRP 2008, 865; *Weiler*, Psychischer Kaufzwang – Ein Abschiedsplädoyer, WRP 2002, 871.

A. Inhalt und Zweck der Vorschrift

1 Nach § 4a Abs. 1 S. 1 UWG handelt unlauter, wer eine aggressive geschäftliche Handlung vornimmt, die geeignet ist, den Verbraucher oder sonstigen Marktteilnehmer zu einer geschäftlichen Entscheidung zu veranlassen, die dieser andernfalls nicht getroffen hätte. Erforderlich ist nach Abs. 1 S. 2 eine erhebliche Beeinträchtigung der Entscheidungsfreiheit durch „Belästigung", „Nötigung" oder „unzulässige Beeinflussung", wobei letzteres nach Abs. 1 S. 3 die Ausnutzung einer Machtposition zur Ausübung von Druck voraussetzt. Abs. 2 der Vorschrift nennt verschiedene präzisierende Merkmale, auf die bei der Feststellung, ob eine geschäftliche Handlung aggressiv ist, abzustellen ist.

2 Die Regelung des § 4a UWG bezweckt damit den **Schutz der Entscheidungsfreiheit** der Verbraucher und sonstigen Marktteilnehmer. Beim Schutz der Entscheidungsfreiheit ist zwischen zwei Aspekten zu differenzieren, nämlich dem Schutz der Entscheidungsgrundlage und dem Schutz des Entscheidungsprozesses.[1] Beim Schutz der Entscheidungsgrundlage, der insbesondere durch die Irreführungsverbote der §§ 5, 5a UWG gewährleistet werden soll, geht es darum, dass der Marktteilnehmer seine Entscheidung auf richtige Informationen stützen kann. Demgegenüber dient § 4a UWG dem **Schutz des Entscheidungsprozesses**, das heißt, er soll sicherstellen, dass der Marktteilnehmer seine Entscheidung in der richtigen Art und Weise treffen kann. Sowohl das wirtschaftliche Eigeninteresse des Marktteilnehmers, vor nachteiligen Entscheidungen beim Erwerb von Waren bzw. der Inanspruchnahme von Leistungen geschützt zu werden, als auch die **Schiedsrichterfunktion**, die er durch seine Präferenzentscheidung im Wettbewerb der Anbieter und Nachfrager erfüllt, erfordern neben einem Schutz der Entscheidungsgrundlage auch den Schutz des Entscheidungsprozesses. Der Verbraucher muss davor bewahrt werden, dass er seine Entscheidung unter Umständen fällt, die ein eigenverantwortliches Handeln ausschließen. Ebenso wenig wie das UWG insgesamt begründet der Beispielstatbestand des § 4a UWG einen Individualschutz zugunsten der Verbraucher oder sonstigen Marktteilnehmer.

3 Zu dem Kreis der Personen, deren Entscheidungsfreiheit durch § 4a UWG geschützt wird, gehören nur die **Verbraucher** (§ 2 Abs. 2 UWG) und **sonstigen Marktteilnehmer** (§ 2 Abs. 1 Nr. 2 UWG) **im Vertikalverhältnis**, nicht aber die Mitbewerber (§ 2 Abs. 1 Nr. 3 UWG) im Horizontalverhältnis. Erfasst werden aber auch geschäftliche Handlungen im Verhältnis zweier Unternehmer auf verschiedenen Wirtschaftsstufen.[2] Ganz allgemein ist seit jeher anerkannt, dass das UWG grundsätzlich sowohl den Absatzwettbewerb als auch den Nachfragewettbewerb auf allen Wirtschaftsstufen schützt.[3]

---

[1] Siehe dazu *Beater*, Unlauterer Wettbewerb, S. 419 f. Rn 1089 f.
[2] Vgl. Begr. RegE BT-Drucks. 15/1487, 17 (zu § 4 Nr. 1 UWG a.F.).
[3] Siehe etwa BGH GRUR 1992, 171, 173 – *Vorgetäuschter Vermittlungsauftrag*; BGH GRUR 1994, 827, 828 – *Tageszulassungen*.

Vor dem Hintergrund der Definition der geschäftlichen Handlung in § 2 Abs. 1 Nr. 1 **4**
UWG erstreckt sich der von § 4a UWG bezweckte Schutz der Entscheidungsfreiheit auch
auf geschäftliche Handlungen nach Vertragsschluss bzw. bei Durchführung des Vertrags.
Dies gilt insbesondere für die Durchsetzung einer Forderung des Unternehmers mit unlauteren Mitteln, wie etwa „die Verwendung drohender oder beleidigender Formulierungen
oder Verhaltensweisen" (§ 4a Abs. 2 S. 2 Nr. 2 UWG; Art. 9 lit. b UGP-Richtlinie) oder
„Drohungen mit rechtlich unzulässigen Handlungen" (§ 4a Abs. 2 S. 2 Nr. 5 UWG; Art. 9
lit. e UGP-Richtlinie).[4] Eine Beeinträchtigung der Entscheidungsfreiheit liegt auch dann
vor, wenn der Unternehmer den Kunden daran hindert, Gewährleistungsansprüche geltend zu machen. Dies ergibt sich aus § 4a Abs. 2 Nr. 4 UWG sowie Art. 9 lit. d UGP-
Richtlinie, wonach eine unzulässige, aggressive Geschäftspraktik vorliegt, wenn der Unternehmer „belastende oder unverhältnismäßige Hindernisse nichtvertraglicher Art" aufstellt, „mit denen der Gewerbetreibende den Verbraucher an der Ausübung seiner vertraglichen Rechte zu hindern versucht, wozu auch das Recht gehört, den Vertrag zu kündigen
oder zu einem anderen Produkt oder einem anderen Gewerbetreibenden zu wechseln".[5]

B. Entstehungsgeschichte und Unionsrecht

Die UGP-Richtlinie unterscheidet bei den Spezialtatbeständen zwischen irreführenden **5**
(Art. 6 und Art. 7) und aggressiven Geschäftspraktiken (Art. 8 und Art. 9). Während das
UWG mit den §§ 5 und 5a UWG bereits gesonderte Bestimmungen zu irreführenden geschäftlichen Handlungen enthielt, waren die aggressiven geschäftlichen Handlungen bislang lediglich in § 4 Nr. 1 und 2 UWG a.F. geregelt. Durch das **UWG-Änderungsgesetz
von 2015** wurde mit § 4a UWG eine allein die aggressiven geschäftlichen Handlungen gegenüber Verbrauchern und sonstigen Marktteilnehmern betreffende Bestimmung in das
UWG aufgenommen und die § 4 Nrn. 1 und 2 UWG a.F. aufgehoben. Nach **§ 4 Nr. 1
UWG a.F.** handelte unlauter, wer geschäftliche Handlungen vornimmt, die geeignet sind,
die Entscheidungsfreiheit der Verbraucher oder sonstiger Marktteilnehmer durch Ausübung von Druck, in menschenverachtender Weise oder durch sonstigen unangemessenen
unsachlichen Einfluss zu beeinträchtigen. Damit ging der Regelungsgehalt dieser Vorschrift über die rein aggressiven geschäftlichen Handlungen hinaus. Allerdings wurde bereits zu § 4 Nr. 1 UWG a.F. von der h.M. in einer die Aussagekraft der UGP-Richtlinie
überspannenden Auslegung[6] angenommen, dass der Anwendungsbereich Vorschrift wegen
der durch die Richtlinie bezweckten vollständigen und abschließenden Rechtsangleichung
auf die in Art. 8 und 9 der Richtlinie genannten aggressiven Geschäftspraktiken zu beschränken ist.[7] Nach aktueller Rechtslage können jedenfalls die ursprünglich von § 4 Nr. 1
UWG a.F. und nun § 4a UWG nicht mehr erfassten geschäftlichen Handlungen nur noch
an den Generalklauseln nach **§ 3 Abs. 1 und 2 UWG** gemessen werden. Dies gilt insbesondere für **menschenverachtende geschäftliche Handlungen**, die außerhalb des Anwendungsbereichs der Richtlinie fallen und daher von § 3 Abs. 1 UWG erfasst werden,[8] sowie für

---

[4] Siehe *Köhler*, GRUR 2008, 841, 843 f. (zu § 4 Nr. 1 UWG a.F.).
[5] Siehe *Köhler* a.a.O., 844.
[6] Vgl. *Hetmank*, GRUR 2015, 323, 328 f.
[7] *Köhler*/Bornkamm, UWG, § 4 Rn 1.7; GroßkommUWG/*Pahlow* § 4 Rn. 19; BGH GRUR 2010, 455 Rn. 17 – *Stumme Verkäufer II*; 2010, 850 Rn. 13 – *Brillenversorgung II*; BGH WRP 2010, 1388 Rn. 16 – *Ohne 19% Mehrwertsteuer*; BGH GRUR 2011, 747 Rn. 26 – *Kreditkartenübersendung*.
[8] Beschlussempfehlung und Bericht des Rechtsausschusses zu dem Gesetzentwurf der Bundesregierung (BT-Drucks. 18/4535), BT-Drucks. 18/6571,13.

sonstige **nicht aggressive** und **nicht irreführende Beeinflussungen**, wie etwa wenn zum Zwecke der Verkaufsförderung lediglich auf Dritte eingewirkt wird, ohne dass deren Entscheidungsfreiheit beeinträchtigt wird (**Dreieckskopplung**),[9] die je nachdem, ob sich die geschäftliche Handlung an Verbraucher richtet oder diese erreicht, künftig an § 3 Abs. 1 oder 2 UWG zu messen sind.

6 Über die Vorgaben der UGP-Richtlinie geht § 4a UWG aber insofern hinaus, als die Vorschrift nicht nur geschäftliche Handlungen gegenüber Verbrauchern, sondern auch gegenüber **sonstigen Marktteilnehmern** erfasst. Die Erstreckung auf den Mitbewerberschutz war schon im ersten Referentenentwurf der Bundesregierung vorgesehen und dann angesichts der daran geübten Kritik gestrichen worden,[10] um schließlich doch wieder aufgenommen zu werden.

7 Es erscheint verständlich, wenn sich der Gesetzgeber angesichts der Detailliertheit der UGP-Richtlinie so nah wie möglich an deren Vorgaben hält. Aus der Sicht des Rechtsanwenders bedeutet die Regelung des § 4a UWG aber ein Rückschritt. Während diese mit Selbstverständlichkeiten unnötig aufgebläht wurde, bleibt für viele wichtige Fälle der unzulässigen Beeinflussung, wie etwa die Einflussnahme auf Verkaufsförderern, nur noch der Rückgriff auf § 3 UWG. Hinzu kommt, dass mit der „Machtposition" ein vollkommen verfehltes Merkmal aus der UGP-Richtlinie übernommen wurde. Denn Geschäftspraktiken können auch ohne Vorhandensein einer tatsächlichen Machtposition aggressiv sein, so dass dieses Merkmal entweder derart weit ausgelegt werden muss, dass ihm jeder Sinn abhandenkommt, oder viele Fälle nur über § 3 UWG erfasst wären.

C. Verhältnis zu anderen Vorschriften

I. Verhältnis zu § 3 Abs. 1 und 2 UWG

8 Über den Begriff der Unlauterkeit ist die Norm hinsichtlich der Rechtsfolge an **§ 3 Abs. 1 UWG** gebunden, wonach unlautere geschäftliche Handlungen unzulässig sind. Im Übrigen sind im Verhältnis zu Verbrauchern die Unlauterkeitsvoraussetzungen des § 3 Abs. 2 UWG nicht zusätzlich zu prüfen. Insbesondere ist bei aggressiven geschäftlichen Handlungen auch **kein Verstoß gegen die „unternehmerische Sorgfalt" erforderlich**.[11] Die in der Vorschrift genannten aggressiven Handlungen sind daher stets unlauter und unzulässig, wenn sie geeignet sind, eine geschäftliche Entscheidung eines Verbrauchers zu beeinflussen.

II. Verhältnis zu § 7 UWG

9 § 4a Abs. 1 S. 2 Nr. 1 UWG enthält den Aggressionstatbestand der **Belästigung**. Zwar untersagt auch § 7 UWG belästigende geschäftliche Handlungen, jedoch haben die Normen unterschiedliche Schutzzwecke. Während § 7 UWG das Recht schützt, „in Ruhe gelassen" zu werden, schützt § 4a Abs. 1 S. 2 Nr. 1 UWG die freie und durch Belästigung unbeeinflusste geschäftliche Entscheidung des Verbrauchers. Im Gegensatz zu § 4a UWG

---

[9] Begr. RegE 18/4535 S. 14.
[10] *Ohly*, GRUR 2014, 1137, 1142; *Alexander*, WRP 2014, 1380, 1389; *Glöckner*, WRP 2014, 1399, 1405; *Köhler*, WRP 2014, 1410, 1416.
[11] Begr. RegE 18/4535 S. 14 mVa EuGH GRUR 2013, 1157 Rn. 48 – *CHS/Team4 Travel*.

liegt § 7 UWG außerhalb des Anwendungsbereichs der UGP-Richtlinie.[12] Der Schutz der Privatsphäre (§ 7 UWG) wird ergänzt durch den Schutz der wirtschaftlichen Interessen (§ 4 a UWG).[13]

III. Verhältnis zum bürgerlichen Recht und zum Strafrecht

In der in § 4a Abs. 1 S. 3 UWG genannten Ausübung von Druck als eine Form der aggressiven geschäftlichen Handlungen ist regelmäßig auch eine „widerrechtliche Drohung" i.S.d. § 123 Abs. 1 BGB zu sehen, so dass die abgegebene Willenserklärung anfechtbar ist und ggf. dem Betroffenen ein Anspruch auf Ersatz des ihm entstandenen Schadens aus *culpa in contrahendo* zusteht.[14] Eine Nötigung nach § 4a Abs. 1 S. 2 Nr. 2 UWG kann zudem auch die Straftatbestände der §§ 240 (Nötigung) oder 253 (Erpressung) StGB erfüllen. Es liegt dann nicht nur ein Verstoß gegen § 4a UWG, sondern auch gegen den Rechtsbruchtatbestand nach § 3a UWG vor.

10

D. Grundtatbestand (Abs. 1)

Abs. 1 setzt Art. 8 der UGP-Richtlinie um, der die **allgemeine Regelung** hinsichtlich aggressiver Geschäftspraktiken enthält. Nach S. 1 sind aggressive geschäftliche Handlungen, die geeignet sind, den Verbraucher oder sonstigen Marktteilnehmer zu einer geschäftlichen Entscheidung zu veranlassen, die dieser andernfalls nicht getroffen hätte, unlauter i.S.d. § 3 Abs. 1 UWG und damit unzulässig. In § 4a Abs. 1 S. 2 UWG ist die aggressive geschäftliche Handlung in Übereinstimmung mit Art. 8 UGP-Richtlinie definiert. Eine geschäftliche Handlung gilt danach als aggressiv, wenn sie im konkreten Fall unter Berücksichtigung aller Umstände geeignet ist, die Entscheidungsfreiheit des Verbrauchers oder sonstigen Marktteilnehmers erheblich zu beeinträchtigen durch Belästigung (Nr. 1), Nötigung (Nr. 2) und unzulässige Beeinflussung (Nr. 3).

11

I. Belästigung (§ 4a Abs. 1 S. 2 Nr. 1 UWG)

Der Begriff der Belästigung ist weder im Gesetz noch in der UGP-Richtlinie definiert. Aus dem Zusammenhang mit der Nötigung und der Druckausübung als den beiden anderen genannten Varianten einer aggressiven geschäftlichen Handlung, ergibt sich aber, dass eine Belästigung alle Eingriffe in **die private oder betriebliche Sphäre** des Verbrauchers oder sonstigen Marktteilnehmers erfasst, die zwar noch nicht die Schwelle der Nötigung und Druckausübung überschreiten, die aber gleichwohl eine Intensität erreichen, bei der nicht mehr davon ausgegangen werden kann, dass sie noch im Rahmen der üblicherweise hinzunehmenden Marktkommunikation liegt. Im Gegensatz zu der in **§ 7 UWG** geregelten unerwünschten Belästigung, die das belästigende Herantreten lediglich aus Gründen der guten Sitten und des Anstands, betrifft, verlangt § 4a Abs. 1 S. 2 Nr. 1 UWG allerdings die **Beeinträchtigung der Entscheidungsfreiheit** des Verbrauchers oder sonstigen Marktteilnehmers, die diesen zu einer geschäftlichen Entscheidung veranlasst, die dieser sonst nicht

12

---

[12] UGP-Richtlinie, Erwägungsgrund 7, S. 3–5.
[13] Begr. RegE 18/4535 S. 14 f.
[14] BGH NJW 2002, 2274, 2275.

getroffen hätte. Die Belästigung erfordert daher eine gewisse **Intensität, Dauer und Nachhaltigkeit**, die über den bloßen Eingriff in die von Dritten zu respektierende Sphäre hinausgehend geeignet ist, auf die Entscheidungsfreiheit Einfluss zu nehmen.[15] Nicht erfasst sind somit geringfügige Beeinträchtigungen, wie z.B. das Ansprechen in der Öffentlichkeit oder das Zusenden oder Einwerfen von Werbematerial in einen Briefkasten trotz erkennbarem entgegen stehenden Willen.[16] Die Belästigung von Verbrauchern regelt auch **Nr. 29 des Anhangs zu § 3 Abs. 3 UWG**. Nach diesem Klauselverbot ohne Wertungsmöglichkeit ist es wettbewerbswidrig, den Verbraucher aufzufordern, unbestellte Waren oder Dienstleistungen zu bezahlen oder nicht bestellte Sachen zurückzusenden oder zu verwahren.

II. Nötigung einschließlich der Anwendung körperlicher Gewalt (§ 4a Abs. 1 S. 2 Nr. 2 UWG)

13 Es bedarf keiner näheren Begründung und Erläuterung, dass der Einsatz physischen Zwangs, insbesondere **körperlicher Gewalt**, als der massivsten Form der Einwirkung auf die Entscheidungsfreiheit von Verbrauchern oder sonstigen Marktteilnehmern eine unzulässige Ausübung von Druck darstellt und deshalb den Tatbestand des § 4a UWG erfüllt. Im Übrigen findet sich aber auch für den Begriff der Nötigung weder im Gesetz noch in der UGP-Richtlinie eine Definition. Wegen dem unionsrechtlichen Ursprung der Vorschrift, kann nicht ohne weiteres auf § 240 StGB zurückgegriffen werden. Aus dem Vergleich zur in Nr. 3 der Vorschrift genannten unzulässigen Beeinflussung ergibt sich aber jedenfalls, dass die Nötigung über die bloße Ausübung von Druck hinausgehen muss, da letzteres nur bei Vorliegen weiterer Voraussetzungen unlauter ist. Der Begriff der „Nötigung" zielt daher auf die **Ausübung von physischen oder psychischen Zwang** ab, dem sich der Marktteilnehmer nicht oder nur schwer entziehen kann.[17] Ein Spezialfall der Verbrauchernötigung findet sich in **Nr. 25 des Anhangs zu § 3 Abs. 3 UWG** („Erwecken des Eindrucks, der Verbraucher könne die Räumlichkeiten ohne Vertragsschluss nicht verlassen").

III. Unzulässige Beeinflussung (§ 4a Abs. 1 S. 2 Nr. 3 UWG)

14 Nach § 4a Abs. 1 S. 2 Nr. 3 UWG gehören auch unzulässige Beeinflussungen zu den unlauteren aggressiven geschäftlichen Handlungen. Allerdings werden darunter in Übereinstimmung mit Art. 2 lit. j der UGP-Richtlinie nur solche Verhaltensweisen erfasst, in denen eine **Machtposition** gegenüber dem Verbraucher oder sonstigen Marktteilnehmer **zur Ausübung von Druck ausgenutzt wird**, um dadurch dessen Fähigkeit zu einer informierten Entscheidung wesentlich einzuschränken. Machtposition und Druckausübung müssen tatsächlich gegeben sein; es genügt nicht, dass der Verbraucher oder sonstige Marktteilnehmer irrig von einer Machtposition ausgeht oder eine Druckausübung annimmt. Der Unterschied zur Nötigung liegt darin, dass die Druckausübung keine Ankündigung eines bestimmten Nachteils voraussetzt.

1. Machtposition

15 Der Begriff der Machtposition wird im Interesse eines effektiven Verbraucherschutzes weit ausgelegt, wobei zwischen einer strukturbedingten und einer situationsbedingten

---

[15] *Köhler*/Bornkamm, UWG, § 4 Rn. 1.10.
[16] *Köhler*/Bornkamm, UWG, § 4 Rn. 1.10.
[17] *Köhler*/Bornkamm, UWG, § 4 Rn. 1.11.

Machtposition unterschieden wird.[18] Die **strukturbedingte Machtposition** ist dadurch gekennzeichnet, dass der Unternehmer aufgrund einer sozialen, wirtschaftlichen, rechtlichen oder intellektuellen Überlegenheit in der Lage ist, das Verhalten des Verbrauchers zu beeinflussen und seinen eigenen Willen durchzusetzen[19] und deshalb über eine **autoritäre, wirtschaftliche, rechtliche oder moralische Machtposition** verfügt. Eine solche Überlegenheit können etwa Behörden oder besondere Institutionen, Vereine sowie marktstarke Unternehmen besitzen. Demgegenüber ergibt sich bei der **situationsbedingten Machtposition** die Überlegenheit des Unternehmers aus der konkreten Situation, die es ihm ermöglicht, eine Schwäche seines Marktpartners auszunutzen.[20] Das Erfordernis einer Machtposition erscheint allerdings **verfehlt**. Es ist nicht einzusehen, warum die aggressive Einwirkung auf die Entscheidungsfreiheit der Marktgegenseite eine Machtposition voraussetzen soll. Fehlt es an einer tatsächlichen Machtposition, ist jedenfalls auf § 3 Abs. 1 bzw. 2 UWG zurückzugreifen.

2. Druckausübung

Der Begriff der Ausübung von Druck ist dadurch gekennzeichnet, dass die Fähigkeit des Verbrauchers oder sonstigen Marktteilnehmers zu einer informierten Entscheidung durch das Herbeiführen oder Ausnutzen einer physischen oder psychischen Zwangslage wesentlich eingeschränkt wird. Die Druckausübung muss von einer **gewissen Intensität** sein, da nicht jede Einflussnahme auf die Entscheidung des Verbrauchers unlauter ist, auch wenn sie als Druck empfunden wird. Es wird in besonders massiver Weise auf den Entscheidungsprozess eingewirkt, indem der Betroffene in eine **Zwangslage** versetzt wird, die ihn daran hindert, eine vom freien Willen getragene rationale Entscheidung zu treffen. Herbeigeführt wird die Zwangslage in der Regel durch die Zufügung oder Androhung von Nachteilen bzw. des Entzugs von Vorteilen wirtschaftlicher, gesellschaftlicher oder sonstiger Art. Eine Androhung konkreter Nachteile ist allerdings nicht erforderlich.[21]

16

Erst wenn der Druck nach Art oder Umfang so stark ist, dass er sich ihm **nicht mehr entziehen kann**, sind die Grenzen des wettbewerblich Erlaubten überschritten. Die Rationalität der Entscheidung muss zwar nicht völlig in den Hintergrund treten, aber beeinträchtigt sein. Der Verbraucher muss gehindert sein, das Für und Wider des Angebots rational-kritisch zu prüfen und die Entscheidung nach seinen Bedürfnissen und Präferenzen zu treffen. Zu fragen ist, ob der Verbraucher die ihm angebotene Ware oder Dienstleistung ohne die Druckausübung entweder überhaupt nicht oder nicht zu diesen Bedingungen oder nicht zu dieser Zeit oder jedenfalls nicht bei dem erwerben würde, der sie ihm anbietet. In diesen Fällen muss die Beeinflussung so stark sein, dass der Verbraucher zu einer Entscheidung veranlasst werden kann, die er andernfalls nicht oder jedenfalls nicht so getroffen hätte.[22] Einen unangemessenen Druck hat der BGH in der Entscheidung „Zeugnisaktion" durch die zeitliche Befristung einer Werbemaßnahme, bei der Kinder und Jugendliche für jedes „Sehr gut" auf dem Zeugnis eine Preisreduzierung in Höhe von 2 Euro erhielten, verneint.[23]

17

Die Drohung muss zudem nicht ausdrücklich erfolgen. Vielmehr ist auch eine **versteckte Drohung** ausreichend. Unerheblich ist auch, ob die Drohung von einem Dritten ausgesprochen wird oder ob das angedrohte Übel materieller oder ideeller Natur ist. Entscheidend ist, wie ein Durchschnittsverbraucher oder ein sonstiger Marktteilnehmer mit einer sol-

18

---

[18] Siehe *Glöckner/Henning-Bodewig*, WRP 2005, 1311, 1333; *Henning-Bodewig*, WRP 2006, 621, 626; *Köhler/Lettl*, WRP 2003, 1019, 1047; *Hecker*, WRP 2006, 640, 643; *Köhler*, GRUR 2008, 841, 842 f.; *Steinbeck*, WRP 2008, 865, 866.
[19] *Köhler* ebd; *Steinbeck* ebd.
[20] *Köhler*, GRUR 2008, 841, 842 f.; *Steinbeck*, WRP 2008, 865, 866.
[21] *Köhler*/Bornkamm, UWG, § 4 Rn. 1.14.
[22] OLG Stuttgart GRUR-RR 2008, 429, 434 – *eyemedics*.
[23] BGH, GRUR 2014 1117 Rn. 23 ff. – *Zeugnisaktion*.

chen Situation üblicherweise umgeht. In Betracht kommen als **Druckmittel** insbesondere die rechtswidrige Drohung, moralischer Druck, autoritärer Druck und wirtschaftlicher Druck.

a) Rechtswidrige Drohung

19   Drohung ist das **Inaussichtstellen eines künftigen Übels**, wodurch der Betroffene in eine Zwangslage versetzt wird, so dass er sich veranlasst sieht, die vom Drohenden begehrte geschäftliche Entscheidung zu treffen oder aber von der vom Bedrohten gewünschten geschäftlichen Entscheidung Abstand zu nehmen. Die Drohung muss nicht ausdrücklich erfolgen. Vielmehr ist auch eine versteckte Drohung ausreichend. Unerheblich ist auch, ob die Drohung von einem Dritten ausgesprochen wird oder ob das angedrohte Übel materieller oder ideeller Natur ist. Ein unzulässiger Druck wird beispielsweise durch einen Haftpflichtversicherer auf Sachverständige ausgeübt, deren Gutachten offensichtlich nur deshalb als „unprüfbar" abgelehnt werden, weil sie nicht ihre Einwilligung zur Einstellung der Bilder des Schadens in eine Restwertbörse im Internet erteilt haben.[24]

20   Die Voraussetzungen des § 4a UWG sind aber nur dann erfüllt, wenn die Drohung **rechtswidrig** ist. Dies ist bei drei Konstellationen der Fall, nämlich bei Rechtswidrigkeit des angedrohten Verhaltens, bei Rechtswidrigkeit des erstrebten Erfolges und bei Rechtswidrigkeit der Mittel-Zweck-Relation.

21   Eine Drohung ist insbesondere in den von **Nr. 25, 26** des Anhangs zu § 3 Abs. 3 UWG genannten Beispielstatbeständen gegeben, bei deren Vorliegen ohne weiteres von der Unzulässigkeit der geschäftlichen Handlung auszugehen ist (§ 3 Abs. 3 UWG). Dies betrifft das Erwecken des Eindrucks, der Verbraucher könne die Räumlichkeiten ohne Vertragsschluss nicht verlassen, sowie die Nichtbeachtung der Aufforderung des Verbrauchers bei persönlichen Besuchen in dessen Wohnung, diese zu verlassen bzw. nicht zurückzukehren, außer in Fällen und in den Grenzen, in denen dies nach dem nationalen Recht gerechtfertigt ist, um eine vertragliche Verpflichtung durchzusetzen.

b) Moralischer Druck durch Gewährung von Vergünstigungen

22   Die Beeinflussung durch die Ausübung moralischen Drucks ist dadurch gekennzeichnet, dass der Umworbene in eine Zwangssituation versetzt wird, in der er das Gefühl hat, er könnte aus **Gründen des Anstands und der gebotenen Dankbarkeit** die von ihm erwartete **geschäftliche Entscheidung nicht ablehnen**. Bei Anwendung der äußerst vagen Fallgruppe der Ausübung moralischen Drucks ist allerdings gerade mit Blick auf das Leitbild eines aufgeklärten, selbstverantwortlich und selbstbewusst handelnden Verbrauchers bzw. sonstigen Marktteilnehmers Zurückhaltung geboten. Dies gilt insbesondere für die von der früheren Rechtsprechung entwickelten Fallgruppen der sog „**unsachlichen Beeinflussung**", wie das „**übertriebene Anlocken**", das alle Fälle einschloss, in denen zur Förderung des Absatzes von Waren oder Dienstleistungen geldwerte Vergünstigungen gewährt werden, um dadurch die geschäftliche Entscheidung des Umworbenen zu beeinflussen (sog. „**Wertreklame**"). Etwas anderes kann allenfalls dann gelten, wenn aufgrund besonderer Umstände davon auszugehen ist, dass sich der durchschnittliche Marktteilnehmer einer **moralischen Verpflichtung zum Geschäftsabschluss nicht entziehen** kann und dadurch die Rationalität der Nachfrageentscheidung vollständig in den Hintergrund tritt.[25] Entschei-

---

[24] OLG Celle GRUR-RR 2013, 108, 109; für weitere Beispiele vgl. LG Ellwangen WRP 2007, 467; LG Mannheim MMR 2009, 568 f.
[25] Vgl zu § 4 Nr. 1 UWG a. F. BGHZ 151, 84, 89 = GRUR 2002, 976 – *Kopplungsangebot I*; BGH GRUR 2003, 890, 891 – *Buchclub-Kopplungsangebot*; BGH WRP 2006, 69, 79 Rn. 15 – *Zeitschrift mit Sonnenbrille*.

D. Grundtatbestand (Abs. 1)

dend sind Art und Intensität des moralischen Drucks, der umso höher empfunden wird, je mehr sich der Werbeadressat dadurch einem ganz bestimmten **moralischen Vorwurf** ausgesetzt sieht, falls er die gewünschte geschäftliche Entscheidung nicht trifft.[26] Dieser moralische Druck kann noch dadurch verstärkt sein, dass sich die getroffene Entscheidung in einem bestimmten **sozialen Umfeld** unmittelbar auswirkt, etwa wenn durch die geschäftliche Handlung unter Mitschülern, Arbeitskollegen, Mitreisenden auf Kaffeefahrten oder Nachbarn ein **Gruppenzwang zu solidarischem Verhalten** geschürt wird. Sollen durch eine Werbung Kinder oder Schüler dazu veranlasst werden, für Prämien (wie z.B. Klassenfahrten) Punkte für eine „gemeinsame Sache" zu sammeln, kann dies einen Gruppenzwang innerhalb der Klassen erzeugen und eine erhebliche Beeinträchtigung der Entscheidungsfreiheit der Schüler und ihrer Eltern bedeuten.[27] Ein weiteres Beispiel für eine derartige Konstellation findet sich in Nr. 30 des Anhangs zu § 3 Abs. 3 UWG (Black-List-Nr. 30 UGP-Richtlinie), wonach die ausdrückliche Angabe, dass der Arbeitsplatz oder Lebensunterhalt des Unternehmers gefährdet sei, wenn der Verbraucher die Ware oder Dienstleistung nicht abnehme, eine unzulässige geschäftliche Handlung i.S.d. § 3 Abs. 3 UWG darstellt. Im Übrigen gilt folgendes:

aa) Geschenke und Preisausschreiben

Die nicht akzessorische, das heißt nicht vom Abschluss eines Kaufvertrags abhängige Abgabe oder das Inaussichtstellen von **Geschenken** ist grundsätzlich zulässig. Die frühere Rechtsprechung die eine solche Wertreklame unter dem Gesichtspunkt des „psychischen Kaufzwangs" oder eines „übertriebenen Anlockens" beurteilt hat, ist überholt. Die Anlockwirkung, die von einem attraktiven Angebot ausgeht, ist grundsätzlich nicht wettbewerbswidrig, sondern gerade gewollte Folge des Wettbewerbs.[28] Durch eine unentgeltliche oder nahezu unentgeltliche Zuwendung allein wird bei einem verständigen Durchschnittsverbraucher regelmäßig noch nicht der Eindruck entstehen, er könne einem an sich nicht beabsichtigten Geschäftsabschluss nicht ausweichen, weil er, wenn er allein die Vergünstigung in Anspruch nehme, die ihm als Kaufinteressenten entgegengebrachte Wertschätzung verlieren würde.[29] Eine erhebliche Beeinträchtigung der Rationalität seiner Nachfrageentscheidung[30] wird man selbst für höherwertige Geschenke regelmäßig noch nicht ohne weiteres annehmen können. Darüber hinaus sind die weiteren Umstände der Einflussnahme entscheidend. Wer beispielsweise eine Ware über den Versandhandel bestellt, ist weit weniger einer Einflussnahme durch den Verkäufer ausgesetzt als der Kunde, der zeitlicher und räumlich unmittelbar umworben wird.[31] Die Wettbewerbswidrigkeit kann insbesondere nicht damit begründet werden, dass der Kunde zur Entgegennahme der unentgeltlichen Zuwendung das Geschäft betreten muss und damit veranlasst wird, das Warenangebot des Werbenden zur Kenntnis zu nehmen.[32] Ein verständiger Verbraucher weiß, dass Werbegeschenke ein gängiges Anlockmittel sind, und gerät deshalb nicht in eine „Zwangssituation", in der er das Gefühl hat, er könne aus Anstandsgründen dem beabsichtigten Geschäftsabschluss nicht ausweichen.[33] Dies gilt auch, wenn **zusätzlich aleatorischer Reize**

---

[26] Vgl. *Köhler*/Bornkamm, UWG, § 4 Rn. 1.74.
[27] BGH GRUR 2008, 183 Rn. 19 ff – *Tony Taler*.
[28] Vgl. zu § 4 Nr. 1 UWG a.F. BGH GRUR 2004, 343, 343 – *Playstation*; 2006, 161 Rn. 16 – *Zeitschrift mit Sonnenbrille*; 2007, 247 Rn. 18 – *Regenwaldprojekt I*.
[29] BGH GRUR 2003, 804, 805 – *Foto-Aktion* (zu § 4 Nr. 1 UWG a.F.).
[30] Vgl. zu § 4 Nr. 1 UWG a.F. BGH GRUR 2008, 530 Rn. 13 – *Nachlass bei der Selbstbeteiligung*; 2001, 752, 754 – *Eröffnungswerbung*; 2002, 1000, 1002 – *Testbestellung*; 2002, 976, 978 – *Kopplungsangebot I*; WRP 2003, 1428, 1429 – *Einkaufsgutschein I*.
[31] BGH GRUR 2002, 1000, 1002 – *Testbestellung* (zu § 4 Nr. 1 UWG a.F.).
[32] BGH GRUR 2003, 804, 805 – *Foto-Aktion* (zu § 4 Nr. 1 UWG a.F.).
[33] Siehe auch *Köhler*/Bornkamm, UWG, § 4 Rn. 1.147.

eingesetzt werden („Jeder 100. Einkauf gratis"). Denn selbst wenn sich der Durchschnittsverbraucher dadurch zu einem Einkauf verleiten lässt, wird dadurch die Rationalität der Kaufentscheidung nicht völlig in den Hintergrund gedrängt.[34]

24 Geschenke unterliegen aber dem **Transparenzgebot**, wonach die Bedingungen für ihre Inanspruchnahme klar und eindeutig angegeben werden müssen. Ein Verstoß gegen das Irreführungsverbot nach §§ 5, 5a UWG kommt in Betracht, wenn das (nahezu) unentgeltliche Angebot einer Ware oder einer Dienstleistung den Kunden zu falschen Vorstellungen über die Preisbemessung des übrigen Sortiments veranlassen kann.[35] Eine Pflicht zur Angabe des Werts des Werbegeschenks trifft den Werbenden aber nicht. Da das Werbegeschenk den Kunden in keiner Weise belastet, besteht keine Veranlassung, ihn über den Wert zu informieren. Ausnahmsweise kann sich eine Unlauterkeit unter dem Gesichtspunkt der „allgemeinen Marktbehinderung" ergeben, wenn das Allgemeininteresse am Bestand bzw. der Funktionsfähigkeit des Wettbewerbs auf einem bestimmten Markt nachhaltig beeinträchtigt wird. Dies gilt insbesondere, wenn im Rahmen einer grundsätzlich zulässigen Gratisverteilung von Originalware die durch den Erprobungszweck gesteckten Grenzen überschritten werden. Besonderheiten gelten mit Blick auf Art. 5 Abs. 1 S. 2 GG für die Gratisverteilung von Presseerzeugnissen.

bb) Zugaben und Kopplungsangebote

25 Entsprechendes gilt auch für **Zugaben** und **Kopplungsangebote**. In Anlehnung an die für die frühere ZugabeVO maßgebliche Definition ist unter einer Zugabe eine vom Erwerb der Hauptware oder Hauptleistung abhängige (akzessorische) Zuwendung zu verstehen, die ohne besondere Berechnung über die von ihr verschiedene Hauptleistung hinausgeht, einen eigenen wirtschaftlichen Wert hat und wegen ihrer Akzessorietät von der Hauptsache die Kaufentschließung des Kunden zu beeinflussen geeignet ist. Mit der Aufhebung der ZugabeVO im Jahre 2001[36] ist die Grundlage für die negativen Wertungen, die über das Zugabeverbot ganz allgemein auf die Beurteilung der Wertreklame nach der Generalklausel ausstrahlten, entfallen. In Umkehrung des früher geltenden Regel-Ausnahme-Verhältnisses ist nunmehr davon auszugehen, dass die **Gewährung von Zugaben grundsätzlich zulässig** ist, soweit keine spezialgesetzlichen Verbote wie etwa in § 7 HWG oder § 56a GewO bestehen.[37] In gleicher Weise sind auch **Kopplungsangebote**, d.h., die Zusammenfassung zweier oder mehrerer Waren bzw. Leistungen zu einem **Gesamtangebot,** lauterkeitsrechtlich **grundsätzlich zulässig.**[38] Es gehört zur wirtschaftlichen Freiheit des Kaufmanns, zu entscheiden, ob er Waren und Dienstleistungen – auch ganz verschiedener Art – nur zusammen zu einem einheitlichen Preis abgeben will.[39]

26 Eine Beeinträchtigung der Rationalität der Entscheidungsfreiheit kann aber dann gegeben sein, wenn der Verbraucher über den **tatsächlichen Wert des Angebots getäuscht** wird, wobei die Unlauterkeit allerdings allein nach § 5a UWG (**Irreführung durch Unterlassen**) zu beurteilen ist. Da die Zusammenstellung mehrerer auch verschiedener Waren oder Dienstleistungen zu einem einheitlichen Angebot ein gewisses Irreführungs- und Preisverschleierungspotential in sich birgt, können für Kopplungsangebote im Hinblick auf das **Transparenzgebot** besondere Informationspflichten bestehen, damit der Verbraucher für seinen Kaufentschluss eine sachgerechte Grundlage hat.[40]

---

[34] BGH GRUR 2009, 875, 875 – *Jeder 100. Einkauf gratis* (zu § 4 Nr. 1 UWG a.F.).
[35] BGH GRUR 2003, 804, 805 – *Foto-Aktion* (zu § 4 Nr. 1 UWG a.F.).
[36] Gesetz zur Aufhebung der ZugabeVO und zur Anpassung weiterer Rechtsvorschriften v. 23.7.2001, BGBl. I 1661.
[37] Vgl. EuGH GRUR 2011 76 Rn. 38 ff. – *Mediaprint.*
[38] EuGH GRUR 2009, 599 Rn. 59 ff. – *VTB/Total Belgium.*
[39] BGH GRUR 2003, 538, 539 – *Gesamtpreisangebot* (zu § 4 Nr. 1 UWG a.F.).
[40] BGH GRUR 2007, 247, 250 – *Regenwaldprojekt I;* BGH GRUR 2007, 251, 252 – *Regenwaldprojekt II* (zu § 4 Nr. 1 UWG a.F.).

cc) Kundenbindungssysteme

Wettbewerbsrechtlich grundsätzlich unbedenklich sind auch Kundenbindungssysteme, bei denen sich die Vergünstigung nicht nur auf einen einzelnen Geschäftsabschluss bezieht, sondern auf die künftige Bindung der Kunden an das Unternehmen, d.h. auf die Gewinnung von Stammkunden abzielt (z.B. **Treue- oder Bonusprogramme**). Der Anreiz zu Wiederholungskäufen wird dadurch geschaffen, dass den Kunden bei einer bestimmten Anzahl von Punkten, die ihm für jedes Geschäft gutgeschrieben werden, Vergünstigungen gewährt werden. Diese können insbesondere in der Gewährung von Zugaben, Preisnachlässen oder in der Auszahlung bestimmter Geldbeträge (sog. Pay Back) bestehen. Kundenbindungssysteme werden entweder von einzelnen Unternehmen oder auch von einem Netzwerk von Unternehmen betrieben. Aufgrund der Anreizwirkung, mittel- oder langfristig die Nachfrage auf ein bestimmtes oder eine Gruppe bestimmter Unternehmen zu konzentrieren, lösen sie eine „Sogwirkung" aus. Allein dies vermag aber keine unzulässige Beeinflussung i.S.v. § 4a UWG zu begründen. Etwas anderes kann allenfalls dann gelten, wenn die Rationalität der Nachfrageentscheidung durch das Kundenbindungssystem vollständig in den Hintergrund tritt,[41] etwa wenn vom Anbieter bewusst ein erheblicher **Zeitdruck** ausgeübt wird und dieser sich auf Vergünstigungen bezieht, die einen hohen Wert besitzen oder einen hohen Geldbetrag darstellen. 27

dd) Preisnachlässe

Nach Aufhebung des Rabattgesetzes[42] sind schließlich auch Preisnachlässe nach dem Grundsatz der Preisgestaltungsfreiheit grundsätzlich zulässig.[43] Für die Annahme einer aggressiven geschäftlichen Handlung i.S.v. 4a UWG müssen daher zusätzlich unlauterkeitsbegründende Umstände hinzutreten, die die Fähigkeit des Verbrauchers zu einer informierten Entscheidung wesentlich einschränken. Maßgeblich ist dabei neben Ort und Zeit des Angebots auch die Art des Produktes. So können etwa Werbeadressaten durch eine **zeitlich zu knapp begrenzte Werbeaktion** unter starken Zeitdruck gesetzt werden, um sie zu einem schnellen und unüberlegten Kaufentschluss zu bewegen oder wenn der Werbeadressat keine ausreichende Möglichkeit hat, sich die für eine informierte Entscheidung erforderlichen Informationen zu beschaffen. Allerdings hat der BGH selbst bei einer nur eintägigen Rabattaktion eine unlautere Befristung abgelehnt, da der mündige Verbraucher in der Lage sei, mit einem Kaufanreiz in rationaler Weise umzugehen.[44] Auch in der durch eine zeitliche Befristung einer Werbemaßnahme, bei der Kinder und Jugendliche für jedes „Sehr gut" auf dem Zeugnis eine Preisreduzierung in Höhe von 2 Euro erhalten, hat der BGH keinen hinreichenden Einfluss auf die Rationalität der Nachfrageentscheidung der angesprochenen Kinder gesehen. Dies gelte auch unter Berücksichtigung des Umstands, dass Kinder durch Werbung leichter zu beeinflussen seien als Erwachsene.[45] Entsprechendes gilt auch für sonstige Verkaufsveranstaltungen, bei denen Vergünstigungen gewährt werden, wie etwa beim sog. **Powershopping** (auch Community-Shopping). Bei dieser Verkaufsform beteiligen sich im Interesse der Erzielung eines für die Teilnehmer möglichst günstigen Kaufpreises mehrere Kaufinteressenten an der Internet-Kaufveranstaltung, bei der die 28

---

[41] BGHZ 151, 84, 89 = GRUR 2002, 976 – *Kopplungsangebot I*; BGH GRUR 2003, 890, 891 – *Buchclub-Kopplungsangebot*; BGH WRP 2006, 69, 70 Rn. 15 – *Zeitschrift mit Sonnenbrille*; 2008, 780, 781 Rn. 15 – *Hagelschaden*, m.w.N. (jeweils zu § 4 Nr. 1 UWG a.F.).
[42] Gesetz zur Aufhebung des Rabattgesetzes v. 23.7.2001, BGBl. I 1663.
[43] BGH WRP 2010, 1388, 1389 – *Ohne 19% Mehrwertsteuer*; 2008, 780, 781 Rn. 15 – *Hagelschaden* (zu § 4 Nr. 1 UWG a.F.).
[44] BGH WRP 2010, 1388 Rn. 19 – *Ohne 19% Mehrwertsteuer* (zu § 4 Nr. 1 UWG a.F.).
[45] BGH GRUR 2014, 1117 Rn. 23 – *Zeugnisaktion* (zu § 4 Nr. 1 UWG a.F.).

ee) Vergünstigungen gegenüber privaten Verkaufsförderern (§ 3 UWG)

29 Einflussnahmen auf die Marktgegenseite lassen sich zudem auch über **Dreiecksbeziehungen** verwirklichen.[46] Diese Fälle sind dadurch gekennzeichnet, dass die Einflussnahme auf andere Personen abzielt, als diejenigen, deren wirtschaftliche Interessen durch die Einflussnahme letztlich geschädigt bzw. zumindest berührt werden. Allerdings werden diese Fälle **nicht von § 4a UWG erfasst**.[47] Denn unabhängig von der Frage, ob in dem Gewähren oder Inaussichtstellen derartiger Vergünstigungen im Einzelfall die Ausnutzung einer Machtposition zur Ausübung von Druck i.S.v. § 4a Abs. 1 S. 3 UWG gesehen werden kann, geht es hierbei i.d.R. nicht um den Schutz der Entscheidungsfreiheit des beeinflussten Dritten, sondern um die weiteren Auswirkungen der für sich allein betrachtet grundsätzlich nicht zu beanstandenden Einflussnahme auf den Dritten. In Betracht kommen aber §§ 5, 5a UWG, wenn die Einschaltung von Dritten darauf abzielt, andere Marktteilnehmer in die Irre zu führen, sowie die Generalklauseln nach § 3 Abs. 1 und 2 UWG.

30 Zu denken ist insbesondere an **Laienwerber** und **Produktbewerter**, die durch das Versprechen oder Gewähren einer geldwerten Vergünstigung dazu veranlasst werden sollen, ihr Verhalten nicht mehr allein am Interesse desjenigen auszurichten, der letztlich leistungspflichtig werden soll. Die praktische Bedeutung dieser Art der Einflussnahme liegt auf der Hand: Es erscheint ungleich einfacher, jemanden mit einer Zuwendung zu einer bestimmten Handlung zu bewegen, wenn nicht er die wirtschaftlichen Kosten dieser Handlung zu tragen hat, sondern ein Dritter. Der Beeinflusste wird in diesen Fällen sein Verhalten allein danach ausrichten, wie er in den Genuss der Prämie kommen kann; etwaige Kosten oder sonstige wirtschaftliche Nachteile braucht er bei seiner Entscheidung regelmäßig nicht mit abzuwägen. Demgegenüber wird bei einer unmittelbaren Beeinflussung der Umworbene in aller Regel erkennen, dass letztlich er selbst die ihm versprochene geldwerte Vergünstigung mit einem entsprechend höheren Kaufpreis wird erkaufen müssen. Solche Einwirkungen bereiten dann keine weiteren Schwierigkeiten, wenn zu dem Verkaufsförderer ein Vertragsverhältnis besteht, so dass dessen Handlungen dem Einflussnehmenden ohne weiteres zugerechnet werden können. Probleme können sich aber ergeben, wenn die Einwirkung auf den Dritten auf viel subtilere Weise erfolgt und die Marktkommunikation durch den Einflussnehmenden zwar initiiert wird, diese aber ihr geschäftlich relevantes Gepräge erst durch den selbstverantwortlich handelnden Dritten erhält.

31 Unter „Laienwerbung" wird gemeinhin die Ausnutzung privater Beziehungen des Werbers zu Dritten für eigene Zwecke der Werbung verstanden.[48] Mehr noch als diese privaten Beziehungen dürfte bei der Laienwerbung aber der Umstand im Vordergrund stehen, dass der Werber als Privatperson auftritt und die Werbung auf diese Weise nicht mehr als gewöhnliche gewerbliche Anpreisung, sondern im günstigsten Fall als ehrliche objektive Meinung eines Privaten erscheint, der keinerlei eigennützige Interessen verfolgt. Es geht bei der Laienwerbung längst nicht mehr nur um das Gewinnen von privaten Verkaufsmittlern, sondern zunehmend um das Generieren von positiven Produkt- und Leistungsbewertungen, indem potentiellen Testern besondere Vorteile in Aussicht gestellt werden. Die wirtschaftliche Bedeutung solcher vorgeblich neutraler Produkt- und Leistungsbewertungen, die inzwischen zum Erscheinungsbild eines fast jeden Verkaufsportals im Internet gehören, lässt sich kaum zu gering einschätzen.

---

[46] Vgl. zum Folgenden ausführlich *Hetmank*, FS Fezer, 2016, S. 142 ff.
[47] Vgl. Begr. RegE BT-Drucks. 18/4535, S. 15.
[48] BGH GRUR 1959, 285, 286 f. – *Bienenhonig*; BGH WRP 1995, 104 – *Laienwerbung für Augenoptiker*; BGH GRUR 2002, 637, 639 – *Werbefinanzierte Telefongespräche*; 2006, 949 Rn. 13 – *Kunden werben Kunden*; Fezer/*Steinbeck*, UWG, § 4–1 Rn. 410 ff.; *Köhler*/Bornkamm, UWG, § 4 Rn. 1.201 ff.; *Ohly*/Sosnitza, UWG, § 4 Rn. 1/155 ff.

D. Grundtatbestand (Abs. 1)

Während früher vielfach befürchtet wurde, dass der Laienwerber vor allem bei einem "übermäßigen Prämienanreiz" seine persönlichen Beziehungen zum Umworbenen dazu "missbraucht", ihn zum Kauf zu veranlassen,[49] soll die Gewährung selbst erheblicher Werbeprämien nach heutigem Verständnis die Wettbewerbswidrigkeit nicht mehr begründen können. Der Einsatz von Laienwerbern soll vielmehr nur dann unzulässig sein, wenn andere Umstände als die bloße Gewährung einer Gegenleistung oder die Ausnutzung privater Beziehungen hinzutreten. Dies ergebe sich aus der grundlegenden Liberalisierung des UWG sowie der Aufhebung der ZugabeVO und des RabattG im Jahr 2001 und insbesondere dem gewandelten Verbraucherleitbild.[50] Lauterkeitsrechtliche Relevanz soll der Einflussnahme auf Verkaufsförderer demnach nur dann zukommen, wenn das von diesen erwartete Verhalten gegenüber ihren Abnehmern ihrerseits unlauter ist, insbesondere wenn die Kundenwerbung mit Mitteln und Methoden betrieben wird, die die Gefahr begründen, dass der Umworbene in seiner Entschließungsfreiheit unangemessen beeinträchtigt wird.[51] Dies sei immer dann anzunehmen, wenn der Einsatz der Verkaufsförderer nach seiner Konzeption von vornherein wettbewerbswidrige Umstände aufweist, etwa wenn das System von vornherein auf die Verschleierung der Werbung angelegt ist oder auf eine unzumutbare Belästigung der Umworbenen abzielt.[52] Sei dagegen die Konzeption der Laienwerbung als solche neutral gewählt, setzt aber der einzelne Laienwerber Mittel ein, die ihrerseits wettbewerbsrechtlich bedenklich sind, so soll der Unternehmer für ihn nach § 8 Abs. 2 UWG haften.[53] Daneben soll eine Unlauterkeit auch dann in Betracht kommen, wenn der Unternehmer den Laien unzutreffende Informationen zum Produkt zur Verfügung stellt.[54]

32

Richtig ist sicherlich, dass der Einsatz von privaten Verkaufsförderern nicht von vorneherein mit dem Makel der Unlauterkeit behaftet sein darf. Grundsätzlich ist jeder Unternehmer darin frei, wie er seinen Absatz organisiert. Er darf daher auch gewerbliche oder private Verkaufsförderer einsetzen, die den Absatz von Waren oder Dienstleistungen durch gezielte Einwirkung auf mögliche Abnehmer unterstützen, und ihnen dafür eine Gegenleistung anbieten.[55] Gleichwohl ist aber zu beachten, dass der Einsatz von Laien die Möglichkeit eröffnet, die gezielte Einwirkung auf die Marktgegenseite einschließlich der Bestimmung und Beachtung der hierfür zulässigen Grenzen einfach "auszulagern".[56] Der Umstand, dass wegen der allenfalls losen Verbindung zu den Laienwerbern kaum Überwachungs- und Kontrollmöglichkeiten bestehen, dürfte dabei gern in Kauf genommen werden. Vor allem aber ist zu beachten, dass der für die unmittelbare Beeinflussung geltende lauterkeitsrechtliche Maßstab, wie er aus der grundlegenden Liberalisierung des UWG, der Aufhebung der ZugabeVO und des RabattG und dem gewandelten Verbraucherleitbild hergeleitet wird, wohl nicht unbesehen übernommen werden kann. Während bei der unmittelbaren Einflussnahme die Marktgegenseite die Möglichkeit hat, die Beeinflussung als solche zu erkennen, werden Laienwerber ihre eigennützigen Interessen nicht unbedingt offenlegen, so dass der Werbecharakter in den Hintergrund tritt oder gar vollkommen un-

33

---

[49] Vgl. etwa BGH GRUR 1981, 655, 656 – *Laienwerbung für Maklerauftäge*.
[50] BGH GRUR 2006, 949 Rn. 16 – *Kunden werben Kunden*; *Fountoulakis*, GRUR Int. 2009, 979, 982 ff.
[51] *Köhler*/Bornkamm, UWG, § 4 Rn. 1.178; *Ohly*/Sosnitza, UWG, § 4 Rn. 1/155.
[52] BGH, GRUR 2006, 949 Rn. 17 – *Kunden werben Kunden*.
[53] *Köhler*/Bornkamm, UWG, § 4 Rn. 1.216; *Ohly*/Sosnitza, UWG, § 4 Rn. 1/162; *Isele*, WRP 2010, 1215; a.A. *Möller*, WRP 2010, 321, 332; sowie *ders.*, WRP 2007, 6, 17 f., der eine Differenzierung danach fordert, inwiefern ein Wettbewerbsverstoß in den zumindest vom Ansatz her beherrschbaren Bereich des Unternehmers fällt.
[54] *Köhler*/Bornkamm, UWG, § 4 Rn. 1.210; *Ohly*/Sosnitza, UWG, § 4 Rn. 1/159.
[55] Siehe hierzu *Köhler*/Bornkamm, UWG, § 4 Rn. 1.174.
[56] *Hetmank*, FS Fezer, 2016, 127, 130 ff.

entdeckt bleibt. Die Überlegung, dass in solchen Fällen (erst) das Verschleiern des Werbecharakters selbst den Unlauterkeitsvorwurf begründet und dies dann dem nach § 8 Abs. 2 UWG haftenden Unternehmer zuzurechnen ist, erscheint keineswegs zwingend. Denn in der Literatur wird auf Seiten des Privaten bei nur gelegentlichen Werbehandlungen bereits ein Handeln im geschäftlichen Verkehr – und damit eine Voraussetzung für die Unlauterkeit des zuzurechnenden Handelns – verneint.[57] Das gleiche dürfte auch für das Erfordernis der „unternehmerischen Sorgfalt" gelten (§ 3 Abs. 2 UWG). Hinzu kommt, dass bei lediglich subtilen Einwirkungen und bei fehlender Beherrschbarkeit der weiteren Marktkommunikation die Annahme einer Beauftragung i.S.v. § 8 Abs. 2 UWG äußerst fraglich ist.[58] Entscheidend kann daher nicht sein, ob das Handeln des Laienwerbers für sich gesehen unlauter ist. Vielmehr ist danach zu fragen, ob den Unternehmer eine täterschaftliche Verantwortung unter dem Gesichtspunkt des gefahrbegründenden Tuns trifft. Maßgeblich ist, ob die Einflussnahme auf den Laienwerber im Vergleich zur Einschaltung professioneller Verkaufsförderer und in für den Unternehmer vorhersehbarer und vermeidbarer Weise die gesteigerte Gefahr der Beeinträchtigung der freien Entscheidung der Marktgegenseite hervorruft. In Fällen der Laienwerbung können daher besondere Aufklärungs- und Überwachungspflichten bestehen, insbesondere kann es erforderlich sein, die Werbeprämie nur unter Mitwirkung der Marktgegenseite bei Vertragsschluss freizugeben, so dass sichergestellt ist, dass diese den Werbecharakter der „privaten Empfehlung" wenigstens zum Zeitpunkt des Vertragsschlusses erkennt. Weitergehende Pflichten können bei Waren oder Leistungen bestehen, bei denen eine gewisse Beratung und Sachkenntnis erforderlich sind und erwartet werden und daher erkennbar die gesteigerte Gefahr einer marktrelevanten Irreführung besteht.

ff) Vergünstigungen gegenüber gewerblichen Verkaufsförderern und drittinteressenwahrungspflichtigen Personen (§ 3 UWG)[59]

34 Genauso wie die Laienwerbung wird auch die Einflussnahme auf nicht private Verkaufsförderer nicht von § 4a UWG, sondern allenfalls von **§ 3 Abs. 1 und 2 UWG** erfasst. Dies gilt vor allem bei „drittinteressenwahrungspflichtigen Personen", die bei ihren geschäftlichen Entscheidungen auf Grund gesetzlicher oder vertraglicher Pflichten zumindest auch die Interessen Dritter zu wahren haben.[60] Zu solchen Personen gehören z.B. **Ärzte, Apotheker, Rechtsanwälte, Wirtschaftsprüfer, Steuerberater** und sonstige gewerbliche Unternehmer, die kraft Vertrags die Wahrnehmung der Interessen ihrer Kunden übernommen haben (wie z.B. **Vermögensberater** oder **Makler**). Sie werden gerade deswegen als Verkaufsförderer eingesetzt, weil ihre Kunden auf Grund dieser Interessenwahrungspflicht darauf vertrauen, dass sie sachkundig, objektiv und uneigennützig beraten werden. In gleicher Weise werden auch im Versicherungsbereich **voll- oder teilkaskoversicherten Kunden** mit geldwerten Vorteilen damit geworben, eine durch einen etwaigen Selbstbehalt bestehende Belastung auszugleichen oder zu verringern. Dadurch wird versucht, die nach dem Versicherungsvertrag gebotene objektive Entscheidung durch die vom Werbenden versprochene Vergünstigung zu beeinflussen und den Versicherungsnehmer dazu zu bewegen, den Werbenden unter Verletzung einer Verpflichtung aus dem Versicherungsvertrag (und gegebenenfalls unter Ausschlagung eines aus Sicht

---

[57] So *Ohly*/Sosnitza, UWG, § 4 Rn. 1/161.
[58] Vgl. zur Beauftragung *Ohly*/Sosnitza, UWG, § 8 Rn. 149.
[59] Vgl. zum Folgenden ausführlich *Hetmank*, FS Fezer, 2016, S. 127 ff.
[60] BGH GRUR 2009, 969 Rn. 11 – *Winteraktion*; 2010, 850 Rn. 17 – *Brillenversorgung II*; 2011, 431 Tz. 16 – *FSA-Kodex*; 2012, 1050 Rn. 26 – *Dentallaborleistungen* (jeweils zu § 4 Nr. 1 UWG a.F.).

der Versicherung gleichwertigen oder günstigeren Angebots eines Mitbewerbers) allein deshalb zu beauftragen.[61]

Während bei Laienwerbern die Gefahr der Verschleierung des Werbecharakters und der Eigennützigkeit bestehen kann, wird der Umworbene bei gewerblichen Verkaufsförderern regelmäßig damit rechnen, dass diese sich bei ihren Anpreisungen vor allem von eigennützigen Interessen leiten lassen. Allerdings kann nach verbreiteter Auffassung auch hier eine unlautere Beeinflussung anzunehmen sein. Entscheidend seien die Intensität der Anreizwirkung, die von der Vergünstigung ausgeht, das Ausmaß der versprochenen Vergünstigung und die Erwartungshaltung des Abnehmers.[62] Zwar ziehe der verständige Verbraucher durchaus in Betracht, dass einem Händler oder Dienstleister von dem Hersteller bzw. Leistungsanbieter absatzbezogene Vorteile gewährt werden, bzw. dass die dabei in Rede stehenden Einkaufskonditionen, Prämien oder Provisionen der einzelnen Leistungsanbieter unterschiedlich hoch sein können und der Händler bei der Empfehlung bestimmter Produkte sich auch von seinen wirtschaftlichen Interessen leiten lässt.[63] Das bedeute aber nicht, dass jede Art der Beeinflussung des Absatzmittlers durch die Gewährung von Vorteilen noch im Rahmen dessen läge, was der Verbraucher für möglich hält. Das Versprechen einer Vergünstigung sei lauterkeitsrechtlich jedenfalls dann bedenklich, wenn der Verbraucher mit einem Anreiz in diesem Umfang nicht rechne und er auf eine sachkundige und objektive Beratung angewiesen sei und sie auch erwarte.[64] Voraussetzung sei daher, dass der Zuwendungsempfänger von Gesetzes wegen, kraft Vertrages oder aufgrund berechtigter Erwartung in besonderer Weise gehalten ist, Interessen Dritter zu wahren.[65] Ein intensives Vertrauensverhältnis zwischen dem „Verkaufsvermittler" und dem Dritten bestehe etwa zwischen einem Arzt und seinem Patienten[66] oder zwischen Rechtsanwälten, Steuerberatern, Wirtschaftsberatern, Notaren und ihren Mandanten (vgl. §§ 3 Abs. 2, 34 Abs. 5 BOÄ; §§ 1, 3, 43a Abs. 1 BRAO; §§ 33 S. 1, 57 Abs. 1 StBerG; §§ 2, 43 Abs. 1 WPO).[67] Ebenso sei eine erhöhte Schutzbedürftigkeit anzunehmen, wenn es sich bei den Abnehmern vornehmlich um Kinder handelt, die zu einer kritischen Prüfung der Ware oder Dienstleistung noch nicht in der Lage sind.[68] Aber auch die Beeinflussung von Händlern, die beratungsintensive Waren oder Dienstleistungen anbieten, soll die Unlauterkeit begründen können. Denn der Endabnehmer rechne nicht damit, dass der Einzelhändler sich bei der Beratung für bestimmte Produkte nur deshalb ganz besonders einsetzt, weil er durch übermäßige Prämienangebote von Seiten des Herstellers beeinflusst wird.[69] Eine solche Situation wurde beispielsweise angenommen bei dem Verkauf von Skibindungen, da die Kunden hier meist nicht mit den technischen Besonderheiten vertraut sind[70] sowie bei der Veranstaltung eines „Buchungswettbewerbs" eines Reiseveranstalters, bei dem den er-

---

[61] BGH GRUR 2008, 530 Rn. 8 – *Nachlass bei Selbstbeteiligung*; BGH WRP 2008, 780, 781 – *Hagelschaden* (jeweils zu § 4 Nr. 1 UWG a.F.).
[62] OLG Frankfurt WRP 2010, 563, 564; OLG Hamburg GRUR-RR 2004, 117; *Steinbeck*, GRUR 2005, 15, 18 f.; *Köhler*/Bornkamm, UWG, § 4 Rn. 1.180, 1.182.
[63] Vgl. OLG Frankfurt WRP 2010, 563, 564; Harte-Bavendamm/Henning-Bodewig/*Stuckel*, UWG, § 4 Nr. 1 Rn. 144; *Heermann*, WRP 2006, 8, 13 f.; a.A. noch BGH GRUR 1974, 394, 395 – *Verschlusskapsel-Prämie*; OLG Oldenburg GRUR-RR 2004, 209 f.; *Lorenz*, WRP 2005, 992, 993.
[64] Vgl. BGH GRUR 1971, 223, 225 – *clix-Mann*; OLG Frankfurt WRP 2010, 563, 564; OLG Hamburg GRUR-RR 2004, 117; *Steinbeck*, GRUR 2005, 15, 18 f.; siehe auch *Köhler*/Bornkamm, UWG, § 4 Rn. 1.180, 1.182.
[65] *Köhler*/Bornkamm, UWG, § 4 Rn. 1.188; *Ohly*/Sosnitza, UWG, § 4 Rn. 1/148.
[66] BGH GRUR 2003, 624 – *Kleidersack*.
[67] *Steinbeck*, GRUR 2005, 15, 18 f.; *Köhler*/Bornkamm, UWG, § 4 Rn. 1.191; *Ohly*/Sosnitza, UWG, § 4 Rn. 1/149.
[68] *Steinbeck*, GRUR 2005, 15, 18 f. m.w.N.
[69] *Steinbeck*, GRUR 2005, 15, 18 f. m.w.N.; *Köhler*/Bornkamm, UWG, § 4 Rn. 1.180, 1.182.
[70] BGH GRUR 1971, 223, 225 – *clix-Mann*.

folgreichsten Reisebüros lukrative Preise versprochen werden und deren Kunden mit dieser intensiven Einflussnahme nicht ansatzweise rechnen.[71] Schließlich soll sich eine Pflicht zur Interessenwahrnehmung auch aus Vertrag ergeben können. Sind etwa Kraftfahrzeughalter als Versicherungsnehmer gegenüber ihrem Versicherer verpflichtet, Reparaturkosten niedrig zu halten und zutreffende Angaben zu den Kosten zu machen, so soll das Versprechen eines Vorteils zu deren Gunsten eine unangemessene unsachliche Beeinflussung darstellen, wenn der Versicherungsnehmer dadurch veranlasst werden kann, auf das Angebot einzugehen, ohne den Vorteil an den Versicherer weiterzugeben.[72]

36 Richtig ist zwar, dass der Kunde auch in einem Reisebüro eine sachgerechte Beratung erwartet. Der Kunde darf aber keine vollkommen uneigennützige Beratung erwarten und wird sich in aller Regel über das Zustandekommen des letztlich dem Reisebüro zukommenden Gewinns keinerlei Vorstellungen machen. Eine unlautere Beeinflussung i. S. v. § 3 Abs. 1 und 3 UWG wird man daher wohl nur dann annehmen können, wenn der Wert der versprochenen Zuwendung angesichts des vom Kunden zu zahlenden Endpreises vollständig außerhalb jeglicher kaufmännisch vertretbaren und vom Endkunden noch vernünftigerweise erwartbaren Kalkulation liegt. Insbesondere wenn im Falle eines „Buchungswettbewerbs" der Wert der (möglichen) Zuwendung, über dem von dem einzelnen Endkunden zu zahlenden Gesamtpreises liegt, kann wohl nicht mehr davon ausgegangen werden, dass sich die Einflussnahme noch im Rahmen desjenigen hält, mit dem selbst ein aufgeklärter Verbraucher zu rechnen hat.

37 Fraglich erscheint aber, ob diesen Fällen auch diejenigen gleichzustellen sind, in denen es nicht um die Einflussnahme auf Verkaufsförderer geht, sondern auf sonstige vertraglich Verpflichtete, die – wie etwa **voll- oder teilkaskoversicherte Kunden** – lediglich in der vorteilhaften Lage sind, die wirtschaftlichen Kosten ihrer Marktentscheidung auf Dritte abwälzen zu können.[73] Zwar wird in einem solchen Fall die nach dem Versicherungsvertrag gebotene objektive Entscheidung durch die vom Werbenden versprochene Vergünstigung beeinflusst. Auch kann eine solche Zuwendung den angesprochenen Verbraucher veranlassen, den Werbenden unter Verletzung einer Verpflichtung aus dem Versicherungsvertrag (und gegebenenfalls unter Ausschlagung eines aus Sicht der Versicherung gleichwertigen oder günstigeren Angebots eines Mitbewerbers) allein deshalb zu beauftragen.[74] Allerdings fragt sich, ob es wirklich Sache des Lauterkeitsrechts ist, die Einhaltung von vertraglichen Pflichten sicherzustellen. Aus strikt wettbewerbsfunktionaler Sicht[75] lässt sich einwenden, dass in solchen Fällen durch das Inaussichtstellen einer Vergünstigung keine grundlegenden Funktionen des Wettbewerbs beeinträchtigt werden. Der Versicherungsnehmer verfügt über alle für eine souveräne Marktentscheidung erforderlichen Informationen und der Zuwendungsgeber bedient sich bei der Gewährung eines Nachlasses grundsätzlich zulässiger – und wettbewerblich grundsätzlich erwünschter – Mittel, indem er mit anderen Kfz-Reparaturwerkstätten in einen Preiswettbewerb eintritt. Das Inaussichtstellen der Prämie ist daher allein für den Versicherer misslich. Es obliegt aber ihm allein, die Einhaltung der Vertragspflichten seiner Versicherungsnehmer sicherzustellen. Zu beachten ist schließlich, dass sich andernfalls jeder, der einem Kunden einen Rabatt oder einen Bonus gewährt, unweigerlich der Gefahr der Unlauterkeit aussetzen würde, sobald er damit rechnen muss,

---

[71] OLG Frankfurt WRP 2010, 563, 564 ff.
[72] BGH GRUR 2008, 530 – *Nachlass bei Selbstbeteiligung*; BGH WRP 2008, 780, 781 – *Hagelschaden*.
[73] BGH GRUR 2008, 530 Rn. 8 – *Nachlass bei Selbstbeteiligung*; BGH WRP 2008, 780, 781 – *Hagelschaden*; vgl. hierzu *Hetmank*, FS Fezer, 2016, 127, 130 ff.
[74] BGH GRUR 2008, 530 Rn. 8 – *Nachlass bei Selbstbeteiligung*; BGH WRP 2008, 780, 781 – *Hagelschaden*.
[75] Siehe hierzu *Hetmank*, GRUR 2014, 437.

dass einige ihrer Zuwendungsempfänger vertraglich verpflichtet sind, die gewährten Vorteile an Dritte weiterzugeben. Betroffen wären insbesondere alle denkbaren **Bonussysteme**, wie etwa für Bahn- und Flugreisen, bei denen die Gefahr besteht, dass Geschäfts- und Dienstreisende arbeitsvertragswidrig den vollen Preis ohne Anrechnung des Vorteils von Arbeitgebern oder sonstigen Dritten ersetzt verlangen.[76]

c) Moralischer Druck durch gefühlsbetonte Werbung

Neben der Werbung mit leistungsbezogenen Mitteln, wie insbesondere Qualität und Preis des Angebots, gehören seit jeher auch das Ansprechen und Ausnutzen von Gefühlen zu den wirksamen Verkaufsfördermaßnahmen. Zu den Mitteln, um den Umworbenen zu einer vorwiegend emotional veranlassten Kaufentscheidung zu bewegen, zählen insbesondere der Appell an Mitleid, Hilfsbereitschaft, soziale Verantwortung sowie die gesundheitsbezogene bzw. umweltbezogene Werbung. Auszugehen ist von dem Grundsatz, dass es wettbewerbsrechtlich **grundsätzlich unbedenklich** ist, wenn sich die Werbung nicht auf Sachangaben, insbesondere über die Eigenschaften oder den Preis beworbener Erzeugnisse, beschränkt, sondern Gefühle anspricht.[77] Nimmt man das Leitbild eines verständigen und informierten Verbrauchers (und sonstigen Marktteilnehmers) ernst, wird man in solchen Fällen i.d.R. keine unzulässige Beeinflussung i.S.v. § 4a Abs. 1 S. 3 UWG sehen können. Es ist vielmehr lauterkeitsrechtlich nicht zu beanstanden, wenn die Kaufentscheidung des Verbrauchers nicht ausschließlich auf wirtschaftlichen Überlegungen beruht, sondern auch auf der Möglichkeit, sich mittelbar für soziale, sportliche, kulturelle oder ökologische Belange zu engagieren. Insbesondere kann eine Werbeaussage nicht schon dann als unzulässig angesehen werden, wenn zwischen dem in der Werbung angesprochenen Engagement und der beworbenen Ware kein sachlicher Zusammenhang besteht, und nur zielbewusst und planmäßig an Gefühle appelliert wird, um diese im eigenen wirtschaftlichen Interesse als entscheidende Kaufmotivation auszunutzen. Das gleiche gilt für Werbung durch die Unternehmen ihren Absatz mit der Förderung sozialer, sportlicher, kultureller oder ökologischer Belange koppeln (sog. **Sponsoring**).[78]

Besonderheiten können aber bei gesundheitsbezogener Werbung bestehen. Abgesehen von den aus Gründen des Gesundheitsschutzes geltenden Werbebeschränkungen nach dem Heilmittelwerbegesetz (HWG) sowie dem Lebensmittel- und Bedarfsgegenstände- und Futtermittelgesetzbuch (LFGB) und anderen lebensmittelrechtlichen Bestimmungen (DiätVO, TafelwasserVO, etc.) gilt in Ergänzung dazu, dass nach dem Wettbewerbsrecht an die Zulässigkeit einer gesundheitsbezogenen Werbung wegen der besonderen Schutzwürdigkeit der menschlichen Gesundheit strenge Anforderungen an Richtigkeit, Eindeutigkeit und Klarheit zu stellen sind.[79] Es besteht eine gesteigerte Gefahr, dass derartige Werbung die Rationalität der Nachfrageentscheidung in Bezug auf Preiswürdigkeit und Qualität völlig in den Hintergrund drängt. Im Bereich der gesundheitsbezogenen Werbung sind Werbeangaben nur dann zulässig, wenn sie gesicherter wissenschaftlicher Erkenntnis entsprechen,[80] wobei fachlich umstrittene Aussagen nicht zu einer uneingeschränkten Verwendung in der

---

[76] *Hetmank*, FS Fezer, 2016, 142, 145 ff.
[77] BGH GRUR 2006, 75 Rn. 17 – *Artenschutz*; 2007, 247 Rn. 21 – *Regenwaldprojekt I*; 2007, 251 Rn. 18 – *Regenwaldprojekt II* (jeweils zu § 4 Nr. 1 UWG a.F.).
[78] BGH GRUR 2007, 247 Rn. 21 – *Regenwaldprojekt I* (zu § 4 Nr. 1 UWG a.F.).
[79] BGHZ 47, 259, 261 = GRUR 1967, 592, 593 – *Gesunder Genuß*; BGH GRUR 1973, 429, 431 – *Idee-Kaffee I*; 1975, 664, 665 – *Idee-Kaffee III*; 1980, 797, 799 – *Topfit-Boonekamp*; 1991, 848, 850 – *Rheumalind II*; 1993, 756, 757 – *Mild-Abkommen*; 2002, 182, 185 – *Das Beste jeden Morgen*; BGH WRP 2013, 772 Rn. 15 – *Basisinsulin mit Gewichtsvorteil*.
[80] BGH GRUR 1971, 153, 155 – *Tampax*; 1991, 848, 850 – *Rheumalind II*.

Werbung berechtigen.[81] Zielt die Werbung auf die Angst der Verbraucher ab, kann darin eine aggressive geschäftliche Handlung i.S.v. §§ 4a Abs. 1 S. 2 Nr. 3 i.V.m. Abs. 2 S. 1 Nr. 3, S. 2 UWG liegen. Im Übrigen kann sich die Unlauterkeit aus §§ 5, 5a, 3 Abs. 1 und 2 UWG ergeben.

d) Autoritärer Druck

40 Autoritärer Druck liegt vor, wenn **Autoritätspersonen ihre berufliche, amtliche, politische oder gesellschaftliche Stellung** dazu **missbrauchen**, massiv auf den Entscheidungsprozess des Umworbenen einzuwirken und dadurch dessen eigenständige und eigenverantwortliche Urteilsbildung nachhaltig beeinträchtigen.[82] Zu berücksichtigen ist allerdings, dass der Einsatz von Autoritätspersonen für Werbezwecke, insbesondere von Prominenten, im Rahmen der sog. **konkreten Leitbildwerbung** für sich genommen lauterkeitsrechtlich nicht zu beanstanden ist. Der maßgebliche Durchschnittsverbraucher ist daran gewöhnt, dass die Publizität bekannter Persönlichkeiten aus den verschiedensten gesellschaftlichen Bereichen dazu eingesetzt wird, auf eine bestimmte Ware oder eine Dienstleistung aufmerksam zu machen bzw. Werbeempfehlungen auszusprechen, die darauf abzielen, die geschäftliche Entscheidung zugunsten eines bestimmten Anbieters zu beeinflussen. Dass Autoritätspersonen Werbung betreiben, ist deshalb nicht grundsätzlich,[83] sondern **nur unter besonderen Umständen unlauter**. Diese liegen dann vor, wenn die Abhängigkeit, in der sich die Umworbenen von der Autoritätsperson befinden, oder das Vertrauen, das sie ihnen entgegenbringen, dazu missbraucht wird, deren geschäftliche Entscheidung in eine bestimmte Richtung zu lenken. Dies ist beispielsweise dann der Fall, wenn ein Arbeitgeber seine Arbeitnehmer durch entsprechende Empfehlungen dazu veranlasst, von der bisherigen Krankenkasse in eine andere oder in die eigene Betriebskrankenkasse zu wechseln.[84]

41 Verneint wurde ein unzulässiger autoritärer Druck vom BGH in der Entscheidung „Friedhofsruhe".[85] In dem Fall ging es um einen privatwirtschaftlich betriebenen gemeindlichen Bestattungsdienst, dessen Büro in unmittelbarer Nähe der gemeindlichen Friedhofsverwaltung auf dem gemeindlichen Friedhof lag. Der BGH lehnte einen Verstoß gegen § 4 Nr. 1 UWG a.F. unter dem Gesichtspunkt der Ausübung autoritären Drucks mit der Begründung ab, dass eine Unlauterkeit nur dann anzunehmen wäre, wenn amtliche Autorität oder das Vertrauen in die Objektivität und Neutralität der Amtsführung missbraucht oder wenn öffentlich-rechtliche Aufgaben mit einer erwerbswirtschaftlichen Tätigkeit verquickt werden. Dies könne deshalb nicht angenommen werden, weil Hinterbliebene zwischen den verschiedenen Angeboten gewerblicher Bestattungsunternehmen frei wählen könnten.[86] Eine unlautere Ausnutzung autoritären Drucks verneinte der BGH auch in der Entscheidung „Schulfotoaktion".[87] In diesem Fall ging es darum, dass ein Fotostudio einer Schule einen PC schenken wollte, wenn diese die Anfertigung von Fotos, die dann Eltern und Schülern zum Kauf angeboten werden sollten, erlaubte. Nach Auffassung des Gerichts war hierin keine unsachliche Beeinflussung der Schule zu sehen. Zwar bestehe ein erheblicher Anreiz, die Aktion zuzulassen, die Zurverfügungstellung des PCs erfolge aber unabhängig von der späteren Abnahme der Bilder. Daher habe die Schule auch kein Interesse daran, in besonderer Weise zum Kauf anzuregen, so dass El-

---

[81] BGH GRUR 2002, 273, 274 – *Eusovit*.
[82] Siehe OLG München WRP 2010, 299, 300.
[83] Siehe BGH GRUR 1984, 665, 666 – *Werbung in Schulen*.
[84] OLG Düsseldorf WRP 2002, 479, 481 f.; OLG Nürnberg-Fürth WRP 2007, 214, 215.
[85] BGH GRUR 2005, 960 – *Friedhofsruhe*.
[86] Siehe auch *Henning-Bodewig*, WRP 2006, 621, 624.
[87] BGH GRUR 2006, 77 – *Schulfotoaktion*.

tern und Schüler sich allein danach entscheiden könnten, ob ihnen die Fotos zusagen oder der Preis angemessen erscheint.[88]

e) Wirtschaftlicher Druck

Die Ausübung wirtschaftlichen Drucks ist dadurch gekennzeichnet, dass dem Betroffenen **wirtschaftliche Nachteile in Aussicht gestellt** werden, um ihn zu der gewünschten Entscheidung zu veranlassen. Maßgeblich ist auch hier, dass der Entscheidungsprozess so massiv beeinträchtigt wird, dass sich der Betroffene in einer **Zwangssituation** befindet. Die Drohung mit der Nichtaufnahme, Einschränkung oder Beendigung von Geschäftsbeziehungen ist für sich genommen aber nicht geeignet, einen Verstoß gegen § 4a UWG zu begründen, weil die Weigerung, vertragliche Beziehungen einzugehen oder fortzusetzen, Ausfluss der (negativen) Vertragsfreiheit und deshalb prinzipiell nicht zu beanstanden ist. 42

Soweit es um die Beurteilung der Ausübung **wirtschaftlichen Drucks auf Unternehmen** als (potenzielle) Marktpartner geht, ist vorrangig der Tatbestand der **gezielten Behinderung** nach § 4 Nr. 4 UWG einschlägig, da sich die Frage stellt, ob bzw. inwieweit die betroffenen Unternehmen in unlauterer Weise in ihrer wirtschaftlichen Entfaltungsfreiheit beeinträchtigt werden. Daneben kann auch § 4a UWG Anwendung finden. 43

Sowohl unter dem Gesichtspunkt der Behinderung als auch der Ausübung wirtschaftlichen Drucks sind aber die **kartellrechtlichen Wertungen zu beachten**, wie sie in den §§ 1, 19, 20 Abs. 1 bis Abs. 3, 21 Abs. 2 GWB und in Artt. 101, 102 AEUV zum Ausdruck kommen und durch das UWG nicht unterlaufen werden dürfen.[89] Zur Vermeidung von Wertungswidersprüchen ist es erforderlich, dass eine eventuelle Unlauterkeit auf weitere Umstände gestützt wird, die von den kartellrechtlichen Tatbeständen nicht erfasst werden.[90] 44

3. Ausnutzung der Machtposition

Eine Machtposition wird zur Ausübung von Druck ausgenutzt, wenn durch sie gegenüber dem Verbraucher oder sonstigen Marktteilnehmer der Eindruck erweckt wird, dieser müsse mit irgendwelchen Nachteilen rechnen, falls er sich dem Druck nicht beugt. Diese Ausnutzung muss in einer Weise erfolgen, die die Fähigkeit des Verbrauchers zu einer informierten Entscheidung wesentlich einschränkt. Die Einschränkung kann entweder darin bestehen, dass die Erlangung der erforderlichen Informationen erschwert ist oder dass diese nicht angemessen genutzt werden können. Wesentlich ist die Einschränkung nur, wenn das Urteilsvermögen des Verbrauchers in Bezug auf die zu treffende Marktentscheidung erheblich beeinträchtigt ist. Dabei ist auf den Durchschnittsverbraucher und die gesamten Umstände des Einzelfalls abzustellen.[91] 45

E. Merkmale aggressiver geschäftlicher Handlungen (Abs. 2)

§ 4a Abs. 2 UWG setzt Art. 9 der UGP-Richtlinie um. Die Vorschrift enthält verschiedene präzisierende Merkmale, die bei der Feststellung, ob eine geschäftliche Handlung als aggressiv anzusehen ist, zu berücksichtigen sind. Die Auflistung beschränkt sich aber größtenteils auf Selbstverständlichkeiten. 46

---

[88] Siehe auch *Henning-Bodewig*, WRP 2006, 621, 624.
[89] *Köhler*/Bornkamm, UWG, § 4 Rn. 1.34.
[90] Siehe *Köhler*/Bornkamm, UWG, § 4 Rn. 1.34.
[91] *Köhler*/Bornkamm, UWG, § 4 Rn. 1.16.

I. Zeitpunkt, Ort, Art oder Dauer der Handlung (Nr. 1)

47 Es ist selbstverständlich, dass bei der Würdigung einer geschäftlichen Handlung alle Umstände des Einzelfalls zu berücksichtigen sind. Entscheidend ist zum einen, ob der Verbraucher oder sonstige Marktteilnehmer zeitlich und örtlich in einer Situation geschäftlich angesprochen wird, in der er nicht mit einem solchen Herantreten rechnen musste (z. B. zur Nachtzeit oder zu rein privaten Anlässen, wie etwa zu Hochzeiten). Zum anderen ist auch auf die Mittel und die Intensität der Handlung abzustellen (persönliche Ansprache, Telefonanruf, Brief, Fax, E-Mail).

II. Drohende oder beleidigende Formulierungen oder Verhaltensweisen (Nr. 2)

48 Maßgeblich ist (selbstverständlich) ferner, inwieweit sich die geschäftliche Handlung insgesamt nicht mehr als bloßer Kaufappell darstellt, sondern dem angesprochenen Verbraucher oder sonstigen Marktteilnehmer durch Formulierungen oder Verhaltensweisen bestimmte Nachteile bzw. der Entzug von Vorteilen wirtschaftlicher, gesellschaftlicher oder sonstiger Art angedroht werden oder diese auch nur beleidigt werden.

III. Unglückssituationen und sonstige Zwangslagen sowie geistige und körperliche Beeinträchtigungen, das Alter, die geschäftliche Unerfahrenheit und Leichtgläubigkeit (Nr. 3)

49 Abzustellen ist außerdem auf die bewusste Ausnutzung von konkreten Unglückssituationen oder Umständen von solcher Schwere, dass sie das Urteilsvermögen des Verbrauchers oder sonstigen Marktteilnehmers beeinträchtigen, um dessen Entscheidung zu beeinflussen. Zu diesen Umständen zählen insbesondere geistige und körperliche Beeinträchtigungen, das Alter, die geschäftliche Unerfahrenheit, die Leichtgläubigkeit, die Angst und die Zwangslage von Verbrauchern (§ 4a Abs. 2 S. 2 UWG).[92] Allerdings genügen allgemeine Ängste oder Zwangslagen des täglichen Lebens regelmäßig noch nicht. Vielmehr ist erforderlich, dass sich die angesprochenen Personen einer besonderen Gefahren- oder Zwangslage ausgesetzt sehen, die ihre Fähigkeit zu einer rationalen geschäftlichen Entscheidung derart mindert, dass sie ihre geschäftliche Entscheidung nicht mehr kontrollieren können. Eine Zwangslage liegt dann vor, wenn der Angesprochene dem Angebot des Werbenden nicht mehr ausweichen zu können glaubt. Die Zwangslage muss so erheblich sein, dass der Durchschnittsverbraucher nicht mehr in der Lage ist bzw. es für vollkommen zwecklos halten muss, seine Entscheidung unter kritischer Abwägung aller Umstände zu prüfen. Eine solche Situation kann sich sowohl aus einer physischen als auch einer psychischen Belastung, wie etwa nach einem Unfall, ergeben. Allerdings muss die Zwangslage nicht unbedingt im Verhältnis zum Handelnden bestehen, sondern kann sich auch aus dem Verhalten Dritter ergeben.

50 Bei Werbung gegenüber Kindern, durch die deren altersbedingte Unerfahrenheit oder Leichtgläubigkeit ausgenutzt wird, ist zu beachten, dass es häufig um die **Willensentschließungsfreiheit der Eltern** als potenzielle Käufer geht, nämlich wenn sich die Werbung zwar

---

[92] Die Regelung beruht auf Art. 9 lit. c der UGP-Richtlinie und entspricht in Teilen § 4 Nr 2 UWG a. F.

E. Merkmale aggressiver geschäftlicher Handlungen (Abs. 2)

auf Produkte bezieht, die üblicherweise von den Eltern erworben werden, die aber bei Kindern Kaufwünsche wecken, die den Zweck verfolgen, dass die Kinder auf eine entsprechende Kaufentscheidung ihrer Eltern hinwirken. So verhielt es sich bei einer Werbeaktion für Frühstückscerealien, bei der die Schüler aufgefordert wurden, als „Tony Taler" bezeichnete Wertpunkte zu sammeln und diese anschließend über ihre Schule unter Einschaltung eines Lehrers als Ansprechpartner bei dem werbenden Unternehmen einzureichen. Je nach Anzahl der gesammelten Taler erhielt die Schule Sportartikel, wie z.B. für fünf Taler ein Springseil, für 15 Taler einen Ball, für 50 Taler ein Badminton-Set, für 400 Taler eine Basketballanlage, für 555 Taler ein Baseballschulset.[93] Maßgeblich ist, ob der Einsatz der Kinder und Jugendlichen zur Beeinflussung ihrer Eltern bei deren Kaufentscheidung unlauter ist.[94] Da die Kaufentscheidung in diesen sog. **Motivationsfällen** regelmäßig von den Erwachsenen getroffen wird, kommt es für die Frage der wettbewerbsrechtlichen Zulässigkeit darauf an, ob diese bei ihrer Kaufentscheidung durch den Einsatz der Kinder und Jugendlichen als Kaufmotivatoren einer unzulässigen Einflussnahme ausgesetzt sind.[95] Dies ist erst dann der Fall, wenn der auf den Erwachsenen ausgeübte Druck ein solches Ausmaß erreicht, dass er in seiner freien Willensentscheidung wesentlich beeinträchtigt wird.[96] Eine Werbung ist insbesondere nicht bereits deshalb unlauter, weil sie geeignet ist und darauf abzielt, bei Kindern und Jugendlichen Kaufwünsche zu wecken, die diese anschließend bei ihren Eltern anmelden. Es gehört zu den Grundlagen jeder Erziehung, Kindern verständlich zu machen, dass nicht alle Wünsche erfüllt werden können. Ein vernünftiger Erziehungsberechtigter ist im Allgemeinen in der Lage, Kaufwünschen, die von seinen Kindern an ihn herangetragen werden, auch ablehnend zu begegnen. Dies entspricht dem für das Wettbewerbsrecht maßgeblichen Leitbild des durchschnittlich informierten und verständigen Verbrauchers, der mit den Marktgegebenheiten vertraut ist. Die Tatsache allein, dass seine Kinder ihn mehr oder weniger intensiv mit Wünschen bedrängen, steht daher einer rationalen Entscheidung des Erziehungsberechtigten über den Kauf eines Produkts grundsätzlich nicht entgegen. Eine Unlauterkeit kommt in solchen Fällen nur ausnahmsweise aufgrund besonderer Umstände in Betracht.[97] Diese besonderen Umstände hat der BGH in der genannten Fallkonstellation darin gesehen, dass sich Kinder und Jugendliche, die sich mit ihrer Schule identifizieren und in starkem Maße Gruppenzwängen unterliegen, dem Druck beugen und sich an der Sammelaktion beteiligen wollen. Zur Druckausübung durch die Kinder kommt hinzu, dass die Werbung darauf angelegt ist, auch die Autorität der Schulen, insbesondere der Sportlehrer, für die Aktion einzusetzen. Die Schüler und Eltern geraten damit in die Situation, die Aktion unterstützen zu müssen, um den Eindruck mangelnder Hilfsbereitschaft und Solidarität mit der Schulgemeinschaft zu vermeiden, so dass sich auch vernünftige Eltern oftmals dazu veranlasst sehen, ihren Kindern zu erlauben, sich an der Sammelaktion der Beklagten zu beteiligen und hierfür die Produkte der Beklagten zu erwerben, die sie ansonsten nicht gekauft hätten.[98] Dagegen hat der BGH in der zeitlichen Befristung einer Werbemaßnahme, bei der Kinder und Jugendliche für jedes „Sehr gut" auf dem Zeugnis eine Preisreduzierung in Höhe von 2 Euro erhalten, keinen hinreichenden Einfluss auf die Rationalität der Nachfrageentscheidung der angespro-

---

[93] BGH WRP 2008, 214 Rn. 1 = GRUR 2008, 183 – *Tony Taler* (zu § 4 Nr. 1 UWG a.F.).
[94] BGH a.a.O., 217 Rn. 14 (zu § 4 Nr. 1 UWG a.F.).
[95] BGH WRP 2008, 214, 217 Rn. 16 – *Tony Taler* (zu § 4 Nr. 1 UWG a.F.).
[96] BGH WRP 2008, 214, 217 Rn. 16 – *Tony Taler*, unter Hinweis auf BGH GRUR 2006, 161 Rn. 15 – *Zeitschrift mit Sonnenbrille*; BGH GRUR 2006, 949 Rn. 16 = WRP 2006, 1370 – *Kunden werben Kunden*; BGH GRUR 2007, 247 Rn. 21 – *Regenwaldprojekt I* (jeweils zu § 4 Nr. 1 UWG a.F.).
[97] BGH WRP 2008, 214, 218 Rn. 17 = GRUR 2008, 183 – *Tony Taler* (zu § 4 Nr. 1 UWG a.F.).
[98] BGH a.a.O., Rn. 21, 22 – *Tony Taler* (zu § 4 Nr. 1 UWG a.F.); vgl auch OLG Celle GRUR-RR 2005, 387 (zu § 4 Nr. 1 UWG a.F.).

nen Kinder gesehen. Dies gelte auch unter Berücksichtigung des Umstands, dass Kinder durch Werbung leichter zu beeinflussen seien als Erwachsene.[99]

51 Anders als noch nach § 4 Nr. 2 UWG a. F. genügt die bloße Eignung der geschäftlichen Handlung zur Ausnutzung der genannten Umstände nicht. Erforderlich ist vielmehr die **tatsächliche und bewusste Ausnutzung**. Ein „Ausnutzen" liegt nur dann vor, wenn der Handelnde die betreffenden Eigenschaften oder Umstände kennt und sich zu Nutze macht, um die betreffenden Verbraucher zu einer geschäftlichen Entscheidung zu veranlassen, die sie andernfalls nicht treffen würden. Als erforderlich wird regelmäßig ein in Kenntnis der Gesamtumstände zumindest mit bedingtem Vorsatz erfolgendes zielgerichtetes Vorgehen angesehen.[100]

52 Diese Änderung wurde offenbar auf Grund der Vorgaben in Artt. 2 lit. j, 8 und 9 der UGP-Richtlinie für erforderlich gehalten. Allerdings dürfte hier nur ein weiteres Beispiel für die Unausgegorenheit der Richtlinie vorliegen. Denn es erscheint fragwürdig, warum für irreführende Angaben die Eignung der Beeinflussung ausreichend ist, für aggressive – und damit in der Regel schwerwiegendere Eingriffe – dagegen die tatsächliche Ausnutzung des Beeinflussungsmittels erforderlich sein soll. Auch aus Art. 5 Abs. 2 und 3 der UGP-Richtlinie ergibt sich, dass die fragliche Geschäftspraktik lediglich das wirtschaftliche Verhalten der bestimmten Verbrauchergruppen „voraussichtlich in einer für den Gewerbetreibenden vernünftigerweise vorhersehbaren Art und Weise" wesentlich beeinflussen muss. Statt die Unzulänglichkeiten der Richtlinie in das deutsche Recht zu übernehmen, wäre die volle Ausschöpfung des den Mitgliedstaaten zustehenden Gestaltungsspielraums ratsam gewesen. So aber bleibt bei einem Fehlen der tatsächlichen Ausnutzung nur der Rückgriff auf § **3 Abs. 1 und 2 UWG**.

IV. Belastende oder unverhältnismäßige Hindernisse nichtvertraglicher Art (Nr. 4)

53 In § 4a Abs. 2 Nr. 4 UWG sind in Übereinstimmung mit der UGP-Richtlinie als zu beachtende Umstände auch belastende oder unverhältnismäßige Hindernisse nichtvertraglicher Art genannt, mit denen der Unternehmer den Verbraucher an der Ausübung seiner vertraglichen Rechte zu hindern versucht, wozu auch das Recht gehört, den Vertrag zu kündigen oder zu einer anderen Ware oder Dienstleistung oder einem anderen Unternehmer zu wechseln. Zu denken ist hierbei etwa an Fälle, für die Wahrnehmung bestimmter Rechte von unberechtigten und unverhältnismäßigen Kosten abhängig gemacht werden, wie etwa überhöhte Telefonkosten oder Bearbeitungsgebühren,[101] oder Schreiben, mit denen Rechten ausgeübt werden, systematisch nicht beantwortet oder bearbeitet werden. Ebenso fallen hierunter das systematische Weiterverweisen an den Hersteller und die Weigerung, im Falle eines Rücktritts die mangelhafte Ware zurückzunehmen oder den Kaufpreis zurückzuzahlen.[102]

V. Drohungen mit rechtlich unzulässigen Handlungen

54 Auf die rechtswidrige Drohung als eine Variante der unzulässigen Druckausübung wurde bereits oben eingegangen.

---

[99] BGH GRUR 2014, 1117 Rn. 23 – *Zeugnisaktion* (zu § 4 Nr. 1 UWG a. F.).
[100] BGH GRUR 1998, 1041, 1042 – *Verkaufsveranstaltung in Aussiedlerwohnheimen*; 2006, 776 Rn. 20 – *Werbung für Klingeltöne*.
[101] *Köhler,* GRUR 2008, 841, 844.
[102] *Köhler/*Bornkamm, UWG, § 4 Rn. 1.289.

§ 11. Irreführung durch unwahre Angaben oder sonstige zur Täuschung geeignete Angaben (§ 5 UWG)

Inhaltsübersicht

	Rn.
A. Inhalt und Zweck der Vorschrift	1
B. Unionsrechtliche Vorgaben	6
C. Irreführungstatbestand (Abs. 1)	8
I. Angaben	9
1. Tatsachenbehauptungen	9
2. Ausdrucksformen	12
3. Unwahr oder in sonstiger Weise zur Täuschung geeignet	14
4. Angaben im Rahmen vergleichender Werbung (§ 5 Abs. 3 UWG)	16
II. Bezugspunkte der Irreführung (§ 5 Abs. 1 S. 2 Nrn. 1–7 UWG)	17
III. Eignung zu einer Irreführung	21
1. Maßgeblicher Personenkreis	22
2. Verkehrsauffassung	28
3. Eignung zum Erwecken einer Fehlvorstellung	31
IV. Relevanz der Irreführung	37
V. Interessenabwägung	40
D. Verwechslungsgefahr mit einem anderen Produkt oder Kennzeichen (§ 5 Abs. 2 UWG)	42
E. Sonstige besondere Formen der Irreführung (Beispiele)	45
I. Blickfangwerbung	45
II. Werbung mit mehrdeutigen Aussagen	47
III. Werbung mit objektiv richtigen Angaben und mit Selbstverständlichkeiten	48
IV. Allein- und Spitzenstellungswerbung	52
V. Werbung mit Testergebnissen	53
VI. Werbung mit Preisnachlässen	54
F. Strafbare Werbung (§ 16 UWG)	58

Schrifttum: *Ackermann,* Das Verbraucherleitbild im Lauterkeits- und Kennzeichenrecht und seine praktischen Auswirkungen, in: Baudenbacher/Simon (Hrsg.), Neueste Entwicklungen im europäischen und internationalen Immaterialgüterrecht, 2001, 59; *H.-J. Ahrens,* Verwirrtheiten juristischer Verkehrskreise zum Verbraucherleitbild einer „normativen" Verkehrsauffassung, WRP 2000, 812; *S. Ahrens,* Der Irreführungsbegriff im deutschen Wettbewerbsrecht, WRP 1999, 389; *Amschewitz,* Die Nachprüfbarkeit der Werbung mit selbst durchgeführten Studien, WRP 2013, 571; *J. Bergmann,* Frisch vom Markt – Die Rechtsprechung zur „Frische"-Werbung aus marken- und lebensmittelrechtlicher Perspektive, ZLR 2001, 667; *Berneke,* Verlängerte Sonderveranstaltungen, GRUR-Prax 2011, 235; *Bernreuther,* Werbliche Angabe und allgemeine Geschäftsbedingungen, GRUR 1998, 542; *Bornkamm,* Die Feststellung der Verkehrsauffassung im Wettbewerbsprozess, WRP 2000, 830; *Bornkamm/Kochendörfer,* Verwechslungsgefahr und Irreführungsgefahr – Konvergenz der Begriffe?, FS 50 Jahre BPatG, 2011, 533; *Bullinger/Emmerich,* Irreführungsgefahr durch selektive Produktauswahl bei Preisvergleichen, WRP 2002, 608; *Gloy,* Verkehrsauffassung – Rechts- oder Tatfrage, FS Erdmann, 2002, 811; *Hampe/Köhlert,* Branchenverzeichnisse im Internet – Arglistige Täuschung durch wettbewerbswidrige Formularschreiben?, MMR 2012, 722; *Henning-Bodewig,* Relevanz der Irreführung, UWG-Nachahmungsschutz und die Abgrenzung Lauterkeitsrecht/IP-Rechte, GRUR Int. 2007, 986; *Klette,* Zum Superlativ in der Werbung, FS Helm, 2002, 87; *Lindacher,* Funktionsfähiger Wettbewerb als Final- und Beschränkungsgrund des lauterkeitsrechtlichen Irreführungsverbots, FS Nirk, 1992, 587; *Michel,* Ungleichgewicht einzelner Angaben bei der Blickfangwerbung am Beispiel der Entscheidungen „Einzelteil-Räumung" – „Orient-Teppichmuster" kontra „Computerwerbung" –

Auswirkung des europäischen Verbraucherleitbildes auf die Grundsätze zur Blickfangwerbung, WRP 2002, 389; *Ohly*, Irreführende vergleichende Werbung – Anmerkungen zu EuGH „Pippig Augenoptik/Hartlauer", GRUR 2003, 641; *Omsels*, Kritische Anmerkungen zur Bestimmung der Irreführungsgefahr, WRP 2005, 548; *Sack*, Die relevante Irreführung im Wettbewerbsrecht, WRP 2004, 521; *ders.*, Die neue deutsche Formel des europäischen Verbraucherleitbilds, WRP 2005, 462; *ders.*, Irreführungsverbot und Interessenabwägung in der deutschen Rechtsprechung, GRUR 2014, 609; *ders.*, Betriebliche Herkunftstäuschungen und § 5 UWG, WRP 2014, 1130; *Scherer*, Die „wesentliche Beeinflussung" nach der Richtlinie über unlautere Geschäftspraktiken, WRP 2008, 708; *Schmelz/Haertel*, Die Superlativreklame im UWG – Materielle und prozessuale Aspekte, WRP 2007, 127; *A. Scholz*, Ist Werbung für den Verkauf von Waren mit der Behauptung, der Verkauf erfolge ohne Mehrwertsteuer, zulässig?, WRP 2008, 571; *Schulte/Schulte*, Informationspflichten im elektronischen Geschäftsverkehr – wettbewerbsrechtlich betrachtet, NJW 2003, 2140; *Schweizer*, Die „normative Verkehrsauffassung" – ein doppeltes Missverständnis – Konsequenzen für das Leitbild des „durchschnittlich informierten, verständigen und aufmerksamen Durchschnittsverbrauchers", GRUR 2000, 923; *Seichter*, Das Regenwaldprojekt – Zum Abschied von der Fallgruppe der gefühlsbetonten Werbung, WRP 2007, 230; *Ulbrich*, Der BGH auf dem Weg zum normativen Verbraucherleitbild?, WRP 2005, 940; *v Ungern-Sternberg*, Kundenfang durch rechnungsähnlich aufgemachte Angebotsschreiben, WRP 2000, 1057; *I. Westermann*, Bekämpfung irreführender Werbung ohne demoskopische Gutachten, GRUR 2002, 403; *Usselmann/Seichter*, „20 % auf alles" – aber teurer als vergangene Woche. Zur Auslegung des Tatbestandsmerkmals der unangemessen kurzen Zeit iSv § 5 Abs 4 UWG, WRP 2007, 1291; *Wuttke*, Neues zur wettbewerbsrechtlichen Relevanz und Interessenabwägung bei der irreführenden Werbung, WRP 2003, 839; *ders.*, Die Konvergenz des nationalen und des europäischen Irreführungsbegriffs, WRP 2004, 820.

A. Inhalt und Zweck der Vorschrift

1   Nach dem Irreführungstatbestand des § 5 UWG handelt unlauter, wer eine irreführende geschäftliche Handlung vornimmt, die geeignet ist, den Verbraucher oder sonstigen Marktteilnehmer zu einer geschäftlichen Entscheidung zu veranlassen, die er andernfalls nicht getroffen hätte. Eine geschäftliche Handlung ist nach Abs. 1 S. 2 der Vorschrift irreführend, wenn sie **unwahre Angaben** enthält oder **sonstige zur Täuschung geeignete Angaben** über bestimmte Umstände (sog. Bezugspunkte) enthält, von denen die wichtigsten in § 5 Abs. 1 S. 2 UWG aufgezählt sind.

2   Die Vorschrift nennt insbesondere bestimmte Angaben über die angebotene Ware oder Dienstleistung (Nr. 1.), über die Umstände und Bedingungen des Angebots (Nr. 2), über das werbende Unternehmen (Nr. 3), über direkte oder indirektes Sponsoring oder eine Zulassung des Unternehmers oder der Waren oder Dienstleistungen (Nr. 4), über die Notwendigkeit einer Leistung, eines Ersatzteils, eines Austauschs oder einer Reparatur (Nr. 5); über die Einhaltung eines Verhaltenskodexes (Nr. 6) und über Rechte des Verbrauchers (Nr. 7).

3   Im Übrigen wird klargestellt, dass der Tatbestand der Irreführung auch durch **Nachahmungen** und durch Hervorrufung einer Verwechslungsgefahr mit **fremden Kennzeichen** verwirklicht werden kann (§ 5 Abs. 2 UWG) und die **Mittel der Irreführung** unerheblich sind (§ 5 Abs. 3 UWG). Zu beachten ist allerdings, dass für Irreführungen durch Verschweigen von Tatsachen § 5a UWG maßgeblich ist. Schließlich findet sich in Abs. 4 der Vorschrift eine **Vermutungsregel für die Werbung mit einer Preisherabsetzung**. Danach wird das Vorliegen einer Irreführung vermutet, wenn mit der Herabsetzung eines Preises geworben wird und der Preis nur für eine unangemessen kurze Zeit gefordert worden ist. Ist streitig, ob und in welchem Zeitraum der Preis gefordert worden ist, so trifft in diesem Fall die Beweislast denjenigen, der mit der Preisherabsetzung geworben hat.

4   Die Irreführungsverbote der §§ 5 und 5a UWG bezwecken nicht den Schutz der Wahrheit um ihrer selbst willen. Vielmehr geht es aus einer wettbewerbsfunktionalen Sicht um

den Schutz der Entscheidungsgrundlage der Marktgegenseite. Ihr soll im Sinne eines funktionierenden Wettbewerbs eine sachgerechte Ausübung der ihr zufallenden „**Schiedsrichterfunktion**" ermöglicht werden. Damit der Verbraucher eine möglichst rationale und fundierte Entscheidung treffen kann, die seinen Bedürfnissen und Interessen entspricht, müssen die Informationen, die der Geschäftsanbahnung dienen und die Grundlage seiner Entscheidung bilden, möglichst richtig und umfassend sein. Damit werden durch das Irreführungsverbot nicht nur die Interessen der Marktgegenseite und insbesondere der **Verbraucher** geschützt, sondern auch die der **Mitbewerber** und der **Allgemeinheit** an einem Wettbewerb, der nicht durch irreführende geschäftliche Handlungen **verfälscht** werden darf.

Über die Regelungen in §§ 5 und 5a UWG hinaus nahm das Irreführungsverbot seit jeher eine **zentrale Stelle** im Lauterkeitsrecht ein. Bei vielen Formen der Werbung, die ihre Grundlage noch bis zuletzt eigentlich in anderen Unlauterkeitstatbeständen, wie insbesondere in § 4 Nr. 1–6 UWG a. F. hatten, wurde das Verdikt der Unlauterkeit überwiegend auf die Frage der Irreführung zurückgeführt. Dies gilt etwa bei **Verkaufsförderungsmaßnahmen, Kopplungsangeboten und Zugaben** oder bei der **gefühlsbetonten Werbung**.

B. Unionsrechtliche Vorgaben

Grundlage des Irreführungsverbotes ist in erster Linie die **UGP-Richtlinie** (insbesondere Art. 6 und 8) sowie ergänzend die **Irreführungsrichtlinie** (Richtlinie über irreführende und vergleichende Werbung). Während die Irreführungsrichtlinie[1] nur noch Gewerbetreibende vor Irreführung schützt und lediglich eine Mindestharmonisierung bezweckt, ist der Schutz der Verbraucher ausschließlich in der UGP-Richtlinie geregelt, von der wegen der bezweckten vollständigen Harmonisierung nicht abgewichen werden darf. Anstatt die Irreführungstatbestände in einer Vorschrift allgemein und abstrakt zusammenzufassen, hat der Richtliniengeber durch äußerst kasuistische Regelungen versucht, alle denkbaren Umstände einer relevanten Irreführung anzuführen. Der deutsche Gesetzgeber ist dem weitgehend gefolgt.

Irreführende Geschäftspraktiken i. S. d. UGP-Richtlinie sind solche, die geeignet sind, den Verbraucher zu einer geschäftlichen Entscheidung zu veranlassen, die er ansonsten nicht getroffen hätte.[2] Demgegenüber konnte nach Wortlaut und Systematik des UWG von 2008 für die Irreführung zusätzlich ein Verstoß gegen die fachliche Sorgfalt nach § 3 Abs. 2 UWG für erforderlich gehalten werden. Diesbezüglich hatte der EuGH jedoch klargestellt, dass neben den Voraussetzungen des Art. 6 Abs. 1 UGP-Richtlinie für das Vorliegen einer irreführenden Geschäftspraktik nicht zusätzlich ein Verstoß gegen die berufliche Sorgfalt i. S. v. Art. 5 Abs. 2 der UGP-Richtlinie erforderlich ist. Wirbt etwa ein Reisebüro damit, dass bestimmte Hotels auf Grund vertraglicher Vereinbarungen während vorgegebener Zeiträume ausschließlich von diesem Reisebüro und nicht von anderen Reiseveranstaltern angeboten werden und halten sich einige Hotels nicht an die vertragliche Absprache, so ist die Werbung mit der Exklusivität des Angebots gleichwohl irreführend. Darauf, dass der Werbende nicht zugleich gegen die unternehmerische Sorgfalt verstoßen hat, kommt es dann nicht mehr an.[3] Nach der Neukonzeption des UWG von 2015 bildet § 5 UWG nun einen eigenständigen Unlauterkeitstatbestand, für den § 3 UWG nur noch die Rechtsfolge, nicht aber weitere Tatbestandsmerkmale, wie etwa der Verstoß gegen die unternehmerische Sorgfalt, vorgibt.

---

[1] Ohne wesentliche inhaltliche Änderungen neu gefasst als Richtlinie über irreführende und vergleichende Werbung 2006/114/EG, ABl. Nr. L 376/21.
[2] EuGH GRUR 2014, 196 Rn. 38 – *Trento Sviluppo*.
[3] EuGH GRUR 2014, 1157 – *CHS/Team4 Travel*.

C. Irreführungstatbestand (Abs. 1)

8   Der Irreführungstatbestand verlangt eine Angabe über bestimmte Umstände, die zur Irreführung geeignet sind, wobei die Irreführung auch wettbewerbsrelevant sein muss. Zudem kann in bestimmten Fällen eine Interessenabwägung erforderlich sein.

I. Angaben

1. Tatsachenbehauptungen

9   Angaben i.S.d. § 5 UWG sind nur **Äußerungen über Tatsachen**, d.h. sie müssen inhaltlich nachprüfbar sein. Für die Qualifikation einer Äußerung als Tatsachenbehauptung kommt es entscheidend darauf an, dass die Aussage einer Überprüfung auf ihre Richtigkeit nach den **Kriterien von „richtig" und „falsch"** mit den Mitteln des Beweises zugänglich ist.[4] Von Tatsachenbehauptungen zu unterscheiden sind **Werturteile**, deren Wahrheitsgehalt **einer objektiven Nachprüfung nicht zugänglich** ist. Es handelt sich um Meinungsäußerungen, die durch die subjektive Beziehung des sich Äußernden zum Inhalt seiner Äußerung, das heißt, durch das Element der Stellungnahme, des Dafürhaltens oder des Meinens geprägt sind.[5] Sie unterliegen deshalb nicht einer Nachprüfbarkeit nach den Kriterien von „richtig" und „falsch".[6]

10 Da Tatsachenbehauptungen und Werturteile häufig miteinander vermengt werden, sind die Grenzen fließend. Für die Unterscheidung kommt es darauf an, ob die Äußerung einen nach objektiven Kriterien **nachprüfbaren Tatsachenkern** enthält. Maßgebend ist dabei die Bedeutung, die der Verkehr der Aussage bei ungezwungener Betrachtung beilegt.[7] Entscheidend ist nicht allein der Wortlaut und die äußere Form, in die die Aussage gekleidet ist, sondern vor allem der Inhalt, wie er sich aufgrund des Gesamtzusammenhanges darstellt, ohne aus seinem Kontext gelöst und isoliert betrachtet zu werden.[8] Auch in einer Aussage, die als Werturteil oder verallgemeinernde Schlussfolgerung erscheint, kann eine auf ihre Richtigkeit überprüfbare Tatsachenbehauptung liegen, wie z.B. die Inanspruchnahme einer technischen oder wirtschaftlichen Alleinstellung.[9]

11 Erforderlich ist aber ein **Mindestmaß an Information**. Lässt sich einer Werbung keine Information entnehmen, kann die Werbung nicht irreführend sein. **Allgemeine Aussagen,** wie insbesondere **nichts sagende Anpreisungen, reklamehafte Übertreibungen** oder **bloße Kaufappelle,** die vom Verkehr nicht als tatsächliche Aussagen über geschäftliche Verhältnisse aufgefasst und nicht ernst genommen werden, werden nicht vom Irreführungsverbot des § 5 UWG erfasst. So wird etwa der Werbespruch „AEG-Lavamat, den und keinen an-

---

[4] BGH GRUR 1992, 66, 67 – *Königl.-Bayerische Weisse*; BGHZ 132, 13, 21 = NJW 1996, 1131, 1133 – *Lohnkiller*; BGH GRUR 1997, 233, 235 – *Gynäkologe*; NJW 1999, 2736 – *Verdachtsdiagnose*.
[5] BVerfGE 61, 1, 8 = NJW 1983, 1415, 1416; BVerfGE 85, 1, 14 = NJW 1992, 1439, 1440; BVerfGE 90, 241, 247 = NJW 1994, 1779; BVerfG GRUR 2001, 1058, 1059 – *Generikum-Präparat*.
[6] BGH NJW 1999, 2736 f. – *Verdachtsdiagnose*.
[7] BGH GRUR 1963, 482, 483 f. – *Hollywood Duftschaumbad*.
[8] BGH GRUR 1972, 435, 439 – *Grundstücksgesellschaft*; 1980, 309, 310 – *Straßen- und Autolobby*; 1988, 402, 403 – *Mit Verlogenheit zum Geld*; BGHZ 132, 13, 20 f. = NJW 1996, 1131, 1133 – *Lohnkiller*.
[9] Siehe BGH GRUR 1975, 141, 142 – *Unschlagbar*; siehe auch BGH GRUR 1973, 594, 595 – *Ski-Sicherheitsbindung*; 1979, 781, 782 – *radikal gesenkte Preise*; 1988, 402, 403 – *Mit Verlogenheit zum Geld*.

deren" als suggestiver Kaufappell verstanden, wenn er ohne weiteren Zusatz zur Anpreisung von Waschmaschinen verwendet wird.[10] Andererseits genügt es für die Annahme eines sachlichen Aussagewertes, dass die Anpreisung die Vorstellung einer technischen oder wirtschaftlichen Spitzenstellung, einer Spitzenqualität oder jedenfalls einer besseren Qualität als der durchschnittlichen hervorruft.[11]

2. Ausdrucksformen

Angaben i.S.v. 5 UWG sind alle Erklärungen gleich welcher Ausdrucksform. Erfasst sind schriftliche, mündliche, akustische oder bildliche Aussagen, wobei auch die Art und Weise der Ware selbst oder ihrer Verpackung eine zur Irreführung geeignete Angabe darstellen kann. Zu beachten ist außerdem, dass sich der Irreführungstatbestand bis zur UWG-Novelle von 2008 ausschließlich auf werbende Angaben bezog, und seither mit dem Begriff der Angabe eine Erweiterung erfahren hat. Zum einen sind seither auch Angaben erfasst, die nicht nur vor, sondern auch bei oder nach dem Geschäftsabschluss gemacht werden. Erfasst sind außerdem auch Fälle der Irreführung im Rahmen sonstiger geschäftlicher Äußerungen, wie etwa bei der Geltendmachung und In-Rechnung-Stellung von Scheinansprüchen, bei der Abwehr von Erfüllungs-, Schadensersatz- und Gewährleistungsansprüchen oder bei Schutzrechtsverwarnungen.

Allerdings lassen sich mit § 5 UWG nicht unbedingt auch Fälle vertragswidriger Minder- oder Schlechtleistung erfassen. Eine fehlende aber zuvor zugesicherte oder vom Verkehr vorausgesetzte Eigenschaft stellt nicht zwangsläufig eine Irreführung dar. Der Ausgleich von Leistungsstörungen ist nicht Aufgabe des Lauterkeitsrechts.[12]

3. Unwahr oder in sonstiger Weise zur Täuschung geeignet

Sonstige zur Täuschung geeignete Angaben können geschäftliche Äußerungen jeglicher Art sein, also insbesondere auch mehrdeutige, komplexe, unklare aber auch wahre Angaben. Das **Mittel der Irreführung** ist grundsätzlich unerheblich (siehe § 5 Abs. 3 UWG). Daneben kann nach § 5a UWG auch das Verschweigen einer Tatsache eine Irreführung begründen („Irreführung durch Unterlassen").

Auf Grund der gesetzlichen Unterscheidung in § 5 Abs. 1 S. 2 UWG zwischen **unwahren** (Alt. 1) oder **sonstigen zur Täuschung geeignete** Angaben (Alt. 2) ist umstritten, ob bei einer objektiv unwahren Angabe die Feststellung der Irreführungseignung entbehrlich ist.[13] Richtig dürfte sein, dass die Irreführungseignung auch bei unwahren Angaben zu prüfen ist, da die Irreführung auch bei unwahren Angaben durch besondere Umstände ausgeschlossen sein kann.[14] Andernfalls könnten unwahre Angaben auch dann irreführend sein, wenn kein einziger Verbraucher einem Irrtum unterliegt, etwa weil der Unternehmer die unwahre Behauptung nur im Einzelverkaufsgespräch gegenüber einem einzigen Verbraucher aufstellt, der den wahren Sachverhalt erkennt, oder die Unwahrheit der Angabe offenkundig ist. Allerdings dürfte der Streit in aller Regel nicht entscheidungserheblich sein, da auch für unwahre Angaben jedenfalls das Relevanzerfordernis gilt. Danach können an für den Wettbewerb folgenlose, d.h. weder Verbraucher noch Mitbewerber beeinträchti-

---

[10] BGH GRUR 1965, 365, 367 – *Lavamat II*.
[11] BGH GRUR 1975, 141 – *Unschlagbar*; siehe auch BGH GRUR 1970, 425, 426 – *Melitta-Kaffee* („Es gibt keinen besseren").
[12] Ohly/*Sosnitza*, UWG, § 5 Rn. 15.
[13] Bejahend u.a. Fezer/*Pfeifer*, UWG, § 5 Rn. 234; Harte/Henning/*Dreyer*, UWG, § 5 Rn. 144; *Glöckner/Henning-Bodewig*, WRP 2005, 1311, 1330; verneinend *Sosnitza*, GRUR 2007, 462, 467.
[14] Vgl. auch BGH GRUR 2012, 286 Rn. 21 – *Falsche Suchrubrik*.

gende, geschäftliche Handlungen keine wettbewerbsrechtlichen Verbote geknüpft werden.[15] Ob eine Angabe unwahr im Sinne der ersten Alternative ist, entscheidet sich zudem nicht nach dem situationsgebundenen Verkehrsverständnis, sondern nach einer **objektiven Betrachtung**.

4. Angaben im Rahmen vergleichender Werbung (§ 5 Abs. 3 UWG)

16   Nach § 5 Abs. 3 UWG gilt das Irreführungsverbot auch für eine vergleichende Werbung. Der irreführende Werbevergleich ist damit ausschließlich anhand des Irreführungstatbestandes zu beurteilen, und nicht etwa nach § 6 UWG.[16] Dabei kann auch ein an sich zutreffender Werbevergleich irreführend sein, wenn er auf Grund einseitiger Auswahl der verglichenen Eigenschaften bei den Adressaten einen unzutreffenden Eindruck erweckt.[17]

II. Bezugspunkte der Irreführung (§ 5 Abs. 1 S. 2 Nr. 1–7 UWG)

17   In § 5 Abs. 1 S. 2 Nr. 1–7 UWG sind einzelne Aspekte genannt, auf die sich eine irreführende geschäftliche Handlung beziehen kann und die bei der Beurteilung, ob eine Irreführung vorliegt, zu berücksichtigen sind (Bezugspunkte der Irreführung). Der Katalog dient der Umsetzung von Art. 6 Abs. 1 lit. a – g und Abs. 2 lit. b der UGP-Richtlinie.

18   Die Vorschrift nennt insbesondere Angaben, die wesentliche Merkmale der angebotenen **Ware oder Dienstleistung** betreffen (Nr. 1.), die die **Umstände und Bedingungen des Angebots** betreffen (Nr. 2), über das werbende **Unternehmen** (Nr. 3), über Aussagen oder Symbole, die im Zusammenhang mit direktem oder indirektem **Sponsoring** stehen oder sich auf eine **Zulassung** des Unternehmers oder der Waren oder Dienstleistungen beziehen (Nr. 4), über die Notwendigkeit einer Leistung, eines **Ersatzteils, eines Austauschs oder einer Reparatur** (Nr. 5); über die Einhaltung eines **Verhaltenskodexes**, auf den sich der Unternehmer verbindlich verpflichtet hat, wenn er auf diese Bindung hinweist (Nr. 6) und über **Rechte des Verbrauchers**, insbesondere solche auf Grund von Garantieversprechen oder Gewährleistungsrechte bei Leistungsstörungen (Nr. 7).[18]

19   Erfasst sind somit insbesondere irreführende Angaben über die **Beschaffenheit**, die **Verfügbarkeit** und die **Menge** der beworbenen Ware oder Deinstleistung (§ 5 Abs. 1 S. 2 Nr. 1 UWG). Daher ist es z.B. irreführend, für den Verkauf von Waren zu werben, die der Werbende nicht liefern kann oder will[19] oder wenn die Warenmenge unter Berücksichtigung der Art der Ware sowie der Gestaltung und Verbreitung der Werbung in absehbarer Weise nicht in angemessener Menge zur Befriedigung der zu erwartenden Nachfrage ausreicht bzw. nicht ausreichen wird („**Lockvogelangebote**").[20] Inhaltslose Hinweise, wie etwa „nur in limitierter Stückzahl" beseitigen die Irreführung beim Verbraucher grundsätzlich nicht.[21] Gleiches gilt, wenn der Verbraucher eine geringere Warenmenge erhält, als nach der Werbung zu erwarten ist („**Mogelpackungen**").[22] Einen Hauptanwendungsfall der Vorschrift stellen

---

[15] GroßkommUWG/*Lindacher*, § 5 Rn. 121.
[16] BGH WRP 2002, 828, 831 – *Hormonersatztherapie*.
[17] BGH GRUR 2013, 1058 Rn. 16 – *Kostenvergleich bei Honorarfactoring*.
[18] Siehe hierzu Ohly/*Sosnitza*, UWG, § 5 Rn. 236 ff.; Köhler/*Bornkamm*, UWG, § 5 Rn. 4.3 ff.
[19] BGH GRUR 1983, 650, 651 – *Kamera*; 1999, 509, 511 – *Vorratslücken*; 2000, 911, 912 – *Computerwerbung I*; 2003, 163, 164 – *Computerwerbung II*.
[20] BGH GRUR 1982, 681, 682 – *Skistiefel*; 1985, 980, 981 – *Tennisschuhe*; 1992, 858, 859 – *Clementinen*; 2000, 911, 913 – *Computerwerbung I*; GRUR 2007, 991 Rn. 14 – *Weltreiterspiele*.
[21] OLG Koblenz, Urteil vom 2.12.2015, Az. 9 U 296/15, becklink 2002072.
[22] BGH GRUR 1982, 118, 119 – *Kippdeckeldose*; OLG Hamburg GRUR-RR 2004, 263, 264 – *Kaffeepads*.

ferner zur Irreführung geeignete **unvollständige oder unbestimmte Preisangaben** dar, aber auch irreführende Angaben zum Anlass und den Bedingungen eines angeblichen Preisvorteils, wie etwa im Rahmen von **Insolvenz-, Räumungs- oder Jubiläumsverkäufen**, die nicht nur „erfunden" sein dürfen. Irreführend kann es zudem sein, wenn ein für einen befristeten Zeitraum angekündigter Sonderverkauf über die angegebene Zeit hinaus fortgeführt wird (Nr. 2).[23] Schließlich sind insbesondere auch Angaben zu nennen, die geeignet sind, eine Verwechslungsgefahr über die Identität des werbenden Unternehmens herbeizuführen, aber auch irreführende Angaben über die Befähigung und sonstigen geschäftlichen Verhältnisse des Unternehmens (Nr. 3).

Umstritten ist allerdings die Frage, ob die Aufzählung der Bezugspunkte **abschließender Natur** ist.[24] Einerseits scheint der Wortlaut der Vorschrift und insbesondere von Art. 6 der UGP-Richtlinie einen abschließenden Charakter nahezulegen, wofür auch der Umstand spricht, dass nach der UWG-Reform von 2008 nicht mehr von „insbesondere" die Rede ist. Andererseits sind – anders als noch im Referentenentwurf – in der Gesetzesbegründung keine Hinweise mehr auf eine abschließende Aufzählung enthalten.[25] Zudem erscheint es kaum vorstellbar, dass Richtlinien- und Gesetzgeber ausgerechnet den Tatbestand der Irreführung – und damit eine Fallgruppe des Lauterkeitsrechts, die für den funktionierenden Wettbewerb von elementarer Bedeutung und gleichzeitig in besonderem Maße von ständig neuen und unvorhersehbaren Erscheinungen geprägt ist – derart einengen wollten. Dies erscheint auch deswegen fernliegend, weil die Vorschrift nicht mehr an den Begriff der „Werbung" anknüpft, sondern an die geschäftliche Handlung und dadurch der Anwendungsbereich der Irreführungstatbestände gerade erweitert werden sollte.[26] Vor allem aber wäre nicht erklärbar, warum ausgerechnet die Irreführung durch positives Tun durch einen abschließenden Katalog eingeengt sein sollte, während dies für die Irreführung durch Unterlassen nach § 5a UWG nicht der Fall ist. Aus diesen Gründen ist davon auszugehen, dass von der Aufzählung **keine Sperrwirkung** ausgehen sollte. Die in diesem Sinne ungenaue und unnötig aufgeblähte Formulierung der Regelung in § 5 Abs. 1 UWG dokumentiert einmal mehr die Unzulänglichkeiten der Gesetzgebung.

III. Eignung zu einer Irreführung

Eine Angabe ist zur Täuschung geeignet, wenn sie bei einer durchschnittlich informierten, angemessen aufmerksamen und angemessen verständigen Durchschnittsperson des angesprochenen Personenkreises eine unrichtige, also mit der Wirklichkeit nicht in Einklang stehende Vorstellung hervorrufen kann. Zu fragen ist also, ob die Angabe die Wirkung einer unzutreffenden Angabe erzeugt, d.h. ob sie den von ihr angesprochenen Verkehrskreisen einen **unrichtigen Eindruck** vermittelt.[27]

---

[23] BGH GRUR 2012, 208 Rn. 18 – *10% Geburtstags-Rabatt*; 2012, 213 Rn. 15 – *Frühlings-Special*.
[24] Im Ansatz bejahend: Götting/*Nordemann*, UWG, § 5 Rn. 0.8; Gloy/Loschelder/Erdmann/*Helm*, HdB WettbR, § 59 Rn. 4; Harte/Henning/*Dreyer*, UWG, § 5 Rn. B 95; *Steinbeck*, WRP 2006, 632, 634; *Pfeifer*, WRP 2008, 556, 558. Verneinend: GroßkommUWG/*Lindacher*, § 5 Rn. 307; Köhler/*Bornkamm*, UWG, § 5 Rn. 1.25b; Ohly/*Sosnitza*, UWG, § 5 Rn. 228; *Wiring*, NJW 2010, 580, 581 f.
[25] BT-Drucks. 16/10145, S. 23.
[26] BT-Drucks. 16/10145, S. 23.
[27] Vgl. BGH GRUR 1991, 852, 854 – *Aquavit* m.w.N.; 1995, 612, 614 – *Sauerstoff-Mehrschritt-Therapie*; 1996, 910, 912 – *Der meistverkaufte Europas*; 2004, 244, 245 – *Marktführerschaft*; 2005, 442, 443 – *Direkt ab Werk*.

1. Maßgeblicher Personenkreis

22 Ob eine Werbung irreführend ist, richtet sich nicht nach objektiv-absoluten, sondern nach subjektiv-relativen Kriterien. Entscheidend ist die **Verkehrsauffassung**, das heißt, der Empfängerhorizont der durch die Werbung angesprochenen Verkehrskreise. Daher ist für jede Prüfung der Täuschungseignung zunächst zu prüfen, an welchen Personenkreis sich die geschäftliche Handlung richtet bzw. welchen Personenkreis sie erreicht.

23 Zu den Verkehrskreisen, auf deren Verständnis es für die Beurteilung der Irreführung einer Werbung ankommt, zählen alle von der Werbung angesprochenen Teile des Verkehrs, wobei es sich regelmäßig um die jeweils betroffenen privaten und gewerblichen Endverbraucher handelt.[28] Einzubeziehen sind auch **potentielle Kunden**, die durch die Werbung gewonnen werden sollen.[29] Der Ermittlung der relevanten Verkehrskreise kommt deshalb wesentliche Bedeutung zu, weil das Schutzbedürfnis je nach dem (Durchschnitts-)Verständnis der angesprochenen Werbeadressaten unterschiedlich stark ausgeprägt ist.

24 Bei **Massenprodukten**, wie insbesondere Waren des täglichen Bedarfs, richtet sich die Werbung regelmäßig an alle Bevölkerungskreise. Demgegenüber können sich Angebote hochpreisiger Güter- oder Qualitätswaren oder Luxusartikel unter Umständen nur an bestimmte Teile der Bevölkerung wenden.[30] Zu beachten ist außerdem, dass die angesprochene Gruppe, aus die der Durchschnittsverbraucher zu bestimmen ist, mit zunehmender Zielgenauigkeit der kommerziellen Kommunikation, wie sie insbesondere durch neue **personalisierte Marketingtechniken im Internet** möglich ist, entsprechend kleiner und homogener sein kann.[31]

25 Bei einer **Fachwerbung** bilden die angesprochenen Fachkreise den relevanten Maßstab, wobei aber Personen, die in eine eventuelle Kaufentscheidung einbezogen sind, wie z.B. Einkaufspersonal, zu berücksichtigen sind.[32] Geschäftliche Angaben werden von fachkundigen Kreisen in der Regel sorgfältiger betrachtet. Allerdings ist zu berücksichtigen, dass auch Gewerbetreibende und deren Mitarbeiter nicht selten unter Zeitdruck stehen und deshalb Informationen nur flüchtig zur Kenntnis nehmen.[33]

26 Soweit davon auszugehen ist, dass Werbematerial auch an Endverbraucher weitergegeben wird, zählen auch diese zu den angesprochenen Verkehrskreisen.[34] Zu berücksichtigen ist auch die besondere Schutzwürdigkeit von Verbrauchergruppen, wie beispielsweise Kinder und Jugendliche, ältere Menschen oder eventuell auch ausländische Mitbürger, die Schwierigkeiten mit dem Verständnis der deutschen Sprache haben (vgl. § 3 Abs. 4 UWG).[35] Voraussetzung ist allerdings, dass sich die Werbung gezielt an diese Verbrauchergruppen wendet. Für den Fall, dass sich die Werbung an **mehrere Verkehrskreise** richtet (Großhandel und Endverbraucher), sind alle maßgeblich und es genügt zur Bejahung der

---

[28] BGH GRUR 1960, 130, 132 – *Sunpearl II*; 1981, 666, 667 – *Ungarische Salami I*; 1997, 925, 926 – *Ausgeschiedener Sozius*; siehe zum Folgenden Ohly/Sosnitza, UWG, § 5 Rn. 125 ff.
[29] BGH GRUR 1971, 305, 307 – *Konservenzeichen II*; GRUR 2004, 244, 246 – *Marktführerschaft*.
[30] BGH GRUR 1982, 672, 674 – *Aufmachung von Qualitätsseifen*; 1990, 377, 378 – *RDM*.
[31] Vgl. hierzu Rott, VuR 2015, 163.
[32] BGH GRUR 1988, 700, 702 – *Messpuffer*; 1993, 127 – *Teilzahlungspreis II*; 2012, 184 Rn. 19 – *Branchenbuch Berg*.
[33] BGH GRUR 2012, 184 Rn. 22 ff. – *Branchenbuch Berg*.
[34] BGH GRUR 1957, 339, 340 – *Venostasin/Topostasin*; siehe auch BGHZ 50, 77, 81 = GRUR 1968, 550, 552 – *Poropan*; BGH GRUR 1968, 200, 201 – *Acrylglas*; 1983, 256 – *Sauerteig*; vgl. auch BGH GRUR 1957, 435, 437 – *Eucerin/Estarin*; 1984, 376, 377 – *Johannesbeerkonzentrat*.
[35] Siehe Erwägungsgründe 18 und 19 UGP-Richtlinie.

Irreführung, dass die Werbung geeignet ist, einen nicht unerheblichen Teil einer der angesprochenen Verkehrskreise zu täuschen.[36]

Richtet sich die Werbung nur auf einen **regional begrenzten Bereich**, so kommt es auf die dort herrschende Verkehrsauffassung an. Wird eine überregionale Werbung nur in einem regional begrenzten Gebiet falsch verstanden, so kommt zwar ein hierauf räumlich beschränktes Unterlassungsgebot in Betracht,[37] eine Interessenabwägung kann dem allerdings entgegenstehen, wenn die Belange der Allgemeinheit nicht in erheblichem Maße in Mitleidenschaft gezogen werden und die Irreführungsgefahr insgesamt nur als gering einzuschätzen ist.[38] 27

2. Verkehrsauffassung

Ist der maßgebliche Personenkreis bestimmt, ist zu fragen, wie eine durchschnittlich informierte, angemessen aufmerksame und angemessen verständige Durchschnittsperson des angesprochenen Personenkreises die Aussage nach ihrem Gesamteindruck auffasst, bzw. welche Vorstellung bei ihr erzeugt wird und ob der auf diese Weise festgestellte Inhalt der Aussage von der Wirklichkeit abweicht. Entscheidend für die Beurteilung sind der **Gesamteindruck** und die **konkrete Situation**, in welcher die angesprochenen Verkehrskreise mit den fraglichen Aussagen konfrontiert werden. Abzustellen ist auf die Gesamtwirkung; eine **zergliedernde Betrachtungsweise** ist unzulässig, das heißt, unselbständige Bestandteile einer Werbeaussage dürfen nicht aus ihrem Zusammenhang gelöst und gesondert geprüft werden.[39] Es genügt demnach nicht, dass einzelne Stellen isoliert gesehen irreführend wirken könnten. 28

Handelt es sich um geschäftliche Handlungen gegenüber Verbrauchern, ist nach dem **Verbraucherleitbild** der Beurteilung ein **durchschnittlich informierter und verständiger Verbraucher** zu Grunde zu legen, der einer geschäftlichen Handlung die **der Situation angemessene Aufmerksamkeit** entgegenbringt.[40] Der BGH stellt also nicht mehr auf den flüchtigen Betrachter ab. 29

Demnach ist eine Angabe nicht schon deshalb richtig, weil sie nach ihrer grammatikalisch-philologischen Bedeutung zutreffend ist.[41] Entscheidend für die Beurteilung ist vielmehr, welcher **Eindruck bei den Werbeadressaten** hervorgerufen wird. Hieraus folgt, dass eine Werbung objektiv richtig, aber subjektiv, das heißt, nach Maßgabe der Verkehrsauffassung, falsch sein kann.[42] So wurde etwa vom RG entschieden, dass die Verwendung der Firma „Älteste Kornbrennerei in Steinhagen" irreführend ist, weil sie zwar tatsächlich die 30

---

[36] BGH GRUR 1961, 545, 547 – *Plastic-Folien*; 1968, 200, 201 – *Acrylglas*.
[37] BGH GRUR 1983, 32, 33 f. – *Stangenglas I*; siehe auch BGH GRUR 1986, 469, 470 – *Stangenglas II*.
[38] BGH, ebenda.
[39] BGH GRUR 1968, 382, 385 – *Favorit II*; 1970, 425, 426 – *Melitta-Kaffee* („Es gibt keinen besseren"); 1988, 459, 460 – *Teilzahlungsankündigung*; 2002, 550, 552 – *Elternbriefe*; 2002, 715, 716 – *Scanner-Werbung*; BGHZ 151, 84, 91 = GRUR 2002, 976, 979 – *Kopplungsangebot I*; BGH GRUR 2003, 361, 362 – *Sparvorwahl*; 2003, 800, 803 – *Schachcomputerkatalog*.
[40] EuGH GRUR Int. 1998, 795 – *Gut Springenheide*; BGH GRUR 2000, 619, 621 – *Orient-Teppichmuster*; 2004, 249, 251 – *Umgekehrte Versteigerung im Internet*; 2004, 435, 436 – *Frühlingsgeflüge*; 2004, 793, 796 – *Sportlernahrung II*; 2010, 936 Rn. 10 – *Espressomaschine*.
[41] BGH GRUR 1957, 128, 130 – *Steinhäger*; 1982, 111, 113 – *Original-Maraschino*.
[42] BGHZ 13, 244, 253 = GRUR 1955, 38, 40 – *Cupresa-Kunstseide*; BGHZ 28, 1, 6 – *Buchgemeinschaft II*; BGH GRUR 1957, 600 – *Westfalen-Blatt*; 1958, 39, 40 – *Rosenheimer Gummimäntel*; 1961, 193, 196 – *Medaillenwerbung*; 1987, 171, 172 – *Schlussverkaufswerbung I*; 1991, 552, 554 – *TÜV-Prüfzeichen*; WRP 1993, 239 – *Sofortige Beziehbarkeit*; GRUR 1998, 1043 – *GS-Zeichen*.

älteste Brennerei ist, aber nicht entsprechend der Vorstellung des angesprochenen Publikums, den ältesten Steinhäger Branntwein herstellt.[43] Bei Zugrundelegung des maßgebenden Verbraucherleitbildes,[44] ist eine Angabe nur dann richtig, wenn sie bei ungezwungener Betrachtung aus der Sicht eines situationsadäquat durchschnittlich aufmerksamen, informierten und verständigen Verbrauchers dem entspricht, was die umworbenen Verkehrskreise ihr entnehmen.[45]

3. Eignung zum Erwecken einer Fehlvorstellung

31   Es genügt die Eignung zur Täuschung. Entscheidend ist also nicht, ob die Angabe beim maßgeblichen Verkehr eine Fehlvorstellung hervorgerufen hat, sondern ob sie bei ihm eine Fehlvorstellung erwecken *kann*.

32   Während es nach **früherer Rechtsprechung** als ausreichend angesehen wurde, dass ein „nicht völlig unbeachtlicher Teil" der angesprochenen Verkehrskreise irregeführt wird und damit der **empirischen Feststellung** der „**Irreführungsquote**" erhebliche Bedeutung zukam, sehen die Gerichte mittlerweile in der Ermittlung des Verkehrsverständnisses keine Tatsachenfeststellung, sondern Anwendung von Erfahrungswissen, so dass eine Beweiserhebung nur dann erforderlich ist, wenn die Sachkunde des Richters dafür nicht ausreicht.[46] Demgegenüber wird in der Literatur teilweise ein vollständiger Übergang zur **ausschließlich normativen Ermittlung der Verkehrsauffassung** gefordert.[47]

33   Richtig ist einerseits, dass sich der Richter für die Ermittlung des Verkehrsverständnisses auf seine eigene Urteilsfähigkeit stützen kann und der Tatrichter in vielen Fällen durchaus in der Lage ist, die Irreführung ohne Beweiserhebung durch Verkehrsbefragung zu beurteilen. Zwar ist die Auffassung der maßgeblichen Durchschnittsperson keine offenkundige Tatsache i.S.d. § 291 ZPO, da sich deren Feststellung auf Erfahrungswissen stützt, § 291 ZPO indessen nur Tatsachen und nicht Erfahrungssätze betrifft. Der Richter kann aber das Verkehrsverständnis ohne sachverständige Hilfe beurteilen, wenn er auf Grund seines Erfahrungswissens selbst über die erforderliche Sachkunde verfügt. Dies wird im Allgemeinen dann der Fall sein, wenn er selbst zu den angesprochenen Verkehrskreisen zählt, ist aber jedenfalls nicht von vornherein auszuschließen, wenn er durch die fragliche Werbung nicht angesprochen wird.[48] Zu beachten ist aber andererseits auch, dass in bestimmten Fällen ein und derselbe Sachverhalt selbst von kritischen Verbrauchern unterschiedlich aufgefasst werden kann. Jedenfalls in Fällen, in denen es an geeigneten Erkenntnisquellen für die Beurteilung des Verkehrsverständnisses fehlt, muss sich der Tatrichter zur Bildung des eigenen Urteils einer **Verkehrsbefragung** bedienen.[49] Außerdem bedarf es spätestens für die Frage, ob die Irreführung auch **relevant i.S.v. § 5 UWG** ist, nicht selten neben der qualitativen Beurteilung der grundsätzlichen Geeignetheit auch eines quantitativen Moments.

---

[43] Siehe RG MuW 1931, 19; siehe auch BGH GRUR 1973, 481, 483 – *Weingeist*.
[44] Siehe oben § 6 Rn. 8 ff.
[45] BGH GRUR 2000, 528, 529 – *L-Carnitin*; GRUR 2000, 619, 621 – *Orient-Teppichmuster*; GRUR 2007, 805 Rn. 19 – *Irreführender Kontoauszug*; GRUR 2010, 936 Rn. 10 – *Espressomaschine*.
[46] BGH GRUR 2002, 550, 552 – *Elternbriefe*; 2003, 247, 248 – *THERMAL BAD*; 2004, 244, 245 – *Marktführerschaft*; 2012, 215 Rn. 14 – *Zertifizierter Testamentsvollstrecker*.
[47] Harte/Henning/*Dreyer*, UWG, § 5 B Rn. 9 f.; vgl. auch *Fezer* WRP 1995, 671, 675 f.; *Scherer* WRP 1999, 991 ff.; *dies.*, GRUR 2000, 273 ff.; *Ulbrich* WRP 2005, 940, 941 f.; *Omsels* GRUR 2005, 548 ff.
[48] BGH GRUR 2004, 244, 245 – *Marktführerschaft*.
[49] Vgl. Köhler/*Bornkamm*, UWG, § 5 Rn. 2.106b; GroßkommUWG/*Lindacher*, § 5 Rn. 68.

C. Irreführungstatbestand (Abs. 1)

Zu beachten ist weiterhin, dass bei der Beurteilung des Aussagegehalts einer Äußerung auch **frühere Angaben** einzubeziehen sein können, die im **Erinnerungsbild** des Adressatenkreises wachgerufen werden.[50] Zudem kann sich eine irreführende Wirkung auch aus einer **Fortwirkung** einer früheren Irreführung ergeben, sofern sie bei den Verbrauchern **Assoziationen mit der vorausgegangenen unrichtigen Angabe** auslöst. Insbesondere in Fällen, in denen der Werbende versucht, durch eine Abwandlung die Irreführungsgefahr auszuräumen, muss dieser einen **hinreichend deutlichen Abstand** von der ursprünglichen Angabe einhalten, damit die abgewandelte Werbeaussage nicht unter dem Gesichtspunkt der Fortwirkung unzulässig ist.[51]

Ein Beispiel ist die Annahme einer Irreführung über den Ei-Gehalt von Teigwaren, die selbst bei der Abwandlung der Bezeichnung „Ei-fein" in „Ei wie fein" aufgrund der fortwirkenden Erinnerung der angesprochenen Verbraucher bejaht wurde.[52]

Umgekehrt kann eine ursprünglich richtige Werbeaussage durch eine **Veränderung der tatsächlichen Verhältnisse**, auf die sie sich stützt, unrichtig werden und unter das Irreführungsverbot des § 5 UWG fallen.[53] Es besteht deshalb die Verpflichtung, auf die Veränderungen hinzuweisen. Scheidet ein Rechtsanwalt aus einer Anwaltskanzlei aus, ist er aber weiter anwaltlich tätig, so darf die Anwaltskanzlei den Namen des Ausgeschiedenen auf Briefbögen, Kanzleischild usw. nur dann weiterführen, wenn sie zugleich kenntlich macht, dass der Ausgeschiedene zukünftig als Rechtsanwalt in einer anderen Kanzlei tätig ist.[54]

IV. Relevanz der Irreführung

Der Begriff der Irreführung ist **nicht formal, sondern funktional** zu verstehen. Der Irreführungstatbestand bezweckt nicht den Schutz der Wahrheit um ihrer selbst willen. Vielmehr soll verhindert werden, dass der Werbeadressat seine Entscheidung auf unrichtige Informationen stützt. Das bedeutet, dass die festgestellte Irreführung objektiv geeignet sein muss, die angesprochenen Verkehrskreise zu einer geschäftlichen Entscheidung zu veranlassen, die sie andernfalls nicht getroffen hätten. Entscheidend ist die Eignung, den Verkehr in seinen wirtschaftlichen Entschließungen irgendwie, im Sinne einer allgemeinen Wertschätzung zu beeinflussen, so dass die Werbeangabe dem Publikum irgendwelche Vorteile in Aussicht stellt.[55] Relevant sind in aller Regel nur Irreführungen über wichtige Wettbewerbsparameter, wie sie in § 5 Abs. 1 S. 2 UWG aufgezählt sind. Zu nennen sind insbesondere Irreführungen über die Qualität oder Herkunft der angebotenen Waren oder Dienstleistungen und deren Preis, aber auch über die geschäftlichen Verhältnisse des Handelnden. Umgekehrt fehlt es an der erforderlichen Relevanz der Irreführung, wenn die Ir-

---

[50] OLG München GRUR-RR, 2012, 289, 291 – *Die faire Milch*.
[51] BGH GRUR 1970, 425, 426 f. – *Melitta-Kaffee*; Fezer/*Peifer*, UWG, § 5 Rn. 235; Harte/Henning/*Dreyer*, UWG, § 5 Rn. 157.
[52] BGH GRUR 1958, 86, 89 – *Ei-fein*.
[53] BGHZ 10, 196, 202 – *Dun-Europe*; BGH GRUR 1958, 30, 31 – *Außenleuchte*, 1973, 532, 534 – „*Millionen trinken …*".
[54] BGH WRP 2002, 700, 703 – *VOSSIUS & PARTNER*.
[55] BGH GRUR 1981, 71, 73 – *Lübecker Marzipan*; 1992, 70, 72 – „*40% weniger Fett*"; 1999, 1011, 1013 – *Werbebeilage*; i.d.S. auch Art. 6 Abs. 1 UGP-Richtlinie (abgedruckt in GRUR Int. 2005, 569, 573 f.), wonach eine Geschäftspraxis als irreführend gilt, „wenn sie in irgendeiner Weise … den Durchschnittsverbraucher … zu einer geschäftlichen Entscheidung veranlasst, die er ansonsten nicht getroffen hätte."; Art. 6 Abs. 2 lautet: „Eine Geschäftspraxis gilt ferner als irreführend, wenn sie im konkreten Fall unter Würdigung aller tatsächlichen Umstände einen Durchschnittsverbraucher zu einer geschäftlichen Entscheidung veranlasst oder zu veranlassen geeignet ist, die er sonst nicht getroffen hätte, …".

reführung lediglich ganz nebensächliche Aspekte betrifft, die nicht geeignet sind, die Marktgegenseite anzulocken oder deren geschäftliche Entscheidung zu beeinflussen.

38 Daher kommt etwa der Werbeangabe „Tageszulassung mit 0 km" für ein Neufahrzeug, das sechs Tage zugelassen war, im Straßenverkehr aber nicht benutzt worden ist, keine Relevanz zu. Dem Verkehr kommt es nicht maßgeblich darauf an, ob das als Neuwagen beworbene Fahrzeug nur einen Tag oder für wenige Tage, also kurzfristig, zugelassen war. Für den potentiellen Autokäufer ist vielmehr entscheidend, dass es – dem Sinn und Zweck der sogenannten Tageszulassung entsprechend – noch nicht im Straßenverkehr genutzt wurde.[56]

39 Nach **früherer Rechtsprechung** wurde es für eine relevante Irreführung als ausreichend angesehen, dass ein „nicht völlig unbeachtlicher Teil" der angesprochenen Verkehrskreise getäuscht wird, wobei der maßgebliche Anteil bei 10 bis 15 % angesiedelt wurde.[57] Nach dem nunmehr geltenden Verbraucherleitbild hat sich aber der für eine wettbewerblich relevante Irreführung erforderliche Anteil des angesprochenen Verkehrs, der auf Grund der Werbung einer Fehlvorstellung unterliegt, nach oben verschoben. Eine geschäftliche Handlung ist nur dann irreführend, wenn sie geeignet ist, bei einem **erheblichen Teil** der umworbenen Verkehrskreise irrige Vorstellungen über die Eigenschaften oder die Befähigung des Unternehmers hervorzurufen und die zu treffende Marktentschließung in wettbewerblich relevanter Weise zu beeinflussen.[58] Allerdings ist die Frage, wo die **Irreführungsquote** bei Zugrundelegung des neuen Verbraucherbildes für den Regelfall anzusiedeln ist, bislang noch nicht abschließend geklärt. Der BGH hat lediglich zum Ausdruck gebracht, dass es für das Eingreifen des Irreführungsverbots nicht mehr genüge, wenn die beanstandete Werbung nur geeignet wäre, 15 bis 20 % aller angesprochenen Anlageinteressenten irrezuführen.[59] In der Literatur wird teilweise davon ausgegangen, dass im Regelfall mindestens eine Quote von einem Viertel bis einem Drittel erforderlich ist.[60] Letztlich wird man bei der Beurteilung der Frage, wann ein erheblicher Teil des angesprochenen Verkehrs einer Irreführung unterliegt, wohl nicht mehr von derart festen Prozentsätzen ausgehen können, da die hierfür erforderliche normative Bewertung maßgeblich von der Würdigung der Umstände des jeweiligen Einzelfalls abhängt.[61] Vor allem bleibt fraglich, inwieweit überhaupt von einer bestimmten Quote auf das Verständnis des „durchschnittlich" informierten Adressaten geschlossen werden kann.

V. Interessenabwägung

40 In eng begrenzten Ausnahmefällen kann eine Interessenabwägung gleichsam als Korrektiv des ansonsten zu weit reichenden Irreführungsverbots dazu führen, dass eine relevante Irreführungsgefahr eines nicht unerheblichen Teils der angesprochenen Verkehrskreise hinzunehmen ist, weil höherrangige Wertungen dies geboten erscheinen lassen.[62] Eine **Verneinung der Schutzwürdigkeit irriger Verbrauchervorstellungen** kommt in Betracht, wenn bei geringer Intensität der Irreführung ein besonderes Interesse an der Information besteht.[63] So kann das Interesse an der werbenden Verwendung eines an sich zu-

---

[56] BGH GRUR 2000, 914, 915 – *Tageszulassung II*.
[57] BGH GRUR 1979, 716, 718 – *Kontinent-Möbel*: 10 %; 1981, 71, 74 – *Lübecker Marzipan*: 13,7 %; 1992, 66, 68 – *Königl.-Bayerische Weisse*: 15 %.
[58] BGH WRP 2012, 1216 Rn. 20 – *Marktführer Sport*, m.w.N.
[59] BGH GRUR 2004, 162, 163 – *Mindestverzinsung*.
[60] Köhler/*Bornkamm*, UWG, § 5 Rn. 2.106; kritisch *Emmerich*, Unlauterer Wettbewerb, § 14 Rn. 31.
[61] BGH WRP 2012, 1216 Rn. 20 – *Marktführer Sport*.
[62] Siehe Fezer/*Peifer*, UWG, § 5 Rn. 245 ff.; Harte-Henning/*Dreyer*, UWG, § 5 Rn. 245 ff.
[63] BGH GRUR 1995, 612, 614 – *Sauerstoff-Mehrschritt-Therapie*.

treffenden Hinweises schwerer wiegen als das Interesse der Allgemeinheit und der Mitbewerber, einige Verbraucher vor einem nicht völlig auszuschließenden Missverständnis zu bewahren.[64] Dies kann auch dann anzunehmen sein, wenn an der Weiterverwendung einer Angabe oder eines Begriffs ein anerkennenswertes Interesse besteht, wie insbesondere bei der Verwendung von unverzichtbaren Fachausdrücken, für die es oft keinen Ersatz gibt, wie z. B. die Bezeichnungen „Emaillelack",[65] „Buchgemeinschaft",[66] „Kunstglas",[67] „Hautleim",[68] „Fichtennadelextrakt",[69] „Rum-Verschnitt",[70] „Glutamal",[71] „Rhenodur",[72] „Acrylglas".[73] Auf der Grundlage einer ähnlichen Interessenbewertung wurde es auch für zulässig gehalten, dass bestimmte badische und portugiesische Weine in Bockbeuteln vertrieben werden dürfen, auch wenn dabei viele Verbraucher nur an Frankenweine denken sollten.[74]

Unter Umständen kann auch der **wettbewerbliche Besitzstand eines Gewerbetreibenden** 41 ein solches Gewicht erlangen, das demgegenüber das Interesse der angesprochenen Verkehrskreise, vor Irreführungen geschützt zu werden, zurückzutreten hat. Ein Beispiel dafür ist die Entscheidung, dass die Bezeichnung „EKU" für „Erste Kulmbacher Aktienbrauerei" auch dann weiterverwendet werden darf, wenn sich nach einer langen Benutzungszeit herausstellt, dass in Kulmbach eine ältere Brauerei ansässig ist.[75]

D. Verwechslungsgefahr mit einem anderen Produkt oder Kennzeichen (§ 5 Abs. 2 UWG)

Nach § 5 Abs. 2 UWG, ist eine geschäftliche Handlung auch dann irreführend, wenn sie 42 im Zusammenhang mit der Vermarktung von Waren oder Dienstleistungen einschließlich vergleichender Werbung eine Verwechslungsgefahr mit einer anderen Ware oder Dienstleistung oder mit der Marke oder einem anderen Kennzeichen eines Mitbewerbers hervorruft. Überschneidungen ergeben sich mit der vorrangig anzuwendenden Regelung in Nr. 13 des Anhangs zu § 3 Abs. 3 UWG (absichtliche betriebliche Herkunftstäuschung) sowie mit § 4 Nr. 3 lit. a UWG (vermeidbare Herkunftstäuschung). Da § 5 Abs. 3 UWG dem Verbraucherschutz dient und § 4 Nr. 3 lit. a den Schutz der Individualinteressen des Originalherstellers bezweckt, sind die Vorschriften parallel anwendbar.

Schwierigkeiten bereitet auch das Verhältnis zum Markenrecht. Grundsätzlich gilt nach 43 der Vorrangthese, dass die Anwendung des UWG nicht im Widerspruch zu markenrechtlichen Wertungen stehen darf. Nach h.M. ist danach zu differenzieren, ob der Kennzeicheninhaber oder Dritte lauterkeitsrechtliche Ansprüche geltend machen. Ist letzteres der Fall, geht es allein um den Schutz der Verbraucher, und nicht um eine möglicherweise ungerechtfertigte Ausdehnung des markenrechtlichen Schutzes. Geht es dagegen um Ansprü-

---

[64] BGH, GRUR 2012, 1265 Rn. 3 – *Über 400 Jahre Brautradition.*
[65] BGHZ 27, 1, 13 f. = GRUR 1958, 444, 446.
[66] BGHZ 28, 1, 9 f. = NJW 1958, 1819.
[67] BGH GRUR 1960, 567, 571 – *Kunstglas.*
[68] BGH GRUR 1961, 361, 362 – *Hautleim.*
[69] BGH GRUR 1963, 36, 38 – *Fichtennadelextrakt.*
[70] BGH GRUR 1967, 30, 32 – *Rumverschnitt.*
[71] BGH GRUR 1966, 445, 450 – *Glutamal.*
[72] BGH GRUR 1967, 600 – *Rhenodur.*
[73] BGH GRUR 1968, 200 – *Acrylglas.*
[74] BGH GRUR 1971, 313, 315 – *Bockbeutelflasche.*
[75] Siehe BGH GRUR 1957, 285, 287 – *Erstes Kulmbacher.*

che des Kennzeicheninhabers, müssen die Wertungen des Markenrechts Vorrang haben, da das UWG keine Schutzposition einräumen darf, die nach dem Markenrecht gerade nicht bestehen soll.

44 Hinsichtlich der Verwechslungsgefahr muss die ernstliche Gefahr bestehen, dass erhebliche Teile des Adressatenkreises den Eindruck gewinnen könnten, dass die betreffenden Waren oder Dienstleistungen identisch sind oder zwar unterschiedlich sind, aber aus demselben Betrieb stammen oder aber zwar aus verschiedenen Betrieben stammen, zwischen denen aber irgendwelche organisatorische, rechtliche oder wirtschaftlichen Beziehungen bestehen.[76] Im Rahmen der notwendigen Gesamtbetrachtung sind dabei alle Begleitumstände einzubeziehen (konkrete Verwechslungsgefahr).[77]

E. Sonstige besondere Formen der Irreführung (Beispiele)

I. Blickfangwerbung

45 Eine gewisse Abschwächung des Grundsatzes, dass die Werbung nicht zergliedernd in ihren einzelnen Elementen, sondern in ihrer Gesamtheit zu beurteilen ist,[78] wird für sog. Blickfangwerbung angenommen, bei der Werbebehauptungen **blickfangmäßig herausgestellt** sind. Zum einen müssen solche Angaben allein genommen zutreffend sein, sofern sie sich dem Verbraucher ohne weiteres im Gesamteindruck aufdrängen.[79] Zudem kann ein Blickfang, der zwar nicht objektiv unrichtig, aber doch für sich genommen geeignet ist, beim Verkehr eine Fehlvorstellung hervorzurufen, durch einen **Hinweis**, auf den beispielsweise mit einem „Sternchen" verwiesen wird, ausgeräumt werden. In diesem Fall ist einerseits entscheidend, ob der Hinweis derart am Blickfang teilnimmt, dass er diesem vom angesprochenen Verkehr zugeordnet wird. Dies ist nicht der Fall, wenn der Adressat der Werbung die blickfangmäßige Herausstellung für abschließend hält.[80] Zum anderen muss auch der aufklärende Hinweis selbst hinreichend klar, verständlich und lesbar sein. Insbesondere darf der Hinweis den Blickfang nicht in sein Gegenteil verkehren,[81] weil dann über den Blickfang gerade nicht aufgeklärt, sondern dieser zusätzlich mehrdeutig wird.

46 Zur Aufklärung geeignet sind somit nur Hinweise, die klar und unmissverständlich, räumlich eindeutig den anderen blickfangmäßig herausgestellten Angaben zugeordnet sowie gut lesbar und grundsätzlich vollständig sind. Dabei hängt es von den Umständen des Einzelfalls ab, wie deutlich beispielsweise ein Stern und der aufklärende Hinweis, auf den durch den Stern verwiesen wird, gestaltet sein müssen, um den angesprochenen Verkehrskreisen hinreichend deutlich zu machen, dass der Blickfang nicht vorbehaltlos gelten soll.

II. Werbung mit mehrdeutigen Aussagen

47 Häufig werden in der Werbung mehrdeutige Aussagen verwendet. Der Werbende tut dies in der Hoffnung, dass die Aussage in einer für ihn günstigen Weise missverstanden

---

[76] Vgl. Ohly/*Sosnitza*, UWG, § 5 Rn. 717.
[77] BGH GRUR 2002, 182, 184 – *Das Beste jeden Morgen*.
[78] Siehe oben Rn. 28.
[79] BGH GRUR 2003, 163, 164 – *Computerwerbung II*; GRUR 2003, 249 f. – *Preis ohne Monitor*; WRP 2007, 1337, 1339 – *150% Zinsbonus*.
[80] Vgl. hierzu BGH WRP 2016, 184, 186 – *All Net Flat*.
[81] Vgl. z.B. OLG Köln MMR 2002, 389, 391 – *Internet zum Festpreis*.

wird und bietet ihm gleichzeitig die Möglichkeit, sich im Streitfall auf eine andere, aber ebenfalls mögliche Deutung zurückzuziehen. Entscheidend ist nach den allgemeinen Grundsätzen auch für diese Fälle, welche Deutung der Durchschnittsadressat der Aussage beilegt. Kommen dafür mehrere Deutungen in Betracht, muss der Werbende alle diese Bedeutungen gegen sich gelten lassen.[82]

III. Werbung mit objektiv richtigen Angaben und mit Selbstverständlichkeiten

Aufgrund der Maßgeblichkeit der Verkehrsauffassung kann eine Angabe selbst dann irreführend sein, wenn sie objektiv richtig ist und ein nicht völlig unerheblicher Teil der Werbeadressaten mit ihr eine unrichtige Vorstellung verbindet.[83] Allerdings ist im Rahmen der gebotenen **Interessenabwägung** davon auszugehen, dass im Allgemeinen bei einer Irreführung, die auf einem unrichtigen Verständnis einer objektiv richtigen Angabe beruht, eine höhere Irreführungsquote erforderlich ist als bei einer Täuschung aufgrund tatsächlich unrichtiger Angaben.[84]

48

Ein Sonderfall objektiv richtiger Angaben bildet die **Werbung mit Selbstverständlichkeiten**. Sie vermag eine Irreführung zu begründen, wenn der Verkehr das Selbstverständliche der Eigenschaft nicht kennt und deshalb zu Unrecht von einem Vorzug der beworbenen Ware oder Dienstleistung vor vergleichbaren anderen Angeboten ausgeht.[85] Irreführend ist es demnach in den Augen der angesprochenen Verkehrskreise, eine einer Ware oder Leistung generell anhaftende Eigenschaft als Besonderheit herauszustellen, so dass der Eindruck eines ungewöhnlichen Vorteils erweckt wird. Dies kann insbesondere dann der Fall sein, wenn die besonders betonten Merkmale aufgrund gesetzlicher Bestimmungen vorgeschrieben sind.

49

So ist etwa die Werbung „Reiner Kaffee", „Nichts als Kaffee" für ein Kaffee-Extraktprodukt eine Selbstverständlichkeit, da nach der KaffeeVO (§ 1 Anl. 2) jeder Kaffee-Extrakt aus gerösteten Kaffeebohnen gewonnen wird.[86] Die bei den Verbrauchern erzeugte Vorstellung, es handle sich dabei um einen besonderen Vorzug des beworbenen Produktes, ist deshalb irreführend. Gleiches gilt auch für die schlagwortartige Verwendung des Wortes „Weingeist" für eine Spirituose, weil Weingeist (Äthylalkohol) ein wesensmäßiger Bestandteil aller Spirituosen ist, in Wahrheit also keine Besonderheit darstellt.[87] Bei der Werbung für Milch stellt die Angabe „ohne Zusatz- und Konservierungsstoffe" eine Selbstverständlichkeit dar, weil jede Milch frei von solchen Stoffen sein muss.[88] Ewas kann aber gelten, wenn die gesetzliche Vorschrift nicht von allen Mitbewerbern eingehalten wird, weil dann die Einhaltung der Regel gerade nicht selbstverständlich ist.

50

---

[82] Vgl. hierzu BGH GRUR 2012, 1053 Rn. 17 – *Marktführer Sport*.
[83] BGHZ 13, 244, 245 = GRUR 1955, 37, 40 – *Cupresa-Kunstseide*; BGH GRUR 1961, 193, 196 – *Medaillenwerbung*; 1973, 480, 483 – *Weingeist*; 1987, 171, 172 – *Schlussverkaufswerbung*; 1991, 852, 854 – *Aquavit*; 1991, 552, 554 – *TÜV-Prüfzeichen*; 1995, 612, 614 – *Sauerstoff-Mehrschritt-Therapie*; 1996, 910, 912 – *Der meistverkaufte Europas*; WRP 1996, 1102, 1104 – *Großimporteur*; GRUR 1998, 1043, 1044 – *GS-Zeichen*; 2000, 73, 75 – *Tierheilpraktiker*; 2007, 805 Rn. 18 – *Irreführender Kontoauszug*; 2013, 409 Rn. 29 – *Steuerbüro*.
[84] BGH GRUR 1992, 66, 68 – *Königl.-Bayerische Weisse*; 2010, 1024 Rn. 25 – *Master of Science Kieferorthopädie*; WRP 2012, 1523 Rn. 22 – *Stadtwerke Wolfsburg*.
[85] Siehe RG MuW XXXIX, 137, 141; BGH GRUR 1956, 550, 553 – *Tiefenfurter Bauernbrot*; 1961, 288, 293 – *Zahnbürsten*; 1973, 481, 483 – *Weingeist*; 1981, 206, 207 – *4 Monate Preissturz*; 1990, 1027, 1028 – *Inkl. MWSt. I*; 1990, 1028, 1029 – *Inkl. MWSt. II*; WRP 2009, 435 – *Edelmetallankauf*; GRUR 2013, 401 Rn. 29 – *Biomineralwasser*.
[86] Ohly/Sosnitza, UWG, § 5 Rn. 193.
[87] BGH GRUR 1973, 481, 483 – *Weingeist*.
[88] EuGH WRP 2001, 525, 527 f. (Rn. 8 und 22) – *Bellamy*.

51 Zudem wird eine Irreführung verneint, wenn die Angabe einer näher beschreibenden oder erläuternden Erklärung der angebotenen Leistung nicht als Herausstellung einer von den Mitbewerbern nicht gebotenen Besonderheit aufgefasst wird. So soll eine Anwaltskanzlei, die mit dem Hinweis auf die Beachtung anwaltlicher Pflichten („sorgfältige Beratung", „regelmäßige Weiterbildung", „Wir sorgen konsequent für Ihr Recht" als „Kanzleiphilosophie") um Mandanten wirbt, nicht eine unzulässige Werbung mit Selbstverständlichkeiten betreiben.[89]

IV. Allein- und Spitzenstellungswerbung

52 Bei einer **Spitzenstellungsbehauptung** nimmt der Werbende allgemein oder auch nur in bestimmter Hinsicht einen Vorrang, d.h. eine Spitzenstellung vor seinen Mitbewerbern auf dem Markt in Anspruch.[90] Eine solche Behauptung ist nur zulässig, wenn sie wahr ist, d.h. der Werbende gegenüber seinen Mitbewerbern in betreffender Hinsicht einen deutlichen Vorsprung vorzuweisen hat und dieser Vorsprung Aussicht auf eine gewisse Stetigkeit bietet.[91] Gleiches gilt für eine Superlativ- oder Komparativwerbung, die keine Alleinstellungswerbung ist. Entscheidend für die Anwendung des § 5 UWG ist die Frage, ob das, was in einer Werbeaussage nach Auffassung der Umworbenen behauptet wird, sachlich richtig ist.

V. Werbung mit Testergebnissen

53 Die zur Herausstellung der Qualität des umworbenen Produkts oder auch der Dienstleistung häufig betriebene Werbung mit Testergebnissen fördert die Markttransparenz und erleichtert dem Verbraucher die Beurteilung der Qualität. Sie ist deshalb nicht nur zulässig, sondern durchaus wünschenswert, wenn den Angaben ein Vergleich mehrerer Produkte **nach objektiven Kriterien** zugrunde liegt und der Test von einem **neutralen und unabhängigen Institut** durchgeführt wurde.[92] Sind die Ergebnisse **nicht aktuell**, weil das Produkt in der Zwischenzeit geändert wurde oder neue Tests stattgefunden haben, so muss hierauf ausdrücklich hingewiesen werden.[93] Nach Möglichkeit sollte die **Fundstelle des Tests genannt werden**.[94] Eine Irreführung ist dann anzunehmen, wenn durch die Herausstellung des Testergebnisses „gut" der Eindruck erweckt wird, das Produkt gehöre zu einer **Spitzengruppe**, während in Wahrheit 10 andere Produkte mit „sehr gut" bewertet wurden.[95] Nicht zu beanstanden ist eine solche Werbung allerdings, wenn alle anderen Produkte gleichfalls höchstens als „gut" eingestuft wurden.[96] Eine Irreführung kann schließlich auch dann vorliegen, wenn das Testergebnis nur einen Aspekt betrifft, ohne dass diese Beschränkung in der Werbeaussage deutlich wird.[97]

---

[89] BVerfG WRP 2001, 1284, 1285 f. = NJW 2001, 3324, 3325 – *Umfassende Rechtsberatung*.
[90] Ohly/*Sosnitza*, UWG, § 5 Rn. 636.
[91] BGH GRUR 2002, 182, 184 = WRP 2002, 74 – *Das Beste jeden Morgen*; 2003, 800, 802 = WRP 2003, 1111 – *Schachcomputerkatalog*; 2004, 786, 788 – *Größter Online-Dienst*; vgl. auch BGH GRUR 2012, 1053 – *Marktführer Sport*.
[92] Ohly/*Sosnitza*, UWG, § 5 Rn. 420.
[93] Siehe BGH NJW 1985, 2332 – *veralteter Text*; OLG Stuttgart NJW-RR 1988, 234; OLG Köln GRUR 1988, 556 – *Waschmaschine*; OLG Frankfurt NJW-RR 1992, 492 = GRUR 1992, 538 – *Altes Testurteil*.
[94] BGH NJW-RR 1991, 1135.
[95] BGH NJW 1982, 1596 – *„Test Gut"*.
[96] OLG Köln GRUR 1983, 514 – *„Test Gut" bei 11 von 12 Nähmaschinen*.
[97] OLG Brandenburg WRP 2012, 1123 Rn. 23 ff. – *Testsiegel*.

E. Sonstige besondere Formen der Irreführung (Beispiele)

VI. Werbung mit Preisnachlässen

Neben Qualität und Beschaffenheit der Leistung sind der Preis und die Konditionen des Vertrages für den Wettbewerber und den Verbraucher von zentraler Bedeutung der Angebotsgestaltung. Für den Unternehmer ist der Preis das wichtigste Werbemittel, für den Verbraucher das wichtigste Auswahlkriterium bei der Marktentscheidung. Insbesondere auf den Märkten für homogene Güter des kurzfristigen Bedarfs, bei denen die Qualitätsunterschiede gering oder jedenfalls kaum erkennbar sind (wie z.B. bei Waschmitteln), bildet der Preis den entscheidenden Vergleichsmaßstab für den Verbraucher. In § 5 Abs. 1 S. 2 Nr. 2 UWG ist somit die Hauptfallgruppe der irreführenden Werbung geregelt. Der Gesetzgeber legt besonderen Wert auf die Eindeutigkeit und Klarheit der Preiswerbung, was nicht zuletzt auch in der ausführlichen Regelung der Preisangabenverordnung (PAngV) vom 14.3.1985[98] in der Fassung von 2002[99] zum Ausdruck kommt. Allerdings ist der Verstoß gegen die PAngV für sich allein noch nicht ohne weiteres irreführend, sondern erst, wenn der Verkehr durch den Verstoß getäuscht wird. Daneben kann sich die Unlauterkeit in solchen Fällen unter dem Gesichtspunkt des Rechtsbruchs ergeben (§ 3a UWG).

Unlauter sind preisbezogene Angaben, die bei den angesprochenen Verkehrskreisen Vorstellungen über die Preise einzelner Leistungen oder des Sortiments insgesamt hervorruft, die nicht mit der Wirklichkeit übereinstimmen, also insbesondere tatsächlich höhere Preise verlangt werden als auf Grund der Angabe zu erwarten ist. Dies kann insbesondere dann verwirklicht sein, wenn die preisbezogene Angabe objektiv unrichtig, mehrdeutig oder auch nur unvollständig ist und von einem rechtlich relevanten Teil des Publikums falsch verstanden wird. Dementsprechend ist es nach § 5 UWG auch unzulässig, die Preiswürdigkeit des eigenen Angebots durch unzutreffende Behauptungen herauszustellen.[100] In Betracht kommen aber auch irreführende Angaben über die Bedingungen und die Dauer von Preisnachlässen. Irreführend ist es beispielsweise, wenn ein für einen befristeten Zeitraum angekündigter Preisnachlass über die angegebene Zeit hinaus fortgeführt wird.[101] Im Übrigen aber ist der Unternehmer in der Festsetzung seiner Preise grundsätzlich frei.

Einen speziellen Fall regelt schließlich **§ 5 Abs. 4 UWG**, der sog. „Mondpreise" untersagt. Danach wird vermutet, dass es irreführend ist, mit der Herabsetzung eines Preises zu werben, sofern der Preis nur für eine **unangemessen kurze Zeit** gefordert worden ist. Ist streitig, ob und in welchem Zeitraum der Preis gefordert worden ist, so trifft die Beweislast denjenigen, der mit der Preisherabsetzung geworben hat.

Der höhere Referenzpreis muss bis unmittelbar vor der beworbenen Preisherabsetzung gegolten haben. Es ist nicht ausreichend, darauf zu verweisen, dass der Referenzpreis zwar lange, aber nicht unmittelbar vor der Preisaktion gegolten hat.[102]

---

[98] BGBl. 1985 I 580.
[99] BGBl. 2002 I 4195.
[100] Siehe BGH GRUR 2000, 340, 344 – *Kartenlesegerät*.
[101] BGH GRUR 2012, 208 Rn. 18 – *10% Geburtstags-Rabatt*; 2012, 213 Rn. 15 – *Frühlings-Special*.
[102] BGH GRUR 2009, 788 Rn. 15 und 17 – *20% auf alles*.

F. Strafbare Werbung (§ 16 UWG)

58 § 16 UWG regelt besonders gefährliche Formen der Werbung, von denen eine Vielzahl von Abnehmern betroffen sind.[103] Wer in der Absicht, den Anschein eines besonders günstigen Angebots hervorzurufen, in öffentlichen Bekanntmachungen oder in Mitteilungen, die für einen größeren Kreis von Personen bestimmt sind, **durch unwahre Angaben irreführend wirbt**, wird mit Freiheitsstrafe bis zu 2 Jahren oder mit Geldstrafe bestraft (§ 16 Abs. 1). An den subjektiven Tatbestand werden besondere Anforderungen gestellt. Anders als der zivilrechtliche Schutz vor Irreführung nach § 5 UWG werden von § 16 Abs. 1 UWG also nur nur Fälle der Irreführung durch unwahre Angaben erfasst, die sich zudem an eine unbestimmte Mehrheit von Personen richten müssen. Außerdem ist der Straftatbestand nur erfüllt, wenn **neben dem Vorsatz auch die Absicht** vorliegt, den Anschein eines besonders günstigen Angebots hervorzurufen.[104] Auch wenn bei Vorliegen der Voraussetzungen in vielen Fällen zugleich der Tatbestand des Betruges gemäß § 263 StGB gegeben sein wird, hat die Vorschrift gleichwohl eine insoweit eigenständige Bedeutung, als Abs. 1 den Eintritt eines Vermögensschadens nicht voraussetzt.[105]

59 Die Regelung des § 16 Abs. 2 UWG betrifft die sog. **Schneeballsysteme** (vgl. hierzu Nr. 14 des Anhangs zu § 3 Abs. 3 UWG). Danach wird mit Freiheitsstrafe bis zu 2 Jahren oder mit Geldstrafe bestraft, wer es im geschäftlichen Verkehr unternimmt, **Verbraucher zur Abnahme von Waren, Dienstleistungen oder Rechten** durch das Versprechen zu veranlassen, sie würden entweder vom Veranstalter selbst oder von einem Dritten besondere Vorteile erlangen, wenn sie andere zum Abschluss gleichartiger Geschäfte veranlassen, die ihrerseits nach der Art dieser Werbung derartige Vorteile für eine entsprechende Werbung weiterer Abnehmer erlangen sollen. Anders als bei Nr. 14 des Anhangs zu § 3 Abs. 3 UWG sind bei § 16 Abs. 2 UWG Vorsatz, Rechtswidrigkeit und Schuld des Unternehmers erforderlich.

---

[103] Begr. RegE, BT-Drucks. 15/1487, S. 26 (zu § 16).
[104] Begr. RegE, ebenda (zu § 16 Abs. 1).
[105] Begr. RegE, BT-Drucks. 15/1487, S. 26, unter Hinweis auf BGH WRP 2002, 1432.

§ 12. Irreführung durch Unterlassen (§ 5a UWG)

Inhaltsübersicht

	Rn.
A. Inhalt und Zweck der Vorschrift	1
B. Abgrenzung zu § 5 UWG	7
C. Irreführendes Verschweigen von Tatsachen (§ 5a Abs. 1 i.V.m. § 5 Abs. 1 UWG)	9
I. Aufklärungspflicht	10
II. Irreführungsgefahr	12
III. Interessenabwägung	13
D. Vorenthalten von Informationen gegenüber Verbrauchern (§ 5a Abs. 2 UWG)	14
I. Wesentliche Information	15
II. Vorenthalten (§ 5a Abs. 2 S. 2 und Abs. 5 UWG)	16
III. Erheblichkeit	19
IV. Vermutung der Wesentlichkeit (§ 5a Abs. 3 Nr. 1–5 und Abs. 4 UWG)	20
V. Fehlende Kenntlichmachung des kommerziellen Zwecks (§ 5a Abs. 6 UWG)	24
1. Allgemeines Verschleierungsverbot	24
2. Besondere Formen	26
a) Tarnung als fachliche oder private Äußerung	26
b) Redaktionelle Werbung	27
c) Schleichwerbung und Product Placement	28
d) Verschleierung bei Werbeveranstaltungen oder bei sonstigem geschäftlichen Herantreten	31
e) Vortäuschen von vertraglichen Verpflichtungen und von Privatangeboten	32

Schrifttum: *Alexander,* Die Umsetzung von Art. 7 der Richtlinie 2005/29/EG über unlautere Geschäftspraktiken in Deutschland und Österreich, GRUR Int. 2012, 1; *ders.,* Die Neuregelung von § 5a UWG, WRP 2016, 139; *Bergmann,* Richtlinienkonforme Auslegung im Unlauterkeitsrecht am Beispiel der Irreführung durch Unterlassen nach § 5a UWG, FS Krämer, 2009, S. 163; *Bornkamm,* Irrungen, Wirrungen – Der Tatbestand der Irreführung durch Unterlassen, WRP 2012, 1; *Burmann,* Wettbewerbsrechtliche Probleme bei unvollständigen Werbeangaben, DB 1967, 1358; *Hoffrichter/Daunicht,* Die „halbe Wahrheit" – Irreführung durch lückenhafte Werbung, Diss. jur. Frankfurt, 1986; *Keyßner,* Täuschung durch Unterlassen – Informationspflichten in der Werbung, 1986; *Körber/Heinlein,* Informationspflichten und neues UWG, WRP 2009, 780; *Leible/Schäfer,* Proaktive Informationspflichten aus Art 7 UGP-Richtlinie – eine wettbewerbsrechtliche Allzweckwaffe?, WRP 2012, 32; *Lindacher,* Allgemeines Irreführungsverbot und konditioniertes Informationsgebot – Doppelgleisiger lauterkeitsrechtlicher Schutz materialer Privatautonomie, FS Spellenberg, 2010, S. 43; *Loewenheim,* Aufklärungspflichten in der Werbung, GRUR 1980, 14; *Lohbeck,* Neue Informationspflichten für Dienstleistungserbringer, K&R 2010, 463; Messer, Der unvollständige Testbericht, GRUR 1986, 647; *A. Müller,* Abenteuer online: Zur Informationspflicht des Anbieters nach § 5a Abs. 3 Nr. 2 UWG, GRUR-Prax 2011, 118; *v. Oelffen,* § 5a UWG – Irreführung durch Unterlassen – Ein neuer Tatbestand im UWG, 2012; *Sosnitza,* Der Gesetzentwurf zur Umsetzung der Richtlinie über unlautere Geschäftspraktiken, WRP 2008, 1014; *Steinbeck,* Irrwege bei der Irreführung durch Unterlassen, WRP 2011, 1221.

A. Inhalt und Zweck der Vorschrift

1 In § 5a UWG lassen sich **drei Fallgruppen** unterscheiden: Eine allgemeine Klarstellung in Abs. 1 (Irreführung durch Verschweigen), das Vorenthalten von für den Verbraucher wesentlichen Informationen (Abs. 2 bis 5) und das Nichtkenntlichmachen des kommerziellen Zwecks gegenüber einem Verbraucher (Abs. 6).

2 Inhaltlich bereitet § 5a UWG aber insofern Schwierigkeiten, als **Abs. 1** der Vorschrift nicht wie ein eigenständiger Unlauterkeitstatbestand formuliert ist. Vielmehr sind danach bei der Beurteilung, ob das **Verschweigen einer Tatsache** irreführend ist, „insbesondere deren Bedeutung für die geschäftliche Entscheidung nach der Verkehrsauffassung sowie die Eignung des Verschweigens zur Beeinflussung der Entscheidung zu berücksichtigen." Ein eigenständiger Unlauterkeitstatbestand ist erst in **Abs. 2** zu finden, wonach unlauter handelt, wer dem Verbraucher eine wesentliche Information vorenthält, die dieser für seine informierte Entscheidung benötigt und deren Vorenthalten geeignet ist, ihn zu einer geschäftlichen Entscheidung zu veranlassen, die er andernfalls nicht getroffen hätte.

3 Verständlich werden Inhalt und die völlig missglückte Systematik der Norm erst mit Blick auf die Entstehungsgeschichte. Während Abs. 1 der Vorschrift dem früheren § 5 Abs. 2 S. 2 UWG 2004 entspricht und für **alle Marktteilnehmer gilt**,[1] dienen die Abs. 2–4 der Umsetzung von Art. 7 der UGP-Richtlinie und gelten daher **nur für Verbraucher**. Da somit für die **Irreführung durch Unterlassen gegenüber Unternehmen** nach § 5a Abs. 1 UWG ein entsprechender Grundtatbestand fehlt, muss auf den Tatbestand des **§ 5 Abs. 1 S. 1 UWG** zurückgegriffen werden. § 5a Abs. 1 UWG ist insoweit eine deplatzierte Ausformung des Irreführungsverbots und systematisch eigentlich dem § 5 UWG zuzuordnen.[2]

4 In Umsetzung von Art. 7 Abs. 4 der UGP-Richtlinie enthält § 5a **Abs. 3** UWG außerdem eine Reihe von **Informationspflichten** gegenüber Verbrauchern. § 5a **Abs. 4** UWG verweist auf weitere, unionsrechtliche Informationspflichten, die entweder in EU-Verordnungen oder in nationalen Rechtsvorschriften enthalten sein können, und mit denen unionsrechtliche Richtlinien zur Regelung der kommerziellen Kommunikation umgesetzt worden sind. Einen Hinweis darauf, welche Informationspflichten hierfür in Betracht kommen, bietet die UGP-Richtlinie, die – anders als das UWG – in ihrem Anhang II einen nicht abschließenden Katalog solcher Informationspflichten enthält, die aber regelmäßig jeweils eine Entsprechung im deutschen Recht haben. Schließlich wurden mit der UWG-Novelle von 2015 zwei neue Absätze aufgenommen. Zum einen wird in Abs. 5 entsprechend Art. 7 Abs. 3 der UGP-Richtlinie klargestellt, dass bei der Beurteilung der Frage, ob Informationen im Sinne des Abs. 2 „vorenthalten" werden, nicht nur die räumlichen oder zeitlichen Beschränkungen des Kommunikationsmittels, sondern auch alle Maßnahmen des Unternehmers zu berücksichtigen sind, die dieser getroffen hat, um dem Verbraucher die wesentlichen Informationen anderweitig zur Verfügung zu stellen. Und zum anderen wurde in Abs. 6 die zuvor von § 4 Nr. 3 UWG a. F. erfasste **fehlende Kenntlichmachung des kommerziellen Zwecks** in einem eigenen Absatz geregelt (siehe Art. 7 Abs. 2 der UGP-Richtlinie).

5 Während § 5a Abs. 1 UWG somit ganz allgemein auf den **Schutz der Entscheidungsgrundlage** vor Beeinträchtigungen zielt, geht der Zweck der Abs. 2–5 dahin, die Fähigkeit der Verbraucher zu gewährleisten, ihre Marktentscheidung **auf der Grundlage hinreichen-**

---

[1] BT-Drucks. 16/10 145, S. 25.
[2] Vgl. nur Köhler/*Bornkamm*, UWG, § 5a Rn. 6; a.A. Großkomm/*Lindacher* § 5a Rn. 6.

der Informationen zu treffen.³ Zwar liegt eine möglichst umfassende Information der Marktgegenseite grundsätzlich im Interesse der Markttransparenz. Es darf aber nicht unbeachtet bleiben, dass ein **Übermaß an Informationen** auch kontraproduktive Effekte hervorrufen kann, da der Verbraucher nicht aufgeklärt, sondern verwirrt wird. Ein Zuviel an Informationen kann in letzter Konsequenz auch dazu führen, dass sie als Überforderung empfunden und deshalb ignoriert wird.⁴ Die Schwierigkeit besteht darin, Aufklärungspflichten zu statuieren, die sich auf diejenigen Informationen beziehen, die für die Kaufentscheidung des maßgeblichen Durchschnittsverbrauchers wesentlich sind.⁵

Demgegenüber soll die Vorschrift des **Abs. 6** (Nichtkenntlichmachen des kommerziellen Zwecks) keinen Unterfall des Vorenthaltens wesentlicher Informationen, sondern einen eigenen Tatbestand darstellen.⁶ Zu beachten ist aber, dass auch der kommerzielle Zweck einer geschäftlichen Handlung eine wesentliche Information i.S.v. § 5a Abs. 2 UWG und Art. 7 Abs. 2 UGP-Richtlinie sein dürfte, so dass die gesonderte Behandlung in einem eigenen Absatz allenfalls dann eingeleuchtet hätte, wenn dadurch – anders als nach aktueller Systematik – auch geschäftliche Handlungen gegenüber Mitbewerber erfasst wären. Jedenfalls soll der Verbraucher mit der Regelung davor bewahrt werden, dass seine Entscheidung durch Informationen oder Appelle beeinflusst wird, ohne dass ihm der **kommerzielle Charakter des Herantretens bewusst** wird. Die Unlauterkeit ergibt sich daraus, dass der Verbraucher die geschäftliche Handlung als eine freie, unabhängige, objektive, wissenschaftliche, publizistische oder redaktionelle Aussage auffasst. Die Marktgegenseite muss zur Ausübung ihrer „**Schiedsrichterfunktion**" wissen, ob sie es mit geschäftlichen Werbebotschaften zu tun hat oder mit objektiven Informationen von neutraler Seite. Zu beachten ist in diesem Zusammenhang aber nicht nur Art. 7 Abs. 2 der UGP-Richtlinie, der durch § 5a Abs. 6 UWG umgesetzt wird, sondern auch die Richtlinie über audiovisuelle Mediendienste (2010/13/EU, umgesetzt im RStV und im JMStV) und die Richtlinie über den elektronischen Geschäftsverkehr (umgesetzt im TMG), die für den Bereich der elektronischen bzw. audiovisuellen Medien das **Verbot der Schleichwerbung** vorsehen. Soweit diese speziellen Regelungen mit Vorgaben der UGP-Richtlinie kollidieren, tritt die UGP-Richtlinie nach ihrem Art. 3 Abs. 4 zurück.

B. Abgrenzung zu § 5 UWG

Für die Abgrenzung zwischen § 5 UWG (Irreführung durch Angaben) und § 5a Abs. 1 bzw. Abs. 2–6 UWG (Irreführung durch Verschweigen, Vorenthalten von Informationen und Nichtkenntlichmachen des kommerziellen Zwecks) ist auf den **Schwerpunkt der Vorwerfbarkeit** abzustellen. Entscheidend ist, ob der Schwerpunkt auf dem Weglassen einer wesentlichen Information liegt und der angesprochene Verkehr gerade aus dieser Lücke einen unrichtigen Eindruck gewinnt (dann § 5a UWG), oder ob der angesprochene Verkehr aus den gegebenen Angaben falsche Schlüsse zieht (dann § 5 UWG). Im letzteren Fall ist § 5 UWG selbst dann einschlägig, wenn korrigierende bzw. aufklärende Hinweise die Täuschungseignung beseitigen könnten.⁷

---

³ GroßkommUWG/*Lindacher* § 5a Rn. 8; *Fezer* WRP 2007, 1021, 1026.
⁴ Siehe zum Problem des „information overload" allgemein *Eidenmüller*, JZ 2005, 216, 221.
⁵ Siehe zur Frage der Wesentlichkeit auch Fezer/*Peifer*, UWG, § 5 Rn. 182.
⁶ BT-Drucks. 18/6571, S. 16.
⁷ Harte/Henning/*Dreyer*, UWG, § 5a Rn. 21 ff.

8 Die Rechtsprechung stützt sich in der Begründung dagegen häufig sowohl auf § 5 UWG als auch auf § 5a Abs. 1 UWG.[8] Richtigerweise haben aber § 5 UWG und § 5a UWG grundsätzlich eigenständige Anwendungsbereiche, die hinsichtlich ein und derselben Information nicht gleichzeitig einschlägig sein können.[9]

C. Irreführendes Verschweigen von Tatsachen (§ 5 a Abs. 1 i.V.m. § 5 Abs. 1 UWG)

9 Nach § 5a Abs. 1 UWG sind bei der Beurteilung, ob das Verschweigen einer Tatsache irreführend ist, insbesondere deren Bedeutung für die geschäftliche Entscheidung nach der Verkehrsauffassung sowie die Eignung des Verschweigens zur Beeinflussung der Entscheidung zu berücksichtigen. Die Vorschrift gilt für alle Marktteilnehmer.

I. Aufklärungspflicht

10 Grundsätzlich stellt das Verschweigen einer Tatsache für sich alleine noch keine irreführende Angabe i.S.d. Irreführungsverbots nach § 5 Abs. 1 UWG dar. Etwas anderes gilt nur, wenn eine **Aufklärungspflicht** des Wettbewerbers besteht und die angesprochenen Verkehrskreise dadurch in einem **wesentlichen Punkt**, der den Kaufentschluss zu beeinflussen geeignet ist, getäuscht werden.[10] Eine Verpflichtung zur Aufklärung über wesentliche Tatsachen besteht nur, wenn und soweit dies zum Schutz der Marktgegenseite auch unter Berücksichtigung der berechtigten Interessen des Werbenden unerlässlich ist und der Verkehr deswegen eine Aufklärung erwarten darf.[11] Demgegenüber begründet § 5a Abs. 1 UWG keine generelle Pflicht zur Offenlegung aller geschäftsrelevanten Informationen, wie insbesondere der nachteiligen oder gar negativen Eigenschaften der angebotenen Leistung. Entscheidend sind insbesondere die Wichtigkeit der Information für die Marktentscheidung, die Art der Werbung und des Kommunikationsmediums sowie die zeitliche und räumliche Nähe zur bevorstehenden Marktentscheidung. Insbesondere bei reiner Aufmerksamkeitswerbung ist davon auszugehen, dass der Verkehr erkennt, dass darin vor allem die Vorteile des Produkts herausgestellt werden und unter Umständen bereits aus Platzgründen keine vollständige Aufklärung möglich ist.

11 Werden z.B. Elektrohaushaltsgroßgeräte angeboten, die vom Hersteller nicht mehr produziert und nicht mehr im Sortiment geführt werden oder von ihm selbst zum **Auslaufmodell** erklärt worden sind, so besteht grundsätzlich eine entsprechende Aufklärungspflicht.[12] In gleicher Weise muss auch bei **parallel- oder reimportierten Kraftfahrzeugen** der Verkäufer den Käufer darauf hinweisen, dass die Erst-

---

[8] Vgl BGH GRUR 2011, 82 – *Preiswerbung ohne Umsatzsteuer*; 2011, 1151 Rn. 22 – *Original Kanchipur*; 2012, 943 Rn. 13 – *Call-by-Call*; krit. dazu Steinbeck WRP 2011, 1121, 1222; Harte/Henning/*Dreyer* § 5a Rn. 21 ff.

[9] Harte/Henning/*Dreyer*, UWG, § 5a Rn. 21 ff.; *Blasek*, GRUR 2010, 396, 400; *Emmerich* JuS 2012, 651, 652; *Steinbeck* WRP 2011, 1221, 1222; Gloy/Loschelder/Erdmann/*Helm*, HdB WettbR, § 59 Rn. 122; a.A. Köhler/*Bornkamm*, UWG, § 5a Rn. 7d; *ders.*, WRP 2012, 1, 3; Ohly/*Sosnitza*, UWG, § 5a Rn. 8.

[10] BGH GRUR 1999, 757 – *Auslaufmodelle I*; 1996, 793, 795 – *Fertiglesebrillen*; 1999, 1122 – *EG-Neuwagen I*; 2000, 76 – *Shareware-Version*; 2012, 1275 Rn. 35 f. – *Zweigstellenbriefbogen*.

[11] BGH WRP 1993, 239 – *Sofortige Beziehbarkeit*; GRUR 1999, 1122, 1123 – *EG-Neuwagen I*; 1999, 1125, 1126 – *EG-Neuwagen II*; 2000, 616, 618 – *Auslaufmodelle III*.

[12] BGH GRUR 1999, 757, 758 – *Auslaufmodelle I*; 2000, 616, 618 – *Auslaufmodell III*; OLG Düsseldorf WRP 2010, 1551.

auslieferung nicht im Inland erfolgte und infolgedessen inländische Vertragswerkstätten die vom Hersteller zugesagte Gratisinspektion nur gegen Berechnung ausführen. Dagegen bestehen bei nur geringen Abweichungen in der Serienausstattung oder der Garantiezeit – auch mit Blick auf die Warenverkehrsfreiheit nach Art. 34 AEUV – keine Aufklärungspflichten.

II. Irreführungsgefahr

12 § 5a Abs. 1 UWG erfordert außerdem, dass ohne die Aufklärung die Gefahr einer Täuschung des Verkehrs in einem wesentlichen Punkt besteht. An der erforderlichen Irreführungsgefahr fehlt es, wenn sich der Verkehr über die entsprechenden Umstände gar keine Gedanken macht. Die dafür maßgebliche Verkehrsauffassung ist dieselbe wie bei § 5 Abs. 1 UWG. Insbesondere ist bei geschäftlichen Handlungen gegenüber Verbrauchern auf die Wahrnehmung des normal informierten und angemessen aufmerksamen und verständigen Durchschnittsverbrauchers abzustellen.[13]

III. Interessenabwägung

13 Schließlich ist das Interesse des Verbrauchers an einer umfassenden Information gerade auch über negative Eigenschaften der angebotenen Leistung mit dem Interesse des Werbenden an einer einfachen, plakativen Werbeaussage abzuwägen.[14]

D. Vorenthalten von Informationen gegenüber Verbrauchern (§ 5a Abs. 2 UWG)

14 Nach § 5a Abs. 2 S. 1 UWG handelt außerdem unlauter, wer im konkreten Fall unter Berücksichtigung aller Umstände dem Verbraucher eine **wesentliche Information** vorenthält, die dieser benötigt, um eine informierte geschäftliche Entscheidung zu treffen, und deren Vorenthalten geeignet ist, den Verbraucher zu einer geschäftlichen Entscheidung zu veranlassen, die er andernfalls nicht getroffen hätte.

I. Wesentliche Information

15 Eine Information ist nicht allein schon deshalb wesentlich i.S.d. § 5a Abs. 2 UWG, weil sie für die geschäftliche Entscheidung des Verbrauchers von Bedeutung sein kann. Vielmehr sind wesentliche Informationen nur die Umstände, die für eine informierte und sachgerechte Entscheidung des Verbrauchers **erhebliches Gewicht** haben und deren Angabe unter Berücksichtigung der beiderseitigen Interessen vom Unternehmer **erwartet werden kann**.[15] Maßgeblich ist also einerseits die Frage, ob die fragliche Information für eine informierte Marktentscheidung des Verbrauchers benötigt wird, d.h. um das Für und Wider seiner geschäftlichen Entscheidung angemessen abwägen zu können.[16] Daneben ist aber

---
[13] EuGH GRUR 2011, 930 – *Konsumentombudsman ./. Ving Sverige AB*.
[14] BGH GRUR 1999, 1122, 1124 – *EG-Neuwagen I*; BGH GRUR 1999, 1125, 1126 und 1127 f. – *EG-Neuwagen II*.
[15] BGH GRUR 2012, 1270, 1275 – *Zweigstellenbriefbogen*.
[16] Harte/Henning/*Dreyer*, UWG § 5a Rn. 61.

auch entscheidend, ob der Verbraucher mit der entsprechenden Angabe überhaupt rechnen konnte. Bei reiner **Aufmerksamkeitswerbung** ist zu berücksichtigen, dass der Durchschnittsverbraucher noch nicht unmittelbar mit einer Marktentscheidung konfrontiert ist und deshalb in der Regel noch keine präzisen Informationen benötigt. Der angesprochene Verbraucher wird in aller Regel erkennen, dass durch solche Werbung nur sein Interesse geweckt werden soll. Etwas anderes kann aber gelten, wenn die Werbung den Anschein der Vollständigkeit der Informationen erweckt.[17] Eine bloße Aufmerksamkeitswerbung liegt nicht vor, wenn sowohl die Merkmale der Ware oder Dienstleistung als auch der Preis in einer Weise angegeben sind, dass der Verbraucher dadurch in die Lage versetzt wird, eine geschäftliche Entscheidung zu treffen, ohne dass das konkrete Kommunikationsmittel auch eine tatsächliche Möglichkeit zu deren unmittelbaren Umsetzung bieten muss. In diesem Fall müssen die wesentlichen Merkmale der Ware oder Dienstleistung in dem dem verwendeten Kommunikationsmittel angemessenen Umfang angegeben werden.

II. Vorenthalten (§ 5a Abs. 2 S. 2 und Abs. 5 UWG)

16 Eine Information wird „vorenthalten", wenn sie ein durchschnittlich aufmerksames, verständiges und informiertes Mitglied des Personenkreises, an den sich die geschäftliche Handlung richtet, nicht erhält. In § 5a Abs. 2 S. 2 UWG ist klargestellt, dass hierunter nicht nur das schlichte „**Verheimlichen**" oder „Verstecken" fällt, sondern auch jede **unklare, unverständliche, zweideutige oder verschleiernde Darstellung** der wesentlichen Informationen (Bereitstellung „in unklarer, unverständlicher oder zweideutiger Weise") sowie die **nicht rechtzeitige Bereitstellung**. Erfasst werden also auch diejenigen Fälle, in denen die Information den Adressaten nicht in einer solchen Form erreicht, dass er sie zum Zeitpunkt seiner geschäftlichen Entscheidung berücksichtigen kann.

17 Nicht ausreichend ist, dass die zunächst vorenthaltenen wesentlichen Informationen spätestens bei Vertragsabschluss „nachgereicht" werden. Erfasst wird von § 5a Abs. 2 UWG vielmehr jede kommerzielle Kommunikation, die den Verbraucher in die Lage versetzt, einen Kauf zu tätigen, ohne dass die kommerzielle Kommunikation auch eine tatsächliche Möglichkeit bieten muss, die beworbene Ware oder Dienstleistung sofort zu erwerben.[18]

18 Nach § 5a Abs. 5 UWG sind bei der Beurteilung, ob Informationen vorenthalten wurden, auch etwaige **räumliche oder zeitliche Beschränkungen** durch das für die geschäftliche Handlung gewählte Kommunikationsmittel zu berücksichtigen, genauso wie alle Maßnahmen des Unternehmers, um dem Verbraucher die Informationen **auf andere Weise** als durch das gewählte Kommunikationsmittel zur Verfügung zu stellen. Gemeint sind damit insbesondere Werbeanzeigen oder Werbezettel, die nicht über ausreichenden Platz verfügen, um sämtliche wesentlichen Informationen unterzubringen, bei denen jedoch in deutlicher Weise etwa auf eine Internetseite verwiesen wird.[19]

III. Erheblichkeit

19 Erforderlich ist außerdem, dass das Unterlassen der Information geeignet ist, einen Durchschnittsverbraucher zu einer geschäftlichen Entscheidung zu veranlassen, die er sonst nicht getroffen hätte. Allerdings dürfte sich die geschäftliche Relevanz in aller Regel

---

[17] Harte/Henning/*Dreyer*, UWG, § 5a Rn. 60.
[18] BGH, GRUR 2014, 584 Rn. 9 – *Typenbezeichnung*.
[19] BT-Drucks. 18/4535, S. 16, mVa EuGH v. 12. Mai 2011, Az.: C-122/10, Rn. 56.

D. Vorenthalten von Informationen gegenüber Verbrauchern (§ 5a Abs. 2 UWG)

bereits aus der Wesentlichkeit der vorenthaltenen Information ergeben. Eine wesentliche Information, die der Verbraucher nicht benötigt, um eine informationsgeleitete Entscheidung zu treffen, ist nicht vorstellbar.[20]

IV. Vermutung der Wesentlichkeit (§ 5a Abs. 3 Nr. 1–5 und Abs. 4 UWG)

§ 5a Abs. 3 UWG enthält zur Umsetzung von Art. 7 Abs. 4 und 5 der UGP-Richtlinie eine (nicht abschließende)[21] Liste von Umständen, die als wesentlich i.S.d. Abs. 2 „gelten". Genannt sind **die wesentlichen Merkmale der Ware oder Dienstleistung** in dem dieser und dem verwendeten Kommunikationsmittel angemessenen Umfang (Nr. 1), die **Identität und Anschrift des Unternehmers** (Nr. 2), der **Gesamtpreis**[22] oder wenn dies nicht möglich ist, die Art der Berechnung sowie gegebenenfalls alle Nebenkosten (Nr. 3), von den Erfordernissen der beruflichen Sorgfalt abweichende **Zahlungs- und Leistungsbedingungen** und Verfahren zum Umgang mit Beschwerden (Nr. 4) sowie das **Bestehen eines Rechts zum Rücktritt oder Widerruf** (Nr. 5).

Zu den wesentlichen Merkmalen einer Ware gehören z.B. bei Kraftfahrzeugen auch Informationen über den Kraftstoffverbrauch und CO_2-Emissionen.[23] In gleicher Weise wird z.B. für die Werbung für Elektrohaushaltsgeräte in einer Zeitung die Angabe der Typenbezeichnung als ein wesentliches Merkmal der Ware eingestuft, die dem Verbraucher nicht vorenthalten werden darf.[24] Genauso gehört auch die Angabe der Rechtsform des werbenden Unternehmens zu den gem. § 5a Abs. 3 Nr. 2 UWG mitzuteilenden Informationen.[25] Demgegenüber ist etwa ein Anbieter von Gutscheinen für „Erlebnisse", wie z.B. Heißluftballonfahrten nicht gem. § 5a Abs. 3 Nr. 2 Fall 2 UWG gehalten, bereits beim annahmefähigen Angebot des Erlebnisses auf seiner Internetseite über Identität und Anschrift des die Ballonfahrt durchführenden Unternehmens zu informieren.[26]

Daneben gelten nach Abs. 4 der Vorschrift auch solche Informationen als wesentlich, die den Verbrauchern nach sonstigen **unionsrechtlichen Vorgaben** nicht enthalten werden dürfen. Erfasst sind EU-Verordnungen oder nationale Rechtsvorschriften, mit denen unionsrechtliche Richtlinien zur Regelung der kommerziellen Kommunikation umgesetzt worden sind. Einen Hinweis darauf, welche Informationspflichten hierfür in Betracht kommen, bietet die UGP-Richtlinie, die – anders als das UWG – in Anhang II einen nicht abschließenden Katalog solcher Informationspflichten enthält, die aber regelmäßig eine Entsprechung im deutschen Recht haben. Zu nennen sind beispielsweise im bürgerlichen Recht §§ 312c, 355, 482 oder 492 BGB.

Die Rechtsprechung wendet allerdings bei Verstößen gegen gesetzliche Informationspflichten häufig **§ 3a UWG** (§ 4 Nr. 11 UWG a.F.) an, anstatt § 5a UWG. Dies erscheint insofern bedenklich, als die Gefahr besteht, dass durch die Anwendung des § 3a UWG die differenzierten Voraussetzungen des § 5a UWG und insbesondere das besondere Relevanzerfordernis unterlaufen werden.[27]

---

[20] So auch Köhler/*Bornkamm*, UWG, § 5a Rn. 56.
[21] Differenzierend Ohly/Sosnitza, UWG, § 5a Rn. 31.
[22] Vgl. hierzu BGH GRUR 2011, 82 Rn. 32 – *Preiswerbung ohne Umsatzsteuer*.
[23] BGH GRUR 2010, 852 Rn. 21 – *Gallardo Spyder*; 2012, 842 Rn. 25 – *Neue Personenkraftwagen*.
[24] BGH GRUR 2014, 584 Rn. 13 – *Typenbezeichnung*.
[25] BGH GRUR 2013, 1169 Rn. 11 – *Brandneu von der IFA*.
[26] BGH GRUR 2014, 580 Rn. 18 – *Alpenpanorama im Heißluftballon*.
[27] Kritisch auch *Steinbeck*, WRP 2011, 1221 ff.

V. Fehlende Kenntlichmachung des kommerziellen Zwecks (§ 5a Abs. 6 UWG)

1. Allgemeines Verschleierungsverbot

24 Nach § 5a Abs. 6 UWG handelt auch unlauter, wer den kommerziellen Zweck einer geschäftlichen Handlung nicht kenntlich macht, sofern sich dieser nicht unmittelbar aus den Umständen ergibt, und das Nichtkenntlichmachen geeignet ist, den **Verbraucher** zu einer geschäftlichen Entscheidung zu veranlassen, die er andernfalls nicht getroffen hätte. Der kommerzielle Zweck einer geschäftlichen Handlung wird nicht kenntlich gemacht, wenn deren äußeres Erscheinungsbild so gestaltet wird, dass die Verbraucher den kommerziellen Charakter nicht klar und eindeutig erkennen können.[28] **Kommerziellen Charakter** hat eine geschäftliche Handlung regelmäßig dann, wenn es sich um eine Äußerung mit dem Ziel handelt, den Absatz oder Bezug eines Unternehmens zu fördern. Erfasst werden insbesondere auch getarnte **Produktplatzierungen**, die **Tarnung von Verkaufsveranstaltungen** und die unterschwellige Werbung. Darüber hinaus soll das Verschleierungsverbot nicht für nur werbende Handlungen im engeren Sinne gelten, sondern für die Kenntlichmachung des geschäftlichen Zwecks einer jeden geschäftlichen Handlung. Zu nennen sind insbesondere auch Fälle, in denen Unternehmer über ihre Angebote als **Privatangebote** tarnen[29] oder über die **Erhebung von Daten zu kommerziellen Zwecken** oder über nicht bestehende Abnahme- und Zahlungspflichten[30] täuschen.

25 Wie § 5a Abs. 2 UWG gilt auch § 5a Abs. 6 UWG nur für geschäftliche Handlungen gegenüber **Verbrauchern**. Geht es um eine Verschleierung gegenüber sonstigen Marktteilnehmern, kann nur auf § 5a Abs. 1 i.V.m. § 5 Abs. 1 UWG bzw. § 3 Abs. 1 UWG zurückgegriffen werden. Zudem stellt sich die Frage, ob die in § 5a Abs. 5 UWG genannten Kriterien auch bei § 5 Abs. 6 UWG zu berücksichtigen sind. Dies wird man angesichts der Tatsache, dass Art. 7 Abs. 3 der UGP-Richlinie gerade auch die Verschleierung des kommerziellen Zwecks erfasst, bejahen müssen.[31]

2. Besondere Formen

a) Tarnung als fachliche oder private Äußerung

26 Da der Verbraucher Veröffentlichungen von wissenschaftlichen Forschungsergebnissen ein erhebliches Vertrauen entgegenbringt und davon ausgeht, dass es sich um objektive, neutrale Stellungnahmen von Wissenschaftlern oder wissenschaftlichen Instituten handelt, darf eine Werbung nicht den **Anschein eines neutralen fachkundigen Urteils** erwecken.[32] Auch Werbung mit Gutachten, die den an eine wissenschaftliche Unabhängigkeit zu stellenden Anforderungen nicht genügen und dies, wie insbesondere die Tatsache, dass es sich um einen Gutachtenauftrag handelt, nicht erkennen lassen, ist unzulässig.[33] Das gleiche gilt für jede Art von Werbung, die der angesprochene Verkehr den Umständen nach als unabhängige und neutrale Stellungnahme ansehen muss. Hierzu gehört auch die als **private Äußerung** getarnte Werbung in **Leserbriefen, Internet-Blogs, Bewertungsportalen** oder auf Online-Shops.

---

[28] BGH GRUR 2012, 184, 186 – *Branchenbuch Berg*.
[29] *Köhler*/Bornkamm, UWG, § 4 Nr. 3 Rn. 3.51 f.; Ohly/*Sosnitza*, UWG, § 4 Rn. 3/62.
[30] BGH GRUR 2012, 184 Rn. 30 – *Branchenbuch Berg*; *Köhler*/Bornkamm, UWG, § 4 Nr. 3 Rn. 3.49 f.
[31] *Alexander*, WRP 2016, 139, 145.
[32] BGH GRUR 1961, 189, 191 – *Rippenstreckmetall*.
[33] BGH GRUR 1962, 45, 49 – *Betonzusatzmittel*.

D. Vorenthalten von Informationen gegenüber Verbrauchern (§ 5a Abs. 2 UWG)

b) Redaktionelle Werbung

Erfasst ist auch der seit langem anerkannte und in allen Landespressegesetzen sowie im Rundfunkstaatsvertrag (§ 7 Abs. 3 S. 1 RStV) statuierte **Trennungsgrundsatz**, wonach Veröffentlichungen zu Werbezwecken des Wettbewerbs in Presse, Fernsehen und Rundfunk ihren werbenden Charakter eindeutig erkennen lassen müssen. Damit wird der Verbraucher davor geschützt, dass ihm unter dem Deckmantel redaktioneller Beiträge in Rundfunk, Fernsehen oder Zeitungen Informationen mit Werbecharakter untergeschoben werden.[34] Denn der angesprochene Verkehr tritt einem Beitrag mit redaktionellem Charakter unkritischer gegenüber und misst ihm größere Bedeutung und Beachtung bei, als wenn es sich erkennbar um werbende Äußerungen des Unternehmens selbst handelt.

c) Schleichwerbung und Product Placement

Unter „**Schleichwerbung**" ist jede Erwähnung oder Darstellung von Waren, Dienstleistungen, Namen, Marken oder Tätigkeiten eines Herstellers von Waren oder eines Erbringers von Dienstleistungen in Sendungen zu verstehen, „wenn sie vom Veranstalter absichtlich zu Werbezwecken vorgesehen ist und mangels Kennzeichnung die Allgemeinheit hinsichtlich des eigentlichen Zwecks dieser Erwähnung oder Darstellung irreführen kann" (§ 2 Abs. 2 Nr. 8 RStV).[35] Demgegenüber wird unter *„Product Placement"* die gekennzeichnete Erwähnung in Sendungen gegen Entgelt oder eine ähnliche Gegenleistung mit dem Ziel der Absatzförderung verstanden (§ 2 Abs. 2 Nr. 11 S. 1 RStV).[36]

Im Hinblick auf Schleichwerbung und „Product Placement" sind auch die Vorschriften in den Landespressegesetzen und insbesondere auch die Regelungen der Richtlinie über audiovisuelle Mediendienste zu beachten, die durch den 13. **Rundfunkänderungsstaatsvertrag** vom 30.10.2009 umgesetzt wurden. Nach § 7 Abs. 7 S. 1 RStV sind Schleichwerbung, Produkt- und Themenplatzierung sowie entsprechende Praktiken im Rundfunk unzulässig. Verstöße gegen diese Vorschriften können gleichzeitig die Unlauterkeit nach § 3a UWG nach sich ziehen.

Schleichwerbung und *„Product Placement"* befinden sich im Grenzbereich zwischen einer unbefangenen, realitätsnahen Darstellung bestimmter (meist exklusiver) Produkte in Film und Fernsehen und einer verschleierten Werbung durch deren bewusste und gezielte Herausstellung. Grundsätzlich ist es nicht zu beanstanden, wenn im Rahmen eines redaktionellen oder künstlerischen Beitrages Produkte eines bestimmten Unternehmens erwähnt oder dargestellt werden, da diese Bestandteile der realen Welt sind. Ein Beispiel ist die Einblendung von Bandenwerbung bei der Übertragung einer Sportveranstaltung.[37] Unter diesen Umständen wird es regelmäßig bereits an einer geschäftlichen Handlung im Sinne von § 2 Abs. 1 Nr. 1 UWG fehlen. Unzulässig wird das *„Product Placement"*, das in erster Linie in Spielfilmen eingesetzt wird, erst, wenn damit eine **Werbeabsicht** verfolgt wird und die Allgemeinheit über den eigentlichen Zweck der Erwähnung oder Darstellung irregeführt werden kann.[38] Eine Werbeabsicht liegt regelmäßig dann vor, wenn ein Unternehmen

---

[34] Siehe BGH GRUR 1968, 382, 384 – *Favorit II*; BGHZ 81, 247, 250 f. = GRUR 1981, 835, 836 – *Getarnte Werbung I*; BGHZ 110, 278, 291 = GRUR 1990, 611, 615 – *Werbung im Programm*; BGH GRUR 1993, 561, 562 – *Produktinformation I*; 1994, 441, 442 – *Kosmetikstudio*; 1994, 819, 820 – *Produktinformation II*; BGHZ 130, 205, 214 = GRUR 1995, 744, 747 – *Feuer, Eis & Dynamit I*; BGH GRUR 1996, 71, 72 f. – *Produktinformation III*; 1997, 912, 913 – *Die Besten I*; 1997, 914, 915 – *Die Besten II*; 1998, 471, 473, 475 – *Modenschau im Salvatorekeller*; 1998, 489, 493 – *Unbestimmter Unterlassungsantrag III*.
[35] Vgl. auch die Definition in Art. 1 Abs. 1 lit. j Richtlinie 2010/13/EU über audiovisuelle Mediendienste.
[36] Vgl. auch die etwas abweichende Definition in Art. 1 Abs. 1 lit. m Richtlinie 2010/13/EU über audiovisuelle Mediendienste.
[37] *Köhler*/Bornkamm, UWG, § 4 Nr. 3 Rn. 3.44 f.
[38] Harte/Hennig/*Frank*, UWG, § 4 Nr. 3 Rn. 101 f.; *Köhler*/Bornkamm, UWG, § 4 Nr. 3 Rn. 3.46.

oder ein **Produkt auffallend häufig gezeigt oder genannt wird**, ohne dass dafür ein sachlicher Grund besteht. Bei Kinofilmen ist ein weniger strenger Maßstab anzulegen als bei Schleichwerbung in redaktionellen Beiträgen der Presse oder des Rundfunks, da der Zuschauer weiß oder damit rechnet, dass der Filmhersteller dabei auch Requisiten verwendet, die ihm ein Gewerbetreibender um des Werbeeffekts willen kostenlos zur Verfügung stellt.[39] Die Grenze des Zulässigen ist erst dann überschritten, wenn Zahlungen oder andere geldwerte Leistungen „von einigem Gewicht" dafür erbracht werden, dass Unternehmen oder ihre Erzeugnisse in irgendeiner Weise im Film in Erscheinung treten.[40] Wird das „*Product Placement*" gezielt zur Finanzierung des Filmes genutzt, so müssen die Zuschauer vorab darüber informiert werden, dass es sich um bezahlte Werbung handelt.[41]

d) Verschleierung bei Werbeveranstaltungen oder bei sonstigem geschäftlichen Herantreten

31   Als unlauter ist es anzusehen, Verbraucher zur Teilnahme an Verkaufsveranstaltungen zu veranlassen, bei denen, wie häufig bei sog. **Ausflugs- und Kaffeefahrten**, der werbliche Charakter erst während der Veranstaltung erkennbar wird.[42] Das Gleiche gilt grundsätzlich auch für andere Formen der geschäftlichen Kontaktaufnahme, wie insbesondere bei **Hausbesuchen**, beim **Ansprechen auf der Straße** oder bei **Telefonanrufen,** wenn der geschäftliche Zweck nicht sogleich offenbart wird oder auf andere Weise erkennbar ist. Das Gleiche gilt, wenn versucht wird, Verbraucher oder sonstige Marktteilnehmer – etwa unter dem **Vorwand einer Meinungsumfrage** – zur Preisgabe von Adressen oder sonstige Daten zu veranlassen ohne gleichzeitig den geschäftlichen Zweck zu offenbaren.[43]

e) Vortäuschen von vertraglichen Verpflichtungen und von Privatangeboten

32   Schließlich wird eine unlautere Verschleierung des kommerziellen Zwecks auch dann angenommen, wenn Kunden mit irreführenden Angaben, wie etwa **rechnungsähnlich aufgemachten Formularschreiben,** zur Abgabe rechtsgeschäftlich bindender Erklärungen veranlasst werden sollen.[44] In diesen Fällen lassen Angebote die für eine Werbung typische Anpreisung der beworbenen Ware oder Dienstleistung vermissen, um den Werbecharakter bewusst zu verschleiern und auf diese Weise bei einem flüchtigen Betrachter den Eindruck zu erwecken, es bestehe bereits ein Vertragsverhältnis bzw. eine Leistungsverpflichtung. Zudem wurde zu § 4 Nr. 3 UWG a.F. vertreten, dass auch das **Vortäuschen der Verbrauchereigenschaft** unter diese Fallgruppe fällt.[45] Allerdings erfüllt es zunächst den Tatbestand des § 3 Abs. 3 UWG i.V.m. Nr. 23 des Anhangs, wenn ein Unternehmer beim Absatz von Waren oder Dienstleistungen über seine Unternehmereigenschaft täuscht und Verbrauchern vorspiegelt, er sei Verbraucher oder handle als Verbraucher. Das Verbot aus Nr. 23 des Anhangs rechtfertigt sich daraus, dass der Verbraucher nicht über das Bestehen von Verbraucherschutzrechten getäuscht werden darf. Demgegenüber bezwecken § 5 Abs. 6 UWG und Art. 7 Abs. 2 UGP-Richtlinie allein, dem Verbraucher für seine konkrete geschäftliche Entscheidung den kommerziellen Charakter einer geschäftlichen Handlung bewusst zu machen. Der angesprochene Verbraucher soll wissen, ob er es mit einer geschäft-

---

[39] BGHZ 130, 205, 217 f. = GRUR 1995, 744 – *Feuer, Eis & Dynamit I*; *Ullmann*, FS Traub, 1994, 411, 418.
[40] BGH ebenda.
[41] BGHZ 130, 205, 217 = GRUR 1995, 744 – *Feuer, Eis & Dynamit I*.
[42] BGH GRUR 1962, 461, 464 ff. – *Film-Werbeveranstaltung;* BGH GRUR 1986, 318, 320 – *Verkaufsfahrten I;* BGH GRUR 1988, 829 – *Verkaufsfahrten II.*
[43] Vgl. auch Begr. RegE UWG 2004 zu § 4 Nr. 3 UWG a.F., BT-Drucks 15/1487 S. 17.
[44] Vgl. zu § 4 Nr. 3 UWG a.F. BGH GRUR 2012, 184 Rn. 18 ff. – *Branchenbuch Berg.*
[45] *Köhler*/Bornkamm, UWG, § 4 Nr. 3 Rn. 3.51 f.; Ohly/*Sosnitza*, UWG, § 4 Rn. 3/62.

D. Vorenthalten von Informationen gegenüber Verbrauchern (§ 5a Abs. 2 UWG)

lichen Handlung zu tun hat oder mit einem nichtkommerziellen Herantreten von neutraler Seite. Dieser Zweck ist aber nicht betroffen, wenn sich der Adressat des geschäftlichen Charakters einer Werbung oder eines Angebots bewusst ist und nur darüber im Unklaren gelassen wird, ob es sich um ein gewerbliches Angebot oder ein Privatangebot handelt bzw. der Adressat hinsichtlich des Bestehens von Leistungsverpflichtungen getäuscht wird. Solange nur aus der Äußerung erkennbar wird, dass dadurch der geschäftliche Absatz oder Bezug gefördert werden soll, wird dem Adressaten der kommerzielle Charakter des Herantretens nicht vorenthalten. Insofern kommt aber eine Irreführung nach § 5a Abs. 2, 3 Nr. 3 UWG in Betracht.

§ 13. Vergleichende Werbung (§ 6 UWG)

Inhaltsübersicht

	Rn.
A. Inhalt und Zweck der Vorschrift	1
B. Verhältnis zu § 5 Abs. 2 und 3 UWG	4
C. Verhältnis zum Kennzeichenrecht	7
D. Grundlagen der Beurteilung	8
E. Begriff der Vergleichenden Werbung (§ 6 Abs. 1 UWG)	10
I. Werbung	11
II. Vergleich	13
III. Mitbewerber	14
IV. Erkennbarkeit des Mitbewerbers	15
F. Unzulässigkeit der vergleichenden Werbung (§ 6 Abs. 2 UWG)	19
I. Vergleich von Waren oder Dienstleistungen für den gleichen Bedarf oder dieselbe Zweckbestimmung (Nr. 1)	20
II. Eigenschaftsvergleich (Nr. 2)	21
1. Eigenschaft	22
2. Objektivität des Vergleichs	23
3. Wesentlichkeit, Relevanz, Nachprüfbarkeit und Typizität	24
III. Herbeiführung einer Verwechslungsgefahr (Nr. 3)	26
IV. Rufausnutzung und Rufbeeinträchtigung (Nr. 4)	27
V. Herabsetzung und Verunglimpfung (Nr. 5)	28
VI. Darstellung einer Ware als Imitation oder Nachahmung (Nr. 6)	29

Schrifttum: *Alexander,* Markenschutz und berechtigte Informationsinteressen bei Werbevergleichen, GRUR 2010, 482; *Berlit,* Vergleichende Werbung, 2002; *ders.,* Der irreführende Werbevergleich, WRP 2010, 1105; *Blankenburg,* Neues zur vergleichenden Werbung, zur Verwechslungsgefahr und zur markenmäßigen Benutzung? WRP 2008, 1294; *Dilly/Ulmar,* Vergleichende Werbung ohne Vergleich? WRP 2005, 467; *Eck/Ikas,* Neue Grenzen vergleichender Werbung, WRP 1999, 251; *Faßbender,* Zum Erfordernis einer richtlinienkonformen Auslegung des Begriffs der vergleichenden Werbung, EuZW 2005, 42; *Fröndhoff,* Die Inhaltsbeschränkungen irreführender und vergleichender Werbung, 2002; *Gloy/Bruhn,* Die Zulässigkeit von Preisvergleichen nach der Richtlinie 97/55/EG – Kehrtwende oder Kontinuität? GRUR 1998, 226; *Heister,* Harmonisierung des Rechts der vergleichenden Werbung durch die Richtlinie 97/55/EG?, 2004; *Koos,* Vergleichende Werbung und die Fesseln der Harmonisierung, WRP 2005, 1096; *Köhler,* Was ist „vergleichende Werbung"?, GRUR 2005, 273; *ders.,* Die Rechtsprechung des Europäischen Gerichtshofs zur vergleichenden Werbung: Analyse und Kritik, WRP 2008, 414; *ders.,* Irreführende vergleichende Werbung, GRUR 2013, 761; *Menke,* Die vergleichende Werbung in Deutschland nach der Richtlinie 97/55/EG und der BGH-Entscheidung „Testpreis-Angebot", WRP 1998, 811; *Ohly,* Vergleichende Werbung für Zubehör und Warensortimente – Anmerkungen zu den EuGH-Urteilen „Siemens/VIPA" und „LIDL Belgium/Colruyt", GRUR 2007, 3; *ders.,* Unlautere vergleichende Werbung als Markenverletzung?, FS Doepner, 2008, 51; *ders.,* Keyword-Advertising auf dem Weg von Karlsruhe nach Luxemburg, GRUR 2009, 709; *Ohly/Spence,* Vergleichende Werbung – Die Auslegung der Richtlinie 97/55/EG in Deutschland und Großbritannien, GRUR Int. 1999, 681; *dies.,* The Law of Comparative Advertising, 2000; *Peifer,* Vergleichende Werbung und sonst nichts?, WRP 2011, 1; *Plaß,* Die EG-Richtlinie vergleichende Werbung, WRP 1999, 766; *dies.,* Die gesetzliche Neuregelung der vergleichenden Werbung, NJW 2000, 3161; *Sack,* Irreführende vergleichende Werbung, GRUR 2004, 89; *ders.,* Zur Anwendbarkeit von § 6 UWG auf Werbung für Ersatzteile und Zubehör, GRUR 2004, 720; *ders.,* Personen- und unternehmensbezogene Werbehinweise auf Mitbewerber als vergleichende Werbung nach § 6 UWG, WRP 2004, 817; *ders.,* Ursprungsbezeichnungen in vergleichender Werbung, WRP 2008, 301; *ders.,* Unlautere vergleichende Werbung und Markenrecht, WRP 2011, 288; *Scherer*, Partielle Verschlechterung der Verbrauchersituation durch die europäische Rechtsvereinheitlichung bei vergleichender Werbung, WRP 2001, 89; *dies.*, Das Verhältnis des lauterkeitsrechtlichen Nachahmungsschutzes nach § 4 Nr. 9 UWG zur europarechtlichen Vollharmonisierung der irreführenden und vergleichenden Werbung, WRP 2009, 1446; *dies.*, Kehrtwende bei der vergleichenden Werbung, GRUR 2012, 545; *Tilmann*, Richtlinie vergleichende Werbung, GRUR 1997, 790; *ders.*, Anwendungsbereich und Bindungswirkung der Richtlinie Vergleichende Werbung, GRUR 1999, 546; *Ziervogel*, Rufausbeutung im Rahmen vergleichender Werbung, 2002.

A. Inhalt und Zweck der Vorschrift

1   In § 6 UWG wird in Abs. 1 zunächst eine Definition für den Begriff der vergleichenden Werbung vorangestellt. Danach ist unter vergleichender Werbung jede Werbung zu verstehen, die unmittelbar oder mittelbar einen Mitbewerber oder die von einem Mitbewerber angebotenen Waren oder Dienstleistungen erkennbar macht. Anschließend sind in Abs. 2 Nrn. 1–6 die einzelnen Tatbestände genannt, bei deren Vorliegen die vergleichende Werbung als unlauter anzusehen ist. Danach ist vergleichende Werbung unlauter, wenn der Vergleich entweder sich nicht auf Waren oder Dienstleistungen für den gleichen Bedarf oder dieselbe Zweckbestimmung bezieht (Nr. 1), oder nicht objektiv auf wesentliche, relevante, nachprüfbare und typische Eigenschaften oder den Preis bezogen ist (Nr. 2) oder eine Verwechslungsgefahr herbeiführt (Nr. 3) oder eine Rufausnutzung bzw. Rufbeeinträchtigung (Nr. 4), eine Herabsetzung bzw. Verunglimpfung (Nr. 5) oder eine Ware oder Dienstleistung als Imitation oder Nachahmung (Nr. 6) darstellt.

2   Die Vorschrift dient der Umsetzung der Richtlinie 97/55/EG über vergleichende Werbung, die in die Richtlinie 84/450/EWG (Irreführungsrichtlinie) integriert und nunmehr in der Fassung der **Richtlinie 2006/114/EG (Werberichtlinie)** vorliegt. § 6 UWG hat daher wie die Richtlinie den **Zweck**, die Zulässigkeitsvoraussetzungen für vergleichende Werbung genau festzulegen, um vor solchen Praktiken zu schützen, die „den **Wettbewerb verzerren**, die **Mitbewerber schädigen** und die **Entscheidung der Verbraucher negativ beeinflussen** können."[1] Im Interesse der Förderung des Wettbewerbs im Binnenmarkt sollten zudem die Vorschriften über vergleichende Werbung in den Mitgliedstaaten der EU harmonisiert werden.[2] Die ursprünglich bestehende Unklarheit,[3] ob damit eine bloße Mindestharmonisierung oder eine **Vollharmonisierung** zu verstehen sein sollte, hat der EuGH im letzteren Sinne entschieden.[4] Die Mitgliedstaaten dürfen somit die Zulässigkeit der vergleichenden Werbung nicht abweichend von der Richtlinie, d.h. weder strenger, noch großzügiger regeln.[5]

3   Regelungstechnisch hat der deutsche Gesetzgeber aber den umgekehrten Weg beschritten wie der europäische. In Art. 3 lit. a Abs. 1 der Richtlinie wird unter lit. a bis h im Einzelnen positiv festgelegt, unter welchen Bedingungen vergleichende Werbung als zulässig gilt. Demgegenüber werden in dem Katalog des § 6 Abs. 2 Nr. 1–6 UWG negativ die Voraussetzungen definiert, unter denen eine vergleichende Werbung unlauter ist. Dies entspricht der allgemeinen Systematik des UWG, das Verbotstatbestände statuiert.

---

[1] Erwägungsgrund 9 der WerbeRL 2006/114/EG.
[2] Erwägungsgrund 6 der Richtlinie.
[3] Vgl. hierzu eingehend Harte/Henning/*Sack*, UWG, § 6 Rn. 32.
[4] EuGH GRUR 2003, 533 – *Pippig*; EuGH GRUR 2011, 159, 161 – *Lidl/Vierzon*.
[5] Krit. Harte/Henning/*Sack*, UWG, § 6 Rn. 32.

B. Verhältnis zu § 5 Abs. 2 und 3 UWG

Die Unlauterkeit vergleichender Werbung ist auch Gegenstand der Regelungen in § 5 Abs. 2 und Abs. 3 UWG. Zusammen mit § 6 Abs. 2 Nr. 3 UWG ist allen drei Regelungen gemeinsam, dass sie die **Irreführung durch vergleichende Werbung** betreffen. Da mit diesen Vorschriften Vorgaben einerseits der UGP-Richtlinie und andererseits der Werberichtlinie umgesetzt wurden, ergeben sich **Abgrenzungsschwierigkeiten**, die sich noch dadurch verschärfen, dass beide Rechtsakte für ihren Bereich eine Vollharmonisierung beanspruchen, ohne dass der europäische Gesetzgeber das Verhältnis beider Rechtsakte zueinander ausreichend geklärt hat.[6]

Zu berücksichtigen ist jedenfalls, dass **§ 5 Abs. 2 UWG** eine spezielle Regelung des Verbraucherschutzes darstellt, die Art. 6 Abs. 2 der UGP-Richtlinie entspricht und die daher im **Verhältnis gegenüber Verbrauchern anzuwenden ist**. Demgegenüber dienen § 5 Abs. 3 UWG und § 6 Abs. 2 Nr. 3 UWG der Umsetzung von Art. 4 lit. a bzw. Art. 4 lit. h der Werberichtlinie, die allerdings von der UGP-Richtlinie ausdrücklich unangetastet bleiben.[7] Vorzugswürdig erscheint es daher, dass die Vorschriften nebeneinander anwendbar bleiben.[8]

Die **systemwidrige doppelte Regelung** dieses Tatbestands in § 5 Abs. 2 UWG und § 6 Abs. 2 Nr. 3 UWG dürfte aber angesichts der weitgehenden Übereinstimmungen in der praktischen Anwendung ohne nennenswerte Bedeutung sein. Beide Vorschriften unterscheiden sich zwar inhaltlich dadurch, dass § 5 Abs. 2 UWG nur Verwechslungen zwischen Produkt und Kennzeichen erfasst, während § 6 Abs. 2 Nr. 3 UWG neben Produkt und Kennzeichen auch den Mitbewerber selbst als Gegenstand einer möglichen Verwechslung nennt. Allerdings ist kaum vorstellbar, dass eine vergleichende Werbung, die sich ausschließlich auf das Unternehmen des Mitbewerbers, nicht aber auf dessen Leistungen oder Kennzeichen bezieht, eine Verwechslungsgefahr hervorruft. Denn für eine vergleichende Werbung ist die Erkennbarkeit des Mitbewerbers erforderlich, die aber eine Verwechslungsgefahr denknotwendig ausschließt. Entweder liegt kein Vergleich vor oder es fehlt an der Verwechslungsgefahr. Demgegenüber braucht jedenfalls bei der Anwendung des § 5 Abs. 3 UWG nicht nach dem geschützten Personenkreis differenziert zu werden, da die Vorschrift zu den abschließenden Vorgaben der UGP-Richtlinie nicht in Widerspruch steht.

C. Verhältnis zum Kennzeichenrecht

Klärungsbedürftig erscheint schließlich auch das Verhältnis zum Kennzeichenrecht, weil eine vergleichende Werbung regelmäßig nicht ohne Bezugnahme auf fremde geschäftliche Kennzeichen auskommen wird. In den Erwägungsgründen 14 und 15 der Werberichtlinie ist klargestellt, dass die für eine vergleichende Werbung unerlässliche Erkennbarkeit von Waren oder Dienstleistungen eines Mitbewerbers **nicht dessen Ausschließlichkeitsrechte verletzt**, wenn sie unter Beachtung der in dieser Richtlinie aufgestellten Bedingungen erfolgt und nur eine Unterscheidung bezweckt, durch die Unterschiede objektiv herausge-

---

[6] Vgl. dazu eingehend *Köhler*, GRUR 2013, 761 ff.; *Bärenfänger* WRP 2011, 160, 166; Harte/Henning/*Sack*, UWG, § 6 Rn. 258; Ohly/*Sosnitza*, UWG, § 6 Rn. 14 f.

[7] Vgl. Erwägungsgrund 6 der UGP-Richtlinie: „Diese Richtlinie erfasst und berührt auch nicht die Bestimmungen der Richtlinie 84/450/EWG über Werbung, die für Unternehmen, nicht aber für Verbraucher irreführend ist, noch die Bestimmungen über vergleichende Werbung.".

[8] Beide anwendend auch BGH GRUR 2013, 1058 Rn. 15 – *Kostenvergleich bei Honorarfactoring*; *Fezer*, GRUR 2009, 451, 455; Götting/Nordemann/*Ph. Koehler*, UWG, § 6 Rn. 86; a.A. Harte/Henning/*Sack*, UWG, § 6 Rn. 258; Ohly/*Sosnitza*, UWG, § 6 Rn. 14 f.

stellt werden sollen. Schwierigkeiten bereitet allerdings die dogmatische Begründung dieser Befreiung. Nach h.M. wird davon ausgegangen, dass vergleichende Werbung, die die Zulässigkeitsvoraussetzungen der maßgeblichen Richtlinien erfüllt bzw. nicht gegen § 5 Abs. 2 UWG oder § 6 Abs. 2 UWG verstößt, keine rechtlich geschützten Markenfunktionen beeinträchtigt.[9] § 6 Abs. 2 UWG stellt insoweit eine ungeschriebene Schranke des Markenrechts dar.[10] Dass bei einer zulässigen Werbung mit einem fremden Kennzeichen insbesondere dessen Werbefunktion ausgenutzt sein kann, ist nach der bewussten Entscheidung des Unionsgesetzgebers hinzunehmen.

D. Grundlagen der Beurteilung

8 Die vergleichende Werbung, die dadurch gekennzeichnet ist, dass die eigenen Waren oder Dienstleistungen mit denen eines anderen Mitbewerbers in Beziehung gesetzt werden, zumeist in der Absicht, diese zu kritisieren, ist ein **zweischneidiges Schwert**. Einerseits kann die vergleichende Werbung dazu beitragen, die Markttransparenz zu erhöhen, weil dem Verbraucher nützliche Informationen über die verglichenen Produkte oder Dienstleistungen vermittelt werden.[11] Andererseits kann sie aber auch einer ungerechtfertigten Herabsetzung der Mitbewerber oder zur Verwirrung der Konsumenten führen, insbesondere wenn die Informationen, auf dem der Vergleich beruht, unzutreffend sind. Hieraus ergibt sich ein enger Zusammenhang mit der Problematik der gezielten Behinderung und der irreführenden Werbung. Die Behinderungs- und Irreführungsgefahr resultiert daraus, dass die in dem Werbevergleich enthaltenen Informationen nicht von einer objektiven, neutralen Stelle stammen, sondern vom Werbenden selbst, der naturgemäß ein Interesse daran hat, seine Leistungen in einem positiven Licht erscheinen zu lassen und die Leistungen seines Konkurrenten herabzusetzen. Gerechtfertigt wird die heute geltende grundsätzliche Zulässigkeit der vergleichenden Werbung mit der Erwägung, dass sie tendenziell geeignet ist, die **Markttransparenz zu verbessern**.

9 Auch nach Auffassung des europäischen Gesetzgebers kann vergleichende Werbung, wenn sie wesentliche, relevante, nachprüfbare und typische Eigenschaften vergleicht und nicht irreführend ist, ein zulässiges Mittel zur Unterrichtung der Verbraucher über ihre Vorteile darstellen.[12] Daher müssen nach der Rechtsprechung des EuGH die an die Zulässigkeit der vergleichenden Werbung gestellten Anforderungen in dem für sie günstigsten Sinne ausgelegt werden.[13] Die **Vorteile einer vergleichenden Werbung für die Verbraucher** sind zwingend zu berücksichtigen.[14] Gleichzeitig ist aber sicherzustellen, dass die vergleichende Werbung nicht in einer wettbewerbswidrigen und unlauteren oder die Verbraucherinteressen beeinträchtigenden Weise betrieben wird. Erforderlich ist somit „eine Abwägung der verschiedenen Interessen", nämlich des Werbenden, des Mitbewerbers und

---

[9] Vgl. EuGH GRUR 2010, 445 Rn. 49 – *Google und Google France*; 2011, 1124 Rn. 34 – *Interflora*; BGH GRUR 2011, 1135 Rn. 14 – *Große Inspektion für alle*.

[10] *Alexander,* GRUR 2010, 482, 487.

[11] I.d.S. auch Erwägungsgrund 2 zur Richtlinie 97/55/EG (jetzt Richtlinie 2006/114/EG), ABl. EG Nr. L 290, S. 18; abgedruckt in WRP 1998, 798 ff.

[12] Richtlinie 2006/114/EG des Europäischen Parlaments und des Rates vom 12.12.2006 über irreführende und vergleichende Werbung, ABl. EU Nr. L 376 S. 21.

[13] EuGH Slg. 2001, I-7945 Rn. 37 = GRUR 2002, 354, 355 – *Toshiba/Katun*; EuGH GRUR 2003, 533, 536 Rn. 42 – *Pippig Augenoptik/Hartlauer*; Harte/Henning/*Sack*, UWG, § 6 Rdn. 10.

[14] EuGH GRUR 2007, 69 Rn. 33 – *LIDL Belgium/Colruyt*.

der Verbraucher.¹⁵ Maßgeblich ist einerseits, inwieweit der Vergleich es der Marktgegenseite ermöglicht, die Vor- und Nachteile der verschiedenen vergleichbaren Erzeugnisse zu erfassen und andererseits, inwieweit die Gefahr einer Verzerrung des Leistungswettbewerbs, einer gezielten Mitbewerberschädigung bzw. einer unsachgemäßen Verbraucherbeeinflussung besteht. Dabei ist auch zu fragen, ob die vergleichende Werbung auch weniger einschneidend für den Mitbewerber hätte gestaltet werden können (**Grundsatz der Verhältnismäßigkeit**). Führt diese Abwägung zu keinem eindeutigen Ergebnis, ist wegen des Zwecks der Richtlinie, nämlich das Recht der vergleichenden Werbung zu liberalisieren, im Zweifel von der Zulässigkeit vergleichender Werbung auszugehen.

E. Begriff der Vergleichenden Werbung (§ 6 Abs. 1 UWG)

Nach der Legaldefinition in § 6 Abs. 1 UWG ist vergleichende Werbung jede Werbung, die unmittelbar oder mittelbar einen Mitbewerber oder die von einem Mitbewerber angebotenen Waren oder Dienstleistungen erkennbar macht. Diese Begriffsbestimmung deckt sich im Wesentlichen mit Art. 2 Nr. 2 c der Werberichtlinie.

I. Werbung

Der Begriff „Werbung" ist in Art. 2 lit. a Werberichtlinie definiert. Erfasst ist jede Äußerung bei der Ausübung eines Handels, Gewerbes, Handwerks oder freien Berufs mit dem Ziel, den Absatz von Waren oder die Erbringung von Dienstleistungen, einschließlich unbeweglicher Sachen, Rechte und Verpflichtungen zu fördern. Neben der **Produktwerbung** kommt auch die bloße **Aufmerksamkeitswerbung** in Betracht, weil auch sie letztlich der **Absatzförderung** dient. Erfasst sein dürften aber auch **individuelle Verkaufsangebote** und Auskünfte über Konkurrenzprodukte **aufgrund eines Auskunftsverlangens im individuellen Kundenkontakt**.¹⁶ Allerdings ist in diesem Fall allein auf den konkreten Kunden als Adressat des Vergleichs und dessen Sichtweise abzustellen.

Der Begriff der Werbung ist jedenfalls enger als derjenige der „geschäftlichen Handlung" nach § 2 Abs. 1 Nr. 1 UWG. Vom Wortlaut der Definition nicht erfasst werden beispielsweise vergleichende Angaben beim **Bezug** einer Ware oder Dienstleistung. In der Literatur wird aber vertreten, für vergleichende Werbung eines Nachfragers § 6 UWG analog anzuwenden.¹⁷ Angesichts der Erwägungsgründe in der Werberichtlinie¹⁸ erscheint es jedoch überzeugender, dass die europäischen und deutschen Vorschriften bewusst nur die angebotsbezogene vergleichende Werbung regeln sollen, so dass nicht von einer planwidrigen Regelungslücke auszugehen ist, die durch analoge Anwendung von § 6 UWG geschlossen werden kann.¹⁹

---

[15] EuGH GRUR 2009, 756 Rn. 69 – *L'Oréal/Bellure*; EuGH GRUR 2011, 159 Rn. 21 – *Lidl/Vierzon Distribution*.
[16] BGH GRUR 2004, 607, 612 – *Genealogie der Düfte*; differenzierend Harte/Henning/*Sack* § 6 Rn. 42.
[17] Köhler/*Bornkamm*, UWG, § 6 Rn. 63; *Ohly*/Sosnitza, UWG, § 6 Rn. 23; siehe zur vergleichbaren Problematik bei § 7 Abs. 2 UWG auch BGH GRUR 2008, 925 Rn. 16 – *FC Troschenreuth*.
[18] Vgl. Erwägungsgrund 6 der Richtlinie.
[19] So auch Harte/Henning/*Sack*, UWG, § 6 Rn. 39; Fezer/*Koos*, UWG, § 6 Rn. 54, 101; Götting/Nordemann/*Ph. Koehler*, UWG, § 6 Rn. 21.

II. Vergleich

13 Vergleichende Werbung setzt eine **Bezugnahme auf Mitbewerber** voraus. Streng nach dem Wortlaut werden von § 6 Abs. 1 UWG zwar auch solche Werbeaussagen erfasst, die einen Mitbewerber lediglich erkennbar machen, bei denen aber der Werbende weder sich noch die von ihm angebotenen Produkte in eine vergleichende Beziehung zu einem anderen Mitbewerber oder dessen Produkte setzt.[20] Schon aus dem Begriff „vergleichende Werbung" sowie dem Normzweck ergibt sich aber das **Erfordernis einer solchen vergleichenden Beziehung**. Ein Vergleich liegt demnach nur dann vor, wenn Konkurrenzunternehmen oder Konkurrenzangebote einander gegenübergestellt und dem **Werbeadressaten** dabei Kaufalternativen aufgezeigt werden, die geeignet sind, die **Kaufentscheidung zu beeinflussen**.[21] An einem Vergleich fehlt es deshalb regelmäßig, wenn ein Mitbewerber oder seine Produkte lediglich kritisiert werden, ohne dass gleichzeitig ein Hinweis auf das eigene (oder ein anderes) Unternehmen bzw. Produkte erfolgt.[22] In Betracht zu ziehen ist dann eine **„Rufschädigung"** bzw. **„Anschwärzung"** oder **„Verleumdung"**.[23] Auch die bloße Bezugnahme auf ein anderes Unternehmen, seine Produkte oder Kennzeichen stellt ebenfalls für sich allein keinen Vergleich dar, selbst wenn damit eine Rufausbeutung verfolgt wird. Erforderlich ist, dass die Werbung das eigene Angebot als Alternative zum fremden Angebot erscheinen lässt. Ist dies nicht der Fall, kann es sich lediglich um eine unlautere **Anlehnung oder Rufausbeutung** handeln.[24]

III. Mitbewerber

14 „Mitbewerber" ist jeder Unternehmer, der mit einem oder mehreren Unternehmern als Anbieter oder Nachfrager von Waren oder Dienstleistungen in einem **konkreten Wettbewerbsverhältnis** steht (§ 2 Abs. 1 Nr. 3 UWG). Ein solches liegt nur dann vor, wenn zwei Unternehmen gleichartige Waren oder Dienstleistungen innerhalb derselben Verkehrskreise dergestalt abzusetzen versuchen, dass das Wettbewerbsverhalten des einen die Absatzbemühungen des anderen beeinträchtigen kann.[25] Die Anwendung des § 6 UWG ist demgegenüber ausgeschlossen, wenn in der Werbung Unternehmen in Beziehung zueinander gesetzt werden, die völlig verschiedenen Branchen angehören, so dass für den Durchschnittsverbraucher erkennbar ist, dass keine ernsthaften Substitutionsbeziehungen zwischen Konkurrenten angesprochen werden. Mit anderen Worten, es muss die ernsthafte Möglichkeit bestehen, dass die Waren oder Dienstleistungen des Werbenden und die des in Bezug genommenen Unternehmers nach Maßgabe des Bedarfs der Abnehmer „in gewissem Grad" **austauschbar** (**substituierbar**) sind.[26] Die Waren oder Dienstleistungen müssen „in gewisser Weise **gleichen Bedürfnissen dienen**" können".[27]

---

[20] Siehe EuGH Slg. 2001, I-7945 = GRUR 2002, 354, 355 Rn. 30 – *Toshiba/Katun*; EuGH GRUR 2003, 533, 535 Rn. 35 – *Pippig Augenoptik/Hartlauer*.
[21] *Köhler/Piper*, UWG, § 2 Rdn. 18; i.d.S. auch Regierungsbegründung zu § 2 UWG a.F., WRP 2000, 555, 560.
[22] BGH WRP 2001, 1291, 1293 – *SOOOOO ... BILLIG!?*; Fezer/*Koos*, UWG, § 6 Rdn. 64.
[23] Siehe dazu unten § 9 Rn. 10 ff., 61 ff.
[24] Siehe dazu unten § 9 Rn. 62.
[25] BGH GRUR 2007, 884 Rn. 35 – *Cambridge Institute*; siehe unten § 4 Rn 29 ff.
[26] EuGH GRUR 2007, 511 Rn. 36 ff. – *De Landtsheer/CIVC*.
[27] EuGH GRUR 2007, 511 Rn. 30 ff. – *De Landtsheer/CIVC*.

IV. Erkennbarkeit des Mitbewerbers

Damit es in den Augen der angesprochenen Verkehrskreise überhaupt zu einer vergleichenden Bezugnahme kommt, muss die Werbung den Mitbewerber oder die von ihm angebotenen Waren oder Dienstleistungen **unmittelbar oder mittelbar** erkennbar machen, also eine **Identifizierung** ermöglichen. Dies ist unter Berücksichtigung aller Umstände des Einzelfalls zu prüfen.[28] Voraussetzung hierfür ist, dass die Werbung so deutlich auf einen oder mehrere bestimmte Mitbewerber gerichtet ist, dass ein nicht ganz unerheblicher Teil der angesprochenen Verkehrskreise sie als vom Vergleich Betroffene ansieht oder sich ihm eine Bezugnahme förmlich aufdrängt.[29]

Eine unmittelbare Erkennbarkeit ist insbesondere dann anzunehmen, wenn ein Mitbewerber bzw. seine Produkte in Vergleichen namentlich genannt oder bildlich wiedergegeben werden oder sonst eindeutig identifizierbar sind. Die nach dem Gesetzeswortlaut ausreichende **mittelbare Erkennbarkeit** liegt demgegenüber vor, wenn ein nicht unerheblicher Teil der angesprochenen Verkehrskreise aufgrund besonderer Umstände den oder die vom Vergleich betroffenen Mitbewerber oder deren Produkte eindeutig erkennen kann.[30] Dafür kann z.B. die in einer Werbeaussage enthaltene Bezugnahme auf eine Warengattung oder eine Angabe bestimmter Eigenschaften eines Produkts genügen.[31]

Nicht erfasst ist dagegen jede noch so fern liegende „nur um zehn Ecken gedachte" Bezugnahme,[32] da sonst der Begriff des Werbevergleichs uferlos ausgeweitet würde. Zudem genügt es nicht, dass die angesprochenen Verkehrskreise allein auf Grund von außerhalb der angegriffenen Werbung liegenden Umstände eine Verbindung zwischen dem beworbenen Produkt und denjenigen von Mitbewerbern herstellen.[33]

Nicht erfasst wird auch die rein **abstrakt vergleichende Werbung**, die den konkreten Mitbewerber oder seine Leistungen nicht erkennbar macht. Dazu gehören z.B. auch bloße System- und Fortschrittsvergleiche sowie Warenartenvergleiche, soweit bei ihnen keine konkreten Mitbewerber erkennbar gemacht werden.[34] Dies gilt z.B. für die Werbung „Rinde statt Torf", weil damit nur zwei Methoden der Gartenbestellung gegenübergestellt werden[35] oder für die Gegenüberstellung von Energiepreisen, die sich beim Einsatz verschiedener Energieträger ergeben.[36] **Keine vergleichende Werbung** sind schließlich grundsätzlich auch die **Alleinstellungs- und Spitzengruppenwerbung** oder die pauschale Aufforderung an Verbraucher, selbst zu vergleichen, wenn damit noch kein konkreter Mitbewerber unmittelbar oder mittelbar erkennbar gemacht wird.[37]

---

[28] EuGH GRUR 2007, 511 Rn. 22 – *De Landtsheer/CIVC*; BGH GRUR 2008, 628 Rn. 20 – *Imitationswerbung*.
[29] BGH GRUR 1999, 1100, 1101 – *Generika-Werbung*; 1997, 539, 540 – *Kfz-Waschanlagen*; 2001, 752, 753 – *Eröffnungswerbung*; WRP 2001, 1291, 1293 – *SOOOOO … BILLIG!?*; GRUR 2002, 982, 983 – *DIE „STEINZEIT" IST VORBEI!*
[30] BGH GRUR 1964, 208, 209 – *Fernsehinterview*; EuGH GRUR 2007, 511 Rn. 24 – *De Landtsheer/CIVC*.
[31] EuGH GRUR 2007, 511 Rn. 24 – *De Landtsheer/CIVC*; BGH GRUR 2008, 628 Rn. 20 – *Imitationswerbung*.
[32] BGH GRUR 2002, 982, 983 – *DIE „STEINZEIT" IST VORBEI!*
[33] BGH GRUR 2008, 628 Rn. 20 – *Imitationswerbung*.
[34] BGH GRUR 1997, 539 = NJW-RR 1997, 1130 – *Kfz-Waschanlagen*; Harte/Henning/*Sack*, UWG, § 6 Rn. 66.
[35] Siehe OLG Oldenburg NJW 1987, 1272.
[36] BGH GRUR 1996, 502, 506 – *Energiekosten-Preisvergleich I*; 1997, 304 – *Energiekosten-Preisvergleich II*.
[37] Siehe zu letzterer BGH GRUR 1999, 501 – *„Vergleichen Sie"*.

F. Unzulässigkeit der vergleichenden Werbung (§ 6 Abs. 2 UWG)

19   Nach dem Katalog der Verbotstatbestände in § 6 Abs. 2 UWG ist die vergleichende Werbung unter folgenden Voraussetzungen unzulässig:

I. Vergleich von Waren oder Dienstleistungen für den gleichen Bedarf oder dieselbe Zweckbestimmung (Nr. 1)

20   Gemäß § 6 Abs. 2 Nr. 1 UWG ist der Vergleich unzulässig, wenn er sich nicht auf Waren oder Dienstleistungen für den gleichen Bedarf oder dieselbe Zweckbestimmung bezieht. Um den Anwendungsbereich der zulässigen vergleichenden Werbung nicht übermäßig einzuschränken, wird man **keine vollständige Funktionsidentität** der verglichenen Leistungen verlangen können. Ausreichend, aber auch erforderlich ist vielmehr ein „**hinreichender Grad an Austauschbarkeit**", der aus Sicht der angesprochenen Verkehrskreise zu ermitteln ist.[38]

II. Eigenschaftsvergleich (Nr. 2)

21   Nach § 6 Abs. 2 Nr. 2 UWG ist vergleichende Werbung unlauter im Sinne von § 3 Abs. 1 UWG, wenn sie nicht **objektiv** auf eine oder mehrere **wesentliche, relevante, nachprüfbare** und **typische Eigenschaften oder den Preis** dieser Waren oder Dienstleistungen bezogen ist. Zweck der Regelung ist es sicherzustellen, dass die Vorteile der verschiedenen vergleichbaren Erzeugnisse objektiv herausgestellt und damit die Verbraucher über deren Vorteile unterrichtet werden.[39] Sie dient vor allem dem Informationsgebot, das dem Verbraucher eine „informierte" Entscheidung ermöglichen soll. Es soll verhindert werden, dass durch das Herausgreifen unmaßgeblicher Eigenschaften ein **verzerrter Gesamteindruck** hervorgerufen wird. Außerdem ist die Regelung Ausdruck des Verhältnismäßigkeitsprinzips. Die Interessen des in Bezug genommenen Konkurrenten sollen nicht mehr beeinträchtigt werden, als im Interesse des Werbenden und der angesprochenen Verbraucher an sachlicher Aufklärung erforderlich ist.[40]

1. Eigenschaft

22   Der Begriff der Eigenschaft i.S.d. Vorschrift ist weit zu verstehen. Maßgeblich ist, ob der angesprochene Verkehr aus der Angabe eine **nützliche Information** für seine geschäftliche Entscheidung erhalten kann oder nicht.

2. Objektivität des Vergleichs

23   Der Vergleich ist unzulässig, wenn er nicht objektiv auf bestimmte Eigenschaften oder den Preis bezogen ist.[41] Das Objektivitätserfordernis zielt darauf ab, Vergleiche auszu-

---

[38] EuGH GRUR 2007, 69 Rn. 26 – *LIDL Belgium/Colruyt*; EuGH GRUR 2007, 511 Rn. 44 – *De Landtsheer/CIVC*; EuGH GRUR 2011, 159 Rn. 28 – *Lidl/Vierzon Distribution*; BGH GRUR 2009, 418 Rn. 26 – *Fußpilz*.
[39] Erwägungsgründe 6 und 8 der Werberichtlinie.
[40] Begr. RegE zu § 2 UWG a.F., WRP 2000, 555, 560.
[41] Vgl. Begr. RegE zu § 2 UWG a.F., WRP 2000, 555, 560.

F. Unzulässigkeit der vergleichenden Werbung (§ 6 Abs. 2 UWG)

schließen, die sich aus einer **subjektiven Wertung** ihres Urhebers und nicht aus einer objektiven Feststellung ergeben.[42] Entscheidend ist daher, inwieweit die Werbebotschaft des Vergleichs **objektiv nachvollziehbar** ist.

3. Wesentlichkeit, Relevanz, Nachprüfbarkeit und Typizität

Neben der Objektivität muss der Vergleich auf eine wesentliche, relevante, nachprüfbare und typische Eigenschaft oder den Preis bezogen sein. **Wesentlich** ist eine Eigenschaft, wenn ihre Bedeutung für den jeweils angesprochenen Verkehr aus dessen Sicht im Hinblick auf die vorgesehene Verwendung des Produkts nicht völlig unerheblich ist. Sie ist überdies **relevant**, wenn sie den Kaufentschluss einer nicht völlig unerheblichen Zahl der angesprochenen Kaufinteressenten zu beeinflussen vermag.[43] Beide Begriffe decken sich aber weitgehend, denn einer wesentlichen Eigenschaft dürfte kaum die Relevanz für den Kaufentschluss der Verbraucher abzusprechen sein.[44] Die Eigenschaft muss ferner auch **nachprüfbar** sein, damit der Vergleich auf seine sachliche Berechtigung hin überprüft werden kann.[45] Dies gilt insbesondere bei Preisvergleichen, bei denen die Angaben nicht nur wahr, sondern für den Verbraucher ohne größeren Aufwand auch nachprüfbar sein müssen.[46]

Da eine Nachprüfung nur bei Tatsachenbehauptungen möglich ist, muss der Vergleich Tatsachenbehauptungen enthalten und darf nicht ausschließlich Werturteile zum Inhalt haben. Schließlich muss die verglichene Eigenschaft auch **typisch** sein. Dies ist dann der Fall, wenn sie die Eigenart der verglichenen Produkte aus der Sicht der angesprochenen Verkehrskreise im Hinblick auf den Bedarf oder die Zweckbestimmung prägt und damit repräsentativ oder aussagekräftig für deren Wert als Ganzes ist.[47]

III. Herbeiführung einer Verwechslungsgefahr (Nr. 3)

Nach § 6 Abs. 2 Nr. 3 UWG ist ein Vergleich unzulässig, der im geschäftlichen Verkehr zur Gefahr von Verwechslungen zwischen dem Werbenden und einem Mitbewerber oder zwischen den von diesen angebotenen Waren oder Dienstleistungen oder den von ihnen verwendeten Kennzeichen führt. Eine Verwechslungsgefahr liegt dann vor, wenn die angesprochenen Verkehrskreise glauben könnten, dass die in Frage stehenden Waren oder Dienstleistungen aus demselben Unternehmen bzw. aus wirtschaftlich verbundenen Unternehmen stammen.[48]

IV. Rufausnutzung und Rufbeeinträchtigung (Nr. 4)

Ferner ist vergleichende Werbung gemäß § 6 Abs. 2 Nr. 4 UWG unlauter, wenn sie den Ruf des von einem Mitbewerber verwendeten **Kennzeichens** in unlauterer Weise ausnutzt oder beeinträchtigt. Der Ruf eines Kennzeichens wird in unlauterer Weise ausgenutzt, wenn dessen Verwendung im Rahmen einer vergleichenden Werbung bei den angesproche-

---

[42] EuGH GRUR 2007, 69 Rn. 46 – *LIDL Belgium/Colruyt*.
[43] BGH GRUR 2004, 607, 612 – *Genealogie der Düfte*; BGH GRUR 2005, 172, 175 – *Stresstest*; BGH GRUR 2010, 161, 165 – *Gib mal Zeitung*.
[44] Begr. RegE, ebenda; BGH GRUR 2004, 607, 612 – *Genealogie der Düfte*.
[45] BGH GRUR 2005, 172, 175 – *Stresstest*; BGH GRUR 2010, 161, 165 – *Gib mal Zeitung*.
[46] Vgl. BGH WRP 1997, 549, 551 – *Dauertiefpreise*; GRUR 1999, 69, 71 – *Preisvergleichsliste II*.
[47] BGH GRUR 2010, 161, 165 – *Gib mal Zeitung*, m.w.N.
[48] EuGH GRUR 2008, 698 Rn. 59 – *O2 und O2 (UK)/H3G*.

nen Verkehrskreisen eine **Assoziation** zwischen dem Werbenden und dem Mitbewerber in der Weise hervorruft, dass der Ruf der Erzeugnisse des Mitbewerbers auf die Erzeugnisse des Werbenden **übertragen** wird.[49] Kennzeichnend für die Ausnutzung ist somit die Übertragung der Wertvorstellung von einer fremden Ware oder Dienstleistung auf die eigene („Imagetransfer"). Ob die Voraussetzung erfüllt ist, hängt von den Umständen des Einzelfalls, insbesondere von der Präsentation der vergleichenden Werbung und von den angesprochenen Verkehrskreisen ab.[50] Eine unlautere Rufausnutzung liegt aber jedenfalls dann nicht vor, wenn ein Hinweis auf das Kennzeichen des Mitbewerbers für eine objektive Unterscheidung der Erzeugnisse und damit für einen wirksamen Wettbewerb auf dem fraglichen Markt unerlässlich ist.[51] Vielmehr müssen **über die bloße Nennung der Marke hinausreichende Umstände** hinzutreten, um den Vorwurf wettbewerbswidriger Rufausnutzung oder Rufbeeinträchtigung zu begründen.[52] Das gleiche gilt für eine **Rufbeeinträchtigung**, worunter die Herabsetzung oder Verunglimpfung des Kennzeichens eines Mitbewerbers zu verstehen ist.

V. Herabsetzung und Verunglimpfung (Nr. 5)

28   Nach § 6 Abs. 2 Nr. 5 UWG ist zudem ein Vergleich unlauter, wenn darin die Waren, Dienstleistungen, Tätigkeiten oder persönlichen oder geschäftlichen Verhältnisse eines Mitbewerbers herabgesetzt oder verunglimpft werden. Erfasst werden alle herabsetzenden Äußerungen, unabhängig davon, ob sie erweislich wahr sind oder nicht. Die Regelung stellt damit gewissermaßen eine Ergänzung des § 4 Nr. 2 UWG („Anschwärzung") dar.[53] Ob eine Herabsetzung oder Verunglimpfung vorliegt, ist nicht nach den Vorstellungen und Absichten des Werbenden, sondern nach dem Eindruck der angesprochenen Verkehrskreise zu beurteilen.[54] Maßgeblich ist, ob die angegriffene Werbeaussage sich noch in den Grenzen einer sachlich gebotenen Erörterung hält oder aus der Sicht des angesprochenen Verkehrskreises bereits eine pauschale Abwertung der fremden Erzeugnisse darstellt. Zu fragen ist also einerseits, ob die betreffende Werbebotschaft für die Unterrichtung der Verbraucher über die Vorteile des eigenen Angebots und damit Verbesserung der Markttransparenz nützlich ist oder ob auch eine weniger einschneidende Äußerung ausreichend gewesen wäre. Andererseits ist aber auch zu berücksichtigen, dass Werbung häufig von Humor und Ironie lebt und begleitet wird und gerade auch pointierte Werbung vom angesprochenen Verkehr als Ausdruck lebhaften Wettbewerbs empfunden wird.[55] Zu den mit jedem Werbevergleich verbundenen negativen Wirkungen für die Konkurrenz müssen besondere Umstände hinzutreten, die ihn als **unangemessen abfällig, abwertend oder unsachlich** erscheinen lassen.[56] Zudem stellt eine humorvolle oder ironische Anspielung auf einen Mitbewerber oder dessen Produkte in einem Werbevergleich erst dann eine unzulässige Herabsetzung dar, wenn sie den Mitbewerber dem **Spott oder der Lächerlichkeit preisgibt** oder von den Adressaten der Werbung wörtlich und damit ernst genommen und daher als Abwertung verstanden wird.[57]

---

[49] BGH GRUR 2010, 161, 166 – *Gib mal Zeitung*, m.w.N.
[50] BGH GRUR 2004, 607, 611 – *Genealogie der Düfte*.
[51] Vgl. Erwägungsgrund 14 und 15 der Werberichtlinie.
[52] BGH GRUR 2010, 161, 166 – *Gib mal Zeitung*, m.w.N.
[53] Begr. RegE zu § 2 UWG a.F., WRP 2000, 555, 560.
[54] BGH GRUR 1999, 501, 503 – *„Vergleichen Sie"*.
[55] BGH GRUR 2010, 161, 164 – *Gib mal Zeitung*; BGH GRUR 2002, 72, 74 – *Preisgegenüberstellung im Schaufenster*.
[56] BGH GRUR 2010, 443, 444 – *Saugeinlagen*, m.w.N.
[57] BGH GRUR 2010, 161, 164 – *Gib mal Zeitung*.

VI. Darstellung einer Ware als Imitation oder Nachahmung (Nr. 6)

Schließlich ist nach § 6 Abs. 2 Nr. 6 UWG der Vergleich unzulässig, wenn er eine Ware oder Dienstleistung als **Imitation oder Nachahmung** einer unter einem geschützten Kennzeichen vertriebenen Ware oder Dienstleistung darstellt. Hierin wird eine Geschäftspraxis gesehen, die den Wettbewerb verzerren, den Mitbewerber schädigen und die Entscheidung der Verbraucher negativ beeinflussen kann.[58]

Das Verbot setzt voraus, dass die Werbung das eigene Produkt offen als Imitation oder Nachahmung darstellt. Dafür genügt es aber, dass der Vergleich erkennen lässt, dass die angebotene Ware oder Dienstleistung eine Imitation oder Nachahmung der Markenware oder Markendienstleistung ist. Unzulässig sind nicht nur solche Werbebotschaften, die den Gedanken an eine Imitation oder Nachahmung ausdrücklich wecken, sondern auch solche, die in Anbetracht ihrer Gesamtdarstellung und des wirtschaftlichen Kontextes im jeweiligen Fall geeignet sind, den betreffenden Verkehrskreisen diesen Gedanken implizit zu vermitteln.[59]

Allerdings ist es umgekehrt nicht ausreichend, wenn das beworbene Produkt erst auf Grund zu ermittelnder weiterer Umstände als Imitat erkennbar wird, die **außerhalb der Gesamtdarstellung der Werbung** und des präsenten Wissens der durch sie angesprochenen Adressaten liegen. Denn das Verbot § 6 Abs. 2 Nr. 6 UWG beruht nicht darauf, dass das Produkt eines Mitbewerbers nachgeahmt wird. Anknüpfungspunkt ist vielmehr der Umstand, dass das beworbene Produkt offen als Imitation oder Nachahmung des mit einem geschützten Zeichen versehenen Produkts dargestellt wird. Aus diesem Grund fehlt der Darstellung selbst aber die erforderliche deutliche Bezugnahme auf die nachgeahmten Markenprodukte, wenn die Verbindung zwischen dem Imitat oder der Nachahmung und dem Originalprodukt allein auf Grund außerhalb der Gesamtdarstellung der Werbung liegender Umstände hergestellt wird.[60]

---

[58] Erwägungsgrund 9 der Werberichtlinie; EuGH GRUR 2009, 756 Rn. 68, 69, 72 – *L'Oréal/Bellure*.

[59] EuGH GRUR 2009, 756 Rn. 75 – *L'Oréal/Bellure*; BGH GRUR 2010, 343 Rn. 29 – *Oracle*; a.A. noch BGH GRUR 2008, 726 Rn. 19 – *Duftvergleich mit Markenparfüm*.

[60] BGH GRUR 2011, 1153 Rn. 32 – *Creation Lamis*.

§ 14. Unzumutbare Belästigung (§ 7 UWG)

Inhaltsübersicht

	Rn.
A. Inhalt und Zweck der Vorschrift	1
B. Grundtatbestand (§ 7 Abs. 1 S. 1 UWG)	7
I. Werbung und sonstige geschäftliche Handlungen	7
II. Belästigung	8
III. Unzumutbarkeit	9
C. Erkennbar unerwünschte Werbung (§ 7 Abs. 1 Satz 2 UWG)	12
D. Stets unzumutbare Belästigungen (§ 7 Abs. 2 UWG)	13
I. Werbung gegen den Willen des Empfängers (§ 7 Abs. 2 Nr. 1 UWG)	14
II. Telefonwerbung gegenüber Verbrauchern (§ 7 Abs. 2 Nr. 2 Alt. 1 UWG)	15
III. Telefonwerbung gegenüber sonstigen Marktteilnehmern (§ 7 Abs. 2 Nr. 2 Alt. 2 UWG)	19
IV. Werbung mit automatischen Anrufmaschinen, Faxgeräten oder elektronischer Post (§ 7 Abs. 2 Nr. 3 und Abs. 3 UWG)	21
V. Verschleierung oder Verheimlichung der Identität des Absenders bei elektronischen Nachrichten (§ 7 Abs. 2 Nr. 4 UWG)	24
E. Weitere Fallgruppen	26
I. Ansprechen in der Öffentlichkeit	27
II. Haustürwerbung	32
III. Zusendung unbestellter Waren und Erbringung unbestellter Dienstleistungen	36
IV. Belästigende Werbemethoden im Internet	39

Schrifttum: *Alexander,* Neuregelungen zum Schutz der Verbraucher bei unerlaubter Telefonwerbung, JuS 2009, 1070; *Ayad/Schafft,* Einwilligung ins Direktmarketing – formularmäßig unwirksam?, BB 2002, 1711; *Becker,* Anruf in Abwesenheit!? Der Ping-Anruf – Ein „Klassiker" neu aufgelegt, WRP 2011, 808; *Bernreuther,* Neues zur Telefonwerbung, WRP 2009, 390; *ders.,* Zulässigkeit von Telefonwerbung, MMR 2012, 284; *Bierekoven,* Die BDSG-Novelle II und ihre Folgen für die Werbung, IPRB 2010, 15; *Buchner,* Die Einwilligung im Datenschutzrecht, DuD 2010, 39; *Burmeister,* Belästigung als Wettbewerbsverstoß, 2006; *Busche/Kraft,* Werbung per electronic mail: Eine neue Herausforderung für das Wettbewerbsrecht, WRP 1998, 1142; *S. Decker,* Zusendung unbestellter Ware, NJW 2001, 1474; *A. Decker,* Ähnlichkeit von Waren und Dienstleistungen im Rahmen der Privilegierung von E-Mail-Werbung nach § 7 Abs. 3 UWG, GRUR 2011, 774; *Dendorfer,* Aktives Telefonmarketing, 2003; *Engels,* Grenzen des Direktmarketing aus europarechtlicher, rechtsvergleichender und wettbewerbsrechtlicher Sicht, 2000; *Engels/Brunn,* Wettbewerbsrechtliche Beurteilung von telefonischen Kundenzufriedenheitsbefragungen, WRP 2010, 687; *dies.,* Ist § 7 Abs. 2 Nr. 2 UWG europarechtswidrig?, GRUR 2010, 886; *Engels/Stulz-Herrnstadt,* Aktuelle Rechtsfragen des Direktmarketings nach der UWG-Reform, WRP 2005, 1218; *Ernst,* Die Einwilligung in belästigende telekommunikative Werbung nach neuer Rechtslage in UWG und BDSG, WRP 2009, 1455; *ders.,* Headhunting per E-Mail, GRUR 2010, 963; *Fezer,* Telefonmarketing im b2 c- und b2 b-Geschäftsverkehr, WRP 2010, 1075; *Gruber,* E-mail-Werbung – Kundenfang oder legitimes Direktmarketing?, FS Koppensteiner, 2001, 381; *Haug,* Stellen Anrufe zu Zwecken der Kundenzufriedenheitsermittlung oder der Werbezustellungskontrolle Telefonwerbung dar?, K&R 2010, 767; *Hanloser,* „opt-in" im Datenschutzrecht und Wettbewerbsrecht, CR 2008, 713; *Heermann,* Vertrags- und wettbewerbsrechtliche Probleme bei der E-Mail-Nutzung, K&R 1999, 6; *Hug/Gaugenrieder,* Cold Calls in der Marktforschung?, WRP 2006, 1420; *Isele,* Das gezielte und individuelle Ansprechen von Passanten in öffentlichen Verkehrsräumen, GRUR 2008, 1061; *ders.,* Telefonwerbung: Was ist (noch) erlaubt?, GRUR-Prax 2011, 463; *Jankowski,* Nichts ist unmöglich! – Möglichkeiten der formularmäßigen Einwilligung in die Telefonwerbung, GRUR 2010, 495; *Klein/Insam,* Telefonische Abwerbung von Mitarbeitern am Arbeitsplatz und im Privatbereich, GRUR 2006, 379; *Klawitter,* Telefonakquisition im gewerblichen Bereich verboten?, NJW 1993, 1620; *Köhler,* Der Streit um die Telefonwerbung, FS Koppensteiner, 2001, 431; *ders.,* Zur wettbewerbsrechtlichen Zulässigkeit der telefonischen Ansprache von Beschäftigten am Arbeitsplatz zum Zwecke der Abwerbung, WRP 2002, 1; *ders.,* Neue Regelungen zum Verbraucherschutz bei Telefonwerbung und Fernabsatzverträgen, NJW 2009, 2567; *ders.,* Unbestellte Waren und Dienstleistungen – neue Normen, neue Fragen, GRUR 2012, 217; *ders.,* Ist die Regelung der Telefernwerbung im UWG richtlinienkonform?, WRP 2012, 1329; *Lange,* Werbefinanzierte Kommunikationsdienstleistungen, WRP 2002, 786; *Leible,* Haustürwerbung als unzumutbare Belästigung, FS 100 Jahre Wettbewerbszentrale, 2012, 139; *Leible/Sosnitza,* Telefonwerbung und Fernabsatzrichtlinie, K&R 1998, 283; Leistner/Pohlmann, E-Mail-Direktmarketing im neuen europäischen Recht und in der UWG-Reform, WRP 2003, 815; *Lenz/Rabe,* Telefonwerbung – Eine Betrachtung aus der Praxis der Versicherungswirtschaft, VersR 2010, 1541; *Lettl,* Rechtsfragen des Direktmarketings per Telefon und e-mail, GRUR 2000, 977; *ders.,* Die AGB-rechtliche Relevanz einer Option in der formularmäßigen Einwilligungserklärung zur Telefonwerbung, NJW 2001, 42; *ders.,* Werbung mit einem Telefonanruf gegenüber einem Verbraucher nach § 7 Ab. 2 Nr. 2 Alt. 1 UWG n.F., WRP 2009, 1315; *Leupold,* Die massenweise Versendung von Werbe-eMails: Innovatives Direktmarketing oder unzumutbare Belästigung des Empfängers?, WRP 1998, 270; Lindacher, Headhunting am Arbeitsplatz, FS Erdmann, 2002, 647; *Lober,* Spielend werben: Rechtliche Rahmenbedingungen des Ingame-Advertising, MMR 2006, 643; *Mankowski,* Scheibenwischerwerbung und andere belästigende Werbung an Auto und Fahrrad, GRUR 2010, 578; *ders.,* Postwurfsendungen nein danke!, WRP 2012, 269; *Mederle,* Die Regulierung von Spam und unerbetenen kommerziellen E-Mails, 2010; *Meyer,* Briefkastenwerbung in Plastikfolie und Gratiszeitungen, WRP 2012, 788; *Möller,* Die Änderung der rechtlichen Rahmenbedingungen des Direktmarketings, WRP 2010, 321; Mummenhoff, Persönlichkeitsschutz gegen unerbetene Werbung auf privaten Telefonanschlüssen, 2011; *Nemeczek,* Neueste gesetzgeberische Bemühungen um die Bestätigungslösung bei unerlaubter Telefonwerbung, WRP 2011, 530; *Nippe,* Belästigung zwischen Wettbewerbshandlung und Werbung, WRP 2006, 951; von *Nussbaum/Krienke,* Telefonwerbung gegenüber Verbrauchern nach dem Payback-Urteil, MMR 2009, 372; *Paschke,* Zur Liberalisierung des Rechts des Telefonmarketing, WRP 2002, 1219; *Pauli,* Die Einwilligung in Werbung bei Gewinnspielen, WRP 2011, 1232; *ders.,* Die Einwilligung in Telefonwerbung per AGB bei der Gewinnspielteilnahme – Trotz verschärfter Gesetze ein Lichtblick für werbende Unternehmen, WRP 2009, 1192; *ders./Jankowski,* Rechtliche Aspekte der Telefonwerbung im B-to-B-Bereich, GRUR 2007, 118; *Peifer,* Neue Regeln für die Datennutzung zu Werbezwecken, MMR 2010, 524; *Plath/Frey,* Direktmarketing nach der BDSG-Novelle: Grenzen erkennen, Spielräume optimal nutzen, BB 2009, 1762; *Pohle,* Rechtliche Aspekte des Mobile Marketing, K&R 2008, 711; *Quiring,* Gedanken zur Mitarbeiteranwerbung am Telefon, WRP 2001, 470; *van Raay-Meyer/van Raay,* Opt-in, Opt-out und (k)ein Ende der Diskussion, VuR 2009, 103; *Raczinski/Bernhardt,* Rechtsfragen der Telefonakquise, VersR 1992, 405; *Rath-Glawatz,* Rechtsfragen der Haushaltswerbung (Briefkastenwerbung), K&R 2007, 295; *Reich,* Die wettbewerbsrechtliche Beurteilung der Haustürwerbung in Deutschland, 2010; *dies.,* Die wettbewerbsrechtliche Beurteilung der Haustürwerbung, GRUR 2011, 589; *Reufels,* Neue Fragen der wettbewerbsrechtlichen Bewertung von „Headhunting", GRUR 2001, 214; *Sachs,* Marketing, Datenschutz und das Internet, 2008; *Schmidt,* Telefonische Abwerbung – neue Sitten braucht das Land?, WRP 2001, 1138; *Schmitz/Eckhardt,* AGB-Einwilligung in Werbung, CR 2006, 533; *Schricker,* Zur wettbewerbsrechtlichen Bewertung der Telefonwerbung im geschäftlichen Bereich, GRUR Int. 1998, 541; *Schwab,* Denn sie wissen, was sie tun – notwendige wettbewerbsrechtliche Neubewertung des Anreißens bei unaufgefordertem Ansprechen von Passanten in der Öffentlichkeit, GRUR 2002, 579; *Schweizer,* Grundsätzlich keine Anwendbarkeit des UWG auf die Medien- und insgesamt auf die Markt- und Meinungsforschung, ZUM 2010, 400; *Seichter/Witzmann,* Die Einwilligung in die Telefonwerbung, WRP 2007, 699; *Sokolowski,* E-Mail-Werbung als Spamming, WRP 2008, 888; *Splittgerber/Zscherpe/Goldmann,* Werbe-E-Mails – Zulässigkeit und Verantwortlichkeit, WRP 2006, 178; *Tonner/Reich,* Die Entwicklung der wettbewerbsrechtlichen Beurteilung der Telefonwerbung, VuR 2009, 95; *Trube,* Zur telefonischen Abwerbung von Beschäftigten, WRP 2001, 97; *Wahl,* Die Einwilligung des Verbrauchers in Telefonwerbung durch AGB, WRP 2010, 599; von *Wallenberg,* Ist das Telefonmarketing gegenüber Verbrauchern tot?, BB 2009, 1768; *Wasse,* Endlich: Unzulässigkeit der Scheibenwischerwerbung nach dem UWG, WRP 2010, 191; *Weber,* E-Mail-Werbung im geschäftlichen Verkehr, WRP 2010, 462; *Wegmann,* Anforderungen an die Einwilligung in Telefonwerbung nach dem UWG, WRP 2007, 1141.

A. Inhalt und Zweck der Vorschrift

Nach § 7 Abs. 1 S. 1 UWG ist eine geschäftliche Handlung unzulässig, durch die ein Marktteilnehmer in unzumutbarer Weise belästigt wird. Dies soll nach Satz 2 der Vorschrift insbesondere für Werbung gelten, obwohl erkennbar ist, dass der angesprochene Marktteilnehmer diese Werbung nicht wünscht. Daneben sind in § 7 Abs. 2 UWG in Umsetzung von Unionsrecht Fälle aufgezählt, in denen stets – also ohne Wertungsmöglichkeit – eine unzumutbare Belästigung gegeben ist. In § 7 Abs. 3 UWG findet sich schließlich ein spezieller Rechtfertigungsgrund für die E-Mail- und SMS-Werbung.

§ 7 Abs. 2 Nrn. 1, 3, 4 und Abs. 3 UWG dienen der Umsetzung von Nr. 26 des Anhangs I der UGP-Richtlinie sowie Art. 13 der Datenschutzrichtlinie 2002/58/EG für elektronische Kommunikation. Im Übrigen lässt die UGP-Richtlinie Verbote belästigender Geschäftspraktiken, die die Entscheidungsfreiheit der Verbraucher nicht beeinträchtigen, ausdrücklich unberührt (Erwägungsgrund 7). Als Beispiel wird das Ansprechen von Personen auf der Straße zu Verkaufszwecken genannt und klargestellt, dass derartige Praktiken aus „Gründen der guten Sitten und des Anstands" verboten werden dürfen.

Die Vorschrift schützt Verbraucher und andere Marktteilnehmer vor unzumutbaren Belästigungen und knüpft damit an die unter § 1 UWG a.F. anerkannte Fallgruppe der belästigenden Werbung an. Damit werden solche Werbemethoden erfasst, die bereits wegen der **Art und Weise** unabhängig von ihrem Inhalt als Belästigung empfunden werden.[1] Die Belästigung ist dadurch gekennzeichnet, dass die **Werbung den Empfängern „aufgedrängt"** wird, diese also der Werbung ohne oder gegen ihren Willen ausgesetzt werden.[2] § 7 UWG bezweckt damit in erster Linie den Schutz der privaten oder beruflichen Sphäre, bzw., soweit sich die geschäftliche Handlung an Unternehmer richtet, die Ungestörtheit der Betriebsabläufe.[3]

Allerdings ist der Topos der „Individualsphäre"[4] nicht geeignet, das hinter der Abwehr von Belästigungen stehende Schutzgut hinreichend zu erfassen. Gerade beim Einsatz moderner Kommunikationsmittel lassen sich die individuelle und öffentliche Sphäre nicht trennscharf unterscheiden. Vielmehr gehen die Grenzen fließend ineinander über. Einen im allgemeinen Persönlichkeitsrecht verwurzelten Anknüpfungspunkt bildet das „Recht, in Ruhe gelassen zu werden", das im US-amerikanischen Recht (*right to be let alone*) als Kerngedanke des Persönlichkeitsschutzes angesehen wird;[5] der Ausdruck geht auf die Pioniere des *Right of Privacy Warren* und *Brandeis*[6] zurück. Die Eigenart der belästigenden Werbung besteht darin, dass **Werbung auf Kosten der Empfänger** betrieben wird, das heißt Ressourcen der Werbeadressaten, wie Zeit, Arbeitskraft und materielle Aufwendungen für die Entgegennahme, Prüfung und gegebenenfalls Beseitigung der Werbung in Anspruch genommen werden. Außerdem wird der Werbeadressat der Gefahr ausgesetzt, dass er eine Kaufentscheidung nur deshalb trifft, weil er vom Werbenden ohne oder gegen seinen Willen in eine bestimmte Situation gebracht wurde, insbesondere weil er den Werber loswerden will oder weil er überrumpelt wird. Zudem kann eine bei isolierter Betrachtung unerhebliche Belästigung Mitbewerber **zur Nachahmung veranlassen**. Während etwa eine einzelne Werbe-E-Mail womöglich noch eine nur geringfügige Belästigung darstellt, kön-

---

[1] Begr. RegE, BT-Drucks. 15/1487, S. 20 (zu § 7 UWG).
[2] Begr. RegE, ebenda.
[3] BGH GRUR 2010, 939 Rn. 20 – *Telefonwerbung nach Unternehmenswechsel*.
[4] Siehe BGH GRUR 1970, 523, 524 – *Telefonwerbung I*.
[5] Siehe dazu *Götting*, Persönlichkeitsrechte als Vermögensrechte, S. 178.
[6] 4 Harv. L. Rev. 193, 196 (1890).

nen in Massen versendete unverlangte E-Mails zu ganz erheblichen Behinderungen führen („Spamming")._[7]_

5   Demgegenüber ist der **Schutz der Entscheidungsfreiheit von Verbrauchern und anderen Marktteilnehmern nicht Gegenstand des § 7 UWG**.[8] Es geht allein um den Schutz vor unzumutbarer Belästigung, an dem unabhängig von einer etwaigen Beeinträchtigung der Entscheidungsfreiheit ein ganz erhebliches Interesse seitens der dadurch angesprochenen Marktteilnehmer bestehen kann. Für diese Unterscheidung spricht bereits die systematische Trennung der Belästigung von den in §§ 4a, 5 und 5a UWG genannten Aspekten. Zudem unterscheidet auch das Unionsrecht zwischen der Beeinträchtigung der Entscheidungsfreiheit durch aufdringliche Geschäftspraktiken (Art. 8 der UGP-Richtlinie) und der reinen Störung der Privat- oder Geschäftssphäre durch belästigende Werbung (Art. 13 der Datenschutzrichtlinie für elektronische Kommunikation). Der erforderliche Wettbewerbsbezug der Interessen der Verbraucher, den wettbewerblichen Annäherungen der Wettbewerber nicht uneingeschränkt ausgesetzt zu sein, ergibt sich aus der gesteigerten Gefährdung der Marktteilnehmer, die im Wettbewerb höher ausfällt als außerhalb des Wettbewerbs.

6   Maßgeblich ist der **Schwerpunkt des Unlauterkeitsvorwurfs**. So wird bei der Telefon-, Telefax- oder E-Mail-Werbung der Aspekt der Belästigung im Vordergrund stehen, während die Werbung unter Ausnutzung einer Notsituation wegen der Ausnutzung der dabei beeinträchtigten Entscheidungsfreiheit als unlauter erscheint.

B. Grundtatbestand (§ 7 Abs. 1 S. 1 UWG)

I. Werbung und sonstige geschäftliche Handlungen

7   § 7 Abs. 1 S. 1 UWG spricht, anders als § 7 Abs. 1 S. 2, Abs. 2 und 3 UWG, nicht nur von Werbung, sondern **von geschäftlichen Handlungen**. In der Begründung zum UWG 2004 wurde deutlich gemacht, dass der Tatbestand des § 7 UWG nicht auf Werbung beschränkt sein sollte. Vielmehr sollten beispielsweise auch Aufforderungen zur Abgabe von Meinungsäußerungen erfasst sein, wenn hierfür eine Mehrwertdiensterufnummer gewählt werden muss.[9] Die Vorschrift erstreckt sich daher auf alle Handlungen vor, bei und nach Vertragsschluss, sofern sie in einem objektiven Zusammenhang mit der Förderung des Absatzes oder Bezugs oder mit dem Abschluss oder der Durchführung eines Vertrages stehen. Dies gilt etwa für belästigende Telefonanrufe nach Vertragsschluss mit dem Ziel, den Angerufenen zur Vertragsauflösung zu bewegen.

II. Belästigung

8   Die geschäftliche Handlung muss belästigend sein. Belästigend ist ein geschäftliches Herantreten, wenn dem Empfänger die Auseinandersetzung mit einer bestimmten geschäftlichen Information **aufgedrängt** wird und dies bereits wegen der **Art und Weise unabhängig**

---

[7] *Ohly*/Sosnitza, UWG, § 7 Rn. 2.
[8] *Ohly*/Sosnitza, UWG, § 7 Rn. 1; vgl. aber auch *ders.*, a.a.O., Rn. 34 a.E.; GroßkommUWG/*Pahlow*, § 7 Rn. 20; ebenso nunmehr *Köhler*/Bornkamm, UWG, § 7 Rn. 3; a.A. Fezer/*Mankowski*, UWG, § 7 Rn. 43; Harte/Henning/*Schöler*, UWG, § 7 Rn. 36.
[9] Begr. RegE, BT-Drucks. 15/1487, S. 20.

B. Grundtatbestand (§ 7 Abs. 1 S. 1 UWG)

vom Inhalt als störend empfunden wird.[10] Nicht erfasst ist Werbung, die lediglich wegen ihres Inhalts als anstößig empfunden wird.[11]

III. Unzumutbarkeit

Die Belästigung muss ferner unzumutbar sein. Das Tatbestandsmerkmal der Unzumutbarkeit trägt dem Umstand Rechnung, dass nicht jede geringfügige Belästigung ausreichen kann. Denn zu berücksichtigen ist, dass jeder Werbung ein gewisses Maß an Belästigung innewohnt, das der Einzelne als „Gemeinschaftswesen" hinnehmen muss, da er keinen Anspruch darauf hat, im öffentlichen Raum von jeder ihm unangenehmen werblichen Beeinflussung abgeschottet zu werden. Zudem ist nicht jede Belästigung durch Werbung in einer Marktwirtschaft vermeidbar und auch die Interessen des Werbenden verdienen Berücksichtigung. Auf der Seite des Adressaten sind insbesondere die durch Art. 8 EMRK, Art. 7 EU-Grundrechtecharta, Art. 2 Abs. 1 i.V.m. Art. 1 Abs. 1 GG geschützte Privatsphäre sowie im Fall von Werbung gegenüber Gewerbetreibenden, die Berufsfreiheit (Art. 15 EU-Grundrechtecharta und Art. 12 GG) zu berücksichtigen. Zudem garantiert Art. 5 Abs. 1 GG die negative Informationsfreiheit, also den Schutz vor aufgedrängter Information. Demgegenüber ist auf Seiten des Werbenden der Schutz seiner Meinungsfreiheit (Art. 10 EMRK; Art. 11 EU-Grundrechtecharta; Art. 5 GG) und der Berufsfreiheit zu beachten (Art. 15 EU-Grundrechtecharta und Art. 12 GG).

Dementsprechend wird auch in der Gesetzesbegründung hervorgehoben, dass durch den Tatbestand der unzumutbaren Belästigung nur Fälle erfasst werden sollen, in denen sich die Belästigung zu einer solchen Intensität verdichtet hat, dass sie von einem großen Teil der Verbraucher als **unerträglich** empfunden wird.[12] Abzustellen ist bei Konkretisierung der „Unzumutbarkeit" auf einen durchschnittlich empfindlichen und verständigen Adressaten, also weder einer besonders robusten noch einer übersensiblen Person.[13]

Für die Beurteilung ist zum einen die **Intensität des Eingriffs** maßgeblich.[14] Zu fragen ist insbesondere, ob der Eingriff in die Intim- oder Privatsphäre erfolgt, oder ob er sich lediglich als Störung in der Öffentlichkeit oder betrieblichen Abläufe darstellt. Zu berücksichtigen ist ferner, inwiefern der Werbende auf die fragliche Werbemethode angewiesen ist und welche **Ausweichmöglichkeiten** auf andere, ähnlich effektive Werbemittel bestehen. Gleiches gilt für etwaige Ausweichmöglichkeiten des Adressaten, also die Frage, welches Maß an Zeit, Arbeit und Kosten der Adressat aufwenden muss, um der Werbung zu entgehen oder sich ihrer zu entledigen. Schließlich ist auch die drohende **Sogwirkung bzw. die Nachahmungsgefahr** der Werbemethode zu bewerten. Gerade bei der Verwendung kostengünstiger Werbemethoden besteht die Gefahr, dass andere Mitbewerber zur Nachahmung gezwungen sind, um im Wettbewerb nicht zurückzufallen. Somit kann die Unlauterkeit auch für Fälle gegeben sein, in denen zwar eine einzelne Handlung lediglich als unerhebliche Belästigung anzusehen ist, in Zukunft aber mit einer erheblichen Zahl weiterer Handlungen gerechnet werden muss, die in ihrer Summe eine wesentliche Belästigung darstellen (Summenwirkung).

---

[10] BGH GRUR 2011, 747 Rn. 17 – *Kreditkartenübersendung* m.w.N.
[11] BVerfG GRUR 2001, 170, 173 f. – *Benetton-Werbung I*; 2003, 442, 444 – *Benetton-Werbung II*.
[12] Begr. RegE, BT-Drucks. 15/1487, S. 21 (zu § 7 Abs. 1 UWG).
[13] BGH GRUR 2010, 939 Rn. 24 – *Telefonwerbung nach Unternehmenswechsel*; 2010, 1113 Rn. 15 – *Grabmalwerbung*; 2011, 747 Rn. 17 – *Kreditkartenübersendung*.
[14] Vgl. zum folgenden auch *Köhler*/Bornkamm, UWG, § 7 Rn. 23 ff.; *Ohly*/Sosnitza; UWG, § 7 Rn. 25.

C. Erkennbar unerwünschte Werbung (§ 7 Abs. 1 Satz 2 UWG)

12 Nach § 7 Abs. 1 S. 2 UWG gilt die Regelung des § 7 Abs. 1 Satz 1 UWG „insbesondere für Werbung, obwohl erkennbar ist, dass der angesprochene Marktteilnehmer diese Werbung nicht wünscht". Ein erkennbarer entgegenstehender Wille des Adressaten ist somit zu respektieren. Erkennbar ist der entgegenstehende Wille des Empfängers insbesondere dann, wenn die Ablehnung gegenüber dem Werbenden erklärt wurde, etwa durch einen Briefkastenaufkleber („Werbung unerwünscht") oder durch die Aufforderung an den Werber, das Haus zu verlassen (vgl. auch Nr. 26 des Anhangs zu § 3 Abs. 3 UWG). Darüber hinaus kann sich ein entgegenstehender Wille auch auf Grund der äußeren Umstände ergeben. Die bloße objektive Interessenlage dürfte allerdings nicht genügen.

D. Stets unzumutbare Belästigungen (§ 7 Abs. 2 UWG)

13 Der generalklauselartige Begriff der „unzumutbaren Belästigungen" nach Abs. 1 wird in Abs. 2 durch die in Nr. 1–4 statuierten Fallgruppen konkretisiert. Bei diesen Fällen ist „stets" eine unzumutbare Belästigung anzunehmen. Im Gegensatz zur Generalklausel des § 7 Abs. 1 UWG bedarf die Unzumutbarkeit der Beeinträchtigung also keiner gesonderten Feststellung.

I. Werbung gegen den Willen des Empfängers (§ 7 Abs. 2 Nr. 1 UWG)

14 Nach § 7 Abs. 2 Nr. 1 UWG ist eine unzumutbare Belästigung stets anzunehmen „bei Werbung unter Verwendung eines in den Nummern 2 und 3 nicht aufgeführten, für den Fernabsatz geeigneten Mittels der kommerziellen Kommunikation, durch die ein Verbraucher hartnäckig angesprochen wird, obwohl er dies erkennbar nicht wünscht". Die Vorschrift dient der Umsetzung der Nr. 26 S. 1 des Anhangs I der UGP-Richtlinie.[15] Im Vergleich zu § 7 Abs. 1 S. 2 UWG ist die Regelung enger, weil sie zum einen nur auf bestimmte Fernkommunikationsmittel beschränkt ist, nämlich insbesondere **Briefe, Prospekte oder Kataloge** (nicht dagegen Telefon, Telefax oder E-Mail, da diese Formen von § 7 Abs. 2 Nr. 2 und 3 UWG erfasst sind). Zum anderen setzt die Vorschrift **„Hartnäckigkeit"** voraus, die dann gegeben ist, wenn es wiederholt zu unerbetener Werbung kommt. Erkennbar unerwünscht ist die Ansprache beispielsweise bei einem Sperrvermerk am Briefkasten („Bitte keine Werbung einwerfen").[16] Fehlt es an der Hartnäckigkeit kommt aber ein Rückgriff auf den Grundtatbestand des § 7 Abs. 1 UWG in Betracht.[17]

II. Telefonwerbung gegenüber Verbrauchern (§ 7 Abs. 2 Nr. 2 Alt. 1 UWG)

15 Nach § 7 Abs. 2 Nr. 2 UWG ist eine unzumutbare und damit unzulässige Belästigung „stets anzunehmen bei Werbung mit einem Telefonanruf **gegenüber einem Verbraucher ohne dessen vorherige ausdrückliche Einwilligung** oder gegenüber einem sonstigen Markt-

---

[15] Vgl. BT-Drs. 16/10145 S. 29.
[16] Begr. RegE UWG 2004, BT-Drucks 15/1487 S. 21.
[17] *Ohly*/Sosnitza, UWG, § 7 Rn. 34.

D. Stets unzumutbare Belästigungen (§ 7 Abs. 2 UWG)

teilnehmer ohne dessen zumindest mutmaßliche Einwilligung". Die Vorschrift differenziert somit zwischen der Telefonwerbung gegenüber Verbrauchern und gegenüber sonstigen Marktteilnehmern.

Mit dem Verbot der unerbetenen Telefonwerbung („cold calling") hat sich der Gesetzgeber unter Ausnutzung des durch Art. 13 Abs. 3 der Datenschutzrichtlinie[18] eröffneten Spielraums für die Fälle der **individuellen Telefonwerbung gegenüber Verbrauchern** gegen heftigen Widerstand[19] für die sog. **opt-in-Lösung** entschieden. Dies entspricht dem vom BGH unter § 1 UWG a. F. in ständiger Rechtsprechung aufgestellten Grundsatz, dass Telefonwerbung gegenüber privaten Verbrauchern wettbewerbswidrig ist, sofern der Angerufene nicht zuvor ausdrücklich oder stillschweigend sein Einverständnis erklärt hat.[20] Dies steht auch in Einklang mit den Vorschriften über Fernabsatzverträge (§§ 312c ff. BGB), da diese keine Regelung darüber treffen, ob die Telefonwerbung wettbewerbsrechtlich zulässig ist, sondern lediglich Informationspflichten für den Fall der telefonischen Vertragsanbahnung aufstellen (§ 312d BGB). Zur Rechtfertigung der Einschränkung der Telefonwerbung gegenüber **Privatpersonen** wird zutreffend darauf hingewiesen, dass mit einem Anruf ein erheblicher Eingriff in die Individualsphäre des Anschlussinhabers verbunden ist, da dieser veranlasst wird, das Gespräch zunächst aufzunehmen und wegen der Ungewissheit über den Zweck des Anrufs meist genötigt ist, sich auf das Gespräch einzulassen, z.B. eine Werbung zur Kenntnis zu nehmen, bevor er sich entscheiden kann, ob er das Gespräch fortsetzen will oder nicht.[21] Gerade weil sich der Anschlussinhaber gegen das Eindringen in seine Privatsphäre nicht von vornherein wehren kann, ist schon das **Anrufen als solches wegen Belästigung anstößig**.[22]

Da mit § 7 Abs. 2 Nr. 2 Alt. 1 UWG die Bestimmung des Art. 13 der Datenschutzrichtlinie für elektronische Kommunikation umgesetzt wurde, ist der **Begriff der „Einwilligung"** richtlinienkonform zu bestimmen. Art. 2 S. 2 lit. f der Richtlinie 2002/58/EG verweist für die Definition der Einwilligung auf Art. 2 lit. h der Richtlinie 95/46/EG zum Schutz natürlicher Personen bei der Verarbeitung personenbezogener Daten und zum freien Datenverkehr. Danach ist Einwilligung „**jede Willensbekundung, die ohne Zwang, für den konkreten Fall und in Kenntnis der Sachlage erfolgt**".[23] Formvorschriften bestehen zwar nicht, jedoch muss die Einwilligung ausdrücklich erfolgen. Der Verbraucher muss schriftlich oder mündlich zum Ausdruck bringen, dass er **im konkreten Fall** mit einem Anruf einverstanden ist. Dies ist beispielsweise gegeben, wenn der Verbraucher Anrufen zu bestimmten Zwecken durch Ankreuzen einer bestimmten AGB-Klausel zugestimmt hat („**Opt-In**"). Eine konkludente Einwilligung genügt seit der Änderung des § 7 Abs. 2 UWG durch das Gesetz zur Bekämpfung unerlaubter Telefonwerbung nicht mehr.[24] Opt-In-Klauseln mit Wahl-Möglichkeit in Allgemeinen Geschäftsbedingungen müssen zudem den Anforderungen des § 307 Abs. 1 S. 2 BGB (Transparenzgebot) genügen und müssen hinrei-

---

[18] Richtlinie 2002/58/EG des Europäischen Parlaments und des Rates v. 12. Juli 2002 über die Verarbeitung personenbezogener Daten und den Schutz der Privatsphäre in der elektronischen Kommunikation (Datenschutzrichtlinie für elektronische Kommunikation), ABl. EG Nr. L 201.
[19] Siehe Beschlussempfehlung und Bericht des Rechtsausschusses (6. Ausschuss) zu dem Gesetzentwurf der Bundesregierung (Drucks. 15/1487), Entwurf eines Gesetzes gegen den unlauteren Wettbewerb UWG, BT-Drucks. 15/2795, S. 38 ff.
[20] Siehe BGHZ 54, 188, 190 = GRUR 1970, 523 – *Telefonwerbung I*; BGH GRUR 1989, 753, 754 – *Telefonwerbung II*; 1990, 280, 281 – *Telefonwerbung III*; 1991, 764, 765 – *Telefonwerbung IV*; 1995, 220, 221 – *Telefonwerbung V*; WRP 1999, 847, 851 – *Private Vorsorge bei Arbeitslosigkeit*; 2000, 722, 723 – *Telefonwerbung VI*.
[21] Begr. RegE, BT-Drucks. 15/1487, S. 21 (zu § 7 Abs. 2 Nr. 2 UWG).
[22] Begr. RegE, ebenda.
[23] BGH GRUR 2013, 531 Rn. 23 – *Einwilligung in Werbeanrufe II*.
[24] Begr. RegE, BT-Drucks 16/10 734 S. 13.

chend konkretisiert sein, damit erkennbar ist, welches Unternehmen zu welchen Zwecken anrufen darf.[25] Nicht ausreichend sind Erklärungen ohne Wahlmöglichkeit oder bereits „vorangekreuzte" Einwilligungsklauseln („Opt-out"-Klauseln). Gleiches gilt für unbeschränkte Generaleinwilligungen oder eine nachträgliche Zustimmung (Genehmigung i. S. v. 184 Abs. 1 BGB).

18 Die Darlegungs- und Beweislast für die Voraussetzungen einer wirksamen Einwilligung trägt der Werbende, da es sich bei § 7 Abs. 2 Nr. 2 UWG um ein Verbot mit Einwilligungsvorbehalt handelt. Ein vorsätzlich oder fahrlässig begangener Verstoß stellt schließlich nach § 20 Abs. 1 UWG zudem eine Ordnungswidrigkeit dar. Außerdem ist die Rufnummernunterdrückung verboten (§ 102 Abs. 2 TKG) und wird als Ordnungswidrigkeit geahndet (§ 149 Abs. 1 Nr. 17c TKG).

III. Telefonwerbung gegenüber sonstigen Marktteilnehmern (§ 7 Abs. 2 Nr. 2 Alt. 2 UWG)

19 Im Unterschied zu Telefonwerbung gegenüber Verbrauchern, ist die individuelle Telefonwerbung, die sich nicht an Verbraucher, sondern an sonstige Marktteilnehmer richtet, nicht nur bei Vorliegen eines ausdrücklichen oder konkludenten Einverständnisses, sondern auch dann zulässig, wenn ein **Einverständnis zu vermuten** ist.[26] Dies wird dann angenommen, wenn aufgrund konkreter Umstände ein sachliches Interesse des Anzurufenden am Anrufer vermutet werden kann.[27] Es kommt darauf an, ob im Einzelfall die Annahme gerechtfertigt ist, dass der Anzurufende den Anruf erwartet oder ihm jedenfalls positiv gegenübersteht; es ist also zu fragen, ob ein konkreter, aus dem Interessenbereich des Anzurufenden herzuleitender Grund vorliegt, der diese Art von Werbung rechtfertigen könnte.[28]

20 **Maßgebliche Beurteilungskriterien**[29] sind insbesondere die Erheblichkeit der Störung der betrieblichen Sphäre, die Art und Weise und die Anzahl der möglichen Anrufe, das Verhalten des Adressaten bei vorangegangenen gleichartigen Kontaktaufnahmen, die Art, Inhalt und Intensität einer bereits bestehenden Geschäftsverbindung, die Nähe des Angebots zum spezifischen Bedarf des umworbenen Unternehmens, eine etwaige Nachahmungsgefahr sowie die Günstigkeit bzw. die wirtschaftliche Bedeutung des Angebots. Schließlich hat der BGH eine mutmaßliche Einwilligung auch in einem Fall bejaht, in dem das Angebot einen sozial besonders billigenswerten Zweck verfolgte.[30] Das Risiko der Fehleinschätzung trägt der Anrufer, wobei allerdings keine zu hohen Anforderungen gestellt werden dürfen.[31]

---

[25] BGH WRP 2012, 1545 Rn. 57 – *AGB in Stromlieferungsverträgen*.
[26] Begr. RegE, ebenda.
[27] BGH GRUR 1991, 764, 765 – *Telefonwerbung IV*; 1995, 220, 221 – *Telefonwerbung V*; WRP 2001, 1068, 1070 – *Telefonwerbung für Blindenwaren*; GRUR 2008, 189 – *Suchmaschineneintrag*; 2010, 939 Rn. 20 – *Telefonwerbung nach Unternehmenswechsel*.
[28] BGH GRUR 1991, 764, 765 – *Telefonwerbung IV*; WRP 2001, 1068, 1070 – *Telefonwerbung für Blindenwaren*.
[29] Vgl. hierzu *Ohly*/Sosnitza, UWG, § 7 Rn. 57.
[30] BGH GRUR 2001, 1181, 1183 – *Telefonwerbung für Blindenwaren*.
[31] OLG Frankfurt K&R 2002, 252, 253 f.; Harte/Henning/*Ubber*, UWG, § 7 Rdn. 142.

IV. Werbung mit automatischen Anrufmaschinen, Faxgeräten oder elektronischer Post (§ 7 Abs. 2 Nr. 3 und Abs. 3 UWG)

Nach § 7 Abs. 2 Nr. 3 UWG ist die Werbung unter Verwendung von automatischen Anrufmaschinen, Faxgeräten oder elektronischer Post (E-Mail) **nur mit Einwilligung** des Adressaten zulässig. Dieser Einwilligungsvorbehalt geht über Art. 13 Abs. 5 der Datenschutzrichtlinie[32] hinaus, wonach die Einwilligung für elektronische Kommunikation nur dann zwingend ist, wenn der Adressat der Werbung eine natürliche Person ist, also nicht, wenn sich die Werbung an eine juristische Person richtet. In § 7 Abs. 2 Nr. 3 UWG wird dagegen – auch abweichend von der Rechtsprechung des BGH zum alten UWG[33] – nicht zwischen Verbrauchern und Unternehmern als Adressaten unterschieden. In der Gesetzesbegründung wird diese **Gleichbehandlung von Verbrauchern und Unternehmen** mit der Erwägung begründet, dass diese Werbeformen gerade im geschäftlichen Bereich einen stark belästigenden Charakter haben und daher von der in der Richtlinie eröffneten Möglichkeit der Differenzierung kein Gebrauch gemacht wird.[34] Die Regelung richtet sich vor allem gegen das sog. **Spamming**, das heißt die massenhafte Versendung unerbetener E-Mails, insbesondere zu Werbezwecken.[35] Wird der Verstoß vorsätzlich oder fahrlässig begangen, kann zudem eine Ordnungswidrigkeit nach § 20 Abs. 1 UWG vorliegen.

21

Die Ungleichbehandlung zwischen der E-Mail-Werbung und telefonischen Anrufen erscheint aber nicht mehr zeitgemäß und rechtspolitisch fragwürdig, da die Korrespondenz per E-Mail in zunehmendem Maße den Briefverkehr ersetzt. Zwar ist ein effektiver Schutz gegen massenhafte E-Mail-Werbung unbestreitbar notwendig. Allerdings würde dafür unter Umständen auch das Erfordernis einer mutmaßlichen Einwilligung ausreichen.[36] Zu berücksichtigen ist aber andererseits, dass die Vorschrift gerade die Fälle strenger behandeln will, bei denen der Kontakt nicht individuell durch einen Mitarbeiter des werbenden Unternehmens sondern ganz leicht automatisch gesteuert erfolgen kann.

22

Sofern der Werbende die E-Mail-Adresse eines Kunden im Zusammenhang mit dem Verkauf einer Ware oder Dienstleistung erhalten hat, darf er sie aber **unter bestimmten Voraussetzungen auch für die Direktwerbung** für eigene ähnliche Waren oder Dienstleistungen nutzen (**§ 7 Abs. 3 UWG**). Erforderlich ist, dass der Unternehmer die Adresse zur Direktwerbung für eigene ähnliche Waren oder Dienstleistungen verwendet (Abs. 2 Nr. 2), dass der Kunde der Verwendung nicht widersprochen hat (Abs. 2 Nr. 3) und der Kunde bei Erhebung der Adresse sowie bei jeder Verwendung klar und deutlich darauf hingewiesen wird, dass er der Verwendung jederzeit widersprechen kann, ohne dass hierfür andere als die Übermittlungskosten nach den Basistarifen entstehen (Abs. 3 Nr. 4).

23

---

[32] Richtlinie 2002/58/EG des Europäischen Parlaments und des Rates v. 12. Juli 2002 über die Verarbeitung personenbezogener Daten und den Schutz der Privatsphäre in der elektronischen Kommunikation (Datenschutzrichtlinie für elektronische Kommunikation), ABl. EG Nr. L 201.
[33] Siehe BGH GRUR 2004, 517 = NJW 2004, 1655 = JZ 2005, 95 (m. Anm. *Mankowski*) – *Emailwerbung*.
[34] Begr. RegE, BT-Drucks. 15/1487, S. 21 (zu § 7 Abs. 2 Nr. 3).
[35] Nach *Mankowski*, JZ 2005, 95, 97 wird die Bezeichnung „Spamming" auf einen Sketch aus „Monty Python's Flying Circus" zurückgeführt, in welchem das Wort „Spam" für „spiced pork and ham" etwa 120-mal vorkam. Nach einer anderen Erklärung handelt es sich um ein Akronym für „Send Phenomenal Amounts of Mail".
[36] So auch *Ohly*/Sosnitza, UWG, § 7 Rn. 61.

V. Verschleierung oder Verheimlichung der Identität des Absenders bei elektronischen Nachrichten (§ 7 Abs. 2 Nr. 4 UWG)

24 Der Tatbestand der Nr. 4 lehnt sich im Wesentlichen an den Wortlaut von Art. 13 Abs. 4 der Datenschutzrichtlinie für elektronische Kommunikation[37] an.[38] Zweck des **Transparenzgebotes** ist es, die Durchsetzung der Ansprüche gegen den Werbenden zu erleichtern.

25 Nach der Vorschrift sind drei Pflichten zu erfüllen. Zum ersten darf der Werbende seine Identität nicht verschleiern und muss eine gültige Adresse angeben, unter der die Einstellung der Werbung verlangt werden kann. Damit soll sichergestellt werden, dass der Adressat jederzeit die Möglichkeit hat, die Einstellung der Nachrichten zu verlangen, auch wenn er einmal, wie in den Fallgruppen Nr. 2 und 3 vorausgesetzt, seine Einwilligung erklärt hat. Zudem müssen zweitens die Transparenzgebote des § 6 Abs. 1 TMG eingehalten werden und es darf nicht zum Aufruf einer Website aufgefordert werden, die ihrerseits nicht die erforderlichen Informationen bereithält. Es muss somit insbesondere erkennbar gemacht werden, dass es sich um eine kommerzielle Kommunikation handelt und angegeben werden, in wessen Auftrag die Kommunikation erfolgt. Schließlich muss drittens für den Widerspruch eine gültige Adresse angegeben werden und der Widerspruch muss zu normalen Übermittlungskosten möglich sein. Insbesondere darf der Widerspruch nicht von der Nutzung einer Mehrwertdienstnummer abhängen.[39]

E. Weitere Fallgruppen

26 Neben den oben genannten gesetzlichen Tatbeständen existieren einige weitere Fallgruppen, die von der Rechtsprechung unter der Geltung des alten UWG von 1909 entwickelt wurden und auf die auch unter der Geltung des geltenden UWG zurückgegriffen werden kann, da die **Regelungen in § 7 Abs. 2 UWG nicht abschließend** sind. Auch hier bildet das Selbstbestimmungsrecht des Werbeadressaten das wesentliche Beurteilungskriterium.

I. Ansprechen in der Öffentlichkeit

27 Eine unter heutigen Verhältnissen etwas archaische Form der Vertragsanbahnung ist das Ansprechen in der Öffentlichkeit. Ausgangspunkt ist der Grundsatz, dass das gezielte, individuelle Ansprechen von Personen in der Öffentlichkeit in der Absicht, sie als Kunden zu werben, das sog. **Anreißen** auch ohne das Hinzutreten besonderer Umstände **für sich genommen wettbewerbswidrig** ist.[40]

28 Hieran ändert auch der Umstand nichts, dass dem geworbenen Kunden nach §§ 312 Abs. 1, 355 BGB ein Widerrufsrecht eingeräumt wird, da diese Vorschriften nicht den Zweck verfolgen, den Werbeadressaten vor derartigen Vertriebsformen zu schützen, sondern ihm lediglich dazu verhelfen sol-

---

[37] Richtlinie 2002/58/EG des Europäischen Parlaments und des Rates v. 12. Juli 2002 über die Verarbeitung personenbezogener Daten und den Schutz der Privatsphäre in der elektronischen Kommunikation (Datenschutzrichtlinie für elektronische Kommunikation), ABl. EG Nr. L 201.
[38] Begr. RegE, BT-Drucks. 15/1487, S. 21 (zu § 7 Abs. 2 Nr. 4).
[39] Begr. RegE, ebenda.
[40] Siehe BGH GRUR 1960, 431, 432 – *Kfz-Nummernschilder*; 1965, 315, 316 – *Werbewagen*; OLG Düsseldorf NJW-RR 1986, 351; a.A. OLG Frankfurt WRP 2001, 554.

len, sich von unüberlegt geschlossenen Verträgen zu lösen, das heißt, der nachträgliche Widerruf beseitigt nur die vertragliche Bindung, nicht aber die wettbewerbsrechtliche Unlauterkeit.[41]

Nach der Rechtsprechung des BGH stellt die gezielte Direktansprache von Passanten an öffentlichen Orten zu Werbezwecken grundsätzlich eine unzumutbare Belästigung im Sinne des § 7 Abs. 1 UWG dar, wenn der Werbende für den Angesprochenen **nicht als solcher eindeutig erkennbar** ist.[42] Eine gezielte und individuelle Direktansprache von Passanten an öffentlichen Orten sei eine unerbetene Kontaktaufnahme und damit ein belästigender Eingriff in die Individualsphäre des Umworbenen. Der Passant werde dadurch in seinem Bedürfnis, auch im öffentlichen Raum möglichst ungestört zu bleiben, beeinträchtigt und unmittelbar persönlich für die gewerblichen Zwecke des werbenden Unternehmens in Anspruch genommen.[43] Wenn sich der Werbende einem Passanten zuwende, ohne eindeutig als solcher erkennbar zu sein, mache er sich zudem den Umstand zunutze, dass es einem Gebot der Höflichkeit unter zivilisierten Menschen entspricht, einer fremden Person, die sich beispielsweise nach dem Weg erkundigen möchte, nicht von vornherein abweisend und ablehnend gegenüberzutreten.[44]

Umgekehrt kann die gezielte Direktansprache von Passanten in der Öffentlichkeit nicht ohne weiteres als unzumutbare Belästigung des Angesprochenen angesehen werden, wenn der Werbende von vornherein als solcher eindeutig erkennbar ist. Dies gilt jedenfalls dann, wenn die Passanten die Möglichkeit haben, dem Werbenden auszuweichen oder knapp ihr fehlendes Interesse zu bekunden. Erkennbar kann der Werbende insbesondere durch auffällige Kleidung oder seine räumliche Nähe zu einem Werbestand sein.

Zulässig ist das Ansprechen in der Öffentlichkeit zudem ausnahmsweise dann, wenn die Umstände die **Annahme eines Einverständnisses nahelegen**.[45] Insbesondere auf Jahrmärkten und Messen ist die Ansprache grundsätzlich zulässig, weil der Verkehr daran gewöhnt ist.[46]

II. Haustürwerbung

Das Aufsuchen potenzieller Kunden in ihren privaten oder betrieblichen Räumlichkeiten mit dem Ziel der Absatzwerbung stellt eine unzumutbare Belästigung i.S.v. **§ 7 Abs. 1 Satz 2 UWG** dar, wenn der Werbende ein erkennbares Verbot des Wohnungsinhabers missachtet. Zudem ist die Weigerung des Vertreters, nach entsprechender Aufforderung die Wohnung zu verlassen, gemäß Nr. 26 des Anhangs zu § 3 Abs. 3 UWG unlauter.[47]

Nach §§ 312g Abs. 1, 355 BGB steht dem Kunden, der einen Vertrag aufgrund einer Haustürwerbung geschlossen hat, außerdem unter bestimmten Voraussetzungen ein Widerrufsrecht zu. Dies gilt unabhängig von der davon zu trennenden Frage, ob die Haustürwerbung wettbewerbsrechtlich zulässig oder unzulässig ist. Ein Abwehrrecht gegen unerbetene Haustürwerbung kann sich unter dem Gesichtspunkt einer Eigentums- bzw. Besitzstörung aus §§ 1004, 858 BGB ergeben, insbesondere wenn ein erkennbares Hausverbot missachtet wird.

---

[41] BGH GRUR 2000, 235, 236 – *Werbung am Unfallort IV*.
[42] BGH GRUR 2005, 443 – *Ansprechen in der Öffentlichkeit II*.
[43] BGH a.a.O., S. 444, unter Hinweis auf BGH GRUR 2004, 699, 701 – *Ansprechen in der Öffentlichkeit I*.
[44] BGH GRUR 2005, 443, 444 – *Ansprechen in der Öffentlichkeit II*, unter Hinweis auf BGH GRUR 2004, 699, 701 – *Ansprechen in der Öffentlichkeit I*.
[45] Siehe BGH GRUR 1965, 315, 316 – *Werbewagen*.
[46] BGH a.a.O., 317.
[47] *Ohly*/Sosnitza, UWG, § 7 Rn. 79.

34 Im Übrigen war die wettbewerbsrechtliche Beurteilung von **unerbetenen Hausbesuchen** als unzumutbare Belästigung i. S. v. § 7 Abs. 1 Satz 1 UWG lange Zeit umstritten. Während die ältere Rechtsprechung des BGH die wettbewerbsrechtliche Zulässigkeit nach Maßgabe der besonderen Umstände des Einzelfalls beurteilte,[48] ging er später[49] davon aus, dass ein ohne vorheriges Einverständnis erfolgender Hausbesuch bei Privaten oder Gewerbetreibenden grundsätzlich wettbewerbsrechtlich zulässig ist, sofern nicht aufgrund besonderer Umstände die Gefahr einer untragbaren oder sonst wettbewerbswidrigen Belästigung oder Beunruhigung des privaten Lebensbereichs gegeben ist. Zur Begründung wurde darauf verwiesen, dass Vertreterbesuche im Rahmen einer traditionell zulässigen gewerblichen Betätigung lägen, wofür sowohl die Gewerbeordnung (§§ 55 ff. GewO) als auch die Vorschriften über Haustürgeschäfte (§ 312 Abs. 1 BGB) sprächen. Dabei spiele es keine entscheidende Rolle, dass ein Teil der Bevölkerung dieser Werbemethode ablehnend gegenüberstehe, weil er sie als belästigend betrachte.[50] Eine abweichende Beurteilung würde einen Eingriff in die Berufsausübungsfreiheit (Art. 12 GG) darstellen, da die mit jedem Besuch im Privatbereich notwendigerweise verbundene Störung oder Belästigung für sich allein nicht ausreiche, um ein generelles Verbot dieser Art von Werbung zu rechtfertigen.[51]

35 Dieser Auffassung wird inzwischen zu Recht entgegengehalten, dass sie **im Widerspruch zur grundsätzlichen Unzulässigkeit von Telefonwerbung** steht, da diese im Vergleich zu unerbetenen Hausbesuchen eine wesentlich geringere Belästigung darstellt.[52] Es lässt sich kaum bestreiten, dass es dem Kunden leichter fällt, ein Telefongespräch abzubrechen als einen Besucher aus der Wohnung zu weisen.[53] Auch im Vergleich zum überraschenden Ansprechen in der Öffentlichkeit, das unstreitig als untragbare Belästigung angesehen wird, stellt ein unerbetener Hausbesuch einen stärkeren Eingriff in die Privatsphäre dar, da der Straßenwerber leichter durch schlichtes Weitergehen abgeschüttelt werden kann als der Haustürwerber, zumal dann, wenn er sich schon Zutritt zur Wohnung verschafft hat. Im Gegensatz zur bisherigen Rechtsprechung sollte daher die Haustürwerbung gegenüber Verbrauchern nur mit deren vorheriger tatsächlicher oder mutmaßlicher Einwilligung zulässig sein.[54]

III. Zusendung unbestellter Waren und Erbringung unbestellter Dienstleistungen

36 Die Zusendung unbestellter Waren oder die Erbringung unbestellter Dienstleistungen mit Zahlungsaufforderung ist grundsätzlich unlauter.[55] Dabei ist es unerheblich, ob die Lieferung von Waren oder Dienstleistungen an eine Privatperson oder an einen Gewerbetreibenden erfolgt. Nach **Nr. 29 des Anhangs zu § 3 Abs. 3 UWG** gilt gegenüber Verbrauchern die Aufforderung zur Bezahlung oder Rücksendung unbestellt gelieferter Produkte

---

[48] Siehe BGH GRUR 1955, 541 – *Bestattungswerbung*; 1959, 277, 280 – *Künstlerpostkarten*; 1967, 430, 431 – *Grabsteinaufträge I*; BGHZ 54, 188, 193 = GRUR 1970, 523 – *Telefonwerbung I*; BGH GRUR 1971, 317 – *Grabsteinaufträge II*.
[49] Siehe BGH GRUR 1994, 380, 381 – *Lexikothek*; 1994, 818, 819 – *Schriftliche Voranmeldung*.
[50] BGH GRUR 1994, 818, 819 – *Schriftliche Voranmeldung*.
[51] BGH, ebenda.
[52] Siehe hierzu *Ohly*/Sosnitza, UWG, § 7 Rn. 80; *Köhler*/Bornkamm, UWG, § 7 Rn. 41 ff. jeweils m.w.N.
[53] So zu Recht der Hinweis des XI. Senats des BGH NJW 1996, 929, 930 im Zusammenhang mit Haustürgeschäften.
[54] So auch *Ohly*/Sosnitza, UWG, § 7 Rn. 80; *Köhler*/Bornkamm, UWG, § 7 Rn. 51 m.w.N.
[55] Siehe BGH GRUR 1959, 277, 278 – *Künstlerpostkarten*; 1960, 382, 383 – *Verbandsstoffe*; 1966, 47, 48 – *Indicator*; 1992, 855, 856 – *Gutscheinübersendung*.

oder unbestellt erbrachter Dienstleistungen zudem als stets unlautere geschäftliche Handlung. Allerdings wird § 7 Abs. 1 UWG durch die spezielle Regelung in Nr. 29 des Anhangs nicht verdrängt, sondern ergänzt,[56] weil regelmäßig nicht nur die durch Nr. 29 des Anhangs geschützte Entscheidungsfreiheit des Adressaten beeinträchtigt sein wird.

Zudem nimmt Art. 27 der Verbraucherrechtsrichtlinie, die mit Wirkung vom 13.6.2014 an die Stelle der Fernabsatzrichtlinie getreten ist, auf dieses Verbot Bezug und befreit in diesem Fall den Verbraucher von der Pflicht zur Gegenleistung. § 241a Abs. 1 BGB geht über diese Anforderung noch hinaus, weil die Regelung den Verbraucher nicht nur von der Gegenleistung freistellt, sondern überhaupt keine Ansprüche, also auch keine Herausgabe-, Nutzungsersatz- oder Schadensersatzansprüche, begründet werden.

37

Daneben kann die Zusendung unbestellter Waren bzw. die Erbringung unbestellter Dienstleistungen auch eine Belästigung i.S.v. § 7 Abs. 1 UWG darstellen, wenn der Empfänger gezwungen ist, sich mit dem Angebot und den rechtlichen Erfordernissen auseinanderzusetzen.[57] Diese Belästigung ist grundsätzlich auch unzumutbar. Maßgeblich ist, ob der Empfänger den Umständen nach davon ausgehen muss, dass der Lieferer eine Zahlung, Rücksendung oder Verwahrung erwartet oder ob er erkennen kann, dass die Leistungserbringung für ihn keinerlei Nachteile bringt. Letzteres kann insbesondere bei Werbegeschenken anzunehmen sein. Wiederum anders kann zu urteilen sein, wenn mit der Zusendung ein moralischer Druck aufgebaut wird, um den Adressaten zu einer freiwilligen Zahlung oder Rücksendung zu veranlassen.

38

IV. Belästigende Werbemethoden im Internet

Werbemethoden wie eingeblendete Werbebanner oder „Pop-up-Fenster" mögen für den Nutzer zwar lästig sein. Zu beachten sind aber die berechtigten Interessen an der Finanzierung von Websites durch Werbung. Derartige Werbemethoden stellen daher regelmäßig keine unlautere Belästigung dar, sofern keine übermäßige Ladezeit beansprucht wird und dem Nutzer die Möglichkeit verbleibt, das Fenster ohne weiteres zu schließen oder nach angemessen kurzer Zeit wegzuklicken.[58] Denn im Unterschied zur belästigenden Werbung mittels elektronischer Post oder sonstiger Fernkommunikationsmittel wird dem Nutzer die Werbung im Internet – nicht anders als bei der Werbung im Fernsehen und Rundfunk – nicht anlasslos und nicht unzumutbar aufgedrängt. Vielmehr wird der Nutzer selbst aktiv, wenn er eine bestimmte Seite aufruft. Ihm ist es möglich, diese werbefinanzierte Internetseite zu schließen und in Zukunft zu meiden. Etwas mag allenfalls dann gelten, wenn der Nutzer mit mehreren Werbefenstern regelrecht überschüttet wird und ihm das Wegklicken bewusst erschwert wird.

39

---

[56] BGH GRUR 2012, 82 Rn. 16 – *Auftragsbestätigung*.
[57] BGH GRUR 2012, 82 Rn. 16 – *Auftragsbestätigung*.
[58] LG Berlin GRUR-RR 2011, 332, 334; LG Düsseldorf MMR 2003, 486; *Leupold/Bräutigam/Pfeiffer*, WRP 2000, 575, 591; siehe hierzu auch Fezer/*Mankowski*, UWG, § 4-S 12 Rn. 151.

§ 15. Wettbewerbsrechtliche Anspruchsziele

Inhaltsübersicht

	Rn.
A. Abwehr	1
I. Unterlassung aufgrund von § 8 Abs. 1 UWG	4
1. Der Verletzungsunterlassungsanspruch aus § 8 Abs. 1 S. 1 UWG	4
2. Der vorbeugende Unterlassungsanspruch aus § 8 Abs. 1 S. 2 UWG	17
II. Unterlassung auf vertraglicher Grundlage	29
1. Zustandekommen des Unterlassungsvertrages	30
2. Reichweite	34
3. Vertragsverstoß	37
4. Beendigung des Unterlassungsvertrags	38
III. Beseitigung	42
1. Allgemeines	42
2. Voraussetzungen	45
3. Anspruchsumfang	49
B. Schadensersatz	51
I. Zweck und Bedeutung von § 9 UWG	51
II. Voraussetzungen	53
1. Anspruchsgläubiger und -schuldner	53
2. Schuldhafte Verletzungshandlung	58
3. Zurechenbarer Schaden	63
III. Art und Umfang des Schadensersatzes	65
1. Arten des Schadens und seines Ersatzes	65
2. Dreifache Art der Schadensberechnung	68
3. Presseprivileg (§ 9 S. 2 UWG)	88
IV. Konkurrenzen	89
C. Weitere Anspruchsziele	91
I. Vertragsstrafe	91
1. Zweck	91
2. Strafhöhe	92
3. Verwirkung	95
4. Konkurrenzen	98
II. Auskunft und Rechnungslegung	99
1. Anwendungsbereich	99
2. Voraussetzungen	104
3. Umfang der Auskunftspflicht	108
4. Erfüllung der Auskunftspflicht	121
5. Verlässlichkeit der Auskunft	124
6. Ergänzung und eidesstattliche Versicherung	126
III. Besichtigung	129
IV. Bereicherungsausgleich	134
V. Gewinnabschöpfung	136
1. Zweck von § 10 UWG	136
2. Voraussetzungen	140
3. Subsidiarität	145
4. Beteiligte	147
5. Gewinnabführung an den Bundeshaushalt	149

A. Abwehr

Schrifttum: *Bacher,* Die Beeinträchtigungsgefahr als Voraussetzung für Unterlassungsklagen im Wettbewerbsrecht und in anderen Gebieten des Zivilrechts, 1996; *Borck,* Die Erstbegehungsgefahr im Unterlassungsprozess, WRP 1984, 583; *Bornkamm,* Unterlassungstitel und Wiederholungsgefahr, FS Tilmann, 2003, 769; *Fritzsche,* Unterlassungsanspruch und Unterlassungsklage, 2000; *Gommlich,* Die Beseitigungsansprüche im UWG, 2001; *Gottschalk,* Wie kann eine Unterlassungsvereinbarung erlöschen?, GRUR 2004, 827; *Gruber,* Grundsatz des Wegfalls der Wiederholungsgefahr durch Unterwerfung, WRP 1991, 368; *ders.,* Die tatsächliche Vermutung der Wiederholungsgefahr, WRP 1992, 71; *Klute,* Die aktuellen Entwicklungen im Lauterkeitsrecht, NJW 2014, 359; *Köhler,* Vertragliche Unterlassungspflichten, AcP 190 (1990) 496; *ders.,* Die wettbewerbsrechtlichn Abwehransprüche (Unterlassung, Beseitigung, Widerruf), NJW 1992, 137; *ders.,* Wegfall der Erstbegehungsgefahr durch „entgegengesetztes Verhalten"?, GRUR 2011, 879; *Lindacher,* Unterlassungs- und Beseitigungsanspruch, GRUR 1985, 423; *ders.,* Wettbewerbliche Unterlassungsverpflichtung und Vertragsstrafeversprechen nach „Hamburger Brauch", WRP 1975, 7; *Mels/Franzen,* Rechtsnachfolge in die gesetzliche Unterlassungsschuld des Wettbewerbsrechts, GRUR 2008, 969; *Teplitzky,* Das Vehältnis des objektiven Beseitigungsanspruchs zum Unterlassungsanspruch im Wettbewerbsrecht, WRP 1984, 365.

1 Der in der Praxis des Wettbewerbsrechts bei weitem **wichtigste Anspruch** ist der **Unterlassungsanspruch**. Der Anspruch hat die Verhinderung zukünftiger Verstöße gegen das Lauterkeitsrecht zum Gegenstand. Die konkrete Verletzungshandlung bestimmt den Inhalt und den Umfang des Anspruchs. Der Unterlassungsanspruch kann sich aus dem Gesetz, § 8 Abs. 1 S. 1 und 2 UWG, oder aus Vertrag ergeben. Ein Verschulden ist nicht Voraussetzung des Anspruchs

2 Der Unterlassungsanspruch, § 8 Abs. 1 S. 1 und 2 UWG, verlangt stets eine **unzulässige geschäftliche Handlung** nach den §§ 3 oder 7 UWG. Hinzukommen muss die **Begehungsgefahr**, die gegeben ist, wenn eine Rechtsverletzung entweder erstmalig unmittelbar bevorsteht (Erstbegehungsgefahr, § 8 Abs. 1 S. 2 UWG) oder wenn eine Rechtsverletzung bereits eingetreten ist und deswegen eine weitere Rechtsverletzung droht (Wiederholungsgefahr, § 8 Abs. 1 S. 1 UWG).

3 Die Begehungsgefahr ist – anders als das Rechtsschutzinteresse – **materiell rechtliche Anspruchsvoraussetzung**.[1] Fehlt sie, ist die Klage daher als unbegründet abzuweisen. Die Beurteilung der Begehungsgefahr ist im Wesentlichen tatsächlicher Natur und in der Revisionsinstanz nur beschränkt nachprüfbar, nämlich darauf hin, ob das Berufungsgericht von richtigen rechtlichen Gesichtspunkten ausgegangen ist und keine wesentlichen Tatumstände außer Acht gelassen hat.[2]

I. Unterlassung aufgrund von § 8 Abs. 1 UWG

1. Der Verletzungsunterlassungsanspruch aus § 8 Abs. 1 S. 1 UWG

a) Wiederholungsgefahr

4 Im Regelfall der wettbewerbsrechtlichen Praxis begehrt der Gläubiger für die Zukunft die Unterlassung, nachdem der Schuldner bereits eine Rechtsverletzung begangen hat. Neben dem tatbestandmäßigen rechtswidrigen Eingriff, §§ 3 oder 7 UWG, ist dann weiter eine **Wiederholungsgefahr** erforderlich. Sie besteht, wenn künftig dieselbe – oder eine

---

[1] BGH GRUR 1983, 127, 128 – *Vertragsstrafeversprechen.*
[2] BGH GRUR 1987, 45, 46 – *Sommerpreiswerbung.*

im Kern gleiche (sog. Kerntheorie) – Verletzung[3] objektiv möglich erscheint und ernsthaft greifbar zu besorgen ist.

Die Rechtsverletzung begründet dabei die **tatsächliche Vermutung** für eine Wiederholungsgefahr,[4] die nur unter ganz engen Voraussetzungen entfallen kann. Der Wegfall der Wiederholungsgefahr führt zum Untergang des gesetzlichen Unterlassungsanspruchs.[5] Jeder neue Verstoß begründet demgegenüber eine neue Wiederholungsgefahr.[6]

Die Wiederholungsgefahr besteht aber nur dann, wenn das beanstandete Verhalten auch schon zur Zeit seiner Begehung wettbewerbswidrig war;[7] der Anspruch muss dem Kläger auch noch nach dem zum Zeitpunkt der Entscheidung geltenden Recht zustehen.

Die Wiederholungsgefahr geht nicht auf den Rechtsnachfolger über, wenn der Rechtsvorgänger einen Wettbewerbsverstoß begangen hat, da die Wiederholungsgefahr ein **tatsächlicher Umstand** ist, der nach den Verhältnissen in der Person des in Anspruch Genommenen zu beurteilen ist. Gleiches gilt, wenn der Wettbewerbsverstoß durch Organe des Rechtsvorgängers oder Mitarbeiter des verschmolzenen *Unternehmens begangen worden ist*.[8] Auch wenn der Insolvenzschuldner einen Wettbewerbsverstoß begangen, geht die in seiner Person dadurch entstandene Wiederholungsvermutung nicht auf den Insolvenzverwalter über.[9]

Dass der Verletzer wegen einer früheren Handlung eine Unterwerfungserklärung abgegeben hat, steht der Begründung einer neuen Wiederholungsgefahr nicht entgegen.[10] Begeht also der Schuldner nach Abgabe eines **strafbewehrten Unterlassungsversprechens** erneut einen gleichartigen Wettbewerbsverstoß, kann erneut auf Unterlassung geklagt werden. Dieser Klage fehlt nicht das Rechtsschutzinteresse, etwa weil der Verletzte die Möglichkeit hat, die versprochene Vertragsstrafe zu verlangen.[11] Die Vollstreckung des Unterlassungsanspruchs bietet dem Kläger wegen des weiten Ordnungsmaßnahmen-Rahmens des § 890 ZPO den umfassenderen Rechtsschutz.[12]

Der Unterlassungsantrag darf dabei – über die enge Form der festgestellten Verletzungshandlung hinaus – Verallgemeinerungen enthalten, wenn in der erweiterten Form das Charakteristische der konkreten Verletzungsform zum Ausdruck kommt.[13] Dies ist nötig, im Interesse eines wirksamen Rechtsschutzes und zur Vermeidung unnötiger Streitverlagerungen in das Vollstreckungsverfahren.

b) Unterlassungserklärung

Die einfachste – und auch am häufigsten gewählte – Möglichkeit, die Wiederholungsgefahr zu beseitigen, ist die Abgabe einer strafbewehrten Unterlassungserklärung des Verletzers (s.u. § 16 Rn. 18 ff.). Demgegenüber lässt eine Unterlassungsverpflichtung, die im einstweiligen Verfügungsverfahren erwirkt wurde, die Wiederholungsgefahr noch nicht entfallen; sie ist nur eine vorübergehende Sicherung. Nur wenn der Schuldner die einstweilige Verfügung als endgültige und verbindliche, als eine im Hauptsacheverfahren ergangen gleichstehende Regelung anerkennt, ist die Wiederholungsgefahr widerlegt.[14]

---

[3] BGH GRUR 2010, 744 Rn. 42 ff.; – *Erinnerungswerbung im Internet*; BGH GRUR 2006, 421, 423 – *Markenparfümverkäufe*; Köhler/Bornkamm/Bornkamm, § 8 Rn. 1.32.
[4] BGH GRUR 2010, 455 Rn. 26 – *Stumme Verkäufer II*.
[5] BGH GRUR 1995, 678, 678 – *Kurze Verjährungsfrist*.
[6] BGH GRUR 1998, 1043, 1044 – *GS-Zeichen*.
[7] BGH GRUR 2010, 1136 Rn. 12 – *UNSER DANKESCHÖN FÜR SIE*; Köhler/Bornkamm/ Bornkamm, § 8 Rn. 1.8a.
[8] BGH GRUR 2007, 995 Rn. 11 – *Schuldnachfolge*. Anders bei Formwechsel und Aufnahme nach §§ 4, 190 ff. UmwG: BGH WRP 2015, 966 Rn. 17 – *Fahrdienst zur Augenklinik*.
[9] BGH GRUR 2010, 536 Rn. 39 f.– *Modulgerüst II*.
[10] BGH GRUR 1980, 241, 242 – *Rechtsschutzbedürfnis*.
[11] BGH GRUR 1980, 241, 242 – *Rechtsschutzbedürfnis*.
[12] BGH GRUR 1980, 241 – *Rechtsschutzbedürfnis*.
[13] BGH GRUR 2008, 702 – *Internet-Versteigerung III*.
[14] *Ohly*/Sosnitza, UWG, § 8 Rn. 22.

11 Das Strafversprechen (s.u. Vertragsstrafe) soll den Schuldner von weiteren gleichartigen Zuwiderhandlungen abhalten, außerdem soll es dem Gläubiger ermöglichen, bei weiteren Zuwiderhandlungen einen pauschalierten (Mindest-)Schadenersatz geltend zu machen.[15] Die Wiederholungsvermutung entfällt deshalb nur, wenn die versprochene Strafe **angemessen** ist. Dies richtet sich nach der Schwere und dem Ausmaß der begangenen Zuwiderhandlung, der Gefährlichkeit für den Gläubiger, dem Verschulden des Verletzers und an dem Interesse, weitere gleichartige Begehungshandlungen zu verhindern.[16]

12 Hat der Schuldner eine strafbewehrte Unterlassungserklärung – bei mehreren Verletzten – gegenüber einem Gläubiger abgegeben, kann diese die Wiederholungsgefahr gegenüber den anderen Gläubigern nach den Umständen des Einzelfalls beseitigen.[17] Entscheidend ist: Ist die versprochene oder eingegangene Unterlassungsverpflichtung **geeignet**, den Verletzer **wirklich** und **ernsthaft** von Wiederholungen der Verletzungshandlung abzuhalten?[18] Da nur der durch die Unterlassungserklärung Begünstigte wiederholte Verstöße sanktionieren lassen kann, kommt es im Rahmen der **Gesamtwürdigung** entscheidend auf die Person und die Eigenschaften des Vertragsstrafgläubigers an. Zu fragen ist daher, ob dieser bereit und geeignet erscheint, die nur ihm zustehenden Sanktionsmöglichkeiten auszuschöpfen, und ob dies vom Schuldner als so wahrscheinlich befürchtet werden muss, dass keine Zweifel an der Ernsthaftigkeit seiner Unterlassungsverpflichtung aufkommen können.[19] Dies darzulegen und zu beweisen, ist Sache des Verletzers.[20]

13 Davon zu trennen ist die Frage, ob der Verletzer dem Abmahnenden mitteilen muss, dass er gegenüber einem Dritten bereits die Unterlassungserklärung abgegeben hat. Interessant ist dies, da der Gläubiger im Falle einer Klage das Risiko trägt, allein deshalb die Kosten tragen zu müssen, weil bereits eine Unterlassungserklärung existiert. Der Verletzer hat dies deshalb dem abmahnenden Gläubiger innerhalb der ihm gesetzten angemessenen Frist zu offenbaren.[21] Unterlässt er dies, verstößt er gegen eine **Aufklärungspflicht**; diese wird nach den Grundsätzen von Treu und Glauben durch die wettbewerbsrechtliche Verletzungshandlung begründet und durch eine Abmahnung konkretisiert.[22] Unterbleibt die Aufklärung schuldhaft, macht sich der Verletzer gegenüber dem Abmahnenden schadenersatzpflichtig, die Wiederholungsvermutung entfällt aber gleichwohl.[23] Ob aus dem Verschweigen einer bereits abgegebenen Unterwerfungserklärung Zweifel an der Ernstlichkeit der abgegebenen Erklärung folgen, hat der BGH offengelassen.[24]

c) Wegfall ohne Unterlassungerklärung

14 Außer durch die Unterlassungserklärung kann die Wiederholungsgefahr auch aus anderen Gründen entfallen. Diese Fälle sind jedoch äußerst selten. So hat der Bundesgerichtshof dies angenommen im Falle des Todes des Verletzers und bei einem Verstoß, der sich erst in 25 Jahren wiederholen kann.[25] Die Wiederholungsvermutung entfällt daher nicht

---

[15] BGH GRUR 1994, 146, 148 – *Vertragsstrafebemessung*.
[16] BGH GRUR 1994, 146, 148 – *Vertragsstrafebemessung*.
[17] BGH GRUR 1987, 640 – *Wiederholte Unterwerfung II*; *Teplitzky*, Kap. 8 Rn. 38 ff.
[18] BGH GRUR 1987, 640 – *Wiederholte Unterwerfung II*.
[19] BGH GRUR 1987, 640 – *Wiederholte Unterwerfung II*.
[20] BGH GRUR 1987, 640 – *Wiederholte Unterwerfung II*.
[21] BGH GRUR 1987, 640 – *Wiederholte Unterwerfung II*; BGH GRUR 1987, 54, 55 – *Aufklärungspflicht des Abgemahnten*.
[22] BGH GRUR 1987, 640 – *Wiederholte Unterwerfung II*.
[23] BGH GRUR 1987, 640 – *Wiederholte Unterwerfung II*.
[24] BGH GRUR 1987, 640 – *Wiederholte Unterwerfung II*. Gegen Zweifel Köhler/Bornkamm/Bornkamm, § 12 Rn. 1.66.
[25] BGH GRUR 1992, 320 – *Jubiläumsverkauf*.

schon dann, wenn der Verletzer seine Tätigkeit aufgibt, solange nicht auch jede Wahrscheinlichkeit für eine Wiederaufnahme ähnlicher Tätigkeiten durch den Verletzer beseitigt ist.[26]

Ein Sonderfall liegt vor, wenn die Wettbewerbswidrigkeit des fraglichen Verhaltens in der Vergangenheit umstritten war, aufgrund einer Gesetzesänderung nunmehr aber eindeutig zu bejahen ist. Dabei kann nicht angenommen werden, dass derjenige, der bei **zweifelhafter Rechtslage** sein Verhalten mit vertretbaren Gründen gegen den Vorwurf eines Rechtsverstoßes verteidigt, auch dann auf einer Fortsetzung oder Wiederholung seines Handelns besteht, wenn der Gesetzgeber die offene Frage eindeutig im Sinne des zuvor umstrittenen Verbots entschieden hat.[27] Die Wiederholungsgefahr entfällt dann damit.

Hat ein Dritter in einem Hauptsacheverfahren ein rechtskräftiges **Unterlassungsurteil** erstritten, lässt dies in der Regel die Wiederholungsvermutung auch im Verhältnis zu anderen Gläubigern entfallen. Der Schuldner wird das Urteil ebenso ernst nehmen und für sein künftiges Verhalten bestimmend erachten, wie eine eigene vertragliche strafbewehrte Unterlassungsverpflichtung. Dies gilt nur dann nicht, wenn (1) der Gläubiger an der Durchsetzung des Titels nicht interessiert ist oder (2) wenn das Verhalten des Schuldners Zweifel daran aufkommen lässt. Diese sind insbesondere angebracht, wenn der Schuldner im Rahmen der wettbewerbsrechtlichen Auseinandersetzung sich nicht auf den gegen ihn ergangenen rechtskräftig gewordenen Titel beruft.[28]

2. Der vorbeugende Unterlassungsanspruch aus § 8 Abs. 1 S. 2 UWG

a) „Erstbegehungsgefahr"

Die vorbeugende Unterlassungsklage, § 8 Abs. 1 S. 2 UWG, verlangt, neben den Voraussetzungen der §§ 3 oder 7 UWG, eine „**Erstbegehungsgefahr**", also die ernstlich drohende Gefahr einer rechtswidrigen Rechtsverletzung durch den Anspruchsgegner in naher Zukunft.[29] Dabei müssen konkrete greifbare Anhaltspunkte vorhanden sein, die eine zuverlässige rechtliche Beurteilung ermöglichen. Ob die vorhandenen tatsächlichen Umstände ausreichen, eine Erstbegehungsgefahr zu begründen, ist eine Frage des Einzelfalls. Dabei besteht weder für die Erstbegehungsgefahr[30] noch für deren Fortbestand eine Vermutung.[31] sie muss in jedem einzelnen Fall im Prozess nachgewiesen werden. Kann die Erstbegehungsgefahr nicht nachgewiesen werden, ist die Unterlassungsklage unbegründet.[32]

b) Verjährung

Die typischen Fälle, die eine vorbeugende Unterlassungsklage rechtfertige, sind die **Vorbereitungshandlungen** – der Schuldner lässt bereits wettbewerbswidriges Werbematerial drucken – und die **Berühmung** – der Schuldner behauptet, er dürfe eine bestimmte (verletzende) Handlung vornehmen.[33]

---

[26] BGH GRUR 2001, 453, 455 – *TCM-Zentrum*; GK-UWG/Paal, § 8 Rn. 33.
[27] BGH GRUR 2002, 717, 719 – *Vertretung der Anwalts-GmbH*; BGM PharmaR 2014, 257 Rn. 13.
[28] BGH GRUR 2003, 450, 452 – *Begrenzte Preissenkung*.
[29] BGH GRUR 2010, 536 Rn. 41– *Modulgerüst II*.
[30] BGH GRUR 2010, 455 Rn. 26 – *Stumme Verkäufer II*.
[31] BGH GRUR 2001, 1174 – *Berühmungsaufgabe*.
[32] BGH GRUR 2010, 1136 Rn. 23 – *UNSER DANKESCHÖN FÜR SIE*.
[33] Zu Beispielen aus der Rspr siehe die Nachw. bei *Ohly*, in: Ohly/Sosnitza, § 8 UWG Rn. 28. Zur Messepräsentation BGH WRP 2015, 717 Rn. 19 ff. – *Keksstangen*.

19 Voraussetzung ist dabei jedoch stets, dass die Verletzungshandlung, auf die die Erstbegehungsgefahr gestützt wird, noch nicht verjährt ist; aus einer verjährten Handlung allein kann eine **Erstbegehungsgefahr** nicht hergeleitet werden, da ansonsten die Verjährungsregelung des § 11 UWG leerlaufen würde.[34]

20 Hat also etwa der Schuldner sich vor neun Monaten rechtswidrig Adressenlisten von seinem ehemaligen Arbeitgeber besorgt, kann allein darauf jetzt nicht mehr die Erstbegehungsgefahr für eine rechtswidrige Verwendung der Daten gestützt werden. Nun sind **neue Umstände** erforderlich; etwa dass der Schuldner nun eine Werbeaktion plant, indem er alle Kunden der Adressenliste anschreiben will. Sind die Anschreiben schon versandt worden raus, liegt bereits der Verletzungsunterlassungsanspruch vor.

21 Die Erstbegehungsgefahr geht, wie auch die Wiederholungsgefahr – nicht auf den Rechtsnachfolger über. Sie ergibt sich auch nicht daraus, dass Mitarbeiter des Rechtsvorgängers einen Wettbewerbsverstoß begangen haben. Da der Inhaberwechsel einen **Wechsel** in der Leitungs- und Weisungsbefugnis mit sich bringt, kann nicht allein aufgrund eines früheren Verhaltens von Mitarbeitern des Betriebs eine in der Person des neuen Inhabers begründete Erstbegehungsgefahr angenommen werden.[35]

c) Berührung

22 Die **Berührung** ist der für die Praxis bedeutsamste Umstand, der die Erstbegehungsgefahr begründen kann. Der Schuldner bringt zum Ausdruck, er dürfe ein bestimmtes Verhalten jederzeit und gegenüber jedermann vornehmen.[36] So etwa wenn der Schuldner behauptet, er dürfe diese Produkte so im Internet bewerben, oder er dürfe über den Geschäftsgegner diese oder jene Aussage treffen und bekanntmachen.

23 Besondere Bedeutung erlangt die Berührung im Rahmen der **Rechtsverteidigung** in einem gerichtlichen Verfahren.[37] Die bloße Verteidigung gegen die Klage mit der Begründung, das beanstandete Verhalten sei nicht wettbewerbswidrig, kann noch keine Erstbegehungsgefahr begründen.[38] Sonst würde der Beklagte in der wirksamen Verteidigung, und in seinem Recht auf rechtliches Gehör beschränkt werden.[39] Anders liegt der Fall, wenn den Erklärungen des Anspruchsgegners die Bereitschaft zu entnehmen ist, sich unmittelbar oder in naher Zukunft auch in der beanstandeten Weise zu verhalten.[40]

24 Der Beklagte geht deshalb mit seinen Erklärungen stets ein **Risiko** ein, dass aus der Verteidigung und aus anderen Umständen auf eine Berührung geschlossen wird. Will der Beklagte das Risiko vermeiden, muss er eindeutig und unmissverständlich erklären, dass sein Vortrag allein der Rechtsverteidigung in diesem Prozess dient und nicht das Recht in Anspruch genommen werden soll, das fragliche Verhalten begehen zu dürfen.[41]

d) Wegfall

25 Während die **Wiederholungsgefahr**, die durch eine Verletzungshandlung begründet wird, praktisch nur durch eine strafbewährte Unterlassungserklärung beseitigt werden kann, sind an den Wegfall der Erstbegehungsgefahr wesentlich geringere Anforderungen zu stellen.[42] Hierzu genügt grundsätzlich bereits jedes Verhalten, das einen ernstlichen, un-

---

[34] BGH GRUR 1994, 57, 58 – *Geld-zurück-Garantie*.
[35] BGH GRUR 2007, 995 Rn. 14 f.– *Schuldnachfolge*.
[36] BGH GRUR 2001, 1174 – *Berühmungsaufgabe*.
[37] BGH GRUR 2006, 429 Rn. 18 – *Schlank-Kapseln*.
[38] BGH GRUR 2006, 429 Rn. 18 – *Schlank-Kapseln*.
[39] BGH GRUR 2001, 1174 – *Berühmungsaufgabe*.
[40] BGH GRUR 2003, 890, 891 – *Buch-Kopplungsangebot*.
[41] BGH GRUR 1992, 405 – *Systemunterschiede*.
[42] BGH GRUR 2001, 1174, 1175 – *Berühmungsaufgabe*; BGH GRUR 2015, 1201 Rn. 56 – *Sparkassen-Rot/Sandander-Rot*.

eingeschränkten und eindeutigen Aufgabewillen erkennen lässt.[43] Die Erstbegehungsgefahr kann im Allgemeinen bereits durch ein entgegengesetztes Verhalten ausgeräumt werden. Beruht die Begehungsgefahr auf Äußerungen, kann Sie durch deren Widerruf oder die Erklärung des Unterlassungswillens ausgeräumt werden, sofern mit dieser Äußerung von dem ursprünglichen Vorhaben unmissverständlich und ernstlich Abstand genommen wird.[44] Bei Vorbereitungshandlungen genügt bereits deren Einstellung.

Hat der Anspruchsgegner durch sein Verhalten die **Bereitschaft** zur Aufgabe gezeigt, entfällt die durch Berühmung geschaffene Erstbegehungsgefahr und mit ihr der Unterlassungsanspruch. Eine solche Berühmungsaufgabe liegt jedenfalls in der uneingeschränkten und eindeutigen Erklärung, dass die beanstandete Handlung in der Zukunft nicht vorgenommen werde.[45] Wird ein Unterlassungsantrag zum einen auf Wiederholungsgefahr gestützt und zum anderen auf Erstbegehungsgefahr, so liegen zwei verschiedene Streitgegenstände (prozessuale Ansprüche) vor, da eine (einheitliche) Rechtsfolge aus unterschiedlichen Lebenssachverhalten hergeleitet wird.[46]

Auch die **Abmahnung** gibt dem Schuldner die Gelegenheit, die Erstbegehungsgefahr auszuräumen, indem er etwa eine Unterlassungserklärung abgibt, die nicht strafbewehrt sein muss, da ja noch kein Verstoß begangen worden ist.

e) Neue Tatsachen

Wird die vorbeugende Unterlassungsklage **abgewiesen**, weil die Tatsachen für die Feststellung einer Erstbegehungsgefahr nicht ausreichen, erfasst die Rechtskraft nur diese Umstände.[47] Liegen neue Tatsachen vor, steht die Rechtskraft eines abweisenden Urteils einer neuen Klage nicht entgegen.

II. Unterlassung auf vertraglicher Grundlage

Stellt sich eine strafbewehrte **Unterlassungserklärung** als Ausdruck eines ernsthaften Unterlassungswillens dar, räumt sie die Vermutung der Wiederholungsgefahr auch dann aus, wenn der Gläubiger die Erklärung nicht annimmt.[48] Nimmt er sie an, kommt damit ein wettbewerbsrechtlicher Unterlassungsvertrag zustande. Er begründet ein auf Unterlassung einer bestimmten Verletzungsform gerichtetes Dauerschuldverhältnis.[49] Mit diesem abstrakten Schuldanerkenntnis wird der gesetzliche Unterlassungsanspruch durch einen neuen, vereinfacht durchsetzbaren und strafbewehrten **vertraglichen Unterlassungsanspruch** ersetzt.[50]

1. Zustandekommen des Unterlassungsvertrages

Die Unterlassungsverpflichtung wird – wie die Vertragsstrafenverpflichtung – nicht durch einseitige Erklärung, sondern erst durch Abschluss eines **Vertrages** mit dem Gläubiger begründet. Für das Zustandekommen eines solchen **Unterlassungsvertrags** gelten §§ 145 ff. BGB.

---

[43] *Ohly*/Sosnitza, UWG, § 8 Rn. 33.
[44] BGH GRUR 2010, 455 Rn. 26 – *Stumme Verkäufer II*.
[45] BGH GRUR 2001, 1174 – *Berühmungsaufgabe*.
[46] BGH GRUR 2006, 429 Rn. 22 – *Schlank-Kapseln*.
[47] BGH GRUR 1990, 687, 689 – *Anzeigenpreis II*.
[48] BGH GRUR 1996, 290 Rn. 31 – *Wegfall der Wiederholungsgefahr I*.
[49] BGHZ 130, 288 = GRUR 1995, 678 Rn. 18 – *Kurze Verjährungsfrist*.
[50] BGH GRUR 2001, 85 Rn. 15 – *Altunterwerfung IV*; Harte/Henning/Brüning, UWG, § 12 Rn. 120 f.

31   In der Praxis wird der Abmahnung i.d.R. bereits das Angebot zum Abschluss eines Unterlassungsvertrages durch eine ausformulierte Unterwerfungserklärung beigefügt. In diesen Fällen kommt der Unterlassungsvertrag zustande, wenn die vom Schuldner unterzeichnete Unterwerfungserklärung dem Gläubiger zugeht.

32   Das Angebot kann auch vom Schuldner ausgehen. Er gibt es i.d.R. unbefristet ab, damit der Gläubiger es jederzeit annehmen und die Vertragsstrafeverpflichtung begründen kann. Dies verlagert die Abschreckungswirkung der Vertragsstrafe vor auf die Unterwerfungserklärung und rechtfertigt, dass schon mit deren Zugang die Wiederholungsgefahr entfällt.[51]

33   Nimmt der Schuldner auch nur geringfügige **Änderungsvorschläge** in unbedeutenden Nebenpunkten der Unterwerfungserklärung vor, gilt diese abändernde Annahme nach § 150 Abs. 2 BGB als neuer Antrag. Für einen Vertragsschluss bedarf es der Annahme dieses Angebots, die unter den Voraussetzungen von § 151 S. 1 BGB dem Schuldner nicht zuzugehen braucht. Die Übersendung einer Unterwerfungserklärung beinhaltet allerdings nur dann den Verzicht auf den Zugang der Annahmeerklärung, wenn die Unterwerfungserklärung nicht oder zumindest nicht in einem wesentlichen Punkt von demjenigen abweicht, was der Anspruchsteller insoweit verlangt hat.[52] Die auch im Falle des § 151 BGB erforderliche nach außen hervortretende Betätigung des Annahmewillens kann schon darin liegen, dass der Gläubiger, der zuvor eine Unterwerfung verlangt hatte, die ihm zugeleitete Unterwerfungserklärung behalten hat.[53]

2. Reichweite

34   Bei der inhaltlichen Ausgestaltung eines Unterlassungsvertrages sind die Parteien frei.[54] Seine **Auslegung** richtet sich deshalb nach den allgemeinen Grundsätzen für die Vertragsauslegung, nicht den strengeren Regeln für die Auslegung eines Unterlassungstitels. Maßgebend für die **Reichweite** einer vertraglichen Unterlassungsverpflichtung ist der wirkliche Wille der Vertragsparteien (§§ 133, 157 BGB). Zur Auslegung sind neben dem Erklärungswortlaut die beiderseits bekannten Umstände wie insbesondere die Art und Weise des Zustandekommens der Vereinbarung (konkrete Verletzungsform, Abmahnkorrespondenz), deren Zweck und die Wettbewerbsbeziehung zwischen den Vertragsparteien heranzuziehen; auch ist eine nach beiden Seiten interessengerechte Auslegung des Unterlassungsvertrags vorzunehmen.[55]

35   Bezieht sich ein Unterlassungsvertrag seinem Wortlaut nach nur auf eine bestimmte Werbeaussage, braucht sich die vertragliche Unterlassungspflicht nicht auf diese zu beschränken. Eine Unterlassungsverpflichtungserklärung ist vielmehr wegen ihres Zwecks i.d.R. dahin auszulegen, dass sie sich nicht nur auf mit der konkreten Verletzungsform identische, sondern auch auf **im Kern gleichartige** Verletzungshandlungen beziehen soll.[56]

---

[51] BGH WRP 2010, 649 Rn. 21 – *Testfundstelle*; *Bornkamm*, in: Köhler/Bornkamm, UWG § 12 Rn. 1.116 ff.
[52] BGH GRUR 2002, 824 Rn. – *Teilunterwerfung*.
[53] BGHZ 143, 381 = NJW 2000, 1563 Rn. 6; Fezer/*Büscher*, UWG § 8 Rn. 171.
[54] Es gelten die allgemeinen Eingrenzungen, §§ 134, 138 BGB, kartellrechtliche Beschränkungen nach §§ 1, 29–21 GWB, Art. 101 AEUV dagegen nur, wenn ein Verhalten betroffen ist, das objektiv unzweifelhaft rechtmäßig ist, BGH GRUR 1983, 602 – *Vertragsstraferückzahlung*; Harte/Henning/*Brüning*, UWG, § 12 Rn. 151.
[55] BGH GRUR 2015, 1021 Rn. 29 – *Kopfhörer-Kennzeichnung*; BGH GRUR 2010, 167 Rn. 19 – *Unrichtige Aufsichtsbehörde*; BGH WRP 2009, 182 Rn. 32 – *Kinderwärmekissen*; BGH GRUR 1997, 931 Rn. 22 f.– *Sekundenschnell*; Harte/Henning/*Brüning*, UWG, § 12 Rn. 143.
[56] BGH GRUR 1997, 931 Rn. 24 – *Sekundenschnell*; BGH GRUR 2009, 418 Rn. 18 – *Fußpilz*.

A. Abwehr

Allerdings ist das nicht zwingend. Jedenfalls will sich der Schuldner mit der Unterlassungserklärung vertraglich i.d.R. nicht weitergehend binden, als es seiner Verpflichtung aus dem gesetzlichen Unterlassungsanspruch entsprach.[57]

3. Vertragsverstoß

Der vertragliche Unterlassungsanspruch setzt keine Wiederholungsgefahr oder Erstbegehungsgefahr voraus. Ohne Anhaltspunkte für einen Verstoß kann der Gläubiger ihn jedoch mangels Rechtsschutzbedürfnisses nicht einklagen.[58]

Verstößt der Schuldner in wettbewerbswidriger Weise gegen den Unterlassungsvertrag, entsteht der gesetzliche Unterlassungsanspruch neu. Der Gläubiger kann dann seinen Anspruch auf Unterlassung auf Vertrag und/oder Gesetz stützen und/oder – bei vermutetem Verschulden – die Vertragsstrafe geltend machen.[59]

4. Beendigung des Unterlassungsvertrags

Der Unterlassungsvertrag kann von den Vertragsparteien einvernehmlich aufgehoben werden. Der Unterlassungsvertrag kann auch nach § 314 Abs. 1 BGB ohne Einhaltung einer Kündigungsfrist **aus wichtigem Grund gekündigt** werden, wenn eine Vertragsfortsetzung nicht zumutbar erscheint.

So ist das Festhalten des Schuldners an einem Unterlassungsgebot für diesen nicht zumutbar, wenn das untersagte Verhalten aufgrund einer Gesetzesänderung oder nach höchstrichterlicher Rechtsprechung künftig zweifelsfrei als nicht (mehr) wettbewerbswidrig zu beurteilen ist; andernfalls müsste er die Unterlassungspflicht auch zukünftig erfüllen, wodurch ihm Werbemöglichkeiten, die seinen Mitbewerbern erlaubt sind, dauerhaft verwehrt blieben.[60]

Das Kündigungsrecht trägt auch dem Umstand Rechnung, dass sich bei einem auf Dauer angelegten Vertragsverhältnis im Laufe der Zeit **unvorhergesehene** tatsächliche Umstände (z.B. Wandel der Verkehrsauffassung im Hinblick auf eine Irreführung; Verlust der Klagebefugnis aus § 8 Abs. 3 UWG oder des zugrundeliegenden Schutzrechts, etc.) einstellen können, die die Parteien im Falle ihrer Kenntnis bei Vertragsschluss berücksichtigt hätten.[61]

Die Kündigung muss innerhalb angemessener, gesetzlich nicht festgelegter **Frist** ab positiver Kenntnis vom Kündigungsgrund ausgeübt werden, § 314 Abs. 3 BGB.[62] Die Kündigung kann nur zu einer Beendigung des Schuldverhältnisses für die Zukunft führen, so dass in der Vergangenheit verwirkte Vertragsstrafen i.d.R. zu entrichten sind.[63] Jedoch ist dem Gläubiger das Vorgehen aus einem nicht rechtzeitig gekündigten Vertragsstrafeversprechen wegen rechtsmissbräuchlichen Verhaltens (§ 242 BGB) dann verwehrt, wenn ihm der durch die Unterwerfungserklärung gesicherte gesetzliche Anspruch eindeutig nicht mehr zusteht.[64]

---

[57] BGH GRUR 2003, 889 Rn. 20 – *Internet-Reservierungssystem*.
[58] BGH GRUR 1999, 522 Rn. 41 – *Datenbankabgleich*; *Bornkamm*, in: Köhler/Bornkamm, UWG § 8 Rn. 1.12; § 12 Rn. 1.135a.
[59] *Teplitzky*, Kap. 12 Rn. 9.
[60] Vgl. BGHZ 181, 373 Rn. 21 – *Mescher weis*.
[61] BGHZ 133, 316 = GRUR 1997, 382 Rn. 27 – *Altunterwerfung I*; *Ahrens/Achilles*, Kap. 7 Rn. 43.
[62] Großzügig innerhalb einiger Monate: BGHZ 133, 331 = GRUR 1997, 386 Rn. 43 – *Altunterwerfung II*.
[63] BGHZ 133, 316 = GRUR 1997, 382 Rn. 38 – *Altunterwerfung I*.
[64] BGH GRUR 2001, 85 Rn. 19 – *Altunterwerfung IV*.

III. Beseitigung

1. Allgemeines

42 Der **Beseitigungsanspruch** dient der Beseitigung eines fortdauernden Störungszustandes für die Zukunft. Für die Vergangenheit kann die Verletzung nur durch Schadensersatz kompensiert werden. Während Beseitigung auch bei nicht schuldhaftem Handeln des Verletzers verlangt werden kann, setzt der Schadensersatzanspruch Verschulden voraus. Mit dem Beseitigungsanspruch wird ein objektiv rechtswidriger, in die Zukunft fortwirkender Zustand abgewehrt,[65] der Schadensersatzanspruch soll den Zustand herstellen, der ohne den Wettbewerbsverstoß bestehen würde.

43 Der Unterlassungsanspruch soll künftige Handlungen (Wettbewerbsverstöße) verhindern; der Beseitigungsanspruch zielt auf ein **Tätigwerden** des Schuldners ab. Wird der Schuldner nicht tätig und die Verletzungshandlung wird dadurch fortgesetzt – ein wettbewerbswidriges Werbeschild wird nicht entfernt – überschneiden sich Unterlassungs- und Beseitigungsanspruch.[66]

44 Der Anspruch auf Widerruf ist ein **Unterfall** des Beseitigungsanspruchs. Beseitigung kann etwa bei wettbewerbswidriger Tatsachenbehauptung i.S.d. § 8 Abs. 1 S. 1 Alt. 1 UWG, auch in Form des Widerrufs erfolgen.[67]

2. Voraussetzungen

a) Störungszustand

45 Der wettbewerbsrechtlichen Beseitigungsanspruch setzt voraus, dass der **Störungszustand fortbesteht** und dass zu seiner Beseitigung die erstrebte Maßnahme geboten erscheint. Der Wegfall des Störungszustands führt zum Erlöschen des Beseitigungsanspruchs.[68]

46 Widerruf einer Äußerung kann nur verlangt werden, wenn die Unwahrheit der Tatsachen festgestellt ist.[69] Beweisbelastet ist, außer in den Fällen des § 4 Nr. 2 HS. 1 UWG und der üblen Nachrede, §§ 186 StGB i.V.m. 823 Abs. 2 BGB, 1004 BGB analog, der Kläger.[70] Ist eine Tatsachenbehauptung nur zum Teil unwahr, so steht dem Verletzten nur ein Anspruch auf Widerruf in Form der Richtigstellung zu.[71] Den Widerruf von Werturteilen – also Äußerungen, deren Wahrheitsgehalt objektiver Nachprüfung nicht zugänglich ist – kann nicht verlangt werden.[72] Art. 5 Abs. 1 GG verbietet es, die Zurücknahme einer wertenden Kritik, auch wenn diese nicht haltbar erscheint, mit dem Mittel des Widerrufs zu erzwingen.[73] In solchen Fällen steht dem Betroffenen allein die Unterlassungsklage offen, deren Erfolg von einer Interessenabwägung abhängt, die sich am Grundrecht der Meinungsäußerungsfreiheit orientiert.[74]

47 Bei Äußerungen die erfahrungsgemäß schnell vergessen werden, dauert der Störungszustand nicht mehr an, so dass ein Widerrufsanspruch ausscheidet.[75] Je nach Schwere des Vorwurfs, der Person des Betroffenen, der Form der Verbreitung, dem Interesse der Allgemeinheit kann ein fortdauernder Störungszustand aber auch zu bejahen sein.[76]

---

[65] *Ohly*/*Sosnitza*, UWG, § 8 Rn. 70; BGH GRUR 2015, 607 Rn. 35 – *Uhrenankauf im Internet*.
[66] BGH GRUR 1977, 614, 616 – *Gebäudefassade*.
[67] *Köhler*/*Bornkamm*, UWG, § 8 Rn. 1.95.
[68] BGH WRP 1993, 396, 398 – *Maschinenbeseitigung*.
[69] BGH GRUR 1988, 402, 403 – *Mit Verlogenheit zum Geld*.
[70] *Ohly*/*Sosnitza*, UWG, § 8 Rn. 74.
[71] BGH GRUR 1987, 397, 399 – *Insiderwissen*.
[72] BGH GRUR 1988, 402, 403 – *Mit Verlogenheit zum Geld*.
[73] BGH GRUR 1988, 402, 403 – *Mit Verlogenheit zum Geld*.
[74] BGH GRUR 1988, 402, 403 – *Mit Verlogenheit zum Geld*.
[75] *Ohly*/*Sosnitza*, UWG, § 8 Rn. 75.
[76] *Ohly*/*Sosnitza*, UWG, § 8 Rn. 75.

b) Objektive Rechtswidrigkeit

Der Beseitigungsanspruch setzt die **objektive Rechtswidrigkeit** der Störung (nicht notwendigerweise auch der Handlung, die den Zustand herbeigeführt hat) voraus. Damit entfällt der Anspruch bei einer Einwilligung oder einer Duldungspflicht des Verletzten sowie dann, wenn der die Tatsache Behauptende in Wahrnehmung berechtigter Interessen handelt.[77] 48

3. Anspruchsumfang

Der Beseitigungsanspruch darf nicht etwas **Unmögliches** verlangen. So kann etwa der Rückruf bereits versandten Werbematerials vom Schuldner nicht verlangt werden.[78] Der Anspruch ist außerdem durch den Grundsatz der Verhältnismäßigkeit begrenzt wird.[79] Er greift deshalb nur, wenn eine weniger einschneidende Maßnahme zur Störungsabwehr nicht ausreicht.[80] Außerdem muss die vom Schuldner geforderte Handlung diesem zumutbar sein.[81] Dabei ist eine Interessenabwägung erforderlich.[82] Bei Vernichtung ist etwa zu fragen, ob nicht weniger einschneidende Maßnahmen – wie z.B. Unkenntlichmachung – genügen.[83] 49

Im Rahmen des ergänzenden wettbewerbsrechtlichen Leistungsschutzes besteht **kein Anspruch** auf Vernichtung, da nicht die Herstellung wettbewerbswidrig ist, sondern nur das Angebot nachgeahmter Gegenstände.[84] Bei einem Verstoß gegen § 17 UWG kommt ein auf Herausgabe und Vernichtung gerichteter Beseitigungsanspruch in Betracht.[85] 50

B. Schadensersatz

Schrifttum: *Alexander*, Schadensersatz und Abschöpfung im Lauterkeits- und Kartellrecht, 2010; *Borck*, Zum Anspruch auf Schadensersatz aus unlauterem Wettbewerb, WRP 1996, 1; *Fezer*, Schadensersatz und subjektives Recht im Wettbewerbsrecht, WRP 1993, 565; *Schaub*, Schadensersatz und Gewinnabschöpfung im Lauterkeits- und Immaterialgüterrecht, GRUR 2005, 918; *Ohly*, Schadensersatzansprüche wegen Rufschädigung und Verwässerung im Marken- und Lauterkeitsrecht, GRUR 2007, 926; *Teplitzky*, Die Durchsetzung des Schadensersatzanspruchs im Wettbewerbsrecht, GRUR 1987, 215.

I. Zweck und Bedeutung von § 9 UWG

Im Wettbewerbsrecht bleibt der Schadensersatzanspruch in seiner Bedeutung hinter dem Unterlassungsanspruch zurück, weil der Geschädigte seinen Schaden oft nur schwer beziffern und beweisen kann. Zentrale Regelung für einen Anspruch des Mitbewerbers auf Ersatz des Schadens aus einem schuldhaften UWG-Verstoß ist § 9 S. 1 UWG. **Zweck** dieser Vorschrift ist es, zu einem Ausgleich der durch den Verstoß erlittenen Vermögenseinbuße 51

---

[77] *Ohly*/Sosnitza, UWG, § 8 Rn. 75.
[78] *Ohly*/Sosnitza, UWG, § 8 Rn. 79.
[79] BGH GRUR 1995, 424, 426 – *Abnehmerverwarnung*.
[80] BGH GRUR 1995, 424, 426 – *Abnehmerverwarnung*.
[81] BGH GRUR 1998, 415, 416 – *Wirtschaftsregister*.
[82] BGH GRUR 1992, 527, 528 – *Plagiatsvorwurf II*.
[83] *Ohly*/Sosnitza, UWG, § 8 Rn. 79.
[84] BGH GRUR 1999, 928 = BGHZ 141, 329 – *Tele-Info-CD*.
[85] BGH GRUR 2006, 1044 Rn. 17 – *Kundendatenprogramm*.

des Mitbewerbers zu führen und einen Verletzer von (weiteren) Verstößen abzuhalten (Ausgleichs- und Präventivfunktion). Einer Bestrafung des Verletzers dient der Schadensersatz hingegen regelmäßig nicht.[86]

52 Abwehr- und Ersatzanspruch können **zusammen** in einer Klage **geltend** gemacht werden. Dabei genügt zumeist die Feststellung des Ersatzanspruchs und somit die bloße Wahrscheinlichkeit eines Schadenseintritts. In der Praxis lässt sich der Streit dann oftmals umfassend beilegen: Der Beklagte gibt eine strafbewehrte Unterlassungserklärung (für die Zukunft) ab und im Gegenzug verzichtet der Kläger auf mögliche Auskunfts-und Schadensersatzansprüche (für die Vergangenheit).

II. Voraussetzungen

1. Anspruchsgläubiger und -schuldner

53 **Gläubiger** des Schadensersatzanspruchs aus § 9 UWG ist ausschließlich der **verletzte Mitbewerber** i.S.v. § 2 Abs. 1 Nr. 3 UWG. Dabei kann z.B. bei irreführender oder unsachlicher Werbung jeder unmittelbar geschädigte Mitbewerber anspruchsberechtigt sein. Der Schutzzweck der Verbotsnorm kann den Individualschutz aber auch begrenzen. So ist z.B. bei der gezielten Behinderung (§ 4 Nr. 4 UWG), der Herabsetzung (§ 4 Nr. 1 UWG) oder dem Vergleich (§ 6 Abs. 2 UWG) nur derjenige Mitbewerber geschützt, der hiervon betroffen ist.

54 **Verbrauchern** stehen aus UWG-Verstößen keine Schadensersatzansprüche zu, weder entsprechend § 9 S. 1 UWG noch über § 823 Abs. 2 BGB. § 9 UWG nimmt den Verbraucher abschließend von einer Anspruchsberechtigung aus. Zudem ist § 3 UWG kein Schutzgesetz i.S.v. § 823 Abs. 2 BGB, obgleich die Verbraucherinteressen in die Schutzzwecke des § 1 S. 1 einbezogen wurden.[87] Der Verbraucher kann Individualschutz demnach nicht durch das UWG, sondern über den vertraglichen (z.B. § 434 Abs. 1 S. 3 BGB) sowie den außer- und vorvertraglichen (z.B. § 311 Abs. 2, 3 BGB) Schutz des BGB erlangen.[88]

55 Auch **Verbände** und Kammern können zwar Unterlassungsansprüche nach § 8 Abs. 3 Nr. 2 bis 4 UWG geltend machen, i.d.R. aber mangels Mitbewerber-Verhältnis nicht Ansprüche auf Schadensersatz aus § 9 UWG (wohl aber auf Aufwendungsersatz aus § 12 Abs. 1 S. 2 UWG).

56 Als **Schuldner** des Schadensersatzanspruches kommen der Verletzer sowie derjenige in Betracht, der für das Verhalten eines Dritten haftet. **Verletzer** sind der Täter, Mittäter (§ 830 Abs. 1 S. 1 BGB), mittelbare Täter und Teilnehmer (Anstifter, Gehilfe; § 830 Abs. 2 BGB) eines Verstoßes gegen § 3 oder § 7 UWG. Weisungsgebundene Mitarbeiter ohne eigenen Entscheidungsspielraum (z.B. Prospektverteiler) haften mangels geschäftlicher Handlung iSv § 2 Abs. 1 Nr. 1 nicht persönlich.[89]

57 Für die **Haftung für Dritte** gilt:
- Der Unternehmensinhaber (Einzelkaufmann, Gesellschaft) haftet für Mitarbeiter und Beauftragte nicht nach § 8 Abs. 2 UWG auf Schadensersatz.
- Eine Haftung nach § 278 BGB für fremdes Verschulden des Erfüllungsgehilfen setzt ein bereits bestehendes Schuldverhältnis zum Geschädigten voraus. Das Wettbewerbsverhältnis als solches genügt hierfür nicht.
- Nach **§ 831 BGB** haftet der Geschäftsherr für die rechtswidrige Schädigung durch seinen weisungsabhängigen Verrichtungsgehilfen (z.B. den Arbeitnehmer, nicht aber den

---

[86] Im Unterschied zum US-amerikanischen Recht s. *Götting/Nordemann/Ebert-Weidenfeller*, UWG § 9 Rn. 3.
[87] MünchKommUWG/*Fritzsche*, § 9 Rn. 8, 48; kritisch Fezer/*Koos*, UWG § 9 Rn. 3.
[88] *Köhler/*Bornkamm, UWG § 9 Rn. 1.10: ohne Schutzlücken.
[89] OLG Nürnberg WRP 1981, 166, 167; MünchKomm-UWG/*Fritzsche*, § 9 Rn. 52, m.w.N.; str.

B. Schadensersatz

beauftragten selbständigen Unternehmer). Die Haftung beruht auf dem vermuteten eigenen Auswahl- und Überwachungsverschulden des Unternehmensinhabers. Weitergehend kann die Verletzung von Organisationspflichten auch bei dezentralisierter Verantwortung in Großbetrieben eine Haftung des Unternehmensinhabers unter Ausschluss des Entlastungsbeweises begründen.[90]

- Ohne die Möglichkeit eines Entlastungsbeweises rechnet **§ 31 BGB** (analog) den Wettbewerbsverstoß eines verfassungsmäßigen Vertreters dem Unternehmen (juristische Person, OHG, KG, BGB-Außengesellschaft, nicht aber einem einzelkaufmännischen Unternehmen) als eigenes Handeln zu. Ein solcher Vertreter ist auch, wer nur kraft allgemeiner Betriebsregelung und Handhabung wichtige Aufgabenbereiche selbständig und eigenverantwortlich erfüllt und so das Unternehmen repräsentiert (z.B. über das Ob und Wie der Werbung entscheidet; ferner Filialleiter, leitende Angestellte; **sog Repräsentantenhaftung**).[91]

2. Schuldhafte Verletzungshandlung

Der Schadensersatzanspruch nach § 9 UWG setzt eine **Zuwiderhandlung gegen § 3 UWG oder § 7 UWG** voraus. Verwirklicht die geschäftliche Handlung einen der Tatbestände des §§ 3, 7 UWG, insbesondere einen der Beispieltatbestände von § 3a bis 6 UWG, so ist sie i.d.R. unlauter und rechtswidrig (außer z.B. bei Einwilligung). 58

Die Zuwiderhandlung muss ferner **schuldhaft** erfolgt sein, d.h. auf Vorsatz oder Fahrlässigkeit beruhen. Vorsatz bedeutet, dass der Verletzer die Zuwiderhandlung in Kenntnis aller maßgeblichen Tatumstände und im Bewusstsein der Unlauterkeit will, dh zumindest in Kauf nimmt.[92] Für die Annahme eines bedingten Vorsatzes genügt, dass sich dem Handelnden nach einer „Parallelwertung in der Laiensphäre" die Unlauterkeit seines Tuns geradezu aufdrängt; der Verletzer, der sich bewusst dieser Einsicht verschließt, verdient ebenso wenig Schutz wie derjenige, der sich dieser Einsicht öffnet.[93] Auf den Schadenseintritt braucht sich der Vorsatz nicht zu erstrecken. Fahrlässigkeit liegt vor, wenn bei Anwendung der gebotenen Sorgfalt der Lauterkeitsverstoß voraussehbar und vermeidbar gewesen wäre, § 276 Abs. 2 BGB. Im Wettbewerbsrecht ist an die Sorgfaltspflicht ein strenger und objektiver (von individuell mangelnden Kenntnissen unabhängiger) Maßstab anzulegen.[94] 59

Ein **Rechtsirrtum** schließt den Vorsatz, nicht aber den Schadensersatzanspruch aus, wenn der Irrtum seinerseits auf Fahrlässigkeit beruht. Fahrlässig irrt dabei, wer seinem Vorgehen eine ihm günstige Ansicht erkennbar im Grenzbereich des wettbewerbsrechtlich Zulässigen zugrunde legt, ohne eine hiervon abweichende Beurteilung durch die Gerichte in Betracht zu ziehen.[95] Der Werbende braucht sich angesichts der vielfältigen Werbemöglichkeiten nicht auf rechtlich zweifelhaftes Gebiet zu begeben. Das Risiko einer zweifelhaften, unklaren Rechtslage trifft deshalb grundsätzlich den Verletzer; er soll es nicht dem Verletzten zuschieben können.[96] 60

---

[90] BGH WRP 2012, 1517 Rn. 43 – *DAS GROSSE RÄTSELHEFT*; BGH GRUR 2009, 1080 Rn. 22 – *Auskunft der IHK*; BGHZ 109, 297 Rn. 16: deliktische Eigenhaftung des Geschäftsführers; BGH GRUR 1998, 168 Rn. 35 – *Restaurantführer*: Notwendigkeit zur Bestellung eines Organs iSv §§ 30, 31 BGB; GK-UWG/Paal, § 9 Rn. 45.
[91] BGH NJW 1998, 1854 Rn. 18; *Harte/Henning/Goldmann* § 9 Rn. 57 f.
[92] *Teplitzky*, Kap. 30 Rn. 8, m.w.N.; *Harte/Henning/Goldmann* § 9 Rn. 20 ff. unter Hinweis auf Frank: „Na, wenn schon – mag es so oder anders werden, auf jeden Fall handele ich."
[93] BGHZ 133, 246, 250 Rn. 15.
[94] BGH WRP 2002, 691 Rn. 39 – *vossius.de*.
[95] BGH GRUR 2002, 622 Rn. 47 – *shell.de*.
[96] BGH GRUR 1995, 825 Rn. 39 – *Torres*; BGH GRUR 1999, 923 Rn. 59 – *Tele-Info-CD*.

61 Der Werbende muss folglich die Handlung nicht nur selbst gewissenhaft prüfen, sondern auch in Zweifelsfällen mit zumutbaren Anstrengungen besonders sachkundigen Rechtsrat einholen. Dabei entlastet es ihn nicht, wenn Fachanwälte oder Privatgutachter eine Werbemaßnahme trotz Bedenken als zulässig bewerten. Vielmehr kann dies sogar als Indiz dafür dienen, dass er selbst die Bedenklichkeit seines Verhaltens gekannt hat.[97]

62 Ein Mitverschulden iSv § 254 BGB seitens des verletzten Mitbewerbers kann die Ersatzpflicht teilweise oder ganz ausschließen. Allerdings bleibt fahrlässiges Verhalten des Verletzten bei Vorsatz des Verletzers i.d.R. unberücksichtigt.[98] Ein Mitverschulden kann bei provozierendem Verhalten des geschädigten Mitbewerbers oder dann vorliegen, wenn er nicht auf die Wettbewerbswidrigkeit (z.B. durch Abmahnung) oder nicht nach § 254 Abs. 2 S. 1 BGB auf die Gefahr eines ungewöhnlich hohen Schadens hinweist oder den Schaden nicht möglichst gering hält, z.B. durch Gegenaufklärung oder Durchsetzung der Vertragserfüllung bei Kunden, die zum Vertragsbruch verleitet wurden.[99]

3. Zurechenbarer Schaden

63 Der Schadensersatzanspruch aus § 9 UWG setzt ferner voraus, dass ein Schaden durch die unzulässige geschäftliche Handlung verursacht wurde. Zugerechnet wird nur ein solcher kausaler Schaden, der adäquat, dh nicht nur aufgrund einer ganz ungewöhnlichen Verkettung von Umständen, herbeigeführt wurde und im **Schutzbereich** der verletzten Norm liegt.[100]

64 § 9 UWG unterscheidet nicht danach, ob der vom Wettbewerber begangene Wettbewerbsverstoß allein die Interessen der Mitbewerber oder zugleich bzw. allein die Interessen der Verbraucher beeinträchtigt. Deshalb steht es einem Schadensersatzanspruch des Mitbewerbers aus § 9 UWG nicht entgegen, wenn im Rahmen des § 3 a UWG die verletzte Marktverhaltensregelung dem Schutz der Verbraucherinteressen, nicht dagegen auch dem Schutz der Interessen der Mitbewerber dient, falls sich der Verletzer einen unlauteren Vorsprung im Wettbewerb verschafft hat.[101]

III. Art und Umfang des Schadensersatzes

1. Arten des Schadens und seines Ersatzes

65 § 9 UWG begründet die Haftung, §§ 249 bis 254 BGB füllen sie aus. Allerdings liegt die Besonderheit des wettbewerblichen Schadens darin, dass er schwer greifbar ist.[102] Den Ausgangspunkt jeder Schadensberechnung bildet die Differenzhypothese. Ob und inwieweit ein zu ersetzender Vermögensschaden vorliegt, beurteilt sich nach einem Vergleich der infolge des Wettbewerbsverstoßes eingetretenen Vermögenslage mit derjenigen, die ohne ihn eingetreten wäre.[103] Der **Differenzschaden** erfasst demnach nicht nur die Minderung des Vermögens (positiver Schaden), sondern auch die Minderung einer Vermögensmehrung (entgangener Gewinn).

---

[97] BGH GRUR 2002, 269 Rn. 19 – *Sportwetten-Genehmigung*; BGH WRP 1999, 924 Rn. 44 – *Werbebeilage*; Fezer/*Koos*, UWG § 9 Rn. 17; HH/*Goldmann*, § 9 Rn. 43: Kein Vorwurf, falls sich die Bedenken laut Rechtsrat auf ein Restrisiko unter 10% reduzieren.
[98] BGHZ 98, 148 Rn. 23.
[99] BGH GRUR 1994, 447 Rn. 35 ff. – *Sistierung von Aufträgen*.
[100] *Köhler*/Bornkamm, UWG § 9 Rn. 1.13 ff., m.w.N.
[101] BGH GRUR 2012, 407 Rn. 37 – *Delan*; BGH GRUR 2010, 754 Rn. 25 – *Golly Telly*.
[102] *Teplitzky*, Kap. 33 Rn. 2.
[103] vgl. BGHZ 86, 128, 130 Rn. 12.

B. Schadensersatz

Der Ersatz des Schadens erfolgt im Regelfall durch Geldleistung oder durch Naturalherstellung. Im Wettbewerbsrecht bleibt ein Schadensersatz durch **Naturalrestitution** iSv § 249 Abs. 1 BGB, dh die Herstellung des Zustandes, der ohne den Lauterkeitsverstoß bestehen würde, oftmals ohne Bedeutung. Liegt ein andauernder Störungszustand vor, so führt bereits der vom Verschulden unabhängige Beseitigungsanspruch aus § 8 Abs. 1 S. 1 UWG zum Ziel (z.B. Widerruf geschäftsschädigender Behauptung, Herausgabe oder Vernichtung von wettbewerbswidrigem Werbematerial, Registerlöschung). 66

Wiederherstellung ist auch durch ein (befristetes) Unterlassen ausnahmsweise möglich, z.B. bei unlauterer Mitarbeiter- oder Kundenabwerbung durch ein befristetes Verbot der Beschäftigung bestimmter Mitarbeiter, der Belieferung von Kunden, des Bezugs, der Herstellung oder des Vertriebs von Waren zur Folgenbeseitigung des Wettbewerbsvorsprungs.[104] 67

2. Dreifache Art der Schadensberechnung

Regelmäßig wird bei einem Wettbewerbsverstoß ein Ersatz des Schadens durch Geldleistung verlangt. Hierzu lässt sich die Schadenshöhe **konkret** als Ersatz des positiven Schadens (Rechtsverfolgungskosten, Marktverwirrungsschaden) und/oder des entgangenen Gewinns berechnen. 68

Der Verletzte ist für die Tatsachen zur konkreten Berechnung des Schadens darlegungs- und beweispflichtig. Allerdings erleichtert ihm die Schadensschätzung nach § 287 ZPO nicht nur die Beweisführung, sondern auch die Darlegungslast.[105] 69

Wegen der damit verbundenen Schwierigkeiten kann der Schaden im Wettbewerbsrecht ausnahmsweise bei einem Eingriff in eine den Immaterialgüterrechten vergleichbare Rechtsposition (ergänzender wettbewerbsrechtlicher Leistungsschutz nach § 4 Nr. 3 UWG, Geschäfts- und Betriebsgeheimnisse §§ 17–19 UWG) auch **objektiv** entweder durch die Lizenzanalogie oder die Abschöpfung des Verletzergewinns berechnet werden. In – lediglich – diesen Fällen hat der Gläubiger demnach die Möglichkeit einer **dreifachen Schadensberechnung**: 70

1. als konkreter Schaden nach §§ 249 ff. BGB unter Einschluss des entgangenen Gewinns (§ 252 BGB) oder
2. in Höhe einer angemessenen (fiktiven) Lizenzgebühr (in der Praxis weit überwiegend) oder
3. in Gestalt des vom Verletzer durch den Eingriff erzielten Gewinns.[106]

a) Konkrete Schadensberechnung

Für den Ersatz des gewöhnlichen Zeit- und Arbeitsaufwands des Geschädigten zur Wahrung seiner Rechte haftet der Schädiger nicht.[107] **Rechtsverfolgungskosten** sind deshalb nur ersatzfähig, soweit sie Dritten gezahlt wurden, deren Beauftragung erforderlich war. 71

Hierunter können Aufwendungen für Sachverständige, Testkäufer oder (ausnahmsweise) Rechtsgutachter fallen, ferner Anwaltskosten z.B. zur Erlangung einer Auskunft oder Anerkennung einer Schadensersatzpflicht.[108] 72

---

[104] BGH GRUR 1976, 306 Rn. 26 – *Baumaschinen*; BGH NJW 1970, 471 Rn. 28 – *Bierfahrer*: allenfalls Belieferungsverbot von zwei Jahren.
[105] BGH NJW-RR 1992, 202 Rn. 7.
[106] BGHZ 44, 372 Rn. 7 ff. – *Meßmer-Tee II*; Götting/Nordemann/Ebert-Weidenfeller, § 9 Rn. 48, 54.
[107] BGHZ 127, 348, 352 Rn. 10.
[108] BGH NJW-RR 1989, 953 Rn. 45: Expertisekosten; OLG Karlsruhe WRP 1988, 184: Kosten für Testkauf; OLG München WRP 1991, 513 Rn. 7: Rechtsgutachten nur bei Spezialfragen entlegener Rechtsgebiete oder fremdem Recht.

73 Anwaltshonorar für eine Abmahnung kann einfacher mit dem verschuldensunabhängigen Anspruch nach § 12 Abs. 1 S. 2 UWG ersetzt verlangt werden[109] Umgekehrt hat der Abgemahnte im Falle einer unberechtigten Abmahnung gegen den Abmahnenden i.d.R. keinen Schadensersatzanspruch aus § 9 UWG auf Erstattung entstandener Anwalts- und Gerichtskosten.[110]

74 Der Lauterkeitsverstoß kann zu einer Fehlvorstellung des Verkehrs über ein Unternehmen, Kennzeichen oder Produkt führen. Aus einer solchen Marktverwirrung kann sich aufgrund geminderter Wertschätzung ein **Marktverwirrungsschaden** ergeben. Als positiver Schaden kommen die Beeinträchtigung des Ansehens und damit Absatzes der eigenen Ware, der Verlust von Kunden, die Stornierung von Aufträgen und die erbrachten Aufwendungen zur Marktentwirrung, z.B. für Gegen- oder Berichtigungswerbung, Rückrufaktion oder Steigerung des Werbeaufwands, in Betracht.[111]

75 Der Verletzte kann neben dem positiven Schaden auch den **entgangenen Gewinn** (§ 252 S. 1 BGB) ersetzt verlangen, soweit dieser rechtmäßig erzielbar war.[112] Der Nachweis des Gewinnentgangs und seiner Höhe obliegt dem Geschädigten. Allerdings entsteht nach einem allgemeinen Erfahrungssatz des Wettbewerbsrechts dem von einem Wettbewerbsverstoß unmittelbar Betroffenen regelmäßig ein Schaden. Ferner kommen ihm die Erleichterungen nach §§ 252 S. 2 BGB, § 287 ZPO zugute. Demzufolge ist ein Gewinnentgang bereits dann zu bejahen, wenn es nach den gewöhnlichen Umständen des Falles **wahrscheinlicher** ist, dass der Gewinn ohne das haftungsbegründende Ereignis erzielt worden, als dass er ausgeblieben wäre.[113]

76 Der Geschädigte hat konkrete Anknüpfungstatsachen für eine zumindest grobe Schätzung des Gewinnentganges darzulegen. Sofern die vorgetragenen Tatsachen den geltend gemachten Gewinnausfall nicht in vollem Umfang begründen können, hat das Gericht im Wege der Schätzung jedenfalls einen Mindestschaden festzustellen.[114] Anhaltspunkte für die Schätzung bilden die Umsatzentwicklung beim Verletzer und sein Gewinn sowie die Umsatzeinbuße des Geschädigten und der Gewinn, den er üblicherweise (mit dem verletzenden Produkt) erzielt hat.

b) Objektive Schadensberechnung

77 Die objektiven Formen der Schadensberechnung (fiktive Lizenzgebühr, Herausgabe des Verletzergewinns) hat die Rechtsprechung für die Verletzung gewerblicher Schutzrechte entwickelt und den **Anwendungsbereich** auf vergleichbar geschützte Rechtspositionen erstreckt.[115] Im Wettbewerbsrecht sind diese Methoden zur Ermittlung des Umfangs des Schadensersatzes – nur – anerkannt für

- die Fälle des ergänzenden wettbewerbsrechtlichen Leistungsschutzes § 4 Nr. 3 UWG
- und für nach **§§ 17–19 UWG** geschützte Geschäftsgeheimnisse und Vorlagen.[116]

---

[109] BGH GRUR 2008, 928 Rn. 14 – *Abmahnkostenersatz*.
[110] OLG Köln GRUR 2001, 525 Rn. 89: i.d.R. auch keine Behinderung nach § 4 Nr. 4 UWG.
[111] BGH GRUR 2001, 841 Rn. 52 – *Entfernung der Herstellungsnummer II*.
[112] BGH GRUR 2005, 519 Rn. 24 – *Vitamin-Zell-Komplex*.
[113] BGH GRUR 2008, 933 Rn. 19 f.– *Schmiermittel*.
[114] BGHZ 119, 20, 30 Rn. 43 – *Tchibo/Rolex II*; Ohly/Sosnitza, § 9 Rn. 1 ff.
[115] Patentrecht: BGH GRUR 1962, 401, 402 – *Kreuzbodenventilsäcke III*; Namens- und Firmenrechte: BGHZ 60, 206, 209 – *Miss Petite*; Gebrauchsmusterrecht: BGH GRUR 1982, 301, 302 – *Kunststoffhohlprofil II*; Markenrecht: BGH GRUR 1987, 364, 365 – *Vier-Streifen-Schuh*; Urheberrecht: BGH WRP 2000, 101, 102 – *Planungsmappe*; Persönlichkeitsrecht: BGH GRUR 2000, 715, 717 – *Der blaue Engel*; Geschmacksmusterrecht: BGH GRUR 2001, 329, 330 f.– *Gemeinkostenanteil*.
[116] BGHZ 122, 262, 266 f.– *Kollektion „Holiday"*; BGH GRUR 2007, 431 Rn. 21 – *Steckverbindergehäuse*; zu § 17: BGH WRP 2008, 938 Rn. 6.

B. Schadensersatz

Für den restlichen Bereich des Wettbewerbsrechts ist die objektive Schadensberechnung hingegen nicht anwendbar. Denn eine Wettbewerbsverletzung weist i.d.R. keine mit einem Eingriff in ein Ausschließlichkeitsrecht ähnliche Lage auf.[117] 78

Zweck der objektiven Berechnungsmethoden ist es, dem besonderen Schutzbedürfnis des Inhabers eines Immaterialgüterrechts oder einer vergleichbaren Rechtsposition Rechnung zu tragen. Wegen der immateriellen Natur der geschützten Rechtsgüter kann der Berechtigte – anders als bei körperlichen Gegenständen – keine Vorkehrungen gegen Rechtsverletzungen treffen, sie oft nur schwer feststellen und entgangenen Gewinn kaum nachweisen. Dem Verletzer den Gewinn aus einem solchen Eingriff zu belassen, wäre unbillig. Da nach der allgemeinen Lebenserfahrung regelmäßig ein Zusammenhang zwischen einem Gewinnentgang beim Verletzten und einer Lizenzgebührersparnis oder einem Gewinn beim Verletzer bestehen kann, fördert die objektive Schadensberechnung einen billigen und angemessenen Interessenausgleich; zudem dient sie der Sanktionierung des schädigenden Verhaltens und dadurch auch der Prävention.[118] 79

Bei den drei Bemessungsarten handelt es sich der **Rechtsnatur** nach lediglich um Variationen bei der Ermittlung des gleichen Schadens und somit um einen **einheitlichen** Schadensersatzanspruch, nicht um verschiedene Ansprüche mit unterschiedlichen Rechtsgrundlagen.[119] Dem Verletzten steht es frei, zur Berechnung des zu fordernden Schadensersatzes zwischen dem konkreten Schaden (vor allem dem entgangenen Gewinn) und einem abstrakten Schaden (Lizenzanalogie oder Verletzergewinn) zu wählen.[120] Allerdings darf er die einzelnen Berechnungsmethoden nicht vermengen. 80

Der Verletzte kann sein Wahlrecht zwischen den drei Berechnungsarten noch während eines laufenden Zahlungsklageverfahrens ausüben, um auf Änderungen der Sach- und Beweislage zu reagieren; es erlischt erst, wenn der Anspruch entweder erfüllt oder rechtskräftig zuerkannt wurde.[121] 81

Die Schadensberechnung nach der **Lizenzanalogie** entspricht dem Ausgleich der Eingriffskondiktion (§ 812 Abs. 1 S. 1 2. Alt., § 818 Abs. 2 BGB).[122] Hätte der Verletzer die fremde Leistung erlaubterweise benutzt, hätte er als vertraglicher Lizenznehmer für die Gestattung üblicherweise eine Lizenzgebühr entrichten müssen. Er ist deshalb so zu behandeln, als sei durch seinen rechtswidrigen Eingriff dem Rechtsinhaber die angemessene **Lizenzgebühr** entgangen.[123] Unerheblich ist, ob es bei korrektem Verhalten tatsächlich zu einer Lizenzerteilung gekommen wäre.[124] Zulässig ist diese Schadensberechnung, falls die Lizenzeinräumung rechtlich möglich und **verkehrsüblich** ist.[125] Für die weit auszulegende Verkehrsüblichkeit genügt es i.d.R., dass ein solches Recht seiner Art nach überhaupt durch die Einräumung von Nutzungsrechten genutzt werden kann und – unabhängig von der Branche – genutzt wird; deshalb kann bereits das Anbieten (Bewerben), nicht erst das Inverkehrbringen eines rechtsverletzenden Produkts eine Schadensersatzpflicht auslösen.[126] Die **fiktive Lizenz** führt nicht zum Abschluss eines Lizenzvertrages, so dass weitere Verletzungshandlungen untersagt werden können.[127] 82

---

[117] BGH WRP 2002, 993 Rn. 54 – *Titelexklusivität*.
[118] BGH GRUR 1995, 349, 351 Rn. 35 – *Objektive Schadensberechnung*; BGH GRUR 2001, 329, 331 Rn. 24 – *Gemeinkostenanteil*.
[119] BGH GRUR 2008, 93, 94 Rn. 7 – *Zerkleinerungsvorrichtung*.
[120] BGH GRUR 2006, 419, 420 Rn. 14 – *Noblesse*.
[121] BGH GRUR 2008, 93, 94 Rn. 8 – *Zerkleinerungsvorrichtung*.
[122] BGHZ 77, 16, 25 Rn. 28 – *Tolbutamid*.
[123] BGH GRUR 1993, 899, 900 Rn. 17 – *Dia-Duplikate*; BGH GRUR 1995, 349, 351 Rn. 28 – *Objektive Schadensberechnung*.
[124] BGH GRUR 1995, 349, 351 Rn. 28 – *Objektive Schadensberechnung*.
[125] BGH GRUR 1990, 1008, 1009 Rn. 16 – *Lizenzanalogie*.
[126] BGH WRP 2006, 117 Rn. 23 ff. – *Catwalk*.
[127] BGH WRP 20002, 214, 218 Rn. 45 – *SPIEGEL-CD-ROM*.

83 Geschuldet ist der Betrag, den vernünftige Vertragspartner bei Abschluss eines Lizenzvertrags als Vergütung vereinbart hätten; dabei ist unerheblich, ob der Verletzer selbst bereit gewesen wäre, eine Vergütung in dieser Höhe zu zahlen.[128] Zu ermitteln ist der **objektive Verkehrswert** der angemaßten Benutzungsberechtigung, der in der angemessenen und üblichen Lizenzgebühr besteht.[129] Bei der Schätzung des Schadens nach § 287 Abs. 1 ZPO liegt es nahe, branchenübliche Vergütungssätze und Tarife als Maßstab heranzuziehen, wenn sich in dem entsprechenden Zeitraum eine solche Übung herausgebildet hat.[130] Einfluss auf den objektiven Wert haben auch die in der Branche üblichen **Umsatzerlöse**.[131]

84 In der Praxis ist, va bei Nachahmungsfällen, eine Stücklizenz von 1 bis 5 % (i.d.R. höchstens 10 % mit Abweichung bei einem Prestigeobjekt bis zu 20 %) vom Nettoabgabepreis des Verletzers anzusetzen.[132] Wird dagegen eine Pauschallizenz vereinbart, hängt der entstandene Schaden nicht von der Dauer und Intensität der Verletzung, z.B. einer Verbreitung, ab.[133]

85 Die **Herausgabe des Verletzergewinns** zielt auf einen Schadensausgleich nach Billigkeit; dabei wird fingiert, dass der Rechtsinhaber ohne die Rechtsverletzung den gleichen Gewinn erzielt hätte wie der Verletzer.[134] Da der Verletzer so behandelt werden soll, als habe er bei der Nutzung als Geschäftsführer ohne Auftrag gehandelt, kann er nicht geltend machen, der Verletzte hätte diesen Gewinn selbst nicht erreichen können.[135]

86 Zur Berechnung ist der Gesamtgewinn zunächst um die abzugsfähigen Kosten (z.B. die auf die fragliche Produktion entfallenden Lohnkosten, nicht auch Fixkosten, z.B. Mieten u.ä.) zu verringern.[136] Anschließend wird der Kausalitätsabschlag vorgenommen, weil der Verletzergewinn nur insoweit herauszugeben ist, als er auf der Rechtsverletzung beruht.

87 Hierfür kommt es bei der wettbewerbswidrigen Leistungsübernahme (§ 4 Nr. 3 UWG) darauf an, inwieweit beim Vertrieb der nachgeahmten Produkte die Gestaltung als Imitat oder aber andere Umstände, z.B. der niedrige Preis oder die technische Funktionalität, für die Kaufentschlüsse ursächlich waren.[137] Dagegen darf eine unter Verstoß gegen § 17 UWG erlangte Kenntnis von Betriebsgeheimnissen vom Verletzer in keiner Weise verwendet werden, so dass grds. der gesamte daraus erzielte Gewinn herauszugeben ist.[138]

3. Presseprivileg (§ 9 S. 2 UWG)

88 Für die Veröffentlichung von Werbeanzeigen Dritter beschränkt sich die Prüfungspflicht von Presseunternehmen auf grobe und eindeutige Wettbewerbsverstöße.[139] Soweit diese begrenzte Pflicht zur Prüfung fremdverfasster Inhalte verletzt wurde, ist eine Schadensersatzhaftung der verantwortlichen Personen von periodischen Druckwerken aus § 9 S. 1 UWG zudem nach § 9 S. 2 UWG auf **Vorsatztaten** begrenzt. Wegen des **Zeitdrucks** bei der Anzeigenprüfung ist eine Haftung auch für Fahrlässigkeit unzumutbar.[140] Privilegiert sind

---

[128] BGH GRUR 2009, 407 Rn. 22 – *Whistling for a train*.
[129] BGH GRUR 2009, 660 Rn. 13 f. – *Resellervertrag*.
[130] BGH GRUR 2006, 136, 138 Rn. 27 – *Pressefotos*.
[131] BGH WRP 2010, 384 Rn. 49 – *BTK*.
[132] Harte/Henning/*Goldmann*, § 9 Rn. 123; *Teplitzky*, Kap. 34 Rn. 28, m.w.N.
[133] BGH GRUR 1993, 899, 900 Rn. 20 – *Dia-Duplikate*.
[134] BGH WRP 2010, 390 Rn. 18 – *Zoladex*.
[135] BGH GRUR 2001, 329 Rn. 30 – *Gemeinkostenanteil*.
[136] BGH GRUR 2007, 431 Rn. 31 f. – *Steckverbindergehäuse*; BGH GRUR 2001, 329 Rn. 25 – *Gemeinkostenanteil*.
[137] BGH WRP 2008, 938 Rn. 8 f.
[138] *Köhler*/Bornkamm, UWG § 9 Rn. 1.45, m.w.N.
[139] BGH GRUR 2006, 429 Rn. 13 – *Schlank-Kapseln*.
[140] Fezer/*Koos*, UWG § 9 Rn. 39.

danach Redakteure, Verleger, Druck- und Vertriebsunternehmer für Printmedien, die wiederkehrend, aber nicht notwendig regelmäßig erscheinen (nicht Kataloge, Jahrbücher, wohl aber Zeitungen, Zeitschriften und analog im Rahmen des Schutzzwecks auch im Internet, Rundfunk, Videotext str.).[141] § 9 S. 2 UWG privilegiert nach seinem Schutzzweck hingegen nicht die Eigenwerbung oder Schleichwerbung („redaktionelle Werbung", § 4 Nr. 3 UWG) von Presseunternehmen.

IV. Konkurrenzen

§ 9 UWG schließt als Sonderdeliktsrecht einen Anspruch aus § 823 Abs. 1 BGB wegen einer Verletzung des Rechts am eingerichteten und ausgeübten Gewerbebetrieb aus.[142] Dagegen besteht im Falle eines gegenüber dem Lauterkeitsverstoß gesteigerten Unrechtsgehalts, z.B. bei einer Verletzung absoluter Rechte wie Eigentum oder allgemeinem Persönlichkeitsrecht, zu § 823 Abs. 1 BGB **Anspruchskonkurrenz**. Der Schädiger soll nicht allein deshalb nur der kürzeren Verjährungsfrist (§ 11 UWG statt §§ 195, 199 BGB) ausgesetzt sein, weil er zugleich wettbewerbswidrig gehandelt hat.[143] Gleiches gilt im Verhältnis zu den Ansprüchen aus §§ 824, 826 BGB. Aus § 823 Abs. 2 BGB lässt sich wegen eines Verstoßes gegen §§ 3, 7 UWG für den Mitbewerber ein Anspruch aus Schadensersatz nicht herleiten, weil hierfür § 9 UWG abschließend ist.[144]

89

Die Straftatbestände der §§ 16 bis 19 UWG sind dagegen Schutzgesetze iSv § 823 Abs. 2 BGB, so dass sich hieraus ein – von § 9 UWG nicht verdrängter – Anspruch auf Schadensersatz ergeben kann.

90

C. Weitere Anspruchsziele

Schrifttum: *Abel*, Der Gegenstand des Auskunftsanspruchs im deutschen gewerblichen Rechtsschutz und Urheberrecht, FS Pagenberg (2006), 221; *Augenhofer*, Individualrechtliche Ansprüche des Verbrauchers bei unlauterem Wettbewerbsverhalten des Unternehmers, WRP 2006, 169; *Beuchler*, Das „Schreckgespenst" § 10 UWG: Mehr Gespenst als Schrecken, WRP 2006, 1288; *Bernreuther*, Zur Auslegung und Inhaltskontrolle von Vertragsstrafenregelungen, GRUR 2003, 2003, 114; *Brandner*, Die Herausgabe von Verletzervorteilen im Patentrecht und im Recht gegen den unlauteren Wettbewerb, GRUR 1980, 539; *Beyerlein* Gaby./.Nicola – Keine zeitliche Begrenzung von Schadensresatz- und Auskunftsanspruch durch die vom Gläubiger nachgewiesene erste Verletzungshandlung, WRP 2007, 1310; *Büsching*, Der Anwendungsbereich der Eingriffskondiktion im Wettbewerbsrecht, 1991; *v.Gamm*, Zur sog. Drittauskunft bei Wettbewerbsverletzungen, FS Vieregge, 1995, 261; *Goldbeck*, Zur Ermittlung des sachlich zuständigen Gerichts bei der Vertragsstrafeklage wettbewerbsrechtlichen Ursprungs, WRP 2006, 37; *Heckelmann/Wettich*, Zur Frage der Angemessenheit von Vertragsstrafen, WRP 2003, 184; *Heil/Roos*, Zur dreifachen Schadensberechnung bei Übernahme sonderrechtlich nicht geschützter Leistungen, GRUR 1994, 26; *Gärtner*, Der Gewinnabschöpfungsanspruch gemäß § 10 UWG, GRUR Int 2008, 817; *Hofmann*, Gewinnherausgabe bei Vertragsverletzungen, AcP 213 (2013), 469; *B.Kaiser*, Die Vertragsstrafe im Wettbewerbsrecht, 1999; *Köhler*, Der Schadensersatz-, Bereicherungs- und Auskunftsanspruch im Wettbewerbsrecht, NJW 1992, 1477; *ders.*, Vertragsstrafe und Schadensersatz, GRUR 1994, 260; *ders.*, Zur Bereicherungshaftung bei Wettbewerbsverstößen, FS Lorenz, 2001, 167; *Loewenheim*, Bereicherungsansprüche im Wettbewerbsrecht, WRP 1997, 913; *Pietzner*, Auskunft, Rechnungslegung und Schadensersatz bei wettbewerbswidrigen Eingriffen in fremde Firmenrechte, GRUR 1972, 151; *Stauder*, Umfang und Grenzen der Auskunftspflicht im Ge-

---

[141] MünchKommUWG/*Fritzsche*, § 9 Rn. 118, m.w.N.
[142] BGH GRUR 2004, 877 Rn. 41 – Werbeblocker.
[143] BGHZ 36, 252 Rn. 9 – Gründerbildnis; *Teplitzky*, Kap. 4 Rn. 12, m.w.N.
[144] *Köhler*/Bornkamm, UWG Einl Rn. 7.5, m.w.N.

werblichen Rechtsschutz und Urheberrecht, GRUR Int. 1982, 226; *Teplitzky*, Neue Entwicklungen beim wettbewerbs- und markenrechtlichen Auskunftsanspruch, FS Tilmann, 2003, 913; *Tilmann*, Der Auskunftsanspruch, GRUR 1987, 251; *Traub*, Die Anwendung des § 278 BGB auf die Erfüllung wettbewerbsrechtlicher Unterlassungsversprechen, FS Gaedertz, 1992, 563.

I. Vertragsstrafe

1. Zweck

91 Der Schuldner bietet mit der auf eine Abmahnung erklärten Unterwerfung i.d.R. auch die Verpflichtung zur Zahlung einer Vertragsstrafe nach §§ 339 ff. BGB für den Fall einer Zuwiderhandlung gegen die vereinbarte Unterlassungsverpflichtung an. Diese Strafbewehrung soll seinen ernsthaften Unterlassungswillen zum Ausdruck bringen. Aus der Sicht des Schuldners hat das Strafversprechen demnach vor allem den **Zweck** sicherzustellen, dass für Handlungen, die von der Unterlassungsverpflichtung erfasst werden, weder eine Wiederholungsgefahr noch eine Erstbegehungsgefahr besteht.[145] Aus Sicht des Gläubigers besteht der Zweck der Vertragsstrafevereinbarung darin, die Unterlassungsverpflichtung abzusichern und den sich aus einer Zuwiderhandlung ergebenden Schaden in pauschalierter Form abzudecken.[146] Die Sicherung erfolgt durch den Druck mit einem Strafanspruch für den Fall eines Verstoßes gegen die konkrete vertragliche Unterlassungspflicht. Ebenso wie die Unterlassungsverpflichtung wird die Vertragsstrafeverpflichtung nicht schon durch eine einseitige Erklärung des Schuldners begründet, sondern setzt den Abschluss eines Vertrags zwischen dem Gläubiger und dem Schuldner voraus. Den Strafanspruch kann der Gläubiger grundsätzlich allein für **ab dem Zeitpunkt des Vertragsschlusses** begangene Verstöße geltend machen.[147]

2. Strafhöhe

92 Die Angemessenheit der Vertragsstrafehöhe bemisst sich in erster Linie nach dem Sanktionscharakter der Vertragsstrafe und deren Funktion, weitere Zuwiderhandlungen zu verhüten, nach Schwere und Ausmaß der Zuwiderhandlung und ihrer Gefährlichkeit für den Gläubiger, nach dem Verschulden des Verletzers und der Funktion der Vertragsstrafe als pauschalierten Schadensersatz.[148] Die Vertragsstrafe muss jedenfalls so hoch sein, dass sich ein Verstoß für den Schuldner nicht lohnt; bietet er eine zu geringe Vertragsstrafe an, kann der Gläubiger die Unterlassungserklärung ohne Prozess- und Kostenrisiko zurückweisen.[149]

93 In der Praxis wird oftmals die Zahlung eines **bezifferten** Betrages – zumeist im Bereich von über 5000 Euro – als Vertragsstrafe versprochen.[150] Dies birgt allerdings für den Schuldner das Risiko, bei einer Unsicherheit über die Zusammenfassung von Mehrfachverstößen entweder zu viel zahlen zu müssen oder zu wenig anzubieten.[151] Dem Gläubiger (oder nach § 317 BGB einem Dritten, nicht aber dem Gericht) kann jedoch nach § 315 Abs. 1 BGB die Bestimmung der Strafhöhe – mit oder ohne Obergrenze, die sich i.d.R. auf das Doppelte der angemessenen Vertragsstrafe beläuft (**sog. neuer Hamburger Brauch**) –

---

[145] BGHZ 146, 318 = GRUR 2001, 758 Rn. 19 – *Trainingsvertrag*; Ohly/*Sosnitza* § 12 Rn. 35.
[146] BGH GRUR 2008, 929 Rn. 9 – *Vertragsstrafeneinforderung*.
[147] BGH GRUR 2006, 878 Rn. 14, 20 – *Vertragsstrafevereinbarung*.
[148] BGH WRP 2009, 182 Rn. 42 – *Kinderwärmekissen*.
[149] Köhler/*Bornkamm*, UWG, § 12 Rn. 1.139.
[150] Zu Einzelfällen s. Fezer/*Büscher*, UWG § 8 Rn. 82, 204.
[151] Köhler/*Bornkamm*, UWG, § 12 Rn. 1.141.

C. Weitere Anspruchsziele

nach seinem billigen Ermessen überlassen bleiben.[152] Hierfür kann eine richterliche Billigkeitskontrolle nach § 315 Abs. 3 S. 2 BGB mit Gerichtsstand (§ 38 ZPO) vereinbart werden; sie kommt unabhängig von § 348 HGB auch einem Kaufmann zugute.

Auch § 343 BGB sieht eine – nicht abdingbare – richterliche Billigkeitskontrolle vor. Mit ihr kann eine **Herabsetzung** der Vertragsstrafe auf den angemessenen Betrag erreicht werden, um eine unverhältnismäßige Härte für den Schuldner zu vermeiden. Allerdings gilt dies nach § 348 HGB nicht für Vollkaufleute. Sie können aber § 348 HGB in der Unterwerfungserklärung ausschließen. Die Eignung der Unterwerfungserklärung, die Wiederholungsgefahr auszuräumen, bleibt hiervon unberührt.[153] Auch bei einer von einem Kaufmann übernommenen Vertragsstrafe kommt zudem eine Herabsetzung nach § 242 BGB in Betracht; danach ist die Vertragsstrafe allerdings nur auf einen Betrag zu reduzieren, der noch hingenommen werden kann, etwa das Doppelte der nach § 343 BGB angemessenen Vertragsstrafe.[154]

3. Verwirkung

Durch eine erneute Zuwiderhandlung gegen die Unterlassungsverpflichtung wird die Vertragsstrafe verwirkt, § 339 S. 2 BGB. Die Voraussetzungen für eine **Verwirkung** der Vertragsstrafe sind:

- Versprechen einer Vertragsstrafe in angemessener Höhe (andernfalls eventuell Herabsetzung);
- vertragliche Unterlassungspflicht als gesicherte Hauptpflicht, § 339 S. 2 BGB: Vom Bestand der Hauptpflicht ist das Vertragsstrafeversprechen abhängig (akzessorisch); es entfällt also mit jener.[155]
- Zuwiderhandlung gegen die Unterlassungsverpflichtung, die im Kern gleichartige Verletzungshandlungen erfasst, ab dem Zeitpunkt des Vertragsschlusses.
- Verschulden: Der Schuldner haftet i.d.R. nur, wenn er den strafbewehrten Pflichtverstoß zu vertreten hat. Er haftet zwar nicht für Mitarbeiter und Beauftragte nach § 8 Abs. 2 UWG, wohl aber aus eigenem Verschulden, wenn er selbst nicht die notwendigen Maßnahmen trifft, z.B. Belehrungen nicht erteilt und ihre Befolgung nicht überwacht. Für ein schuldhaftes Verhalten seiner Erfüllungsgehilfen hat er einzustehen, § 278 BGB.[156] Dies gilt nicht bei vertraglichem Ausschluss der Gehilfenhaftung, wodurch allerdings die Wiederholungsgefahr nicht ausgeräumt wird.[157] Der Schuldner trägt die Beweislast für ein mangelndes Verschulden; er hat also nachzuweisen, dass er das ihm Zumutbare zur Einhaltung der Unterlassungspflicht (aktiv) unternommen hat.[158]

Mehrfachverstöße können sich zusammenfassen lassen und lösen dann nur einen einzelnen Strafanspruch aus, auch wenn die Vertragsstrafe „für jeden Fall der Zuwiderhandlung" versprochen wurde. So ist eine Zusammenfassung von Einzelakten zu einer **natürlichen Handlungseinheit** möglich, wenn sie in engem Zusammenhang stehen und eine auch für Dritte äußerlich erkennbare Zugehörigkeit zu einem einheitlichen Lebensvorgang auf-

---

[152] BGH WRP 2010, 649 Rn. 30 – *Testfundstelle*; *Teplitzky*, Kap. 8 Rn. 22; *Ohly/Sosnitza* § 12 Rn. 36.
[153] *Teplitzky*, Kap. 8 Rn. 30 b, Kap. 20 Rn. 8.
[154] BGH WRP 2009, 182 Rn. 41 – *Kinderwärmekissen*. Strenger nach § 307 Abs. 1 BGB, s. BGH WRP 2014, 587 Rn. 19 – *Vertragsstrafenklausel*.
[155] BGH GRUR 1998, 471 Rn. 17 – *Modenschau im Salvatorkeller*; *Teplitzky*, Kap. 20 Rn. 6.
[156] BGH NJW-RR 2007, 1505 Rn. 11. Auch als Gesellschaft nach § 31 BGB für sein Organ; es fallen dann aber nicht zugleich zwei Vertragsstrafen an: BGH GRUR 2014, 797 Rn. 57 – *fishtailparka*.
[157] *Fezer/Büscher*, UWG § 8 Rn. 71, 202; a.A. *Köhler/Bornkamm*, UWG, § 12 Rn. 1.156.
[158] BGH GRUR 2010, 167 Rn. 26 – *Unrichtige Aufsichtsbehörde*; *Ohly/Sosnitza* § 12 Rn. 37.

weisen.[159] Ist dies nicht der Fall, beurteilt sich die Frage, ob bei mehreren Verstößen jeweils oder insgesamt eine Vertragsstrafe verwirkt ist, nach einer (ergänzenden) Vertragsauslegung im Einzelfall. Mehrere gleichartige Verstöße können demnach im Regelfall zu einer „**rechtlichen Einheit**" zusammengefasst werden, wenn jeweils dieselbe Pflichtenlage in zeitlich engem Zusammenhang unberücksichtigt blieb, die Vertragsstrafe hoch bemessen wurde oder sich unverhältnismäßig hoch kumuliert; gegen eine solche Zusammenfassung spricht, falls Vorsatz mit Wiederholungsabsicht vorlag oder der Einzeltat eine größere wirtschaftliche Bedeutung zukam.[160]

97 Ein **Ausschluss** der Zusammenfassung von Einzeltaten ist zur Beseitigung der Wiederholungsgefahr nicht erforderlich, kann also vom Schuldner abgelehnt werden.[161] Eine solche Ausschlussklausel in Allgemeinen Geschäftsbedingungen ist i.d.R. unwirksam, § 307 Abs. 2 Nr. 1 BGB. Individualvertraglich lässt sich ein solcher Ausschluss vereinbaren, stößt aber nach § 242 BGB auf seine Grenzen. „Sammelt" etwa der Vertragsstrafegläubiger Verstöße, um einen möglichst hohen Strafanspruch entstehen zu lassen, verstößt er gegen § 242 BGB.[162]

4. Konkurrenzen

98 Einem Gläubiger steht es bei Verletzungshandlungen, die sowohl gegen einen gerichtlichen Verbotstitel als auch gegen eine strafbewehrte Unterlassungsverpflichtung verstoßen, frei, neben der staatlichen Vollstreckungssanktion nach § 890 ZPO den vertraglichen Anspruch auf Zahlung der Vertragsstrafe zu verlangen. Dabei ist das **Ordnungsgeld** bei der Bemessung der Vertragsstrafe mindernd zu berücksichtigen und umgekehrt.[163] Ein Unterlassungsbegehren kann der Gläubiger im Falle einer Zuwiderhandlung auf den Unterwerfungsvertrag stützen und mit dem Strafanspruch häufen. Der Schuldner kann – da er sich vertraglich gebunden hat – i.d.R. nicht dagegen einwenden, seine Handlung sei nicht wettbewerbswidrig.[164] Der Gläubiger hat daneben auch ein Rechtsschutzinteresse daran, aus dem mit der Zuwiderhandlung neu entstandenen gesetzlichen Unterlassungsanspruch vorzugehen.[165] Auf einen **Schadensersatzanspruch** z.B. nach § 280 BGB ist die verwirkte Strafe anzurechnen, entsprechend dem Schutzzweck des § 340 BGB aber nur insoweit, als Interessenidentität besteht; an ihr fehlt es z.B. zwischen dem Anspruch auf Zahlung der Vertragsstrafe und dem Anspruch auf Ersatz der Anwaltskosten, die durch deren Einforderung entstanden sind.[166]

II. Auskunft und Rechnungslegung

1. Anwendungsbereich

99 Eine allgemeine, nicht aus einem besonderen Rechtsgrund abgeleitete Auskunftspflicht besteht nicht. Im Wettbewerbsrecht ist Rechtsgrundlage des Auskunftsanspruchs das

---

[159] BGHZ 33, 163 Rn. 32 – *Krankenwagen II*.
[160] BGHZ 146, 318 = GRUR 2001, 758 Rn. 20 ff. – *Trainingsvertrag*; BGH GRUR 2015, 1021 Rn. 29 – *Kopfhörerkennzeichnung*; Harte/Henning/Brüning, UWG, § 12 Rn. 220.
[161] BGHZ 121, 13 = WRP 1993, 240 Rn. 24 – *Fortsetzungszusammenhang*.
[162] BGH GRUR 1998, 471 Rn. 33 – *Modenschau im Salvatorkeller*.
[163] BGH WRP 2010, 649 Rn. 32 – *Testfundstelle*; Ahrens/Achilles, Kap. 10 Rn. 15.
[164] Köhler/*Bornkamm*, UWG, § 12 Rn. 1.158.
[165] BGH GRUR 1980, 241 Rn. 11 – *Rechtsschutzbedürfnis*.
[166] BGH GRUR 2008, 929 Rn. 9 – *Vertragsstrafeneinforderung*.

C. Weitere Anspruchsziele

durch einen Lauterkeitsverstoß begründete gesetzliche Schuldverhältnis zwischen den Parteien i.V.m. dem Grundsatz von Treu und Glauben nach § 242 BGB.[167]

Der Auskunftsanspruch dient der Durchsetzung eines Hauptanspruchs. **Zweck** des Auskunftsanspruchs ist es, dem darlegungs- und beweispflichtigen Verletzten die notwendigen Kenntnisse über Inhalt und Umfang des Hauptanspruchs (z.B. Identität oder Umsätze des Verletzers) zu verschaffen, soweit er sie aus eigenem Wissen nicht besitzen kann. 100

Die isolierte Klage auf Auskunft oder Rechnungslegung hemmt nicht die Verjährung des Hauptanspruchs. Deshalb sollte sie zumindest mit einem Antrag auf Feststellung der Schadensersatzpflicht oder im Wege einer Stufenklage mit einem Antrag auf Leistung dessen, was sich aus der Auskunft ergibt, verbunden werden. 101

Um einen akzessorischen, unselbständigen Hilfsanspruch handelt es sich, wenn sich auch der Hauptanspruch gegen den Auskunftspflichtigen richtet. Dagegen zielt der selbständige Auskunftsanspruch darauf, einen Hauptanspruch gegen einen Dritten durchzusetzen, va dessen Namen und Adresse in Erfahrung zu bringen, um die Quelle künftiger Rechtsverletzungen zu verschließen.[168] 102

Ein solcher Anspruch auf Drittauskunft kommt im Lauterkeitsrecht va in Betracht in den Fällen eines Wettbewerbsverstoßes durch dem Verletzten nicht bekannte Mitarbeiter und Beauftragte eines Unternehmers (§ 8 II UWG), der Verbreitung geschäftsschädigender Äußerungen Dritter und beim Eingriff in wettbewerbsrechtlich geschützte Positionen (§ 4 Nr. 3, §§ 17 bis 19 UWG) zur Ermittlung von Bezugsquelle oder Absatzweg.[169] Zwei Sonderfälle regeln §§ 8 Abs. 5, 10 Abs. 4 S. 1 UWG. 103

2. Voraussetzungen

Ein Anspruch auf Auskunftserteilung besteht nach Treu und Glauben gemäß § 242 BGB grundsätzlich in jedem Rechtsverhältnis, in dem der Berechtigte in entschuldbarer Weise über Bestehen und Umfang seines Rechtes im Ungewissen ist, er sich die zur Durchsetzung seines Anspruchs notwendigen Auskünfte nicht auf zumutbare Weise selbst beschaffen kann und der Verpflichtete sie unschwer geben kann.[170] 104

Voraussetzung des wettbewerbsrechtlichen Auskunftsanspruchs ist, dass zwischen den Parteien eine durch einen Wettbewerbsverstoß begründete besondere Rechtsbeziehung besteht, aus der sich der vorzubereitende Hauptanspruch ergeben kann.[171] Als Hilfsanspruch setzt der unselbständige Auskunftsanspruch voraus, dass ein **Hauptanspruch** zumindest dem Grunde nach bereits gegeben ist.[172] Der Auskunftsanspruch darf nicht nur auf die Grundlage für diesen Hauptanspruch (oder weitere Hauptansprüche) zielen. Er dient nicht schon der Ermittlung der den Hauptanspruch begründenden Tatsachen, sondern erst deren Konkretisierung.[173] 105

Handelt es sich beim Hauptanspruch – wie regelmäßig – um einen Schadensersatzanspruch, hat der Kläger zum Auskunftsanspruch insbesondere eine schuldhafte Verletzungshandlung vorzutragen, aus der ein Schaden entstehen und sich so konkretisieren kann, dass eine Auskunft über den Umfang der Verletzungshandlungen der Sache nach in Betracht kommt.[174] 106

---

[167] RGZ 108, 1, 7; BGH WRP 2010, 527 Rn. 35 – *Oracle*.
[168] BGHZ 148, 26, 31 Rn. 32 – *Entfernung der Herstellungsnummer II*.
[169] *Köhler*/Bornkamm, UWG, § 9 Rn. 4.2, m.w.N.; BGHZ 125, 322, 330 Rn. 26 – *Cartier-Armreif*.
[170] BGH GRUR 2008, 360 Rn. 17 – *EURO und Schwarzgeld*.
[171] *Teplitzky*, Kap. 38 Rn. 6; BGH GRUR 1987, 647 Rn. 8 – *Briefentwürfe*.
[172] BGH GRUR 1998, 1043 Rn. 36 – *GS-Zeichen*.
[173] *Köhler*/Bornkamm, UWG, § 9 Rn. 4.11.
[174] BGH GRUR 2001, 849, 851 Rn. 14 – *Remailing*.

107 Ferner muss die Unkenntnis des Gläubigers **unverschuldet** sein.[175] Eigene Erkenntnismöglichkeiten hat er in zumutbarer Weise auszuschöpfen. Der Schuldner muss **unschwer** Auskunft erteilen können, wozu er sich allerdings nicht auf präsentes Wissen beschränken darf.

3. Umfang der Auskunftspflicht

108 Der Auskunftsanspruch ist auf die inhaltliche Konkretisierung des Hauptanspruchs nach Art, Zeitpunkt und Umfang – und damit i.d.R. auf die Schadensberechnung – gerichtet. Er beschränkt sich auf Angaben über die **konkrete Verletzungshandlung.**[176] Ein Anspruch auf Auskunftserteilung darüber, ob der Verletzer ähnliche Handlungen begangen hat, die neue (Schadensersatz)Ansprüche rechtfertigen könnten, liefe i.d.R. auf eine unzulässige Ausforschung hinaus.[177]

109 Der Umfang des Auskunftsanspruchs ist nicht auf den Zeitraum seit der vom Gläubiger dargelegten ersten Verletzungshandlung beschränkt, sondern erstreckt sich auch auf den Zeitraum davor.[178] Unter den Voraussetzungen von § 259 ZPO kann der Auskunftsanspruch auch einen Zeitraum nach Schluss der mündlichen Verhandlung erfassen.[179]

110 Der Auskunftsanspruch wird durch den Grundsatz der **Verhältnismäßigkeit** begrenzt.[180] Im Falle eines Schadensersatzanspruchs als Hauptanspruch bestimmt sich der Umfang der zu erteilenden Auskunft nach den Erfordernissen der Schadensberechnung bzw. -schätzung (§ 287 ZPO).[181] Die verlangte Auskunft ist nicht geschuldet, wenn die Angaben hierfür nicht geeignet (z.B. Auskunft zu Angeboten, durch die kein Schaden entstanden ist, oder zu den Kosten einer Werbung, die zu keinem Umsatz geführt hat) oder in Anbetracht einer sehr beschränkten Schadensersatzhaftung nicht erforderlich sind.[182]

111 So hat der Gläubiger vorzutragen, inwieweit die verlangte Auskunft den Schaden bezifferbar bzw. schätzbar machen soll, um zu vermeiden, dass sich das Auskunftsverlangen in einer Ausforschung von Betriebsinterna oder einer Kostenbelastung erschöpft.[183]

112 Welche Auskünfte erforderlich sind, hängt von der Art der Schadensberechnung ab. Für die konkrete Schadensberechnung muss die Auskunft dem Verletzten regelmäßig Einblick in **Art, Zeitpunkt und Umfang** des begangenen Lauterkeitsverstoßes geben, weil er diese Umstände als Grundlage für die Schadensschätzung benötigt.[184]

113 Darunter fallen z.B. bei Zeitschriftenwerbung Auflagenhöhe, Verbreitungsgebiet und angesprochene Verkehrskreise; bei Warenvertrieb Liefermengen, -zeiten und -orte. Hingegen erstreckt sich die Auskunftspflicht i.d.R. nicht auf Abnehmer, Umsatz, Verkaufspreise, Gestehungskosten, Kosten der Werbung und Adressen von Geschäftspartnern.[185]

114 Bei der objektiven Schadensberechnung (im Falle von §§ 3 a, 4 Nr. 3 i.V.m. 17–19 UWG) wird ausnahmsweise für die genaue Ermittlung von Stücklizenzgebühr oder Ver-

---

[175] BGH NJW 1980, 2463, 2464.
[176] BGH GRUR 2006, 504 Rn. 34 – *Parfümtestkäufe; Ohly*/Sosnitza § 9 Rn. 39.
[177] BGH GRUR 2006, 319 Rn. 38 – *Alpensinfonie*; BGH GRUR 2010, 623 Rn. 51 – *Restwertbörse I.*
[178] BGH GRUR 2007, 877 Rn. 24 f.- *Windsor Estate.*
[179] Fezer/*Büscher*, UWG, § 8 Rn. 271, m.w.N.
[180] BGH GRUR 1995, 427 Rn. 18 – *Schwarze Liste*; BGH GRUR 2001, 841 Rn. 34 – *Entfernung der Herstellungsnummer II.*
[181] BGH GRUR 1987, 364 Rn. 16 – *Vier-Streifen-Schuh.*
[182] BGH GRUR 1980, 227 Rn. 109 – *Monumenta Germaniae Historica*; BGH GRUR 1991, 921 Rn. 48 – *Sahnesiphon.*
[183] *Köhler*/Bornkamm, UWG, § 9 Rn. 4.13; *Teplitzky*, Kap. 38 Rn. 11.
[184] BGH GRUR 1981, 286 Rn. 41 – *Goldene Karte I.*
[185] *Köhler*/Bornkamm, UWG, § 9 Rn. 4.26, m.w.N.

letzergewinn Rechnungslegung mit Einnahmen (Lieferdaten, -preise, Abnehmer, etc.) und Ausgaben (Einstandspreise, Fertigungskosten, etc.) verlangt. Regelmäßig wird jedoch der Schaden geschätzt, so dass es nur der Auskunft über die auf die Verletzungshandlung bezogenen **Umsätze** und Werbemaßnahmen bedarf.[186]

So ist zur Schätzung der fiktiven Lizenzgebühr z.B. beim Vertrieb bestimmter Katalogware Auskunft über den Umfang, in dem der Katalog in den Verkehr gebracht worden ist, über die Zahl der mittels des Katalogs verkauften einschlägigen Waren und über die Höhe des damit erzielten Gesamtumsatzes zu erteilen.[187] 115

Die Auskunftserteilung muss **zumutbar** sein; das richtet sich nach den Bedürfnissen des Verletzten unter schonender Rücksichtnahme auf die Belange des Verletzers.[188] Erforderlich ist eine Interessenabwägung unter Berücksichtigung der jeweiligen Umstände des Einzelfalls.[189] Auf Seiten des Verletzten sind dabei va Art und Schwere der Rechtsverletzung und der Wert der Auskunft für die Schadensermittlung, auf Seiten des Schuldners der Zeit- und Arbeitsaufwand und ein Geheimhaltungsinteresse zu berücksichtigen. 116

Die Auskunftserteilung wird nicht allein dadurch unzumutbar, dass der Verletzer damit sich selbst oder einen Dritten einer Straftat oder Ordnungswidrigkeit bezichtigen würde, zumal bei der Selbstbezichtigung ein strafrechtliches Verwertungsverbot eingreift (vgl auch § 19 Abs. 4 MarkenG, § 101 a UrhG).[190] 117

Ausgangspunkt der Abwägung von Aufklärungs- und **Geheimhaltungsinteresse** ist, dass die Nachteile aus einer Offenlegung von Betriebsinterna Folge der (eigenen) Verletzungshandlung sind.[191] Das Interesse des Verletzers, seine Kalkulation, Gewinnspanne, Bezugsquelle oder Vertriebswege gegenüber dem Mitbewerber geheim zu halten, muss daher i.d.R. hinter dem Interesse des Verletzten zurücktreten, wenn dieser die Angaben zur Schadensberechnung benötigt. Unzumutbar kann die Preisgabe aber sein, wenn ohnehin nur eine grobe Schätzung auf der Grundlage der Umsätze und grob ermittelter Gewinne in Betracht kommt.[192] 118

Der unselbständige Auskunftsanspruch kann von Amts wegen durch Aufnahme eines **Wirtschaftsprüfervorbehalts** in die Urteilsformel eingeschränkt werden, wenn dies nach Abwägung der beiderseitigen Interessen gerechtfertigt ist. Bei dieser Auskunftsform darf der Verletzer die für die Schadenshöhe und Nachprüfbarkeit seiner Angaben maßgebenden Umstände, deren Preisgabe ihm gegenüber dem Mitbewerber unzumutbar ist, statt dem Verletzten einer Vertrauensperson (i.d.R. Wirtschaftsprüfer) machen.[193] Dies beeinträchtigt den Auskunftsberechtigten, weil ihm die Informationen nicht selbst zugänglich sind und er sie nicht unmittelbar selbst überprüfen kann. Die Hinnahme dieser mit dem Vorbehalt verbundenen Gefahren für die Anspruchsdurchsetzung kann vom Berechtigten nur bei einem deutlich höhergewichtigen Interesse des Auskunftspflichtigen erwartet werden.[194] Der selbständige Auskunftsanspruch lässt in aller Regel einen Wirtschaftsprüfervorbehalt nicht zu.[195] 119

Die Auswahl eines neutralen Wirtschaftsprüfers bleibt dem Verletzten überlassen, kann aber vom Gericht überprüft und entsprechend § 315 Abs. 3 BGB ersetzt werden. Der Verletzer trägt neben der 120

---

[186] *Teplitzky*, Kap. 38 Rn. 14 f., m.w.N.; BGH GRUR 2006, 419 Rn. 17 – *Noblesse*.
[187] BGH GRUR 1995, 349 Rn. 38 – *Objektive Schadensberechnung*.
[188] BGH GRUR 1978, 52 Rn. 18 – *Fernschreibverzeichnisse*.
[189] BGHZ 148, 26, 31 Rn. 34 – *Entfernung der Herstellungsnummer II*.
[190] BVerfGE 56, 37, 41 ff. Rn. 24; BGHZ 41, 318, 327 Rn. 45.
[191] BGH GRUR 1996, 78 Rn. 14 – *Umgehungsprogramm*.
[192] BGH GRUR 2006, 419 Rn. 17 – *Noblesse*.
[193] BGH GRUR 1980, 227 Rn. 110 – *Monumenta Germaniae Historica*.
[194] BGH GRUR 1999, 1025 Rn. 58 – *Preisbindung durch Franchisenehmer*.
[195] Fezer/*Büscher*, UWG, § 8 Rn. 264, m.w.N.

Kostenlast die Darlegungs- und Beweislast für die Umstände, die die deutlich höhergewichtigen Belange begründen.[196] Er hat den Wirtschaftsprüfer ferner zu verpflichten und zu ermächtigen, gezielte Fragen des Verletzten zur stichprobenartigen Kontrolle zu beantworten.[197] Erweist sich die Angabe als unzutreffend, kann der Verletzte die umfassende Offenlegung ihm gegenüber verlangen.

4. Erfüllung der Auskunftspflicht

121   Die Auskunft ist eine Wissenserklärung, die auf Kosten des Auskunftspflichtigen i.d.R. in Schriftform abgegeben, aber nicht eigenhändig unterschrieben werden muss. Sie hängt vom Erinnerungsvermögen des Verpflichteten ab, das er nicht unterdrücken darf.[198] Vielmehr treffen ihn **Nachforschungspflichten**, in zumutbarem Umfang alle ihm zur Verfügung stehenden Möglichkeiten der Information auszuschöpfen (Geschäftsunterlagen, Nachfrage bei Mitarbeitern, Lieferanten, Abnehmern, ggf. Sachverständiger); weitergehende Informationsbeschaffungspflichten, insbesondere zu Ermittlungen bei Dritten, bestehen dagegen nicht.[199]

122   Wird die Auskunft vollständig und richtig erteilt, erlischt der Auskunftsanspruch durch **Erfüllung**, § 362 Abs. 1 BGB. Auch in der negativen Erklärung, dass dem Schuldner alle oder einzelne Auskunftstatsachen nicht bekannt seien (sog. Nullauskunft), kann die (teilweise) Erfüllung des Auskunftsbegehrens zu sehen sein.[200]

123   Oftmals bestreitet der Beklagte zwar eine Auskunftspflicht, macht aber gleichwohl (zumindest teilweise) die geforderten Angaben. Erfolgt dies in der Antwort auf die Abmahnung, wäre eine Auskunftsklage wegen Erfüllung (teilweise) unbegründet. Bei einer ausreichenden Auskunft des Beklagten im Prozess muss der Kläger den Rechtsstreit in der Hauptsache (teilweise) für erledigt erklären. Meint der Beklagte, ein Auskunftsanspruch habe nicht bestanden, schließt er sich der (Teil-)Erledigungserklärung nicht an, so dass darüber zu entscheiden ist.

5. Verlässlichkeit der Auskunft

124   Zur Überprüfung der Vollständigkeit und Richtigkeit der Angaben erstreckt sich der Auskunftsanspruch auch auf **Kontrolltatsachen**, z.B. Namen und Anschriften von Abnehmern.[201] Der Verlässlichkeit der Auskunft dient es auch, den Auskunftsanspruch ausnahmsweise auf die Vorlage von **Belegen** (z.B. Einkaufs- oder Verkaufsbelege) zu erstrecken, wenn der Gläubiger hierauf angewiesen ist und dem Schuldner diese zusätzliche Verpflichtung zugemutet werden kann; für den Anspruch auf Drittauskunft sind diese Voraussetzungen im allgemeinen gegeben.[202]

125   Der **Anspruch auf Rechnungslegung** ist die am weitesten gehende Form des Auskunftsanspruchs nach § 242 BGB und dient i.d.R. als Hilfsanspruch zur Durchsetzung eines dem Grunde nach bestehenden Hauptanspruchs.[203] Zur Wahrung der Verhältnismäßigkeit ist ein schutzwürdiges Interesse des Verletzten an einer Rechnungslegung erforderlich. Sie be-

---

[196] BGH GRUR 1981, 535 – *Wirtschaftsprüfervorbehalt*; Harte/Henning/*Beckedorf* Vor § 8 Rn. 32.
[197] BGH GRUR 1978, 52 Rn. 20 – *Fernschreibverzeichnisse*.
[198] BGHZ 125, 322, 326 Rn. 16 – *Cartier-Armreif*.
[199] BGH GRUR 2006, 504 Rn. 40 – *Parfümtestkäufe*; BGH GRUR 2013, 638 Rn. 69 – *Völkl*.
[200] BGHZ 148, 26, 31 Rn. 42 ff. – *Entfernung der Herstellungsnummer II*; MünchKommUWG/*Fritzsche*, § 9 Rn. 180.
[201] BGH GRUR 1980, 227 Rn. 108 – *Monumenta Germaniae Historica*.
[202] BGH GRUR 2002, 709 Rn. 43 – *Entfernung der Herstellungsnummer III*; Harte/Henning/*Beckedorf* Vor § 8 Rn. 30.
[203] RGZ 108, 1, 7; BGH GRUR 2010, 536 Rn. 31 – *Modulgerüst II*; *Teplitzky*, Kap. 39 Rn. 1 f., m.w.N.

C. Weitere Anspruchsziele

steht nach § 259 Abs. 1 BGB in einer geordneten Abrechnung über Einnahmen und Ausgaben (z.B. Warenmenge, Lieferzeit, Preise, Lieferanten bzw. Abnehmer), i.d.R. unter Vorlage der Belege.

6. Ergänzung und eidesstattliche Versicherung

Der Auskunftsanspruch besteht fort und zielt auf eine weitere Erklärung, wenn die abgegebene Erklärung nicht ernst gemeint, unvollständig oder von vornherein unglaubhaft ist. Hierfür genügt allerdings der Verdacht, der Verpflichtete könnte bewusst oder unbewusst seiner Erinnerungsfähigkeit nicht genügt haben, ebenso wenig wie die Erklärung, nur in einem bestimmten Umfang etwas zu wissen, falls sie im Bewusstsein des Umfangs der Auskunftspflicht abgegeben wurde.[204] Ist die Auskunft – z.B. wegen unverschuldeter Unkenntnis, neuer Tatsachen oder Wechsels der Schadensberechnungsart – unvollständig, besteht ein Anspruch auf **Ergänzung**.[205]

Hält der Berechtigte die erteilte Auskunft für unvollständig oder unrichtig und kann er eine Ergänzung oder andere Auskunft nicht fordern, so bleibt ihm nur das Verlangen nach **eidesstattlicher Versicherung** der Vollständigkeit und Richtigkeit nach §§ 259 Abs. 2, 260 Abs. 2 BGB.[206] Widersprüche, mehrfache Berichtigungen oder Fehler bei der erteilten Auskunft können die erforderlichen Zweifel an der Erfüllung der Sorgfaltspflicht auslösen; die Tatsachen hierzu hat der Berechtigte zu beweisen. Die Abgabe der eidesstattlichen Versicherung ist höchstpersönlicher Natur und kann nicht auf Dritte übertragen werden, §§ 889 Abs. 1 S. 2, 478 ZPO.[207] Beim Anspruch auf Drittauskunft, die von der Bereitschaft des Auskunftsverpflichteten abhängt, besteht ein besonderes Bedürfnis, mit dem Mittel der eidesstattlichen Versicherung einer wahrheitsgemäßen Auskunft Nachdruck zu verleihen.[208]

Der Klageantrag auf Verurteilung, die Richtigkeit der erteilten Auskunft eidesstattlich zu versichern, kann aus Gründen der Prozesswirtschaftlichkeit im Wege der Stufenklage (§ 254 ZPO) mit dem Antrag auf Feststellung der Schadensersatzpflicht und auf Auskunftserteilung verbunden werden, obgleich hierüber erst nach Erteilung der Auskunft entschieden werden kann.[209]

III. Besichtigung

Ebenso vorbereitender Natur wie der Auskunftsanspruch ist der Anspruch aus § 809 BGB auf Vorlage oder Besichtigung einer Sache. § 809 BGB möchte dem Gläubiger ein Mittel an die Hand geben, um den Beweis der Rechtsverletzung auch in den Fällen führen zu können, in denen die Vorlage der Sache zur Verwirklichung des Hauptanspruches mehr oder weniger unentbehrlich ist. Im Wettbewerbsrecht ist der Besichtigungsanspruch bei Ansprüchen wegen unlauterer Nachahmung, § 4 Nr. 3 UWG, oder Verletzung von Betriebsgeheimnissen, §§ 17, 18 UWG, bedeutsam.

Im gewerblichen Rechtsschutz ist er vielfach in Spezialregelungen vorgesehen (z.B. § 19 a Abs. 1 MarkenG, § 101 a Abs. 1 UrhG, § 140 c Abs. 1 PatG).

Es genügt, dass der **Hauptanspruch** gegen den Besitzer der Sache in irgendeiner Weise von der Existenz oder Beschaffenheit der Sache abhängt (z.B. Unterlassungs- oder Scha-

---

[204] BGHZ 125, 322, 326 Rn. 15 ff. – *Cartier-Armreif*.
[205] *Köhler*/Bornkamm, UWG, § 9 Rn. 4.33, 4.37, m.w.N.
[206] *Teplitzky*, Kap. 38 Rn. 36.
[207] *Fezer*/Büscher, UWG, § 8 Rn. 274.
[208] BGHZ 148, 26, 31 Rn. 55 – *Entfernung der Herstellungsnummer II*.
[209] BGH WRP 2010, 927 Rn. 59 – *Restwertbörse*.

densersatzansprüche). Der Besichtigungsanspruch besteht auch in Fällen, in denen ungewiss ist, ob überhaupt eine Rechtsverletzung vorliegt. Allerdings muss bei § 809 BGB bereits ein gewisser Grad an Wahrscheinlichkeit für das Vorliegen einer Rechtsverletzung bestehen.[210]

132 Anspruchsberechtigt ist der Gläubiger des (vermeintlichen) Hauptanspruchs, der ein Interesse an der Besichtigung hat. Der Besichtigungsanspruch darf nicht dazu führen, dass sich der Gläubiger über sein berechtigtes Anliegen hinaus wertvolle Kenntnisse verschafft.[211] Nur aufgrund einer umfassenden **Interessenabwägung** kann deshalb bestimmt werden, in welchem Umfang ein Anspruch auf Besichtigung eines möglicherweise verletzenden Gegenstands oder Verfahrens bzw. auf Auswertung der durch die Besichtigung gewonnenen Erkenntnisse zugebilligt werden kann.[212]

133 Möglicherweise berührte Geheimhaltungsinteressen des vermeintlichen Verletzers können i.d.R. durch Einschaltung eines neutralen, zur Verschwiegenheit verpflichteten Sachverständigen gewahrt werden. Die Einsicht in das Gutachten lässt sich dabei auf namentlich benannte anwaltliche Vertreter beschränken die zur Verschwiegenheit verpflichtet sind.[213]

IV. Bereicherungsausgleich

134 Die verschuldensunabhängige **Eingriffskondiktion** nach § 812 Abs. 1 S. 1, 2.Alt. BGB wird durch die unbefugte Nutzung einer Rechtsposition, die dem Berechtigten zu dessen ausschließlicher Verfügung und Verwertung zugewiesen ist, ausgelöst. Im Unterschied zu Immaterialgüterrechten kommt Rechtspositionen im Lauterkeitsrecht jedoch **i.d.R. kein Zuweisungsgehalt** zu. Der Zuweisungsgehalt entspricht dem Recht, die Nutzung einem Dritten zu untersagen oder gegen Entgelt zur Verwertung zu überlassen.[214] Dem Unternehmer ist indes nicht ein bestimmter Tätigkeitsbereich mit festen Erwerbserwartungen wie ein absolutes Recht mit Verbietungs- und Verwertungsmöglichkeit zugewiesen; vielmehr hat jeder Unternehmer dasselbe Recht der gewinnbringenden Tätigkeit.[215] Möglich ist die Kondiktion daher allenfalls bei der Nutzung von nach §§ 4 Nr. 3, 17, 18 UWG geschützten Positionen.[216]

135 Ein Bereicherungsausgleich kommt im Lauterkeitsrecht nur in Betracht, soweit die dreifache Art der Schadensberechnung reicht.[217] Für die Berechnung des Wertersatzes nach § 818 Abs. 2 BGB ist auf die für den Gebrauch des Rechts angemessene und übliche Lizenz abzustellen.[218]

---

[210] BGHZ 93, 191, 207 Rn. 41 – *Druckbalken*.
[211] BGHZ 150, 377 Rn. 28 – *Faxkarte*.
[212] BGH WRP 2010, 541 Rn. 16 – *Lichtbogenschnürung*.
[213] BGH WRP 2010, 541 Rn. 23 f. – *Lichtbogenschnürung*; zur sog. Düsseldorfer Praxis, einer Verbindung von selbstständigem Beweissicherungsverfahren und einstweiliger Verfügung, vgl. *Kühnen* GRUR 2005, 185 mit Formulierungsbeispiel.
[214] BGHZ 107, 117, 120 Rn. 16 – *Forschungskosten*.
[215] BGHZ 71, 86, 98 Rn. 59 – *Fahrradgepäckträger II*; Teplitzky, Kap. 4 Rn. 12, m.w.N.; vgl. dagegen zB zum Urheberrecht: BGHZ 56, 317, 320 – *Gasparone II*; Namens-, Firmen-, allgemeines Persönlichkeitsrecht: BGHZ 81, 75, 78, 81 – *Carrera*; Patent- und Gebrauchsmusterrecht BGHZ 82, 299 – *Kunststoffhohlprofil*; Markenrecht: BGH GRUR 2008, 258 Rn. 41 – *INTERCONNECT/T-InterConnect*.
[216] Offengelassen BGH GRUR 1991, 914 Rn. 29 – *Kastanienmuster*.
[217] *Köhler*/Bornkamm, UWG, § 9 Rn. 3.2.
[218] BGH GRUR 2010, 237 Rn. 22 – *Zoladex*.

V. Gewinnabschöpfung

1. Zweck von § 10 UWG

Wer früher nach dem Motto „Unlauterer Wettbewerb lohnt sich immer" verfuhr, konnte sich gerade im Fall sogenannter Streuschäden, dh der geringfügigen Schädigung von vielen Abnehmern, bestätigt sehen. Die Betroffenen scheuen dabei eine Verfolgung ihrer Rechte angesichts des geringfügigen Schadens, den auch Mitbewerber mangels eigenen Schadens nicht ersetzt verlangen können, so dass der Verletzer den rechtswidrig erzielten Gewinn behält. **Zweck** von § 10 UWG ist es, solche Lücken durch die Möglichkeit einer Verbandsklage auf Schadensersatz im Verbraucherinteresse zu schließen.[219] 136

Die Kritik sieht darin eine verkappte, systemwidrige Strafvorschrift, die überdies schwer handhabbar sei.[220] 137

Der Gewinnabschöpfungsanspruch ist seiner **Rechtsnatur** nach als Anspruchsform sui generis neu.[221] Er steht nicht den Abnehmern zu und dient nicht dem Ausgleich ihres Schadens. Er kehrt auch nicht wie ein Bereicherungsanspruch verschuldensunabhängig das Erlangte aus, sondern schöpft den wettbewerbswidrig erworbenen Gewinn zur Abschreckung ab. Da der Gewinn an den Bundeshaushalt abzuführen ist, klagen die Verbände aus eigenem Recht auf Leistung an einen begünstigten Dritten.[222] 138

Der Auskunftsanspruch und § 287 ZPO erleichtern die Darlegung der Anspruchshöhe, so dass der Anspruch auf Gewinnabschöpfung am besten im Wege der Stufenklage durchgesetzt wird.[223] IdR gelingt es dem Gläubiger allerdings nur schwer, die Kausalität zwischen Verstoß und abzuschöpfendem Gewinn darzulegen und zu beweisen. 139

2. Voraussetzungen

§ 10 Abs. 1 UWG verlangt einen vorsätzlichen **Verstoß** gegen § 3 UWG oder § 7 UWG. In Betracht kommen z.B. 140

- irreführende Werbung durch falsche Mitteilungen über Produkteigenschaften, Verdienst- oder Gewinnchancen,
- Verstöße gegen Kundeninformationspflichten bei Verträgen im elektronischen Geschäftsverkehr,
- belästigende E-Mail/Fax/SMS-Werbung,
- die Einziehung geringer Beträge ohne Rechtsgrund (Internetgeschäfte, etc.),
- „Kostenfalle": Täuschung über die Entgeltlichkeit einer im Internet angebotenen Dienstleistung,[224]
- der Verkauf von gefälschten Produkte oder Mogelpackungen usw.[225]

§ 10 UWG begrenzt die Schuldform auf **Vorsatz**. Vorsatz bedeutet hier – wie bei § 9 UWG – dass es der Verletzer im Bewusstsein der Unlauterkeit zumindest für möglich hält und in Kauf nimmt, mit seiner geschäftlichen Handlung (§ 2 Abs. 1 Nr. 1 UWG) einen der Beispieltatbestände von § 4 bis 6 UWG oder der Tatbestände des §§ 3, 7 UWG zu verwirk- 141

---

[219] Begr. RegE, BT-Drucks. 15/1487, S. 23; *Köhler*/Bornkamm, UWG, § 10 Rn. 2.
[220] Zusammenfassend Fezer/*v. Braunmühl*, UWG § 10 Rn. 99 ff.; zur Kritik zB *Sack*, WRP 2003, 549; *Stadler/Micklitz*, WRP 2003, 559.
[221] Fezer/*v. Braunmühl*, UWG, § 10 Rn. 94.
[222] Harte/Henning/*Goldmann*, § 10 Rn. 10 f, 15.
[223] *Teplitzky*, Kap. 37 Rn. 27.
[224] OLG Frankfurt GRUR-RR 2010, 482.
[225] Begr. RegE, BT-Drucks. 15/1487, S. 23; Harte/Henning/*Goldmann*, § 10 Rn. 21 ff., m.w.N.

142 Die Verletzungshandlung muss kausal („hierdurch") für einen Gewinn des Verletzers sein. Abzuschöpfen ist der gesamte Gewinn, nicht nur der – schwer zu schätzende – Mehrerlös, der ohne die spezifische Unlauterkeitskomponente nicht erzielt worden wäre.[226] Der **Gewinn** des Verletzers ist aus den Umsatzerlösen abzüglich der für die Waren oder Leistungen aufgewandten Kosten und der darauf entfallenden variablen Betriebskosten zu berechnen und bei streitiger Höhe entsprechend § 287 ZPO zu schätzen.[227]

143 Der Gewinn muss **zu Lasten** einer Vielzahl von Abnehmern erzielt worden sein. Hierfür genügt nicht schon, dass Abnehmer in ihrem lauterkeitsrechtlich geschützten Interessenkreis verletzt sind.[228] Vielmehr ist ihre wirtschaftliche Schlechterstellung erforderlich, für deren Feststellung es aber nicht einer Saldierung von Leistung und Gegenleistung bedarf.[229] Nach anderer Auffassung müsse nach dem Normzweck von § 10 UWG dem Vorteil des Verletzers ein unmittelbarer Vermögensnachteil der Abnehmer gegenüberstehen, der Rechte und Ansprüche gegen den Verletzer (z.B. Anfechtung, Widerruf, Mängelansprüche) auslöst.[230] IdR wird den Abnehmern allerdings ohnehin der vertragliche (z.B. § 434 Abs. 1 S. 3 BGB) sowie der außer- und vorvertragliche (z.B. § 311 Abs. 2, 3, § 823 Abs. 1 BGB) Schutz des BGB im Vertikalverhältnis zum Verletzer zukommen, so dass die unterschiedlichen Auffassungen zum selben Ergebnis gelangen.[231]

144 Der Wettbewerbsverstoß muss eine Vielzahl von Abnehmern betreffen. **Abnehmer** sind nicht nur Verbraucher, sondern auch andere Marktteilnehmer (Unternehmen, Vereine, die öffentliche Hand), die in einem Vertikalverhältnis zum Verletzer stehen,[232] also nicht Mitbewerber. Nur die unmittelbaren Vertragspartner des Verletzers sind Abnehmer,[233] in einer Lieferkette ist Abnehmer des Herstellers folglich nicht der Verbraucher, sondern der Händler. Bei der **Vielzahl** von Abnehmern muss es sich um „größeren Personenkreis" handeln, so dass Wettbewerbsverstöße gegenüber einem einzelnen Abnehmer z.B. in einem Verkaufsgespräch nicht in Betracht kommen.[234] Die Literatur zieht die untere Grenze bei drei Abnehmern.[235] Maßgebend sind die Umstände des Einzelfalls, insbesondere die Breitenwirkung, das Irreführungspotential und die Dauer des Verstoßes.[236]

3. Subsidiarität

145 Die Pflicht zur Gewinnherausgabe mindert sich nach § 10 Abs. 2 S. 1 UWG um Leistungen, die der Schuldner zur Erfüllung von Verpflichtungen, die auf Grund der Zuwider-

---

[226] MünchKomm/*Micklitz*, UWG, § 10 Rn. 142; enger Ohly/*Sosnitza*, § 10 Rn. 7.
[227] Begr RegE BT-Drucks. 15/1487 S. 24.
[228] So aber Fezer/*v. Braunmühl*, UWG, § 10 Rn. 198 ff.
[229] Wegen der Änderung durch den Rechtsausschuss von „auf Kosten" in „zu Lasten", Beschlussempfehlung und Bericht des Rechtsausschusses, BT-Drucks. 15/2795 S. 21; Harte/Henning/*Goldmann*, § 10 Rn. 58 ff., m.w.N.; Ohly/*Sosnitza*, § 10 Rn. 9.
[230] *Köhler*/Bornkamm, UWG, § 10 Rn. 9.
[231] So auch im Fall OLG Frankfurt GRUR-RR 2009, 265 Rn. 51 ff.
[232] Begr RegE BT-Drucks. 15/1487 S. 24.
[233] BGH GRUR 2008, 818 Rn. 135 – Strafbare Werbung im Versandhandelsgeschäft.
[234] Begr RegE BT-Drucks. 15/1487 S. 24.
[235] *Köhler*/Bornkamm, UWG, § 10 Rn. 12: Drei Abnehmer wie im AGB-Recht, vgl. 305 Abs. 1 S. 1 BGB: „Vielzahl von Verträgen"; abweichend Harte/Henning/*Goldmann*, § 10 Rn. 70: 50 Abnehmer in Anlehnung an § 283 a StGB.
[236] OLG Frankfurt GRUR 2009, 265 Rn. 48.

C. Weitere Anspruchsziele

handlung entstanden sind, an Dritte oder den Staat erbracht hat. Der Gewinnabschöpfungsanspruch aus § 10 Abs. 1 UWG ist **subsidiär** gegenüber solchen Ansprüchen Dritter, weil nach dem Gesetzeszweck nur abzuschöpfen ist, was dem Verletzer aus der Zuwiderhandlung als Gewinn verblieben ist.

Hat der Schuldner nach Abführung des Gewinns eine solche Leistung erbracht, erstattet ihm nach § 10 II 2 UWG das Bundesamt für Justiz, § 10 Abs. 5 UWG, in dieser Höhe den abgeführten Gewinn zurück.

Abzugsfähig sind Zahlungen auf Schadensersatz- und Vertragsstrafenansprüche von Mitbewerbern, Ansprüche von Abnehmern aus der Geltendmachung von Mängel- oder Widerrufsrechten oder Leistungen an den Staat wie Ordnungsgeld aus einer Unterlassungsvollstreckung.[237] **146**

4. Beteiligte

Gläubiger des Anspruchs auf Gewinnherausgabe können die nach § 8 Abs. 3 Nr. 2 bis 4 berechtigten (Wettbewerbs-, Berufs- und Verbraucher-) Verbände sowie die Kammern, nicht aber Mitbewerber (§ 8 Abs. 3 Nr. 1) oder der Bund als Nutznießer (vgl § 10 Abs. 1) sein. **147**

Schuldner des Anspruchs aus § 10 UWG ist der Verletzer, der vorsätzlich gegen § 3 oder § 7 verstoßen und hierdurch einen Gewinn zu Lasten einer Vielzahl von Abnehmern erzielt hat. Verletzer und Gewinnerzielender müssen demnach identisch sein.[238] Aus § 10 haftet der Einzelkaufmann oder die Gesellschaft für Mitarbeiter und Beauftragte nicht nach § 8 Abs. 2 und auch nicht nach § 278 BGB, weil das Rechtsverhältnis aus § 10 nicht bereits beim Verstoß besteht. Entsprechend § 831 BGB haftet der Geschäftsherr für seinen weisungsabhängigen Verrichtungsgehilfen (z.B. den Arbeitnehmer, nicht aber den beauftragten selbständigen Unternehmer) aus vermutetem eigenen Auswahl- und Überwachungsverschulden, das bei § 10 allerdings in Form von Vorsatz vorliegen muss. Ohne die Möglichkeit eines Entlastungsbeweises rechnet dagegen § 31 BGB analog den – im Rahmen von § 10 vorsätzlichen – Wettbewerbsverstoß eines verfassungsmäßigen Vertreters, aber auch eines Repräsentanten, der kraft allgemeiner Handhabung wichtige Aufgabenbereiche selbständig und eigenverantwortlich wahrnimmt, z.B. über das Ob und Wie der Werbung entscheidet, dem Unternehmen zu.[239] **148**

5. Gewinnabführung an den Bundeshaushalt

Nutznießer des Gewinnabschöpfungsanspruchs ist der Bundeshaushalt, an den der Gewinn unmittelbar abzuführen ist. Ein eigenes Forderungsrecht hat der Bund indessen nicht. Das Bundesamt für Justiz, § 10 Abs. 5, kann vom Gläubiger Auskunft über die (auch vor-) gerichtliche Geltendmachung des Anspruchs verlangen, § 10 Abs. 4 S. 1. Die Aufwendungen für diese Geltendmachung des Anspruchs hat das Bundesamt für Justiz dem Gläubiger nach Maßgabe von § 10 Abs. 4 S. 2 und 3 UWG zu erstatten. **149**

---

[237] Begr RegE BT-Drucks. 15/1487 S. 24; *Köhler*/Bornkamm, UWG, § 10 Rn. 13.
[238] Ohly/*Sosnitza*, UWG, § 10 Rn. 16.
[239] BGH NJW 1998, 1854 Rn. 18; Harte/Henning/*Goldmann* § 10 Rn. 49 ff.

§ 16. Verfolgung wettbewerbsrechtlicher Anspruchsziele

Inhaltsübersicht

	Rn.
A. Außergerichtliche Anspruchsverfolgung	1
I. Abmahnung	1
1. Prozessuale Bedeutung	1
2. Erforderlichkeit einer Abmahnung	3
3. Inhalt	7
4. Form und Zugang	8
5. Kosten der Abmahnung	15
II. Die Reaktion des Abgemahnten	18
1. Strafbewehrte Unterlassungserklärung	18
2. Unbegründete Abmahnung	35
III. Einigungsverfahren	42
B. Die Klage	43
I. Allgemeines	43
II. Zuständigkeit	48
III. Rechtsschutzinteresse	58
IV. Streitgegenstand	67
V. Bestimmtheit des Klageantrages	75
1. Folgen der mangelnden Bestimmtheit	75
2. Unterlassungsklage	77
3. Beseitigungsklage	89
4. Zahlungsklage	90
5. Feststellungsklage	92
6. Auskunftsklage und Rechnungslegung	93
VI. Aktivlegitimation	95
1. Allgemeines	95
2. Mitbewerber	107
3. Verbände, § 8 Abs. 3 Nr. 2 UWG	112
4. Qualifizierte Einrichtungen, § 8 Abs. 3 Nr. 3 UWG	124
5. Kammern, § 8 Abs. 3 Nr. 4 UWG	128
VII. Passivlegitimation	129
1. Allgemeines	129
2. Haftung des Verletzers, § 8 Abs. 1 UWG	138
3. Haftung für Mitarbeiter und Beauftragte, § 8 Abs. 2 UWG	160
C. Die einstweilige Verfügung	172
I. Die Bedeutung der einstweiligen Verfügung im Wettbewerbsrecht	172
II. Voraussetzungen der einstweiligen Verfügung	187
1. Zuständigkeit	187
2. Verfügungsantrag	204
3. Verfügungsgrund und § 12 Abs. 2 UWG	209
4. Verfügungsanspruch	223
5. Glaubhaftmachung	229
III. Die Entscheidung im Eilverfahren	238
1. Urteil oder Beschluss	238
2. Entscheidung durch Beschluss	241
3. Entscheidung durch Urteil	247
4. Inhalt der Entscheidung	254
5. Wirkungen	261

IV. Rechtsbehelfe		274
1. Berufung, Beschwerde, Revision, Rechtsbeschwerde		275
2. Widerspruch, §§ 924, 925 ZPO		283
3. Rechtfertigungsverfahren, § 942 ZPO		290
4. Frist zur Klageerhebung und Aufhebung, § 926 Abs. 1 und 2 ZPO		293
5. Aufhebung wegen veränderter Umstände, § 927 ZPO		303
6. Aufhebung gegen Sicherheitsleistung, § 938 ZPO		314
7. Schutzschrift		315
8. Verfassungsbeschwerde		320
V. Die Vollziehung der einstweiligen Verfügung		321
VI. Das Abschlussverfahren		337
VII. Schadensersatz nach § 945 ZPO		348
1. Allgemeines		348
2. Ausnahmetatbestand		349
3. Vollstreckungsdruck als Schadensursache		353
4. Aufgehobene oder von Anfang an ungerechtfertigte einstweilige Verfügung		355
5. Bindung des Schadenersatzgerichts an vorangegangene Entscheidungen		357
6. Schadensumfang		363
D. Durchsetzungshindernisse		369
I. Verjährung, § 11 UWG		369
1. Regelungszweck und -systematik		369
2. Regelungsbereich		373
3. Kenntnisbezogene kurze Verjährungsfrist		383
4. Kenntnisunabhängige Höchstfristen		393
5. Hemmung		394
6. Neubeginn		410
7. Einrede der Verjährung		414
II. Missbräuchliche Geltendmachung, § 8 Abs. 4 UWG		417
E. Die Zwangsvollstreckung		424
I. Voraussetzungen der Zwangsvollstreckung		424
II. Das Verfahren		449
III. Verjährung		458
IV. Titelfortfall		461
F. Die Veröffentlichungsbefugnis § 12 Abs. 3 UWG		468
G. Der Streitwert		474
I. Bemessung des Gebührenstreitwerts		474
II. Besonderheiten		476
1. Unterlassungsbegehren		476
2. Eilverfahren		478
3. Auffangstreitwert		479
4. Streitwertbegünstigung		480

A. Außergerichtliche Anspruchsverfolgung

Schrifttum: *Aigner*, Beseitigung der Wiederholungsgefahr bei Abbedingung des § 348 HGB in der strafbewehrten Unterlassungserklärung?, GRUR 2007, 950; *Buchmann*, Neuere Entwicklungen im Recht der lauterkeitsrechtlichen Abmahnung bei Wettbewerbsverstößen, WRP 2012, 1345; *Böse*, Höhe und Verwirkung von Vertragsstrafen in Unterwerfungserklärungen, MDR 2014, 809; *Dornis/Förtser*, Die Unterwerfung: Rechtsnatur und Rechtsnachfolge, GRUR 2006, 195; *Eichelberger*, Die Drittunterwerfung im Wettbewerbsrecht, WRP 2009, 270; *Frey*, Die wettbewerbsrechtliche Abmahnung, JuS 2014, 968; *Hölscher*, Die inhaltlichen Anforderungen an die Unterwerfungserklärung, WRP 1995, 385; *Jackowski*, Der Missbrauchseinwand nach § 8 Abs. 4 UWG gegenüber einer Abmahnung, WRP 2010, 38; *Kisseler*, Die Aufbrauchsfrist im vorprozessualen Abmahnverfahren, WRP 1991, 691; *Knippenkötter*, Indizien für rechtsmissbräuchliches Verhalten des Abmahnenden, GRUR-

A. Außergerichtliche Anspruchsverfolgung

Prax 2011, 483; *Koch*, BGH: Wettbewerbsrechtliche Abmahnung ohne Vollmachtsnachweis wirksam, GRUR-Prax 2010, 517; *Köhler*, Die wettbewerbsrechtliche Abmahnung, WiB 1994, 15; *ders.*, Das strafbewehrte Unterlassungsversprechen im Wettbewerbsrecht, WiB1994, 97; *ders.*, Der wettbewerbliche Unterlassungsvertrag: Rechtsnatur und Grenzen der Wirksamkeit, FS v. Gamm, 1990, 57; *ders.*, Die notarielle Unterwerfungserklärung - eine Alternative zur strafbewehrten Unterlassungserklärung? GRUR 2010, 6; *Lindacher*, Der „Gegenschlag" des Abgemahnten, FS v. Gamm, 1990, 83; *Mayer*, Die Folgen rechtsmißbräuchlicher Abmahnungen, WRP 2011, 534; *Pokrant*, Zur vorprozessualen Erfüllung wettbewerbsrechtlicher Unterlassungsansprüche, FS Erdmann, 2002, 863; *Steinbeck*, Die strafbewehrte Unterlassungserklärung: ein zweischneidiges Schwert!, GRUR 1994, 90; *Teplitzky*, Unterwerfung oder Unterlassungsurteil? Zur Frage des aus der Verletzerperspektive „richtigen" Streiterledigungsmittels, WRP 1996, 171; *ders.*, Die Regelung der Abmahnung in § 12 Abs. 1 UWG, ihre Reichweite und einige ihrer Folgen, FS Ullmann (2006), 999; *ders.*, Eingeschränkte Unterwerfungen, VuR 2009, 83; *ders.*, Probleme der notariell beurkundeten und für vollstreckbar erklärten Unterlassungsverpflichtungserklärung (§ 794 Abs. 1 Nr. 5 ZPO), WRP 2015, 527; *Weidert*, Rechtsprobleme der Schubladenverfügung, WRP 2007, 504.

I. Abmahnung

1. Prozessuale Bedeutung

Die **Abmahnung** ist eine Aufforderung des Gläubigers an den Verletzer, eine Unterwerfungserklärung abzugeben.[1] Durch diese im Wettbewerbsrecht entwickelte **außergerichtliche Streitbeilegung** erledigt sich in der Praxis der größte Teil der Wettbewerbsstreitigkeiten.[2] So sollen nach **§ 12 Abs. 1 S. 1 UWG** die zur Geltendmachung eines Unterlassungsanspruchs Berechtigten (§ 8 Abs. 3 Nr. 1–4 UWG) den Schuldner vor der Einleitung eines gerichtlichen Verfahrens abmahnen und ihm Gelegenheit geben, den Streit durch die Abgabe einer mit einer angemessenen Vertragsstrafe bewehrten Unterlassungsverpflichtung beizulegen. Diese Sollvorschrift regelt eine bloße Obliegenheit des Gläubigers zur vorgerichtlichen Abmahnung. Der Gläubiger ist zur Abmahnung **nicht verpflichtet**. Die Abmahnung ist auch nicht Prozessvoraussetzung. Zulässigkeit und Begründetheit der Klage hängen nicht von einer vorhergehenden Abmahnung ab.[3]

Zweck der Abmahnung ist es, im Interesse beider Parteien das Streitverhältnis auf einfache, kostengünstige Weise vorprozessual zu bereinigen und einen Rechtsstreit zu vermeiden.[4] Mahnt der Gläubiger ab und gibt der Schuldner eine mit einer Vertragsstrafe bewehrte Unterlassungserklärung ab, entfallen die Wiederholungsgefahr und damit der Unterlassungsanspruch. Der Gläubiger erhält eine vertragliche Sicherung, die derjenigen durch einen gerichtlichen Titel gleichwertig ist.[5] Den Schuldner warnt die Abmahnung und weist ihm den Weg, den Gläubiger ohne einen kostenträchtigen Prozess klaglos zu stellen.[6]

2. Erforderlichkeit einer Abmahnung

Die Erforderlichkeit von Abmahnung und Unterwerfung erschließt sich im Hinblick auf die **Kostenlast**: Unterlässt der Gläubiger eine zumutbare Abmahnung, läuft er Gefahr, dass

---

[1] Fezer/*Büscher*, UWG § 12 Rn. 1.
[2] Nach Schätzungen ca. 90 Prozent, vgl. BT- Drucks. 15/1487, S. 25; *Teplitzky*, Kap. 41 Rn. 3.
[3] BGH GRUR 2006, 439 Rn. 12 – *Geltendmachung der Abmahnkosten*.
[4] BGH GRUR 2010, 257 Rn. 11 – *Schubladenverfügung*; *Bornkamm*, in: Köhler/Bornkamm, UWG § 12 Rn. 1.4.
[5] Harte/Henning/*Brüning*, UWG, § 12 Rn. 3.
[6] BGHZ 149, 371 Rn. 18 – *Missbräuchliche Mehrfachabmahnung*; Köhler/*Bornkamm*, UWG, § 12 Rn. 1.5, 1.21.

der Schuldner im Prozess den Anspruch sofort anerkennt oder sich unterwirft und die Kostenlast nach § 93 ZPO auf ihn überwälzt. Unterlässt es der Schuldner, sich auf eine begründete Abmahnung hin zu unterwerfen, gibt er Anlass zur Klage und kann sich der Kostenlast nicht mehr nach § 93 ZPO entziehen.

4   Ausnahmsweise ist die Abmahnung deshalb **entbehrlich**, wenn der Schuldner allein durch den Wettbewerbsverstoß Anlass zur Klage iSv § 93 ZPO gibt, weil das Bemühen um eine außergerichtliche Streitbeilegung ohne Erfolgsaussicht oder dem Gläubiger nicht zumutbar ist.[7]

5   Offensichtlich **erfolglos** ist eine Abmahnung, wenn bereits eine Unterwerfung oder ein Unterlassungstitel vorliegt. Handelt es sich aber um denselben Verstoß, wegen dessen sich der Schuldner gegenüber einem Dritten bereits unterworfen hat, entfällt i.d.R. die Wiederholungsgefahr;[8] auch wenn der Gläubiger von der Drittunterwerfung keine Kenntnis hat, geht eine Abmahnung dann ins Leere. Eine erneute Abmahnung ist hingegen i.d.R. berechtigt iSv § 12 Abs. 1 S. 2 UWG, falls ein Dritter bereits wegen desselben Verstoßes ohne Erfolg abgemahnt hat, der Gläubiger hiervon aber keine Kenntnis hat.[9]

6   Eine Abmahnung ist auch entbehrlich, wenn sie für den Gläubiger **unzumutbar** ist. Wegen besonderer Eilbedürftigkeit ist eine Abmahnung allerdings selten entbehrlich; eine Abmahnung per Fax/E-Mail bzw. unter kurzer Fristsetzung trägt dem Zeitdruck ausreichend Rechnung. Begeht der Schuldner einen Wettbewerbsverstoß **vorsätzlich** oder wiederholt, macht dies eine Abmahnung nicht ohne weiteres entbehrlich.[10]

3. Inhalt

7   Damit sich eine Wettbewerbsstreitigkeit durch die Abmahnung außergerichtlich beilegen lässt, sollte die Abmahnung die Anspruchsberechtigung des Gläubigers aufzeigen. Ferner ist der beanstandete **Wettbewerbsverstoß** konkret darzustellen. Die Abmahnung muss die Aufforderung zur Abgabe einer **Unterlassungserklärung** enthalten. Sie wird nicht notwendig, aber üblicherweise vorformuliert, wobei es sich dann um ein Angebot zum Abschluss eines Unterwerfungsvertrages handelt. Um den Schuldner ernsthaft von Wiederholungen abzuhalten, hat er eine angemessene **Vertragsstrafe** zu versprechen. Die Unterwerfungserklärung ist binnen einer angemessenen **Frist** abzugeben. Ihre Dauer hängt vom Einzelfall, va der Gefährlichkeit weiterer Verstöße, ab. IdR sind sieben bis zehn Tage ab Zugang der Abmahnung zur Prüfung und Entscheidung sowie zum Einholen anwaltlichen Rats angemessen, evtl. aber auch nur wenige Stunden.[11] Die Abmahnung muss dem Schuldner auch (zumindest konkludent) zu erkennen geben, dass der Gläubiger gegen ihn gerichtlich vorgehen wird, wenn die geforderte Unterwerfungserklärung nicht abgegeben wird.[12]

8   Eine Abmahnung im **Übermaß** (d.h. deren Unterlassungsverlangen zu weit reicht oder die eine zu hohe Vertragsstrafe fordert) ist wirksam. Es ist Sache des Schuldners, die Unterlassungserklärung zu formulieren und auf den erforderlichen, zum Wegfall der Wiederholungsgefahr führenden Inhalt zu-

---

[7] *Teplitzky*, Kap. 41 Rn. 21 f.
[8] BGH GRUR 1987, 640 Rn. 26 – *Wiederholte Unterwerfung II*; Köhler/*Bornkamm*, UWG, § 12 Rn. 1.167, m.w.N.
[9] *Teplitzky*, Kap. 41 Rn. 27a.
[10] OLG Hamburg MDR 2002, 716; OLG Köln Magazindienst 2001, 1142; KG WRP 2003, 101; Ahrens/*Deutsch*, Kap. 1 Rn. 46; enger OLG Stuttgart NJW-RR 2001, 257 Rn. 29; Götting/Nordemann/*Schmitz-Fohrmann/Schwab*, UWG, § 12 Rn. 9.
[11] Für sieben Tage im Normalfall OLG Stuttgart, WRP 2004, 1395; KG WRP 1979, 861; in Ausnahmefällen weniger: OLG Hamburg Magazindienst 1997, 730 (24 Stunden); OLG München Magazindienst 1993, 510 (2 Stunden); OLG Frankfurt WRP 1996, 1194 (mehrere Stunden; unter einer Stunde zu kurz); *Bornkamm*, in: Köhler/Bornkamm, UWG § 12 Rn. 1.19; Ohly/*Sosnitza* § 12 Rn. 17.
[12] BGH GRUR 2007, 164 Rn. 12 – *Telefax-Werbung II*.

A. Außergerichtliche Anspruchsverfolgung

rückzuführen. Unterwirft er sich nicht zumindest eingeschränkt, gibt er Anlass zur Klageerhebung iSv § 93 ZPO. Der Gläubiger riskiert eine negative Feststellungsklage, wenn er zu weitgehend abmahnt.

4. Form und Zugang

Die Abmahnung ist **nicht formbedürftig**. Zulässig ist deshalb eine Abmahnung auch per Telefax, E-Mail oder mündlich (telefonisch).

Zu Beweiszwecken sollte eine Abmahnung jedoch stets **schriftlich** erfolgen – am besten per Einschreiben mit Rückschein, in Eilfällen per Telefax und/oder E-Mail und zugleich per Brief.[13] Zwar ist der Kläger nicht verpflichtet, solche besonderen Versendungsformen zu wählen. Allerdings kann er dadurch das Risiko, dass dem Beklagten der Nachweis des fehlenden Zugangs der Abmahnung gelingt, verringern.

Erforderlich ist der **Zugang** der Abmahnung beim Schuldner. Die Zugangsproblematik wird **kostenrechtlich** bedeutsam, wenn der Beklagte nach einem sofortigen Anerkenntnis im Prozess geltend macht, er habe die Klage nicht iSv § 93 ZPO veranlasst, weil ihm eine Abmahnung des Klägers nicht zugegangen sei.[14] Hierfür trifft ihn grundsätzlich die Darlegungs- und Beweislast.

An den Nachweis der negativen Tatsache dürfen allerdings keine übertriebenen Anforderungen gestellt werden. Der Kläger trägt die sekundäre Darlegungslast, da er die genauen Umstände der Absendung vortragen und gegebenenfalls unter Beweis stellen kann. Eine Umkehr der Beweislast ist damit nicht verbunden, so dass der Kläger den Nachweis der Absendung nicht führen muss.[15] Gelingt dem Beklagten der Beweis (oder ist unstreitig), dass er keine Abmahnung erhalten hat, kann er sich grundsätzlich auf § 93 ZPO stützen. Insoweit trägt i.d.R. der Kläger das Risiko, dass ein abgesandtes Abmahnschreiben auf dem Postweg verlorengegangen ist.[16] Lässt sich allerdings nicht feststellen, ob das Abmahnschreiben dem Beklagten zugegangen ist oder nicht, greift § 93 ZPO nicht ein.

Die Abmahnung ist i.d.R. auch **ohne beigefügte Vollmacht** wirksam.

Die in der obergerichtlichen Rechtsprechung lange umstrittene Frage, ob eine Abmahnung bei unverzüglicher Zurückweisung durch den Empfänger wegen fehlender Vollmachtsvorlage wirkungslos sei (§§ 174, 180, 121 BGB), hat der BGH für den Regelfall verneinend entschieden, bei dem die Abmahnung mit einem Angebot zum Abschluss eines Unterwerfungsvertrages verbunden ist.[17]

Auf die Abgabe eines Vertragsangebots ist § 174 BGB, durch den sich die aus § 180 S. 1 BGB folgende Ungewissheit über die Wirksamkeit eines ohne Vollmachtsvorlage vorgenommenen einseitigen Rechtsgeschäfts beseitigen lässt, weder direkt noch analog anwendbar. Liegt die Vertretungsmacht vor und nimmt der Schuldner das Angebot an, kommt der Unterlassungsvertrag zustande und die Abmahnung hat ihren Zweck erfüllt. Fehlt die Vertretungsmacht, kann der Schuldner nach § 177 Abs. 2 S. 1 BGB auf eine Beendigung der schwebenden Unwirksamkeit dringen. Hat er Zweifel an der Vertretungsmacht, kann er die Unterwerfungserklärung von der Vorlage einer Vollmachtsurkunde abhängig machen.[18]

---

[13] BGH GRUR 2007, 629 Rn. 13 – *Zugang des Abmahnschreibens*; Büscher/*Dittmer*/Schiwy, UWG vor § 12 Rn. 16, 32; Ahrens/*Deutsch*, Kap. 1, Rn. 96, 104.
[14] BGH GRUR 2007, 629 Rn. 11 – *Zugang des Abmahnschreibens*.
[15] Fezer/*Büscher*, UWG, § 12 Rn. 7.
[16] BGH GRUR 2007, 629 Rn. 13 – *Zugang des Abmahnschreibens*; Köhler/*Bornkamm*, UWG, § 12 Rn. 1.33a; a.A. Harte/Henning/*Brüning*, UWG, § 12 Rn. 26.
[17] BGH GRUR 2010, 1120 Rn. 15 – *Vollmachtsnachweis*; Harte/Henning/*Brüning*, UWG, § 12 Rn. 26.
[18] Köhler/*Bornkamm*, UWG, § 12 Rn. 1.27 f., m.w.N.

5. Kosten der Abmahnung

15 § 12 Abs. 1 S. 2 UWG regelt den Anspruch auf Ersatz der für eine berechtigte vorgerichtliche Abmahnung erforderlichen Aufwendungen.[19] Diese Aufwendungen gehören nicht zu den Kosten eines Rechtsstreits iSv § 91 ZPO und können deshalb nicht über einen prozessualen Kostenerstattungsanspruch geltend gemacht werden.[20] § 12 Abs. 1 S. 2 UWG begründet indes einen materiell-rechtlichen **Abmahnkostenerstattungsanspruch**. Die Erstattung von tatsächlich geleisteten Abmahnkosten lässt sich im Klageverfahren als Zahlungsantrag in objektiver Klagehäufung mit dem Unterlassungsbegehren geltend machen. Wird ein Verfügungsverfahren angestrengt, bedarf es einer gesonderten Zahlungsklage. Der Anspruch verjährt nach § 11 Abs. 1 UWG in sechs Monaten.[21]

16 Für eine Kostenerstattung ist erforderlich, dass die Abmahnung vor Einleitung eines gerichtlichen Verfahrens ausgesprochen wird. Dies ist bei einer **sog. Schubladenverfügung** nicht der Fall, die ohne Anhörung des Schuldners vor der Abmahnung erlassen wird und ohne Vollziehung „in der Schublade" bleibt, falls sich der Schuldner unterwirft.[22]

17 Der Erstattungsanspruch besteht, soweit die Abmahnung **berechtigt** ist. Berechtigt ist sie, wenn ihr ein Unterlassungsanspruch zugrunde liegt und sie nicht entbehrlich ist, um den Gläubiger ohne gerichtliche Inanspruchnahme klaglos zu stellen.[23] Unberechtigt ist eine Abmahnung z.B. bei Missbrauch iSv § 8 Abs. 4 UWG und bei Erhebung der Verjährungseinrede von Anfang an. Ersatzfähig sind die erforderlichen, tatsächlich entstandenen Aufwendungen; hierzu gehören regelmäßig – außer etwa bei einem Verband – auch die durch die Einschaltung eines Rechtsanwalts entstandenen Kosten nach dem Gegenstandswert des Hauptsacheverfahrens bei einer Mittelgebühr von 1,3.[24]

II. Die Reaktion des Abgemahnten

1. Strafbewehrte Unterlassungserklärung

18 Wie der Schuldner auf die Abmahnung reagieren soll, bestimmt sich maßgeblich danach, ob die Abmahnung **begründet** ist oder nicht. Begründet ist sie, wenn dem Gläubiger ein durchsetzbarer Unterlassungsanspruch gegen den Schuldner zusteht.

a) Antwort und Aufklärung

19 Ist die Abmahnung begründet, trifft den Schuldner eine **Antwortpflicht**. Die Abmahnung konkretisiert das durch den Wettbewerbsverstoß begründete gesetzliche Schuldverhältnis aus unerlaubter Handlung, so dass die Parteien eine wettbewerbsrechtliche Sonderbeziehung eigener Art verbindet.[25] Der Schuldner ist aufgrund dieses Abmahnverhältnisses nach Treu und Glauben verpflichtet, im Gegenzug zur Abmahnlast des Gläubigers auf eine

---

[19] BGH WRP 2010, 258 Rn. 9 – *Schubladenverfügung*; BGH WRP 2014, 133 Rn. 11 – *Kostenlose Schätzung*.
[20] BGH GRUR 2006, 439 Rn. 10 – *Geltendmachung der Abmahnkosten*.
[21] Köhler/Bornkamm, UWG, § 12 Rn. 1.92.
[22] Auch ein Aufwendungsersatzanspruch aus Geschäftsführung ohne Auftrag scheidet hierfür aus, BGH WRP 2010, 258 Rn. 9 – *Schubladenverfügung*; Ohly/Sosnitza § 12 Rn. 8.
[23] BGH GRUR 2010, 354 Rn. 8 – *Kräutertee*; Köhler/Bornkamm, UWG, § 12 Rn. 1.81. Zur Verdeutlichung des Verstoßes s. BGH WRP 2015, 444 Rn. 44 – *Monsterbacke II*; zur Mehrfachabmahnung s. BGH WRP 2013, 329 Rn. 28 ff. – *Unbedenkliche Mehrfachabmahnung*.
[24] BGH GRUR 2008, 928 Rn. 14 – *Abmahnkostenersatz*; Ohly/Sosnitza § 12 Rn. 22.
[25] BGH GRUR 2008, 360 Rn. 18 – *EURO und Schwarzgeld*.

A. Außergerichtliche Anspruchsverfolgung

Abmahnung fristgemäß durch Abgabe einer ausreichend strafbewehrten Unterlassungserklärung oder deren Ablehnung zu antworten.[26]

Hat sich der Verletzer bereits gegenüber einem anderen Gläubiger wegen derselben Verletzungshandlung unterworfen, ist er ferner verpflichtet, den Abmahnenden zur Vermeidung eines aussichtslosen Prozesses über die **Drittunterwerfung aufzuklären**.[27] Hierzu hat er die Unterwerfung, ihren Adressaten und ihren wesentlichen Inhalt, va Erstabmahnung und Unterlassungserklärung, nachvollziehbar mitzuteilen. Den Verletzer trifft die Darlegungs- und Beweislast dafür, dass die Drittunterwerfung geeignet war, die Wiederholungsgefahr zu beseitigen.[28] Die schuldhafte Verletzung der Aufklärungspflicht kann zum Ersatz des Schadens, z.B. der Kosten eines überflüssigen Prozesses, verpflichten.[29]

b) Unterwerfung

Die Vermutung, dass die Verletzungshandlung eine Wiederholung befürchten lässt, kann i.d.R. nur dadurch beseitigt werden, dass der Verletzer eine uneingeschränkte, bedingungslose und durch das Versprechen einer Vertragsstrafe in angemessener Höhe gesicherte **Unterlassungserklärung** abgibt und damit seinen ernsthaften Unterlassungswillen zum Ausdruck bringt.[30]

aa) Zweck

Diese **Unterwerfung** dient dem **Zweck**, mit Wirkung für die Zukunft die Wiederholungsgefahr zu beseitigen und so eine gerichtliche Durchsetzung des gesetzlichen Unterlassungsanspruchs zu vermeiden oder zu beenden.[31] Da eine den Anforderungen genügende Unterwerfungserklärung die Wiederholungsgefahr ausräumt, führt sie zum Wegfall einer materiellen Voraussetzung des gesetzlichen Unterlassungsanspruchs.[32] Dies gilt regelmäßig gegenüber sämtlichen Gläubigern und auch für eine vom Schuldner abgegebene einseitige strafbewehrte Unterlassungserklärung unabhängig von einer Annahme des Gläubigers und daher gegebenenfalls auch schon vor einer solchen.[33]

Mit einer solchen Unterwerfung bietet der Schuldner zwei Verpflichtungen an: zum einen die Verpflichtung zur Unterlassung und zum anderen die Verpflichtung zur Leistung einer Vertragsstrafe für jeden Fall der Zuwiderhandlung gegen diese Unterlassungspflicht.[34] Die mit dem Zugang wirksame Unterwerfungserklärung lässt bereits die Wiederholungsgefahr entfallen; die Unterlassungsverpflichtung wird indes erst durch Abschluss eines Vertrages mit dem Gläubiger begründet. Auch die Verpflichtung zur Zahlung einer Vertragsstrafe ist nicht schon Folge einer einseitigen strafbewehrten Unterlassungserklärung des Schuldners, sondern setzt den Abschluss eines Unterlassungsvertrags zwischen dem Gläubiger und dem Schuldner voraus (zum Unterlassungsvertrag s. § 15 Rn. 30 ff.).[35]

---

[26] BGH GRUR 1990, 381 Rn. 11 – *Antwortpflicht des Abgemahnten*.
[27] BGH GRUR 1987, 54 Rn. 16 – *Aufklärungspflicht des Abgemahnten*; Ahrens/Spätgens, Kap. 4 Rn. 7.
[28] BGH GRUR 1987, 640 Rn. 18 – *Wiederholte Unterwerfung II*.
[29] BGH GRUR 1990, 542 Rn. 24 – *Aufklärungspflicht des Unterwerfungsschuldners*.
[30] BGHZ 168, 124 Rn. 26 – *Deckenheizung*. Darin allein liegt kein Anerkenntnis des gesetzlichen Unterlassungsanspruchs und des Anspruchs auf Zahlung der Abmahnkosten, s. BGH WRP 2013, 208 Rn. 10 – *Medizinische Fußpflege*.
[31] BGH GRUR 2013, 1253 Rn. 10 – *Medizinische Fußpflege*; Fezer/Büscher, UWG, § 8 Rn. 66.
[32] BGH GRUR 2010, 355 Rn. 25 – *Testfundstelle*; Harte/Henning/Brüning, UWG, § 12 Rn. 114.
[33] BGHZ 144, 165 Rn. 19 – *Missbräuchliche Mehrfachverfolgung*; BGH GRUR 2006, 878 Rn. 20 – *Vertragsstrafevereinbarung*; Köhler/Bornkamm, UWG, § 12 Rn. 1.116; 1.166 ff.
[34] Teplitzky, Kap. 8 Rn. 15.
[35] BGH WRP 2010, 649 Rn. 17 – *Testfundstelle*.

24 Ist die Abmahnung begründet, empfiehlt sich für den Schuldner i.d.R. die Abgabe einer strafbewehrten Unterlassungserklärung.[36] Die fristgerechte Unterwerfung hat für den Schuldner folgende **Vorteile**:

- Der Schuldner gibt keinen Anlass für einen (aussichtslosen) Unterlassungsrechtsstreit. Leitet der Gläubiger ihn gleichwohl ein, kann sich der Schuldner nach § 93 ZPO der Kostenlast entziehen. IdR schuldet er nur die Abmahnkosten.
- Bereits die Abgabe der Unterwerfungserklärung vernichtet den gegen den Schuldner gerichteten Unterlassungsanspruch. Dem Gläubiger bleibt nur die Annahme einer den Anforderungen genügenden Unterlassungserklärung; einen nach § 890 ZPO bei erneuter Zuwiderhandlung vollstreckbaren Unterlassungstitel kann er nicht erzwingen.[37]
- Der Schuldner begegnet der Gefahr, von einer Vielzahl weiterer Gläubiger in Anspruch genommen zu werden, weil mit der Abgabe einer solchen Erklärung im Allgemeinen die Wiederholungsgefahr auch im Verhältnis zu anderen Gläubigern entfällt.[38]

25 Die Unterwerfungserklärung bringt dem Schuldner jedoch auch **Nachteile**, die im Einzelfall die Vorteile überwiegen können:

- Es wird nicht gerichtlich geprüft und festgestellt, ob das Unterlassungsbegehren begründet ist.
- Dem Gläubiger gibt die Unterwerfung ein Mittel an die Hand, das dem Vollstreckungstitel zwar nicht gleichsteht, als Sanktionsmittel aber vergleichbare Wirkungen hat.[39]
- Bei Verstößen gegen einen Unterlassungstitel haftet der Schuldner nur für eigenes (allerdings auch Organisations-) Verschulden, wohingegen er bei Vertragsstrafeversprechen auch für das Verschulden von Erfüllungsgehilfen iSv § 278 BGB einzustehen hat.
- Der Schuldner muss im Falle eines Verstoßes an den Gläubiger eine Vertragsstrafe, nicht zugunsten der Staatskasse ein (mitunter niedrigeres) Ordnungsgeld zahlen.
- Gegenüber einem rechtskräftigen Unterlassungstitel kann der Schuldner mit der Vollstreckungsabwehrklage ohne Bindung an eine Frist geltend machen, dass ihm das Festhalten an dem Verbot nicht mehr zumutbar sei; bei einem Unterlassungsvertrag gilt nach § 314 Abs. 3 BGB eine angemessene, obgleich großzügig zu bemessende Frist ab positiver Kenntnis vom Kündigungsgrund.[40]

bb) Form

26 Die Unterwerfungserklärung ist eine einseitige empfangsbedürftige Willenserklärung.[41] Sie ist auf einen einseitig verpflichtenden Vertrag gerichtet, durch den ein – oftmals streitiger – gesetzlicher Unterlassungsanspruch durch einen neuen, vereinfacht durchsetzbaren und strafbewehrten vertraglichen Anspruch ersetzt wird. In der strafbewehrten Unterlassungserklärung allein liegt kein Anerkenntnis des zugrundeliegenden gesetzlichen Unterlassungsanspruchs, sofern der Abgemahnte nicht ausdrücklich zu erkennen gibt, dass der Vorwurf des Abmahnenden zu Recht erfolgt ist.[42] Die Unterwerfungserklärung zielt aber auf einen Unterwerfungsvertrag, der ein **abstraktes Schuldanerkenntnis** nach §§ 780, 781 BGB darstellt.[43] Die Erklärung des Schuldners, nicht auch des Gläubigers, bedarf deshalb

---

[36] *Teplitzky*, Kap. 41 Rn. 44.
[37] Köhler/*Bornkamm*, UWG, § 12 Rn. 1.106.
[38] BGHZ 149, 371 Rn. 18 – *Missbräuchliche Mehrfachabmahnung*.
[39] BGHZ 133, 316 Rn. 29 – *Altunterwerfung I*.
[40] BGHZ 133, 331 = GRUR 1997, 386 Rn. 43 – *Altunterwerfung II*.
[41] BGH GRUR 2002, 824 Rn. 13 – *Teilunterwerfung*; Fezer/*Büscher*, UWG § 8 Rn. 67.
[42] BGH GRUR 2013, 1253 Rn. 10 – *Medizinische Fußpflege*; Ahrens/*Scharen*, Kap 11 Rn. 39.
[43] BGHZ 130, 288 = GRUR 1995, 678 Rn. 17 – *Kurze Verjährungsfrist*; BGH GRUR 1998, 953 Rn. 25 – *Altunterwerfung III*; Köhler/*Bornkamm*, UWG, § 12 Rn. 1.103, 1.113, 135.

A. Außergerichtliche Anspruchsverfolgung

der **Schriftform**, § 126 BGB, und muss dem Gläubiger zugehen, § 130 BGB. Das Formerfordernis gilt nicht für Kaufleute, §§ 350, 343 HGB. Auf Verlangen des Gläubigers hat der Schuldner aber eine mündlich, per Telefax oder E-Mail abgegebene Erklärung schriftlich zu bestätigen.[44]

cc) Frist

Der Gläubiger setzt dem Schuldner mit der Abmahnung i.d.R. eine **Frist** zur Unterwerfung. Eine zu kurze Frist ist in eine angemessene umzudeuten.[45] 27

Hält der Schuldner die Frist für zu kurz, sollte er dem Gläubiger die von ihm beanspruchte längere Frist mitteilen.[46] Braucht er mehr Zeit als die angemessene Fristdauer, sollte er um Verlängerung nachsuchen; nachkommen muss dem der Gläubiger nur, wenn das Verlängerungsgesuch konkret und nachvollziehbar begründet ist.[47] 28

Der Schuldner darf die Frist **ausschöpfen**. Er ist allerdings aufgrund des durch eine begründete Abmahnung konkretisierten Abmahnverhältnisses verpflichtet, innerhalb der gesetzten bzw. angemessenen Frist durch Abgabe einer ausreichend strafbewehrten Unterlassungserklärung oder deren Ablehnung zu antworten. Bei fristgerechtem Zugang kann sich der Schuldner in einem schwebenden – verfrüht eingeleiteten – Gerichtsverfahren durch ein sofortiges Anerkenntnis nach § 93 ZPO der Kostenlast entziehen. 29

Zur Wahrung der Frist ist mangels abweichender Bestimmung nicht auf die Absendung, sondern auf den Zugang der Unterwerfungserklärung beim Gläubiger abzustellen.[48] Eine Übersendung der Unterwerfung per Fax wahrt die Frist; das unterschriebene Original sollte – bei Anforderung muss – nachgesandt werden. 30

Wahrt der Schuldner – auch unverschuldet – die Frist nicht, gilt dies i.d.R. als **Verweigerung** der Unterwerfung. Er kann sich dann nicht nach § 93 ZPO von der Kostenlast eines Gerichtsverfahrens befreien. Ist die Abmahnung allerdings unbegründet, trägt er ohnehin keine Kosten, § 91 ZPO. 31

Geht die Unterwerfung dem Gläubiger **verspätet** zu, lässt sie gleichwohl die Wiederholungsgefahr und damit den Unterlassungsanspruch entfallen. Dabei ist zu unterscheiden: 32

- Hat der Gläubiger noch keine gerichtlichen Schritte eingeleitet, schadet die Verspätung dem Schuldner nicht;
- dagegen ist ihm die Kostenfolge aus § 93 ZPO verwehrt, wenn das Gerichtsverfahren bereits – auch verfrüht – eingeleitet wurde.[49]
- Geht die Unterwerfung dem Gläubiger nach Einreichung, aber vor Zustellung der Klage zu, sollte er die Klage zurücknehmen. Hätte er voraussichtlich obsiegt, trifft die Gegenseite nach § 269 Abs. 3 S. 3 ZPO die Kostenlast.
- Gleiches gilt bei Zugang nach Zustellung der Klage. Dann empfiehlt es sich für den Gläubiger, den Rechtsstreit in der Hauptsache für erledigt zu erklären. Schließt sich der Beklagte an, entscheidet der voraussichtliche Prozessausgang, § 91 a ZPO. Bleibt die Erledigungserklärung einseitig, trägt der Beklagte die Kosten, wenn die Klage bei Zustellung zulässig und begründet war.

---

[44] BGH GRUR 1990, 530 Rn. 34 – *Unterwerfung durch Fernschreiben*; Köhler/Bornkamm, UWG, § 12 Rn. 1.104.
[45] BGH GRUR 1990, 381 Rn. 11 – *Antwortpflicht des Abgemahnten*.
[46] Götting/Nordemann/*Schmitz-Fohrmann/Schwab*, UWG, § 12 Rn. 23.
[47] OLG Hamburg Magazindienst 2005, 1355.
[48] Fezer/*Büscher*, UWG, § 12 Rn. 34.
[49] *Teplitzky*, Kap. 41 Rn. 18, 49.

dd) Inhalt

33 Eine Unterlassungserklärung muss eindeutig und hinreichend bestimmt sein und den ernstlichen Willen des Schuldners erkennen lassen, die betreffende Handlung nicht mehr zu begehen, und daher durch ein angemessenes Vertragsstrafeversprechen abgesichert sein. Sie muss außerdem den bestehenden gesetzlichen Unterlassungsanspruch nach Inhalt und Umfang voll abdecken und dementsprechend uneingeschränkt, unwiderruflich, unbedingt und grundsätzlich auch ohne die Angabe eines Endtermins erfolgen.[50] Zwar erstreckt sich eine die konkrete Verletzungsform wiedergebende Unterlassungserklärung ebenso wie ein entsprechender Unterlassungstitel im allgemeinen nicht nur auf identische, sondern auf alle Handlungen, die gleichfalls das **Charakteristische** der verletzenden Handlung aufweisen; die Auslegung der Unterwerfungserklärung des Schuldners kann jedoch auch ergeben, dass sie bewusst eng auf die bezeichnete konkrete Verletzungsform beschränkt sein soll.[51] Für die Auslegung maßgeblich ist der wirkliche Parteiwille, bei dessen Ermittlung neben dem Erklärungswortlaut die bekannten Umstände, insbesondere die Art und Weise des Zustandekommens der Erklärung, der Zweck und die Interessenlage heranzuziehen sind.

ee) Einschränkungen

34 **Einschränkungen** der Unterwerfungserklärung stellen nicht ohne weiteres die Ernsthaftigkeit des Unterlassungswillens in Frage.

- So liegt es etwa bei der auflösenden Bedingung einer Änderung oder verbindlichen Klärung der Rechtslage, durch die das zu unterlassende Wettbewerbsverhalten rechtmäßig bzw. seine Zulässigkeit verbindlich geklärt wird.[52]
- Auch der Vorbehalt, die Erklärung „rechtsverbindlich, aber **ohne Anerkennung einer Rechtspflicht**" abzugeben, ist zulässig. Ein solcher Zusatz enthält keine Einschränkung. Vielmehr hat er nur eine klarstellende Funktion, weil in der strafbewehrten Unterlassungserklärung selbst keine Anerkennung der Berechtigung der Abmahnung liegt.[53]
- Die Erteilung von **Auskunft**, die Übernahme von **Abmahn- oder Prozesskosten** und die Leistung von Schadensersatz darf der Schuldner verweigern, ohne dass dies die Ernstlichkeit seiner Unterwerfung berührt.[54] Ist die Abmahnung nicht eindeutig begründet, sollte der Abgemahnte die Unterlassungserklärung deshalb allenfalls unter Verwahrung gegen die Kostenlast abgeben.
- Zulässig kann auch – wie vor Gericht – der Vorbehalt einer **Umstellungs- oder Aufbrauchfrist** sein. Dessen Berechtigung kann der (Dritt-) Gläubiger durch hierauf begrenzte Geltendmachung des Unterlassungsanspruchs klären lassen.[55]
- Kaufleute können § 348 HGB, der die gerichtliche Herabsetzung einer unangemessen hohen Vertragsstrafe nach § 343 HGB ausschließt, abbedingen („… es bei Meidung einer Vertragsstrafe von x EUR unter Ausschluss von § 348 HGB zu unterlassen …").
- Die Unterwerfung hinsichtlich eines klar abgrenzbaren Teils des Unterlassungsanspruchs ist zulässig, wenn sie keine Zweifel an der Ernsthaftigkeit begründet. Allerdings führt eine Teilunterwerfung nicht zu einem teilweisen Wegfall des Unterlassungsan-

---

[50] BGH GRUR 2008, 815 Rn. 14 – *Buchführungsbüro;* Harte/Henning/*Brüning,* UWG, § 12 Rn. 137 ff.
[51] BGH GRUR 2010, 749 Rn. 47 – *Erinnerungswerbung im Internet;* BGH WRP 2009, 182 Rn. 32 – *Kinderwärmekissen.*
[52] BGH GRUR 1993, 677 Rn. 34 – *Bedingte Unterwerfung.*
[53] BGH GRUR 2013, 1252 Rn. 10 – *Medizinische Fußpflege;* Ahrens/*Scharen,* Kap 11 Rn. 39.
[54] Götting/Nordemann/*Schmitz-Fohrmann/Schwab,* UWG, § 12 Rn. 69; BGH GRUR 2013, 1252 Rn. 10 – *Medizinische Fußpflege.*
[55] *Teplitzky,* Kap. 8 Rn. 10 ff.

A. Außergerichtliche Anspruchsverfolgung

spruchs, wenn keine nachvollziehbaren Gründe des Schuldners für die Einschränkung erkennbar sind oder berechtigte Interessen des Gläubigers beeinträchtigt werden.[56]
- Die Wiederholungsgefahr entfällt nicht bei einem Ausschluss der Gehilfenhaftung nach § 278 BGB.[57] Dem vertraglichen Unterlassungsgläubiger darf nicht die Möglichkeit verschlossen werden, den Schuldner das mit der Einbindung von Gehilfen verbundene Personalrisiko tragen zu lassen, zumal sich der Schuldner dem durch eine „Flucht in den Titel" entziehen kann.

2. Unbegründete Abmahnung

Die Abmahnung ist **unbegründet**, wenn dem Abmahner ein durchsetzbarer Unterlassungsanspruch nicht (mehr) zusteht. Dies kann z.B. darauf beruhen, dass ein Wettbewerbsverstoß nicht vorliegt, die Geltendmachung des Anspruchs nicht durch den Abmahner erfolgen darf oder rechtsmissbräuchlich ist, der Abgemahnte für die Zuwiderhandlung nicht haftet, der Anspruch verjährt oder durch Drittunterwerfung erloschen ist. 35

a) Gegenäußerung und -abmahnung

Ist die Abmahnung unbegründet, trifft den Abgemahnten keine Pflicht zur Gegenäußerung. Die einseitige Zusendung einer Abmahnung kann als solche kein Rechtsverhältnis schaffen, aus dem eine Aufklärungs- oder Antwortpflicht folgen könnte.[58] 36

Der zu Unrecht Abgemahnte sollte gleichwohl zur Klarstellung mit möglichst überzeugender Begründung eine Unterwerfung schriftlich ablehnen, um ein gerichtliches Verfahren zu verhindern, eventuell auch eine Schutzschrift einreichen.[59] 37

Es besteht i.d.R. auch **keine** Obliegenheit des zu Unrecht Abgemahnten zur **Gegenabmahnung** vor einer Feststellungsklage, auch nicht um die Kostenfolge aus § 93 ZPO zu vermeiden.[60] Eine Gegenabmahnung ist nur veranlasst, wenn die Abmahnung auf offensichtlich unzutreffenden tatsächlichen (nicht nur rechtsirrtümlichen) Annahmen beruht, bei deren Richtigstellung mit einer Änderung der Auffassung des vermeintlich Verletzten gerechnet werden kann, oder wenn seit der Abmahnung ein längerer Zeitraum verstrichen ist, ohne dass der Abmahnende die angedrohten gerichtlichen Schritte eingeleitet hat.[61] Nur in solchen Ausnahmefällen wird der Gegenabmahner im Interesse des Abmahners tätig und kann die Kosten der Gegenabmahnung nach §§ 683 S. 1, 670 BGB erstattet verlangen.[62] 38

b) Gegenansprüche

Gegen eine unbegründete Abmahnung kann der Abgemahnte negative **Klage auf Feststellung** erheben, die Abmahnung sei zu Unrecht erfolgt und die darin erhobenen Ansprüche bestünden nicht (mehr) bzw. stünden dem Abmahner nicht zu.[63] Er kann auch gericht- 39

---

[56] BGHZ 171, 151 Rn. 41 – *Wagenfeld-Leuchte*.
[57] Fezer/*Büscher*, UWG § 8 Rn. 71.
[58] BGH GRUR 1995, 167 Rn. 27 f.- *Kosten bei unbegründeter Abmahnung*.
[59] Götting/Nordemann/*Schmitz-Fohrmann/Schwab*, UWG, § 12 Rn. 51.
[60] BGH GRUR 2012, 1273 Rn. 13 – *Stadtwerke Wolfsburg*; Ahrens/*Achilles*, Kap. 5 Rn. 6; a.A. GK/*Kreft* Vor § 13 C Rn. 202.
[61] BGH GRUR WRP 2004, 1032 Rn. 49 – *Gegenabmahnung*; Fezer/*Büscher*, UWG, § 12 Rn. 48 f.
[62] *Teplitzky*, Kap. 41 Rn. 74.
[63] BGH GRUR 2001, 354 Rn. 22 – *Verbandsklage gegen Vielfachabmahner*; BGH WRP 1995, 815 Rn. 33 – *Funny Paper*.

lich positiv feststellen lassen, zur beanstandeten Handlung berechtigt zu sein.[64] Das nach § 256 ZPO erforderliche Feststellungsinteresse ist ihm schon dann zuzubilligen, wenn die Rechtsberührung des Abmahners die wirtschaftlichen und rechtlichen Interessen des Abgemahnten berührt.[65] Der Abgemahnte braucht nicht zuzuwarten, ob der Abmahner Leistungs- (Unterlassungs-) Klage umgekehrten Rubrums mit entsprechendem Streitgegenstand erheben wird. Ist das der Fall, entfällt das Rechtsschutzinteresse, wenn die Feststellungsklage noch nicht entscheidungsreif und die Unterlassungsklage nicht mehr einseitig zurückgenommen werden kann.[66]

40 Auch dann, wenn das beanstandete Verhalten rechtmäßig ist, ist die wettbewerbsrechtliche Abmahnung selbst nur ausnahmsweise wettbewerbswidrig. In aller Regel besteht bereits deshalb **kein Anspruch auf Unterlassung der Abmahnung**.[67] Hinzu tritt, dass gegen Behauptungen, die der Rechtsverfolgung in einem gerichtlichen Verfahren dienen, Abwehransprüche grundsätzlich nicht mit Erfolg erhoben werden können; andernfalls würde ein an diesem Verfahren Beteiligter in seiner Äußerungsfreiheit eingeengt und damit auf den Ablauf eines gerichtlichen Verfahrens Einfluss genommen. Auch für die Abmahnung als Vorstufe der gerichtlichen Geltendmachung gilt dieses Privileg.[68] Es wirkt allerdings nur prozessual, so dass Schadensersatzansprüche nicht ebenso weitgehend ausgeschlossen sind wie Abwehransprüche. So kommen Abwehransprüche allenfalls bei Hinzutreten besonderer Umstände, z.B. einer Anschwärzung iSv § 4 Nr. 2 UWG, einer Irreführung iSv § 5 UWG durch unzutreffende Angaben oder im Falle von §§ 824, 826 BGB in Betracht, Schadensersatzansprüche aus § 9 UWG darüber hinaus z.B. auch i.V.m. mit einer unangemessenen unsachlichen Beeinflussung iSv § 4 Nr. 1 UWG, Herabsetzung und Verunglimpfung iSv § 4 Nr. 1 UWG oder gezielten Behinderung iSv § 4 Nr. 4 UWG bei Kenntnis von der Unbegründetheit der Abmahnung.[69] Ein Anspruch aus § 823 Abs. 1 BGB wegen Eingriffs in den eingerichteten und ausgeübten Gewerbetrieb durch eine unbegründete wettbewerbsrechtliche Abmahnung scheidet indessen wegen der geringen Belastung aus.[70]

c) Schutzschrift

41 Mit dem Einreichen einer **Schutzschrift** (eventuell bei mehreren Gerichten) kann der Abgemahnte verhindern, dass in einem zu erwartenden Verfügungsverfahren ohne mündliche Verhandlung eine Beschlussverfügung ergeht, ohne dass diejenigen Gesichtspunkte Berücksichtigung finden, die aus seiner Sicht gegen ihren Erlass sprechen.[71] Die Schutzschrift bringt kein Verfahren in Gang, sondern äußert sich zu einem erwarteten Verfahren. Die für eine Schutzschrift aufgewendeten Kosten sind grundsätzlich dann erstattungsfähig, wenn ein Verfügungsantrag eingereicht und damit ein Prozessrechtsverhältnis begründet wird.[72]

---

[64] BGH GRUR 1985, 571 Rn. 12 – *Feststellungsinteresse*; *Teplitzky*, Kap. 41 Rn. 68.
[65] BGH WRP 1995, 815 Rn. 33 – *Funny Paper*; *Schmitz-Fohrmann/Schwab*, in: Götting/Nordemann, UWG, § 12 Rn. 54.
[66] BGHZ 99, 340 Rn. 12 – *Parallelverfahren*; *Fezer/Büscher*, UWG, § 12 Rn. 46 f.
[67] BGH GRUR 2001, 354 Rn. 21 – *Verbandsklage gegen Vielfachabmahner*; Götting/Nordemann/ *Schmitz-Fohrmann/Schwab*, UWG, § 12 Rn. 52.
[68] BGH GRUR 1987, 568 Rn. 15 – *Gegenangriff*; *Köhler/Bornkamm*, UWG, § 12 Rn. 1.69; *Fezer/Büscher*, UWG § 12 Rn. 52.
[69] *Fezer/Büscher*, UWG, § 12 Rn. 52 f; BGH GRUR 1998, 587 Rn. 58 – *Bilanzanalyse Pro 7*.
[70] BGH GRUR 1969, 479, 481 – *Colle de Collogne*; *Köhler/Bornkamm*, UWG, § 12 Rn. 1.72; anders für die unberechtigte Verwarnung aus Immaterialgüterrechten der Große Senat für Zivilsachen BGH GRUR 2005, 882 Rn. 22 – *Unberechtigte Schutzrechtsverwarnung*.
[71] BGH GRUR 2008, 639 Rn. 9 – *Kosten eines Abwehrschreibens*; Harte/Henning/Brüning, UWG, § 12 Rn. 105.
[72] BGH GRUR 2003, 456 – *Kosten einer Schutzschrift*.

III. Einigungsverfahren

Eine Möglichkeit zu einer außergerichtlichen Regelung von Wettbewerbsstreitigkeiten bietet das Einigungsverfahren nach § 15 Abs. 5 bis 9 UWG vor einer bei der Industrie- und Handelskammer errichteten **Einigungsstelle**. Es beruht auf Freiwilligkeit und ist nicht Zulässigkeitsvoraussetzung für ein gerichtliches Verfahren.[73] Die Einigungsstelle wird nur auf Antrag tätig, der nach § 15 Abs. 3 UWG i.d.R. einer Zustimmung des Gegners bedarf. Nur im Falle einer Zustimmung ist die Anrufung der Schiedsstelle wirksam und hemmt die Verjährung, § 15 Abs. 9 S. 1 UWG.[74] Grundsätzlich können Einigungsverfahren und gerichtliches Verfahren nicht nebeneinander betrieben werden, außer z.B. beim Eilverfahren.[75] Ziel des Einigungsverfahrens ist nach § 15 Abs. 6 UWG ein **gütlicher Ausgleich**, der schnell und kostengünstig ohne Anwaltszwang vor einem sachkundigen und unabhängigen Gremium herbeigeführt werden kann. Kommt eine Einigung nicht zustande, verzögert sich allerdings durch das dem gerichtlichen Verfahren vorgeschaltete Einigungsverfahren die Streiterledigung. Ein Vergleich vor einer Einigungsstelle stellt nach § 15 Abs. 7 UWG einen vollwertigen Vollstreckungstitel dar. Zur Entscheidung in der Sache ist die Einigungsstelle indes nicht befugt.[76] Auch über die außergerichtlichen Kosten des Einigungsverfahrens, das gebührenfrei ist, darf sie nicht entscheiden; ein Kostenerstattungsanspruch kann sich aus §§ 311 Abs. 2 S. 1, 826 BGB, bei fehlender Abmahnung auch entsprechend § 12 Abs. 1 S. 2 UWG ergeben.[77] Im Jahr 2010 gab es bundesweit ca. 80 Einigungsstellen, die nach § 15 Abs. 1 UWG als Träger öffentlicher Verwaltung am Sitz der Industrie- und Handelskammern errichtet sind.[78] Zur örtlichen Zuständigkeit verweist § 15 Abs. 4 UWG auf § 14 UWG.

42

B. Die Klage

Schrifttum: *Bergmann*, Zur alternativen und kumulativen Begründung des Unterlassungsantrags im Wettbewerbsrecht, GRUR 2009, 224; *Borck*, Aktivlegitimation und Prozessführungsbefugnis beim wettbewerbsrechtlichen Unterlassungsanspruch, WRP 1988, 707; *Büscher*, Klagehäufung im gewerblichen Rechtsschutz alternativ, kumulativ, eventuell?, GRUR 2012, 16; *Czychowsky/Nordemann*, Grenzenloses Internet – entgrenzte Haftung, GRUR 2013, 986; *Goldmann*, Geschäftsführer „mbH": Einschränkungen der persönlichen Haftung von Organen bei Wettbewerbsverstößen, GRUR-Prax 2014, 404; *Götting*, Die persönliche Haftung des GmbH-Geschäftsführers für Schutzrechtsverletzungen und Wettbewerbsverstöße, GRUR 1994, 6; *Grosch/Schilling*, Schadensersatzfeststellung und Rechnungslegung für die Zeit nach Schluss der mündlichen Verhandlung? FS Eisenführ (2003), 131; *Hefermehl*, Grenzen der Klagebefugnis der Gewerbetreibenden und Verbände im Recht gegen den unlauteren Wettbewerb, WRP 1987, 281; *Henke*, Die Unterlassungsklage der ZPO, JA 1987, 350; *Koch*, Die Haftung für Schutzrechtsverletzungen und Wettbewerbsverstöße Dritter im Internet in der rechtsprechung des BGH, KSzW 2010, 229; *Kodde*, Vier Jahre nach „TÜV" – Die Entwicklung des Streitgegenstands im Wettbewerbs- und Markenverletzungsprozess unter besonderer Berücksichtigung seines Streitwerts, GRUR 2015, 38; *Köhler*, „Täter" und „Störer" im Wettbewerbs- und Markenrecht, GRUR 2008, 1; *Krüger*, Zum Streitgegenstandsbegriff, WRP 2013, 140; *Lehment*, Neuordnung der Täter- und Störerhaftung, WRP 2012, 149; *Leistner/Stang*, Die Neuerung der wettbewerbsrechtlichen

---

[73] Götting/Nordemann/*Schwipps*, UWG, § 15 Rn. 2.
[74] Ohly/*Sosnitza* § 15 Rn. 18.
[75] Götting/Nordemann/*Schwipps*, UWG, § 15 Rn. 57.
[76] Fezer/*Mees*, UWG, § 15 Rn. 70.
[77] Köhler/*Bornkamm*, UWG, § 15 Rn. 29; Fezer/*Mees*, UWG, § 15 Rn. 89, 118.
[78] Fezer/*Mees*, UWG, § 15 Rn. 8. Bundesweit wurden im Jahr 2014 ca. 450 Anträge auf Einleitung eines Einigungsstellenverfahrens gestellt.

Verkehrspflichten – ein Siegszug der Prüdungspflichten?, WRP 2008, 533; *Menke*, Die negative Feststellungsklage in der wettbewerbsrechtlichen Praxis, WRP 2012, 55; *Ohly*, Die verantwortlichkeit von Intermediären, ZUM 2015,308; *Pohlmann*, Das Rechtsschutzbedürfnis bei der Durchsetzung wettbewerbsrechtlicher Unterlassungsansprüche, GRUR 1993, 361; *Sack*, Neuere Entwicklungen der Individualklagebefugnis im Wettbewerbsrecht, GRUR 2011, 953; *Schotthöfer*, Rechtliche Probleme im Verhältnis zwischen Fetsstellungklage und Unterlassungsklage im Wettbewerbsrecht, WRP 1986, 19; *Schwippert*, Nach TÜV und Branchenbuch Berg, WRP 2013, 135; *Teplitzky*, Die Durchsetzung des Schadensersatzzahlungsanspruchs im Wettbewerbsrecht, GRUR 1987, 215; *ders.*, Der Streitgegenstand der schutz- und lauterkeitsrechtlichen Unterlassungsklage vor und nach den „TÜV"-Entscheidungen des BGH, GRUR 2011, 1091; *ders.*, Wie weit führt der „erste Schritt", WRP 2012, 261; *v. Ungern-Sternberg*, Gundfragen des Klageantrags bei urheber- und wettbewerbsrechtlichen Unterlassungsklagen, GRUR 2011, 375, 486; *Werner*, Die Haftung des GmbH-Geschäftsführers für Wettbewerbsverstöße und Immaterialrechtsgüterverletzungen durch die Gesellschaft, GRUR 2015, 739; *Zeuner*, Gedanken zur Unterlassungs- und negativen Feststellungsklage, FS Dölle, 1963, 29%.

I. Allgemeines

a) Bedeutung

43 Das Klageverfahren folgt grundsätzlich den üblichen prozessualen Regeln; bei der Unterlassungsklage gibt es einige **Besonderheiten**.

44 Obwohl die ganz überwiegende Anzahl der Verfahren im Wettbewerbsrecht mit dem Antrag auf Erlass einer einstweiligen Verfügung beginnt – ein Großteil davon wird auch im Verfügungsverfahren endgültig abgeschlossen – behält das Hauptsacheverfahren dennoch seine große Bedeutung.

45 Die einstweilige Verfügung ist grundsätzlich nur für den **Unterlassungsanspruch** geeignet. Dadurch kann der Verletzte zur vorläufigen Störungsbeseitigung verpflichtet werden. Auch eine Entscheidung des Bundesgerichtshofes, also eine bundesweite Klärung, kann nur über die Hauptsacheklage erreicht werden, da im Verfügungsverfahren ein Rechtsmittel zum Bundesgerichtshof nicht möglich ist, § 543 Abs. 2 ZPO. Die anderen Ansprüche, wie Beseitigung, Auskunft und Schadensersatz, können grundsätzlich nur im Hauptsacheverfahren geltend gemacht werden. Nur ganz ausnahmsweise scheint eine Beseitigung durch einstweilige Verfügung verlangt werden zu können.

b) Abgrenzung

46 Das Verhältnis der einzelnen Klagen zueinander ist weitgehend unproblematisch. Nur bei der **Abgrenzung** von Beseitigungs- und Unterlassungsklage kann es zu Schwierigkeiten kommen. Kann eine Pflicht zum Unterlassen nur dadurch erfüllt werden, dass der Schuldner tätig wird, er ein Werbeschild entfernt, eine Internetannonce löscht, reicht der Unterlassungstitel aus, um im Wege der Vollstreckung nach § 890 ZPO das Tätigwerden des Schuldners zu erzwingen.

Droht eine Störung, kann der Betroffene der Gefahr vorbeugend, § 8 Abs. 1 S. 2 UWG, mit der Unterlassungsklage entgegentreten.[79] Schließt aber der Unterlassungsanspruch eine Pflicht zu einem positiven Tun ein (mit der allein der Eintritt des Störungszustands verhindert werden kann), und bezieht diese Pflicht sich notwendigerweise auf eine ganz bestimmte Handlung, so kann der Gläubiger daneben auch einen Beseitigungsanspruch geltend machen.[80] Der Gläubiger hat also dann auch die Möglichkeit, nur Beseitigung – des störenden Werbeschildes – zu verlangen – dies hilft im letztendlich aber kaum weiter,

---

[79] BGH GRUR 1993, 527 – TRIANGLE.
[80] BGH GRUR 1993, 527 – TRIANGLE.

da dann kein zur Vollstreckung geeigneter Unterlassungstitel besteht. Gleichwohl kann er die Beseitigung aufgrund eines entsprechenden Titels nach § 887 ZPO oder § 888 ZPO. vollstrecken.

c) Parallelität

Die Hauptsacheklage kann dabei **parallel** zum Verfügungsverfahren betrieben werden – wobei § 8 Abs. 4 UWG zu beachten ist. Die Regel im Wettbewerbsrecht ist es aber, die Hauptsacheklage erst nach dem Abschluss des Verfügungsverfahrens zu erheben. Ein Wechsel der Verfahrensarten – also vom Verfügungsverfahren ins Hauptsacheverfahren oder vom Hauptsacheverfahren ins Verfügungsverfahren – ist nicht möglich. 47

II. Zuständigkeit

a) Bürgerliche Rechtsstreitigkeiten

Wettbewerbsstreitigkeiten sind bürgerliche Rechtsstreitigkeiten, § 13 GVG, auch wenn die öffentliche Hand beteiligt ist, weil sie sich etwa am Wettbewerbsgeschehen beteiligt. Diese Streitigkeiten sind dennoch den Sozialgerichten zugewiesen, § 51 Abs. 2 SGG, „in Angelegenheiten der Zulassung von Trägern und Maßnahmen durch fachkundige Stellen nach dem Fünften Kapitel des Dritten Buches Sozialgesetzbuch und in Angelegenheiten der gesetzlichen Krankenversicherung, auch soweit durch diese Angelegenheiten Dritte betroffen werden". 48

b) Sachliche Zuständigkeit

Sachlich ausschließlich zuständig sind die **Landgerichte**, §§ 13 Abs. 1 S. 1 UWG, 802 ZPO, die Klage kann also vor keinem anderen Gericht geltend gemacht werden. Die Länder können für ihren Bereich die Zuständigkeit auf einzelne Landgerichte konzentrieren, was Sinn macht, da Wettbewerbsstreitigkeiten doch etwas von der gewohnten zivilrechtlichen Verfahrensweise abweichen und Spezialkammern – erfahrungsgemäß – insoweit gute Arbeit leisten. Von der Zuständigkeitskonzentration, § 13 Abs. 2 UWG, haben nur Mecklenburg-Vorpommern, § 4 Abs. 1 Nr. 7 KonzVO M-V, und Sachsen, 13 SächsJOrgVO, Gebrauch gemacht. 49

c) Örtlich-ausschließliche Zuständigkeit

Die **örtliche** – ausschließliche – Zuständigkeit richtet sich nach §§ 14 UWG, 802 ZPO. Danach ist zunächst für alle Klagen aus dem UWG das Gericht der gewerblichen Niederlassung des Beklagten zuständig, § 14 Abs. 1 S. 1 1.Alt. UWG. Hat der Beklagte keine Niederlassung, ist das Gericht des Wohnortes, § 14 Abs. 1 S. 1 2. Alt. UWG zuständig; fehlt ein Wohnort, ist das Gericht des inländischen Aufenthaltsort, § 14 Abs. 2 S. 2 UWG, maßgeblich. 50

Wichtig: Mitbewerber, §§ 8 Abs. 3 Nr. 1, 2 Abs. 1 Nr. 3 UWG, können daneben aber auch bei dem Gericht klagen, in dessen Bezirk die wettbewerbswidrige Handlung begangen worden ist. Dies können aufgrund des „fliegenden Gerichtsstands", § 14 Abs. 2 UWG, viele Gerichte sein. Die verletzende Handlung im Sinne des § 14 Abs. 2 UWG ist überall dort begangen, wo ein Tatbestandsmerkmal verwirklicht wird. Ausreichend ist also beispielsweise, dass an einem bestimmten Ort eine verletzende Anzeige erscheint. Im Internet, in einer überregionalen Zeitung, also überall in Deutschland. 51

d) Funktionelle Zuständigkeit

52 **Funktionell** zuständig ist nach §§ 13 Abs. 1 S. 2 UWG, 95 Abs. 1 Nr. 4 c GVG die Kammer für Handelssachen.

e) Internationale Zuständigkeit

53 Die **internationale Zuständigkeit** richtet sich nach EuGVVO und Rom II. Wettbewerbshandlungen machen nicht an den Grenzen eines Staates halt, wie heutzutage ganz deutlich die Internetwerbung zeigt. Der Schutzbereich des deutschen Wettbewerbsrechts ist jedoch territorial auf Deutschland begrenzt. Welches Recht ist nun anzuwenden?

54 Für die werbenden Unternehmen wäre es selbstverständlich am günstigsten, das Recht anzuwenden, das an ihrem Sitz gilt; für ein deutsches Unternehmen also deutsches Recht. Dieses „Herkunftslandprinzip" wäre zwar einfach handhabbar, würde aber dazu führen, dass jedes Land für seinen Bereich fremdes Recht anwenden müsste, sein nationales Recht im internationalen Verkehr weitgehend bedeutungslos würde. Diesen Verzicht akzeptieren die Länder nicht. Auch verschiedene Vorstöße der Kommissionen, dieses Prinzip einzuführen, scheiterten.

Da Verstöße gegen die Vorschriften des UWG unerlaubte Handlungen sind, legen hier die Kollisionsnormen der Art. 40–42 EGBGB grundsätzlich fest, wann bei Auslandsbezug welches Recht anzuwenden ist. Entscheidend ist danach das Recht des Staates, in dem der Schuldner gehandelt hat, Das ist bei marktbezogenen Wettbewerbshandlungen der Marktort, an dem die wettbewerblichen Interessen der Mitbewerber aufeinander treffen. So haben die deutschen Gerichte auf Internetwerbung aus dem Ausland stets deutsches Recht angewandt, wenn die Werbung unter anderem gezielt für den deutschen Markt bestimmt war und sich dort auswirkte.[81]

55 Zwischenzeitlich ist die Rom II Verordnung der Kommission vom 11. Juli 2007 in Kraft getreten. Danach gilt bei marktbezogenen Verstößen, also wenn vornehmlich die Interessen der Verbraucher betroffen werden, weiterhin das **Marktortprinzip, Art 6 Abs. 1 Rom II**. Es ist das Recht des Staates anzuwenden, in dessen Gebiet die Wettbewerbsbeziehungen oder die kollektiven Interessen der Verbraucher beeinträchtigt worden sind oder wahrscheinlich beeinträchtigt werden. Beim Internet also überall dort, wo die Webseite bestimmungsgemäß abgerufen werden kann. Damit ist das Recht des Marktes entscheidend, um dessen Anteile gekämpft wird und auf dem der Verbraucher umworben wird.

56 Bei konkurrenzbezogenen Verstößen verweist demgegenüber Art. 6 Abs. 2 Rom II auf Art. 4 Rom II, so dass primär das Recht des gemeinsamen gewöhnlichen Aufenthaltes der Beteiligten, Art. 4 Abs. 2 Rom II, dann des Erfolgsortes, Art. 4 Abs. 1 Rom II, anwendbar ist, sofern der Verstoß nicht ausnahmsweise eine engere Verbindung zu einer anderen Rechtsordnung aufweist, Art. 4 Abs. 3 Rom II.

Bei Wettbewerbshandlungen, die auch ein gewerbliches Schutzrecht verletzen (Doppelqualifikation), geht Art. 8 Rom II der Regelung des Art. 6 Rom II vor. Anzuwenden ist dann das Recht des Staates, für den Schutz beansprucht wird, Art. 8 Abs. 1 Rom II.

57 Von Art. 6 Rom II unberührt bleibt auch die E-Commerce-Richtlinie vom 8. Juni 2000, wonach das Herkunftslandprinzip gilt. Diese Richtlinie ist jetzt im Telemediengesetz (TMG) umgesetzt. Danach gilt für Teleanbieter mit Sitz in Deutschland, dass für sie deutsches Recht anwendbar ist, § 3 Abs. 1 TMG. Umgekehrt müssen sich Teleanbieter, die ihren Sitz außerhalb Deutschlands haben, nicht am deutschen Recht orientieren, § 3 Abs. 2 TMG. Eine gewichtige Ausnahme gilt allerdings nach § 3 Abs. 3 TMG, danach unterlie-

---

[81] BGHZ 167, 91 Rn. 21.

gen ausländische Anbieter auch den Einschränkungen des innerstaatlichen Rechts, gilt also auch deutsches Recht, wenn die öffentliche Sicherheit und Ordnung, die öffentliche Gesundheit oder die Interessen der Verbraucher betroffen sind

III. Rechtsschutzinteresse

a) Rechtsschutzbedürfnis

Bei Unterlassungsklagen ergibt sich das **Rechtsschutzbedürfnis** regelmäßig schon aus der Nichterfüllung des behaupteten materiellen Anspruchs[82], dessen Vorliegen für die Prüfung des Interesses an seiner gerichtlichen Durchsetzung zu unterstellen ist.[83] Gleiches gilt für die Beseitigungs- und für die Zahlungsklage. Bei der Auskunftsklage ist erforderlich, dass es nicht gänzlich ausgeschlossen ist, dass ein Schadensersatzanspruch besteht, denn nur dann macht die Auskunft einen Sinn.

Eine Abschlusserklärung, die einem Hauptsachetitel gleichwertig ist, lässt das Rechtsschutzinteresse entfallen,[84] wie auch eine strafbewehrte Unterlassungserklärung. Dass der Kläger selbst wettbewerbswidrig handelt, nimmt er Klage grundsätzlich nicht das Rechtsschutzinteresse.[85]

b) Feststellungsinteresse

Bei der Feststellungsklage ist als besonderer Fall des Rechtsschutzinteresses das **Feststellungsinteresse**, § 256 Abs. 1 ZPO, als besondere Prozessvoraussetzung zu prüfen.[86] Grundsätzlich fehlt ein Feststellungsinteresse, wenn der Kläger auf Leistung klagen kann; die Möglichkeit eine Stufenklage zu erheben reicht aus. Im Wettbewerbsrecht gilt dieser Grundsatz nicht,[87] da selbst nach erteilter Auskunft die Begründung des Schadensersatzanspruchs Schwierigkeiten bereitet und einer eingehenden sachlichen Prüfung bedarf.[88]

Außerdem hemmt die Klage nach § 204 Abs. 1 Nr. 1 BGB die Verjährung nur sechs Monaten nach Stillstand des Verfahrens endet.[89] Das ist bei Streit über die Vollständigkeit der Auskunft besonders problematisch.[90] Hinzu kommt, dass die Prozessparteien im gewerblichen Rechtsschutz nach Auskunftserteilung und Rechnungslegung in den meisten Fällen bereits aufgrund des Feststellungsurteils zu einer Regulierung des Schadens finden, ohne weitere gerichtliche Hilfe in Anspruch zu nehmen.[91] Auch wenn das Wahlrecht hinsichtlich der Berechnungsmethode sinnvollerweise erst nach Erfüllung des Auskunftsanspruchs ausgeübt werden kann,[92] braucht der Kläger nicht zur Leistungsklage überzugehen, wenn der Schaden während des Prozesses bezifferbar wird.[93]

Zur Schadensfeststellung muss der Schaden noch nicht eingetreten sein, erforderlich ist lediglich eine gewisse Wahrscheinlichkeit eines Eintritts eines Schadens.[94]

---

[82] BGH GRUR 1980, 241 – *Rechtsschutzbedürfnis*.
[83] BGHZ 162, 246 = BGH GRUR 2005, 519 – *Vitamin-Zell-Komplex*.
[84] BGH GRUR 2010, 1035 Rn. 16 – *Folienrollos*.
[85] BGH GRUR 2005, 519 – *Vitamin-Zell-Komplex*.
[86] BGH GRUR 2002, 795 f.– *Titelexklusivität*.
[87] BGH GRUR 2008, 786 – *Multifunktionsgeräte*.
[88] BGH GRUR 2008, 258 – *INTERCONNECT/T-InterConnect*.
[89] BGH GRUR 2003, 900 – *Feststellungsinteresse III*.
[90] BGH GRUR 2008, 258 – *INTERCONNECT/T-InterConnect*.
[91] BGH GRUR 2008, 993 – *Kopierstationen*.
[92] BGH GRUR 2002, 795 f.– *Titelexklusivität*.
[93] BGH GRUR 2008, 258 – *INTERCONNECT/T-InterConnect*.
[94] BGH GRUR 2001, 849 – *Remailing-Angebot*.

Wann dies der Fall ist, beantwortet der BGH nicht einheitlich. Meist wird verlangt, dass nach der Lebenserfahrung der Eintritt des Schadens in der Zukunft mit einiger Sicherheit zu erwarten ist.[95] Z.T genügt es aber auch, dass aufgrund des festgestellten Sachverhalts der Eintritt eines Schadens zumindest denkbar und möglich erscheint.[96] Bei Wettbewerbsverstößen wird ein Schaden in der Regel naheliegen.[97] Erscheint es nach der allgemeinen Lebenserfahrung jedoch fernliegend, dass die Handlung des Verletzers zu einem Schaden geführt hat, bedarf es einer näheren Darlegung des Verletzten,[98] etwa in welchem Umfang die Parteien dieselben Kunden ansprechen und in welcher Weise sich Werbeaktionen des Beklagten üblicherweise auf ihre Umsätze auswirken.[99]

c) Ausnahmefälle

61   Unabhängig vom Feststellungsinteresse kann bei der Feststellungsklage in **Ausnahmefällen** auch das allgemeine Rechtsschutzinteresse fehlen. So wenn der Kläger aufgrund eines Vertragsstrafeversprechens Leistungsklage erheben könnte und Schadensersatzansprüche, die über die Vertragsstrafe hinausgehen, nicht in Betracht kommen.[100] Dies, da die Vertragsstrafe nicht nur dazu dient, den Schuldner zur ordnungsgemäßen Erbringung der vorgesehenen Leistungen anzuhalten, sondern auch dazu, dem Gläubiger im Verletzungsfall die Möglichkeit einer erleichterten Schadensdurchsetzung ohne Einzelnachweis eröffnen soll.

d) Negative Feststellungsklage

62   Auch die negative Feststellungsklage, also die Feststellung, dass ein Anderer keinen Unterlassungsanspruch gegen einen selbst hat, bedarf des Feststellungsinteresses. Ein solches Interesse ist jedenfalls bei einer ernsthaften Abmahnung und der Androhung der gerichtlichen Verfolgung gegeben.[101] Es fehlt, wenn der Gegner nur gerichtliche Schritte für den Fall eines bestimmten künftigen Verhaltens angekündigt hat.[102]

63   Der Abgemahnte kann nur dann auf Unterlassung weiterer Abmahnungen klagen, wenn die (unberechtigte) Abmahnung einen Wettbewerbsverstoß darstellt. Da die Leistungsklage gegenüber der Feststellungsklage hier eine zusätzliche Voraussetzung hat, ist es nicht prozesswirtschaftlich, den Kläger auf die Leistungsklage zu verweisen.[103] Das Rechtsschutzbedürfnis für die negative Feststellungsklage entfällt jedoch, sobald der Beklagte Unterlassungsklage erhebt (als selbständige Klage oder als Widerklage im Wege der Widerklage) und er diese nicht mehr einseitig zurücknehmen kann, also etwa nach Beginn der mündlichen Verhandlung, § 269 Abs. 1 ZPO.[104] Da die ursprüngliche Feststellungsklage unzulässig geworden ist, muss der Kläger sie für erledigt erklären. Die Feststellungsklage wird aber ausnahmsweise dann durch Erhebung der Unterlassungsklage nicht unzulässig, wenn sie zu diesem Zeitpunkt bereits (im Wesentlichen) entscheidungsreif war.[105] Für die Klage auf Feststellung der Unbegründetheit des Unterlassungsbegehrens fehlt das Feststellungsinteresse, wenn das in einer einstweiligen Verfügung ausgesprochene Unterlassungsgebot (etwa wegen Zeitablaufs) gegenstandslos geworden ist, da kostenrechtliche Auswirkungen der einstweiligen Verfügung im einfacheren und schnelleren Widerspruchsverfahren überprüft werden können.[106]

---

[95] BGH GRUR 2001, 78 – *Falsche Herstellerpreisempfehlung*.
[96] BGH GRUR 2001, 849 – *Remailing-Angebot*.
[97] Vgl. etwa BGH GRUR 1993, 926 – *Apothekenzeitschrift*.
[98] BGH GRUR 1995, 744 – *Feuer, Eis & Dynamit I*.
[99] BGH GRUR 2001, 78 – *Falsche Herstellerpreisempfehlung*.
[100] BGH GRUR 1993, 926 – *Apothekenzeitschriften*.
[101] BGH NJW-RR 1995, 1379 – *FUNNY PAPER*.
[102] BGH NJW 2001, 3789 – *Kauf auf Probe*.
[103] BGH GRUR 1985, 571, 573 – *Feststellungsinteresse*.
[104] BGH GRUR 2006, 217 – *Detektionseinrichtung I*.
[105] BGHZ 99, 340 = GRUR 1987, 402, 403 – *Parallelverfahren I*.
[106] BGH GRUR 1985, 571, 572 – *Feststellungsinteresse*.

B. Die Klage

Wer aufgrund eines bestimmten Verhaltens zur Unterlassung verurteilt wurde, kann im Wege der negativen Feststellungsklage klären lassen, ob ein beabsichtigtes abgewandeltes Verhalten von dem Unterlassungsgebot erfasst wird, wenn zwischen den Parteien darüber Streit besteht.[107]

Das Feststellungsinteresse entfällt auch nicht dadurch, dass der Gläubiger einen Ordnungsmittelantrag wegen eines Verstoßes gestellt hat. Es besteht keine Identität der Streitgegenstände des Ordnungsmittelantrages und der negativen Feststellungsklage.[108] Die Zuwiderhandlung ist nur Vorfrage für die Festsetzung des Ordnungsmittels. Zudem bezieht sich die Feststellungsklage auf künftige Handlungen, während der Ordnungsmittelantrag sich auf ein bestimmtes Geschehen in der Vergangenheit stützt.[109] Anders liegt der Fall, wenn es dem Unterlassungsschuldner nicht um die Zulässigkeit eines künftigen Verhaltens geht, sondern um die Frage, ob gegen ihn wegen eines Verhaltens in der Vergangenheit ein Ordnungsmittel verhängt werden kann.[110]

e) Rechtskraft

Der **Umfang** der Rechtskraft eines Feststellungsurteils ergibt sich in erster Linie aus der Urteilsformel. Nur wenn die Urteilsformel allein nicht ausreicht, um den Rechtskraftgehalt der Entscheidung zu erfassen, sind Tatbestand und Entscheidungsgründe, erforderlichenfalls auch das Parteivorbringen, ergänzend heranzuziehen.[111]

IV. Streitgegenstand

a) Lebenssachverhalt und Antrag

Der Streitgegenstand bestimmt sich nach dem Antrag und dem zu seiner Begründung vorgetragenen **Lebenssachverhalt**.[112] Zu dem historischen Lebensvorgang zählen die Umstände des Wettbewerbsauftritts und seine gesamte Wahrnehmung unabhängig von dem Vortrag der Parteien und ihrer Kenntnis.[113] Ob der vorgetragene Lebenssachverhalt mehreren Verbotsnormen unterfällt, ist für die Frage, ob mehrere Streitgegenstände vorliegen, ohne Bedeutung.[114]

In früherer Rspr. hat der BGH die Verwirklichung verschiedener Verbotsnormen wie auch die Verwirklichung unterschiedlicher Erscheinungsformen derselben Verbotsnorm (insbesondere des Irreführungsverbots) als jeweils selbständige Klagegründe angesehen und eine alternative Klagebegründung für zulässig gehalten, bei der der Kläger ein einheitliches Klagebegehren (z. B. Verbot einer bestimmten Werbung) alternativ auf mehrere Streitgegenstände stützt und dem Gericht die Auswahl überlässt, auf welchen Streitgegenstand es die stattgebende Entscheidung stützt.[115] Bei einer alternativen Klagehäufung muss das Gericht über sämtliche Streitgegenstände entscheiden, wenn es die Klage ganz oder teilweise abweist. Die Stattgabe der Klage ist hingegen schon möglich, wenn das Gericht nur einen Klagegrund für durchgreifend hält. Nur dieser zur Klagestattgabe herangezogene Klagegrund erwächst in Rechtskraft.[116] Die alternative Klagebegründung hat für den Beklagten den Nachteil, dass er sich ge-

---

[107] BGH GRUR 2008, 360 – *EURO und Schwarzgeld*.
[108] BGH GRUR 2008, 360 – *EURO und Schwarzgeld*.
[109] BGH GRUR 2008, 360 – *EURO und Schwarzgeld*.
[110] BGH GRUR 2008, 360 – *EURO und Schwarzgeld*.
[111] BGH GRUR 2008, 933 – *Schmiermittel*.
[112] BGH GRUR 2014, 1224 Rn. 26 – *ENERGY & VODKA*; BGH GRUR 2013, 401 Rn. 18 – *Biomineralwasser*; BGH GRUR 2012, 184 Rn. 13 – *Branchenbuch Berg*; BGH GRUR 2011, 1043 Rn. 26 – *TÜV II*.
[113] BGH GRUR 2013, 401 Rn. 26 – *Biomineralwasser*.
[114] BGH GRUR 2014, 91 Rn. 15 – *Treuepunkte-Aktion*.
[115] Siehe die Nachw. bei BGHZ 189, 56 = GRUR 2011, 521 – *TÜV*.
[116] BGHZ 189, 56 = GRUR 2011, 521 – *TÜV*.

gen sämtliche Streitgegenstände zur Wehr setzen muss,[117] während der Kläger den Vorteil hat, keine Prozesskosten tragen zu müssen, wenn er nur mit einem Streitgegenstand durchdringt.[118]

69   In Abkehr von seiner bisherigen Rspr verlangt der BGH nunmehr, dass der Kläger bei mehreren Streitgegenständen, die ein einheitliches Klagebegehren stützen, diese entweder **kumulativ** geltend macht oder die Reihenfolge benennt, in der er diese zur Überprüfung durch das Gericht stellt (eventuelle Klagenhäufung).[119] Tut der Kläger das nicht, ist die Klage nicht hinreichend bestimmt iSd § 253 Abs. 2 Nr. 2 ZPO.[120] Hat der Kläger mehrere Klagegründe im Wege einer alternativen Klagehäufung verfolgt, kann er die nunmehr gebotene Bestimmung der Reihenfolge, in der er die prozessualen Ansprüche geltend machen will, auch noch in der Berufungs- oder Revisionsinstanz nachholen.[121] Nach der Änderung der Rechtsprechung zur alternativen Klagehäufung muss der Kläger wegen des Kostenrisikos vor Klageerhebung sorgsam prüfen, welcher Streitgegenstand am ehesten Erfolg verspricht.

b) Unterlassungsbegehren

70   Die konkrete Verletzungsform bildet grundsätzlich den Streitgegenstand, wenn mit der Klage ein entsprechendes Unterlassungsbegehren verfolgt wird.[122] Das Klagebegehren richtet sich in diesem Fall gegen ein konkret umschriebenes Verhalten, das bei natürlicher Betrachtungsweise den Tatsachenkomplex und damit die Beanstandungen umschreibt, zu der die konkrete Verletzungsform Anlass geben kann.[123] Die verschiedenen Unlauterkeitstatbestände, aus denen der Kläger die Unzulässigkeit des Verhaltens der Beklagten ableitet, stellen nur unterschiedliche rechtliche Gesichtspunkte und keine verschiedenen Streitgegenstände dar.[124]

71   Der Schuldner kann ein bestimmtes Verhalten nur einmal unterlassen. Der Streitgegenstand wird aber auch durch den Lebenssachverhalt bestimmt. Daher genügt auch bei Unterlassungsanträgen die Einheitlichkeit des Klagezieles nicht, um einen einheitlichen Streitgegenstand anzunehmen.[125] Von einem einheitlichen Lebenssachverhalt ist ungeachtet unterschiedlichen Tatsachenvortrags im Detail auszugehen, wenn der Kern des in der Klage angeführten Sachverhalts unverändert bleibt.[126] Wird derselbe Antrag zunächst auf Erstbegehungsgefahr, später wegen einer bestimmten Verletzungshandlung auch auf Wiederholungsgefahr gestützt (und umgekehrt), liegen verschiedene Streitgegenstände vor.[127]

72   Bei einem einheitlichen Klagebegehren liegen verschiedene Streitgegenstände vor, wenn die materiell-rechtliche Regelung die zusammentreffenden Ansprüche durch eine Verselbständigung der einzelnen Lebensvorgänge erkennbar unterschiedlich ausgestaltet.[128] Das

---

[117] Was er allerdings auch bei einem Eventualverhältnis tun muss, s. *Teplitzky* GRUR 2011, 1091.
[118] BGHZ 189, 56 = GRUR 2011, 521 – *TÜV*.
[119] BGH GRUR 2015, 1201 Rn. 38 – *Sparkassen-Rot/Santander-Rot*; BGH GRUR 2013, 401 Rn. 18 – *Biomineralwasser*; BGHZ 189, 56 = GRUR 2011, 521 – *TÜV*; aA (jedenfalls beim Vorgehen aus mehreren Schutzrechten) *v. Ungern-Sternberg* GRUR 2011, 486.
[120] BGH GRUR 2013, 1170 Rn. 9 – *Telefonwerbung für DSL-Produkte*; BGH GRUR 2012, 621 Rn. 31 – *OSCAR*; BGH GRUR 2012, 304 – Rn. 18 – *Basler Haar-Kosmetik*; BGH GRUR 2012, 58 Rn. 14 – *Seilzirkus*.
[121] GRUR 2012, 304 – Rn. 18 – *Basler Haar-Kosmetik*; BGHZ 189, 56 = GRUR 2011, 521 Rn. 13 – *TÜV*.
[122] BGH GRUR 2013, 1052 Rn. 11 – *Einkaufswagen III*.
[123] BGH GRUR 2013, 401 Rn. 24 – *Biomineralwasser*.
[124] BGH GRUR 2013, 1052 Rn. 11 – *Einkaufswagen III*.
[125] BGH GRUR 2008, 443 – *Saugeinlagen*: unterschiedliche Streitgegenstände bei herabsetzender vergleichender und bei irreführender Werbung.
[126] BGH GRUR 2009, 1180 Rn. 15 – *0,00 Grundgebühr*.
[127] BGH GRUR 2009, 852 – Rn. 58 – *Elektronischer Zolltarif*.
[128] BGH GRUR 2014, 785 Rn. 21 – *Flugvermittlung im Internet*; BGH GRUR 2014, 393 Rn. 14 – *wetteronline.de*.

ist etwa der Fall, wenn der Kläger sein Klagebegehren auf ein Schutzrecht und auf ein von ihm als wettbewerbswidrig angesehenes Verhalten des Beklagten stützt oder seinen Anspruch aus mehreren Schutzrechten herleitet.[129]

c) Leistungsklage

Die Beseitigungsklage ist eine **Leistungsklage**. Beseitigungs- und Unterlassungsbegehren sind ihrem Wesen nach verschieden und begründen unterschiedliche Streitgegenstände,[130] so dass der Übergang von einem Anspruch zum anderen eine Klageänderung ist. 73

Dass zwei Streitgegenstände vorliegen, ist auch für die Hemmung der Verjährung und die Rechtskraft von Bedeutung. Liegt ein rechtskräftiger Unterlassungstitel vor, fehlt für eine Beseitigungsklage das Rechtsschutzbedürfnis, wenn die Vollstreckung des Unterlassungstitels zur Beseitigung der Störung führen würde.[131]

d) „Dreifache Schadensberechnung"

Bei den anderen Klagen gibt es **keine Besonderheiten**. Da die „dreifache Schadensberechnung" im Wettbewerbsrecht grundsätzlich nicht zugelassen wird (s. § 15 Rn. 68), stellt sich das Problem nicht, ob der Übergang vom Verletzergewinn auf die entgangene Lizenz eine Klageänderung ist.[132] 74

V. Bestimmtheit des Klageantrages

1. Folgen der mangelnden Bestimmtheit

a) Abweisung als unzulässig

In der Tatsacheninstanz wird bei einem nicht hinreichend bestimmten Antrag die Klage **als unzulässig** abgewiesen. Dies allerdings erst, wenn der Kläger trotz Hinweises des Gerichts, § 139 Abs. 1 ZPO, seinen Antrag nicht nachbessert.[133] Ein Hinweis ist geboten, wenn der Beklagte die mangelnde Bestimmtheit nicht zu einem zentralen Punkt seiner Rechtsverteidigung macht.[134] Trotz der Hinweispflicht bleibt es aber dabei, dass es Sache des Klägers ist, Inhalt, Umfang und Grenzen des begehrten Verbots aufzuzeigen und die insoweit maßgebenden Umstände darzutun.[135] Aus dem Grundsatz, dass das Gericht gehalten ist, auf die Stellung sachdienlicher Anträge hinzuwirken (§ 139 ZPO), kann nicht hergeleitet werden, dass es weitergehend ihm überlassen werden könnte, einem zu unbestimmt gefassten und damit unzulässigen Klageantrag einen zulässigen Wortlaut und Inhalt zu geben.[136] 75

b) Zurückverweisung

Auch in der **Revision** hat das Revisionsgericht die Unbestimmtheit von Amts wegen zu berücksichtigen.[137] Hat das Berufungsgericht entgegen § 139 ZPO dem Kläger keine Gele- 76

---

[129] BGH GRUR 2014, 785 Rn. 21 – *Flugvermittlung im Internet*; BGH GRUR 2014, 393 Rn. 14 – *wetteronline.de*.
[130] BGH NJW-RR 1994, 1404, 1405.
[131] *Teplitzky*, Kap. 22 Rn. 7.
[132] BGH GRUR 1993, 55, 56 – *Tchibo/Rolex II*.
[133] BGH GRUR 1996, 796 – *Setpreis*.
[134] BGH GRUR 2002, 86 – *Laubhefter*.
[135] BGH GRUR 2002, 86 – *Laubhefter*.
[136] BGH GRUR 1998, 489 – *Unbestimmter Unterlassungsantrag III*. Einzelheiten bei *Trepper*, in: Götting/Nordemann Vorb. § 12 Rn. 56, m.w.N.
[137] BGHZ 144, 255, 263 = GRUR 2000, 1076 – *Abgasemissionen*.

genheit gegeben, den Klageantrag zu überprüfen und eventuell neu zu stellen und hierzu sachdienlichen Vortrag zu halten, gebieten der Gesichtspunkt des Vertrauensschutzes und des Anspruchs der Parteien auf ein faires Verfahren statt der Abweisung der Klage als unzulässig eine Zurückverweisung.[138] Gleiches gilt, wenn der unbestimmte Antrag Folge einer unzutreffenden Anregung des Berufungsgerichts war.[139] War die Rechtslage im Berufungsverfahren noch ungeklärt, ist es aus Gründen der prozessualen Fairness geboten, dem Kläger durch Zurückverweisung Gelegenheit zu geben, sich durch eine sachdienliche Antragsfassung auf die im Revisionsverfahren geklärte Rechtslage einzustellen.[140] Steht aufgrund des festgestellten und unstreitigen Sachverhalts fest, dass dem Kläger kein Unterlassungsanspruch zusteht, kommt eine Zurückverweisung nicht in Betracht; das Revisionsgericht weist dann die Klage als unzulässig ab.[141]

2. Unterlassungsklage

a) Rechtsklarheit

77 Die größten Probleme bereitet die **Unterlassungsklage**. Dies rührt daher, dass zwischen den Erfordernissen der Gewährung eines wirksamen Rechtsschutzes[142] einerseits und dem zu schützenden Interesse des Beklagten an Rechtsklarheit und Rechtssicherheit hinsichtlich der Entscheidungswirkungen andererseits[143] abzuwägen ist.

Darüber hinaus werden allgemeingültige Aussagen auch dadurch erschwert, dass der BGH die Anforderungen an die Konkretisierung des Streitgegenstands in einem Unterlassungsantrag auch von den Besonderheiten des anzuwendenden materiellen Rechts und den Umständen des Einzelfalls abhängig macht.[144]

78 Der Klageantrag und der ihm folgende Tenor muss so deutlich und konkret gefasst sein, dass die Grenzen der Rechtskraft klar zu erkennen sind, das Vollstreckungsgericht muss klar erkennen können, was dem Schuldner verboten ist. Der Schuldner muss konkret wissen, welche Handlungen er zu unterlassen hat;[145] er muss sich erschöpfend verteidigen können.[146] Die Wiederholung des Gesetzeswortlauts genügt grundsätzlich nicht, es sei denn, das Gesetz ist bereits eindeutig und konkret gefasst. Dies klingt klar, selbstverständlich und eindeutig. In der Praxis lassen sich diese Voraussetzungen jedoch häufig nicht so einfach erfüllen.

Von der Bestimmtheit ist die Frage zu unterscheiden, ob der Antrag die charakteristische Verletzungshandlung, die konkrete Verletzungsform erfasst. Dies ist ein Problem der Begründetheit: Ein Antrag kann hinreichend bestimmt, aber inhaltlich zu weit gefasst sein und dadurch das Charakteristische der konkreten Verletzungsform verfehlen.[147]

---

[138] BGH GRUR 2002, 86 – *Laubhefter*: dies gilt auch dann, wenn ein Unterlassungsantrag durch eine zu weitgehende Verallgemeinerung (teilweise) unbegründet ist; BGH GRUR 2005, 692 – „*statt*"-*Preis*.
[139] BGH GRUR 2008, 357 – *Planfreigabesystem*.
[140] BGH WRP 2005, 485 – *Ansprechen in der Öffentlichkeit II*.
[141] BGH GRUR 2003, 958, 960 – *Paperboy*.
[142] Nach BGH GRUR 2005, 443 – *Ansprechen in der Öffentlichkeit II* – soll dies „in besonders gelagerten Fällen" zu verlangen sein. Ohne diese Einschränkung: BGH GRUR 2002, 1088 – *Zugabenbündel*.
[143] BGH GRUR 2002, 1088 – *Zugabenbündel*.
[144] BGH GRUR 2002, 1088 – *Zugabenbündel*.
[145] BGH GRUR 2010, 749 Rn. 21 – *Erinnerungswerbung im Internet*.
[146] BGH GRUR 2002, 86 – *Laubhefter*; BGH GRUR 2016, 88 Rn. 13 – *Deltamethrin*.
[147] BGH GRUR 1991, 254 – *Unbestimmter Klageantrag I*; BGH WRP 2014, 1447 Rn. 13 – *Runes of Magic II*.

b) Konkrete Verletzungsform

Der Antrag ist **unproblematisch**, wenn der Kläger lediglich das Verbot der Handlung begehrt, so wie sie begangen worden ist.[148] Wer eine bestimmte Äußerung zu unterlassen, ein Plakat zu entfernen hat, weiß klar und eindeutig, was in einem solchen Fall von dem Verbot umfasst ist.

Jedoch kann das Verbot nicht stets ganz konkret bezeichnet werden. Deshalb müssen beim Antrag, im Interesse eines hinreichenden Rechtsschutzes, gewisse Verallgemeinerungen zulässig sein, sofern darin das Charakteristische der Verletzungsform zum Ausdruck kommt.[149] Bei einem eng auf die konkrete Verletzungsform beschränkten Verbot sind einer erweiternden Auslegung auf kerngleiche Verletzungshandlungen enge Grenzen gesetzt.[150]

Auch bei einer Verallgemeinerung muss sich der Antrag so genau an die konkrete Verletzungsform anpassen und deren Inhalt und die Umstände, unter denen ein Verhalten untersagt werden soll, so deutlich umschreiben, dass sie in ihrer konkreten Gestaltung zweifelsfrei erkennbar sind.[151] Eine Verletzungshandlung begründet nicht nur die Vermutung der Begehungsgefahr für die identische Verletzungsform, sondern auch für alle im Kern gleichartigen – wenn auch leicht abgewandelten – Verletzungshandlungen (sog. Kerntheorie).[152]

Bei einem Unterlassungstenor, der auf die konkrete Verletzungsform beschränkt ist, haben die neben der in Bezug genommenen konkreten Verletzungshandlung abstrakt formulierten Merkmale die Funktion, den Kreis der Varianten näher zu bestimmen, die von dem Verbot als kerngleiche Verletzungsformen erfasst sein sollen.[153] Verallgemeinerungen bergen jedoch nicht nur die Gefahr in sich, dass sie zur Unbestimmtheit des Antrags führen, sondern auch, dass sie rechtlich zulässige Handlungen erfassen, wodurch die Klage teilweise unbegründet wird.[154]

Bei einem zu weit gefassten Unterlassungsantrag kann häufig das Klagevorbringen in der Weise ausgelegt werden, dass der Kläger zumindest die konkrete Verletzungshandlung unterbunden wissen möchte, die er mit seiner Klage beanstandet hat.[155] Zunächst hat aber das Gericht dem Kläger nach § 139 ZPO Gelegenheit zu geben, den Klageantrag neu zu fassen.[156] Unterlässt er dies, kann das Gericht kein Verbot der konkreten Verletzungshandlung aussprechen.

c) Auslegung

Ob ein Klageantrag hinreichend bestimmt ist, ist zunächst durch **Auslegung** zu ermitteln; dies geschieht anhand des Wortlauts, aber auch unter Heranziehung des Vorbringens, auf das sich die Klage stützt,[157] Für das Verständnis des Antrags ist auch bedeutsam, ob der Antrag auf die konkrete Verletzungsform Bezug nimmt.[158]

---

[148] BGH GRUR 2002, 75 – *SOOOO ... BILLIG!?*
[149] BGH GRUR 2010, 454 Rn. 12 – *Klassenlotterie*.
[150] BGH GRUR 2010, 1035 Rn. 22 – *Folienrollos*; BGH GRUR 2010, 454 Rn. 12 – *Klassenlotterie*.
[151] BGH GRUR 1977, 114 – *VUS*.
[152] BGH GRUR 2008, 702 – *Internet-Versteigerung III*; BGH GRUR 2010, 749 Rn. 32, 42 ff. – *Erinnerungswerbung im Internet*; Teplitzky, Kap. 57 Rn. 12.
[153] BGH GRUR 2010, 1035 Rn. 17 – *Folienrollos*.
[154] BGH GRUR 2002, 187 – *Lieferstörung*.
[155] BGH GRUR 2004, 605 – *Dauertiefpreise*.
[156] BGH GRUR 2002, 187 – *Lieferstörung*.
[157] BGH GRUR 2008, 702 – *Internet-Versteigerung III*; BGH GRUR 2010, 1035 Rn. 17 – *Folienrollos*. BGH GRUR 2008, 1121 – *Freundschaftswerbung im Internet*.
[158] BGH GRUR 2000, 619, 621 – *Orient-Teppichmuster*.

Das Klagevorbringen entscheidet darüber, ob der Kläger ein Verbot erstrebt, in dem das untersagte Verhalten beispielhaft umschrieben ist und auch ähnliche Handlungen einbezogen sind, oder ob er einen Verbotsausspruch erstrebt, der nicht nur eine ganz konkret benutzte Werbeaussage erfasst, sondern auch eine solche Werbung, die im Kern der konkret verbotenen Werbung entspricht.[159] Im ersten Fall ist der Antrag nicht hinreichend bestimmt, wohl aber im zweiten, da es sich dabei der Sache nach nicht um eine Verallgemeinerung über die konkrete Verletzungsform hinaus handelt. Ein Antrag, der nicht die Verletzungshandlungen (konkreten Verletzungsformen) umschreibt, die nach der Klagebegründung verboten werden sollen, ist zu unbestimmt.[160] Auch dann, wenn ein Verhalten unter einem anderen als dem von dem Kläger angeführten Gesichtspunkt wettbewerbswidrig sein könnte, erfasst der Unterlassungsantrag des Klägers einen etwaigen Verstoß nicht – auch nicht als Minus –, wenn der Kläger das Charakteristische der Verletzungshandlung nicht unter diesem Gesichtspunkt sieht.[161] Die Auslegung des Unterlassungsantrags kann vom Revisionsgericht in vollem Umfang selbst überprüft werden.[162]

d) Gesetzeswiederholung

84 **Auslegungsbedürftige Begriffe** können verwendet werden, wenn im Einzelfall über den Sinngehalt der Begriffe kein Zweifel besteht.[163] So hat der BGH Wendungen wie „Behauptungen ähnlichen Inhalts", „im geschäftlichen Verkehr" oder „markenmäßig"[164] für zulässig erachtet.[165] Dies soll selbst dann zulässig, wenn über den Inhalt der Begriffe im Einzelfall Streit besteht, solange sich der benutzte Begriff nicht auf den Kern der mit dem begehrten Verbot zu treffenden Regelung bezieht.[166] Dagegen ist ein Antrag, der lediglich den Wortlaut des gesetzlichen Verbotstatbestandes wiederholt, ist in der Regel zu unbestimmt,[167] da eine solche Antragsformulierung sich vollständig von der beanstandeten Verletzungshandlung löst.

Ausnahmsweise ist ein derartiger Unterlassungsantrag aber hinreichend bestimmt, und zwar, wenn
- der gesetzliche Verbotstatbestand selbst entsprechend eindeutig und konkret gefasst ist und zwischen den Parteien kein Streit besteht, welche von mehreren Verhaltensweisen ihm unterfällt;[168]
- der Anwendungsbereich der Rechtsnorm durch eine gefestigte Auslegung geklärt[169] und daher allein zu prüfen ist, ob der den Wortlaut der Norm wiederholende Klageantrag zu weit geht und mithin insoweit unbegründet ist;[170]
- der Kläger hinreichend deutlich macht, dass er nicht ein Verbot im Umfang des Gesetzeswortlauts beansprucht, sondern sich mit seinem Unterlassungsbegehren an der konkreten Verletzungshandlung orientiert.[171]

---

[159] BGH GRUR 2002, 177 – *Jubiläumsschnäppchen*.
[160] BGH GRUR 2003, 958, 960 – *Paperboy*.
[161] BGH GRUR 2003, 890 – *Buchclub-Kopplungsangebot*.
[162] BGH GRUR 2008, 1121 – *Freundschaftswerbung im Internet*.
[163] BGH GRUR 2000 – *Auslaufmodelle III*.
[164] BGH GRUR 1991, 138 – *Flacon*: iSv warenzeichenmäßig und in Abgrenzung zu firmenmäßig.
[165] BGH GRUR 1991, 254 – *Unbestimmter Unterlassungsantrag I*.
[166] Siehe einerseits BGH GRUR 2002, 1088 – *Zugabenbündel*, und anderseits BGH GRUR 2008, 702 – *Internet-Versteigerung III*.
[167] BGH GRUR 2010, 749 Rn. 21 – *Erinnerungswerbung im Internet*.
[168] BGH GRUR 2010, 749 Rn. 21 – *Erinnerungswerbung im Internet*.
[169] BGH GRUR 2010, 749 Rn. 21 – *Erinnerungswerbung im Internet*.
[170] BGH GRUR 2008, 532 – *Umsatzsteuerhinweis*.
[171] BGH GRUR 2010, 749 Rn. 21 – *Erinnerungswerbung im Internet*.

Zulässig ist auch, zeichnerische oder fotografische Abbildungen oder auch Schaltpläne[172] in den Antrag aufzunehmen oder auf sie Bezug zu nehmen.[173]

e) Zusätze

Ist eine Aussage **wettbewerbswidrig**, wäre sie aber in Verbindung mit einem erläuternden Zusatz wie „es sei denn ..." nicht zu beanstanden, reicht es aus, die konkrete Verletzungsform anzugeben. Es ist nicht Sache des Verletzten und des Gerichts, den Verletzer darauf hinzuweisen, was ihm erlaubt ist.[174] Ist das Verbot dagegen abstrakt gefasst, müssen Einschränkungen in den Tenor aufgenommen werden, da sonst auch erlaubte Verhaltensweisen vom Verbot erfasst werden.[175]

Schränkt ein Nebensatz das begehrte Verbot nicht ein, sondern stellt er lediglich klar, dass die beanstandete Werbung wettbewerbswidrig ist (etwa weil sie infolge fehlender Aufklärung irreführend ist), so ist es unschädlich, wenn der Nebensatz unbestimmte Begriffe enthält.[176]

Löst sich ein Antrag von der konkret beanstandeten Verletzungsform, kann ihm ein „insbesondere"-Zusatz angefügt werden: insbesondere wenn dies geschieht wie ... Der Zusatz muss das Charakteristische der Verletzung verdeutlichen.[177]

In einem solchen Zusatz liegt eine Konkretisierung des allgemeiner gefassten Unterlassungsantrags, der als Auslegungshilfe für die im Antrag enthaltene Verallgemeinerung dient.[178] Vorteilhaft ist die Anfügung eines „insbesondere"-Zusatzes deshalb, weil sie im Falle eines zu allgemein gefassten Unterlassungsantrags dem Gericht ermöglicht, die konkrete Verletzungsform als das zumindest auch begehrte Klageziel zu verbieten.[179] Die Bezugnahme auf die konkrete Verletzungsform macht nämlich deutlich, dass Gegenstand des Klagebegehrens jedenfalls auch die Unterlassung des konkret beanstandeten Verhaltens ist.[180] Mangels eigenen Streitgegenstands liegt daher kein echter Hilfsantrag vor,[181] der Zusatz wirkt sich aber ähnlich aus.[182] Der „unechte" Hilfsantrag ist als minus im Hauptantrag enthalten.[183] Über den Hilfsantrag ist erst es zu entscheiden, wenn feststeht, dass der Hauptantrag keinen Erfolg hat. Zwar ist eine Klageänderung im Revisionsrechtszug unzulässig, gleichwohl kann ein im Revisionsverfahren erstmals gestellter Hilfsantrag zulässig sein, wenn es sich lediglich um eine modifizierte Einschränkung des Hauptantrags handelt und der zugrunde liegende Sachverhalt vom Tatrichter bereits gewürdigt worden ist.[184] Durch die Bezugnahme „... wie geschehen in ..." wird in der Regel deutlich gemacht, dass Gegenstand des Antrags allein die konkrete Verletzungsform sein soll und abstrakt formulierte Merkmale dazu dienen sollen, den Kreis der Varianten näher zu bestimmen, die von dem Verbot als kerngleiche Verletzungsformen erfasst sein sollen.[185] Die nachträgliche Anfü-

---

[172] BGH GRUR 2008, 727 – *Schweißmodulgenerator*.
[173] BGH GRUR 2007, 795 – *Handtaschen*.
[174] BGH GRUR 2010, 749 Rn. 25 – *Erinnerungswerbung im Internet*.
[175] BGH GRUR 2010, 749 Rn. 26 – *Erinnerungswerbung im Internet*.
[176] BGH WRP 1999, 1035 – *Kontrollnummernbeseitigung*.
[177] BGH WRP 2002, 952 – *WISO*.
[178] BGH GRUR 2002, 86 – *Laubhefter*. Ohne dadurch den Antrag einzuschränken oder zu erweitern.
[179] BGH GRUR 2003, 886 – *Erbenermittler*.
[180] BGH GRUR 2003, 243 – *Dresdner Christstollen*; BGH GRUR 2012, 945 Rn. 22 – *Tribenuronmethyl*.
[181] BGH GRUR 1997, 672 – *Sonderpostenhändler*.
[182] BGH GRUR 1997, 672 – *Sonderpostenhändler*; Teplitzky, Kap. 51 Rn. 36.
[183] BGH GRUR 2008, 702 – *Internet-Versteigerung III*.
[184] BGH GRUR 2008, 702 – *Internet-Versteigerung III*.
[185] BGH GRUR 2006, 164 – *Aktivierungskosten II*. Im Fall der Unlauterkeit ist das Verbot auszusprechen, auch wenn nicht der in die abstrakte Umschreibung aufgenommen, sondern ein anderer Gesichtspunkt die Unlauterkeit begründet, s. BGH WRP 2011, 873 Rn. 17 – *Leistungspakete im Preisvergleich*.

gung eines solchen Zusatzes berührt den Streitgegenstand nicht.[186] Ist ein auf ein Verbot unzulässiger, getarnter Werbung gerichteter Antrag nicht hinreichend bestimmt („Beiträge, die inhaltlich Werbung sind"), führt auch ein „insbesondere"-Zusatz des konkreten Beitrags nicht zur hinreichenden Bestimmtheit.[187] Ein „insbesondere"-Nebensatz, der für sich genommen nicht hinreichend bestimmt ist, kann nicht zur hinreichenden Bestimmtheit des Antrags führen.[188]

3. Beseitigungsklage

89   Beim Beseitigungsantrag ist der **erstrebte Erfolg,** also die zu beseitigende Störung genau zu beschreiben. Wie der Schuldner diesen Erfolg herbeiführt, bleibt ihm überlassen, die zur Herbeiführung des Erfolges bezeichneten Handlungen sind deshalb nicht anzugeben. Nur wenn die Störung nur durch eine bestimmte Handlung beseitigt werden kann, muss der Kläger diese Handlung in den Antrag aufnehmen.[189] Ist die Handlung, zu der der Beklagte verurteilt wurde, vertretbar, wird das Urteil nach § 887 ZPO (Ermächtigung zur Ersatzvornahme) vollstreckt; ist sie unvertretbar, wie namentlich beim Widerruf, erfolgt die Zwangsvollstreckung nach § 888 ZPO (Verhängung von Zwangsmaßnahmen).

4. Zahlungsklage

90   Bei der **Zahlungsklage** muss der Gläubiger nicht unbedingt einen konkreten Zahlungsantrag stellen, er muss ihn nicht unbedingt genau beziffern. Das hat seinen Grund darin, dass in Wettbewerbsstreitigkeiten der Verletzte kaum in der Lage ist, seinen Schaden konkret zu berechnen (s. § 15 Rn. 69 ff.). Aus Gründen der Billigkeit hat die Rechtsprechung daher objektive Schadensberechnungsarten entwickelt und räumt, soweit hierbei Schätzungen nach § 287 ZPO erforderlich sind, den Tatsachengerichten einen großen Spielraum ein.[190] Steht etwa aufgrund der allgemeinen Lebenserfahrung fest, dass der Schaden jedenfalls zu einem Teil durch das wettbewerbswidrige Verhalten verursacht worden ist, und lässt dieser Teil sich aus Gründen, die nicht im Verantwortungsbereich des Geschädigten, sondern in der Natur der Sache liegen, nicht verlässlich bestimmen, so darf das Gericht dies nicht in vollem Maße zulasten des Geschädigten gehen lassen; vielmehr hat es im Wege der Schätzung jedenfalls einen Mindestschaden zu ermitteln, sofern nicht ausnahmsweise auch für dessen Schätzung jeglicher Anhaltspunkt fehlt.[191]

91   Hängt die Bestimmung des Betrages von einer Ermittlung der Schadenshöhe durch Beweisaufnahme, durch gerichtliche Schätzung oder vom billigen Ermessen des Gerichts ab, reicht es aus, wenn die zahlenmäßige Feststellung der Klageforderung dem Gericht überlassen wird, sofern dem Gericht die tatsächlichen Grundlagen gegeben werden, die ihm die Feststellung der Höhe des gerechtfertigten Klageanspruchs ermöglichen.[192] Durch die umfassende Darlegung der Berechnungs- und Schätzungsgrundlagen wird die nötige Bestimmtheit erreicht. Der Kläger muss jedoch einen Mindestbetrag angeben.[193] Weicht der zuerkannte Betrag wesentlich hiervon ab, ist die Klage teilweise abzuweisen und dem Kläger ein Teil der Kosten aufzuerlegen, soweit nicht § 92 Abs. 2 ZPO eingreift.[194]

---

[186] BGH GRUR 1996, 793 – *Fertiglesebrillen*.
[187] BGH GRUR 1993, 565 – *Faltenglätter*.
[188] BGH GRUR 2002, 86 – *Laubhefter*.
[189] Köhler/*Bornkamm*, UWG, § 12 Rn. 2.52.
[190] BGH GRUR 1993, 55 f.– *Tchibo/Rolex II*.
[191] BGH GRUR 1993, 55 f.– *Tchibo/Rolex II*.
[192] BGH GRUR 1977, 539, 542 – *Prozessrechner*.
[193] BGH NJW 1982, 340.
[194] BGH GRUR 1977, 539, 542 – *Prozessrechner*.

5. Feststellungsklage

Damit der Antrag hinreichend bestimmt ist, muss er das **Rechtsverhältnis**, dessen Bestehen oder Nichtbestehen festgestellt werden soll, so genau bezeichnen, dass über dessen **Identität** und somit über den Umfang der Rechtskraft der Feststellung keinerlei Ungewissheit bestehen kann.[195]

6. Auskunftsklage und Rechnungslegung

Für die Anträge auf **Auskunftserteilung** und **Rechnungslegung** sowie auf Feststellung der Schadenersatzpflicht gelten die Grundsätze zur Bestimmtheit des Unterlassungsantrags entsprechend. Ein auf Auskunftserteilung gerichteter Klageantrag muss unter Bezugnahme auf die konkrete Verletzungshandlung so bestimmt gefasst sein, dass er auch für das Vollstreckungsgericht hinreichend klar erkennen lässt, worüber der Beklagte Auskunft zu erteilen und Rechnung zu legen hat.[196] Der Auskunftsantrag muss die Verletzungshandlung, den Gegenstand, den Zeitraum sowie Art und Umfang der Auskunft enthalten.[197]

Auskunft und Rechnungslegung sind unvertretbare Handlungen.[198] Eine Verurteilung zu diesen Handlungen wird nach § 888 Abs. 1 ZPO vollstreckt. Die Klage auf Auskunfts- und Rechnungslegung wird zumeist mit einem weiteren Antrag (Stufenklage) verbunden, auf Feststellung der Verpflichtung zum Schadenersatz oder zur Zahlung nach erteilter Auskunft.

VI. Aktivlegitimation

1. Allgemeines

a) Bedeutung

Die Ansprüche aus einer Rechtsverletzung stehen stets dem **unmittelbar** Verletzten zu, also demjenigen, in dessen geschützte Rechtsposition eingegriffen wird. Bei unerlaubten Handlungen dem Opfer; bei Patent- Marken- Urheberrechtsverletzungen dem Inhaber des jeweiligen Rechts, bei Vertragsverletzungen dem Vertragspartner. Der Anspruchsinhaber wird durch das verletzte Recht bestimmt.

Im Wettbewerbsrecht muss der Befugte anders ermittelt werden, da § 1 UWG auch die Verbraucher und die Allgemeinheit schützt. Da meist auch diese Personengruppen betroffen sind, wäre die Popularklage die Folge. Das UWG begrenzt deshalb den Kreis der Anspruchsberechtigten, indem die Abwehransprüche ausschließlich von den in § 8 Abs. 3 UWG genannten Personen oder Organisationen geltend gemacht werden können. Gleichwohl führt § 8 Abs. 3 UWG dazu, dass es in der Regel mehrere Anspruchsberechtigte gibt, – verschiedene Organisationen, Mittbewerber- die alle einen eigenen Unterlassungsanspruch verfolgen.

Wie der Wortlaut des § 8 Abs. 3 i.V.m Abs. 1 UWG bereits zeigt, gilt diese Vorschrift nur für den Unterlassungs- und Beseitigungs- und dem damit zusammen hängenden Auskunftsanspruch und den Abmahnkosten, § 12 Abs. 1 UWG. Die Regelung gilt dagegen nicht für Schadensersatzansprüche und für diese vorbereitende Hilfsansprüche.[199]

---

[195] BGH GRUR 2008, 917 – *EROS*.
[196] BGH GRUR 2008, 357 – *Planfreigabesystem*.
[197] Köhler/*Bornkamm*, UWG, § 12 Rn. 2.61.
[198] *Hüßtege*, in: Thomas/Putzo, § 888 ZPO Rn. 2.
[199] Götting/Nordemann/*Schmitz-Fohrmann*/Schwab, UWG, § 8 Rn. 121.

b) Popularklagen

98 § 8 Abs. 3 UWG ist **abschließend**! Um Popularklagen zu vermeiden, sind insbesondere die Verbraucher und die sonstigen Marktteilnehmer vom Klagerecht ausgeschlossen.[200] Um den Kreis der Anspruchsberechtigten begrenzt zu halten, können wettbewerbsrechtliche Unterlassungsansprüche nicht abgetreten werden.

99 Die Verbände, § 8 Abs. 3 Nr. 2–4 UWG, können auch nicht in Prozessstandschaft klagen.[201] Sie nur zur kollektiven Wahrnehmung von Mitgliederinteressen befugt, die für den einschlägigen Markt als repräsentativ angesehen werden können. Sonst würde die bewusste Beschränkung der Klagebefugnis der Verbände unterlaufen.[202] Die Ansprüche von Verbänden können nicht durch Dritte, auch nicht durch andere Verbände, geltend gemacht werden.[203]

100 Bei Mitbewerbern kann in gewillkürter Prozessstandschaft geklagt werden,[204] wenn neben der Ermächtigung durch den Anspruchsinhaber ein eigenes schutzwürdiges Interesse des Klagenden vorliegt, das auch rein wirtschaftlich sein kann.[205]

c) Grenze der Verbandsklagebefugnis

101 Die **Grenze** der Klagebefugnis nach § 8 Abs. 3 Nr. 2 bis 4 UWG ist dort, wo durch die Verletzung der Rechte ausschließlich individuelle Interessen einzelner Marktteilnehmer betroffen sind. Es muss Sache des ausschließlich Verletzten bleiben, ob er sich gegen den Verstoß zur Wehr setzen will: Wenn etwa ein Mitbewerber herabgesetzt, § 4 Nr. 1 UWG, angeschwärzt, § 4 Nr. 2 UWG, oder gezielt behindert, § 4 Nr. 4 UWG, wird.[206]

d) Aktivlegitimation und Klagebefugnis

102 § 8 Abs. 3 UWG regelt, wem die Ansprüche aus § 8 Abs. 1 UWG zustehen. Wer anspruchsberechtigt ist, aber eine Frage der Aktivlegitimation, also der Begründetheit. Da die in § 8 Abs. 3 UWG Genannten eigene Ansprüche geltend machen, die Prozessführungs- also Klagebefugnis sich aber aus der Inhaberschaft des Rechts ergibt, sind sie auch klagebefugt. Zumindest für die in § 8 Abs. 3 Nr. 2 und 3 UWG Genannten gilt die Lehre von der „Doppelnatur". Die Fragen der Anspruchsberechtigung sind damit gleichzeitig Fragen der Prozessführungsbefugnis, der Klagebefugnis, und werden deshalb bei der Zulässigkeit geprüft. Für die Gegenauffassung besteht keine Notwendigkeit.[207] Für Mitbewerber nach § 8 Abs. 3 Nr. 1 UWG ergibt sich die Prozessführungsbefugnis ohnehin bereits aus § 51 ZPO.[208]

103 Fehlt es an den Voraussetzungen des § 8 Abs. 3 UWG, ist wegen der **Doppelnatur** die Klage bereits als unzulässig abzuweisen.[209] Während im Prozessrecht grundsätzlich die Regel gilt: Zulässigkeit vor Begründetheit, gilt hier insoweit eine Ausnahme. Ist der Unterlassungsantrag jedenfalls unbegründet, kann (ausnahmsweise) offenbleiben, ob der Verband

---

[200] *Köhler*/Bornkamm, UWG, § 8 Rn. 3.4.
[201] Ohly/*Sosnitza*, UWG, § 8 Rn. 92.
[202] BGH GRUR 1998, 417 f. – *Verbandsklage in Prozessstandschaft*.
[203] *Köhler*/Bornkamm, UWG, § 8 Rn. 3.23.
[204] BGH GRUR 2007, 978 ff. – *Rechtsberatung durch Haftpflichtversicherer*; differenzierend: *Köhler*/Bornkamm, UWG, § 8 Rn. 3.17 ff.
[205] BGH GRUR 2006, 329 ff. – *Gewinnfahrzeug mit Fremdemblem*.
[206] Vgl. *Köhler*/Bornkamm, UWG, § 8 Rn. 3.5 f.
[207] BGH GRUR 2007, 610 ff. – *Sammelmitgliedschaft V*; Ohly/*Sosnitza*, UWG, § 8 Rn. 86. *Köhler*/Bornkamm, UWG, § 8 Rn. 3.10 ff.
[208] Ohly/*Sosnitza*, UWG, § 8 Rn. 86.
[209] BGH GRUR 1996, 217 f. – *Anonymisierte Mitgliederliste*.

die Voraussetzungen des § 8 Abs. 3 Nr. 2 UWG erfüllt und die Klage überhaupt zulässig ist, die Klage kann als unbegründet abgewiesen werden.[210]

Die Prozessführungsbefugnis ist in jeder Lage des Verfahrens von Amts zu beachten. Die Voraussetzungen können nach den Grundsätzen des Freibeweises – auch noch vom Revisionsgericht – geprüft werden. Die Klagebefugnis muss also noch im Revisionsverfahren fortbestehen.[211]

e) Mehrere Gläubiger

Aufgrund von § 8 Abs. 3 UWG können **mehrere Gläubiger** die Ansprüche geltend machen, wobei jeder Gläubiger seinen eigenen Anspruch hat. Da auch mehrere für die Verletzung verantwortlich sein können, kann es Gläubiger- und Anspruchsmehrheit geben. Da die Ansprüche auf dasselbe Ziel gerichtet sind, gelten grundsätzlich die Regelungen des BGB über die Mehrheit von Gläubigern, §§ 428 ff. BGB. Deshalb lassen grundsätzlich Einwendungen einzelner Anspruchsberechtigter die Ansprüche der anderen Berechtigten unberührt, etwa Verzicht oder Verjährung, §§ 429 Abs. 3, 425 BGB. Anderes gilt nur, wenn die Einwendungen den Anspruch unmittelbar selbst beseitigen, wie der Wegfall der Wiederholungsgefahr. Deshalb führt die Abgabe einer strafbewehrten Unterlassungserklärung gegenüber einem Gläubiger grundsätzlich zum Wegfall der Wiederholungsgefahr auch gegenüber den weiteren Gläubiger.[212]

Wegen der Möglichkeit der Anspruchsmehrheit können wegen eines Wettbewerbsverstoßes mehrere Prozesse[213] gegen den Schuldner angestrengt werden oder mehrere Gläubiger in einem Prozess nebeneinander klagen. Gegenüber der später erhobenen Klage greift weder die Einrede der Rechtshängigkeit noch der Einwand mangelnden Rechtsschutzbedürfnisses.[214] Eine Wechselwirkung wird nur für den Fall angenommen, dass der Schuldner gegenüber einem der Gläubiger eine strafbewehrte Unterlassungserklärung abgibt oder eine rechtskräftige Verurteilung im Verfahren eines anderen Gläubigers erfolgt; beides beseitigt gewöhnlich auch die Wiederholungsgefahr im Verhältnis zu den anderen Gläubigern.[215] Unzulässig wird die Mehrfachverfolgung erst dann, wenn sie rechtsmissbräuchlich ist, § 8 Abs. 4 UWG.

2. Mitbewerber

a) Konkretes Wettbewerbsverhältnis

Mitbewerber nach **§ 2 Abs. 1 Nr. 3 UWG** ist jeder Unternehmer, der mit einem oder mehreren Unternehmern als Anbieter oder Nachfrager von Waren oder Dienstleistungen in einem konkreten Wettbewerbsverhältnis steht. Wenn also beide Parteien gleichartige Waren oder Dienstleistungen innerhalb desselben Endverbraucherkreises abzusetzen versuchen mit der Folge, dass das konkret beanstandete Wettbewerbsverhalten des einen Wettbewerbers den anderen im Absatz beeinträchtigen, ihn behindern oder stören kann.[216]

Der Mitbewerber ist nur klagebefugt, wenn der Verstoß zumindest auch seine Interessen berührt. Ist dies nicht der Fall, sind also nur die Belange eines bestimmten anderen Mitbewerbers betroffen, ist seine Anspruchsberechtigung ausgeschlossen.[217]

---

[210] BGH GRUR 1999, 1119 ff. – „RUMMS".
[211] BGH GRUR 2007, 610 ff. – *Sammelmitgliedschaft V*.
[212] Ohly/*Sosnitza*, UwG, § 8 Rn. 89. Köhler/Bornkamm, UWG, § 8 Rn. 3.3.
[213] Grundlegend: BGH GRUR 1960, 379 ff.
[214] BGH GRUR 1960, 379 ff.
[215] BGH GRUR 2003, 450 ff. – *Begrenzte Preissenkung*.
[216] BGH GRUR 2009, 980 ff. – *E-Mail-Werbung II*.
[217] BGH GRUR 2007, 978 ff. – *Rechtsberatung durch Haftpflichtversicherer*, m.w.N.

b) Behinderungswettbewerb

109 Das **Wettbewerbsverhältnis** kann auch durch die beanstandete unlautere geschäftliche Handlung begründet werden, wenn gerade dadurch das Konkurrenzverhältnis entsteht. Der Mitbewerber braucht auch nicht derselben Branche anzugehören wie der Gläubiger.[218] Ob die das Wettbewerbsverhältnis begründende eigene Tätigkeit des Anspruchstellers gesetz- oder wettbewerbswidrig ist, ist unerheblich.[219]

110 Allein die gewerbepolizeiliche Anmeldung reicht für die Annahme gewerblicher Tätigkeit nicht aus;[220] bei sonstigen Vorbereitungshandlungen wie etwa der Anmietung von Geschäftsräumen kommt es darauf an, inwieweit der Schuldner damit schon als potenzieller Mitbewerber anzusehen ist.[221] Das Verhältnis endet mit der Aufgabe der Geschäftstätigkeit. Damit erlischt auch die wettbewerbsrechtliche Klagebefugnis.[222]

c) Bundesweites Verbot

111 Der dem Mitbewerber zugebilligte Unterlassungsanspruch richtet sich auf ein **bundesweites Verbot** solcher Handlungen, ist also nicht auf den räumlichen Tätigkeitsbereich des Verletzten beschränkt.[223] Eine Ausnahme gilt, wenn sich ein ausschließlich in einem Bundesland tätiger Kläger unter dem Gesichtspunkt eines Verstoßes gegen eine auf Landesrecht beruhende Marktverhaltensregelung, § 3 a UWG, gegen ein Verhalten eines bundesweit tätigen Mitbewerbers wendet, so steht ihm kein bundesweiter Unterlassungsanspruch zu, wenn im Hinblick auf die verschiedenen landesrechtlichen Regelungen eine einheitliche Beurteilung des beanstandeten Wettbewerbsgeschehens ausscheidet.[224]

3. Verbände, § 8 Abs. 3 Nr. 2 UWG

a) Kollektivrechtsschutz

112 Im Interesse der Allgemeinheit an einem unverfälschten Wettbewerb der Verbraucher und der sonstigen Mitbewerber erweitert **§ 8 Abs. 3 Nr. 2 bis 4 UWG** die Möglichkeit, Wettbewerbsverstöße zu verfolgen. Hier fließen die Interessen der nicht klagebefugten Verbraucher mit ein. Der Zweck der Erweiterung ist, möglichst rasch, effektiv und umfassend Verletzungen abzuwehren. Begrenzt ist diese erweiterte Klagebefugnis allerdings insoweit, als nicht nur ausschließlich Individualinteressen berührt sein dürfen. Denn dann ist es ausschließlich Sache des Verletzten, sich hiergegen zu wehren. § 8 Abs. 3 Nr. 2 UWG erfasst nunmehr ausdrücklich auch die Berufsverbände; außerdem müssen durch die Zuwiderhandlung (auch) die Interessen der Verbandsmitglieder berührt sein.

113 Rechtsfähige Verbände zur Förderung gewerblicher Interessen sind deshalb nur insoweit zur Geltendmachung von Abwehransprüchen wegen gezielter Mitbewerberbehinderung, § 4 Nr. 4 UWG, befugt, wenn neben den Interessen der Mitbewerber auch die Interessen anderer Personen wie der Verbraucher beeinträchtigt sind. Denn es muss den einzelnen Mitbewerbern, die von einer möglichen Behinderung betroffen werden, überlassen bleiben, ob sie die Behinderung hinnehmen oder nicht.[225] Die erforderliche Klagebefugnis fehlt ebenso für Ansprüche wegen unredlichen sich Verschaffens von Planungsunterlagen oder wegen Behinderung der Mitbewerber, § 4 Nr. 3 UWG.

---

[218] BGH GRUR 2007, 978 ff. – *Rechtsberatung durch Haftpflichtversicherer.*
[219] BGH GRUR 2005, 519 f.– *Vitamin-Zell-Komplex.*
[220] BGH GRUR 1995, 697 ff. – *FUNNY PAPER.*
[221] *Köhler*/Bornkamm, UWG, § 8 Rn. 3.29.
[222] BGH GRUR 1995, 697 ff. – *FUNNY PAPER.*
[223] BGH GRUR 1999, 881 f.– *Vorratslücken.*
[224] BGH GRUR 2008, 438 ff. – *ODDSET.*
[225] BGH GRUR 2009, 416 ff. – *Küchentiefstpreis-Garantie.*

b) Vermutung

Grundsätzlich spricht eine tatsächliche Vermutung dafür, dass ein ordnungsgemäß gegründeter und aktiv tätiger Verband nach § 8 Abs. 3 Nr. 2 UWG den satzungsgemäßen Zweck auch verfolgt:[226] der Gegner hat die Vermutung zu widerlegen. Es wird auch vermutet, dass ein Verband, der jahrelang unbeanstandet als klagebefugt angesehen worden ist, tatsächlich auch die Voraussetzungen des § 8 Abs. 3 Nr. 2 UWG erfüllt.[227]

Der BGH hat bei einem Fachverband nur vier Gerichtsentscheidungen in den vergangenen drei Jahren genügen lassen, weil die Verfolgung von Wettbewerbsverstößen nach dem Satzungszweck eine nur untergeordnete Rolle spielte, was die nur gelegentliche Prozessführung erklärte.[228] Allein die Vorlage einer anonymisierten Mitgliederliste reicht bei Bestreiten einer erheblichen Mitgliederzahl nicht aus; vielmehr müssen die Namen der Mitglieder des Verbands bekanntgegeben werden.[229]

c) Voraussetzungen des § 8 Abs. 3 Nr. 2 UWG

aa) Rechtsfähiger Verband

Es muss sich um einen **rechtsfähigen Verband** handeln, der satzungsgemäß die Aufgabe hat gewerbliche oder selbständige berufliche Interessen zu fördern. Ob dies der Fall ist, ist durch Auslegung zu ermitteln.[230] Es reicht allein nicht aus, wenn ein Verband der Form und dem Wortlaut der Satzung nach diese Voraussetzungen erfüllt. Erforderlich ist vielmehr, dass er tatsächlich bestimmte gewerbliche Interessen seiner Mitglieder zusammenfasst und durch eigene Aktivitäten erkennbar und ernsthaft verfolgt.[231] Dass er von seinen Mitgliedern auch noch ausdrücklich zur Verfolgung von Wettbewerbsverstößen ermächtigt wurde, ist daneben nicht erforderlich.[232]

bb) Ausstattung

Die **Ausstattung** muss so beschaffen sein, dass der Verband tatsächlich in der Lage ist, das Wettbewerbsgeschehen zu beobachten, zu bewerten und durchschnittlich schwer zu verfolgende Verstöße selbst zu erkennen und zu verfolgen. Es ist daher grundsätzlich auch nicht zulässig, lediglich Anwälte mit dieser Tätigkeit zu beauftragen, Im Einzelfall können sie sich eines Rechtsanwalts bedienen.[233] Hinzukommen müssen die notwendigen Sach- und Kommunikationsmittel, in aller Regel auch eine eigene Geschäftsstelle.[234] Die finanzielle Ausstattung muss ausreichend sein, zur Finanzierung dürfen auch Vertragsstrafen herangezogen werden.

Das **Bestreben** eines Verbands, auch Einnahmen (Abmahnkosten, Vertragsstrafen) zu erzielen, ist so lange unschädlich, wie es als dem Vereinszweck dienlich und diesem untergeordnet angesehen werden kann und nicht so bestimmend in den Vordergrund tritt, dass der angebliche Vereinszweck nur als vorgeschoben angesehen werden muss.[235] Anhaltspunkte dafür, dass der Verein seine Tätigkeit vorwiegend zur Erzielung von Einkünften ausübt, können die unangemessene Höhe der Abmahnpau-

---

[226] BGH GRUR 2000, 1093 ff. – *Fachverband*.
[227] Vgl. BGH GRUR 1998, 417 f. – *Verbandsklage in Prozessstandschaft*.
[228] BGH GRUR 2000, 1093 ff. – *Fachverband*.
[229] BGH GRUR 1996, 217 f. – *Anonymisierte Mitgliederliste*; BGH GRUR 1996, 804 ff. – *Preisrätselgewinnauslobung III*.
[230] BGH GRUR 1965, 485 ff. – *Versehrten-Betrieb*; OLG Hamm GRUR 1991, 692 f.
[231] BGH GRUR 1989, 432 ff. – *Kachelofenbauer*; BGH GRUR 1990, 282 ff. – *Wettbewerbsverein IV*.
[232] BGH GRUR 2005, 689 f. – *Sammelmitgliedschaft III*.
[233] BGH GRUR 2000, 1093 ff. – *Fachverband*; BGH WRP 1994, 737.
[234] BGH GRUR 1998, 489 ff. – *Unbestimmter Unterlassungsantrag III*; BGH GRUR 2000, 1093 ff. – *Fachverband*.
[235] BGH GRUR 1990, 282 ff. – *Wettbewerbsverein IV*.

schale, das fortgesetzte Bemühen sein, erlangte Unterlassungstitel in Vertragsstrafenversprechen umzuwandeln. Ohne näher dargelegten Anlass kann dem Verband aber nicht abverlangt werden, zum Nachweis seiner Prozessführungsbefugnis seine Finanzstruktur offenzulegen.[236]

cc) Verbandsmitglieder

119   Dem Verband muss eine erhebliche Anzahl von **Verbandsmitgliedern** angehören. Die Zahl der Unternehmen muss für den relevanten Markt repräsentativ sein, der Marktanteil der Unternehmen muss eine solche Bedeutung haben, dass daraus ersichtlich wird, dass hier nicht nur Individualinteressen wahrgenommen und verfolgt werden.[237] Wenn der Gegner die Anzahl oder einzelne das Vorhandensein einzelner Mitglieder bestreitet, müssen die Verbandsmitglieder namentlich benannt werden, eine anonymisierte Liste reicht nicht aus.[238]

120   Damit soll sichergestellt werden, dass nur solche Verbände klagen können, die die Interessen einer erheblichen Zahl von verbandsangehörigen Wettbewerbern berühren. Davon ist auszugehen, wenn der Verband mit seinen Mitgliedern eine gewisse Wirtschaftskraft und ein nicht unbedeutendes Marktpotenzial vereint.[239] Dies kann auch schon bei einer geringen Zahl auf dem betreffenden Markt tätiger Mitglieder anzunehmen sein.[240] Auf die Mitgliedschaft einer bestimmten Mindestzahl oder gar der Mehrheit der Mitglieder[241] oder darauf, ob die Verbandsmitglieder nach ihrer Zahl und ihrem wirtschaftlichen Gewicht im Verhältnis zu allen anderen auf dem Markt tätigen Unternehmen repräsentativ sind, kommt es nicht entscheidend an.[242]

dd) Marktabgrenzung

121   Die Verbandsunternehmen müssen auf dem **räumlich relevante Markt**, Waren oder Dienstleistungen gleicher oder verwandter Art wie der Verletzter vertreiben. Damit sollen solche Werbemaßnahmen auf ihre rechtliche Zulässigkeit überprüft werden, welche die Gefahr einer unmittelbaren oder mittelbaren Beeinträchtigung des Absatzes oder Bezugs von Waren oder das Angebot von Dienstleistungen nach sich ziehen.[243]

122   Der Begriff der „Waren oder Dienstleistungen gleicher oder verwandter Art" iSv § 8 Abs. 3 Nr. 2 UWG ist weit auszulegen.[244] Die beiderseitigen Waren oder Dienstleistungen müssen sich ihrer Art nach so gleichen oder nahestehen, dass der Absatz des einen durch irgendein wettbewerbswidriges Handeln des anderen beeinträchtigt werden kann.

ee) Interessenberührung

123   Das **Ziel** und die **Absicht** der Bekämpfung unlauteren Wettbewerbs ohne jeden Zusammenhang mit den wirklichen gewerblichen Belangen der Mitglieder genügen nicht. Vielmehr muss das erforderliche gemeinsame Interesse seiner Mitglieder darauf gerichtet sein, dass der Verband bei seiner satzungsgemäßen Tätigkeit auch und unter Umständen sogar schwerpunktmäßig solche Wettbewerbsverstöße verfolgt, die gewerbliche Belange der in

---

[236] BGH GRUR 2005, 689 – *Sammelmitgliedschaft III.*
[237] BGH WRP 1996, 1036 f.
[238] BGH WRP 1996, 197 ff.
[239] BGH GRUR 1996, 804 ff. – *Preisrätselgewinnauslobung III.*
[240] BGH GRUR 2007, 610 ff. – *Sammelmitgliedschaft V.*
[241] BGH GRUR 1996, 804 ff. – *Preisrätselgewinnauslobung III.*
[242] BGH GRUR 2007, 809 f. – *Krankenhauswerbung.*
[243] BGH GRUR 1996, 804 ff. – *Preisrätselgewinnauslobung III.*
[244] BGH GRUR 2006, 778 ff. – *Sammelmitgliedschaft IV.*

ihm zusammengeschlossenen Mitglieder tatsächlich in irgendeiner Weise berühren.[245] Ist dies der Fall, kann der an sich klagebefugte Verband auch gegen Wettbewerbsverstöße vorgehen, die die Interessen der Mitglieder nicht unmittelbar betreffen.[246]

4. Qualifizierte Einrichtungen, § 8 Abs. 3 Nr. 3 UWG

a) Zweck

Mit **§ 8 Abs. 3 Nr. 3 UWG** wird dem Zweck aus § 1 UWG Rechnung getragen, auch Verbraucherinnen und Verbraucher vor unlauteren geschäftlichen Handlungen zu schützen. Die Neuregelung bezieht nunmehr ausdrücklich auch qualifizierte Einrichtungen anderer EU-Mitgliedstaaten ein.

Voraussetzung für die Klagebefugnis ist, dass durch den verfolgten Wettbewerbsverstoß zumindest auch Verbraucherinteressen, gleich ob nur von Verbandsmitgliedern, einzelnen Verbrauchern oder der Allgemeinheit,[247] beeinträchtigt werden. Ist dies nicht der Fall, fehlt auch ein vom Satzungszweck gedecktes Interesse an der Klage und damit die Klagebefugnis.[248]

b) Inländische Einrichtungen

Inländische Einrichtung müssen eingetragen sein in die beim Bundesamt für Justiz geführte und jährlich zum 1. Januar neu im Bundesanzeiger bekannt zu machende Liste, nach § 4 UKlaG.[249] Ist die Einrichtung in die Liste aufgenommen, braucht im Verfahren nicht mehr geprüft zu werden, ob die Eintragungsvoraussetzungen erfüllt sind,[250] ob es sich also um einen rechtsfähigen Verband handelt, zu dessen satzungsgemäßen Aufgaben es gehört, die Interessen der Verbraucher nicht gewerbsmäßig und nicht nur vorübergehend wahrzunehmen.[251] Bei „begründeten Zweifeln" am Vorliegen der Eintragungsvoraussetzungen besteht nach § 4 Abs. 4 UKlaG allerdings die Möglichkeit, das Verfahren auszusetzen und das Justizbundesamt aufzufordern, die Eintragung zu überprüfen.

c) Ausländische Einrichtungen

Für **ausländische Einrichtungen** gilt Art. 4 der Unterlassungsklagen-Richtlinie, die Einrichtungen müssen in das von der Kommission geführte Verzeichnis aufgenommen sein. Aufgenommen werden auf Antrag die von den Mitgliedstaaten nach nationalem Recht (hier also § 4 UKlaG) als qualifizierte Einrichtung anerkannten Verbände. Das aktuelle Verzeichnis wird alle sechs Monate im Amtsblatt der Europäischen Gemeinschaften veröffentlicht. Nach Art. 4 Abs. 1 S. 1 der Richtlinie haben die Gerichte das Verzeichnis als Nachweis der Berechtigung zwar zu akzeptieren, anders als bei der Liste nach § 4 UKlaG für deutsche Einrichtungen, haben sie aber das Recht zu prüfen, ob der Zweck der qualifizierten Einrichtung deren Klageerhebung in einem speziellen Fall rechtfertigt.

---

[245] BGH GRUR 1988, 918 ff. – *Wettbewerbsverein III*.
[246] BGH GRUR 1990, 282 ff. – *Wettbewerbsverein IV*.
[247] Ohly/*Sosnitza*, UWG, § 8 Rn. 111. Nicht beschränkt auf Verbraucherschutzgesetze i.S.v. § 2 KKlaG, s. BGH GRUR 2016, 392 Rn. 17 – *Buchungssystem II*.
[248] *Köhler*/Bornkamm, UWG, § 8 Rn. 3.52 unter Heranziehung der Gesetzesbegründung; KG GRUR-RR 2005, 359.
[249] Abzurufen unter <www.bundesjustizamt.de/Handels- und Wirtschaftsrecht/Verbraucherschutz.
[250] Vgl. BGH GRUR 2004, 435 ff. – *FrühlingsgeFlüge*. Unberührt bleibt die Notwendigkeit der Prüfung, ob die Prozessführung im konkreten Einzelfall vom Satzungszweck umfasst; s. BGH GRUR 2012, 415 Rn. 11 – *Überregionale Klagebefugnis*.
[251] Ausführlich zu den Eintragungsvoraussetzungen *Köhler*/Bornkamm, UWG, § 8 Rn. 3.53 ff.

5. Kammern, § 8 Abs. 3 Nr. 4 UWG

128 § 8 Abs. 3 Nr. 4 UWG gilt nur für die darin ausdrücklich genannten Industrie- und Handelskammern oder Handwerkskammern, nicht auch für sonstige berufsständische Kammern oder Verbände. Diese können ihre Klagebefugnis nur aus § 8 Abs. 3 Nr. 2 UWG herleiten.[252] Für die Annahme der Klagebefugnis aus § 8 Abs. 3 Nr. 4 UWG ist es erforderlich, dass der jeweilige Aufgabenbereich betroffen ist, der sich aus § 1 IHK-Gesetz („… für Wahrung von Anstand und Sitte des ehrbaren Kaufmanns zu wirken.") oder aus § 91 Abs. 1 Nr. 9 HandwO („Förderung der wirtschaftlichen Interessen des Handwerks") ergibt.

VII. Passivlegitimation

1. Allgemeines

a) Richtiger Beklagter

129 § 8 Abs. 1 UWG regelt, wer der **richtige Beklagte** ist. Dies ist derjenige, der eine nach § 3 oder § 7 UWG unzulässige geschäftliche Handlung begangen hat. Schuldner des Anspruchs ist damit jeder, der als Täter, Mittäter, Anstifter oder Gehilfe den rechtswidrigen Verletzungstatbestand verwirklicht.[253] § 8 Abs. 2 UWG erweitert den Anspruch auf den Unternehmensinhaber, wenn seine Mitarbeiter oder Beauftragte dem UWG zuwider gehandelt haben. Es ist eine Erfolgshaftung, ohne Entlastungsmöglichkeit[254].

130 Damit kann es zu einer **gleichzeitigen Haftung** des Mitarbeiters oder des Beauftragten und des Unternehmensinhabers kommen. Sind danach mehrere nebeneinander für einen Wettbewerbsverstoß verantwortlich, kann der Gläubiger sich den Schuldner aussuchen. Er kann frei entscheiden, ob er gegen den Inhaber oder gegen den Mitarbeiter oder den Beauftragten vorgeht, gegen alle gemeinsam oder gegen alle getrennt. Die Grenze stellt der Rechtsmissbrauchstatbestand des § 8 Abs. 4 UWG dar.

b) Darlegungs- und Beweislast

131 Der Gläubiger trägt die **Darlegungs- und Beweislast** dafür, dass der von ihm in Anspruch genommene Beklagte Schuldner des geltend gemachten Anspruchs ist. Da in aller Regel der Verletzte keinen Einblick in die Betriebsstrukturen und die Betriebsorganisation hat, modifiziert die Rechtsprechung die Darlegungslast dahin gehend, dass der Prozessgegner, soweit ihm dies zuzumuten ist, die zu seinem Wahrnehmungsbereich gehörenden Verhältnisse darzulegen hat, und es dann wieder Sache des Beweisführers ist, diese Umstände zu wiederlegen.[255]

132 Wird der Betreiber einer **Internet-Plattform** in Anspruch genommen,[256] trifft den Gläubiger die Darlegungs- und Beweislast dafür, dass es dem Betreiber technisch möglich und zumutbar war, nach dem ersten Hinweis auf eine Verletzung weitere von Nutzern der Plattform begangene Verletzungen zu verhindern. Da der Gläubiger regelmäßig über entsprechende Kenntnisse nicht verfügt, trifft den Betreiber die sekundäre Darlegungslast; ihm obliegt es daher, im Einzelnen vorzutragen, welche

---

[252] BGH GRUR 1998, 487 ff. – *Professorenbezeichnung in der Arztwerbung III*.
[253] BGH NJW 2004, 3102 – *Internet-Versteigerung*; BGH GRUR 2016, 345 Rn. 13 – *Smartphone-Werbung*.
[254] BGH GRUR 2011, 543 Rn 13 – *Änderung der Voreinstellung III*.
[255] Zöller/*Greger*, vor § 284 ZPO Rn 34; BGH GRUR 2008, 702 ff. – *Internet-Versteigerung III*.
[256] Vgl BGH GRUR 2004, 860 ff. – *Internet-Versteigerung I*.

Schutzmaßnahmen er ergreifen kann und weshalb ihm – falls diese Maßnahmen keinen lückenlosen Schutz gewährleisten – weitergehende Maßnahmen nicht zuzumuten sind.[257] Entsprechendes gilt, wenn der Betreiber einer solchen Plattform ein Handeln im geschäftlichen Verkehr des die Internet-Plattform nutzenden Anbieters in Abrede stellen will.[258]

c) Störerhaftung

Da die **Kriterien** der Täterschaft und der Teilnahme zu eng erschienen, um alle Wettbewerbsverstöße erfassen zu können und um die Marktteilnehmer, die Verbraucher, die Allgemeinheit, § 1 UWG, genügend zu schützen, hat die Rechtsprechung die Haftung auf alle Personen ausgedehnt, die willentlich und adäquat kausal an der Herbeiführung der Verletzung mitgewirkt hatten. Es war ausreichend, dass der in Anspruch genommene die rechtliche Möglichkeit der Verhinderung dieser Handlung hatte. Begründet wurde dies mit der Störerhaftung in Analogie zu § 1004 BGB.[259] Der Störer haftete für eigenes, an dem Wettbewerbsverstoß mitwirkendes Handeln, ohne selbst den Verletzungstatbestand erfüllt zu haben.[260] Er war, wie der Täter selbst, ebenso zur Unterlassung und zur Beseitigung verpflichtet.[261]

133

Der Begriff des **Störers** war im Interesse eines möglichst weitreichenden Schutzes vor wettbewerbswidrigem Handeln weit auszulegen.[262] Damit war der Kreis der Verantwortlichen aber sehr weit gezogen, auch der Plakatkleber hatte willentlich adäquat kausal an der Verletzung mitgewirkt. Auch derjenige, der ein Forum für die Werbung bot, oder wer Geräte zum Versenden von E – Mails zur Verfügung stellte, oder die technische Weiterleitung von Informationen besorgte, konnte Störer sein.

134

Der dadurch entstandene, viel zu weite **Anspruchsbereich** musste deshalb begrenzt werden. Von Dritten, die eine rechtswidrige Beeinträchtigung lediglich objektiv durch ihr Handeln unterstützten, durfte nichts Unzumutbares verlangt, die Pflicht nicht über Gebühr auf unbeteiligte Dritte ausgedehnt werden.[263] Die Störerhaftung wurde deshalb eingeschränkt. Eine Haftung sollte nur denjenigen treffen, der durch sein Verhalten die damit verbundenen zumutbaren Prüfpflichten verletzt hatte.[264] Es musste also geprüft werden, ob den Handelnden Prüfpflichten trafen und ob und inwieweit ihm eine Prüfung zuzumuten war. Die Bewertung richtete sich nach den jeweiligen Umständen des Einzelfalls.

135

Nach lang anhaltender **Kritik der Literatur**, im Gesetz finde sich keine Grundlage, der Anwendungsbereich des Wettbewerbsrechts werde grundlos überdehnt,[265] verließ die Rechtsprechung diesen Ansatz wieder schrittweise und begründete die Haftung von Dritten mit der Verletzung einer zivilrechtlichen Verkehrspflicht. Mit seiner Entscheidung „Geschäftsführerhaftung"[266] nahm der Bundesgerichtshof nun von dieser Linie endgültig Abstand. Er erklärte die Störerhaftung im Wettbewerbsrecht für nicht anwendbar. Haften sollen nur noch die Täter und die Teilnehmer. Für Unterlassen werde nur gehaftet, wenn eine Garantenstellung bestehe.

136

---

[257] BGH GRUR 2008, 1097 ff. – *Namensklau im Internet*.
[258] BGH GRUR 2008, 702 ff. – *Internet-Versteigerung III*.
[259] BGH GRUR 1997, 313 ff. – *Architektenwettbewerb*.
[260] BGH GRUR 2002, 618 ff. – *Meißner Dekor I*.
[261] BGH GRUR 2004, 693 ff. – *Schöner Wetten*.
[262] BGH GRUR 1990, 463 ff. – *Firmenrufnummer*.
[263] BGH GRUR 197, 313 ff. – *Architektenwettbewerb*.
[264] BGH GRUR 1997, 313 ff. – *Architektenwettbewerb*.
[265] *Köhler*/Bornkamm, UWG, § 8 Rn 2.15 mwN.
[266] BGH WRP 2014, 1050 Rn. 11 – *Geschäftsführerhaftung*; zuvor schon BGH GRUR 2011, 152 Rn. 49 – *Kinderhochstühle im Internet I*; Köhler/Bornkamm/Köhler/Feddersen, § 8 Rn. 2.

d) Begrenzung

137   Die bisher zu diesen Fragen ergangene Rechtsprechung kann deshalb nur noch sehr begrenzt herangezogen werden. Möglicherweise wird sich das Problem auch in den § 8 Abs. 2 UWG verlagern, denn sehr häufig wurde der Betriebsinhaber, der Kommunikationsmittel oder Arbeitskräfte zur Verfügung gestellt hat, als Störer in Anspruch genommen werden.

2. Haftung des Verletzers, § 8 Abs. 1 UWG

a) Verletzter

138   Nach § 8 Abs. 1 UWG haftet der Verletzer, der durch sein eigenes Handeln den Tatbestand einer wettbewerbsrechtlichen Verbotsnorm erfüllt. Neben dem Täter – § 25 Abs. 1 StGB, auch der Mit-, Neben- oder mittelbare Täter – noch der Anstifter, § 26 StGB, und der Gehilfe, § 27 StGB. Dabei beurteilt sich die Frage, ob jemand Täter oder Teilnehmer einer deliktischen Handlung eines Dritten ist, nach den im Strafrecht entwickelten Rechtsgrundsätzen.[267]

139   Der Täter muss den Tatbestand der §§ 3 oder 7 UWG **objektiv** verwirklicht haben, dazu gehört auch die besondere Täterqualität – etwa die Mitbewerbereigenschaft –, eine geschäftliche Handlung muss vorliegen.

140   **Mittäter** ist, wer gemeinschaftlich, also bewusst und gewollt zusammenwirkend,[268] mit einem anderen vorsätzlich die unerlaubte Handlung begeht (vgl § 830 Abs. 1 S. 1 BGB). Die Tatbeiträge der anderen Mittäter sind jedem Beteiligten zuzurechnen, unabhängig davon, ob er sie in den Einzelheiten gekannt bzw den Schaden „eigenhändig" mit verursacht oder selbst zu ihm beigetragen hat.[269]

141   Bei **mittelbarer Täterschaft** verwirklicht der Täter nicht selbst alle oder einzelne Tatbestandsmerkmale, sondern bedient sich dazu eines sog. Tatmittlers („Werkzeugs"), der selbst weder Täter noch Mittäter ist. Nachdem der wettbewerbsrechtliche Unterlassungsanspruch ein Verschulden nicht voraussetzt, führt ein fehlendes Verschulden des Handelnden nicht bereits zur mittelbaren Täterschaft; sie ist aber insb. in Erwägung zu ziehen, wenn der unmittelbar Handelnde nicht belangt werden kann, weil er selbst keine geschäftliche Handlung iSv § 2 Abs. 1 Nr. 1 UWG vornimmt.[270]

142   Mehrere nicht miteinander in Verbindung stehende Personen vollenden durch ihre selbständig kausalen[271] Tatbeiträge die unerlaubte Handlung, ohne in bewusstem und gewolltem Zusammenhang zu handeln (vgl § 840 BGB).

143   Der **Anstifter** unterstützt zumindest bedingt vorsätzlich[272] die unerlaubte Handlung des Haupttäters, indem er den Tatentschluss beim Haupttäter weckt. Für die Beihilfe reicht jedes bedingt vorsätzliche Verhalten aus, das die tatbestandsmäßige Handlung des Täters fördert oder erleichtert oder den Täter in seinem Tatentschluss bestärkt (sog. psychische Beihilfe).[273] Zu verlangen ist eine „bestimmende Einflussnahme" auf den Haupttäter.[274] Der Teilnehmer selbst braucht nicht Normadressat der verletzten Bestimmung zu sein.[275]

---

[267] BGH I ZR 242/12 vom 18.6.2014 – *Geschäftsführerhaftung*, Tz 13. BGH WRP 2015, 1085 Rn. 16 – *TV-Wartezimmer*.
[268] BGH GRUR 2009, 597 ff. – *Halzband*; BGH GRUR 2010, 536 ff. – *Modulgerüst II*.
[269] BGH NJW 1984, 1226 ff.; NJW-RR 1999, 843 f.
[270] OLG Hamburg WRP 2008, 1569 ff.
[271] OLG Hamburg WRP 2008, 1569 ff.
[272] BGH GRUR 2009, 597 ff. – *Halzband*.
[273] BGH GRUR 2004, 704 f. – *Verabschiedungsschreiben*; BGH GRUR 2008, 810 ff. – *Kommunalversicherer*.
[274] OLG Frankfurt GRUR-RR 2005, 230 ff.
[275] BGH GRUR 2008, 810 ff. – *Kommunalversicherer*.

B. Die Klage

Zum Teilnehmervorsatz gehört neben der Kenntnis der objektiven Tatumstände auch das Bewusstsein der Rechtswidrigkeit der Haupttat.[276] Für beide Teilnahmeformen – Anstiftung wie Beihilfe – gilt, dass für den verschuldensunabhängigen Unterlassungsanspruch die Handlung des Haupttäters nicht vorsätzlich begangen worden zu sein braucht; es genügt die vorsätzliche Mitwirkung an der Zuwiderhandlung, wie sie § 8 Abs. 1 UWG verlangt.[277]

b) Wettbewerbsrechtliche Verkehrspflichten

Durch den **Verzicht auf die Störerhaftung** (vgl oben 1) kommt nun der Haftung aus Verletzung von Verkehrspflichten besondere Bedeutung zu. Um eine effektive Haftung zu gewährleisten, muss die Verantwortung des Täters oder Teilnehmers weit gefasst werden. Danach gilt jetzt – vergleichbar dem auch im Deliktsrecht der §§ 823 ff. BGB anerkannten Rechtsgrundsatz -: Wer durch sein Handeln im geschäftlichen Verkehr in einer ihm zurechenbaren Weise die Gefahr schafft, dass Dritte durch das Wettbewerbsrecht geschützte Interessen von Marktteilnehmern verletzen, kann eine unlautere geschäftliche Handlung begehen, wenn er diese Gefahr nicht im Rahmen des Möglichen und Zumutbaren begrenzt.[278]

Eine **Haftung** setzt also voraus, dass eine Verkehrspflicht besteht, die darauf gerichtet ist, den Erfolg, also die Zuwiderhandlung des Dritten, abzuwenden. Was geschuldet ist, hängt von den Umständen des Einzelfalles ab. Es kann sich um Prüfungs- und Überwachungspflichten handeln; es kann aber auch eine Pflicht zum Eingreifen bestehen.[279]

Maßgebliches **Kriterium** für eine Haftung ist demnach das Vorliegen einer zumutbaren Prüfungspflicht, so dass – abgesehen von der dogmatischen Einordnung – gerade auch unter dem Aspekt der Verhaltensanforderungen im Ergebnis keine grundlegenden Abweichungen von der Störerhaftung zu erkennen sind.[280] Es sind jedoch nur solche Maßnahmen geschuldet, die dem Handelnden möglich und zumutbar sind. Wobei die Zumutbarkeit wiederum davon abhängt, wie groß die Verletzungsgefahr, wie gewichtig das verletzte Interesse ist.[281] Weiter entscheidend ist das wirtschaftliche Interesse des Verpflichteten und der Aufwand der Gefahrenabwehr.

Diese **Verkehrspflicht** wird beim Teledienstanbieter zur Prüfpflicht, ob fremde Anbieter rechtsverletzende Anzeigen schalten. Die Pflichten richteten sich im Einzelfall nach einer Abwägung aller betroffenen Interessen und aller relevanten rechtlichen Wertungen. Entscheidend ist, ob dem in Anspruch Genommenen nach den Umständen eine Prüfung zuzumuten ist. Für e-bay bedeutet dies, bei einem wettbewerbswidrigen Angebot, das auf der Plattform eingestellt ist, haftet e-bay nur, wenn Kenntnis vorhanden ist. In der Regel bedeutet dies, dass ein konkreter Hinweises auf ein bestimmtes wettbewerbswidriges Angebot eines bestimmten Anbieters erforderlich ist, da der Betreiber, bei der Vielzahl der Angebote ja nicht alle Angebote überprüfen kann. Weiter ist der Betreiber nicht nur verpflichtet, ein etwa jugendgefährdendes Angebot unverzüglich zu sperren, sondern er muss auch Vorsorgemaßnahmen treffen, damit es möglichst nicht zu weiteren gleichartigen Rechtsverletzungen kommen kann. Es können sich aber auch besondere Prüfungspflichten hinsichtlich anderer Angebote des Versteigerers ergeben, der das ursprünglich jugendgefährdende Angebot eingestellt hatte.[282]

---

[276] BGH GRUR 2009, 597 ff. – *Halzband*; GRUR 2010, 536 ff. – *Modulgerüst II*.
[277] OLG Brandenburg GRUR-RR 2007, 18 ff.; *Köhler*/Bornkamm, UWG, § 8 Rn 2.6.
[278] BGH GRUR 2007, 890 ff. – *Jugendgefährdende Medien bei eBay*. GK-UWG, § 8 Rn. 105 ff.
[279] BGH WRP 2014, 1050 Rn. 13 – *Geschäftsführerhaftung*; zu Hyperlinks BGH GRUR 2016 209 Rn. 23 – *Haftung für Hyperlink*; zu Internetplattformbetreibern BGH GRUR 2015, 1129 Rn. 42 – *Hotelbewertungsportal*.
[280] So auch Ohly/*Sosnitza*, UWG, § 8 Rn 121, 123.
[281] BGH GRUR 2011, 152 Rn 31 – *Kinderhochstühle im Internet*.
[282] BGH GRUR 2007, 890 ff. – *Jugendgefährdende Medien bei eBay*.

c) Unterfall

149 Ein **Unterfall** der Verkehrspflichtverletzung ist die unzureichende Kontrolle einer geschäftlichen Einrichtung. Benutzt etwa ein Dritter ein fremdes Mitgliedskonto bei eBay, nachdem er an die Zugangsdaten dieses Mitgliedskontos gelangt ist, weil der Inhaber diese nicht hinreichend vor dem Zugriff Dritter gesichert hat, muss der Inhaber sich so behandeln lassen, als wenn er selbst gehandelt hätte. Die Haftung ist nicht davon abhängig, ob und in welchem Umfang eine Pflicht des Schuldners bestanden hat, das Verhalten des Dritten auf mögliche Verletzungen der Rechte Anderer zu überprüfen. Die Haftung setzt auch nicht voraus, dass der Schuldner die unzureichende Sicherung der Kontaktdaten andauern lässt, nachdem er vom unberechtigten Gebrauch erfahren hat. Ihm wird vielmehr bereits die erste auf der unzureichenden Sicherung beruhende Rechtsverletzung als eigenes täterschaftliches Handeln zugerechnet.[283]

150 Das für den Anspruch auf Schadensersatz zusätzlich erforderliche Verschulden ist in solchen Fällen in der Regel nur zu bejahen, wenn der Schuldner zumindest damit rechnen musste, dass der unberechtigte Dritte die Kontaktdaten zu dem Rechtsverstoß verwenden werde.[284]

d) Zurechnungsgründe

151 Als weitere **Zurechnungsgründe** kommen die Organhaftung und das Organisationsverschulden in Betracht.

aa) Organ- und Repräsentationshaftung

152 Über die haftungszuweisenden Normen der **§§ 31, 89 BGB** gelten für alle juristischen Personen des öffentlichen wie des privaten Rechts, dass das unerlaubte Handeln der „verfassungsmäßig berufenen Vertreter" – ohne Entlastungsmöglichkeit wie in § 831 BGB –, der juristischen Person wie eigenes Handeln zugerechnet wird.[285] Hat also ein Organ oder ein das Unternehmen repräsentierender Vertreter einen Wettbewerbsverstoß begangen, in Ausübung der Ihm zustehenden Verrichtung, so haftet dafür die dahinter stehende Organisation, ohne die Möglichkeit der Entlastung.

153 Um eine **Umgehung** der Haftungszuweisung nach den §§ 31, 89 BGB zu verhindern, nahm die Rechtsprechung eine Haftung der juristischen Person – für eigenes Handeln – auch in den Fällen an, in denen wichtige Aufgaben im Unternehmen nicht eigenverantwortlich und selbständig entscheidenden Organen zugewiesen waren; die juristische Person musste sich hier wegen eines Organisationsmangels so behandeln lassen, als habe tatsächlich ein Organ gehandelt.

154 So musste der **Herausgeber/Verleger** bei einer Veröffentlichung die erforderliche Inhaltskontrolle im Hinblick auf den gebotenen Rechtsschutz Dritter so organisieren, dass er sich einer Haftung für ein Verschulden der beauftragten Person nicht entziehen konnte. Er musste also einen besonders „gefährlichen" Beitrag entweder selbst überprüfen oder ein Organ, §§ 30, 31 BGB damit beauftragen, so dass er für dessen Verschulden ohne Entlastungsmöglichkeit einzustehen hatte.[286]

bb) Zurechnung

155 Diese **Zurechnung** gilt nicht (jedenfalls nicht ohne weiteres) für die Gesellschafter eine Personen- oder einer Kapitalgesellschaft. Der Gesellschafter haftet nur, wenn er selbst den Verstoß begangen oder ihn selbst pflichtwidrig nicht verhindert hat.

---

[283] BGH GRUR 2009, 597 f. – *Halzband*.
[284] BGH GRUR 2009, 597 f. – *Halzband*.
[285] Palandt/*Heinrichs/Ellenberger*, § 31 BGB Rn 1 ff.; BGH NJW 1998, 1854.
[286] BGH GRUR 1980, 1099 ff. (6. Zivilsenat) – *Das Medizin-Syndikat II*.

cc) Geschäftsführerhaftung

Da die **Passivlegitimation** nur noch nach den deliktsrechtlichen Kategorien der Täterschaft und Teilnahme begründet werden kann,[287] kommt der Frage: Positives Tun oder Unterlassen? besondere Bedeutung zu. „Ein Unterlassen kann positivem Tun nur dann gleichgestellt werden, wenn der Täter rechtlich dafür einzustehen hat, dass der tatbestandliche Erfolg nicht eintritt, und das Unterlassen der Verwirklichung des gesetzlichen Tatbestandes entspricht. Erforderlich ist eine Garantenstellung des Verletzers, die ihn verpflichtet, den deliktischen Erfolg abzuwenden."[288] Eine Haftung besteht danach nur noch, wenn der Verantwortliche entweder durch positives Tun beteiligt war, oder wenn er die Wettbewerbsverstöße aufgrund einer nach allgemeinen Grundsätzen des Deliktsrechts begründeten Garantenstellung hätte verhindern müssen. Danach scheidet eine eigene Zurechnung nach den bisherigen Kriterien der Verletzung einer Verkehrspflicht, Organhaftung, Organisationsverschulden, wenn der „Unterlassende" nicht eine Garantenstellung – und dies ist sehr wichtig – gegenüber den Geschützten hat, also § 1 UWG, gegenüber den Verbrauchern, der Allgemeinheit, den Marktteilnehmern und den Mitbewerbern.

Für eine **Garantenstellung** reicht schlichte Kenntnis des Geschäftsführers von Wettbewerbsverletzungen dabei als haftungsbegründender Umstand nicht aus.[289] Auch die Organstellung allein ist für eine Garantenstellung nicht ausreichend.[290] Auch „Organisationsverschulden" durch eine unzureichende Betriebsorganisation allein reicht zur Garantenstellung nicht aus, da die Organisationpflicht nur gegenüber der Gesellschaft und nicht auch im Verhältnis zu außenstehenden Dritten besteht.[291] Etwas anderes kann nur gelten, wenn der Geschäftsführer sich bewusst der Möglichkeit entzieht, überhaupt Kenntnis von etwaigen Wettbewerbsverstößen in seinem Unternehmen oder von ihm beauftragten Drittunternehmen zu nehmen und dementsprechend Einfluss zu ihrer Verhinderung ausüben könnte.[292]

Eine **Haftungsgrundlage** besteht erst, wenn das Organ ein auf Rechtsverletzungen angelegtes Geschäftsmodell selbst ins Werk gesetzt hat.[293] Auch, wenn das Organ über seine ihm gegenüber der Gesellschaft obliegende Pflicht hinaus, weitere Erfolgsabwendungspflichten Dritten gegenüber übernommen hat. Wobei es im Wettbewerbsrecht hieran jedoch regelmäßig fehlen dürfte, da die Parteien im Vorfeld des Verstoßes vielfach nicht miteinander in Kontakt stehen dürften[294] und es eine allgemeine Garantenstellung gegenüber der Allgemeinheit, der Verbraucher und der Marktteilnehmer nicht gibt.

Letztendlich geht es bei der **Organhaftung** vor allem darum, auch die Verantwortlichen in großen Unternehmen, die das Geschäftsmodell ins Werk gesetzt, aber nicht selbst gehandelt haben, zur Rechenschaft ziehen zu können. So wird beim Geschäftsführer diese Haftung häufig deshalb eingreifen, weil er für die Geschäftsidee verantwortlich ist, er sie „ins Werk gesetzt" hat. In den anderen Bereichen wird die Zurechnung sicher wesentlich schwieriger, da eine Garantenstellung gegenüber den in § 1 UWG Geschützen, erforderlich ist.

---

[287] BGH WRP 2014, 1050 – *Geschäftsführerhaftung*, Tz 11.
[288] BGH WRP 2014, 1050 – *Geschäftsführerhaftung*, Tz 16.
[289] BGH WRP 2014, 1050 – *Geschäftsführerhaftung*, Tz 19 ff.
[290] BGH WRP 2014, 1050 – *Geschäftsführerhaftung*, Tz 23.
[291] BGH WRP 2014, 1050 – *Geschäftsführerhaftung*, Tz 25 und 23.
[292] BGH WRP 2014, 1050 – *Geschäftsführerhaftung*, Tz 26.
[293] BGH WRP 2014, 1050 – *Geschäftsführerhaftung*, Tz 31.
[294] BGH WRP 2014, 1050 – *Geschäftsführerhaftung*, Tz 32.

3. Haftung für Mitarbeiter und Beauftragte, § 8 Abs. 2 UWG

a) Zurechnung

160 Nach § 8 Abs. 2 UWG werden dem Inhaber des Unternehmens Zuwiderhandlungen seiner Angestellten oder Beauftragten wie eigene Handlungen zugerechnet, weil die arbeitsteilige Organisation seines Betriebs die Verantwortung für das Verhalten im Wettbewerb nicht beseitigen soll. Der Grund der Haftung liegt vor allem in einer dem Betriebsinhaber vorteilhaften Erweiterung seines Geschäftsbereichs und der damit verbundenen Erweiterung seines Risikobereichs.[295] Der Unternehmer, dem die geschäftlichen Handlungen seiner Angestellten oder Beauftragten zugute kommen, soll sich bei einer wettbewerbsrechtlichen Haftung nicht hinter dem von ihm abhängigen Dritten „verstecken" können.[296] Deshalb ist auch eine weite Auslegung der Tatbestandsmerkmale, „in einem Unternehmen", „Mitarbeiter", „Beauftragte" nötig.

161 Die sehr weitgehende Haftung des § 8 Abs. 2 UWG – ohne Entlastungsmöglichkeit wie § 831 Abs. 1 S. 2 BGB; der Unternehmer haftet also auch für die ohne sein Wissen und gegen seinen Willen von einem Beauftragten begangenen Wettbewerbsverstöße[297] – gilt aber nur für Unterlassungs- und Beseitigungsansprüche. Die Zurechnung gilt dagegen nicht bei Schadensersatzansprüchen und bei Ansprüchen aus Vertrag.[298]

162 Der **Betriebsinhaber** haftet selbständig neben dem Handelnden. Grundvoraussetzung ist aber stets, dass die „Hilfsperson" selbst einen Verstoß gegen die §§ 3 oder 7 UWG begangen hat. § 8 Abs. 2 UWG gegen den Betriebsinhaber greift also nur, wenn gegen den Mitarbeiter oder Beauftragten ein Anspruch nach § 8 Abs. 1 UWG dem Grund nach besteht.[299]

163 Beide Ansprüche können unabhängig voneinander geltend gemacht werden[300] und können ein getrenntes rechtliches Schicksal nehmen.[301] Gibt der Handelnde eine Unterlassungserklärung ab, lässt dies die Wiederholungsgefahr für den Anspruch gegen den Unternehmer nicht entfallen.[302]

164 Der große praktische **Nutzen** der Vorschrift liegt darin, dass der Verletzte, der beweisbelastet ist, als Außenstehender kaum in der Lage sein wird, die Hintergründe des Wettbewerbsverstoßes aufzudecken. Es wird deshalb für ihn einfacher sein, neben oder statt des Handelnden, den Betriebsinhaber in Anspruch zu nehmen.[303]

b) Inhaber

165 **Inhaber** des Unternehmens, § 8 Abs. 2 UWG, ist derjenige, in dessen Verantwortung und auf dessen Rechnung der Betrieb geführt wird, also entweder natürliche oder – wie bei der Organhaftung nach den §§ 31, 89 BGB – juristische Personen als Träger des Unternehmens. Nicht unter diese Norm fallen die Organe einer juristischen Person – also etwa der Geschäftsführer einer GMBH – und auch nicht die gesetzlichen Vertreter oder die einzelnen Mitglieder von Personengesellschaften oder Gesamthandsgemeinschaften.

---

[295] BGH GRUR 1995, 605 ff. – *Franchise-Nehmer*.
[296] BGH in st. Rspr, so zB BGH GRUR 2003, 453 f. – *Verwertung von Kundenlisten*; BGH GRUR 2008, 186 ff. – *Telefonaktion*.
[297] KG v. 8.6.2009 – 24 U 18/09 (juris).
[298] BGH GRUR 2001, 82 f. – *Neu in Bielefeld I*.
[299] *Köhler*/Bornkamm, UWG, § 8 Rn 2.38.
[300] BGH GRUR 1995, 605 ff. – *Franchise-Nehmer*.
[301] *Köhler*/Bornkamm, UWG, § 8 Rn 2.52.
[302] BGH GRUR 1995, 605 ff. – *Franchise-Nehmer*.
[303] BGH GRUR 1995, 605 ff. – *Franchise-Nehmer*.

B. Die Klage

Wettbewerbswidrige Handlungen, die Organe, Mitarbeiter oder Beauftragte in einem Betrieb begangen haben, bevor dessen Rechtsträger, etwa durch Verschmelzung nach § 2 Nr. 1 UmwG, auf einen anderen Rechtsträger übergegangen ist, begründen bei dem übernehmenden Rechtsträger keine Wiederholungsgefahr. Auch eine Erstbegehungsgefahr scheidet allein wegen der Rechtsnachfolge aus.[304] Für eine aufgrund des persönlichen Verhaltens des Rechtsvorgängers in seiner Person bestehende Wiederholungsgefahr gilt dies erst recht; sie geht als ein tatsächlicher Umstand nicht auf den Rechtsnachfolger über.[305] Diese Grundsätze gelten auch für den Insolvenzverwalter, der als Partei kraft Amtes die Verwaltungs- und Verfügungsbefugnis über die Insolvenzmasse im eigenen Namen ausübt.[306]

166

Die Haftung des Inhabers bleibt auch **bestehen**, wenn der Mitarbeiter, der die wettbewerbswidrige Handlung begangen hat, aus dem Betrieb ausscheidet.[307] Dagegen haftet der Inhaber nicht schon deshalb, weil ein neuer Mitarbeiter bei seinem früheren Arbeitgeber einen Wettbewerbsverstoß begangen hat.[308]

167

c) Unternehmensbezug

Der **Zuwiderhandelnde** muss für das Unternehmen oder den Betrieb – innerhalb des jeweiligen Geschäftsbereichs – tätig geworden sein; ein Handeln für einen Dritten oder im eigenen Interesse reicht nicht aus.[309] Die Haftung des Betriebsinhabers für private Handlungen seiner Beauftragten soll ausgeschlossen werden.[310] Der erforderliche innere Zusammenhang[311] – zwischen dem Handeln des Dritten und dem Unternehmen – fehlt auch bei Zuwiderhandlungen eines Mitarbeiters, die dieser in seinem privaten Bereich begeht, auch wenn die Tätigkeit ihrer Art nach zur Unternehmenstätigkeit gehört und der Bedienstete den Namen des Unternehmens missbraucht.[312]

168

Der Unternehmer soll auch nicht dafür haften, dass ein Handelsvertreter (Mitarbeiter oder Beauftragter) sich bei seinem früheren Arbeitgeber Kundenlisten (Geschäftsgeheimnisse) unbefugt beschafft hat und diese nun in seinem Betrieb nutzt; eine solche Haftung lasse sich nicht mit der arbeitsteiligen Organisation des Unternehmens begründen[313]. Dies ist kritisch, und auf Kritik gestoßen. Denn durch die Tätigkeit des Handelsvertreters erweitert sich gerade der Geschäftsbereich vorteilhaft für den Betriebsinhaber; einer der wichtigsten Zurechnungsgründe für § 8 Abs. 2 UWG. Zudem greift hier – nach der neuesten Rechtsprechung – die Störerhaftung nicht mehr, sodass eine Haftung des Inhabers ausscheidet, auch wenn seine gesamten Betriebsmittel – Briefbögen, Kommunikationsmittel, know how – dem Handelsvertreter zur Verfügung stehen.

169

Wettbewerbsverstöße, die Mitarbeiter im Unternehmen unter der Verantwortung eines früheren Rechtsinhabers begangen haben, können nicht dem neuen Rechtsinhaber zugerechnet werden.[314]

170

d) „Mitarbeiter" und „Beauftragter"

Die Begriffe „**Mitarbeiter**" und „**Beauftragter**" sind weit auszulegen.[315] Beide sind in die Betriebsorganisation eingebunden und unterscheiden sich im Wesentlichen nur dadurch,

171

---

[304] BGH GRUR 2007, 995 f. – *Schuldnachfolge*; BGH GRUR 2008, 1002 ff. – *Schuhpark*.
[305] BGH GRUR 2006, 879 f. – *Flüssiggastank*.
[306] BGH GRUR 2010, 536 ff. – *Modulgerüst II*.
[307] *Köhler*/Bornkamm, UWG, § 8 Rn 2.54.
[308] BGH GRUR 2003, 453 f. – *Verwertung von Kundenlisten*.
[309] BGH GRUR 2009, 597 ff. – *Halzband*.
[310] BGH GRUR 1995, 605 ff. – *Franchise-Nehmer*, zu § 13 Abs. 4 UWG aF.
[311] BGH GRUR 2008, 186 ff. – *Telefonaktion*.
[312] BGH GRUR 2007, 994 f. – *Gefälligkeit*.
[313] BGH GRUR 2003, 453 – *Verwertung von Kundenlisten*.
[314] BGH GRUR 2007, 995 f. – *Schuldnachfolge*, für eine Verschmelzung nach § 2 Nr. 1 UmwG.
[315] ZB BGH GRUR 1995, 605 ff. – *Franchise-Nehmer*.

dass der Mitarbeiter – anders als der Beauftragte – weisungsabhängig ist, und auf gewisse Dauer – von einem konkreten Einzelauftrag losgelöst – über ein Vertragsverhältnis, an das Unternehmen gebunden ist. Durch die vertragliche „Eingliederung in diesen Organismus" muss dem Betriebsinhaber ein bestimmender Einfluss jedenfalls auf diejenige Tätigkeit eingeräumt sein, in deren Bereich das beanstandete Verhalten fällt.[316] Dabei kommt es nicht darauf an, welchen Einfluss sich der Betriebsinhaber gesichert hat, sondern welchen Einfluss er sich sichern konnte und musste.[317] Durch die Einbindung des Handelnden in diesen Organismus muss der Erfolg seiner Handlung zumindest auch dem Betriebsinhaber zugutekommen.[318]

C. Die einstweilige Verfügung

Schrifttum: *Ahrens*, Die Abschlusserklärung, WRP 1997, 907; *Berneke*, Die einstweilige Verfügung in Wettbewerbssachen, 2. Aufl. 2003; *Doepner*, Selbstwiderlegung der Dringlichkeit in wettbewerbsrechtlichen Verfügungsverfahren wider eine feste Zeitspanne, WRP 2011, 1384; *Heistermann*, Die Vollziehungsfrist des § 929 Abs. 2 ZPO – eine Regreßfalle für den Anwalt im Einstweiligen Verfügungsverfahren, MDR 2001, 792; *Kehl*, Von der Marktbeobachtung bis zur Nichtvollziehung – Wann ist es dem Antragsteller „nicht so eilig"?, FS Loschelder, 2010, S.139; *M.Schmidt*, Streitgegenstand und Kernbereich der konkreten Verletzungsform im lauterkeitsrechtlichen Verfügungsverfahren, GRURPrax 2012, 179; *Teplitzky*, Zur Verwirkung des Verfügungsgrunds im Verfahren der einstweiligen Verfügung nach dem UWG und im Markenrecht, FS Loschelder, 2011, 391; *Wehlau/Kalbfus*, Die Schutzschrift – Funktion, Gestaltung und prozesstaktische Erwägungen, WRP 2012, 395; *Wüstenberg*, zur Vollziehung aus Unterlassungsverfügungsurteilen, WRP 2010, 1337.

I. Die Bedeutung der einstweiligen Verfügung im Wettbewerbsrecht

a) Wettbewerbsprozess

172 Der **Wettbewerbsprozess** beginnt in aller Regel mit dem Verfahren der einstweiligen Verfügung. Nur damit können Rechtsverstöße schnell und wirksam bekämpft werden, wie es ein effektiver Rechtsschutz verlangt. So muss eine unzulässige Werbung, wegen der Schadensfolgen für die Mitbewerber, eine verunglimpfende Äußerungen auch im Interesse der Allgemeinheit rasch unterbunden werden, § 1 UWG wendet sich jetzt auch ausdrücklich an die Allgemeinheit und die Verbraucher.

173 Der Anspruch eines Konkurrenten ist weitgehend wertlos, wenn die Verletzung erst nach Monaten oder gar Jahren untersagt wird und der verletzende Zustand bis dorthin weiter besteht. Ein Schadensersatzanspruch ist nur schwer durchsetzbar und kommt häufig zu spät. Die Rechte des Verbrauchers werden durch zu spätes Einschreiten untergraben, die Allgemeinheit verliert das Vertrauen in den Rechtsstaat.

174 Wegen der dringend gebotenen Eile beginnen die Verfahren im Wettbewerbsrecht meist mit einer einstweiligen Verfügung. Da ein Großteil der Fälle auch in diesem Verfahrensstadium erledigt werden können, kommt dieser Verfahrensart im Wettbewerbsrecht ganz wesentliche Bedeutung zu.

---

[316] BGH GRUR 1964, 263 ff. – *Unterkunde*; BGH GRUR 1995, 605 ff. – *Franchise-Nehmer*.
[317] BGH GRUR 1995, 605 ff. – *Franchise-Nehmer*.
[318] BGH GRUR 1964, 263 ff. – *Unterkunde*.

C. Die einstweilige Verfügung

b) Grundtypen

Die ZPO geht von **zwei Grundtypen** der einstweiligen Verfügung aus: Der Sicherungsverfügung, § 935 ZPO, und der Regelungsverfügung, § 940 ZPO. Daneben hat sich die Leistungsverfügung herausgebildet, die auf § 940 ZPO gestützt wird, in Anlehnung an eine Reihe gesetzlicher Vorschriften, § 1615 o BGB, § 85 Abs. 1 PatG, § 20 GebrMG i.V.m. § 85 Abs. 1 PatG, § 61 Abs. 6 S. 2 UrhG, § 19 Abs. 3 MarkenG.[319] Eine genaue Trennung der einzelnen Verfügungen ist schwer, letztlich aber auch nicht nötig. Der Antragsteller muss sein begehrtes Ziel angeben, er braucht sich nicht auf eine Verfügungsart festzulegen.

Im Wettbewerbsrecht steht der **Unterlassungsanspruch** ganz im Vordergrund; mit dem Verbot – also der Anordnung, ein bestimmtes Verhalten zu unterlassen – ist die Erfüllung des Anspruchs bis zu einer Entscheidung in der Hauptsache verbunden, da eine unterlassene Werbung nicht nachgeholt, eine nicht geschalteter Internetauftritt ebenfalls nicht nachgeholt werden kann. Dies lässt sich nicht vermeiden. Ohne die einstweilige Verfügung käme der Rechtsschutz meist zu spät.

Das Unterlassen erschöpft sich dabei nicht im bloßen Nichtstun, auch die Beseitigung eines zuvor geschaffenen Störungszustands wird erfasst wenn allein dadurch dem Unterlassungsgebot entsprochen werden kann.[320] So fällt auch die Beseitigung von verletzenden Werbeschildern unter das Unterlassungsgebot, denn. wer nicht in einer bestimmten Weise werben darf, muss das Schild entfernen. Vollstreckt wird auch diese Unterlassung über § 890 ZPO, nicht über die §§ 887 ff. ZPO.

c) Abweichung

In **Abweichung** vom Hauptsacheverfahren, bestehen die wichtigsten Besonderheiten des Verfügungsverfahrens darin, dass das Gericht nur summarisch prüft. Die Verteidigungsmöglichkeiten des Antragsgegners werden dadurch verkürzt: Der Antragsteller muss seine Angaben „nur" glaubhaft machen, nicht den Vollbeweis erbringen, §§ 920 Abs. 2, 936, 294 ZPO; das Gericht erlässt die einstweilige Verfügung häufig durch Beschluss, ohne den Gegner anzuhören, § 937 Abs. 2 ZPO. Die mündliche Verhandlung gewinnt besondere Bedeutung; bis zu deren Schluss kann neu vorgetragen und glaubhaft gemacht werden, was dem Gegner die Verteidigung wesentlich erschweren kann. Die Verspätung, § 296 ZPO, greift grundsätzlich nicht; Vortrag in der Berufungsinstanz ist nur noch sehr eingeschränkt möglich. Eine Beweisaufnahme die nicht sofort erfolgen kann, ist unstatthaft, § 294 Abs. 2 BGB.

Der Preis für diese Vorteile für den Antragsteller ist die Schadensersatzpflicht des **§ 945 ZPO**. Sollte die einstweilige Verfügung aufgehoben werden, haftet derjenige, der die Verfügung vollzogen hat, auf alle Schäden des Gegners – etwa den Verkaufs- oder Produktionsausfall, die Insolvenz des Gegners. Besonders ist zu beachten, dass die Schadensersatzfolgen ohne Verschulden eintreten! Nicht, weil der Gläubiger die einstweilige Verfügung beantragt, sondern, weil er Sie vollzogen hat.

Da **Rechtsmittel** gegen die Entscheidungen des Oberlandesgerichts in Verfügungssachen **nicht möglich** sind, §§ 542 Abs. 2, 574 Abs. 1 S. 2 ZPO, entscheidet das Oberlandesgericht letztinstanzlich; die unterschiedliche Rechtsprechung der einzelnen Oberlandesgerichte ist deshalb besonders zu beachten. Eine Entscheidung des Bundesgerichtshofes ist im Verfügungsverfahren nicht zu erreichen, es muss auch noch das Hauptsacheverfahren – also letztendlich fünf Instanzen – durchgeführt wird.

---

[319] Einzelheiten bei *Zöller/Vollkommer*, § 935 ZPO Rn. 2 ff.; 940 Rn. 1 ff., m.w.N.
[320] BGH GRUR 1993, 415, 416, m.w.N. – *Straßenverengung*.

d) Streitgegenstände

181 Hauptsache und einstweilige Verfügung haben **unterschiedliche Streitgegenstände** und können deshalb nebeneinander geführt werden, wie sich an den §§ 926, 943 ZPO zeigt; diese Normen gehen jeweils vom Nebeneinander der beiden Verfahren aus. Streitgegenstand der Unterlassungsverfügung ist der prozessuale Anspruch auf Sicherung des materiell-rechtlichen Anspruchs.[321] Auch wenn die Unterlassungsverfügung auf zeitweilige Erfüllung gerichtet und damit insoweit die Hauptsache vorweggenommen ist, wird nur über die vorläufige Sicherung entschieden, nicht über den gefährdeten Anspruch, § 935 ZPO, oder das streitige Rechtsverhältnis, § 940 ZPO.

e) Rechtsschutzinteresse

182 Das Rechtsschutzinteresse für eine einstweilige Verfügung fehlt, wenn der Gläubiger sein Begehren auch durch eine andere geeignete Maßnahme erreichen kann. So etwa, wenn er aufgrund eines anderen bereits erstrittenen Titels sein Begehren erreichen kann, etwa bei kerngleichen Verstößen. etwas anderes gilt nur, wenn der Ausgang des Vollstreckungsverfahrens ungewiss ist oder eine Verjährung der Ansprüche gegen den Verstoß droht.[322] Dagegen besteht ein Rechtsschutzbedürfnis, wenn der Schuldner eine Zuwiderhandlung bestreitet oder der Gläubiger dies befürchten muss.[323]

f) Gleichzeitigkeit

183 Es ist auch möglich, **gleichzeitig** mit einer einstweiligen Verfügung und einer Hauptsacheklage vorzugehen; auch können in getrennten Verfügungsverfahren mehrere Unterlassungsschuldner verklagt werden. Dieses Verhalten kann jedoch rechtsmissbräuchlich sein, § 8 Abs. 4 UWG, wenn das Verhalten darauf abzielt, den Gegner mit hohen Kosten zu belasten.[324] So hat der BGH ausdrücklich ein Vorgehen gegen eine gemeinschaftliche Werbeanzeige in drei getrennten Verfügungsverfahren gegen drei Unterlassungsschuldner, die einen einheitlichen Gerichtsstand haben und durch denselben Rechtsanwalt vertreten werden, für rechtsmissbräuchlich gehalten. Unerheblich ist, dass die zusätzliche Kostenbelastung wegen der Größe und der finanziellen Leistungsfähigkeit des Konzernverbundes, dem die Beklagten angehören, ungeeignet ist, diese im Wettbewerb zu behindern. Der Rechtsmissbrauchseinwand führt auch nicht dazu, dass ein Verfahren zulässig bleibt und nur die „weiteren" Verfahren unzulässig sind. Dies ist bei einer zeitlichen Staffelung möglich, nicht aber bei gleichzeitigem Vorgehen.[325]

184 Auf der anderen Seite ist aber ein Vorgehen, gegen alle an einer Gemeinschaftswerbung Beteiligten (im vorliegenden Verfahren 16 Unternehmen) nicht rechtsmissbräuchlich, wenn der Unterlassungsgläubiger ohne vorherige Abmahnung aller Schuldner Gefahr laufen würde, bei sofortigem Anerkenntnis im Prozess nach § 93 ZPO, bei sofortigem Anerkenntnis, mit Kosten belastet zu werden.[326] Ein berechtigter Grund zur Aufspaltung der Verfahren liegt auch vor, wenn das mehrfache Vorgehen den prozessual Sichersten Weg darstellt, um das Rechtsschutzbegehren umfassend durchzusetzen, etwa wenn für die in Anspruch genommenen Unternehmen kein einheitlicher Gerichtsstand vorhanden ist; der Unterlassungsgläubiger ist auch nicht gehalten, vor der Durchführung des Rechtsstreits eine Gerichtsstandbestimmung nach § 36 Nr. 3 ZPO vornehmen zu lassen.[327]

---

[321] BGH GRUR 2004, 264, 266.
[322] BGH GRUR 2011, 742 Rn. 20 – *Leistungspakete im Preisvergleich*.
[323] OLG Frankfurt WRP 2014, 101 Rn. 6.
[324] BGH GRUR 2000, 1089, 1091; GRUR 2001, 82, 83, 84; GRUR 2001, 78, 79.
[325] BGH GRUR 2006, 243 = WRP 2006, 354 – *MEGA SALE*.
[326] Brandenburgisches OLG 6 U 201/12 v. 29.04.2014 Rn. 32 – *juris*.
[327] Brandenburgisches OLG 6 U 201/12 v. 29.04.2014 Rn. 41, 42 – *juris*.

Weiter dürfte es nicht rechtsmissbräuchlich sein, wenn verschiedene Antragsteller, die von demselben Prozessbevollmächtigten vertreten werden, den Gegner zeitlich gestaffelt in Anspruch nehmen, wenn ihr Vorgehen dazu bestimmt und geeignet ist, das Prozessrisiko insgesamt zu reduzieren.[328]   185

Auch das „forum shopping" kann rechtsmissbräuchlich sein; so wenn der Verletzte einen eingereichten Verfügungsantrag zurücknimmt, nachdem das Landgericht Termin anberaumt und nicht sofort durch Beschluss entschieden hat, und dann der inhaltsgleiche Antrag bei einem anderen Gericht wieder gestellt wird.   186

II. Voraussetzungen der einstweiligen Verfügung

1. Zuständigkeit

Die Zuständigkeit des Gerichts ist davon **abhängig**, ob Hauptsacheklage erhoben, Rechtsmittel eingelegt worden ist: 187

a) Sachlich und örtlich

Sachlich und **örtlich** ausschließlich zuständig ist das Gericht der Hauptsache, §§ 937 Abs. 1, 943, 802 ZPO; ein anderes Gericht kann also nicht zuständig sein. Gericht der Hauptsache ist das Gericht des ersten Rechtszugs, in Wettbewerbsstreitigkeiten stets das Landgericht, § 13 Abs. 1 S. 1 UWG. Ist eine Berufung anhängig, ist das Berufungsgericht zuständig, § 943 Abs. 1 ZPO. Bei besonderer Dringlichkeit ist auch das Amtsgericht mit eingeschränkter Entscheidungskompetenz zuständig, § 942 ZPO. Erlässt das Amtsgericht – das unter den Voraussetzungen des § 942 ZPO dann auch im Wettbewerbsrecht zuständig ist – die einstweilige Verfügung, hat es gleich einen Termin zu bestimmen, bis wann der Gläubiger einen Termin zur mündlichen Verhandlung über die Verfügung beim Gericht der Hauptsache zu beantragen hat.   188

Die einzelnen Länder können für ihren Zuständigkeitsbereich bei einzelnen Landgerichten die Zuständigkeit konzentrieren. Von dieser Möglichkeit, § 13 Abs. 2 UWG, haben Sachsen und Mecklenburg-Vorpommern Gebrauch gemacht.   189

b) Örtlich

Örtlich zuständig ist, wenn wie im Regelfall die Hauptsache noch nicht anhängig, das Gericht des ersten Rechtszuges. Dies ist jedes Gericht, bei dem die Hauptsache Klage erhoben werden kann. Dies können aufgrund des „fliegenden Gerichtsstands", § 14 Abs. 2 UWG, viele Gerichte sein. Die verletzende Handlung im Sinne des § 14 Abs. 2 UWG ist überall dort begangen, wo ein Tatbestandsmerkmal verwirklicht wird, also wo die verletzende Werbung erscheint; bei einer überregionalen Zeitung überall in Deutschland. Im Internet, praktisch an jedem Ort, da es überall empfangen werden kann.   190

Da danach – trotz des ausschließlichen Gerichtsstandes, § 802 ZPO – mehrere Gerichte zuständig sein können, kann der Antragsteller wählen, bei welchem der zuständigen Gerichte er die einstweilige Verfügung beantragt; für das Verfügungsverfahren ist jedes Gericht zuständig, bei dem eine Zuständigkeit für die Hauptsache gegeben ist.[329]   191

Erhebt der Antragsteller nach Durchführung des Verfügungsverfahrens Hauptsacheklage, ist er nicht an das Gericht gebunden, bei dem er die Verfügung beantragt hat. Er   192

---

[328] BGH GRUR 2014, 709 f. Rn. 8.
[329] BGH GRUR-RR 2010, 450 Rn. 15; WRP 2010, 793; *Teplitzky* Kap 54 Rn. 7.

kann aus den anderen zuständigen Gerichten auswählen. Umgekehrt bindet ihn jedoch eine erhobene Hauptsacheklage; Er ist für die einstweilige Verfügung dann auf dieses Gericht festgelegt.[330]

193 Die Zuständigkeit des Gerichts für das Verfügungsverfahren entfällt nicht dadurch, dass später – also nach Anhängigkeit des Verfügungsverfahrens – eine Hauptsacheklage (oder Widerklage) bei einem anderen Gericht erhoben wird; dies folgt aus § 261 Abs. 3 Nr. 2 ZPO. Ansonsten könnte der Verfügungskläger die Zuständigkeit eines anderen Gerichts erzwingen und so den Gerichtsstand manipulieren.[331]

c) Anhängige Hauptsache

194 Ist die Hauptsache **anhängig** – Rechtshängigkeit, § 261 Abs. 3 S. 1 ZPO, wird nicht verlangt –, ist das mit der Sache befasste Gericht ausschließlich für den Erlass der einstweilige Verfügung zuständig, §§ 943 Abs. 1, 802 ZPO. Seine Zuständigkeit endet erst, mit seiner Entscheidung, auch wenn es mit unanfechtbarem Beschlusses die Sache verwiesen hat, § 282 Abs. 2 S. 2 ZPO; bei Rechtswegverweisung ist § 17 a GVG zu beachten. Die Zuständigkeit des neuen Gerichts beginnt dort mit Eingang der Akten, § 281 Abs. 2 S. 3 ZPO.

195 Selbst eine bei einem unzuständigen Gericht erhobene Hauptsache Klage führt – solange das Verfahren dort anhängig ist – zur Zuständigkeit dieses Gerichts auch für das Verfügungsverfahren. Nach Sinn und Zweck des § 937 Abs. 1 ZPO soll ein Gericht über beide Anträge (einheitlich) entscheiden, dies soll das angegangene Gericht sein.[332] Etwas anderes gilt nur, wenn die Unzuständigkeit dieses Gerichts festgestellt ist oder wenn die Klage nur dazu dient, sich einen zusätzlichen Gerichtsstand zu erschleichen; so, wenn die Hauptsache bereits bei einem anderen Gericht schwebt und eine zweite Klage erhoben wird, die aber wegen anderweitiger Rechtshängigkeit unzulässig ist. Der Sinn des § 937 Abs. 1 ZPO wird dann nicht mehr erreicht.[333]

196 Ist die Hauptsache beim Berufungsgericht anhängig – von der Einlegung der Berufung bis zur Rechtskraft des Berufungsurteils –, ist das Berufungsgericht zuständig, § 943 Abs. 1 ZPO. Wird Revision – auch Nichtzulassungsbeschwerde – eingelegt, ist wieder das Gericht des ersten Rechtszugs, das Landgericht, § 13 Abs. 1 UWG, zuständig, da das Revisionsgericht keine Tatsacheninstanz ist.[334]

d) Auslandsbezug

197 Hat der Rechtsstreit Auslandsbezug, gilt grundsätzlich das EuGVVO, das in seinem Anwendungsbereich die Zuständigkeitsregelungen der ZPO und des § 14 UWG grundsätzlich verdrängt. Im Verfügungsverfahren gilt jedoch Art. 31 EuGVVO! Danach gilt der Vorrang der EuGVVO nicht für das Verfahren der einstweiligen Verfügung, sodass die §§ 13, 14 UWG hier anwendbar bleiben. Die deutschen Gerichte sind deshalb nach § 14 UWG auch zuständig, wenn für die Entscheidung in der Hauptsache das Gericht eines anderen Staates aufgrund dieser Verordnungen zuständig wäre.[335]

198 Selbst wenn die Hauptsache vor einem ausländischen Gericht anhängig ist, beschränkt dies nicht die Zuständigkeit eines deutschen Gerichts für den Erlass einer einstweiligen Verfügung. Zuständig ist dann jedes deutsche Gericht, bei dem die Hauptsache hätte erhoben werden können.

---

[330] Einzelheiten bei Götting/Nordemann/*Kaiser*, UWG, § 12 Rn. 145, m.w.N.; *Köhler*/Bornkamm, UWG, § 12 Rn. 3.3.
[331] BGH GRUR-RR 2010, 415, 416 Rn. 16 = WRP 2010, 793.
[332] So bereits RGZ 50, 342, 346; *Teplitzky* Kap. 54 Rn. 3.
[333] Götting/Nordemann/*Kaiser*, UWG, § 12 Rn. 147, m.w.N.; *Teplitzky* Kap. 54 Rn. 4.
[334] BGH WM 1976, 1201.
[335] Thomas/Putzo/*Hüßtege* Art. 31 EuGVVO Rn. 1.

e) Streitigkeiten

Bei **Streitigkeiten** über den Rechtsweg gilt auch im Eilverfahren § 17 a GVG. 199

Haben die Parteien die Zuständigkeit nicht gerügt und nimmt das Gericht im Urteil die Zuständigkeit an, kann diese Frage vom Rechtsmittelgericht nicht mehr überprüft werden, § 17 a Abs. 5 GVG. Das Gericht kann auch vorab seine Zuständigkeit durch zu begründenden Beschluss aussprechen, § 17 a Abs. 3 und 4 GVG; dagegen ist die sofortige Beschwerde statthaft, § 17 a Abs. 3 und 4 GVG. Beabsichtigt das Gericht, sich für unzuständig zu erklären, oder wird die Zuständigkeit gerügt, so hat das Gericht – nach Anhörung der Parteien – vorab durch Beschluss zu entscheiden, § 17 a Abs. 2, Abs. 3, Abs. 4 S. 1 GVG. Die Verzögerung hierdurch soll durch die Klarheit der Rechtswegfrage aufgewogen werden.[336] Bei Unzuständigkeit muss auch im Eilverfahren an das zuständige Gericht verwiesen werde, § 17 a Abs. 2 GVG. Gegen die Entscheidung des Gerichts ist die sofortige Beschwerde nach § 17 a Abs. 4 S. 3 GVG gegeben. Hat das obere Landesgericht entschieden, ist die Beschwerde nach § 17 a Abs. 4 S. 4 GVG an den BGH gegeben, wenn sie zugelassen wurde; § 542 Abs. 2 ZPO steht dem nicht entgegen.[337]

f) Staatliches Gericht

Das **staatliche Gericht** ist – vor oder während des Schiedsverfahrens – für den Erlass einer einstweiligen Verfügung zuständig, wenn für die Hauptsache eine Schiedsabrede vorliegt, § 1033 ZPO. Zuständig ist dann das Gericht der Hauptsache, das ohne das Schiedsverfahren zuständig wäre. 200

Haben die Parteien eine Schiedsgerichtsabrede getroffen, kann das Schiedsgericht, wenn dies die Parteien nicht ausgeschlossen haben, neben dem staatlichen Gericht auch „vorläufige Maßnahmen" anordnen (§ 1041 Abs. 1 S. 1 ZPO). 201

Auch die Zuständigkeit der staatlichen Gerichte für den Erlass einer einstweilige Verfügung kann nach § 1033 ZPO ausgeschlossen werden;[338] wenn schon die Klagbarkeit einer Forderung generell ausgeschlossen werden kann, ist es erst recht möglich, nur vorläufige Maßnahmen ausschließlich dem Schiedsgericht zuzuweisen. Haben die Parteien für die einstweilige Verfügung weder die Zuständigkeit des staatlichen Gerichts noch des Schiedsgerichts ausgeschlossen, haben sie ein Wahlrecht, welches Gericht sie anrufen. Die Entscheidung für ein Gericht bewirkt, dass ein zweiter Antrag bei einem anderen Gericht unzulässig ist. 202

g) Negative Feststellungsklage

Hat der Gegner **negative Feststellungsklage** erhoben, etwa mit dem Antrag festzustellen, dass ein bestimmtes Verhalten nicht wettbewerbswidrig ist, bindet dies den Antragsteller nicht in seiner Zuständigkeit. Eine negative Feststellungsklage ist nicht Hauptsache iSd § 943 Abs. 1 ZPO. Der (abgemahnte) Schuldner kann also nicht dem Gläubiger mit Erhebung der Feststellungsklage die Gerichtsstandswahl nehmen und ihm „seinen" Gerichtsstand aufzwingen.[339] 203

2. Verfügungsantrag

Nach den **§§ 936 Abs. 1, 920 Abs. 1 ZPO** bestimmt der Antragsteller den Gegenstand des Begehrens. Der Antrag muss durch die genaue Bezeichnung des Ziels bestimmt sein, § 253 Abs. 2 Nr. 2 ZPO. § 938 Abs. 1 ZPO eröffnet beim Antrag keinen Entscheidungsspielraum. Das Gericht darf nur die zur Erreichung des Zwecks erforderlichen Anordnun- 204

---

[336] BGH NJW 1999, 3785; MünchKommUWG/*Schlinghoff* § 12 Rn. 364.
[337] BGH NJW 1999, 785; POS/*Sosnitza* § 12 Rn. 51.
[338] Stein/Jonas/*Grunsky* Vor § 916 ZPO Rn. 31.
[339] BGH GRUR 1994, 846, 848 – *Parallelverfahren II*; Götting/Nordemann/*Kaiser*, UWG, § 12 Rn. 154, m.w.N.

gen nach freiem Ermessen bestimmen, die sich allerdings im Rahmen des Antrags halten müssen; § 938 Abs. 1 ZPO macht von § 308 Abs. 1 ZPO keine Ausnahme.

205 Doppelte Rechtshängigkeit liegt vor, wenn der im Kern gleiche Verfügungsantrag erneut oder bei einem anderen Gericht eingereicht wird.

206 Der Antrag auf Androhung von Ordnungsmitteln,§ 890 Abs. 2 ZPO, gehört nicht zwingend zum Inhalt des Antrags, er wird aber zweckmäßigerweise damit verbunden, um die Vollziehung zu ermöglichen, da in der Zustellung der einstweilige Verfügung ohne Ordnungsmittelandrohung noch keine Vollziehung iSd § 928 ZPO liegt.

207 Rechtshängigkeitswirkungen treten bereits ein, wenn der Verfügungsantrag eingereicht ist, nicht erst – wie bei der Klage – mit Zustellung, §§ 253 Abs. 1, 261 Abs. 1 ZPO.[340] Für den Antrag auf Erlass der einstweilige Verfügung, den Verweisungsantrag, § 281 ZPO, die Hauptsache Erledigung, § 91 a ZPO, und die Rücknahme, § 269 ZPO, besteht, wenn noch nicht mündlich verhandelt worden ist, kein Anwaltszwang, §§ 920 Abs. 3, 936, 78 Abs. 5 ZPO.

208 Die Rücknahme ist stets, auch nach mündlicher Verhandlung und in der Berufungsinstanz, ohne Zustimmung des Gegners möglich, da der Schutzzweck des § 269 ZPO nicht greift.

Entscheidungen im Verfügungsverfahren erwachsen in formelle Rechtskraft; sie sind beschränkt der materiellen Rechtkraft fähig. Die Wiederholung eines abgelehnten Antrags ist etwa mit neuen Mitteln der Glaubhaftmachung zulässig, wenn sie im ersten Verfahren noch nicht vorgebracht werden konnten.[341]

3. Verfügungsgrund und § 12 Abs. 2 UWG

a) Dringlichkeit

209 Der Verfügungsgrund, also die **Dringlichkeit**, §§ 936, 940, 917 ZPO, ist für den Erlass einer einstweiligen Verfügung Zulässigkeitsvoraussetzung; so die ganz h.M. im Wettbewerbsrecht.[342] Fehlt also die Dringlichkeit, ist der Antrag als unzulässig zurückzuweisen. Als Prozessvoraussetzung ist die Dringlichkeit außerdem von Amts wegen zu prüfen und damit auch der Disposition der Parteien entzogen. Sie muss zum Zeitpunkt der Entscheidung vorliegen, bei mündlicher Verhandlung – auch in der Berufungsinstanz – bei deren Schluss. Die Dringlichkeitsprüfung ist – anders nach den strengen Regeln der Klage: Zulässigkeit vor Begründetheit – entbehrlich, wenn der Antrag schon aus anderen Gründen erfolglos bleibt, etwa weil kein Rechtsverstoß vorliegt und der Antrag damit unbegründet ist.[343]

210 Der Antragsteller hat grundsätzlich die Dringlichkeit darzulegen und glaubhaft zu machen, §§ 936, 920 Abs. 2, 294 ZPO; macht er Ansprüche Dritter geltend – etwa in Prozessstandschaft –, ist für die Eilbedürftigkeit auf den Dritten abzustellen.

b) Sonderregelung

211 Eine ganz wichtige **Sonderregelung** gilt für die einstweilige Verfügung im Wettbewerbsrecht. Um den Erlass zu erleichtern, wird die Dringlichkeit in § 12 Abs. 2 UWG widerleglich vermutet.[344] Das bedeutet nicht, dass – wie bei § 899 Abs. 2 S. 2 BGB – die Dringlichkeit stets gegeben wäre, es bedeutet nur, dass sie vermutet wir und diese Vermutung jedoch

---

[340] *Zöller/Vollkommer* § 920 ZPO Rn. 12, m.w.N.; OLG Köln GRUR 2001, 424, 425; OLG Frankfurt WRP 2001, 716.

[341] *Zöller/Vollkommer* Vor § 916 ZPO Rn. 13.

[342] HM im Wettbewerbsrecht: Götting/Nordemann/*Kaiser*, UWG, § 12 Rn. 15, m.w.N.; Fezer/*Büscher*, UWG, § 12 Rn. 98; *Teplitzky* Kap. 54 Rn. 15; zur Gegenmeinung vgl. *Zöller/Vollkommer* § 917 ZPO Rn. 3, m.w.N.

[343] OLG Dresden GRUR 1998, 69, 70 f.= WRP 1998, 577, 580; Fezer/*Büscher*, UWG, § 12 Rn. 98.

[344] BGH GRUR 2000, 151, 152 – *Späte Urteilsbegründung*.

C. Die einstweilige Verfügung

widerlegt werden kann. Die Vermutung betrifft nur den Verfügungsgrund, die Voraussetzungen für den Verfügungsanspruch müssen unabhängig davon dargelegt und glaubhaft gemacht werden.

§ 12 Abs. 2 UWG gilt - wie schon der Wortlaut zeigt – unmittelbar nur für Unterlassungsansprüche aus dem UWG, § 5 UKlaG erklärt Abs. 2 für Unterlassungsansprüche für anwendbar. Die Vermutung wird nicht ausgedehnt auf vertragliche Unterlassungsansprüche, nicht für konkurrierende Ansprüche etwa aus den §§ 823, 1004 BGB[345] und nicht für Folgeansprüche auf Schadensersatz, Auskunft, Rechnungslegung, Veröffentlichung, Beseitigung. Die herrschende Meinung hält § 12 Abs. 2 UWG im Markenrecht für entsprechend anwendbar, nicht dagegen im Urheberrecht, im Geschmacksmusterrecht, im Patent- und Gebrauchsmusterrecht, beim Sortenschutz und für kartellrechtliche Unterlassungsansprüche.[346]

Greift für den Antragsteller die Dringlichkeitsvermutung ein, § 12 Abs. 2 UWG, ist nun der Antragsgegner am Zuge. Er hat die Vermutung zu widerlegen und muss hierzu Tatsachen vortragen und glaubhaft machen, die den Verfügungsgrund entfallen lassen, er hat also Gründe darzutun, dass Eilbedürftigkeit nicht besteht.

c) Eilbedürftigkeit

Die **Eilbedürftigkeit** entfällt insbesondere, wenn der Antragsteller oder Kläger durch sein Verhalten zeigt, dass für ihn die Verfolgung doch nicht so eilig ist.

aa) Haupteinwand

Der **Haupteinwand** ist hier, der Gläubiger habe den Verstoß schon längere Zeit gekannt, habe ihn hingenommen und sei nicht dagegen vorgegangen. Da der Schuldner darüber meist jedoch keine konkrete Kenntnis hat, muss er Tatsachen vortragen, die den Schluss auf die Kenntniserlangung zu einem bestimmten Zeitpunkt ermöglichen. Gelingt ihm dies, hat dann der Antragsteller darzulegen und glaubhaft zu machen, wann er tatsächliche Kenntnis erlangt hat.[347] Da die Dringlichkeit von Amts wegen zu prüfen ist, kann sich die Widerlegung auch aus dem Vorbringen des Antragstellers oder aus seinem Verhalten ergeben. Hat der Schuldner die Dringlichkeitsvermutung widerlegt, ist wieder der Gläubiger am Zuge; er kann dann die die Dringlichkeit darlegen und glaubhaft machen.

Die Frist, wie lange mit der Geltendmachung zugewartet werden kann, bis die Vermutungswirkung des § 12 Abs. 2 UWG entfällt, ist sehr stark vom Einzelfall und der Würdigung sämtlicher Umstände abhängig: Art des Verstoßes, Schwierigkeit der Ermittlung, Beschaffung von Beweismitteln, Verhalten des Gegners. Damit der Antragsteller eine Orientierung hat und der Erfolg berechenbarer wird, hat sich in der Praxis eine Regelfrist herausgebildet, von der – nach unten, aber auch nach oben – abgewichen wird, wenn triftige Gründe vorgebracht und glaubhaft gemacht werden. Die Rechtsprechung der Oberlandesgerichte differiert dabei sehr stark, wobei die Mehrzahl der Gerichte von einer Frist von in der Regel einem Monat ausgeht.[348]

bb) Verzögerung

Auch wenn das gerichtliche Verfahren **verzögert** wird, kann die Dringlichkeit entfallen,[349] so wenn der Antragsteller nach Einleitung des Verfahrens durch sein Verhalten zu

---

[345] Henning/Harte/*Retzer*, § 12 Rn. 335; OLG Hamburg WRP 2001, 956, 957.
[346] Einzelheiten bei Henning/Harte/*Retzer*, § 12 Rn. 339 ff. Fn 670 ff.; Götting/Nordemann/*Kaiser*, UWG, § 12 Rn. 158, m.w.N.
[347] OLG Stuttgart GRUR-RR 2009, 343, 345; *Köhler*/Bornkamm, UWG, § 12 Rn. 3.13.
[348] Einzelheiten m.N. Götting/Nordemann/*Kaiser*, UWG, § 12 Rn. 160 ff.; bei *Köhler*/Bornkamm, UWG, § 12 Rn. 3.15; Harte/Henning/*Retzer*, Anhang zu § 12; Götting/Nordemann/*Kaiser*, UWG, § 12 Rn. 164, m.w.N.
[349] Einzelheiten bei Henning/Harte/*Retzer*, UWG, § 12 Rn. 321 ff.; Götting/Nordemann/*Kaiser*, UWG, § 12 Rn. 164, m.w.N.

erkennen gibt, dass ihm die Sache nicht (mehr) so eilig ist. Der Gläubiger hat nicht nur die Vorbereitung, sondern auch das gerichtliche Verfahren mit der gebotenen Eile zu betreiben. So sind Anträgen, Fristen zu verlängern – etwa die Berufungsbegründungsfrist – meist Dringlichkeitsschädlich, wie auch Anträge auf Terminsverlegung. Dagegen können gewährte oder bestehende Fristen – etwa Rechtsmittelfristen – in der Regel voll ausgeschöpft werden.

cc) Einstweilige Verfügung

218 Hat der Gläubiger die **einstweilige Verfügung** erwirkt, muss er das Verfahren nicht mehr in der gleichen Eile weiterführen; er darf es aber auch nicht völlig schleifen lassen. Die einstweilige Verfügung muss durchgesetzt werden, der Gläubiger darf nicht auf die Vollstreckung aus der einstweiligen Verfügung verzichten.[350]

dd) Entfallene Dringlichkeit

219 Ist die Dringlichkeit **entfallen**, kann sie wieder aufleben, sie wenn neue wesentliche Umstände vorliegen. Es reicht aber nicht aus, dass der Gegner die – bisher nicht geahndeten – Verstöße fortsetzt.[351] Erforderlich sind neuerliche Verstöße von wesentlich erheblicherem Gewicht, die die Situation wesentlich verändern: Der Werbende ändert z.B. seine Werbung nach Art und Umfang wesentlich;[352] er hat seine Werbung eingestellt und nimmt sie überraschenderweise wieder auf;[353] die Konkurrenzsituation hat sich wesentlich geändert.[354] Dies hat der Antragsteller darzutun und glaubhaft zu machen.[355]

d) Kenntnis

220 Maßgeblich für die Dringlichkeit ist die **Kenntnis der Umstände** beim Gläubiger oder bei den Personen, die im Unternehmen oder im Verband für die Ermittlung und/oder Geltendmachung von Wettbewerbsverstößen zuständig sind; wer andere mit der Erledigung bestimmter Aufgaben in eigener Verantwortung betraut, hat sich deren Kenntnisse zuzurechnen zu lassen. Abzustellen ist auf die vertretungsberechtigten Personen und die Personen, die für das Vorgehen im Unternehmen gegen Wettbewerbsverstöße zuständig sind.[356]

221 Kenntnisse von **Außenstehenden** von wird sich ein Gläubiger nur in Sonderfällen zurechnen lassen müssen,[357] wie dies im Regelfall beim Rechtsanwalt, Detektiv und beim Testkäufer der Fall ist.

e) Maßstäbe

222 Die gleichen Maßstäbe gelten auch bei Verbänden **iSv § 8 Abs. 2 Nr. 2–4 UWG**, wenn sie zögerlich gegen Verstöße vorgehen. Hier ist es im Hinblick auf die von ihnen verfolgten Interessen der Allgemeinheit nicht geboten, großzügigere Maßstäbe anzulegen.[358] Beim Verband, kommt es auf die Kenntnisse des verantwortlichen Vertreters an, selbst wenn der Verband für Dritte tätig wird.

---

[350] OLG Karlsruhe WRP 1996, 232, 234; OLG Düsseldorf GRUR 1992, 189, 190.
[351] HM, *Köhler*/Bornkamm, UWG, § 12 Rn. 3.19.
[352] OLG Celle OLGR 1996, 237, 238; OLG Frankfurt DB 1986, 325.
[353] OLG Frankfurt DB 1986, 325.
[354] Ullmann/*Hess*, UWG, § 12 Rn. 93.
[355] *Köhler*/Bornkamm, UWG, § 12 Rn. 3.19.
[356] Einzelheiten bei Götting/Nordemann/*Kaiser*, UWG, § 12 Rn. 177 ff.; Harte/Henning/*Retzer*, UWG, § 12 Rn. 313 ff.
[357] BGH NJW 2001, 885, 886; GRUR 1998, 133, 137 – *Kunststoffaufbereitung*.
[358] KG WRP 1992, 568, 569; *Köhler*/Bornkamm, UWG, § 12 Rn. 3.17.

4. Verfügungsanspruch

a) Begründung

Der Antragsteller muss den Antrag **schlüssig begründen**. Er hat zu den Voraussetzungen des Anspruchs nach § 8 UWG, also den einzelnen Tatbestandsmerkmalen der §§ 3 Abs. 1, i.V.m. 4 Nr. 8 UWG und der Begehungsgefahr vorzutragen. Er hat dabei auch eventuelle Einwendungen und Einreden zu entkräften, die sich aus seinem Vortrag selbst ergeben oder bei denen zu erwarten ist, dass der Gegner sie erheben wird. So ist, wenn der Verstoß etwa drei Monate zurückliegt, zu erwarten, dass der Gegner sich auf den Wegfall der Dringlichkeitsvermutung berufen wird. Der Antragsteller hat deshalb diese Einwendung zu widerlegen und zur trotzdem bestehenden Eilbedürftigkeit vorzutragen. Alle Merkmale des Anspruchs sind glaubhaft zu machen, § 294 ZPO. Genügt der Antragsteller dem nicht, wird der Antrag als unbegründet abgewiesen.

Im Wettbewerbsrecht steht der Unterlassungsantrag ganz im Vordergrund. Maßgeblich für die Einordnung ist der sachliche Gehalt des Begehrens, nicht seine sprachliche Fassung.[359] Die Unterlassung kann auch zu einer Handlung verpflichten, wenn sonst – z.B. ist ein verletzendes Werbeschild zu entfernen – weitere Verstöße erfolgen würden.[360] Deshalb ist die „Unterlassung einer Unterlassung" in aller Regel eine Leistung, da sie sich als die Verpflichtung zur Vornahme einer Handlung darstellt.[361]

Unerheblich ist, dass, solange die einstweilige Verfügung besteht, der Anspruch erfüllt ist. Dies lässt sich nicht vermeiden, denn ohne die einstweilige Verfügung käme der Rechtsschutz meist zu spät.[362]

b) Belieferung

Ansprüche auf **Belieferung**, auf Zulassung oder Zugang zu Versorgungs- oder Kommunikationsnetzen sind nicht Unterlassungs-, sondern Leistungsansprüche.[363] Sie müssen auf die begehrte Leistung gerichtet sein. Da etwa mit einer einstweiligen Verfügung auf Belieferung oder Durchleitung[364] eine Befriedigung des Antragstellers verbunden ist und schwerwiegend in die Rechte des Antragsgegners eingegriffen wird, kann sie nur unter ganz besonderen Voraussetzungen ergehen. Der Antragsteller muss in besonderem Maße auf die Leistung angewiesen sein; die drohenden Nachteile müssen so erheblich sein, dass die Interessen des Antragstellers bei der Interessenabwägung die Belange des Antragsgegners deutlich überwiegen.[365]

c) Beseitigung und Widerruf

Auch **Beseitigung und Widerruf** können verlangt werden, es dürfen damit jedoch keine endgültigen, nicht wieder gutzumachenden Verhältnisse geschaffen werden; es kommen nur vorläufige Maßnahmen zur Störungsbeseitigung in Betracht.[366] Damit scheiden Registerlöschungen (Handelsregister, Vereinsregister, Patent- und Markenamt) ebenso aus wie die Vernichtung von Werbematerial oder ein uneingeschränkter Widerruf einer Äußerung; ein solcher ist nur in ganz besonderen Fallgestaltungen möglich.[367] In der Regel genügt ein vorläufig eingeschränkter Widerruf: „Die Behauptung wird derzeit nicht aufrechterhalten."

---

[359] BGH GRUR 1993, 415, 416, m.w.N.
[360] BGH GRUR 1993, 415, 416, m.w.N.
[361] Z.B. Untersagung einer Weigerung, ein Prüfsystem bei Aufzugsprüfung anzuerkennen; OLG München OLGR 1996, 136; KG WRP 2004, 117; OLG Stuttgart GRUR 1970, 146, 148.
[362] Fezer/*Büscher*, UWG, § 12 Rn. 70.
[363] OLG Stuttgart 1990, 780, 781.
[364] OLG Dresden GRUR-RR 2001, 190.
[365] Siehe etwa OLG Frankfurt OLGR 1996, 12; KG WRP 2004, 112.
[366] Fezer/*Büscher*, UWG, § 12 Rn. 94; *Köhler*/Bornkamm, UWG, § 12 Rn. 3.9.
[367] OLG Stuttgart WRP 1989, 202, 204.

d) Sonstige Ansprüche[368]

228 Die **Verpflichtung** zur Auskunftserteilung und zur Abgabe einer Willenserklärung ist mit dem Charakter der vorläufigen Regelung der einstweiligen Verfügung nicht vereinbar; die Hauptsacheentscheidung würde vorweggenommen. Gleiches gilt von einer Feststellung und bei Schadensersatz in Geld. Allenfalls wenn existenzielle Interessen des Klägers betroffen sind und anders ein effektiver Rechtsschutz nicht zu erlangen ist, ist eine solche einstweilige Verfügung möglich.[369] Auch bei einem Anspruch auf Beseitigung nach § 809 BGB dürfte eine einstweilige Verfügung ausgeschlossen sein.[370]

5. Glaubhaftmachung

a) Voraussetzungen

229 Die **Voraussetzungen** des Anspruchs – Verfügungsanspruch und Verfügungsgrund – sind glaubhaft zu machen, §§ 936, 920 Abs. 2, 294 Abs. 1 ZPO. Dies ist weniger als der Vollbeweis, eine überwiegende Wahrscheinlichkeit ist ausreichend.[371]

230 Der Antragsteller oder Kläger hat also alle Merkmale der materiellen Anspruchsvoraussetzungen, der Begehungsgefahr, der Dringlichkeit und die Umstände, aus denen sie sich ergibt, wenn nicht § 12 Abs. 2 UWG, glaubhaft zu machen. Auch für die Prozessvoraussetzungen gilt die erleichterte Beweisführung; hier den Vollbeweis zu fordern, wäre mit dem Eilcharakter unvereinbar.[372]

b) Glaubhaftmachung

231 Zur **Glaubhaftmachung** können die Parteien sich aller Beweismittel bedienen; so sind auch die Versicherung an Eides statt und die Vorlage von Privatgutachten möglich, § 294 Abs. 1 ZPO. Die eidesstattliche Versicherung ist in der Praxis sogar das „Hauptmittel" der Glaubhaftmachung, da sich eine Beweisaufnahme auf präsente Beweismittel beschränkt, § 294 Abs. 2 ZPO, und die Parteien i.d.R. keine Zeugen in der Sitzung stellen, das Gericht Zeugen und Sachverständige nicht lädt und auch keine Auskünfte einholt.[373] Da eidesstattliche Versicherungen nicht formbedürftig sind, können sie auch zu Protokoll bei Gericht erklärt werden, auch die Vorlage als Fax reicht aus,[374] wenn auch – wegen des möglicherweise nur dann bestehenden strafrechtlichen Risikos – eine Vorlage des Originals sinnvoll ist.[375]

232 Die eidesstattlichen Versicherungen sind einer genauen Prüfung zu unterziehen. Häufig sind sie formularmäßig abgegeben und beziehen sich zudem noch auf einen (meist) vom Anwalt geschilderten Sachverhalt. Hält man diese Form überhaupt für zulässig,[376] ist ihr Beweiswert sehr beschränkt. Meist lässt sich nicht mit der notwendigen Sicherheit feststellen, für welche Tatsachenbehauptung der Versichernde die Verantwortung übernimmt. Auch eine anwaltliche Versicherung, bei der der Rechtsanwalt Tatsachen, die in seinem Wissen stehen, vorträgt und unter Berufung auf seine Stellung als Rechtsanwalt versichert, ist zulässig;[377] der Beweiswert ist vom konkreten Fall abhängig.

---

[368] Einzelheiten auch zu anderen Ansprüchen bei Harte/Henning/*Retzer*, UWG, § 12 Rn. 276 ff.
[369] Fezer/*Büscher*, UWG, § 12 Rn. 95; *Köhler*/Bornkamm, UWG, § 12 Rn. 3.10 und 3.11; OLG Schleswig GRUR-RR 2001, 70; KG GRUR 1988, 403; *Teplitzki* Kap. 54 Rn. 11,12.
[370] OLG Hamm GRUR-RR 2013, 306.
[371] BGH NJW 1996, 1682.
[372] Vgl. OLG Hamm FamRZ 1998, 687; MünchKommZPO/*Drescher* § 920 Rn. 20.
[373] Vgl. nur Fezer/*Büscher*, UWG, § 12 Rn. 100; POS/*Sosnitza* § 12 Rn. 131.
[374] BGH GRUR 2002, 915, 916.
[375] JurPK-UWG/*Hess* § 12 Rn. 97.
[376] Vgl. BGH NJW 1988, 2045 f.
[377] OLG Köln GRUR 1986, 196; Zöller/*Greger* § 294 ZPO Rn. 5.

c) Verfahrensstadium

Welche **Voraussetzungen** der Antragsteller/Kläger glaubhaft zu machen hat, ist auch abhängig vom Verfahrensstadium:

Ist der Gegner bereits beteiligt, also im Urteilsverfahren, entspricht die Verteilung der Last der Glaubhaftmachung den Grundsätzen der Beweislast. Dabei müssen selbstverständlich sämtliche offenkundige, unstreitige oder zugestandene Tatsachen nicht glaubhaft gemacht werden, §§ 291, 138 Abs. 3, 288 ZPO. Dies gilt auch für Tatsachen, für die eine Vermutung streitet, etwa § 12 Abs. 2 UWG.

Ist der Gegner jedoch noch nicht beteiligt, also i.d.R. beim Verfügungsantrag, ist die Lage etwas schwieriger. Denn es ist noch nicht klar, was der Gegner im Verfahren bestreiten oder zugestehen wird. Deshalb trifft hier den Antragsteller, wegen der „Einseitigkeit des Verfahrens", eine erweiterte Last. Er hat nicht nur alle Prozessvoraussetzungen und die anspruchsbegründenden Tatsachen glaubhaft zu machen, er muss sich auch mit allen naheliegenden Einwendungen des Gegners befassen und diese ausräumen.[378]

Dies gilt nicht für Einreden und Gestaltungsrechte, auf die sich der Gegner erst berufen muss, also etwa die Verjährung. Hat dieser sich jedoch in einer Schutzschrift auf Verjährung berufen oder trägt der Antragsteller dies selbst vor, obliegt ihm wieder die Last, diese Einrede auszuräumen.

Kann der Antragsteller nicht glaubhaft machen, dass dem Anspruch keine Einwendungen entgegenstehen – für das Vorliegen der Einwendung trägt der Gegner die Last –, kann der Antrag nicht aus „Beweisgründen" zurückgewiesen werden,[379] es ist vielmehr Termin zur mündliche Verhandlung zu bestimmen, wo dann die allgemeinen „Beweislastregeln" wieder gelten.[380]

Gleiches muss gelten, wenn der Antragsteller seinen Anspruch schlüssig dargetan hat. Mängel bei der Glaubhaftmachung, dürften dann nicht zur Zurückweisung des Antrags durch Beschluss führen, das Gericht hat mündliche Verhandlung anzuberaumen.[381] Glaubhaft zu machen sind nämlich nur bestrittene Tatsachen; was zugestanden ist, ist nicht glaubhaft zu machen.

III. Die Entscheidung im Eilverfahren

1. Urteil oder Beschluss

Das Gesetz schreibt vor, §§ 937 Abs. 2, 922 Abs. 1 ZPO, dass die Entscheidung über die einstweilige Verfügung grundsätzlich **durch Urteil** ergeht. Auch wenn die Gerichte in Wettbewerbssachen dies nicht immer streng beherzigen, indem sie sie alle Wettbewerbsstreitigkeiten als besonders dringlich ansehen[382] oder aber § 937 Abs. 2 ZPO im Wettbewerbsrecht als wenig handhabbar erklären;[383] Rechtsmittel gegen diese Vorgehensweise sind nicht gegeben.

Ausnahmen von dieser Rege, dass durch Urteil zu entscheiden ist, sieht das Gesetz vor, wenn der Antrag auf Erlass der einstweiligen Verfügung zurückgewiesen wird, § 937 Abs. 2 ZPO, und auch für besonders dringende Fälle.

---

[378] Vgl. nur Fezer/*Büscher*, UWG, § 12 Rn. 102, 103.
[379] *Köhler*/Bornkamm, UWG, § 12 Rn. 3.21; *Teplitzky* Kap. 54 Rn. 45; OLG Stuttgart NJWE-WettbR 1988, 433.
[380] Vgl. OLG Stuttgart WRP 1998, 433.
[381] So auch KG Berlin WRP 2011, 611, Rn. 6.
[382] OLG Hamburg WRP 1995, 854.
[383] *Deutsch*, GRUR 1990, 327.

Diese besondere Dringlichkeit geht über die vermutete Eilbedürftigkeit nach § 12 Abs. 2 UWG hinaus. Der Antragsteller muss sie nach den §§ 937 Abs. 2, 294 ZPO besonders begründen und glaubhaft machen.

240 Das Gericht kann auch nach pflichtgemäßem Ermessen von der mündlichen Verhandlung absehen und durch Beschluss entscheiden.[384] Dies gilt auch, wenn eine Schutzschrift vorliegt;[385] durch diese sind dem Gericht die Einwendungen bekannt, es kann sie bewerten. Eine schriftliche Anhörung des Gegners im Beschlussverfahren ist nicht ausgeschlossen, doch darf der Zweck der Maßnahme nicht gefährdet und die Entscheidung nicht (wesentlich) verzögert werden.

2. Entscheidung durch Beschluss

a) Beschluss

241 Wird der Antrag auf Erlass einer einstweiligen Verfügung zurückgewiesen, kann stets durch **Beschluss** entschieden werden, **§ 937 Abs. 2 ZPO**.

242 Die Zurückweisung erfolgt, weil der Vortrag des Antragstellers nicht zum Erlass der Verfügung ausreicht, weil etwa die Dringlichkeit fehlt, oder einzelne Tatbestandsvoraussetzungen nicht glaubhaft gemacht sind. Eine mündliche Verhandlung ist nicht geboten, es steht ja nicht zu erwarten, dass der Gegner die für den Antragsteller günstigen Tatsachen vorträgt und so den Anspruch schlüssig macht und damit begründet. Auch das Zeitmoment rechtfertigt den Beschluss; möglicherweise kann noch kurzfristig eine günstige Beschwerdeentscheidung erreicht werden, das Überraschungsmoment bleibt erhalten.

243 Der ablehnende Beschluss ist nur dem Antragsteller zuzustellen, §§ 329 Abs. 2 S. 2, 567 Abs. 1 Nr. 2, 569 ZPO, nicht dagegen dem Gegner; diesem ist er auch nicht mitzuteilen, §§ 936, 922 Abs. 3 ZPO; es soll das Überraschungsmoment erhalten bleiben.

244 Gegen den zurückweisenden Beschluss ist sofortige Beschwerde möglich, §§ 567, 569 Abs. 1 und 2 ZPO. Diese kann – ohne Anwalt – zu Protokoll der Geschäftsstelle eingelegt werden, § 569 Abs. 3 ZPO.

b) Begründung

245 Wird die einstweilige Verfügung durch Beschluss erlassen, braucht sie **nicht begründet** zu werden. Eine wichtige Ausnahme besteht allerdings, §§ 936, 922 Abs. 1 S. 2 ZPO, wenn die Verfügung im Ausland geltend gemacht werden soll. Denn eine Entscheidung ohne Begründung ist im Ausland nicht anerkennungsfähig; eine solche Entscheidung ist deshalb zu begründen.

c) Dringlichkeit

246 § 937 Abs. 2 ZPO verlangt eine **besondere Dringlichkeit**, um die einstweilige Verfügung durch Beschluss zu erlassen. Bei ganz besonderer Dringlichkeit, diese geht wiederum über § 937 Abs. 2 ZPO hinaus und ist deshalb besonders glaubhaft zu machen. kann der Vorsitzende allein entscheiden, § 944 ZPO. Dies wird in der Regel vor bei der Kammer für Handelssachen, §§ 93 ff. GVG, vorkommen, wenn die Entscheidung so schnell geboten ist, dass das Kollegium nicht mehr zusammentreten kann; die Handelsrichter sind nicht jederzeit verfügbar, die Akten werden bei Gericht meist gebraucht, weshalb auch kein Beschluss im Umlaufverfahren – also durch herumreichen der Akten bei den einzelnen Richtern – gefasst werden kann

---

[384] KG GRUR 1991, 944, 946; *Köhler*/Bornkamm, UWG, § 12 Rn. 3.23.
[385] *Deutsch*, GRUR 1990, 327, 328.

3. Entscheidung durch Urteil

a) Mündliche Verhandlung

Bestimmt das Gericht Termin zur **mündlichen Verhandlung** – diese Entscheidung ist nicht anfechtbar,[386] nur in ganz seltenen Ausnahmefällen soll die sofortige Beschwerde, § 567 Abs. 1 Nr. 2 ZPO, gegeben sein – wird durch Endurteil entschieden, §§ 936, 922 Abs. 1 ZPO); es ist mit seiner Verkündung wirksam und wird den Parteien nach § 317 Abs. 1 S. 1 ZPO zugestellt. Achtung! Die Zustellung durch das Gericht entbindet die Parteien jedoch nicht von der Vollziehung!

247

Im Verhandlungstermin bekommen dann die Fragen der Glaubhaftmachung, der Verspätung und des neuen Vortrags in der Berufungsinstanz besondere Bedeutung.

248

b) Summarisches Verfahren

Die einstweilige Verfügung ergeht in einem **summarischen Verfahren**, das nach Sinn und Zweck darauf angelegt ist, schnell vorläufigen Rechtsschutz zu gewähren; es duldet deshalb keine Verzögerung, deshalb kann die Ladungsfrist abgekürzt werden, §§ 217, 224 ff. ZPO. Dies sollte auch beantragt werden! Schriftsatznachlass widerspricht dem Wesen des Eilverfahrens.

249

Eine Einlassungsfrist gibt es nicht, Schriftsatznachlass ist im Verfügungsverfahren ausgeschlossen, es widerspricht dessen Wesen.[387] Das schriftliche Vorverfahren nach § 276 ZPO kommt nicht in Betracht. Die Verspätungsvorschriften, § 296 ZP, gelten im Verfügungsverfahren nicht. Die Parteien können deshalb auch noch in der mündlichen Verhandlung vortragen und glaubhaftmachen,[388] das Gericht hat den Vortrag und die Glaubhaftmachung zu berücksichtigen.

250

Die Grenze des neuen Vorbringens ist jedoch der Rechtsmissbrauch. So hat keine Partei ein Recht darauf, den Gegner zu überrumpeln und ihm dadurch seine Verteidigungsmöglichkeiten zu nehmen. Das Gericht kann deshalb bei offenbar unlauterem Verhalten ganz ausnahmsweise nach § 227 ZPO vertagen[389] oder den Vortrag und die Glaubhaftmachung nicht berücksichtigen.[390]

251

c) Berufungsinstanz

In der **Berufungsinstanz** ist der Vortrag neuer Tatsachen jedoch begrenzt, §§ 513 Abs. 1, 529 Abs. 1 Nr. 2, 531 ZPO. Diese Frage ist von der Verspätung zu trennen. Neue Angriffs- und Verteidigungsmittel sind nur zuzulassen, wenn sie zur Zeit des ersten Urteils noch nicht vorgebracht werden konnten.[391]

252

Trägt der Antragsteller in der Berufung neue Tatsachen vor, die er auch bei ordnungsgemäßer Prozessführung nicht kennen konnte, sind diese zuzulassen; bringt er neue Tatsachen oder Beweise vor, die er versehentlich bei der Antragstellung oder im Klageverfahren nicht vorgebracht hat, ist er damit ausgeschlossen. Bessert er also eine (versehentlich) ungenau erstellte – damit für die Anspruchsbegründung ungenügende – eidesstattliche Versicherung eines Zeugen nach, ist sie zur Glaubhaftmachung ausgeschlossen, auch wenn sie „nachgebessert" das Begehren nun tragen würde.

253

---

[386] Bereits RGZ 54, 348; Zöller/*Vollkommer*, § 937 ZPO Rn. 3.
[387] OLG Hamm GRUR 1989, 932; Zöller/*Vollkommer*, § 929 ZPO Rn. 15, m.w.N.
[388] OLG Koblenz GRUR 1987, 319, 321; *Teplitzky*, Kap. 55 Rn. 19.
[389] *Teplitzky*, Kap. 55 Rn. 19.
[390] OLG Koblenz GRUR 1987, 319, 321.
[391] Str.; Zöller/*Vollkommer*, § 925 ZPO Rn. 12, m.w.N.; OLG Hamburg GRUR RR 2008, 31, 32.

4. Inhalt der Entscheidung

a) Freie Entscheidung

254 Anders als im Klageverfahren, wo das Gericht streng nach dem Antrag zu entscheiden hat, ist das Gericht bei der einstweiligen Verfügung **frei** in seiner Entscheidung, § 938 Abs. 1 ZPO. Es kann die Anordnungen nach freiem Ermessen treffen, die zur Erreichung des Zwecks geboten sind. Das Gericht ist aber dennoch an die Anträge gebunden, die Anordnungen müssen sich deshalb im Rahmen der gestellten Anträge, §§ 308 Abs. 1, 538 S. 2 ZPO, halten und dürfen diese nicht inhaltlich verändern.[392]

255 Eine **Ausnahme** besteht: im Verfügungsverfahren kann auch ohne Antrag eine Aufbrauchsfrist gewährt werden, wenn die Dringlichkeit der Maßnahme und das Ergebnis der anzustellenden Interessenabwägung nicht entgegenstehen.[393]

256 **Sicherheitsleistung** kann – auch von Amts wegen – nach § 921 ZPO angeordnet werden; im Wettbewerbsrecht wird dies jedoch sehr selten der Fall sein, da dies dem Sinn der Unterlassungsverfügung widerspricht. Eine Sequestration ist möglich, § 938 Abs. 2 ZPO; Eine Urteilsbekanntmachung nach § 12 Abs. 3 UWG kann – allerdings nur auf Antrag – angeordnet werden.

b) Anordnungen

257 Die **Anordnungen** sind aus sich heraus **vollstreckbar.** Es bedarf keiner Vollstreckbarerklärung. Urteile sind aber wegen der Kosten, durch die eine einstweilige Verfügung abgelehnt oder aufgehoben wird, § 708 Nr. 6 ZPO, für vollstreckbar zu erklären. Eine Einstellung der Zwangsvollstreckung ist wegen des Charakters der einstweiligen Verfügung als einer Eilmaßnahme zur vorläufigen Befriedigung des Gläubigers regelmäßig ausgeschlossen.

258 Die Kostenentscheidung folgt aus den §§ 91 ff. ZPO. Ein Teilunterliegen – mit Kostenquotelung, wenn nicht § 92 Abs. 2 ZPO greift – liegt auch vor, wenn das Gericht – ohne Antrag des Gläubigers – eine Aufbrauchsfrist gewährt oder eine Sicherheitsleistung anordnet, allerdings wird hier in der Regel § 92 Abs. 2 ZPO greifen, sodass die Kosten meist doch einheitlich entschieden werden können.

259 **Neues Vorbingen** in der Berufungsinstanz, das die Dringlichkeit entfallen lässt, das der Schuldner aber schon in erster Instanz hätte vorbringen können, führt zu § 97 Abs. 2 ZPO, wenn es das Gericht überhaupt zulässt. Der Schuldner hat trotz Obsiegens in der Sache die Kosten des Rechtsmittels zu tragen. Hat der Gläubiger nicht abgemahnt, § 12 Abs. 1 S 1 UWG, der Schuldner im Prozess sofort anerkannt, ergeht Anerkenntnisurteil, die Kosten trägt der Kläger, § 93 ZPO. Gleiches gilt, wenn der Beklagte, der nicht abgemahnt worden ist, im Prozess eine genügende Unterlassungserklärung abgibt. Der Kläger muss dann, will er den Prozess nicht verlieren, Erledigung erklären, der Beklagte wird zustimmen. Die Kosten folgen dann aus § 91a ZPO; auch hier trägt nach dem Rechtsgedanken des § 93 ZPO der Gläubiger die Kosten.

c) Fehlende Dringlichkeit

260 Wird der Antrag auf Erlass einer einstweiligen Verfügung wegen fehlender Dringlichkeit wegen abgewiesen, kann der Gläubiger seine Rechtsverfolgungskosten nicht nach § 12 Abs. 2 UWG, aber auch nicht nach den §§ 280 Abs. 1 und 2, 286 BGB ersetzt verlangen,[394] da der Antrag mangels Dringlichkeit nicht zweckdienlich und sachgerecht gewesen sein kann.

---

[392] Zöller/*Vollkommer*, § 938 ZPO Rn. 1 ff.; *Köhler*/Bornkamm, UWG, § 12 Rn. 3.30.
[393] OLG Stuttgart WRP 1989, 832, 833; *Köhler*/Bornkamm, UWG, § 12 Rn. 3.30.
[394] OLG Dresden WRP 1998, 322, 324.

5. Wirkungen

a) Rechtshängigkeit

Rechtshängigkeit tritt bereits dann ein, wenn der Antrag auf Erlass einer einstweiligen Verfügung bei Gericht eingereicht wird.[395] Sie wirkt aber nicht für das Hauptsacheverfahren, da unterschiedliche Streitgegenstände vorliegen. Denn Streitgegenstand einer Unterlassungsverfügung ist der prozessuale Anspruch auf Sicherung des materiell rechtlichen Anspruchs.[396] Auch wenn die Unterlassungsverfügung auf zeitweilige Erfüllung gerichtet und damit insoweit die Hauptsache vorweggenommen ist, wird nicht über den gefährdeten Anspruch oder das streitige Rechtsverhältnis entschieden, sondern nur über die vorläufige Sicherung. Hauptsache und einstweilige Verfügung haben damit unterschiedliche Streitgegenstände und können nebeneinander geführt werden,[397] wie sich an den §§ 926, 943 ZPO zeigt. Beide Normen gehen von einem Nebeneinander der beiden Verfahren aus. zeigt. Eine Verbindung der einstweilige Verfügung und der Hauptsache ist nicht möglich,[398] ebenso wenig ein Wechsel vom Verfügungs- ins Hauptsacheverfahren (oder gar umgekehrt),[399] auch wenn die Parteien zustimmen.

261

b) Gegenverfügung

Eine **Gegenverfügung**, also eine Widerklage, kann im Verfügungsverfahren nicht erhoben werden; sie ist mit dem Charakter des Eilverfahrens nicht vereinbar.[400] Es ist auf eine schnelle Entscheidung angelegt, weshalb auch eine Vertagung der mündlichen Verhandlung regelmäßig ausgeschlossen ist. Da aber eine „Widerklage" noch im Termin erhoben werden könnte – eine Widerklage kann nicht als verspätet zurückgewiesen werden[401] – müsste vertagt werden.[402]

262

Sollten die Parteien Anerkenntnis, Verzicht oder Erledigung erklärt haben, beziehen sich diese Erklärungen nur auf das Verfügungsverfahren, wenn sie nicht ausdrücklich auch für die Hauptsache mit abgegeben worden sind.[403] Der rechtshängige Streitgegenstand ist die vorläufige Sicherung!

263

c) Gleichzeitiges Vorgehen

Ein **gleichzeitiges Vorgehen** mit der Hauptsache Klage und mit einer einstweiligen Verfügung oder in getrennten Verfügungsverfahren gegen mehrere Unterlassungsschuldner ist möglich, kann jedoch rechtsmissbräuchlich sein, § 8 Abs. 4 UWG, wenn das Verhalten darauf abzielt, den Gegner mit hohen Kosten zu belasten.[404]

264

Auch das „forum shopping" das kann rechtsmissbräuchlich sein;[405] so wenn der Verletzte einen eingereichten Verfügungsantrag zurücknimmt, nachdem das Landgericht Termin anberaumt und nicht sofort durch Beschluss entschieden hat, und dann den inhaltsgleichen Antrag bei einem anderen Gericht erneut stellt.

265

---

[395] Zöller/*Vollkommer*, Vor § 916 ZPO Rn. 5, m.w.N.
[396] BGH GRUR 2004, 264, 266.
[397] OLG Dresden WRP 1996, 433.
[398] OLG Koblenz NJW-RR 2002, 1724, 1725.
[399] OLG Hamm NJW 1978, 57; OLG Karlsruhe WRP 1977, 272.
[400] OLG Frankfurt GRUR-RR 2012, 88 Rn. 14, 15.
[401] Zöller/*Vollkommer* § 33 ZPO Rn. 9.
[402] OLG Frankfurt GRUR-RR 2012, 88 Rn. 14.
[403] OLG Hamm NJW-RR 1986, 1232; OLG München WRP 1986, 507.
[404] BGH GRUR 2000, 1089, 1091; 2001, 82, 83, 84; 2001, 78, 79.
[405] OLG Hamburg WRP 2007, 813, 814.

d) Formelle Rechtskraft

266 Die Entscheidungen im Verfügungsverfahren erwachsen in **formelle Rechtskraft**, wenn Rechtsmittel nicht statthaft oder nicht mehr zulässig sind. Das ist der Fall

(1) beim landgerichtlichen Urteilen mit Ablauf der Berufungsfrist,
(2) beim ablehnenden Beschluss des Landgerichts nach Ablauf der Beschwerdefrist,
(3) beim Berufungsurteil des Oberlandesgerichts mit Verkündung, da keine Revision möglich ist, § 542 Abs. 2 S. 1 ZPO,
(4) bei Beschwerdeentscheidungen des Oberlandesgerichts, da dagegen keine Rechtsbeschwerde möglich ist, §§ 574 Abs. 1 S. 2, 542 Abs. 2 ZPO,[406]
(5) bei den die Berufung verwerfenden Beschlüssen des Oberlandesgerichts, da auch dagegen kein Rechtsmittel möglich ist, § 522 Abs. 2, 3 ZPO.[407]

267 Keine formelle Rechtskraft tritt dagegen ein, wenn durch Beschluss die einstweilige Verfügung erlassen wurde, da dagegen stets unbefristet Widerspruch möglich ist, § 924 ZPO.

e) Unanfechtbare Entscheidungen

268 Die **unanfechtbaren Entscheidungen** im Verfügungsverfahren erwachsen in (nur) eingeschränkte materielle Rechtskraft.[408]

269 Rechtskraftwirkungen in Bezug auf die Hauptsache scheiden aus; es liegen verschiedene Streitgegenstände vor, die Verfügung soll den Hauptanspruch sichern und das Hauptsacheverfahren ermöglichen.[409]

270 aa) Wird eine Verfügung **erlassen**, kommt der Entscheidung materielle Rechtskraft zu. Ein erneuter Antrag auf Erlass einer einstweiligen Verfügung ist unzulässig. Die Rechtskraft ist allerdings durch die Rechtsbehelfsmöglichkeiten des Antragsgegners/Beklagten – § 927 ZPO bei Urteilen, § 924 ZPO bei Beschlüssen, sofern man hier mangels formeller Rechtskraft überhaupt von „materieller Rechtskraft" reden kann – erheblich eingeschränkt.

271 bb) Von besonderer Bedeutung ist der **Umfang der Rechtskraft** nach einem abgelehnten Antrag. Die Rechtskraft der ablehnenden Entscheidung steht einem (im Kern) gleichen Verfügungsantrag, bei dem keinerlei neue Tatsachen oder Beweismittel vorgetragen werden, entgegen.[410] Der Fall ist vergleichbar § 927 ZPO, auch dort kann der Schuldner eine Aufhebung der einstweiligen Verfügung nur bei veränderten Umständen erreichen.

272 Ein **neuer Antrag** ist jedoch zulässig,

(1) wenn das für die Ablehnung wesentliche Zulässigkeitshemmnis beseitigt ist; so, wenn der Verfügungsgrund nun gegeben[411] und eine Gefährdung des Anspruch eingetreten ist;
(2) wenn der Antrag aus sachlichen Gründen abgelehnt wurde und nun neue Tatsachen vorgebracht werden.[412] Nicht erforderlich ist dabei, dass sich die Tatsachengrundlage geändert hat, es genügt, wenn der Antragsteller dartut und glaubhaft macht, dass ihm diese Tatsachen erst nachträglich bekannt geworden sind;[413]

---

[406] BGH NJW 2003, 69; 2003, 3665.
[407] Vgl. BGH NJW 2003, 69; 2003, 3665.
[408] KGR 2001, 52, 53.
[409] Stein/Jonas/*Grunsky*, Vor § 916 ZPO Rn. 13.
[410] HM, vgl. nur Stein/Jonas/*Grunsky*, Vor 916 ZPO Rn. 14, m.w.N.
[411] OLG Stuttgart WRP 1981, 668, 669; Stein/Jonas/*Grunsky*, Vor § 916 ZPO Rn. 16.
[412] KG MDR 1979, 64.
[413] KGR 2001, 52, 53; Stein/Jonas/*Grunsky*, Vor § 916 ZPO Rn17; Zöller/*Vollkommer*, Vor § 916 ZPO Rn. 13.

(3) wenn der Gläubiger über „neue" Mittel der Glaubhaftmachung verfügt, auch wenn neue Beweismittel die Rechtskraft grds. nicht beeinträchtigen können. Eine andere Sicht würde der Eilbedürftigkeit des Verfügungsverfahrens nicht gerecht. Es ist häufig nicht möglich – wegen der Gefahr, dass die Dringlichkeitsvermutung des § 12 Abs. 2 UWG verloren geht –, die Beweismittel mit der gleichen Sorgfalt wie für die Klage zusammenzustellen.[414]

f) Zustellung des Antrags

Nach § 204 Abs. 1 Nr. 9 BGB wird durch **Zustellung des Antrags** auf Erlass der einstweiligen Verfügung die Verjährung bis sechs Monate nach der rechtskräftigen Entscheidung oder anderweitigen Beendigung (§ 204 Abs. 2 ZPO) gehemmt. Hauptsache Klagen allein zur Verjährungshemmung sind damit entbehrlich. Nach § 167 ZPO, § 204 BGB tritt mit Zustellung auch eine Rückwirkung auf den Zeitpunkt der Einreichung ein. Die Hemmung tritt auch ein, wenn der Antrag unzulässig oder unbegründet ist. Wird der Antrag nicht zugestellt und die einstweilige Verfügung erlassen, tritt die Hemmung bereits ein, wenn der Antrag eingereicht und die einstweilige Verfügung innerhalb eines Monats seit Verkündung oder Zustellung an den Gläubiger dem Schuldner zugestellt wird. Erfolgt keine wirksame Zustellung (im Parteibetrieb, §§ 922 Abs. 2, 929 Abs. 2 ZPO), entfällt die Hemmung.[415] Wird der Antrag nicht zugestellt und die einstweilige Verfügung nicht erlassen, tritt keine Hemmung ein. Der Umfang der Hemmung bestimmt sich nach den Anträgen bzw. nach der zugestellten einstweiligen Verfügung. Damit nehmen Ansprüche, die vom Antrag nicht umfasst oder die abgelehnt sind, nicht an der Hemmung teil, so dass die ursprünglich einheitlich geltend gemachten Ansprüche unterschiedlich verjähren können.

IV. Rechtsbehelfe

Die **Rechtsbehelfe** gegen Entscheidungen im Verfügungsverfahren sind vielfältig und verzwickt; eine genaue Kenntnis ist deshalb unerlässlich.

1. Berufung, Beschwerde, Revision, Rechtsbeschwerde

a) Berufungsurteile

Berufungsurteile im einstweiligen Verfügungsverfahren sind stets rechtskräftig, es findet niemals die Revision statt, § 542 Abs. 2 S. 1 ZPO, sollte sie auch fälschlicherweise zugelassen worden sein. Die Entscheidung des Oberlandesgerichts wird durch die Verkündung rechtskräftig, § 542 Abs. 2 ZPO, und ist daher ohne besonderen Ausspruch sofort vollstreckbar.

Auch eine **Rechtsbeschwerde** ist unstatthaft[416], § 574 Abs. 1 S. 2 ZPO, auch wenn eine Berufung durch Beschluss als unzulässig verworfen worden ist[417]. Selbst wenn das Beschwerdegericht die Beschwerde zurückweist, ist dagegen keine Rechtsbeschwerde möglich, §§ 542 Abs. 2, 574 Abs. 1 S. 2 ZPO, auch wenn sie vom Beschwerdegericht fälschlicherweise zugelassen wurde.[418]

---

[414] Stein/Jonas/*Grunsky*, Vor § 916 ZPO Rn. 16, m.w.N.
[415] Zu allem Palandt/*Heinrichs*, § 204 BGB Rn. 24, und Rn. 4, 5 auch zu Einschränkungen.
[416] BGH NJW 2003, 69; 2003, 3665; BGH GRUR 2003, 548, 549 – *Rechtsbeschwerde I*; BGH GRUR 2003, 724 – *Rechtsbeschwerde II* = BGHZ 154, 102; BGH NJW 2003, 1531.
[417] BGH I ZB 11/15 vom 17.3.2015.
[418] BGH NJW 2003, 1531.

b) Urteile im Verfügungsverfahren

277   Gegen **Urteile im Verfügungsverfahren** – wegen § 13 Abs. 1 UWG hat stets das Landgericht entschieden – ist die Berufung zum Oberlandesgericht, § 119 Abs. 1 Nr. 2 GVG, zulässig. Es gelten die allgemeinen Grundsätze des Berufungsverfahrens; allerdings scheidet eine Zurückverweisung an das Landgericht aus, § 538 Abs. 2 ZPO, da sie wegen der Eilbedürftigkeit dem Wesen der einstweiligen Verfügung widerspricht.[419]

c) Berufungsgericht

278   Das **Berufungsgericht** prüft die einstweilige Verfügung vollständig auf ihre Richtigkeit. Beurteilungszeitpunkt ist die mündliche Verhandlung in der Berufungsinstanz, der Berufungsführer kann deshalb auch geltend machen, die Dringlichkeit sei entfallen, die Verjährung sei eingetreten, die einstweilige Verfügung sei nicht rechtzeitig vollzogen worden, § 929 Abs. 2 ZPO, oder es sei nicht rechtzeitig Hauptsacheklage erhoben worden, § 926 Abs. 1 ZPO. Das Berufungsgericht hat die einstweilige Verfügung neu zu erlassen, wenn eine einstweilige Verfügung zunächst vom Landgericht durch Beschluss erlassen und dann auf den Widerspruch hin durch landgerichtliches Urteil wieder aufgehoben worden ist.[420] Eine aufgehobene einstweilige Verfügung kann nicht wiederhergestellt werden.

279   Erklärt der Kläger seinen **Unterlassungsantrag** in erster Instanz für erledig, der Beklagte stimmt dem nicht zu, und das Landgericht weist deshalb die (Feststellungs-) Klage ab, ist für einen erneuten Unterlassungsantrag erneut das Landgericht und nicht das Berufungsgericht zuständig.[421] Durch die Erledigungserklärung des Klägers hätte das Gericht erster Instanz – auch wenn es die Voraussetzungen für gegeben erachtet hätte – die einstweilige Verfügung nicht erlassen, sondern lediglich die Erledigung feststellen können. Das Berufungsgericht kann mit dem Ziel, die einstweilige Verfügung zu erlassen, erst angerufen werden, wenn das erstinstanzliche Gericht über diesen Antrag entschieden hat.

280   Die **Zwangsvollstreckung** kann über die §§ 936, 924 Abs. 3 S. 2 ZPO eingestellt werden (§§ 719, 707 ZPO), dies bleibt aber wegen der Natur des Verfahrens auf extreme Ausnahmesituationen beschränkt.[422] Wurde im Urteil nur über die Kosten entschieden, ist analog § 99 Abs. 2 ZPO nicht die Berufung, sondern die sofortige Beschwerde der richtige Rechtsbehelf.[423]

d) Sofortige Beschwerde

281   Die **sofortige Beschwerde** zum Oberlandesgericht, § 13 Abs. 1 UWG, § 119 Abs. 1 Nr. 2 GVG, ist der richtige Rechtsbehelf, §§ 567 Abs. 1 Nr. 2, 569 ZPO, wenn der Antrag auf Erlass einer einstweilige Verfügung zurückgewiesen wurde – wurde die Verfügung durch Beschluss erlassen, findet dagegen nur Widerspruch statt, § 924 ZPO.

282   Da bei der **Zurückweisung** noch nicht mündlich verhandelt worden ist, besteht für die Einlegung kein Anwaltszwang, §§ 569 Abs. 3 Nr. 1, 78 Abs. 5, 920 Abs. 3 ZPO. Die Entscheidung des Beschwerdegerichts – stets das Oberlandesgerichts, da wegen § 13 Abs. 1 UWG das Landgericht entschieden hat – ergeht durch Beschluss, § 572 Abs. 4 ZPO. Ordnet das Beschwerdegericht mündliche Verhandlung an, hat es zu verfahren, wie wenn in erster Instanz ein Urteil erlassen worden und hiergegen Berufung eingelegt worden wär. Das Oberlandesgericht erlässt die die Entscheidung dann durch Endurteil.[424]

---

[419] OLG Karlsruhe GRUR 1978, 116.
[420] OLG Hamburg WRP 1997, 53, 54; OLG Düsseldorf NJW-RR 2002, 138.
[421] OLG Köln WRP 1982, 599, 600.
[422] OLG Nürnberg WRP 2002, 345, 346; BGH NJW-RR 1997, 1155, m.w.N.; OLG Frankfurt WRP 1992, 53, 54; OLG Koblenz WRP 1985, 657.
[423] OLG München GRUR 1990, 482.
[424] KGR 2003, 375; Zöller/*Vollkommer*, § 922 ZPO Rn. 14, m.w.N.

2. Widerspruch, §§ 924, 925 ZPO

a) Verwirkungseinwand

Wurde die einstweilige Verfügung **durch Beschluss** erlassen, ist dagegen nur der Widerspruch statthaft, §§ 936, 924 Abs. 1 ZPO. Er ist unbefristet möglich und unterliegt nur dem Verwirkungseinwand.

Der Widerspruch kann ohne Anwalt eingelegt werden, §§ 924 Abs. 2 S. 3, 78 Abs. 5 ZPO; für das Verfahren ist aber, da dann mündlich zu verhandeln ist, ein Anwalt notwendig, §§ 924 Abs. 2 S. 3, 78 Abs. 1 ZPO, § 13 Abs. 1.

b) Örtliche und sachliche Zuständigkeit

Örtlich und sachlich zuständig ist das Gericht, das die Verfügung erlassen hat. Wurde die Verfügung erst auf die Beschwerde hin vom Beschwerdegericht erlassen, ist das Gericht der ersten Instanz zuständig.[425]

c) Widerspruch

Nach einem **Widerspruch** ist mündlich zu verhandeln, § 924 Abs. 2 ZPO. Entscheidungsgrundlage ist der Erkenntnisstand im Zeitpunkt der mündlichen Verhandlung; die Entscheidung ergeht durch Endurteil, § 925 Abs. 1 ZPO. Durch den Widerspruch wird die Vollziehung der einstweiligen Verfügung nicht gehemmt, §§ 936, 924 Abs. 3 S. 1 ZPO! Die Verfügung ist also unbedingt zu vollziehen!

Die Zwangsvollstreckung kann nach den §§ 924 Abs. 3 S. 2, 707 ZPO ausnahmsweise eingestellt werden, wenn erkennbar ist, dass die einstweilige Verfügung keinen Bestand haben wird.[426]

d) Wirkung

Die einstweilige Verfügung verliert ihre **Wirkung** mit Verkündung des Urteils, das auf den Widerspruch hin ergeht. Dieses ist für vorläufig vollstreckbar wegen der Kosten, § 708 Nr. 6 ZPO. Die Verfügung kann nicht mehr Grundlage eines Ordnungsmittelverfahrens sein. Eine Zuwiderhandlung setzt schon begrifflich voraus, dass im Zeitpunkt der untersagten Handlung ein wirksames Verbot besteht.

Entgegen § 99 Abs. 1 ZPO kann der Antragsgegner den Widerspruch auf die Kosten beschränken (sog. Kostenwiderspruch),[427] will er die Unterlassungsverpflichtung hinnehmen, aber die Kostenfolge des § 93 ZPO herbeiführen.

Auch über den **Kostenwiderspruch** ist durch Endurteil zu entscheiden, §§ 936, 925 Abs. 1 ZPO. Entsprechend § 99 Abs. 2 ZPO ist nur die sofortige Beschwerde – nicht die Berufung – statthafter Rechtsbehelf.[428]

3. Rechtfertigungsverfahren, § 942 ZPO

a) Dringlichkeit

Hat das **Amtsgericht** wegen ganz besonderer Dringlichkeit nach § 942 ZPO entschieden, – die Entscheidung ergeht durch Beschluss, § 942 Abs. 4 ZPO –, so muss der Antrag-

---

[425] OLG Dresden JurBüro 2000, 138, 139; KG WRP 2008, 254, 255; aA KG NJW-RR 2004, 1665, 1666.
[426] BGH NJW-RR 1997, 1155.
[427] OLG München GRUR 1990, 482; OLG NJWE-WettbR 1996, 139 f.
[428] OLG München GRUR 1990, 482; NJWE-WettbR 1996, 139 f.

steller innerhalb der vom Gericht bestimmten Frist Gericht das „Rechtfertigungsverfahren" betreiben. Versäumt er diese Frist, wird die Verfügung durch das Amtsgericht wieder aufgehoben, § 942 Abs. 3 ZPO.

b) Rechtfertigungsantrag

291 Der **Rechtfertigungsantrag** ist zulässig, so lange die einstweilige Verfügung noch besteht. Das Rechtfertigungsverfahren folgt ganz dem Widerspruchsverfahren nach den §§ 924, 925 ZPO; das Gericht der Hauptsache entscheidet durch Endurteil, dem die Sach- und Rechtslage zum Schluss der mündlichen Verhandlung zugrunde zu legen ist.

292 Die Dringlichkeit nach § 942 ZPO ist nicht mehr Gegenstand der Entscheidung.[429] Das Verfahren vor dem Amtsgericht und das Rechtfertigungsverfahren bilden ein einheitliches Verfahren erster Instanz,[430] es ergeht eine einheitliche Kostenentscheidung für das gesamte Verfahren.

4. Frist zur Klageerhebung und Aufhebung, § 926 Abs. 1 und 2 ZPO

a) Aufmerksamkeit

293 Dieses Verfahren ist in der Praxis von großer Bedeutung und verlangt besondere **Aufmerksamkeit**. Obwohl der Kläger/Antragsteller bereits sein Ziel erreicht und eine einstweilige Verfügung erlangt hat, muss er Hauptsacheklage innerhalb der gesetzten Frist erheben. Versäumt er die Frist, wird die einstweilige Verfügung allein wegen Fristablaufs aufgehoben; unter Umständen kann die Fristversäumnis geheilt werden.

294 Wird die einstweilige Verfügung erlassen und meint der Schuldner, mit den erweiterten Erkenntnismöglichkeiten des Klageverfahrens – etwa Zeugen und Sachverständigen – größere Erfolgsaussichten zu haben, kann er mit einem Antrag nach § 926 Abs. 1 ZPO den Gläubiger zwingen, seine einstweilige Verfügung im Hauptsacheverfahren überprüfen zu lassen.

b) Frist

295 Hält der Gläubiger die **Frist** ein und erhebt rechtzeitig Hauptsacheklage, richtet sich das Verfahren nach den allgemeinen Verfahrensgrundsätzen der ZPO.

296 Wird dagegen die Frist zur Klageerhebung **versäumt**, so ist die einstweilige Verfügung durch Urteil aufzuheben, §§ 936, 926 Abs. 2 ZPO; es kann auch überprüft werden, ob die Frist überhaupt hätte gesetzt werden dürfen.[431]

297 Der Antragsteller hat die rechtzeitige Klageerhebung glaubhaft zu machen. Zur Stellung des Antrages nach § 926 ZPO auf Aufhebung muss die einstweilige Verfügung muss noch bestehen.

c) Verfügungsgericht

298 **Zuständig** für die Entscheidung ist das **Verfügungsgericht**; ist ein Berufungsverfahren anhängig, ist nur das Berufungsgericht zuständig.[432] Es besteht kein Rechtsschutzinteresse für ein besonderes Aufhebungsverfahren nach § 926 Abs. 2 ZPO beim Erstgericht. Gleiches gilt auch, wenn ein Verfahren nach § 927 ZPO anhängig ist. Nach den §§ 924 Abs. 3,

---

[429] Vgl. nur Zöller/*Vollkommer*, § 942 ZPO Rn. 7.
[430] OLG München OLGR 1993, 44.
[431] BGH NJW-RR 1987, 685; *Teplitzky*, Kap. 56 Rn. 16.
[432] Sehr str., vgl. Harte-Henning/*Retzer*, UWG, § 12 Rn. 557; OLG Koblenz OLGR 1998, 353; NJW-RR 1995, 44 (für die Zuständigkeit des Ausgangs- und des Berufungsgerichts); OLG Dresden OLGR 2004, 39, 40 (nur für das Ausgangsgericht).

707 ZPO kann die Zwangsvollstreckung im Aufhebungsverfahren eingestellt werden. Eine Einstellung kommt nur in Betracht, wenn feststeht, dass die einstweilige Verfügung aufgehoben wird.

d) Antrag

Die **Frist** zur Klageerhebung wird nur **auf Antrag** gesetzt, wobei kein Anwaltszwang besteht; zuständig ist der Rechtspfleger erster Instanz, § 78 ZPO, §§ 13, 20 Nr. 14 RpflG, der durch Beschluss entscheidet. Die Erinnerung, § 11 Abs. 2 S. 1 RpflG, ist dagegen das statthafte Rechtsmittel. 299

In aller Regel sind drei bis vier Wochen Frist zur Klageerhebung ausreichend; die Interessen des Gegners rechtfertigen kaum eine längere Frist. Der Kläger muss die nötigen Vorbereitungen schon für den Antrag auf Erlass der einstweiligen Verfügung getroffen haben. Eine Fristbestimmung ist nicht rechtswidrig, weil sie vom Richter im Urteil gesetzt wird, § 8 Abs. 1 RpflG. Auch das Berufungsgericht kann die Frist festsetzen, wenn die einstweilige Verfügung erst im Berufungsverfahren erlassen wird und der Fristantrag im Rechtsmittelverfahren für den Fall gestellt wird, dass dem – in erster Instanz – abgelehnten Verfügungsantrag im Berufungsverfahren stattgegeben wird. Hier wäre es nicht sachgerecht, wenn das Berufungsgericht zwar die einstweilige Verfügung erlassen könnte, die Fristsetzung aber vom Ausgangsgericht nachgeholt werden müsste.[433] 300

e) Versäumnis

Wird die Frist zur Klageerhebung **versäumt**, bestehen Möglichkeiten der Heilung: 301

(1) Wird die Klage noch vor der mündlichen Verhandlung über den Aufhebungsantrag erhoben, also zugestellt, ist die nicht fristgerechte Klageerhebung geheilt. Voraussetzung ist aber stets, dass die Klage tatsächlich zugestellt ist. War eine Zustellung nur möglich, ist sie aber nicht bewirkt worden, greift § 231 Abs. 2 ZPO nicht.[434]
(2) Auch eine **Heilung** nach § 167 ZPO kommt in Frage. Wird sie überhaupt zugelassen,[435] setzt dies voraus, dass die Klage noch rechtzeitig innerhalb der Frist eingereicht ist und lediglich die Zustellung nach Ablauf der Frist erfolgt. § 167 ZPO fingiert lediglich die Wirkung der Zustellung auf den Tag, an dem der Antrag bei Gericht einging. Keine Heilung nach § 167 ZPO tritt also ein, wenn die Klagefrist versäumt wurde, vor der mündlichen Verhandlung über den Aufhebungsantrag zwar die Klage eingereicht, aber erst nach der mündlichen Verhandlung zugestellt wurde.[436]
(3) Auch ein Antrag auf **Prozesskostenhilfe** soll zur Fristwahrung ausreichen.[437] Auch dieser Antrag kann aber nur fristwahrend sein, wenn er vor Fristablauf gestellt er worden ist.[438]

f) Aufheben

Wird die einstweilige Verfügung **aufgehoben** – mit Wirkung ex tunc durch Urteil, das für vorläufig vollstreckbar zu erklären ist, § 708 Nr. 6 ZPO –, sind die Kosten des Verfahrens und zwar die des Aufhebungsverfahrens und des zugrunde liegenden Verfügungsverfahrens dem Verfügungskläger aufzuerlegen. Ob die einstweilige Verfügung ursprünglich zu Recht ergangen ist, ist ohne Belang.[439] Bleibt der Aufhebungsantrag erfolglos – auch hier 302

---

[433] Stein/Jonas/*Grunsky*, § 926 ZPO Rn. 5; OLG Koblenz WRP 1995, 416.
[434] Eine Nachholung bis zur Berufungsinstanz scheidet aus, das Berufungsgericht kann an der schon erfolgten Aufhebung nichts mehr ändern, Musielak/*Huber*, § 926 ZPO Rn. 16.
[435] Sehr str., Zöller/*Vollkommer*, § 926 ZPO Rn. 32; OLG Hamm OLGZ 1989, 322, 323.
[436] Stein/Jonas/*Grunsky*, § 926 ZPO Rn. 12; OLG Frankfurt GRUR 1987, 650, 651.
[437] Sehr str., dagegen: Schuschke/*Walker*, § 926 ZPO Rn. 14; Musielak/*Huber*, § 926 ZPO Rn. 15; OLG Hamm OLGZ 1989, 322, 323; OLG Düsseldorf MDR 1987, 771; dafür: Stein/Jonas/*Grunsky*, § 926 ZPO Rn. 11; Zöller/*Vollkommer*, § 926 ZPO Rn. 32.
[438] Stein/Jonas/*Grunsky*, § 926 ZPO Rn. 11, m.w.N.
[439] OLG München NJW-RR 1997, 832; Zöller/*Vollkommer*, § 926 ZPO Rn. 26.

Entscheidung durch Urteil –, betrifft die Kostenentscheidung nur die Kosten des Aufhebungsverfahrens, die Kostenentscheidung in der einstweiligen Verfügung bleibt bestehen. Wird die Fristversäumnis geheilt – durch Klageerhebung bis zum Schluss der mündlichen Verhandlung oder nach § 167 ZPO –, muss der Aufhebungskläger die Aufhebungsklage für erledigt erklären, die Kosten treffen dann (in aller Regel) den Gegner. Die Aufhebungsklage war zum Zeitpunkt der Klageerhebung zulässig und begründet.

5. Aufhebung wegen veränderter Umstände, § 927 ZPO

a) Veränderte Umstände

303 Der Antrag auf **Aufhebung** der einstweiligen Verfügung wegen veränderter Umstände, § 927 ZPO, kann nur vom Schuldner gestellt werden – der Gläubiger kann auf seine Rechte aus der einstweilige Verfügung verzichten. Die Entscheidung des Gerichts ergeht nach mündlicher Verhandlung durch Endurteil, § 927 Abs. 2 ZPO; es besteht Anwaltszwang, § 78 Abs. 1 S. 1 ZPO, § 13 Abs. 1 UWG.

b) Anhängige Hauptsache

304 Ist die **Hauptsache** anhängig, ist ausschließlich zuständig das Gericht der Hauptsache, §§ 927 Abs. 2, 943, 802 ZPO. Ist die Berufung anhängig, ist das Berufungsgericht zuständig, § 943 Abs. 1 ZPO; ist die Revision anhängig, ist wieder das Gericht der ersten Instanz zuständig.[440]

305 Ist die Hauptsache nicht anhängig, ist das Gericht zuständig, das die einstweilige Verfügung erlassen hat, § 927 Abs. 2 ZPO; wurde die einstweilige Verfügung im Verfügungsverfahren vom Berufungsgericht erlassen, ist nach Abschluss des Berufungsverfahrens auch, also neben dem Berufungsgericht, das Gericht der ersten Instanz zuständig.[441] Wurde die einstweilige Verfügung dagegen vom Landgericht erlassen und ist dagegen Berufung eingelegt und anhängig, ist jetzt das Berufungsgericht zuständig.[442]

c) Zulässiger Antrag

306 Der Antrag ist **zulässig**, wenn die einstweilige Verfügung besteht und von ihr noch Wirkungen ausgehen. Dies ist nicht mehr der Fall, wenn ein befristetes Verbot ausgesprochen wurde und die Frist abgelaufen ist, wenn der Antragsteller auf die Rechte aus dem Titel verzichtet und den Titel herausgegeben hat. Ein Aufhebungsverfahren ist auch noch über die Kosten möglich, auch bei Verzicht und Herausgabe des Titels.[443] Aus der verfahrensmäßigen Verselbständigung der Verfahren, sollten keine systemwidrigen und gerechtigkeitsindifferenten Schlüsse gezogen werden. Voraussetzung ist aber stets, dass ein ex tunc wirkender Aufhebungsgrund geltend gemacht wird.[444] Daran fehlt es etwa, wenn das Verfügungsverfahren mit Vergleich abgeschlossen worden ist und über die Kosten dann, aufgrund des Vergleiches ein Beschluss nach § 91 a ZPO ergangen ist. Der Antrag ist nicht fristgebunden, er unterliegt allerdings dem Einwand der Verwirkung.[445] In einem Anerkenntnis im Verfügungsverfahren liegt kein Verzicht auf die Rechte aus § 927 ZPO.[446]

---

[440] BGH WM 1976, 134.
[441] OLG Hamm MDR 1987, 593; *Teplitzky*, Kap. 56 Rn. 25.
[442] *Köhler/Bornkamm*, UWG, § 12 Rn. 3.54.
[443] BGHZ 122, 172; Ahrens/Arens, 7. Aufl. Kap 3 Rn. 37; Harte/Henning/*Retzer* § 12 Rn. 577.
[444] Ahrens/*Ahrens* 7. Aufl. Kap 60 Rn. 37; Harte/Henning/*Retzer* § 12 Rn. 577.
[445] *Köhler/Bornkamm*, UWG, § 12 Rn. 3.55; BGH GRUR 1997, 125, 127 – *Bob Dylan*.
[446] *Köhler/Bornkamm*, UWG, § 12 Rn. 3.55; OLG München WRP 1986, 507.

d) Begründung

Der Antrag auf Aufhebung ist **begründet**, wenn die Voraussetzungen für die Anordnung der einstweiligen Verfügung nachträglich entfallen sind;[447] im Aufhebungsverfahren kann nicht geltend gemacht werden, die einstweilige Verfügung sei schon bei ihrem Erlass nicht gerechtfertigt gewesen.[448] Die einstweilige Verfügung wird aufgehoben, wenn sich die maßgebliche Tatsachengrundlage, die Rechtslage[449] oder die Beweislage[450] geändert haben. Auch Umstände, die dem Gegner erst nachträglich bekannt geworden sind, können zur Aufhebung führen.[451]

307

Die **Hauptfälle** der Aufhebung nach § 927 ZPO sind:

308

(1) Wegfall des Unterlassungsanspruchs, weil der Schuldner die strafbewehrte Unterlassungserklärung abgegeben hat.[452]
(2) Die Hauptsacheklage ist rechtskräftig abgewiesen worden.[453]
(3) Die Verjährung des Anspruchs (wenn sich der Schuldner darauf beruft).
(4) Die Leistung einer Sicherheit durch den Schuldner (§§ 939, 927 Abs. 1 ZPO) oder die Nichterbringung einer dem Gläubiger aufgegebenen Sicherheit.[454]
(5) Die Vollziehungsfrist wurde nicht eingehalten (§§ 936, 929 Abs. 2 ZPO).
(6) Die zugrunde liegende Gesetzesbestimmung wird für nichtig erklärt.[455]
(7) Die zugrunde liegende Gesetzesbestimmung wird durch eine Gesetzesänderung aufgehoben.[456]
(8) Die Rechtsprechung zur Auslegung der Bestimmung ändert sich.[457]

e) Endurteil

Die Entscheidung über den Aufhebungsantrag ergeht nach mündlicher Verhandlung durch **Endurteil**. Die aufhebende Entscheidung ist für vorläufig vollstreckbar zu erklären, § 708 Nr. 6 ZPO. Die weitere Vollstreckung aus der einstweiligen Verfügung ist unzulässig. Die Aufhebung der Vollstreckungsmaßnahmen erfolgt erst nach Rechtskraft des Urteils. Analog den §§ 924 Abs. 3, 707 ZPO kann jedoch eine einstweilige Anordnung erwirkt werden. Die Kostenentscheidung – die sich nur auf das Aufhebungsverfahren bezieht – richtet sich nach den §§ 91 ff. ZPO, sie lässt die Kostenregelung des Verfügungsverfahrens unberührt.[458]

309

Ausnahmsweise wird auch über die **Kosten** des Verfügungsverfahrens mit entschieden und zulasten des Titelinhabers abgeändert, wenn die einstweilige Verfügung aus Gründen aufgehoben wird, die sie als von Anfang an unbegründet erscheinen lassen.

310

---

[447] MünchKommUWG/*Schlinghoff*, § 12 Rn. 532 ff., m.w.N.
[448] OLG Frankfurt WRP 1982, 295; WRP 1992, 248.
[449] *Teplitzky*, Kap. 56 Rn. 34.
[450] OLG Köln GRUR 1985, 458, 459; *Teplitzky*, Kap. 56 Rn. 34; aA KG GRUR 1985, 236.
[451] OLG Koblenz GRUR 1986, 94, 95.
[452] *Teplitzky*, Kap. 56 Rn. 31.
[453] *Teplitzky*, Kap. 56 Rn. 32.
[454] Ohly/Sosnitza/*Piper*, UWG, § 12 Rn. 158.
[455] BGH GRUR 1988, 787, 788.
[456] *Teplitzky*, Kap. 56 Rn. 34.
[457] KG WRP 1990, 331, 332 f; OLG Köln GRUR 1985, 458; *Teplitzky*, Kap. 56 Rn. 34; Darstellung von weiteren Gründen bei Harte/Henning/*Retzer*, UWG, § 12 Rn. 585 ff. m.w.N.
[458] BGH NJW 1989, 106, 107; OLG Frankfurt WRP 1992, 248; OLG Karlsruhe NJW-RR 1988, 1470; OLG Koblenz GRUR 1989, 373, 374; *Teplitzky*, Kap. 56 Rn. 37.

311 Dies ist der **Fall**,
(1) wenn die Hauptsacheklage rechtskräftig abgewiesen wurde,[459]
(2) wenn die gesetzlichen Regelungen, auf denen die Entscheidung beruht, nachträglich für nichtig erklärt worden sind,[460]
(3) bei Versäumung der Vollziehungsfrist, § 929 Abs. 2 ZPO,[461] und
(4) bei Versäumung der Frist zur Klageerhebung.[462]

312 Bei einer Änderung der Rechtsprechung entscheidet die herrschende Meinung[463] zu Recht anders: Die Kostenentscheidung des Verfügungsverfahrens bleibt bestehen.

f) Rechtsbehelfe

313 Der Antrag nach § 927 ZPO steht zunächst neben den anderen Rechtsbehelfen wie dem Widerspruch und der Berufung. Ist die einstweilige Verfügung noch nicht rechtskräftig, können auch diese Rechtsbehelfe eingelegt werden. Die bloße Möglichkeit des Widerspruchs oder der Berufung nimmt dem Aufhebungsantrag nicht das Rechtsschutzinteresse.[464] Dieses entfällt erst, wenn Widerspruch oder Berufung eingelegt ist, da die veränderten Umstände auch in diesen Verfahren geltend gemacht werden können. In seinem Anwendungsbereich verdrängt § 927 ZPO allerdings die Abänderungsklage, § 323 ZPO, und die Vollstreckungsgegenklage, § 767 ZPO;[465] der Antrag nach § 927 ZPO ist der speziellere Rechtsbehelf. Können die Einwendungen nicht nach § 927 ZPO geltend gemacht werden, etwa weil Mittel der Glaubhaftmachung fehlen, sind die anderen Rechtsmittel, §§ 323 oder 767 ZPO, gegeben.[466]

6. Aufhebung gegen Sicherheitsleistung, § 938 ZPO

314 Die **Aufhebung** einer einstweiligen Verfügung gegen Sicherheitsleistung, §§ 939, 719, 924 Abs. 3, 936 ZPO, ist zwar möglich, kommt aber im Wettbewerbsrecht wohl nur dann in Betracht, wenn sich zeigt, dass der Titel keinen Bestand haben wird. Die Unterlassungsverfügung ist in die Zukunft gerichtet und ihrem Sinn und Zweck nach auf rasche vorläufige Verletzungsunterbindung gerichtet. Durch Sicherheitsleistung kann dieser Sicherungszweck nicht erreicht werden.[467]

7. Schutzschrift

a) Verteidigungsmöglichkeit

315 Da im wettbewerbsrechtlichen Verfügungsverfahren die Gerichte häufig durch Beschluss entscheiden und der Gegner – der vermeintlich wettbewerbswidrig Handelnde – somit zunächst keine Verteidigungsmöglichkeit hat, ist sehr wohl zu überlegen, ob nicht eine „**Schutzschrift**" bei Gericht eingereicht wird. In aller Regel wird der „Verletzer" durch eine Abmahnung erfahren, dass Unterlassung von ihm begehrt wird; darauf kann er reagieren!

---

[459] BGH GRUR 1993, 988 – *Verfügungskosten*, *Teplitzky*, Kap. 56 Rn. 38, m.w.N., Fn 116.
[460] BGH GRUR 1988, 787, 788; *Teplitzky*, Kap. 56 Rn., m.w.N., Fn 118.
[461] HM, OLG Karlsruhe WRP 1997, 57, 58; *Teplitzky*, Kap. 56 Rn. 38, m.w.N., Fn 117.
[462] OLG Hamm NJW-RR 1990, 1214; *Grunsky*, in: Stein/Jonas, § 927 ZPO Rn. 16.
[463] KG WRP 1990, 332 f.
[464] OLG Köln WRP 1987, 567.
[465] Zöller/*Vollkommer*, § 927 ZPO Rn. 1, m.w.N.
[466] *Teplitzky*, Kap. 43 Rn. 6 ff.
[467] OLG Köln MD 2003, 75; *Teplitzky*, Kap. 57 Rn. 44.

b) Gesetz

316 Die „Schutzschrift" ist im Gesetz **nicht vorgesehen**, sie ist jedoch allgemein anerkannt.[468] Sie versucht, die „Mitwirkungsdefizite" des Gegners beim Beginn des Verfügungsverfahrens auszugleichen. Formvorschriften gibt es nicht; Anwaltszwang besteht nicht; Prozesskostenhilfe für eine Schutzschrift wird für möglich erachtet.[469]

317 In der Schutzschrift soll der **Gegner** die Möglichkeit bekommen, seine Sicht der Dinge darzustellen und seine Argumente vorzubringen. Es ist eine Art Klageerwiderung, ohne dass der Gegner die Klage kennt. Soll eine Schutzschrift ihren Sinn erreichen, müssen die Parteien und die maßgeblichen Umstände tatsächlicher und rechtlicher Natur konkret benannt sein; sie sind glaubhaft zu machen, § 294 Abs. 1 ZPO. Eine Schutzschrift ist vom Gericht zu berücksichtigen.

c) „Fliegender" Gerichtsstand

318 Wegen des **„fliegenden" Gerichtsstands** im Wettbewerbsrecht, § 14 Abs. 2 S. 1 UWG – das Internet ist überall abrufbar, eine verletzende Zeitungsannonce erscheint in nahezu jedem Ort in Deutschland – kann es sinnvoll sein, die Schutzschrift bei mehreren Gerichten zu hinterlegen. Sie wird Teil des Verfahrens, das Gericht hat sie zu beachten, Art. 103 Abs. 1 GG.[470] Wenn das Gericht aufgrund der Schutzschrift den Antrag zurückweisen will, muss es dem Antragsteller Gelegenheit zur Äußerung geben – schriftlich oder durch mündliche Verhandlung.

d) Antrag auf Erlass

319 Weist das Gericht den **Antrag auf Erlass** der einstweiligen Verfügung zurück oder nimmt der Antragsteller den Antrag zurück, sind die Kosten der Schutzschrift dem Gegner zu erstatten (§§ 91, 269 Abs. 3 S. 2 ZPO analog), und zwar unabhängig davon, ob die Schutzschrift vor oder nach dem Verfügungsantrag eingegangen ist.[471] Erstattet werden können jedoch nur die Kosten, die durch die Einreichung der Schutzschrift bei dem Gericht angefallen sind, bei dem später auch der Verfügungsantrag gestellt worden ist. Nicht dagegen die Kosten, die durch Einreichung von Schutzschriften bei anderen Gerichten („fliegender Gerichtsstand") entstanden sind. Für eine Kostenentscheidung des Gerichts ist stets Voraussetzung, dass es zu einem Prozessrechtverhältnis der Parteien kommt, das Grundlage des Kostenerstattungsanspruchs ist; ein solches Prozessrechtverhältnis entsteht aber nur bei dem Gericht, bei dem der Verfügungsantrag letztendlich auch gestellt wird.[472]

8. Verfassungsbeschwerde

320 Die **Verfassungsbeschwerde**, Art. 93 Abs. 1 Nr. 4a GG, ist ein außerordentlicher Rechtsbehelf[473] gegen letztinstanzliche Entscheidungen. Sie setzt die Erschöpfung des Rechtsweges voraus. Da der Beschwerdeführer die Möglichkeit hat, die Entscheidung im Hauptsacheverfahren zu korrigieren, greift die Verfassungsbeschwerde nicht. Dies gilt dann nicht, wenn dem Beschwerdeführer die Erhebung der Hauptsacheklage nicht zugemutet werden kann, so, wenn die gerügte Grundrechtsverletzung die Eilentscheidung selbst betrifft und

---

[468] BGH GRUR 2003, 456; Deutsch, GRUR 1990, 327, m.w.N.
[469] Zöller/*Phillippi*, § 114 ZPO Rn. 2.
[470] BGH GRUR 2003, 456.
[471] BGH GRUR 2003, 456 – *Kosten einer Schutzschrift*; OLG Koblenz GRUR 95, 171; KG WRP 99, 547; *Teplitzky* Kap. 55 Rn. 56, m.w.N., aA OLG Düsseldorf GRUR 88, 404.
[472] Hanseatisches OLG Hamburg GRUR-RR 2014, 208.
[473] BVerfG NJW 2004, 3768.

im Hauptsacheverfahren nicht hinreichend ausgeräumt werden kann oder wenn der Sachverhalt keiner weiteren Klärung mehr bedarf und mit Blick auf die Identität der im Eil- und Hauptsacheverfahren zu entscheidenden Rechtsfragen nicht damit zu rechnen ist, dass das Hauptsacheverfahren die Anrufung des BVerfG entbehrlich machen wird.[474]

V. Die Vollziehung der einstweiligen Verfügung

a) Vollziehung

321 Ganz besonders wichtig: Die einstweilige Verfügung ist zu **vollziehen**! Wird sie nicht innerhalb der bestimmten Frist vollzogen, wird sie unwirksam. Auf Widerspruch, Aufhebungsantrag oder Berufungsantrag hin, ist die einstweilige Verfügung dann aufzuheben, weil ein Anspruch auf vorläufige Durchsetzung eines Unterlassungsbegehrens von vornherein nicht bestanden hat.

322 Die Vollziehung geschieht nach den **Regeln der Zwangsvollstreckung**, §§ 936, 928 ZPO; sie ist innerhalb eines Monats ab der Verkündung des Urteils oder der Zustellung des Beschlusses zu bewirken, § 929 Abs. 2 ZPO. Ob die Vollziehungsfrist eingehalten ist, ist in jeder Lage des Verfahrens von Amts wegen zu beachten.[475] Der Kläger hat im Streitfall die Wahrung der Frist glaubhaft zu machen.

323 Wird die Verfügung nicht rechtzeitig vollzogen – also nicht innerhalb der Monatsfrist des § 929 Abs. 2 ZPO –, wird sie aufgehoben. Der Gläubiger trägt dann die gesamten Kosten des Verfügungs- und des Aufhebungsverfahrens, also auch die Kosten der ursprünglich zu Recht erlassenen Verfügung.[476]

324 Er kann – wenn die Dringlichkeit noch vorliegt – einen **neuen Antrag** stellen.[477] Auch wenn die Frist versäumt und die einstweilige Verfügung aufgehoben wurde, ist der Gläubiger nicht gehindert, nun in der Hauptsache gegen den Schuldner vorzugehen, wenn die Voraussetzungen (noch) vorliegen. Nimmt er den Antrag zurück, hat er keinen materiellen Erstattungsanspruch.[478]

b) Eilcharakter

325 Die Vollziehungsfrist trägt dem **Eilcharakter** Rechnung und dient dem Schutz des Schuldners; sie soll dem Schuldner Gewissheit darüber verschaffen, ob die einstweilige Verfügung gegen ihn eingesetzt wird.[479] Sie wirkt außerdem als zeitliche Begrenzung der einstweiligen Verfügung und soll sicherstellen, dass der Verfügungsgrund im Zeitpunkt der Vollziehung fortwirkt und die einstweilige Verfügung nicht unter wesentlich veränderten Umständen vollzogen wird.

326 Kann nur gegen Sicherheitsleistung vollzogen werden – etwa wenn besonders hoher Schaden droht[480] oder bei einem Produktions- oder Vertriebsverbot[481] –, so ist auch die Sicherheit innerhalb der Frist zu erbringen,[482] der Nachweis darüber ist zuzustellen.[483]

---

[474] BVerfG NJW 2004, 3768.
[475] BGH NJW 1991, 496.
[476] OLG Karlsruhe WRP 1998, 330.
[477] OLG Frankfurt WRP 1983, 212, 213.
[478] BGH GRUR 1995, 169, 170 – *Kosten des Verfügungsverfahrens bei Antragsrücknahme*.
[479] BVerfG NJW 1988, 3141.
[480] KG WRP 1995, 24.
[481] KG NJW-RR 1986, 1127.
[482] OLG Hamm OLGR 1994, 59.
[483] Ullmann/*Hess*, UWG, § 12 Rn. 110, m.w.N.

Die **Vollziehungsfrist** beträgt einen Monat, §§ 929 Abs. 2, 936 ZPO; sie ist nicht verlängerbar und kann auch nicht verkürzt werden. Sie ist weder eine Notfrist noch notfristähnlich, eine Wiedereinsetzung in den vorigen Stand, § 233 ZPO, scheidet aus.[484] Sie beginnt bei der durch Urteil erlassenen einstweiligen Verfügung mit der Verkündung, beim „Stuhlurteil" deshalb sofort, § 310 Abs. 1 S. 1 ZPO. Versäumnisse des Gerichts entlasten den Gläubiger nicht! Wird also etwa nach einem Stuhlurteil das Urteil nicht sofort abgesetzt – die Monatsfrist des § 929 Abs. 2 ZPO läuft sofort mit Verkündung – verkürzt sich die Vollziehungsfrist für den Gläubiger. Dieser sollte sich deshalb sofort nach Verkündung eine Ausfertigung des Urteils holen; Tatbestand und Entscheidungsgründe sind nicht erforderlich![485] 327

Wird im Ausland zugestellt, genügt der Zustellungsantrag, um die Monatsfrist, §§ 936, 929 Abs. 2 ZPO, zu wahren, wenn „demnächst" tatsächlich zugestellt wird.[486] 328

c) Monatsfrist

Die einstweilige Verfügung ist **vollzogen**, wenn der Gläubiger innerhalb der Monatsfrist des § 929 Abs. 2 ZPO zeigt, dass er aus der Verfügung vorgehen will; dies muss dem Gegner klar und unmissverständlich bewusst werden. 329

Dazu genügt eine Amtszustellung nicht.[487] **Erforderlich** ist stets die Zustellung durch die Partei – bei mehreren Gegnern an jeden – in vollständiger Form; erst durch sie macht der Gläubiger zweifelsfrei klar, dass er die Verfügung einsetzen und aus ihr vorgehen wird; weitere Vollstreckungsmaßnahmen müssen nicht hinzutreten.[488] 330

Die Verfügung muss allerdings eine Ordnungsmittelandrohung enthalten.[489] Wesensmerkmal der Vollziehung ist ein eigenes Tätigwerden des Gläubigers,[490] das zeigt, dass er von der Verfügung Gebrauch machen will. Dies geschieht durch die Parteizustellung; andere Vollziehungsformen sind zwar möglich, kommen aber in der Praxis kaum vor, schon wegen der damit verbundenen Beweisprobleme. So reicht zwar jede Maßnahme aus, die zweifelsfrei den Willen des Gläubigers zur zwangsweisen Durchsetzung der Verfügung bekundet; sie muss jedoch einfach und eindeutig feststellbar sein.[491] Demgegenüber soll neben der Parteizustellung – bei der Beseitigungs- und Auskunftsverfügung – noch die Stellung eines Vollstreckungsantrages nach § 887 ZPO erforderlich sein, da für die Vollziehung insoweit eine Ordnungsmittelandrohung wegen § 888 Abs. 2 ZPO nicht möglich sei.[492]

Eine rechtzeitig innerhalb der Monatsfrist begonnene Vollziehungsmaßnahme, etwa Übergabe an den Gerichtsvollzieher, soll ausreichen, wenn die Zustellung „demnächst" erfolgt, § 167 ZPO. Dies ist für die Beschlussverfügung streitig.[493] 331

Die **Parteizustellung** erfolgt an den Gegner durch den Gerichtsvollzieher, § 192 Abs. 1 ZPO, oder von Anwalt zu Anwalt, wenn der Empfänger zur Annahme bereit ist und ein 332

---

[484] BGHZ 120, 86 = NJW 1993, 1979; Fezer/*Büscher*, Lauterkeitsrecht, UWG, § 12 Rn. 134; Ohly/Sosnitza/*Piper*, UWG, § 12 Rn. 170.
[485] Einzelheiten Götting/Nordemann/*Kaiser*, UWG, § 12 Rn. 296 ff., m.w.N.
[486] Ullmann/*Hess*, UWG, § 12 Rn. 107.
[487] BGHZ 120, 73, 79 ff. = GRUR 1993, 415, 416.
[488] BGH NJW 1990, 122, 124.
[489] BGH 131, 141, 145 = WRP 1996, 104, 105 – *Einstweilige Verfügung ohne Strafandrohung*.
[490] OLG Koblenz NJW 1980, 948; Zöller/*Vollkommer*, § 928 ZPO Rn. 2.
[491] BGH GRUR 1993, 415, 416 f.= BGHZ 120, 73, 87 – *Straßenverengung*; BGH WRP 1989, 514, 517.
[492] *Köhler*/Bornkamm, UWG, § 12 Rn. 3.62, *Teplitzky*, Kap 35 Rn. 40, 40 a; a.A. OLG Frankfurt WRP 1998, 223; *Ahrens* WRP 1999, 1, 6.
[493] *Teplitzky*, Kap. 55 Rn. 41a, 42 Fn. 150 ff.

schriftliches Empfangsbekenntnis erteilt, § 195 ZPO.[494] Bei mehreren Gegnern ist an jeden persönlich – oder seinen gesetzlichen Vertreter, §§ 191, 178 ff. ZPO – zuzustellen.

333 Soll die Vollziehung **wirksam** sein, ist dem Gegner nach den §§ 936, 922 Abs. 2 ZPO eine Ausfertigung oder eine beglaubigte Abschrift einer Ausfertigung im Parteibetrieb zuzustellen;[495] sie muss einen ordnungsgemäßen Ausfertigungsvermerk tragen, § 317 Abs. 3 ZPO. Eine einfache oder beglaubigte Abschrift ohne Ausfertigungsvermerk reicht nicht.[496] Beim Urteil genügt auch eine abgekürzte Ausfertigung, die keinen Tatbestand und keine Entscheidungsgründe enthält, §§ 317 Abs. 2 S. 1, Abs. 3, 750 Abs. 1 S. 2 ZPO.

334 Ist die **Abschrift** der Urteilsverfügung nicht beglaubigt, genügt ihre – demnach nur versuchte – Parteizustellung in Verbindung mit der ordnungsgemäßen Amtszustellung für eine wirksame Vollziehung.[497] Das zuzustellende Schriftstück muss lesbar und vollständig sein, es darf keine Seite fehlen.[498] Anlagen, die Bestandteil der einstweiligen Verfügung sind, müssen mit zugestellt werden, wenn ohne sie die Entscheidung aus sich heraus nicht verständlich ist,[499] etwa eine Antragsschrift, wenn auf sie Bezug genommen wird. So ist eine Vollziehung, wenn die Ausfertigung eine farbige Verbindungsanlage enthält, nicht wirksam, wenn nur eine Schwarz-Weiß-Kopie zugestellt wird.[500] Zwischen der Urschrift und der dem Schuldner zugestellten Abschrift muss Identität bestehen; daran kann es fehlen, wenn aufgrund schlechter Kopiequalität die Abschrift nur schwer erkennbar ist.[501]

335 Auch bei der **Beschlussverfügung** können Zustellungsmängel bei tatsächlichem Zugang geheilt werden, § 189 ZPO,[502] wenn feststeht, dass, wann und an wen zugestellt worden ist. Geheilt werden aber nur Mängel des Zustellungsvorgangs, nicht Mängel eines Schriftstücks.

d) Einzelne Fälle

336 In einzelnen Fällen – die nach Widerspruch aufgehobene Verfügung wird vom Berufungsgericht wieder erlassen, die bereits vollzogene Verfügung wird wesentlich erweitert – (Einzelheiten bei *Kaiser* in: Götting/Nordemann, § 12 Rn 310 m.w.N.) kann es nötig sein, die einstweilige Verfügung **erneut** zu vollziehen. Hier besteht wieder ein besonderes Risiko. Im Zweifel sollte die Verfügung unbedingt erneut vollziehen sollte; jedenfalls schadet eine erneute Vollziehung nicht. Eine erneute Vollziehung ist erforderlich, wenn Umstände vorliegen, die es aus Sicht des Schuldners zweifelhaft erscheinen lassen, ob auch unter den veränderten Umständen der Vollziehungswille des Gläubigers weiterhin besteht.

VI. Das Abschlussverfahren

a) Vorläufige Regelung

337 Die einstweilige Verfügung ist nur eine **vorläufige Regelung**, die bis zur Entscheidung in der Hauptsache gilt. Will der Gläubiger einen endgültigen Titel erreichen, müsste er das Hauptsacheverfahren durchführen. Das Gesetz sieht keine andere Möglichkeit vor. Die Praxis hat deshalb, um einen weiteren Rechtsstreit mit erheblichen Kosten zu vermeiden, die „Abschlusserklärung"[503] entwickelt.

---

[494] BGH WRP 1982, 514, 517 – *Vollziehung der einstweiligen Verfügung*.
[495] BGH GRUR 2004, 264, 265 – *Euro-Einführungsrabatt*.
[496] OLG Dresden v. 8.7.1998 – 14 W 1277/97, *Marx*, WRP 2004, 970, 973.
[497] OLG Dresden v. 12.1.1999 – 14 U 2210/98, *Marx*, WRP 2004, 970, 973.
[498] BGHZ 138, 166, 169 = GRUR 1998, 746 – *unzulängliche Zustellung*.
[499] OLG Düsseldorf GRUR 1984, 78, 79.
[500] OLG Hamburg WRP 2007, 559.
[501] OLG Frankfurt GRUR 2014, 691, Rn. 12.
[502] BGH NJW 2001, 1946, 1947.
[503] Vgl. BGH GRUR 1991, 76, 77.

C. Die einstweilige Verfügung

Der Schuldner muss die einstweilige Verfügung als endgültige Regelung anerkennen, dadurch wird der Rechtsstreit endgültig beigelegt. Der Gläubiger wird i.d.R. – notwendig ist dies aber nicht – den Schuldner vor Erhebung der Hauptsacheklage auffordern, die Abschlusserklärung abzugeben, der Schuldner, der nicht damit rechnet, im Hauptsacheverfahren – mit anderen Beweismöglichkeiten – zu obsiegen, oder im Hauptsacheverfahren eine andere rechtliche Bewertung zu erstreiten, wird diese Erklärung wohl abgeben, allein um Zeit und Kosten zu sparen. Der Gläubiger ist zwar nicht verpflichtet, den Schuldner zur Abgabe aufzufordern, unterlässt er dies jedoch und erhebt sofort Klage, so trägt er das Kostenrisiko des § 93 ZPO, wenn der Schuldner sofort anerkennt. 338

Das Abschlussverfahren ist für die Parteien jedoch **nicht gefahrlos**. Der Schuldner verliert, wenn er die Abschlusserklärung abgibt – in diesem Rahmen – die Möglichkeit, gegen die einstweilige Verfügung vorzugehen; für eine Hauptsacheklage oder eine Feststellungsklage entfällt dann das Rechtsschutzinteresse,[504] ein eventuell bestehender Anspruch nach § 945 ZPO erlischt.[505] 339

Das zwischen den Parteien durch die Abgabe der Abschlusserklärung entstehende Dauerschuldverhältnis kann, wenn die Geschäftsgrundlage gestört ist, § 311 Abs. 1, Abs. 3 BGB, nach den Grundsätzen über den Wegfall der Geschäftsgrundlage angepasst oder gekündigt werden. Eine Bindung für den Schadenersatzprozess kann aus einer Abschlusserklärung nicht hergeleitet werden, da auch ein rechtskräftiges Unterlassungsurteil im Verfügungsverfahren keine Rechtskraft für den Schadenersatzprozess entfaltet.[506] 340

b) „Abschlussschreiben"

Das Abschlussverfahren wird in der Regel dadurch eingeleitet, dass der Gläubiger dem Schuldner ein **„Abschlussschreiben"** schickt und ihn dazu auffordert, die „Abschlusserklärung" abzugeben und die einstweilige Verfügung als endgültig anzuerkennen. 341

Der Schuldner braucht das Abschlussschreiben aber nicht abzuwarten, er kann die Erklärung auch unaufgefordert abgeben und sich dadurch die Kosten für das Abschlussverfahren sparen.[507] Die Aufwendungen des Gläubigers – etwa für den Anwalt für das Abschlussschreiben – sind dann nicht notwendig. Ein Anspruch auf Kostenerstattung für ein Abschlussschreiben setzt deshalb voraus (früher wurde eine Frist von knapp zwei bis höchstens vier Wochen zur Abgabe für den Schuldner für angemessen gehalten.[508]), dass der gläubiger vor dessen Übersendung eine angemessene Wartefrist von mindestens zwei Wochen nach Zustellung des Urteils – durch das die eV erlassen oder bestätigt worden ist – an den Schuldner abgewartet hat.[509] Um die Kostenfolge des § 93 ZPO bei sofortigem Anerkenntnis im Hauptsacheverfahren zu vermeiden, muss der Gläubiger dem Schuldner außerdem eine Erklärungsfrist von im Regelfall mindestens zwei Wochen für die Prüfung einräumen, ob er die Abschlusserklärung abgeben will. Warte- und Erklärungsfrist dürfen zusammen also nicht kürzer sein, als die Berufungsfrist, § 517 ZPO.[510] Eine zu kurze Erklärungsfrist setzt eine angemessene Erklärungsfrist in Gang.[511] 342

Der Schuldner wird **zweckmäßigerweise**[512] – notwendig ist dies jedoch nicht – schriftlich aufgefordert, innerhalb einer bestimmten Frist die Abschlusserklärung abzugeben. Die Frist soll es dem Schuldner ermöglichen, den Fall sorgfältig zu prüfen. Zwei Wochen ab Zugang des Abschlussschrei- 343

---

[504] BGH WRP 1996, 104, 105; GRUR 1991, 76, 77 – *Abschlusserklärung*.
[505] OLG Köln GRUR 1970, 204; *Köhler*/Bornkamm, UWG, § 12 Rn. 3.77.
[506] BGH GRUR 2002, 1046.
[507] Fezer/*Büscher*, Lauterkeitsrecht, UWG, § 12 Rn. 146; Ohly/Sosnitza/*Piper*, UWG, § 12 Rn. 184.
[508] OLG Frankfurt WRP 2003, 1002; *Teplitzky* Kap. 43 Rn. 31; Fezer/*Büscher* a.a.O., Rn. 181 ff.; OLG Hamm GRUR-RR 2010, 267 Rn. 21 ff.
[509] BGH GRUR 2015, 822 ff. Rn. 21 – *Abschlussschreiben II*.
[510] BGH GRUR 2015, 822 ff. Rn. 23 – *Abschlussschreiben II*.
[511] BGH GRUR 2015, 822 ff. Rn. 25 – *Abschlusserklärung II*.
[512] *Köhler*/Bornkamm, UWG, § 12 Rn. 3.71.

bens dürften in den allermeisten Fällen – bei schwierigen Fällen längstens vier Wochen- genügen,[513] An die Stelle einer zu kurzen Frist tritt eine angemessene Frist. Eine Fristsetzung mit Klageandrohung für den Fall, dass die Abschlusserklärung nicht rechtzeitig abgegeben wird, ist unabdingbar.[514] Üblich, aber nicht erforderlich ist es, die gewünschte Erklärung vorzuformulieren.[515] Eine zu weit gehende oder unzutreffende Aufforderung ist nicht von vornherein unbeachtlich: Wenn sich der „Mangel" deutlich erkennen lässt, muss der Schuldner reagieren – sogar Rechtsrat einholen – und die objektiv erforderliche Erklärung abgeben oder auf die zu weitgehenden Forderungen des Gläubigers hinweisen.[516] Gibt demgegenüber der Schuldner eine unzureichende Abschlusserklärung ab, besteht eine „Nachfasspflicht" des Gläubigers,[517] wenn die abgegebene Erklärung nicht so weit hinter der geforderten Erklärung zurückbleibt, dass der Gläubiger sie nur als (endgültige) Ablehnung verstehen kann.

344   Das Abschlussschreiben muss zwar dem Schuldner zugegangen sein, der **Beweis** für den Zugang obliegt aber nicht dem Gläubiger, sondern dem Schuldner. Er muss beweisen, dass ihm kein Abschlussschreiben zugegangen ist. Den Gläubiger trifft die sekundäre Darlegungslast für die Einzelheiten der Absendung.[518]

c) Erforderlichkeit

345   Ein Abschlussschreiben ist **nicht erforderlich**, wenn das Verhalten des Schuldners für den Gläubiger nur den Schluss zulässt, dass dieser die Abschlusserklärung nicht abgeben wird. Etwa wenn der Schuldner gegen die erlassene Verfügung Rechtsmittel einlegt.[519] Ein erfolglos gebliebenes Aufforderungsschreiben ist – nach durchgeführtem Widerspruchs- oder Berufungsverfahren über die einstweilige Verfügung – zu wiederholen.[520]

d) „Abschlusserklärung"

346   Auf das Abschlussschreiben hin ergeht i.d.R. die „**Abschlusserklärung**". Sie muss erkennen lassen, dass der Schuldner die einstweilige Verfügung als endgültige Regelung anerkennt. Sie ist unbedingt und vorbehaltlos gegenüber dem Gläubiger abzugeben[521] und ist nach allgemeinen Grundsätzen auszulegen.[522] Der Sinn als Abschlusserklärung muss sich danach zweifelsfrei ermitteln lassen; Zweifel gehen zulasten des Verfassers.[523] Die Erklärung kann auf einzelne Streitgegenstände beschränkt werden; ansonsten ist sie in dem Umfange abzugeben, wie der Tenor des Gerichts erlassen worden ist.[524] Der Schuldner muss sich – im Rahmen der Abschlusserklärung – nicht zur Kostentragung, zur Auskunft oder zum Schadenersatz verpflichten.[525]

347   Die Abschlusserklärung muss **dem Gläubiger zugehen**, § 130 BGB, im Streitfall hat dies der Schuldner nachzuweisen. Sie ist in seinem Interesse, er ist der Verletzer. Da es sich wie beim Rechtsmittelverzicht um eine einseitige Erklärung handelt, ist eine Annahme zur Wirksamkeit nicht erforderlich, außer die Erklärung enthält ein materielles Schuldanerkenntnis.[526]

---

[513] KG WRP 1989, 659, 661; *Teplitzky*, Kap. 43 Rn. 23, m.w.N.; *Köhler*/Bornkamm, UWG, § 12 Rn. 3.71.
[514] *Teplitzky*, Kap. 43 Rn. 24.
[515] *Teplitzky*, Kap. 43 Rn. 18.
[516] *Teplitzky*, Kap. 43 Rn. 19, m.w.N.
[517] *Köhler*/Bornkamm, UWG, § 12 Rn. 3.70; OLG Hamburg WRP 1986, 292.
[518] jetzt entschieden durch BGH GRUR 2007, 629.
[519] OLG Hamm WRP 1991, 496, 497.
[520] OLG Düsseldorf WRP 1991, 479.
[521] BGH GRUR 1991, 76, 77 – *Abschlusserklärung*.
[522] BGH WRP 1989, 572, 574.
[523] KG WRP 1986, 87.
[524] OLG Karlsruhe WRP 1993, 43, 44.
[525] Fezer/*Büscher*, Lauterkeitsrecht, UWG, § 12 Rn. 141.
[526] *Köhler*/Bornkamm, UWG, § 12 Rn. 3.76; Götting Nordemann/*Kaiser*, UWG, § 12 Rn. 326.

VII. Schadensersatz nach § 945 ZPO

1. Allgemeines

Der Schadensersatzanspruch des § 945 ZPO ist **verschuldensunabhängig**! Wer aus einer einstweiligen Verfügung vorgeht, trägt das Risiko, dass sich sein Vorgehen als unberechtigt erweist.[527] Dessen muss sich der Gläubiger stets bewusst sein. Wer deshalb „ungerechtfertigt" vollstreckt, kann über den Schadensersatzanspruch möglicherweise seine eigene Existenz vernichten. Zu ersetzen ist der gesamte verursachte Schaden, also unter Umständen Ersatz für monatelangen Produktionsausfall bis hin zur Insolvenz des gegnerischen Unternehmens.

2. Ausnahmetatbestand

§ 945 ZPO stellt einen **Ausnahmetatbestand** dar, er ist wegen der strengen Haftung eng auszulegen. Eine erweiternde Auslegung oder eine Analogie scheiden aus.[528] Schadensersatzansprüche nach § 945 ZPO ergeben sich nur in den drei gesetzlichen geregelten Fällen:

(1) Die einstweilige Verfügung erweist sich von Anfang an als ungerechtfertigt (Alt. 1);
(2) die einstweilige Verfügung wird nach § 926 Abs. 2 ZPO aufgehoben (Alt. 2);
(3) die einstweilige Verfügung wird nach § 942 Abs. 3 ZPO aufgehoben (Alt. 3).

Der Schadensersatzanspruch verjährt in drei Jahren, § 195 BGB. Die Verjährung beginnt mit dem Schluss des Jahres der Anspruchsentstehung und der Kenntnis oder grobfahrlässigen Unkenntnis des Gläubigers von den anspruchsbegründenden Umständen und der Person des Schuldners, § 199 Abs. 1 BGB. Der Fristbeginn tritt aber nicht vor Abschluss des Verfügungsverfahrens und auch nicht vor einer den Verfügungsanspruch rechtskräftig verneinenden Entscheidung zur Hauptsache ein.[529]

Erwartet der Antragsteller eine Schadensersatzklage, kann er negative **Feststellungsklage** erheben, mit dem Antrag, dass eine Schadensersatzpflicht nicht besteht.

Einer Klage mit dem Antrag, der Unterlassungsanspruch habe bestanden, fehlt das Rechtsschutzinteresse. Denn damit wird der Streit nicht stets erschöpfend geklärt:[530] Wird die Klage abgewiesen, ist zwar festgestellt, dass der Unterlassungsanspruch nicht bestand; die weiteren Voraussetzungen des § 945 ZPO sind damit aber noch nicht geklärt.

3. Vollstreckungsdruck als Schadensursache

Der Schaden muss sich aus der „**Vollziehung**" – oder der Sicherheitsleistung – ergeben. Allein das Erstreiten eines Titels ist nicht ausreichend. Der Gläubiger kann sich also gefahrlos einen Titel erstreiten, dann hat er noch eine Überlegungsfrist, ob er aus dem Titel auch vorgeht. Erst diese weitere Entscheidung, jetzt aus dem Titel vorzugehen, löst die Ersatzpflicht aus, wenn der Gläubiger dann diesen Schritt tut.

Die scharfe Haftung des § 945 ZPO ist nur dann gerechtfertigt, wenn ein gewisser Vollstreckungsdruck erzeugt wird und der Schuldner deshalb die untersagte Handlung unter-

---

[527] BGH WRP 1996, 104, 105; BGHZ 122, 172.
[528] BGHZ 122, 172.
[529] BGHZ 75, 1, 6; BGH NJW 1992, 2297, 2298; 1993, 863, 864; Ohly/Sosnitza/*Piper*, UWG, § 12 Rn. 206.
[530] BGH WRP 1994, 733, 735 – *Fortsetzungsverbot* = BGHZ 126, 368, 373 = GRUR 1994, 849, 850.

lässt.[531] Ein solcher Vollstreckungsdruck geht von einem Unterlassungstitel allein nicht aus. Ebenso wenig, wenn eine im Beschlusswege erlassene Verbotsverfügung vor einer förmlichen Parteizustellung formlos der Gegenseite übermittelt wird.[532] Die Anordnung zur Zahlung eines Ordnungsgeldes, § 890 Abs. 2 ZPO, ist zwingende Vollstreckungsvoraussetzung; solange sie nicht ausgesprochen ist, braucht der Gegner nicht zu fürchten, dass die einstweilige Verfügung vollzogen wird.[533]

4. Aufgehobene oder von Anfang an ungerechtfertigte einstweilige Verfügung

355 Die **einstweilige Verfügung** muss aufgehoben worden sein oder sie muss von Anfang an ungerechtfertigt gewesen sein. Maßgeblich ist eine ex-post-Betrachtung. Der Antragsteller hat die Richtigkeit seines Rechtsschutzbegehrens nachzuweisen,[534] die Beweislast für die Rechtmäßigkeit der einstweiligen Verfügung liegt bei ihm; neue Tatsachen und Beweismittel können vorgebracht werden.[535] Lagen die Voraussetzungen für den Erlass der einstweiligen Verfügung vor, haben sich später die Umstände verändert, ist die einstweilige Verfügung nicht zu Unrecht ergangen.

356 Die einstweilige Verfügung wird von Anfang an **unrichtig**, wenn Gesetzesbestimmungen nachträglich für verfassungswidrig erklärt werden oder wenn sich die Rechtsprechung geändert hat.[536] Eine zwischenzeitliche rechtskräftige Hauptsache Entscheidung entfaltet jedoch Bindungswirkung.[537] Das bedeutet, dass der Verfügungsgegner die gegen ihn rechtskräftig festgesetzten und gezahlten Kosten nicht mehr erstattet bekommt, auch wenn die Entscheidung sich wegen dieser Änderungen als unrichtig erweist. War die einstweilige Verfügung bei Erlass ungerechtfertigt, wird sie aber durch nachträgliche Veränderungen richtig, haftet der Antragsteller für den Interimsschaden bis zur Rechtmäßigkeit.

5. Bindung des Schadenersatzgerichts an vorangegangene Entscheidungen

357 Schwierigkeiten kann die **Bindung** des Schadensersatzgerichts an die Entscheidungen des „Erstgerichts" ergeben

a) Beschlussverfügung

358 Wurde die einstweilige Verfügung **durch Beschluss** erlassen, und wurde dagegen kein Rechtsbehelf (Widerspruch) eingelegt oder das Rechtsmittel wurde wieder zurückgenommen, so gibt es keine Entscheidung über die Rechtmäßigkeit der einstweiligen Verfügung. Gleiches gilt, wenn die Parteien den Rechtsstreit für erledigt erklärt oder den Rechtsstreit durch Vergleich erledigt haben. Da keine Rechtmäßigkeitsprüfung stattgefunden hat, prüft das Schadensersatzgericht in all diesen Fällen völlig frei, ob die einstweilige Verfügung hätte ergehen dürfen.[538]

---

[531] BGH WRP 1996, 104, 105, 106.
[532] BGH GRUR 2015, 196 ff. Rn. 17.
[533] Ebenda.
[534] BGH GRUR 1992, 203, 204 – *Roter Genever*; BGH NJW 2003, 2610, 2612.
[535] BGH GRUR1992, 203, 204 – *Roter Genever*.
[536] BGHZ 54, 76, 80 f.
[537] BGH GRUR 1988, 787, 788 – *Nichtigkeitsfolgen der Preisangabenverordnung*; *Teplitzky*, Kap. 36 Rn. 10, 14.
[538] BGH GRUR 1992, 203, 205 – *Roter Genever*.

b) Urteilsverfügung

Für **Urteile** im Verfügungsverfahren gilt:

- Entscheidungen über den Verfügungsanspruch binden nicht, gleichgültig, ob die Verfügung bestätigt oder aufgehoben worden ist.[539]
- Die Entscheidung über den Verfügungsgrund ist demgegenüber bindend.[540]

Dies ist jedoch kaum von Bedeutung, da trotz bindend festgestellter mangelnder Dringlichkeit ein Schadenersatzanspruch scheitert, wenn der Schuldner materiell-rechtlich die Handlung zu unterlassen hat; es fehlt an einem ersatzfähigen Schaden.[541] Wer ein bestimmtes Verhalten zu unterlassen hat, kann – wenn er nicht handelt – keinen Schaden haben.

c) Urteil in der Hauptsache

Ist im Hauptsacheverfahren eine **Sachentscheidung** (rechtskräftig) ergangen, ist im Umfang der Rechtskraft die Sachentscheidung bindend.[542] Die Bindungswirkung beruht auf der materiellen Rechtskraft, § 322 Abs. 1 ZPO. Sie entfällt jedoch bei einem nicht mit Gründen versehen Verzichts- oder Versäumnisurteil.[543]

Versäumnisurteile sind jedoch dann bindend, wenn sie eine rechtskräftige Sachentscheidung darstellen oder sie das Revisionsgericht erlassen hat.[544]

d) Hauptsacheverfahren

Ist das **Hauptsacheverfahren** ohne eine der Rechtskraft fähige Entscheidung abgeschlossen worden, ist der Richter bei Prüfung des § 945 Alt. 1 ZPO frei, so, wenn ein Kostenbeschluss nach § 91 a ZPO ergangen ist.[545]

6. Schadensumfang

a) Schaden

Jeder durch die Vollziehung der **einstweiligen Verfügung** – oder durch die Leistung der Sicherheit – adäquat kausal verursachte, mittelbare oder unmittelbare Schaden einschließlich des infolge des Vollzugs der Verbotsverfügung entgangenen Gewinns ist nach den Grundsätzen der §§ 249 ff. BGB zu ersetzen.[546]

Ein ersatzfähiger Vollziehungsschaden kann bereits dann entstehen, wenn der Gläubiger beginnt, die einstweilige Verfügung zu vollziehen,[547] in aller Regel mit der Parteizustellung, die Vollstreckungsmaßnahme muss nicht beendet sein.

b) Erlangung des Titels

Nicht von § 945 ZPO erfasst sind Schäden, die durch die **Erlangung des Titels** oder durch die Erfüllung zur Abwendung der Vollziehung entstehen. Wie im Erkenntnisverfah-

---

[539] RGZ 106, 289, 292; BGH GRUR 1998, 1010, 1011; *Teplitzky*, Kap. 36 Rn. 22, 23; OLG Stuttgart WRP 1992, 518,.520.
[540] BGH NJW 1990, 122, 123; *Teplitzky*, Kap. 36 Rn. 28.
[541] BGH GRUR 1992, 203, 206; BGH WRP 1994, 733, 736.
[542] BGH GRUR 1988, 787, 788; 1992, 203, 205 – *Roter Genever*; BGHZ 122, 172, 175, auch wenn später die maßgebliche Rechtsgrundlage entfallen ist.
[543] BGH GRUR 1998, 1010; BGH WM 1971, 1129, 1130.
[544] BGH GRUR 1993, 998, 999 – *Verfügungskosten*.
[545] BGH GRUR 1992, 203, 205 – *Roter Genever*.
[546] BGH NJW 2006, 2557, 2559; 2006, 2767 Rn. 19.
[547] BGH NJW 1990, 122 f.

ren muss der Gläubiger die Möglichkeit haben, einen wirksamen Titel zu erlangen, ohne dass er Gefahr läuft, allein deshalb Ansprüchen ausgesetzt zu sein. Erst wenn der Gläubiger diesen Titel vollzieht, ist der Anspruch gerechtfertigt.[548] § 945 ZPO greift auch dann nicht, wenn sich der Gegner freiwillig zur Unterlassung verpflichtet oder sich über den objektiven Verbotsumfang des Unterlassungstitels hinaus weitergehenden Beschränkungen unterwirft.[549]

c) Grundsätze

366 Die **Grundsätze der Vorteilsausgleichung** der gelten.[550] Mitverschulden, das bis zum Ausschluss des Schadensersatzanspruchs gehen kann, § 254 BGB, ist zu beachten.[551] Es liegt in der Regel vor, wenn der Verfügungsbeklagte den Eilantrag veranlasst oder provoziert hat, insb. wenn der Schuldner Maßnahmen unterlässt, die ein vernünftiger und wirtschaftlich denkender Mensch nach Lage der Sache ergreifen würde, um den Schaden von sich abzuwenden.[552] Demgegenüber trifft einen Verfügungsbeklagten kein Mitverschulden, der in einer rechtlichen Grauzone handelt, die sich erst im Nachhinein als rechtlich einwandfrei herausstellt, wenn der Verfügungskläger das Handeln vor der juristischen Klärung nicht hinnimmt und durch die Vollziehung der einstweiligen Verfügung unterbindet.[553]

367 Beim **entgangenen Gewinn**[554] kann der Richter nach § 287 Abs. 1 ZPO, § 252 BGB einen (Mindest-)Schaden schätzen, wenn und soweit die festgestellten Umstände dafür eine geeignete Grundlage bieten.[555] Als entgangen gilt der Gewinn, der unter den Voraussetzungen des § 252 S. 2 BGB wahrscheinlich erwartet werden konnte. Es wird dann vermutet, dass ein Gewinn gemacht worden wäre, eine Gewissheit ist nicht erforderlich.[556] Weiter sind zu ersetzen die Aufwendungen des Schuldners, die er zur Befolgung des Verbots gemacht hat, wie Kosten der Ersatzwerbung und Aufwendungen für Maßnahmen, die zur Schadensminderung gebotenen waren; auch hier kann ein Mindestschaden geschätzt werden.[557]

d) Probleme

368 **Problematisch** ist, ob die im Hauptsacheverfahren obsiegende Partei die Kosten des Verfügungsverfahrens als Schadenersatz verlangen? Diese Frage stellt sich nur, wenn diese Partei im Verfügungsverfahren unterlegen ist; hat sie auch dort obsiegt, trägt der Gegner die Kosten bereits nach dem Kostenausspruch der einstweiligen Verfügung. Zwei Fälle kommen hier in Betracht:

(1) Der Kläger hat **erfolgreich** eine einstweilige Verfügung erwirkt, unterliegt aber in dem späteren Hauptsacheverfahren, die einstweilige Verfügung wurde also aufgehoben:

- Die aufgrund der einstweiligen Verfügung beim Beklagten beigetriebenen Kosten sind als Schadensersatz nach § 945 ZPO zu ersetzen, da sie aufgrund der Vollziehung der einstweiligen Verfügung entstanden sind.[558]
- Die weiteren dem Gegner im Verfügungsverfahren entstandenen Kosten fallen nicht unter § 945 ZPO; sie sind nicht Folge der Vollziehung, sondern allenfalls der Erwirkung des Titels;[559] hier muss der Weg über § 927 ZPO gewählt werden.

---

[548] BGH WRP 1996, 104, 106.
[549] OLG München GRUR-RR 2004, 63.
[550] BGH NJW 1980, 2187.
[551] BGHZ 120, 261, 270 f; BGH NJW 1990, 2689, 2690; BGH WRP 2016, 331 Rn. 38 – *Piadina-Rückruf*.
[552] BGHZ 120, 261, 271 = NJW 1992, 593, 595.
[553] BGH NJW 2006, 2559 Rn. 31; BGH WRP 2016, 331 Rn. 46 – *Piadina-Rückruf*.
[554] RG GRUR 1943, 262.
[555] BGH GRUR 1992, 530 – *Gestoppter Räumungsverkauf*.
[556] BGH GRUR 1992, 530 – *Gestoppter Räumungsverkauf*.
[557] BGHZ 122, 172, 179 – *Verfügungskosten*.
[558] BGHZ 45, 251, 252 – *Kostenerstattung*.
[559] BGHZ 122, 172 ff. – *Verfügungskosten*.

(2) Der Beklagte **obsiegt** im Verfügungsverfahren, die einstweilige Verfügung wurde nicht erlassen, der Kläger dringt in der Hauptsache jedoch mit seinem Begehren durch:
- § 945 ZPO ist hier nicht anwendbar. Es liegt keine Maßnahme nach § 945 ZPO vor; auch ein materiell-rechtlicher Schadenersatzanspruch wird scheitern.[560]

D. Durchsetzungshindernisse

Schrifttum: *Borck*, Die Missbrauchsklausel (§ 8 Abs. 4 UWG) und deren Missbrauch, WRP 2006, 1428; *Barbasch*, Praktische Probleme bei der Darlegung der Rechtsmissbrauchs-Indizien, GRUR-Prax 2011, 486; *Conrad*, Der Rechtsmissbrauchseinwand des § 8 Abs. 4 UWG, IPRB 2015, 16; *Knippenkötter*, Indizien für rechtsmissbräuchliches Verhalten des Abmahnenden, GRUR-Prax 2011, 483; *Köhler*, Zur Geltendmachung und zur Verjährung von Unterlassungsansprüchen, JZ 2005, 489; *ders.*, Rechtsnatur und Rechtsfolgender missbräuchlichen Geltendmachung von Unterlassungsansprüchen (§ 8 Abs. 4 UWG), FS Schricker, 2005, 725; *Messer*, Neue Rechtsfragen zur Verjährung des wettbewerblichen Unterlassungs- und Schadensersatzanspruchs FS Helm, 2002, 111; *Peters*, Die Einrede der Verjährung als ein den Rechtsstreit in der Hauptsache erledigendes Ereignis, NJW 2001, 2289; *Pokrant*, Die missbräuchliche Anspruchsverfolgung im Sinne von § 8 Abs. 4 UWG, FS Bornkamm, 2014, 1053; *Rohlfing*, Verjährungsfristbeginn im Wettbewerbsrecht bei grobfahrlässiger Unkenntnis, GRUR 2006, 735; *Sack*, Das Verhältnis des UWG zum allgemeinen Deliktsrecht, FS Ullmann, 2006, S. 825; *Schulz*, Die neuen Verjährungsvorschriften im UWG, WRP 2005, 274; *Teplitzky*, Zu Formen rechtsmissbräuchlichen Gläubigerverhaltens gemäß § 8 Abs. 4 UWG, FS 100 Jahre Wettbewerbszentrale, 2012, 177.

I. Verjährung, § 11 UWG

1. Regelungszweck und -systematik

§ 11 UWG unterscheidet für wettbewerbsrechtliche Ansprüche **vier Verjährungsfristen**: sechs Monate nach § 11 Abs. 1 UWG, zehn bzw. 30 Jahre nach § 11 Abs. 3 UWG und drei Jahre nach § 11 Abs. 4 UWG. Die Verjährung – in besonderem Maße die kurze Verjährungsfrist des § 11 Abs. 1 UWG – soll die Rechtssicherheit fördern und den Schuldner schützen. Steht der Eintritt der Verjährung kurz bevor, gelangt eine Wettbewerbsstreitigkeit schneller zu einem Abschluss. Ist die Verjährung eingetreten, schützt dies den Schuldner vor einsetzenden Beweisschwierigkeiten und der im Wettbewerbsrecht drohenden Inanspruchnahme zahlreicher Gläubiger.[561]

Ob die **kurze** sechsmonatige Verjährungsfrist oder eine längere Verjährungsfrist eingreift, bestimmt sich maßgeblich danach, ob der Gläubiger Kenntnis von den anspruchsbegründenden Umständen und der Person des Schuldners erlangte oder ohne grobe Fahrlässigkeit erlangen musste, § 11 Abs. 2 Nr. 2 UWG. Nach Entstehung der von § 11 Abs. 1 UWG erfassten Ansprüche beginnt die sechsmonatige Verjährungsfrist erst ab einer solchen Kenntnis bzw. grob fahrlässigen Unkenntnis. Fehlt es hieran, so greifen § 11 Abs. 3, Abs. 4 UWG als **Auffangregelung** ein.

Den Verjährungsregelungen des BGB geht § 11 UWG für die hiervon erfassten Ansprüche aus dem UWG als wettbewerbsrechtliche **Sonderregelung** für Beginn und Dauer der

---

[560] BGHZ 45, 251 ff. – *Kostenerstattung*.
[561] BGH GRUR 1984, 820 Rn. 26 – *Intermarkt II*; Ahrens/*Bornkamm*, Kap. 34 Rn. 1.

Verjährungsfrist vor.⁵⁶² Im Anwendungsbereich von § 11 UWG gilt also weder die regelmäßige dreijährige Verjährungsfrist des § 195 BGB, noch beginnt die Verjährung nach § 199 Abs. 1 BGB erst am Ende des Jahres, in dem der Anspruch entstanden ist.

372 Nicht verdrängt werden hingegen die Vorschriften zu Hemmung, Ablaufhemmung, Neubeginn und Rechtsfolgen der Verjährung in §§ 203 bis 218 BGB.

2. Regelungsbereich

a) Verjährung nach § 11 UWG

373 Solange der Schuldner seiner gesetzlichen Unterlassungspflicht nachkommt, hat der Gläubiger keinen Anlass, gegen ihn vorzugehen; damit fehlt es an der Grundlage für den Beginn der Verjährung.⁵⁶³ Anders liegt es im Falle einer konkreten Gesetzesverletzung. Der daraus erwachsende **gesetzliche (Verletzungs-) Unterlassungsanspruch** des Gläubigers unterliegt der Verjährung nach § 11 UWG.⁵⁶⁴

374 Gleiches gilt für den vorbeugenden Unterlassungsanspruch nach § 8 Abs. 1 S. 2 UWG, auf den § 11 Abs. 1 UWG verweist.⁵⁶⁵ Der Zweck der Verjährung greift nicht erst bei drohender Wiederholung einer Rechtsverletzung, sondern bereits bei der Gefahr ihrer erstmaligen Begehung ein. Solange allerdings eine Dauerhandlung die Erstbegehungsgefahr begründet, entsteht der Anspruch fortlaufend neu, so dass eine Verjährung faktisch ausscheidet. Das Verhalten, auf das die Erstbegehungsgefahr gestützt wird, muss indes in einem nicht verjährten Zeitraum liegen.⁵⁶⁶

375 § 11 Abs. 1 UWG gilt ferner für die in §§ 8, 9, 12 Abs. 1 S. 2 UWG geregelten Beseitigungs-, Widerrufs-, Schadensersatz- und Abmahnkostenersatzansprüche. Auch Ansprüche aus ergänzendem wettbewerbsrechtlichen Leistungsschutz nach § 4 Nr. 3 UWG unterliegen § 11 UWG.⁵⁶⁷ Für den Anspruch auf Gewinnabschöpfung nach § 10 UWG gilt § 11 Abs. 4 UWG.⁵⁶⁸

376 Entsprechendes gilt bei einem Unterwerfungsvertrag für den **vertraglichen Unterlassungsanspruch**. Der Anspruch auf Unterlassung aus der Vereinbarung unterliegt – weil und solange er erfüllt wird – nicht der Verjährung, wohl aber der Anspruch auf Unterlassung aus einer Zuwiderhandlung gegen die Vereinbarung. Für dessen Verjährung gilt die sechsmonatige Verjährungsfrist nach § 11 Abs. 1 UWG analog, falls die Zuwiderhandlung nicht nur den Vertrag, sondern wie regelmäßig auch das Gesetz (§ 3 UWG) verletzt und damit zugleich einen gesetzlichen Unterlassungsanspruch nach § 8 Abs. 1 UWG auslöst.⁵⁶⁹ Auch der vertragsverletzende Beseitigungs- und Schadensersatzanspruch verjährt analog § 11 UWG bei Konkurrenz mit Ansprüchen aus §§ 8, 9 UWG.⁵⁷⁰

377 § 11 UWG ist zudem **analog anwendbar**, wenn der Verstoß gegen das UWG zugleich als Eingriff in den eingerichteten und ausgeübten Gewerbebetrieb einen – verdrängten – Anspruch aus § 823 Abs. 1 BGB begründet oder der Lauterkeitsverstoß den Schwerpunkt des

---

⁵⁶² BGH GRUR 1999, 751, 754 – *Güllepumpen*; Götting/Nordemann/*Menebröcker*, UWG § 11 Rn. 4.
⁵⁶³ BGHZ 59, 72 Rn. 12 – *Kaffeewerbung*.
⁵⁶⁴ BGH WRP 2009, 1505 Rn. 13 – *Mecklenburger Obstbrändle*; MünchKommUWG/*Fritzsche*, § 11 Rn. 15.
⁵⁶⁵ *Teplitzky*, Kap. 16 Rn. 4 f. m.w.N.; aA noch die Rspr vgl. BGH GRUR 1979, 121 Rn. 20 – *Verjährungsunterbrechung*.
⁵⁶⁶ Götting/Nordemann/*Menebröcker*, UWG, § 11 Rn. 11.
⁵⁶⁷ BGH GRUR 1999, 751 Rn. 36 – *Güllepumpen*.
⁵⁶⁸ H.M. vgl. Fezer/*Büscher*, UWG, § 11 Rn. 51; aA MünchKommUWG/*Fritzsche*, § 11 Rn. 38 ff., 45: §§ 195, 199 BGB.
⁵⁶⁹ Vgl. BGHZ 130, 288 Rn. 19 – *Kurze Verjährungsfrist*; Harte/Henning/*Schulz*, § 11 Rn. 31.
⁵⁷⁰ Götting/Nordemann/*Menebröcker*, UWG, § 11 Rn. 14.

Unrechtsgehalts bei einem Verstoß gegen ein Schutzgesetz im Sinne von § 823 Abs. 2 BGB bildet.[571] Der Kläger kann sich nicht durch die Auswahl der Rechtsnorm, auf die er seinen Anspruch stützt oder ausdrücklich nicht stützt, einer günstigeren Verjährungsregelung unterstellen.[572]

b) Verjährung nach §§ 195 ff. BGB

378 Sind Wettbewerbsverstöße auch nach anderen Vorschriften als solchen des UWG unzulässig, verjähren die **konkurrierenden** Ansprüche regelmäßig selbständig in der für sie maßgeblichen Verjährungsfrist.[573]

379 Dies gilt für die spezialgesetzlichen Verjährungsvorschriften im Markengesetz (§ 20 MarkenG), Patentgesetz (§ 141 PatG), Urheberrechtsgesetz (§ 102 UrhG), Geschmacksmustergesetz (§ 49 DesignG) und Gebrauchsmustergesetz (§ 24f GebrMG), die auf §§ 194 ff. BGB verweisen. Um den Verletzer nicht zu privilegieren, unterliegen auch Ansprüche aus Namens- oder Firmenrechtsverletzung (§§ 12, 823 Abs. 1 BGB, § 37 Abs. 2 HGB) und aus dem GWB sowie Ansprüche wegen Kreditgefährdung nach § 824 BGB oder vorsätzlicher sittenwidriger Schädigung nach § 826 BGB nicht § 11 UWG, sondern §§ 195, 199 BGB.[574]

380 Für titulierte Ansprüche greift grundsätzlich die dreißigjährige Verjährungsfrist nach § 197 Abs. 1 Nr. 3 bis Nr. 5 BGB ein. Dies gilt allerdings nicht für einen **titulierten Unterlassungsanspruch**. Solange der Schuldner nicht gegen diese Unterlassungspflicht verstößt, scheidet eine Vollstreckung und Verjährung aus.[575] Der erst mit dem Verstoß entstehende Anspruch auf Unterlassung verjährt in 30 Jahren ab Zuwiderhandlung, nicht Titulierung, §§ 201 S. 2, 199 Abs. 5, 197 Abs. 1 BGB. Allerdings ist nach Art 9 EGStGB die Festsetzung eines Ordnungsmittels nach § 890 ZPO aufgrund Verfolgungsverjährung ausgeschlossen, wenn seit Beendigung der Handlung mehr als zwei Jahre vergangen sind.[576]

381 Die vorbereitenden Ansprüche auf **Auskunft** und Rechnungslegung verjähren eigenständig in der regelmäßigen Verjährungsfrist von drei Jahren, allerdings nicht später als der Hauptanspruch.[577]

382 Ansprüche auf Zahlung einer verwirkten **Vertragsstrafe** ergeben sich nicht aus dem UWG, sondern nur aus dem Vertrag und dienen als Sanktionsmittel, so dass sie nicht in der kurzen Frist des § 11 Abs. 1 UWG, sondern nach §§ 195, 199 BGB in drei Jahren verjähren.[578]

Diese Frist gilt auch für Bereicherungsansprüche nach § 812 BGB und Schadensersatzansprüche aus §§ 717 Abs. 2, 945 ZPO.

3. Kenntnisbezogene kurze Verjährungsfrist

383 Die von § 11 Abs. 1 UWG erfassten Ansprüche verjähren grds. in der Frist von sechs Monaten. Der Beginn dieser kurzen Verjährungsfrist setzt nach § 11 Abs. 2 UWG objektiv die Entstehung des Anspruchs, Nr. 1, und vor allem subjektiv die Kenntnis des Gläubigers

---

[571] BGH GRUR 1974, 99, 100 Rn. 19 – *Brünova*; BGH GRUR 1981, 517 Rn. 40 – *Rollhocker*; BGH GRUR 2011 444 Rn. 57 – *Flughafen Frankfurt-Hahn*; Ohly/Sosnitza, § 11 Rn. 11 f.
[572] *Teplitzky*, Kap. 16 Rn. 20.
[573] BGH GRUR 2011 444 Rn. 56 – *Flughafen Frankfurt-Hahn*.
[574] BGH GRUR 1977, 539 Rn. 51 – *Prozessrechner*.
[575] BGHZ 59, 72 Rn. 12 – *Kaffeewerbung*.
[576] BGH GRUR 2005, 269 Rn. 10; Köhler/Bornkamm, UWG, § 11 Rn. 1.18, m.w.N.
[577] BGH GRUR 1988, 533, 536 – *Vorentwurf II*; BGHZ 33, 373, 379; Ahrens/*Bornkamm*, Kap. 34 Rn. 20; mittlerweile h.M. vgl. *Teplitzky*, Kap. 38 Rn. 37; aA Ohly/Sosnitza, § 11 Rn. 24: Verjährung wie der Hauptanspruch.
[578] Vgl. BGHZ 130, 288 Rn. 26 – *Kurze Verjährungsfrist*; Fezer/*Büscher*, UWG, § 11 Rn. 20.

von den anspruchsbegründenden Umständen und der Person des Schuldners voraus, Nr. 2. Der Kenntnis steht die grobfahrlässige Unkenntnis gleich.

384 Die kurze Verjährungsfrist beginnt ab dem Tag, der auf die Kenntnisnahme bzw. grobfahrlässige Unkenntnis folgt, und endet sechs Monate später an dem Tag mit der gleichen Zahl, §§ 187 Abs. 1, 188 Abs. 2, Abs. 3 BGB.

a) Entstehung des Anspruchs

385 Entstanden ist ein Anspruch, sobald er gerichtlich durchgesetzt werden kann. Das erfordert die Erfüllung der Tatbestandsvoraussetzungen und grundsätzlich die Fälligkeit des Anspruchs.[579] Der **Unterlassungsanspruch** wegen Verletzung eines gesetzlichen Verbots (§ 3 UWG), einer vertraglichen Unterlassungsvereinbarung oder eines rechtskräftigen Unterlassungstitels entsteht mit der Zuwiderhandlung.[580] Besteht sie in einer Einzelhandlung (z.B. Zeitungsanzeige), ist deren **Abschluss** maßgebend, auch wenn sie fortwirkt (z.B. die Annonce später gelesen wird).[581] Auf den Abschluss des Eingriffs kommt es für den Verjährungsbeginn auch an, wenn durch eine Dauerhandlung eine fortwährende Störung aufrechterhalten wird (z.B. Führung einer Firma).[582] Jeder Teilakt (Tagesaktion) einer fortgesetzten Handlung, bei der eine gleichartige Handlung aufgrund eines einheitlichen Willens wiederholt wird (z.B. sukzessive Anzeigenaufträge für dieselbe Werbung), löst neue Abwehransprüche aus, für die jeweils eine eigene Verjährungsfrist läuft.[583]

386 Für den Schadensersatzanspruch nach § 9 UWG beginnt die sechsmonatige Verjährungsfrist nach § 11 Abs. 2 Nr. 1 UWG mit dem kausalen Eintritt irgendeines (Teils des) **Schadens**, auch wenn die vorhersehbare Schadensentwicklung noch nicht abgeschlossen ist (Grundsatz der Schadenseinheit).[584] Bei einem sich aus einer fortgesetzten Handlung oder einem Dauerverhalten ergebenden Schaden beginnt die Verjährung nicht am Ende der Handlung, sondern fortlaufend für jeden selbstständigen Einzelanspruch aus dem jeweiligen Teilakt gesondert.[585]

387 Bei fortgesetzter Handlung und Dauerhandlung tritt die Verjährung von Abwehransprüchen frühestens sechs Monate nach Abschluss (des letzten Teilakts) der Zuwiderhandlung, die Verjährung von Schadensersatzansprüchen indessen fortlaufend (für jeden Teilakt) ein.

b) Kenntnis oder grob fahrlässige Unkenntnis

388 Der Beginn der kurzen Verjährungsfrist nach § 11 Abs. 1 UWG setzt nach § 11 Abs. 2 Nr. 2 UWG Kenntnis von der Verletzungshandlung und dem Verletzer oder grob fahrlässige Unkenntnis voraus. Nur dann ist die zügige gerichtliche Durchsetzung des Anspruchs möglich und zumutbar.[586] Als Kenntnis ist das **positive Wissen** von den wesentlichen anspruchsbegründenden Tatumständen der Verletzungshandlung erforderlich, so dass dem Gläubiger die Erhebung einer erfolgversprechenden, wenn auch nicht risikolosen (Feststel-

---

[579] BGHZ 55, 340, 341.
[580] Die für den gesetzlichen Verletzungsunterlassunganspruch erforderliche Wiederholungsgefahr wird durch den Verstoß vermutet und ist deshalb für den Verjährungsbeginn ohne Bedeutung, Ahrens/*Bornkamm* Kap. 34 Rn. 7.
[581] BGH GRUR 1990, 221, 223 – *Forschungskosten*.
[582] BGH GRUR 2003, 448, 450 Rn. 36 – *Gemeinnützige Wohnungsgesellschaft*. Im Ergebnis ebenso Ahrens/*Bornkamm*, Kap. 34 Rn. 9, wonach der Anspruch bereits mit dem ersten Teilakt und sodann mit jedem weiteren neu entsteht.
[583] BGH GRUR 2004, 517, 519 Rn. 46 – *E-Mail-Werbung*.
[584] BGH GRUR 1995, 608, 609 Rn. 21 – *Beschädigte Verpackung II*; Fezer/*Büscher*, UWG, § 11 Rn. 24; Ohly/*Sosnitza*, § 11 Rn. 22.
[585] BGH GRUR 1999, 751, 754 Rn. 38 – *Güllepumpen*.
[586] *Köhler*/Bornkamm, § 11 UWG Rn. 1.24.

lungs-) Klage zuzumuten ist.[587] Der Lebenssachverhalt muss dem Gläubiger nicht lückenlos, aber zumindest in den Grundzügen bekannt sein.[588] Es kommt nicht darauf an, dass er den Sachverhalt rechtlich zutreffend einschätzt.[589] An der Zumutbarkeit fehlt es jedoch, solange auch ein rechtskundiger Dritter die zweifelhafte Rechtslage nicht einzuschätzen vermag. Die unbekannte Möglichkeit von Umständen, für deren Vorliegen der Beklagte die Behauptungs- und Beweislast trägt, schließt i.d.R. die für den Verjährungsbeginn notwendige Kenntnis nicht aus. Hat der Gläubiger allerdings bei einer naheliegenden Einwendung des Schuldners von den zugrundeliegenden Umständen (noch) keine hinreichende Kenntnis, wird der Verjährungsbeginn hinausgeschoben.[590] Für den Beginn der kurzen Verjährungsfrist von Schadensersatzansprüchen genügt die Kenntnis des Verletzers davon, dass er irgendeinen Schaden erlitten hat; die Verjährung ergreift dann den gesamten voraussehbaren Schaden.[591]

Der Gläubiger muss ferner Namen und ladungsfähige Anschrift des Verletzers kennen. Im Fall der Haftung nach § 8 Abs. 2 UWG für Mitarbeiter und Beauftragte genügen jedoch Namen und Anschrift des Betriebsinhabers. 389

Der Kenntnis steht die **grob fahrlässige Unkenntnis** gleich. Sie liegt bei einer besonders schweren Verletzung der im Verkehr erforderlichen Sorgfalt vor, z.B. wenn der Einwand der Unkenntnis als bloße Förmelei erscheint, sich der Gläubiger einer ihm aufdrängenden Kenntnis verschließt oder zumutbare Nachforschungen unterbleiben.[592] 390

Der Gläubiger braucht den Markt nicht auf Wettbewerbsverstöße hin zu beobachten. Gibt es jedoch einen begründeten Verdacht für einen Verstoß, sollte er dem rechtzeitig z.B. durch Recherchen im Internet, bei Behörden, Verbänden, etc., nachgehen. 391

Die Kenntnis bzw. grob fahrlässige Unkenntnis muss in der Person des Anspruchsberechtigten vorliegen. Er hat sich allerdings entsprechend § 166 BGB die Kenntnis oder grob fahrlässige Unkenntnis (nur) seines **Wissensvertreters** zurechnen zu lassen. Das ist derjenige, von dem nach der unternehmensinternen Organisation erwartet werden kann, Wettbewerbsverstöße eigenverantwortlich zu verfolgen oder zumindest die Verfolgung durch Weiterleitung der erlangten Informationen an die zuständige Stelle vorzubereiten.[593] Für gesetzliche Vertreter ist dies in der Regel der Fall, kann für sie aber bei Großunternehmen mit interner Spezialzuständigkeit zu verneinen sein.[594] Vertretungsmacht im Unternehmen ist weder notwendig (z.B. zuständiger Sachbearbeiter, Testkäufer) noch ausreichend (z.B. Handelsvertreter, Prokurist). 392

4. Kenntnisunabhängige Höchstfristen

Wird der Lauf der kurzen Verjährungsfrist nach Abs. 2 nicht in Gang gesetzt, greifen die Höchstfristen für Schadensersatzansprüche nach Abs. 3, für andere Ansprüche nach Abs. 4 von § 11 UWG als Auffangregelungen ein. Nach **§ 11 Abs. 3 UWG** läuft die kenntnisunabhängige Verjährungsfrist von zehn Jahren, sobald der Schadensersatzanspruch aus § 9 UWG entstanden ist; andernfalls (bei ausstehendem Schaden) verjährt der Schadenser- 393

---

[587] BGH WRP 2009, 1505 Rn. 21 – *Mecklenburger Obstbrändle*, m.w.N.
[588] BGH NJW 1985, 2022 Rn. 12; Ohly/*Sosnitza*, § 11 Rn. 27.
[589] Ahrens/*Bornkamm*, Kap. 34 Rn. 6.
[590] So etwa auch bei dem negativen anspruchsbegründenden Merkmal, wonach die behauptete geschäftsschädigende Tatsache i.S.d. § 4 Nr. 2. HS. 1 UWG zumindest nicht erweislich wahr ist, vgl. BGH WRP 2009, 1505 Rn. 22 f.– *Mecklenburger Obstbrändle*.
[591] BGHZ 107, 117, 122 Rn. 22 – *Forschungskosten*.
[592] BGHZ 133, 192, 199 Rn. 16; Götting/Nordemann/*Menebröcker*, UWG, § 11 Rn. 36 f.
[593] BGH NJW 2000,1411 Rn. 18; MünchKomm-UWG/*Fritzsche*, § 11 Rn. 140.
[594] Fezer/*Büscher*, UWG, § 11 Rn. 43.

satzanspruch in 30 Jahren ab schuldhafter Zuwiderhandlung gegen § 3 UWG. Andere Ansprüche verjähren kenntnisunabhängig nach **§ 11 Abs. 4 UWG** in der Höchstfrist von drei Jahren ab Entstehung. Das gilt für den gesetzlichen und vertraglichen Verletzungsunterlassungs-, Beseitigungs-, Widerrufs- und Abmahnkostenersatzanspruch, falls sie mangels Kenntnis bzw. grob fahrlässiger Unkenntnis nicht der kurzen Verjährung nach § 11 Abs. 1 UWG unterliegen. Erfasst wird hiervon zudem der Anspruch auf Gewinnabschöpfung nach § 10 UWG.

5. Hemmung

394 Für die Hemmung der Verjährung gelten §§ 203 bis 211, 213 BGB. Die Hemmung **bewirkt**, dass die Verjährung ruht, solange der Hemmungsgrund vorliegt, § 209 BGB. Entfällt er, läuft die Verjährungsfrist ab dem Folgetag weiter.

395 Die Verjährungsfrist ist bei konkreter Berechnung um den Hemmungszeitraum, zu dem sowohl der Tag des Eintritts des Hemmungsgrundes als auch der Tag seines Wegfalls gehören, zu verlängern.[595]

396 Die Hemmung setzt das Vorliegen eines gesetzlich geregelten **Hemmungstatbestandes** voraus. Wichtig sind in Wettbewerbssachen:
- das Schweben von Verhandlungen,
- die Klageerhebung und
- die Zustellung des Antrags auf Erlass einer einstweiligen Verfügung, §§ 203, 204 Abs. 1 Nr. 1, Nr. 9 UWG.
- Hierzu gehört auch § 15 Abs. 9 S. 1 UWG, wonach die Anrufung der Einigungsstelle die Verjährung in gleicher Weise wie die Klageerhebung hemmt, also auch durch den Gläubiger erfolgen muss.[596]

397 Hingegen führen
- eine Abmahnung,
- eine isolierte Auskunftsklage,
- eine negative Feststellungsklage des Schuldners und eine Verteidigung hiergegen durch den Gläubiger nicht zu einer Hemmung der Verjährung.[597]

a) Schwebende Verhandlungen

398 Nach **§ 203 S. 1 BGB** hemmen Verhandlungen zwischen dem Berechtigten und dem Verpflichteten über den Anspruch oder die ihn begründenden Umstände – also auch über die Abgabe einer strafbewehrten Unterlassungserklärung – die Verjährung. Frühestens drei Monate nach dem Ende der Hemmung tritt nach § 203 S. 2 BGB die Verjährung ein.

399 Zweck der Vorschrift ist es, den Zeitdruck einer ablaufenden Verjährungsfrist von Verhandlungen zu nehmen, die bei erfolgreichem Abschluss einen Rechtsstreit vermeiden können.[598] Für den weit auszulegenden Begriff der **Verhandlungen** genügt deshalb jeder Meinungsaustausch über den Anspruch und seine tatsächlichen Grundlagen, sofern nicht sofort und eindeutig jede Verpflichtung abgelehnt wird.[599]

400 Verhandlungen schweben bereits, wenn Erklärungen des Schuldners dem Gläubiger die Annahme erlauben, der Schuldner lasse sich jedenfalls auf Erörterungen über die Berechtigung von Ansprüchen ein; nicht erforderlich ist, dass er eine Bereitschaft zu einem Entgegenkommen erkennen

---

[595] Palandt/*Heinrichs*, § 209 BGB Rn. 1.
[596] Harte/Henning/*Schulz*, § 11 Rn. 88.
[597] BGH WRP 1994, 810 Rn. 24 – *Parallelverfahren II*.
[598] BGH WRP 2009, 1505 Rn. 28 – *Mecklenburger Obstbrändle*.
[599] BGH NJW-RR 2007, 1358 Rn. 32.

D. Durchsetzungshindernisse

lässt.⁶⁰⁰ Ausreichend sind auch Erörterungen der Beteiligten über die Aufklärung einer – jedenfalls aus der Sicht des Berechtigten – unklaren Tatsachengrundlage für einen aus diesem Grund noch zweifelhaften Anspruch.⁶⁰¹ Die schlichte Bitte um Fristverlängerung zur Antwort auf eine Abmahnung genügt indes nicht.⁶⁰²

Verweigert der eine oder andere Teil die Fortsetzung der Verhandlungen, endet die Hemmung. Ein solcher **Abbruch** der Verhandlungen muss durch klares und eindeutiges Verhalten zum Ausdruck gebracht werden; es genügt z.B. nicht, dass der Verpflichtete (derzeit) seine Einstandspflicht verneint.⁶⁰³ Schlafen die Verhandlungen ein, sind sie zu dem Zeitpunkt als verweigert anzusehen, in dem eine Antwort auf die letzte Äußerung spätestens zu erwarten gewesen wäre.⁶⁰⁴

b) Klageerhebung

Nach **§ 204 Abs. 1 Nr. 1 BGB** hemmt die Erhebung der Klage auf Leistung, auch in Stufen (§ 254 ZPO) oder auf positive Feststellung des Anspruchs (§ 256 ZPO), die Verjährung. Die Hemmung beginnt in der Regel mit der Zustellung der Klageschrift, § 253 Abs. 1 ZPO. Erfolgt sie demnächst iSd § 167 ZPO, hemmt bereits die Einreichung der Klageschrift bei Gericht.⁶⁰⁵ Wird der Anspruch erst im Laufe des Prozesses erhoben, gilt § 261 Abs. 2 ZPO. Die Hemmung endet nach § 204 Abs. 2 S. 1 BGB sechs Monate nach der rechtskräftigen Entscheidung oder anderweitigen Beendigung des Verfahrens. Sechs Monate nach Stillstand des Verfahrens endet nach § 204 Abs. 2 S. 1, 2 BGB die Hemmung im Falle einer grundlosen (nicht gerichtlichen) Untätigkeit.

Ein triftiger Grund liegt z.B. nicht vor, wenn der Stillstand des Verfahrens mit Einverständnis des Klägers eintritt und dieser das Verfahren nur wegen außergerichtlicher Vergleichsverhandlungen mit dem Beklagten nicht weiterbetreibt.⁶⁰⁶

Voraussetzung einer Hemmung durch Klageerhebung ist deren **Wirksamkeit**. Die Klage muss also den wesentlichen Formerfordernissen des § 253 ZPO entsprechen, insbesondere durch ihre Angaben den Anspruch, dessen Verjährung gehemmt werden soll, zweifelsfrei identifizieren.⁶⁰⁷ Außerdem müssen Aktiv- und Passivlegitimation vorliegen.⁶⁰⁸

Eine wirksame Klage des Berechtigten gegen den richtigen Schuldner hemmt auch dann, wenn sie unzulässig oder unbegründet ist.

Der **Umfang** der Hemmung erstreckt sich grundsätzlich (nur) auf die materiellen Ansprüche, die im Streitgegenstand der erhobenen Klage aufgehen.⁶⁰⁹ Eine Unterlassungsklage hemmt deshalb nicht die Verjährung des Schadensersatz-, Bereicherungs-, Beseitigungs-, Widerrufs-, Auskunfts- oder Rechnungslegungsanspruchs.⁶¹⁰ Richtet sich die Unterlassungsklage allerdings gegen die konkrete Verletzungsform, kann sie über den Wortlaut hinaus die Verjährung des Unterlassungsanspruchs auch für im Kern gleiche Verletzungen hemmen.⁶¹¹ Die Stu-

---

⁶⁰⁰ BGH NJW 2004, 1654 Rn. 14.
⁶⁰¹ BGH WRP 2009, 1505 Rn. 28 – *Mecklenburger Obstbrändle*.
⁶⁰² Ahrens/*Bornkamm* Kap. 34 Rn. 40; aA Köhler/Bornkamm, § 11 UWG Rn. 1.44.
⁶⁰³ BGH NJW 2004, 1654 Rn. 15.
⁶⁰⁴ BGH NJW 1986, 1337 Rn. 16; Fezer/*Büscher*, UWG § 11 Rn. 57.
⁶⁰⁵ Unschädlich sind der Klägerseite vorwerfbare Zustellungsverzögerungen bis zu 14 Tagen, gemessen vom Tag des Ablaufs der Verjährungsfrist, BGHZ 161, 138 Rn. 9.
⁶⁰⁶ BGH NJW 2009, 1598 Rn. 30 ff.
⁶⁰⁷ BGH NJW-RR 1997, 1217 Rn. 19; BGH WRP 2004, 721 Rn. 46 – *E-Mail-Werbung*.
⁶⁰⁸ BGH NJW 1995, 1676 Rn. 23.
⁶⁰⁹ BGH NJW 2005, 2005 Rn. 15; *Jauernig*, § 204 BGB Rn. 3.
⁶¹⁰ BGH GRUR 1984, 820 Rn. 25 – *Intermarkt II*.
⁶¹¹ *Teplitzky*, Kap. 16 Rn. 38; Fezer/*Büscher*, UWG, § 11 Rn. 67.

fenklage unterbricht die Verjährung des zunächst noch unbestimmten Leistungsanspruchs nur in der Höhe, in der er nach der vorbereitenden Auskunftserteilung beziffert wird.[612]

c) Einstweilige Verfügung

407 Für das Eilverfahren der einstweiligen Verfügung bestimmt § 204 Abs. 1 Nr. 9 BGB in Alt. 1 die gerichtliche Zustellung des vom Berechtigten gestellten Verfügungsantrags an den Schuldner als Beginn der Hemmung. Erfolgt die Zustellung demnächst iSv § 167 ZPO, tritt die Hemmung bereits mit Antragseingang bei Gericht ein. Der **Antragseingang** ist ebenfalls – in der Praxis bedeutsam – nach Alt. 2 für den Eintritt der Hemmung maßgeblich, falls die Beschlussverfügung, nicht bereits der Verfügungsantrag, innerhalb eines Monats seit Verkündung oder Zustellung an den Gläubiger dem Schuldner zugestellt wird. Weist das Gericht den Verfügungsantrag ohne Zustellung an den Schuldner hingegen zurück, tritt keine Hemmung ein; Gleiches gilt bei Rücknahme des Antrags.[613]

408 Die Hemmung **endet** im Verfügungsverfahren nach § 204 Abs. 2 S. 1 BGB sechs Monate nach einer formell rechtskräftigen Entscheidung durch Urteil oder durch den Beschluss, der den (dem Gegner zugestellten) Verfügungsantrag zurückweist. Wurde dem Verfügungsantrag im Beschlusswege stattgegeben, sind hingegen unbefristet Rechtsbehelfe, dh ein Widerspruch oder Antrag nach §§ 926, 927 ZPO, möglich. Die Hemmung endet dann mangels rechtskraftfähiger Entscheidung sechs Monate nach anderweitiger Beendigung des Verfahrens, die solchenfalls in der Zustellung des Beschlusses an den Gläubiger liegt.[614] Legt der Schuldner vor Eintritt der Verjährung Widerspruch ein, beginnt die Hemmung nach § 204 Abs. 2 S. 3 BGB erneut.

409 Ist die Hemmung beendet, muss der Gläubiger vom Schuldner eine Abschlusserklärung erlangen, einen Einredeverzicht, eine Vereinbarung über eine längere Verjährungsfrist oder über eine Ablaufhemmung erwirken (§ 202 BGB) oder Hauptsacheklage erheben, um dem Eintritt der Verjährung zu entgehen.

6. Neubeginn

410 Nach § 212 Abs. 1 BGB beginnt die Verjährung mit den vorgesehenen Fristen im Ganzen erneut ab dem Tag, der auf die Abgabe des Anerkenntnisses, den Vollstreckungsantrag oder die Vollstreckungshandlung folgt. Als **Anerkenntnis** iSv § 212 Abs. 1 Nr. 1 BGB genügt jedes tatsächliche Verhalten gegenüber dem Gläubiger, aus dem sich das Bewusstsein des Verpflichteten vom Bestehen der Schuld unzweideutig ergibt, weshalb der Gläubiger auf das Unterbleiben der Verjährungseinrede vertrauen darf.[615]

411 Beim Unterlassungsanspruch liegt ein Anerkenntnis nicht darin, dem Verbot nicht zuwiderzuhandeln, die titulierte Kostenforderung für ein Verfügungsverfahren unter Ablehnung einer Abschlusserklärung zu erfüllen, den Verstoß unter Bestreiten der Wiederholungsgefahr einzuräumen oder sich ohne „Anerkennung einer Rechtspflicht" zu unterwerfen.[616]

412 Die Abgabe einer Unterlassungserklärung ohne Vorbehalt und mit hinreichend hohem Vertragsstrafeversprechen lässt i.d.R. den gesetzlichen Unterlassungsanspruch und damit

---

[612] BGH NJW 1992, 2563 Rn. 10 f.
[613] MünchKommUWG/*Fritzsche*, § 11 Rn. 201; Harte/Henning/*Schulz*, § 11 Rn. 103.
[614] Ahrens/*Bornkamm* Kap. 34 Rn. 37; Fezer/*Büscher*, UWG, § 11 Rn. 73: auch bei formloser Aushändigung des Beschlusses an den Gläubiger.
[615] BGH NJW 2007, 2843 Rn. 12.
[616] BGH GRUR 1981, 447 Rn. 24 – *Abschlussschreiben*; Fezer/*Büscher*, UWG § 11 Rn. 77, m.w.N.

D. Durchsetzungshindernisse

auch dessen Verjährung entfallen.[617] Ist die Unterwerfungserklärung hingegen nicht (ausreichend) strafbewehrt, enthält sie ein Anerkenntnis.[618]

Vollstreckungshandlung iSv § 212 Abs. 1 Nr. 2 BGB ist nicht die Zustellung des Vollstreckungstitels, auch nicht, wenn er – wie regelmäßig – die Androhung eines Ordnungsmittels enthält; dagegen beginnt mit der nachträglichen Androhung eines Ordnungsmittels nach § 890 Abs. 2 ZPO die Zwangsvollstreckung.[619] Der hierauf gerichtete Antrag führt deshalb ebenso zum Neubeginn der Verjährung wie der Antrag auf Verhängung von Ordnungsmitteln und deren Festsetzung.

7. Einrede der Verjährung

Der verjährte Anspruch bleibt bestehen und kann erfüllt werden. Das in Unkenntnis der Verjährung Geleistete, z.B. eine strafbewehrte Unterlassungserklärung, kann nicht zurückgefordert werden, § 214 Abs. 2 S. 2 BGB. Der Anspruchsgegner kann aber auch die Leistung durch Erhebung der Verjährungseinrede dauerhaft **verweigern**, § 214 Abs. 1 BGB. Die Wirkungen der Verjährung sind der Gestaltungsfreiheit bei einer Vereinbarung entzogen, die ansonsten inhaltlich z.B. zu Fristbeginn und -länge nur durch § 201 Abs. 1, 2 BGB begrenzt wird und grds. formfrei möglich ist.[620] Die Ausübung des Gestaltungsrechts hindert den Gläubiger an der Durchsetzung des verjährten Unterlassungsanspruchs, berechtigt den Schuldner aber nicht zu einem neuen Verstoß. Sie begründet hierfür – auch mit Verletzungshandlungen in verjährter Zeit – keine Erstbegehungsgefahr.[621]

Die Verjährung gewährt eine Einrede als Gegenrecht. Die Einrede wird nur beachtet, wenn sie der Berechtigte (inner- oder außerhalb eines Prozesses) erhoben hat; das Gericht darf zuvor auf die Verjährung nicht hinweisen.[622] Die erstmalige Geltendmachung der begründeten Verjährungseinrede **im Prozess** erledigt die Hauptsache auch dann, wenn die Verjährung bereits vor Rechtshängigkeit eingetreten war.[623] Im Rahmen der Kostenentscheidung nach § 91 a ZPO entlastet es billigerweise den Beklagten, wenn er dem Kläger keinen Anlass zu der Annahme gab, er werde die Verjährungseinrede nicht erheben.[624]

Der Schuldner, der die Verjährungseinrede erhebt, hat die **Darlegungs- und Beweislast** für die tatsächlichen Voraussetzungen des Gegenrechts, z.B. die kenntnisbezogenen Voraussetzungen des Fristbeginns nach § 11 Abs. 2 Nr. 2 UWG. Dem Gläubiger obliegt aber die Mitwirkung an der Sachaufklärung von Umständen aus seiner Sphäre, z.B. was er zur Ermittlung seines Anspruchs und der Person des Schuldners unternommen hat.[625] Er trägt ferner die Darlegungs- und Beweislast für die Voraussetzungen der Hemmung und des Neubeginns der Verjährung.

---

[617] Götting/Nordemann/*Menebröcker*, UWG, § 11 Rn. 61.
[618] Dieses Anerkenntnis setzt allerdings nicht zugleich auch die Verjährung des Schadensersatzanspruchs erneut in Gang, BGH GRUR 1992, 61 Rn. 39 – *Preisvergleichsliste*; Harte/Henning/*Schulz*, § 11 Rn. 114.
[619] BGH GRUR 1979, 121 Rn. 19 – *Verjährungsunterbrechung*.
[620] *Jauernig*, § 202 BGB Rn. 2.
[621] BGH GRUR 1994, 57 Rn. 22 – *Geld-zurück-Garantie*; Ohly/Sosnitza, § 11 Rn. 46.
[622] BGHZ 156, 269 Rn. 7; Harte/Henning/*Schulz* § 11 Rn. 118; aA Zöller/*Vollkommer* ZPO, § 42 Rn. 27.
[623] BGHZ 184, 128 Rn. 26 ff.
[624] Ahrens/*Bornkamm* Kap. 33 Rn. 15.
[625] Palandt/*Heinrichs*, § 199 BGB Rn. 46, m.w.N.

II. Missbräuchliche Geltendmachung, § 8 Abs. 4 UWG

a) Mehrere Anspruchsinhaber

417 Da es wegen § 8 Abs. 3 UWG oft **mehrere Anspruchsinhaber** gibt, häufig auch mehrere Personen verpflichtet sind, § 8 Abs. 1 und 2 UWG, sind „Mehrfachverfolgungen" ohne weiteres möglich.

418 So können verschiedene Mitbewerber neben Verbänden oder Kammern den Schuldner abmahnen und verklagen. Die Verfahren können zudem noch aufgespalten werden, indem etwa mehrere Verstöße in einzelne Klagen getrennt werden. Auch Unterlassung, Auskunft, Schadensersatz können in verschiedene Verfahren gekleidet werden. Dies nimmt der Gesetzgeber bewusst in Kauf, hat aber, um dem entgegen zu wirken, den Missbrauchstatbestand des § 8 Abs. IV UWG geschaffen. Dadurch sollen vor allem Mehrfachverfolgungen und Aufspaltungen geahndet werden. § 8 Abs. 4 UWG schützt den Verletzer und die Gerichte vor einer unnötigen Inanspruchnahme und bietet den Ausgleich für die weite Klagebefugnisse des § 8 Abs. 3 UWG.[626]

419 Wie der Wortlaut der Norm bereits zeigt, gilt der Missbrauchstatbestand nur für den Beseitigungs- und Unterlassungsanspruch, nicht für die anderen Ansprüche des UWG oder für vertragliche Ansprüche. Hier kann nur § 242 BGB helfen.

b) Zulässigkeit

420 § 8 Abs. 4 UWG berührt die **Zulässigkeit**; bei Missbräuchlichkeit ist die Klage als unzulässig abzuweisen.[627] Der Missbrauch ist von Amts wegen, in jeder Lage des Verfahrens zu beachten, wobei der Tatbestand erfahrungsgemäß nur sehr schwer nachzuweisen sein wird. Der Antragsteller hat hierzu den Sachverhalt darzutun; das Gericht hat im Freibeweis zu entscheiden. Reichen die Kriterien nicht aus, geht dies zu Lasten des Antragstellers.

c) Abmahnung

421 Greift § 8 Abs. 4 UWG, ist bereits die **Abmahnung unzulässig** und führt dann auch zur Unzulässigkeit der darauf beruhenden Klage. Bei Mehrfachverfolgung führt dies grundsätzlich zur Unzulässigkeit aller Verfolgungsmaßnahmen. Bei gestaffeltem Vorgehen, kann, wenn nicht gerade das gestreckte Vorgehen die Missbräuchlichkeit begründet, sich die Missbräuchlichkeit auf die weiteren Verfolgungsmaßnahmen beschränken, die erste Klage bleibt dann zulässig.[628]

d) Sachfremde Motive

422 § 8 Abs. 4 UWG setzt voraus, dass die **Geltendmachung** des Anspruchs missbräuchlich ist. Dies ist der Fall: „wenn sich der Gläubiger bei der Geltendmachung des Unterlassungsanspruchs von sachfremden Motiven leiten lässt. Diese müssen allerdings nicht das alleinige Motiv des Gläubigers sein. Ausreichend ist, dass die sachfremden Ziele überwiegen".[629] Alle Umstände sind zu berücksichtigen, wobei insbesondere die Kostenbelastung als Motiv genannt ist. Dies geht in zwei Richtungen: Die Kosten können dazu dienen, vorrangig selbst Gebühren zu verdienen; oder umgekehrt, das Vorgehen dient dazu, den Verletzten mit Kosten zu belasten. Indizien dafür sind: Unverhältnismäßig umfangreiche

---

[626] BGHZ 149, 361 = GRUR 2000, 1089 – *Missbräuchliche Mehrfachverfolgung*.
[627] St. Rspr nur BGH GRUR 2009, 1180 – *0,00 Grundgebühr*; GRUR 2010, 454 – *Klassenlotterie*; BGH a.a.O., *Teplitzky*, § 13 Rn. 44 ff. und 50 ff., m.w.N.
[628] BGHZ 149, 371 = GRUR 2000, 1089 – *Missbräuchliche Mehrfachverfolgung*.
[629] BGH GRUR 2010, 454 – *Klassenlotterie*.

Verfolgung von Wettbewerbsverstößen in einem fremden Geschäftsfeld; die Einnahme aus der Abmahntätigkeit übersteigen die Geschäftsumsätze deutlich; das Gewerbe wird gar nicht ernsthaft ausgeführt; überhöhte Abmahngebühren, Streitwerte, Vertragsstrafen, der Rechtsanwalt betreibt das Abmahngeschäft in „eigener Regie", der Rechtsanwalt oder ein Dritter stellt den Mitbewerber vom Kostenrisiko frei oder ist an den Vertragsstrafen beteiligt.

Der Tatbestand ist insbesondere bei Mehrfachverfolgung gegeben, wenn ein Verstoß durch eine Mehrzahl von konzernmäßig oder in sonstiger Weise verbundener Unternehmen gleichzeitig in mehreren Prozessen oder auch zeitlich (geringfügig) versetzt verfolgt wird, obwohl ein Anschluss an die Erstklage ohne weiteres möglich gewesen wäre.[630] Missbräuchlich kann es auch sein, wenn mit dem Verfügungsverfahren gleichzeitig die Hauptsacheklage eingeleitet wird, ohne abzuwarten, ob die einstweilige Verfügung erlassen wird. Auch die ungerechtfertigte Aufspaltung auf Gläubiger- oder Schuldnerseite kann missbräuchlich sein, wie auch eine diskriminierende Auswahl an Anspruchsgegnern. So wenn ein Verband nur gegen Nichtmitglieder vorgeht, bei Mitgliedern dies wettbewerbswidrige Verhalten dagegen duldet.

423

E. Die Zwangsvollstreckung

Schrifttum: *Berlit*, Zur Frage der Einräumung einer Aufbrauchsfrist im Wettbewerbsrecht, Markenrecht und Urheberrecht, WRP 1998, 250; *Borck*, Bestimmtheitsgebot und Kern der Verletzung, WRP 1979, 180; *ders.*, Die Vollziehung und die Vollstreckung von Unterlassungstiteln, WRP 1993, 374; *ders.*, Ein letztes Mal noch: zur Unterlassungsvollstreckung, WRP 1996, 656; *v. Gamm*, Konkrete Fassung des Unterlassungstitels, NJW 1969, 85; *Jestaedt*, Die Vollstreckung von Unterlassungstiteln nach § 890 ZPO bei Titelfortfall, WRP 1981, 433; *Münzberg*, Zur Zwangsvollstreckung nach Wegfall des Titels durch Erledigungserklärung, WRP 1990, 425; *Ruess*, Vollstreckung aus Unterlassungstiteln – das Ende einer endlosen Diskussion, NJW 2004, 485; *Sosnitza*, Vom Fortsetzungszusammenhang zur natürlichen und rechtlichen Handlungseinheit – Vertragsstrafe und Ordnungsgeld, FS Lindacher, 2007, 161; *Ulrich*, Der Streit um den Titelfortfall – und ein Ende?, WRP 1992, 147.

I. Voraussetzungen der Zwangsvollstreckung

a) Unterlassungstitel

Von besonderer Bedeutung im Wettbewerbsrecht ist die Vollstreckung von **Unterlassungstiteln**. Die Zwangsvollstreckung aus sonstigen Titeln spielt eine untergeordnete Rolle, Besonderheiten bestehen dabei kaum.

424

Selbstverständlich müssen auch im Wettbewerbsrecht die allgemeinen Vollstreckungsvoraussetzungen gegeben sein: Titel, §§ 704, 794 ZPO, Vollstreckungsklausel, §§ 724 ff. ZPO, Zustellung, § 750 Abs. 1 ZPO.

425

Die Zwangsvollstreckung wegen Geldforderungen geschieht durch Pfändung in das bewegliche Vermögen, §§ 803 ff. ZPO, Pfändung und Überweisung von Forderungen, §§ 829 ff., 835 ZPO, und durch Sicherungshypothek, Zwangsversteigerung oder Zwangsverwaltung bei Grundstücken, §§ 864 ff. ZPO.

426

---

[630] BGH GRUR 2002, 713 – *Zeitlich versetzte Mehrfachverfolgung*. Vgl. aber auch bei unterschiedlicher Erfolgsaussicht BGH PharmaR 2014, 257 Rn. 10.

427 Bei vertretbaren Handlungen – Handlungen, die anstelle des Schuldners von Dritten vorgenommen werden können – wird der Gläubiger ermächtigt, diese Handlungen auf Kosten des Schuldners vornehmen zu lassen, § 887 Abs. 1 ZPO; hierher gehören etwa die Entfernung eines Werbeschildes, die Anfertigung eines Buchauszuges.[631]

428 Handlungen, die nur der Schuldner selbst vornehmen kann, also unvertretbare Handlungen – etwa Auskunft und Rechnungslegung[632], Erklärung eines Widerrufs[633] – werden durch Zwangsmittel erzwungen, § 888 ZPO.

429 Die Verpflichtung zur Abgabe einer Willenserklärung wird nach § 894 ZPO vollstreckt, indem die Abgabe der Erklärung fingiert wird.

b) Abgrenzung

430 Unterlassungstitel werden vollstreckt nach § 890 ZPO, wobei die **Abgrenzung** zu den §§ 887, 888 ZPO nicht immer ganz einfach ist. Verlangt der Anspruch ein Unterlassen, muss aber ein Zustand beseitigt werden, weil sonst der Störungszustand weiter besteht – ein Werbeschild muss entfernt, eine Annonce im Internet muss gelöscht werden – ist gleichwohl nach § 890 ZPO zu vollstrecken. Vor der Vollstreckung müssen die Ordnungsmittel angedroht werden.

c) Anspruchsinhalt

431 Der zu **vollstreckende Anspruch** muss zur Unterlassung einer Handlung oder dazu verpflichten, die Vornahme einer Handlung zu dulden. Unterlassen ist dabei jedes untätige Verhalten, das einen bestimmten Kausalablauf nicht beeinflusst (Zöller § 890 RN 2). Damit ist nicht zwingend ein bloßes Nichtstun gemeint, unter Umständen kann es auch in der Vornahme einer Handlung liegen – wie gerade oben gezeigt wurde –, wenn allein dadurch der zuvor geschaffene Störungszustand beseitigt werden kann;[634] die Entfernung eines Schildes, das Löschen einer rechtswidrigen Werbung im Internet. Auch die Verhinderung einer Zuwiderhandlung durch Dritte kann darunter fallen.[635] Auf die Formulierung des Titels allein kommt es nicht an, entscheidend ist, ob bei verständiger Auslegung in der Sache ein Gebot zum Handeln oder Unterlassen vorliegt.

432 Die Unterlassung beschränkt sich dabei nicht nur auf Handlungen, die konkret im Titel genannt sind, sie erstreckt sich auch auf Verletzungshandlungen, die der Verkehr als gleichwertig ansieht, bei der eine „im Kern gleiche" Verletzung vorliegt.

d) Ordnungsmittel

433 Um den Schuldner zu warnen, ist das **Ordnungsmittel** – zwingend – dem Vollstreckungsschuldner anzudrohen, § 890 Abs. 2 ZPO.[636] Die Art und das Höchstmaß des angedrohten hoheitlichen Zwangs müssen angegeben werden, die bloße Androhung „der gesetzlichen Ordnungsmittel nach § 890 ZPO" genügt nicht.

434 Der Wortlaut des § 890 Abs. 1 ZPO verlangt an sich die Androhung von Ordnungsgeld oder Ordnungshaft. Dennoch ist es allgemein üblich und unschädlich, beides kumulativ anzudrohen, weil dann noch weniger die Gefahr besteht, dass der Schuldner die Ord-

---

[631] BGH WRP 2009, 1559 ff.
[632] BGH GRUR 1994, 630 ff. – *Cartier-Armreif*.
[633] HM, vgl. *Teplitzky*, Kap. 26 Rn. 16, m.w.N.
[634] BGH WRP 2007, 1104 ff. – *Verputzarbeiten*.
[635] BGH NJW-RR 2003, 1235, 1236.
[636] Zöller/*Stöber*, § 890 ZPO Rn. 4, m.w.N.

E. Die Zwangsvollstreckung

nungsmittelandrohung unterschätzt.[637] Hat der Gläubiger die Androhung nur von Ordnungsgeld beantragt, so hat das Gericht von Amts wegen Ersatzordnungshaft anzudrohen.[638] Die Androhung richtet sich gegen den Schuldner, der im Titel genannt ist.

Bei nicht voll Geschäftsfähigen, bei Betreuten, bei juristischen Personen ist ein Zusatz erforderlich, dass die (Ersatz-)Ordnungshaft an dem gesetzlichen oder dem organschaftlichen Vertreter oder Betreuer zu vollziehen ist. Die Namen dieser Personen müssen nicht und sollten auch nicht genannt werden, da bei einem Wechsel dann ein Vollzug an einem nicht genannten nicht möglich ist.[639]

Am sinnvollsten wird die Androhung von Ordnungsmitteln gleich mit dem Unterlassungsurteil verbunden, es kann aber auch später mit besonderem Beschluss geschehen. Gegen diesen Beschluss ist dann die sofortige Beschwerde gegeben, § 793 ZPO. Die Androhung in einem Vergleich reicht nicht aus.

Wird das Ordnungsmittel mit gesondertem Beschluss angeordnet, müssen – anders als bei der in das Urteil aufgenommenen Androhung[640] – die allgemeinen Vollstreckungsvoraussetzungen – Titel, Klausel, Zustellung – bereits vorliegen, weil damit das Vollstreckungsverfahren in Gang gesetzt wird.[641] Nötig ist ein Antrag des Gläubigers, der durch einen Anwalt gestellt werden muss, §§ 13 UWG, 78 Abs. 1 ZPO.

e) Hinreichende Bestimmtheit

Der vollstreckbare Unterlassungstitel muss **hinreichend bestimmt** sein und zwar nach Inhalt, Art und Umfang des Verbots; er muss die Parteien sicher feststellbar benennen. Es reicht aus, wenn durch Auslegung die Parteien und das Charakteristische der Verletzungshandlung festgestellt werden können; dabei können sogar außerhalb des Titels liegende Umstände berücksichtigt werden. Die sachliche Richtigkeit des Titels kann allerdings im Vollstreckungsverfahren nicht mehr angegangen werden.[642]

f) Schuldhafter Verstoß

Der im Verbot **genannte Schuldner** selbst muss dem Titel schuldhaft zuwider gehandelt haben.

aa) Titelschuldner

Nur ein Verstoß des **Titelschuldners** selbst kann die Verhängung von Ordnungsmitteln auslösen. Deshalb ist ein Verstoß der Gesellschaft A nicht ausreichend, wenn im Titel Gesellschaft B genannt ist; dies selbst dann nicht, wenn der Geschäftsführer beider Gesellschaften identisch ist.[643]

bb) Kerntheorie

Ein **Ordnungsmittel** verlangt einen Verstoß gegen den (Unterlassungs-)Titel. Dabei liegt ein Verstoß nicht nur dann vor, wenn der Schuldner gegen den ganz konkreten Wortlaut des Verbotstenors verstößt. Aus einem Unterlassungstitel kann nach der „Kerntheorie" auch

---

[637] BGH GRUR 2004, 264, 265 – *Euro-Einführungsrabatt*.
[638] BGH GRUR 1993, 62, 63 – *Kilopreise III*.
[639] Zöller/*Stöber*, § 890 ZPO Rn. 12.
[640] BGH GRUR 1991, 929, 931 – *Fachliche Empfehlung II*.
[641] BGH GRUR 1979, 121, 122.
[642] Siehe dazu BVerfG GRUR 2007, 618 ff.; BGH GRUR 2004, 264 f. – *Euro-Einführungsrabatt*; Götting/Nordemann/*Albert*, § 12 Rn. 103 f, m.w.N.
[643] Götting/Nordemann/*Albert*, § 12 Rn. 103 f, m.w.N.

gegen Verstöße vorgegangen werden, die von der konkreten Untersagung abweichen; dies allerdings in verhältnismäßig engen Grenzen nur, soweit das darin Charakteristische, also der „Kern" des Unterlassungsgebots Gebots zweifelsfrei zum Ausdruck kommt. Kerngleiche Verstöße sind vom Verbot umfasst, nicht dagegen nur „kernähnliche" Handlungen. Der Umfang der Rechtskraft muss dabei sicher feststellbar sein und eine den Bestimmtheitsanforderungen genügende Grundlage für die Vollstreckung auch bei abweichenden Handlungsformen bilden.[644]

442 Dies stellt keine unzulässige Titelerweiterung, sondern eine sachgerechte Auslegung des Titels dar. Dem Gläubiger sollen so weitere Streitverfahren wegen offenkundiger Umgehungen des Verbots erspart werden. Zweifelsfälle sollen jedoch nicht in das Vollstreckungsverfahren verlagert werden, sondern dem streitigen Verfahren, in dem sie umfassend und unter Ausschöpfung der Instanzenzüge geklärt werden können, vorbehalten bleiben.[645] Zweifel gehen allerdings zulasten des Gläubigers, er kann ja mit der Formulierung seines Antrags vorab für Klarheit sorgen kann.

443 Bei der Auslegung des Titels sind auch der Tatbestand, die Gründe und unter Umständen – die einstweilige Verfügung wurde ohne Gründe erlassen, § 922 Abs. 1 ZPO – auch der Sachvortrag des Gläubigers[646] heranzuziehen. Der Schuldner kann zur Klärung des Streits über den Umfang des Verbotes negative Feststellungsklage erheben. Das Feststellungsinteresse bleibt auch bei einem Ordnungsmittelantrag des Gläubigers bestehen.[647]

444 Die **Auslegung des Titels** selbst kann aber nur auf der Grundlage dessen erfolgen, was im Urteil selbst objektiv Ausdruck gefunden hat. Verborgen gebliebene innere Vorstellungen oder Willensrichtungen des Gerichts sind unmaßgeblich.[648] In Bezug genommene Unterlagen müssen körperlich mit dem Urteil verbunden sein.[649]

cc) Verschulden

445 Nur ein schuldhafter Verstoß kann zur Verhängung von Ordnungsmitteln führen. § 890 Abs. 1 ZPO verlangt schuldhaftes, also vorsätzliches oder zumindest fahrlässiges Handeln des Schuldners, die §§ 278, 831 BGB, 8 Abs. 2 UWG sind nicht anwendbar. Bei juristischen Personen ist auf deren Organe abzustellen, § 31 BGB.[650] Haben die Organe – Vorstand, Geschäftsführer – zwischenzeitlich gewechselt, ist dies unschädlich für die Verhängung von Ordnungsgeld gegen die Gesellschaft.[651]

446 Der Schuldner hat nicht für alle **Eventualitäten** einzustehen, von ihm wird jedoch erwartet, dass er unverzüglich alles Erforderliche und Zumutbare unternimmt, um zukünftige Verstöße zu vermeiden.[652] So hat er alles zu unterlassen, was zu einer Verletzung führen könnte; hat alles zu tun, was im konkreten Fall erforderlich und zumutbar ist, um künftige Verletzungen zu vermeiden.[653] Beachtet er diese Maßstäbe nicht, begeht er Organisations-

---

[644] BGH in st. Rspr., zB BGH WRP 1989, 572, 574 – *Bioäquivalenz-Werbung*; BGH GRUR 2000, 907, 909 – *Filialleiterfehler*; s.a. BVerfG GRUR 2007, 618 ff.
[645] BGH WRP 1989, 572, 574 – *Bioäquivalenz-Werbung*.
[646] BGH GRUR 1989, 445 f. – *Professorenbezeichnung in der Arztwerbung I*.
[647] BGH GRUR 2008, 360 ff. – *EURO und Schwarzgeld*.
[648] BGH GRUR 1992, 525, 526 – *Professorenbezeichnung in der Arztwerbung II*.
[649] Götting/Nordemann/*Albert*, Vor § 12 Rn. 112, m.w.N.
[650] BVerfG GRUR 2007, 618 ff. Aber kein Ordnungsgeld neben der juristischen Person: BGH GRUR 2012, 541 Rn. 9 – *Titelschuldner im Zwangsvollstreckungsverfahren*.
[651] OLG Zweibrücken GRUR 1988, 485, 486.
[652] BGH GRUR 2004, 264, 267 – *Euro-Einführungsrabatt*.
[653] OLG Nürnberg WRP 1999, 1184, 1185.

E. Die Zwangsvollstreckung

oder Überwachungsverschulden, wobei beim Sorgfaltsmaßstab strenge Anforderungen zu stellen sind.[654]

Beispiele, was der Schuldner **zu beachten** hat: Er hat sich bereits nach einer Abmahnung auf ein zu erwartendes Verbot einzustellen und muss dann schnell reagieren können.[655] Ist er länger abwesend, muss er durch organisatorische Maßnahmen sicherstellen, dass die von ihm geforderte Vorsorge durch Vertreter getroffen wird.[656] Sollte dies notwendig sein, hat er auch auf das Verhalten Dritter Einfluss zu nehmen[657], hat Anzeigenaufträge zurückziehen, weitere Werbemaßnahmen zu verhindern,[658] dafür zu sorgen, dass von seinem Abnehmer noch nicht abgesetzte Ware vom Markt genommen wird;[659] Mitarbeiter schriftlich[660] belehren, ihr Verhalten ausreichend überwachen;[661] auf eine Konzerngesellschaft einwirken;[662] durch Kontrolle der erforderlichen Arbeitsschritte sich vergewissern, Interneteinträge tatsächlich gelöscht worden sind und Dritte nicht mehr darauf zugreifen können.[663]

Auf **Unkenntnis** vom Verbotsausspruch kann sich der Schuldner nur berufen, wenn diese Unkenntnis unverschuldet ist.[664] Ein vermeidbarer Verbotsirrtums, § 17 S. 2 StGB, entlastet ihn in aller Regel nicht,[665] im Zweifel muss er sich beraten lassen;[666] falscher anwaltlicher Rat entlastet dann nicht, wenn bei „eigenverantwortlicher Bewertung"[667] Zweifel hätten aufkommen müssen.[668]

II. Das Verfahren

a) Parteiherrschaft

Die Zwangsvollstreckung unterliegt der **Parteiherrschaft**. Die Parteien haben den Tatsachenstoff beizubringen. Das Vollstreckungsorgan prüft weder die Rechtmäßigkeit noch die sachliche Richtigkeit des Titels. Entscheidend ist allein, ob die formalen Voraussetzungen vorliegen[669].

Der Vollstreckungsgläubiger hat die Darlegungs- und Beweislast für die Zuwiderhandlung und für ein Verschulden des Schuldners. Der Verstoß ist zu beweisen und auch das Verschulden des Handelnden. Eine Beweislastumkehr findet zwar nicht statt.[670] Dem Gläubiger kann allerdings der Anscheinsbeweis zugutekommen.[671] Auch wenn eine einstweilige Verfügung zugrunde liegt, reicht die Glaubhaftmachung nicht aus.

---

[654] *Teplitzky*, Kap. 57 Rn. 26.
[655] OLG Düsseldorf GRUR-RR 2003, 127, 129 – *Euro-Service II*.
[656] Vgl. Harte/Henning/*Brüning*, Vor § 12 UWG Rn. 311.
[657] OLG Köln OLGR 2008, 434 f.
[658] OLG Karlsruhe WRP 2006, 1156 (Telefonwerbung); OLG Köln OLGR 2008, 54 (Internetwerbung).
[659] OLG Köln OLGR 2008, 434 f.
[660] OLG Köln WRP 2004, 1519, 1520; OLG Schleswig OLGR 2005, 473, 474.
[661] OLG Oldenburg WRP 2007, 360, 362; OLG Frankfurt WRP 2008, 1274 (Leitsatz).
[662] KG DB 2005, 1565 f.
[663] OLG Köln GRUR-RR 2001, 24.
[664] MünchKommUWG/*Ehricke*, Vor § 12 Rn. 160.
[665] *Teplitzky*, Kap. 57 Rn. 27 mit Beispielen und weiteren Nachweisen.
[666] OLG Naumburg GRUR 2005, 1071.
[667] OLG Stuttgart WRP 1999, 1072, 1073.
[668] OLG Naumburg GRUR 2005, 1071.
[669] BGH GRUR 2004, 264, 265 – *Euro-Einführungsrabatt*.
[670] OLG Nürnberg WRP 1999, 1184, 1185; OLG Frankfurt GRUR 1994, 918, 919.
[671] Einzelheiten bei Götting/Nordemann/*Albert*, Vorb. § 12 Rn. 122, m.w.N.

b) Antrag

451 Um das Verfahren einzuleiten, hat der Gläubiger einen **Antrag** auf Festsetzung von Ordnungsgeld zu stellen. Der Antrag ist zu begründen, das Ordnungsgeld braucht aber nicht beziffert zu werden. Es besteht Anwaltszwang, da zwingend die Zuständigkeit des Landgerichts gegeben ist und dort Anwaltszwang herrscht, §§ 13 Abs. 1 UWG, 78 Abs. 1 ZPO. Das Prozessgericht ist ausschließlich zuständig, § 802 ZPO, ein anderes Gericht kommt deshalb nicht in Betracht.

452 Innerhalb des Gerichts, also funktional, ist der Richter zuständig; § 21 Nr. 17 RpflG greift nicht. War im Erkenntnisverfahren der Einzelrichter, §§ 348, 348a ZPO, oder der Vorsitzende der Kammer für Handelssachen allein, § 349 Abs. 3 ZPO, zuständig, ist er auch für das Vollstreckungsverfahren nach § 890 Abs. 1 ZPO allein zuständig.[672] Hat die Kammer – wenn auch nach § 944 ZPO – im Eilverfahren entschieden, so ist sie jetzt auch zuständig, auch wenn dem Einzelrichter jetzt die bereits anhängige Hauptsache übertragen ist und das Verfügungsverfahren nach Widerspruch hinzuverbunden wurde.[673] Wurde eine einstweilige Verfügung vom Berufungs-/Beschwerdegericht erlassen oder wurde dort ein Prozessvergleich geschlossen, ist gleichwohl das Gericht der ersten Instanz für das Ordnungsmittelverfahren zuständig.[674]

453 Der Schuldner ist vor der Verhängung von Ordnungsmitteln zu hören, § 891 S. 2 ZPO.

c) Entscheidung

454 Die Entscheidung des Gerichts ergeht **durch Beschluss**, § 891 S. 1 ZPO. Dieser ist zu begründen und zuzustellen, § 329 Abs. 3 ZPO. Binnen einer Notfrist von zwei Wochen kann dagegen sofortige Beschwerde §§ 793, 567 ff. ZPO eingelegt werden. Die Einlegung der sofortigen Beschwerde hat aufschiebende Wirkung,[675] die die Vollstreckungsverjährung ruhen lässt, Art. 9 Abs. 2 S. 4 Nr. 1 EGStGB. Mit der Beschwerde kann auch eine Verschärfung der Ordnungsmittel[676] oder eine Erweiterung wegen neu hinzugekommener Verstöße[677] begehrt werden.

d) Ermessen

455 Dem Richter steht bei der **Wahl** zwischen Ordnungsgeld und Ordnungshaft und auch bei der Höhe des Ordnungsmittels ein Ermessen zu. Das einzelne Ordnungsgeld darf den Betrag von 250 000 €, die Ordnungshaft jeweils sechs Monate, insgesamt aber zwei Jahre nicht übersteigen. Wurde jedoch das angedrohte Ordnungsmittel im Antrag beziffert, bildet dieses die Obergrenze. Bei mehreren Verstößen kann für jede einzelne Verletzung ein Ordnungsmittel gesondert festgesetzt werden.[678] Das Mindestmaß beim Ordnungsgeld beträgt 5 Euro, bei der Ordnungshaft ein Tag, Art. 6 Abs. 1 und 2 EGStGB.

456 Ordnungshaft und Ordnungsgeld, § 1 Abs. 1 Nr. 3 JBeitrO, werden von Amts wegen, durch den Rechtspfleger des Prozessgerichts vollstreckt, §§ 4 Abs. 2 Nr. 2a, 31 Abs. 3 RpflG. Erleichterungen für den Schuldner oder auch Umwandlungen von einem Ordnungsmittel zum anderen sind möglich, §§ 7 und 8 EGStGB.

---

[672] Thomas/Putzo/*Reichold*, § 348 ZPO Rn. 6 f, 349 ZPO Rn. 1.
[673] OLG Koblenz NJW-RR 2002, 1724, 1725.
[674] BGH NJW 2002, 754, 755.
[675] BGH GRUR 2012, 427 ff. – *Aufschiebende Wirkung*.
[676] OLG Hamm NJW-RR 1988, 960.
[677] OLG Stuttgart WRP 1990, 134 ff.
[678] Zöller/*Stöber*, § 890 ZPO Rn. 20, m.w.N.

Funktion der Ordnungsmittel ist die Beugemaßnahme zur Verhinderung künftiger Verstöße und ein repressiver Sanktionscharakter. Das Ordnungsmittel soll deshalb die wirtschaftlichen Verhältnisse, die Bedeutung des Verstoßes und den Unwertgehalt der Verletzungshandlung berücksichtigen.[679]

457

III. Verjährung

a) Titulierter Unterlassungsanspruch

Der **titulierte Unterlassungsanspruch** selbst verjährt in 30 Jahren ab der den Anspruch begründenden Zuwiderhandlung gegen den Titel (s. § 16 Rn. 380), §§ 197 Abs. 1 Nr. 3, 201 S. 1 und 2, 199 Abs. 5 BGB. Wichtig: nicht ab Rechtskraft der Entscheidung! Die einstweilige Verfügung enthält keine (rechtskräftige) Feststellung des Anspruchs und fällt deshalb nicht unter diese Normen. Sie hemmt die Verjährung nach § 204 Abs. 1 Nr. 9 BGB.

458

b) Verfolgungsverjährung

Die **Verfolgungsverjährung** beträgt zwei Jahre; nach deren Ablauf kann ein Ordnungsmittel für eine Zuwiderhandlung gegen das titulierte Unterlassungsgebot nicht mehr festgesetzt werden. Der Lauf der Frist beginnt mit der Beendigung der Handlung, Art. 9 Abs. 1 EGStGB und hängt demnach entscheidend maßgeblich von den Pflichten und dem Verhalten des Schuldners ab. Hat er aktiv tätig zu werden, beginnt die Verjährung nicht, solange er pflichtwidrig untätig bleibt.[680] Die Frist endet mit der vollstreckbaren Festsetzung eines Ordnungsmittels durch das Erstgericht. Der Ordnungsmittelbeschluss muss innerhalb der Verjährungsfrist zugestellt werden, §§ 794 Nr. 3, 793, 572 ZPO, und ist dann vollstreckbar. Damit wird dann die Vollstreckungsverjährung in Lauf gesetzt.

459

c) Verjährung

Die Vollstreckungsverjährung – ebenfalls von Amts wegen zu berücksichtigen – beträgt ebenfalls zwei Jahre; sie wird nach Art. 9 Abs. 2 EGStGB mit der Vollstreckbarkeit des Ordnungsmittelbeschlusses, also dessen Zustellung in Lauf gesetzt. Die Verfolgungsverjährung kann dann nicht mehr eintreten, Verfolgungs- und Vollstreckungsverjährung schließen sich gegenseitig aus.[681]

460

IV. Titelfortfall

a) Vor Zuwiderhandlung

Entfällt der Unterlassungstitel vor einer **Zuwiderhandlung** des Schuldners – also Titelwegfall am 1.1, Verstoß des Schuldners am 1.3 –, kann selbstverständlich auf diesen Titel kein Ordnungsmittel gestützt werden. Da Grundvoraussetzung der Zwangsvollstreckung ein bestehender Titel ist, kann ein Ordnungsmittel nur verlangt werden, wenn noch ein wirksamer Unterlassungstitel besteht. Zum Zeitpunkt der Handlung bestand kein (wirksames) Verbot.

461

---

[679] Einzelheiten mit Nachweisen bei Götting/Nordemann/*Albert*, Vor § 12 Rn. 125).
[680] BGH WRP 2007, 1104, 1106 – *Verputzarbeiten*.
[681] BGH GRUR 2005, 269, 270 – *Verfolgungsverjährung*.

b) Rückwirkende Kraft (ex tunc)

462 Gleich ist die Lage, wenn ein Unterlassungstitel, nach einen Verstoß gegen den Titel, mit **rückwirkender Kraft (ex tunc)** entfällt.[682] Auch hier fehlt zu Zeitpunkt des Verstoßes ein wirksamer Titel. Dies sind die Fälle, wenn der Kläger/Antragsteller nach Erlass des Titels, die Klage oder den Antrag wieder zurücknimmt. Der Titel entfällt auch rückwirkend bei einer Aufhebung nach § 926 Abs. 2 ZPO oder wenn er im Rechtsmittelverfahren aufgehoben wird. Auch wenn die Parteien, nachdem bereits ein Titel besteht, den Rechtsstreit übereinstimmend für erledigt erklären, entfällt der Titel rückwirkend; Ausnahme: die Erledigterklärung bezieht sich nicht nur auf die Unterlassung für die Zukunft.

c) Nach Zuwiderhandlung

463 Ist der Unterlassungstitel nach einer Zuwiderhandlung mit **jetziger Wirkung (ex nunc)** weggefallen, kann ein Ordnungsmittel verhängt werden. Zum Zeitpunkt des Verstoßes bestand ein wirksamer Titel; außerdem wird so auch dem strafähnlichen Sanktionscharakter der Ordnungsmittel Rechnung getragen.[683] Dies sind die Fälle der Aufhebung der Verfügung nach § 927 ZPO, wegen veränderter Umstände, oder bei einem Vergleich, nachdem bereits ein Titel bestand und dagegen verstoßen wurde.

d) Ordnungsmittel

464 Ist ein **Ordnungsmittel verhängt** worden, obwohl der Titel uneingeschränkt rückwirkend entfallen ist, hebt das Prozessgericht – auch bei dessen Rechtskraft[684] – den Festsetzungsbeschluss auf, §§ 775 Nr. 1, 776 ZPO,[685] die bereits beigetriebenen Ordnungsgelder sind zurückzuzahlen.[686] Für erlittene Ordnungshaft besteht Anspruch auf Schadenersatz nach den §§ 717 Abs. 2, 945 ZPO.[687] Für die Vollstreckungskosten gilt § 788 Abs. 3 ZPO.

e) Änderung der Rechtslage

465 Einen **Sonderfall** bildet der Wegfall eines in die Zukunft gerichteten Unterlassungstitels, dessen Grundlage durch eine Gesetzesänderung[688] oder durch eine Änderung der höchstrichterlichen Rechtsprechung[689] entfallen ist. Gegen einen solch noch bestehenden Titel kann eine Vollstreckungsabwehrklage nach § 767 Abs. 1 ZPO erhoben werden. Besteht eine einstweilige Verfügung, kommt daneben auch das Aufhebungsverfahren nach § 927 ZPO in Betracht. Wurde aber aufgrund des (noch) nicht beseitigten Titels ein Ordnungsgeld festgesetzt, kann dieses nicht aufgehoben werden. Für eine Aufhebung des Ordnungsmittelbeschlusses selbst reicht eine Veränderung der dem Erkenntnisverfahren zugrunde liegenden Rechtslage nicht aus.[690]

f) Übereinstimmende Erledigterklärung

466 **Probleme** können bei der – praktisch sehr häufig vorkommenden – beiderseitigen Erledigterklärung entstehen. Hat der Schuldner im laufenden Verfahren eine strafbewehrte Unterlassungserklärung abgegeben und damit die Wiederholungsgefahr beseitigt, erklären

---

[682] Ausführlich: BGH GRUR 2004, 264, 266 – *Euro-Einführungsrabatt*.
[683] BGH GRUR 2004, 264, 267 – *Euro-Einführungsrabatt*.
[684] KG NJW-RR 2000, 1523.
[685] Zöller/*Stöber*, § 890 ZPO Rn. 25.
[686] KG NJW-RR 2000, 1523.
[687] Zöller/*Stöber*, § 890 ZPO Rn. 26.
[688] *Teplitzky*, Kap. 57 Rn. 55 (str.).
[689] BGH GRUR 2009, 1096 ff. – *Mescher weis*.
[690] OLG Stuttgart WRP 2005, 390 (Leitsatz).

die Parteien meist den Rechtsstreit übereinstimmend für erledigt. Diese Erklärung wirkt an sich zurück[691], der Titel könnte als Grundlage der Vollstreckung entfallen.[692] Will der Kläger dies in jedem Fall vermeiden, sollte er eine Erklärung nur für die Zukunft abgeben.[693] Tut er dies nicht, ist durch Auslegung zu ermitteln, was gewollt ist.[694] Im Zweifel gilt, was nach den Maßstäben der Rechtsordnung vernünftig ist und der recht verstandenen Interessenlage entspricht.

Gleiches gilt für Unterlassungstitel, die im Verfügungsverfahren ergangen sind. Andernfalls könnte der Antragsgegner eine einstweilige Verfügung dadurch rückwirkend hinfällig machen und Ordnungsmitteln wegen bereits begangener Verstöße entgehen, dass er durch Abgabe einer strafbewehrten Unterlassungserklärung die Abgabe einer Erledigterklärung erzwingt.[695]

467

F. Die Veröffentlichungsbefugnis § 12 Abs. 3 UWG

Schrifttum: *Burhenne*, Der Anspruch auf Veröffentlichung von Gerichtsentscheidungen im Lichte wettbewerblicher Betrachtung, GRUR 1952, 84; *Flechsig/Hertel/Vahrenhold*, Die Veröffentlichung von Unterlassungsurteilen und Unterlassungserklärungen, NJW 1994, 2441; *Kolb*, Der Anspruch auf Urteilsbekanntmachung im Markenrecht, GRUR 2014, 513; *Seydel*, Einzelfragen der Urteilsveröffentlichung, GRUR 1965, 650; *Steigüber*, Der „neue" Anspruch auf Urteilsbekanntmachung im Immaterialgüterrecht, GRUR 2011, 295; *Wronka*, Veröffentlichungsbefugnis von Urteilen, WRP 1975, 644.

a) Ansehensverlust

Ein Wettbewerbsverstoß führt häufig zu einem **Ansehensverlust** des Betroffenen und seiner Produkte. § 12 Abs. 3 UWG gibt dem Verletzten deshalb das Recht, die von einer Verletzung hervorgerufene fortdauernde Störung durch Fehlinformation der Öffentlichkeit zu verhindern oder zu beseitigen. Diese Norm ist Teil eines allgemeinen Beseitigungsanspruchs – neben Widerruf oder Gegendarstellung.[696] Die Bedeutung dieser Vorschrift in der Praxis ist dennoch gering. Wahrscheinlich sind die strengen tatbestandlichen Anforderungen, mit dem damit verbundenen Kostenrisiko, zu hoch.

468

b) Materielle Anspruchsgrundlage

Die h.M. sieht in § 12 Abs. 3 UWG eine **materielle Anspruchsgrundlage**[697] gegen den Verletzer auf Duldung der Veröffentlichung. Dieser Anspruch wird aus dem allgemeinen Beseitigungsanspruch hergeleitet. Er besteht auch dann, wenn der Verletzte aus sonstigen materiell-rechtlichen Gründen die Befugnis zur Veröffentlichung hat. Der Verletzte läuft aber bei einer solch „nicht gerichtlich autorisierten" Veröffentlichung Gefahr, möglicherweise selbst gegen das UWG zu verstoßen. § 12 Abs. 3 UWG befreit ihn von diesem Risiko und regelt zugleich die Kostentragungspflicht[698]

469

---

[691] Zöller/*Vollkommer*, § 91a ZPO Rn. 12 (str.).
[692] BGH GRUR 2004, 264, 266 – *Euro-Einführungsrabatt*.
[693] BGH GRUR 2004, 264, 266 – *Euro-Einführungsrabatt*.
[694] In der Regel soll die Erklärung nur für die Zukunft wirken; der Titel bleibt für die Vergangenheit bestehen, vgl. BGH GRUR 2016, 421 Rn. 11, 25 – *Erledigungserklärung nach Gesetzesänderung*.
[695] BGH GRUR 2004, 264, 266 – *Euro-Einführungsrabatt*.
[696] Einzelheiten Götting/Nordemann/*Albert*, UWG, § 12 Rn. 352 ff.
[697] Götting/Nordemann/*Albert*, UWG, § 12 Rn. 354, 373, m.w.N.
[698] Götting/Nordemann/*Albert*, UWG, § 12 Rn. 33.

c) Rechtskräftiges Urteil

470 Der Anspruch verlangt ein **rechtskräftiges Urteil** nach einer Klage auf Unterlassung. Die Veröffentlichung stellt einen Akt der Zwangsvollstreckung dar, der wegen § 12 Abs. 3 S. 4 erst nach Rechtskraft des Unterlassungstitels oder der Abweisung des Anspruchs vorgenommen werden darf.

471 Sehr streitig ist, ob dieser Anspruch auch entsteht nach einem Urteil im Verfügungsverfahren oder gar bei einer Beschlussverfügung[699]. Ein rechtskräftiges Urteil im Verfügungsverfahren müsste ausreichen. Zwar kann es dann zu einer vorschnellen, mit einer möglicherweise erheblichen Rufschädigung verbundenen Veröffentlichung kommen. Dem kann aber mit einer kritischen Interessenabwägung – die § 12 Abs. 3 UWG ja ohnehin versieht – gegengewirkt werden. Zu berücksichtigen sind dabei insbesondere die Gründe, die zum Unterliegen einer Partei geführt haben: Sind es materielle Anspruchsvoraussetzungen, Mängel der Glaubhaftmachung oder beruht das Unterliegen auf den Besonderheiten des Verfügungsverfahrens.

Entgegen des Wortlautes wendet die h.M. § 12 Abs. 3 UWG auch auf Beschlussverfügungen an[700]. Der Verletzte kann ein Interesse an der Veröffentlichung haben, wenn der Verstoß festgestellt ist und der Verletzer sich damit abfindet. Der Verletzter muss allerdings Gelegenheit gehabt haben, seinen Standpunkt darzulegen.

d) Veröffentlichung

472 Die **Veröffentlichung** verlangt einen Antrag des Klägers, §§ 12 Abs. 3 UWG, 308 Abs. 1 ZPO, und ein berechtigtes Interesse an der Beseitigung der fortwirkenden Störung. Dies hat der Antragsteller darzulegen und zu beweisen, „da sich aus der Veröffentlichung erhebliche Nachteile für die unterliegende Partei ergeben können".[701]

e) Urteil

473 Das Gericht entscheidet **durch Urteil**, zugleich mit dem Unterlassungsantrag. Von der Befugnis muss nach § 12 Abs. 3 S. 3 UWG innerhalb der dreimonatigen Ausschlussfrist Gebrauch gemacht werden.

G. Der Streitwert

Schrifttum: *Burmann*, Der Streitwert in Wettbewerbsprozessen, WRP 1973, 508; *Labesius*, Streitwertbemessung bei der hilfsweisen Geltendmachung unterschiedlicher gewerblicher Schutzrechte, GRUR-RR 2012, 317; *Mayer*, Die Streitwertminderung nach § 12 Abs. 4 UWG, WRP 2010, 1126; *Schumann*, Grundsätze des Streitwertrechts, NJW 1982, 1257; *Schwippert*, Alternative Begründung des Unterlassungsanspruchs mit unterschiedlichen Streitgegenständen, FS Loschelder, 2010, 345; *Schramm*, Streitwertberechnung im gewerblichen Rechtsschutz, GRUR 1953, 104; *Ulrich*, Der Streitwert in Wettbewerbssachen, GRUR 1984, 177.

---

[699] Götting/Nordemann/*Albert*, UWG, § 12 Rn. 359, m.w.N.
[700] *Albert* a.a.O.
[701] Begr. RegE UWG vom 22.8.2003, BT-Druck 13/1487.

I. Bemessung des Gebührenstreitwerts

Nach § 51 Abs. 2 GKG, auf den § 23 Abs. 1 RVG für die Anwaltsgebühren verweist, ist in Verfahren nach dem Gesetz gegen den **unlauteren Wettbewerb**, soweit nichts anderes bestimmt ist, der Streitwert nach der sich aus dem Antrag des Klägers für ihn ergebenden Bedeutung der Sache nach Ermessen zu bestimmen. Bei der Wertbemessung ist dieses Ermessen ordnungsgemäß unter Berücksichtigung der Umstände des konkreten Falles auszuüben. Mit § 51 Abs. 2 GKG nicht vereinbar ist deshalb die Festsetzung eines Regelstreitwerts für Wettbewerbssachen.[702]

474

Die **Streitwertangabe** der Klägerseite hat indizielle Wirkung, aber enthebt das Gericht nicht der Notwendigkeit, diese anhand der Aktenlage und sonstiger Gegebenheiten unter Berücksichtigung seiner Erfahrung und in vergleichbaren Fällen erfolgter Wertfestsetzungen selbständig nachzuprüfen. Diese gerichtliche Nachprüfbarkeit beschränkt sich nicht nur auf eine etwaige Unvertretbarkeit. Dabei sind auch die Unternehmensverhältnisse bei dem Verletzter und nach § 51 Abs. 3 S. 1 GKG dem Verletzten (Umsätze, Größe, Wirtschaftskraft, Marktstellung und deren voraussichtliche Entwicklung), die Intensität des Wettbewerbs zwischen beiden (in räumlicher, sachlicher und zeitlicher Hinsicht), die Auswirkungen zukünftiger Verletzungshandlungen (Ausmaß, Intensität und Häufigkeit, indiziert durch die bereits begangene Verletzungshandlung) und die Intensität der Wiederholungsgefahr (Verschuldensgrad, späteres Verhalten) zu berücksichtigen.[703]

475

II. Besonderheiten

1. Unterlassungsbegehren

Beim Unterlassungsbegehren ist das – objektiv zu bestimmende – **wirtschaftliche Interesse der Klägerseite** an dem mit dem Verfahren erstrebten Rechtszustand maßgeblich, das von der Angriffsschwere der zu untersagenden Handlung abhängt. Das Eigeninteresse des klagenden Mitbewerbers an der Unterbindung weiterer gleichartiger Verstöße bestimmt sich nach der Art des Verstoßes, insbesondere seiner Gefährlichkeit für den Wettbewerber anhand ihm drohender Umsatzeinbußen (Angriffsfaktor). Der Angriffsfaktor wird grundsätzlich durch den Charakter und den Umfang der ohne das angestrebte Verbot zu befürchtenden weiteren Verletzungshandlungen und damit auch durch die Größe und Bedeutung des Unternehmens des Verletzers geprägt (vgl. auch § 51 Abs. 3 S. 1 GKG). Der bereits begangenen Verletzungshandlung kommt dabei indizielle Bedeutung für den Umfang künftig drohender Verletzungen zu. Eine erheblich geringere Bedeutung für den Beklagten ist nach § 51 Abs. 3 S. 1 GKG zu berücksichtigen.

476

Nimmt ein Kläger **mehrere Beklagte** in Anspruch, kann er von jedem Verletzer eigenständig Unterlassung verlangen, auch wenn die materiellen Ansprüche dieselbe Verletzungshandlung betreffen. Deshalb sind für die einzelnen Unterlassungsanträge gegen die Schuldner die Einzelwerte zu bestimmen und diese für die Gerichtsgebühren und die außergerichtlichen Gebühren des Klägers zusammenzurechnen und für die außergerichtlichen Kosten der Streitgenossen entsprechend ihrer Beteiligung zu bemessen.[704]

477

---

[702] BGH WRP 2015, 454; *Ahrens/Büttner*, Der Wettbewerbsprozess, 7. Aufl., Kap. 40 Rn. 48.
[703] BGH GRUR 1990, 1052 – *Streitwertbemessung*; *Teplitzky*, Wettbewerbliche Ansprüche und Verfahren, Kap. 49 Rn. 11 ff., m.w.N.
[704] *Schneider/Herget*, Streitwertkommentar, Rn. 2390, 3441.

2. Eilverfahren

478 Bei einem **einstweiligen Verfügungsverfahren** ist wegen der nur vorläufigen Sicherung ein geringerer Streitwert als für das Hauptsacheverfahren anzusetzen (z.B. durch einen Abschlag um ein Drittel oder die Hälfte), wie dies § 51 Abs. 4 GKG als Regelfall vorsieht.

3. Auffangstreitwert

479 Mit der Einführung von § 51 Abs. 3 S. 2 GKG sollten Wettbewerbsverstöße im **Bagatellbereich**, insbesondere im **Online-Handel**, bei denen es „nicht zu einer spürbaren Wettbewerbsverzerrung" kommt, erfasst werden. Ein Streitwert von € 1000,00 soll insbesondere in den Fällen zur Anwendung kommen, in denen ein Verstoß gegen Marktverhaltensregeln (i.S.d. § 3a UWG) „außerhalb des Gesetzes gegen den unlauteren Wettbewerb vorliegt, die Verzerrung des Wettbewerbs aber eher unwahrscheinlich ist, da sich ein vernünftiger Verbraucher oder sonstiger Marktteilnehmer durch den Verstoß in seiner Entscheidung über den Kauf einer Ware oder die Inanspruchnahme einer Dienstleistung nicht beeinflussen lassen wird." Da dann aber schon die geschäftliche Relevanz infrage steht, wird in Rechtsprechung und Literatur zutreffend darauf abgestellt, ob es sich um einen geringfügigen Wettbewerbsverstoß durch einen Kleinunternehmer handelt.[705]

4. Streitwertbegünstigung

480 Die **Härtefallregelung** des § 12 Abs. 4, 5 UWG ermöglicht eine einseitige Streitwertbegünstigung der wirtschaftlich schwächeren Partei. Dies erfordert nach der Neufassung von § 12 Abs. 4 UWG nicht nur eine nicht tragbare Belastung, sondern eine erhebliche Gefährdung der wirtschaftlichen Lage der Partei. Dies ist bei drohender Insolvenz der Fall.[706]

---

[705] *Köhler*/Bornkamm, UWG, § 12 Rn. 5.3d; OLG Stuttgart, Beschluss vom 2.1.2014, Az. 2 W 63/13 und 2 W 77/13, OLG Frankfurt, Beschluss v. 1.10.2014 – 6 W 76/14; OLG Dresden Magazindienst 2015, 111).

[706] *Köhler*/Bornkamm, UWG, § 12 Rn. 5.21.

§ 17. Know-How-Schutz

Inhaltsübersicht

	Rn.
A. Bedeutung des Begriffs „Know-how"	1
I. Definition von „Know-how"	5
II. Einzelfälle	7
1. Betriebsbezogene Tatsachen	7
2. Fehlende Offenkundigkeit	8
3. Geheimhaltungswille	9
4. Geheimhaltungsinteresse	10
5. Sonderfälle	11
a) Bekannte Tatsachen	11
b) Whistleblowing	12
c) Fehlender Geheimhaltungswille im Kartellrecht	13
d) Gleichstellung von „Know-How" und absoluten Schutzrechten	14
III. Europäische und internationale Regelungen	15
B. Schutz von „Know-how"	18
I. Gesetzlich	18
1. Der strafrechtliche Schutz von Geschäftsgeheimnissen	18
a) Geheimnisverrat durch Beschäftigte (§ 17 Abs. 1 UWG)	18
b) Ausspähung und Verwertung von Geheimnissen (§ 17 Abs. 2 UWG)	22
c) Verwertung von Vorlagen (§ 18 UWG)	27
d) Verleiten und Erbieten zum Verrat (§ 19 UWG)	30
e) Teilnahmehandlungen	31
f) Weitere strafrechtliche Schutzvorschriften	32
2. Der zivilrechtliche Schutz von Geschäftsgeheimnissen	33
II. Der vertragliche Schutz von Geschäftsgeheimnissen	34
C. „Know-How" im Rechtsverkehr	38
I. Sonstiges Recht	38
II. Verkauf und Lizenzierung	40
1. Veräußerung von „Know-how"	41
2. Lizenzierung von „Know-how"	42
III. Kartellrecht	43

Schrifttum: *Achenbach/Ransiek*, Handbuch Wirtschaftsstrafrecht, 2012; *Ann*, Know-how – Stiefkind des Geistigen Eigentums?, GRUR 2007, 39; *Ann/Loschelder/Grosch*, Praxishandbuch Know-how-Schutz, 2010; *Bielefeld*, Notwendigkeit eines Gesetzes zum Schutz von Whistleblowern?, RdA 2013, 236; *Emmerich*, Unlauterer Wettbewerb, 2012; *Enders*, Know-how-Schutz als Teil des geistigen Eigentums, GRUR 2012, 25; *Engländer/Zimmermann*, Whistleblowing als strafbarer Verrat von Geschäfts- und Betriebsgeheimnissen- Zur Bedeutung des juristisch-ökonomischen Vermögensbegriffs für den Schutz illegaler Geheimnisse bei § 17 UWG, NZWiST 2012, 328; *Finger*, Die Offenkundigkeit des mitgeteilten Fachwissens bei Know-how- Verträgen, GRUR 1970, 3; *Gärtner*, Zum Richtlinienentwurf über den Schutz von Geschäftsgeheimnissen, NZG 2014, 650; *Gloy/Loschelder/Erdmann*, Wettbewerbsrecht, 2010; *Götting/Meyer/Vormbrock*, Gewerblicher Rechtsschutz und Wettbewerbsrecht, Praxishandbuch, 2011; *Haedicke*, Rechtskauf und Rechtsmängelhaftung, 2003; *Henn*, Patent- und Know-How Lizenzvertrag; Handbuch für die Praxis, 2003; *Herrmann*, Die Beurteilung exklusiver Know-how-Lizenzen nach dem EWG-Kartellverbot, 1994; *Heusel/Sonder*, Aus den Schwerpunktbereichen: Schuldrechtliche Grundzüge des Unternehmenskaufs, ZJS 2009, 313; *Kleißl*, Lizenzkartellrecht in der amerikanischen und europäischen Rechtsordnung, 2008; *Koch*, Korruptionsbekämpfung durch Geheimnisverrat? Strafrechtliche Aspekte des Whistleblowing, ZIS 2008, 500; *Kochmann*, Schutz des „Know-how" gegen ausspähende Produktanalysen („Reverse Engineering"),

2009; *Kraßer*, Der Schutz des Know-how nach deutschem Recht, GRUR 1970, 587; *Kunz-Hallstein/ Loschelder*, Stellungnahme zum Vorschlag für eine Richtlinie über den Schutz vertraulichen Knowhows und vertraulicher Geschäftsinformationen (Geschäftsgeheimnisse) vor rechtswidrigem Erwerb sowie rechtswidriger Nutzung und Offenlegung, COM (2013) 813 final, GRUR 2014, 341; *Lettl*, Wettbewerbsrecht, 2010; *Mes*, Arbeitsplatzwechsel und Geheimnisschutz, GRUR 1979, 584; *Mc-Guire/Künzel/Weber*, Der Schutz von Geschäftsgeheimnissen durch Rechte des geistigen Eigentums und durch das Recht des unlauteren Wettbewerbs, GRUR Int 2010, 829; *Ohly*, Der Geheimnisschutz im deutschen Recht: heutiger Stand und Perspektiven, GRUR 2014, 1; *Pisani*, Strategien beim Knowhow Schutz, MPJ, 2009, 261; *Salger/Breitfeld*, Regelungen zum Schutz von betrieblichem Know-how – die Sicherung von Geschäfts- und Betriebsgeheimnissen, BB 2005, 154; *Többens*, Die Straftaten nach dem Gesetz gegen den unlauteren Wettbewerb (§§ 16–19 UWG), WRP 2005, 552; *Westermann*, Handbuch Know-how Schutz, 2007; *Wodtke/Richters/Pfuhl*, Schutz von Betriebs- und Geschäftsgeheimnissen, Leitfaden für die Praxis, 2004; *Wurzer/Kaiser*, Praxishandbuch Internationaler Knowhow- Schutz, Band 1, 2010.

A. Bedeutung des Begriffs „Know-how"

1   Der **Schutz von Betriebs- und Geschäftsheimnissen** ist von hoher praktischer und wirtschaftlicher Bedeutung. Dennoch ist er in Deutschland mit den §§ 17, 18 UWG lediglich in zwei Strafvorschriften kodifiziert. Der für Betriebs- und Geschäftsheimnisse oftmals verwendete Begriff des „Know-how" selbst entstammt aus dem anglo-amerikanischen Rechtskreis und umfasst als Oberbegriff sowohl das technisch geprägte Betriebs- wie auch das kaufmännisch geartete Geschäftsgeheimnis. Allerdings wird der Terminus im allgemeinen Sprachgebrauch auch für das nicht geheime und damit von den §§ 17, 18 UWG nicht erfasste Erfahrungswissen verwendet, was zwangsläufig zu Abgrenzungsschwierigkeiten führt.[1] Gleichwohl bildet Know-how im weitesten Sinne eine wesentliche Grundlage für den unternehmerischen Erfolg. Es stellt oftmals den einzigen Weg dar, um für das Unternehmen technisch und wirtschaftlich bedeutsame Informationen auch rechtlich abzusichern. Aufgrund des wirtschaftlichen Werts besteht ein gesteigertes Schutzbedürfnis.[2]

2   Die Vorschriften der **§§ 17, 18 UWG** schützen Geschäfts- und Betriebsgeheimnisse gegen Verrat, Betriebsspionage und unbefugter Auswertung und ergänzen den im Übrigen sondergesetzlich geregelten Schutz von geistig-erfinderischen Leistungen durch gewerbliche Schutzrechte, wie insbesondere Patente[3]. Sie sanktionieren allerdings nur unlautere Verhaltensweisen im Zusammenhang mit Geschäfts- und Betriebsgeheimnissen[4]; gewerbliche Schutzrechte schützen dagegen jedwede unerlaubte Nutzung ohne das Erfordernis eines Unlauterkeitscharakters.

3   In Abgrenzung zu den für technische Erfindungen erteilten Patenten zeichnet sich der „Know-how"-Schutz weiterhin durch seine **Abhängigkeit** von der faktischen Eigenschaft als Geheimnis aus: Sobald die Information offenbart und somit der Allgemeinheit zugänglich ist, endet der Schutz.[5] Patente genießen dagegen Schutz als Ausschließlichkeitsrechte: Im Gegenzug für die Patenterteilung wird die von ihnen geschützte technische Lehre mit der zwingenden Offenlegung der Patentanmeldung allgemein zugänglich und verliert damit ihren Geheimnischarakter – der Schutz basiert einzig und allein auf dem durch das

---

[1] *Kleißl*, Lizenzkartellrecht in der amerikanischen und europäischen Rechtsordnung, S. 5.
[2] Harte/Henning/*Harte-Bavendamm*, Vorbemerkung §§ 17–19, Rn. 1.
[3] *Emmerich*, Unlauterer Wettbewerb, § 10 Rn. 1.
[4] *Ohly*, GRUR 1/2014, 1, 3.
[5] *Götting/Meyer/Vormbrock/Röder-Hitschke*, Gewerblicher Rechtsschutz und Wettbewerbsrecht, § 19 Rn. 31.

später erteilte Patent und damit der Rechtsordnung gewährte Ausschließlichkeitsrecht. Nach Ablauf der patentrechtlichen Schutzfrist von 20 Jahren ist die Lehre patentfrei und von jedermann nutzbar. Allerdings kann nicht jedes „Know-how" durch Patente geschützt werden. Liegen die maßgeblichen Schutzvoraussetzungen nicht vor, kommt der Grundsatz der Nachahmungsfreiheit zum Tragen mit der Folge, dass das allgemein zugängliche „Know-how" zum freien Stand der Technik gehört und von jedermann nach Belieben verwendet werden darf.[6]

Der Entscheidung, eine patentfähige Erfindung langfristig und auch über die Schutzdauer hinaus geheim zu halten oder aber zum Patent anzumelden, kommt daher hohe Bedeutung zu und steht im engen Zusammenhang mit der **Schutzrechtsstrategie** des jeweiligen Unternehmens – nicht zuletzt abhängig von Branchenusancen und der Wettbewerbssituation. In jedem Fall ist das Risiko eines Verlustes des Geheimnischarakters durch (ungewollte) Offenbarung nicht zu unterschätzen und vor allem durch faktische Maßnahmen im Rahmen einer aktiven Know-How-Policy zu verhindern.

I. Definition von „Know-how"

Was genau unter Betriebs- und Geschäftsgeheimnissen im Einzelnen zu verstehen ist, definieren **§§ 17, 18 UWG nicht legal**. Es ist daher Aufgabe der Rechtsprechung, diese Tatbestandsmerkmale näher zu konkretisieren. Nach der Rechtsprechung des Bundesgerichtshofes[7] zu §§ 17, 18 UWG liegt ein Betriebs- oder Geschäftsgeheimnis vor, wenn es sich um

- Tatsachen handelt, die im Zusammenhang mit einem wirtschaftlichen Geschäftsbetrieb stehen, die nur einem
- begrenzten Personenkreis bekannt und damit nicht offenkundig sind und
- nach dem ausdrücklich erklärten oder konkludenten Willen des Unternehmens (subjektiv) und
- nach dessen berechtigten und schutzwürdigen Interessen geheim gehalten werden sollen (objektiv).

Dabei wird das **Geschäftsgeheimnis** dem kaufmännischen Bereich und das Betriebsgeheimnis dem technischen Bereich zugeordnet.[8] Eine genaue Abgrenzung zwischen Geschäfts- und Betriebsgeheimnis ist jedoch nicht möglich und auch nicht erforderlich, da beide Geheimnisbereiche gleichermaßen geschützt werden.[9]

II. Einzelfälle

1. Betriebsbezogene Tatsachen

Gegenstand des Unternehmensgeheimnisses ist eine **betriebsbezogene Tatsache**. Das bedeutet, dass nicht die geheim zuhaltende Tatsache an sich geschützt wird, sondern vielmehr die Beziehung dieser Tatsache zu einem bestimmten Betrieb (sog. Betriebsbezogenheit)[10] Dies ist beispielsweise dann der Fall, wenn in einem Unternehmen ein bestimmtes

---

[6] *Emmerich*, § 10 Rn. 1.
[7] BGH GRUR 1955, 424-*Möbelpaste*; *Pisani*, MPJ, 4/2009, 261 (261); Fezer/*Rengier*, UWG, § 17 Rn. 7.
[8] Fezer/*Rengier*, UWG, § 17 Rn. 8.
[9] Fezer/*Rengier*, UWG, § 17 Rn. 8; Harte/Henning/*Harte-Bavendamm*, UWG, § 17, Rn. 1.
[10] BGH GRUR 1955, 424 (425) – *Möbelpaste*; BGH GRUR 1963, 207 (211) – *Kieselsäure*.

Verfahren erfolgreich angewandt wird.[11] Abzugrenzen sind demnach Tatsachen, die auch anderen Unternehmen oder den allgemeinen Marktverhältnissen zugeordnet werden können[12] oder die ausschließlich den privaten Bereich des Inhabers betreffen.

2. Fehlende Offenkundigkeit

8   Die Tatsache darf nicht offenkundig sein. Dies ist dann der Fall, wenn sie nur einem **bestimmten Personenkreis** bekannt ist.[13] Wie groß dieser Personenkreis sein darf, hängt von den Umständen des Einzelfalles ab.[14] Weiterhin ist zu beachten, dass bei einer Tatsache Offenkundigkeit erst dann eintritt, wenn die fragliche Information allgemein, d.h. ohne Zeit- und Kostenaufwand, zugänglich ist.[15] Es kommt lediglich auf die Möglichkeit der Kenntnisnahme an; eine tatsächliche Kenntnisnahme ist dagegen nicht erforderlich.[16] Durch Verrat wird eine Tatsache erst dann offenkundig, wenn sie einem entsprechend weiten Personenkreis bekannt wird; sofern sie nur wenigen Außenstehenden bekannt wird, ist dies nicht von Belang.[17]

3. Geheimhaltungswille

9   Der Betriebsinhaber muss weiterhin den **Willen** haben, die Tatsachen geheim zu halten und diesen Willen nach außen hin erkennbar machen.[18] Dies kann sowohl ausdrücklich geschehen oder sich konkludent aus den Umständen des Einzelfalls ergeben, so dass auch solche Tatsachen unter den Begriff des Betriebs- und Geschäftsgeheimnisses fallen, welche dem Unternehmer (noch) nicht bekannt sind.[19] Der Geheimhaltungswille ist für alle nicht offenkundigen betriebsinternen Kenntnisse grundsätzlich zu vermuten.[20]

4. Geheimhaltungsinteresse

10   Weiterhin muss der Unternehmen ein **berechtigtes Interesse** an der Geheimhaltung der in Frage stehenden Tatsachen haben. Das Bekanntwerden der Tatsache muss daher geeignet sein, den Wettbewerb durch den Konkurrenten zu fördern, dem Geheimnisträger einen wirtschaftlichen Schaden zuzufügen oder die Stellung des eigenen Betriebes im Wettbewerb zu verschlechtern.[21] Auch bei rechts- und sittenwidrigen Tatsachen kann ein berechtigtes Geheimhaltungsinteresse bestehen (näheres dazu weiter unten).[22]

---

[11] *Emmerich*, § 10 Rn. 7.
[12] *Hoffmann*, Finanzbetrieb 10/2007, 631 (632).
[13] BGH GRUR 2003, 356 (358) – *Präzisionsmessgeräte*.
[14] *Lettl*, Wettbewerbsrecht, § 10 Rn. 12.
[15] BGH GRUR 2008, 727 (728).
[16] *McGuire/Künzel/Weber*, GRUR Int 2010, 829 (829.).
[17] *Kraßer*, GRUR 1970, 587 (595 ff.); *Röder-Hitschke*, in: Götting/Meyer/Vormbrock, Gewerblicher Rechtsschutz und Wettbewerbsrecht, § 19 Rn. 10 f.
[18] BGH GRUR 1964, 31 (31) – *Petromax II*.
[19] *Fezer/Rengier*, UWG, § 17 Rn. 18; BGH GRUR 1977, 539 (540) – *Prozeßrechner*.
[20] BGH GRUR 1977, 539 (540) – *Prozeßrechner*; *McGuire/Joachim, Künzel/Weber*, GRUR Int 2010, 829 (830).
[21] *Erbs/Kohlhaas*, Strafrechtliche Nebengesetze, UWG, § 17 Rn. 14, 15.
[22] *Ohly/Sosnitza*, UWG, § 17 Rn. 12; *Többens*, WRP 2005, 552 (556).

5. Sonderfälle

a) Bekannte Tatsachen

Betriebsbezogene Tatsachen sind grundsätzlich nur dann **schutzwürdig**, wenn sie geheim, also nicht offenkundig sind. In Ausnahme dazu können auch an sich bekannte Tatsachen geheim im Sinne der „Know-How" Definition sein. Der BGH hat in der Möbelpaste-Entscheidung klargestellt, dass ein an sich bekanntes Verfahren für ein bestimmtes Unternehmen Gegenstand eines Betriebsgeheimnisses sein kann, *„sofern geheim ist, daß sich dieses Unternehmen dieses Verfahrens bedient und dadurch möglicherweise besondere Erfolge erzielt"*.[23] Dies gilt, solange das Verfahren nicht derart offenkundig ist, dass es für Außenstehende offensichtlich ist, dass das Unternehmen mit diesem Verfahren arbeitet.[24]

b) Whistleblowing

Eine weitere Besonderheit stellt das **sog. Whistleblowing** dar, wobei ein Insider geheime Informationen weitergibt, um auf Missstände, insbesondere rechtswidrige Praktiken eines Unternehmens aufmerksam zu machen.[25] Das interne Whistleblowing, also die Weitergabe von Informationen innerhalb des Unternehmens, soll nicht unter die §§ 17 ff. UWG fallen.[26] Strittig ist hingegen die Strafbarkeit des externen Whistleblowings, also die Informationsweitergabe an Personen oder Stellen außerhalb des Betriebes. Während eine Ansicht illegale Unternehmensgeheimnisse vom Schutzbereich der §§ 17 ff. UWG mit der Begründung fehlenden Geheimhaltungsinteresses ausschließt[27], wird dies von der gegenteiligen Auffassung mit Hinblick darauf bejaht, dass die §§ 17 ff. UWG auch das Integritätsinteresse eines Unternehmens schützen und die Offenbarung von Betriebsgeheimnissen grundsätzlich geeignet ist, das Vermögen und die Wettbewerbsfähigkeit eines Unternehmens zu beeinträchtigen,[28] weshalb ein schutzwürdiges Interesse auch an illegalen Geheimnissen besteht. Bejaht man die Strafbarkeit des Whistleblowings, wird darauf abgestellt, ob die Tat möglicherweise nach § 34 StGB gerechtfertigt ist.

c) Fehlender Geheimhaltungswille im Kartellrecht

Eine weitere Besonderheit besteht hinsichtlich des kartellrechtlichen Verständnisses von Betriebs- und Geschäftsgeheimnissen, welches davon ausgeht, dass es auf einen **Geheimhaltungswillen** der Parteien grundsätzlich nicht ankommt.[29] Die kartellrechtliche Definition ist somit einerseits weiter gefasst als die im deutschen Recht. Andererseits bezieht sich vor allem die Gruppenfreistellungsverordnung für Technologietransfervereinbarungen auf herstellungsbezogenes und damit technisch relevantes Know-How und ist damit enger zu verstehen.

d) Gleichstellung von „Know-How" und absoluten Schutzrechten

Obwohl Betriebsgeheimnissen **keine Ausschlussfunktion** im Vergleich zu den absolut geschützten Rechten zukommt, hat der BGH zu „Know-How" Lizenzverträgen die Ansicht vertreten, dass der „Know-How" Inhaber nach Beendigung des Lizenzvertrages die weitere Nutzung des „Know-Hows" untersagen kann. Begründet wurde dies damit, dass,

---

[23] Vgl. BGH GRUR 1955, 424-*Möbelpaste*.
[24] BGH GRUR 1963, 207 (211) – *Kieselsäure*.
[25] *Bielefeld*, RdA 2013, 236 (236).
[26] *Koch*, ZIS 2008, 500 (502).
[27] *Engländer/Zimmermann*, NZWiSt 2012, 328 (333); *OLG München*, GRUR-RR 2004, 145, (146f) – *Themen-Placement*.
[28] *Koch*, ZIS 2008, 500 (503).
[29] BGH GRUR 1963, 207 (210) – *Kieselsäure*.

sofern der Inhaber die Nutzung seines „Know-Hows" generell, also von Anfang an untersagen kann, ihm dies erst Recht nach Ablauf einer zeitlich, gegenständlich beschränkten Nutzungsbefugnis gestattet sein muss.[30]

III. Europäische und internationale Regelungen

15   Auf **internationaler Ebene** verlangt Art. 39 Abs. 2 TRIPS von den Mitgliedsstaaten des Abkommens, nicht offenbarte Informationen zu schützen. Bei der Begriffsbestimmung von „nicht offenbarten Informationen" in Art. 39 Abs. 2 TRIPS handelt es sich um eine Mindestvorgabe an erforderlichen Merkmalen, die es den Mitgliedstaaten erlaubt, weitergehende Vorschriften einzuführen oder beizubehalten,[31] und die im Vergleich in den Kernbestandteilen mit dem Deutschen Recht übereinstimmt. Lediglich das Merkmal des Geheimhaltungswillens findet keine Entsprechung in TRIPS.[32] Eine weitere Abweichung ergibt sich aus der Forderung nach Geheimhaltungsmaßnahmen, während das deutsche Recht mit dem Geheimhaltungsinteresse eher auf eine subjektive Komponente abstellt.[33] Sofern das deutsche Recht den Nachweis des Geheimhaltungswillens verlangt, soll es in Fällen mit völkerrechtlichem Bezug hinter das Völkerrecht zurücktreten.[34] Allerdings wird der Geheimhaltungswille grundsätzlich widerlegbar vermutet.[35] Eine direkte Anwendung des Art. 39 Abs. 2 des TRIPS-Abkommens findet dann zwar nicht statt, jedoch soll, sofern keine einheitlichen Regelungen getroffen werden, der Geheimnisbegriff im deutschen Recht völkerrechtskonform ausgelegt werden.[36]

16   Auf **europäischer Ebene** wird der Begriff „Know-how" in Art. 1 Abs. 1 b) i) der TT-GVO und in Art. 1 Abs. 1 a) i) der FuE-GVO dagegen als solcher gebraucht und legal definiert.[37] Der Vergleich zeigt, dass die wesentlichen Merkmale ebenfalls mit denen im deutschen Recht, des TRIPS und des US-Rechts weitestgehend übereinstimmen, da er sich ebenfalls aus den Bestandteilen geheim, wesentlich und identifiziert zusammensetzt.[38] Der europäische „Know-how"-Begriff ist jedoch weiter gefasst als derjenige im deutschen Recht, da er darüber hinaus zusätzlich ein Geheimhaltungsinteresse und einen Geheimhaltungswillen fordert.[39] Im Mai 2014 ist eine neue TT-GVO in Kraft getreten, die jedoch neben einigen Modifizierungen und Klarstellungen im Wesentlichen unverändert blieb.[40]

17   Zur Rechtsangleichung im Bereich von Geschäftsgeheimnissen hat die Europäische Kommission im Januar 2013 einen Vorschlag für eine Richtlinie[41] zur **Harmonisierung von Geschäftsgeheimnissen** vorgelegt.[42] Die Definition des Geschäftsgeheimnisses im Richtli-

---

[30] BGH GRUR 1955, 468 (472).- *Schwermetall – Kokillenguß*.
[31] Harte/Henning/*Harte-Bavendamm*, UWG, Vorbemerkungen zu §§ 17–19, Rn. 1.
[32] *Ohly*, GRUR 2014, S. 1 (4).
[33] *McGuire/Künzel/Weber*, GRUR Int 2010, 829 (830).
[34] *McGuire/Joachim, Künzel/Weber*, GRUR Int 2010, 829 (830);. *Ohly*, GRUR 2014, S. 1 (5).
[35] BGH GRUR 1977, 539 (540) – *Prozeßrechner*; *McGuire/Joachim, Künzel/Weber*, GRUR Int 2010, 829 (830).
[36] *Ohly*, GRUR 2014, S. 1 (5).
[37] vgl. KOM(2011) 287 endgültig (24.05.2011); Ann/Loschelder/*Grosch*, Praxishandbuch Know-how Schutz, A. Grundlagen, Rn. 12.
[38] LMR/*Schütze*, Kartellrecht, VO 2659/2000/EG, Art. 2 Rn. 25.
[39] Ann/Loschelder/*Grosch*, Praxishandbuch Know-how-Schutz, A. Grundlagen, Rn. 20.
[40] Vgl., VO (EU) 316/2014, EU-VO Technologietransfer-Vereinbarungen; siehe auch: LMR/*Schütze*, Kartellrecht, VO 2659/2000/EG, Art. 3 Rn. 33 ff.
[41] COM (2013) 813 final.
[42] *Ohly*, GRUR 2014, 1 (1); *Kunz-Hallstein/Loschelder*, GRUR 2014, 341.

nienvorschlag ist eng an die des TRIPS Übereinkommens angelehnt.[43] Der Begriff des Geschäftsgeheimnisses erfordert jedoch zusätzlich einen kommerziellen Wert, weshalb er enger gefasst ist als der Geheimnisbegriff im deutschen Recht.[44] Darüber hinaus fordert der Richtlinienentwurf im Vergleich zum deutschen Recht, dass der Rechteinhaber bereits objektiv Geheimhaltungsmaßnahmen getroffen hat.[45] Auch enthält der Entwurf eingehende Verfahrensvorschriften, vorbeugende Maßnahmen und die Rechtsfolgen des rechtswidrigen Erwerbs und der Nutzung.

B. Schutz von „Know-how"

I. Gesetzlich

1. Der strafrechtliche Schutz von Geschäftsgeheimnissen

a) Geheimnisverrat durch Beschäftigte (§ 17 Abs. 1 UWG)

§ 17 Abs. 1 bestraft den Verrat eines Geschäfts- oder Betriebsgeheimnis durch Beschäftigte und den darin liegenden Vertrauensmissbrauch.

aa) Geschäfts- oder Betriebsgeheimnis

Wie bereits erläutert, handelt es sich dabei um jede betriebsbezogene Tatsache, sowohl geschäftlicher als auch betriebswirtschaftlicher Natur, die lediglich einem eng begrenzten Personenkreis bekannt und anderen nicht ohne weiteres zugänglich sein darf.

bb) Täter

Das Geheimnis muss dem Beschäftigten im Rahmen des Dienstverhältnisses **anvertraut oder zugänglich gemacht** worden sein. Dies ist nicht nur dann der Fall, wenn ihm das Geheimnis im Betrieb mitgeteilt wird oder wenn er es aufgrund seiner betrieblichen Tätigkeit zufällig erfährt, sondern auch dann, wenn er das Geheimnis selbst generiert, wie z.B. eine Erfindung im Rahmen seiner arbeitsvertraglichen Verpflichtungen schafft (sog. Diensterfindung).[46]

cc) Dauer des Schutzes

Der Beschäftigte muss das Geheimnis während des Dienstverhältnisses jemandem **zu Zwecken** des Wettbewerbs oder aus Eigennutz oder in der Absicht, dem Geschäftsinhaber Schaden zuzufügen, mitgeteilt haben. Eine strafrechtliche Geheimhaltungspflicht für redlich erworbene Kenntnisse besteht also nur während der Dauer des Dienstverhältnisses, wobei es maßgebend auf die rechtliche und nicht die tatsächliche Beendigung ankommt.[47] Nach Beendigung des Dienstverhältnisses darf der Beschäftigte vor dem Hintergrund der grundgesetzlich geschützten Berufsfreiheit im Interesse seines beruflichen Fortkommens und der Mobilität auf dem Arbeitsmarkt die redlich erworbene Kenntnis von Betriebsge-

---

[43] *Kunz-Hallstein/Loschelder*, GRUR 2014, 341.
[44] *Ohly*, GRUR 2014, S. 1 (4).
[45] *Gärtner*, NZG 2014, 650 (651).
[46] BGH GRUR 1955, 402 f, *Anreißgerät*; BGH GRUR 1977, 439 f.- *Prozessrechner*.
[47] Fezer/*Rengier*, UWG, § 17 Rn. 38.

heimnissen in einem neuen Arbeitsverhältnis verwerten,[48] sofern er seine Kenntnisse nicht auf unredliche Weise nach § 17 Abs. 2 erlangt hat oder vertraglich eine entsprechende Verpflichtung für die Zeit nach Beendigung des Dienstverhältnisses eingegangen ist.[49]

b) Ausspähung und Verwertung von Geheimnissen (§ 17 Abs. 2 UWG)

22 § 17 Abs. 2 UWG will die **sog. Betriebsspionage** verhindern und verlagert die strafbare Handlung auf bestimmte Ausspähungshandlungen vor.

aa) Ausspähungen

23 § 17 Abs. 2 Nr. 1 stellt die **Ausspähung** eines fremden Geschäfts- oder Betriebsgeheimnisses unter Strafe, wenn sie durch Anwendung technischer Mittel (z.B. Fotoapparaten), durch Herstellung einer verkörperten Wiedergabe (z.B. einer Fotokopie) oder durch Wegnahme einer Sache, in der das Geheimnis verkörpert ist (z.B. einer Maschine), erfolgt.[50] Darüber hinaus wird auch die Sicherung eines Geschäfts- oder Betriebsgeheimnisses mit diesen Mitteln unter Strafe gestellt. Ein Sichern liegt vor, wenn der Täter das Geheimnis zwar schon kennt, dieses jedoch in die Form einer verkörperten oder sonstigen Wiedergabe bringt, die ihm eine genaue und dauerhafte Kenntnis mit der Möglichkeit verschafft, auf das Geheimnis nicht nur mittels des Gedächtnisses zurückzugreifen.[51]

bb) Unbefugte Verwertung und Mitteilung

24 § 17 Abs. 2 Nr. 2 stellt die **unbefugte Verwertung oder Weitergabe** von Geschäfts- oder Betriebsgeheimnissen unter Strafe. Der Täter muss das Geheimnis auf eine in der in § 17 Abs. 1 oder Abs. 2 Nr. 1 abschließend genannten Arten an sich gebracht haben.

25 Liegen beide Alternativen nicht vor, so genügt es nach der **dritten Alternative**, dass der Täter sich das Geheimnis sonst unbefugt verschafft oder gesichert hat. Die Vorschrift gilt sowohl für Beschäftige als auch für außenstehende Dritte.[52] Unter Verwertung versteht man die Nutzung des Geheimnisses, die über das bloße Innehaben hinausgeht und von wirtschaftlicher Bedeutung ist.[53] Mitteilen ist die Verschaffung der möglichen Kenntniserlangung durch Dritte.[54]

cc) Besonders schwerer Fall

26 Eine **Strafschärfung** erfolgt in einem besonders schweren Fall. Ein solcher liegt in der Regel bei gewerbsmäßigem Handeln vor oder wenn der Täter bei der Mitteilung weiß, dass das Geheimnis im Ausland verwertet werden soll oder wenn er es selbst im Ausland verwertet.

c) Verwertung von Vorlagen (§ 18 UWG)

27 § 18 stellt die **unbefugte Verwertung oder Mitteilung** an Dritte von anvertrauten Vorlagen oder technischen Vorschriften unter Strafe, wenn sie zu Zwecken des Wettbewerbs oder aus Eigennutz erfolgt. Das Ziel des § 18 liegt grundsätzlich darin, den Schutz des § 17

---

[48] Vgl. BGH GRUR 1955, 402 (405) – *Anreißgerät*.
[49] BGH GRUR 2002, 91- *Spritzgießwerkzeug*; Fezer/*Rengier*, UWG, § 17 Rn. 38.
[50] Harte/Henning/*Harte-Bavendamm*, UWG, § 17 Rn. 22 f.
[51] Fezer/*Rengier*, UWG, § 17 Rn. 54.
[52] *Ohly*/Sosnitza, Gesetz gegen den unlauteren Wettbewerb, § 17 Rn. 20.
[53] *Ohly*/Sosnitza, UWG, § 17 Rn. 22.
[54] MünchKommStGB/*Jansen*/*Maluga*, § 17 Rn. 105.

für bestimmte Bereiche auf vertraulich eingeweihte Geschäftspartner zu erstrecken.[55] Täter kann grundsätzlich jedermann sein, wobei § 18 UWG nicht auf die Angestellten des Verletzten Anwendung findet.[56]

aa) Vorlagen oder Vorschriften technischer Art

Geschützt sind Vorlagen und Vorschriften **technischer Art**. Vorlagen sind dabei Gegenstände, die bei Erstellung neuer Sachen als Vorbild dienen sollen, während Vorschriften technischer Art mündliche oder schriftliche Anweisungen oder Erläuterungen über technische Vorgänge umfassen.[57]

28

bb) Im geschäftlichen Verkehr anvertraut

Die Vorlagen und Vorschriften müssen dem anderen im **geschäftlichen Verkehr** anvertraut worden sein, also mit der ausdrücklichen oder aus den Umständen abzuleitenden Auflage, diese vertraulich zu behandeln.[58] Als nicht anvertraut gelten Vorlagen und Vorschriften, die offenkundig sind.[59]

29

d) Verleiten und Erbieten zum Verrat (§ 19 UWG)

Nach § 19 Abs. 1 wird bestraft, wer zu Zwecken des Wettbewerbs oder aus Eigennutz jemanden zu bestimmen versucht, eine Straftat nach § 17 oder § 18 zu begehen oder zu einer solchen Straftat anzustiften. Nach § 19 Abs. 2 wird ebenfalls bestraft, wer zu Zwecken des Wettbewerbs oder aus Eigennutz sich bereit erklärt oder das Erbieten eines anderen annimmt oder mit einem anderen verabredet, eine Straftat nach § 17 oder § 18 zu begehen oder zu ihr anzustiften. Zweck des § 19 ist es, die Strafbarkeit von Handlungen im Vorfeld der §§ 17, 18 herbeizuführen.[60]

30

e) Teilnahmehandlungen

Nach § 17 Abs. 1 UWG kann Täter nur der Beschäftigte eines Unternehmens sein, so dass es sich dabei um ein echtes Sonderdelikt handelt, mit der Folge, dass Nichtbeschäftigte nur Teilnehmer (Anstifter oder Gehilfe) sein können.[61] Bei § 17 Abs. 2 UWG sowie § 18 UWG handelt es sich dagegen um ein Jedermannsdelikt,[62] so dass hier die allgemeinen Grundsätze von Täterschaft und Teilnahme Anwendung finden, mit der Ausnahme, dass Angestellte im Rahmen des § 18 UWG nicht Täter sein können. § 19 UWG ist zwar als eigene Strafvorschrift ausgestaltet, materiell handelt es sich jedoch um Teilnahme- und Vorbereitungshandlungen zu den §§ 17, 18 UWG.[63]

31

f) Weitere strafrechtliche Schutzvorschriften

Die Vorschriften des StGB zum **Schutz** des persönlichen Lebens- und Geheimbereichs (§§ 201 ff. StGB) sind allgemein gefasst und nicht auf Unternehmensgeheimnisse be-

32

---

[55] Fezer/*Rengier*, UWG, § 18 Rn. 3.
[56] Kilian/Heussen/*Harte-Bavendamm*, Computerrecht, § 18 Rn. 50; *Rengier*, in: Fezer, UWG, § 18 Rn. 6.
[57] Kilian/Heussen/*Harte-Bavendamm*, Computerrecht, § 18 Rn. 50.
[58] Gloy/Loschelder/Erdmann/*Harte-Bavendamm*, Wettbewerbsrecht, § 18 Rn. 56.
[59] BGH GRUR 1960, 554 (555) – *Handstrickverfahren*; Gloy/Loschelder/Erdmann/*Harte-Bavendamm*, Wettbewerbsrecht, § 18 Rn. 56.
[60] MünchKommStGB/*Jansen/Maluga*, § 19 Rn. 2.
[61] Erbs/Kohlhaas/*Diemer*, UWG, § 17 Rn. 58.
[62] Engländer/*Zimmermann*, NZWiST 2012, 328 (329); Fezer/*Rengier*, UWG, § 18 Rn. 6.
[63] *Achenbach/Ransiek*, Handbuch Wirtschaftsstrafrecht, 6. Teil, Rn. 78.

schränkt; insbesondere schützen sie die Offenbarung oder Verwertung von Privatgeheimnissen durch zur Vertraulichkeit verpflichtete Berufsgruppen (§§ 203 ff. StGB) und gegen die Ausspähung von Daten (§ 202a StGB). §§ 93 ff. StGB dienen dem Schutz des Staatsgeheimnisses. Weiterhin sind Betriebs- und Geschäftsgeheimnisse vom Schutzbereich der Vorschriften zum Diebstahl und Unterschlagung (§§ 242, 246 StGB) erfasst.[64] Darüber hinaus stellen zahlreiche Vorschriften des Nebenstrafrechts den Geheimnisverrat durch bestimmte, besonders zur Vertraulichkeit verpflichtete Gruppen unter Strafe, wie z.B. § 85 GmbHG, § 404 AktG, § 151 GenG, § 333 HGB, § 120 BetrVG, § 38 WPHG, § 55a KWG.

2. Der zivilrechtliche Schutz von Geschäftsgeheimnissen

33   Der **zivilrechtliche Schutz** dagegen ist sehr **lückenhaft** ausgestaltet, da im deutschen Recht eine unmittelbare Anspruchsgrundlage im Falle der Verletzung von Unternehmensgeheimnissen fehlt.[65] Allgemein anerkannt ist jedoch, dass die §§ 17 und 18 UWG Schutzgesetze im Sinne des § 823 Abs. 2 BGB sind und dementsprechend gem. § 1004 Abs. 1 BGB analog Unterlassungsansprüche begründen können.[66] Darüber hinaus können auch die strafrechtlichen Vorschriften wie unter anderem §§ 242, 246 StGB und § 826 BGB als Schutzgesetze herangezogen werden. Weiterhin sind Ansprüche, die an die Verletzung eines absoluten Rechts nach § 823 Abs. 1 BGB[67] knüpfen, einen Eingriff nach § 812 Abs. 1 S. 1 Alt. 2 BGB oder die Führung eines fremden Geschäfts (§ 687 Abs. 2 BGB) voraussetzen, nicht ausgeschlossen.[68] Auch lauterkeitsrechtliche Ansprüche kommen in Betracht. Diese setzen einen Verstoß gegen § 3 UWG oder § 7 UWG voraus.[69] Bei Zuwiderhandlungen gegen § 17 UWG ist regelmäßig der Tatbestand des § 3 Abs. 1 UWG i.V.m. § 3a UWG mit erfüllt.[70]

II. Der vertragliche Schutz von Geschäftsgeheimnissen

34   Durch vertragliche Regelungen kann der gesetzlich bestehende „Know-How"-Schutz **ergänzt** werden. Die aus dem Vertrag gegebenenfalls entstehenden vertraglichen Ansprüche treten in dem Fall neben die gesetzlichen Ansprüche, ohne diese zu verdrängen.

35   Die **Bedeutung** des vertraglichen Schutzes folgt daraus, dass „Know-how" zwar ansatzweise durch gesetzliche Bestimmungen geschützt ist. Eine besondere Gefährdung und möglicher Verlust des Geheimnischarakters entsteht aber insbesondere bei Anbahnung und Durchführung von Geschäftsbeziehungen mit anderen Unternehmen, da sie oftmals die Offenlegung und Weitergabe von betrieblichem „Know-How" voraussetzen bzw. nach sich ziehen. Dadurch entsteht die Gefahr des ungewollten bzw. unlauteren Offenkundigwerdens von „Know-How" durch die Weitergabe als solche bzw. Handlungen des Vertragspartners.[71] Aus diesem Grund sind in der Praxis vertragliche Vereinba-

---

[64] *Pisani*, MPJ, 4/2009, 261 (262).
[65] *Ohly*, GRUR 2014, S. 1 (7).
[66] BGH GRUR 1983 179 (181) – *Stapelautomat*; Piper/Ohly/*Sosnitza*, Gesetz gegen den unlauteren Wettbewerb, Vorbemerkung vor §§ 17- 19 Rn. 10; *Ohly*, GRUR 2014, S. 1 (8); *Pisani*, MPJ, 4/2009, 261 (262).
[67] BGHZ 16, 172 (175); Piper/Ohly/*Sosnitza*, Gesetz gegen den unlauteren Wettbewerb, Vorbemerkung vor §§ 17- 19 Rn. 10; *Pisani*, MPJ, 4/2009, 261 (262).
[68] *Ohly*, GRUR 2014, S. 1 (8).
[69] Vgl. BGH GRUR 1973, 483 ff.-*Betriebsspionage*.
[70] *Lettl*, Wettbewerbsrecht, § 10 Rn. 23.
[71] *Hoffmann*, Finanzbetrieb 2007, 631 (636); ausführlich dazu: *Finger*, GRUR 1970, 3 ff.

rungen[72] zum Schutz von „Know-How" weit verbreitet und notwendiges Instrument, um den lückenhaften und international unterschiedlich ausgestalteten gesetzlichen Schutz auszugleichen. In der Praxis sind unzählige Formen von sog. Vertraulichkeitsvereinbarungen (Non Disclosure Agreements, sog. NDA oder CDA) und -klauseln (Confidentiality Clauses) zu beobachten, in denen zahlreiche **Themen** im Zusammenhang mit geheimen „Know-how" geregelt werden, wie u.a.

- Definition der geschützten vertraulichen Informationen (entweder allgemein oder durch direkte Benennung)
- Kennzeichnungspflichten für vertrauliche Informationen (z.B. „confidential" oder „vertraulich")
- Regelung zur mündlich oder visuell offenbarten Information (z.B. Protokollierungspflicht innerhalb einer bestimmten Frist)
- Verwendungsbeschränkungen und Weitergabeverbote (z.B. auch Zustimmungsvorbehalte)
- Ausnahme von vertraulichen Informationen (z.B. offenkundige bzw. offenkundig werdende Informationen, bereits dem Vertragspartner bekannte Informationen)
- Regelung zu geistigen Eigentumsrechten (z.B. keine Anmeldung von Schutzrechten auf Grundlage der überlassenen vertraulichen Informationen)
- Gewährleistung und Haftung im Zusammenhang mit den überlassenen vertraulichen Informationen (z.B. weitgehender Ausschluss)
- Laufzeit (z.B. Kündigungsrechte und Regelung zur nachvertraglichen Geltung)
- Rückgabepflichten von Verkörperungen von vertraulichen Informationen nach Beendigung der Vertragsbeziehung

Sowohl bei Vertragsanbahnungen als auch während eines bestehenden Vertragsverhältnisses, insbesondere in Bezug auf betriebsbezogenes „Know-How" bei Arbeitsverhältnissen, besteht auch bei **Fehlen** einer ausdrücklichen Regelung als vertraglich immanente **Nebenpflicht** nach § 241 Abs. 2 BGB eine Treuepflicht zur umfassenden Verschwiegenheit.[73] Darüber hinaus können im Vertrag, ungeachtet der bereits bestehenden Treuepflichten, Vertraulichkeitsklauseln, versehen mit einer empfindlichen Vertragsstrafe, vereinbart werden; diese können einen zusätzlichen Schutz schaffen oder gegebenenfalls auch nur klarstellend hierauf hinweisen.[74]

36

Von hoher praktischer Bedeutung ist die **Zeit nach Beendigung** des Vertrages. Während nachvertragliche Geheimhaltungsvereinbarungen im Verhältnis zu Arbeitnehmern aus Gründen der Vermeidung übermäßiger Wettbewerbsverbote eher restriktiv auszulegen sind, ist der Spielraum im Rahmen der rechtsgeschäftlichen Verwertung deutlich größer.[75] Grundsätzlich ist es einem Arbeitnehmer nach Beendigung seines Dienstverhältnisses gestattet, redlich erlangte Betriebsgeheimnisse weiterzugeben und im Hinblick auf sein berufliches Fortkommen zu verwerten.[76] Ausnahmen sind jedoch dahingehend zulässig, sofern die vertraglich vereinbarten Geheimhaltungspflichten hinreichend konkret beschrieben werden, nicht zu weit ausgreifen und eine Entschädigungsregelung enthalten, da sie ansonsten Gefahr laufen wegen Sittenwidrigkeit nach § 138 BGB nichtig zu sein oder die Grenzen eines nachvertraglichen Wettbewerbsverbots zu überschrei-

37

---

[72] Allgemein dazu: Vgl. *Wurzer/Kaiser*, PHiKS Kapitel 3: Know-how in Vertragsverhandlungen, S. 1 ff., *Pisani*, MPJ, 4/2009, 261 (263).
[73] BGH GRUR 1964, 31 (33) – *Petromax II*.
[74] Götting/Meyer/Vormbrock/*Röder-Hitschke*, Gewerblicher Rechtsschutz und Wettbewerbsrecht, § 19 Rn. 60.
[75] *McGuire/Joachim, Künzel/Weber*, GRUR Int 2010, 829 (836).
[76] BGH GRUR 2002, 91 (92) – *Spritzgießwerkzeuge*; BGH GRUR 1983 179 (180) – *Stapel-Automat*.

ten.⁷⁷ Eine Verschwiegenheitsvereinbarung ist darüber hinaus nur insoweit zulässig, als sie die Geheimhaltung durch berechtigte betriebliche Interessen rechtfertigt.⁷⁸ Im Verhältnis gleichgeordneter Vertragspartner sind Geheimhaltungsvereinbarungen dagegen als regelmäßiger Vertragsbestandteil üblich und ohne weiteres zulässig, da sie zumeist die einzige Möglichkeit darstellen, um Betriebsgeheimnisse zu wahren.⁷⁹

C. „Know-How" im Rechtsverkehr

I. Sonstiges Recht

38 Ob „Know-How" als sonstiges Recht im Sinne des **§ 823 Abs. 1** BGB Schutz genießt, wird in Rechtsprechung und Literatur nicht einheitlich beantwortet. Allgemein anerkannt ist, dass der Schutz am eingerichteten und ausgeübten Gewerbebetrieb nach § 823 Abs. 1 BGB auch das „Know-How" des geschützten Unternehmens erfasst.⁸⁰ Teilweise wurde darüber hinaus dem „Know-How" auch eigenständiger Schutz zuerkannt, unter anderem mit der Begründung,⁸¹ dass es selbstständig übertragen werden kann.⁸² Weiterhin wird mit dem Erfordernis der fehlenden Offenkundigkeit argumentiert: Da der Schutz von „Know-How" erlischt, wenn es auf rechtmäßiger Weise offenkundig wird, wird der „Know-How"- Schutz teilweise auch als Zugangsschutz bezeichnet, da er faktisch sowohl eine Zuweisung gegenüber dem „Know-How" Inhaber bewirkt als auch durch die Möglichkeit der Zugangskontrolle Ausschlusswirkung gegenüber anderen entfaltet.⁸³

39 Da dass sich die **Ausschlusswirkung** lediglich auf die unlautere Offenbarung des Geheimnisses bezieht, ist sie mit der absoluten Ausschlusswirkung aller anderen absolut geschützten Immaterialgüterrechte vergleichbar.⁸⁴ Aufgrund des fehlenden Ausschließlichkeitsrechts wird „Know-How" zwar als Immaterialgut, jedoch nicht als Immaterialgüterrecht anerkannt.⁸⁵ Vielmehr wird ein faktischer Zustand, nämlich der Besitz von Kenntnissen, rechtlich abgesichert.⁸⁶

II. Verkauf und Lizenzierung

40 „Know-How" wird grundsätzlich als übertragbar angesehen, um dem Berechtigten die Verwertung und Dritten die Nutzung des geheimen Wissens zu ermöglichen.⁸⁷ Die Über-

---

⁷⁷ *Salger/Breitfeld*, BB 2005, 154 (158); *BAG*, NZA 1988, 502; *Westermann*, Handbuch Knowhow Schutz, Kapitel 3 Rn. 51.
⁷⁸ *Wodtke/Richters/Pfuhl*, Schutz von Betriebs- und Geschäftsgeheimnissen, § 6 Rn. 361.
⁷⁹ *McGuire/Künzel/Weber*, GRUR Int 2010, 829 (837).
⁸⁰ *Enders*, GRUR 2012, 25 (28).
⁸¹ *Mes*, GRUR 1979, 584 (590); BGH GRUR 1955, 388 (389); Harte/Henning/*Harte-Bavendamm*, UWG, § 17 Rn. 50.
⁸² *Köhler/Bornkamm*, UWG, Vorb. §§ 17–19, Rn. 2.
⁸³ *Ann*, GRUR 2007, 39 (43).
⁸⁴ *Kleißl*, Lizenzkartellrecht in der amerikanischen und europäischen Rechtsordnung, S. 4; *Henn*, Patent- und Know-How Lizenzvertrag, 1. Kapitel Rn. 30.
⁸⁵ *Haedicke*, Rechtskauf und Rechtsmängelhaftung, § 18, S. 299; *Köhler/Bornkamm*, UWG, Vorb. §§ 17–19, Rn. 2; *Ann*, GRUR 2007, 39 (43).
⁸⁶ *Ohly*, GRUR 2014, 1, 3; *Pfaff*, BB 1974, 565 (567).
⁸⁷ *Pfaff*, BB 1974, 565 (565).

tragung erfolgt in der Regel durch Kauf oder durch Nutzungsüberlassung im Wege einer Lizenz. Ob ein Kauf- oder Lizenzvertrag vorliegt, entscheidet sich danach, ob es den Parteien bei wirtschaftlicher Betrachtung um eine endgültige und ausschließliche Überlassung des „Know Hows" in das Vermögen des „Know How" Nehmers geht oder ob lediglich ein zeitlich begrenztes Nutzungsrecht gewollt ist.[88] Im Zweifel ist jedoch von einer Nutzungsüberlassung auszugehen, da der Inhaber nach der sogenannten Zweckübertragungstheorie in der Regel von seiner Rechtsposition so wenig wie möglich aufgeben will.[89]

1. Veräußerung von „Know-how"

Die Veräußerung von „Know-How" erfolgt **durch Kauf oder kaufähnlichem Vertrag** gem. § 453 Abs. 1 BGB[90] und liegt nur dann vor, wenn es dem Käufer ohne Rückforderungsansprüche des „Know-How"-Gebers auf Dauer zur Verfügung stehen soll.[91] Der Kaufvertrag ist grundsätzlich formfrei und unterliegt dem Grundsatz der Privatautonomie unter Beachtung der allgemeinen kartellrechtlichen Vorschriften.[92] Das „Know-How" selbst kann jedoch nicht veräußert werden[93], da es weder eine übertragungsfähige dingliche Rechtsposition noch eine Gesamtheit schuldrechtlicher Ansprüche darstellt.[94] Der Verkauf erfolgt vielmehr dadurch, dass der Veräußerer dem Käufer das „Know-How" durch Überlassung von Information zugänglich macht und sich der weiteren Benutzung enthält, wobei alle dem „Know-How" zugrundeliegenden Unterlagen wie Schriften, Zeichnungen, Pläne, Gegenstände, etc., dem Erwerber auszuhändigen sind.[95] Letztere gehen dann regelmäßig auch dinglich in das (Sach-)Eigentum des Erwerbers über.

41

2. Lizenzierung von „Know-how"

Im Gegensatz zum Kauf- bleibt beim **Lizenzvertrag** der Lizenzgeber weiterhin Inhaber des „Know-Hows" und überlässt dem Lizenznehmer lediglich eine zeitlich und inhaltlich beschränkte Nutzungsbefugnis gegen Zahlung von Lizenzgebühren. Ein Lizenzvertrag über „Know-How" wird auch als „Know-How"-Vertrag bezeichnet, dessen rechtliche Typisierung nicht eindeutig ist, da er je nach Einzelfall Elemente verschiedener Vertragstypen des bürgerlichen Rechts wie Kauf-, Dienst-, Pacht-, Werk- oder Gesellschaftsvertrag aufweist.[96] Oftmals wird er auch als Vertrag eigener Art bezeichnet.[97] Während sich beispielsweise bei einem Patentlizenzvertrag der Vertragsgegenstand auf das Patent oder die Patentanmeldung an sich beschränkt, muss der Vertragsgegenstand beim „Know-How"-Vertrag im Einzelnen vertraglich definiert festgelegt werden.[98] Wesentlicher Inhalt sind Regelungen über Art und Umfang der Lizenz, insbesondere die Befugnisse und Beschränkungen des Li-

42

---

[88] *Herrmann*, Die Beurteilung exklusiver Know-how-Lizenzen nach dem EWG-Kartellverbot, III. Der Know-How Vertrag, S. 41.
[89] RG, GRUR 1937, 1001, (1002); BGH, Urteil vom 1.10.1963- I a ZR 171/63.
[90] *Köhler*/Bornkamm, UWG, Vorb. §§ 17–19, Rn. 3; MünchKommBGB/*Westermann*, § 433 Rn. 12.
[91] Staudinger/*Beckmann*, BGB, § 453 Rn. 48.
[92] Götting/Meyer/Vormbrock/*Röder-Hitschke*, Gewerblicher Rechtsschutz und Wettbewerbsrecht, § 19 Rn. 70.
[93] *Heusel/Sonder*, ZJS 2009, 313 (314).
[94] *Herrmann*, Die Beurteilung exklusiver Know-how-Lizenzen nach dem EWG-Kartellverbot, III. Der Know-How Vertrag, S. 47; *Gaul/Bartenbach*, Handbuch des gewerblichen Rechtsschutzes, Q 41.
[95] *Faust*, in: Bamberger/Roth, BGB § 453 Rn. 25; Staudinger/*Beckmann*, BGB, § 453 Rn. 49.
[96] *Gaul/Bartenbach*, Handbuch des gewerblichen Rechtsschutzes Q 34 ff.
[97] BGH GRUR 1989, 70.
[98] *Henn*, Patent- und Know-How Lizenzvertrag, 1. Kapitel Rn. 30.

zenznehmers während und vor allem nach der Lizenzvergabe, um eine unbefugte Weitergabe des „Know-Hows" zu vermeiden. Im Einzelnen sind folgende **Regelungen** üblich[99]:

- Identifikation und Übermittlung des „Know-hows"
- Umfang der Nutzungsbefugnis
- Lizenzgebühr
- Geheimhaltungspflichten
- Gewährleistung und Haftung
- Laufzeit

III. Kartellrecht

43 Verträge über „Know-How" unterliegen den kartellrechtlichen Grenzen des nationalen (§ 1, 2 GWB) sowie des Gemeinschaftsrechts (Art. 101 AEUV), insbesondere in Verbindung mit der Gruppenfreistellungsverordnung für Technologie-Transfervereinbarungen (TT-GVO). § 22 GWB verweist auf das europäische Recht, so dass ein Gleichauf der beiden Regelungsebenen besteht.[100] Verstößt der Vertrag gegen eine Kernbeschränkung des Art. 4 TT-GVO, hat dies die Nichtanwendbarkeit der TT-GVO auf den gesamten Vertrag zu Folge, wohingegen ein Verstoß nach Art. 5 TT-GVO lediglich die zum Verstoß führende konkrete Vertragsklausel von der Anwendbarkeit ausnimmt.[101]

---

[99] Eingehend Götting/Meyer/Vormbrock/*Röder-Hitschke*, Gewerblicher Rechtsschutz und Wettbewerbsrecht, § 19 Rn. 83 ff.
[100] *McGuire/Künzel/Weber*, GRUR Int 2010, 829 (835 f.).
[101] Götting/Meyer/Vormbrock/*Röder-Hitschke*, Gewerblicher Rechtsschutz und Wettbewerbsrecht, § 19 Rn. 81.

Stichwortverzeichnis

Die fett gesetzten Ziffern bezeichnen die Paragraphen,
die mageren Ziffern die Randnummern.

Abfangen von Kunden 9, 109 ff.
Abmahnung 16, 1 ff.
– Antwortpflicht 16, 19
– Aufklärungspflicht 16, 20
– begründete 16, 18 ff.
– berechtigt 16, 17
– Entbehrlichkeit 16, 4 f.
– Frist 16, 27 ff.
– Gegenwehr 16, 36 ff.
– Inhalt 16, 7 f.
– Kosten 16, 15 ff.
– Schubladenverfügung 16, 16
– unberechtigt 9, 158 ff.. 16, 17
– Unterwerfung 16, 21 ff.
– Vollmacht 16, 13 f.
– Zugang 16, 11 f.
Absatzförderung 5, 12
Abwerbung von Mitarbeitern 9, 149 ff.
After-Sales-Service 7, 24
Aggressive geschäftliche Handlungen 10, 1 ff.
Aktivlegitimation s. Anspruchsgläubiger
Ambush-Marketing 9, 132
Änderungsgesetz
– von 2004 1, 35
– von 2008 1, 36 ff.
– von 2015 1, 39
Anhang zum UWG 7, 1 ff.
Anschwärzung 9, 10 ff.
Anspruch auf Drittauskunft 15, 102 f.
Anspruchsgläubiger 16, 95 ff.
– Kammern 16, 128
– Konkretes Wettbewerbsverhältnis 16, 107 ff.
– Mitbewerber 16, 107 ff.
– Popularklage 16, 98 ff.
– Verbandsklagebefugnis 16, 122 ff.
– Verbraucherschutzverbände 16, 124 ff.

Anspruchsschuldner 16, 129 ff.
– Beauftragter 16, 160, 171 ff.
– Darlegungs- und Beweislast 16, 131 f.
– Internetbetreiber 16, 132
– Mehrere Schuldner 16, 130
– Mitarbeiter 16, 160, 171 ff.
– Organhaftung/Organisationsmängel 16, 151 ff.
– Prüfpflichten 16, 146 ff.
– Störer 16, 145 ff.
– Täterschaft/Teilnahme 16, 133 ff.
– Unzureichende Kontrolle 16, 149 f.
– Verkehrspflichtverletzung 16, 145 ff.
– Verletzer 16, 138 f.
Anwendungsbereich des UWG 4, 1 ff.
Ausbeutung 9, 157
Auskunftsanspruch 15, 99 ff.
– Ausforschung 15, 108
– Eidesstattliche Versicherung 15, 127 f.
– Erfüllung 15, 121 ff.
– Ergänzung 15, 126
– Geheimhaltungsinteresse 15, 118 ff.
– Kontrolltatsachen 15, 124
– Nachforschung 15, 121
– Rechtsgrundlage 15, 99
– selbständiger 15, 102
– Stufenklage 15, 128
– Überprüfung 15, 124 f.
– Umfang 15, 108 ff.
– unselbständiger 15, 102 f.
– Verhältnismäßigkeit 15, 110 ff.
– Verjährung 16, 381
– Voraussetzungen 15, 104 f.
– Wirtschaftsprüfervorbehalt 15, 119 f.
– Zeitraum 15, 109
– Zumutbarkeit 15, 116 ff.
Ausländisches Recht 2, 56 ff.
Ausnutzung fremder Einrichtungen 9, 105 f.
Ausspannen von Kunden 9, 124 ff.

439

Stichwortverzeichnis

Bait-and-switch 7, 18 ff.
Beeinflussung, unzulässige 10, 14 ff.
Behinderung 9, 68 ff.; 83 ff.
– Abfangen von Kunden 9, 109 ff.
– Abmahnung 9, 158
– Anschwärzung 9, 10 ff.
– Ausspannen von Kunden 9, 124 ff.
– Boykott 9, 94 ff.
– Domain-Grabbing 9, 148
– Kennzeichenverwendung 9, 144 ff.
– Marktstörung 9, 166 ff.
– Missbrauch von Nachfragemacht 9, 164 ff.
– Mitarbeiterabwerbung 9, 149 ff.
– Preisunterbietung 9, 106 ff.
– Produktbezogene 9, 141 f.
– Rufausbeutung, -beeinträchtigung 9, 61 ff.
– Spekulationsmarken 9, 147
– Sperrzeichen 9, 145 f.
– Testmaßnahmen 9, 101 ff.
– Verleiten zum Vertragsbruch 9, 124 ff.; 141; 152 f.
– Vertriebswege 9, 133 ff.
– Werbung 9, 128 ff.
Belästigung 10, 12; **14**, 1 ff.
Bereicherungsanspruch 15, 134 f.
Berufsfreiheit 1, 47 f.
Beseitigungsanspruch 15, 42 ff., 129 ff.
– Anspruchsumfang 15, 49 f.
– Störungszustand 15, 45 ff.
– Voraussetzungen 15, 45 ff.
Bestimmtheit 16, 75 ff., Siehe Klageantrag
– Abwägung 16, 77
– Auskunfts- und Rechnungslegung 16, 93 f.
– Auslegung 16, 83 ff.
– Beseitigungsklage 16, 89
– Bezugnahmen 16, 83
– Erläuternde Zusätze 16, 83 ff.
– Feststellungsklage 16, 92
– Folgen der Unbestimmtheit 16, 75 f.
– Insbesondere Zusatz 16, 87 f.
– Konkrete Verletzungsform 16, 79 ff.
– Unbestimmte Begriffe 16, 84 ff.
– Unterlassungsklage 16, 77 ff.
– Verallgemeinerung 16, 81
– Wiederholung des Gesetzeswortlauts 16, 84
– Zahlungsklage 16, 90 f.

Betriebs- und Geschäftsgeheimnis 17, 1, 2
Betriebsinterne Vorgänge 4, 20 f.
Betriebsspionage 17, 22 ff.
Bewertungsportale 4, 37
Black List 7, 1 ff.
Boykott 9, 94 ff.
Bürgerliches Recht 1, 56 ff.

Deliktsrecht 1, 56 ff.
Designrecht 1, 62
Domain-Grabbing 9, 148
Dreieckskopplung 10, 34 ff.
Drittinteressenwahrungspflichtige 10, 34 ff.
Drohung 10, 19 ff.; 54
Druckausübung 10, 16 ff.; 38 ff.
Durchschnittsverbraucher 6, 8 ff.
Durchsetzungshindernis 16, 369, 417 ff.

Eigenart 9, 37 ff.
Eigentumsgarantie 1, 49
Einigungsstelle 16, 42
Einigungsverfahren 16, 42
Einstweilige Verfügung
– Abschlussschreiben und Abschlusserklärung 16, 337 ff.
– Arten und Inhalt 16, 175 ff.
– Aufhebung 16, 303, 314 ff.
– Aufhebung bei unterbliebener Hauptsacheklage 16, 293 ff.
– Aufhebung bei veränderten Umständen 16, 303 ff.
– Aufhebung gegen Sicherheitsleistung 16, 314
– Bedeutung 16, 172 ff.
– Berufung 16, 275 ff.
– Beschluss 16, 238 ff.
– Beschluss bei Wirkung im Ausland 16, 245
– Beschluss trotz Schutzschrift 16, 318
– Beschwerde 16, 275 ff.
– Dringlichkeit 16, 209 ff.
– Dringlichkeit, Vermutung 16, 211 ff.
– Dringlichkeit, Widerlegung 16, 214 ff.
– Dringlichkeit, Wiederaufleben 16, 219
– Dringlichkeit, Wissenszurechnung 16, 220 f.
– Fristsetzung zur Klageerhebung 16, 293 ff.
– Gefahren der eV 16, 178 ff.
– Glaubhaftmachung 16, 229 ff.

Stichwortverzeichnis

- Inhalt der Entscheidung 16, 241, 247 ff.
- Kosten 16
- Kostenwiderspruch 16, 288 ff.
- Leistungsverfügung 16, 175
- Leistungsverfügung
- mündliche Verhandlung 16, 238
- neues Vorbringen 16, 178
- Parteizustellung 16, 332
- Rechtsbehelfe 16, 274 ff.
- Rechtsbeschwerde 16, 276
- Revision 16, 275
- Schadensersatzpflicht 16, 348 ff.
- Schadensersatzpflicht, Bindung an ergangene Entscheidungen 16, 357 ff.
- Schadensersatzpflicht, Umfang 16, 363 ff.
- Schiedsgericht 16, 200
- Schutzschrift 16, 315 ff.
- Sicherungsverfügung 16, 175
- sofortige Beschwerde 16, 281 f.
- Streitgegenstand und Hauptsache 16, 181
- Urteil 16, 238 ff.
- Verfassungsbeschwerde 16, 320
- Verfügungsanspruch 16, 223 ff.
- Verfügungsantrag 16, 204 ff.
- Verfügungsgrund 16, 209 ff.
- Vollziehung 16, 321 ff.
- Vollziehung, erneute 16, 336
- Vollziehungsfristversäumnis 16, 323
- Vollziehungsfrist 16, 329 ff.
- Voraussetzungen 16, 187 ff.
- Widerspruch 16, 283 ff.
- Wirkung 16, 261 ff.
- Zuständigkeit 16, 187 ff.
- Zustellungsmängel

Ergänzender wettbewerbsrechtlicher Leistungsschutz 1, 63; 9 22 ff.
Ersatzteile 9, 59
Erschleichung 9, 66 f.
Europäisches Recht 2, 1 ff.
- Richtlinien 2, 15 ff.
- Verordnungen 2, 14

Feststellungsklage 16, 92

Geheimhaltungsinteresse 17, 10
Geheimhaltungswille 17, 9
Generalklausel 1, 32, 5, 1 ff.
Geschäftliche Entscheidung 4, 43

Geschäftliche Handlung 4, 1 ff.
- aggressive 7, 45, 63 f., 72
Geschäftsgeheimnisse 9, 156
Geschäftspraktik 4, 6
Geschäftsschädigung ; 9, 10 ff.
Geschenke 10, 23
Gewinnabschöpfungsanspruch 15, 136 ff.
- Abschreckung 15, 136 f.
- Gewinn 15, 142 f.
- Gläubiger 15, 147
- Kausalität 15, 142
- Nutznießer 15, 149
- Rechtsirrtum 15, 141
- Subsidiarität 15, 145 f.
- Verjährung 16, 375
Grundrechte 1, 43 ff.; 2, 11 f.
Gütezeichen 7, 7 f.

Hamburger Brauch s. Vertragsstrafe
Handlungsfreiheit 1, 53 f.
Hausbesuche 14, 32 ff.
Hemmung s. Verjährung
Herabsetzung von Mitbewerbern 9, 1 ff.; 13, 28
Herkunftslandprinzip 2, 17, 44
Herkunftstäuschung 7, 32; 9, 52 ff.
Historische Entwicklung 1, 27 ff.

Immaterialgüterrecht 1, 62 ff.; 9, 27 f.
Informationspflichten 12, 4, 10 ff.
Internationales Privatrecht 2, 31 ff.
Internationales Verfahrensrecht 2, 52 ff.
Irreführung 11, 1 ff.
- Angaben 11, 9 ff.
- Irreführungsquote 11, 32 f.
- durch Unterlassen 12, 1 ff.
- Verkehrsauffassung 11, 28 ff.
- Verschleierung 11, 24 ff.
- Verwechslungsgefahr 11, 42 ff.; 13, 26

Kartellrecht 1, 60 f.; 9, 87 ff.; 99; 108; 169
Kaufzwang 7, 22
Kennzeichenrecht 1, 65; 9, 8, 29, 143; 13, 7
Kerntheorie 16, 79, 441 ff.
Keyword-Advertising 9, 120
Klage 16, 43 ff.
- Antrag 16, 75 ff., Bestimmtheit
- Auskunftsklage 16, 93 f.
- Eventuelle Klagehäufung 16, 69

Stichwortverzeichnis

– Feststellungsklage 16, 92
– Klagebefugnis 16, 102
– Negative Feststellungsklage 16, 62 f.
– Unterlassungsklage 16, 77 ff.
– Stufenklage s. Stufenklage
– Zahlungsklage 16, 90 f.
Know-How 17, 1 ff.
Kollisionsrecht 2, 35 ff.
Konkrete Verletzungsform 16, 70, 78
Kontrollnummernbeseitigung 9, 137
Kopplungsangebote 7, 42 f., 51 ff.; 10, 25 f.
Kundenbindungssysteme 10, 27.
Kundenkommunikation, -hotline 7, 24, 61 f.
Kunst- und Wissenschaftsfreiheit 1, 52

Laienwerbung 10, 29 ff.
Leistungsschutz 9, 1 ff.; 77 f.
Leistungswettbewerb 1, 20 ff.; 9, 92
Lockangebote 7, 12 ff., 18 ff., 21 ff.; 11, 19

Manipulationen im Internet 9, 117 ff.
Markenrecht 1, 65; 9, 8, 29, 143; 13, 7
Marktbezug 8, 30 ff.
Marktortprinzip 2, 38 ff.
Marktstörung 9, 166 ff.
Marktteilnehmer 4, 28
Marktverhalten 8, 29 ff.
Marktzutrittsregelungen 8, 33
Medientätigkeit 4, 23
Meinungsäußerung, -freiheit 1, 50 f., 4, 37; 9, 9
Menschenwürde 1, 54
Metatags 9, 119
Missbrauch von Nachfragemacht 9, 164 ff.
Mitarbeiterabwerbung 9, 149 ff.
Mitbewerber 4, 29 ff.
Mitbewerberschutz 9, 1 ff.

Nachahmung 9, 1 ff.; 47 ff.; 13, 28
Nachahmungsfreiheit 9, 30
Nötigung 10, 13

Offenkundigkeit 17, 8
Öffentliche Hand 4, 22; 8, 37 ff.

par condicio concurrentium 8, 23 ff.
Pariser Verbandsübereinkunft 2, 32 f.
Passivlegitimation s. Anspruchsschuldner

Post-Sale-Confusion 9, 57
Preisangabenverordnung 1, 41
Preisausschreiben 10, 23
Preisnachlässe 10, 28
Preisunterbietung 9, 106 ff.; 175
Pressefreiheit 1, 50 f.
privates Handeln 4, 8
Product Placement 7, 28 ff.
psychologischer Kaufzwang 7, 22

Randnutzungen der öffentlichen Hand 8, 41 ff.
Räumungsverkauf 7, 38 ff.
Rechtsbruch 8, 1 ff.
Rechtsmissbrauch 16, 417 ff.
Rechtsschutzinteresse 16, 58 ff.
– Auskunftsklage 16, 58
– Beseitigungsklage 16, 58
– Feststellungsklage 16, 59 f.
– Negative Feststellungsklage 16, 62 ff.
– Unterlassungsklage 16, 58
– Zahlungsklage 16, 58
Redaktionelle Werbung 7, 28 ff.
Richtlinie
– über audiovisuelle Mediendienste 2, 30
– über den elektronischen Geschäftsverkehr 2, 30
– über die Rechte der Verbraucher 2, 30
– über unlautere Geschäftspraktiken 2, 16, 20 ff.
– über Unterlassungsklagen 2, 30
– über vergleichende Werbung 2, 30
– über vergleichende Werbung 2, 30
Richtlinienkonforme Auslegung 2, 18 f.
Rom II-Verordnung 2, 37 ff.
Rufausbeutung 9, 61 ff.; 13, 27
Rufbeeinträchtigung 9, 61 ff., 65; 13, 27

Schadensersatz, –Dreifache Art der Schadensberechnung 15, 68 ff.
– Geldleistung 15, 68
– Kausalitätsabschlag 15, 86
– Lizenzanalogie 15, 82 ff.
– Marktverwirrungsschaden 15, 74
– Naturalherstellung 15, 66
– Objektive Berechnung 15, 77 ff.
– Rechtsverfolgungskosten 15, 71 f.
– Schätzung 15, 75 f.
– Verletzergewinn 15, 85 ff.
– Vermengungsverbot 15, 80

Stichwortverzeichnis

Schadensersatzanspruch **15**, 51 ff.
– Anspruchskonkurrenz **15**, 89 f.
– Gläubiger **15**, 53 ff.
– Haftung für Dritte **15**, 57
– Presseprivileg **15**, 88
– Umfang s. Schadensersatz
– Rechtsirrtum **15**, 60 f.
– Schuldner **15**, 56 f.
– Vorsatz **15**, 59 ff.
Scheinrechnungen **7**, 55 ff.
Schlechterfüllung eines Vertrages **1**, 58
Schleichbezug **9**, 138 f.
Schneeballsystem **7**, 35 ff.; **11**, 59
Schutzrechtsverwarnung, unberechtigte **9**, 160 ff.
Schutzschrift **16**, 41
Schutzzweck des UWG **3**, 1 ff.
Screen Scraping **9**, 102; 123; 131
Spamming **14**, 21
Spekulationsmarken **9**, 145
Sperrzeichen **9**, 145 f.
Spionage **9**, 101 ff.
Spürbarkeit **2**, 40 f.; **5**, 14 ff.; **8**, 36
Störerhaftung **16**, 145, s. Anspruchsschuldner
Streitgegenstand **16**, 67 ff.
Streitwert **16**, 474 ff.
– Angriffsfaktor **16**, 476
– Auffangstreitwert **16**, 479
– Begünstigung **16**, 480
– Eilverfahren **16**, 478
– Schuldnermehrheit **16**, 477
– Regelstreitwert **16**, 474
Stufenklage **16**, 94, s. Auskunftsanspruch
Suchmaschinenoptimierung **9**, 117 ff.

Testmaßnahmen **9**, 101 ff.
Tippfehler-Domain **9**, 117 f.
Transparenzgebot **10**, 24, 26
TRIPS-Übereinkommen **2**, 34

unbestellte Produkte **7**, 69 f.; **14**, 36 ff.
Unionsrecht **2**, 1 ff.
– Richtlinien **2**, 15 ff.
– Verordnungen **2**, 14
unmittelbarer Leistungsschutz **9**, 77 ff.
Unterlassungsanspruch **15**, 4 ff.
– Begehungsgefahr **15**, 4 ff.
– Berühmung **15**, 22 ff.
– Erstbegehungsgefahr **15**, 17 ff.
– Prozessverteidigung **15**, 23

– Rechtsnachfolger **15**, 7
– Rechtsverteidigung **15**, 23
– Unterlassungserklärung/Unterwerfungserklärung **15**, 10 ff.
– Unterlassungsurteil **15**, 16
– Verletzungsunterlassungsanspruch **15**, 4 ff.
– Vorbereitungshandlung **15**, 18 ff.
– Vorbeugender **15**, 17 ff.
– Wiederholungsgefahr **15**, 4 ff.
Unterlassungserklärung, –strafbewehrte **16**, 18 ff.
Unterlassungsklagegesetz **1**, 41
Unterlassungsvertrag **15**, 29 ff.
– Auslegung **15**, 34 ff.
– Kündigung **15**, 38 ff.
– Zustandekommen **15**, 30 ff.
Unternehmen **4**, 7
Unternehmerische Sorgfalt **4**, 41; **6**, 3 ff.
Unterwerfung **16**, 21 ff., s. Abmahnung
– Aufbrauchfrist **16**, 34
– Ernsthaftigkeit **16**, 33 f.
– Einschränkungen **16**, 34
– Form **16**, 26
– Inhalt **16**, 33 f.
– Rechtsnatur **16**, 26
– Teilunterwerfung **16**, 34
– Verpflichtungsangebote **16**, 23
– Verspäteter Zugang **16**, 32
– Vor- und Nachteile **16**, 24 f.
– Wirkung **16**, 22

Verbotsgesetze **1**, 59
Verbraucher **4**, 44 f.
Verbrauchergeneralklausel **6**, 1 ff.
Verbraucherleitbild **6**, 8 ff.
Vereinstätigkeit **4**, 24
Verfassungsrecht **1**, 43 ff.
Verhaltenskodex **7**, 5 f., 9
Verjährung **16**, 369 ff.
– Abmahnung **16**, 397
– Anerkenntnis **16**, 410
– Anspruch auf Gewinnabschöpfung **16**, 375
– Anspruch auf Vertragsstrafe **16**, 382
– Anspruch aus Namens- oder Firmenrechtsverletzung **16**, 379
– Anspruchskonkurrenz **16**, 371, 378 f.
– Auskunftsanspruch **16**, 381
– Darlegungs- und Beweislast **16**, 416
– Dauerhandlung **16**, 385
– Einrede **16**, 414 f.

Stichwortverzeichnis

– Fortgesetzte Handlung **16**, 385
– Grobfahrlässige Unkenntnis **16**, 390 f.
– Hemmung **16**, 394 ff.
– Hemmung durch Rechtsverfolgung **16**, 402 ff.
– Hemmungsende nach Rechtsverfolgung **16**, 408
– Kenntnis **16**, 388 f.
– Kenntnisunabhängige Höchstfristen **16**, 393
– Neubeginn **16**, 410 f.
– Schadensersatzanspruch **16**, 375
– Schwebende Verhandlungen **16**, 398 ff.
– Titulierter Anspruch **16**, 380
– Vertraglicher Verletzungsunterlassungsanspruch **16**, 376
– Wissensvertreter **16**, 392
Verkehrsfähigkeit 7, 25
Verkehrspflicht 5, 19 f.
– Geschäftliche Einrichtung **16**, 149 f.
– wettbewerbsrechtliche **16**, 145 ff.
Verleiten zum Vertragsbruch 9, 124 ff.; 141; 152 f.
Verletzungshandlung, –konkrete
s. Konkrete Verletzungsform
vermeidbare Herkunftstäuschung 9, 52 ff.
Veröffentlichungsbefugnis 16, 468 ff.
– Antrag **16**, 472
– Bedeutung **16**, 468
– Beschlussverfügung **16**, 471
– Entscheidung durch Urteil **16**, 473
– Materiellrechtliche Anspruchsgrundlage **16**, 469
– Voraussetzung rechtskräftiges Urteil **16**, 470 f.
Vertraglicher Unterlassungsanspruch 16, 29 ff., Unterlassungsvertrag
Vertragsstrafe 15, 91 ff.
– Haftung für Erfüllungsgehilfen **15**, 95
– Herabsetzung **15**, 94
– Neuer Hamburger Brauch **15**, 93
– Strafanspruch **15**, 43 ff.
– Strafhöhe **15**, 92 ff.
– Verschulden **15**, 95
– Verstoß nach Vertragsschluss **15**, 95 ff.
– Zusammenfassung von Verstößen **15**, 96 f.
Vertragsstrafevereinbarung 15, 91, s. Vertragsstrafe

Vertragsstrafeversprechen 15, 91 ff., Vertragsstrafe
Vertrauensbruch 9, 66 f.
Vertraulichkeitsvereinbarung 17, 34 ff.
Vertriebswege 9, 133 ff.
Verunglimpfung von Mitbewerbern 9, 1 ff.; **13**, 28
Vorrangthese 1, 65
Vorsprungsgedanke 3, 7 ff., **8**, 9 f., 22 ff.

Werbebehinderung 9, 128 ff.
Werbeblocker 9, 130; 142
Werbung
– Allein- und Spitzenstellung **11**, 52
– Aufmerksamkeitswerbung **4**, 17 ff.
– Behinderung **9**, 128 ff.
– belästigende **14**, 12 ff., 39
– Blickfangwerbung **11**, 45 f.
– gefälschte Kundenbewertungen **7**, 60
– gefühlsbetonte **10**, 38 f.
– gesundheitsbezogene **7**, 46
– getarnte **7**, 28 ff., 58 ff.; **10**, 33; **11**, 24 ff.
– Haustürwerbung **14**, 32 ff.
– Internet **9**, 117 ff.; **14**, 21 ff., 39
– irreführende **11**, 1 ff.
– Kinder **7**, 66; **10**, 50
– Koppelungen **7**, 42 f., 51 ff.; **10**, 25 f.
– Laienwerbung **10**, 29 ff.
– Lockvogelwerbung **7**, 12 ff., 18 ff., 21 ff.
– Marktbedingungen **7**, 47 ff.
– mehrdeutige Aussagen **11**, 47 f.
– Preisausschreiben **9**, 42 ff., 50
– Preisnachlässe **10**, 28; **11**, 54 ff.
– Product Placement **7**, 30; **11**, 28 ff.
– Räumung oder sonstiger besonderer Anlass **7**, 38 ff.
– redaktionelle **7**, 28 ff.; **11**, 27
– Scheinrechnungen **7**, 55 ff.
– Schleichwerbung **7**, 28 ff.; **11**, 28
– Selbstverständlichkeiten **7**, 26 f.; **11**, 48 ff.
– Spamming **14**, 21
– Spendenwerbung **4**, 25
– Sponsoring **4**, 17; **10**, 38
– Sprache **7**, 24, 61 f.
– strafbare **11**, 58 f.
– Täuschung über gewerblichen Charakter **7**, 58 ff.
– Telefonwerbung **14**, 19 ff.
– Testergebnisse **11**, 53

– unsachliche Beeinflussung 10, 22 ff.
– vergleichende 13, 1 ff.
– Vorrat 7, 21 ff., 38 ff.
– Zahlungsaufforderungen 7, 55 ff.
– Zugaben 7, 53; 10, 25 f.
Wertreklame 10, 22
Wesentliche Beeinflussung 4, 42; 6, 5 ff.
Wettbewerb 1, 1 ff.
Wettbewerbliche Eigenart 9, 37 ff.
Wettbewerbsfreiheit 1, 2 ff.; 9, 32
Wettbewerbsfunktionen 1, 13 ff., 23 ff.
Wettbewerbsverhältnis 4, 29 ff.
Whistleblowing 17, 12
Wirtschaftsprüfervorbehalt s. Auskunftsanspruch
Wissenschaftliche Tätigkeiten 4, 26

Zugaben 7, 53; 10, 25 f.
Zusendung unbestellter Produkte 7, 69 f.; 14, 36 ff.

Zuständigkeit 16, 48 ff.
– Fliegender Gerichtsstand 16, 51
– Funktionelle 16, 52
– Internationale 2, 53 ff., 16, 53 ff.
– Örtliche 16, 50 f.
– Sachliche 16, 49
– Zuständigkeitskonzentration 16, 49
Zwangsvollstreckung 16, 424 ff.
– Anspruch 16, 431 f.
– Antrag 16, 451 f.
– Auslegung des Titels 16, 442 ff.
– Bestimmtheit des Titels 16, 438
– Entscheidung 16, 454 f.
– Ordnungsmittelandrohung 16, 433 ff.
– Titelfortfall 16, 461 ff.
– Unterlassungstitel 16, 424 ff.
– Verjährung 16, 458 ff.
– Zuwiderhandlung 16, 441 ff.